中研院歷史語言研究所集刊論文類編

歷史編·明清卷

四

中華書局

清太宗時代的重要政治措施

陳　文　石

一　前　言

　　天命十一年八月十一日清太祖努爾哈赤逝世，享年六十八歲。這個自廿五歲藉着為父祖復仇而奮跡崛起於諸部間的「無名常胡」，當其開始發展活動之時，「眾不過三十」，「帶甲僅十三人」，靠了自己「多知習兵」的軍事天才，「猜厲威暴」的統馭手段，與「信賞必罰」的嚴格紀律，乘「各部蜂起，皆稱王爭長，互相戰殺，甚且骨肉相殘，強凌弱，眾暴寡。」的紛擾局面，掌握諸部間的矛盾關係，及明朝邊政失修，防務廢弛的有利情勢，運用進退離合，剛柔濟變的策略，經過四十餘年的堅苦奮鬥，不但兼併族類，收合諸部，並攫有明遼東的大部土地，由一個建州衞都指揮僉事依靠朝貢市賞維持生活的明朝屬夷，進而自關乾坤，立國建元，在西有察哈爾、蒙古，南有明朝帝國，東有朝鮮三方勢力的圍堵威脅下，建立起女真族的第二個政權。

　　自努爾哈赤之乘機崛起至其逝世止四十餘年的歷史發展過程中每一階段的主觀客觀情勢，造成其成功的內外重要因素，不擬在這裡敍述。就其逝世時的情形來說，努爾哈赤為其子孫留下了一個汗國基業，但也留下了政治、社會、經濟及對外戰爭上許多極其複雜嚴重的問題。這些問題如不能因應時勢調整處理，不但無法向外開拓，且將威脅到這個新興汗國的生存，當然更談不到未來的擴充發展了。這一艱鉅的任務，都落在繼承人皇太極的身上。以下先討論皇太極即位後內部政治方面的發展情形，至於社會問題，經濟問題，漢化問題，對外戰爭等，俟後將專文討論。

二　清太宗皇太極取得汗位繼承的經過

　　在沒有敍述皇太極的即位以前，先簡單說明清太祖本人對未來繼位問題的構想與中間變動情形，因為這與皇太極的取得汗位繼承，日後兄弟間衝突摩擦，及即位後許

多措施上所遭遇的困擾，都有着密切關係的。

　　㈠　褚英之死與代善、皇太極間的爭寵鬥爭：

　　努爾哈赤起兵之時，最初止有其兄弟及部分族人隨其行動，後很快的取得建州衞的支配權，由是勢力急遽發展，東征西討，侵伐兼併。隨着部眾日多，據地日廣，而諸子侄亦日漸長成，於是乃建立起以兄弟子侄分統屬人掌握一切的家族核心政權。在其早年軍事行動中最得力的人物，一爲其弟舒爾哈齊（見後論阿敏與太宗的衝突一節），一爲長子褚英。褚英於明萬曆二十六年十九歲時，以隨同征東海安褚拉庫路有戰功，賜號洪巴圖魯，封貝勒。三十五年，又以與代善、舒爾哈齊往裴悠城收集新附人口，歸途大敗烏喇貝勒布占泰邀擊之兵，賜號阿爾哈圖土門（廣略之意）。所以滿文老檔記萬曆三十八年各重要人物勅書分配，褚英排在太祖之後的第二位，居舒爾哈齊之前。所有勅書分配，共分三個 mukūn（可能不全），下有三十七 Tatan，勅書三百七十一道。每一 Tatan 一般爲十道勅書，每一勅書下說明原來是明朝於何時頒給何人，及現在由第幾 mukūn 第幾 Tatan 何人所享有。（註一）在此三七一道勅書中，第一 mukūn 第一至第四 Tatan 共四十道，爲「汗家的勅書」，屬太祖。第二 mukūn 第一、二、五、六 Tatan 四十道，屬褚英。第三 mukūn 第一、二、八 Tatan 二十五道，屬舒爾哈齊。其餘分配給太祖諸子侄與諸將，多少不同，名字亦多可考。（註二）勅書在當時是用以向明朝進行通貢互市，討取賞賜及交換生活資料的憑證。掌領勅書的多寡，表示着其身份地位與所享經濟利益的大小。褚英在 mukūn 排列的順序上居第二，亦可看出其所居地位。

　　褚英在太祖諸子中，不但年長，亦最爲驍勇。但自萬曆三十八年之後，卽不見有關其事蹟之記載。而萬曆四十三年八月突記其死亡，年三十六歲。其死因，清史稿云：

（註一）　見廣祿、李學智：老滿文原檔與滿文老檔之比較研究頁一三八。中國東亞學術研究計劃委員會年報第四期抽印本。民國五十四年六月，臺北。

（註二）　代善與舒爾哈齊同一 mukūn，領有第二、四、七、八 Tatan 勅書四十道。札薩克圖與其父舒爾哈齊亦在同一 mukūn，領第五 Tatan 勅書十道。武爾古岱哈達孟格布祿子，妻太祖女莽古濟（哈達公主），萬曆二十七年淸太祖滅哈達，二十九年明令復其國，後復滅之。當時亦享有勅書三十道。另外一個現象是，太祖等得力人物，如五大臣額亦都、何和里、費英東、安費揚古、扈爾漢等都在太祖的第一 mukūn。其他人物，根據八旗滿洲氏族通譜亦多可考。

「褚英屢有功，上委以政，不恤衆，諸弟及羣臣愬於上，上浸疏之。褚英意不自得，焚表告天自訴，乃坐詛咒幽禁，是歲癸丑。越二年乙卯閏八月，死於禁所，年三十六。明人以爲諫上毋背明，忤旨被譴，褚英死之。明年，太祖稱尊號。」(註一) 東華錄康熙四十七年九月庚寅上諭云：「昔我太祖高皇帝時，因諸貝勒大臣訐告一案，置阿爾哈圖土門貝勒褚燕於法。」(註二) 褚英之死，由於兄弟間之鬥爭，主要是可能其「執政」後將來可能爲繼承人的暗示。太祖在「委政」於褚英之時，即有「我以長子執政，就唯恐國人會發怨言。」的話。也可知此是與傳統習慣不合的。所以褚英死後，由於此一暗示作用，演成代善與皇太極的衝突爭鬥。

褚英死後，太祖諸子中掌握兵權最重要的人物，一爲代善，一爲皇太極。代善爲褚英同母弟，太祖第二子，長皇太極九歲，與舒爾哈齊、褚英等屢出征，太祖嘉其勇，賜洪把圖魯封號。八旗建立後，領兩紅旗。爲人寬柔，能得衆心。(註三) 皇太極「英勇超人」，「沈默寡言」，亦爲太祖喜愛，令專管朝鮮事。(註四) 二人位次相逼，由於褚英受命執政可能爲繼承人的暗示，因而又引起彼此間的鬥爭。滿洲老檔秘錄記大福晉獲罪大歸故事卽由此引起。故事云天命五年三月，皇妃泰察告太祖，大福晉以酒食與大貝勒(代善)者二，大貝勒皆受而食之。與四貝勒（皇太極）者一，四貝勒受而未食。大福晉日必二三次遣人詣大貝勒家，又深夜私自外出二三次，似此跡近非禮。於是太祖命人查究，云大福晉以太祖曾言俟千秋萬歲之後，以大福晉及衆貝勒悉託諸大

(註一)　清史稿列傳三，廣略貝勒褚英傳。明人記載：東夷考略建州女直考、山中聞見錄卷一建州一，於萬曆四十一年三月條下敘述清太祖侵奪南北關事時云：「長子洪把兎兒，一語龍兵，隨奪其兵柄，囚之獄。」博物典彙卷二。建州女直：「長子數諫酋勿殺弟，且勿負中國，奴亦囚之。」

(註二)　王氏東華錄卷八二。所謂諸貝勒大臣訐告事，萬曆四十一年滿文老檔記之甚詳。謂太祖以其爲長子而委以國政，因褚英心胸褊狹，與諸弟及五大臣交惡，爲彼等聯合訐告，於是太祖乃奪其職權，並收其所有戶口財產與諸弟平分。這一年秋天征烏喇時，未令其隨行，並派其同母弟代善留在城中看守監視。見陳捷先：滿洲叢考(七)清初繼嗣探微頁八一，臺灣大學文史叢刊。

(註三)　李民寏柵中日錄建州聞見錄，陳捷先滿洲叢考(七)清初繼嗣探微頁八五引。又頁八一譯引滿文老檔於萬曆四十一年太祖囚褚英時一段記載內云：「我因爲你同母生的兄弟二人年紀比較大些，所以多給你們國人五千戶，收羣八百頭，銀子一萬兩，勅書八十道，而給我愛妻所生的其他諸幼子，在人口、勅書以及其他物品方面都較你們爲差。」褚英同母弟爲代善。

(註四)　朝鮮李朝實錄光海君日記卷一六九，辛酉年（天命六年）九月初九日條。

貝勒，所以傾心於大貝勒。於賜宴會議之際，大福晉必艷妝往來大貝勒之側。太祖聞言，不欲以曖昧事加大貝勒罪，乃假大福晉藏匿金帛，擅自授受，遣令大歸。（註一）大福晉即莽古爾泰、德格類的生母。這顯然是二人爭取繼承，並運用內部關係，相互鬥爭。

第二年，又有阿斗事件，朝鮮實錄：「蓋奴酋有子二十餘人，而將兵者六人，長子早亡，次貴盈哥（代善）次洪太主（皇太極）……貴盈哥特尋常一庸夫，洪太主雖英勇超人，內多猜忌，恃其父偏愛，潛懷弒兄之計。有阿斗者，酋之從弟也。勇而多智，超出諸將之右，前後戰勝，皆其功也。酋嘗密問曰：諸子中誰可以代我者？阿斗曰：知子莫如父，誰敢有言。酋曰：第言之。阿斗曰：智勇俱全，人皆稱道者可。酋曰：吾知汝意之所在也。蓋指洪太主也。貴盈哥聞此深唧之。後阿斗密謂貴盈哥曰：洪太主與亡可退（莽古爾泰？）阿之互將欲圖汝，事機在迫，須備之。貴盈哥見其父而泣，酋怪問之，答以阿斗之言。酋即招三子問之，曰自言無此〔語甚詳悉〕。酋責問阿斗，以為交搆兩間，鎖枙〔而〕囚之密室，籍沒家貲。」又云：「傳曰：洪太主把兵權，則貴永介何處去乎！雖生存而如此云乎！」（註二）可見二人間的磨擦鬥爭情形。

（二）　四大貝勒輪值機務與太祖八家執政選汗的構想：

由上述事件，可知清太祖為繼承問題的困擾情形。這其中有傳統習慣的束縛，有現實情勢的要求，或者也有漢人文化的影響。朝鮮實錄記阿斗事在天命六年九月之下，得諸出使探訪夷情人歸來的報告，但未言發生的確實時間。不過就這年二月令代善等四大貝勒輪掌機務而觀之，可能是在二月以前。

四大貝勒輪掌機務事，太宗實錄云：「先是，天命六年二月，太祖命四大貝勒按月分直，國中一切機務，俱令直月貝勒掌理。及上即位，仍令三大貝勒分月掌理。」（註三）四大貝勒為代善、莽古爾泰、阿敏、皇太極。令四大貝勒按月分值，大概是

（註一）　滿洲老檔秘錄上編，大福晉獲罪大歸條天命五年三月。

（註二）　朝鮮李朝實錄光海君日記卷一六九，辛酉（天命六年）九月初十日條。又十七日條。又武皇帝實錄於天命六年正月十二日有太祖與代善、阿敏諸子侄等對天焚香祝禱的記載云：「吾子孫中縱有不善者，天可滅之，勿令刑傷，以開殺戮之端。………」此段記載，前後無其他直接事件可以相聯，或與阿斗事件有關，並念及以前除弟殺子事而感發。

（註三）　太宗實錄卷五，天聰三年正月丁丑條。

阿斗事件發生以後為緩和彼此爭權鬥爭想到的辦法。

　　一年以後又有八家共理國政的訓示，可能也是由四大貝勒輪月理事所推衍成的想法。武皇帝實錄卷四，天命七年三月初三日，「八固山王問曰：上天所予之規模，何以底定？所賜之福祉，何以永承？帝曰：繼我而為君者，毋令強勢之人為之。此等人一為國君，恐倚強恃勢，獲罪於天也。且一人之識見，能及眾人之智慮耶！爾八人可為八固山王，如是同心幹國，可無失矣。八固山王爾等中有才德能受諫者，可繼我之位。若不納諫，不遵道，可更擇有德者立之。倘易位之時，如不心悅誠服而有難色者，似此不善之人，難任彼意也。」並提出八家共同幹國的具體辦法，「八王理國政時，或一王有得於心，所言有益於國家者，七王當會其意而發明之。如己無能，又不能贊他人之能，但默默無言，當選子弟中賢者易之。更置時如有難色，亦不可任彼意也。八王或有故而他適，當告知於眾，不可私往。若面君時，當聚眾共議國政，商國事，舉賢良，退讒佞，不可一二人至君前。」這一個統治型態的構想，可以說是一個合議政體，不僅諸旗主貝勒得合議推舉及罷免共同領袖，即八旗中任何一個旗主貝勒，如己既無能，又不能贊助他人之能，亦得選子弟中賢能者為之。使每一旗都能有有才德者統領本旗，共幹國事，維護共同的利益。

　　太祖所定的八家幹國與共同選汗的辦法，與旗制的組織有密切的關係的。清太祖的政權，本來是由氏族社會的廢墟上建立起來的，後演變成家族政權與旗制組織。諸子侄既分領部眾，各有人戶，旗間地位，又平權並列，為了維護這一體制，當然必須有一個能共同接受的領袖，領導協同相處。也可以說有了八旗制度的特殊組織，而後有八家幹國的合議政體；八家合議幹國的政體，以維繫八旗共事分權的組織。同時，在清人當時所處的環境來說，與明戰爭，已結不可解，無論是保持已得的利益，或與明和談建立新的相處關係，都必須有一個能幹的領袖，整飭力量，堅強的持續下去。清太祖想想自己年事已高，內部外部種種複雜問題，一旦去世，子孫如何繼業承家，維護這個剛剛新興的政權，的確是一個相當嚴重的問題。所以經過一連串的事件之後，認為選汗也許是最妥善的辦法。（註一）而且這又是北方民族舊有的習慣，對女眞人來

（註一）　清太祖對選立的辦法，頗為傾心。天命八年五月並致書科爾沁奧巴台吉及其眾貝勒，勸彼等選汗治國。滿文老檔：「三十日與科爾沁的奧巴台吉及其眾貝勒送的書說：……你們科爾沁，先前內部弟兄間為了爭奪財物牲畜而生亂，很苦吧！………你們還是在你們之內選一人出來作汗，眾人聯合起來，那樣察哈爾、喀爾喀想要侵犯你們就不可能了。………如果選出了某人作汗以後，若有不合適處，亦可以將其罷免。」見本文頁二註一，廣祿、李學智老滿文原檔與滿文老檔之比較研究頁一〇一。

說，在觀念上也是容易接受的。

　　為了維持八家執政能勢力均衡，和睦相處，所以在天命十一年六月二十四日又訓諭諸貝勒曰：「昔我寧古塔諸貝勒及董鄂、王甲、哈達、烏喇、輝發、蒙古諸國，俱溺於貨財，輕忠直，尚貪邪，兄弟之間，爭貨財，互相戕害，以致敗亡。……朕鑒於此，令八家之中，遇有所獲，卽衣食之類，必均分，毋私取焉。故預立規制，俾八家各得其平。……至諸貝勒於兄弟中，有過卽當直諫，勿優容。若能力諫其過，乃可同心共處。」遂書此訓辭，賜諸貝勒。七月初五日，又諭諸貝勒曰：「爾八和碩貝勒，見人有不善，一人非之，眾亦同聲指責之，則不善自知其非而順受矣。苟眾人不言，而一人獨非之，彼不善者必以爲此一人者，何獨厚責於我也，其惡我也。若責人者言或未當，眾人亦當諫之。眾諫，當卽受，勿自慚，遂巧飾其非，而執辨不已焉。」（註一）實錄在這一段話之後，又有訓諭諸子姪如何治理國家及統率屬眾的話。七月二十三日，感到不豫，赴清河溫泉沐養。十三日後，病劇，還京，八月十一日卒於途中距瀋陽四十里外之靉雞堡。從時間上看，這一段訓言，可以說是太祖重申八家共同幹國的最後遺命了。

　　㈢　皇太極取得汗位繼承的經過：

　　皇太極的取得繼承，清、朝鮮、明三方史料有不同的記載。太宗實錄謂太祖卒後，代善子岳託與薩哈廉入告其父，國不可一日無君，事宜早定。皇太極才德素着，人心悅服，可繼大位。於是三人議定。次日，諸王羣臣集於公署，代善乃出示議定書詞於阿敏、莽古爾泰及諸貝勒等，皆曰可。而皇太極辭以太祖無令其繼立之命，況兄長俱在，不敢背倫而立。於是雙方推辭往返，自卯自申，而後從之。世祖實錄追論多爾袞罪狀時的詔書中有「自稱皇父攝政王，…又親到皇宮院內，以爲太宗文皇帝之位，原係奪立，以挾制皇上侍臣。」朝鮮方面的記載，謂太祖臨死時告代善云，多爾袞當立而年幼，汝可攝位，後傳於多爾袞。代善以爲嫌逼，遂立皇太極。又云臨死時命立世子代善，代善告皇太極曰，爾智勇勝於我，須代立。皇太極略不辭讓而立。（註二）明實錄則謂代善與皇太極相爭不下。（註三）

（註一）　太祖高皇帝實錄卷十，天命十一年六月乙未條、七月乙亥條。
（註二）　內藤虎次郎讀史叢錄，清朝初期の繼嗣問題引燃藜室記述日月錄。
（註三）　明熹宗實錄卷七一，天啓六年九月丁酉、戊戌條。

　　根據三方記載，其中可歸納爲五個問題：㈠皇太極之得位，非由於太祖遺命。㈡清太祖有意立多爾袞。㈢有意命代善繼承。㈣代善與皇太極互相爭立。㈤皇太極在各方妥協下取得繼承。

　　這五個問題中第一個問題，實錄已明白言之，無須討論。第二個問題，令多爾袞繼承，以清太祖的老謀深算，對代善與皇太極兩個最爲得力的兒子，尚不能擇立，在此四面受敵，又寧遠新敗，將來結果如何難以預料的嚴重情勢下，命年僅十五歲的幼子繼位，如何駕馭各旗，支撐此動盪危局，承擔掌握部族命運的重任？而多爾袞到天聰二年始爲管旗貝勒，如擬立多爾袞，當命其主管一旗。（註一）在太祖時分配牛彔，多爾袞與兄弟阿濟格、多鐸相等，未見有特別優遇之處。如說依幼子繼承習慣，亦當立多鐸。太祖死後，其所領十五牛彔，阿濟格、多爾袞要求與多鐸均分，太宗以雖無太祖遺命，理宜分與幼子，所以悉數給予多鐸。（註二）卽以代善攝位，當亦會考慮到皇太極與代善間的衝突情形。至於多爾袞所說太宗原係奪立的話，也可以說是在諸貝勒議選繼承人之時，太宗爭之強，迫使代善退出爭逐。又關於諸貝勒逼使多爾袞生母殉葬事，謂乃應立多爾袞，太宗旣已奪位，遂不得不使之殉葬，以除後患。然此亦未必卽與太宗得位有關，妻妾殉葬，這是當時清人的習慣。夫死，生前相悅之妻或妾必有殉葬，而且是生前指定，不容辭，亦不容他人代替。（註三）多爾袞母殉葬，武錄亦云爲太祖生前所定。（註四）又有謂太宗卽位後，對多爾袞之愛護扶植，信任重用，出於諸貝勒之上，或與此有關。實則多爾袞之得寵，一方面是由於其才智確非他人可比，一方面是太宗在攏絡兩白旗。否則，旣奪其位，又極重用其人，豈不自召後患。

（註一）　太宗實錄卷四，天聰二年三月庚寅，阿濟格以事革固山貝勒任，以多爾袞代之。

（註二）　同上卷四六，崇德四年五月辛巳條：「昔太祖分撥牛彔與諸子時，給武英郡王十五牛彔，睿親王十五牛彔，給爾十五牛彔，太祖亦自留十五牛彔，及太祖升遐，武英郡王、睿親王言，太祖十五牛彔，我三人宜各分其五。朕以爲太祖雖無遺命，理宜分與幼子，故不允其請，悉以與爾。」

（註三）　莽古爾泰死後其大福金及一妾殉葬。見太宗實錄卷十二，天聰六年十二月乙丑條。又寧古塔志：「男子死，必有一妾殉，當殉者卽於生前定之，不容辭，亦不容僭也。當殉不哭，艷粧而坐於炕上，主婦率其下拜而享之，及時，以弓弦扣環而殞。倘不肯殉，則羣起而縊之。」

（註四）　國朝史料零拾卷一：「太祖時，墨爾根王（卽多爾袞）生母與阿巴泰夫婦欲陷太宗，所行諸惡事，臣等盡知。」阿巴泰爲多爾袞母舅，並尙公主。見世祖實錄卷一，崇德八年八月乙亥條。又太宗實錄卷四，天聰二年六月庚寅條：「上以國舅阿布泰讒惡，諭諸貝勒勿與結婚姻。」

　　第三個問題爲令代善繼位。如果太祖有意令代善繼位，應早有安排，前述代善與皇太極的爭鬥情形，生前尙不能定，臨終更不至遽而令其繼承。而代善也根本沒有被立爲世子，除朝鮮記載有命「世子」代善立的字樣以外，再找不出有關聯到代善爲「世子」身份的任何線索。李民寏建州聞見錄謂「奴死之後，則貴盈哥（代善）必代其父，胡中稱其寬柔，能得眾心云。」李民寏是薩爾滸之戰時朝鮮軍隊降人，天命五年七月放還。所謂必代其父，蓋得自胡中對代善印象與期待之傳聞。是年三月發生大福晉事件，李民寏尙未放歸，如代善已爲「世子」，則不必有此想像推測之說。

　　第四個問題，代善與皇太極的爭立，爲當時實情，這是由選汗而產生的。就上面所述二人在太祖時地位，也只有二人最有當選的可能，所以在代善與皇太極競爭未定之時，阿敏曾向皇太極提出交換條件。實錄記崇德四年八月論傅爾丹罪狀時云：「太祖皇帝晏駕哭臨時，鑲藍旗貝勒阿敏遣傅爾丹謂朕曰：我與諸貝勒議立爾爲主，爾卽位後，使我出居外藩可也。朕聞之駭異，乃召饒餘貝勒阿巴泰與超品公額駙揚古利、額駙達爾哈，及楞額禮、納穆泰、索尼等六人至，諭以貝勒阿敏遣人告朕，有與諸貝勒議立爾爲主，當使我出居外藩之語。若令其出居外藩，則兩紅兩白正藍等旗，亦宜出居於外，朕統率何人，何以爲主乎？若從此言，是自弱其國也。皇考所遺基業，不圖恢廓，而反壞之，不祥莫大焉。爾等勿得妄言。朕又召鄭親王問曰：爾兄遣人來與朕言者，爾知之乎？鄭親王對曰：彼曾告於我，我以其言乖謬，力勸阻之，彼又反責我儒弱，我用是不復與聞。傅爾丹乃對其朋輩譖朕曰：爾等試觀我主迫於無奈，乃召鄭親王來，誘之以言耳！」（註一）

　　第五個問題，是皇太極如何取得被選立。在代善與皇太極的爭立中，最後汗位落於皇太極之手，關鍵在於代善二子岳託與薩哈廉之勸說其父。這不是純出於推讓，而是基於經過父子三人對當時整個情勢分析後所做的決定。太祖又是在新遭一次從未有的大挫敗後去世，明人氣勢甚壯，而國內又貧困不堪，畏疑震撼，人口逃亡，只有領導前進開拓，方能重振民心士氣。在這一方面來說，代善是不如皇太極的。皇太極傾向前進，代善主張保守。例如二人對朝鮮的態度卽完全不同。朝鮮實錄：「奴酋子婿甚多，其爲將者三人。第三子洪太時（皇太極）常勸其父欲犯我國，其長子貴永介

（註一）　太宗實錄卷四八，崇德四年八月辛亥條。

（代善）則每以四面受敵，讎怨甚多，則大非自保之理，極力主和，務要安全。非愛我也，實自愛也。」(註一) 亂中雜錄續錄：「酋與諸將會議我國之事，第三子曰：朝鮮與南朝同父子，而不欲相和，又無送禮，當盡速殺其將士（薩爾滸之戰俘降之朝鮮官兵），仍舉兵以擊之可也。長子貴永介卽怒而起。酋呼問之，曰：與南朝相戰，不可不與朝鮮相和。陣之約（朝鮮軍隊投降時之約定）不可負也。盡殺將士，決不可爲。酋曰：當從汝言云。」(註二) 因爲一主和，一主戰，所以朝鮮政府想盡辦法，分別向代善、皇太極送禮，「揣摩其情，密密行間，使洪太主不得專管東事，則似足以款兵緩禍。」(註三)

在駕馭諸將之權術方面，代善亦不如皇太極，朝鮮實錄說代善尋常一庸夫、寬柔，而皇太極則英勇超人。又如仁祖實錄：「上又問曰：汗（太宗）之容貌動止如何？（朴）𥳑曰：容貌則比諸將稍異，動止則戲嬉言笑，無異羣胡。飲食及賞物必手自與。每於宴飲，置酒器數十餘，呼愛將於床下，親酌而饋之。蓋收合雜種故，患不能一其心耳！」「右議政崔鳴吉囘自瀋陽。上曰：卿見汗至再，其爲人何如？對曰：言甚浮雜，然未必不出於戲慢。」(註四) 又亂中雜錄：「臣等詳見，汗之爲人，跋扈之氣，現於顏面，而沈默寡言，動止亦重。議論之間，或似識理者之所言，眞是虜中之雄，而不可以禽獸視之。」(註五)

同時根據太祖所定旗制組織，各有人戶，各有所屬，凡有所獲，平分共享，八家幹國，共議政事。繼位者如不納諫，不遵道，可易之另立。在此情形下，「汗」只是一個名義上的共同領袖，共同決議的執行人，並無何特別權益。

實錄云岳託與薩哈廉「相機」入告其父云云。蓋當時爭執不下，岳託與薩哈廉經過商議後，乃一同入見其父，分析內外情勢，太宗卽位時祝文中有「今我諸兄弟子

(註一)　朝鮮實錄光海君日記卷一四七，己未年（天命四年）十二月十七日條。又卷一六八，辛酉年（天命六年）八月二十八日條：「此賊之於我國，貴永介主和，洪太主主戰，和戰異議，所見相左。」

(註二)　續錄葉四八，光海君己未年六月初三日條。葉五二，同年十一月條。

(註三)　朝鮮李朝實錄光海君日記卷一六八，辛酉年八月二十八日條。卷一六九，同年九月初九日條。又補註云：「洪太主卽酋第三子，每有東搶之意，其兄貴盈介止之。」

(註四)　朝鮮李朝仁祖實錄卷二五，九年閏十一月壬戌條。同上卷三六，十六年三月己巳條。又卷三七，十六年八月甲午條：「上曰：汗之爲人何如（朴）𥳑曰：和易近人，無悍暴之擧，且能教睦於兄弟矣。」

(註五)　續錄葉八九，仁祖戊辰（清太宗天聰二年）九月初三日條。

姪，以家國人民爲重，推我爲君。」的話，這當是父子們分析後的共同認識，所以經過一夜商議決定原則及附帶條件後，在第二天諸貝勒羣臣等集會共議繼位人選時，代善卽首先出示其書（蓋卽所擬原則與條件）於阿敏、莽古爾泰及眾貝勒等，表示願推立皇太極。（註一）代善在身份與地位上本爲最可能爭取繼立的人物，今願放棄爭逐，當然在原則上會取得大家同意，「皆曰可」，於是達成第一步的協議。實錄又云皇太極推辭再三，自卯至申，不得已，方始從之。這是虛詞，實際上當是雙方經過一天對基本條件的折衷商討，始獲得最後協議。

　　當時究竟有些什麼條件，已無記載（如阿敏所提條件，只是後來追論別人罪狀時的偶然流露）。皇太極卽位時雙方盟誓：皇太極在卽位後不得「不敬兄長，不愛子弟，不行正道，明知非義之事而故爲之。兄弟子侄微有過愆，遂削奪皇考所予戶口，或貶或誅。」（依文義，後文當是如所行非是，卽另行選立）諸貝勒如「忠心事上，宣力國家」，所得戶口，「世世守之」。這固然是根據太祖所定八家共同幹國，及「但得一物，均分公用，毋得分外私取。」諸兄弟子侄中「縱有不善，天可滅之，勿令刑傷。」的訓言，但也可以說是雙方妥協的最高原則，對應享權利的基本保障。又如代善、阿敏、莽古爾泰三人與皇太極平坐共議國政，自也是條件之一，因爲這與太祖時四大貝勒輪值掌理國事是完全不同的。太祖時四大貝勒按月分值，是秉命理事，主權操於太祖之手，輪值是授權。而此時的四人共坐會議，這是多頭政體，不是皇太極一人可享有決定權的。

　　同時三大貝勒與諸小貝勒之間，亦分別相對盟誓。三大貝勒若不敎養子弟，或加誣害，當凶孽而死。諸小貝勒若背父兄之訓，而不盡忠於上，搖亂國事，或懷邪慝，或行讒間，亦奪其壽算。這是對三大貝勒地位的尊重，也可說是對三大貝勒所加的管束眾小貝勒責任的約制。

三　清太宗卽位後的政治措施

（註一）　代善之封爲禮親王，可能是與此有關。但就上文所述，代善之放棄爭逐，是經過父子三人詳細分析過內外情勢的，這不是純然退讓。否則以代善與皇太極二人間的早年鬥爭如此，太祖逝世後，豈肯甘願放棄機會？此事以岳託與薩哈廉爲關鍵人物，所以太宗對二人都甚爲優容。天聰五年設立六部後，令岳託主兵部事，薩哈廉主禮部事。

　　上面說明了清太宗取得繼承大位的經過情形，就太宗卽位後所面臨的一個包括女眞、蒙古、漢人種族複雜的社會，由於民族情感所釀成的衝突仇視，征服者對被征服者的迫害蹂躪；生活方式、風俗習慣不同所造成的糾紛磨擦；以及社會上貧富懸殊，所引起的偷盜攫奪，動盪不安。更加以對外用兵，又勢不可止（無論是爲了解決人民生活，卽使是想和談，也必須以戰尋和），必須整飭武備，全力進行戰爭等種種問題。這些，都不是一個「如此三分四陸，十羊九牧」，「賞不出公家，罰必入於私室，有人必八家平養之，地土必八家分據之。」「卽一人尺土，貝勒不容於皇上，皇上亦不容於貝勒，事事掣肘，雖有一汗之虛名，實無異整黃旗一貝勒也。」（註一）的政權所能應付的。必須「奮起剛毅之精神，拿出果決之手段，如其用人，如其養民，如其立法，如其收拾人心」。方可「打點規模，擴充先汗之基業。」（註二）清太宗旣是「英勇超人」，「虜中之雄」，對這一情勢及所引發的問題，當然會體認到的，所以在卽位之後，卽一步一步試探着處理這些問題。

　　要想處理這些問題，很明顯的，首先必須衝破多頭政體的束縛，建立一個強有力的中央政權，將八旗近似獨立狀態的權力，收歸到「汗」的手中，然後始能發號施令，推行新政。但這不是一件容易的事，太祖所定的八家共權的遺訓，旗制的組織，太宗卽位時的妥協條件等，都是根本的阻力，處理不愼，不但將發生內鬨，甚至引起另選易位的問題。所以我們看到太宗在位十七年間，一切措施都在設法集中政權這一着力點上向前推進，也一直爲這些問題衝突盤旋，終且引起宗室流血事件，所幸者並未釀成變亂。下面分別討論清太宗時代的政治措施及所發生的影響。

　　㈠　擴大旗下大臣組織、職權，使掌理各旗事務：

　　清太宗在卽位後的第八天卽與諸貝勒商議設立各旗總管大臣、佐管大臣與調遣大臣。實錄云：「上以經理國務，與諸貝勒定議，設八大臣（人名略），八固山額眞，總理一切事務，凡議政處與諸貝勒偕坐共議之。出獵行師，各領本旗兵引，凡事皆聽稽查。又設十六大臣（人各略），佐理國政，審斷獄訟，不令出兵駐防。又設十六大臣（人名略），出兵駐防，以時調遣，所屬詞訟，仍令審理。」（註三）旗下這些高階

（註一）　天聰朝臣工奏議上：胡貢明五進江瞽奏天聰六年九月，陳言圖報奏天聰六年正月二十九日。
（註二）　天聰朝臣工奏議，胡貢明謹陳事宜奏天聰六年九月二十七日。
（註三）　太宗實錄卷一，天命十一年九月丁丑條。

層官員的設立，亦並非太宗所新創，王氏東華錄：「初太祖刱制八旗，每旗設總管大臣舊稱固山額眞，順治十七年改稱都統各一，佐管大臣 舊稱梅勒額眞，亦稱梅勒章京，順治十七年改稱副都統 各二見乙卯年。（註一）又武皇帝實錄天命八年正月初七日條：「傳諭曰：八固山設八臣輔之，以觀察其心，誰能於事不分人己，而俱質之公論，誰於涉己之事，不肯自任其非，而難於色，八臣當合一公論，非者即以爲非。如不從所諍，即奏之上知。一也。凡國事何以成，何以敗，當深爲籌畫。有堪輔政者，則曰此人可使從政，即舉之。有不堪任事者，即曰此人不堪任事，即退之。二也。」

八臣即八旗固山額眞，此設於乙卯年（明萬曆四十三年），這一年淸太祖曾將所有部眾加以大編組調整，釐定八旗制度，同時並建立最高幕僚組織與綜理一切軍民事務的機構。蔣氏東華錄：「又置理政聽訟大臣五人，札爾固齊十人佐理，五日一視朝，凡有聽斷，先經札爾固齊十人審問，然後言於五臣，五臣審問，言於眾貝勒，議定奏明。」（註二）又王氏東華錄：「特設議政五大臣、理事十大臣。後或即以總管一旗佐管一旗者兼之，不皆分授。」（註三）淸史稿列傳：「國初置五大臣，以理政聽訟，有征伐則帥師以出，蓋實兼將帥之重焉。」（註四）又天聰朝臣工奏議云：「自古以來，有一代興旺之君，必有一代輔佐之臣。……先汗在日，有打剌哈蝦五大臣，敢作敢言，不看臉面，知有汗而不知有人，知爲國而不知爲家。是以先汗自數十人起手，做了許多事業。」（註五）

乙卯年的大編組調整，這是淸人歷史發展上具有關鍵性的年代，不只是決定了淸初以旗制部勒所有屬人的社會組織，同時也是爲了下一個重大行動步驟的準備。所以在第二年便建號改元，向明朝正式發動大規模的進攻，建立女眞人在中國史上的第二個政權。

五大臣與十札爾固齊（武皇帝實錄稱都堂），雖有總管一旗或佐管一旗者兼之，但它可以說是超於旗制的另一個組織。五大臣是太祖的最高幕僚，「凡軍國重務，皆

（註一）　天聰一，天命十一年九月丁丑條。
（註二）　卷一，太祖高皇帝實錄卷四，繫於是年十一月下。
（註三）　天命一，乙卯年（萬曆四十三年）十一月條。
（註四）　列傳十二論贊。
（註五）　卷上，甯完我讒陳時事奏天聰六年十二月二十日。又胡貢明五進狂瞽奏天聰六年九月。

命贊決。」（註一）十札爾固齊的職掌，武錄與東華錄的記載似乎全在聽訟，其實不然。就太祖時曾任札爾固齊各人的事蹟觀之，都是才猷懋着文武兼資的人物，無事時在內理民，有事則率眾出征，權秩很崇，並非僅限於詞訟之初審審判。而且亦非五大臣下的佐貳人員，二者各有其職掌範圍。如費英東於初設五大臣時列五臣之選，仍命其領札爾固齊如故。札爾固齊的設立，本遠早於五大臣，噶蓋任札爾固齊在萬曆二十一年以前，費英東在萬曆二十六年以前。蓋先時太祖所屬部眾不多，以札爾固齊管理人民間的相互問題與爭議。後部眾日多，關係亦日益複雜，又有旗與旗間的問題。這些在以往本來是由太祖自己解決的，但到旗制釐定後，感到事實上的需要，所以又設立理國政大臣以資輔佐，同時並使十札爾固齊立於旗制之外，執行職務。（註二）

　　由五大臣與十札爾固齊的設立，我們可以看出太祖的統屬系統與政權運用的最高形式。雖然建立了部勒屬民整齊劃一的旗制，分令子侄掌領，並使各享有相當的人戶及名分上的主屬關係，但這只是部勒國人的最大編組單位，對各旗指揮行動的一切權力，仍握在太祖自己的手中。不過從另外一方面看，八旗總管大臣、佐管大臣及五大臣、十札爾固齊等的設立，也表示着清太祖政權的內部構成關係。清太祖由一個家族而向外擴展，隨着征服日廣，部眾日多，當然需要建立完整的指揮領導體系。但在征伐擴展的過程中，對於參與鬥爭的較大族羣，不得不採取適應情勢的聯盟策略，給予這些領袖人物家族應有的權利。這從彼此的婚姻關係，牛彔組成型態，職位繼承，賞罰輕重等情形中，可以很清楚的看出來。同時將當時任命的這些高階層人物的來歷、家族、管領牛彔、及所佔人戶加以分析，更可以明顯的表示出他們的地位與分量。雖然隨着太祖諸子侄的長成，家族集權日益加強，如五大臣理政制度由於彼等的相繼去世，也無形取消了。（註三）但天命八年正月諭八固山輔臣的話，無異是肯定的說明了他們在參與這個汗國政權中應有的地位。

　　上文說太宗即位後設立的各旗大臣是與諸貝勒共議而設立的，這可能是部份人選

（註一）　嘯亭雜錄卷二，五大臣條。

（註二）　鄭天挺清史探微（三）釋札爾固齊條。

（註三）　五大臣除費英東外，其餘皆在天命年間先後去世。扈爾漢卒於三年，額亦都卒於六年，安費揚古卒於七年，何和里卒於九年。八旗滿洲氏族通譜又有四大臣的記載，惟止見一二人，亦不詳設立年月。

的補充變動與新增設十六調遣大臣的關係。雖然這是遵依太祖的舊制，但對太宗來
說，却具有着新的意義與作用。太祖時雖然五大臣理政制度取消了（這與無此身分地
位重要的人選也有關係），但並沒有取消十札爾固齊。太宗即位後能在八旗之外另有
這麼一個組織，當然是十分重要也十分需要的。但此時太宗的情形與太祖不同，太祖
是以創業領袖與家長之尊的地位領導子侄，統治這個汗國，而太宗却沒有這個有力的
統治因素。雖然名義上他是共同領袖，但在旗分與八家關係上他只是一旗的貝勒，因
此札爾固齊也就跟着取消了，而不得不在已存的制度上着眼，這便是加強太祖時旗下
大臣的辦法。新設的八旗大臣（固山額眞）不但與貝勒偕坐議政，率本旗兵出師行
獵，稽查旗下一切事務，並監察輔導本旗貝勒。貝勒有罪，如未規諫告發，須負有連
帶責任。（註一）本旗貝勒如有所陳請，亦須經由彼等轉達。他們是各旗下的最高副統
帥，有點像漢代王國的相，也可以說是各旗下的最高政治指導員，所以太宗常說固山
額眞卽是一旗之主。雖然這些旗下大臣都是由本旗人充任，但須受中央指揮監督以執
行職權。如旗下有違法犯紀，行事不當情事，繩以職責，自較透過貝勒便於控制，且減
少了太宗與諸貝勒間直接衝突的可能。從另外一方面看，旗下大臣人數的增加，與職
責的擴大，便是相對的使貝勒對本旗控制力量的減弱。

　　太宗在八固山額眞與十六佐管大臣之外，又增設了十六個調遣大臣，（事實上十六
佐管大臣也常調遣出征，此例甚多，出征正是他們解決經濟問題的機會。（註二））這四十
個旗下的高級官員，從他們所屬的家族姓氏分析，除去七人是宗室與覺羅之外，其餘分
散在十五個姓族之中。這十五個姓族是：瓜爾佳氏五人、伊爾根覺羅氏四人，那木都
魯氏四人，鈕祜祿氏三人，佟佳氏二人，納喇氏三人，董鄂氏二人，郭洛羅氏二人，
完顏氏二人，兆佳氏二人。其餘戴佳氏、輝和氏、薩克達氏、虎爾哈氏各一人。這些
都是當時較大、分佈地區較廣的族羣。有六個是後來所說的與皇室通婚的八大家，共計
十八人。八個是五大臣的家屬，三個是札爾固齊的家屬，五個有姻親關係。這其中沒有蒙
古人，更沒有漢人。另一個現象是，正藍旗五人中四人是覺羅，一人是根伊爾覺羅

（註一）　如鑲黃旗大臣額駙達爾哈，當阿巴泰獲罪時，以其「有傅導之責，不能勸諫其過，反以其言奏上，因
　　　　解固山額眞任。」大宗實錄卷三，天聰元年十二月辛丑條。
（註二）　固山額眞亦審理詞訟，如太宗實錄卷五十，崇德五年閏正月癸未條：「諭各固山額眞曰：今遣爾等往
　　　　各處地方，稽察窮民，審理冤獄，爾等須各親至分屬屯堡，巡行料理，毋使民間冤抑，不得上聞。」

氏。鑲白旗五人中三人是額亦都之子。正黃旗中二人是楊古利之弟，阿山兄弟同在正白旗。

　　這裡應當說明的，太宗的增加各旗大臣人數，固然是由於旗下事務日繁，事實發展上的需要，但也可說是擴大了各族姓的參政權力，給予愛新覺羅族姓以外人的更多參加政權的機會。清太祖的政權，本來是從氏族社會的廢墟上建立起來的，這些人物，多是部族酋長或其父兄早先率眾歸服，所以必須重用他們，提高他們的地位。對這些族姓來說，這是政權的開放。對太宗來說，這是使旗主的權力向中央凝結。因為讓這些強有力的族姓參與政權的機會增多，即是鞏固及團結他們與中央的關係，也是太宗為了進行中央集權所面臨的情勢的要求。

　　崇德二年四月，各旗又增加議政大臣，每旗三員，實錄：「命固山貝子尼堪、羅託、博洛等與議國政。每旗各設議政大臣三員，以鞏阿岱（各旗人名從略）等充任。上御翔鳳樓，集和碩親王、多羅親王、多羅貝勒、固山貝子、固山額眞、都察院承政及新設議政大臣諭之曰：向來議政大臣或出兵，或在家，有事諮商，人員甚少，倘遇各處差遣，則朕之左右及王貝勒之前，竟無議事之人矣。議政雖云乏人，而朕不輕令妄與會議者，以卑微之人，參議國家大政，勢必逢迎取悅。夫諂佞之輩，最悞國事，豈可輕用。今特加選擇，以爾等爲賢，置於議事之列。殫心事主，乃見忠誠。爲國宣力，方稱職業。爾等大要有三：廸啓主心。辦理事務，當以民生休戚爲念。遇貧乏窮迫之人，有懷必使上達，及各國新順之人，應加撫養。此三者，爾等在王貝勒前議事，皆當各爲其主言之。朕時切軫念者，亦惟此三事耳。爾等凡有欲奏之事，不可越爾固山額眞，如某事應施行，某事應入告，當先與固山額眞公議，然後奏聞。……爾等當存忠直之心爲國，愼毋怠忽，有負朝廷。」並特別強調「或有將各旗妄分彼此，明知本旗有悖亂之人，隱匿不言，及人言之，反加庇護者，尤朕心之深惡者也。八旗皆朝廷之人，但儸服奸宄，撫恤困窮，使之各安統轄，又何彼此之可分乎！」（註一）

　　實際上除了貝子尼堪等三人外，尚有二十七人。每旗三人，應爲二十四人，多出三人，不知何故。這二十七人中除四人的姓族不詳外，宗室覺羅佔四個，其餘分佈在十一個姓族，仍不出太宗初卽位時所設各旗大臣的十五個姓族的範圍。其中六姓是屬

（註一）　太宗實錄卷三四，崇德二年四月丁酉條。

於所謂「八大家」的，十人是卽位時所設大臣的家屬。不過也新增了三個姓氏，尤其是蒙古博爾濟吉特氏，這大概是因爲旗下蒙古人的關係。值得注意的是，雖然此時已有了蒙古軍旗與漢軍旗，但並沒有蒙古軍旗人與漢軍旗人擔任議政大臣。這也是說，統治階層仍然都是滿人。

　　㈡　取消三大貝勒共坐議政制度：

太祖所定八家幹國的合議制政體及太宗之得位經過，前已言之。而實際與太宗共執政權者，爲代善、阿敏、莽古爾泰三大貝勒。所以卽位後不但仍承太祖時遺制，三大貝勒按月分值，掌理國中一切機務，凡朝會或接見外國使臣，三人並與太宗左右共坐。實錄：「上詣堂子拜天，還御殿，諸貝勒暨羣臣朝見，各按旗序行三跪九叩禮，大貝勒代善、二貝勒阿敏、三貝勒莽古爾泰以兄行命列坐上左右，不令下坐，凡朝會之處悉如之。」（註一）遇有大事會議而行，或派人徵詢意見。如天命十一年十月，明袁崇煥以弔太祖喪爲名，遣人覘視內部情勢，並試探和議動向，太宗以答覆崇煥書事遣人赴三大貝勒家磋商。（註二）

三大貝勒按月分值掌理機務，非但事情易生牴觸，而且對太宗來說，當然亦十分不便，然又不能公然取消，天聰三年正月，乃假託尊敬兄長，不願煩勞爲名，而以小貝勒代之。實錄：「上集諸貝勒、八大臣共議，因令八大臣傳諭三大貝勒，向因直月之故，一切機務，輒煩諸兄經理，多有未便，嗣後可令以下諸貝勒代之。儻有疏失，罪坐諸貝勒。三大貝勒皆稱善，遂以諸貝勒代理直月之事。」（註三）官冕堂皇的理由，而輕易地剝奪了三大貝勒直接左右政事的機會。文中言傳諭三大貝勒云云，顯然此次會議事先有所安排，三大貝勒並未參加，而以諸小貝勒及八大臣共議結果告知三人，迫使接受已成事實。所云以諸貝勒代之，此後始終未見有小貝勒值月的記載。縱使有之，當然也是受太宗指揮左右的。

取消三大貝勒值月辦法後，是年十月征明時，代善與莽古爾泰卽與太宗在行軍途中因意見不合，發生固請班師不愉快事件。實錄：「上統大軍伐明，……向明境進發。辛未

（註一）　太宗實錄卷二，天聰元年正月己巳條。

（註二）　同上卷一，天命十一年十二月戊辰條。

（註三）　同一卷五，天聰三年正月丁丑條。

，大軍次喀喇沁之青城，大貝勒代善、莽古爾泰於途次私議，晚詣御幄，止諸貝勒大臣於外，不令入，密議班師。兩大貝勒既退，岳託、濟爾哈朗……眾貝勒入，至上前，見上嘿坐，意不懌。岳託奏曰：上與兩貝勒何所議，請示臣等，今諸將皆集於外，待上諭旨。上憮然曰：可令諸將各歸帳，我謀既墮，又何待爲。因命文臣將所發軍令，勿行宣布。岳託、濟爾哈朗曰：臣等未識所以，請上明示。上密諭之曰：我已定策，而兩貝勒不從。謂我兵深入敵境，勞師襲遠。若不獲入明邊，則糧匱馬疲，何以爲歸計。而明人會各路兵環攻，則眾寡不敵。且我等既入邊口，倘明兵自後堵截，恐無歸路。以此爲辭，固執不從。伊等既見及此，初何緘默不言，使朕遠涉至此耶！眾志未孚，朕是以不懌耳。岳託、濟爾哈朗眾貝勒勸上決議進取。於是令八固山額眞詣兩大貝勒所定議。……是夜子刻議定，上遂統大軍前進。」（註一）

這可以說是二人對太宗剝奪其直接掌理機務權力的反應。而太宗對此形勢處理策略，乃是進一步設法取消共坐議政制度，根本剷除其影響力量。

天聰四年，阿敏以永平敗歸被囚，天聰五年，莽古爾泰又因罪革大貝勒名號，至此僅留代善一人共坐，是年十二月禮部承政李伯龍乃揣勢度時勢，上疏請定朝會班次儀制云：「我國行禮時，不辨官職大小，但視裘服之美者，卽居前列。」於是命今年元旦朝賀，八旗諸貝勒，獨列一班行禮，外國來歸蒙古諸貝勒大臣行禮，次八旗文武官員，各照旂序行禮。」「又莽古爾泰貝勒，因其悖逆故，科罰贖罪，革大貝勒稱號。自朕卽位以來，國中行禮時，曾與朕並坐，今不與坐，恐外國人聞見，不知彼過，乃議我爲不敬，彼年長于朕，仍令並坐何如。因命大海榜式等與大貝勒代善及諸貝勒議。方議時，代善言……上諭誠是，彼之過不足介懷，揆之于禮，卽並坐亦善。」廢除共坐議政，這是對太祖所定共議國政制度的一大變更，所以當時諸貝勒贊成與不贊成者各半，後代善見情勢如此，乃「頃之又云，不特此也，竊思我等既戴皇上爲君，又與上並坐，恐滋國人之議，謂我等奉上居大位，又如三尊佛，與上並列而坐，甚非禮也。既被人議，神必聞之。神明降譴，必減紀算。倘各量才力，順理而行，自求多福，斯神祐之矣。…自今以後，上南面居中坐，我與莽古爾泰侍坐上側，外國蒙古諸貝勒坐于我等之下，既奉爲上而不示獨尊可乎。于是，諸貝勒皆曰善，議定以聞，

（註一）　太宗實錄卷五，天聰三年十月辛未條。

上從之。」（註一）於是自天聰六年元旦起，撤消共坐之制。「上即位以來，歷五年所，凡國人朝見，上與三大貝勒俱南面坐受。自是年更定，上始南面獨坐。」（註二）

　㈢　政治機構的設立：

　1.　文館——內三院

文館原稱筆帖赫包，漢語爲書房。天聰五年十二月甯完我疏云：「我國筆帖赫包之稱，於漢言爲書房。朝廷之上，豈有書房之理。官生雜處，名器未定，更易布置，止一矢口之勞，皇上何憚而不爲也。」（註三）改稱文館，不知始於何時（後人修史所改？）。太祖時先後有龔正陸（亦作六）、馬臣、歪乃、大海、劉海等管理文墨書牘事宜，朝鮮實錄：「浙江紹興府會稽縣人龔正六，年少客於遼東，被搶在其處，有子姓羣妾，家產致萬金，老乙可赤號爲師傅，方敎老乙可赤兒子書，而老乙可赤極其厚待，虜中識字者只有此人，而文理未盡通矣。」「馬臣，馬三非之子，老乙可赤副將也，年年通貢天朝，慣解華語。」「馬臣本名時下，佟羊才本名蘇屎，……歪乃本上國人來于奴酋處，掌文書，而文理不通，此外更無能文者，且無學習者。」又亂中雜錄云：「此間文書，遼人大海、劉海專掌，而短於文字，殊甚草草。兩海文筆至拙，囘書中須用尋常文字，才可解見。」（註四）是這個書辦幕僚的設置早已存在，不過此時可能沒有名稱。

　天聰六年九月李棲鳳上疏謂：「臣得侍書房，已幾七年。」（註五）大概是太宗即位以後，根據太祖原有設置，加以擴大。太宗實錄記天聰三年四月分爲兩值，「巴克什達海同筆帖式剛林、蘇開、顧爾瑪渾、托希戚等四人，繙譯漢字書籍。巴克什庫爾纒同筆帖式吳巴什、查素喀、胡球、詹覇等四人，記註本朝政事，以昭信史。」（註六）這些多是滿人，實際上漢人在書房爲秀才者見於天聰朝臣工奏議的，尙有高士俊、王文奎、范文程、李棲鳳、鮑承先、甯完我、楊方興、馬國桂等。實錄所記八人，可能

（註一）　太宗實錄卷十，天聰五年十二月丙申條。又清朝實錄太宗卷二，同日條。
（註二）　同上卷十一，天聰六年正月己亥條。
（註三）　太宗實錄卷十，天聰五年十二月壬辰條。
（註四）　朝鮮李朝宣祖實錄卷七○，二十八年十二月癸卯條。卷七一，二十九年正月丁酉條。卷一二七，三十三年七月戊午條。亂中雜錄續錄葉四一，光海己未年。
（註五）　天聰朝臣工奏議卷上，李棲鳳盡進忠言奏天聰六年九月。
（註六）　太宗實錄卷五，天聰三年四月丙戌條。

是依旗分分配，每旗一人。

雖然書房人數已如此之多，並有大榜式、小榜式、秀才等名目，但並無正式官制上的名色。稱爲書房，大概是時人依其工作性質的稱呼。天聰六年九月王文奎奏疏云：「今日之書房，雖無名色，而其實出納章奏，卽南朝之通政司也。民間之利病，上下之血脈，政事之出入，君心之啓沃，皆係于此。自大海棄世，龍識革職以來，五榜什不通漢字，三漢官又無責成，秀才八、九人，闃然而來，羣然而散。遇有章奏，因無職守，上前者有招攬之嫌，退後者有謙避之美，彼此互推，動淹旬日。章奏之內，有言在事先，而及汗覽之日，又在事後，竟何益哉！日復一日，愈久愈弛。」（註一）

漢人所說書房之重要性，這是有意誇張，事實上只是記註繙譯與收掌文書的八旗共同書記，談不上什麼「朝廷咽喉」機密重地，所以衆人「眼中無書房層官」，大海一死，「書房事宜，竟無專責，其櫃子中所貯文書，人得亂動。」（註二）

及至六部建立之後，曾有人建議倣六部之制，用貝勒一人主管書房事務。書房秀才楊方興奏云：「書房中當用貝勒，書房實六部之咽喉也，一切往來國書，暨官生奏章，俱在于斯，若無總理之人，未免互相推諉。臣遍觀金漢中無人當此大任，亦不敢當此大任，皆恐日久生嫌。臣想六部皆有貝勒，而書房獨無，乞皇上擇一老成通達政事的貝勒，在書房中總理，不必每日勞動他，恐褻貝勒之尊，或三、五日來一次，內則查點書房本稿，外則代伸六部事務。凡大小章奏，先與貝勒說過，該進上者進上，該發部者發部，庶書房官生有頭領，好用心做事。再各分執掌，總聽貝勒約束，方成個大規矩。」（註三）

書房中設主管貝勒，太宗未接受，此蓋與太宗之中央集權計劃有關（太宗雖然可以取消四大貝勒共坐議政，但不能取消八旗貝勒議政權利），在當時書房雖然不被人重視，但太宗正在逐步擴大其權力，例如令彼等與諸貝勒共同議事，（註四）處理正藍旗事件時，諸貝勒所上議處辦法與太宗心意不合，乃傳示己意於書房諸人，令擬妥原則後持與諸貝勒覆議。（註五）書房如設立貝勒，在指揮運用上便不能如此方便。同時根

（註一）　天聰朝臣工奏議卷上，王文奎條陳時宜奏天聰六年九月。
（註二）　同上，李棲鳳請示書房事宜奏天聰六年十一月。
（註三）　同上，楊方興條陳時政奏天聰六年十一月十八日。
（註四）　太宗實錄卷十四，天聰七年五月丁酉條。
（註五）　同上，卷二六，天聰九年十二月辛巳條。

據八家議政幹國制度，由貝勒一人主持書房，亦將引發許多問題。

　　時並有請依明制設立內閣者，令總裁六部之事，「凡八家固山，六部承政，有疑難大事，先赴閣公議，務要便國利民，方得奏請聖旨，裁奪施行。」（註一）此雖未接受，但天聰十年三月，隨着即將來臨的稱帝改元，乃先將書房改爲內三院，令籌備諸事。實錄記三院職掌，內國院：職掌「記註起居詔令，收藏御製文字，凡用兵行政事宜，編纂史書，撰擬郊天告廟祝文，及陞殿宣讀慶賀表文，纂修歷代祖宗實錄，撰擬礦誌文，編纂一切機密文稿，及各官章奏，掌記官員陞降文冊，撰擬功臣母妻誥命，印文，追贈諸貝勒冊文。凡六部所辦事宜，可入史冊者，選擇記載。一應鄰國遠方往來書札，俱編爲史冊。」內秘書院：職掌「撰與外國往來書札，掌錄各衙門奏疏，及辯冤詞狀，皇上勅諭，文武各官勅書，竝告祭文廟，諭祭文武各官文。」內弘文院：職掌「注釋歷代行事善惡，進講御前，侍講皇子，並敎諸親王，頒行制度。」（註二）

　　就三院職掌而言，這是做明會典所載內閣與翰林院職掌雜揉而來的，最初所定職掌範圍，當然沒有這麼堂皇，後經修史者加以舖敍。每院設有大學士，下有學士、承政、理事官、舉人、生員等。三院職司，既較書房爲擴大，而且亦成爲正式編制的機構。由於彼等得隨時「出入禁庭」，故隨着太宗集權的進展，凡臣下章奏，由其轉達，並與諸貝勒大臣共議國事，傳宣政令。而出使、招降等臨時派遣，亦多由彼等任之，所以漸成爲「喉舌」之司。三院官員，多拔自出身低微者充任，以漢人居多，成爲太宗推行中央政權的心腹策劃機構，凡事有關各旗而不便令貝勒等參加者，皆令彼等集議以聞，假手彼等以表示自己旨意。

　　2.　六部：

　　在太宗立法建制的設置中一件劃時代的大事，是正式在旗制之外設立了一套行政機構，這是由部落組織走入國家形式的一大進步。一方面是由於人口眾多，事務日繁，尤其是包括女眞人、漢人、蒙古人，不同的文化背景，不同的生活方式與風俗慣習，更需要建立一個統一的管理機構，設官理事，不能再像以前一樣，由各旗各自處理。這樣，不但行動不能劃一，易生牴觸，而且會造成旗與旗間的糾紛磨擦。一方面是太宗在其集權的策略中，也想在旗制之外另建立一套機構，統理八旗事務，以轉移八

（註一）　天聰朝臣工奏議卷上，馬光遠敬獻愚忠奏天聰六年十一月二十八日。
（註二）　太宗實錄卷二八，天聰十年三月辛亥條。

旗貝勒對本旗的控制力量。但想建立一套行政組織，自己文化上又無所憑藉之處，可以借用的規模整齊的制度，只有取自明朝，同時在人口中又以漢人佔大多數，問題亦最多，於是乃倣明朝中央政府組織的形式，設立六部。

六部設立於天聰五年七月，這也是投降的漢人所建議的。實錄：「（參將甯完我疏言）臣等公疏，請設六部，立諫臣，更館名，置通政，辨服制等事。疏經數上，而止立六部。……古今創業帝王，雖治術多方，法制詳備，猶不免日久弊生，況今官制未備，法度不周。……故創業帝王，慮國事無紀綱也，而置六部；慮六部有偏私也，而置六科；慮科臣阿黨，君心宜啓沃也，而置館臣；慮下情上壅，君心受欺蔽也，而置通政。此數事皆相因相制，缺一不可者。」（註一）這些漢人，以「分養」於各家，受盡欺虐凌辱，想在新官制設立後，滿人不諳政治組織，不明政治運用，勢必得利用此輩，爲之籌策謀劃，希望藉此可以討取進身之階，改善一些自身的處境。而這些人中，又以遼東人居多，他們在明朝時即受到不平待遇，今既降服，家國盡失，所以鼓勵並協助滿人建立一個局面，組成一個政權規模，謀求出路。太宗本人，亦以即位之後，一切漫無法紀，建立制度，正好假此約束各旗。同時由於漢人日多，一方面可用以安撫；一方面建官立制，亦可彌補其對明朝草野自卑的心理。

關於六部的組織，實錄與老檔所記不同，今依李學智先生所譯老檔組織如下：

部	貝勒／臺吉	承政	侍郎	啓心郎	（滿漢）十八人	筆帖式／倉長	稅課長	章京	差人／札闌
吏部	和碩貝勒或臺吉一	承政 滿二蒙二漢四 四人	侍郎十四人 滿八蒙二漢二	啓心郎 滿二蒙二漢二 四人	滿二漢二 十八人	筆帖式 滿八漢二		章京每牛彔一名	差人每旗一名
戶部	和碩貝勒或臺吉一		侍郎十四人 滿八蒙二漢二	啓心郎 滿二蒙二漢二 四人	滿十六漢二 十八人	倉長十人	稅課長 滿八漢四 十二人	章京每牛彔一名	每札闌一名
禮部	和碩貝勒或臺吉一		侍郎十四人 滿八蒙二漢二	啓心郎 滿二蒙二漢二 四人	滿二漢二 十八人			章京每牛彔一名	每札闌一名
兵部	和碩貝勒或臺吉一		侍郎十四人 滿八蒙二漢二	啓心郎 滿二蒙二漢二 四人	滿十六漢二 十八人			章京每牛彔一名	每札闌一名
刑部	和碩貝勒或臺吉一		侍郎十四人 滿八蒙二漢二	啓心郎 滿二蒙二漢二 四人	滿二漢二 十八人			章京每牛彔一名	每旗二名
工部	和碩貝勒或臺吉一		侍郎十四人 滿八蒙二漢二	啓心郎 滿二蒙二漢二 四人	滿二漢二 十八人			章京每牛彔一名	每牛彔一名

據李學智先生譯文，（註二）各部和碩貝勒或臺吉的稱呼，如「吏部的貝勒：管理

（註一）　太宗實錄卷十，天聰五年十二月壬辰條。
（註二）　見本文頁二註一，廣祿、李學智：老滿文原檔與滿文老檔之比較研究附錄：清太宗初設六部考實。

固山(旗)的貝勒，稱爲吏部的和碩貝勒。未管固山(旗)的臺吉，稱爲吏部的臺吉。」
就實錄所記，吏部爲多爾袞，戶部爲德格類，禮部爲薩哈廉，兵部爲岳託，刑部爲濟
爾哈朗，工部爲阿巴泰。 (註一) 這裡牽涉到當時各人的稱號問題（見李氏在文中對貝
勒與臺吉的解釋）。又承政下一級實錄等多稱爲參政，譯文作侍郎，恐不如實錄等書
爲是。在漢文材料中稱侍郎者僅一見，(臣工奏議中李伯龍稱禮部侍郎) 當時 稱 謂 問
題，滿漢之間，本不統一，亦不嚴格，李伯龍或以既依大明會典，自己所處地位如同
侍郎，而如此自稱。而且在六部整個組織官稱上亦無一與明六部相同，其餘都是新創職
稱，爲何獨此一級稱爲侍郎？又章京人數亦甚怪，即以每旗二十五個牛彔論，八旗二
百個牛彔，六部即需一千二百個章京，每部二百個章京如何共集任事？檔文記載，蓋
有脫漏不明之處。

六部公署建成在天聰六年八月，臣工奏議：「六部衙門修蓋已完，各部官員，剋
日入衙升座，料理部務。」(註二) 同時並頒發各部印信，實錄：「工部大臣以六部工竣
奏聞，上親往視之。……又命諸部貝勒於初入署時，率本部大臣赴闕領印，行三叩頭
禮，還部，張鼓樂。承政、參政及闔部官員，於本部貝勒行一叩頭禮，左右分次序列
坐。各部事宜，皆用印以行。其職掌條約，備錄之，榜於門外。凡各衙門通行文書，
亦用印行。於是頒六部銀印各一。」 (註三) 各部所經理諸事，每逢月之五日十日，彙
集奏聞。 (註四)

各部職掌條約，今已不可考。戶部衙門匾額，後日猶存。藩故：「盛京戶部衙門匾
額，題大金天聰六年所立。撫近門（即大東門）磚額鐘樓上石碑，均大金年號，至今
仍之。」 (註五) 當時所設各部地址，見盛京通志卷十八公署條。

建議設立六部的漢官，多不學武夫，或生員秀才之類，對明朝典制深蘊，本不甚瞭
解，皆非作法立制之才。僅知搬出大明會典，「凡事皆照大明會典行」，此與當時社會
情形，多有不合，滿人氏族社會的傳統習慣，人己間的權利義務，公私觀念，所謂法

(註一) 太宗實錄卷九，天聰五年七月戊寅條。
(註二) 天聰朝臣工奏議卷上，孫應時直陳末議奏天聰六年八月。
(註三) 太宗實錄卷十二，天聰六年八月癸酉條。
(註四) 同上卷二一，天聰八年十二月甲辰條。
(註五) 卷一，戶部匾額條。又陪京雜述古蹟條：戶部在德盛門內大街路東，吏、禮、兵、刑、工匾額俱立
書，惟戶部橫書二字，並繫大金天聰六年仲秋建立。

的意識，與大明會典的法意精神根本不能相適應。例如高鴻中陳刑部事宜奏言罪罰標
準與審判情形云：「各官犯事照前程議罰，不惟會典不載，即古制亦未之聞也。犯事
有大小，定罪有輕重，但犯些微過誤者，照前程議罰，或官箴有玷者，亦照前程議罰，
或職大職小，同犯一事者，俱照前程議罰，恐非創制之良法。凡職官犯罪，或定三四
等，一等罪罰各幾石，折銀幾兩；二等罪罰各幾石，折銀幾兩。量犯罪大小，只可依
等議罰，庶法罪兩平，人心貼服。若夫爭人一事，糧貴時無糧者逐人，惟恐不出。饑
餓者投人，惟恐不留。數年來其人尋找亦盡，近者聚訟盈庭，多借此爲騙局。……審
事混擾，凡犯事人自有正身，如正身不到，審事官必不問理。見得我國中下人犯事，
或牛彔或家主就來同審事官坐下，正犯未出一語，家主先講數遍，傍邊站立，紛紛濫
說，均思暗中屬託公事者，尚且有罪，況明明坐在一處講事，不係屬託，此係勢壓，
而法紀安在。……金漢另審，先年金漢人同在一處審事，漢人多有就延，自天聰二年
設立漢官分審，未聞有偏私不公，而沈閣前件者。近日刑曹漢官二三人與金官同審，
反致事體壅塞，不能速決。蓋因金官多漢官少，不得公同不審，以致前件延遲。」（
註一）

　　由於不能適應，所以「有么喝於今日，而更張於明日者。」「每出己見，故事多
猶豫，有做一頭，丟一頭，朝更夕改，有始無終，且必狃着故習。」而六部衙門雖
設，仍然家國公私不分，貝勒等多在家中理事。實錄：「上召文館滿漢儒臣及六部滿
漢啓心郎等入內廷，命依次坐，諭啓心郎曰：………今聞各部貝勒多在私家理事，果
爾，則設衙門何爲？此皆妄自尊大，而慢於政事也。……六部諸臣內，英俄爾岱爲人
執拗，待本旗人微有徇庇。朕思人有全德者少，彼能盡心部務，辦事明快，朕實嘉之。
其餘各部大臣，不如彼之盡心辦事者甚多。」（註二）更加以語言隔閡，漢滿衝突，其
混亂情形可想而知。

　　天聰七年八月，甯完我請於六部承政下每人設通事一人，以負上下傳達之責。疏
云：「我國六部之名，原是照蠻子家立的，其部中當舉事宜，金官原不知，漢官承
政，當看會典上事體，某一宗我國行得，某一宗我國且行不得。某一宗可增，某一宗

（註一）　天聰朝臣工奏議卷上，高鴻中陳刑部事宜奏天聰六年正月。
（註二）　太宗實錄卷一六，天聰七年十月己巳條。

可減，參漢酌金，用心籌思，就今日規模，立個金典出來。每日教率金官，到汗前擔當講說，務使去因循之習，漸就中國之制，必如此，庶日後得了蠻子地方，不至手忙脚亂。然大明會典雖是好書，我國今日全照他行不得，他家天下二三百年，他家疆域橫亙萬里，他家財賦不可計數。況會典一書，自洪武到今，不知增減改易了幾番，何我今日不敢把會典打動他一字。他們必說律令之事，非聖人不可定，我等何人，擅敢更議。此大不通變之言。獨不思有一代君臣，必有一代制作。昔漢高繼暴秦而王，禮律未定，蕭何、叔孫通一個擔當造律，一個擔當制禮。他二人不過也是個人，平空的倘然造律制禮，我們挈着會典成法，反不能通變一毫，果何謂也。臣於三年前，不自揣庸愚，造我國行軍律一册，見今存書房櫃中，大海說我國且行不得，是以未奏汗知。臣又想六部漢官開口就推不會金話，乞汗把國中會金話的漢人，會漢話的金人，挑選若干，把六部承政，一人與他一個通事。他若有話，徑帶通事奏行，再誤了事體，他又何辭。汗之左右，亦該常存兩個好通事，若有漢官進見，以便問難。」（註一）

崇德三年七月，重定各衙門官制，實錄：「先是，六部、都察院、理藩院滿洲、蒙古、漢人承政，每衙門各三、四員，其餘皆爲參政，官止二等。至是，范文程、希福、剛林等奏請，每衙門止宜設滿洲承政一員，以下酌設左右參政、理事、副理事、主事等官，共爲五等。上可其奏。於是命吏部和碩親王更定八衙門官制。」（註二）更定後的六部組織爲：

吏 部	管部貝勒	承政一人	參政左二人右三人	理事官四人	副理事官 六 人	啓心郎滿二漢二	主事（辛者庫）二人
戶 部	管部貝勒	承政一人	參政左二人右四人	十人	十五人	啓心郎滿二漢二	主事（辛者庫）二人
禮 部	管部貝勒	承政一人	參政左二人右三人	四人	七人	啓心郎滿二漢二	主事（辛者庫）二人
兵 部	管部貝勒	承政一人	參政左二人右三人	十人	十六人	啓心郎滿二漢二	主事（辛者庫）二人
刑 部	管部貝勒	承政一人	參政左二人右三人	六人	八人	啓心郎滿二漢二	主事（辛者庫）二人
工 部	管部貝勒	承政一人	參政左二人右三人	八人	十人	啓心郎滿二漢二	主事（辛者庫）二人

這一次改組，較前更爲系統化，主事之下，當有筆帖式及其他差役。就人數而

（註一）　天聰朝臣工奏議卷中，甯完我請變通大明會典設六部通事奏天聰七年八月初九日。
（註二）　太宗實錄卷四二，崇德三年七月丙戌條。

論，此次自承政至主事共一七九人，天聰五年初設六部時自承政至啓心郎共一三二人，編制擴大，參政一級人數減少，而增加理事官與副事官，分職任事，都覺方便。承政一級，每部只設一人，都是滿人，已沒有漢人與蒙古人，表示政權向滿人手中更爲集中，漢人與蒙古已不能參與高階層的決策。這是隨着改元稱帝而來的變化。啓心郎滿一、漢二，也表示着漢人在總人口中所佔的比重，及漢化的演進情形。其中沒有蒙古人，說明了所用的語言文字只有滿漢二種。另外一個現象是，如將所有承政、參政三十七人的族姓加以統計，宗室與覺羅佔四人，漢人十人，納喇氏六人，蒙古博爾濟吉特氏五人，鈕祜祿氏三人，瓜爾佳氏二人，其餘伊爾根覺羅、舒穆祿、佟佳、輝和、他塔臘、覺爾察、莽努特諸氏各一人。如以滿、漢、蒙古劃分，滿人佔百分之五九強，漢人佔百分之二七強，蒙古佔百分之一三強。又滿人中納喇氏人數最多，以其爲太宗舅家。

　　3.　都察院

　　六部設立後，漢官又請置立臺諫言官，「凡國家政令之得失，百僚任事之忠佞，許其風聞，不時論劾。所言者實而可行，卽宜擢賞；所言者詞雖涉虛，亦宜包容。」「國之有諫臣，猶人之有耳目也。人有耳目，則行走皆宜，舉動不差。國有諫官，則是非明白，欺詐難隱。」（註一）這些人想把漢人的一套，完全搬來。不知滿人在上下之間，不像漢人王朝之隔閡懸遠，他們仍保持着舊傳統上下之間相接密切的習慣，所以太宗說：「何必立言官，我國人人得以進言。若立言官，是隘言路矣。」同時這與當時的政治結構是相關連的，也可以說在當時的情勢下不能允許有這麼一個機構出現，因而一直沒有接受。直到崇德元年，已經改元稱帝，中央集權已趨穩定，乃於是年五月設立都察院，實錄：「上諭都察院諸臣曰：爾等身任憲臣，職司諫諍，朕躬有過，或奢侈無度；或誤讒功臣；或逸樂遊畋，不理政務；或荒躭酒色，不勤國事；或廢棄忠良，信任姦佞；及陟有罪，黜有功，俱當直諫無隱。至於諸王貝勒大臣，如有荒廢職業，貪酒色，好逸樂，取民財物，奪民婦女，或朝會不敬，冠服違式，及欲適己意，託病偷安，而不朝參入署者，該禮部稽察。若禮部徇情容隱，爾等卽應察奏。或六部斷事偏謬，及事未審結，詭奏已結者，爾等亦稽察奏聞。凡人在部控告，該部王及承

──────────────────────────────

（註一）　天聰朝臣工奏議卷下，徐明遠條陳時事奏天聰八年二月二十二日。許士昌敬陳四事奏天聰九年二月初四日。仇震條陳五事奏天聰九年三月二十一日。卷中，屈應元條陳七事奏天聰七年十二月廿二日。

政未經審結，又赴告於爾衙門者，爾等公議，當奏者奏，不當奏者公議逐之。明國陋規，都察院衙門，亦通行賄賂之所，爾等當互相防檢，有卽據實奏聞。若以私讐誣劾，朕察出，定加以罪。其餘章奏，所言是，朕卽從之；所言非，亦不加罪，必不令被劾者與爾面質也。爾等亦何憚而不直陳乎。至於無職庶人，禮節錯誤，不必指奏。我國初興，制度多未嫺習，爾等敎誡而寬釋之可也。」（註一）崇德三年改制時，設承政一人，總理院務，下有左、右參政各二，理事官六（滿、漢、蒙古各二人）。（註二）

　　當六部設立之時，漢官並請設六科，以符合大明會典部科相維相制之組織。馬光遠請設六科奏云：「今國政初立，事多繁難，凡在下大小官民人等下情，有應在六部申訴者，有應在皇上陳奏者。六部有六部貝勒代為轉奏，皇上有書房榜式代為轉奏，可謂便當。臣近見各部事體，或壅或滯，無人稽察。書房事體，或推或諉，率多羈慔。因責任不專，六科不設之故也。伏乞皇上不必勞繁多費，止選老成練達六人，立為六科，每科專理一部，註定前件文簿一本，……每月終或年終，各科稽查各部前件，如有羈遲欺弊等情，許本科據實查參，以聽朝廷處分。每日遇有陳奏皇上事情，各照各科代為轉奏，不許似前推諉。」（註三）

　　設立六科的建議，太宗並沒有接納，因為各部已設有啓心郎，足以代替六科職權。啓心郎的職責，實錄：「工部大臣以六部衙門工竣奏聞，上親往視，還宮時，召六部啓心郎……六人諭之曰：朕以爾等為啓心郎，爾等當顧名思義，克盡厥職。如各部貝勒凡有過失，爾等見之，卽明言以啓廸其心，俾知改悔。若一時面從，及事已往而退後有言，斯最下之人所為也。汝等先自治其身，身正而後可以言諫上。如不治其身，不勤部事，則自反尚多抱愧，何以取重於人？雖懇切言之，上必不聽，人亦不信也。」（註四）「上召文舘滿漢儒臣及六部滿漢啓心郎等入內廷，命依次坐，諭啓心郎曰：自設立六部以來，惟吏、戶、兵三部，辦事妥協，不煩朕慮。禮、刑、工三部，辦事多有缺失。若因事未諳而錯誤，尚可寬宥。乃伊等並不實心辦事，……此皆貝勒才短，承政疏忽，啓心郎怠惰故耳。……向嘗誠諭爾等，啓心郎不得干預部事，但坐

（註一）　太宗實錄卷二九，崇德元年五月丁巳條。
（註二）　同上卷四二，崇德三年七月丙戌條。
（註三）　天聰朝臣工奏議卷上，馬光遠請設六科奏天聰六年十一月廿九日。
（註四）　太宗實錄卷十二，天聰六年八月癸酉條。

於各貝勒之後，倘有差謬，則啓其心。今聞各部貝勒多在私家理事，果爾，則設立衙門何爲？此皆妄自尊大，而慢於政事也。似此情事，爾等何不開導之。…其餘各部大臣，不如彼之盡心辦事者甚多。隨事啓廸，非爾等啓心郎之責而誰責乎？……如朕與諸貝勒，或不理國政，貪貨利，耽酒色，貽誤機務，爾等言之，朕若不聽，朕之過也。至爾等既任啓心郎之職，遇本部貝勒有過，言之不從，遂默而不言，可乎？當再三言之，終不見從，方可奏朕。」（註一）

啓心郎除平時在部，如遇有本部領部務貝勒出征作戰時，本部啓心郎亦隨之前往，傳達朝廷命令，奏聞軍前戰報。故非獨隨侍貝勒之側，遇事建言啓廸，拾遺補闕性質，其主要作用，乃在伺察貝勒行事及部中一切活動，隨時奏聞，這是太宗的耳目，亦明代六科的職司。

另外有理藩院，原稱「蒙古衙門」，處理有關蒙古地方一切事務，崇德三年六月改稱理藩院，（註二）其組織大體如都察院。

（四）　教育與科舉：

1. 滿人貴族子弟教育

清太祖對其子弟之教育，已甚知注意，如前述之龔正六，一方面爲其處理文書，一方面教其兒子讀書。後並於八旗內遴選巴克什爲師傅，教育子弟，滿文老檔：「汗十一日下書說，命準脫、傅布赫依、薩哈廉、烏巴泰、雅興阿、科背、札海、渾岱，這八位巴克什出任八旗的師傅，把你們下面的學生，選入的子弟們，要好好的詳細的教授他們讀書。若能使他們通曉，就賜以功。選入的子弟若不勤勉求學不通曉書籍，則定以罪。選入的學生，若有不勤學的，你等師傅可告訴諸貝勒。任何事情都不要八師傅去管。」（註三）「八旗教書的尼堪外郎 (Nikan Wailan)，一外郎各賞給了三兩銀子。」（註四）

清太宗即位後，深深的感覺到舊有的一套傳統知識，已不足以應付新社會所面臨的問題，必須有所改變調整，六部等機構及一切政治上的措施，便是在此要求下出

（註一）　太宗實錄卷十六，天聰七年十月己巳條。
（註二）　同上卷四二，崇德三年七月丙戌條。
（註三）　滿文老檔太祖二四，天命六年七月十一日條。
（註四）　同上三一，天命六年十二月三十日條。

現的。但要想讓族人接受新的組織規範，遵守新的法制，灌輸新的觀念，必須先從教育着手。天聰五年七月曾諭諸將云：「自征明國以來，攻城野戰，所向必克，彼明國屢戰屢敗，勢同枯枝，而我常有懼心者，以彼雖不長於騎射，而於戰陳之時，曉習文武法律故也。」（註一）這是在大凌河之戰軍前所發的感慨，於是乃令諸貝勒大臣教育子弟讀書。是年閏十一月，又集諸貝勒大臣諭之曰：「朕令諸貝勒大臣子弟讀書，所以使之習於學問，講明義理，忠君親上，實有賴焉。聞諸貝勒大臣有溺愛子弟，不令就學者，得毋謂我國雖不讀書，亦未嘗誤事與？獨不思昔我兵之棄灤州，皆由永平駐守貝勒失於救援，遂致永平、遷化、遷安等城，相繼而棄，豈非未嘗學問，不明理義之故乎！今我兵圍明大凌河城，經四越月，人皆相食，猶以死守，雖援兵盡敗，凌河已降，而錦州、松山、杏山猶不忍委棄而去者，豈非讀書明道理，為朝廷盡忠之故乎！自今凡子弟十五歲以下，八歲以上者，俱令讀書。如有不願教子讀書者，自行啓奏。若爾等溺愛如此，朕亦不令爾身披甲出征，聽爾任意自適，於爾心安乎！其體朕意。」（註二）　實則太宗所看到的，不只是「讀書明理」，而是看到了二個文化價值觀念的不同。「忠君親上」，正是他在建立中央集權上所要求的，也是他推行漢化的原因之一。

　　令各貝勒大臣教育子弟，其最初方式可能是聽其自行延師施教，所以多未肯遵行。天聰六年，漢人建議正式設立官學，臣工奏議：「皇上諭金漢之人都要讀書，誠大有為之作用也。但金人家不曾讀書，把讀書極好的事，反看作極苦的事，多有不願的。若要他自己請師教子，益發不願了。況不曉得遵禮師長之道理乎！以臣之見，當於八家各立官學，凡有子弟者，都要入學讀書，使無退縮之辭。然有好師傅，方教得出好子弟，當將一國秀才及新舊有才，而不曾作秀才的人，勅命一二有才學的，不拘新舊之官，從公嚴考，取其有才學可為子弟訓導的，更查其德行可為子弟樣子的，置教官學。順設養廉之典，供以衣食，使無內顧之憂；尊以禮貌，使其有授教之誠；崇以名分，使其有拘束之嚴。小則教其洒掃應對進退之節，大則教其子臣弟友禮義廉恥之道。誘掖獎勸，日漸月磨，二三年必將人人知書達禮，郁郁乎而成文物之邦矣。況考校乃歷代之大典，不行考校，則人不讀書，而真才無上進之階。舉孝廉乃漢朝之美政，不舉孝廉，則人不好學，縱有才學，為政必乖，伏乞皇上並法行之。」（註三）

（註一）　太宗實錄卷九，天聰五年七月庚子條。
（註二）　同上卷十，天聰五年閏十一月庚子條。
（註三）　天聰朝臣工奏議卷上，胡貢明陳言圖報奏天聰六年正月二十九日。

　　當時官學如何設立，不得而知。就黃昌、于躍龍言二人爲正廂二黃旗敎書秀才的話觀之，(註一) 大概是依旗分每旗設立敎書秀才若干人，在各旗內分別敎授。至於學生是否依太宗所說八歲以上十五歲以下者都要讀書，敎書秀才如何選拔，敎授方式如何，考課如何，有無學規，都未見記載。不過就天聰八年四月第一次考試舉人情形，其所注意者，似在語言文字，分滿、漢、蒙古三種。至於敎學成績，由於「金人家不曾讀書，把讀書看作極苦的事。」這是傳統生活習慣的約制，滿人難以接受，而當時又以軍功爲進退之階，所以滿人子弟不但不願入學，毋寧說對讀書是輕視的。另一方面，漢人秀才仍要編兵，當然敎學也不會有好的成績。甯完我陳秀才編兵奏云：「聞秀才編兵，是貝勒與汗的見，夫南朝文武殊途之弊，所以令文人能武事，誠美意也。但編兵之名，遠近聞之，甚不好聽，恐壞汗建學取士之雅意。臣愚意待此番考過，除狀元進士若干人領官賞作養之外，剩下秀才，揀通文理知弓馬好些的，或十數個秀才內定一個，令他買馬錠甲製器械，大兵出門時，或隨汗營辦事，或與石總兵贊畫，必如此，在汗庶有利益，在秀才們亦肯學習弓馬。若照民一例編兵，入於漢營，隸之將官，無差無等，士心難甘，恐非汗作養秀才之初意也。」(註二)

　2.　開科與薦舉

　　清太祖本人甚恨明朝儒生，謂種種可惡，皆在此輩，所以凡被俘獲查出者，多遭殺戮。太宗卽位後，由於環境情勢的不同，慢慢認識了這些人的利用價值，同時也想行「釣餌豪傑之至計」，因而對之漸加重視。天聰三年九月，首次舉行考試，實錄：「上諭曰：自古國家文武並用，以武功勘禍亂，以文敎佐太平。朕今欲振興文治，於生員考取其文藝明通者優獎之，以昭作人之典。諸貝勒府以下，及滿、漢、蒙古家所有生員，俱令考試。於九月初一日，命諸臣公同考核，各家主勿得阻撓。有考中者，仍以別丁償之。」「九月壬午朔，考試儒生。先是，乙丑年十月，太祖令察出明紳衿，盡行處死，謂種種可惡，皆在此輩，遂悉誅之。其時諸生隱匿得脫者約三百人。至是考核，分別優劣，得二百人。凡在皇上包衣下，八家貝勒等包衣下，及滿洲、蒙古各家爲奴者，盡皆拔出。一等者賞給緞二，二等、三等者賞給布二，俱免二丁差徭。」(註三)

（註一）　天聰朝臣工奏議卷中，黃昌等陳順天應人奏天聰七年四月十二日。
（註二）　同上卷下，甯完我陳秀才編兵奏天聰八年二月十九日。
（註三）　太宗實錄卷五，天聰三年八月乙亥條、九月壬午條。

　　這一次考試漢人，實錄只說分爲一二三等，但未言給予何種名目，及如何任用。
不過這些人都是從奴隸中拔取出來，可以自己生活了。至天聰七年，太宗又準備正式
開科取士，考選狀元。當時曾有漢人反對，王文奎奏云：「古來成事業者，要求實
用，不貴虛名。而欲求實用，以圖事功者，尤以必得人爲第一。頃聞開科取士之議，
誠開創急着也。而考其實，則未有盡善者。臣請究言其故。蓋我國不乏衝鋒破敵，戰
勝攻取之人。而但慮得人得士之後，馬上得之，不可以馬上守之。汗亦自料，果能以
一己之耳目心思周洽之乎？抑必求公足以服眾，廉足以持已，幹足以禦變，智足以燭
機，眞有撫近懷遠之略者而分任之乎？汗更於金漢中合貴賤親疏內而屈指記之，能有
幾人耶？覆轍不遠，是宜預籌。然則今日取士之意，汗果欲於此寥寥數人內，搜羅此
等人物耶？抑果謂此等人誠不易得，取士之意，不過欲了前番考秀才之局面，且博此
名以動鄰國之所觀耶？信若此，臣竊以爲誤矣。」（註一）又扈應元奏稱：「我皇上思用
文臣，所以興學校，考賢才……今聖諭復開科取士，考選狀元，眞明主尊賢之思哉！
況狀元不易得，亦不易取也。如徒以文章策論取人，亦蹈先前之弊。如徒以弓箭勇力
取人，亦非用人之眞。再要信他智識如此，謀略如彼，只都是些虛詞謊話。以愚生言
之，不拘年老年少，要德行兼全，忠義兼備，有智有識，不貪財，不狥情，正直無
私，卽選取狀元，不姑費朝廷之盛典也。……如徒以苟且取士，以蒙古（？）塞責，
並禮義不識，又安知有治世才能也。以此人而冒中狀元，不惟無益於本國，而反見笑
於南朝矣。」（註二）

　　開科取士，亦是漢人建議的，此時設立六部不久，模倣明制正在熱烈興頭，天聰
七年又是明朝大比之年，因而有人建議太宗亦當開科取士。漢人中有的反對，所舉理
由甚爲堂皇，但其實這裡面有新舊漢人間的鬥爭。另外贊成開科取士的，是想在滿人欺
虐的處境中，通過考試，建立一個取得出身的標準，脫開種族關係，謀求平等的地位。
甯完我曾上疏論考試方策云：「汗欲考試金、漢、蒙古，爲後日委用之資，思誠善
也。但我國貪惰成風，以閉口縮頭爲高，以慷慨激烈爲戒，是以無論大人小人，都學成
脅肩諂笑的態度，養就偷盜欺隱的心腸。似此惡俗，牢不可破，今一旦祇以筆舌取

（註一）　天聰朝臣工奏議卷中，王文奎請應擧人才奏天聰七年七月二十二日。

（註二）　同上，扈應元條陳七事奏天聰七年十二月二十二日。

人，臣恐口然而心未然也。且一聞此示，多鄙薄譏誚，不肯來考。汗當于告示前先言往年入遼時用人之誤，並我國貪惰陋習，若賢才中有能實心爲國更張振刷者，吾其富貴尊顯之。後再敍考試條例，庶人人洗心滌慮，踴躍赴選也。旣考中後，再詳察素行何如，以定高下……至于賞賜之物，宴饗之禮，汗當着急優厚，卽糜費數千百金，其後日收効得力處，諒必勝凌河諸官萬萬也。然秀才入考不必言矣，卽在六部中金漢大人並凌河將備等官，汗廷試時，悉令與考可也。一則汗得知此等人才調之有無高下，二則此等人亦從此科目出身，庶同貴此途，而不生冰炭也。若此間有不願與考者，是伊自暴自棄也，亦任之而已。」（註一）

天聰八年三月，又專舉行一次漢人生員考試，分爲三等。一等十六人，二等三十一人，三等一百八十一人。並分別賞給銀兩有差。（註二）四月，命考取舉人，科目分爲滿文、漢文、蒙古文三種，實錄：「初命禮部考取通滿洲、蒙古、漢書文義爲舉人，取中滿洲習滿書者，剛林、敦多惠。滿洲習漢書者，查布海、恩格德。漢人習滿書者，宜成格。漢人習漢書者，齊國儒、朱燦然、羅繡錦、梁正大、雷興、馬國柱、金柱、王來用。蒙古習蒙古書者，俄博特、石岱、蘇魯木。共十六人，俱賜爲舉人，各賜衣一襲，免四丁，宴於禮部。」（註三）

這一次僅取了十六個舉人，大槪是參加的人數甚少，而設立學校，亦不過二年有餘，尙無有資格可參加考試的人。其中更沒有一個貴族子弟，他們是不肯讀書，也不需依此進身的。崇德三年，舉行考試時，事前，張存仁、祖可法等以「禮部諭令生儒應試，滿洲、蒙古、漢人家僕，皆不准與試，此拘於倡優隸卒之例耳。」請依前制，「各家奴僕，皆宜准其考試，但當分定取中額數，除良家子弟中額若干名外，奴僕准額取十名。若得十名眞才，卽以十名換出。」太宗大爲不快，諭曰：「前得遼東時，其民人抗拒者被戮，俘取者爲奴，朕因念此良民，在平常人家爲奴僕者甚多，殊爲可憫，故命諸王等以下，及民人之家，有以良民爲奴者，俱着察出，編爲民戶。又兩三次考試，將少通文義者，卽拔爲儒生。今在各家充役之家人，間有一二生員，然非先時濫

（註一）　天聰朝臣工奏議卷中，甯完我陳考試事宜奏天聰七年七月二十二日。

（註二）　太宗實錄卷一八，天聰八年三月壬子條。

（註三）　同上，天聰八年四月辛巳條。

行占取者可比，皆攻城破敵之際，或經血戰而獲者有之，或因陣亡而賞給者亦有之。卽如克皮島時，滿洲官屬兵丁，效力死戰，不若爾漢人泛同賓客，坐視不顧。是以此次所得之人，皆以死戰擒獲，及因陣亡而賞給者，乃欲無故奪之，則彼奮力之勞，捐軀之義，何忍棄之。若另以人補給，所補者獨非人乎？無罪之人，強令爲奴，亦屬可憫。爾等所奏，止知愛惜漢人，不知愛惜滿洲有功之人，與補給爲奴之人也。」(註一)

是年八月，「賜中試擧人羅碩、常鼐、胡球、阿際格畢禮克圖、王文奎、蘇弘祖、楊方興、曹京、張大任、于變龍等十名朝衣各一領，授半個牛彔章京品級，各免人丁四名。一等生員鄂漢克圖、滿闕等十五名，二等生員鏗特、碩代等二十八名，三等生員費齊、溫泰等十八名，各賜紬布，授護軍校品級，已入部者免二丁，未入部者免一丁。」(註二) 崇德六年六月，又命內三院大學士范文程、希福、剛林等於滿、漢、蒙古內考取生員擧人。共取擧人滿洲二人、漢人四人、蒙古一人。一等生員滿洲三人、漢人九人。二等生員滿洲三人、漢人十二人、蒙古一人。三等生員滿州四人、漢人十三人、蒙古一人。(註三)

開科取士，所取者僅擧人，始終沒有取狀元。中試者亦皆分別任用。尤其是漢人，他們在太宗集權的推進上，貢獻了甚大的力量，在漢化過程上也發揮了甚大的作用。但由太宗申斥張存仁等的話，也可以看出當時的漢化要求，利害衝突，種族猜疑等複雜問題。

考試之外，又有薦擧，天聰三年六月曾命：「滿、漢、蒙古中有謀略素裕，可俾益軍政者，各以所見入告，朕將擇而用之。」(註四) 天聰五年設立六部後，一方面需要大批幹部推行工作；一方面大凌河經苦戰攻下之後，許多漢人認爲一個新的局面，已經展開，且可相機作更大的企圖。所以建議薦擧，儲備人才。王文奎請薦擧人才奏云：「然則開科固今日之急務，而實非掄才之完策也。爲今之計，汗宜懇切出一明諭，不拘俗類，不限貴賤，不分新舊，令有才能者不妨自薦，有熟知者許令保擧。自薦者先擇智識之臣，委以從公掄選，而嚴申以挾私狗情之罰。保擧者不須避父子兄弟

(註一) 太宗實錄卷四十，崇德三年正月己卯條。
(註二) 同上，卷四三，崇德三年八月戊申條。
(註三) 同上，卷五六，崇德六年六月辛亥條。
(註四) 太宗實錄卷五，天聰三年六月乙丑條。

之嫌，但令書立保狀，記諸簿籍，異日考功按罪，約以寵辱俱同。……然人心難測，固有善始而不善終者，則許令保主預首，則無可被累之虞。然後親加省試，量才委用。……縱奴隸工商，片善必取。即顯官貴戚，纖惡必懲。眞心實意，以招來之。懸高爵厚祿，以欣勸之。設嚴刑重罰，以驅繩之。……雖不能拔十得五，於百千中得數人，而已足爲衆法矣。行之期年，而風俗漸移，人心丕變。……此則名實俱全，而天下固無不可爲之事矣。」（註一）

當時上疏請行薦舉的人甚多，薦舉例子，如甯完我薦舉金話人才奏：「汗前日分付，叫臣三人舉國中好人，並會金話的。臣想人才甚是難得，臣又不能徧知國中漢人，實不敢妄爲舉薦，若夫會金話堪驅使者或有也。看得延庚弟率太，會金話，識漢字，伶俐機便。金副將子把兔力蝦，會金話，識漢字，精神勤謹。此二人若有小事，可以獨使。若有大任，可以爲副。又看得大凌河都司陳錦，原係南朝武進士，聰明慷慨，筆下爽利，是亦可用。」（註二）可以看出當時實行薦舉的情形。

甯完我提出陳錦之後，太宗隨即問以時事，以觀其才。（註三）天聰九年二月，又令薦舉。實錄：「朕惟圖治以人才爲本，人臣以薦賢爲要。爾滿、漢、蒙古各官，果有深知灼見之人，即當悉行薦舉。所舉之人，無論舊歸新附，及已仕未仕，但有居心公正，克勝任使者，即呈送吏部。天下才全德備之人，實不多得，但能公忠任事者，其速行薦舉。」（註四）命下之後，當時應命薦舉者兩部四五十人，所舉甚雜。范文程請嚴核保舉疏云：「頃者聖諭舉人，中外臣民，無不欣幸，然汗意以爲知漢人者仍須漢人，故欲漢人各舉所知，爲國家效用。誰意世俗之輩，竟藉此爲黨援之門，或以狙儈推其狙儈，或以遊民推其遊民。貪盃者即舉飲朋，好賭者即舉賭友。又有意在朋比，故參一二優者於其中，以飾人耳目。甚或昵於親故，迫於囑託，明知其人非賢，不得不以過情之詞，謬爲誇許。獨不思皇上拊髀而思者謂何，今乃妄舉若此也。斯時即有

（註一）　天聰朝臣工奏議卷中，王文奎請薦舉人才奏天聰七年七月二十二日。

（註二）　同上，卷下，甯完我薦舉金話人才奏天聰九年正月。又卷下，朱延慶薦舉人才奏天聰八年十二月二十一日。

（註三）　同上，陳錦請攻北京及甄別人才奏天聰九年正月二十五日。

（註四）　太宗實錄卷二二，天聰九年二月壬午條。

一二公直之臣，欲有所舉，因見其濫舉如此，亦灰心而不肯前。卽有一二忠正之士，欲應其舉，因見其雜濫如是，亦灰心而不應。遂將皇上一番收羅豪傑之美政，翻爲宵小倖進之階梯。目前皇上考選之時，須斟酌收用。……然欲精核其所舉之人，尤當並核其舉人之人。其舉主果然公正，則所舉之人，自不相遠。若素履有咎，舉主已弗端正，而所舉者豈得廉能耶。今我國舉人之法，雖不肯照古昔連坐，亦當少議懲罰，以爲妄比匪人，罔上欺君之戒。」（註一）

當時以太宗屢令舉人，而人才缺乏，因此所舉甚濫。實則這其中尚有漢人本身間之爭媚衝突，互相攻訐。許世禹曾奏云：「爾者綸音下頒，博搜卓異，豈一國竟無才能，亦諸臣知而不舉？蓋緣冒嫉以惡者恒多，不昔口出者常少，在廷忠彥，且不能容，復望其別引才能，豈可得乎？臣愚以爲宜責諸臣，務必各舉所知賢良方正之士，彙送銓司，設科考試，務求行實，以備責用。庶朝堂獲眞實之才，而田野少遺珠之嘆矣。」（註二）

　　3. 譯書與編修實錄

清太祖努爾哈赤喜聽三國演義，又其居於舊老城時，所居柵內有瓦屋三間，柱緣畫綵，左右壁畫人物，三間皆通虛無門戶，大概這是他的聚議廳。壁上所塗人物，或者卽是三國演義上的人物故事。另外在其弟舒爾哈齊所居柵門上有一付對聯，兩行上下字跡已磨滅不清，僅各存中間「跡處靑山」，「身居綠林」字樣，頗有草莽自得心理，亦見其受中國文化的感染情形。太宗本人，並「喜閱三國志傳」，（註三）似較其父又稍進一層。天聰三年，令達海與剛林等翻譯漢文書籍，但未記所譯者爲何書。天聰五年，譯武經，只是摘要節譯。六部設立之後，初命一切都依大明會典行，又感到不能適合國情，想創立一個金典，於是一些漢人請翻譯講解四書、通鑑、武經、史略等書。王文奎奏云：「臣自入國以來，見上封事者多矣，而無一人勸汗勤學問者。……汗嘗喜閱三國志傳，臣謂此一隅一見，偏而不全。其帝王治平之道，微妙者載在四

（註一）　天聰朝臣工奏議卷下，范文程請嚴核保舉奏、寗完我請舉主功罪連坐奏天聰九年二月十六日。

（註二）　天聰朝臣工奏議卷下，許世昌敬陳四事奏天聰九年二月初四日。太宗實錄卷二二，天聰九年二月乙未、己亥條。

（註三）　李光濤師：淸太宗與三國演義、中央研究院歷史語言研究所集刊第十二本。

書，顯明者詳諸史籍。宜於八固山讀書之筆帖式內，選一二伶俐通文字者，更於秀才
內選一二老成明察者，講解繙寫，日進四書兩段，通鑑一章，汗於聽政之暇，觀覽默
會。日知月積，身體力行，作之不止，乃成君子。……汗無曰此難能也，而自畏自
畫。更勿曰晒公從馬上得之，烏用此迂儒之常談也，而付之一哂。」（註一）甯完我亦
奏云：「臣觀金史，乃我國始末，汗亦不可不知。但欲全全譯寫，十載難成，且非緊
要有益之書。如要知正心修身齊家治國的道理，則有孝經學庸論孟等書。如要益聰明
智識，選練戰功的機權，則有三略六韜，孫吳素書等書。如要知古來興廢的事跡，則
有通鑑一書。此等書實爲最緊要大有益之書。汗與貝勒及國中大人所當習聞明知，身
體力行者也。近來本章稀少，常耐、恩革太二人每每空閑無事，可將臣言上項諸書，
令臣等選擇，督令東拜、常耐等譯寫，不時進呈，汗宜靜覽深思，或有疑蔽不合之
處，願同臣等講論。庶書中之美意良法，不得輕易放過。而汗之難處愁苦之事，亦不
難迎双而解矣。金史不必停止，仍令帶寫。」（註二）

　　此一建議，太宗隨卽接受。仇震奏云：「汗今好學，將書史盡皆譯寫金國字樣，誠
天縱聰明。……但人君之學與眾人之學在章句者不同，須得其精要。……況國君機務
甚多，精神有限，何能俯及煩史。昔唐太宗集古今書史，凡係君道國事者，編爲一
冊，名曰君鑑，日夜披覽，成貞觀之治，後世之法。今汗宜選漢人通經史者二三人，
金人知字者三四人，將各經史通鑑擇其有俾君道者，集爲一部，日日講明，則一句可
包十句，一章可幷十章。」（註三）天聰九年，太宗又命依節譯辦法編纂遼、宋、金、
元四史。實錄：「上召集文舘臣諭之曰：朕覽漢文史書，殊多節詞，雖全覽無益也。
今宜於遼、宋、金、元四史內，擇其勤於求治而國祚昌隆；或所行悖逆，而統緒廢
墜；與夫用兵行師之方略，以及佐理之忠良，亂國姦佞，有關政要者，彙纂繙譯成
書，用備觀覽。至漢文正史之外，野史所載，如交戰幾合，遙施法術之語，皆係妄
誕，此等書籍傳之國中，恐無知之人，信以爲眞，當停其翻譯。」（註四）

（註一）　天聰朝臣工奏議卷上，王文奎條陳卲付宜奏天聰六年九月。

（註二）　天聰朝臣工奏議卷中，甯完我請譯四書五經通鑑奏天聰七年七月初一日。

（註三）　同上卷下，仇震條陳五事奏天聰九年三月二十一日。

（註四）　太宗實錄卷二三，天聰九年五月乙巳條。

太宗之注意遼、宋、金、元諸史，當然是有其特別用意的，想在其中尋找能解決其「難處愁苦之事」的方策。這些史書翻譯的範本，都是從朝鮮徵求來的。（註一）又據李學智先生云：今所見譯本，宋、遼、金、元史、通鑑外，並有唐書及唐六典。

譯書之外，並記錄編纂日常行事。這一工作，太祖時已經開始。天聰六年以前，仍是滿文。天聰六年以後，開始編纂太祖實錄，楊方興奏云：「編修國史，從古及今，換了多少朝廷，身雖往而名尚在，以其有實錄故也。書之當代謂之實錄，傳之後世，謂之國史，此最緊要之事。我國雖有榜什在書房中日記，皆係金字，而無漢字。皇上即爲金漢主，豈所行之事，止可令金人知，不可令漢人知耶？遼、金、元三史，見在書房中，俱是漢字漢文，皇上何不倣而行之。乞選實學博覽之儒，公同榜什，將金字翻成漢字，使金漢書共傳，使金漢人共知，千萬世後，知先汗創業之艱難，皇上續統之勞苦。凡仁心善政，一開卷朗然，誰敢埋沒也。」（註二）天聰九年八月，張儉、張應魁等繪成太祖實錄圖八冊，其圖解則滿、漢、蒙古文三體並書。（註三）崇德元年十一月，太祖實錄成，滿、漢、蒙古文各一。（註四）

（五）　軍制與軍令

清太祖起兵後，最初其軍隊部勒方法，乃令所歸服各族姓酋長依其原有統屬形式，接受指揮行動，並無統一軍制組織。萬曆二十三、四年居於赫圖阿拉時朝鮮使臣所見當時情形云：「奴酋除遼東地方近處，其餘北、東、西三四日程內各部落酋長，聚居於城中。動兵時，則傳箭於諸酋，各領其兵，軍器、糧餉，使之自備。兵之多寡，則奴酋定數云。」「糧餉，奴酋等各部落例置屯田，使其部酋長掌治畊獲，因置其部，而臨時取用，不於城中積置云。」「溫火衞都酋長童姜求里之孫甫下下，奴酋妹夫也，奴酋聞遼東及蒙古聚兵之奇，使甫下下領兵千餘，一同守城，今則罷去。甫下下守城時所領坡山、時番、乻可、厚地、所樞、應古等六部落，皆屬溫火衞云。」「正月初四日，胡人百餘騎，各具兵器，裹糧數斗許，建旗出北門，乃烟臺及防備

（註一）　朝鮮李朝仁祖實錄卷一九，六年十二月庚寅、壬辰條。卷二一，七年九月甲戌條。

（註二）　天聰朝臣工奏議卷上，楊方興條陳時政奏天聰六年十一月二十八日。

（註三）　太宗實錄卷二四，天聰九年八月乙酉條。

（註四）　同上卷三二，崇德元年十一月乙卯條。

諸處擲奸事出去云。」旗用青、黃、赤、白、黑，各付二幅，長二尺許。初五日亦如之。」又所記「奴酋諸將一百五十餘，小酋將四十餘，皆以各部酋長為之，而率居於城中。」（註一）朝鮮使臣並看到軍兵操演訓練情形，但未言其軍制組織。萬曆二十九年，始以牛彔為基本組織單位。武錄云：「是年，太祖將所聚之眾，每三百人立一牛彔厄眞管屬。前此凡遇行師出獵，不論人之多寡，照依族寨而行。滿洲人出獵開圍之際，各出箭一枝，十人中立一總領，屬九人而行，各照方向，不許錯亂，此總領呼為牛彔_{大箭}厄眞_{主也}，主也。於是，以牛彔厄眞為官名。」（註二）

族是血緣的，寨是地緣的，這說明了在氏族社會下出兵狩獵時的行動情形。十人編為一組，各人出矢一，十矢領一長，稱為牛彔。形成戰鬥出獵之際的最小行動單位。一方面須各隨其族黨屯寨而行，一方面又每人出箭一枝（上刻有個人名字），交一人管領，這是表示所參加各小單位的區別，及事後分別功過與佔取所得物品的證明。不過這種組織，可能只是臨時編組成的，戰鬥結束，或狩獵終了，即行解散。在平時社會上是不是固定的組織，是否也有發生其他的社會功能，未見記載。

萬曆二十九年以牛彔編組所有兵員，這是一件大事。牛彔是未來旗制發展的前奏，也始終是旗制最基本的成單位。它的功能不只是軍事的，是全面的，每一個人都納入組織之下，生活行動，都由牛彔來管理。實錄說每一牛彔三百人，當然是三百個壯丁，不過這可能只是一個最高額的限制。在沒有編組以前，來歸諸族羣，以其酋長為將，所統軍卒，當然多寡不一。這在作戰指揮配備上，由於沒有統一的組織，自是十分不便。此次編組，大概是將大小不同的族羣，以三百人做為理想單位基準，加以分化或合併，並不是以壯丁為單位而編組，仍然儘量保持原來的氏族團體。所以八旗通志所記各旗分牛彔的組成，有的一個族姓編成幾個牛彔，也有的合二個三個合成一個牛彔，輪流統管的。（註三）

編組之後，不但有了統一的編制，也便於制定統率系統與官制。但由於出兵作戰，一切裝備給養，及平時生活，都需個人自理，所以凡出兵之際，許其自行搶掠，

（註一）　朝鮮李朝宣祖實錄卷六九，二十八年十一月戊子條。卷七一，二十九年正月丁酉條。

（註二）　武皇帝實錄卷二，辛丑年（明萬曆二十九年）。

（註三）　拙著滿洲八族牛彔的構成，大陸雜誌第三一卷第九、十期。

搶得人口物資，除本旗旗主貝勒等高級貴族佔取之後，餘下便是屬於自己的。這些俘獲人口，除平時令其勞動生產供使役之外，並可在出兵時帶其隨同搶掠。在另一方面，各牛彔下的壯丁，經過一個長時期後，自會發生多寡不同，所以不但個人間有貧富懸殊，牛彔間亦有人數多寡及貧富不勻現象，旗分上亦有貧富的差別。這不僅是社會問題，而且關係到旗與旗間的力量不一，因此有編審壯丁的辦法。一方面沙汰老弱，保持戰力。一方面使各旗保持平衡，勢勻力齊。

天聰四年十月，首次編審壯丁，實錄：「上諭曰：今值編審壯丁，凡總兵、副將、參將、遊擊、備禦等官，俱宜自誓。牛彔額眞，各察其牛彔壯丁，其已成丁無疑者，即於各屯完結。凡當沙汰老弱，及新編疑似幼丁，係瀋陽者赴瀋陽勘驗，係東京者赴鞍山勘驗。此次編審時，或有隱匿壯丁者，將壯丁入官，本主及牛彔額眞、撥什庫等，俱坐以應得之罪。若牛彔額眞、撥什庫知情隱匿者，每丁罰銀五兩，仍坐以應得之罪。其牛彔額眞之革職與否，應俟另議。凡諸貝勒包衣牛彔，或係置買人口，及新成丁者，准與增入，毋得以在外牛彔下人入之。如丙寅年九月初一以後，有將在外牛彔下人編入者，退還原牛彔。又固山額眞、牛彔額眞俱先令盟誓，凡貝勒家，每牛彔止許四人供役，有溢額者察出，啓知貝勒退還。如貝勒不從：即赴告法司。若不行赴告，或本人告發，或旁人舉首，將所隱匿壯丁入官。若管旗貝勒俱屬知情，即撥與別旗。如諸貝勒中有不知情者，即撥與不知情之貝勒。其不舉首之固山額眞，坐以應得之罪，除壯丁撥出外，仍照數賠償，給與原管牛彔。其包衣昂邦鞭一百，革職。牛彔額眞不告知固山額眞者，亦坐以應得之罪。」（註一）天聰七年編審一次，崇德三年編審一次，崇德六年編審時，並命將各牛彔下人口牲畜註册，分別貧富具奏。（註二）

壯丁編審之後，不但可以瞭解各旗丁壯人數，參加戰鬥與生產的成員，不致私家隱佔，便於分配負擔徭役攤派；同時也使戰鬥力保持新陳代謝作用，準確估計戰鬥潛力。另外一個更大的目的，是維持各旗力量的接近平衡，使不得漫無限制的發展。所以天聰八年征瓦爾喀所俘人民，即不令如前八旗均分。實錄：「上以季思哈征瓦爾

（註一）　太宗實錄卷七，天聰四年十月辛酉條。

（註二）　太宗實錄卷一四，天聰七年七月辛卯條。卷四十，崇德三年正月甲申條。卷五四，崇德六年二月己未條。

喀所俘人民，未經分撥，遣英俄爾岱、龍什、穆成格與大貝勒代善、及諸貝勒等會議，諭之曰：此俘獲之人，不必如前八旗均分，當補壯丁不足之旗分。八旗制設牛彔，一例定爲三十牛彔。如一旗於三十牛彔之外，餘者卽行裁去，以補各旗三十牛彔之不足者。如有不滿三十牛彔旗分，擇年壯堪任牛彔之人，量能補授，統領所管壯丁，別居一堡，俟後有俘獲，再行補足。朕意舊有人民，不便均分，新所俘獲，理應撥補旗分中不足者。若八旗不令畫一，間有一旗多於別旗者，其意欲何爲乎？於是……以所編戶口五百五十七丁，撥補不足旗分。」(註一)

　　一方面劃一各旗牛彔編制，一方面改定兵種系統。先是，旗下雖有甲喇、牛彔等組織，及汗與諸貝勒之擺牙喇親兵，但各營伍並無名色，止以統兵將領姓名而稱爲某將領之兵，仍不脫部落組織舊習。天聰八年五月，始定新制。實錄：「上諭曰：朕仰蒙天眷，撫有滿洲、蒙古、漢人兵眾，前此騎、步、守、哨等兵，雖各有營伍，未分名色，故止以該管將領姓名，稱爲某將領之兵，今宜分辨名色，永爲定制。隨固山額眞行營馬兵，名爲騎兵，步兵爲步兵，護軍哨兵爲前鋒，駐守盛京礮兵爲守兵，閒駐兵爲援兵，外城守兵爲守邊兵，舊蒙古右營爲右翼兵，左營爲左翼兵，舊漢兵爲漢軍，元帥孔有德兵爲天祐兵，總兵官尙可喜兵爲天助兵。」(註二) 軍營名色的制定，在觀念上實爲一大進步，初以人名稱其軍，（這與當初牛彔的組成，及俘降漢人兵眾因時制宜有密切關係。）公私觀念混淆，視兵士爲將官所豢養，爲其私屬。軍營名色的規定，正表示着公私觀念與國家組織進一步的發展。

　　在另外一方面，是軍紀與軍令的制定。清太祖時，臨陣對敵，「每隊有押隊一人，佩朱箭，如有喧呼亂次，獨進獨退者，卽以朱箭射之。戰畢，查驗背有朱痕者，不問輕重，[而] 斬之。戰勝則收拾財富，徧分諸部，功多者倍一分。」「其受令攻城不克，與摧堅不陷者，領兵之頭目，輕則戮及本酋，重則闔家軒斬。十人臨陣，則以二人堅之，持萬字銅斧於其後，稍有退怯囘顧者，卽以斧擊之。囘軍而驗有斧痕者，死無贖。此其法令之嚴，無徇無縱。而又挑精銳者萬人，名伯言，華人之所謂親丁、死

(註一)　太宗實錄卷二〇，天聰八年九月甲戌條。
(註二)　同上，卷一八，天聰八年五月庚寅條。

士，戰酣而後用之。」（註一）這只是兩軍交戰時之軍法，其行軍出師，無所謂軍紀。對明戰爭，名爲放搶，以解決衣食問題，「軍情無大無小，都以蠻子家爲奇貨。」（註二）「出兵之際，人皆習慣，俱欣然相語曰去搶西邊，漢人聞我動兵，亦曰來搶我矣。」（註三）直到太宗時仍是如此。因爲俘獲人口財物，可各自佔用，故上下各自掠奪，爭取鬥毆，漫無紀律。有時甚且不顧全軍勝敗，戰友安危，止以個人多掠獲爲重。清太宗在大凌河戰役中，明軍雖糧盡援絕，食人焚骸，猶堅守不降。深感法紀之重要。而投降漢人，亦利用太宗自以金人之後心理，說以「金人之與宋爭衡也，宋之江山，已奪其半，徽欽二帝，已被其擒，但獨恃強暴而不行仁義，故不能成一統之基業。元世祖繼金而起，卽如皇上之賢明，故能滅宋而成一統也。」請「誠諭將士，無殺良民，無淫婦女，無攎財貨，無焚房舍。抗拒者加之以威，城破不殺降者，待之以恩，使安堵如故。如此則四方聞之，皆引領而願歸於皇上矣，又何虞大事之不可成哉！此無窮之富貴，不朽之基業」以動之。（註四）故自天聰五年之後，每用兵行軍，皆集衆宣諭軍律，違律者於旋師後，分別懲治。（註五）

　　關於八旗須協同作戰方面，天聰三年八月已有規定，「凡入八分貝勒等臨陣時，如七旗貝勒等俱已敗走，而一旗諸貝勒獨能迎戰，保全七旗者，卽以敗走七旗下之七牛彔人員，給與迎戰諸貝勒。若七旗諸貝勒迎戰，而一旗諸貝勒俱敗者，則將敗走之貝勒削爵，幷以其所屬人員，悉分給七旗。如一旗內諸貝勒戰者半，敗者半，卽以敗走之貝勒等所屬人員，給予迎戰諸貝勒。其迎戰諸貝勒，仍另行賞賚。若七旗未及戰，而一旗諸貝勒首先迎戰，亦按其功之大小，及所獲多寡行賞。或兩軍接戰，或追擊敵兵，若不加詳審，妄行衝突者，沒所乘馬匹，及所獲人口。」（註六）

　　初，軍興征戰，太宗統率親征，行間不設統帥（太祖時亦如此），如非親征，則由出征各貝勒軍前共議攻守進退。天聰五年三月，貝勒薩哈廉奏，「如遇大征伐，上

（註一）　山海紀聞，海一，紀奴情。

（註二）　天聰朝臣工奏議卷上，甯完我謹陳管見奏天聰六年六月初五日。

（註三）　同上，王文奎條陳時事奏天聰六年八月。

（註四）　同上卷下，馬光遠請施仁布義奏天聰八年三月十五日。

（註五）　如太宗實錄卷十九，天聰八年六月辛酉條。卷四三，崇德三年八月癸丑條。

（註六）　太宗實錄卷五，天聰三年八月庚午條。

親在行間，諸臣自悉遵方略。若另有遣發，宜選一賢能者爲之主帥，給以符節，畀以
事權，一切機務，皆聽總理，仍限自某品官以下，有干軍令者，許以軍法從事。受命
之人，如此委任，豈有妄殺無辜之理。且其下所屬畏法從令，則免於法者亦眾矣。皇
上若謂同品之中，獨用一人爲帥，恐眾心怨望。夫擇賢爲帥，豈奪此怨望之人應得之
分以與之耶。爲帥而奏膚功，則其後所得之分，較前之所得者不啻數倍，眾心又何怨
焉。……明國雖怯於戰鬥，而防禦甚固，由於官吏所轄地方，得便宜從事故也。」
(註一) 此後每遇出征之時，卽正式任命統兵主帥，受命以行。此亦一大轉變。

　　不過所云禁止搶掠之令，有時依律執行，有時不免掩耳盜鈴，表面文章。當時生
活，本全賴兵馬出去，搶些財物，對明朝的軍事行動，有時完全是爲了「軫念軍士貧
乏，令其分往略地，並欲使之寬裕也。」在「放搶南朝」的意念下發動的。(註二) 有
時並故意大肆破壞，縱兵士姦淫擄掠，以爲要和手段，使明人遭受無比蹂躪痛苦，以
表明兵連禍結，乃明方不肯和議所致。使明人歸怨君主，藉以「上聞朝廷」，促成和
議。不過就作戰組織及指揮統帥上，確實已較前大有規制。(註三)

　　㈥　貧富問題的處理

　　貧富懸殊，階級分化，這是當時相當嚴重的問題。這裏只敍述其對戰鬥力影響的
情形，整個社會問題，將專文討論。

　　拙作清太宗時代的農業生活一文中，曾敍述清人入關前的社會轉變情形。(註四)
在長期的戰爭掠奪過程中，貴族與強有力者，掌握了大量的財富與人口，大量的財富
與人口，又轉而增加了他們掠奪增殖的資本。崇德八年六月攻明時，太宗諭諸貝子公
等曰：「此番出征，各旗王、貝勒、貝子、公等家人，獲財物甚多，而各旗將士，所
獲財物甚少。」(註五) 其實何止「此番」如此，每遇出征，各家皆盡量私挾家下人隨

(註一)　太宗實錄卷八，天聰五年三月乙亥條。

(註二)　天聰朝臣工奏議，胡貢明陳言圖報奏天聰六年正月廿九日。又太宗實錄卷六二，崇德七年九月壬申
　　　　條。

(註三)　太宗實錄卷二六，天聰九年十二月丁酉，張存仁奏今後行軍之法，指出行軍應注意事項，此與制定軍
　　　　律，當亦有相當關係。

(註四)　大陸雜誌特刊第二輯：慶祝朱家驊先生七十歲論文集頁三七七——四一〇。

(註五)　太宗實錄卷六五，崇德八年六月己卯條。

軍前往，趁機大肆搶掠。(註一) 如此輾轉相加，結果是形成富者益富，貧者益貧。一部分人擁有大量的牲羣、財物、人口，占有廣大的土地、莊園；一部分人則一無所有，貧困不能自給，連出征掠奪的資本都沒有。臣工奏議云：「皇上軫念軍士貧乏，令其分往略地，並欲使之寬裕也。竊思往略之事，便於將領，而不便於士卒。便於富家，而不便於貧戶。將領從役頗眾，富家畜馬最強，是以所得必多。貧乏軍士，不過一身一騎，攜帶幾何？雖令往略，於士卒無益。」「這番用兵，有賣牛典衣，買馬製裝，家私蕩然者。今若窮追於二千里之外，富人有馬者能前，貧人無馬者落後。(註二)

他們的生活，即是戰爭；財富的來源，依靠掠奪。貧者不但沒有出征掠奪的資本（士兵出征時所帶一切裝備，都由自理），即其本身所分得的一點田地，有的也無力耕種。所以常令貧人田土，無力耕種者，使有力之家助之，無牛者付有力之家代種。(註三) 當時清人所生產的糧食，本不足自給，如遇豐收之年，尚可維持一時。歉收則「十家有一二家有些餘糧。」(註四) 經常靠朝鮮納米接濟。不得已時，便興兵「放搶南朝」，解救一時的饑荒。而富貴積穀之家，又囤積居奇，坐擁多儲，控制糧食市場價格，必得市價騰貴，方肯出糶。實錄：「朕聞巨家富室有積儲者，多期望穀價騰貴，以便乘時射利，此非憂國善類，實貪各之匪人也。……向者因國賦不充，已令八家各輸藏穀，或散賑，或糶賣。今八家有糧者，無論多寡，盡令發賣，伊等何不念及於此！今後固倫公主、和碩公主、和碩格格，及官民富饒者，凡有藏穀，盡著發賣。若強伊等輸助，或不樂從，今令伊等得價貿易，而不聽從，可乎！」(註五) 然而他們寧願將米穀埋置地下，以致朽爛，而高抬市價。實錄：「今歲偶值年饑，凡積穀之家，宜存任恤之心，遇本牛彔內有困乏者，將穀糶賣，可以取值。聽人借貸，可以取

(註一)　此例甚多，如同上卷三一，崇德元年十月戊寅條。卷三六，崇德二年六月癸亥條。

(註二)　天聰朝臣工奏議卷上，甯完我等謹陳兵機奏天聰六年四月二十四日。又太宗實錄卷六二，崇德七年九月壬申條。

(註三)　太宗實錄卷十三，天聰七年正月庚子條。卷三四，崇德二年四月辛卯條。

(註四)　天聰朝臣工奏議卷中，鮑承先陳羅糧辦法奏天聰七年四月十二日。羅繡錦請安服新人以便舊人奏天聰七年四月十三日。孫得功陳丹薄圭事奏天聰七年四月十日。又卷上，孫應時直陳末議奏天聰六年八月。

(註五)　太宗實錄卷三四，崇德二年二月癸巳條。卷三一，崇德元年十月庚子條。卷五八，崇德六年十一月戊寅條。

息。若不賣不借，埋置地中，以致朽爛，暴殄天物，漠視民生，豈可容於我國乎！此等情事，該管牛彔章京，宜時加稽察。」（註一）

富者乘時射利，貧者便只有典當度日了。臣工奏議：「當舖每銀一兩，一月取利一錢，三月不取，即沒變賣，不知剝了多少人財，不知害了多少人家，誠不仁之甚矣。今行禁革，乃皇上軫念窮民之盛德也。但窮民所賴以通緩急者，全在當舖，悉行禁革，是塞窮民緩急之路也。其富者便當舖不開，亦無所損。惟彼窮民，借無借處，當無當門，不幾益增其困苦，而因饑寒起盜心乎！縱置斧鉞在前，必不能禁盜賊蜂起也。」（註二）「至於借銀一事，皇上原為窮民，而窮民益不便，有衣物者當銀濟急，無則束手無措。望頒恩例，借一兩者息止若干，十兩者止若干，以至百兩者止若干，不許違禁取利，亦不許利上取利。違例者坐某罪，光棍誆騙者作某罪。庶財物通阜，貧富兩便。」（註三）典當只能解救一時之急，但不能解決根本問題。窮人到借無可借，當無可當之時，便只有挺而為盜撽竊，甚至宗室中人亦不例外。實錄：「上召諸覺羅入內廷賜宴，眾以免丁謝恩，諭諸覺羅曰：朕欲各賜爾等衣服財物，奈以外國來歸新人賞賜不足，故未能均賜爾等。倘蒙天佑，有時充裕，豈僅如此相視哉！爾等雖貧，慎勿為撽竊之事，若以此獲罪，殊為可恥。縱貧乏難支，宜告之各旗各貝勒，貝勒無物相濟，即以告朕可也。」（註四）

另一方面是勢家權貴生活的奢侈，他們有豐富的農產品，控制糧食價格，囤積居奇，乘人之危，高利盤剝，盡情壓榨。又以其剩餘的資力，從事商業活動。當時的商業，亦完全和貴族結合在一起。他們原先也和部族中其他人一樣，過着極貧乏的生活，可是由於種種的機會與便利，成了部族中的暴發戶。財富突然的增長，生活也隨着急遽的腐化。所關心者，只是自己的私有財產。（註五）不但有私人園墅，攜妓行酒

（註一）　太宗實錄卷三四，崇德二年四月辛卯條。

（註二）　天聰朝臣工奏議卷上，胡貢明陳言圖報奏天聰六年正月二十九日。

（註三）　天聰朝臣工奏議，高士俊謹陳末議奏天聰六年正月二十九日。

（註四）　清鑑易知錄卷三，天聰八年五月癸巳條。參閱太宗實錄卷一八，同年五月癸巳條。卷一二，天聰六年十月癸未條。卷四二，崇德三年六月壬申條。

（註五）　太宗實錄卷二一，天聰八年十二月丙午條。卷二二，天聰九年二月戊子條。卷二四，天聰九年七月壬戌條。卷三五，崇德二年五月乙未條。

作樂，部分貴族，「所住皆高堂大厦，所衣被皆裝花錦綉，且日逐男女二班扮戲。」

（註一）所用器具，以金銀爲飾。實錄：「召羣臣集篤恭殿，傳諭曰：國家崇尙節儉，毋事華靡。凡鞍轡等物，不許以金爲飾，雖富家不少藏金，止許造盤盃匕箸。蓋此等之類，或至匱乏，尙可毀爲他用。若以之塗飾，則零星耗折，豈能復取而用之。今後著永行禁止。至於陣獲緞帛，用之亦當節儉，愼勿以獲取之物，奢費無度，而忘其紡織之勞也。」（註二）又云：「昔太祖時，我等聞明日出獵，卽豫爲調鷹蹴毬，若不令往，泣請隨行。今之子弟，惟務出外遊行，閒居戲樂。在昔時無論長幼，爭相奮勵，皆以行兵出獵爲喜。爾時僕從甚少，人各牧馬披鞍，析薪自爨，如此艱辛，尙各爲主效力。國勢之隆，非由此勞瘁而致乎！今之子弟，遇行兵出獵，或言妻子有疾，或以家事爲辭者多矣。不思勇往奮發，而耽戀室家，偷安習玩，國勢能無衰乎！」

（註三）貴族強勢之家財貨積聚，爲子孫多置產業，逸樂自恣，（註四）而貧者死後連一雙殯葬的靴子都沒有。臣工奏議：「昨日大海一死，臣甚傷嘆，此人爲國家受了多少窮苦，費了多少心力，屍囘之日，家中無一雙靴子殯葬。」（註五）

當時社會上最流行的風氣，是酗酒、吃烟、賭博、嫖妓，「只徒搶奪婦女牲畜，隱藏些金錦布帛，不是在那裏賭，就是來只裏嫖」，「貪戀花酒，暗消財貨。」（註六）貧富兩端尖銳發展，階級分化，一方面造成內部矛盾日深，分解仇視，治安不寧，盜竊時起；一方面造成戰鬥力的衰退。

上層貴族階級的生活日趨奢靡，奢靡的生活，腐蝕了他們的武力。他們所追逐的，是生活放縱的一面，酒色爭逐，耽於逸樂，戰鬥意志的日趨消沉，這是一個低級文化的民族，一旦侵入一個高級文化的社會，面對着遠較其以往爲豐富的物質生活環

（註一）　明清史料乙編第二本，兵部行御批寧遠監視太監高起潛題稿。
（註二）　太宗實錄卷三一，崇德元年十月丁丑條。又卷六五，崇德八年七月戊戌條。
（註三）　太宗實錄卷三〇，崇德元年八月丁卯條。
（註四）　同上卷四六，崇德三年五月辛巳條。卷三四，崇德二年四月丁酉條。卷六二，崇德七年九月癸酉條。並滿洲名臣列傳卷三，祁充格傳。
（註五）　天聰朝臣工奏議卷上，李棲鳳盡進忠言進奏天聰六年九月。
（註六）　同上卷中，鳳應元疏陳七事奏天聰七年十二月二十二日。卷上，楊方興條陳時政奏天聰六年十一月二十八日。卷下，徐明遠臨陳六事奏天聰八年三月十五日。太宗實錄卷一一，天聰六年二月乙卯條。卷六四，崇德六年二月戊申、己未條。

境，而形成精神上不得不屈服的必然現象。武力讓他們掠奪了大量財富，大量財富腐蝕了其原有的尚武精神。實錄天聰九年七月壬戌，「上諭貝勒阿巴泰曰：爾常自謂手痛，似覺不耐勞苦，不知人身血脈，勞則無滯，爾等惟圖家居佚樂，身不涉郊原，手不習弓矢，忽爾行動，如何不痛？若能努力奮勵，日以騎射爲事，何痛之有？爾諸貝勒，各有統帥之責，若不親率士卒騎射，敎演精勤，孰肯專心武事？平日旣未嫻熟，一旦遇亂，何以禦之？試思丈夫之所重者，有過於騎射者乎！騎射之藝，精於勤而荒於嬉，不可不時加練習。夫飛騰之鷹，苟馴養之，亦能搏鳥。不能言之犬，苟馴養之，亦能逐獸。彼豈知圖名利而擊逐如是哉！乃馴養之所致也。爾諸貝勒，若能服勞奮力，不偷旦夕之安，恪勤政事，惠養人民，克敵制勝，削平諸國，斯不負先帝之志，能報養育之恩。旣克全孝道，亦可謂爲國盡忠矣。」（註一）崇德二年四月又云：「王貝勒等聚財積穀，畜養馬匹，豈止爲一身享用，要皆爲子孫計也。不知子孫果賢，雖無所遺，彼寧不能自立？子孫若愚，雖有所遺，豈能常守？徒自勞苦，爲他人積聚耳！」（註二）生活腐化，尤以年輕一輩爲甚，實錄崇德四年五月辛巳：「上御崇政殿，召諸王貝勒大臣等近前，命和碩豫親王多鐸，跪受戒諭，上諭曰：爾等當聽朕言……朕以爾爲皇考幼子，惟親愛養育之而已，何嘗薄待於爾。推爾急欲還家之意，非以妓女爲戀乎？何邪縱之甚也！昔太祖時，以人參與明人互市，明人不以貴美之物，出售於我，止得粗惡片金紬綾緞疋。其時貝子大臣家人，有得明國私市好緞一疋者，阿敦阿哥奏請將其人處死。所以華整之服，亦不可得，爾等豈不知之？今朕嗣位以來，勵精圖治，國勢日昌，地廣糧裕，又以價令各處互市，文繡錦綺，無不備具，爾諸王貝子大臣，所被服者非歟？往時亦嘗有此否也？朕之爲衆開市，豈屬無益，爾英俄爾岱、索尼等，不見昔日庫中餘布，尙無十疋之貯乎？……今爾等已臻富貴，爾豫親王何所不足，而猶懷怨望也！從來臨陣退怯，及悖謬姦詐者，衆當共議而懲創之。……朕所時加懲治者，惟臨陣敗走，及行獵不能約束整齊，與酗酒妄行三事耳！其餘諸事，悉從寬宥，曷嘗多加嚴責耶？朕日望爾早日成立，故俾爾獨領一軍，庶幾贊成大業，無負朕撫育之恩。今爾所行不義，而反怨朕之正己律下，………誠不解其何心

（註一）　太宗實錄卷二四。

（註二）　同上卷三四，崇德二年四月丁酉條。

也。囊者當無時事，第見持書往明互市之人，猶相抱而泣送之。今有事征伐，爾兄睿親王與諸貝子大臣及出征將士，皆有遠行，朕雖避痘，猶出送之。爾乃假託避痘爲詞，竟不一送，私攜妓女，絃管歡歌，披優人之衣，學傅粉之態，以爲戲樂。爾既不一送，儻其人或有事故，尙得復見之耶！朕念爾雖有過愆，實爲幼弟，欲令立功自贖，故率爾前往，爾非惟不能制勝贖罪，所率五百精銳護軍，遇八百敵兵，未發一矢，未衝一陣，遽爾敗走，以致人十名，馬三十匹，俱遭陷沒。夫以我國之兵，千能當萬，百能當千，十能當百，未有不勝。爾領精兵五百，猝敗於敵人八百人，可恥孰甚焉！」

（註一）戰鬥力的衰退及一般厭戰心理，普遍流於富厚之家。有的出征之時，詐稱年老，令家下人代披甲而行。有的以軍行勞苦，輒思遁走，或於兵丁更番回還時，與之潛歸。並公言古昔之制，兵者不得已而用之也，若恃強取勝，非義妄動，天必不佑。反對進行戰爭。（註二）昔日爲掠奪生活物資，爭求出征。今則生活已臻富裕，以從征勞瘁爲慮，不願出戰。（註三）

　　天聰後期以後淸人戰鬥力的維持，一方面是靠了從黑龍江等地方所挖取新兵員及瓦爾喀、虎爾喀等生力軍加入戰鬥，一方面是新編的漢軍旗、蒙古軍旗。太宗爲了挽救此一頹勢，重振早期的尙武精神，取金世宗本紀宣示各王貝勒大臣等，以金爲戒，期能保持本俗。實錄：「上御翔鳳樓，集諸親王、郡王、貝勒、固山額眞、都察院官，命內弘文院大臣，讀大金世宗本紀，上諭眾曰：爾等審聽之，世宗者，蒙古漢人諸國，聲名顯著之賢君也。故當時後世，咸稱爲小堯舜。朕披覽此書，悉其梗概，殊覺心往神馳，耳目倍加明快，不勝歎賞。朕思金太祖、太宗，法度詳明，可垂久遠，至熙宗合剌及完顏亮之世盡廢之，耽於酒色，盤樂無度，效漢人之陋習。世宗卽位，奮圖法祖，勤求治理，惟恐子孫仍效漢俗，預爲禁約，屢以無忘祖宗爲訓。衣服語言，悉遵舊制。時時練習騎射，以備武功。雖垂訓如此，後世之君，漸至懈廢，忘其騎射。至於哀宗，社稷傾危，國遂滅亡。乃知凡爲君者，耽於酒色，未有不亡者也。

（註一）　太宗實錄卷四六，崇德二年五月辛巳條。
（註二）　太宗實錄卷三〇，崇德元年八月乙亥條。卷三二，崇德元年十一月甲辰條。
（註三）　同上卷五五，崇德六年四月甲子條。卷六二，崇德七年九月己巳條。卷六三，崇德七年十月辛丑條。
　　　　　卷六四，崇德八年四月甲戌條。卷六五，崇德八年六月己卯條，七月辛丑條。

先時儒臣巴克什達海、庫爾纏，屢勸朕改滿洲衣冠，效漢人服飾制度，朕不從，輒以爲朕不納諫。朕試設爲比喻，如我等於此聚集，寬衣大袖，左佩矢，右挾弓，忽遇碩翁科羅巴圖魯勞薩，挺身突入，我等能禦之乎！若廢騎射，寬衣大袖，待他人割肉而後食，與尙左手之人，何以異耶！朕發此言，實爲子孫萬世之計也。在朕身豈有變更之理。恐日後子孫，忘舊制，廢騎射，以效漢俗，故常切此慮耳！我國士卒，初有幾何，因嫺於騎射，所以野戰則克，攻城則取，天下人稱我兵曰：立則不動搖，進則不回顧。威名震懾，莫與爭鋒。此番往征燕京出邊，我之軍威，竟爲爾八大臣所累矣。」（註一）「昔金熙宗及金主亮廢其祖宗時衣冠儀度，循漢人之俗，遂服漢人衣冠，盡忘本國言語。迨至世宗，始復舊制衣冠。凡言語及騎射之事，時諭子孫勤加學習，如元王馬大郭，遇漢人訟事，則以漢語訊之，有女直人訟事，則以女直語訊之。世宗聞之，以其未忘女直之言，甚爲嘉許。此本國衣冠言語，不可輕變也。我國家以騎射爲業，今若不時親弓矢，惟耽宴樂，則田獵行陣之事，必致疏曠，武備何由而得習乎！蓋射獵者演武之法，服制者立國之經。朕欲爾等時時不忘騎射，勤練士卒，凡出師田獵，許服便服，其餘俱令遵照國初之制，仍服朝衣。且諄諄訓諭者，非爲目前起見也。及朕之身，豈有習於漢俗之理。正欲爾等識之於心，轉相告誡，使後世子孫遵守，毋變棄祖宗之制耳！」（註二）天聰八年四月，規定一切官制稱謂，悉由漢文改爲滿語，亦是此意。實錄：「上諭曰：朕聞國家承天創業，各有制度，不相沿襲，未有棄其國語，反習他國之語者。事不忘初，是以能垂之久遠，永世弗替也。蒙古諸貝子，自棄蒙古之語，名號俱學喇嘛，卒致國運衰微。今我國官名，俱因漢文，從其舊號。夫知其善而不能從，與知其非而不能省，俱未爲得也。朕纘承基業，豈可改我國之制，而聽從他國。嗣後我國官名，及城邑名，俱當易以滿語，勿仍襲總兵、副將、參將、遊擊、備禦等舊名。凡賞冊書名，悉爲釐定，……毋得仍襲漢語舊名，俱照我國新定者稱之。若不遵新定之名，仍稱漢字舊名者，是不奉國法，恣行悖亂者也，察出決不輕恕。」（註三）

（註一）　太宗實錄卷三二，崇德元年十一月癸丑條。

（註二）　太宗實錄卷三四，崇德二年四月丁酉條。元王馬大郭金史世宗本紀爲原王麻達葛。

（註三）　同上卷一八，天聰八年四月辛酉條。

同時並命各屯牛彔額眞，督率長幼，時習射擊，維持尙武精神。實錄：「爾等於該管之地，各宜督率所屬長幼，於春夏秋三時，勤於習射。朕不時遣部臣往察，如有不能射者，必治牛彔額眞之罪。此係我國制勝之技，何可不努力學習耶！」（註一）各旗軍士並經常舉行演武校射。整飭敎練，以挽頹風。（註二）

對社會貧富懸殊與階級分化影響於戰鬥力衰退所採取之對策，除消極方面令各牛彔加強訓練，經常舉行演武校閱，嚴禁奢侈、酗酒、賭博、逸樂，以緩和對貧者的刺激外；積極方面的措施，如重新丈量所有田地，編審壯丁，調查戶口，使富者不得過分擴張佔併，並強令給予貧苦者馬匹甲冑，以便隨征；並規定所俘掠物品應開報歸公之數，以便照分計功分配，使利益均霑，皆有所得。實錄崇德元年十月諭云：「向來定例，凡出兵所獲，一切珍重之物，應歸公者，卽送該管固山額眞，隱藏者罪之。此外別有所得，方許入己。近聞諸人所得之物，不赴該管固山額眞牛彔處交納，竟自隱藏，反詡言此係我所得，此係我家人所得，意欲取媚，各圖私獻，如此之人，所獻者少，所隱者多，乃假公濟私，巧詐之謀也。況陣獲諸物，皆爲公家所應得，私受者固失大體，私進者亦由侵欺。今後凡有所得，送該管固山額眞，總收籍記，當如拜尹圖擇人收藏，敬謹歸公，方爲合理。」（註三）

(七) 漢人問題與漢軍旗的編立

對處理漢人問題與漢軍旗的編立經過，此須專文討論，而且與當時的社會問題、漢化問題又有密不可分的關係，所以這裡只簡單的說明漢軍旗編立的時代意義與清太宗中央集權的關係。蒙古軍旗的編立，在社會問題與中央集權的意義上亦具有同樣性質，以已有人討論過蒙古軍旗編立的情形，故亦從略。

淸人在對明戰爭中，俘獲了大量的漢人，先是，凡在戰場由各人直接俘獲的人口，卽爲私人奴僕。如係大批共同俘掠的人口，或分在各家寄養，供其使令，或令明朝降官統領，隨各旗居住，從事生產。淸太祖在進入遼瀋地區後，以所俘人口衆多，卽積極推行農戰政策，用漢官督率漢人從事農耕，並實行計口授田，令滿人與漢人同

（註一）　太宗實錄卷一三，天聰七年正月庚子條。
（註二）　此例甚多，不勝舉，見太宗實錄卷一五、一六、一八、二八、三七、三八、四〇。
（註三）　太宗實錄卷三一，崇德元年十月戊寅條。又卷六五，崇德八年六月己卯條。

居同耕同食，一方面供給滿人生活，一方面便於監視控制。但由於民族意識，及滿人的恣意凌虐，所以漢人起事報復，時有所聞。或於食物暗中置毒，或於曠野偸襲殺害。尤其是出兵行獵之際，內部空虛，卽乘機起事逃亡。清太祖爲了安全防範，乃於天命十年十月實行編莊辦法。將漢人每十三丁編爲一莊，（此次編莊時明朝紳衿被查出殺害者甚多）依照滿人官級，分給各家爲奴。（註一）但漢人編莊，只是爲了便於集中管理，生活上並無何改善，由於不堪虐待，仍經常逃亡。尤其太祖逝世之時，國內惶恐不安，逃亡更爲嚴重。太宗卽位後，爲了緩和這一情勢，乃令將分在滿官下的漢民，分屯別居。實錄：「上諭曰：治國之要，莫先安民。我國中漢官漢民，從前有私欲潛逃，及令奸細往來者，事屬已往，雖擧首，槩置不論。嗣後惟已經在逃，而被緝獲者論死。其未行者，雖首告亦不論。由是漢官漢民皆大悅，逃者皆止，姦細絕跡。」（註二）又「先是，漢人每十三壯丁，編爲一莊，按滿官品級，分給爲奴。於是同處一屯，漢人每被侵擾，多至逃亡。上洞悉民隱，務俾安輯，乃按品級，每備禦只給壯丁八，牛二，以備使令。其餘漢人，分屯別居，編爲民戶，擇漢官清正者轄之。又凡有告訐，所告實，則按律治罪，誣者反坐。又禁止諸貝勒大臣屬下人等，私至漢官家，需索馬匹鷹犬，或勒買器用等物，及恣意行遊，違者罪之。由是漢人安堵，咸頌樂土云。」（註三）咸頌樂土，爲修史者的溢美之詞。不過分屯別居後，並嚴禁科歛勒索，確實減少了騷擾侵害。當然，這不是純爲愛護漢人，也是爲了榨取勞力，使其努力生產的。（註四）

天聰四年十月擧行全國壯丁總編審，（註五）五年正月，乃命佟養性管理漢人一切事務，實錄：「乙未，勅諭額駙佟養性曰：凡漢人軍民一切事務，付爾總理，各官悉聽爾節制，如屬員有不遵爾言者，勿徇情面，分別賢否以聞。爾亦當殫厥忠忱，簡善絀惡，恤兵撫民，竭力供職。勿私庇親戚故舊，陵轢疏遠仇讐，致負朕委任之意。……又諭諸漢官曰：凡漢人軍民一切事務，悉命額駙佟養性總理，爾眾官不得違其節制。

（註一）　拙著滿人入關前的農業生活──太祖時代，大陸雜誌卷二二第九、十期。
（註二）　太宗實錄卷一，天命十一年九月甲戌條。
（註三）　同上卷一，天命十一年九月丁丑條。
（註四）　同上卷五，天聰三年二月戊子、丙申條。
（註五）　同上卷七，天聰四年十月辛酉條。

如有勢豪媢妬，藐視不遵者，非僅藐視養性，是輕國體而玩法令也。似此媢嫉之流，必罹禍譴。如能恪遵約束，不違節制，非僅敬養性，是重國體而欽法令也。」（註一）

　　所有漢人一切軍民事務，統交由佟養性管理，這是編組漢軍的第一步。清人在長期戰爭中，部族兵員已感到缺乏，亟須補充。尤其是清人此時已開始鑄造紅衣大砲，重視火器之作戰性能。這些漢人有的本爲原來使用火器的，因此感到有將彼等編組一枝砲兵的需要。而且許多漢人令其分散在各旗之內，亦增長了各旗的力量。爲了統一漢人的管理，減少逃亡，編組新軍，充實戰力，所以一方面令佟養性總管漢人，一方面挑選能施放火器者，成立直屬砲隊。天聰五年三月，太宗首次檢閱新編漢軍。實錄：「上出閱新編漢兵，命守戰各兵，分列兩翼，使驗放火礮鳥鎗，以器械精良，操演嫻熟，出帑金大賚軍士。」（註二）這是所有漢人一切軍民事務交佟養性管理後的第二個月。

　　礮隊編成之後，是年八月卽攜之攻大凌河城，發揮極大效用。（註三）六年正月太宗幸北演武場閱兵，「額駙佟養性率所統漢兵，擐甲冑，執器械，列於兩傍，置鉛子於紅衣將軍礮內，樹的，演試之。」太宗見其軍容整肅，甚喜，且以出征大凌河時，能遵方略，有克捷功，命分賞銀兩布匹有差，並設大宴宴之。（註四）

　　此時所編漢兵，概僅限於持火器者。臣工奏議：「往時漢兵不用，因不用火器。夫火器南朝仗之以固守，我國火器既備，是我奪其長技。彼之兵既不能與我相敵抗，我火器又可以破彼之固守，何不增添兵力，多挈火器，以握全勝之勢。目今新編漢兵，馬步僅三千餘，兵力似少，火器不能多挈。況攻城火器，必須大號將軍等砲，方可有用。然大號火器，挈少又無濟于事。再思我國中各項漢人尚多，人人俱是皇上赤子，個個俱當出力報效，若果從公查出，照例編兵，派定火器，演成一股。有事出門，全挈火器，大張軍威；無事歸農，各安生理。一則不廢民業，一則又添兵勢。」（註五）

（註一）　太宗實錄卷八，天聰五年正月乙未條。

（註二）　太宗實錄卷八，天聰五年三月丁亥條。

（註三）　同上卷九，天聰五年八月戊申、癸丑、甲寅條，九月戊戌條。卷十，同年十月壬子條。

（註四）　同上卷十一，天聰六年正月癸亥條。

（註五）　天聰朝臣工奏議卷上，佟養性謹陳末議奏天聰六年二月二十二日。

　　礮隊的建立與開始自鑄紅衣大礮，這是清人歷史發展上的一件大事。（註一）清太宗在開始將漢人編組成軍時，即不令分屬於各旗之下，當然這與初時火器不多，須集中使用有關。在明清戰爭中，清人以驍勇善馳射，最利於野戰衝殺。然圍城攻堅，明軍有紅夷大礮，密集轟擊，爲其嚴重弱點。天命十一年寧遠之戰，努爾哈赤以百戰老將，敗於袁崇煥，負傷忿愧而歸，旋即殂落。是役，崇煥以逸待勞，指揮有方，將士用命，奮勇抗戰，固爲致勝因素。然主要關鍵，乃在於明軍擁有最新最有力的武器紅夷大礮。天聰元年五月，太宗率八旗再攻寧遠、錦州，思報前仇，以振軍威，又遭明軍大礮轟擊，失利敗歸，故常思能得此種武器，與明對抗。天聰五年五月自鑄紅衣大砲成（當時奏疏，稱紅夷大礮），命佟養性率漢兵操練演放。後大凌河俘獲砲手及大小火礮三千五百位，竝鳥鎗等亦交佟養性統轄。（註二）當時所有紅衣大礮約三十餘座，及鳥鎗、三眼鎗、百子銃、佛郎機、二將軍、三將軍、發熕炮等火器。並設硝磺局、葯局，專責製造炮子。（註三）砲手除漢人外，也有向朝鮮征索來的。（註四）每行軍作戰，必攜礮隊前往。攻城奪堡，先以礮火猛烈轟擊，而後甲兵攀登以進。紅衣大礮在幾次激烈的戰役中，都發生了勝負決定性的作用。

　　漢軍旗天聰七年正月時稱一旗，實錄：「滿洲八旗，蒙古二旗，舊漢兵一旗，各牛彔額眞等，歷任年久無過者，各依品級，賞緞有差。」（註五）舊漢軍是指天聰五年大凌河戰役前所俘降漢人而編成軍的。天聰六年以後常有新人舊人、新官舊官的分別，即由於此。是年七月，又命「滿洲各戶有漢人十丁者，授綿甲一，共一千五百八十戶，命舊漢軍額眞馬光遠等統之，分補舊甲喇之缺額者。」（註六）八月，孔有德、

（註一）　拙著清人入關前的手工業，中央研究院歷史語言研究所集刊第三四本，頁二九一——二三一。

（註二）　太宗實錄卷十，天聰五年十一月癸酉條。天聰朝臣工奏議卷中，馬光遠請整飾總要奏。

（註三）　天聰朝臣工奏議卷中，祝世昌請及時大擧奏天聰七年七月十二日。丁文盛等謹陳愚見奏天聰七年正月二十日。又卷上，佟養性謹陳末議奏天聰六年正月二十二日。當時所有火器情形，見拙著清人入關前的手工業，本所集刊第三十四本，胡院長胡適先生紀念論文集上册。

（註四）　太宗實錄卷四六，崇德四年五月庚申條。朝鮮李朝仁祖實錄卷三五，十五年七月庚午。卷四二。十九年九月甲午。卷四五，二十二年五月甲午等條。

（註五）　同上卷三，天聰七年正月甲辰條。

（註六）　同上卷一四，天聰七年七月辛卯條。

耿仲明來降，仍令各統原軍，旗纛用阜色，馬匹俱用印烙，將本管官銜，併馬主姓名，書滿洲字牌繫之。（註一）天聰八年三月又規定孔耿等旗色云：「旗纛乃三軍眼目，不可不加分別，若用他色，恐與八旗舊纛相同。爾等之纛，當以白鑲皂，爾所屬營兵之纛，亦以白鑲皂。如此，則采章有別，不致與八旗相淆。至於飾畫之處，任從爾便。」（註二）是年五月，復定軍營名色。「舊漢軍爲漢軍，元帥孔有德兵爲天祐兵，總兵官尚可喜兵爲天助兵。」（註三）舊漢軍即石廷柱、馬光遠所統率者。

　　崇德二年七月，「分漢軍爲兩旗，以昂邦章京石廷柱爲左翼一旗固山額眞，昂邦章京馬光遠爲右翼一旗固山額眞，照滿洲例，編壯丁爲牛彔。」（註四）四年六月，又「分二旗官屬兵丁爲四旗，每旗設牛彔十八員，固山額眞一員，梅勒章京二員，甲喇章京四員。……初兩旗纛色皆用元青，至是改馬光遠纛以元青鑲黃，石廷柱纛以元青鑲白，王世選纛以元青鑲紅，巴顏纛純用元青。」（註五）七年六月，復分編爲八旗，以祖澤潤、劉之源、吳守進、金礪、佟圖賴、石廷柱、巴顏、李國翰等八人爲固山額眞。（註六）

　　漢軍旗編定後在明清戰爭中所發生的影響，正如太宗所云：「朕幸承天眷，以我兵之半，往征明國，遂能破其關隘，克其城池，皆因撫綏各國，俾傾心歸順，勢大力強之所致。若止恃舊日之兵，豈能致此乎！」（註七）編組漢軍，這固然是在處理國內漢人（尤以孔、耿等集體率部投降後的安置處理），及戰爭需要上的必要措施。但依八旗規制，應分屬於八家之下，不應獨立成一系統。而太宗令其自成一系，無形中卻因此掌握了更多更得用的實力。蒙古軍旗的編立，其動機亦是如此。這都嚴重的損害

（註一）　太宗實錄卷一五，天聰七年八月丁亥條。

（註二）　同上卷一八，天聰八年三月甲辰條。明清史料乙編第六本，頁五二六，「孔有德、祖大壽差來毛四張副將二營達子，一營是鑞旗紅月心，營名係烏金朝哈。一營是紅旗，營名稱暗裡哈朝哈。」蔣氏東華錄天聰八年三月辛卯條。「命孔有德、耿仲明之纛以白廂皂，尚可喜之纛于皂旂中用白圓心爲飾。」

（註三）　太宗實錄卷一八，天聰八年五月庚寅條。

（註四）　同上卷三七，崇德二年七月乙未條。

（註五）　同上卷四七，崇德四年六月丙申條。

（註六）　同上卷六一，崇德七年六月甲辰，七月壬申條。

（註七）　同上卷六五，崇德八年六月己卯條。

到八家應有的權利。但漢軍旗與蒙古軍旗的分別獨立編置，使不與滿洲軍旗混和，不但易於管理統治，減少許多彼此間的衝突摩擦，也是清太宗得以安定內部，集中力量向外發展所以成功的重要因素之一。

關於漢人處境，自編組砲隊時起，因已納入戰鬥系統，故亦隨之稍爲好轉。尤其是大凌河攻下之後，鑒於明軍之死命抵抗，故對所俘人口，爲了收撫安輯，使得爲後日之用，其所受待遇亦較前所俘降者爲優。實錄：「管兵部事貝勒岳託奏言，先是克遼東廣寧，其漢人拒命者誅之，後復戮永平灤州漢人，以是人懷疑懼，縱極力撫諭，人亦不信。今天與我以大凌河漢人，正欲使天下皆知我國之善養人也。臣愚以爲若能善撫此眾，嗣後歸順者必多。且更宜明前事，以告於眾，則人皆信服矣。善養之道，當先予家室。凡一品官，以諸貝勒女妻之。二品官，以國中大臣女妻之。其大臣之女，仍出公帑以給其需。若諸貝勒大臣女有欺陵其夫者，咎在父母，犯卽治罪，則安敢復逞。儻邀天眷，奄有其地，仍各給還家產，以養其生，彼必忻然悅服。如謂歸順之人，原有妻室，諸貝勒大臣不宜以女與之，此實不然。彼旣離其家室，孤踪至此，諸貝勒大臣以女與之，豈不有名。且使其婦翁衣食與共，雖故土亦可忘也。卽有一二異心而逃者，決不爲怨我之詞矣。若不加撫養，將操何術以取天下乎！又各官宜令諸貝勒人給莊一區，此外復令每牛彔各取漢人男婦二名，牛一頭，卽編爲屯，共爲二屯。其出人口耕牛之家，仍令該牛彔以官值償之。復察各牛彔下寡婦，配給各官從人。至於明之士兵，從前棄鄉土，離妻子，窮年累月，戍守各城，一苦也；畏我兵誅戮，又一苦也。此等無業之人，不能治生，或資軍糧以自給，若有身家之人，豈猶戀此軍餉乎！今旣慕義歸降，須令滿漢賢能官員，先察漢民子女寡婦，酌量配給，餘察八貝勒下股實莊頭有女子者，令其給配。如無女子，令收養爲子，爲之婚娶，免其耕作，有軍興，則隸戎伍。其餘更令股實商賈，分給婚配，一一區處，仍各賜以衣服，毋致一人失所。如此則人心歸附，而大業可成矣。疏入，上嘉納之。」（註一）

待遇雖然已見改善，當然是不能與征服者平等相處的。實錄：「是日，眾漢官赴管戶部事貝勒德格類訴稱：我等向蒙聖恩，每一備禦免丁八名，止免其應輸官粮，其餘雜差，仍與各牛彔下堡民三百十五丁一例應付。竊思我等本身，照官例瞻養新人，

（註一）　文錄卷十一，天聰六年正月癸丑條。

較民例更重，所免八丁，復與民例一體當差，本身又任部務，所有差徭，從何措辦，徭役似覺重科。況生員外郎，尚有免丁，望上垂憐，將所免八丁，准照官例當差，餘丁與民同例。德格類奏聞，上遣巴克什龍什、希福，察訊差役重科之由，奏稱所訴皆虛，惟前此買婦女，配給新人，眾皆一體出價，未經給還，眾遂藉以為詞耳！上命將原價發還，諭管禮部事貝勒薩哈廉曰：此輩忘却得遼東時所受苦累，而為此誑言耳！若不申諭，使之豁然曉暢，則此些少之費，動為口實矣。於是薩哈廉奉上命，集眾官於內廷，傳諭曰：爾眾漢官所訴差徭繁重，可謂直言無隱，若非實不得已，豈肯迫切陳訴。然朕意亦不可隱而不言，當從公論之。朕意以為爾等苦累，較前亦稍休息矣。初爾等俱分隸滿洲大臣，所有馬匹，爾等不得乘，而滿洲官乘之；所有牲畜，爾等不得用，滿洲官強與價而買之。凡官員病故，其妻子皆給貝勒家為奴，既為滿官所屬，雖有腴田，不獲耕種，終歲勤劬，米穀仍不足食，每至鬻僕典衣以自給。是以爾等潛通明國，書信往來，幾蹈赤族之禍。自楊文朋被訐事覺以來，朕姑宥爾等之罪，將爾等拔出滿洲大臣之家，另編為一旗。從此爾等得乘所有之馬，得用所畜之牲，妻子得免為奴，擇腴地而耕之，米穀得以自給，當不似從前之典衣鬻僕矣。爾等以小事來訴，無不聽理，所控雖虛，亦不重處，是皆朕格外加恩，甚於待滿洲者也。至於困苦之事，間亦有之，然試取滿洲之功與爾等較之，果孰難孰易乎！滿洲竭力為國，有經百戰者，有經四五十戰者，爾等曾經幾戰乎？朕遇爾等，稍有微勞，即因而擢用，加恩過於滿洲。」〔註一〕加恩過於滿洲，這是征服者自以為是的片面說辭，但如前述開科考試，登用漢官，也都可說是部分解放的措施。不過漢官雖被拔出滿洲大臣之家，其在社會上地位仍受滿人凌辱。實錄：「至於服制一節，皇上陶鎔滿漢之第一要務，滿洲國人，語言既同，貴賤自別。若夫漢官，祇因未諳滿語，嘗被訕笑，或致凌辱，至傷心墮淚者有之。皇上遇漢官，每溫慰懇至，而國人反陵轢作踐，將何以示一體而招徠遠人耶！宜急分辨服制，造設腰牌，此最簡易，關係最大者，皇上勿再忽之也。」〔註二〕甚或「路人見之，作踐陵轢，罵言榜笞，同於乞丐。」〔註三〕所以漢官

（註一）　文錄卷十七，天聰八年正月癸卯條。

（註二）　同上卷十，天聰五年十二月壬辰條。

（註三）　明清史料甲編第一本葉四八，天聰二年奏本。

一再請求分辨服色體制，造設腰牌，思以在制度上能減少凌虐難堪。這種衝突作賤，一是由於長期歷史仇恨的報復心理，「昔承平時，滿洲漢人貿易往來，漢官妻子及下人之妻子等，不令見滿洲人，且不使立於其門，或至無故亂打，輕視欺壓。而漢人之小官及平人前往滿洲地方者，得任意徑入諸貝勒大臣之家，同席宴飲，盡禮款待。自得遼東後，漢人之廉恥亦掃地矣。」（註一）此外也有因爲彼等建議太宗立法建制的反感因素。

　　太宗本人因利用此輩進行爲其策劃建立中央集權制度，而拔擢任用，但亦心懷疑忌，不完全相信，臣工奏議云：「且豪傑或不見用於南朝，其僮僕衣食足樂生平，一時難於鼓舞。其在我國者，不是沒飯吃，便是沒衣穿，若少加鼓舞，莫不興起而樂爲用。若大加鼓舞，即便赴湯投火，而莫不樂爲致身舍生矣。此誠用力少而收功多者，皇上何樂而不爲也。……今我皇上非不英明而傑出者，何於人也欲用之而不能信之，是何歟？然不過以金漢之分耳。殊不知信則吳越爲一家，不信則一家成吳越。聞豫讓曰：誠能以國士待我，我將以國士報之。況君正則臣直，只要皇上能推誠致信，而以手足視臣，臣將盡忠竭節而以腹心視皇上矣。……古云：疑人莫用，用人莫疑。若疑而用之，在皇上或爲籠絡用人，殊不知虛情假意，稗子難欺，況豪傑乎！勢必至於上下相疑，彼此混帳，莫說不能成事，且必至於敗事。且今日不能信之漢人，異日焉能信之於金人乎！此臣所謂不信則一家成吳越者，何皇上不思之甚也。」（註二）

　　漢人人數的日益膨脹，雖可驅之爲用，然亦使太宗深具戒心。祝世昌以諫諍不可將俘獲敵人之妻女爲娼伎，竟因此得罪：「先是禮部承政甲喇章京祝世昌，條奏俘獲敵人之妻，不可令爲娼伎一疏，奉旨切責。至是命固山額眞石廷柱、馬光遠及諸漢官會訊世昌，此疏與誰共議。供云：我自爲之，文有不順者，啓心郎孫應時曾爲改正。甲喇章京姜新、馬光先亦觀之，二人咸稱善，欲列名，我不允，因自行陳奏。問姜新、馬光先，供云我等觀之稱善，然並無列名之說。問孫應時，供云改正是實。又問世昌，汝弟世蔭曾知此事否？供云吾弟實不知，世蔭亦堅供不承。於是諸漢官遂公議世昌身在本朝，其心猶在明國，護庇漢人，與姦細無異。祝世蔭既係同居，豈有不知

（註一）　老檔秘錄上，跑冰戲下。原文見老檔太祖卷內。
（註二）　天聰朝臣工奏議上，胡貢明五進仕覽奏天聰六年九月。

之理，均應論死，籍其家。孫應時爲啓心郎，反代爲改正，實係世昌同謀，亦應論死。姜新、馬光先見疏不勸止，反稱善，俱應革職，各罰銀一百兩，姜新並解部任。奏聞，上命免祝世昌、祝世蔭死，發邊外席北地方安置，姜新以招撫大凌河時，往來通使有功，免罪，解部任。馬光先有建昌歸順功，亦免罪，孫應時依議正法。」（註一）並以此大發雷霆，斥責都察院漢官：「爾等果盡心爲國，凡有見聞，當秉公入告，實力舉行，則委任爾等，庶爲有益。若禮部承政祝世昌，狗庇漢人，奏請禁止陣獲良人婦女，賣與樂戶爲娼之疏，甚爲悖謬，朕豈肯令陣獲良人之子女爲娼乎！……觀祝世昌身雖在此，心之所嚮，猶在明也。祝世昌果係忠臣，彼明國以大元田劉張三姓功臣之裔爲樂戶，即當奏請禁止，何竟無一言耶！若滿洲官庇護滿洲，蒙古庇護蒙古，漢官庇護漢人，彼此不和，乃人臣之大戒。……今滿洲蒙古漢人，彼此和好，豈不爲善乎！……祝世昌沽名請禁，心迹顯然。爾等聞祝世昌之言，絕不參奏，是爾等之失也。」（註二）這完全是藉題發揮，不過後來見屢次要求與明和議，都不得成功，內部問題，又日益複雜，正需此輩爲之策劃，以此鬆一陣，緊一陣，仍多方籠絡驅使。

　　以上各節，只是對太宗政治上重要措施的簡要敍述，此外如制定朝會規儀，名分稱謂，冠服等第形式，官吏任用、陞降、考績辦法，功臣襲封條例，刑名條款，功罪賞罰標準，奴僕離主條例，牧馬放鷹及田獵禁令，喪葬、婚嫁、祭祀禮制，改革風俗等，這些都與前述各項措施密切關連，也可以說是在那些重大措施下所產生的細目環節。當然，從法制的基礎上說，都顯得粗疏簡略。但就當時的環境而言，不同的種族，不同的文化，不同的生活習慣，也只有在此不同的前提下抽取可以共同接受的原則，制定一種可以通行適應的廣泛的行爲規範。而這種現象的造成，又與旗制組織，有密切的關係。前面已經說過，旗制的構成，是從氏族社會的廢墟上建立起來的，當各族羣來歸之時，其內部生活，開始都各按照自己舊有的習慣，由各族羣領袖領導管理，後想建立統一指揮管理系統，當然對此有加以調整統一的必要。而此統一與調整的目的，本爲使各個構成份子族羣之間，彼此能保持良好關係，心志齊一，共同行動。因此便不能不顧及原來固有的因素，與結合條件。所以當以牛彔爲旗制的編組單

（註一）　太宗實錄卷四十三，崇德三年八月甲午條。
（註二）　太宗實錄卷四十二，崇德三年六月丁丑條。

位之時，牛彔的構成，儘量保持其血緣關係與地緣關係。牛彔的領導人物由本牛彔的族羣中產生，並對本族羣保有廣泛的支配力量，便是由此形成的。而旗制組織之所以維持氏族社會的內部構造形式，其原因亦卽在此。故所謂立法，縱然在觀念上已有新法令的意識，也只是將不同的習慣折衷損益，所湊成的廣泛性原則。不過，縱管如此，法令的制定，官制的建置，確亦發揮了其應有的功用，朝鮮使臣報告云：「然紀綱立，而法令嚴，此所以維持至今也。」（註一）

但從另外一方面看，就清太宗種種政治措施的前進方向，着力重點，法制的精神，及內容成分而言，可以說是進行漢化。清人入關後，可以很快的接受中國制度，順水推舟，統治中國二百餘年之久，這一個先頭接合工作，無疑的是奠定在太宗時代。當然，建州女直受漢化的影響，早已開始。明實錄嘉靖十九年大學士翟鑾曾奏言，「臣奉命巡行九邊，見遼東海西夷，室居田食，建官置備，頗同中國。而中國待之異等，行有餼穀，居有賞賚，勢雖羈縻，實成藩屏。故厚夷所以厚中國也。」（註二）女眞人自明初移居於中國與朝鮮邊境後，由於通貢互市，經常往來，已漸接受中國文化的影響。（註三）尤其邊民與彼等雜處交接，感染更大。文化邊界與政治邊界本不是一致的，往往是犬牙交錯，重疊相映。山海紀聞海一云：「夫均遼人也，惟撫順、清河之人，始而與奴接兄弟，旣而與奴通婚媾，故撫順一失，清河旋陷，二城之人，至今爲奴用事，殘酷狡黠，甚於奴。揆厥原由，因開市年久，夷夏防疏，故其人陷于犬羊而恬不知恥。奴亦熟稔情好，而任用無疑。」漢化問題，所牽範圍甚廣，並且須與入關後的漢化情形，一併檢討，方能說明其演進過程，及所激發的問題，所遭遇的困擾，與所發生的影響。但就其早期正式的，有意的推行漢化來說，不能不說是始於太宗年間。雖然太宗本人在採擇推行的過程中，不免心懷矛盾，時生戒懼，而影響到前進的幅度與速度，但大的方向未變（此亦歷史發展條件與當時情勢的要求）。後多爾袞率兵入關，能利用漢奸，因應制宜，輕移明祚。個人機智，固不失爲一大因素，但主要者，乃在太宗時代所累積的知識經驗，已做好了先頭接合工作。

（註一）　朝鮮李朝仁祖實錄卷三六，十六年二月甲辰條。

（註二）　明世宗實錄卷二一三，嘉靖十九年二月丁卯條。

（註三）　見本文頁四九註一。

四、太宗與諸貝勒間衝突鬥爭

從上述種種措施中，可以看出太宗即位後的歷史發展方向，由八家分權走向中央集權，由部落汗國走向封建帝國。這是清人歷史發展上極其重要的階段，也是入關後得以統治中國，女眞族在中國史上建立第二個政權的寶貴經驗。但這些措施，在當時人來說，都違背了太祖當初所定八旗幹國的原則，嚴重的侵害了八家的應享的權益。所以隨着這些措施的進展，也激起了太宗與諸貝勒間的衝突鬥爭，這可以說是雙方爲變更舊制與維護權益所促成的。以下只簡述幾個嚴重的事例。

（一） 與阿敏間的衝突：

太宗即位後第一個發生衝突的，是鑲藍旗貝勒阿敏。阿敏與太宗的衝突，可以說是其父舒爾哈齊與努爾哈赤兄弟間衝突的繼續，延長到下一代，所以應該從其父與太祖之衝突說起。

明萬曆十一年努爾哈赤起兵後，當時本族人爲了本身的利益，不但不肯相助合作，有的甚至不惜與外族勾結，夾擊偷襲，必欲殺之而後快。處此內外相逼的情勢下，清太祖所倚以爲助共相患難的，爲其同母弟舒爾哈齊與異母弟穆爾哈齊。穆爾哈齊事跡，記載甚少，蓋其人庸碌尋常，無甚突出處。而舒爾哈齊据一般記載，謂其與兄努爾哈赤多智習兵，信賞必罰，兼併族類，野心勃勃。不但以驍勇雄部落中，且有戰功，能得眾心。於是隨着軍事勝利的進展，所部勢力日益壯大，終與其兄成爲二雄並立之勢。（註一）

萬曆十七年，努爾哈赤受明封勒爲建州衞都督僉事，明廷承認其對建州衞之支配權，傳統的三衞分立形勢因之消滅。時努爾哈赤在內稱王，舒爾哈齊稱「船將」。（註二）萬曆二十三年，明加努爾哈赤龍虎將軍封號。是年八月，舒爾哈齊亦赴明入貢，（註三）雖未記其官職，但亦必已受封無疑。當時二人的勢力分配，据朝鮮政府所派探訪夷情

（註一） 皇明經世文編卷四五三，揚宗伯（道賓）疏卷一，海建二酋遵貢。黃道周博物典彙卷二〇，四夷，奴酋條。李民寏建州聞見錄。（陳捷先：清太祖推双胞弟考，滿洲叢考引文，國立臺灣大學文史叢刊。）

（註二） 朝鮮李朝宣祖實錄卷二三，二十二年七月丁卯條。

（註三） 日本京都大學明代滿蒙史料明實錄抄滿洲篇第四本神宗實錄頁一八九。

特使河世國於是年十一月自努爾哈赤所居地赫圖阿拉歸來報告所見兄弟二人情形云：
「老乙可赤（努爾哈赤）兄弟所住家舍則蓋瓦，各以十坐分爲木柵，各造大門，別設
樓閣三處，皆爲蓋瓦。……老乙可赤麾下萬餘名，小乙可赤（舒爾哈齊）麾下五千餘
名，常在城中，老乙可赤戰馬則七百餘匹，小乙可赤戰馬四百餘匹。」（註一）第二年
正月，另一使臣申忠一亦出使歸來，並上所著建州紀程圖記，謂「奴酋諸將一百五十
餘，小酋將四十餘，皆以各部酋長爲之，而率居於城中。」宴待時，「奴酋兄弟妻及
諸將妻皆立於南壁炕下，奴酋兄弟則於南行東隅地上，向西北坐黑漆椅子，諸將皆立
於奴酋後。」三天後，舒爾哈齊亦遣人來請，云「軍官不但爲兄而來，我亦當接待。」
朝鮮使臣入建州之後，首進見努爾哈赤，次卽進見舒爾哈齊，對二人俱有饋送，二人
亦皆有回贈，只是多少不同。兄弟二人所有一切服飾，俱是一樣。舒爾哈齊並云：「日
後你僉事若有送禮，則不可高下於我兄弟云。」時蒙古送來戰馬百匹，橐駝十頭。予
努爾哈赤馬六十四，駝六頭。舒爾哈齊馬四十四，駝四頭。（註二）

　　這是萬曆二十三、四年朝鮮使臣「目睹」二人的權勢地位情形。兵員分配，大約是
五與三之比。萬曆二十五年五月，明實錄記「建州衞都督指揮奴兒哈赤等一百員名進
方物。」七月，「建州等衞夷人都督都指揮速兒哈赤（舒爾哈齊）等一百員名赴京朝
貢。」（註三）至三十六年十二月，兄弟二人又先後分別入貢，實錄記頒給建州等衞女
直夷人奴兒哈赤、兀勒等三百五十七名，頒給建州右等衞女直夷人速兒哈赤等一百四
十名貢賞如例。（註四）二人入貢，前後相距僅十九天。而尤其值得注意的，是舒爾哈
齊此次以建州右衞名義入貢。右衞復設年月，未見記載。但就東夷考略云萬曆二十九
年八月，禮部以海（西）建（州）貢夷沿途騷擾，議照朵顏三衞例，量減員數，定期
減車。速兒哈赤上言「驛遞刁勒，所賞襪袋濫惡，願得折價。」的話觀之，大約右衞
復設在是年三月以後，此可能與李成梁之復出鎮遼東有關。

　　李成梁自隆慶三年出鎮遼東，萬曆十九年被劾罷職，二十九年三月，復出任邊

（註一）　朝鮮李朝宣祖實錄卷六九，二十八年十一月戊子條。

（註二）　同上卷七一，二十九年正月丁酉條。

（註三）　明神宗實錄卷三一〇，萬曆二十五年五月甲辰條。卷三一二，二十五年七月戊戌條。

（註四）　同上卷四五三，萬曆三十六年十二月乙卯、甲戌條。

寄，再鎭遼東。新官上任，照例要求有所表現，如到任後令努爾哈赤使哈達復國，努爾哈赤不但允許，並遷忍氣吞聲親到北京朝貢。 (註一) 則成梁感到努爾哈赤的力量日益膨脹，爲了便於控制駕馭，令其依傳統的三衞形式，復開右衞，使其弟速爾哈齊掌之，自是自然順理之事。此雖沒有直接史料記載，但與東夷考略所記時間，頗相吻合。所以到萬曆三十六年六月成梁再度被劾解任後，三十七年卽發生兄弟二人公開破裂事件。 (註二)

　另一個因素，可能是出於舒爾哈齊的要求，在萬曆二十三、四年朝鮮使臣到建州時，舒爾哈齊已儼然以二頭目的姿態接待朝鮮使臣。建州自明正統年間以來，一直是保持三衞並立的形式，當舒爾哈齊自覺勢力壯大，爲了獲得對明貢市上的重大利益，自會想到依傳統規制，希望獨領一衞，非但可獲通貢互市之利， (註三) 並可提高自己的身份地位，所以後來部族中以「二都督」稱之。

　上面簡單的說明了舒爾哈齊的勢力成長壯大經過情形，同樣的，在成長壯大的過程中，由於兄弟間權勢利益的爭奪，太祖本人性情的猜屬貪刻， (註四) 也造成了兄弟間的衝突鬥爭。

　二人間的衝突，在萬曆二十七年征哈達時已經開始。(註五)至萬曆三十五年，裴悠

(註一)　黃彰健先生：奴兒哈赤所建國號考，中央研究院歷史語言研究所集刊第三十七本下冊。

(註二)　李成梁再鎭遼東，年已七十六歲，老耄力衰，無當年銳氣，新官上任，固亦要求表現，重整威望。實則邊備已非二十年前情勢，故復出之後，多以撫結彌縫，期無大禍爲事。宋一韓劾成梁疏云：「建酋與成梁誼同父子，敎之和則和，敎之反則反，誅成梁而建酋自不敢動。」明神宗實錄卷四六二，萬曆三十七年九月壬午條。又李奇珍劾成梁子如栢云：「如栢曾納奴弟素兒哈赤女爲妾，見生第三子，至今彼中有奴酋女婿作鎭守，未知遼東落誰手之謠，當速械繫，以洩公憤。」明神宗實錄卷五八二，萬曆四十七年五月癸未條。

(註三)　與明朝通貢互市是他們獲得鹽、米、布等生活必要資料的主要手段，持以貢市交換的物產是東珠、人蔘、貂皮等。籌遼碩畫云：「東珠紫貂，天下之厚利也。」「奴酋歲市貂參，利不下數萬，此中國所爲操餌，以制取建酋者也。」「建酋受國家象養之恩，二百餘年，不爲不久；歲得國家貂參之利，金錢數萬，不爲不多。」「擅我貂參之利，以成其富。」見卷二，張濤東北虜情議。卷三，薛三才點奴計陷孤城疏。汪可受酌調蓟保援兵疏。卷四，范濟世酋謀不測國計萬全疏。

(註四)　籌遼碩畫卷二，張濤屬夷家事互搆揭：「奴酋貪劾無比，一貂、一雉、一兔、一珠、一參，部落諸酋私讓私市者殊死，而奴只一人專其利。其視財物無取，好惡與共者異矣。奴之妻子弟姪，恒遭劍矢，崇城密護，夜恒數徙，其視簡易忠厚，堅培本榦，內理腹心，以希呼吸通關，緩急禦侮者異矣。」又李民寏建州聞見錄：「奴酋爲人猜屬威暴，雖其妻子及素親愛者，少有所忤，卽加殺害。」鷺淵一舒爾哈齊の死引文，史林第十七卷第三號。

(註五)　萬曆二十七年九月征哈達時，舒爾哈齊自請爲先鋒，及至哈達，舒爾哈齊按兵不戰，太祖令向後，卽欲前進，而舒爾哈齊兵阻路，太祖乃繞城而行，城上發矢，軍士中傷者甚多。見滿洲實錄卷三。

城長策穆特黑苦烏喇侵虐，願來附。太祖命舒爾哈齊與代善、褚英等往迎，歸途烏喇貝勒布占泰發兵萬人邀擊，褚英、代善力戰，舒爾哈齊率五百人止山下觀望，常書與納齊布亦別將百人從之。師還之後，太祖論常書、納齊布罪當死，舒爾哈齊爭之強，云「殺二人與殺我同」，於是乃罰常書百金，奪納齊布屬人。自是之後，太祖乃不遣舒爾哈齊將兵出征。（註一）

　　舒爾哈齊既不得將兵，居恒鬱鬱，乃謀率眾出走。籌遼碩畫：「數日內偵得建夷情形，或二、三百一營，或一、二百一聚，俱散布猛酋舊寨，叩之則云：我都督與二都督速兒哈赤近日不睦，恐二都督走投北關，令我們在此防範。…………旬日前職聞奴酋因修自己寨城，怪速酋部下不赴工。問其故，則云二都督將欲另居一城也。奴酋怒甚，將速酋之中軍並其心腹三、四夷立炮烙死，仍拘繫速酋如囚。」（註二）此即實錄等所說萬曆三十七年舒爾哈齊出奔黑扯木事件。滿洲老檔秘錄云：「貝勒舒爾哈齊者，上之同母弟也。上篤念手足之誼，遇之優厚，服御玩好，悉與宸居，然猶不自厭足。臨陣退縮，時有怨言，上乃責之曰：弟之所以資生，一絲一縷，罔不出自國人，即罔不出自我，而弟反有怨我之意何也？舒爾哈齊終不悟。出語人曰：大丈夫豈惜一死，而以資生所羈束我哉！逐出奔他部居焉。上怒，三月十三日，籍收舒爾哈齊家產，殺族子阿薩布，焚殺蒙古大臣烏勒昆，使舒爾哈齊離羣索居，俾知愧悔。舒爾哈齊愧悔來歸，上以所籍收之產返之。然舒爾哈齊仍懷怏望。越二年，辛亥（萬曆三十九年）八月十九日，逐抑鬱而卒，年四十有八。」（註三）

　　從上述自萬曆十七年清太祖努爾哈赤受明之勅封爲建州衞都督僉事，兄弟二人勢力相併成長，到三十五年收集裴悠城地方居民時兄弟二人公開衝突，三十六年李成梁解任去，三十七年發生舒爾哈齊出奔黑扯木事件，三十八年老檔所記分配各人勅書，舒爾哈齊與其子札薩克圖仍各佔有相當份數，（註四）三十九年舒爾哈齊死，四十年、四十一年乃積極向烏喇用兵，卒亡其國，四十二、三年間太祖將內部加以整編部署，建

（註一）　舒爾哈齊按兵不戰，可能是因爲與布占泰彼此結親關係。布占泰曾以妹妻舒爾哈齊，又娶舒爾哈齊二女，彼此爲翁婿郎舅。這一次事件發生後，太祖感覺到舒爾哈齊勢力之漸不可制，同時也警覺到可能發生的後果。第二年再征烏喇，乃命褚英與阿敏率兵前往。

（註二）　卷一，熊廷弼建夷反側邊吏安攘疏。

（註三）　卷一，太祖責弟條。朝鮮李朝實錄光海君日記卷二一，元年十月十三日條。

（註四）　見本文頁二註一、二。

立八旗統屬制度，四十四年，建元立號，四十六年，遂以七大恨誓師向明正式進攻。尤其是自三十六年至四十四年這一階段的發展變化，我們可以看出清太祖由兄弟合力向外征伐兼併，形成二雄竝立，終至不能相容，其中所存在的種種矛盾因素，鬥爭發展經過，及清太祖在萬曆四十二、三年代其對遼東整個情勢的認識，本身地位的自覺，與今後發展方向所作的決定。所以舒爾哈齊的死，不但是二百年來舊有建州三衞歷史的結束，也是開始走向一個新的歷史階段的重要關鍵。

清太祖將內部重新加以編組，建立起八旗制度之後，仍令舒爾哈齊之子阿敏統領一旗，這表示着舒爾哈齊的舊有力量，仍然存在。阿敏所領爲鑲藍旗，可能只是原來舒爾哈齊舊屬之一部份。旗下屬民與旗主間的關係，比其與中央共主（汗）的關係，是更爲直接更爲密切的。當時以對外戰爭及維持生活，所以屬下成員，不但是戰爭時的武力，也是採集、狩獵、掠奪、供給旗主生活資料及使役勞動力的來源，旗制建立後，「汗」仍必須有其所有的旗分牛彔，原因亦卽在此。這種關係，不但形成了旗主與旗民雙方的主屬地位，也結成了上下彼此間濃厚情感。所以太祖仍令阿敏統領一旗，愛養「同於己出，俾得與聞國政，爲和碩大貝勒。」

阿敏掌領鑲藍旗後，由於太祖爲創業領袖，家長之尊，且馭下甚嚴，所以一直很恭順。但到太祖一死，情形便發生變化。

阿敏與太宗的衝突，從太宗卽位之時起，卽已開始。天命十一年十月，代善、阿敏率德格類等往征蒙古喀爾喀扎魯特部時，阿敏親信與代善在軍前發生衝突。實錄云「是役也，大貝勒阿敏親黨，行事變常，語言乖異，有誰畏誰，誰奈誰何等語。比遣使奏捷於上，語侵代善，欲相詬詈，代善容忍，以善言解之，方遣使以克敵奏聞。」（註一）此雖然是阿敏親信的發作，亦無異是代表着阿敏的態度。但這一場形將在軍前激發的風暴，由於代善的容忍退讓，總算平靜下去。阿敏親信對代善的攻擊，在另一方面來看，也可說是向太宗而發。太宗以初行卽位，內部尚不穩定，故未做任何表示，然亦不無故意視爲紅旗與鑲藍旗或二大貝勒間之衝突，有意讓其發展下去，以利用其矛盾關係的心理。此後太宗與阿敏間的摩擦，一直繼續下去，直到天聰四年，太宗始採取行動。

四年五月，阿敏由永平敗歸，太宗乃藉此機會，向阿敏清算，命諸貝勒大臣及文

（註一）　太宗實錄卷一，天命十一年十月甲子條。

武各官軍士等集闕下，揭發其所有過愆十六項，(一)嗾使其父移居黑扯木地，太祖坐以擅自行動之罪，後經宥之，並命爲和碩大貝勒，與聞國政。太宗卽位，仍以三大貝勒之禮待之，而忘恩背德。(二)天聰元年征朝鮮時，已與朝鮮軍隊在黃州進行和議，阿敏指揮自專，必欲到王京，又誘唆杜度與己同行，心懷異志。(三)所俘朝鮮婦女，既已沒入內廷，猶遣人請索，常在外觖望，坐次有不樂之色，悖行無忌。(四)自以遭受欺凌，言語乖異。且與背約棄信禁不與通之土謝圖額駙奧巴往還，匿其來使，不呈其書上覽，私結外交。(五)貪圖牲畜，與蒙古貝勒擅通婚姻，違背凡諸貝勒大臣子女婚姻必奏聞之旨。(六)八旗既移居已定，而擅離汎地，越所分地界，過黑扯木地開墾，欲乘間移住於此，遂其異志。(七)告人夢被皇考箠楚，有黃蛇護身，謂此卽我之神也。心懷不軌，形之寤寐。(八)上出征時，留守國中，屢次出獵，私自造箭，不思急公，惟耽逸樂。(九)出師貝勒還，出迎無款曲之言，令留守大臣坐於兩側，己中坐受禮，儼若國君。(十)鎭守永平，請與弟濟爾哈朗同行，謂若彼不從，當以箭射之，吾殺吾弟，將奈我何。滅倫狂悖。(十一)入永平時，以鎭守諸貝勒率滿漢官止張一蓋來迎，怒而麾之，妄自尊大。(十二)深恨永平城中漢人，因上撫卹降民而不殺，時時怨謗，又告士兵當令飽欲而歸，以己所行爲是，人所行爲非，譽己訕上。(十三)掠榛子鎭降民牲畜財物，驅降民給八家爲奴。故意擾害漢人，墮壞基業。(十四)怙非文過，懟怨君上。(十五)逼娶喀喇沁部二女。(十六)明兵圍攻灤州，堅不肯救，聽其城陷兵敗。委他旗於敵，止率本旗兵回。退兵時盡屠永平、遷安官民，以俘獲人口財帛牲畜爲重，盡載以歸。以我兵爲輕，竟置不顧。且不聽正言，止與其子洪科退及部下等私相定議，遂然而返。(註一)

所謂十六大罪，就當時清人整個社會情形比較分析，有的是不足構成罪狀的。如爭奪被俘婦女，搶掠財物，分取降人，貪財通婚等，又何止阿敏如此？搶人掠物，一直用爲對外用兵鼓舞官兵勇往直前解決生活資料的主要手段。入永平時阿敏以迎接時止張一蓋，怒而入城。阿敏時爲共議國政的三大貝勒之一，其體制亦自應有異，何況漢官參遊尙張一蓋。迎接出征貝勒還國禮節，阿敏既以議政大貝勒留守國中，以身份地位而言，亦不爲過擧。私自造箭，各旗本皆有自己匠役，供給本旗兵器軍需。攻朝鮮時，阿敏主張至朝鮮王京近地議和，岳託以重兵在外，慮明與蒙古乘機進攻，主張

(註一) 太宗實錄卷七，天聰四年六月乙卯條。

早日結束戰爭，只是對和議時機與當時情況判斷的不同。何況太宗本有「慎勿如取廣寧時，不進山海關，以致後悔。」「凡事當相機圖之」的指示。阿敏的野心，不過是「吾常慕明國皇帝及朝鮮國王所居城廓宮殿，無因得見，今既至此，何不一見而歸乎！」（註一）想開開眼界而已。至於阿敏懟怨訕謗，當爲事實，但由此也可以看出平時雙方衝突摩擦不能相容的情形。所以阿敏有「我何故生而爲人，不若爲山木，否則生高阜處而爲石。山木之屬，雖供人伐取爲薪，大石之上，雖不免禽獸之溲渤，比之於我，猶爲愈也。」的話。

　　十六罪中的最後一項，是永平敗歸，以軍法而論，固有難逭之罪。但事實亦非盡如實錄所言，當時清人初次入關，孤軍遠守，軍心士氣，都不無惶恐不安心理。阿敏在出發時必欲偕其弟同行，殆亦有此感覺，必要時可策應保全。此次戰役，明人力戰反攻，收復失土，稱爲遵永大捷。阿敏度不可守，爲保全實力，遂倉促撤退。天聰六年十二月談大受請赦阿敏罪時曾言：「先年二貝勒失惧軍機，或者彼時天分尚未至，故天意默默使之來也。但念保全大兵回來，希圖後功，雖一時惧犯，情有可原」（註二）可見當時阿敏所以倉促退回的原因。（此次遠守永平等地，這是清人第一次嘗試在關內建立據點，而此次失敗後，亦再不敢嘗試。）

　　阿敏得罪，由於永平敗歸，永平之敗，只是十六罪狀之一，其餘都是羅拾以往積怨，且從太宗即位前算起。阿敏在八旗中，本屬另外一枝，自其父以來即有不協和的離心意識，阿敏本人又「夙性褊狹，與人一有嫌隙，即不相容。」（註三）其與諸貝勒的關係，亦非融洽。如天命十一年征蒙古扎魯特部時其部下與代善的衝突，天聰元年征朝鮮時煽誘杜度與其共同行動，棄永平時獨保全本旗而還，都說明了阿敏平時的心理。尤其是阿敏曾嗾使其父移居黑扯木，太宗即位時提出出居外藩的交換條件，後又擅離汎地，越所分地界等行動，（註四）都表示着阿敏的離心力與對太宗共主權力的漠視。所以在阿敏十六罪狀中，每條結語下所特別強調並有意向此牽連的可歸納爲：

（註一）　太宗實錄卷二，天聰四年五月辛巳條。

（註二）　天聰朝臣工奏議卷上，談大受請宥過睦族奏天聰六年十二月。

（註三）　滿洲老檔秘錄，阿敏與介桑古不睦條天命五年九月。

（註四）　八旗移居見太宗實錄卷一，天命十一年九月丙子條。

一、唆使離間，二、私結外交，三、擅自行動，四、止顧本旗，五、自大僭恣，六、心懷異志等罪名。

　　太宗雖然內心決意剷除阿敏這一不協和力量，但基於旗制組織，及即位時的誓言，不能獨斷處置，乃令諸貝勒公議制裁。於是「眾貝勒大臣等議當誅之。太宗命從寬幽禁。奪其所屬人口奴僕財物牲畜，及洪科退所屬人口奴僕牲畜，俱給貝勒濟爾哈朗。止給阿敏莊六所，園一所，滿洲、蒙古、漢人共二十名，馬二十匹。」（註一）

　　阿敏雖遭幽囚，但其所統之鑲藍旗仍給其弟濟爾哈朗統領，保持原來系統。濟爾哈朗於接管鑲藍旗後，曾率弟篇古及阿敏子艾度禮、顧爾瑪洪等共同盟誓云：「我父兄所行有過，自罹罪戾，若我等以有罪之父兄為是，而或生異心，天必譴之，奪其紀算，使之夭折。若有人譖毀我等，願上與諸貝勒審察而詳處之。」（註二）不論宣誓是出於自願或被迫，對鑲藍旗下的人來說，這是心理上一個嚴重的脅制，使他們的言行必須特別恭謹小心。

　　天聰六年十二月及七年五月，曾兩次有人請赦阿敏之罪，可惜兄弟，念天倫為重，安可以一念之差，而辱終身名節，望乞憐赦出，許戴罪圖功。（註三）太宗始終不允。崇德五年十一月，阿敏遂卒於幽所。（註四）

　　（二）與莽古爾泰間之衝突：

　　莽古爾泰長太宗五歲，領正藍旗，與太宗積纍細節，不擬細述。二人直接衝突，發生在天聰五年八月大凌河戰役軍前。實錄：「是日，上出營，登城西之山岡，坐觀形勢。………大貝勒莽古爾泰奏於上曰：昨日之戰，我屬下將領被傷者多，我旗護軍有隨阿山出哨者，有附額駙達爾哈營者，可取還否？上曰：朕聞爾所部兵，凡有差遣，每致遲誤。莽古爾泰曰：我部眾凡有差遣，每倍於人，何嘗違誤。上曰：果爾，是告者誣矣，朕當為爾究之。若告者誣，則置告者於法。告者實，則不聽差遣者亦置於法。言畢，上不懌而起，將乘馬，莽古爾泰曰：皇上宜從公開諭，奈何獨與我為難？我止以推崇皇上，是以一切承順，乃意猶未釋，而欲殺我耶！遂舉佩刀之柄前向，頻摩視

（註一）　太宗實錄卷七，天聰四年六月乙卯條。
（註二）　同上，天聰四年九月戊戌條。
（註三）　天聰朝臣工奏議卷上，談大受有過睦族奏。卷中，（失名）諸重彝倫以重國本奏。
（註四）　太宗實錄卷五三，崇德五年十一月癸巳條。

之。其同母弟貝勒德格類曰：爾舉動大悖，誰能容汝，拳毆之。莽古爾泰怒詈曰：爾何爲毆我？手出佩刀五寸許。德格類推之出。」（註一）

　　當莽古爾泰與太宗衝突之時，諸侍衞默然旁觀，太宗怒甚，責之曰：「彼露刄欲犯朕，爾等奈何不拔刀趨立朕前耶！」由此事觀之，可知不僅莽古爾泰心中無太宗爲一尊之意，卽眾侍衞亦無此體認，此亦可說明當時人對太宗地位之認識。否則，職司侍衞，當不會坐視無所舉動的。

　　此次衝突，幸德格類適時而至，太宗亦沈着應付，未釀成大變。是年十月；諸貝勒等議莽古爾泰罪，革去大貝勒名號，降居諸貝勒之列，奪五牛彔屬員，並罰銀一萬兩入官。定議時，太宗以「以朕之故治罪，不預議。」（註二）實則所罰尙有分內漢民及供役漢人莊屯。惟數月後，又將此悉還之。（註三）天聰六年十二月，莽古爾泰遂以暴疾卒。（註四）

　　莽古爾泰卒後三年，天聰九年十月，其弟德格類亦以暴疾卒。（註五）十二月，遂發生冷僧機與瑣諾木告發莽古濟與莽古爾泰等謀逆事件。云莽古爾泰生前與其女弟莽古濟及莽古濟之夫敖漢部瑣諾木杜稜，與貝勒德格類、屯布祿、愛巴禮、冷僧機等對佛跪焚誓詞，言「我莽古爾泰已結怨於皇上，爾等助我，事濟之後，如視爾等不如我身者，天其鑒之。瑣諾木及其妻莽古濟誓云，我等陽事皇上，而陰助爾，如不踐言，天其鑒之。」（註六）共謀不軌。

　　莽古濟卽哈達公主，亦作莽古姬。武皇帝實錄云己亥年（明萬曆二十七年）征哈達，生擒孟革卜鹵（清史稿爲孟格布祿），哈達亡，太祖欲以女莽姑姬與孟革卜鹵爲妻，放還其國。孟革卜鹵與太祖左右女私通，又與剛蓋謀欲篡位，事洩，俱伏誅。辛丑年（萬曆二十九年），將莽姑姬與孟革卜鹵子吳兒戶代（清史稿爲吳爾古代）爲妻。萬曆帝責令吳兒戶代復國，太祖不得已，乃令吳兒戶代帶其人而還。後哈達國

（註一）　太宗實錄卷九，天聰五年八月甲寅條。
（註二）　同上卷十，天聰五年十月癸亥條。
（註三）　同上卷十一，天聰六年二月丁酉條。
（註四）　同上卷十二，天聰六年十二月乙丑條。
（註五）　同上卷二十五，天聰九年十月己卯（初二日）。
（註六）　同上卷二六，天聰九年十二月辛巳條。

餽，太祖復將其收回。至天命末年，吳兒戶代卒，天聰元年十二月，乃嫁敖漢部瑣諾木杜稜。（註一）

　　清人在當時與各部族通婚，本帶有政治作用，以聯合外族力量。吳兒古代歸服太祖之後，其所有人眾，仍歸其管領。所以滿文老檔記萬曆三十八年勅書分配情形，吳爾古代領有三十道。後哈達公主嫁給瑣諾木杜稜，天聰九年九月，哈達公主與太宗發生衝突時，議奪其滿洲牛彔及開原地方，並其夫所帶蒙古屬人，可見其特出地位。（註二）哈達公主與太宗間本一直不快，如崇德元年議豪格罪時云；「上曾諭豪格曰：爾為妻所惑，恐被鴆毒，爾外家人，不可輕信，宜愼防之。後上出獵，瑣諾木妻從開原遣人送米肉至，奏上曰：乞令皇上庖人造用。觀此言，若豪格不向外家人言，瑣諾木妻何由知之。」（註三）

　　告密事發，太宗乃命諸貝勒大臣等研審，於是定議莽古濟、瑣諾木陰蓄異謀，應寸磔。莽古爾泰及德格類妻子與屯布祿、愛巴禮應闔門論死。冷僧機以自首免罪。莽古爾泰等之人口財產俱入官。但奏上之後，太宗頗不以為然，曰：「莽古爾泰等人口財產入官之議，殊覺未當。設若兒逆狡計得逞，則朕之所有，將盡歸於彼。今彼逆謀敗露，國有常刑，人口家產，自應歸朕。但念諸貝勒同心佐理，似應與諸貝勒均分。至於冷僧機，若不首告，其謀何由而知。今以冷僧機為無功，何以勸後。且瑣諾木若不再首，則我等亦必不信冷僧機之言，似不應概予重刑，漫無分別也。」於是乃以其事諭令文館滿漢諸儒臣，從新研議。旋諸人奏上，㈠莽古濟應伏誅。㈡兩貝勒妻子皆應論斬。若欲寬宥，亦得幽禁終身。㈢首告者予賞，冷僧機宜敍其功。㈣屯布祿、愛巴禮族誅。㈤莽古爾泰等人口財產，宜全歸於上。於是誅莽古濟、屯布祿、愛巴禮並其親友兄弟子姪俱磔於市。冷僧機授為三等梅勒章京，以屯布祿及愛巴禮家產與之，並給以勅書，令永免徭役，世襲罔替。莽古爾泰子額必倫曾言「我父在大凌河露刄時，我若在，必加刄皇上，我亦與我父同死矣。」的話，先時為其兄光袞首告，至是亦被殺。這裡牽涉到莽古爾泰之死，及額必倫既被兄告發，何以太宗先時隱其事而

（註一）　太宗實錄卷二，天聰元年十二月乙卯條。

（註二）　同上卷二五，天聰九年九月壬辰條。

（註三）　卷三十，崇德元年八月辛巳條。

不告於眾貝勒的問題，實錄說莽古爾泰不能言而死，其中不無疑問。

大誅戮之後，將莽古爾泰六子及德格類子俱降爲庶人，屬下人口財產入官，賜給豪格八牛彔屬人，阿巴泰三牛彔屬人，其餘田賚財產牲畜等物，量給眾人。以正藍旗附入太宗旗分，編爲二旗。後籍莽古爾泰家，復獲所造木牌印十六枚，其文皆曰『金國皇帝之印』，於是携至大廷，召諸貝勒大臣及庶民俱至，以其叛逆實狀曉諭之（註一）

正藍旗既已附入太宗旗分，太宗並將莽古爾泰及德格類妻室命各貝勒分納之。清鑑易知錄：「初滿洲一族妻室，如伯叔母及嫂等俱無嫁娶之禁。上以一姓之內，而娶其諸父昆弟妻，亂倫殊甚，嘗禁止之。至是，以莽古爾泰、德格類二貝勒既行謀亂，即爲仇敵，與諸貝勒商酌，貝勒有願娶者，令娶其妻。于是，將莽古爾泰二妻，豪格貝勒納其一，岳託貝勒納其一。德格類貝勒妻，阿濟格貝勒納之。」（註二）

事後年餘，莽古爾泰子光衮，又以圖謀不軌罪名被殺。實錄云：「先是，貝勒莽古爾泰子光衮，藏有五爪蟒緞一匹，其妻令獻於上，不從。乃言吾豈久居於此者乎！…又聞多羅貝勒豪格房垣爲雷所擊，笑謂其妻曰：吾久居此者，正欲得吾之仇人，親見其若何耳。昔屯朱戶不善逃，故歸而自縊。吾逃時，豈屯朱戶比耶。當至祖家莊屯，掠取爲資生計耳。又云：因吾等正藍旗殷富，所以奪去。無論醒醉，常出是言。爲其妻首告。」於是刑部審實，光衮被誅，光衮母率諸子擇一人主持家事，經管生計。（註三）至此莽古爾泰這一枝的力量，遂完全削滅。

就上引史料看，可知正藍鑲旗與太宗的衝突情形，與太宗必欲清除之決心。但莽古爾泰等行動不能說是「謀逆」，依據太祖所定八家共同幹國，有才德能受諫者方可繼位，如不納諫，不遵道，可擇而立之的訓言。太宗即位後，三大貝勒與太宗共坐議政，當然難免彼此不發生意見衝突。如天聰三年取消共同坐議政辦法，四年，阿敏得罪被囚，五年，莽古爾泰發生衝突，革去其大貝勒名號。這些都使莽古爾泰感到太宗破壞共執國政的原則，自身權力地位的遭受剝奪。所以可能是秘密準備發動一次政變，強迫太宗退位。實錄記莽古爾泰中暴疾，不能言而卒。又云正藍旗貝勒嗜酒，致全

（註一）　太宗實錄卷二六，天聰九年十二月辛巳條。

（註二）　清鑑易知錄卷五，天聰九年十二月辛巳條。

（註三）　太宗實錄卷三六，崇德二年六月癸卯條。

旗效之。是否因爲與太宗發生衝突，情緒不安，借酒澆愁，而致酒精中毒？莽古爾泰卒後，未云正藍旗由何人統掌（當由德格類），德格類卒後，亦未見正藍旗由何人繼承，而在其卒後二個月卽發生告密事，可知這中間有一段蘊釀變化。如果再將九月二十五日代善與哈達公主俱得罪，太宗以另立新君爲要脅而大事發作，革代善大貝勒名號，處分其子瓦克達（見後），並奪哈達公主所屬滿洲牛彔及開原地方及其夫所帶蒙古屬眾。十月初二日，德格類又以暴疾不能言而卒。（註一）十二月初五日卽有人告密，而告密又在太宗出獵之時。這一連串事件，似是都有安排的。是否卽在德格類卒後，趁正藍旗掌管無人的機會，使人告密，以謀逆而興大獄，徹底消滅這一勢力？所以冷僧機不但免罪，且以首告功陞官，永免徭役，世襲罔替。至十二月二十一日，太宗將莽古爾泰等陰謀事祭告太祖，隨卽改號稱帝。

又朝鮮實錄於仁祖十四年（崇德元年）有一段記載，內云「北兵使李沆馳啓曰：騎胡三人到會寧，與商胡密語曰：近來瀋陽有變，方爲兵部尙書者謀逆，與諸大將結黨，其中有一大將妻，卽汗之女也，潛告其父，搜得文書，斬殺大小將官百餘人云。」（註二）

兵部尙書卽岳託，所謂「其中有一大將妻卽汗之女也」，或爲瑣諾木杜稜弟之子班第？屠戮三酋，斬殺大小將官百餘人，蓋卽額必倫、屯布祿、愛巴禮及其親友兄弟子姪等。太宗實錄亦言當太宗將謀逆事告訴諸貝勒時，諸貝勒皆甚氣憤，「及告岳託，岳託變色曰：德格類焉有此事！必妄言也。或者詞連我耶？絕無忿意。」（註三）岳託與正藍旗本頗爲接近，如大凌河莽古爾泰與太宗發生衝突時，岳託不但旁觀，並爲莽古爾泰不平，故岳託或知此事。不過實錄未見處分岳託記載，而且當豪格以哈達公主爲其父仇人殺其妻時，（哈達公主二女，長嫁岳託，次嫁豪格）岳託亦想殺其妻，太宗遣人止之。後岳託與豪格並各納莽古爾泰妻一。太宗未深究此事，反撫慰之，蓋當時本意止在削滅正藍旗，且誅殺已多，而岳託又爲首先擁戴取得大位功臣，同時在此事之前，代善又剛剛受到責處，如再牽連，是必引起兩紅旗之不安。但此後不久，岳

（註一）　太宗實錄卷二五，天聰九年十月乙卯條。

（註二）　朝鮮李朝仁祖實錄卷三二，十四年四月戊子條。

（註三）　太宗實錄卷二六，天聰九年十二月辛巳條。

託亦以他事得罪，翻舊案，宗室流血。(註一)

　　(三)　與代善父子間的衝突

　　阿敏與莽古爾泰兩個大貝勒相繼排除之後，鬥爭便轉向代善。二人衝突的公開爆

發，在天聰九年九月，導因起於代善邀宴哈達公主。先是，是年二月，太宗命多爾

袞、岳託等率兵往征察哈爾，七月，林丹汗子額爾克孔果額哲遣人上書願舉眾歸附，

隨卽送察哈爾汗大福金囊囊太后至，太宗告代善此乃察哈爾國有名大福金，宜娶之。

言數次，代善以其無牲畜財帛，不從，欲娶另一大福金蘇泰太后（額哲之母）。太宗

以與諸貝勒定議將蘇泰太后許濟爾哈朗，僵持月餘，太宗乃娶囊囊太后，故雙方甚爲

不快。(註二)九月，太宗率代善等迎出征軍於陽石木河，時諸貝勒多有娶察哈爾福金

者，豪格亦娶伯奇福金，哈達公主聞之，以吾女尙在，豪格何得又娶一妻，甚怨望。

(註三)當時代善以子尼堪、塞祐有病，率本旗人員自行出獵，遠離駐營。哈達公主亦

以豪格娶伯奇福金事不快，遂先行邅家，路經代善營時，代善親迎入帳宴之。太宗聞

之大怒，「乃遣人詣代善及薩哈廉，詰之曰：爾自率本旗人任意行止，又將怨朕之哈

達公主邀至營中，設宴餽物，復送之歸，是誠何心？」言畢，不諭知眾貝勒，遂先邅

盛京，謁堂子，入宮，閉大內門，不許諸貝勒大臣進見，亦不理事。(註四)

　　第三天，召集諸貝勒大臣等宣示代善輕肆諸罪，主要者：(一)大貝勒昔從征明燕京

時，違眾欲還。及征察哈爾時，又堅持欲同。朕方銳志前進，而彼輒欲退歸。(二)所俘

人民，令彼加意恩養，彼旣不從，反以爲怨。(三)於賞功罰罪之時，輒偏護本旗。朕所

愛者而彼惡之，朕所惡者而彼愛之，有意離間。(四)朕今歲託言巡遊，欲探諸貝勒出師

音耗，方以勝敗爲憂，而大貝勒借名捕鱷，大肆漁獵，以致戰馬疲瘦。(五)大貝勒諸子

借名放鷹，輒擅取民間牲畜。(六)察哈爾汗妻蘇泰太后，乃濟爾哈朗妻妹，欲娶之，已

與諸貝勒定議，而大貝勒獨違眾論，強欲娶之。(七)以囊囊太后貧，拒命不娶。(八)昔征

(註一)　崇德元年八月辛巳岳託得罪時，諸貝勒大臣議應處死，太宗曰：朕若傷殘爾等，將誰與共之乎！太宗
　　　　實錄卷三○。

(註二)　清鑑易知錄卷五，天聰九年七月戊辰條。

(註三)　太宗實錄卷二五，天聰九年九月戊午、辛酉條。

(註四)　同上，庚午、壬申條。清朝實錄卷五，天聰九年九月辛未條。

大同，殺蒙古降人。㈨額駙畢喇習者分給大貝勒瞻養，奪其下愛塔乘馬財物，以致其不能自存而逃亡。㈩哈達公主自太祖在時，專以暴戾讒譖爲事，大貝勒與彼原不相睦，因其怨朕之故，遂邀至營中宴之。

並云：「自古有以來，有強力而爲君者，有幼冲而爲君者，有爲衆所擁戴而爲君者，皆君也。既已爲君，則制令統於所尊，豈可輕重其間乎！」「爾等悖亂如此，朕將杜門而居，爾等別舉一強有力者爲君，朕引分自守足矣。」屬辭諭畢，遂入宮，復閉朝門。（註一）

其實所說輕肆之處，主要的是㈠代善在對外用兵上與太宗的態度不一。代善謹愼持重，主張安全自保；太宗志在銳進，主張向外開拓。例如太祖時二人對朝鮮問題，卽所持態度不同。太宗時主管朝鮮事，常勸太祖東搶，解決經濟問題，並去背後根本之憂。代善則極力主和。（註二）㈡哈達公主問題（哈達公主事見前），哈達公主有相當勢力，且與代善頗爲和好，正藍旗與兩紅旗間關係亦頗密。代善與莽古爾泰又同爲議政大貝勒，自天聰三年取消三大貝勒分月輪値機務之辦法後，四年，阿敏得罪幽禁。五年，莽古爾泰削除大貝勒爵。六年，取消共坐議事制度。凡此，皆使其感到權力的日益剝奪及遭受個別打擊的威脅。而哈達公主二女，一嫁岳託，一嫁豪格，豪格又與岳託頗爲接近。豪格之娶伯奇福金，未始不是太宗有意使彼此關係發生變化。清人自太祖起兵後與各部族的婚姻關係，都含有政治意義。各貝勒娶得外部歸降來的貴族妻女，不只是帶來了牲畜財帛，而且是帶來了一組政治上的力量，所以代善欲娶額哲之母蘇泰太后，而不願娶囊囊太后。

這一次太宗居然以「另選強有力者爲君」而大肆發作，當然是覺得一尊之勢已經穩固，而故作姿態。與莽古爾泰衝突之時，何不作此表示？於是諸貝勒大臣、八固山額眞，及六部承政共同擬上對代善等處分，遂革代善大貝勒名號，罰雕鞍馬十，甲胄十副，銀萬兩，仍罰馬九匹與九貝勒。罰薩哈廉雕鞍馬五匹，空馬五匹，銀二千兩。岳託亦以庇護哈達公主及往征察哈爾時，代其父奏請先還，罰銀千兩，雕鞍馬五匹。代善另一子瓦克達，亦以通姦，竊人之鷹，守永平時潛携妓女歸遼等罪，奪其滿、漢、

（註一）　太宗實錄卷二五，天聰九年九月壬申條。
（註二）　見本文頁九註一、二、三。

蒙古僕從三七四人，馬、牛、羊、駱駝六四五隻，幷庫中財物，及在外所屬滿洲、蒙古、漢人牛彔，俱給貝勒薩哈廉。瓦克達夫婦止給侍妾竝現在衣服，隨薩哈廉居住行動。其應入官銀四千兩，莊田二十三處，所有漢人一九九人，各色匠役人等一一八人，竝其家口，俱付戶部承政英俄爾岱、馬福塔、吳守進等。（註一）

代善降於諸貝勒之列，原來的三大貝勒頭銜，已無一存在。但這只是對代善打擊的開始，是年十月，代善又爲其下訐告，以將公斷入官屬員，私自斷理，受到責備。（註二）崇德二年六月論攻朝鮮及皮島功罪，代善又以多選護衞，擅令家下人行動，違禁以米餵馬等罪遭受嚴厲指責。並云往都爾鼻地方一帶田獵歸還時，因見圍場中斷，令希爾良滕起取斷圍者之箭，彼徇情不取，朕怒，親鞭之。岳託乃謂巴布賴曰：爾可以鞭與吾父責瓦克達，兄禮親王默然不言，鞭瓦克達三次，由泥淖中徒步回營，豈非有不悅國法之意而生瞋怒乎！後一日來見朕，自牽其馬，自攜坐褥，夫一旗之侍衞，豈盡無人，何所迫而爲此？豈彼以爲敬也？非敬也？乃其中有不快而然也？陽爲恭敬，陰懷異心。（註三）崇德三年八月，吏部遣官追緝逃人，時鑲藍旗與鑲黃旗該值，部中以所派鑲藍旗海塞懦弱，遂別選次班正紅旗伊希達代之。伊希達告代善此非本旗班次，代善乃遣人謂阿拜阿格不應遣我旗之人，代別旗班次。多爾袞聞言，遂於會議處告於諸王貝勒、大臣等共議：「凡差遣官員，材力可否，原聽該部酌量舉用。今不遵該部僉派，豈將另立一部耶！禮親王代善應罰銀五千兩，奪五牛彔屬員，伊希達在王前讒間，應論死。」太宗以代善年邁妄言，姑宥其罪，伊希達處死。（註四）

其他零碎事件，涉及代善而遭指斥者尚多，由此我們可以看出太宗有意直接間接對代善的打擊情形。而尤其重要的，是令有司議罪後，又口口聲聲說是敬禮兄長，曲法宥之，玩弄折辱。同時也可以看出多爾袞之日漸得勢，兩白旗、鑲藍旗與兩黃旗的結合情形。

岳託爲首先與其弟薩哈廉勸其父擁立太宗繼承大位的有力人物，爲人料事明敏，

（註一）　太宗實錄卷二五，天聰九年九月庚午、壬申條。

（註二）　同上，天聰九年十月丙午條。

（註三）　同上卷三六，崇德二年六月甲子條。卷三七，崇德二年七月辛未、癸酉條。

（註四）　同上卷四三，崇德三年八月辛丑條。

自負豪氣，富將才，主管兵部事，對太宗卽位後建立軍令，組訓兵員，其功甚大。
（註一）故初時太宗對其亦頗優遇。但自莽古濟等事件發生後不久，岳託亦開始遭受清
算。崇德元年八月議其罪狀時云：㈠在大凌河時，正藍旗貝勒莽古爾泰於御前露刄，
岳託奏曰：藍旗貝勒獨坐而哭，殊可憫，不知皇上與彼有何怨恨。㈡又欲市恩於哨
卒，先告以有賞，而後於上前奏請。㈢鄭親王下綽通馳馬致斃，岳託問曰：殆被傷而
死耶。若鄭親王以爲是傷則是矣。卽以被傷而死奏聞。一則於上疑鄭親王偏護私人，
一則欲鄭親王見惡於上。㈣碩託自灤州逃囘獲罪，奪其奴僕戶口，岳託奏上欲還之。
㈤碩託緣事殺家中婦人以滅口，法司奪其在外牛彔二戶人，及三牛彔人。岳託令啓心
郎穆成格奏請，還其子女之乳母。㈥嘗謂固山額眞納穆泰曰：蕭親王曾對我云：我凡
有所言，宜成格爲奸細，爾凡有所言，穆成格爲奸細，輙陳奏於上。復以其言告德格
類及鄭親王，欲離間皇上父子。並欲外求黨與。於是革去岳託親王爵號，降爲多羅貝
勒，幽禁，並罰銀一千兩。（註二）

　　岳託之得罪，事甚突然，未言直接原因，但事在莽古濟事件之後不久，與此當不
無關係或太宗託辭而報前怨。

　　崇德二年八月，舉行演武校射時，岳託遂與太宗當面發生衝突。實錄云太宗赴演
武場主持校射，分左右兩翼相校，岳託居右翼，太宗命其先射，岳託言不能執弓，太
宗謂可徐引射之，否則恐他翼諸王貝勒、貝子等不從，諭之再三，岳託始起射，及引
弓，墮地五次，遂以所執弓向諸蒙古擲之（時蒙古部落以宸妃誕生皇子，進獻馬駝，
亦在校場觀射）。於是諸王、貝子、大臣等會審，以岳託素志驕傲，妄自尊大，應論
死。太宗不聽，令解兵部任，降爲貝子，罰銀五千兩，暫令不得出門。（註三）此次岳

（註一）天聰朝臣工奏議卷中，扈應元條陳七事奏天聰七年十二月二十二日。
（註二）太宗實錄卷三〇，崇德元年八月辛巳條。時豪格亦以與岳託同謀罪，革親王爵，降多羅貝勒。朝鮮李朝
　　　　仁祖實錄卷三三，十四年（崇德元年）九月甲辰條：「黃（孫茂）監軍送揭帖曰……近聞奴賊屠戮三
　　　　酋，仍欲並殺大酋子孫，此正天心厭亂，使逆奴同室操戈，自相魚肉之秋，用間莫便於此時。」或與
　　　　此事有關。
（註三）太宗實錄卷三八，崇德二年八月癸丑條。又朝鮮仁祖實錄卷三六，十六年（崇德三年）二月甲辰條。
　　　　「左議政崔鳴吉囘自瀋陽……上曰：彼中情形，於卿所見如何？對曰：客多主小，其勢危矣。然紀綱
　　　　立而法令嚴，此所以維持至今也。聞長子不肖，故以上年所生子有立嗣之意云。自古國本未定，而未
　　　　有不亂者也。上曰：厥子眞豚犬。而所謂要土（岳託）者，自負豪氣云。然則或不無自中之亂也。

託以兵部貝勒統右翼諸軍參加，本應首先領導起射，而竟三諭乃起，五次墮弓於地，並將弓擲向蒙古，可知其憤怒之情，有意當眾公然表示。此事之發生，適在代善遭受嚴詞譴責後一個月，而其時太宗又為宸妃生子，頒詔大赦，文武羣臣及蒙古表賀祝獻，各官以此晉級加爵者甚多，岳託或以此觸及自太宗即位以來，連續打擊阿敏、莽古爾泰，力行中央集權，最後又一直向紅旗進逼。宸妃生子後大赦慶賀，儼然是大位傳子形式，於是不顧一切後果，公開挑釁。

　　㈣　與杜度間的衝突：

　　杜度得罪，在崇德五年十二月，為其下肫泰等所首告，謂杜度常口出怨言云：㈠往年征遵化，攻朝鮮，征濟南，皆有戰功，置而不問。㈡岳託雖被首告，猶封郡王，羅洛宏並襲其父岳託貝勒爵。我無罪有功之人，止因不饋敬希爾艮故，遂不論功，反而加罪。無非在紅旗故耳。㈢賜諸王衣服時，貝子尼堪、羅託尚有，獨我見遺，後方補給。㈣濟爾哈朗敍功册內，以常常念君之故，遂封親王。我且待時，惟天公斷。㈤以東珠緞匹送固倫公主時，言此與征賦稅何異。㈥過朝鮮國王諸子門前時，大言曰：謂天無知，何為祭天。謂神無知，何為祀神。此等怨恨言語，無論在家在外，常出諸口。

　　於是諸王大臣等議上杜度罪，罰銀一萬兩。原告等（與杜度為姑舅之親）斷出，帶一牛彔滿洲人丁，又加五十人，往隨豪格。（註一）

　　杜度為褚英之子，太宗即位後，未能掌握一旗而令隨於別旗，自悒悒不平。其所言有功不賞，無非為我在紅旗故耳；濟爾哈朗不過以常常念君之故遂得封親王；送固倫公主物品，無異賦稅；及不敬希爾艮而得罪的話，都是值得注意的。不但說明了太宗與紅旗間的鬥爭情形，也說明了鄭親王濟爾哈朗與太宗相結的關係，及太宗死後濟爾哈朗與多爾袞左右輔政的原因。希爾艮為正黃旗人，姓覺爾察氏，為太宗未即位前時護衛，後陞至護軍參領，由杜度饋送希爾艮事，亦可看出太宗集權情形與周圍人的權勢。

　　崇德七年六月，杜度去世，十月以其「福金與其子杜爾祜、穆爾祜、特爾祜每哭

────────────────────

（註一）　太宗實錄卷五三，崇德五年十二月己酉條　　。

時，輒言貝勒實未獲罪，皇上從未遣人來弔，凡貝勒以下等官，身後尙蒙賜祭，何獨遣我。似此苦衷，其誰知之。杜爾祜又語馬克扎云：因縱人往塔山，遂歸罪於我。罰則我不得免，賞則不及我，何欺陵之甚。又言將伊圖撥與尼堪貝子，實朝廷過舉。」於是革去公爵，出宗室籍，傳諭諸王貝勒等，以後俱不許稱公及宗室。（註一）

　　由上述太宗與諸貝勒間的衝突，可以看出主要對象是三大貝勒，而且首阿敏，次莽古爾泰，最後爲代善，這是有其特殊原因與用意的。從這些衝突所指出的罪狀事件中，可知當時所存在的問題，太宗所以推行中央集權的原因，各旗的反應態度，與所遭受的困擾。天聰、崇德十七年的歷史，可以說無時不在衝突鬥爭之中，終且演成宗族間的流血悲劇。但這並不是純由於個人間的關係，而是歷史發展形勢所造成的。所指罪狀事件，不過是表面理由，眞正關鍵，並不在此。也可以說是由八旗分權，共同執政，走向中央集權，政歸一尊；由部落社會的汗國走向封建政治組織轉變中所發生的現象。但事實上太宗的中央集權，並沒有成功，仍然是旗制與政府兩套重疊的組織。此中原因，一是由於太宗沒有太祖創業領袖家長之尊的地位，及缺乏剛決果斷的魄力，畏猛不如其父，胡貢明曾奏云：「臣聞先汗果斷剛決，用人任事，有不測之恩威，有必信之賞罰。見一好人，行一好事，雖至微至賤，即便一時使富使貴。見人不好，不做好事，雖至戚至親，即便一時奪職奪家。生死予奪之權，一刻不許旁分，眞天人也。所以人人惕勵，莫不用命。不十數年，而便收遼業。第多疑過殺，不知收拾人心，而天卽以遼土限之耳。……夫先汗之用恩用威，正是創基立業之大手段也。……奈何凡事都狃於故習，反把這個善政偏偏撇過了也。……凡有罪而不能殺，凡有禁而不能嚴，其用威則不足也。恩勝於威，或用之於守成則可。今當創業之時，竊爲皇上不取。又想皇上爲故習狃着，不知礙了多少手脚，不知誤了多少設施。」（註二）一是其得位來自妥協，八家權益，必須保持，行動措施，不能一依己意，予奪自由。所以凡兵馬出去搶些財物，「若有得來，必同八家平分之；得些人來，必分八家平養之。

（註一）　太宗實錄卷六一，崇德七年六月乙巳條。卷六三，崇德七年七月丙寅條。

（註二）　天聰朝臣工奏議卷上，胡貢明陳言圖報奏天聰六年正月二十九日。又卷中，馬國柱諸更養人舊例及設言官奏天聰七年正月十九日。

譬如皇上出件皮襖，各家少不得也出件皮襖；皇上出張桌席，各家也少不得出張桌席。」（註一）雖有人建議「汗旣爲汗，凡益國便民之事，不妨擔當而行，小嫌小疑，何必避忌。」但終不能「奮然一行」。法制雖定，亦不能澈底執行，如實錄於崇德三年七月，「命內弘文院大學士希福、內國史院大學士剛林、學士羅碩傳諭和碩親王、多羅郡王、多羅貝勒、固山貝子及羣臣曰：國家創制顯庸，臣民共爲遵守，而宗族姻戚，尤宜奉公守法，以爲之倡。今和碩親王、多羅郡王、多羅貝勒、固山貝子、固倫公主、和碩公主、和碩格格、多羅格格、固山格格、固倫額駙、和碩額駙、多羅額駙、固山額駙等，等級名號，皆有定制，昭然不紊，乃竟不遵成憲，僭忒妄行，皆由禮部不嚴加稽察，任其苟且悠忽之故。凡國家制度，汝等見有不可行之處，即當於創行之初，直諫以爲不可行。否則指陳其不可行處，奏請改正。如所言果當，朕自聽納。乃旣不出此，而自和碩親王、多羅郡王、多羅貝勒、固山貝子等本身以下，竟不遵行定例。方受朕誡諭時，皆俯首稱是，乃久則忘之何耶！昔爾等請朕上尊號時，朕深知爾等所行如此，是以固辭不受，謂國中有嫉妬不良之人，難以化誨。彼時爾等皆毅然身任，以爲斷無此事。於是始從爾等所請，隨創立制度，以辨等威。乃三年以來，竟不遵循，古語云：國有慶，忌者嫉之；國有禍，逆者幸之。今爾等或見國中有慶，則神沮色變，見國中有禍，則心悅色喜，是與忌且逆者無異矣。昔金太祖、太宗兄弟同心，克成大統。今朕當創業之時，爾等何故皆不同心體國，恪守典常耶！自後若不再遵行定制，則法令不彰，紀綱蔑棄，一切典禮冊籍，皆可毀而不留。即朕御前儀仗諸物，亦何必陳設耶！爾等宜痛自改悔，勿至彼時謂朕所見之未廣也。」（註二）

又如議代善罪時曾言「爾等悖亂如此，朕將杜門而居，爾等別舉一強有力者爲君，朕引分自守足矣。」（註三）議岳託等罪時云，「大定帝嘗曰：諸王內或有過愆，我不隱匿而言之，彼且以我爲苛察；若知而不言，默以容之，彼將益肆其巧詐矣。遇此等

（註一）　見上頁註二胡貢明陳圖言圖報奏。又五進汪瓚奏天聰六年九月。又朝鮮備邊司謄錄仁祖十二年（天聰
　　　　　八年）十一月十三日條：「傳曰：所送節果減數之言是耶。問啓弗傳敎矣。問于備邊司，則因羅德憲
　　　　　所言，禮單入去之後，八高山例爲均一分之。如有餘不足之數，則片片分割，渠等頗爲嗟嘆云。」
（註二）　太宗實錄卷四二，崇德三年七月壬戌條。
（註三）　太宗實錄卷二五，天聰九年九月壬申條。

事，實難區處。今朕亦然，見人之過而言之無隱，則或以朕爲苛察；若知其過而不
言，則又非公正之道。……爾諸王貝勒、貝子、大臣等，若不各加勤勉，朕一身宵衣
旰食，亦復何爲？朕將安居獨處一二月，以靜觀爾等，爾等雖在大淸門外懇求，朕必
不汝聽也。」（註一）這些都說明了太宗的得位、處境與各旗間的關係，彼此衝突鬥爭
的原因。

　　以上各節所述，只是就太宗卽位後在政治方面的措施舉其較重大者，而這些舉措
雖然說是政治方面的，實則與本文開始時所說的社會問題、經濟問題、漢化問題，都
不可分的。

（註一）　太宗實錄卷四八，崇德四年八月辛亥條。崇德改元之後，各旗固山額眞集中篤恭殿理事。實錄卷三
　　　　四，崇德二年四月辛卯條：「命吏部和碩睿親王多爾袞……集羣臣於篤恭殿，宣諭曰：固山額眞者，
　　　　乃該旗之主也，汝等豈非以齋戒故，不至大淸門歟！但不集篤恭殿理事，乃託言勞苦，各在家安居，
　　　　何爲也？」各旗貝勒另有議事公署，東北文獻零拾卷六八旗制度條云：「天聰十年四月，改元崇德，
　　　　定宮殿名，大殿爲篤恭殿，正殿爲崇政殿。是篤恭殿卽後之大政殿，而與崇政殿同時命名者也。朝鮮
　　　　人燕館錄稱大殿曰大衙門，卽指篤恭殿。今瀋陽大政殿左右列署各四，卽爲八固山議政治事之所。前
　　　　門之左右又各有一署，制小於八署，當不與於八固山之列，合之爲十署，俗稱十王亭是也。此十署應
　　　　與大殿同時建置，在崇德前不能別有十署。」

明代之弘文館及弘文閣

吳 緝 華

一、引　言

　　明太祖卽皇帝位後，一面蕩平中原一面大軍北伐，並急遽立法定制，使開國基礎逐漸奠定下來。關於明初制度擬定，明太祖曾云：『國家立三大府，中書總政事，都督掌軍旅，御史掌糾察，朝廷紀綱盡繫於此。』（註一）本文不擬討論此類史家皆知之制度，所論證者，乃明史職官志僅以七十字紀載（其中又有錯誤），幾乎被史家遺忘之明代弘文館及弘文閣制度。本文欲把明代設弘文館閣之淵源及興廢，入館諸學士之人數和出身，以及弘文館閣之職務和設立之意義，加以論證，以備研究明代政治制度史之參考。

二、明初弘文館之設立及淵源

　　明代弘文館，雖然明史職官志紀載過於簡略，但就目前所見之明刊本史籍，清代重刊明人之著錄，以及清人所著之史籍中，亦可窺見此類資料。不過清代後期所刊之史籍，紀載明代弘文館爲宏文館；但不能視宏文館卽異於弘文館，乃清代後期爲避清高宗乾隆皇帝弘曆之諱，以「宏」字代「弘」字，因改弘文館爲宏文館，故宏文館

（註一）　明史，卷七三，職官志，藝文影印殿本，頁七六。

即弘文館也。

　　明初弘文館之設立，正當明代開國後明太祖即位不久，在典章制度急遽擬定時期。據明太祖實錄卷五一云：『洪武三年四月………庚辰，置弘文館。』（註一）且其他史籍亦皆云明代弘文館之設在洪武三年（一三七〇）四月（見下文），當無異義。

　　明太祖之設弘文館，亦承前制而來。龍文彬在明會要云：『洪武三年，法唐永徽之制，置弘文館。』（註二）會要並注明此一史料出處爲昭代典則，今檢黄光昇之昭代典則卷六於洪武三年（一三七〇）僅言及『夏四月……置弘文館』（註三）並未紀載洪武三年設弘文館『法唐永徽之制』。案新唐書職官志則有唐代置弘文館之紀載，云：『弘文館校書郎二人，從九品下，掌校理書籍。』（註四）由此可知唐代曾設有弘文館，乃掌校理書籍。又案舊唐書職官志載弘文館事較詳，云：『弘文館學士，學生三十人，校書郎二人，令史二人，楷書手三十人，典書二人，搨書手三人，筆匠三人，熟紙裝潢匠九人，亭長二人，掌固四人。弘文館學士掌詳正圖籍，敎授生徒。凡朝廷有制度沿革禮儀輕重得參議焉。校書郎掌校理典籍，刊正錯謬。其學生敎授考試如國子學之制焉。』（註五）由此可知唐代弘文館學士之職掌，不但有詳正圖籍敎授生徒，且可參議朝廷制度沿革及禮儀之輕重。

　　唐代弘文館之設，亦有其淵源，乃承漢魏遺制而來。據舊唐書職官志云：『後漢有東觀，魏有崇文館，宋有玄史二館，南齊有總明館，梁有士林館，北齊有文林館，後周有崇文館，皆著撰文史，鳩聚學徒之所也。』（註六）雖歷朝名稱不一，其職掌似相同。

　　弘文館之制，雖定於唐朝，但弘文館之名，在唐代亦有演變。如舊唐書職官志云：『武德初置修文館，後改爲弘文館，後避太子諱改曰昭文館。開元七年後爲弘文

（註一）　明太祖實錄卷五一，洪武三年四月庚辰，中研院影印本，第三册，頁一〇〇八。

（註二）　龍文彬：明會要，卷三六，職官八，宏（弘）文館，世界書局本，頁六二六、六二七。

（註三）　黄光昇：昭代典則，卷六，明萬曆二十八年（一六〇〇），頁四一前。

（註四）　新唐書：卷十九上，職官志，四部叢刊，百衲本，頁十三後。

（註五）　舊唐書：卷四三，職官志二，四部叢刊，百衲本，頁三五後，三六前。

（註六）　舊唐書：仝上，頁三五後。

館，隸門下省。』（註一）於是唐朝弘文館之名始定。上文引明會要云：『洪武三年，法唐永徽之制』而設弘文館。案唐永徽爲唐高宗年號，高宗乃唐太宗之子，唐高祖之孫。其實在唐高祖武德之初已置修文館，後改修文館之名爲弘文館，所以唐永徽之前已有此一制度設立。

後來金史百官志中亦有紀載云：『弘文院知院從五品，同知弘文院事從六品，校理正八品，掌校譯經史。』（註二）金史中雖言弘文院，不書弘文館，而館與院名字雖有異，其實乃承唐代弘文館之制而來。唐代弘文館學士可參議制度沿革禮義輕重，金史僅載弘文院職掌『校譯經史』，而與唐代弘文館中校書郎掌『校理典籍』相同。故唐代弘文館制度，於金朝中亦可尋到痕跡。

明代開國，制度之擬定，多法漢唐。所以明初洪武三年太祖並未倣金朝稱弘文院，乃淵源唐代弘文館制度，於明代而設立弘文館。

三、明代弘文館及弘文閣之興廢

（一）弘文館閣之興廢

明代弘文館設立於洪武三年（一三七〇）四月，明初弘文館設立後，又於洪武時代廢止。如憲章類編及皇明大政紀等（註三）皆云，洪武九年（一三七六）閏九月，罷弘文館。由洪武三年四月到九年閏九月，經過六年半時間，乃爲明初設弘文館之一段歲月。但洪武九年弘文館廢止，並不能視明代自此即停設此一制度。

由太祖洪武經惠帝建文及成祖永樂，到仁宗洪熙時代，明代急遽轉變，由開拓發展時代進入守成時期，當仁宗即位後於洪熙元年又復弘文館制度。此時復設則稱弘文閣，而不稱弘文館。如明仁宗實錄卷六上云：『洪熙元年正月己卯…………………建弘文閣。先是上諭大學士楊士奇等曰：「卿等各有職務，朕欲別得學行端謹老儒數人，日侍燕間，備顧問，可咨訪以聞」。士奇等以翰林侍講王進、蘇州儒士陳繼對。遂命

（註一）　舊唐書，全上，頁三五後。

（註二）　金史、卷五六、百官二、四部叢刊百衲本，頁一四後。

（註三）　勞堪、憲章類編，卷一四，弘文館，萬曆六年（一五七六）頁三六後；雷禮：皇明大政紀，卷三，萬曆十年（一五八二）頁二〇後。

吏部召繼。至是建弘文閣於思善門，作印章命翰林學士楊溥掌閣事。』（註一）仁宗所以再設弘文閣，明人黃佐於翰林記中曾云：『仁宗在東宮潛心問學，及卽位，建弘文館閣於思善門，蓋法聖祖遺意。』（註二）由此可窺見仁宗承襲明初太祖置弘文館之遺意，於洪熙時代亦設有弘文閣。

　　關於洪熙元年正月設弘文閣之史事，除實錄紀載外，又可見於明人著錄之明政統宗卷九、皇明大政紀卷九、憲章錄卷二〇、憲章類編卷一四、皇明通紀卷七等。由上文引證仁宗卽位設弘文閣之史事證明，各家紀載皆云弘文閣建於洪熙元年正月。但明史稿及明史職官志則云：『明初嘗置弘文館學士，……未幾罷。宣德間復建弘文閣於思善門右，以翰林學士楊溥掌閣印。』（註三）此處言弘文閣復建於宣德間，頗可懷疑。史稿及明史職官志言宣德間復建弘文閣，或有淵源。早於史稿及明史者如皇明大政紀卷一〇、明政統宗卷一〇、明大政纂要卷一九皆云：『宣德四年……八月……內閣學士楊溥丁母憂。尋起復，直弘文閣』（註四）雖不能肯定此爲史稿及明史載『宣德間復建弘文閣』之依據，或者修史者見於史籍中有宣德四年楊溥丁母憂起復直弘文閣紀載，卽云宣德間復建弘文閣。但此類紀載宣德四年楊溥直弘文閣之史料却有可疑。案明宣宗實錄卷五七云：『宣德四年八月……己卯……行在禮部奏太常寺卿兼翰林院學士楊溥母太淑人卒，上命遣官賜祭，視武臣二品例，賜米五十石，功布五十匹，仍命有司治葬。』（註五）實錄於宣德四年（一四二九）八月中，僅言及楊溥母喪及朝廷恩賜及治葬之史事，未載起復直弘文閣。又檢明史宣宗紀云：『四年………八月已卯，起復楊溥』（註六）且明史楊溥傳亦云：『宣宗卽位，弘文閣罷，召溥入內閣與

（註一）　明仁宗實錄，卷六上，洪熙元年正月己卯，仝上，頁二〇三、二〇四。

（註二）　黃佐：翰林記，卷二，弘文館閣，叢書集成初編，頁二二，建弘文閣，據引證乃在洪熙元年正月，命楊溥掌之，而翰林記則云：『永樂二十二年八月，命本院學士楊溥掌之』。似有可疑，或者永樂二十二年八月恰是仁宗卽位之時，仁宗此時已擬定復建弘文閣，五個月後，於洪熙元年正月建弘文閣成而置官掌之。

（註三）　明史稿，志五五，職官志二，敬愼堂本，頁一六前；明史卷七三，職官志二，仝上，頁七六九。

（註四）　皇明大政紀，卷一〇，仝上，頁一五；涂山：明政統宗，卷一〇，萬曆四三年（一六一五）刊，頁五後；譚希思：明大政纂要，卷一九，湖南思賢書局本，頁一九後。

（註五）　明宣宗實錄；卷五七，宣德四年八月己卯，仝上，頁一三五。

（註六）　明史，卷九，宣宗紀，仝上，頁一〇四。

楊士奇等共典機務。居四年，以母喪去。起復。九年，遷禮部尚書學士，值內閣如故。』(註一) 皆云楊溥於宣德四年八月因母喪，未幾起復，不言直弘文閣。如皇明大政紀、明政統宗、明大政纂要等紀載『楊溥丁母憂，尋起復，直弘文閣。』實可懷疑。

　　上文引明史楊溥傳云：『宣宗卽位，弘文閣罷，召溥入內閣』，由此可知早在宣德四年八月楊溥丁母憂起復之前已罷除弘文閣。關於宣宗卽位時罷除弘文閣，明宣宗實錄卷六紀載云：『洪熙元年閏七月……乙丑，行在太常寺卿兼翰林院學士楊溥奏，仁宗皇帝臨御時，命臣與侍講王進、編修楊敬、五經博士陳繼、給事中何澄，於思善門外弘文閣侍討論經籍，今當納上弘文閣印，各還原任。上曰：然，溥與楊士奇等同治內閣事，王進等四人各以原職隸翰林。』 (註二) 由實錄紀載宣宗卽位後與楊溥對話中，可知楊溥繳出弘文閣印後而入內閣與楊士奇等同典機務，其他各位弘文閣學士亦皆各還原職，弘文閣於此時實罷除。

　　洪熙元年閏七月罷弘文閣，恰是仁宗於洪熙元年（一四二五）五月死去，宣宗於六月卽帝位後兩月，如明宣宗實錄所載新皇帝登位後，楊溥奏罷弘文閣制度，剛卽位之宣宗認爲仁宗留下討論經籍之弘文閣不必要，而同意罷除弘文閣。關於洪熙元年（一四二五）閏七月罷除弘文閣紀載，除實錄紀載外，又可見於明人著錄之皇明大政紀卷九、憲章錄卷二○、憲章類編卷一四弘文閣、翰林記卷二弘文館閣、皇明通紀洪熙卷七等， (註三) 皆云弘文閣乃於宣宗卽位後兩月，卽洪熙元年(一四二五)閏七月罷除。當弘文閣罷除楊溥始入內閣與楊士奇同治閣事。案明史宰輔年表紀載楊溥入內閣以及在內閣之事跡，云：『洪熙元年乙巳六月宣宗卽位，楊溥太常卿兼學士，閏七月同治內閣事。宣德元年丙午，溥(在內閣)。二年丁未，溥（在內閣）。三年戊申，溥八月扈從北巡。四年己酉，溥八月丁憂，尋起復。五年庚戌，溥（在內閣）』 (註四) 由宰輔年表可知，楊溥自洪熙元年閏七月罷弘文館後皆在內閣。如宣德元年二年，溥一直在內

(註一)　明史，卷一四八，楊溥傳，同上，頁一六二二。

(註二)　明宣宗實錄，卷六，洪熙元年閏七月乙丑，同上，頁一七八。

(註三)　皇明大政紀，卷九，同上，頁二後；憲章錄，卷二○，同上，頁六前；憲章類編，卷一四，弘文閣，同上，頁三八後；翰林記，卷二，弘文館閣，同上，頁二二；皇明通紀，卷七，同上，頁三九後。

(註四)　明史，卷一○九，宰輔年表一，同上，頁九後，一一前。

閣。三年溥也以閣臣身份扈從宣宗北巡。到四年八月楊溥丁憂起復仍直內閣。由此亦可證明皇明大政紀、明政統宗、明大政纂要等紀載宣德四年（一四二九）八月楊溥丁母憂起復直弘文閣，乃爲誤訛，當以楊溥丁母憂起復直文淵閣（內閣）爲是。

由於本文根據當時史實及各家紀載之論證，弘文閣之興廢，乃在仁宗卽位後於洪熙元年正月建弘文閣，於仁宗死後三月，當宣宗卽位後兩個月，卽洪熙元年閏七月廢除，當可致信。又如上引明史稿及明史職官志云：『明初嘗置弘文館，………未幾罷。宣德間復建弘文閣於思善門右，以翰林學士楊溥掌閣印』似爲誤載。

（二）嘉靖時復弘文閣之呼籲

明初洪武時代弘文館及洪熙時代弘文閣之興廢，已於上文論證，雖然弘文閣在宣宗卽位後廢止，但明代後來之朝臣，仍對弘文館閣制度加以懷念和嚮往，認爲朝廷有設弘文館之必要。如正德及嘉靖時代名臣王鏊，曾上奏疏請世宗倣前制復弘文館制度。案王鏊之謝存問獻講學親政疏云：『嘉靖元年二月初四日致仕少傅兼太子太傅戶部尚書武英殿大學士臣王鏊謹奏……仁宗皇帝臨御建弘文館於思善門之右，文學之臣數人直入至館中講論……臣愚特望於便殿之側，復弘文館故事，妙選天下文學行藝博聞者七八人，更番入直，內閣文臣一人領之，如先朝楊溥故事。』（註一）由王鏊之奏疏證明，在世宗時朝臣已急遽呼籲復弘文館之制度。

但史家紀載王鏊上奏疏請復弘文館時代而有不同。如黃佐在翰林記中云：『正德初建議者，謂宜倣弘文閣故事，命侍從文學之臣更番入直。』（註二）此處雖未述明何人奏請，亦未注明在那一年提出奏請，只云在正德初；而雷禮之皇明大政紀及涂山之明政統宗皆云：『正德元年正月……，吏部侍郎，王鏊請修復弘文館故事，講學親政，不報。鏊因上遊逸，請便殿之側，修復仁宗弘文館故事，妙選天下文學行藝著聞者七八人，更番入直，內閣大臣一人領之，而用楊溥故事。』（註三）此處與上文引嘉靖

（註一）　王鏊；謝存問獻講學親政疏，見汪少泉：皇明奏疏類鈔，卷二，萬曆一六年（一五八八）重刻，頁九前後，皇明經世文編，卷一二〇，引王文恪集，卷六一，講學篇，國聯圖書出版公司影印本，頁七〇三、七〇四；明臣奏議，卷一七，講學親政疏，叢書集成初編，頁三九四。

（註二）　翰林記，卷二，同上，頁二二。

（註三）　皇明大政紀，卷一九，同上，頁二前後；明政統宗，卷一九，同上，頁二前。

元年上謝存問獻講學親政疏同，但此處却說出正德元年由王鏊奏請復弘文館，可補翰林記之簡略。同時清人龍文彬修明會要時，則採皇明大政紀及明政統宗之紀載把王鏊請奏復弘文館事繫於正德元年；並且龍文彬在明會要中又加以解釋云：『明臣奏議系之嘉靖元年，案王鏊已於正德三年致仕』（註一）雖然龍文彬對此又加以考證，其云王鏊於正德元年奏請復弘文館似成定論，然而却有疑義！

王鏊奏請復弘文館之年代當以嘉靖元年爲是，本文看法如下：雖然龍文彬在明會要中解釋王鏊於正德三年致仕，王鏊奏請應在正德三年前；再根據皇明大政紀及明政統宗紀載，斷定是正德元年。事實上王鏊致仕年代非正德三年，乃於四年致仕。王鏊致仕之年代，見明武宗實錄及明史宰輔年表之紀載，（註二）但請奏復弘文館之事則非在正德四年以前，案國朝列卿紀內閣行實王鏊傳及明史王鏊傳等紀載，正德初年，王鏊在朝由於宦官劉瑾之專權禍國，不能發揮政治抱負而於正德四年辭去少傅武英殿大學士職，而歸里閑居。然而國朝列卿紀內閣行實又云：『居閑十餘年，海內士大交章論薦不輟（疑有脫字），及上（世宗）即位始遣官優禮，歲時存問。鏊疏謝上講學親政二篇。其講學大略曰……仁宗設弘文館，時至館中講論……陛下睿質天授，宜於便殿選學義著明者數人，更番入直，命閣臣領之。陛下時造館中，屏去侍從，特霽天威，從容訪問。……其親政大略言……上曰：「卿輔先朝，志切匡救，朕在藩已知卿。覽奏具悉忠愛之意，宜善頤養以副朕懷。」將復起之，而鏊已沒，嘉靖三年三月十一日，壽七十五。』（明史王鏊傳同）（註三）由紀載可知，王鏊居家十餘年後，當世宗即位時曾遣行人存問，仍希望王鏊對朝政提供意見，此爲世宗對王鏊之優禮與信任，於是王鏊於嘉靖元年二月上奏謝存問獻講學親政疏，在這篇奏疏中才提出復仁宗時之弘文閣制度。所以目前所見之皇明奏疏類鈔、皇明經世文編、明名臣奏議等史籍，皆載王鏊於嘉靖元年二月上奏疏，爲可相信。而且前文所述翰林記、皇明大政紀、

（註一）　龍文彬：明會要，卷三六，職官八，中國學術名著歷代會要第一期，世界書局，頁六二七。

（註二）　大學士王鏊辭內閣職而歸里，乃在正德四年四月。見明武宗實錄，卷四九，正德四年四月乙亥，同上，頁一一一二；明史，卷一〇九，宰輔年表一，同上，頁一二六二。

（註三）　國朝列卿紀，卷一二，內閣行實，同上，頁二二後至二三後；明史，卷一八一，王鏊傳，同上，頁一九三

明政統宗、及清人明會要，所引王鏊請復弘文館之奏疏各有詳略，但其中所引之史料皆採自王鏊於嘉靖元年二月所上之謝存問獻講學親政疏之原文。史家如雷禮著皇明大政紀、徐山著明政統宗、以及龍文彬在明會要中之解釋皆不深究王鏊於正德四年致仕後，過十餘年，待世宗即位，對王鏊的恩禮信任曾遣行人存問之史事，而王鏊始有謝存問獻講學親政疏提出復建弘文館制度，乃一味把王鏊上奏疏請復弘文館事繫於其致仕前之正德元年，是不可以相信。

　　嘉靖元年二月王鏊上奏謝存問獻講學親政疏，提出講學與親政二事，正如明史王鏊傳所云：『世宗即位遣行人存問，鏊疏謝，因上講學親政二篇。帝優詔報聞。』(註一)雖有報聞，但後來也不見實現。雖如此，亦可看出洪武及洪熙兩朝弘文館閣興廢後，重臣仍感到弘文館閣設立對一國之君有重大影響，始有復設之呼籲。

四、入館閣之學士及其出身

(一) 入弘文館諸學士之人數及出身

　　明代弘文館閣之興廢及復設呼籲，既如上文之論證，再看明初設弘文館時有那些官員入爲弘文館學士，出身如何？繼續加以論證。

　　明初設弘文館時，據明太祖實錄卷五三云：『洪武三年四月庚辰，置弘文館，以胡鉉爲學士，命劉基危素王本中睢稼，皆兼學士。』(註二)　此處書五人兼弘文館學士。因之後來明刊本憲章類編、明政統宗、昭代典則、憲章錄、皇明大政紀等，(註三) 皆紀載明初設弘文館有胡鉉、劉基、危素、王本中、睢稼五人入館兼學士。但本文之研究，明初入弘文館之學士不僅五人。

　　據雷禮之國朝列卿紀弘文館學士年表云：『胡鉉……洪武三年任，六年致仕。劉基……洪武三年任，尋封誠意伯。羅復仁……洪武三年任，本年致仕。危素……洪武

(註一)　史明，王鏊傳，同上，頁一九三九。

(註二)　明太祖實錄，卷五一，洪武三年四月庚辰，同上，第三冊，頁一〇〇八。

(註三)　憲章類編，卷一四，弘文館，同上，頁三六前；明政統宗，卷二，同上，頁三七後；昭代典則，卷六，同上，頁四十一前；薛應旂：憲章錄，卷二，萬曆二年（一五七四），頁三前；皇明大政紀，卷二，同上，頁四三後。

三年任，本年謫和州。睢稼……洪武三年任。王本中……洪武三年任。』(註一) 由此可知明初弘文館學士除胡鉉、劉基、危素、睢稼、王本中外、尚有羅復仁於洪武三年任學士。關於羅復仁爲弘文館學士，明太祖實錄卷六四紀載羅復仁卒時附有傳記，可窺見羅復仁確爲弘文館學士之史事，實錄云：『洪武四年夏四月……丁酉，弘文館學士致仕羅復仁卒。復仁……洪武二年……改翰林檢閱。未幾，拜弘文館學士。屢召與論事，復仁常操土音以對，不爲文飾。上以其質直，多見聽納。』(註二) 因之明史羅復仁傳亦云：『羅復仁……三年，置弘文館，以復仁爲學士，與劉基同位。在帝前率意陳得失，嘗操南音，帝顧喜其質直。呼爲老實羅而不名。』(註三) 由事實紀載，以及羅復仁爲弘文館學士與明太祖對話之史事證明，羅復仁在洪武三年嘗爲弘文館學士，當無疑義。由此可補憲章類編、明政統宗、昭代典則、憲章錄、皇明大政紀等之缺遺。

由以上的論證，明初入弘文館者有胡鉉、劉基、羅復仁、危素、睢稼、王本中六人。但黃佐之翰林記又云：『洪武三年四月庚辰，置宏文館……居是職者，劉基、詹同、羅復仁、胡鉉也』。(註四) 此處紀載四人居是職，而不言危素、睢稼、王本中，當加以補正。然而翰林記又云詹同也曾爲弘文館學士職。詹同是否入館爲學士，亦當加以考證。

關於詹同是否爲弘文館學士一事，今由詹同生平史事分析，案明太祖實錄卷八九紀載詹同致仕時明太祖勅諭詹同云：『賜翰林學士承旨詹同致仕。勅曰：「朕起布衣，提三尺總率六師以極民艱，延攬羣英以圖至治。凡二紀于茲。曩者親征武昌，下城之日，同以文章之美從朕同游。厥後任以國子博士起居注翰林學士，皆舉其職，及長吏部，辨人才之賢否，審職任之輕重，咸得其宜。今年雖已邁，猶輸誠效謀，訖無少怠，可謂賢也。朕不忍卿以衰耄之年，服趨走之勞，特命以翰林學士承旨致仕，爾惟欽哉。』(註五)　　明太祖在勅諭中述詹同歷任各職務，而未言及任弘文館學士。

(註一) 國朝列卿紀，卷五，弘文館學士年表，同上，頁二前。

(註二) 明太祖實錄，卷六四，洪武四年夏四月丁酉，同上，頁一二一七、一二一八。

(註三) 明史，卷一三七，羅復仁傳，同上，頁一五三七。

(註四) 翰林記，卷二，同上，頁二二。

(註五) 明太祖實錄，卷八九，洪武七年六月，同上，頁一五八○。

同時明太祖實錄卷八九紀載詹同傳記又云：『同………甲辰，王師下武昌，同見上，上厚待之，還京授國子博士。遷考功郎中起居注翰林待制。洪武元年轉直學士，二年遷侍讀學士，四年陞吏部尚書，六年七月爲（翰林）學士承旨兼吏部尚書，至是命致仕。』（註一）在詹同傳記中則不見爲弘文館學士史事。甚至明史詹同傳（註二）亦未紀載詹同爲弘文館學士，因此翰林記云詹同曾爲弘文館學士，似爲誤訛。

　　所以由本文之論證，明初設置弘文館，入爲弘文館學士者，乃胡鉉、劉基、羅復仁、危素、睢稼、王本中等六位，可以相信。明初入弘文館學士人數，旣如上述。再分別論證弘文館學士之出身：

　　胡鉉，關於胡鉉，明史無胡鉉傳，所以在明史中不易見到胡鉉出身紀載。明太祖實錄又不錄胡鉉生平傳記，亦不見胡鉉出身詳細記載。今案國朝列卿紀中弘文館學士年表及行實，則有胡鉉簡略紀載。年表云：『胡鉉，□□人，薦舉，洪武三年任，六年致仕。』行實又云：『胡鉉字□□，□□人，洪武三年四月初置弘文館，以鉉爲學士，六年賜還鄉。』（註三）可知胡鉉由薦舉於洪武三年任弘文館學士，亦可略見其出身。

　　劉基，據明太祖實錄卷九九，及明史劉基傳（註四）紀載可知，劉基在明代開國前元朝時代，於元文宗至順末年已登進士第。當明太祖起兵取婺州定括蒼時，即聞名禮邀，並築禮賢館以處劉基。明太祖爲吳王時，在吳元年以劉基爲太史令。太祖平定全國及即帝位，乃多用其策略而獲成功；明初立法定制，亦多出於劉基之手。至洪武三年設弘文館，授弘文館學士。於洪武三年十一月大封功臣，則授劉基爲國翊運守正文臣資善大夫上護軍封誠意伯。於洪武四年賜歸老於鄉。又案國朝列卿紀、弘文館學士行實紀載，當明太祖即帝位後，於洪武三年爲弘文館學士之前，曾於『洪武元年正月，上登

（註一）　明太祖實錄，同上，頁一五八〇。

（註二）　明史，卷一三六，詹同傳，同上，頁一五二二。

（註三）　國朝列卿紀，卷五，弘文館學士年表，同上，頁二前；弘文館學士行實，同上，頁三前。

（註四）　明太祖實錄，卷九九，洪武八年四月丁巳，同上，第四册，頁一六八五至一六九二；明史卷一二八，劉基傳，同上，頁一四五一至一四五三。

大寶於南郊，基密奏立軍衞法，外人無知者。尋拜御史臺中丞兼太子贊善』 (註一) 可知劉基於洪武三年爲弘文館學士之前，已拜爲御史臺中丞太子贊善，而兼弘文館學士，實錄及明史劉基傳則未載。

羅復仁，據明太祖實錄卷六四，明史羅復仁傳 (註二) 紀載，太祖起兵至九江來歸，命羅復仁侍左右。洪武元年(一三六八)擢編修。三年以羅復仁爲弘文館學士，與劉基同位，尋致仕。但國朝列卿紀、弘文館學士行實紀載云：『洪武元年擢編修。二年冬，齎詔諭安南，命毋侵占城。旣至，曉以大義，安南王悅服。遺贈以黃金吉火，復仁辭不受，歸奏之。上多其廉讓。適安南使者至，仍令持之以歸。改翰林檢閱，未幾拜弘文館學士。』 (註三) 實錄及明史本傳不載由編修改爲翰林檢閱，再由檢閱官拜弘文館學士。

危素，據明太祖實錄卷七一，國朝列卿紀及明史危素傳 (註四) 紀載，危素在元朝時，於至正元年(一三四一)被薦授經筵檢討，後由國子助敎遷翰林編修，太常博士兵部員外郎，監察御史工部侍郎，轉大司農丞，禮部尙書。至正十八年（一三五八）參中書省事。尋進御史臺治書侍御史。至正二十年（一三六〇）拜參知政事，又除翰林學士承旨，出爲嶺北行中書省右丞，言事不報，棄官居房山。到洪武二年（一三七〇）授翰林侍講學士，後以翰林侍講學士兼弘文館學士。

睢稼，明史無傳，實錄亦未載睢稼傳記。據國朝列卿紀、弘文館學士年表及行實，可略見其出身及任官之概況。弘文館年表云：『睢稼……薦舉，歷中書省參政。洪武三年任。』 (註五) 弘文館學士行實云：『國初入仕任監察御史，以文學侍左右，多所啓沃，授翰林應奉。洪武二年陞中書省參知政事。………三年，改弘文館學士。』

(註一)　國朝列卿紀，卷五，弘文館學士行實，同上，頁三前至九前。

(註二)　明太祖實錄，卷六四，洪武四年四月丁酉，同上，頁一二一七，一二一八；明史，卷一三七，羅復仁傳，同上，頁一五三七。

(註三)　國朝列卿紀，卷五，弘文館學士行實，同上，頁一三後，一四前。

(註四)　明太祖實錄，卷七一，洪武五年正月，同上，頁一三二三，一三二四；國朝列卿紀，弘文館學士行實同上，頁一五前後；明史，卷二八五，文苑，危素傳，同上，頁三一三八。明史言危素在元朝時出爲嶺北行中書省左丞，則明實錄紀載爲右丞，有異。

(註五)　國朝列卿紀，弘文館學士年表，同上，頁二前。

（註一）由此可知睢稼之出身，初由薦舉入朝，歷官監察御史，授翰林應奉，以中書省參知政事爲弘文館學士。

　　王本中，明史無傳，實錄亦未有傳記。據國朝列卿紀、弘文館學士年表及行實皆云：『王本中……薦舉，洪武三年任。』（註二）可知王本中由薦舉於洪武三年任弘文館學士。

　　總上文論證，洪武時代六位弘文館學士之出身，如胡鉉及王本中乃由薦舉，於洪武三年爲弘文館學士。睢稼亦由薦舉入仕任監察御史，而由中書省參知政事爲弘文館學士。睢稼官至中書參知政事，而爲弘文館學士。羅復仁及劉基皆爲明太祖起兵打天下時之功臣。羅復仁於太祖打天下時雖侍左右，至太祖即帝位後於洪武時代曾爲翰林編修及檢閱，以翰林官拜弘文館學士。劉基雖爲元代文宗時科舉進士出身，則爲明太祖開國功臣，到太祖即帝位後，由御史臺中丞兼太子贊善，兼弘文館學士。危素之出身乃元代降臣，到明代又以翰林侍講學士而兼弘文館學士。此爲明初弘文館學士出身之情況。

　　　　　（二）入弘文閣諸學士之人數及出身

　　關於仁宗時弘文閣諸學士之人數及出身，案明仁宗實錄卷六上云：『洪熙元年春正月……己卯……建弘文閣。先是上諭大學士楊士奇等曰：「卿等各有職務，朕欲別得學行端謹老儒數人，日侍燕閒備顧問，可咨訪以聞。」』（註三）由於仁宗向內閣大學士楊士奇提出徵求『學行端謹老儒』，而實錄紀載楊士奇答覆仁宗云：『士奇等以翰林侍講王進、蘇州儒士陳繼對，遂命吏部召繼。至是建弘文閣於思善門，作印章命翰林學士楊溥掌閣事，進佐之。』（註四）由此一史料可知，當楊士奇薦王進及陳繼入弘文閣，仁宗又命翰林學士楊溥掌弘文閣事。明仁宗實錄紀載中，吏部尚書蹇義亦有推薦，云：『未幾，繼至，授翰林院五經博士。吏部尚書蹇義言：「學錄楊敬，訓導何澄皆敦實」。即授敬翰林院編修，澄禮科給事中，命三人皆於弘文閣與進同事

（註一）　國朝列卿紀，弘文館學士行實，同上，頁一六後，一七前。

（註二）　國朝列卿紀，卷五，同上，頁二前，十六後，十七前。

（註三）　明仁宗實錄，卷六上，洪熙元年春正月己卯，同上，一五冊，頁二〇三，二〇四。

（註四）　明仁宗實錄，同上卷，頁二〇四。

云。』（註一）由以上所述，洪熙元年（一四二五）設弘文閣又有楊溥、王進、陳繼、何澄、楊敬五人入弘文閣。

關於弘文閣學士出身，上文引實錄時已知陳繼、楊敬、何澄三人被薦，是來自各地方文學之士。如陳繼之出身，由蘇州儒士被薦入朝，授翰林院五經博士，入弘文閣。楊敬之出身，由學錄薦入朝，授翰林院編修，入弘文閣。何澄之出身，由訓導薦朝，授禮科給事中，入弘文閣。其餘兩位如翰林侍講王進及翰林學士楊溥，入弘文館前已在朝為官。再看楊溥及王進在朝為官之經歷如何？

楊溥，案明英宗實錄卷一四三及明史楊溥傳（註二）之紀載。楊溥於建文二年（一四〇〇）舉進士出身，入仕授編修，永樂時授司經局洗馬兼編修；實錄載仁宗即位擢翰林學士，又陞太常寺卿兼翰林學士。明史楊溥傳僅言擢翰林學士，不言及陞太常寺卿。當仁宗於洪熙元年設弘文閣時，楊溥則以太常寺卿兼翰林學士身分為弘文閣學士，仁宗並命楊溥握印章掌弘文閣事。

王進之出身，據上文引明仁宗實錄紀載，則以翰林侍講官入弘文閣。史籍中關於王進之紀載不多，今以實錄紀載而言，可知王進在洪熙元年正月曾以翰林侍講入弘文閣。

仁宗時代設弘文閣，由上文論證有楊溥、王進、陳繼、楊敬、何澄五人，他們出身多以文學之士或以翰林官入弘文閣。當仁宗死去宣宗即位後，即罷弘文閣。因此明宣宗實錄卷六紀載云：『洪熙元年閏七月………乙丑………行在太常寺卿兼翰林院學士楊溥奏：「仁宗皇帝臨御時，命臣與侍講王進、編修楊敬、五經博士陳繼、給事中何澄於思善門外弘文閣侍討論經籍，今當納上弘文閣印，各還原任」，上曰：「然」。溥與楊士奇等同治內閣事，王進等四人各以原職隸翰林。』（註三）因此明代弘文閣當宣宗即位後，在洪熙元年七月罷除了，各皆還原職。

五、明代弘文館閣學士之職務

明代弘文館閣學士，在制度上無品秩。案明史稿職官志二云：『明初又有弘文館

（註一）　明仁宗實錄，卷六上，洪熙元年春正月己卯，同上，頁二〇四。

（註二）　明英宗實錄，卷一四三，正統十一年秋七月庚辰，同上，二八冊，頁二八二八；明史，卷一四八，楊溥傳，同上，頁一六二一、一六二二。

（註三）　明宣宗實錄，卷六，洪熙元年閏七月乙丑，同上，一六冊，頁一七八。

學士，洪武三年置，不言品秩。』（註一）翰林記又云：『洪武三年四月庚辰，置弘文館，設學士一員，及校書郎等官，九年閏九月定官制，遂罷之。』（註二）此處紀載弘文館有校書郎等官，乃對古籍加以整理。惟紀載弘文館設學士一員之名額，實有可疑。例如前文引明太祖實錄卷五一云：『洪武三年四月庚辰，置弘文館，以胡鉉爲學士，命劉基危素王本中睢稼皆兼學士。』（註三）甚至明太祖實錄卷六四云：『洪武四年四月……丁酉，弘文館學士致仕羅復仁卒。』（註四）羅復仁在洪武四年四月死去前，也在弘文館學士胡鉉於洪武六年賜還鄉之前，羅復仁曾拜爲弘文館學士。所以翰林記云：『置弘文館，設學士一員』，事實上學士不限一員。

　　關於弘文館閣學士之職務，雖然史料紀載缺乏，但從史籍紀載有關諸學士傳記中，亦可窺其梗概。例如國朝列卿紀、弘文館學士行實云：『睢稼……三年，改弘文館學士。日與劉基、羅復仁、危素、胡鉉、王本中同居館中，時資獻納。』（註五）由此一紀載可知，明初設弘文館諸學士乃『時資獻納』。又據明太祖實錄卷六四云：『復仁……改翰林檢閱，未幾拜弘文館學士。屢召與論事。復仁常操土晉以對，不爲文飾。上以其質直，多見聽納。』（註六）明史羅復仁傳又云：『三年置弘文館，以復仁爲學士，與劉基同位，在帝前率意陳得失。』（註七）此處亦紀載明太祖屢召弘文館學士『論事』，及『陳得失』。又如明太祖實錄卷七一云：『上雅重素文學，洪武二年授侍講學士，坐失朝，免，三年四月復其官。未幾兼弘文館學士，賜小車免朝謁。但時備顧問論說經史而已。』（註八）又知弘文館學士『時備顧問，論說經史』。總結本文之論證，明太祖設弘文館學士之職務，乃時資獻納，議論政事，陳得失，備顧問，及論說經史等。

（註一）　明史稿，志卷五五，職官二，同上，頁一六前。

（註二）　翰林記，卷二，弘文館閣，同上，頁二二。

（註三）　明太祖實錄，卷五一，洪武三年四月庚辰，同上，第三冊，頁一〇〇八。

（註四）　明太祖實錄，卷六四，洪武四年四月丁酉，同上，第三冊。頁一二一七。

（註五）　國朝列卿紀，卷五，弘文館學士行實，同上，頁一七前。

（註六）　明太祖實錄，卷六四，洪武四年四月丁酉，同上，頁一二一八。

（註七）　明史，卷一三七，羅復仁傳，同上，頁一五三七。

（註八）　明太祖實錄，卷七一，洪武五年正月，同上，頁一三二四。

　　到仁宗卽位於洪熙元年承明初弘文館之制又設弘文閣，再從仁宗復設弘文閣之言論中，亦可窺見弘文閣學士之職務。案明仁宗實錄卷六上紀載云：『建弘文閣。先是上諭大學士楊士奇等曰：「卿等各有職務，朕欲別得學行端謹者儒數人，日侍燕閒，備顧問，可咨訪以聞。」』（註一）　仁宗亦云設弘文閣學士，乃『備顧問』。當時建弘文閣成，作印章命楊溥掌閣事，仁宗授印給楊溥時亦指明設弘文閣學士之目的。如明仁宗實錄卷六上紀載云：『上諭親擧印授溥曰：「朕用卿等於左右，非止助益學問，亦欲廣知民事，爲理道之助，卿等如有建白，卽以此封識進來。』（註二）由仁宗之期望中，又可知弘文閣學士責任之重大。

　　當明代後期嘉靖時代，距明代弘文館罷除已有百餘年，在明世宗卽位後嘉靖元年（一五二二），名臣王鏊提出復設弘文閣要求。王鏊在謝存問獻講學親政疏云：『臣愚特望於便殿之側復弘文館故事，妙選天下文學行藝博聞者七八人，更番入直，內閣文臣一人領之。如先朝楊溥故事，陛下萬幾有暇時造館中，屏去法從，特霽天威，從容詢問，或講經，或讀史，或論古今成敗，或論民間疾苦；閑則遊戲翰墨，雖詩文之類，亦惟所好而不禁。蓋亦日講之義，而加親焉。大略如家人父子，上有疑則必問，下有見則必陳；日改月化，有不知其然而然者。』（註三）由王鏊奏疏可知，其根據明初弘文館閣制度，在世宗卽位之初呼籲重建弘文館，並把弘文館學士之職務又解釋得極爲詳盡。

　　王鏊之所以懇切呼籲設弘文閣，乃見於弘文閣之設有利於朝廷。同時王鏊爲官時代也給他深刻刺激，他感到朝廷確有設弘文閣之必要。譬如王鏊在朝爲官，於明武宗卽位後卽踏上政壇高峯，正德元年（一五〇六）入爲內閣大學士時，內閣中雖有著名閣臣劉健、李東陽、謝遷等人輔政，但此時正當宦官劉瑾專權，八黨稱亂。武宗在宦官劉瑾等導遊享樂之中，不問政事，朝廷中之忠臣皆敗於宦官劉瑾專權禍國之下。有風格有抱負之王鏊，也於正德四年（一五〇九）致仕歸里閑居。王鏊目睹武宗朝政不可收拾。至十四年後，世宗卽位於嘉靖元年（一五二二）『遣行人存問』王鏊，而王鏊

（註一）　明仁宗實錄，卷六上，洪熙元年正月己卯，同上，頁二〇三、二〇四。

（註二）　明仁宗實錄，卷六上，洪熙元年正月己卯，同上，頁二〇四。

（註三）　王鏊，謝存問獻講學親政疏，見皇明奏疏類鈔，卷二，同上，頁九後。

在新皇帝卽位之時，便積極請奏復設弘文館，以期輔佐世宗使國家納入善治。

　　綜合上文之論證，可知明代設弘文館閣乃網羅文學之士或翰林等官，論政事，資獻納，陳得失，備顧問，使皇帝廣知民事。且諸學士與皇帝講經讀史，論古今成敗得失，確有助於治道。明代弘文館閣之設置，雖然淵源於唐制而來，但明代弘文館閣之設與唐代稍異，如舊唐書僅云：『弘文館學士掌詳正圖籍，敎授生徒，凡二節引證）朝廷有制度沿革，禮儀輕重得參議焉。校書郎掌校理典籍，刊正錯誤。』（見前文第二節引證）。明代弘文館閣學士之職務確比唐代重要。

　　一代政治成敗得失，若一國之君有其影響，則明代設立弘文館閣，諸學士能與皇帝論政事，備顧問、資獻納等有助於治道而外；又講論經史，弼正闕失，遊戲翰墨，『日改月化，有不知其然而然者』，培養皇帝氣節，使一代帝王無壅蔽，而能勵精圖治，因此明代弘文館閣之設立，實有其深遠及重要意義。

出自第四十本上（一九六八年十月）

朝鮮「壬辰倭禍」釀釁史事

李　光　濤

　　萬曆二十年壬辰（西一五九二年），朝鮮突遭倭禍（禍首豐臣秀吉，一稱平秀吉），幾致亡國，大明仗義出師，擊敗倭寇，再造東國，是為第十六世紀之末東方的第一大事。作者為此，嘗撰有：(1) 朝鮮壬辰倭禍中之平壤戰役與南海戰役（史語所集刊第二十本）(2) 朝鮮壬辰倭禍與李如松之東征（史語所集刊第二十二本）(3) 記朝鮮宣廟中興誌（見同上）(4) 明季朝鮮倭禍與中原奸人（史語所集刊第二十六本）(5) 記朝鮮實錄中之大報壇（史語所集刊外編第四種）(6) 朝鮮壬辰倭禍史料序（史語所集刊第三十七本）(7) 記日本朝貢大明史事（香港大學五十週年紀念論文集）。以上各篇，其於「壬辰倭禍」優勝劣敗史事，言之甚悉，惟獨關于倭禍釀釁的原因，未曾述及。茲特補記之，以見此「壬辰倭禍」之一首末的史事。

　　考倭禍原因，其故甚多，先就大概說，自然由于日本不樂太平，橫挑邊釁所致。但如當時朝鮮待倭不以「待倭之道」，也是招禍一大原因。「待倭之道」，特別是明代，異於常情，惟當斷然處置，一如明祖的做法，絕之最為上策。假若說日本強朝鮮弱，力不能敵，然有大明為與國，可以恃而無憂的。可惜朝鮮當斷不斷，終受其禍，參後面史文，彼平秀吉固已明示動兵之期，以為試探朝鮮態度之計，可噬則噬，可止則止，乃朝鮮於此，猶欲苟冀無事，惟以遷就彌縫為國策，而曰「勿致生釁」，這樣的措置，直與睡熟了一般。因而秀吉益加生心，知道朝鮮易與，於是彼乃為一決定之辭曰：「是何異斷睡人之頭乎？」由這一句話，可見其時的朝鮮不免有些處置失策了。

　　又考日本之立國，據其自稱，則嘗比美於朝鮮「共為東方君子國」，見東國通鑑序。其實未必是，此一問題，有爪哇國人之特別聲明可以作證，朝鮮太宗實錄卷二三葉三五，十二年壬辰（永樂十年）五月戊申：

　　　　日本宇久殿使人，及爪哇國陳彥祥使人等，告遷。爪哇國人曰：日本國人性本貪暴，多竊彥祥財，恐中路殺我以滅其跡，願國家護送。

曾記日人常語有云：「克始克終者日本道法」。但據這裡的史料觀之，則是所謂「日

本道法」，並不是那麼一回事。所以東國的記載輒稱日本爲「狄獷之邦」，此一名詞，當然也與「道法」有關。而壬辰之亂，說起來也正是由此而起的，因此我特拈出其史事爲專題論之。比如所謂「待倭之道」，姑舉光海君日記 (簡稱日記) 卷五七葉八十領議政李德馨之言爲例：

> 倭人情狀，巧詐不測，若有怒色，我國加一等生怒以示之，則必亦自沮矣。今者不知倭情，故待之不以待倭之道，以此多少要請，漸至難防。

此一決策，後來用以制倭，果爲有效。顯宗修改實錄卷二五葉十七：

> 十二年 (淸康熙十年) 辛亥十二月乙酉，倭差平成太死。成太出來也，移館事謂必得請，期以不成則誓死不還，前後作梗，皆出於成太，朝廷牢拒不許。成太憤恚發病，死於萊府，譯官輩或言仰藥自死云。倭人以櫃盛其屍，取鹽實其中，將以返屍島中也。

平成太之無賴乃至於此，雖曰仰藥自殺，也算爲朝鮮除了一害。於是其時國王諭于大臣曰：「首惡之倭，今已自斃，庶有鎭定之望。」待倭之道，應當如此，由此之道，當時可以少生多少事。

再說秀吉生平，如依日本外史的記載，其記事有可信有不可信。如記秀吉出生的情形，則云其母夢日入懷而生，此自不可信，只襲中國小說之爛調而已。至其論及秀吉之事蹟，尤其是侵韓之事，則又比之爲秦皇漢武，且云過之，是更言之不倫，徒爲誇大之詞而已。他不必言，單講秦皇漢武時代的版圖，東起于海，西訖于流沙，北抵于匈奴，南暨于交趾，疆域如此之廣，可謂縱橫萬里。疆域萬里之外，卽如其時的日本三島，當初亦爲秦漢聲敎之所及，如童男女之開闢荒島，如委奴國王之上表稱臣，都是證明。秦漢之氣象如此，使平秀吉當之，恐怕要興望洋之嘆。卽如秀吉時的日本，雖曰六十六州，然合六十六州之衆，試與秦漢的版圖較之，則是所謂日本國，不過只一黑子而已。秦皇漢武是否亦如此？由是推之，則可見日本外史之所云云，自然不足爲信史。

然日本外史不可信之中，亦往往間有若干之可採。例如其論斷平秀吉之處，旣嘗稱之爲秦皇漢武之所不及，又更譬之爲閭巷無賴之博徒，一人的美惡相異乃如此。且其言及博徒之狀，以爲博徒爭權奪利的行爲，勝與敗於彼都無愛惜，博而不勝，不失

爲本色，「一夔人耳」，博而大勝，可大揮霍之，招朋引類，醉飽喧呼，務取快一時，此一論斷，自係事實。考秀吉之如此無賴胡爲者，則因出身太微賤之故。秀吉之微賤，日本外史固亦嘗言之，今不取，姑就朝鮮實錄的記載，取其兩條於左。宣祖實錄（簡稱宣錄）卷二六葉一：

> 初，秀吉極貧賤，賣藝資生，前關白出行時，裸體當車而臥，左右欲殺之，關白止之。問所願，秀吉言：窮不聊生。關白使守溷厠，秀吉手自掃潔，無一點臭穢，關白大悅。使之結履，又精，結續進。關白嘗落金盃於深井中，秀吉以計列大瓮數百於井上，盛水一時覆之，使井水翻而盃自浮出水面，執而納之，以此取寵陞職。時國中有大賊，關白難於伐而取勝，秀吉自請往伐，募兵甚衆，請借關白紅織，關白許之：曰：「至戰所張之，行路時勿張。」秀吉出宮門，即張織而行，軍民望見之，以爲關白親行，遂大集到，大捷。是時關白見弒，秀吉聞之，微服入城，殺其弒關白者，仍爲自立。（附記一）

宣祖修正實錄卷二一葉二七：

> 日本有天皇僭號紀元，而不預國事，聽於關白。關白稱大將軍，或稱大君，以皇王同稱，故關白不得稱王。源氏爲關白二百餘年，而平秀吉代之。秀吉者，本賤隸人，不知自出，關白拔之於傭丐，爲卒伍，善戰，積功爲大將，至假關白旄鉞，討叛遠道，國人怒其僭越，反攻關白，殺之，秀吉囘軍，戰捷，仍大殲源氏，自立爲關白。用兵四克，幷吞諸島，提封六十六州，鍊精兵百萬，日本之盛，古未有也。

上文所引之第二條，朝鮮宣廟中興誌（以下簡稱中興誌）亦有記載，今併錄於後，藉資比較：

> 日本有天皇僭號紀元，而不預國事，國事聽於關白，源氏爲關白累百餘年，而秀吉代之。秀吉本賤隸人，爲關白卒伍，善戰，積功爲大將，至假關白旄鉞，討叛遠道，會國人攻殺關白，秀吉囘軍戰捷，仍篡關白位，攻殺不附己者，用兵四克，幷吞諸島，提封六十六州，鍊精兵百萬，日本之盛，古未有也。

此條史料，不必討論，茲所論者，即實錄的記事，曾以「關白不得稱王」爲言，實際並不然。關白之稱王，日本的記錄甚多，如善鄰國寶記一書，不難檢查。此書之外，

朝鮮肅宗實錄三十七年辛卯五月乙卯，也有一條，記囬答日本國王書之一段議論最爲明白。如云：

> 自前國書稱以日本國王，而後因渠之改以大君，我亦以大君書之，今之自王非我所能禁，而知其稱王，則改送國書云。（卷三十上葉二八）

按大君之稱，據朝鮮國王說，已有七十七年之久，蓋自明崇禎七年甲戌至清康熙五十年辛卯，共七十七年，卽西曆一六三四至一七一一。由此一條，不難使人可以明瞭日本之關白，或稱王，或稱大君，以及復古復王號，都可任意爲之，毫無拘礙。至于所云「今之自王非我所能禁」，今應加以解釋，可以改爲「今之自王非天皇所能禁」，比較更爲事實。蓋以所謂日本之「天皇」，旣曰「不預國事而聽於關白」，則關白之稱王稱霸，彼亦自然不能干預而聽於關白，所以日本外史卷十六記平秀吉之言亦有曰：「吾掌握日本，欲王則王。」由此「欲王則王」之言，則可見當初日本之眞正國情。而宣錄對于其時的日本，反不明瞭，而曰「關白不得稱王」，可謂不知倭情了。日以倭爲鄰之國，猶如此昧昧，宜其受禍而終於不悟（見後）。何況又適値平秀吉之兇殘，惟以屠人爲快。秀吉之屠人，卽骨肉之親亦不能免，據日本外史記秀吉之殺人，於子亦殺之，於親妹之夫亦殺之（奪其妹改嫁家康，以固結一己之勢力），於老母則更嚇死之，（倭渡海之日，其母聞之，驚死），凡此行爲，都是些極兇極惡之事。以如此極兇極惡之人，而掌握日本的三島，當然不是日本之幸。據宣錄，雖然曰「精兵百萬，古未有也」，實則朝鮮的眼光只因自家爲無兵之國，於是大驚小怪，而爲此駭異之辭。不知「精兵百萬」，其在日本本土之所爲，據朝鮮後來得到的消息，則「自相屠戮，强吞弱肉」。這一情狀，亦有原因，據日本外史卷十七：

> 太閤……四顧當時將帥皆其儕輩，或其所不敢比肩，一旦立其上，而常恐其不服已也，以爲吾由微賤而得司利權，苟自封殖而不分於人，人將吾爭，而吾志不可速成也。故割膏腴，頒金帛，動擧數州之地以賞戰功，視之不啻如糞土，彼其鼓舞奔走一世之豪俊以驟獲志於天下者，用此術也。然吾糞土授之，彼亦糞土受之，未嘗德我，而以爲當然。彼之所求無窮，而我之所有有盡，以有盡供無窮，其勢不得不取之海外以塞之。

此記事內，可注意的，莫如所謂「視之不啻如糞土」。這話的解釋，就是說，日本的

土地以及其人民，在平<u>秀吉</u>視之，都是不啻如糞土，寥寥一句話，足以說盡<u>秀吉</u>的生平，不知當年<u>日本</u>的老百姓如何在「糞土」中度生活？無怪乎<u>秀吉</u>死後百餘年，<u>日本</u>的國民猶痛定思痛，「至呼<u>秀吉</u>爲平賊」（見肅宗實錄六五，葉四）。再按，當十六世紀的<u>日本</u>國，只因不幸出了一個<u>平秀吉</u>，於是更多的<u>平秀吉</u>也就因之而生。這夥<u>平秀吉</u>，也就是日本外史所常常稱說的「博徒」。這夥「博徒」一向之所爲，都是不外「招朋引類」以及「醉飽喧呼務取快一時」而已。當初<u>日本</u>有此一夥人，<u>日本</u>自然受不了，自然不免要「自相屠戮，強吞弱肉」的了。因此，「博徒」首領<u>平秀吉</u>知道很清楚，以爲對付這夥人，惟有發動侵<u>韓</u>的戰爭驅之於海外，才是釜底抽薪之計，才能消弭<u>日本</u>本土的搗亂，同時又更因<u>朝鮮</u>機有可乘的鼓勵，彼何故憚而不爲呢？這一禍亂，大槪只要<u>朝鮮</u>明乎當時的倭情，專以待<u>倭</u>之道待之，則<u>日本</u>必不敢憑陵東國（見後），而但事穴中之鬥，相殺相制，勢必相尋而無已。似此辦法，「精兵百萬」，可以坐待其消耗而歸於無形，何至更有壬辰之禍呢？

至<u>秀吉</u>釀亂行爲，說來史料甚多，姑據日記卷一葉一〇二所記昭敬大王行狀，有一提要，先錄之如次：

　　丁亥（萬曆十五年），<u>日本</u>差使臣求款。時<u>平秀吉</u>篡君自立，王敎曰：<u>日本</u>廢放其
　　主，乃篡弑之國，不可接待其使，當以大義開諭，却之。命廷臣雜議，皆以爲
　　化外之國，不可責以禮議，王雖俯勉許之，而其守義之嚴如此。十九年辛卯，
　　<u>平秀吉</u>又遣<u>玄蘇</u>等致書本國，聲言欲犯上國，脅以假途，言辭悖慢，非臣子所
　　忍聞。王據以大義，斥絕其使，卽差陪臣<u>金應南</u>將<u>日本</u>兇謀情節，移咨禮部。

自丁亥至辛卯，前後五年，五年之中，關于倭情的交涉，據宣錄，年年俱有之。本編之研究，旣着重「史料」二字，自應以多錄史料爲是，不可苟簡了事。考記載壬辰倭禍之書，當然以宣錄爲最豐富，不過是書所收壬辰以前各年之史料，據日記卷二一葉一〇三，則又茫無考據：

　　己酉十月初五日癸丑，實錄廳啓曰：壬辰以前實錄，今將修纂，而茫無考據，
　　莫能着手，極爲可慮。故知事<u>柳希春</u>及故參判<u>李廷馨</u>私錄日記，雖幸藏在館
　　中，而曾於行狀撰集時見之，則<u>李廷馨</u>只錄朝報中表表若干等語，故十五六年
　　前所錄，只是一卷。<u>柳希春</u>日記，則一年內或一二朔偶然記錄，餘皆闕焉，疎

略太甚，不足以憑考其萬分之一。只此之外，更無倚藉之地。今當姑就壬辰以
後史草，一邊先爲修正，一邊多方搜採矣。

茫無考據之原因，本條末後有一按語云：

按宣祖朝壬辰以前史草，藏在春秋館及政院者，皆爲史官趙存性……等焚棄而
逃。

纂修實錄，自然要全靠史草爲主，史草卽檔案，主要的檔案旣爲焚棄，後來則雖多方
搜採，其事亦爲至難。宣錄所記壬辰以前各年的倭情，總計只得數千字，以此數千
字，考據前後五年的倭情，如何可以研究澈底？所幸尙有宣祖修正實錄（簡稱修正實錄），
多少可資補助的。修正實錄，始修於仁祖元年癸亥（天啓三年），嗣中輟，至孝宗八年
丁酉（順治十四年）告成，凡八本，共六〇二葉。修正實錄記壬辰以前倭情，比舊錄爲
詳，約有萬餘字。合此二者計之，都是當年多方搜採以來者。今據此史料，雖然記事
多，但總括言之，則又不過只是日本強請朝鮮「通信使」之一史事而已。講到此一史
事，我必須先言其事的用意。如宣錄卷一八七葉六有曰：「纔送信使，而賊兵隨至，
通信之義，果安在哉？」欲明斯義，我又應該將這一時期關于日本強請朝鮮「通信
使」所有前前後後的情形，不妨再說個大概，庶幾一般讀者可以了解這些史料的重要
性。

考日本與朝鮮因爲地理切近的關係，彼此之間來來往往，也正是情理之所當然。
無奈日本交鄰不以其道，「狙詐是尙」，其所爭趨，惟在於利，一面同人來往，一面
又暗中搶掠，因此朝鮮纔與之斷絕，不相通問往來了。及至關白平秀吉新立，以「人
奴」而主日本，以「蹇人」而稱覇稱王，總算是躊躇滿志的了。乃秀吉猶以此爲未足，
以爲日本的三島不足以恣其谿壑之求，於是乎轉其目標西向朝鮮，以爲開疆拓土之
計。但是，當秀吉未曾發動此一戰禍之前，或者也會想到明朝與朝鮮相倚相資的歷史，
所以秀吉的顧忌也很多，很知道惟有採取離間明朝的辦法纔可以解決。另一方面，
秀吉又能明瞭朝鮮與日本之間久已不相往來，關于行間的政策無處下手。於是秀吉隨
又生了一計，希圖朝鮮陷入他的圈套之中以及遣使至日本之事，曰「通好」，曰「信
使」，其實也就是專爲利用「信使」的機會，以便製造離間明朝的陰謀而已。

然就當時朝鮮的情形觀之，關于要想達到請得「信使」的期望，似乎也不是易

事。因爲朝鮮這一國家，嘗自稱爲「有例之國」。所謂「有例」云者，質言之，有通信之前例則可以行之，無通信之前例則將執爲不可。由朝鮮一向不與日本通問的情節推之，當然也就是無「通信」的前例可言了。

因爲如此，所以秀吉又更做出許多無賴的手段，一邊威嚇，一邊利誘，因而日本使人之至朝鮮者前後相續，其意蓋在必須要得朝鮮的「信使」過海，不得不止。依常情說，遣使通信本來不稀奇，但如遣使通信而至於強請，甚至出以種種不堪的要挾行爲，則又不可以尋常視之，其心必爲不測，其情尤屬非常。此時的朝鮮，假若能够依照前面所引李德馨關于「待倭之道」一段的說法以待日本，或者日本雖無理，也許會自發自收的。因李氏曾云：「倭人情狀巧詐不測，若有怒色，我國加一等生怒以示之，則必亦自沮矣。」惜乎當時的朝鮮不能發明這一道理，只猶豫不決，結果反爲日人所弄。例如後來東國人士論及此一事件有云：「島夷知我國每事不能持久，必欲相爭，以致曲從。」據此，則是日本平秀吉，可謂得售其奸計了。然朝鮮於此則反多昧昧之談，如云：「秀吉請使於我國，爲借重之意。」眞是「癡朝鮮」，眞是自稱「拙國」的朝鮮。不知所謂「借重」云者，跟着便更急急忙忙地製造許多謠言，飛辭明朝以圖陷害此一「拙國」了。如曰「朝鮮貢驢」，如曰「朝鮮遣使投降」，如曰「朝鮮願爲嚮導，以入大明」。這些謠言放出之後，因而明朝南邊的將吏以爲眞有其事，於是異口同聲都跟着日本說「朝鮮與倭通謀」，可見謠言之有力。當此之際，日本的大兵，跟著也就出來了。隨而朝鮮的三都蕩覆，八路丘墟，「舉國君臣惟願就死於父母之邦」。此一情形，要皆由於「朝鮮與倭通謀」的謠言所誤，否則明朝的援兵早就應該開入朝鮮境，何至三都蕩覆，八路丘墟呢？而所謂「通信使」者，結果乃如此而已。其情節，茲順着實錄原來的年月，一一編次於後。

又考這堆史料的當中，應以趙憲的條陳最爲切實而有用，可以說都是些針針見血之言，條陳中不但議論博，考證多，卽其所有的意見，也是最合乎「待倭之道」，據孝宗實錄卷八葉七十有云：「使當時大臣能用趙憲之言，則壬辰大亂，何由而起乎？」所以我特先爲介紹說明，幸請讀者多多注意。

　　二十年丁亥（萬曆十五年）九月癸巳，慶尙左水使啓本：日本國僉知橘康平言內，
　　日本之國愚迷，不能昭察，改適立新王，近欲通仕云云。（宣錄卷二一葉一五）

九月，日本國使橘康廣來聘。……秀吉志滿意得，又慮內患，遂欲侵犯中國，
以前世舟犯江浙終不得意，欲先據朝鮮，從陸進兵，以窺遼薊，而我國邈然無
聞知，蓋由其國法嚴，行人不洩一辭也。我國初聞秀吉弒君篡國，而亦不詳其
故矣。秀吉言，我使屢至朝鮮，而朝鮮使不至，是卑我也，遂使康廣來求通
信，書辭甚倨，有天下歸一握之語。康廣亦傑（鵞）驚，對我人語輒嘲諷。時
校理柳根爲宣慰使，禮曹判書押宴，康廣故散胡椒於席上，伎工爭取之，無復
倫次，歸館語譯官曰：此國紀綱已毀，幾亡矣。康廣之還，但答其書契，而稱
以水路迷昧，不許送使。秀吉大怒，族殺康廣，疑康廣右我國不遂其請也。

（修正實錄卷二一葉七）（附記二）

十月乙亥，上以日本國廢放其國王而立新君，乃篡弒之國，不可接待其來使，
當以大義開諭入送。從二品以上秘密議其可否，皆以化外之國不可責以禮義，
使臣出來則依例接待爲當。新王遣使已到對馬島事，島主先通書契。（宣錄卷二
一葉一六）

丁丑，傳曰：接伴鄰使，其任極重，況日本人能詩，酬唱之際如或未盡，必傳
笑於其國，所關非輕，宣慰使勿論職秩高下，極一代文章之士差遣可也。吏曹
正郎柳根除宣慰使。（宣錄卷二一葉一六）

十二月丙子，左議政鄭惟吉來啓曰：臣今者國王使臣橘康廣押宴，則別無他言，
但前日書契中所陳通信之事，更爲申請。且言前日上副官橘康連來時，鷹子各
爲受賜，今亦考舊規多給，則欲爲持去云。答曰：知道，所求之鷹可給也。

（宣錄卷二一葉二一）

十二月，前敎授趙憲上疏，請勿通使倭國，並進前疏，不報。憲既歸鄉里，傳
聞日本使來責通聘，遂草疏，極言其失策，呈監司。監司以爲秀吉篡弒事未
詳，而疏中又論時宰，爲觸忌，却不受。憲乃徒步入京，並前言時事五疏，上
之，留內不下。政院以疏久留內，請下史官。上始下敎曰：今見趙憲之疏，乃
人妖也，天之譴告至深，不勝兢惕，豈非寡昧於賢相名卿，平日不能待以至
誠，委任不專，有以致此耶？尤不勝慚恧。此疏不可不下，而予不忍下，一下，
則所損甚多，予寧受過，已焚之矣。願史官大書予過，以戒後世足矣。（修正實

錄卷二一葉三四）（附記三）

二十一年戊子（萬曆十六年）正月，兩司啓請趙憲削去仕版。答曰：但當置之而已，不足與較。弘文館上箚請罪如兩司，答曰：予雖不敏，固非一憲所動，渠亦豈可必其說之得行乎？第其心術正欲傳其疏辭也，予焚其疏，乃焚其心也。若以焚疏爲非，則予當甘心受責，後當爲戒。若縷縷相較，與之對辨，則恐反爲朝廷之羞，徒傷大體，非予所喜也，當更加留念。（原註：）「三司之論，皆指憲爲妖怪沽名。」（修正實錄卷二二葉一）

三月丁亥，東西班二品六曹參議以上會於中樞府，日本國通信使，議得皆以爲不可遽從其請而遣使。上命依議施行。（宣錄卷二二葉九）

己酉，是時自上慮有南方倭變，令備邊司武士罪廢中可用者抄啓敍用，而犯軍律贓汚或犯欺罔者亦在敍用之中，居下等者亦參。（宣錄卷二二葉九）

四月癸亥，宣慰使韓孝純書狀：日本客人聞慶地大橋過去時，不意崩壞，客人落水，僅免，驛子致死事入啓。傳曰：聞慶縣監趙宗道、差使員尙州判官趙希轍，罷職。（宣錄卷二二葉十）

乙亥，日本國客人，別運回到星州八莒縣，接待埋沒，至於缺役，只差使員，欲推色吏，則盡爲逃散不現。宣慰使因差使員所報，移文監司，推考星州官吏。上以韓孝純不能拿致嚴鞫啓聞，而泛然移牒，備忘記曰：接待鄰國使命，其任非輕，所當刻勵嚴勅，勿致有一毫之未盡，以副國家柔遠之道。而星州官吏所犯，極爲駭愕，此由號令不嚴，慢忽接待之致，大負委寄之意。且其色吏不爲捉致窮問，其緩劣可想，尤爲無謂，推考。（宣錄卷二二葉一一）

十一月丙寅，全羅道左水營鎭撫金介同李彦世等，於去年春損竹島之戰，爲倭擄去，轉賣南蕃國，因逃入中國地界，盤問解送北京，謝恩使柳壉等之還也，順付以來。介同等之言曰：有沙火同者，我國珍島人也，被擄而去，因效忠於倭奴，謂介同曰：此地風俗人心甚好，可居也，汝可無懼，朝鮮則賦役甚苦，大小全艘無限徵出，不勝支當，因留居此，前年初欲犯馬島加里浦，風候不順，泊于損竹島，此乃我之所嚮導也云云。（附記四）其島名曰五島，周回數日程，人居稠密，若一大州，我國人被擄者居多，有船五百餘艘，全羅右道伏兵船全

數虜去，故弓箭銃筒亦皆輸去，而徒爲積置，不知試用，只兒輩爲戲具而已。
（宣錄卷二二葉二七）

十二月，日本國使平義智玄蘇來聘。秀吉旣殺橘康廣，會義智來求信使通好，義智者，日本大將平行長女壻也，（附記五）爲秀吉腹心，對馬州（附記六）太守宗盛長，世守馬島，服事我國，時秀吉去宗氏，代以義智，詐言義智乃島主之子，熟諳海路，欲導信使之行，故遣來，而實欲探視窺覘也。僧人玄蘇及平調信從之。玄蘇謀士，調信勇將也。以吏曹正郎李德馨爲宣慰使，儐接入京。義智年少鷙悍，他倭畏服，俯伏膝行，不敢仰視。（附記七）久留東平館（附記八），必邀信使與俱，朝議依違不決。先是，損竹島之役，捕得倭口，言我國邊氓沙乙火同者，叛入倭中，導倭爲寇，朝廷慎之。至是議者言，宜令日本刷還叛民，然後議許通信，以觀誠否。上從之，乃使館客諷之。義智曰：此却不難，卽遣平調信歸報其國，使悉捕朝鮮人之在國中者以來。（修正實錄卷二二葉三）

二十二年己丑（萬曆十七年）六月乙巳，宣慰使李德馨書狀：玄蘇東望副官僧，對馬島第二子，平義智侍奉僧瑞俊等正官，率伴儻八人，合二十五人出來。副官平義智言內，私進上鞍具馬一匹，及雜物，願並看品云云。客人等咸言，今行惟以通信一事委來云。臣答以別幅不付之物，不得私自看品，當啓稟朝廷以待處置云云。（宣錄卷二三葉四）

七月丁巳，宣慰使李德馨書狀：對馬島主別造船，隨後賫來生孔雀一隻，長水察訪李宜正准付上京事。（宣錄卷二三葉六）（附記九）

甲戌，掌令尹暹啓曰：頃日客使從倭，由水路押物上來者，到善山地，府使尹希吉備軍儀出接之際，前導軍卒依舊例騎馬過去，倭人等因此發怒，將不受宴，爲希吉者，所當開諭善處以解其怒，而乃反恇愶失措，奔走沙汀親自哀乞，其示弱辱國，取侮遠人之罪大矣，請命先罷後推。答曰：依允。（宣錄卷二三葉七）

七月，日本國平秀吉平義智玄蘇等，刷還本國被擄人金大璣孔大元等一百十六人，又縛送叛民沙火同，及丁亥賊倭緊時要羅三甫羅望古時羅三口，曰：入寇之事，非我所知，乃貴國叛民沙火同誘五島倭搶掠邊堡，今故捕致，聽貴國處

置，仍懇求我使者至其國修好。（附記十）上御仁政殿，大陳兵威，受其獻，詰問沙火同，斬於城外。頒敎中外，中外進賀。賞義智等，賜內廐馬一匹。復御殿，引倭使賜宴。義智等皆上殿，進爵而罷。時倭使留館，通信之議未決，禮曹判書柳成龍，請速定議，勿致生釁。翌日，上御朝筵，大臣及大將邊協皆以爲宜遣使報答，且詗彼中動靜，非失計也。始許遣使通信，義智等還。（修正實錄卷二三葉八）（附記十一）

義智等獻孔雀一雙，鳥銃數件。命放孔雀於南陽海島，藏鳥銃於軍器寺。我國之有鳥銃，始此。（修正實錄卷二三葉八）

八月朔丙子……上謂邊協曰……彼（倭）有絕和之勢乎？協曰：唯對馬島受厚利於我，或此固請再通耳，彼則必不知其不絕和矣。上曰：馬島豈能自由耶？若絕和則事多矣。協曰：誠然，雖不多來，輕兵屢犯，則我自困矣。況下三道赤地千里，我非畏彼也，勝負間畏所傷大也。且今使臣等齎來貿易之物，多耶？小（少）耶？多則似有貪利之意，無他遠圖，少則誠可慮矣。上曰：齎物少云矣。副使或云有將才之人，或言非馬島之子，乃國王之子，此言如何？協曰：決非島主之子，雖國王親屬，豪侈如此，無遠慮者也。上曰：雖無狀，豈敢謂他人父耶？且汲汲欲致信使者何意耶？協曰：欲借重鎮定人心耶？抑開釁於我耶？未可知也。上曰：通信使決不可送，但以厚贈誘之如何？協曰：如衣章之物，賜之似可。上曰：接見，如何？協曰：既以書契相通，接見何妨，闕廷賜宴，當用包荒之量可也。上曰：平時則通信何難，但今簒賊難之耳，經筵官以爲何如？許筬進曰：聖敎乃萬世不易之定論，其扶植彝倫之意至矣，但恐干戈相從，邊境不安，不可不爲生靈計耳，彼之惡何預於我，臣意交聘亦無不可。上曰：此計似誤矣。筬仍極言通信之便。協曰：丁亥年全羅道人心，守令不用將帥之令，百姓不用守令之令，今雖送李鑑，非自上重將令，則不能改絃矣。筬曰：孔雀何以處之？若曰誠意可嘉，而珍禽奇獸素非所玩，且不耐水土，故還送云云，何如？上曰：此言甚當，予亦思之，但恐彼疑之耳，欲送某處，何如？筬曰：我國無放畜之地矣。上曰：予當外議處之。（宣錄卷二三葉八）

丁丑，傳曰：孔雀令該曹處置。（宣錄卷二三葉九）

己卯，右承旨李裕仁以禮曹言啓曰：令該曹議處孔雀事傳敎矣。隣邦效誠，拒
而不納，則大拂交隣之道，有乖包荒之量。況永樂七年，日本送象二匹，太宗
受之，成化四年，日本送獼猴一，馬一，世祖受之，已有前例。今若還給，則
不若不受之爲愈；若放之於絕島，則未免有圭角之露。臣意下于掌苑署，以補
鶴鶴之羣，則一則無玩物之累，一則順交隣之道，且無圭角，於處世之間，恐
無大妨。傳曰：下於該司，則所謂章奪甚焉者也，決不可爲也，姑待客使囘
程，放之於濟州可也。（宣錄卷二三葉九）

傳于都承旨趙仁後曰：日本通信，以我國每以海路爲難，故渠遣對馬之子爲之
言曰：請以此作爲南針云。是杜絕我國之口，俾不得更爲辭說之意也。夫兩國
交際，一往一來，禮無不答，矧彼新王初立，其在百年信誓之隣國，卽馳使价
申結重好，以常情言之，則固無可疑者。而我以風波爲難，一請而不許，再請
而固拒。夫風波之險，自古然矣，而亦或有能往來無礙者，何獨於今日一向邁
邁？渠之致疑於我而謂我爲曲，無足恠者，夫豈知天之經地之義哉？今書契之
答，終始以道運爲托，義理不明，措語不快，萬一兇逆踩驕之竪，自知不容于
禮義之邦，慚恨羞恥，一朝絕和，侵軼疆場，以釋其憾，則他日邊患有不可
當。予有一計可施，當答之曰：大王莅國于丁亥之正月，而二月有賊船數十作
耗於弊邦之邊境，殺擄人民，孤人之子，寡人之妻，是天理所不容而上天之所
深棄也，大王初心發政施仁，正隣國拭目之日，舉措如此，欲以服人心而致遠
人，不亦難哉？此雖大王之所未必盡知者，而海寇竊發旣不能嚴禁，又不能明
示典刑梟諸境上，使隣國之人有不滿之意，此實大王之所深恥也，曾謂大王之
仁武而有如此哉？厥後被擄之人自賊中逃來者，非一非二，皆言貴國之五途島
主與避難島主納我叛賊沙乙蒲同之謀，聚嘯作耗云云，如出一口，而亦有親見
其面目而明知其姓氏者。大王始欲以信義敦結鄰好，而謂此事本非吾左右之所
知者，則宜縛送二島之主及沙乙蒲同，與夫作耗時出來賊魁四五人，仍盡還其
前後被擄之民，使弊邦大小之人，皆知大王之所作爲光明正大，出尋常萬萬，
則寡人便當馳一介使臣，使奉咫尺書以謝卑忱，風濤之險，道途之艱，有不辭
矣。夫如是，則兩國之間，豈不誠信交孚而永有辭於萬世也哉云爾？則辭直而

義壯，渠且自反之不暇矣。日本急於專致我使，未必不縛送刷還，則其有光於我國爲如何哉？而我卽遣使謝之，是謝其厚意而答其誠款也，非無端遣使稽顙獻琛於逆賊之庭也。遣使一也，而其所以遣使之義，則不可同日而語矣，豈不韙哉？渠若不從我言，則是曲在於彼，而我則以爲辭矣。大臣備邊司禮曹熟議以啓。（宣錄卷二三葉九）

庚辰，禮曹秘密啓曰：日本使臣私獻馬來，何以爲之？敢稟。傳曰：客使不可再肅拜，自該曹只獻其馬可矣。（宣錄卷二三葉一〇）

丙戌，禮曹依昨日傳敎正二品以上收議秘密入啓　，日本通信事也。（宣錄卷二三葉一〇）

甲午，府啓：接見客人之時，女樂呈才，雖是自來之規，法殿至肅，親臨極嚴，秩秩之筵，所當式禮無愆，用新遠人之觀瞻，豈宜雜陳不正之樂，以爲戲藝之具乎？今此日本國使臣接見時，請勿用女樂以代男樂。答曰：姑備舊規。（宣錄卷二三葉一〇）

丙申，府前啓女樂事，答曰：所言未爲不是，但自來舊規，而男樂敎之不素，恐有臨時生疎之患，姑仍用之。（宣錄卷二三葉一〇）

壬寅，以進爵事單子傳于李裕仁曰：副官異於他進爵　，似不可不爲，政院察啓。回啓曰：待遠人體貌極重，問于禮官講定，何如？傳曰：依啓。（宣錄卷二三葉一一）

九月癸丑，大提學柳成龍以封書來，大槩書契修述未安事待罪。傳曰：勿待罪，當引見。未初，上御宣政殿，引見。上謂成龍曰：久不見卿，予過漸多，聞卿遭家患，安有此事？然國事甚重，可供之職，則出而行之。成龍起謝。上曰：非以書契爲未盡也，當慮後事而爲之，彼竭望于通信，若刷還我民而更請信使，則似不得不送。予意初欲使縛送賊魁，然後送之，則有光於我矣。若但刷還而通信，則似爲不快，不送亦未可，當何以處之也？成龍曰：小臣思之甚熟，而利害曲折實未明知，頃以書契修答事伏見傳敎之辭至矣盡矣，我國每以海道爲言，丁寧反覆，而彼皆杜之　，必以他言答之可也。苟能羣（聲）其罪而討之，則閉關絕物可也，旣爲生靈而容接之，則使不至於絕望，然後可矣。邊

陲之禍，彼自謂蕩平海寇，無梗阻之難，故以此言修答，誠欲通信，則必縛送
賊魁，刷還我民矣，於斯之時，一遣使臣慰答其心，何有虧損。上曰：書契之
言如此，必不縛送矣，明欲縛送刷還兩條，如何？成龍曰：辭氣太露。上曰：
然則止於刷還而亦遣信使云耶？成龍曰：雖止刷還而多數出送，且使邊方無竊
發之警，則何害於一送使乎？上曰：彼若刷還二三名而便請信使，則奈何？若
名爲賊魁而縛送，則眞假不足論，而於送使有光矣，承旨意如何？洪汝諄曰：
臣意明欲縛送刷還兩件，似當。上曰：或云今次當送信使云，卿意如何？成龍
曰：不敢容易上達，今則橘廣連恐動之使無言可執則難矣，猶有可諉者，何必
遽送信使乎？然而爲此言者，亦有遠慮矣。大抵待夷狹（狄）自有其道，彼之
亂與不亂，在於自治而已。近年國家連年卤荒，邊境虛疏，下三道有事，若各
以其力待之，而國內堅壁蓄力，靜以竢之，則可矣。而今則一方有聲，八道騷
動，若不得將帥，一失其利，則極爲可慮，況今年下三道赤地千里乎？汝諄
曰：縛送賊魁之言入書契中似難，則使宣慰使探問而措語，如何？成龍曰：彼
禮曹宴享時，或於宣慰使相接時言於客使曰：通信使初非朝廷之所不會也，自
前海寇出沒，風濤阻梗，故久廢不擧矣。頃日亦有海寇犯我南邊，且我國逋逃
之民，貴國一不刷還，如是而曰海寇寧靜可乎？今若縛送賊魁，而我國逋逃者
無遺刷還，則通信使方可議處矣。上曰：注書詳書之，當言於該曹矣。啓訖，
以次退。（宣錄卷二三葉一三）

乙丑，左相李山海右相鄭彦信詣闕，請面對，卽引見，以通信于日本事也。上
命召從二品以上引見，各陳所見，以爲通信爲便，獨李山甫以爲不可。上從廷
議，命遣通信使。（宣錄卷二三葉十五）

十一月丁未，傳曰：趙憲竄謫，實非予意，此人不可罪，放送。（宣錄卷二三葉一
九）

十一月，命放趙憲歸鄉。憲在謫中，聞朝廷將遣使日本，因監司上疏，略曰：
……逖聞倭使半歲留館，肆其悖語，以興兵犯境爲辭，擧朝惶怖，無一人執言
折元昊之姦者。朝鮮士氣，不圖摧折之至此，臣食不下咽，益嘆臣師之亡，而
讀書之人，不在吾王之左右也。（附記十二）自古勝負之勢，豈徒以兵之強弱乎

？春秋列國，楚惟無強，而齊桓用管仲，仗義執言，則召陵之師不戰而致盟。項籍善戰，天下無敵，而漢王聽董公，兵出有名，則垓下人散，悲歌自刎，蓋其身負弒逆之罪，天地之所不容也。雖其假氣游魂之際，或能指使風霆，而人道所不順，天意亦不佑，斯知道義之氣，壯於萬甲，而仁者無敵，孟訓益昭。堂堂我國，資澤未殄，亦自可守，豈宜陷於死術而強副要盟乎？願擇今世之王孫滿，俾語其使曰：爾之求我信使者，謂我之強而恐其潛師往襲乎？謂我之弱而幸我饑饉要以侵軼耶？潛師盜鄰，自祖先所不為，其在眇躬，忍沫前徽乎？幸災侵隣，史譏不道，新造未定之秋，又犯斯戒於天下耶？無父無君，孔孟所關，源王所終吾未詳知，吾雖欲交使，吾卿士恥之。如其怒我不報，必欲用兵，則我雖凉德，而吾家將士頗知愛君之義，戍邊士卒亦知父母之恩，為君親嬰城固守，宜自勠力矣。上价熒惑之罪，著在春秋，臣庶多請奏天朝誅之，而越海爭論，各為其君，故今姑恕送，其以遍告諸島云。則恩威並行，截然難犯矣。監司權徵恐其重忤當路，託以誤書，再三却之。會弒獄起，湖南儒生梁山璹上疏訟憲之冤，言其預言 (鄭) 汝立必叛，有先見之忠言。上曰：當初竄謫，非予本意，可放釋。憲歸途，復因監司上前疏，又為一疏，論逆節之所由起。徵又却之曰：逆獄大起，人心汹懼，遣使通好，朝議已定，此疏不惟無益，必將滋禍，姑且含默，以觀時變。憲曰：危亡之機，決於呼吸，畏縮不言，豈臣子愛君之道乎？豈死汝立公尙畏之如此，生秀吉來公當如何？徵乃受而進之。

（修正實錄卷二三葉一九）

十二月丙子，通信使黃允吉啓曰：臣見客使問曰：我國之不通信於貴國久矣，一則畏風濤之險，一則慮海賊之患。今者我殿下重新王之信義，嘉客使之誠懇，特遣使臣，修百年永廢之禮，此盛舉也。吾輩到貴國，則國王必有接待之禮，其間節次，可得聞其詳耶？且八方風氣不一，各有易生之疾，我國之人新往貴地，水土不服，難免疾病，不知貴土風氣人所易傷者何疾耶？欲備藥餌以救一行之人。亥 (玄) 蘇答曰：弊邦接待之禮，余今難定，到弊邦當告云。我國風氣，則別無大傷人者，疾病之作，與貴邦何異。副官義智始通聲言于臣曰：國王處賜送之物，雖兩國王愛馬與鷹子，欲得此物獻于國王云。先朝時，

日本奉命之人，率一時能文之士，如魚無迹曹紳，亦嘗往來云，故車天輅欲爲率去，敢稟。答曰：依啓。爾爲國事，今差海外之行，予嘗軫念矣，好爲往還可也，如有一行可啓取稟事，勿憚而爲之，如有親啓事，則亦請面對可也。（宣錄卷二三葉二一）

庚辰，有政，趙憲擬典籍望。傳曰：不可輕易除職。（宣錄卷二三葉二一）

戊子，趙憲放還，中道上疏。湖南儒生梁山璹金光運等亦上疏，大概皆指斥時宰也。傳曰……趙憲奸鬼也，尚不畏戢，輕蔑朝廷，益肆無忌，此人必將再踰摩天嶺矣。又傳曰：趙憲奸鬼也，其心甚慘，其得免顯戮幸矣，而係干言路，又經大赦，故特命放送。而如此之人，不稟上旨，汲汲收斂，眩亂人心，極爲非矣。其日仕進，堂上遞差，郎廳推考。（宣錄卷二三葉二八）

甲午，日本國送孔雀一雙。上敎待客使回還，放之濟州。禮曹啓：以濟州輸送有弊，請於南陽絕島鬱密處放之。依啓。（宣錄卷二三葉三〇）

二十三年庚寅（萬曆十八年）正月庚申，傳曰：日本實我鄰國，其王初立，與我國新結歡好，兩國交際之間，處事接待之際，所關非輕，宣慰使必須有才智臨機善應變又寬弘有度量者，然後能得遠人之心。況玄蘇倭人中頗通文字，而喜作詩，又必能文，然後可以應之，傳播其國不愧矣。此人中某人可合與否？回啓，令吏曹郎廳議于大臣，宣慰使望沈喜壽、趙瑗、吳億齡。（宣錄卷二四葉一）宣慰使議大臣以吳億齡差遣。（宣錄卷二四葉一）

庚子，珍島居沙乙火同投入倭國（先濤按，此與前引修正實錄己丑・七月，日期頗有出入。），嚮導作賊，至是日本刷還，上御仁政殿，行獻俘之禮。（宣錄卷二四葉三）

三月，以僉知黃允吉爲通信使，司成金誠一爲副，典籍許筬爲從事官，使日本，與倭使平義智等，同時發京。四月渡海。（修正實錄卷二四葉三）

二十四年辛卯（萬曆十九年）正月癸卯，慶尚監司啓本：釜山鎭出來倭人言內，通信使正月間出來，蔚山人九名，漂流到對馬島，不謹候望，各色官吏等，梁山官囚禁，機張等官吏，憑閱牒報漂流人出來則馳啓事。（宣錄卷二五葉二）

丁未，備忘記曰：對馬島護送我國漂流九人，忠順可嘉，澄泰及上官都船主賜物除職，上京接待厚送等事，並照前例施行，言于禮曹。（宣錄卷二五葉三）

庚戌，通信使書狀：臣等去七月二十一日，入日本王都，十一月初七日，始得
傳命，十一日發行，到沙浦，留十九日，二十日始受書契，內有未安之字，臣
等以不可不改之意，反覆論說，平調信還將書契請改于國王而去，本月初二日
當還云。然則臣等發船在初三四之間。此國因回禮使，差上官玄蘇副官平調信
與臣等同行，而行裝盡在船中，臣等留沙浦，適平義智不意先出對馬島，故常
用薄紙以修達，極爲惶恐待罪事。啓下禮曹。（宣錄卷二五葉三）

二月辛未，兵曹啓曰：我國三面受敵，戰用之具，無如鐵丸之利，而所習不過
火砲匠若干人，若有緩急，則應敵者甚少。議者以爲鐵丸習放，則人皆爲之
云，今後出番諸色軍士等，自本曹與軍器寺提調一同試習，何如？大臣之意亦
然，敢稟。傳曰：依啓。（宣錄卷二五葉五）

三月，通信使黃允吉等，回自日本，倭使平調信等偕來。初，允吉等以上年四
月渡海，抵對馬島，日本當遣使迎導，而不至。金誠一議，以不可受其慢，留
一月乃發。歷一次島、博多州、長門州、浪古邪，導倭迎于界濱州。倭人故迂
路，留滯累月，乃抵國都。其在對馬島，島主平義智請使臣宴國本寺，寺在山
上，使臣先赴，義智乘轎入門，至階方下，誠一怒其無禮，卽起入房，許筬以
下隨起，允吉仍坐接宴，誠一謝病不出。翌日，義智聞其故，以爲從倭不預
告，斬其頭來致謝。自是倭人敬憚誠一，望見下馬，待之加禮。（附記十三）到
其國都大板城，館于大利。適平秀吉出兵山東，數月以回，又託以修治宮室，
不卽受國書。留五月，始得傳命。其國會其天王，秀吉以下皆臣事之，而國事
皆統于關白，天皇尸位，而禮事會奉，儀章有別，如奉浮屠。關白云者，取霍
光傳「凡事皆先關白」之語，故號秀吉爲大將軍，不得稱王，其後稱大君 以天
皇本稱國王殿故也。其接我使也，許乘轎入宮門，笳角先導，陞堂行禮。秀吉
容貌矮陋，面色皺黑，如猱獷狀，深目星眸，閃閃射人，紗帽黑袍，重席地
坐，諸巫數人列侍。使臣就席，不設宴具，前置一卓，熟餅一器，瓦甌行酒，
酒亦濁，三巡而罷，無酬酢拜揖之禮。有頃，秀吉入內，在席者不動，俄而便
服抱小兒出來，徘徊堂上，而已（疑「已而」之誤）出楹外，招我國樂工，盛奏衆
樂而聽之。小兒遺溺衣上，秀吉笑呼侍者，一女倭應聲出，乃授其兒，更他

衣，皆肆意自得，傍若無人。使臣辭出，不復再見，與上副使各銀四百兩，書
狀以下有差。使臣促辭歸，秀吉不時裁答書，令先行。誠一曰：吾爲使臣，奉
國書來，若無報書，是同委命於草芥，不肯辭退。允吉等懼見留，乃發，還至
界濱待之，答書始來，而辭意悖慢，非我所望也。誠一不受，改定數次，然後
乃受。凡所經諸陣將倭所贈，誠一獨却不受。回泊釜山，允吉馳啓情形，以爲
必有兵禍。既復命，上引見而問之，允吉對如前。誠一曰：臣則不見如許情
形，允吉張皇論奏，搖動人心，甚乖事宜。上問秀吉何狀？允吉言其目光爍
爍，似是膽智人也。誠一曰：其目如鼠，不足畏也。誠一憤允吉等到彼悃愊失
措，故言言相左如此。時趙憲力攻和議，筴倭必來，故凡主允吉之言者，皆
以爲西人失勢（附記十四），搖亂人心，區別麾斥，以此廷中不敢言。柳成龍謂
誠一曰：君言固與黃異，若一有兵禍，將奈何？誠一曰：吾亦豈能必倭不來，
但恐中外驚惑，故解之耳。（修正實錄卷二五葉二）

倭答書云：日本國關白奉書朝鮮國王閣下，雁書薰談，卷舒再三。吾國六十餘
州，比年諸國分離，亂國綱，廢士禮，而不聽朝政，故予不勝惑激，三四年之
間，伐叛臣，討賊徒，及異域遠島，悉歸掌握。竊諒予事蹟，鄙陋小臣也。雖
然，予當脫胎之時，慈母夢日輪入懷中，相士曰：日光所及，無不照臨，壯年
必八表聞仁聲，四海蒙威名者，何其疑乎？依此奇異作敵心，自然摧滅，戰必
勝，攻必取，既天下大治，撫育百姓，矜悶憫孤寡，故民富財足，土貢萬倍千
古矣。本朝開闢以來，朝政盛事，洛陽壯麗，莫如此日也。人生一世，不滿百
齡，焉鬱鬱久居此乎？不屑國家之遠，山河之隔，欲一超直入大明國，欲易吾
朝風俗於四百餘州，施帝都政化於億萬斯年者，在方寸中。貴國先驅入朝（附
記十五），依有遠慮無近憂者乎？遠方小島在海中者，後進輩不可作容許也，予
入大明之日，將士卒，望軍營，則彌可修隣盟，余願只願顯佳名於三國而已。
方物如目錄領納，且至于管館國政之輩，向日之輩，皆改其人 易置官屬，非衣名號
故也，當召分給。餘在別書，珍重保嗇，不宣。末書天正十八年庚寅仲多月秀吉奉復書。
誠一見書辭悖慢，嘗稱殿下而稱閣下，以所送禮幣爲方物領納，且一超直入大
明國，貴國先驅等語，是欲取大明而使我國爲先驅也。乃貽書玄蘇，譬曉以大

義，云若不改此書，吾有死而已，不可持去。玄蘇有書稱謝，諉以撰書者失辭，但改書殿下禮幣等字，其他慢脅之辭，託以此是入朝大明之意，而不肯改。誠一再三移書請改，不從。黃允吉許筬等，以爲蘇倭自釋其意如此，不必相持久留。誠一爭之不得，遂還。（修正實錄卷二五葉三）（附記十六）

使行之始至也，倭將等請觀隨行伎樂，誠一不許曰：國書未傳，而先呈伎樂，是受侮也。書狀官許筬議，以關白與主上敵體，使臣當廷拜。誠一曰：關白乃天皇臣也，不得稱王，國書雖待以敵禮，到此覺其非王，則使臣當專對以改。筬不從。誠一乃獨與玄蘇商議，講定升拜楹外，以爲恒式。義智又請于使臣曰：關白來日當詣天宮，使臣可觀光也。誠一曰：使臣專傳國命，不可私出遊觀。義智又以關白之言諷之曰：不從，則還期早晚未可知也。一行憂懼，筬獨促駕詣其所，聞關白停行而止。明日又往，空返，三往乃得見。誠一又移書責之。一行以久未傳命，欲通賄於關白左右，冀速竣事而返，誠一又爭，不許。允吉筬又交貨充裝，誠一輒斥言不遜。由是行中大乖。倭人鄙黃許而服誠一，久益稱之。惟平義智大憾，待之嚴截，故誠一不得聞事情。其後義智謂我使臣曰：金誠一徒尙氣節，以致生事云。允吉本鄙人，以辭華應選，使价非其任也。筬以士類，與誠一爲友，素加期待，而擧措顚沛，故誠一屢書切責，筬由是損名。（修正實錄卷二五葉三）（附記十七）

三月，以弘文典翰吳億齡渡海爲宣慰使，儐接玄蘇等。億齡聞蘇明言來年將假途入犯上國，卽具以啓聞。朝議大駭，卽啓遞之，以應敎沈喜壽代之。億齡復命，悉錄問答倭情如前啓意，上之。億齡文雅溫謹，在銓不妄薦一人，在臺不妄彈一人，人莫見其圭角，及是見事機危迫，不避觸忤盡言，由是連坐微事見罷，又充質正官朝京，擠之也。（修正實錄卷二五葉四）

前敎授趙憲上疏，不報。憲聞日本書契悖逆，倭使偕來，乃自沃川白衣徒步詣闕，上疏曰：臣竊謂士不適用，固宜括囊，而綱常墜地，則或有憤惋者，魯仲連一入邯鄲之圍，力沮帝秦之議，而秦兵爲之退縮五十里。夫邯鄲堅城也，三晉強國也，戰國君將力於守國，故能堅壁數月以待魯連之奮義矣。遠稽東方，自箕子浮海之後，以及三國前朝之亡，了無背城一戰之時。臣之愚意，以爲橘

光連玄蘇西渡之日，實我邯鄲之被圍也，嘐嘐多言，終不見售於君相，自悼行
已無狀，深愧於古之魯連，永矢杜口，畢命溝壑，而今聞東槎纔返，賊船栖海，
陷我射天則自明無路，乘機猝發則邊圉疎虞，必爭之地，迄無充國之經略，勿
迎元使，又無夢周之抗議，檜倫誤國，汴杭垂陷，匹夫熒惑，羞辱滋深，綱常
日墜，君父禍急，心崩膽割，怒髮衝冠，不得不雪涕而言之也。……臣竊料今
日之事，安危成敗，只在呼吸之間，眞可謂不寧之時矣。惟有亟斬虜使，飛奏
天朝，分致賊肢于琉球諸國， 期使天下同怒， 以備此賊一事， 猶可以補復前
過，而庶免後時之凶，萬一有興復於旣衰之理，伏惟聖主亟察凝思，不以人廢
言，勿緩宗社大計，幸甚。李滿住之一紙資級，見失於上國，而張寧來責之
日，光廟爲之無顏，雖貢馬謝罪，而滿住討滅之行，至試武科千有八百，盡輸
一國之力，而士馬物故，亦略相當，況此秀吉假道射天之惡，不啻滿住，而飛
辭陷我之術，當不止於中樞資級矣。若天朝不悟其奸，盛發唐朝之怒，則當有
李勣蘇定邦之師，來問濟麗之罪矣。聖主將何以謝過，臣民將何以免死乎？狡
虜之辭，極愚極驕，智士多策其必敗，屠滅諸島，殺人如麻，羣下多怨其荼毒，
若我有謀，聲罪絕人，以折其心，使我士民預曉討賊之義，則人思奮梃以撻其
背矣。公孫述遣使約和，而隗囂斬之，則述不敢西窺，撒離喝有使使降，而劉
子羽斬之，則喝不敢來追，大邦積養之士，豈少於子羽敗軍之僅有百十者，而
不能自振其意義乎？或者以爲秀吉已滅宗盛長之族，而使其腹心平義智代之，
栖兵對馬，積謀陰襲，捨我不攻而先窺上國，必無之理，雖或緩奏可以無咎，
是乃不思之甚者也。臣竊聞被俘人之言，賊輩將我國人送賣於西南蠻諸島，以
及兩浙，而又被轉賣還于日本云，是其客商往來如梭之驗也。狡虜答我之書，
卽極廣張其聲勢，況於南洋諸島，其不誇耀威武期使恇怯乎？臣恐允吉之船初
泊對馬之日，彼先播於南洋，以謂朝鮮之通聘， 期以制服乎諸島矣。 兩浙將
吏，其獨不聞而不奏於天子乎？中朝之致疑固已久矣，況此狡虜常以掩襲不備
爲利，若我邊將粗能設備，截然難犯，則彼必趣利於上國矣。其必揚言蘇杭，
謂已制服朝鮮領兵以來，則露布急傳，半月奏京矣。市有猛虎，三聽致疑，殺
言三至，曾母投杼，我國介在虎狼國之間，聖學未至於一以貫之之域，其爲皇

上之不爲曾母，未可期也。……況秀吉匹夫之勇耳，包劍弑君之日，人思顯戮，殺人如麻之際，鬼議陰誅。顛杶無辜，不啻三苗，窺我大邦，不獨鬼方，天下同怒，則不勞交鋒而逆亮自斃矣。簡書不亟，則賊發不虞，而中原震驚矣。子思曰：凡事豫則立，不豫則廢，事前定則不跲，若以聖主不豫之故，盤手串人之刑，旁及於琉球占城，以致漸流于中國，則天下後世謂殿下何如乎？臣竊以爲報變請討之奏，遲發一日，則決有百年之憂，遲發一旬，則決有千歲之禍也。……臣之愚意，莫如早擇一代名將，暗推亞夫之轂，輕裝簡士，由武關直下，俾於賊來必爭之地，暗備燒船之具，兼持潔牲精幣，密祈回風于頭流滄海之神，對敵交兵之日，伕一黃蓋佯取糧船請降，實以燥荻，間以火藥，俟其首尾幾接，付火以走，則其所持精選之鋒，必化爲烈焰矣。書生談兵，近于僭率而可笑，惟在智將隨機應變矣。乃令大小將士俱聲秀吉之罪，俾知從行之卒亦無所容于天地之間。中有智者設謀，勇士還悔，乘機斬獻者，謂奏中朝，請分封爲國相島主，一依源氏舊制，因許不廢禹貢之卉服，則射亮之矢，斬竉之劍，必集於其身矣。如此，則雖有餘兵，不敢西棹，畿海之間，自爾無虞矣。若不如此，而聽其縱橫去來，震搖恬憘之地，則擔負之民，其勢易散，飢困之卒，望風奔潰，而漢淇之間，擧被蹂躪之禍矣。嗚呼，金之於宋，日以侵削爲謀，而秦檜之徒，深諢虜情，惟恐一時君相或悟，其有回諭之詔，字大如掌，而檜也急開急卷，使人不見，惟以割地一言爲幸，以懈攻戰之備，若非張韓岳劉諸將之戮力者，則龜茲之域亦不可保矣。今茲秀吉之於我國，日以吞噬爲計，至殺對馬島主，而暗遣腹心平義智代守，奪我左臂，諜報無路。又使信長踵門窺覘，俾探處置回謝一事，以爲猝發之計，雖使是月藏兵於此島，而上下諢言，不知有大擧之虞，則其藏禍心慘矣。而我乃盛備供億，無異乎華使支待，其於賊使之分二路上來也，湖嶺各邑，盡率吏民出候于院驛，留時延日，一不顧防備之事，雖有顏眞卿之先見者，未暇爲浚濠完城之計，彼對我使殊，薄以草具，而我乃先示奪氣之色，使其奴倭驕我將吏如賤隸，不敢爲一言以責禮義，則其所謂厚待之敎，實所以縮我國命而永不能自振也，傷我民力而俾不敢却敵也，豈非爲痛哭之地乎？尤可震駭者，先來譯官，以將秀吉悖慢之辭播

于一道，以及湖西南，士莫不誦，民莫不聞，而朝廷之上，惟恐廣布，先事豫謀之策，一一不舉，陳東歐陽澈之疏，懼或出于草澤，豈意聖主亦陷於汪黃檜倫之術乎？周書曰：作德心逸日休，作僞心勞日拙，彼有射天之語，而我乃敬之，彼有吞我之計，而我乃款之，是非誠信相與之道，而終不譁其內政外備之日拙也，斯非取侮於醜虜之道乎？臣恐不斬檜倫，則無以致謝於上國，而申令於三軍者也。嗚呼，陸賈正色，而屈尉佗之箕踞，范仲淹焚書，而折元昊之悖慢，彼皆單車屛從而壯我王氣者也，片言據理而挫彼兒鋒者也，曷嘗如誠一之輩，載糧千石，持國樂娛賊，而並使軒轅破蚩尤之具，悉爲虜人之所得乎？兼其易服循環之卒，乃是李光弼欺賊將之術，而彼皆不悟；陳船耀兵之謀，乃是李希烈欺中使之計，而彼實怔忪。五月不見者，乃所以困蓺也；陳饌跼覗者，乃所以誘心也。陶盃飲破者，示終必敗盟也；抱子相持者，視我如嬰兒也。賊酋姦譎，有萬不測，而彼乃還啓謂賊不來，以懈將士之心。時所謂一德大臣，則盛稱王倫善於奉使，俾竊金章之寵，雖辱國無狀者，附會權奸，則可以次第同升矣，將何以勸善懲惡乎？此輩鴟張，白日欺明，懼有公論或激，則乃謂秀吉非眞叛逆，是可以寒泄爲純臣乎？又謂通信一行，深覺彼情，而預爲之備，則非小助也；捨棄嶺南不備，是欲捐梁餌吳乎？先備三敗將于湖南重壘，一則善事澂立，而一則奴事永慶者也，是謂藥師范瓊可保燕汴，而陳宜中誤宋之將，可坐而策也，則所謂預備者，果何術也？視湖西嶺南，則疲於奔命，而邑里蕭然；視湖南一方，則梨津一焚，他鎮枵然。宵旰之憂，此時政急，雖得實經行陣之人，勢難及措。而諸侯之臣，自負誤國大罪，惟恐主計之或悟，不汲汲於奏變，不求援於與國，只管安坐聽命於狡虜，使彼謀完計得，坐策萬全之後，乃欲待聲息遣將，驅市民以戰，則長驅之勢實不可遏，而士不豫習，以其將與敵矣。麗季倭賊，由鎭江入嶺湖之間，永同化寧，無不被兵焚之禍，況此勁敵不止於拔都者（附記十八），則如臣魯鈍者，何地逃死乎？等是一死，寧死燕楚之路，以學子貢遊說，期使諸侯之軍，擣吳之虛，而存我魯國，則聖主活臣之恩，庶幾小報，而天生男子之意，亦可自副矣。海南萬里，如無肯行之人，則臣願假一節，充備末价，星夜西馳，以玄平頭鹹，獻於天朝，竊效包胥之哭，

以明我王心事。幸蒙皇上矜憐，則借馬南陲，分致賊肢於南洋諸國，諭以整兵俟便，如聞秀吉西寇，則俾駕鯑䑴，傳檄于日城，而倒戈逆攻者自出於卉服矣。(附記十九) 疎遠賤臣，敢請爲陰分之行。時事猝急，切懼不豫以致敗，茲於皇朝竊草奏變之狀，琉球國王及日本對馬遺民豪傑中，又草移文移檄，勦捕賊使，及嶺湖備倭之筴，又皆隨事箚記，謹具別紙七幅，藏在懷袖間。事大交鄰之規，雖未解貫，不直則道不見，曾有孟訓，自謂如此，則事理自明，辭直義壯，可以感人，而狂疎僭越，未敢逕進，儻蒙聖主曲採蕘言，即使世叔子產討論而潤色，即令槐院朝寫午封，別遣重臣馳奏，使其理裝，一旬之內，先膽一本，付譯官一人，使與賤臣先達於遼薊以及燕南，庶幾中朝君臣感我辰告之誠，遍曉諸鎮諸國豫防而密措，天下同怒，期使此賊不容于覆載，則臣雖死於道路，亦可以脫臣老母於江淮俘徙之辱矣。頑雲不解，天日當陰，臣不勝憂國憂家感憤血泣之至，謹奉危疏，昧死以聞。又貼黃略云：機事不密則害成，今者賊使閃舌者將入東平，臣之封章，吁亦晚矣。願留臣疏，密措機筴，無使東平人購得，無使臣名掛於朝報，幸甚。疏入，不下。

又上疏曰：臣竊謂藩侯警急，簡書不可以不赴也，匹夫熒惑，身首不可不異處也。故逖聞吞虞消息，不禁怒髮衝冠，跋涉山河，瀝血刿肝，期見聖主之不遠，而復 (後) 上不見過於中朝，內不貽恥於宗廟，外不取侮於醜虜，下不嫁禍於生靈，則平生讀書之力，似可以一扶綱常之重，上可以免吾君濟麗之憂，下可以免臣母江淮之俘，誠能若是，則茅焦鼎鑊謂可甘蹈。而封章三日，未有所聞，雖知聖主寬容，不欲罪臣，而臣之活國活母之計，只恃今日而已。邊城一驚則遠歎何及，天責一臨則隱憂何補，臣不得不留臣七紙以走，冀紆明主悔時之一察也。臣竊計狡虜反覆，有萬難測，厚遇金元之使，而謂無南寇之辱，則眞箇是秦脚賈窒之愚宋者也。以其君則斬艾而無惜，以其鄰則窺覦而不攻，古往今來，決無是理，臣所以必請名將暗備東南維者也。臣又聞琉球致書，爲我而事倭云，此聲久發，可謂中朝之不聞乎？蘇李之師所以東來者，只爲濟麗之謀絕新羅入貢之路也。狡虜之揚言于天下也，其必謂我賓服矣。我於皇朝恩義不薄，見彼悖辭，義當朝聞夕奏，而遲延時月，只欲順付於節使之行，則人

馬猥繁，決無先春赴京之理，而狡虜江浙之檄，則必有半月北飛之虞矣。史氏
之筆，曷可昭洗乎？張寧之責，曷可圖危乎？天朝恩愛，方深眷眷，唐帝一
怒，所不忍言矣。俾滅建州衛，乃是皇朝家法，若不諒我力而必使討滅日本，
則以我屝兵自守不暇，曷有餘力可東征乎？洪茶丘八萬之兵，金方慶糾集之
師，猶不得志於東洋，而死傷過半。況若天朝不假茶丘，而我國又無方慶之
亞，則其謂不敢東討之際，天朝之怒，實不可測矣。素愛之子，而少拂父意，
則其父之怒必深，此時蘇李之師，其可資日本而却之乎？臣之所大震駭者，蘇
李之師未掃濟麗，而移徙十萬餘戶於江淮之間，水陸困頓之民，豈望盡活乎？
臣有一繼母，年老病甚，負避無地，賊使煦濡之日，聖主雖自以爲晏然無虞，
而乘機猝發之際，其必盡國力於東隅，而西方赫臨之師，則更不可遏矣。臣竊
欲力耕聖域以養病母，冀免江淮困頓之行，既爲初筮之吉，而猶不厭再三之
瀆，伏願聖主藏臣疏一通，以待事至而更察，則臣之爲國爲母，惓惓奔走之
意，雖或轍耕而不爲迂潤矣。臣之尤所釁傷者，今此之來，路由賊使所向二道
之中，備聞彼之奴倭皆肆凌轢，有若上國之使，而我之官吏一切喪氣，罄一道
之力以爲供億，而全忘防備之事。只此使价之往來，可占他日之大敗，而朝無
胡銓之論，野絕陳東之議，但有黃李沃之疏出於洛下，將使流離顛沛之秋，一
無挺身赴急之人，則聖明之所倚以爲天祥秀夫者，終有何人哉！漢季必殺黨錮
諸賢，唐亡必投清流於濁汙，此是盛世之所不願聞者也。鄭夢周仕前朝危疑之
際，而猶不避嫌疑，廣延國士，談論不休，其詩曰：座上客常滿，樽中酒不
空。任事之臣，閉門兀坐，不集衆思而能扶其國者，古未之有也。惟聖明密察
股肱之有無，屏去致疑之端，以杜讒賊之口，則社稷之大幸也。嗚呼，終軍弱
冠而請纓，毛遂自薦而脫穎，彼豈專忘廉恥者乎？只是冠履之倒置，或悶宗社
之垂亡，而衣冠骨肉，舉將淪陷於腥膻，故不得不犯笑侮、出氣力，求保數歲
之安。而受秦間金者，勸齊王故不修攻戰之備，以致臨淄之忽爲秦地，而松柏
之歌，萬古悲涼。臣身方在事外，宜無肉食之憂，而四面受敵之日，大懼江革
之無地負母。聞變數旬，夜不能寐，抽得先事之戒，冀補苞桑之計，突缺棟焚
之後，幸思賤臣之不我退棄，幸甚幸甚。臣以寒生，抵洛數日，囊橐已空，不

忍方朔之飢，自此長辭，瞻天望聖，無任激切屛營之至。仍附奏七條，一言携離勍敵之行，須乘其衆心未附，而必分玄平之首手，露布於天下，與天下之人，同聲飛檄，欲乘虛擣都，如此之言，四面東飛，則秀吉亦不敢爲越海窺我之計矣。二擬奏變皇朝表。三擬與琉球國王書。四擬諭日本國遺民父老書。五擬諭對馬島父老書。六擬斬賊使罪目。七擬嶺湖備倭之策略云云。憲伏闕下待疏，不下，以頭叩石，流血滿面，觀者色沮。猶不下，乃封進此疏。政院不受，諫院啓曰：趙憲陳疏，而政院不受，雖不知疏中措辭之如何，大槪似有壅蔽言路之端，請色承旨罷職。上只允推考。憲痛哭而退。丁酉之變，我國有一士人擄入日本，丐食民間，遇一老僧，言秀吉於朝鮮爲一時之賊也，於日本爲萬世之賊也，當時若有一二義士傳檄擧義，則秀吉之禍，必不至若是云云。憲之備倭策中，所薦十餘人，在平時皆未知名，及後亂作，竟獲其用，其中如金時敏、趙熊等，尤表表可稱。憲歸沃川，遣子完堵遺書于平安監司權徵、延安府使申恪，勸以浚濠完城，預修戰守之備。徵見書大笑曰：黃海平安道，豈有倭來之理，歸語汝爺，愼勿復出此言。恪則然其言，大修器械，城內引汧流，作大池。及後亂作，李廷馣守城，得全。州人追思恪預先戒備之功，並立碑以旌之。（修正實錄卷二五葉四——十一）

（附記二十）

閏三月，倭使平調信玄蘇等，至京師。上用備邊司議，使黃允吉金誠一等私以酒饌往慰，因從容問其國事，鉤察情形。玄蘇密語誠一曰：中朝久絕日本，不通朝貢，平秀吉以此心懷憤恥，欲起兵端，朝鮮若先爲奏聞，使貢路得通，則必無事，而日本之民，亦免兵革之勞矣。誠一等諭以大義不可，蘇又曰：昔高麗導元兵擊日本，以此欲報怨於朝鮮，勢所宜然。其言漸悖，誠一不敢復問由。（修正實錄卷二五葉十一）

四月，上御仁政殿，接見平調信玄蘇等，宴享如例，始用臺啓停女樂。上特加賜調信一爵曰：古無此例，而爾自前往來，頗效恭順，故特加禮待之。調信拜謝。禮曹判書鄭㷤、都承旨佚其名失辭違禮，上責之。（修正實錄卷二五葉十一）

上御朝講，諸臣將退，上謂大司憲尹斗壽曰：欲與大臣及備局諸宰臣密議倭情，都憲有計慮，雖非當預，可無退。遂以倭情奏聞天朝當否議之，大臣以下

皆難之。斗壽曰：事係上國，機關甚重，殿下至誠事大，天日在上，豈可隱
諱，臣意當直上聞爲是。李山海曰：正恐奏聞後，天朝反以我通信倭國爲罪故
也。兵曹判書黃廷彧，如斗壽議，餘如山海言，不決以罷。後日更議，上斷以
奏聞爲是，大臣亦不敢貳。（修正實錄卷二五葉十一）

五月，上御晝講，副提擧金睟進曰：平秀吉乃狂悖一夫，其言出於恐動，以此
無實之言至於陳奏，詎是事宜？上顧黃廷彧曰：兵判意如何？廷彧曰：睟之言
大不然。我國事天朝二百年，忠勤至矣，今聞此言，安可恬然不奏？睟曰：大
義則固然，但書契雖如此，使臣三人，所見不同，豈非無實之證乎？上曰：設
使三人言皆同，萬無犯順之理。書契若如此，則猶當取以奏之，或言必犯，或
言必不犯，此不過所見之異耳。大概爲臣子者，聞犯上之言，而安坐不言乎？
睟曰：事有經權，若知必犯，則固當急急陳奏；如未得實狀，而遽煩上奏以啓
邊釁，豈非可悔之甚者乎？廷彧曰：此又不然。國家多福，使秀吉徒爲大言而
止，則天朝我國不害因此而防備。若果如書契之辭，而使天朝漠然不知，猝至
猾夏之辱，則此時可得悔乎？睟曰：此皆設辭，豈至於此？上國福建一路，與
日本只隔一海，商賈通行。若我國陳奏，則倭無不知之理。既奏之後，又無犯
順之事，則天朝必笑我無實，倭國必致深怨，愚臣之慮，實在於此矣。上曰：
福建果近於日本，而商賈又通，則安知日本送我之書契已達於天朝乎？設使秀
吉果不犯順，而書契已露，則天朝問於我國曰：日本約與爾國入寇，而不奏何
耶云爾，則雖欲免引賊犯上之言得乎？前日尹斗壽之言亦如此，奏聞不可已
也。睟曰：奏聞雖不可已，至以日本師期分別上奏，太似圭角矣。上曰：既以
夷情奏聞，則師期乃其實也，何可沒之也。睟曰：明言師期，實爲未妥。且奏
聞之事，以爲聞於何人耶？若直擧通信之事，則無乃難處乎？上顧左承旨柳根
曰：承旨意如何？根曰：臣於內醫院適聞左議政柳成龍之言，則以爲大義所
在，雖不得不奏，秀吉狂悖，必不能稱兵入犯，而我在至近之地，不可橫受其
禍。況聞使臣之言，則謂必不發動，雖發不足畏，若以無實之言，一則驚動天
朝，一則致怨隣國，不可也。至於通信一事，直爲奏聞，萬一天朝盤問，則亦
必難處，如不得已，則以被擄逃還人爲辭，庶或可也。上曰：予所問者，承旨

之意也。根曰：臣意則大義所在，不可不奏。但一一直奏，則恐或難處，從輕奏聞，似當。上顧修撰朴東賢曰：經筵官之意如何？東賢曰：人臣既聞犯上之言，奏聞之事，不容他議，若奏辭曲折，則不可草草，劃令大臣廣議處之，爲當。上曰：然，明早招大臣議定。大臣李山海、柳成龍、李陽元等啓曰：伏見筵中啓辭，金睟所憂，雖出於慮事之周，而既聞犯上之言，安忍默默？但其奏本措語，若不十分斟酌，則後日必有難處之患，柳根從輕之說頗有理。若以聞於逃還人金大璣等爲辭，極爲穩當。至於日本書契所答之辭，則以君臣大義明白拒絕，而措辭之際亦不使狠怒，蓋不惡而嚴者，要當如是也。上從之，於是廷議始定。乃於賀節使金應南之行，略具倭情，稱以傳聞，爲咨文於禮部。臨送，備邊司更密戒應南，行到遼界，刺探消息，皇朝若專無聽知，則便宜停止咨文，切勿宣洩。及應南入遼界，一路譁言朝鮮謀導倭入犯，待之頓異。應南即答以委奏倭情來，華人喜聞，延款如舊。時漢人許儀後在日本密報倭情，琉球國亦遣使特奏，而獨我使未至，朝廷大疑之，國言喧籍。閣老許國獨言，吾曾使朝鮮，知其至誠事大，必不與倭叛，姑待之。未幾而應南以咨文至，羣疑稍釋矣。（修正實錄卷二五葉十一——十三）

五月，許儀後者，福建人也，被擄入倭國薩摩州，爲守將所愛，久留國中，熟聞關白將入寇，潛遣所親米均旺投書于浙省曰：關白平秀吉幷吞諸國，惟關東未下，庚寅正月，集諸將，命率兵十萬征之。且戒曰：築城圍其四面守之，吾則欲渡海侵大明。遂命肥前太守造舡。越十日，琉球國遣僧入貢，關白賜金百兩，囑之曰：吾欲遠征大唐，當以汝琉球爲引導。既而召曩時汪五峯之黨問之。汪五峯者，以中原人嘗導犯江浙者也。對曰：吾等曾以三百餘人自南京刼掠橫行，下福建，過一年，全甲而還，唐畏日本如虎，滅大唐如反掌也。關白曰：以吾之智，行吾之兵，如大水崩沙，利刀破竹，何城不摧，何國不亡？吾帝大唐矣，但恐水兵嚴密，不能跼履唐地耳。五月，高麗貢驢（附記二十一），亦以囑琉球之言囑之，贈以百金。高麗貢於倭，自上年始也。七月，廣東壖境人進大明地圖，關白命列國築城於肥前一歧對馬三處以爲舘驛，又命對馬太守扮作七司人渡海，觀高麗，相地勢還報。十月，麗王退兵二十日之程，以竢關

白。今辛卯七月，遣使入貢爲質，催關白速行。十一月，文書遍行列國，欲於來年春，渡高麗，盡移日本之民於其地耕種，以爲敵大明之基，命薩摩州整兵二萬，大將二人渡高麗，會聚六十六國兵，共五十餘萬，關白親率兵五十餘萬，共計百萬，大將一百五十員，戰馬五萬匹，大鋤刀五萬柄，斬刀十萬，槍十萬，破柴刀十萬，鳥銃三十萬，長刀五十萬，三尺劍人人在身，來年壬辰起事，三月初一開船，以海西九國爲先鋒，以南海道六國、山陽道八國應之，傾國而行，父子兄弟，不許一人留家。又令曰：列國之兵，到麗岸焚船破釜，及征戰之士不許少停。臨陣不許一芥拾取，不許一人囘頭。遇山則山，遇水則水，遇陷阱則陷阱，不許開口停足。進戰死者，留其後，退走者，不論王侯將相斬首示衆，盡赤其族。法令之嚴如此云。仍言備禦便宜云：先發大兵襲據朝鮮，盡殺其官長，伏大兵於左右四畔，竢其來，重圍四面，攻而殺之，山東山西，各出兵以擊其後，水陸互攻，日夜並殺，則關白可以生擒矣。又言秀吉貪淫暴虐，浮於桀紂，詭謀百出，莫測其由，數國密議謀叛，儻謀反之事諧，則關白入寇之計不成矣。儀後所言，大概後皆符合，惟說我國情形甚誣。然旣通信，而倭乃夸張於諸國，故儀後聞之，訛說則有之矣。又有客商陳甲者，囘自倭中，言秀吉將入寇，以朝鮮爲先鋒，由是中朝不能無疑。（修正實錄卷二五葉一三）（附記二十二）

玄蘇等歸，付答書契曰：使至，獲審體中佳裕，深慰深慰。兩國相與，信義交孚，鯨波萬里，聘問以時，今又廢禮重修，舊好益堅，實萬世之福也。所遺鞍馬器玩甲胄兵具，名般甚夥，製造亦精，贈餽之誠，夐出尋常，尤用感荷。但奉前後二書，辭旨張皇，欲超入上國，而望吾國之爲黨，不知此言奚爲而至哉？自敝邦言之，則語犯上國，非可較於文字之間，而言之不讐，亦非交隣之義，敢此暴露，幸有以亮之。惟我東國，卽殷太師箕子受封之舊也，禮義之美見稱於中華，凡幾代矣。逮我皇朝，混一區宇，威德遠被，薄海內外，悉主悉臣，無敢違拒。貴國亦嘗航海納貢，而達於京師，況敝邦世守藩封，執壤是恭，侯度罔愆，故中朝之待我也，亦視同內服，赴告必先，患難相救，有若家人父子之親者，此貴國之所嘗聞，亦天下之所共知也。夫黨者，偏陂反側之謂，人臣有黨者，天必殛之，況舍君父而黨隣國乎？嗚呼，伐國之問，仁者所

恥聞，況於君父之國乎？敝邦之人，素秉禮義，知尊君父，大倫大經，賴以不
墜，今固不以私交之厚而易天賦之常也，豈不較然乎？竊料貴國今日之憤，不
過恥夫見擯之久，禮義無所效，關市不得通，並立於萬國玉帛之列也。貴國何
不反求其故，自盡其道，而唯不臧之謀是依，可謂不思之甚也。二浦開路之
事，在先朝約誓已定，堅如金石，若以使价一時之少倦，而輕改久立之成憲，
則彼此俱失之矣，其可乎哉？不腆土宜，具在別幅，天時正熱，只冀若序萬
重，不宣。黃廷彧製。（修正實錄卷二五葉十四）（附記二十三）

平義智又到釜山浦，泊船不下，招邊將，言日本欲通大明，若朝鮮爲之奏聞，
則幸甚，不然兩國將失和氣，此乃大事，故來告。朝廷不答，義智卽還。是後
歲朝倭船不復至，留舘倭常有數十餘人，而稍稍入歸，至壬辰春，而一舘空
矣。（修正實錄卷二五葉十七）

秀吉鍊兵百萬，欲分爲五運迭進，先據朝鮮，直寇遼左，以圖天下，大計已
定，亦以國少兵盛，虞其不戰內訌而然也。其書契及使人面言，皆是引導入寇
之說，或因我國辭拒，誘以奏請朝貢一二語，變幻而已，此豈可信之乎？大抵
對馬島人，臣事我國，衣食是賴（附記二十四），而一朝不免爲先驅寇犯，有靦面
目，又慮日後不能復事我，則全島失利，故詐爲輸情解紛之說，爲異日自解之
計也。其後主和之計，猶以失於彌縫，致啓兵端，歸咎於一邊論議，皆分黨之
害於事者也。（修正實錄卷二五葉十七）

七月，修築湖嶺城邑。備邊司議，倭長於水戰，若登陸則便不利，請專事陸地
防守。乃命湖嶺大邑城，增築修備。而慶尙監司金睟，尤致力奉行，築城最
多。永川清道三嘉大丘星州釜山東萊晉州安東尙州左右兵營，皆增築設塹，然
以豁大容衆爲務，不據險阻，迂就平地，所築高者不過二三丈，壕塹僅存模
樣，徒勞民興怨，而識者知其決不能守禦矣。（修正實錄卷二五葉十八）

八月，遼東都司移咨我國，具報倭情，蓋因許儀後誣奏也。備邊司始決專使陳
奏之議。（修正實錄卷二十五葉十九）

十月丙寅，奏請使韓應寅，書狀官辛慶晉，質正官吳億齡等，發行。先是，日
本國使臣玄蘇等之來也，言欲犯大明，使我國指路，上議于使臣。聖節使金應

南之去也，以倭賊欲犯上國之意，移咨于禮部，只據漂流人來傳之言爲證，而通使往來之言，初不及之也。倭奴等以犯上國之言，亦布於琉球，且言朝鮮亦已屈伏，三百人來降，方造船爲嚮導云云。琉球以其言聞於上官，故兵部使遼東移咨於我國，問其然否。以此別遣陳奏使，暴白其曲折也。（宣錄卷二五葉一三）金應南之行，適及於琉球陳奏之時，上國見其咨與琉球所報略同，知倭奴之誣謾，皇帝降敕褒獎，賜表裏銀兩甚優。（宣錄卷二五葉一四）

十月，遣陳奏使韓應寅等陳奏日本恐脅我國欲入寇大明等情，且辨咨內流言之誣，令僉知崔定製奏文，甚委曲，而不能悉陳通使問答之事，猶畏諱也。應寅等入北京，帝出御皇極殿，引使臣慰諭懃懇，賞賚加厚，降敕獎諭。皇帝久不御朝，外國使臣親承臨問，前所未有也。由是續遣申點等謝恩，令奏賊情，比前加詳。（修正實錄卷二五葉十七）（附記二十五）

壬辰二十六年（萬曆二十年）四月十三日壬寅，倭寇至。……（宣錄卷二六葉一）

由上史料，依朝鮮厥後看法有一結論，如宣錄卷一三七葉十六，辛丑（萬曆二十九年）五月庚戌備忘記傳曰：

倭賊傾國入寇，衆號百萬，連營數千里，七道盡陷，其所餘者唯順安以西數郡，此東國開闢以來所未有之大變也。

又曰：

秀吉逆狀，俱載於許儀後書中，又概現於史世用所著之書。且不聞賊詩乎？其詩曰：南蠻北狄是非外，欲犯中華載葉舟。賊之兵力，萬倍于我，眇視我國，取之如拾芥。初欲作爲郡縣，因以東人嚮道，長驅直擣，關外旣破，則天下必搖，秀吉之兇謀秘計，可謂賊中之姦雄。而又作飛語，謂朝鮮開道，或稱貢驢臣服，以惑上國之視聽。宋好謹之來覘，黃應陽之力辨，此其一矣，其布置情狀，口不可道。

曰「來覘」，曰「力辨」，都是因爲由於朝鮮當初之見事不明，「不能料敵」（附記二十六），不能斬使絕倭，不能毅然請示於明朝，才致爲國家生出許多問題來，這問題，後來費了很多的唇舌，以及經過很長的時間，才能使明朝除却誤會，才能請得明朝的大兵出來，「速援則所省實多，遲發則爲力更倍」，曲曲折折，情狀甚多，這裏也不

能盡道，不妨據宣錄，亦彙錄於後：

壬辰五月戊子……時變起倉卒，訛言傳播遼左，煽言朝鮮與日本連結，詭言被兵，國王與本國猛士避入北道，以他人爲假王，托言被兵，實爲日本嚮導。流言聞於上國，朝廷疑信相半。兵部尙書石星密諭遼東遣崔世臣林世祿等以探審賊情爲名，實欲馳至平壤，請與國王相會，審其眞僞而歸。（卷二六葉二三）

六月癸巳，天朝差官崔世臣林世祿等，以探審賊情到平壤。上以黑團領接見於行宮，先問皇上萬福，仍言弊邦不幸，爲賊侵突，邊臣失禦，且因昇平既久，民不知兵，旬日之間，連陷內邑，勢益鴟張。寡人失守宗祧，奔避至此，貽朝廷憂恤，重勞諸大人，慙懼益深，仍各有贈禮。（卷二七葉二）

丙午，大駕夕次宣川。遼東巡按李時孳，遣指揮宋國臣齎咨來。其咨有曰：爾國謀爲不軌。又曰：八道觀察使何無一言之及於賊？八道郡縣何無一人之倡大義？何日陷某道，何日陷某州，某人死於賊，某人附於賊，賊將幾人，軍幾萬，天朝自有開山大礮，大將軍礮、神火鏢鎗，猛將精兵霧列雲馳，倭兵百萬不足數也。況文武智略之士，足以灼見奸謀，逆節凶萌，雖有蘇張黶睢之徒復生於世，安得窺天朝淺深乎？上覽咨悚然曰：此蓋疑我與賊同謀，而爲此恐動之言，以試其對也。先是，中朝福建行商許儀後等，潛報上國，云朝鮮貢驢於日本，與日本連謀將犯上國，朝鮮爲之先鋒，中國頗疑之。及本國敗報至中國，中朝議論洶洶。許閣老國獨揚言曰：吾嘗奉使朝鮮，習知情形。朝鮮禮義之邦，決不如是。及本國請兵奏至，遼左之人，傳言朝鮮實與倭奴同叛，佯爲假王，嚮導而來。時有宋國臣者，前隨天使王敬民來見主上面目，至是，國臣自言我曾以天使頭目到朝鮮，嘗見其國王，我今往見，必嘗（當）識認。中朝依其言，託以傳咨委來探審。國臣既見主上，出謂譯官曰：巡按以我曾從天使來見國王面目，故使之來審眞僞耳。今咨中所言，皆假設之辭，勿訝也。

（卷二七葉十二）

甲寅，初，我使黃允吉等往日本，秀吉貽書我國，使之整其軍馬，與日本合動，直犯上國。我國舉義斥絕，即於其年四月，因聖節使金應南之行，具由奏聞。中朝先因許儀後亦聞倭謀，令我國要結暹羅琉球等國合兵征剿。我國又因

多至使李裕仁之行，再奏賊情曰：倭奴兇悖之說，小邦雖未委虛的，事係上國，不得不以時申聞，故輒付陪臣節次陳達，欽蒙皇上不外之眷，獎諭賞賚，前後稠沓，乃至責勉以勦賊之效。顧臣駑劣，無以稱副，感懼涕泣，不知所報。臣竊念小邦與伊國，雖曰並居東瀛之壖，茫無際畔，島嶼交錯，窟穴險遠，此乃天地所以區別醜種也。彼以舟楫爲家，寇抄爲業，飄風飄忽，往來無常，而小邦之人則短於柂櫓，不習下洋，爲邊吏者惟守備是圖。小邦世被皇眷，視同內服，而臣又遭際聖明，沐浴殊恩，區區願忠，固出常情。茲者么麼小醜，敢生逆天之計，在天朝曾不足以勤折箠之策，而臣子之憤痛，曷其有極，況以誣捏不測之言，加之小邦，傳播遠近，臣與舉國臣民，扼腕切骨，無食息之暫忘。如賊之情得其審，則必蹠穿奔達，如賊之動在所遇，則必買勇先登。臣將不命其承，況今重感恩諭，並當率勵，苟事力所可及，敢不殫竭愚慮，以仰酬萬一，而顧以賊遺父母之國乎？（卷二十七葉十八）

乙卯，請援使李德馨馳啓曰：本月二十一月，臣到遼東，今小邦君臣性命，都係天兵，乞卽矜悶以保完小邦，卽呈咨文。都司適不坐衙，答曰：誠知貴國事勢危迫，何遽至此？卽當轉報上司。回報未來之前，事勢若急，則渡江避兵，自當任意。常時視同一家，到此寧有阻攔之理？蓋許入遼事也。（卷二七葉十八）

七月戊午，大臣啓曰：今來天朝差官黃應陽，乃是中朝所遣，今欲直往倭寇所在處解紛速返云。此人往還，機關甚重，臣等之意，恐不可先使之落莫，以失其心。自上暫時出接，恐爲無妨，上從之。（卷二八葉一）

尹根壽啓曰：有倭書契二道，令差官見之，何如？不然，則恐倭賊或有不測之言也。傳曰：依啓。夏遊擊黃參政徐指揮同坐而見之，臣將小單字內，倭奴欲犯大明，借兵糧，我國嚴辭峻責，因被兵禍，及倭奴書契二道呈之。遊擊參政曰：吾等當直到平壤，與倭奴相見，爾國須差重臣，與我同往。臣曰：此事當啓知殿下而處之，但倭賊與我爲仇，見我國重臣，似無存活之理，豈宜直往？曰：然則爾言是矣。因言俺等當不帶你等而往。臣以倭書二道示之，其一曰：日本國差來先鋒豐臣行長及義智謹白漢陰大人閣下，李德馨行長，雖未有半面之素，義智常說閣下誇人，故知名久矣。今於此地通一書，夙因所感乎？日本

於貴國，無纖芥之恨，只要犯中國者也。去歲吾殿下送還三使之日，粗陳此
事，其報曰：貴國者，中國藩鎭云云。今歲又吾殿下裁書，覓黨于日本，其書
釜山人不受之，是以插串立營門連京師耶？又混兵廛耶？途中遂覓其報，如何
？如何？釜山東萊遮路，因茲瞬息之間，陷其營者何也？先毀其藩，以言入中
國者，是諸將之意也，貴國若借路，則何及此禍乎？釜山密良陽字之間，以伏
兵三四萬遮路，吾輩先驅開其路，無一士當鋒。爾來尙州忠州泰安，亦雖有伏
兵，皆不當鋒。故無由通一語，說所思。以謂到京城必說所思，而到京城則大
王已逃京城，而交河河邊之陣亦潰矣，遂不能說所思，空到此營。閤下在此營通
一語，希有希有，蓋是聖躬萬世起本也，幸甚。以賢計慮，和親如何？貴國若
要和親，王族及當權之輩爲質子，遣日本可也。然則鎭護龍駕囘城中，不然，
則駐龍駕於平安，是亦在閤下賢慮。雖然，日本諸將直入中國，則城中及平
安，共匆忙乎？八道之中，請擇其地安龍駕，如何？是亦在閤下賢慮。若枉黨
日本，只遣質子而已。……惶恐不宣，頓首。日本天正壬辰六月十一日豐臣行長
豐臣義智。

又一道曰：

日本國差來先鋒豐臣行長及義智啓朝鮮三台大人閤下，日本所命，尙州之日付
生擒譯官呈短簡，是以不重說焉。猶不獲止，自城中至河邊之陣，雖呈一書，
不賜其報，陣中士卒都誇說曰：鬪戰決雌雄，必在此河云云。故瞬息之間雖超
河，無一士當鋒者，而酉尾到開城府，以此視之，闔國人戮力，亦豈決勝乎？
庶幾枉黨于日本，相議犯大明乎？又運和親之籌，然則囘龍駕于城中耶？抑亦
留龍駕于平安道耶？只在龍津而已。僕再三啓此意者，是無他，庚寅遣三使之
日，應宣慰之撰，因茲于三使于譯官，面亦熟，情亦親。加之辛卯送還漂民之
次，辱賜圖書，欲奉謝其恩者，僕之意也。義智亦祖先以來東藩於朝鮮而傾忠
誠，是故粗受其賞，今於朝鮮，豈存疎濶乎？此時不謝朝恩，而又何時乎？于
彼于此，黨日本，則除行長義智之外，別以誰爲良媒乎？今分八道之諸將，無
受知于朝鮮之徒，故云爾。行長義智請赴平安道者，偏爲陳此事者也。越于閤
下若有狐疑，則爲質子遣一將者必矣，急賜報可也，無怠好矣。恐惶頓首。日

本天正壬辰六月朔豐臣行長豐臣義智。（附記二十七）

差官看書訖，參政言，哨探人不曾見眞倭，恐是假倭子，今見倭子書契，的是
眞倭。你國爲天子失家失國，許多生靈盡被屠戮，竄一隅而不變，眞可矜憫。
因涕泗拊心曰：吾等與判書，心肝相照，不須往平壤，我當見石爺，洞陳你國
事情，書契亦當達于天子，須以此意作咨文與我。老爺，謂兵部尙書石星也。
問囘期，則曰二十、二十一間當還北京。臣曰：若待大人還京，請旨發兵馬，
則爲日甚久，豈能急救？望囘還時，一面言于鎭撫發兵。答曰：當言于鎭撫，
卽發送。徐指揮曰：兵貴神速，豈容遲久，當卽發大兵。且曰：吾等三人皆杭
州人，黄則參謀，我則贊畫，與軍師一般，黄則爲間諜者也。………（卷二八葉
二一三）

差官黄應陽，以書一通送之曰：爾國堅持臣節，嚴拒逆謀，搆怨速禍，破國亡
家，爾旣以盡忠而遭覦，我焉忍坐視而忘情，是以遠勤聖慮，特遣偵詢，務俾
得其虛實，必欲救其生靈。矧流離播棄，仁君之所深憫，而毒痛暴戾，天討之
所必誅，亟遣陪臣，卽時東向。（卷二八葉三）

尹根壽啓曰：徐一貫黄應陽夏時等三人見倭書，扣心涕泗，似有渙釋之意，而
應陽乃曰不赴平壤，而欲直赴中原云，蓋致疑於我國之爲倭嚮導而來，探其眞
僞者也。傳曰：知道，倭書給送無妨，咨文急速爲之可也。（卷二八葉三）

尹根壽啓曰：臣往見遊擊等三官，告以今日已晚，且咨文未及淨寫，殿下欲於
明日相會。答曰：然則當於明早見國王，便卽發行。臣問大人當往平壤乎？應
陽曰：初以爲假倭子，今見其書，便眞倭子，我何爲往平壤？當卽囘還，以石
爺之意言于鎭撫，卽發兵馬。臣問曰：大人此行，必有兵部文移，願見之。應
陽曰：我等來此，爲見水路陸路及你國兵馬云，此亦假託之辭也。因敎以禦敵
器械曰：必浙江之狼筅钂鈀火礮等軍出來，然後此賊方可擊云云。又敎以天朝
咨文之措語，乃是渙釋之意也。……蓋是時天朝聞我國嘗有與倭通信之事，且
因浙江人誤聞朝鮮貢驢等語，不知其爲倭之買去而詐言其受貢也，方疑我國之
折而爲倭。及聞關白平秀吉大起兵侵攻朝鮮，以爲我國之嚮導。繼聞都城陷沒
之言，兵部尙書石星問我國使臣曰：你國乃天下強兵處，何以旬日之內，王京

遂陷乎？疑怪益深。募義士三人 乃徐黃夏三人也，來視本國事情，且帶畫史及壬
午年天使黃弘憲頭目一人 ， 試察國王眞假 ， 我國則全不知此意也。以大同江
邊倭賊所投書示之，應陽等見而佯言曰：此非倭書，乃假作也。根壽曰：此實
倭紙，而書辭亦倭語也，何故假爲？應陽曰 ： 又 有 類此書者乎？復出一紙示
之，乃李恒福自京城持來者也。恒福以都承旨在政院，時倭賊在嶺南送書，恒
福慮天朝必問我國與日本通信事，疑其與倭通謀，則本國心事無路暴白，雖欲
入遼必不見許，且或有意外之患，故恒福取之以來，蓋亦假道犯中國之語也。
應陽見之，乃曰：果倭書也，遂袖之以去，果爲渙然冰釋。 （卷三八卷三一四）
己未，上接見夏時黃應陽徐一貫等三人，出龍灣舘，先引見尹根壽、都承旨朴
崇元、奉敎奇自獻。上曰：其人與倭賊相識云，無乃與倭同謀之人乎？或言平
秀吉之族屬云，無乃反側之人乎？根壽曰：若反側之人，則豈來於此。上曰：
倭國往來之言，何謂乎？根壽曰：誇張之言也。大槪疑我國之與倭同心，而欲
爲探聽者也。欲見文移，則答曰欲出兵馬 ， 以先覘水陸道路形勢而來云 。 上
曰：予意糧餉亦似當並請，不然，則難支也。根壽曰：自天津備輸送則易矣。
上曰：彼人若黨倭，則倭子之書契，慮不得傳於中國也。崇元曰：若黨倭則中
朝豈送之乎？上曰：承旨出去問於大臣，別無傳命之事而見之，無乃不可乎？
根壽曰：大臣之意，以爲兵部所送，此人欲探我國事情者，接見爲當云。崇元
入啓其意，上乃許接見。三人自外揖讓而入，夏時爲先，應陽次之，一貫又次
之。行禮訖，上哭且言，大人見倭書契乎？曰：上年倭奴欲犯上國，令小邦嚮
導，而小邦斥絕假途之謀 ， 故肆毒蹂躙，古今安有如此事？應陽卽扣膺痛哭
曰：爲賊所迫，不變臣節，而中國人不知，乃反疑之。上亦痛哭相向，哭良久
而止，廷臣亦皆哭。應陽曰：可休哭，天朝知之，則卽當救之矣。上曰：自古
藩邦守臣節，遭如此患難者有之乎？應陽曰：前年天上有星變，中國已知天下
將亂矣，亦豈知至於此乎？上曰：小邦本來殘薄，兵禍之餘，糧餉不繼，天朝
欲救小邦，則糧餉亦欲仰請，而惶恐不敢。應陽曰 ： 兵馬雖到 ， 無糧餉則奈
何？糧餉亦可船運。一貫曰：自有朝廷處分。柳根曰：賊兵若自水路直犯於遼
境，則勢難防禦，舟師不可不請。應陽曰：遼東無舟師 ， 當入去措處 。 行茶

禮，上曰：小邦再活之命，全繫於三大人，請拜以別。三人曰：決不可。乃各作揖。上曰：願天朝速來救濟，且三大人於石爺處，以所見言之速爲來救。

（卷二八葉四——五）

遣承旨柳根問安于夏時、黃應陽、徐一貫、史儒。夏時等三人，還越江而去。其後聞之，則應陽持其倭書馳去，旬日之間抵北京。且其所帶畫師，潛寫御容而歸。自此中朝知其無他，遂大發兵來救云矣。（卷二八葉五）

　　　※　　　　　※　　　　　※　　　　　※　　　　　※

〔附　記　一〕　光濤按，同書卷一三三葉二四，辛丑正月丙辰有記事一則，由此記事，可以看出日本的風俗殊常，所以平秀吉才能够以奴隸而爲日本的關白。其記事如下：上御別殿，兼四道都體察使李德馨……曰……倭俗戰勝，則雖奴隸使之食百石以至萬石。而敗，則雖食萬石者還爲奴隸。自中飲酒時，臂面有傷，則以善戰者故先飲，背後有瘡，則以善走者故擯之不得飲。非徒人情各異，自少時必取如此之人，如我國之取童子能文者，其風俗殊常矣。

〔附　記　二〕　光濤按，中興志記康廣死的情節及日期，與實錄有異。如志庚寅二月：對馬小酋橘康廣累聘我國，多受厚恩。及義智之來也，康廣又從，密告朝廷曰：倭人變詐不測，蓄謀多年，已決犯上之計，若誅今來數酋，大禍可弭也。朝廷不信。後秀吉以康廣熟諳我國事情，使爲先鋒渡海，康廣力辭不從，秀吉怒殺之，夷其九族。後我國爲康廣立祠釜山。

〔附　記　三〕　光濤按，中興志卷一葉一，丁亥九月條載前提督趙憲上疏曰：今此日本之使，有何名義乎？臣之臆料，則不過如季平子之逐昭公，而行成於齊晉，司馬昭之弒魏主，而示威於吳蜀，內掩放弒之迹，外索徵求之漸，以爲興兵作賊之蠹者也。是果愛我敬我而交使乎？世有胡銓連，其必抗義極言以斥其人，而側聽累日，未聞有倡義告絕之謀，是可謂國有大臣乎？項羽之強，天下無敵，而漢王一數弒帝之惡，則匹夫塞氣，諸侯寡助。新酋雖強，未必及於項羽；十島雖偏，不無忠義之士矣。若聞國家奮大義以黜諂成之使，則自有相感之理，遠激于憬彼之徒，爲舊主復仇，自有其人矣。寧知駕海窺我之日，自不無逆亮之殪乎？又曰：宋有腥寇，時有小官言：今無策，只有起劉元城陳了翁作相，則寇不戰而自平。臣願亟召朴淳成渾等使進大猷，強幹固本，則虜之憑陵，雖未可及止，而猶有扶持危亂之謀矣。疏入，朝廷譁然以爲妖妄，上命焚其疏。

〔附　記　四〕　光濤按，中興志卷一葉二，記去年丁亥損竹島之戰云：是歲三月，倭兵三十艘忽自嶺南外洋直到興陽，損竹島水使沈巖，使鹿島萬戶李大源當敵，而擁兵不救。大源遂以孤軍獨進，死之。是夜倭亦遁歸，逐無形影，朝野駭惑。先是，南邊之民多爲官長所侵撓，逃入日本，至是倭以康津叛民沙火同爲嚮導而來，蓋欲嘗我兵力也。

〔附　記　五〕　光濤按，宣錄卷六十葉二二，記平行長一條有云：行長關白之愛將，而入寇朝鮮之事，行長自初主張，故官雖不大，而進退號令皆出於行長。行長之官與總兵一樣。日本有豐臣朝臣等職號，豐臣則凡關白稟報之事，直自爲之，朝臣則不敢也。

〔附　記　六〕　光濤按，對馬州卽對馬島，純宗實錄卷十二葉五四記對馬島形勢云：對馬島南北三百五十
　　　　　　　　里，東西或七八十里，或五六十里。木城無壘，以海爲溝。街路狹窄，無非絕狹，屋廬重
　　　　　　　　疊，盡在懸崖脊确之際，輒置船艙而護其出入。無田土耕墾，但見松竹椋柵橙柑，多柏參
　　　　　　　　天，每多風雨。島之北，有鰐浦佐須浦，彼我船莫不從此往來，是謂待風所。自待風所北至
　　　　　　　　釜山浦四百八十里，南至馬島府中三百二十里。

　　　　　　　　又英宗實錄卷八六葉十七：對馬島甚小，與機張一縣相當。常稱我國曰大朝廷。

　　　　　　　　又宣錄卷九八葉八，記國王之言有云：對馬島本是我土，而爲倭奴所有。並云：對馬島原屬
　　　　　　　　慶尙道。

〔附　記　七〕　光濤按，不敢仰視之事，非獨一時爲然，後來島主也是如此。純宗實錄卷十二葉五四，九
　　　　　　　　年，卽嘉慶十四年十二月丁亥，渡海譯官以聞見別單啓………對馬島……島主……年今三十
　　　　　　　　八歲，爲人淳厚，着風折巾紫團領，後有人按劍擁立，奉行御用人等黃色團領，俯伏伺候，
　　　　　　　　不敢仰視。

〔附　記　八〕　光濤按，東平舘又嘗有倭舘之稱，世宗實錄卷八十葉二十二，二十年，卽正統三年二月癸
　　　　　　　　酉，議政府據禮曹呈啓：倭舘野人舘，依迎接都監例，設官給印，常置不罷。倭舘則稱東平
　　　　　　　　舘監護官，野人舘則稱北平舘監護官。從之。

〔附　記　九〕　光濤按，日本送禮，亦情狀難測。例如日記卷十五葉一四一，戊申，卽萬曆三十六年四月十
　　　　　　　　七日政院啓本，便據這次日本所送孔雀一事爲戒。啓曰：日本所送畫楊貴妃屏，極爲褻慢，
　　　　　　　　狡虜情狀有所難測，安知不如孔雀之類乎？

〔附　記　十〕　光濤按，關于日本之刷還被擄人並縛送叛民及二三賊倭等，其在平秀吉視之，則並不關緊。
　　　　　　　　不是視之如狐兔，便是視之如草芥。宣錄卷三七葉六：秀吉窮凶極惡，弑其君如獮狐兔。
　　　　　　　　又卷六一葉三：倭性兇狡難測，悍毒得於天性，其於同類，斬刈屠戮有同草芥，於我民獨
　　　　　　　　有恩義乎？然考李德馨之言，則是關於二三倭賊之出送，似乎又是爲應募而來的。如同書卷
　　　　　　　　二百五葉二十，丙午十一月丁亥條記云：臣德馨以爲………臣自變後行戎陣閒，累得降倭之
　　　　　　　　言，倭性以殺死爲烈，考終爲拙，故或有臨當遣敵陣之時，懸賞購遣，而世賚其妻子，則欣
　　　　　　　　然出而應募，多有之云。　應募之外，又更有見輒相害之事，見正宗實錄卷十三葉二四「薩
　　　　　　　　摩州倭與對馬島倭見輒相害」條。以應募之人，與夫見輒相害的行爲，而送二三賊倭於朝
　　　　　　　　鮮，其用意何在，不難一按而知，自然不外爲一種利誘的作用，自然又只爲利誘朝鮮的通信
　　　　　　　　使渡海而已。

〔附　記　十一〕　光濤按，所謂「且詗彼中動靜」的話，其實未必可以詗得彼中動靜，甚或不幸反將自家的動
　　　　　　　　靜透給與日本。例如宣錄卷三七葉二，記明朝遊擊沈惟敬語都承旨沈喜壽有云：你國問答之
　　　　　　　　言，皆透賊中，吾不明言矣。　又卷四葉五一，李恒福曰：倭賊與我人異，諱不言情。
　　　　　　　　又卷一三五葉十六，李恒福又有曰：中原人及日本議事，雖父兄不傳。我國則不然，承旨若
　　　　　　　　備邊司公退，親友來問以秘密，不洩則必以爲迂濶矣。上曰：日本人往來東平舘二百餘年，
　　　　　　　　而無一人得聞其國事情，以此觀之，倭子眞實，性所偏也。

〔附　記　十二〕　光濤按，趙憲嘗學於李珥成渾之門，二人都是東國的大儒，當時都未蒙大用，及至死過年久
　　　　　　　　了，一些人又追念他們的才學卻都有先見之明，所以又皆稱之爲聖人。孝宗實錄卷十六葉

四，丙申，即順治十三年正月乙巳，弘文館箚中言及李珥之事有云：以宣廟朝事言之，李珥才學近古所無，而宣祖終未克大用。……上曰……當宣廟太平之日，珥欲養兵十萬於都下，人皆笑之，以爲迂濶。及壬辰亂作，始服其明見，皆稱聖人，眞近古所未有之才也。

〔附記十三〕　光濤按：中興志卷一葉五，庚寅四月，黃允吉等入對馬島，平義智請設宴寺中，允吉等先已在坐，義智乘轎而入，當階而下。金誠一怒曰：對馬島我國藩臣也，何敢侮慢若是，吾不可受此宴，即起而出，允吉等亦繼出。義智歸咎於擔轎者，殺之，奉其首來謝。自是倭人敬憚誠一，待之加禮，望颿下馬焉。

〔附記十四〕　光濤按，朝鮮向來有東西黨的對立，所以這裡以「西人失勢」爲言。仁祖實錄卷三七葉三十，戊寅，即崇禎十一年十一月己巳，……上曰：自古國之將亡，必有黨論。………南以恭曰：國家之害，無大於此，以是爲非，以非爲是，故自有黨論，無眞是非矣。上曰：然。兵亂則有可定之期，而朋黨則無可定之日，其害甚於水旱軍旅。宣廟幸龍灣，作一詩曰：痛哭龍灣月，傷心鴨水風；廷臣今日後，寧復有西東。此亦爲朋黨而發也。

〔附記十五〕　光濤按，中興志卷一葉六，辛卯三月……秀吉使其下修答書明示動兵之意。其下皆曰：姑以善辭綏之，而出其不意可也。秀吉曰：是何異斷睡人之頭乎？吾將使彼預爲之備，然後往決勝負耳。

〔附記十六〕　光濤按，日本外史卷十六記秀吉答書與實錄的措辭不同。外史記云：日本豐臣秀吉，謹答書朝鮮國王足下，吾邦諸道，久屬分離，廢亂綱紀，阻格帝命，秀吉爲之憤激，被堅執銳，西討東伐，以數年之間，而定六十餘國。秀吉鄙人也，然當其在胎，母夢日入懷，占者曰：日光所臨，莫不透澈，壯歲必耀武八表。是故戰必勝，攻必取。今海內旣治，民富財足，帝京之盛，前古無比。夫人之居世，自古不滿百歲，安能鬱鬱久在此乎？吾欲假道貴國，超越山海，直入于明，使其四百州盡化我俗，以施王政於億萬斯年，是秀吉宿志也。凡海外諸蕃後至者在所不釋，貴國先修使幣，帝甚嘉之。秀吉入明之日，其率士卒會軍營以爲我前導。

〔附記十七〕　光濤按，關于金誠一奉使的情形，日本記錄有所謂「秘史」者，記金誠一事蹟亦與朝鮮合。正宗實錄卷四十葉六三，十八年甲寅，即乾隆五十九年八月甲申：先是承旨李益運奉使嶺南，承命採訪故家文蹟以進，白于上曰：………向時趙曦之奉使日本也，嶺人之姓趙而隨往者，得來日本大學士陶國興書牘一本而歸，其書卽國之秘史，而言文忠公金誠一奉使時事甚詳，與我國傳來文牘若合符契，事屬奇異，亦爲攜來矣。

〔附記十八〕　光濤按，這裏所說的「拔都」以及「歷季倭賊」，據朝鮮太祖李成桂實錄卷一記云：「辛禑六年庚申八月，倭賊五百艘，維泊于鎮浦，入寇下三道。屠燒沿海州郡殆盡，殺虜人民不可勝數，屍蔽山野。轉穀于其舶，米棄地厚尺。研所過子女山積，所過波血。掠得二三歲女兒，剃髮剖腹淨洗，秉裳米酒祭天。三道沿海之地，蕭然一空。自有倭禍，未有如此之比。禑以太祖爲楊廣全羅慶尚三道都巡察使，往征之。」又云：「太祖指麾天日，麾左右曰：怯者退，我且死賊。將士感厲，勇氣百倍，人人殊死戰。……有一賊將，年纔十五六，骨貌端麗，驍勇無比，乘白馬舞槊馳突，所向披靡，莫敢當。我軍稱阿其拔都，爭避之。太祖惜其勇銳，命偏將李豆蘭生擒。豆蘭曰：若欲生擒，必傷人。阿其拔都著甲胄護項面，甲無隙可射。太祖曰：我射兜鍪頂子，令脫，汝便射之。遂躍馬射之，正中頂子，兜鍪纓絕而側，其人急整之，太祖卽射之，又中頂子，兜鍪遂落，豆蘭便射殺之。於是賊挫氣，太祖挺身奮

擊，賊衆披靡，銳鋒盡斃。賊痛哭，聲如萬牛，棄馬登山。官軍乘勝馳上山，歡呼敲譟震天地，四面崩之，遂大破之。川流盡赤，六七日色不變。人不得飮，皆盛器候澄久，乃得飮。……太祖曰：賊之勇者殆盡矣，天下未有殲敵之國，遂不窮追。因笑謂諸將曰：擊賊固當如是。諸將咸服之。

〔附記十九〕　光濤按，此所云「倒戈逆攻者自出於卉服」語最是實情，參集刊第二十本拙著「朝鮮壬辰倭禍中之平壤戰役與南海戰役」記之甚多，然尙有一段，因爲更可以看出關于平秀吉之仇家所有伺隙修怨的行爲，隨時隨地皆有之，茲爲舉例如下。宣錄卷一三八葉十一，辛丑六月丁丑，日本國豐臣重明謹稽首百拜言，小臣雖生長於鄙邦，心常馳於貴國者，無他，先世本以源平之裔，永享家業，二十年前被害於豐臣秀吉之自大，竟陷食邑，故小臣報仇之是急，只緣微弱而不能。幸茲秀吉捐世，諸雄向峙，臣處此土，無以申志，每思越海謫款於貴邦，以效伍子之報仇。臣雖年少，當在戰陣之勇，則無所忌憚也。伏乞大王見萬里之外，遠招小臣，則拜受詔勅，卽領礮手折衝者數百人，歸服貴國。而大王之志若在東隅，臣當奉命來討此邦，則對馬壹歧之域，可期乎一朝之瓦解，然則大王乃有雪前日之恥，而小臣亦得報先人之仇矣。今因貴邦人余壽禧姜士俊姜天樞等，爲奏臣之鄙忱，乞須寬容照鑑焉。萬曆二十九年辛丑春三月朔，豐臣重明署進上執事啓陳。

〔附記二十〕　光濤按，讀趙憲前後各疏，等於讀了一部制倭的方略，可謂古今天下的奇言。可惜東國當時有此奇才，而當代不能用。試觀當時關於與日本通信交聘的行爲，其時朝鮮的君臣上下，差不多都是些全無主意之人，好像是坐視平秀吉的布置，以專待日人之宰割。惟獨只有趙憲做得一個奇男子，認倭獨眞，知倭獨切，於是他的制倭方法亦獨力。使趙憲之說果行，何至「八路波蕩」以及許多生民之被屠呢？乃因當時的東國不能知人善任，於趙憲之言，一則曰「趙憲奸鬼也」，再則曰「趙憲奸鬼也」，同時又更指之爲「人妖」，爲「其心甚慘」。及至受禍之後，猶不能自悟其非，而曰「壬辰年倭禍出於意外」。由此一言，可見壬辰年朝鮮的倭禍，似乎有些不是出於偶然的了。但到後來歲月久了，議論定了，據宣錄以後各朝的實錄，則又多稱趙憲爲忠臣，爲義士，且諡從享於文廟。這類的記事，其實又有何用呢？只可供後人的嘅嘆而已。稱頌趙憲的記事，有若：孝宗實錄卷十五葉十四，乙未八月庚申……侍讀官李端相曰：…壬辰年，趙憲起義兵討賊，及其兵敗身死也，七百義士同死於憲屍之傍，若非義氣感結，何能舍生取義若是其烈也。英宗實錄卷三八葉二七，十年六月壬戌………上曰：予覽故相臣李廷龜所撰抗義新編，文烈公趙憲，方其時名稱未著，職秩且卑，而能出以倡義，與七百義士赴亂殉節，豈不卓犖煒炳乎？田橫之五百義士，往史義之，而趙憲倡率之人，同時捨命至於七百之多，且其起自草莽，奮身死國，亦不可與田橫同日語矣。又卷九十一葉二四，三十四年四月丙寅……奉朝賀金在魯……曰……趙憲之道學節義，人所共知……灼知倭賊之必大擧入寇，屢上疏諜斬倭使，上奏天朝，嚴兵以待。及聞難，首起義兵，直搗淸州之賊，賊大峴，焚屍宵遁，湖右諸賊望風皆潰。錦山之戰，雖衆寡懸絕，全軍盡陷，而無一人旋踵，賊死亦過當，遂與茂朱屯賊皆遁，湖西南賴以得全，身雖死而功則亦大。正宗實錄卷四四葉六一，二十年五月甲申，八道儒生朴漢欽等，疏請文烈公趙憲………從享于文廟。其疏曰：臣等謹按趙憲稟天地剛大之義，懋聖賢格致之工，學建天人之際，道接洙泗之

源，前知之鑑如執蓍龜，見理之明若析絲毫。而在幼時，聖賢爲期，常自激昂曰：天生男子，豈偶然哉！……始當倭使之覘覗也，抗書請斬，以明天無二日土無二王之義，而又其至誠前知之明，已慮其必有猖獗之患。向使其言得行，其時夫豈有壬辰之變乎？及其壬辰之難，首倡大義，以一千餘殘兵，鏖戰數萬倭于淸州，卒乃以身殉節於錦山，而七百義士同日併命，國家賴之而得全兩湖，以基中興之業。而惜乎以憲之道德學問，經綸謨猷，不得展布於當時，以成太平之治，終歸於成仁就義之科，此非憲之不幸，實亦國家之不幸耳。此則趙憲道學功烈之大略可見者也。試以前昔名碩之言觀之，其論趙憲，則先正臣金尙憲誌其墓曰：國家養育人才二百年，至宣朝朝，有忠孝節義道德兼備之士，惟憲一人。先正臣宋時烈誄文曰：周幾張豫，程敬朱誠。又題其墓曰：天高地迥，日照月臨，直萬世而無媿。

〔附記二十一〕　光濤按，宣錄卷二百葉三三，丙午六月辛酉，承政院啓曰：………壬辰之亂，得見許儀後所錄，則其中有朝鮮貢虜之語。雖出虛語，臣等當以爲恥。　史臣曰：貢虜之言，聞於天下，孰能辨其眞僞，爲我國之羞極矣。

〔附記二十二〕　光濤按，許筬後，明史朝鮮傳誤作許筬。又按，許筬後所投折省的書，書中的大意，一邊則係爲日本張皇辭說以搖動人心，一邊則又係飛辭明朝以圖傾陷朝鮮，歸總說一句，都是不外替日本平秀吉作傳聲高稱送離間明朝之計而已。儀後的作爲既如此，所以關於儀後的行藏也很有些可疑，是否果爲被擄，抑或甘心投日本，現在都很難說。但如果眞是被擄的話，則被擄者的心理，以常情說，應該不忘本土，應該擊朝鮮吳景禧竢便逃出，不應該留在日本長子係，更不應該爲日本人治疫，救活了無數的日本兵。宣錄卷四九葉十六，萬曆二十二年甲午三月丙申：上命承文院以近日賦情書示周遊擊弘謨，其略曰：…本國被擄人吳景禧供稱：被擄搶擄起到倭山江古水麻地面，本地多有大明客商來往。有大明上官一人，年約五十餘歲，見俺惻然，炊飯以饋。俺寫問上官既是大明人，爲因甚事來到這裏？願聞姓名及貫籍。上官回寫：俺是大明江西吉安府萬安縣人許筬後，隆慶丕年，被搶來此，今已經二十四歲。寫罷。十一月內，俺與許筬後同坐運糧船隻入灣，到對馬島看覗，有深處倭賊不計其數，方修城蓋房，說稱要截大明兵馬。本年五月內，又與前項許儀後同船返海，於本國永登浦登岸。儀後仍留本浦，齎藥爲業，俺竢便逃出。　又卷六九葉二，萬曆二十三年乙未十一月朔己巳：天使接伴使金睟小錄曰……臣等告曰：亂初，有浙江人許儀後，在倭中上本，其所論倭被用兵之事，驗之多中，近無如比人上本者乎？天使曰：許儀後，卽江西醫者，今居日本薩摩州，與朱君聖同志上本，君聖自來，而彼人所言，多有乖違，君聖亦走之，不知去處。臣等告曰：今聞老爺分付，始知是江西人，而又是醫者。聞上年巨濟倭疫之際，儀後來治之，必是醫者云云。

〔附記二十三〕　光濤按，答日本的書契，宣錄也有記載，且係一記再記，見卷一七一葉一七，及卷一九八葉三一。前者所記的，纂入甲辰年，卽萬曆三十二年二月年辰日，書的頭辭有「萬曆十九年六月日朝鮮國王李諱奉復日本國王殿下」二十三字。後者所記的，纂入丙午年，卽萬曆三十四年四月乙卯日，書的頭辭有「萬曆三十有三年三月二十五日日本書殿中」十七字。這後者所記「殿中」二字當係「殿下」二字之誤。至於後者的年月日，參同件末尾的小注關於「萬曆十九年六月日賊使回還時答書，丙午年四月橘智正來時持來」的話，似乎彼此都是一囘事。不

過萬曆三十三年爲乙巳，而這裡的小注則爲萬曆三十四年丙午的字樣，相差一年。所謂「橘智正」，便是日本對馬島島主所送的使者。關于智正持來原書的日期，反正不是在萬曆的三十三年三月內，便是不外萬曆三十四年的四月，不必深論。又小注之外，其後更有說明一段：「史臣曰：昔在辛卯，平秀吉遣玄蘇等致書欲犯上國，而望吾國爲之前導。我聖上答之以此書，昭揭君臣之名分，以折射天之兇謀，以付于玄蘇之還。至于壬辰，倭賊猝至，大駕西遷，仰賴皇恩，寇賊退遁，區宇初定，式至于今，而賊屢窺覦，托以和好，今者賊使之來，實送前日所答之書。嗚呼，今觀此書，義氣凜然，炳若日星，豈可終泯于蠻夷之域哉？國乘已失，無緣得見，意者天佑我東國而使賊送此書，以聖上事大之義暴白於中朝也哉？」

〔附記二十四〕　光濤按，所謂「衣食是賴」，另外更有史料兩條，也可以記在這裏，以見日人對于朝鮮「以怨報德」之狀。宣錄卷五四葉三六，甲午八月乙亥，關于慶尙監司答「賊將」對馬島太守平義智書曰：「得來書，辭意縷縷……我國與日本交好如昆弟，講信修睦二百餘年。至於對馬島，則稱爲東藩，臣附我國。故國家待之甚厚，船粟以哺之，釐布以衣之，舉一島之民，自乃祖乃父無不涵濡卵育以得生活，秋毫皆國家之恩。足下年幼或未聞知，詢之黃髮可知也。」　肅宗實錄卷四二葉四五，三十一年乙酉十二月乙未……尹趾完以爲臣於昔年奉使日本，還到馬島，謂通事倭曰：此島形勢無生穀之土，汝輩何以生活耶？對曰：未得朝鮮米之前，生子者不忍見其長而餓死，輒皆投水。今則生子皆舉，島中因此蕃盛，亦雖日本之人，實無異於朝鮮之邊氓云矣。

〔附記二十五〕　光濤按，申點謝恩之行，宣錄卷二八葉二四，壬辰七月癸未記云：上御行宮東軒，引見……承旨申點……點曰……小臣在北京時，天朝人來問：聖節使入來乎？臣曰：當此扳蕩，許多貢物恐不能辦也。其人曰：方物何關？微揣其意曰：疑我國與賊連謀而向導也。上曰：若爲向導，則三都豈陷於賊手耶？點曰：天朝謂以三都與賊也。臣於聞變之日，擗踊號哭，天朝人問曰：海賊何故侵軼汝國乎？臣曰：賊欲犯上國，我國據義拒之，故移怒而至此乎？

〔附記二十六〕　宣錄卷一九六葉六，有曰：「昔在壬辰變出蒼黃」，又曰：「我國之人不能料敵」。實則這話又說錯了，例如趙憲最是能够料敵的，乃至羣然斥之爲「妖妄」，使之再竄磨天嶺。

〔附記二十七〕　光濤按，以上所記日本來書二道，書中的大意，長說不如短表，總而言之，日本愚弄朝鮮而已，日本以「只要犯中國」的詐言愚弄朝鮮而已。朝鮮於此則因不能知己知彼，雖被日人所愚而亦不知。至信日人愚弄之言，而以轉告於明朝，以爲日人之來，不是爲小邦，而是爲上國。如宣錄卷三四葉四記國王面告員外劉黃裳之言有曰：「倭奴不道，要犯上國，小邦君臣舉義斥絕，遂觸其怒，先被凶鋒云。」此不必細辨，所當注意的，就是這段談話假若在當初出於斬使絕倭的行爲而言之，則在其時的明朝，自然百分之百可以相信的，自然又不必等待朝鮮之諸兵而也會自動出兵的。可惜朝鮮說話有些不當時，不但不當時，即揆之事機也有些不合。因爲這段說話乃在「八路波蕩」之後而言之，同一說話，只因說得太遲了，日寇已然深入了，才爲此言，自然明人有些疑信相半，自然有些不能深信的了。所以上首的劉員外當時回答國王曰：「若倭奴要犯上國，浙江寧波府等處亦可來犯，何必由貴國乎？雖欲犯薊遼，高嶺青石嶺之險，其能飛越乎？皇上念屬國被兵，發兵以救之，……貴國但當感恩而已，不當爲此言。戒飭臣僚，不出此言可也。」又卷三五葉三二記總兵楊元語國王之言曰：「俺等

之來，本國以爲非爲本國也，爲大國也，若然，則當防鴨綠而已，豈有興師來此之理乎？」然則日人果眞不欲犯中原嗎？是又不然。大概日人說話，可以隨時改變，當明朝大兵出來之前，不妨口口聲聲以要與朝鮮合兵共犯中原爲言，作爲一種侵略朝鮮的藉口。及既得朝鮮之後，他的作風又變了；不外又要頓兵鴨綠，可進則進，可止則止。因爲如此，所以當明兵出來之後，他們的說話，也就立刻改換了口氣，不敢再說「要犯上國」的話，而只以「日本求貢大國」爲動兵理由。這一變化，光海君日記卷十四葉七六，己酉三月二十八日備邊司有一密啓，分析最清楚。如曰：「蓋秀吉始有射天之計，假道於我，要與我合兵犯順。我國據義斥絕，渠亦計沮，而反欲求貢於天朝曰：日本求貢大國，通情無路，假朝鮮轉達，而朝鮮沮之，故吾等起兵來矣。」又曰‥「其時天朝傳諭日本曰：設使求貢，當從福建而來，切不可假朝鮮之路云云。」於是朝鮮便根據明人的說話，以折倭使曰：「日本如欲輸誠納款，由福建則路直而且近，假我路則迂而且遠，捨近取遠，人情所不近。且古今天下，安有借路於隣國，穿由腹內而遠達於他境者也？隣國亦肯任人穿由而除道而不呵者，此必無之理也！」

出自第四十本下（一九六九年十一月）

從中央研究院史語所藏『聖母領報會雜鈔』 論耶穌會士所倡之中國人西來說

李 龍 範

㈠ 導 言

關於中國天主敎書籍之蒐集，其最著名者，爲上海徐家滙，巴黎圖書館，及華蒂岡
圖書館。然中央研究院史語所傅斯年圖書館所藏之「聖母領報會雜鈔」一書，似爲上
記圖書館之圖書目錄所未載者。由於此，吾人先欲說明此書之體裁。此書乃抄寫本，
共四十二葉，不分卷。紙面縱 26.2 公分，橫 16.1 公分。十行，而每行之字數不均。因
其無題跋文，故著者及抄寫地不明，且隨處以胡粉塗改，故若自體裁上觀之，似屬陋
小無價值之雜書而已。然其內容則頗能引起吾人之興趣。其第一葉云：

「天主者，天地萬物神人之眞主也。未有天地神人萬物之先，有此大主，無始
無終，自有萬德萬福萬美萬好　圓滿無缺，常生常王，全能全知全善，造天地
神人萬物　不備時刻，不用材料，以其全能，造成天地萬物之後，生一男一女
，男名亞當，女名厄襪，配爲夫婦，生我人類，爲我們人類之祖也。亞當壽九
百三十歲，厄襪壽九百歲。亞當終後，葬在高山頂上，後名此山爲骷髏山也。
卽受難山也。亞當長子，名嘉音，殺坎□□□□□□□□□有死。

嘉音子，厄諾格，諾格子，意□□□□□□瑪米亞子，瑪都撒爾　瑪都撒爾子
，辣墨格，弒嘉音……（下略）……

以上之記述，記爲簡譯舊約聖經創世紀也，無疑。其第四葉，敍述雅各伯，生子十二
人，其小子若瑟，見其兄投賣於厄多國，繼述中國建國傳說上之世系，而列舉自盤古
以下，天皇，地皇，人皇，九頭紀，攝提紀，至女皇氏，炎帝等，後云：

此則外紀所載，並無考處。自伏羲，始有生處死葬之跡，建都會之地，有在位

之年，可憑者也。

然則，此書之撰者，蓋以伏羲氏爲華夏族共戴之開國肇祖也。其敍述伏羲氏之經綸與制作，於「養六畜，助庖廚，以犧牲享神，曰包犧氏」之下，附註云：「此時無有神之說，惟伏羲獨以享神，惟此神非上帝何，神之說，始此矣」。此處極可值得留意。自第五葉，至第十四葉，繼敍女媧氏之經綸制作及祀神，而說其皇系至黃帝，而次說華夏族建國傳說上之五帝，說至商之太甲爲止。

　　如上之各帝經綸制作敍述中，對於神農炎帝爲「制耟耒，藝五穀，治方書」（又作祀上帝）一句下，亦註：「此稱之上帝，卽伏羲享祀之神也。稱上帝者，始此矣」。此與包犧氏「以犧牲享神」條之附註，同工異曲矣。

　　此書自第十四葉，至第二十八葉，係抄錄歲時記，月令紀，事類集等諸書中，民俗性之事神，禁忌，與天帝祭祀等而成者，其羅列法，可謂雜糅而無秩序。又自第二十八葉，至第四十二葉，乃搜神記等小說類中，山嶽人物之封神，與旗纛，先農，城隍，馬祖，天妃神等之祭祀記事，其敍述之雜糅無秩序也，與前者同。其第四十二葉又謂：

> 康熙元壬寅
>
> 二十三年七^{十四}甲子，上至黃帝八年七十四甲子，共有天地至五十九年
>
> 六千九百二十年。此爲實錄。
>
> 二百十六帝以正統言之

以上乃「聖母領報會雜鈔」之內容概要也。若漫然而讀之，此書似爲荒唐恠誕之雜書，然細察其內容，湧生疑問者，非一，二例也。

　　何爲敍舊約聖書創世紀之世系，而連接中國建國傳說上之肇祖皇系乎。此則吾人之第一疑問也。疑問之第二，則在第四十二葉，書「康熙元壬寅」者，則此書之撰成年代也，殆無疑。又其自黃帝八年，至康熙二十三年，爲七十四甲子者，與中國傳統之建國年代，大略相符，然則又書「六千九百二十年，此爲實錄」，指何，而歷年從何算出耶？論中國宗敎，爲何嚴甄上帝之名號，且特重其祭祀？又爲何詳論山嶽人物之封神，以及雜神宗敎耶？吾草此篇文章之目的，欲解決此種疑問，而後說明此書於中國思想史研究之資料價值。

（二）　利瑪竇所倡之補儒説與性理學

此書，既以舊約聖經創世紀世系爲首，則若欲解決此等疑問，須先檢叢明末清初，在中國所刊之天主敎書籍，以爲其端緒。然自萬曆以後，耶穌會派（Jesuits）會士之入華，從事傳道，而著述者甚夥，故檢叢渠等所著之著作，亦屬不易。若尋在中國最初斷定亞當（Adam），阨襪（Eve）爲普世之肇祖者，萬曆十二年，耶穌會士羅明堅（Michel Ruggieri）所著「天主聖敎實錄」爲嚆矢也(1)。既亞當，阨襪爲普世之肇祖，羅氏之意，蓋以中華族之肇祖亦爲其苗裔也，理之當然。然此書不但刊行較晚，且因羅氏之中國傳道期間甚短。因此，彼説影響於中國思想界，似甚稀少。

比於羅氏所著之「天主聖敎實錄」，在明末清初之耶穌會士著作中，闡揚天主敎義，而其影響，不僅於中國，且於吾韓國之朝鮮王朝，亦甚深者，其爲利瑪竇（Matteo Ricci）所著之天主實義上、下兩卷八節也。

今按天主實義，乃以「補儒易佛」爲一貫法門。若欲理解利氏所倡之「補儒易佛論」，須先説明在明末中國思想界之趨移。

利氏之入華時，中國思想界之潮流，性理學一派，雖受執權階級之庇護，然其學派所倡以萬物之元爲天地，陰陽，理氣等二元力量不斷之相互作用，以此隨經，而言「性」卽「理」，倡原善之説，又解物體以氣之哲學，因其內容，已變爲陳腐，未能緊飽明末期人塁，又遭受王守仁所倡「良知」爲宗旨之觀念論的自由主義思想所攻斥，其學術面之權威見衰也。在明末，唯心論的自由主義思想，浸潤讀書階級，而性理學漸衰之勢，如陽明學派李卓吾之迎合時人，爲其著例。(2)

若依天主敎所執一神論的神意論之世界觀，觀性理學派所倡之二元論的世界觀，其異端也，蓋近乎唯物論的世界觀。利氏曾經以性理學，指爲唯物主義之機械論者，

---

(1) 羅明堅天主聖敎實錄第四章，天主制作天地人物以及第五章，天神亞當參看。其書第四章云：「⋯⋯第六日，則先成其百般走獸，次成一男，名曰亞當，後成一女，名曰阨襪，使之配偶，此二人乃普世之祖」。

(2) Otto Franke 著，程明洲譯十六世紀中國之思想鬥爭研究與進步，（第一卷第四期）。 pp 29—33，民國29年3月參照。

(3)亦因此類世界觀之互歧也。反之，若依性理學派之見解，比於天主教，不但其宇宙觀相左，且彼教徒所執之原罪論與來世觀，其誆說不經也，蓋與佛教之輪迴論與來世觀同。由此觀之，若在明末，性理學派，其能保持政教一切威權，在中國宗教界，天主教一派，不但無餘地展開傳道工作，而且見斥爲「夷之法」者，蓋與佛教同軌。

總而言之，中國思想之潮流，至明末，性理學一尊傾向見衰，而自由思想之抬頭，爲利氏，渠之傳道工作，可乘之好機也。

但對於如斯明末儒學思想之變化，傾注關心者，其僅限於顯官、讀書階級而已。若吾等轉眼而細察庶民階級信仰，其浸染佛教輪迴論與來世觀之影響極深，而已成牢而不可拔之勢矣。

佛教輪迴論與未來觀，傳到中國以後，雖變俗化，而不能保持其原始學說，然其俗化教說，倒易入俗耳。由於此，佛教在中國已成爲大眾宗教之觀貌。從性理學派，雖見斥其爲誆說不經，然在各寺廟，仍不絕「有求必應」「願往淨土」爲一念，而跪拜燒香者，亦因佛說之俗化故也。如此形勢，較利氏晚至中國之多明會派（Dominican）教士 Cruz 氏，亦爲之驚嘆(4)。

耶穌會士，其攻斥佛教者，由於渠等所執之世界觀，較於佛教甚差故也。渠等所執之宇宙觀，則以宇宙萬物，天主所創而主宰，且其指稱宇宙者，僅限於地球中心之世界。反之，佛教輪迴論，主倡凡有森羅萬象，必有業因而生果。如從佛教教義，其不但否定天主之創造與主宰力量，又觀宇宙規模，以天主教所執之地球中心世界，比於佛說三十三天說，三千大千等宇宙組織論，其所說宇宙組織，實爲數千數萬世界中之渺小部分耳。(5)因此假如認定天主爲宇宙主宰尊位，依佛說觀之，其尊位，纔止於

---

(3) 利瑪竇「天主實義」（上卷）第二篇「解釋世人錯認天太極」，及同書（上卷）第四篇「辯釋鬼神及人魂異論而解天下萬物不可謂立一體」參看，又對於此論，詳敍者，有 Henri Bernard 著，王昌祉譯「利瑪竇司鐸與當代中國社會」，（震旦大學史學研究所版）第一册，257頁，264頁。陳受頤「明末清初耶穌會士的儒教觀及反應」，國學季刊（五卷，第二號），15頁—17頁，1935年，北京。以及朱謙之「耶穌會士對於宋儒理學之反響」，史學專刊（第三卷，第一期），第十七頁等諸著述論文。

(4) George L, Harris; "The Mission of Matteo Ricci, S, J" Monamenta Serica, VOL, XXV, PP. 137—138, Los Angeles, 1968,

(5) 利瑪竇「天主實義」（上卷）第四篇「辯釋鬼神及人魂異論而解天下萬物不可解謂之一體」。同書（下卷）第五篇「辯排輪迴六道，戒殺生之謬說而揭齋素正志。」同書（下卷）第七篇「論人性本善而述天主門下正學」。等諸篇，固持天主教之人生觀與世界觀，極詆罵佛教宇宙觀。

佛弟子與其附庸諸侯之位階而已。從天主教理，觀佛教此種教義，其不止於異端，更進一步，可謂冒瀆天主之神聖也。

利瑪竇初至中國下舶時，「髡首祖肩，人爲西僧」而入華後，變爲「西儒」(6)一事，在中國傳道史上，所共知之著聞事也。其爲達成福音傳道目的，不擇手段方法者，蓋利氏之傳道信念也。

利氏之晚年，一六〇九年，寄書駐日本國天主教副主教，而說明其傳道方略中，再闡明其補儒易佛策云：

> 儒教一派雖然不談超性事理，可是他們對於倫理道德的教訓差不多和我們的見解，完全相符。因此我已經利用儒教來攻斥其他兩派（佛仙）了。我不駁儒教的道理，却把其中看來和我們聖道，似相背悖各節，加以解釋……如果我們毅然對三教同時進攻，那麼我們就沒有回轉的餘地了。可是我對於現下一般不循古道的儒士（性理學）所有新創的意見，仍必加以攻斥，不稍姑息……(7)

此則利氏補儒易佛策之眞意也。其欲以儒闢佛者，從利氏觀之，可謂思想上之「以夷制夷」耳。但從利氏觀之，儒教一派，在倫理道德，雖與自教幾幾乎「完全相符」，然因來世觀與宇宙觀相左，故其應加攻斥也，蓋與佛同。然未能攻駁儒教者，在當時，其教雖見分裂，而喪失統一性，然只以新來天主教義，在中國，尙無力拒逆儒學之傳統威力耳。以此觀之，明末性理學者，王啓元，極詆利氏之傳道策，而謂爲「（天主教）先闢佛，然後得入其門，次亦闢老，亦闢後儒（指謂性理學），尙未及孔子者，彼方欲交薦紳，使其教伸於中國，特隱而未發耳，愚以爲佛氏之說易知，而天主之說難測」(8)者，其表現雖嫌於過激，然只以利氏所倡補儒易佛論觀之，蓋似得正鵠矣。

「西儒」利瑪竇，其對於儒教，欲「加以解釋」者，必然包括儒學之「不談超性事理」，若然，則其意，蓋以天主教所執之來世觀，扮裝爲儒理，而使儒學徒，逐漸

---

(6) 張爾岐『蒿庵閒話』卷一：參看。又其自稱謂「西儒」，尤例者見「天主實義」（下卷）第七篇「論人性本善而述天主門下正學。」對於明末耶穌會士之僧服穿用一事 Bernard 著，王昌祉譯，前揭書第170頁，及 Harris 前揭書，82-84頁已有說明。

(7) 此譯文轉載自 Bernard 著，王昌祉譯，上揭書第 215 頁，中文譯，此封書簡，又 Harris 上揭書第129 頁中，揭載從 Tacchi Ventri 之Opere Storichi, VOL. 2, P 386 所譯之英譯文。

(8) 王啓元『清署經談』（卷十六）聖功列敍篇。天啓三年刊。

承認宇宙造物主之至嚴性。由於此，利氏欲證自說之正當性，涉讀儒書，而從詩、書、中庸等儒書，或引「文王在上，於昭于天。文王陟降，在帝左右」等數節，極力主張儒書之「上帝」與自教之「天主」，「特異以名」而其實同一也。(9)又謂爲儒書未論及宇宙主宰者，與未來，其因秦火，原儒之書盡燒，而現存儒書，(10)或爲漢後「後儒」擅改「原儒」之意，(11)「或爲頑史不信，因剗去之」(12)故也。利氏關於普世之祖云：

> 若以爲經書之未載，爲非眞，且懼甚矣。西庠論之訣曰，正書可證其有，不可證其無。吾西國之古經載，昔天主開闢天地，卽生一男，名曰亞當，一女　名曰阨襪，是爲世人之祖，而不書伏羲神農二帝。吾以觀之，可證當時亞當、阨襪二人，然而不可證其後之無伏羲神農二帝也。若自中國書觀之，可證古者有伏羲神農于中國，而不可證無亞當、阨襪二祖也。不然，禹蹟不寫大西諸國，可謂天無大西諸國哉。故儒書雖未明天堂地獄之理，然不宜因而不信也。(13)

至於此，若承服利氏所倡補儒說，其不可不承認天主之宇宙創造與至嚴性，而更進一步，承認人類肇祖爲亞當、阨襪說。氏在此書，雖未敢言中國人自西來說，然如從此說華夏之三皇五帝，亦屬亞當、阨襪之苗裔而不知不識，承認中國人自西來說之結果而已。

若綜觀人類宗教史，毋論或其東西，或其古今，其欲誇示自教之優越，以他教爲源出於自教，其教義較與自教互歧者，歸因於其教所處之環境與條件，與自教不同，故遂喪失其原始形態。此卽所謂 Figurism 也。

在中國宗教上，如 Figurism 者，老子胡化論爲其著例。今觀利氏所說「上帝等於天主」說，或渠補儒說內容，亦屬此種宗教常例也，蓋不外。此說，其論據索屬刪字牽文，然因於其論法展開，驅使西歐科學之新知識，故不但能動其時人心，而且能

---

(9)　利瑪竇『天主實義』（上卷）第二篇「解釋世人錯認天主太極」參看。

(10)　利瑪竇『畸人十篇』（下卷）「善惡之報在身之後」第八。

(11)　陳受頤『前揭論文』第18—19頁參看。

(12)　利瑪竇『天主實義』（下卷）第六篇「釋解意不可滅並論死後必有天堂地獄之賞罰以報世人　所爲善惡」。

(13)　利瑪竇「上同」。

遺其影響於後世矣。

㈢　耶穌會徒所倡之中國人西來說與其論據

利氏所倡之「上帝」等於「天主」論，在天主教內，不但從多明會派，見詆其爲冒瀆天主之神聖，而野合異端，遂惹起長歷一百二十餘年之「祀典論諍」(Question des Rites)，而且耶穌會士亦多有反論者。其尤著者，耶穌會士龍化民 (Nicolaus Longobardi)，龐迪我 (Did, de Pantoja) 之反論也。然此種贊反互歧，不僅於天主教內，而士大夫階級之意見亦互歧。關於此問題，已有陳受頤，朱謙之兩先生，從古今圖書，博搜廣徵，而成書之專論，故吾不欲添加蛇足。⑭

然吾欲說明，在明末淸初之中國人，造成其肇祖自西來說，尤其說明其展開過程，在此摘記其尤甚者數例。

觀明末淸初讀書階級，其酷信上帝與天主之同一論者，不只於徐光啓、李之藻、楊廷筠等，所謂三大護敎支柱。例如馮應京，於其所撰「天主實義重刋序」，謂爲「天主何，上帝也」一句，完全追從利氏所執之「天主與上帝同一論」耳。

又韓霖，於彼所撰之「鐸書」第一章開頭，藉以儒敎道德之孝德，比喩天主之尊嚴性者，其不但因循利瑪竇之天主論，而且補儒說之感染，可謂比於馮應京，更進一步者也。

對於天主與上帝，贊同利氏之見解者，此外又有王徵、陳儀、許胥臣、朱元宗等數人，然渠等所陳之內容，不逾李之藻，徐光啓、楊廷筠、韓霖之上，而此種言論⑮，因其內容，甚乖離中國傳統思想，由於此，遂引起中國讀書階級之反論。

中國思想家之此種反論，除徐昌治所訂「破邪集」全八卷外，其尤著者，王啓元也。渠謂爲「佛之敎，雖自以尊於上帝，然上帝與佛二人，猶能辨之也。天主自謂上帝矣。與中國者，混而爲一矣。人將奉中國原儒之上帝耶？抑奉彼之上帝耶？吳楚之僭王，春秋猶嚴辨之，而況上帝之號者哉」一節，其爲目的詆罵天主與上帝混同論，

---

⑭　陳受頤「明末淸初耶穌會士的儒敎觀及反應」及朱謙之「耶穌會士對於宋儒理學之反應」兩論。文中，言及耶穌會士，亦有反對利瑪竇所創之「天主」等於「上帝」論數例。

⑮　陳受頤，朱謙之兩先生所著上揭論文參看。

⒃而辨其有別。

若從利氏之意見，其論理趨勢，非承認中國人自西來說不可。然明末之中國士大夫，其雖承服利氏天主論，尙未敢提倡中國人自西來說者，其唯恐懼遭受讀書階級之攻斥耳。

在中國，提倡華夏肇祖，亦爲如德亞國之亞當、厄襪者，康熙代人，李祖白所撰「天學傳槩」爲其嚆矢。其文章內容，不但楊光先之「與許嶼侍郎書」⒄中已見引用，而且陳受頤亦引用其重要句節，故吾人不欲詳論。在此只略記渠之文章概要，而以助理解其說之內容一斑而已。渠以爲人類初生者，係天主上帝開闢，而一男一女創造於如德亞國，此外東西南北道，並無人居，因於此華夏族之肇祖伏羲氏，亦如德亞國之苗裔。

若信奉利氏所說天主說，應有此種結論。渠又爲詩、書等儒書，尙保存關於天帝記事，因其初人，自西徂東，天學固所懷來故也。李祖白之此說，若尋討其淵源，利氏，其爲因秦火，古儒書雖燒失，然現存儒書中，尙可見古儒意者，同工異曲耳。

由是觀之，王啓元警告，其不可爲混同天主與上帝論說，可讚其先見之明矣。是時，性理學者楊光先，見李祖白所倡中華族肇祖說，指斥其爲邪論，而云：

祖白此說，則天下萬國之君臣百姓，盡是邪敎之子孫，祖白之膽，信可包天矣。⒅

又反駁李祖白書「考之史册，推以歷年」一句云：

試問祖白，此史册是中夏之史册乎？是如德亞之史册乎？如謂中夏之史册，則一部二十一史，無有如德亞天主敎六字。如謂是如德亞之史册。祖白中夏人，何以得讀如德亞之史，必祖白臣事彼國，輸中國之情，尊如德亞爲君，中夏爲臣，故有史册歷年之論，不然，我東彼西　相距九萬里，安有同文之史册哉。謀背本國，明從他國，應得何罪，請祖白自定。⒆

又對於「在中國爲伏羲氏」一句云：

⒃　王啓元上揭書（卷十五）天主公論篇。
⒄　楊光先「不得已」所收。
⒅　楊光先，上揭書。
⒆　楊光先，上同。

謂我伏羲，是天主教之子孫，豈非賣君作子，以父事邪教，祖白頭可斬也。
⑳

等諸語，或謂稍嫌於過激。然若伏羲爲如德亞之苗裔，其不但「則五帝一王，以及今日之聖君、聖師、聖臣，皆令其認邪教作祖」，而且中國傳統之華夏族爲天下中樞思想，亦見壞也，必矣。信奉純粹性理學，而固守華夏主義之見解觀之，其極詆李祖白之說，理則然也。

然除李祖白外，當時又無人提倡如此之論耶？依陳受頤，當時有一造營師 John Webb 爲名者，亦以中華族爲亞當之苗裔，中國語爲世界原始語，又儒教亦爲希伯上古之宗教。㉑然對於中華族西來論，其所信撤底者，莫如意人耶穌會士利類思 (Ludvicus Buglio)。

彼爲反駁楊光先之反耶穌教論，而著述之「不得已辯」一書，或引儒書，或引史記，極力擁護利瑪竇所倡之天主與上帝說。例如見楊光先反駁利瑪竇其爲「欲尊耶穌爲天主，首出於萬國聖人之上，而最尊之。歷引中夏之六經上帝，而斷以證其爲天主，曰，天主乃古今書所稱之上帝，……如斯之論，豈非能人言之禽獸哉」一節，反駁而謂爲「天主」者，在西國或稱陡斯 (Deus)，其能生天、生地、生萬物之大主宰，故等於六經四書中所書之「上帝」，決非由利瑪竇始。渠欲證彼說之正當性，或引朱子，或引說文之「乾元統天，爲君爲父」等數句，然後詆責楊光先之淺識，而謂光先口誦六經，而不達六經言上帝之意，則反以他人，爲能人言之獸耶？

以上述兩人之論說觀之，如斯論諍，已逸脫宗教論諍範圍，變貌爲論諍而論諍之觀矣。利類思，在此反論中，斷以「天主」爲「宇內萬國之一大父母也」者，其意，如使亞當、阨襪爲普世之祖，可謂已包括華夏肇祖，亦爲從西來。然利類思之華夏族西來論，其表現尤鮮明者，莫如渠所撰「中國初人辨」爲名之一文。彼云：

易云，有天地，然後有萬物；有萬物，然後有男女。此據理而言。計此男女，生於天地。成位萬物，潔齊之後，必也普世之初人乎。生必有地，據天主經，爲如德亞國(註略)，即有初人，方有各國之初人。據經，各國初人，皆普世初

---

⑳　楊光先，上同。

㉑　陳受頤，上揭論文，第49頁。

人之後，則如德亞國之苗裔，豈中國初人獨否耶？楊光先揑據，以爲罪案，以爲中國人，恥言生於他國，今請得而辨之，謂中國初人，非他國之苗裔。則他國之初人，乃中國之苗裔，理所必然。但合考中西古史，不載中國初人，遠遊他國。而西史載，如德亞國初人，遠遊東來，則謂中國初人，生自他國，爲有據。而謂他國之初人，生自中國，無所憑。如初人，生於他國，即爲中國之初人，不得不爲他國之苗裔，此必然之理，何足云恥哉。此中國，彼外國，作如許區別者，此後世之論，非所論太古之初者也。⋯⋯夫中國之所以謂中國者，特以能興禮樂，制文藝，該忠孝仁義，非因初人，生在中國也。⋯⋯(22)

此則利類思所執之華夏族爲猶太族苗裔也。其所論據者，只以天主教舊約聖經爲憑，斷章刪字，牽文曲意，而殆失其原意者耳。其所據論證，甚爲疏略。蓋因其非科學論諍，而只爲達成宗教目的立論故也。

㈣　中國聖母領報會之趣旨與中國人肇祖說

論至於此，吾人欲論「聖母領報會雜鈔」一書，必須檢討在中國聖母領報會之組織，與其性質。然只據現存資料，因其資料極屬稀覯，故茲研究內容，勢難免淺薄。吾人素不知其資料有若干，然幸而寓目者，只有康熙代耶穌會士蘇霖 (José Suarez) 所題康熙甲戌（一六九四）成文之「聖母領報會敍」而已。此外，尚有聖母領報會會規，經文等(23)，然吾人尚未有機會閱讀。

今觀「聖母領報會敍」，蘇霖先敍述耶穌會派之信念，與其派會士，在中國傳道上之貢獻，而繼續敍述云：

⋯⋯先經會（耶穌會）中鐸德，在羅瑪時，將少年讀書之人，創立聖母領報會。遂蒙聖母降福其間。踰未久，而勤慎嚴修，至臻大聖者，不可枚紀。復蒙敎宗大聖父，讚美成規，定行恩款，故爾益加重，不特穉年邁會者，固然卽世族哲人，靡不忻羨而爭入矣。緣此會初學入門，乃敎宗所首定者。今羅瑪與各國，立此會者，共相通功，猶如樹沾丘膏水澤，枝葉漸繁，期收花實綿綿之利。茲

(22)　利類思「不得已辯」附說。

(23)　徐宗澤「明清間耶穌會士譯著提要」100 頁參看。據巴黎國立圖書館所藏明末清初耶穌會士著書目錄，關於聖母領報會資料，尚有「聖母領報會小引」「聖母領報會大赦規條」。

　　　　　將會中所獲神益，逐一爲之擧出。若謂會中無多美利，惟論崇聖母，代籲釋罪

　　　　　痊痾，慰憂苦，庇進敎，亦云盛矣。……㉔

由此觀之，聖母領報會者，其欲爲對象年少者，或初入者，訓育其敎基本敎理，而爲

耶穌會士所設之附屬機構也，明矣。且其機構，不僅限於中國，而實爲在耶穌會士傳

道全管區內普遍之機構。

　　　其會旣崇聖母，以達成稺年幼學訓育，爲其趣旨，其說敎內容，必定說明聖母之

無垢純潔，而以天主聖慮孕聖胎，以在耶穌之誕生異於凡人等宗敎意義。因其欲訓育

稺年幼學爲對象，其敎本，亦須從易就難，故應多採入譚話樣式。

　　　如蒙容認如斯忖測，此「聖母領報會雜鈔」一書，其或爲在中國內耶穌會派爲訓

育中國內稺年幼學，而編著敎本之一部分，未可知也。其先敍舊約聖經之世系，而次

充以中國史肇祖期世系者，其意也，蓋爲對象稺年初學，鼓吹華夏族亦由於天主所創

之一苗裔也。

　　　若溯源如斯傳道策之理論根據，可謂由於中國人西來說，而更溯其源，則由於利

瑪竇所倡之天主等於上帝說。於其書中屢言及祀上帝，而甄別其祭祀性格者，緣由利

瑪竇所執之天主說故也。

　　　然則此一書，於其書末所錄紀年，又依何據算出乎？此書所錄紀年中，（康熙）

二十三年，七十四甲子，上至黃帝八年，七十四甲子者，其意蓋從黃帝八年，至康熙

二十三年，爲七十四甲子。以六十年爲一甲子，故若從此書，其自黃帝初，至康熙二

十三年，爲四千四百四十年，此比與中國傳統之紀元，似無甚差異。然則其紀年中，

「共有天地五十九年，六千九百二十年」者，又指何意乎？今查康熙帝五十九年十二

月十七日硃批，對於天主敎祀典問題，帝與羅馬法皇廳，意見相歧，因此帝表示不滿

意而云：

　　　　　……呼天爲上帝，卽如稱朕萬歲，稱朕爲皇上，稱號雖異，敬君之心則一。如

　　　　　必爲自開闢以至如今，止七千六百餘年，尙未至萬年，不呼朕爲萬歲可乎。

　　　　　㉕

㉔　徐宗澤上揭書 100—102 頁所收。

㉕　故宮博物院「文獻叢編」第六輯，康熙與羅馬使節關係文書，第13頁。

按此硃批，似又有開闢後七千六百餘年說，然其算出根據，更不可知矣。至於此，若要尋討此問題，或謂不如據此書各世系所記年齡算出。然觀「聖母領報會雜鈔」所記各帝世系，亞當享壽九百三十年，其子嘉音，又其子厄諾格等，因字形已磨滅，不知其享壽年，至四代色得、壽九百十三年等，此非自然生命體年輪。又因治宰年數未記，故僅以此書，亦不可考究開闢年。由於此，吾人欲依李祖白「天學傳槩」爲據，略述「聖母領報會雜鈔」所記開闢年。李祖白先敍天主之盛德，而繼述云：

後開闢三千七百有一年，天主於西納（西距中國四萬里）頂，降石碑二，明列十誡爲目……

……又後千四百九十七年，天主之救世又進焉。先是昭示人間，兼遣神人，此舉

世沈迷，因自降救……名曰耶穌……⑳

觀「天主傳槩」若以「天主於西納頂，降石碑二，明列十誡爲目」一節爲據，推理「聖母領報會雜鈔」所記開闢年，似較易解。其云「列十誡爲目」者，蓋意摩西 (Morses) 十誡也，殆無疑。然則按此記錄，自亞當至摩西，已經三千七百有一年；又自摩西至耶穌誕生，有千四百九十七年矣。若自亞當至耶穌誕生，總年數爲五千一百九十八年。唯其「共有天地五十九年」一句，雖尚未可究解，然此「聖母領報會雜鈔」之撰成年，明記爲康熙壬寅年（六十一年）。此即西紀一千七百二十二年矣。若依「天學傳槩」所傳，自亞當至耶穌誕生，爲五千一百九十八年，而更加以此書撰成年一千七百二十二年，即爲六千九百二十年矣。因此觀之，「聖母領報會雜鈔」所記紀年六千九百二十年者，實爲自亞當，至康熙六十一間之紀年，而其爲據者，只依耶穌會士之天地開闢說而已。

　　將此六千九百二十年，比於自黃帝八年至康熙二十三年爲七十四甲子者，加上二千四百四十有餘年。若尋此加上年代淵源，實由於華夏族肇祖自西來說，而其論據者，只爲宗教傳道之必要而發者耳。

　　論至於此，吾人又懷疑者，即此「聖母領報會雜鈔」爲何記載山嶽人物之封神，與馬祖、天妃神等中國民俗性宗教哉？天主教，因其教之崇一神爲宗旨，若只依其宗旨觀中國民俗宗教，其宜斷定爲異端邪教也，無疑。然則何爲將異端宗教，雜入天主教初學教本乎？若要解決此項疑問，須先觀察其在祀典論諍，耶穌會士所執之主張。渠等

----

⑳　李祖白「天學傳槩」參看。

承認孔敎與祖先祭祀，其意素在妥協中國固有禮敎，以欲暢通天主敎而已。由於此，利瑪竇立論天主與上帝同一說，而試圖傳道之圓滑與其論理面之合理性矣。

　　若依利瑪竇之宗敎論法，無論其爲先農，或其爲城隍、天妃、馬祖、太倉神，皆由於天主分派，居於附庸神之地位耳。若然，中國人祭祀此等民俗宗敎神，穌會士觀之，蓋等於其祭祀祖先位牌焉。

　　卽如斯自然發生之中國固有祭神，在耶穌會士於其宗旨上，若不抵觸天主之尊嚴，不如放任，以免挑撥中國人感情。在此點，中國民俗宗敎，比於佛敎之力執輪迴論而否定天主敎之神意論的世界觀者，差距遠矣。

　　至於此一書，有幾個句節，以胡粉塗改者，豈非隨講隨改故耶？若然，此書或爲其屬稿本，未可知也。總而言之，因有此「聖母領報會雜鈔」一書，吾人始知其中國人自西來說，不僅見之於宗敎論諍，且用作敎本，而以稚年初學爲對象。耶穌會士之傳道工作，此其一端也。

㈤　結　　論

　　論至於此，吾人應評價中國人西來說，在中國傳道上之得失。在中國，尙能流通如中國人爲如德亞族苗裔者，至明末，中國思想界之趨勢，已成只以性理學，未能鑒飽人塞。由於此，漸起捨此求他之勢。其尤著者，爲陽明學攻斥性理學派也。耶穌會士，能知悉當時中國思想界之混亂，因欲爲彼敎傳道，而以彼敎實用哲學，藉補儒名分而鼓吹之。或揭擧西歐科學，力說西洋文明之優越性。渠等所倡，遂至獲一部士大夫階級之欽服。

　　溯源中國人西來說，實由於利瑪竇所倡天主等於上帝說，天主等於上帝說者，實以天主敎義扮裝儒說，爲傳道工作利器。渠等所倡之補儒說，亦以天主等於上帝說爲據而展開。由此觀之，中國人西來說，天主等於上帝說，補儒說等三者之相互關係，實屬不可分之說也。

　　然如斯中國人自西來說，觀其緣由與內容，比於孔敎根本宗旨，似甚有距離，而等於毀孔敎。耶穌會士所執之此等傳道策，雖其由於渠等知悉當時中國思想界動搖而立論，然急於傳道成果，稍嫌於悍斷中國孔敎之傳統力。關於明末淸初之儒敎，渠等

惧斷者，如下記：

其一、因遭受陽明學派之攻斥，至明末以降，性理學一派，其在中國，雖稍見墜落思想，然因其學派所執「知行一致」之政治哲學，故仍迎合統治階級之嗜好，而尚能確保支援庇護。若中國國體，仍屬獨裁性君主制，而士大夫階級，尚能持續分掌政權，此性理學一派，不拘泥其學說上之缺點，仍保有再起機會。例如雍正、乾隆以降之性理學庇護傾向，蓋爲其一例。若固守性理學派見解，觀耶穌會派所倡論，今藉王啓元之表現，不但其爲「難測」而且因渠等之刪字牽文，擅改古儒意者，實爲不可容許也。

其二、陽明學派雖抗朱熹性理說，然其意之所在，在儒說中，打破性理學一尊，而企圖儒說內容之擴大，固未嘗企圖陰毀孔聖也。故雖屬陽明學派人士，渠等亦觀從宗教教理，見毀孔聖者，素不冀求也。由此觀之，據利瑪竇補儒說，而展開中國人從西來說者，其只以中國傳道策論評，好似暴虎馮河之勢哉。

耶穌會士一派，其在明末清初，以渠等之自然科學，貢獻於中國學術，尤其影響於清代考證學，世人所共知之事實。然雍正以後之禁教，其一因如在耶穌會士所執此類論說，爲端緒，則中央研究院所藏「聖母領報會雜鈔」一書，在中國，天主教傳道之演進爲標準，不但其爲得意之紀念品，同時亦爲失敗之紀念品也。

出自第四十本下（一九六九年十一月）

入關前滿族兵數與人口問題的探討(註一)

管 東 貴

壹

十幾年前，房兆楹先生在一篇題為滿族早期兵力的推算法的文章中，費了很大的工夫，從大淸會典及八旗通志裡面去統計自太祖以來到世宗（雍正）末年歷年的牛彔數，列為兩個表(註二)。房先生的這篇文章，對於在這段時期內歷次重大戰役中滿族所投入的兵力的瞭解，是一篇極有價值的參考文字。但是，要想瞭解入關前某個時期滿族的全部兵數，則房先生的文章仍有不足之處。因為入關前不久，每個牛彔平均有多少兵還是問題(註三)。而且房文中表一與表二所統計的牛彔數，差異頗大。例如

(註一) 這篇文章，本來是拙著滿族入關與東北漢化（待刊）一文中的一段及三個脚註。但是，由於每個註都超出一千字，排版時可能有困難；而且這樣的問題亦值得單獨提出來討論。所以決定把它們連貫在一起，並予增補，成為一篇單獨的短文，先予發表。

(註二) 見房氏所撰 A Technique For Estimating the Numerical Strength of the Early Manchu Military Forces（滿族早期兵力的推算法）一文中之表 I 及表 II。該文原載於 Harvard Journal of Asiatic Studies, 12 (1950)；後來收錄於 Studies of Governmental Institutions in Chinese History (Harvard-Yenching Institute Studies, XXIII, ed. by J.L. Bishop)，今據後者。此書承菅生兄惠示，謹謝。

(註三) 在房文第四章第四節裡面提到組成牛彔的人數問題時說：「多少人組成一個牛彔？對於這個問題尚無肯定囘答，儘管有記載說是三百個壯丁(men of service age) 和他們的家屬。在 1644 年以前，依規定一個牛彔大槪有約莫三百壯丁。那時候普遍實行三丁抽一的兵役制度。有時候，當一個牛彔的人數增加到原有的一倍時，多出來的人則另外形成一個新的牛彔，或者是由幾個牛彔中多出來的人合組為一個新的牛彔。另外尚有所謂「半個佐領」（按：佐領卽牛彔）的組織，這是由一百或不足一百的人所組成的，當人數够量時，再改為一個完整的牛彔。這是1644年以前的情形。」按，據太祖武皇帝實錄辛丑年及乙卯年所記「每三百人立一牛彔厄眞」，所謂「三百人」，太宗時候的情形可能跟太祖時候稍有不同。太祖時候還沒有實行三丁抽一的兵役制度（見頁 182 註二），人人皆可以為兵。所以在這種亦兵亦民的情形下，三百人可以說亦就是三百兵。到太宗時實行三丁抽一的兵役制度後，兵與民逐漸有了明顯的劃分，於是原先亦兵亦民時代的三百人為一牛彔的規定，就不得不予變更了。亦就是說：在實行三丁抽一的兵役制度後，如果是以三百個兵為一牛彔，則一個牛彔必不只有三百個男丁；如果是以三百男丁為一牛彔，則一個牛彔必沒有三百個兵。太祖時代的三百人立一牛彔，其寓意在於以兵

1614年，表一（據大清會典）爲308滿洲牛彔，表二（據八旗通志）則爲199滿洲牛彔。又如1644年（即入關之年），表一爲319滿洲牛彔，表二則爲278 （按，房先生意下認爲表二較爲可信）。這些都是想單從八旗牛彔數上去推求兵數的困難。由於有這些困難，所以我們不妨去試試別的途徑看，然後再回頭看這由別的途徑所得的結果是否能爲八旗制度所容。如果回答是肯定的，則這樣的結果就值得我們注意了。

至於滿族入關前的人口，比兵數似乎更加難於入手。因爲兵數問題還有八旗制度的架子可以在探討這一問題的人的心目中當作一個譜，而人口問題却沒有這種條件。所以對於人口問題的探討，只有從間接的線索上去一步一步推測，而兵數正是一個比較好的作爲推測入關前滿族人口的入手線索。

當然，本文的結果，只是就已得的資料，採用別人尚未試用過的方法而得的；而這一結果亦只能說是可能有的許多不同結果中的一種而已。至於本文解決這一連串問題的途徑與方法是否正確，則尚待方家指正。

力爲標準。這一寓意，在實行三丁抽一的兵役制度後，可能不致變動。從這個角度去看，則當太宗實行三丁抽一的兵役制度時，採取的是上面所說的前一辦法。這一變動會使每個牛彔的人數（包括兵及其家屬）較前大爲增加，而兵數仍舊。房文的說法，似乎即是從這一角度去着眼的。不過，事實上每個牛彔是否平均有三百人，則大有問題。而且對於入關前每個牛彔的兵數，前人尚有不同的說法。例如金純德旗軍志（遼海叢書第八集第四冊）：「凡選卒伍之法，一佐領壯丁兩百，以五尺之表，度人如表……有甲卒出缺，即以先選其餘。爲餘丁不任征伐，國有役則以役之。及世祖章皇帝即位……」。又如魏源聖武記卷十一：「太祖天命元年之前二載（按，即明萬曆四十二年甲寅，1614。又按，武皇帝實錄作乙卯），始立八旗。每三百人編一佐領，五佐領設一參領，領千五百人。五參領設一都統，領七千五百人。每都統設左右副都統。八都統是爲八旗。然猶合滿洲、蒙古、漢軍爲一也。其時滿洲佐領三百有八，蒙古佐領七十有六，漢軍佐領十有六。共四百佐領，每佐領壯丁百五十……順治元年，定都燕京……其後遂以存京師者爲禁旅，而分鎮各省者爲駐防。定兵額約二十萬。佐領丁壯雖增，而兵額不增。故乾隆後會典所載，京師滿洲佐領至六百八十有一，蒙古佐領至二百有四，漢軍佐領至二百六十有六，駐防佐領至八百有四十。共二千佐領之數，而兵猶是額，計每佐領僉兵多不過八九十名而已。」這兩個例子有一點共同的地方就是，都認爲入關前不久每個牛彔的兵數不足太祖時所定三百人的標準。魏源生於乾隆晚年，所說乾隆時增牛彔不增額兵，致使每牛彔（即佐領）之兵不過八九十名，當屬可信。就事勢而論，牛彔兵數減少的趨勢，入關前當已有之。但是，自太祖以後到入關前的這段時期，全部兵數的變動情形如何，或每個牛彔平均有多少兵這類問題，却沒有明顯記載。所以，儘管它有減少的趨勢（按，每牛彔平均兵數之減少，並非意謂總兵數亦減少），但減少之程度如何，我們還是不知道；而旗軍志與聖武記所舉的數字不同，亦無從證明何者較爲可信。

貳

在莫東寅的滿族史論叢裡面，有一節專門討論入關前 滿族 兵數與人口問題的文字。現在把他討論人口問題的最主要的一段引錄於下（註一）：

俄國希臘教僧院長亞金夫 "中華帝國統計記" 計算八旗旗籍的婦女老幼、廢疾不具者、奴僕等，作爲壯丁的九倍。德國亨利浦拉德 (Heinrich Platt) 也在斯坦因和爾叔爾曼 (Stein Holschulman) 亞細亞地理學統計學提要中引用這個算法。那麼，滿洲全人口數是壯丁的九倍，按前引會典所記滿洲兵數來推算，則順治末年爲六十五萬，康熙末年爲九十五萬人內外（註二）。假如把入關當時，按滿蒙漢八旗二十萬，滿八旗佔半數的數字來推算，則滿族當時已有人口百萬。這個比例數是有些過大的。我們依例三丁抽一，老幼男女再加一倍的辦法來推算，如入關當時，滿八旗兵數以十萬計，男丁不過三十萬，再加老幼男女一倍，全族人口最大限度，不能超過六十萬。嘉慶十七年 (1812) 戶部統計八旗丁口，滿洲丁口二十二萬二千九百六十人，順治末年至嘉慶一百五十餘年，滿族男丁止二十餘萬，可見入關時六十萬人口是最大的估計。至于八旗設立之初，兵數五萬左右，則男丁十五萬，合男女老幼，也不過三十萬人（註三）。

對於莫氏的這段文字，我有三點意見：

（一）所引亞金夫的說法，只是一個比例數，不是由推算而得的人口數，而且又沒有把他的所以得出「全人口數是壯丁的九倍」這一結論的推算方法引述出來。現在我們既然無從查對原書，則這一說法我們亦無從採用。

（二）莫氏把嘉慶年間戶部所記滿族男丁二十二萬（按，莫氏未註明出處）這項數字，當作「入關時六十萬人口是最大估計」的一個比較標準，這是不妥當的。因爲既然滿族入關時，可由「三丁抽一」以及他所說的「兵數十萬」，而推算當時「男丁不過三十萬」，何以一百多年後的嘉慶年間，「滿族男丁止二十餘萬」？按自康熙至

（註一）　滿族史論叢頁 134-135。

（註二）　遍查原書，不見所引會典及其兵數。

（註三）　太祖設立八旗之初，尚未實行三丁抽一的兵役制度（見頁 182 註二），莫氏把這種兵役制度看作跟八旗制一樣，同始於太祖，是不正確的。

嘉慶年間，正是中國人口由恢復而至迅速增長的時期（註一），而得天獨厚的滿族人口
不但沒有增加，反而減少數萬，實難令人不生疑問。如果說，三十萬男丁中要減去十
萬現役軍人，而以二十萬計，那末一百多年來亦只增加百分之十而已；儘管在這時期
內有過好些大戰役，如征三藩、征準噶爾等等，而有死亡，但滿人的增加比數仍不當
只及全國比數的十四分之一弱（參看本頁註一），所以照樣難以令人相信。當然，我們
找不到甚麼好理由去懷疑嘉慶年間戶部所記滿族男丁二十餘萬這項數字（除非莫氏引
錯了），所以要有問題，當是莫氏所估計的入關時男丁三十萬這項數字了。而這項數
字是由十萬兵數推算得來的，所以很容易使我們覺得莫氏所說的十萬兵數，有過高之
嫌。要不然就是由於計算丁口之「丁」先後有不同標準（參看本頁註一）。甚至可能
這兩種原因同時存在。總之，隨便以嘉慶年間的男丁數作為入關時全族人口的比較標
準，是很不妥當的。

　　（三）莫氏用以推測滿族全族人口的兩項主要依據是「三丁抽一的兵役制度」以
及他所估計的在這制度下所徵得的「十萬兵數」；而他的推算法是「老幼男女加一倍」。
據我看來，在他的依據和推算法當中，除了三丁抽一的兵役制度可信外（註二），所謂

（註一）　參看中研院史語所集刊第三十二本，全漢昇、王業鍵清代的人口變動頁143-150。單是十八世紀下半
　　　　個世紀，「人口約增加一倍，每年平均增加率為千分之14.85」。

（註二）　三丁抽一的兵役制度，據清實錄及東華錄等書記載，清太宗曾親口說過，應屬可信（按，前引房兆楹
　　　　先生文內亦曾提到過）。不過，實行的時間可能不會太早，或不至早過天聰四年（1630），遲則在天
　　　　聰七、八年之間。因為天聰四年五月壬辰皇太極還說：「明國小民，自謀生理，兵丁在外，別無家
　　　　業，惟恃官給錢糧。我國出則為兵，入則為民，耕戰二事，未嘗偏廢」（見太宗實錄）。從這段話裡
　　　　反映出來的是，當時的兵與民還沒有清楚的界限，換句話說，這時候還是沿襲草創時期的全民皆兵的
　　　　情形。到天聰八年（1634）正月癸卯，他卻清清楚楚地說：「滿洲出兵，三丁抽一」（見太宗實錄及
　　　　東華錄）。而且七、八年後亦還說過類似的話，例如崇德六年（1641）夏四月甲子諭：「每牛彔滿洲
　　　　三人中，許一人披甲。以六十名為常數。其中或多或少，務於三人中選一人。他牛彔中雖有餘，不許
　　　　補不足者。有舊披甲人詐稱年老，令家奴代披，及牛彔章京之子徇私不令披甲者，各固山額眞、牛彔
　　　　章京稽察。如稽察不公後首出者，罪之」（見太宗實錄，東華錄及八旗通志卷三十二。按，這段話是
　　　　記述太宗新頒的規定）。當時所謂的「三丁」如何計算？根據上引崇德六年的這段文字中「每牛彔滿
　　　　洲三人中，許一人披甲⋯⋯其中或多或少，務於三人中選一人。他牛彔中雖有餘，不許補不足者」
　　　　這幾句看來，則似乎是以每個牛彔的全部役男為計算標準。這項規定對於朝廷所要召集的兵的數量，
　　　　有方便之處。但對於每個牛彔內，在三丁抽一這種兵役制度的執行上，卻難免有擾民之處。因為這種
　　　　規定迫著牛彔章京把一家大小祖孫三代都混編計算。我們發現正有這樣的例子。羅振玉史料叢刊初編

「十萬兵數」及「老幼男女加一倍」全有問題（詳下）。

現在，本文的探討，在根據上，除了採用上面說到的三丁抽一的兵役制度之外，必須重新求證入關前不久的滿族兵數，以及他們的兵役年齡。至於本文所用的推算其全族人口的方法則是，把依這三項根據所得的人口數字，置於人口學上人口金字塔（Population pyramid，參看頁 190 註一）的格式中，再加以推算。下面我們先討論兵數問題。

<h2 style="text-align:center">叁</h2>

三丁抽一的兵役制度實行以後，跟八旗制之間有甚麼配合關係，現在我們還不太清楚。不過，既然這兩種制度事實上同時存在，則必有其可以互相配合的理由。據推測當是每旗的牛彔數及每個牛彔的兵數可以有相當的彈性（註一）。這是極為重要的一點瞭解。否則，我們難以回答這樣的一個問題就是，如何能在三丁抽一的兵役制度之下抽足八旗制度這個架子所須要的兵數？

前引莫東寅滿族史論叢所說的「入關當時，滿八旗兵數以十萬計」，他的主要根據：一是明末漢人以及朝鮮人憑印象對後金兵數所作的估計，共引資料十一條，所估計之兵數自數萬至十多萬不等，莫氏取信其中的十萬說；二是聖武記卷十一所記載的入關後八旗滿蒙漢的二十萬兵數，而莫氏認為滿兵居其中一半，以與上述第一項根據相配合（詳莫氏原書頁 131-133）。但是，上面所說的第一項根據，明末漢人及朝鮮人的估計，全都是屬於太祖時期的記載，這時候不但還沒有實行三丁抽一的兵役制度（見頁182註二），而且滿洲、蒙古與漢軍都還同屬於一個八旗系統，所以他們的估計極

天聰朝臣工奏議卷中七年十二月二十二日甯應元條陳七事奏：「編壯丁全在戶部。戶部比看得法，而老幼應差不怨……我皇上仁政普施，豈無憐老恤幼之恩。但衆大人不問老者力衰頭白，亦不問老者生子多少，一槪混編。至於生三四個兒子都是壯丁當差，而老子差事還不去，民心服不服？兒子當差，孫子又當差，至於爺爺差事還不去，民情苦不苦？」清太宗曾於天聰八年正月癸卯說過，「滿洲出兵，三丁抽一」，正月戊子朔，癸卯是十六日，距甯應元上奏僅二十來天。所以這時候已經實行三丁抽一的兵役制度，應屬無疑。又當時的兵役年齡是自十五歲至五十九歲（見頁189註一），所以祖孫三代同時要當差，在年齡上是可能的。根據這種混編的事實，則滿族社會之全部役齡男子等於兵數的三倍這一推算法具有甚高的可靠性。

（註一）　參看頁179註三。

可能包括了蒙古與漢軍的人數。至於第二項，拿聖武記所說的二十萬兵，取其一半，作爲估計入關時滿兵人數的一項根據，莫氏並沒有說出甚麼理由或舉出其他甚麼證據來，他只是在引述了明末漢人及朝鮮人的十一條資料後接着說：

> 不過，入關前後，滿洲八旗正規兵數，十萬左右是不成問題的。聖武記卷十一說：「已不下二十萬人」，是合滿蒙漢而言的……在消滅漢奸將領吳三桂、耿精忠、尙之信的戰爭裡，八旗兵的弱點充分地暴露出來。以後綠營兵就代替八旗兵，成了支持淸朝統治的主要力量。所以入關以後，八旗「定兵額約二十萬，佐領丁壯雖增，而兵額不增」，兵數上是沒有多大變化的。淸末八旗兵數，淸史稿兵志謂：「禁旅」數目十二萬三百有九，加上光緒會典卷八六所記駐防兵總數十萬五千一百二十人，爲二十二萬五千四百二十九人。聖武記卷十一謂二十萬有奇，是合滿蒙漢全部八旗計算的，八旗在入關後是沒有甚麼大的變化的。

他翻來覆去說的這番話，並不足以證明在入關後的那二十萬兵之中，滿兵佔着半數，那又如何能再推論到入關前（莫氏開頭就說「入關前後」）的兵數上去呢？下面我們直接引聖武記卷十一的一段記載看：

> 順治元年，定都燕京。各八旗兵從龍入關，留內大臣和洛輝防守盛京。其時，英王征陝西之軍，都統塔準征山東之兵，豫王征江淮之兵，每路各五、六萬，合之京師宿衞之兵，已不下二十萬人……其後，遂以存京師者爲禁旅，而分鎭各省者爲駐防，定兵額約二十萬……通計中外禁旅駐防兵二十萬有奇，而居京師者半之。

可見滿族入關之年，已有滿蒙漢各旗之兵二十萬，然而，在這二十萬兵數之中，有一部份是多爾袞得知北京變亂的消息後，臨時緊急自東北徵集來的十歲至七十歲的人。朝鮮李朝仁祖實錄卷四十五，仁祖二十二年四月庚辰：

> 四月戊午朔……庚辰，頃日九王（按，即攝政王多爾袞，因其封王次序在第九）聞中國本坐空虛，數日之內，急聚兵馬而行，男丁七十以下，十歲以上，無不從軍。成敗之判在此一舉。臣問所謂本坐空虛者何事耶？爲土賊所陷云，而更不明言。所謂本坐，似指中原皇帝而言矣。

按當時朝鮮與中國之曆，月朔全同。朝鮮仁祖二十二年　，即明崇禎十七年，淸順治

元年（1644）。據清史稿世祖本記，順治元年四月戊午朔。十五日壬申，吳三桂致書多爾袞，乞師討伐李自成。二十日丁丑，吳復致書告急。二十一日戊寅，多爾袞率軍至山海關外，敗李將唐通於一片石。二十二日己卯，多爾袞大軍至山海關，吳三桂開關出迎。庚辰乃二十三日，僅在入關之次日。可見所謂「聞中國本坐空虛，數日之內，急聚兵馬而行」，必在三月十八日李自成陷北京之後（註一）；如果再根據所謂「庚辰，頃日」的意思來推想，則多爾袞的下達這道命令當在吳三桂致書乞師之前後不久，而決不遲於入關之日。當然，我們無法知道這道命令是否已澈底執行。但是，在上引聖武記卷十一所說進入關內的那二十萬兵當中，包括着由這次臨時緊急徵集得來的十歲到七十歲的人，則無多大可疑。

因此，要計算入關前不久在三丁抽一的兵役制度之下所徵得的兵數，則應當在入關後的那二十萬兵之中除去由這次臨時緊急徵集得來的兵數。雖然我們並不知道這次臨時緊急的徵兵得兵多少，但我們可以肯定說的是，在這次臨時緊急徵兵之前，八旗滿蒙漢的兵數決沒有二十萬。然則，究竟有多少兵呢？

據房兆楹先生滿族早期兵力的推算法文中的牛彔統計表，滿洲牛彔部份，自1635年（天聰九年，這時候已實行三丁抽一的兵役制）至1662年（康熙元年），表一（據大清會典）所記是自317增至325牛彔，二十餘年間僅增加八個牛彔；表二（據八旗通志）所記是自269增至285牛彔，亦僅增加十六個牛彔。現在我們引錄原表的一部份如下：

房文表一　旗軍牛彔數 （據1764年大清會典）

年份	新增滿洲牛彔數	滿洲牛彔總數	新增蒙古牛彔總數	蒙古牛彔總數	滿洲與蒙古牛彔總數	新增漢軍牛彔數	漢軍牛彔總數	全部牛彔總計
1635	1	317	25	121	438	10	44	482
1636	—	317	1	122	439	1	45	484
1637	—	317	1	123	440	6	51	491
1638	—	317	—	123	440	2	53	493
1639	—	317	1	124	441	3	56	497

（註一）據明史卷二十四，莊烈帝本紀，是年三月庚寅朔，十八日丁未，李自成陷北京內城，帝死萬歲山殉國。

又據清史稿世祖本紀，是年五月二日，清軍抵燕京；九月，順治帝自瀋陽遷都燕京。錄此以供參考。

1640	—	317	1	125	442	2	58	500
1642	—	317	3	128	445	100	158	603
1643	1	318	—	128	446	9	167	613
1644	1	319	3	130	449	4	171	620
1645	2	321	2	132	453	12	183	636
1646	—	321	1	133	454	17	200	654
1647	—	321	—	133	454	4	204	658
1648	—	321	—	133	454	13	207	661
1650	—	321	2	135	456	1	208	664
1651	3	324	—	135	459	2	210	669
1653	—	324	1	136	460	1	211	671
1662	1	325	1	137	462	—	211	673

房文表二　旗軍牛彔數 （據研究 1739 年八旗通志卷 3-16 所得之結果）

(1635-1644 在東北；1644-1662 在北京)

年份	滿洲牛彔數		滿洲牛彔總數	新增蒙古牛彔數		蒙古牛彔總數	滿蒙牛彔總數	新增漢軍牛彔數		漢軍牛彔總數	全部牛彔總計
	已知建年者	建年近此者		已知建年者	建年近此者			已知建年者	建年近此者		
1635	2	—	269	13	—	113	382	4	—	37	419
1636	—	—	269	—	—	113	382	1	—	38	420
1637	—	—	269	1	—	114	383	6	—	44	427
1638	—	—	269	—	—	114	383	2	—	46	429
1639	—	—	269	1	—	115	384	3	8	57	441
1640	1	—	270	—	—	115	385	2	—	59	444
1642	—	—	270	1	—	116	386	100	—	159	545
1643	1	4	275	2	—	118	393	2	—	161	554
1644	1	2	278	1	1	120	398	4	—	165	563
1645	2	—	280	2	—	122	402	12	—	177	579
1646	—	—	280	1	—	123	403	16	—	193	596
1647	—	—	280	—	—	123	403	4	—	197	600
1648	—	—	280	—	—	123	403	5	—	202	605
1650	—	—	280	2	—	125	405	1	—	203	608
1651	3	1	284	—	—	125	409	3	—	206	615
1653	—	—	284	1	—	126	410	1	—	207	617
1662	1	—	285	—	—	126	411	—	—	207	618

再看1643年（入關之前一年），表一爲318牛彔，表二爲275牛彔（註一）。若每牛彔之兵均以太祖時所定之足數（即三百）計，則依表一，當時之兵數爲95400人，依表二爲82500人。而房先生自己意下則認爲表二比較可信，所以他在文中的推算例都是以表二的牛彔數字爲準。但82500之數，是假定每個牛彔的兵數都是滿了三百人才得出來的，這很可能有偏高之嫌。

現在我們不妨轉而從入關後的情形上另找線索看。皇朝經世文編卷三十五沈起元擬時務策：

竊聞世祖時定甲八萬，甲受銀若干兩，米若干石，至聖祖時乃增爲十二萬甲。沈氏，江蘇太倉人，康熙六十年(1721)進士，仕雍正、乾隆兩朝，乾隆二十八年卒，年七十九（註二）。他的這篇文字，與八旗通志的著成時代當是相近，而比魏源的聖武記至少早七、八十年。沈氏雖然沒有明說這是八旗滿洲的兵額，但由於沈文乃是正對着當時八旗滿洲的生計日困而發的；而且八萬與十二萬，都跟聖武記所說的「定兵額約二十萬」不相等。所以我們可以判斷他所指的就是八旗滿洲的額兵。世組時定甲八萬這數字，可能即是由於局勢大致穩定後，把入關時臨時緊急徵集來的老幼，以及入關後的傷殘，都予裁汰，另爲安頓，其餘的則予整編，而約略恢復其入關前原有的兵數。

如果我們拿前引房文中表一及表二所載1643或1644年的滿洲牛彔數去除這八萬額兵，則平均每牛彔的兵數如下：

| | 1643 | | 1644 | |
	滿洲牛彔數	平均每牛彔兵數	滿洲牛彔數	平均每牛彔兵數
表　一	318	251+（人）	319	250+（人）
表　二	275	290+（人）	278	287+（人）

雖然我們還無從決定那一項數字最可信，但是如果依照入關前每個牛彔的平均兵數有

（註一）　因1644年爲入關之年，表中之牛彔數不知是屬於入關前原有，抑入關後增加之數，故取1643年之記錄數字。1644年表一爲319牛彔，表二爲278牛彔，與1643年相比，表一僅一牛彔之差，表二亦僅三牛彔之差。

（註二）　見清史列傳卷七十五。

逐漸減少的趨勢（參看頁179註三）這一角度去看，則這些數字都應當比假定每個牛彔都有足額的三百兵更爲接近事實。這亦就間接地說明，八萬之數比牛彔數乘三百所得的總兵數更爲可信（註一）。

　　自東北緊急徵集來的那些兵員如何編法，新設牛彔統轄，抑或挿在原有的牛彔中？這是一個問題。根據前引房文牛彔表看來，他們似乎是被安挿在原有的牛彔中。因爲據表一，1644年滿洲只增加一個牛彔；表二所載雖增三個牛彔，但其中有兩個牛彔尚不能認定確在1644年。如果是新設牛彔，理當不止此數。

　　又，入關時的二十萬兵以及入關後所定的二十萬額兵既然比入關前原有的兵數爲多，而入關後所定的滿族額兵八萬又是約略如前原有之數，則在所定的二十萬額兵當中，滿兵就幾乎沒有增加，而所增的幾乎全是蒙古與漢軍了。照這樣去推想，必然會使人覺得，入關前八旗滿洲的兵數最多不過八萬，而且很可能少於八萬。這種推想是合理的。不過，從牛彔數的變動現象上看來，入關前滿兵之數儘管可能少於八萬，但亦不致於距八萬很遠。爲了要說明這一點，我們又須借重房先生的牛彔表。先看表一，自入關之年（1644）到康熙元年（1662），滿洲增加七個牛彔（自 1643 年已有之 31 牛彔增至 1662 年之 325 牛彔，其中含康熙元年所增的一個）；蒙古增加九個牛彔（自 1643 年已有之 128 牛彔增至 1662 年之 137 牛彔，其中康熙元年增加一個）；漢軍增加四十四個牛彔（自1643年已有之 167 牛彔增至 1662 年之 211 牛彔）。滿洲所增（除去康熙元年滿、蒙各增之一個牛彔）不及蒙、漢合增的八分之一。表二所示的變動趨勢，跟表一甚爲相近。入關前後，滿洲牛彔總數的鮮有變動，反映出了入關前一年至入關後的順治末年（按，自 1654 至 1661，無牛彔變動之記載），滿族兵數的變動極爲有限。入關後滿族額兵八萬之數，在二十萬額兵當中佔十分之四，仍可在蒙古或漢軍的兵數之上，而保持滿族原有的優勢。而且必要時，他們可以自己隨時增加額兵，聖祖時的增爲十二萬甲就是例子。再說，滿、蒙站在一邊在當時是顯著情勢。

　　聖祖時的增加滿族額兵，可能有兩方面的原因：一是由於順治年間初定兵額整編

（註一）　皇朝經世文編卷三十五又載乾隆二年御史舒赫德八旗開墾邊地疏謂：「八旗之額兵，將及十萬」。這是指上疏時的情形說的。但何以比聖祖時的十二萬反而更少？因疑所謂「將及十萬」，乃是指當時駐在京師的八旗禁旅。據我統計聖武記卷十一所載，八旗禁旅是九萬七千餘人，正與舒赫德所說數字相近。

時，年齡小而被裁汰的，這時候都已成了滿族的一股力量，同時歷年陸續入關的以及在關內出生長大的滿族青年亦不斷增加，兵源充裕；二是有軍事上的須要，例如三藩事件等。其中第二點原因亦可以從房文牛彔表中看出。先看表一，從康熙元年(1662)到四十三年 (1704)，滿洲牛彔由 325 增爲 665 （按，房表自 1662 年後本文未引，請參看原文），所增超過一倍；其中自 1672 至 1684 年三藩事件前後，增 227 牛彔，而康熙四十三年以後至六十一年，則僅於六十一年增三個牛彔。在同時期內(1662-1704)，蒙古增七十牛彔，漢軍增五十五牛彔，滿洲所增牛彔幾及蒙漢合增的一倍。而且在滿、蒙、漢三軍之中，蒙古跟滿洲的關係遠在漢軍之上。所以如果滿蒙合計，則所增牛彔爲漢軍的五倍有餘。表二的情形，上述之比數較表一尤大。這些現象正反映了，滿族在掌握政權的優勢下，只要覺得有需要，隨時可以擺脫兵額的限制。

肆

　既然滿族入關前在三丁抽一的兵役制度之下有兵八萬，依標準倍數計算，則他們的兵士以及合於役齡的男人共有二十四萬。在一般社會中（國家或民族），男女人數大致是相等的。如果是一個經過長期戰爭的社會，則往往是女人比男人多。當時滿族社會中役齡內的男人既有二十四萬，則同此年齡的女人至少亦當有二十四萬，那末役齡男子（包括軍人）和同齡女子亦就至少有四十八萬。至於役齡以外，則又還有老的及少的。據那時候的人的記載，當時的兵役年齡是自十五歲到五十九歲，六十歲始可免藉 (註一)。這亦就是說，在上述的四十八萬人之外，還有自初生到十四歲的小孩，以及六十歲以上的老人。現在我們的問題是，有甚麼辦法知道自初生到十四歲的小孩以及六十歲以上的老人的數目？當問題推展到這一步時，很容易使人聯想到人口學上所謂的「人口金字塔」。

（註一）　前引天聰朝臣工奏議卷中，天聰七年十二月二十二日鳳應元條陳七事奏：「編壯丁全在戶部，戶部比看得法，而老幼應差不怨。況自古迄今，未至十五歲者不當差，年至六十歲者亦不當差。」又前引金純德旗軍志：「凡選卒伍之法，一佐領壯丁二百，以五尺之表，度人如表，能勝騎射，充壯丁入藉，至六十免藉。有甲卒出缺，即以充選其餘……及世祖帝皇帝即位……」（按，由末句「及世祖章皇帝即位」，知其所指爲入關前之情形）。在清代，開始要當兵的年齡跟成丁的年齡是一致的，而比入關前的當差年齡提高一歲。清史稿卷一百二十六食貨志戶口：「男年十六曰成丁」。又臺灣中文書局影印欽定大清會典卷八十六：「稽戶丁之冊，以定兵額」，原附夾註：「編審人丁，自十六歲以上入冊者，准披甲當差。」

　　所謂「人口金字塔」(Population pyramid)，是根據一般社會的人口上的兩個共同現象，歸納而得的。這兩個共同現象是：（一）在一般社會中，男性與女性的人口大致相等；（二）在一般社會中，人口的年齡分配，通常總是年齡大的比年齡小的少，換句話說亦就是一歲的人口比兩歲的多，兩歲的比三歲的多，三歲的比四歲的多，餘類推。根據這兩個共同現象，如果把一個社會的人口，一歲的（包括男女）排在最下一層(按，亦可以定兩歲為一層，或五歲為一層，視情形而定)，兩歲的排在上一層，三歲的排在再上一層……餘類推。這樣就會構成一個底大頂小而類似金字塔的圖形。人口學上稱這一圖形為「人口金字塔」(註一)。

　　如果我們要把上面所求得的已知項目（十五至五十九歲的人口有四十八萬）安放到人口金字塔上去，以推算滿族的全族人口，則還有兩個問題必須解決：一是，滿族人口金字塔的塔形是甚麼樣子？二是，塔頂的那一層以甚麼年齡為最恰當？

　　這是兩個關乎事實的問題，這樣的問題只有在確實知道每個年齡的人口有多少的情形下才能有最正確的回答。但是，我們連那四十八萬人的年齡分配亦無從知道。因此，由於我們所知道的條件不夠充份，所以在推算上受到很大的限制。不過，我們亦並不是要求得出滿族人口的確實數字來的，而只是想知道他們的人口近數或約略數。基於這種立場，則上面的兩個問題亦並非完全不可解決。

　　關於第一個問題，比較適當的處理辦法是，把滿族的人口金字塔看成一個「等差遞減的標準塔形」（見下圖一）雖然等差遞減的標準塔形亦有矮胖與高瘦之別(註二)，但是，我們可以在推算方法上使這種差別不影響推算結果。

　　至於第二個問題，比較妥當的處理辦法是，先估計出塔頂年齡的可能幅度來，然後再在這個幅度內去選取一個最適合於推算的年齡。下面我們就看滿族人口金字塔塔頂年齡的可能幅度。

　　前面說到，他們的兵役年齡是自十五歲到五十九歲，其中共有四十五年，這無疑是包括了一個人一輩子的大部份時間。所以在滿族那樣的社會中，有兵役義務的人要熬過這樣長的時間，不是一件很容易的事。從這一角度上去設想，則滿族人口金字塔

（註一）　參看 William Petersen, Population, New York, 1961, pp. 74-75：

（註二）　所謂矮胖、高瘦，是指年齡級相等的兩個塔，底部較寬的為矮胖，底部較窄的為高瘦。這兩個人口金字塔的年齡級雖然相等，但前者人口會比後者多。

的頂上一層的年齡當不會很高。不過，換一個角度看，旣然當時已有三丁抽一的兵役制度，則當兵的只是男人中的一部份而已；女人及大部份男人仍在兵役義務之外。再說入關前的那次緊急徵集令，旣然規定七十歲的人都要去當兵，則在滿族當時的社會中七十歲的人尙屬健康而且能從事軍事任務。這反映了在他們當時的社會中，大於七十歲的人並不是罕有的。所以，從這些跡象上去看，把塔頂的年齡幅度定爲七十至七十五之間，應是大致適當的。現在我們就根據這一幅度來推算。

上面剛剛說過，由於我們所知道的條件還不够充份，所以在推算上要受到很大的限制。在上面所說的塔頂年齡的幅度之內，只有取塔頂一層爲七十三歲，才最適合於推算（按：取七十三歲爲塔頂一級的年齡，並非認爲沒有大於七十三歲的人，而是由於年齡愈高的人數愈少，可以把大於七十三歲的人歸併在七十三歲這一層內）。因爲兵役年齡的起迄是十五到五十九歲，十五歲以下不在役齡內的小孩有十四層（按，假定每歲爲一層），而五十九以上自六十至七十三歲的老人亦有十四層。這樣，我們就可以根據等差遞減的標準塔形，用均數法推算其全部人口。其法如下。

今旣設定滿族的人口金字塔爲等差遞減的標準塔形，而且是一歲一層，共七十三層，一歲的在最下，七十三歲的在最上，則役齡男子及同齡女子之四十八萬人，佔塔中的第十五至五十九層（共計四十五層），其圖如下：

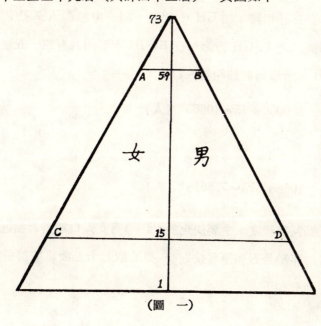

附說明：

等差遞減的標準塔形，其塔頂之尖鈍程度，對於推算並不發生影響。

（圖　一）

每一層的平均人口數的求法是，把上面的人口金字塔（亦卽等腰梯形）從分隔男女的
中線部份剖開，顛倒其中之一，並使原來的兩腰邊重叠，併成一長方形，如下圖實線
部份：

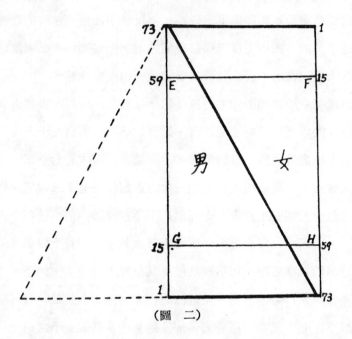

(圖　二)

在圖二之實線方形中，十五歲之女子正好與五十九歲之男子相接，如 EF ；又十五歲
之男子與五十九歲之女子亦正好相接，如 GH 。 因此，圖一中梯形 ABCD 內之役齡
男子及同齡女子遂併成如圖二之 EFGH 方形。在 EFGH 方形內共有四十五層，人口
爲四十八萬，而 EF＝GH，所以每層的平均人口是：

$$480000 \div 45 = 10666^{+} （人）$$

那末，全部人口則當是：

$$10666 \times 73 = 778618^{+} （人）$$

　這一數字與事實接近到甚麼程度，主要決定於：(一)男女人口數是否相近；(二)
所取七十三歲爲塔頂一層的年齡是否與事實接近。 如果取七十五歲爲塔頂一層的年
齡，則將它剖分併合後的圖形如下：

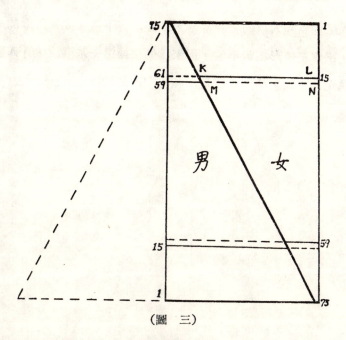

（圖　三）

如果取七十歲為塔頂一層的年齡，則其圖形如下：

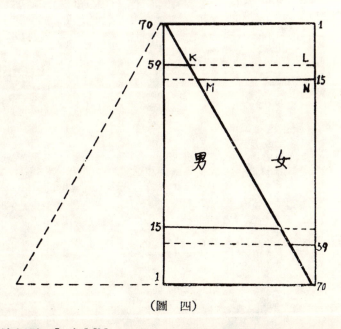

（圖　四）

但是，由於無法知道 KL 或 MN 佔每層平均數中的幾份之幾，所以亦無法進行推算。

如果我們有一天能知道 KLMN 內的人口比數，則這些困難就可以解決。

上面根據圖二所求得的數字，當然並不能當作就是滿族人口的確數看待。不過，

把它當作估計入關前滿族人口的一個基準，則亦未嘗不可。如果所取的七十三歲爲塔頂一層的年齡，跟實際情形相距不遠，那末我們根據這一基準說，「入關前滿族人口大約有七十五萬至八十萬之譜」，應是一種可取的估計。

出自第四十一本第二分（一九六九年六月）

論明代宗藩人口

吳　緝　華

一、引　　言

　　明代封建宗藩的規模，以及宗藩與朝廷間的洽和及傾軋等史跡，在拙作明代皇室中的洽和與對立 (註一) 及論明代封藩與軍事職權的轉移 (註二) 內已有論證。本文再進一步提出宗藩人口問題，繼續做一研究。關於明代人口，近人多有探討，(註三) 不擬贅述。本文也不想以宗藩人口與明代人口做比較研究，其重點在明代封建宗藩制度下，把宗藩人口加以整理統計和推論，找出宗藩人口繁衍情況及人口數字；然後再就人口數字論證宗藩祿米的消耗，藉此瞭解明代封建宗藩對社會經濟的影響。

二、宗藩之繁衍

　　明太祖朱元璋起兵推翻元朝卽皇帝位後，國家建設，制度奠定，在開國之初已有規模。就朱氏皇子皇孫的安排而言，也定有封建宗藩制度，我在明代皇室中的洽和

(註一)　拙作：明代皇室中的洽和與對立，見中央研究院歷史語言研究所集刊，第三十七本，上册，頁三二三至三五三。

(註二)　拙作：論明代封藩與軍事職權的轉移，大陸雜誌，卷三十四，第七期，民五十年四月十五日，頁六至一〇；第八期，四月三十日，頁二三至二六。

(註三)　何炳棣：Studies On the Population of China 1368—1953, Harvard East Asian Studies, (1959) 。這是近人討論中國人口的專書，其中談及明代人口；又如王崇武：明代戶口的消長，燕京學報，第二期，一九三六；日本人山根幸夫：十六世紀中國における或る戶口統計について——福建惠安縣の場合——，東洋大學紀要，第六期，一九五四；橫田整三：明代に於ける戶口の移動現象に就いて，東洋學報，第二六卷，第一二期，一九三八、一九三九等，都論證到明代人口。

與對立中之朱氏皇室封建規模（註一）內，曾加論證。皇子除了長子繼承皇位爲原則外，其餘諸子皆按封建制度封爲親王。並且在封建時，這些親王的封都不在京師和畿輔之地，而遠離東南財賦地區；顯然的，明太祖封建諸子爲親王，在政治及經濟上不容有干涉的機會。但封建於各地的親王有守鎮兵及護衞兵，又負調遣將領出征鎮撫的軍事職權。

親王分封於各地負有軍事使命，是明太祖別有一番用心。可推想當明太祖平定全國後，心目中已蘊釀着一種欲望，那是如何能保持朱氏皇位與皇權的穩固，因此他對初定的制度先後加以改革。他認爲『權不專於一司，事不留於壅蔽』（註二）可免去『小人專權亂政』（註三），能消除對皇位與皇權不利的影響。因此革除中書省罷丞相，皇帝除君權外又控制了相權（註四）。在軍事職權方面，又把管理軍事機構的都督府，分爲五軍都督府；上有皇帝控制軍權，再把軍權中最重要的調遣、領兵、出征、及鎮撫的實際軍事職權，由武將轉移到封建親王手中（註五）。他希望將來的長子長孫在京師做皇帝處理朝政；外有諸親王負實際軍事職權，『上衞國家，下安生民』（註六），以『藩屏帝室』（註七），可永保皇位與皇權。

然而軍事力量往往是奪取政權的武力，由於明太祖使封建諸王有『上衞國家，下安生民』的軍事力量，也給親王帶來奪取政權與皇位的機會。事實發生得快，當明太祖死後，皇太孫朱允炆即位爲惠帝時代，明太祖封於北平的第四子燕王朱棣舉兵打進南京，篡惠帝位爲明成祖，就是實例。

明成祖篡位後，深知親王擁有兵權的封建制度，對皇朝而言，反有威脅。於是明成祖又削去諸親王的調遣、領兵、出征、鎮撫的實際軍事職權，這些軍事職權又轉

（註一）　拙作：明代皇室中的治和與對立，歷史語言研究所集刊，第三七本，頁三二三至三三〇。

（註二）　明太祖實錄，卷一二九，洪武十三年春正月己亥，中研院影印本，第五册，頁二〇四八、二〇四九。

（註三）　皇明祖訓，首章，明刊本，頁一後。

（註四）　拙作：論明代廢相與相權之轉移，大陸雜誌，卷三十四，第一期，民五六年一月十五日，頁五至八。

（註五）　拙作：論明代封藩與軍事職權之轉移，大陸雜誌，卷三十四，第七、八期，同上頁。

（註六）　明太祖實錄，卷五一，洪武三年夏四月辛酉，中研院影印本，第八册，頁三四六二。

（註七）　明太祖實錄，卷二三七，洪武二八年三月癸丑，中研院影印本，第八册，頁三四六二。

移到皇帝及武將手中，乃明代封建制度又一次的大改變。此後明代封建親王及其子孫不但沒有干預國家政治及經濟的機會，自軍事職權除消後，宗藩成了社會中無職業專靠祿米爲生的消費者了。

原來明代封建皇室子孫的爵位，除了皇帝的嫡長子長孫繼承皇位外，其他次嫡子並庶子皆封爲親王，親王嫡長子，年十歲卽可立爲親王世子，親王其餘諸子可封爲郡王；郡王嫡長子世封郡王。郡王其餘兒子可封爲鎭國將軍，孫授輔國將軍，曾孫授奉國將軍，玄孫授鎭國中尉，五世孫授輔國中尉，六世孫以下世授奉國中尉。(註一) 要特別重視這六世孫以下世授的奉國中尉，這樣宗室子孫成了永遠至萬世有爵位的皇族子孫（犯罪廢爲庶人者，則例外）。又如皇帝的皇姑封爲大長公主，皇姊妹曰長公主，皇女曰公主。親王女曰郡主，郡王女曰縣主，孫女曰郡君，曾孫女曰縣君，玄孫女曰鄉君。一代一代的傳下，皇室子孫的綿延，人口卽非常繁衍了。

在明代封建制度下，奉國中尉之地位，自親王推算爲七世孫，自郡王推算爲六世孫，自奉國中尉來看，世世不改，皆可永爲奉國中尉。這與中國史上的封建制度有異，中國史上封建制度於周朝時卽很完備，而周朝五世外，燕會慶問皆不參入。(註二) 明代宗室自親王傳至七代孫以下之子孫，則永有奉國中尉的爵位。但自明成祖永樂時代消除宗藩軍事職權以後，宗藩不能有職業，這些代代相傳的子孫，只靠不勞而獲的祿米爲生。在飽暖情況下，子孫不停的綿延；又在當時娶妾無限制的社會裏，所謂身爲皇族的宗藩廣納妻妾更不例外。如明代後期嘉靖時代定有宗室將軍等娶納妾媵的限制，國朝典彙云：『（嘉靖）二十三年，初胙城王府故奉國將軍安治嘗娶樂婦生子女，及妾班氏所生皆稱嫡出，至是淑人張氏具奏發其事。給事中周宷言近例宗室妾媵，將軍不過三人，中尉二人；今一切廢格，而諸王府奏選妾媵，不言嫡嗣有無；奏報子女，不言母妾來歷，冒濫滋甚，宜詳議條例，著爲令申。禮部覆：請令各王府奏請娶妾，皆明著年齒幾何，有無嫡子及妾。必例得選娶，所司奏實，乃許之。諸凡庶生子女應請名封者，皆明著誰氏子女第幾妾所生，不得以庶冒嫡，以姦生冒庶

（註一） 明太祖實錄，卷二四〇，洪武二八年戊子，中研院影印本，第八冊，頁三四九六。

（註二） 參閱戚元佐：議處宗藩事宜疏，在皇明奏疏類鈔，卷九，萬曆十六年（一五八八）刊本，頁五七後。

出，違者究論如法。詔允行之。』（註一）由這段史料分析，可知明代宗藩之濫娶妾
媵是何等的紊亂！在這一情況下，所以明代才定有限制。由此可知規定將軍娶妾不過
三人，中尉不過二人，但不提及親王郡王等娶妾的限制。明代封藩幾乎遍及全國各
地，在遼遠的地方宗室若亂納妾媵，姦生子女，倘不告發，又如何能受法令的限制？
無疑的，這也是增加宗藩子孫繁衍的條件。

　　並且自明代皇帝與宗藩走向對立階段後，（註二）以朝廷而言，儘可能使宗藩子孫
登入玉牒，以便控制；就宗藩子孫而言，受到重重法網之限制，失去自力更生之路，
多生一個子孫，如登上玉牒，即可多得一份祿米，也鼓勵宗藩子孫的繁衍。再加上
明代兩百七十餘年漫長的時代，都是造成宗藩人口繁盛的條件。由於這些關係，明代
見於玉牒屬籍的宗藩人口，比中國史上其他朝代皆為繁盛，自然不足為奇。

　　試舉實例以見明代宗藩生子繁衍之概況。譬如名山藏分藩記云：『鍾鎰（慶成溫穆
王）立王妃妾可二十人，四十四子，百六十三孫，五百十有曾孫。當王之身，子孫百
人，多不能相識。』（註三）弇山堂別集云：『慶成王生一百子，俱成長，自封長子外，
餘九十九人並封鎮國將軍。』（註四）春明夢餘錄又云：『慶成王，晉恭王之曾孫也。
弘治五年八月山西巡撫楊澄等奏，王子女至九十四人，恐其中有收養異姓之弊。』
（註五）這些史料都說出明太祖第三子晉恭王朱棡之曾孫慶成王子孫之衆多，雖然記載
數目有出入，但以記載最少之數目而言，也相當可觀了。這是一個例，雖不能說每
一宗藩所生的子女都如此之多，但在明代封建制度下及當時的社會裏，宗藩有衆多子
孫，並不是罕見的事。

　　本文不反對春明夢餘錄記載弘治時巡撫楊澄奏疏所述慶成王子女之衆，『恐其中
有收養異姓之弊』。可以肯定的說，藩府收養異姓子女亦可多領取祿米；又如在複

（註一）　徐學聚：國朝典彙，卷十三，宗藩下，同上，頁二六前。

（註二）　參見拙作：明代皇室中的治和與對立，第四節，皇室中皇帝與宗藩的對立，同上，頁三三六
　　　　　至三四六。

（註三）　何喬遠：名山藏，卷三六，分藩記，明崇禎間刊本，頁一一後。

（註四）　王世貞：弇山堂別集，卷一，皇明盛事述一，慶成王百子，萬曆一八年（一五九〇）刊本，頁一二
　　　　　前。

（註五）　孫承澤：春明夢餘錄，卷二九，宗人府，古香齋賞袖珍本，頁十三後。

雜的社會中，百姓投靠皇室而取得利益，把子孫寄養於宗藩名下，乃免不了的事實，故此也是造成宗藩人口眾多的原因。又如王國典禮記載正德四年(一五〇九)議定：『凡王府有濫收人於宮闈內乳養者，長史啟王，嚴加禁約，如違，輔導官從重治罪。』(註一)正由於藩府濫收乳養之弊，明代才有嚴禁宗藩濫收異姓為子女的命令。明代宗藩收養子孫，在宗藩人口中所佔的數目多寡，因藩府極力隱藏，史料記載所限，不易統計。然而明代開國後到明亡的二百七十餘年中，宗藩人口之異常繁衍，是不可否認的事實。

三、宗藩人口之統計

在明代封建制度下，宗藩繁衍之重要原因，既如上述；再進一步論證明代宗藩人口的概況。

明代有二百七十餘年(1368─1644)，朱氏皇室中子孫繼承皇位者，共有十六位。這十六位皇帝所生的子孫，除長子繼承皇位外，其餘的都封為親王。如明太祖所生的兒子共有二十六位，長子懿文太子卒及第二十六子楠殤外，其餘二十四子皆封為親王。懿文太子共有五子，長子虞懷王殤，次子朱允炆繼承皇位是為惠帝，餘三子皆封為親王。惠帝有二子，成祖篡位後爵除。成祖有四子，長子朱高熾繼位是為仁宗，第四子未詳生日，亦未見封親王，餘二子皆封為親王。仁宗有十子，長子朱瞻基繼皇位是為宣宗，餘九子皆封為親王。宣宗有二子，長子朱祁鎮是為英宗，次子朱祁鈺是為景帝。英宗有九子，長子朱見深繼位是為憲宗，第三皇子朱見湜殤，餘七子皆封為親王。景帝有一子，封為懷獻太子，英宗復辟位除。憲宗有十四子，長子、次子、第十子皆殤，第三子朱祐樘繼位是為孝宗，餘子皆封為親王。孝宗二子，長子朱厚照繼位是為武宗，次子封為親王。武宗無子，迎立憲宗第四子興王的次子朱厚熜繼位，是為世宗，世宗長兄追封為岳懷王。世宗有八子，長子、次子殤，第三子朱載垕繼位是為穆宗，餘五子皆封為親王。穆宗有四子，長子、次子殤，第三子朱翊鈞繼位為神宗，餘一子封為親王。神宗有八子，長子朱常洛繼位是為光宗，餘七子皆封為親王。光宗有七子，長子朱由校繼位是為熹宗，餘皆封為親王。熹宗有三子，皆殤，迎立光宗第五子朱由檢繼位

(註一)　王國典禮，卷六，事例，寄養子女，抄本，有萬曆四十三年（一六一五）臧懋勳序，無頁數。

是爲思宗。思宗有七子，長子朱慈烺立爲太子，第七子殤，餘五子皆封爲親王。再加上明太祖從孫靖江王朱守謙。由此可知明代共有八十三位皇子封爲親王。（註一）

又如明代皇帝所生的公主，也以明太祖生十六女爲最多，其中有二女殤，餘十四女皆封公主。懿文太子有四位，第三女無可考，餘三女皆有封號，一位封爲公主，二位封爲郡主。成祖五女，皆封公主。仁宗七女，皆封公主。宣宗二女，皆封公主。英宗八女，皆封公主。景帝一女，封公主。憲宗五女，皆封公主。孝宗三女，皆封公主。睿宗（興王）二女，皆封公主。世宗五女，皆封公主。穆宗六女，皆封公主。神宗十女，皆封公主。光宗九女，其中五女殤，餘四女封公主。熹宗二女皆殤。思宗六女，其中三女殤，餘三女皆封公主。共計公主七十六位有封號。另有明太祖封兩位姊妹爲長公主，又封太祖之長兄南昌王之女，及堂兄蒙城王之女爲公主，合計爲八十位。（註二）

明代初封八十三位親王，及八十位公主，其中有死亡及無後者，看來人數不多，然而在明代封建制度下，皇室子孫代代傳下，如親王、郡王、鎮國將軍、輔國將軍、奉國將軍、鎮國中尉、輔國中尉、奉國中尉等；又如公主、郡主、縣主、郡君、縣君、鄉君等，不斷的綿延下去，所以明代皇室子孫的生齒，就相當繁衍了。本文根據各家記載，把明代封爲親王的子孫繁衍實況，加以論證如後。

在明代開國不久，宗藩人口尚不繁盛。徐光啓在徐文定公集云：『洪武中親郡王以下，男女五十八位耳。至永樂而爲位者百二十七。』（註三）然而到明代中葉以後，如王鏊的震澤長語、鄭曉的今言、章潢的圖書編等記載（皆同），自明代開國，到武宗正德時代，已有一百四十餘年，宗藩人口之繁盛已很可觀，其云：『正德以來，天下親王三十，郡王二一五，鎮國將軍至中尉二千七百。』（註四）由這段記載來看，從洪武到正德一百四十餘年中，親王因無後及罪除以外，僅有三十位，郡王不過二百十五位，

（註一）　拙作：明代皇室中的治和與對立，附明代初封親王世系表，同上，頁三四八。
（註二）　拙作：明代皇室中的治和與對立，附明代初封公主世系表，同上，頁三五〇。
（註三）　徐光啓：徐文定公集，卷一，處置宗藩查核邊餉議，重刊增訂本，臺北，民五一年，頁五一至五八。
（註四）　王鏊：震澤長語摘鈔，在紀錄彙編，卷一二五，頁一五後；章潢：圖書編，卷八八，天啓三年（一六二三）刊本，頁三一；鄭曉：今言，卷二，一六五條，萬曆四二年（一六一四）刊，頁五八後。

而傳下來的將軍及中尉已有二千七百位，共計已有二千九百四十五位。在這些人口中女輩如公主以及郡主至鄉君，尚未計算在內。

從正德時代到世宗嘉靖八年（一五二九），案鄭曉今言記載云：『嘉靖八年夏五月，宗室載屬籍者八千二百三人，親王三十位，郡王二百三位，世子五位，長子四十一位。鎮國將軍四百三十八位，輔國將軍一千七十位，奉國將軍一千一百三十七位。鎮國中尉三百二十七位，輔國中尉一百八位，奉國中尉二百八十位。未名封四千三百位，庶人二百七十五名。』（註一）由此段史料可知，屬籍的自親王至中尉有名封者已有三千六百三十九人，（其中鎮國將軍至中尉合計三千三百六十人）如果再把有名封和未名封四千三百人及庶人二百七十五人，合計共爲八千二百十四人。（據今言個別之記載相加總計爲八二一四人，較今言載之總計八二〇三人，多十一人。今言之記載前後小有不合）。所以由正德到嘉靖八年（一五二九），在這一二十年中，宗藩人口自然又增加，就以嘉靖八年有名封的宗藩，由親王至中尉三千六百三十九人，較正德時代由親王至中尉二千九百四十五人，已多出六百九十四人，當然實際增加的人口不止此數，因爲嘉靖八年未名封及庶人四千五百多人，未計算在內。

自嘉靖八年後，再過二十年，到嘉靖二十八年（一五四九），宗藩載於玉牒見存的人口又增，案明人王世貞的弇州史料後集云：『自嘉靖二十八年而見存者一萬餘人，今又十餘年矣，人益其半而合之，當爲二萬人也。又十餘年矣，而人益其半而合之，當爲四萬五千人也』（註二）。先不談王世貞所謂十餘年『人益其半而合之』的理論是否正確，（請見下文的論證）在此僅以王氏所述嘉靖二十八年（一五四九）見存的宗藩人數已有一萬餘人而言，以前後記載史料來比較，此一數目並不過分，這時的宗藩子孫不會少於此數。

如廣輿圖卷一記載云：『王府二十九，郡王三百五十四，鎮國輔國將軍中尉以下九千四百四十一，郡主縣主郡君縣君鄉君以下共九千七百八十三。……以上係嘉靖三十

（註一）今言，卷四，二七六條，同上，頁一九前後。

（註二）王世貞：策宗室，見王弇州文集，在皇明經世文編，卷三三五，國聯影印崇禎間刊本，頁六二。

年十月前數』（註一）。這時由洪武元年（一三六八）傳到嘉靖三十年（一五五一），已有一百八十餘年，親王或罪除，或無後，僅餘王府二十九，但繁衍下來的男女子孫，據此記載統計，在嘉靖三十年以前，已有一萬九千六百零七人。

又案明人李豫亨的國計三議云：『國朝分封宗藩以示親親，固仁至義盡矣。但二百年來，宗庶日廣，自嘉靖三十二年以前，通計郡王三百五十四，鎮國輔國將軍中尉以下九千四百餘，郡主縣主郡君鄉君以下共九千七百餘。』（註二）此一記載雖云嘉靖三十二年（一五五三）宗藩人口共為一萬九千四百五十四人，比三十年晚二年，但所述宗藩人口似相同，因為明代皇室之玉牒原則上每十年纂修一次，宗藩人口之總數不是每年都登入玉牒。此處未言及親王郡王之數，並且記載將軍中尉及郡主至鄉君人口之尾數都已省略，僅言有餘，所以此一記載之總合為一萬九千四百五十四人，較廣輿圖記載之總數（19607）僅少了一百五十三人，兩者可能同引一時玉牒的記載。

又案歐陽鐸在嘉靖三十二年十一月所上中尉女授宗婿名號疏云：『今各親郡王將軍中尉計九千八百二十八位，女計九千七百八十三位，通一萬九千六百一十一位。』（註三）此數合計為一萬九千六百十一人，與記載之總數相合；與廣輿圖之記載略去公主之人數的總數為一萬九千六百七人極接近，僅多出四人；與國計三議所載略去親王公主及將軍中尉郡主至鄉君之尾數的總數一萬九千四百五十四人比較，僅多出一百五十七人。所以據這些記載互相參證；在明代嘉靖三十年左右的這段時期，見於玉牒記載的宗藩人口為一萬九千六百餘人，是可信的。

明世宗死去後，接着是穆宗隆慶時代；穆宗時代較短，繼位的神宗萬曆朝又是一個漫長的時代。案王世貞的弇山堂別集云：『隆慶萬曆之際宗室藩衍可謂極矣，宗伯苟為革削，司寇嚴其條禁，以故時損時益，而其見在者，余得而志之。……共郡王二百五十一位，鎮輔奉國將軍七千一百位，鎮輔奉國中尉八千九百五十一位，郡主縣主郡君縣君共七千七十三位，庶人六百二十名，而未封未名者，與齊府之庶，高墻之庶

（註一）　元朱思本原本，明羅洪先增纂：廣輿圖，卷一，輿地總圖，嘉靖四十五年（一五六六）本，頁三後、四前。

（註二）　李豫亨：國計三議，措置議，明刊本，頁八前後。

（註三）　歐陽鐸：中尉女授宗婿名號疏，見歐陽南野文集，在皇明經世文編，卷二一二，國聯影印本，臺北，頁一四二、一四三。

皆不與焉，更二十年而其麗當不億矣。』（註一）據此合計爲二萬三千九百九十五人，
但未名封者和齊府及高牆之庶未計算在內。

明人徐學聚的國朝典彙（註二）也有同樣的記載，雖然弇山堂別集、國朝典彙記載
親王、郡王、將軍、中尉、主君等總數皆相同，但分別逑敍諸王府時，別集述太祖子
楚王府中庶人四人，典彙云七人；魯王府中郡縣主君，別集言二百四十九人，典彙云
二百四十四人。又如仁宗子荆王府，別集言郡王五人，將軍三十八人，中尉四人，
典彙皆缺載，卽別集中所載較典彙多出四十九人，其餘所載皆同。今據別集及典彙所載
而列隆慶萬曆之際見在的宗藩人口表如下：

表一：弇山堂別集及國朝典彙載隆萬之際見存的宗藩人口表

帝 名	王 名	郡 王	將 軍	中 尉	郡縣主君	庶 人	總 計
太 祖	秦 王 1	1	107	507	242	149	1007
	晉 王 1	12	1085	2200	1511	170	4979
	周 王 1	46	1349	2559	1265	15	5235
	楚 王 1	6	198	604	447	4(7)	1260
	魯 王 1	8	160	170	249(-4)	6	594
	蜀 王 1	7	46	72	56	0	182
	代 王 1	18	1279	1340	1330	150	4118
	肅 王 1	5	6	0	8	1	21
	遼王薨	9	108	150	120	10	397
	慶 王 1	6	61	56	57	6	187
	寧王薨	3	276	265	324	44	912
	岷 王 1	12	90	15	73	0	191
	韓 王 1	17	403	586	643	29	1679
	瀋 王 1	16	242	220	276	13	768
	唐 王 1	3	22	15	35	0	76
	伊王薨	2	28	2	22	2	56
成 祖	趙 王 1	8	186	117	283	3	598
仁 宗	鄭 王 1	4	6	5	3	3	22

（註一）弇山堂別集，卷一，宗室之盛，同上，頁八前、一一後、一二前。

（註二）國朝典彙，卷十三，宗藩下，同上，頁六五至六七；括號內之數，乃典彙之記載。

	襄　王 1	4	12	10	10	0	37
	荊　王 1	5	38 0)	4(0)	28	1	77
	淮　王 1	13	34	2	31	0	81
英　宗	德　王 1	5	7	0	5	0	18
	崇　王 1	3	7	0	7	0	18
	吉　王 1	2	4	0	4	0	11
	徽王華	15	37	0	27	0	79
憲　宗	益　王 1	12	9	0	11	0	33
	衡　王 1	10	12	0	14	0	37
	榮　王 1	4	9	0	15	0	29
	靖江王	1	15	712	74	14	816
	24	257	5,836	9,611	7,170	620	23,518

　　由此表可知，各王府下分別記載見存之人口總計共有二萬三千五百一十八位；比別集及典彙中所載總數：『共郡王二百五十一位，將軍七千一百位，中尉八千九百五十一位，郡主縣主郡君縣君共七千七十三位，庶人六百二十。未封未名者與齊府高牆之庶，皆不與焉』。（見前頁註一）總計爲二萬三千九百九十五人，少了四百七十七人，稍有差異，這是別集及典彙記載中本身的矛盾。雖然別集及典彙所載隆慶萬曆之際宗藩見存的人口已超出二萬三千餘人，實際這時宗藩人口不會少於此數，證明見下文。

　　因爲隆慶時代宗藩人口之統計，據嘉隆識小類編所載，隆慶時宗室入玉牒者見存二萬八千有奇。（註一）這數字又可見於當代朝臣奏疏直接引當時玉牒中的史料。案隆慶二年（一五六八）七月九日何起鳴之條議宗藩至切事宜疏云：『近按玉牒實在之數，親郡王將軍中尉及未名未封與庶人等項，共二萬八千四百九十一位。郡縣主君儀賓不與焉。』（註二）

　　又如明穆宗實錄所載戚元佐的議處宗藩事宜疏云：『隆慶三年五月……辛酉，禮部儀制司郎中戚元佐上疏……今二百年宗支入玉牒見存者二萬八千四百九十二位』。

（註一）　徐樞：嘉隆識小類編，卷二，藩祿考，明鈔本，頁四前。

（註二）　何起鳴：條議宗藩至切事宜疏，見皇明奏疏類鈔，卷九，同上，頁三一前。

（註一）實錄載戚元佐疏較上文引類鈔載隆慶二年何起鳴疏僅多出一人。案戚元佐之奏疏又可見於皇明奏疏類鈔，（皇明經世文編所載同）云：『今二百年來，宗支造入玉牒者，共計四萬五千一百一十五位，而見存者二萬八千四百五十二位。』（註二）類鈔及文編載戚元佐奏疏言玉牒見存之數，與實錄載戚元佐奏疏言玉牒見存者有二萬八千四百九十二位，除十位數實錄爲「九」，類鈔及文編爲「五」，其他各位數皆相同。再以上文何起鳴疏證之，實錄所載戚元佐疏中言人口數頗可信，疑類鈔及文編似有筆誤。

又如明穆宗實錄所載栗永祿等奏疏（註三）云：『隆慶五年六月……丁未，禮部覆河南撫按栗永祿楊家相禮科都給事中張國彥等奏，……國初親郡王將軍纔四十九位，今則玉牒內見存者共二萬八千九百二十四位。……郡縣主君及儀賓不與焉，是較之國初殆數百倍矣』。以上在隆慶時代何起鳴、戚元佐、栗永祿三人中，栗永祿所述人口之數與何起鳴、戚元佐所述有四百三十二人之差。然而何起鳴與栗永祿的奏疏都明確的說出，這兩萬八千餘人，其中女輩郡縣主君及儀賓不在內。

雖然何起鳴的奏疏在隆慶二年，戚元佐的奏疏在隆慶三年，栗永祿等的奏疏在隆慶五年（一五七一），年代上稍有差異，前文已述過明代宗藩玉牒之修，在原則上是十年修一次，又如史籍常有玉牒未纂修的記載，尤其在明代後期朝政制度敗壞之際，玉牒是否按十年修一次却有問題。（註四）以上這三位當代朝臣在三年內所上的奏疏記載

（註一）明穆宗實錄，卷三二，隆慶三年五月辛酉，中研院影印本，第九四册，頁八四三。

（註二）戚元佐：議處宗藩事宜疏，見皇明奏疏類鈔，卷九，萬曆十六年（一五八八），頁五十前後；又見皇明經世文編，卷三八八，同上，頁一○二、一○三。

（註三）明穆宗實錄：卷五八，隆慶五年六月丁未，中研院影印本，第九五册，頁一四二四。

（註四）玉牒之纂修在原則上定爲十年一次，明代後期制度敗壞，玉牒不一定按期纂修。但日人布目潮渢氏在明朝の諸王政策とその影響（見史學雜誌，第五十五編，第五號，一九四四，頁二八至三三）特別標榜玉牒十年纂修一次，說嘉靖三十八年（一五五九）是纂修玉牒之年，十年後到隆慶三年（一五六九）又是纂修之年。因此布目氏即說戚元佐在隆慶三年（一五六九）奏疏所引證之玉牒見存者二萬八千四百五十二位，是這年修玉牒新統計之數，此說頗可懷疑。第一點，我認爲戚元佐在隆慶三年之上奏，並沒有說這年是修玉牒新統計之宗藩人口，而在這年上奏議處宗藩事宜時不過引證此一人口數字爲例。第二點，早在布目氏認爲隆慶三年修玉牒統計之人數的前一年，隆慶二年七月九日，何起鳴上奏修議宗藩至切事宜疏，亦引證玉牒實在之數爲二萬八千四百九十一人，並且此數目中郡縣主君儀賓不在內，這一統計與隆慶三年戚氏奏疏所引二萬八千四百五十二人相當，何

之人口皆爲兩萬八千餘人，雖因輾轉抄襲，可能尾數稍有不同，但可視爲同時代玉牒記載之數目。這些前後奏疏所述之人口數目，互相參證，似可以相信的。所以在穆宗隆慶時代，除去郡縣主君儀賓以外，宗藩子孫自親王至中尉，載於玉牒見存的人口，已達到二萬八千餘人了。

　　由上文引證嘉隆識小類編及隆慶時代朝臣何起鳴、戚元佐、栗永祿等人在當代上奏疏中所引隆慶當時玉牒載宗藩人口，除了郡縣主君儀賓，而見存的人口已達二萬八千四百餘人，（不括郡縣主君儀賓）而比前文引王世貞在弇山堂別集及徐學聚在國朝典彙所載隆慶萬曆之際宗藩人口二萬三千九百九十五人，（包括郡縣主君）多出四千四百餘人。在比較研究上，本文取隆慶當代諸臣奏疏引當時的玉牒記載宗藩人口較爲可信，所以弇山堂別集及國朝典彙載隆萬之際的整個宗藩人口，應加懷疑。

　　隆慶的六年過去，接着是神宗萬曆時代，在萬曆二年（一五七四）五月明神宗實錄記載禮科給事中石應岳之奏疏中引證玉牒述宗藩人口云：『邇年以來麟趾繁衍，載玉牒者四萬，而存者可三萬有奇。』（註一）石氏述這一數目比上文引證戚元佐在隆慶時奏疏言入玉牒屬籍四萬五千一百一十五位，見存者二萬八千四百五十二位之數目，而多出一千餘人，石氏似乃舉其整數。大致而言，在萬曆初年之數與隆慶時代（僅有六年）之數應相接近。

（接上版）　氏在隆慶二年奏疏所述之數比戚氏在隆慶三年所述之數尚多出三十九人。如布目氏所說隆慶三年是修玉牒之年，則前一年隆慶二年玉牒記載之數至少應爲十年前修玉牒所載之數。如按情理十年修一次玉牒，十年後之統計，比十年前之統計，應該有顯著的增加才是。並且栗永祿在隆慶五年亦上奏疏引證玉牒見存之數爲二萬八千九百二十四位，此數也與隆慶二年何氏奏疏時的二萬八千四百九十一人相接近，惟有尾數少有差異。而隆慶五年栗氏之奏疏也述明與隆慶二年何氏奏疏一樣，郡縣主君及儀賓不在內。由此也可證明隆慶二年奏疏所引玉牒見存之數爲可信。如果依布目氏的意見把隆慶三年戚氏奏疏中引證之數目，當做隆慶三年修玉牒新統計之數目，爲不合理。可能布目氏沒有注意到隆慶二年何起鳴之修義宗藩至切事宜疏，及隆慶五年栗永祿的奏疏。只見到隆慶三年戚氏之奏疏引證玉牒之統計，卽說此統計是隆慶三年修玉牒之年所統計的新數目，似爲遺憾。明代玉牒雖十年一修，還只是原則，但有時不一定十年修一次，尤其在明代後期制度敗壞之時，玉牒往往不按原定年限纂修。史家不應把各家奏疏引證史科的年代，附會成修玉牒之年。

（註一）　明神宗實錄，卷二五，萬曆二年五月乙未，第九七冊，中研院影印本，頁六三七。

　　自萬曆初年以後，又可找到有關宗藩人口的記載。譬如何喬遠的名山藏有分別記載各王府傳下來的子孫人口數字，這些史料乃散見於名山藏的分藩紀（註一）中。何喬遠記載這些人口的時代，是何氏當代的萬曆時代。如果把這些記載加以統計，也可看出宗藩人口的輪廓。首先試舉名山藏記載王府子孫較多者，可見一般。例如他述明太祖第五子周定王朱橚的子孫，傳到萬曆時代，已有三萬二千八百九十七人。其次是明太祖第二十子韓憲王朱松傳下的子孫，也有三千零七十二人。太祖第二子秦愍王朱樉傳下來的子孫，也有三千零三十二人。第十三子代簡王朱桂、第六子楚昭王朱楨、第三子晉恭王朱棡等，所傳下的子孫，皆在二千餘人以上。如果把何氏記載各王府傳下之人口數字，一一加以統計，總計為五萬三千五百零七人。其中藩王有死亡或無後及廢為庶人者，自然不在內；何喬遠之記載可能有遺漏，多載機會不多；所以由名山藏記載所統計出的數字，並不算誇大。今列統計表如下：

表二：何喬遠為郎時所見萬曆中宗藩人口表

王　　府　　名			人	口
各王府之人口數字	秦	王　府	3,032	
	晉	王　府	2,005	
	周	王　府	32,897	
	楚	王　府	2,131	
	魯	王　府	765	
	蜀	王　府	247	
	代	王　府	2,703	
	齊	王　府	28	
	遼	王　府	707	
	岷	王　府	196	
	韓	王　府	3,072	
	瀋	王　府	992	

（註一）　何喬遠：名山藏，卷三六，分藩記一，崇禎間刊本，頁一前至三十九前；卷三七，分藩記二，頁一前至四四前；卷三八，分藩記三，頁一前至一九後；卷三九，分藩記四，頁一前至三〇前；卷四〇，分藩記五，頁一前至三一前。

唐	王	府	93
伊	王	府	80
趙	王	府	623
鄭	王	府	21
襄	王	府	37
荆	王	府	145
淮	王	府	104
德	王	府	14
吉	王	府	10
徽	王	府	103
益	王	府	88
衡	王	府	58
榮	王	府	34
靖	江	王 府	3,322
總　計	26		53,507

　　關於名山藏這一記載要注意的，乃年代問題，因萬曆時代在明代帝王中爲最長的時期，究竟何氏所見各王府人口是萬曆那一時期？必須再加論證。

　　何喬遠在分藩記中所述人口數目的時代，也可找到一個線索，卽何氏在記載中曾說出：『臣爲郎時』所見各王府之人口數目。案何喬遠於萬曆十四年（一五八六）賜進士，除刑部主事，歷禮部主事，歷禮部儀制郎中。後因壬辰之亂（倭進攻朝鮮），明朝萬曆時代援朝抗倭，何喬遠主戰，曾與兵部尚書石星主封倭起爭執，於萬曆二十四年（一五九六）罷官歸里。(註一) 由此可知何喬遠 爲郎的時間，當在 萬曆十四年

（註一）　明史，卷二四二，洪文衡傳附何喬遠傳，藝文影印殿本，頁二六四三，云：「喬遠⋯萬曆十四年進士，除刑部主事，歷禮部儀制郎中。⋯⋯石星主封倭而朝鮮使臣金晬泣言，李如松沈惟敬之誤致國人束手受兵者六萬餘人。喬遠卽以聞，因進累朝取倭故事，帝頗心動。而星堅持已說疏竟不行，坐累謫廣西布政使經歷以事歸里。」案何氏與兵部尚書石星爲援朝鮮抗倭之爭論，當在萬曆二十四年。石星主封倭之爭執，見明神宗實錄，卷二九六，萬曆二十四年四月己未壬戌，中研院影印本，頁五五一八至五五二四，爭執之結果，石星堅持已說，而何喬遠罷官歸里。所以何氏爲郎的時期，當爲萬曆十四年賜進士除刑部主事後，萬曆二十四年罷官歸里以前之時。

除刑部主事以後，萬曆二十四年前的期間，所以何喬遠記載『臣爲郎時』所見的宗藩人口爲五萬三千五百零七人，當爲這時期的數字。

到萬曆二十二年（一五九四）又可見到明人張燧在千百年眼記載云：「我朝宗藩自古未有若是其盛者。萬曆二十二年，上屬籍者，已十六萬人，今又二十年，其生齒尙未知其數也。』（註一）由此可知萬曆二十二年宗藩屬籍者已有十六萬人了。

又案明神宗實錄云：『萬曆四十年二月……丁丑，大學士李廷機葉向高題，萬曆二十三年玉牒宗支共計一十五萬七千餘位，今襲封新生已踰十四年，又有六十萬餘位矣，比之弘正等年間，不啻百倍。』（註二）在大學士李廷機葉向高二人的奏疏中，則說出萬曆二十三年玉牒所載宗支共計十五萬七千餘位，與上文引張燧在千百年眼述萬曆二十二年屬籍十六萬人相接近，疑張燧記載十六萬人，乃取十五萬七千餘位之正數。至於萬曆二十二年或二十三年，僅有一年之差；或者二十二年與二十三年中有一筆誤。所以根據明人張燧記載之參證，實錄記載李葉二氏奏疏言萬曆二十三年玉牒所載宗藩已達一十五萬七千餘位，乃可相信。

但明神宗實錄云：『萬曆四十年二月………丁丑，大學士李廷機葉向高題』，在年代上頗有可疑。（註三）如李葉二氏奏疏中云萬曆二十三年玉牒宗支之數，又云：『

（註一）　張燧：千百年眼，卷十二，待宗藩之法，在筆記小說大觀，新興書局影印本，第十四册，臺北，頁三五四四。

（註二）　明神宗實錄，卷四九二，萬曆四十年二月丁丑，同上，頁九二六一。該本實錄載萬曆三十三年玉牒宗支十五萬七千餘人，梁氏影印本作萬曆二十三年。今以前文引千百年眼載萬曆二十二年屬籍宗支爲十六萬人證之，似梁氏本載萬曆二十三年爲是。

（註三）　明神宗實錄，卷四九二，萬曆四十年二月丁丑，梁氏影印江蘇國學圖書館傳鈔本，頁七後；及史語所藏嘉業堂鈔本，（未註頁數）皆言大學士李廷機葉向高奏疏引『萬曆二十三年玉牒宗支共計一十五萬七千餘位。』案中央研究院史語所影印北平圖書館藏鈔本；及史語所藏廣方言館鈔本，頁十九前，萬曆二十三年亦作三十三年。以李葉二氏奏疏內云『今襲封新生已踰十四年』推之，若自萬曆三十三年後之十四年至其奏疏之時代，李葉二氏之奏疏當在萬曆四十六年；若自萬曆二十三年後之十四年，其奏疏時代當在萬曆三十六年。纂修實錄者却把李葉二氏之奏疏繫於神宗實錄卷四九二萬曆四十年，而不是三十六年或四十六年。又案明史，卷二一七，李廷機傳，藝文影印本，頁二三七八，云：『（萬曆）三十五年夏，廷推閣臣……廷機命以禮部尚書兼東閣大學士入參機務……至四十年九月疏已百二十餘上，乃陛辭出都待命……賜道里費，乘傳以行人護歸，居四年卒。……廷機繫閣籍六年，秉政止九月。』可知李廷機於萬曆三十五年入閣，秉政止九個月，後連上疏一百二十餘乞歸，於萬曆四十年始歸里。如果所述萬曆三十三年，見玉牒之人口，後十四年李廷機上奏，卽

今襲封新生已踰十四年』，以年數計算，應爲萬曆三十六年（一六〇八）。案明史李廷機傳記載李廷機入內閣是在萬曆三十五年，明史宰輔年表又云：『三十六年戊申，廷機十月養病以後，杜門注籍，不赴內閣』。明神宗實錄亦云：『輔臣李廷機棲遲荒舍，久謝閣務，入直供事者只一葉向高』。（皆請見本頁'接上頁註'）所以由史事記載推論，李廷機與葉向高上奏疏的年代，只能在萬曆三十五年或三十六年。若以實錄云自萬曆二十三年後之十四年推算，當以萬曆三十六年（一六〇八）爲是；而實錄載李葉二氏之奏疏於萬曆四十年（一六一二），疑乃爲誤訛。所以李葉二氏奏疏所載『今襲封新生已踰十四年，又有六十萬餘位矣』，當爲萬曆三十六年（一六〇八）。

又如實錄記載李葉二氏的奏疏，自萬曆二十三年（一五九五）玉牒所載宗支共有十五萬七千餘位 (157,000)，接着云：『今（萬曆三十六年）襲封新生已踰十四年，又有六十萬餘位矣』。這六十萬的宗藩人口，數目相當大，看來似有疑問。

由於這一人口數字之大而有疑問，於是日本人布目潮渢在明朝の諸王政策とその影響中則認爲六十萬位乃十六萬之誤（註一）我覺得布目潮渢之說也有商榷的餘地。因爲明神宗實錄所載李葉二氏之奏疏中已說明萬曆二十三年見於玉牒之宗藩共計有十

（接上頁註）是萬曆四十六年，此時李廷機早已致仕歸里，所以中研院影印本及廣方言館鈔本云萬曆三十三年不可信。又據明神宗實錄，卷四八八，萬曆三十九年十月戊子，中研院影印本，頁九二〇九，云：『大學士李廷機言，臣自戊申年（三十六年）四月二十一日乞告休致，祇候聖旨，至今凡歷四年……凡一百二十三疏矣。』明神宗實錄，卷四九一，萬曆四十年正月，同上，頁九二三四，云：『輔臣李廷機棲遲荒舍久謝閣務，入直供事者只一葉向高。』李氏自萬曆三十六年四月即上疏乞休，內閣只葉向高一人。又據明史，卷一一〇，宰輔年表二，藝文影印本，頁一二七一，云：『（萬曆）三十六年戊申，廷機十月養病以後杜門注籍不赴閣。』李廷機於萬曆三十五年十一月入閣，至萬曆三十六年十月已杜門不赴內閣，也是明史李廷機傳所載『繫閣籍六年，秉政止九月』。若李廷機自三十六年十月已杜門不赴內閣，不秉政是事實。則明神宗實錄之纂修官把李廷機之奏疏，繫於萬曆四十年二月亦爲不當。若以前後記載及奏疏之行文推之，由萬曆二十三年後之十四年，恰是萬曆三十六年。若李高二氏奏疏繫於三十六年二月，此時李廷機與葉向高皆在內閣，較爲合理。

（註一）　日人布目潮渢：明朝〃諸王政策とその影響下，史學雜誌，第五十五編，第五號，一九四四年，東京，頁三七七。

五萬七千人，這個數字已接近十六萬人，並且上文引千百年眼所載萬曆二十二年（
一五九四）時宗藩人口已有十六萬人。同時實錄所載李葉二氏的解釋說，自萬曆二
十三年後『今襲封新生已踰十四年』，十四年後宗藩人口必有顯著的增加，才說出增至
六十萬人。如果按布目潮渢之說十四年後六十萬位仍當爲十六萬人之誤，這十四年中
的宗藩人口似沒有增加，當代內閣大學士李葉二氏何以又特別着重十四年後人口的增
加呢？布目氏似乎違背明代當時朝臣李葉二氏奏疏解釋十四年後的襲封新生宗藩增加
的本意。

　　然而李葉二氏估計自萬曆二十三年後的十四年，宗藩人口數字達六十萬位，很難
使我們相信。假若李葉二氏所估計的六十萬位，不是筆誤，而是李葉二氏在當時所估
計之數，似乎可以這樣解釋，李葉二氏在奏疏中所說的六十萬人，或者可能計算親
郡王將軍中尉等時，再加上女輩的郡縣主君及儀賓等。因爲在明人記載宗藩人口時
往往不包括郡縣主君女輩人口。如上文論證隆慶時人口之舉例中，是明穆宗實錄記
載戚元佐在隆慶三年的議處宗藩事宜疏云：『今二百年宗支入玉牒見存者二萬八千
四百九十二位』，並沒有說明這二萬八千四百九十二人是否包括公主女輩之
宗藩，再看皇明奏疏類鈔載何起鳴在隆慶二年上的條議宗藩至切事宜疏云：『近按
玉牒實在之數，親郡王將軍中尉及未名未封與庶人等項，共二萬八千四百九十一位，
郡縣主君儀君儀賓不與焉』。由何起鳴的奏疏始知實錄記載戚元佐的奏疏所言宗藩二
萬八千四百九十二位，不包括女輩郡縣主君及儀賓等。由於這些例證，很可能李葉
二氏在奏疏中引的萬曆二十三年玉牒共計一十五萬七千餘位，也認爲不包括郡縣主君
女輩之人口，因爲宗藩支取祿米的人口，是包括藩王、將軍、中尉、及女輩公主、
郡縣主君等。所以李葉二氏在上宗藩之衆支取祿米之盛的奏疏中，把玉牒所載之宗支
十五萬七千人，當做藩王以下將軍、中尉等。如果李葉二氏估計在萬曆二十三年女
輩儀賓等也有男的子孫一倍，則男女宗支合計應爲三十餘萬人；再以王世貞在弇州
史料後集中云十餘年『人益其半而合之』的算法來推算，而李葉二氏可能也估計在這十
四年後宗藩人口增加一倍，因此宗藩男女合計即可達到六十萬人。李葉二氏統計之
法雖然有此可能，但我們不認爲李葉二氏的估計是可靠的。因爲李葉二氏在奏疏中
引玉牒宗支爲十五萬七千人，沒有說出這一數字是不包括郡縣主君女輩，並且本文

以明人前後記載宗藩人口數字看，李葉二氏奏疏引這十五萬七千人似應包括女輩，（見上文）所以李葉二氏奏疏推測出這一過高數字仍不可相信。

關於明代宗藩人口，徐光啓在徐文定公集中又云：『洪武中親郡王以下，男女五十八位耳。至永樂而爲位者百二十七，是三十年餘一倍矣。隆慶初麗屬籍者四萬五千，而見存者二萬八千。萬曆甲午(二十二年)麗屬籍者十萬三千，而見存者六萬二千,即又三十年餘一倍也。頃歲甲辰（萬曆三十二年）麗屬籍者十三萬，而見存者不下八萬，是十年而增三分之一，即又三十年餘一倍也。夫三十年爲一世，一世之中人各有兩男子，此生人之大率也』。（註一）明末徐光啓根據宗藩人口的記載，推算出人口增長率的理論，至於徐氏三十年餘一倍的人口增長率是否正確，有待下文於『宗藩人口推論』中加以證明。在此要注意的，從徐氏這篇文字中已知有關明代宗藩人口的記載，如洪武、永樂、隆慶初、萬曆二十二年、萬曆三十二年等屬籍及見存宗藩人口的數字。

根據上文論證明代各家有關宗藩人口的記載，再列見於史籍記載的明代宗藩人口表如下：

表三：見於史籍記載的明代宗藩人口表

年　　　　代	玉牒屬籍之人口	見存之人口	根　　據	備　　　　註
洪　武　中	58人		徐文定公集卷一	徐光啓奏疏引
永　樂　中	127		徐文定公集卷一	徐光啓奏疏引
正　德　間	2,945		震澤長語、今言、圖書編卷八八	公主、郡主、至鄉君不在內
嘉　靖　八　年	8,203		今言	
嘉　靖二八年		10,000人	皇明經世文編，卷三三五	
嘉　靖三十年	19,607		廣輿圖卷一	嘉靖三十年十月前之數
嘉靖三十二年	19,454		國計三義	自鎮國及郡主以下皆略去百位後之尾數，因此計算總合較少
嘉靖三十二年	19,611		皇明經世文編卷二一二	歐陽鐸於嘉靖三十二年十一月奏疏引王世貞之推算
嘉靖二十八年後十餘年		20,000	皇明經世文編，卷三三五	

（註一）　徐光啓：徐文定公集，卷二，處置宗祿查核邊餉議，重刊增訂本，臺北，民五一年，頁五一至五八。

嘉靖二十八年 後二十餘年		40,000	同上	
隆　慶　間		28,000	嘉隆識小類編卷二	
隆　慶　初　年	45,000	28,000	徐文定公集卷一	徐光啓奏疏引
隆　慶　二　年		28,491	皇明奏疏類鈔卷九	何起鳴奏疏引郡縣主君儀賓不在內
隆　慶　三　年	45,115	28,452	皇明奏疏類鈔卷九，明穆宗 實錄卷三二	戚元佐奏疏引，實錄載戚氏奏疏見存 之人數爲28,492人。
隆　慶　五　年		28,924	明穆宗實錄卷五八	栗永祿奏疏引，郡縣主君及儀賓不在 內
隆　萬　之　際		23,995	弇山堂別集卷一，國朝典彙 卷十三	如本文根據別集及典彙分載郡王、將 軍、中尉、郡縣主君等一一統計，合 計之數應爲二萬三千五百一十八人， 與別集及典彙所載之總數有異
萬曆　二　年	40,000	30,000+	明神宗實錄卷二五	石應岳奏疏引
萬曆十四年後 到二十四年間		53,507	名山藏，分藩記	何喬遠爲郎時所見
萬曆二十二年	103,000	62,000	徐文定公集卷一	徐光啓奏疏引
萬曆二十二年	160,000		千百年眼	明人張燧所記
萬曆二十三年	157,000+		明神宗實錄　卷四九二	李廷機葉向高奏疏
萬曆三十二年	130,000	80,000	徐文定公集卷一	徐光啓奏疏引
萬曆三十六年	600,000		明神宗實錄	李廷機葉向高之推算

此表中的數字，如嘉靖二十八年後十餘年及又後二十餘年見存之二萬人和四萬人，乃王世貞根據他的十餘年『人益其半而合之』理論所推算。又如徐文定公集載徐光啓奏疏引萬曆二十二年屬籍爲十萬零三千人，及萬曆三十二年屬籍者爲十三萬人，其人口數字皆比萬曆當代內閣大學士李廷機葉向高所引證萬曆二十三年之人口爲十五萬七千人數字較低，頗有可疑，此表人口數字乃根據各家原來記載所列。

四、宗藩人口之推論

在前文中，根據各家記載把明代宗藩人口數字，加以述論，可略知明代宗藩子孫生齒繁衍之概況。前文所引各家記載述明代宗藩人口僅到萬曆三十六年（一六〇八）。然而從萬曆三十六年後再經過泰昌、天啓，到崇禎朝亡，尚有三十六年。而萬曆三十六年的六十萬人口數字，是內閣大學士李葉二氏估計之數，不可盡信。如果以上

文所論證的可信史料來看，自李葉二氏奏疏引證當時玉牒云萬曆二十三年（一五九五）
人口數字的年代算起，到崇禎朝亡，尚有五十年。在這一段長期年代中，宗藩人口自然
又有增加。並且萬曆時代宗藩人口數字，只能代表萬曆時代的宗藩人口，不能代表明
代整個時代宗藩人口數字。所以在史料不足徵時，不得不把明代宗藩人口再做推論。

　　固然有些史家對史籍上記載的數目字，甚至於推論出的數字，多加懷疑，或不予
相信。我們認為過於懷疑或不相信，會牽連到歷史研究上某些問題不能着手整理，許
多重要史事不能獲得解釋。我並不標榜數目字的記載都是可靠，但也不抹煞數目字有
助研究歷史的價值。在這種情況下，本文的態度是引用數目字史料時，必須要力求愼
重，盡量求得可信的數字則可，而不能拋開歷史上有關數目字的史料而不顧。如果根
據較可信的數字或統計出較可信的數字所得出的結論和解釋，雖不敢說百分之百是對
的，至少說能看出解答某些問題的輪廓和概況。這些輪廓和概況，在史料不足徵時，
實有助於歷史的研究。

　　本文根據這一觀念，於本節中再把宗藩人口做一推論。如上文所述，在明代也有
學者如王世貞及徐光啓等提出明代宗藩人口增長率的理論，把宗藩人口加以推論；但
他們提出的人口增長率和推論似有懷疑，今一一論證如下。

　　首先談王世貞宗藩人口增長率，上文引王世貞的弇州史料後集云：『自嘉靖二十
八年，而見存者一萬餘人。今又十餘年矣，人益其半而合之，而當為二萬人也。又十餘
年矣，人益其半而合之，當為四萬五千人也』。（見本文第三節頁七註二）王氏並沒有
具體舉出例證，只說以十餘年『人益其半而合之』為宗藩人口的增長率。似不能令人
滿意。假如就以王氏舉出嘉靖二十八年（一五四九）見存之人口一萬人為例，再按王氏
十餘年增一倍人口增長率的理論來看，所謂十餘年的「餘年」不夠肯定，若具體的以十
年而言，把嘉靖二十八年前後的宗藩人口加以推算，可得到這樣的結果，列表如下：

　　　　　　表四：十年一倍的宗藩人口增長率之推算與明人記載比較表

| 推　　　　　算 | | | 明朝當代人記載玉牒見存人口 | | | |
年　　代	西　　元	人　　口	年　　代	西　　元	人　　口	根　　　　據
永樂十七年	一四一九	2				

年次	西元	人數	年次	西元	人數	出處
宣德四年	一四二九	3				
正統四年	一四三九	5				
正統十四年	一四四九	10				
天順三年	一四五九	20				
成化五年	一四六九	40				
成化十五年	一四七九	79				
弘治二年	一四八九	157				
弘治十二年	一四九九	313				
正德四年	一五〇九	625				
正德十四年	一五一九	1,250				
嘉靖八年	一五二九	2,500				
嘉靖十八年	一五三九	5.000				
嘉靖二十八年	一五四九	10,000（王世貞之記載）				
嘉靖三十八年	一五五九	20,000	隆慶間		28,000	嘉隆識小類編卷二
			隆慶初年		28,000	徐文定公集卷一
隆慶三年	一五六九	40,000	隆慶三年	一五六九	28,452	皇明奏疏類鈔卷九
			隆慶五年	一五七一	28,924	明穆宗實錄卷五八
萬曆七年	一五七九	80,000	萬曆二年	一五七四	30,000	明神宗實錄卷二五（約數）
萬曆十七年	一五八九	160,000	萬曆十四年後	一五八六	53,507	名山藏
萬曆二十七年	一五九九	320,000	萬曆二十二年	一五九四	62,000	徐文定公集卷一（數字較低論證見下文）
萬曆三十七年	一六〇九	640,000	萬曆三十二年	一六〇四	80,000	徐文定公集卷一（數目較低論證見下文）
萬曆四十七年	一六一九	1,280,000				
崇禎二年	一六二九	2,560,000				

　　如果根據王世貞舉嘉靖二十八年（一五四九）所見宗藩人口爲一萬，若以十年增一倍的人口增長率來推算。首先向前推算見『表四』，自嘉靖二十八年（一五四九）溯至嘉靖八年（一五二九），恰是兩個十年，人口應減兩倍，見存宗藩人口應爲二千五百人。又向前推兩個十年，到正德四年，見存的人口應爲六百二十五人；又向前推二十年，到弘治二年，見存人口應爲一百五十七人；又向前推二十年，到成化五年，見存的人口應爲四十人；又向前推二十年，到正統十四年，見存人口應爲十人；又向前推二十年，到宣德四年，見存人口應爲三人；再向前推十年，即永樂十七年，見存人

口應爲二人。事實上永樂十七年宗藩人口絕不是二人。所以以十年增一倍的增長率向上推算，不可信。

　　再以上文所舉自嘉靖二十八年爲一萬人爲例，以十年人口增長率向後推算，到嘉靖三十八年（一五五九）見存人口應爲二萬人。再以十年增長率向後推算，到隆慶三年（一五六九）見存人口應爲四萬人，而與明穆宗實錄及皇明奏疏類鈔所載戚元佐在隆慶三年的奏疏引玉牒見存者爲二萬八千四百五十二人，相差已很遠。再以十年增長率向後推算的結果，比明人記載人口的差異，越往後越懸殊。如萬曆七年推算的人口爲八萬，而見於名山藏載萬曆十四年後的見存人口爲五萬三千五百零七人；在年代上又向後延七年，反比萬曆七年推算的八萬人少兩萬六千多人。又如推算到萬曆十七年爲十六萬人，而徐文定公集記載萬曆二十二年見存人口才六萬二千人，相差很大。到萬曆二十七年推算的人口爲三十二萬人，而徐文定公集載萬曆三十二年見存人口才有八萬人，相差爲三倍，甚至再向後推算兩個十年，到萬曆四十七年（一六一九）宗藩人口已達到一百二十八萬人，再向後十年，到崇禎二年（一六二九）宗藩人口爲二百五十六萬人，這是驚人數字。所以若以十年人口增長率的推算所得的結果，實難令人相信，因此本文對十年增一倍的宗藩人口增長率不能贊同。

　　再談明末徐光啓的宗藩人口增長率，上文引徐光啓的徐文定公集云：『洪武中親郡王以下，男女五十八位耳，至永樂而爲位者百二七，是三十年餘一倍矣。隆慶初麗屬籍者四萬五千，而見存者二萬八千。萬曆甲午（二十二年）麗屬籍者十萬三千，而見存者六萬二千，即又三十年餘一倍也。頃歲甲辰（萬曆三十二年）麗屬籍者十三萬，而見存者不下八萬，是十年而增三分之一，即又三十年餘一倍也。夫三十年爲一世，一世之中，人各有兩男子，此生人之大率也。』（見前文第三節頁十八註一）徐氏三十年宗藩人口增加一倍的增長率也不能令人滿意，分析論證如下。

　　第一，徐氏的理論建立在『三十年爲一世，一世之中人各有兩男子，此生人之大率也。』這一理論是否能適合解釋明代宗藩人口的生長實況，却有問題。前文曾述過明代的皇子皇孫在坐食祿米的情況下，又在當時娶妻妾衆多的社會中，宗藩生齒極其繁盛。例如一王有幾十個兒子，（如前文弇山堂別集及春明夢餘錄皆云慶成溫穆王有百子）是常見的事。明太祖有二十六子，除懿文太子和皇子楠殤外，共封有二十四位親

王，這二十四位親王所生的兒子封爲郡王者已相當多了。根據明刊本國朝典彙（註一）記載，再把明太祖所封的親王之子爲郡王者，加以統計，列表如下：

表五：明太祖初封之親王及郡王表

親 王	郡 王	親 王	郡 王	親 王	郡 王
秦 愍 王	8	蜀 獻 王	15	谷 王	1
晉 恭 王	24	湘 獻 王	自 焚 除	韓 獻 王	22
周 定 王	65	代 簡 王	25	瀋 簡 王	24
楚 昭 王	16	肅 莊 王	9	安 惠 王	絕
齊 王	3	遼 簡 王	31	唐 定 王	10
潭 王	除 國	慶 靖 王	移 寧 夏	郢 靖 王	絕
趙 王	絕 除	寧 獻 王	10	伊 屬 王	4
魯 荒 王	15	岷 莊 王	18	23 王	300郡王

由『表五』可知太祖所封的二十四位親王，其中除去趙王杞封後而殤外餘下二十三位親王，所生的兒子封爲郡王者已有三百位，郡王人口已比親王平均增加十三倍。實際上這三百位郡王乃是十七位親王所生，因爲其中已減去絕除及國除者，和移國於寧夏等親王，皆未記載所生的兒子。假如這三百位郡王，就以太祖封二十三位親王來平均計算，平均每人生有十三個兒子；如果減去除國及移國等的親王，只有十七位親王，則平均每位親王所生的兒子當有十七位。（親王所生的女輩尚未列入）由實際統計的例證而言，已比徐光啓在推算明代宗藩人口生長率所說的『人各有兩男子，此生人之大率也』，幾乎多出九倍。這僅是一個例證，雖不敢說明代宗藩的生齒都是如此。然而徐氏豈能以通常一般人生之大率『一世之中人各有兩男子』，來看明代特殊階級坐食祿米的宗藩人口之生齒呢？所以徐氏所說的明代宗藩人口增長率的基本理論，亦有疑問。

（註一）國朝典彙，卷十三，附藩祿，天啓間刊本，頁一前後。

　　第二，徐氏所據每一時代的人口記載，也有可疑。如述明初洪武間爲五十八人及永樂間一百二十七人之記載，但由本文的統計（見上文）明太祖封有二十四位親王，親王下又有三百位郡王，郡王下的將軍等尙不在內，女輩亦不在內，似比徐氏所載洪武中親郡王以下的五十八人要多。就以明代後期宗藩人口繁盛的時期而言，隆慶初屬籍者，徐氏說有四萬五千人，見存者二萬八千人，如證之明穆宗實錄及皇明奏疏類鈔記載當時戚元佐的奏疏所述隆慶二年（一五六八）屬籍人口爲四萬五千一百十五人，數字很接近，尙無問題，但徐氏所謂三十年後到萬曆二十二年（一五九四）屬籍者十萬三千，確有問題。前文曾論證過，實錄記載萬曆當代內閣大學士李廷機葉向高的奏疏，述萬曆二十三年（一五九五）玉牒所載屬籍之人口是十五萬七千人，甚至千百年眼中所載萬曆二十二年玉牒所載屬籍之人口是十六萬人。然而徐氏記載此時（萬曆二十二年）屬籍者僅爲十萬零三千人，比實錄等所載當代內閣大學士記載當代的宗藩人口少了半倍強。在史料比較可信的程度上來說，當然取李葉二氏當代人引證當代玉牒史料爲可靠，所以徐氏提出這樣小而與記載史事不合的數目，來證明三十年人口增長率的可靠性，頗有疑問。如案實錄等記載當代人述當代的宗藩人口數目來算，卽隆慶初四萬五千人到萬曆二十三年（一五九五）的十五萬七千人計算，在這二十五年中〔隆慶三年（一五六九）——萬曆二十二年（一五九四）〕，宗藩人口已增加二倍半。這與徐氏所謂三十年增一倍之說的理論，大不相合。又如徐氏所述萬曆三十二年（一六〇四）屬籍者爲十三萬，若根據實錄記載李葉二氏當代人論當代史事而言，萬曆三十二年前的十年屬籍人口已達到十五萬七千人，何以十年後萬曆三十二年的宗藩人口不但不增加反而減少？由此看來徐氏記載之屬籍宗藩人口數字確有問題，當然徐氏推論出的三十年增一倍的宗藩人口增長率，也有問題了。

　　第三，假設徐氏的三十年宗藩人口增一倍的理論爲可信，如根據徐氏的宗藩人口增長率來計算，由洪武時代開始，照徐氏所述『洪武中親郡王以下，男女五十八位耳』，並沒有指出洪武的那一年。因洪武時代共爲三十一年，且不必說這洪武中卽是洪武十五年（一三八二）或十六年，如再往後多算十年，約自洪武二十五年（一三九二）開始算起，到永樂二十年（一四二二）是第一個三十年後，據推算這五十八人增一倍當爲一百十六人，徐氏在記載中說永樂中則爲一百二十七人，尙無大差異。

永樂共爲二十二年，徐氏所謂永樂中，姑且自 永樂二十年往後推算，而以徐氏所述一百二十七人爲基本數，再以徐氏的三十年增一倍的人口增長率向後推算，列表六如下：

表六：三十年增一倍的宗藩人口增長率之推算與明人記載比較表
（以徐氏記載永樂間屬籍之人口爲基數向下推算）

推算			明朝當代人記載王牒屬籍人口			
年代	西元	人口	年代	西元	人口	根據
洪武中（約二十年）	一三九二	58（徐氏記載之數）	洪武中		58	徐文定公集卷一
永樂中（約二十年）	一四二二	127（徐氏記載之數）	永樂中		127	徐文定公集卷一
景泰三年	一四五二	254				
成化十八年	一四八二	508				
正德七年	一五一二	1,016				
			正德間		2,945	震澤長語、今言、圖書編卷八八，公郡縣主君不在內。
			嘉靖八年	一五二九	8,203	今言
嘉靖二十一年	一五四二	2,032				
			嘉靖三十年	一五五一	19,607	廣興圖卷一
			嘉靖三十二年	一五五三	19,454	國計三議（計算時略去尾數）
			嘉靖三十二年	一五五三	19,611	皇明經世文編卷二一二
			隆慶初年		45,000	徐文定公集卷一
			隆慶三年	一五九六	45,115	皇明奏疏類鈔卷九，明穆宗實錄卷二二。
隆慶六年	一五七二	4,064	萬曆二年	一五七四	40,000	明神宗實錄卷二五
			萬曆二十二年	一五九四	103,000	徐文定公集卷一
			萬曆二十二年	一五九四	160,000	千百年眼
			萬曆二十三年	一五九五	157,000	明神宗實錄卷四九二
萬曆三十年	一六〇二	8,128				
			萬曆三十二年	一六〇四	130,000	徐文定公集卷一
崇禎五年	一六三二	16,256				

　　由『表六』可知，以徐氏三十年增一倍人口增長率來算，就徐氏所舉永樂時爲
一百二十七人爲例，向後推算三個三十年，到正德七年（一五一二）宗藩人口爲一千零十
六人，但本文根據王鏊震澤長語、鄭曉今言、章潢圖書編等記載在正德間玉牒屬籍者
已有二千九百四十五人，幾乎比徐氏的人口增長率推算出的數字多出兩倍。再由正
德七年向後推三十年，見『表六』嘉靖二十一年（一五四二）人口爲二千零三十
二人，然而本文據鄭曉今言記載，在嘉靖二十一年前的十三年卽嘉靖八年（一五九
〇二）玉牒屬籍者已有八千二百零三人，這與徐氏之增長率所推算的嘉靖二十一年爲二
千零三十二人，已多四倍以上。再向後推三十年，見此表隆慶六年（一五七一）人
爲四千零六十四人，與本文引證皇明奏疏類鈔及明穆宗實錄載戚元佐奏疏所說隆慶三
年（一五六九）玉牒屬籍的人口四萬五千一百十五人，比徐氏人口增長率推算出的隆
慶六年（一五七二）人口四千零六十四人，相差有十一倍以上。再以徐氏自己在徐文
定公集歸納增長率理論時所根據的人口數字而言，徐氏所根據的數字在『隆慶初麗屬
籍者四萬五千。』而與徐氏的三十年增一倍的人口增長率推算出隆慶六年（一五七二）
的人口才有四千零六十四人，也相差十一倍以上，這又是徐氏自身的矛盾。如『表
六』推算萬曆三十年（一六〇二）人口爲八千一百二十八人，但本文引證明神宗實錄記
載當代內閣大學士李廷機葉向高奏疏所述，萬曆二十三年（一五九五）玉牒屬籍人口
已有十五萬七千人。卽是在萬曆三十年（一五七五）前的七年，宗藩人口比用徐氏人
口增長率所推算出八千一百二十八人，多出十九倍。再以徐氏本文歸納出人口增長率的
理論時所根據的萬曆二十二年（一五九四）玉牒屬籍者有十萬零三千人來看，而與徐
氏人口增長率推算出的萬曆三十年爲八千一百二十八人，相差十二倍強。所以由本
文的論證，以徐氏三十年人口增一倍的增長率所推論出的人口，再與徐氏自己舉出
明代的宗藩人口數字相比較，皆相差懸殊。所以徐氏三十年餘一倍的宗藩人口增長率
的理論，本文不贊同。

　　以上本文以明人徐光啓提出的宗藩人口增長率，根據徐氏本身記載的人口數字
來推算，所得的結果與明人記載的宗藩人口相差很大，委實不能令人滿意或相信。
本文擬把明代宗藩人口增長率再做決定，今根據明代當代人記載各個朝代宗藩的

人口數字，再加驗算和推論，而歸納出較可信的明代宗藩人口增長率，約十五年增加一倍，以此增長率推算的人口數字，而與明人記載宗藩人口實際之數相接近。

先談談本文推論宗藩人口增長率時，引證史料的取捨。本文推論所採取的定點，即以明代當時人記載當代宗藩人口數字做基礎。至於前文論證明末徐光啟在處置宗祿查核邊餉議中所述萬曆二十二年（一五九四）屬籍宗藩人口爲十萬零三千人，及萬曆三十二年（一六〇四）屬籍者爲十三萬人。與萬曆時代內閣大學士李廷機及葉向高奏疏所述萬曆二十三年（一五九五）屬籍之宗藩人口十五萬七千人，及千百年眼云萬曆二十二年（一五九四）屬籍者十六萬人，相差很大。本文以當代人記載當代史事較可信的原則下，捨棄明末徐氏記載前代史料不用。

又如前文所論明神宗實錄記載萬曆二年（一五七四）禮科給事中石應岳之奏疏云：『邇年以來，麟趾繁衍，載玉牒者四萬，而存者可三萬有奇。』石應岳在萬曆二年（一五七四）所述『邇年以來』，乃隆慶到萬曆初的時期，其所載之屬籍及見存人口，乃與前文所述明穆宗實錄及皇明奏疏類鈔所載隆慶三年（一五六九）戚元佐奏疏所言玉牒屬籍者有四萬五千一百十五人，見存者爲二萬八千四百五十二人，亦有差別。再證之嘉隆識小類編載隆慶間的宗藩人口，徐文定公集載隆慶初年的宗藩人口，皇明奏疏類鈔載何起鳴奏疏述隆慶二年（一五六八）人口，及明穆宗實錄載栗永祿奏疏述隆慶五年（一五七一）之人口等，（參閱本文『表三』見於記載的明代宗藩人口表）可知萬曆二年石應岳奏疏所云，『邇年以來』載玉牒者四萬，存者可三萬有奇，當爲隆慶三年（一五六九）戚元佐奏疏所言屬籍者爲四萬五千一百十五人，見存者爲二萬八千四百五十二人的約數。所以本文亦捨棄石應岳記載的人口數字不用。

又如前文所述內閣大學士李廷機葉向高自萬曆二十三年後逾十四年後估計應爲六十萬人，前文亦論證過乃爲可疑的人口數字，在推論人口生長率時，也捨棄此一史料不用。

自正德以後宗藩人口漸衆，帶給明代經濟上的問題也漸複雜，明代各家記載者也漸多。如王鏊的震澤長語、鄭曉的今言、章潢的圖書編等皆記載正德間玉牒屬籍人口爲二千九百四十五人，但所謂正德中，未說出確切的年代，所以本文也不以此

人口數字做定點來推算 ， 只做推論的旁證 。 再由前文『 表三 』從正德時代到嘉靖
三十年，明刊本廣輿圖記載中肯定說出嘉靖三十年十月以前宗藩人口之數爲一萬九千
六百零 七人 。 並且關於這一宗 藩 人口數字 記載 ， 皇明經世文編記載歐陽鐸在嘉靖
三十二年十一月的奏疏中， 也曾記載當時宗藩 人口數字爲一萬 九千六百十人；以及
明刊本的國計三議也記載嘉靖三十二年人口數字一萬九 千四百五 十四人（ 計算 時曾
略去尾數） ， 幾乎皆相同 。 由此可知所謂嘉靖 三十年 十月 以前宗藩人口 爲一萬九
千六百零七位， 可爲相信的史料， 本文則以此數 爲推算的定點， 再以本 文提出十
五年增 一倍的人口 增長率 向前推至 正德時代，又向後推至萬曆時代，所推算出的數
字，與明朝當代各家記載的宗藩人口數字幾乎皆相接近。今列本文提出以十五年增一
倍的人口增長率推算出的各代人口數字，與明朝當代各家記載宗藩人口數字比較表如
下：

表七：本文以十五年增一倍推算之人口與明人記載當代屬籍之人口比較表

（以嘉靖三十年人口爲基數推算）

本文之推算			明朝人記載當代玉牒屬籍人口				
年　　代	西　元	人　口	年　　　代	西　元	人　口	根　　　據	
正德元年	一五〇六	2,451人					
			正德間		2,945	震澤長語、今言、圖書編卷八八，郡縣主君未計算在內。	
正德十六年	一五二一	4,902					
			嘉靖八年	一五二九	8,203	今言	
嘉靖十五年	一五三六	9,804					
嘉靖三十年	一五五一	19,607	嘉靖三十年	一五五一	19,607	廣輿圖卷一，皇明經世文編卷二一二等。	
			嘉靖三十二年	一五五三	19,454	國計三議	
			嘉靖三十二年	一五五三	19,611	皇明經世文編卷二一二	
嘉靖四十五年	一五六六	39,214					

			隆慶三年	一五六九	45,115	明穆宗實錄卷二二及皇明奏疏類鈔卷九
萬曆九年	一五八一	78,428				
			萬曆二三年	一五九五	157,000	明神宗實錄卷四九二
萬曆二十四年	一五九六	156,856				
萬曆三十九年	一六一一	313,712				
天啓六年	一六二六	627,424				

此表推算時所用的人口史料，乃明人記載見於玉牒屬籍的人口數字，其中包括藩王將軍中尉及公主郡縣主君等，因此推算出的人口，當然也爲屬籍及包括女輩的人口。

由此表可知，本文以嘉靖三十年（一五五一）宗藩人口爲一萬九千六百零七人爲基數，再以十五年人口增長率來推算，所得的結果與明朝當代人記載的人口數字很接近。譬如由嘉靖三十年（一五五一）向前推十五年，溯至嘉靖十五年（一五三六），宗藩人口是九千八百零四人，則與明人鄭曉在今言中記載嘉靖八年（一五二九）宗藩人口爲八千二百零三人，相差不遠。嘉靖八年比十五年早七年，十五年人口應該比八年人口稍多。再由嘉靖十五年（一五三六）向前推十五年，至正德十六年爲四千九百零二人。再推前十五年，至正德元年（一五〇六），人口爲二千四百五十一人，則明人王鏊的震澤長語、鄭曉的今言、章潢的圖書編等記載正德間爲二千九百四十五人，不包括郡縣主君女輩。所謂正德間，不能斷定是在那一年。但是見於記載正德間的二千九百四十五人之數目，恰是本文推算正德元年爲二千四百五十一人，正德十六年爲四千九百零二人中間之數。

再從嘉靖三十年向後推算，到嘉靖四十五年（一五六六）爲三萬九千二百十四人，這與明穆宗實錄及皇明奏疏類鈔等記載嘉靖四十五年後三年的隆慶三年（一五六九）爲四萬五千一百十五人相接近，隆慶三年（一五六九）比嘉靖四十五年（一五六六）較晚，人口稍多，亦爲合理。本文以十五年增一倍的人口率，再向後推十五年，卽萬曆九年（一五八一）爲七萬八千四百二十八人。再向後推十五年，到萬曆二十四年（一五九六）爲十五萬六千八百五十六人，恰巧又與明神宗實錄記載當代內閣大學士李廷機葉向高奏疏所引萬曆二十三年（一五九五）玉牒屬籍者爲十五萬七千人，幾乎相合。因此本

文以宗藩人口十五年增一倍的人口增長率推算的結果，再證之明朝當代人記載當時宗藩人口數字，雖不完全相合，也很接近。所以本文提出宗藩人口十五年增一倍的增長率，至少說較明人徐光啓等所提出的宗藩人口增長率接近史事。

　　本文求得接近史事增長率的目的，在明人記載宗藩人口不够完整的情況下，史料不足徵時，藉較可信的宗藩人口增長率，能推算出明代自萬曆二十三年以後經泰昌、天啓到明亡前夕的宗藩人口數字，由此可看出明代整個時代宗藩人口繁衍的輪廓，或概況。

　　若以十五年宗藩人口增一倍的人口增長率，（見『表七』）接着萬曆二十四年（一五九六）向後推算，過一個十五年，到萬曆三十九年（一六一一），宗藩人口可達到三十一萬三千七百十二人。再由萬曆三十九年向後推算十五年，到天啓六年（一六二六），屬籍宗藩人口可達到六十二萬七千四百二十四人。這是大的數字，在此要特別說明，本文提出的十五年人口增一倍的增長率，所根據的明人記載宗藩人口數字，是包括郡縣鄉主君等女輩人數；當然本文根據十五年增一倍的增長率推算出萬曆三十九年及天啓六年屬籍的宗藩人口，也是包括郡縣鄉主君等女輩。另一點要說明的是，本文提出的十五年人口增長率，是根據玉牒屬籍人口數字的演算，當然本文以十五年增一倍的人口增長率所推算出的結果，也只能算是屬籍的宗藩人口。

　　自明代萬曆時代內閣大學士李葉二氏奏疏引萬曆二十三年（一五九五）玉牒屬籍者一五萬七千人的時代後，據本文推算，假如明代宗藩人口在宗藩繁衍正常的發展情況下，到明代天啓末年屬籍的宗藩人口似應達到本文所推算的數目。雖不敢肯定說這是一個完全可靠的推論，但由於這一推論，似乎可以看出明代宗藩人口繁衍的概況。至於到崇禎時代明亡前的十餘年，國家的內憂外患更趨於嚴重階段，在經濟困窘及遍地戰亂下，宗藩祿米又不能發給，宗藩子孫在窮苦交迫中，人口是否能正常發展下來，又是問題。所以此後不再以每十五年宗藩人口增一倍的正常生長率來推算，本文對宗藩人口的推論，僅至崇禎朝亡前的天啓末年爲止。

　　以上是本文論證及推論出的宗藩人口繁衍概況。在史料記載不足徵時，姑且把明代宗藩人口先做此推論。有了這一論證和推論的人口數字，正如本文『引言』所說：然後準備再就宗藩人口數字論證祿米的消耗，藉此可研究明代封建宗藩對社會經

濟的影響。

　本文草稿初成，曾蒙楊蓮生先生斧正；付印之前，又承陳槃庵先生賜正，獲益良
多，謹誌謝忱。

明人援韓與楊鎬蔚山之役

李 光 濤

蔚山之役，由楊鎬言之，可謂虎頭蛇尾，有始無終。初則以萬曆二十五年十二月二十三、四兩日於蔚山連戰連捷，斬級無數，朝鮮君臣乃至額手稱慶，認爲淸正不難成擒矣。孰知天不欲滅倭，譬如大兵進圍蔚山別堡之所謂島山，凡十餘日，而倭衆正困於飢渴交迫，淸正且一再至欲拔劍自裁，不意天忽大雨，以解其危，更兼倭援大至，當此之際，楊鎬倉卒撤軍，結果反爲倭兵所乘，不利而退。以上所述，是卽蔚山戰役之一大槩而已。茲爲求詳起見，姑再據東國史籍取其若干如次，以見戰場之事，其勝其敗，原無常數也。

一、中興誌

（1）（丁酉）十一月，邢玠入京城。十二月，遣楊鎬麻貴進復慶州，大破平淸正於蔚山。

(小字) 邢玠方在遼東，楊鎬移書請先攻淸正，斷賊左臂。玠然之，遂馳入京城，與鎬定計。會宣大浙福等兵繼至，與前來兵合四萬四千餘人。玠令鎬及麻貴領大軍進攻淸正，又遣董正誼領千餘騎與我國兵大張旗鼓，趨南原，聲言攻順天等處，以綴行長義弘。鎬貴引兵向蔚山，號令整肅，權慄率高彥伯鄭起龍等從之。鎬令吳惟忠扼梁山，密遣降倭入賊窟圖形勢以來，遂指示進兵之路。初二日戊午，天兵我軍先到慶州，破賊兵於城外，賊棄城走，追擊又破之。己未，於 (疑誤) 大軍到蔚山，距賊壘六十里。麻貴招楊登山擺賽 頗貴問曰：爾等孰願爲先鋒？三將爭先，貴令擺賽爲先鋒，賽喜而登山怒，至欲拳毆賽。賽領千餘人與鄭起龍先進，曉薄賊壘，射火箭挑之，賊出擊之，賽陽退以誘賊，登山以二千騎繼至，合擊大破之，獲其將一人。庚辰，鎬貴悉引大軍齊進，鎬躬擐甲冑督戰，諸軍鼓譟奮擊，砲聲震天，火箭數百枝齊發，風迅火烈，亂爇賊幕，一日連拔三窟，燒斬萬餘人。天兵方搶

首級，而清正已入保島山矣。明日，鎬進兵仰攻，斬遲延者二人，衆皆爭奮，而城形絕險，備亦密，不可拔，游擊將軍陳寅中大丸，鎬乃收兵而退。明日，鎬令權慄李德馨率我軍及降倭攻之，又不克，死傷甚多。賊水軍又屯藍江，欲逼海岸，天兵用大砲却之。島山無水，賊每夜出城汲，輒爲我軍所獲，一夜擒百餘人，城中危迫，降者相繼。會大風雨，天兵凍餒不振，鎬令諸軍環城列營，各茸（聳）草房爲持久計。貴請開一面使賊得遁，設伏於要路以取之。權慄曰：今右道沿海賊屯星列，其勢必合兵來援，若能分軍以遏其路，則清正之頭可坐致也。鎬皆不從。（下冊葉五十一）

（2）戊戌（萬曆二十六年）正月，楊鎬麻貴攻島山不克，退屯京城。

　　（小字）鎬貴圍島山日久，賊兵大困，清正至欲自決，乃佯約日請降，而密求救於諸屯。賊數百艘自釜山西生浦來援，鎬令擺賽吳惟忠等禦之。初四日丙寅，自督諸軍四面薄城，欲爲火攻，而賊先於城外明火放砲。鎬斬士卒之退却者，又綁游擊將軍李化龍徇示軍中，諸軍震慄爭先，而賊砲如雨，死者甚衆，遂收兵而退。是日天兵又獲倭書，言加德安骨竹島釜山梁山等地十一倭將領六萬兵來，堅守以待云。藍江賊船九十餘艘，又入太和江上流，陸路諸賊若將繞出軍後，多列旗幟，以張其勢。鎬甚懼，問李德馨曰：城險難拔，救兵勢大，計將安出？德馨曰：清正圍在孤城，天也，此舉一失，後未易圖。大人以萬人專防箭灘彥陽路，堅陣以待，則我得形便，賊雖來不難制也。鎬曰：累日攻城，兵多損傷，不容不退，且圖後舉可也。德馨苦爭，辭氣壯厲，鎬雖不從，而深器異之。乃令撤兵，使擺賽楊登山爲殿。賽獨請決戰，鎬不從，賽橫臥馬前不起，作歌風之。鎬夜燒各營馳入慶州，諸將爲賊所迫，浙兵多赴水死，獨副總兵李芳春斬賊百餘人還。鄭起龍爲賊所圍，起龍縱馬揮劍而出，賊陳劃然中而開，遂除（徐）收散卒而歸，賊不敢逼。是役也，凡天兵前後死者千餘人，傷者三千人，參將陳遇閌，奮勇先登入柵中，中丸得不死，游擊將軍楊萬金執金鼓登城中丸，舁歸道卒，資糧器械蕩然無遺。清正遂益完城壁，築甬道以通汲水，又於楊鎬駐箚山上別築一城，爲堅守計。鎬還京城，更遣貴於安東，李芳春牛伯英於南原，祖承訓及游擊將

軍茅國器盧得功於星州，以謀秋間三路齊舉。李芳春禁侵擾，勸耕種，廣屯田，勤游賊，修官舍，葺房屋，瘞尸骸，民甚便之。芳春善騎射，馭軍嚴整，賞罰不逾時。（下冊葉五十二至五十三）

二、宣祖修正實錄

（1）丁酉十二月，楊經理麻提督進攻蔚山賊營，不利引還。時賊將清正築城於蔚山，為久留之計，經理提督潛師掩擊之，賊披靡不能支，奔入內城。天兵奪賊外柵，貪虜獲之利，不即進軍，賊遂拒門拒守，攻之不克。天忽大雨，雨後甚寒士卒皆癉瘵，馬多凍死，兩南諸屯之賊，由水陸來援。經理恐為所乘，遂旋師，使麻貴與都元帥權慄，留鎮慶州。（卷三十一葉七）

（2）戊戌正月，麻貴自慶州引軍還京。（卷三十二葉一）

三、吳慶男亂中雜錄

（1）丁酉十二月，楊鎬引軍到慶州。時清正分諸將守豆毛西生等鎮，自領大軍留島山，聞大兵之來，分遣伏兵遮截要衝，又分送差倭於各陣，告急請救。

（卷三葉八十五）

（2）經理楊鎬自慶州督諸將進攻清正于島山，焚燒伴鷗亭等處賊窟，斬獲甚衆。清正窮蹙，有跳遁之計。（卷三葉八十九）

（3）兩南諸屯之賊，聞島山圍急，發兵赴援，倭橋則行長留守，秀家領軍去。

（卷三葉八十九）

（4）楊鎬麻貴圍島山十有三日，日夜攻城，賊兵大困，加以糧盡井渴，死者日積，清正將欲自決，每投金銀雜寶於城外以緩我兵。天忽大雨，日甚凍沍，我軍力盡，各處援軍蔽海而至，張鶴翼突進，大軍左次而退。楊鎬即還京城，麻貴與本國元帥權慄，領軍留慶州。（卷三葉八十九）

四、宣祖實錄

（1）丁酉十二月甲申（二十八日），提督接伴使張雲翼都元帥權慄經理接伴使李德馨狀啓：本月二十三日丑時，三協天兵，一時自慶州分三路前進，黎明，左協先鋒直擣蔚山賊窟，佯北誘引，再次大戰，斬首五百餘級，生擒倭將一名，盤問，則清正往在西生浦云云。城外賊幕，盡為焚燒，餘賊遁入城內土

窟，日已向晡，南兵未及齊到，解圍休兵，將以明日早朝蕩滅。經理與提督
並駐賊營一馬場外，看驗首級牛馬器械，臣等亦跟隨以觀。但入窟之賊，方
運卜駄於舩所，慮或乘夜逃遁，明日更爲馳啓計料事。啓下備邊司。　（卷九十
五葉二十五至二十六）

（2）十二月乙酉（二十九日），右議政李元翼啓曰：當日捷報來到，軍門則燒香四
拜，各將皆穿紅，以次入賀，臣等亦隨各將之後，叩頭稱賀。軍門謂臣等
曰：你等亦喜歡乎？臣等答曰：小邦荷皇上洪造，老爺大恩，得破讐賊，懽
忭之意，難以盡達，寡君聞此報不勝感喜，卽欲來賀，而老爺欲於明日相
見，故不敢來拜。軍門曰：明日可以相會。聞此勝捷後，倭子等慌忙潰裂
云。各營倭子中，清正兵最硬，此已破，餘無足慮云。傳曰：知道。　（卷九十
五葉二十六）

（3）十二月丙申（申疑戊卽三十日），麻提督差官持捷書自蔚山至，上接見于別殿。
上曰：諸大人爲小邦親冒矢石，大功垂成，不勝感激，天兵無乃多傷乎？差
官曰：二十三日巳時，天兵破清正別營，其夜清正自西生來入蔚山，天兵方
圍島山攻打，而賊在高阜，我軍在卑處，故死傷頗多。二十三四日之戰，只
麻周兩千總中丸而死，軍兵死者不滿三十人。倭賊之從水路來者，爲天兵所
趕，翻船溺死者數千云。……（卷九十五葉二十六至二十七）

（4）上幸軍門，拜如儀。上曰：蔚山之捷，皆皇上之恩，大人之威。軍門曰：昨
聞于提督差人，清正自西生夜赴蔚山之急，蔚山已破，奔入島山，會當生擒
此賊。破蔚之日，倭將一人著金甲而死，此亦清正一樣官云。清正殺人極
多，其命自盡，來入島山，我兵攔阻海岸梁山釜山全羅之路，賊不敢來救
云。又曰：全羅之賊，自爲發動，不得不應，若見小利，先自輕進，深恐事
不如意，只損軍威而已。上曰：分付至當，但領兵陪臣痛心於不共戴天之
讐，故如許耳。軍門曰：勝固善矣，而若少失悞，所關不細，十分申飭，千
萬自愼，賊兵若少，相勢可圖，而亦可與天兵約束共擧爲妙。上曰：諸賊之
中，清正最強，清正破，則餘賊不足數，此正小邦再造之秋。軍門曰：清正
必破矣，兵馬亦足矣，但糧草不敷，則事不速成，催糧以繼，至緊至急。上

日：謹領分付，豈敢少緩。皇恩罔極，朝日，率羣臣北向叩頭，以此拜庭。

軍門曰：從此太平，俺亦稽賀拜。……（卷九十五葉二十七）

（5）戊戌正月朔丁亥，上至軍門衙門，入幕次，良久，軍門出，送二幅，紅紙濃

墨大書曰：帝德玄通，國運與陽春並轉，九天雨露旁敷。海氛清謐，物華共

歲月同新，八道河山生色。其一幅曰：劍橫晴雪平倭日，鼓震春雷奏凱時。

益都邢崑田。上稱謝。（卷九十六葉一）

（6）政院啓曰：軍門通事朴義儉，與今刻來到經理夜不收，來詣說稱：本月二十

三日，經理親督左右協軍兵，攻陷蔚山，斬五百餘級，二十四日，斬八百餘

級，而賊皆遁入土窟。 二十五日，高中軍祖總兵領軍，遮遏西生浦應援之

賊。清正在圍中土窟之內，勢甚窮蹙。經理差人持令旗及賞功牌免死帖，往

諭清正以投降免死重賞之意，則清正說稱：欲爲降附，而時未知朝鮮許降與

否？未敢即降。若與朝鮮相講，則當即投降云。而經理不許。天兵時方累重

圍抱攻打云。軍門分付于朴義儉曰：前日提督差官既已厚賞，此人亦須厚賞

云。且聞此人之言，則蔚山與島山似是一處矣。上曰：知道。（卷九十六葉二）

（7）李副總如梅接伴使李德悅馳啓曰：本月二十二日夜 ， 大軍齊發 ， 副總最先

行，二十三日午時，先鋒軍遇賊于距賊陣二十里之地，唐兵奮勇，以鶴翼掩

擊，斬賊四百餘級。二十四日黎明，進薄城下，各樣大砲俱發，轟天震地，

烟焰沸空，城中倭屋，一時火起，北風大起，風火所被，賊衆披靡，走入土

窟。諸軍陷城，進攻土窟，土窟重重石築，堅險無比，不得攻破，試放大碗

口，則山坂峻高，砲石有礙，不能直衝，終日不拔云。（卷九十六葉二）

（8）正月己丑（初三日），軍門都監啓曰：提督差官處問之 ， 言二十三四兩日交戰

之後，即進兵道山城下， 城凡四重， 外城周遭於山下， 土築低微， 我兵得

以攻開。其內三城，石築堅固，上列置房屋，其屋跨出城外，彼得俯瞰制

我，放丸如雨，我從其下，既不能察見城中形勢，又不得近於銃丸之下，我

兵不得已，屯於丸所不到之處。經理都督屯於城北，高策屯於東，吳惟忠屯

於南，李芳春屯於西，李如梅擺賽把截西生賊於江邊，祖承訓頗貴把截釜山

之賊，而城固難破如此，進則恐我兵多傷，故欲圍屯累日，以待其自斃。大

榘城中糧少水渴（疑竭），不久當自盡，苟我兵不乏糧餉，則城陷必矣。城周僅二三里，其中可有萬倭，而釜賊時無來援之形，西生賊逐日從水路出來，而爲我兵所攔阻，來而復去，一日二三次。清正在圍中之事，投降倭子及朝鮮女人皆言之云。（卷九十六葉二至三）

（9）正月庚寅（初四日），柳成龍馳啓曰：本月二十五日，軍官具懷愼回自蔚山，天兵與我軍攻打倭賊內城，城甚堅險，大砲不能撞破，賊從城上孔穴多放鳥銃，天兵我軍頗有損傷，經理鳴金止攻。陳遊擊乘夜先登攻城，右臂中丸，以調病事，昨昏輿出慶州，自朝廷似當別爲問慰。二十五日，天氣微陰，昨日未末，東風連吹，雨勢漸多，軍士露處原野，極爲可慮。軍糧則時方連續輸入。（卷九十六葉三）

（10）麻提督接伴使張雲翼馳啓曰：天兵攻土窟時，南兵死者七百餘，我軍二百餘，得倭子首級九百餘顆。經理提督聞清正從太和江路逃走，親自追之，時未回來。（卷九十六葉三）

（11）正月壬辰（初六日），經理接伴使吏曹判書李德馨、都元帥權慄馳啓曰：蔚山勝捷日，經理與提督還營，招臣謂曰：朝鮮兵見到者，但三千五百，分屬李如梅李芳春可也。適有白氣，如開扇在營上。經理仰見曰：此氣極可喜。經理與提督，卯時催三協進兵，同行督戰，進攻城隍堂土窟，城裏房舍及江邊倭船二隻，爲火箭觸爇，烟熖漲天，天兵鼓譟陷城，諸賊遁入島山土窟，天兵進薄，斬獲甚衆。經理提督上其對峯督戰，諸軍齊奮薄城，東面天兵十人已上城，而賊防備甚密，勢又堅險，上城天兵，相與廝殺不得出，餘軍不得毀城而退。倭船四十餘隻，泊于太和江下流藍江，經理令浙兵二千，騎兵一千，防守江岸。日落後，經理聞倭人五六名出城逃走，挺身追之。招諸將再與商議，備長木乾柴，明日欲爲火攻。降倭及被擄人盤問，則皆云淸正自西生二十三日夜半馳來，諸將五六，俱聚此窟云。賊衆之數，似二千餘名，而石築如削，穴如蜂窠，天兵仰攻，其勢不易，昨日斬級甚多，經理以爲未陷城之前，不許見驗。亦勿言死傷云。（卷九十六葉五）

（12）李德馨權慄馳啓曰：自二十七日下雨，達夜不霽，經理提督，捉得逃出被擄

人四名，盤問說稱：城中無糧無水，賊徒或喫收拾燒米，夜來下雨，多以單衣紙張濡之，取汁飲之。清正深恨棄西生而來云。（卷九十六葉五）

(13)丁酉十二月二十五日成貼，提督接伴使張雲翼馳啓：本月十六日，右承旨成貼，有旨內：自上南下之計，爲軍門所沮，不獲已而停之，軍前消息一向昧昧，一路擺撥更爲申明，凡在軍中大小消息，逐日馳啓事。二十五日申時，臣在蔚山城隍堂前麓祗受矣。提督舉動及軍門消息，已爲十二度馳啓，而必致中路遲滯。昨夜經理提督，宿於賊窟對峯。各營兵馬，皆爲野營，終夜放砲。今朝又使南兵及我國兵進薄土窟，欲毀城踰入，而清正方在其中，土壁四面，鐵丸如雨，人不得接足，唐兵死傷數百，我國軍人亦多死傷，陳遊擊又中鐵丸，不得已領兵還營。經理提督不勝憤恨，仍宿山上，明日又爲攻城之計。而今日生擒倭四名及走回女人等，皆言土窟中無糧無水，勢難支久云云。只恐他處援兵多至，又慮走入西生浦，則形勢尤難，未易蕩滅，是用極爲悶慮。丁酉十二月二十七日成貼，提督接伴使張雲翼馳啓：本月二十五日以前事，則已爲十三度馳啓矣。二十六日休歇人馬，放一日糧，仍傳令于都元帥，使我國兵馬負木防牌及柴草，進薄城下，欲焚賊營。都元帥權慄親自臨陣督戰，斬靈山縣監全悌及出身一人軍丁一名以徇，軍兵不敢不進，而但賊丸如雨，死傷極多，不得已退陣。且自昨日午後，至今夜，雨下不止，人馬飢凍，泥濘沒膝，土窟之陷，百倍攻城，而天時如此，極爲悶慮。今朝我國被擄兒童四名，女人二名出來，言清正等五將，時在城中，而軍糧已盡，且無井泉，夜間潛汲城下井水，而卒倭則不得飲之，城中賊衆，日夜憂悶云云。當日早朝，藍江浮泊倭船三十餘隻，乘雨一時前來，將欲下陸，左協軍馬放砲鼓譟，相戰移時，經理提督領軍結陣于山上待變，而午後賊船退去，作綜於外浦。經理招接伴使都元帥慰之曰：你國之軍，雖不得焚陷賊營，冒死攻城，以助聲勢，極爲可嘉云云。經理提督山上結陣之時，倭賊二人持旗賫書，欲爲請和云云。經理使通事及唐人給令箭，使之出來。又使通事朴大根及降倭越後招降於城下，則倭賊答曰：欲戰則當相戰，欲和則開一邊，使之出城，且遣一將官，則當議和事云云。且經理提督露處山頂，觸冒風雨已

五日，艱苦之狀，有不可言，而監司李用淳退在慶州，不爲跟來，凡百支供柴草，不成模樣，並定官亦不定送，臣與李德馨艱苦分定於鄰近各官，經理提督盤膳，僅得備進，而三協以下將官，鹽醬亦絕，爭來求覓於臣，事極未安。且今日走回人等，皆言窟中諸賊，方造高梯，欲爲宵遁云。而藍江賊船進退無常，雨勢夜猶未止，提督恐有夜中衝突之患，三協軍兵方爲結陣待變事。啓下備邊司。（卷九十六葉五至七）

(14)丁酉十二月二十七日成貼，經理接伴使李德馨都元帥權慄馳啓：昨日接戰節次，則已爲馳啓矣。自夕時爲始，下雨達夜不霽，臣德馨平明進候經理帳幕外，經理與提督同立，得逃出被擄人四名，盤問說稱：城中無糧，無井水，賊徒或喫收拾燒米，夜來下雨，多以單衣紙帳（疑張）濡雨，而取汁飲之。且言清正等，以棄西生而來此，深恨云云。經理問其姓名居住，送于臣德馨，使之看護收活。又謂臣等曰：朝鮮進戰，以助聲勢，雖不能攻城，頗爲可嘉。今日亦放砲馳馬，使賊連放鳥銃，不得休息。又四面呼出被擄人，使之速爲出來。辰時，船上之賊前迫江岸，漸向上流，經理與提督傳令督戰，又令本國兵作速作圍城之狀，經理提督則率標下兵上賊窟對峰，浙兵與船上之賊，大戰良久，兩邊砲響連結，賊多中傷却退。又倭賊數人於竹竿插書，執旗下城，經理走人取看，則乃清正副將送于兵使者，而說稱：清正在西生，小將等在此，差朝鮮一將，同我往西生講好，則兩國之人不至多死云云。經理卽還送，而諭之曰：清正若來降，則不當（疑但）一城之人並免死，當奏除官厚賞，天朝決不負信義云云。並與令箭送賊中。賊徒留令箭，答說：清正在西生浦，少開南面一路，則急速馳去前說云云。經理仍招各營諸將商議軍事，又招臣德馨謂曰：三協人馬俱困餒，朝鮮兵無用者，除出刈草，以給各營云云。經理提督還于下營處，搆草房爲住宿之計，距賊窟僅一里許。申時，經理出憲牌，令金應瑞帶降倭送于賊中，開諭禍福。令通事宋業男分付曰：今夜虜賊有奸計，我兵各營申勅以待，朝鮮兵馬亦申嚴安派，使無違誤，說與金應瑞帶降倭終夜巡邏，倭賊出城者，招諭以來云云。又連得被擄人盤問，則清正及其子與他倭將，俱在城中云。賊之說在西生浦者，

乃是訛言。且經理勞苦之狀，有難盡言，而問安使臣尙不來到，至爲未安事。啓下備邊司。(卷九十六葉七)

(15)正月癸巳 (初七日)，丁酉十二月二十九日成貼，經理接伴使李德馨都元帥權慄馳啓：去夜爲始，西風大作，天氣甚寒，浙兵圍守江岸，其苦尤甚。平明，經理謂臣等曰：今日風勢好，欲多備柴木，乘風縱火，以燒賊幕。遂令三協兵馬，及我兵探辦柴草。午後，藍江賊船二十六隻，順流而上，至賊窟相望處，賊將一人，率從倭等五六人出城外，呼喚船上之賊，天兵多放火砲，申末，賊船退去。經理令天兵及我兵，持挨牌及草束，遮擁前進，欲薄城放火，而賊窟銃丸如雨，纔進木柵外，不得更進。昏後，各兵更欲前進，而賊放火砲，諸軍退縮。經理與提督還于營幕，經理令各兵設草房，圍住而下營，令臣等催運糧餉，爲久住之計。而夜半倭賊數十餘人潛出，吳副總埋伏勦殺，斬首六級，餘賊傷銃遁入，右協軍又生擒一倭事。啓下備邊司。

(卷九十六葉八)

(16)正月乙未 (初九日)，是夜二更，分戶曹參議李時發在忠州馳啓曰：當日有薊鎭巡撫衙門差官，自南邊來，過謂吳經歷曰：天兵圍島山十日，不得破，而救援倭船，多數來泊，故不得已，初四日解圍撤兵，囘到慶州云。 (卷九十六葉九)

(17)正月丙申 (初十日)，丁酉十二月十三日 (疑誤) 成貼，接伴使尹泂忠清道節度使李時言馳啓：本月二十四日平明，總兵偕高都督進兵，距蔚山十餘里駐兵，聞左協之軍，已爲接戰，問于總兵，則曰：賊有四營，已破東營，諸營之賊，今日必遁云。臣等親進賊營五里許牛巖山上望見，則外城已破，但山上有小城甚爲堅固，諸軍不能進。午後，盡招中協之兵進來，而日暮不尅 (疑克) 接戰。二十五日早朝，諸軍四面薄城，賊無數放丸，天兵及我軍多數死傷，而無登城破城之具，俄而退兵。二十六日，楊經理招都元帥權慄語之曰：今日欲休天兵，令本國進攻云。故權慄督諸軍進薄，賊放丸如雨，兵多死傷而退。自二十六日夕下雨，至二十七日，終日風雨，諸軍冒雨進攻。二十八日亦爲進兵，死傷如前。二十九日，欲聚柴草焚燒賊營，而天兵及我軍

死傷甚衆，不能進到城下，夜二更退來。且賊船或三十餘隻，或二十五六隻，日日上來藍江，相與放丸，日夕則退去，蓋欲引出城內之賊，而諸軍嚴兵待之，故徊徨而退。二十九日夜，有小船上來，賊徒三十餘名，出到江邊，欲乘船遁去，右協及吳副總諸軍斫殺，右協斬一級，吳軍斬六級，餘賊盡爲傷鎗，還遁入城。近來捕得倭子問之，則淸賊入在城中云。我國被擄男女六七人，出來問之，則城中無糧無井，賊卒乘夜下城，收拾燒米而食，城外井泉，皆已塡塞，賊徒無器，以小鉢取水而飲，或以衣濕水而嚙之云。三十日，倭賊投書云：欲爲講和，而城中未有知文字者，船上有僧，若使出送，則欲修和書云。觀其賊勢，似甚窮蹙，而城子險固，未易攻破。諸軍糧餉不敷，極爲可慮，欲待事畢後馳啓，而勢如此，未易完了，姑爲先啓。

（卷九十六葉九至十）

(18) 正月庚子（十四日），觧副總生接伴使戶曹參議宋淳啓曰：蔚山之賊，被圍日久，援船多來泊，又於賊窟迤西遠山山上，盛張旗幟以助聲勢，正月初三日夜間，喧說賊船下陸，而唐軍卒然解圍，一時移陣。初四日朝，諸軍馬鳥驚魚駭，達夜奔潰，俱棄器械，狼籍原陸。臣失副總所在，追至安東，亦不相逢，姑留待候副總之行。而以天將接伴之臣，奉使無狀，至於相失，措躬無地，席藁待罪耳。（卷九十六葉十三）

(19) 正月初一日成貼，提督接伴使張雲翼馳啓：本月二十九日以前事，則已爲十五度馳啓矣。二十九日夕，經理提督令唐兵及我軍，多備柴草木防牌，欲乘夜燒營，而賊已知，多放鳥銃，不得已，又爲退陣。三十日，淸正送書於經理，欲爲講和，經理答以渠若出來，面求生活，則俺當赦之云。淸正又答曰：麻老爺以戰爲主，必不見我，楊老爺若求相見於中路，則當於明日午則去拜云。故經理欲引出計擒云云矣。去夜倭賊三十餘，欲汲水出城，金應瑞與降倭設伏，擒五名，斬五級。問於降倭，則曰：城中無糧無水，而大將則金哥淸正等六將方在軍，卒則萬餘名，而皆飢瘵不合戰用，精兵未滿千名云。大槩與賊相持，馬不喫草已九日，唐馬倒死者千餘匹，軍兵亦皆飢凍，倘有外援，則事極可虞事，啓下備邊司。（卷九十六葉十三至十四）

(20)正月初四日成貼，<u>李</u>副總接伴使<u>李德悅</u>狀啓，本月初一日，賊勢及戰攻形止
大槩馳啓矣。初三日，臣以副總前歲調陣中進去，則<u>西生</u>之賊，不知其數，
從陸路來陣於賊城五里許西江越邊，<u>李</u>副總觧總兵等<u>唐</u>將及兵使等軍，拒守
江灘。初四日至曉頭，<u>唐</u>兵無禦丸器械，肉薄攻城之際，賊放丸如雨，發無
不中，<u>唐</u>兵中丸者幾至五百，竟不得登城，辰時罷陣。經理提督相議旋師，
向<u>慶州</u>。圍賊城十餘日，<u>清正</u>朝夕且降，或可就擒，而天將以軍兵多死，攻
城無策，憮然意沮，不意舉軍撤回，人情驚觧失望，無生之氣。加以賊船多
數添泊，陸賊且逼，<u>清正</u>若一時糾合，反有進躡之計，則變且不測，尤爲危
懼罔極事，啓下<u>備邊司</u>。（卷九十六葉十四）

(21)正月辛丑（十五日），<u>政院</u>啓曰：不幸大軍今已撤還，國事將去，號咷何極。
而況京城糧餉，未滿旬日之食，目下所切急者，惟當灌輸米豆，以爲支撐之
計。而內外潰裂，未易運到，罔極之事，迫在呼吸之頃。苟有益於軍兵，則
雖手足拮据，零星湊合，猶勝於拱手立視，自底焦煎之境。請令<u>備邊司</u>廣加
講議，如有一毫可補之事，勿拘常規，別樣處置，作急稟斷。（卷九十六葉十四）

(22)正月初六日成貼，經理接伴使<u>李德馨</u>馳啓：天兵是役也，前後上陣死傷，通
考查報實數，則死者幾七百，傷者又三千餘人，將官則<u>陳遊擊寅楊遊擊萬金</u>
<u>陳遊擊愚冲</u>，並中鐵丸。初四日捲退時，<u>箭灘</u>掩殺<u>浙</u>兵及<u>祖承訓馬</u>兵，則時
未查實數，我兵前後死傷，則臣分付各陣諸將，一一查報於都元帥，使之開
錄啓達，此則<u>權慄</u>自當狀啓矣。（卷九十六葉十四）

(23)正月壬寅（十六日），<u>忠清道節度使李時言慶尚左道節度使成允文</u>馳啓曰：臣
等將前月二十三日協隨天兵<u>蔚山</u>賊窟接戰形勢，及二十七日再戰緣由，已爲
馳報於都元帥<u>權慄</u>矣。當今月初二日，<u>西生浦</u>等處之賊，多數出來，于相望
遙峰，多張旗幟。而初三日遙峰之賊，漸漸流來，或飛揚於賊壘越郊，或列
立於<u>箭灘</u>之南山。又以精兵五六十下山底，而天兵不敢逼，一度相戰，均觧
而退。山頂之賊，建旗屯宿，臣等亦以都元帥分付，亦爲領兵邀截于<u>箭灘</u>。
其夜天兵且欲攻城，造火炬，四圍而進，始自子夜，天明乃罷，而賊丸如
雨，死傷甚衆，無一人抵城者。初四日早朝，遙峰及山內之賊，各負五色之

旗，添於山頂之賊，迤峰十里，接肩而立，然其衆多，不過數三千，山內之賊，亦不過數萬，假使衝突而相戰於平原，則蹂躪可滅。而自午後，箭灘把守騎馬等，稍稍流下，圍賊右協之兵，漸次解出，賊船數十，列泊於岸，或有下陸者，而亦不驅逐，殆盡解出，亦無伏兵之地。令人望見，則天將所住，處處起火，皆是燒藥之氣，而疲病之留陣者，叫呼之聲動地，然後始知天將之退兵，先將步軍流出，自領騎兵殿後而退。箭灘把守浙江步兵及騎兵，亦不知其將之已退，終乃蒼黃顛倒而走，山頂之賊魚貫而下，一時斷殺，步軍生還者無多，而騎兵之被死者，亦不知其幾，或棄甲卸冑，赤身而出，我軍死傷者亦衆。堂堂大勢，頃刻摧折，已死之賊，反肆兇毒，誠可痛哭。臣等以都體察使分付，據住慶州待變，而一道之中可當一隅者，慶蔚數邑之兵，而盡死於柴牌之戰，責出軍糧者，安東等六七邑之民，而力竭於輸輓之役，後日之事，無復可望，罔知所措事，啓下備邊司。（卷九十六葉十五）

(24)副總李如梅接伴使李德悅馳啓曰：本月初四日，各營囘軍事，則已爲馳啓矣。當日諸軍撤還之際，水陸倭賊合兵追擊，至于三十里之外，唐軍死者無數，或云三千，或云四千，其中盧參將一軍，則以在後，幾盡覆沒云。而軍中諱言，時未知其的數矣。大抵無端撤軍，賊乘其後，蒼黃奔北，自取敗衄，弓矢鎧仗，投棄盈路，以資藉寇，安有如此痛哭之事，言之無及。李副總則斬其追賊數級，而賊乃少退，當其前月二十三日，以前鋒斬獲最多，二十四日先登陷城，二十五日撞破賊船十餘隻，本月初三日擊走江灘之賊，左協前後斬賊六百九十餘級云矣。囘還之軍，則無復隊伍，任其行止，遍入村落，搜索民財，強迫村婦，至有殺人者，有同經賊，吾民不幸，一至於此。有村嫗呼泣而言曰：忍飢舂米，以供軍餉，冀見平賊之日，而今反如此，更望得生之路乎？聞之不覺淚下。下副總時留安東，姑歇軍馬，四五日上京云云事，啓下備邊司。（卷九十六葉十五至十六）

(25)正月丙午（二十日），上幸陳遊擊寅舘處接見。上曰：以小邦之故，風雪遠路，親冒矢石，以致重傷，不知所言。遊擊曰：上年蔚山之役，至十二月二十三日，騎兵先到，攻破蔚山外柵，翌日俺領步兵，共破內木柵三重，至窟

下城堅，攻之未易下，欲以積草而焚之，人持一束而上，銃丸如雨，近者輒倒，無敢撲滅者，欲以大碗撞破，而城高勢仰，不得使技。俺謂楊麻兩爺曰：看今日之勢，似難輕舉，徐俟大軍齊到，一舉而蹂躪之。經理曰：當攻外城之時，汝旣先登，汝軍之勇健，冠於諸軍，須急攻勿失也。俺遂唾掌奮銳，賈勇先登，賊丸中齒，而少無怖心，益勵士卒，鷹揚鶻擊，而丸又中腿，隔於超距，遂乃退步，思之至今，不勝忸怩。上曰：往者之役，威聲振海，淸賊雖幸免死，賊徒皆已褫魄，將來之役，必不血刃而罷，小邦之再造，秋毫皆皇上之恩，而大人且以小邦之故，冒萬死，衝矢石，致傷膚體，不勝感激未安之至。遊擊曰：是乃分內事，不須致慰。俺初到安東，聞邑主輸穀於倭營，以爲實然而疑之，攻破蔚山之後，見其倭糧，皆是賊土山稻，而無朝鮮之米，始覺其非實也。俺行軍上下時，厥倅盡力支供，且其救療，極爲誠意，甚可嘉也。上曰：我國人臣，豈有齎糧於盜者，無是理也。今日之役，大人詳看賊勢，未知難耶，易耶？前頭之事，以何策而應之？遊擊曰：彼賊不足畏也，不足慮也，只以入據窟中，故攻之未易也，若出於平原曠野，則以輕騎鐵馬，四面衝之，列砲利刃，回薄驅之，芟之刈之，有如薙草，而無難矣。故俺方圍蔚山之時，送言于淸賊曰：汝有長技，則當與我出戰，何潛伏一窟中爲？賊終慴伏不敢出一步，彼其勢蹙力屈故也。且曰：俺曾聞朝鮮兵馬椒懦無用，今試於戰場，則甚銳且勇，眞勁卒也，但用之不得其道，故不致力於戎陣之間矣。夫中原之用兵也，士斬一級，則賞以銀六十兩，以加爵命寵褒之，未知朝鮮用何賞，褒何爵？行則負擔，止則炊飯，勞苦百狀，未見安逸，其何以鼓舞士氣，樂赴死地，而賈勇先登乎？且曰：環朝鮮一國，括出兵額，則其數幾何？上曰：八道之兵，當初盡括，多死於干戈，餘存者不敷，而今又蔚山之役，精銳盡殲，餘者無幾矣。遊擊曰：以朝鮮兵一萬，添天兵一萬，俺爲師帥，而屯於要害，無事則或鍊習，或屯田，有事則防禦其衝突，徐看時勢而圖之，賊無不勝。今雖欲卽爲更擧，朝鮮無糧餉以繼，奈何？上顧謂承旨曰：觀此意思，蓋欲屯田持久之計也。予曾以此計傳敎於政院矣。左副承旨鄭經世啓曰：曩在蔚山接戰之日，楊麻兩大

人，皆稱士兵之善戰也。上曰：唐兵方其攻石窟時，無蔽身之具，徒手搏戰
乎？鄭經世曰：唐人別無掩身之物，徒以赤身而當鐵丸，以此多致死傷矣。
上曰：是所謂如以肉齒利劍，身無掩蔽之物，而頓至堅城之下，安能致舉山
壓卵之勢也。遊擊曰：本國有狼筅矛槍諸軍器乎？以此兵器，次次而行軍，
則首末相仍，緩急得中，遇敵不散，攻敵易摧也。國王誠以五千人付之於
我，則我當訓練而服用之，事畢之後，亦當以五千人還之，而無一人死傷者
耳。當今之計，得本土之兵，添用於天兵之數，或屯田，或組練，以爲長久
之計。當初楊麻大人不用吾計，故致有今日之誤事也。上曰：大人爲小邦，
有屯田組練之策，計實勝也，慮實長也，多謝多謝。上請行茶禮。遊擊曰：
清正之兵稍張，而行長之軍不甚勁銳，當連船來救之際，欲爲繞出軍後之
計，且進且退，勢若登岸，俺初以大砲撞破一船而沉之，賊猶不退，又撞破
一船，須臾二船繼破之，賊乃退遁，更無向岸之意，賊若有飛渡之勇，殊死
之力，則豈以此三船之破而退北乎？以此知其賊之無能爲也。且曰：雖云朝
鮮兵善於北走，而北兵之奔潰，尤甚於朝鮮，且擾害村落，無所不至，朝鮮
之民，何辜何罪，可憐可憐，大槩天朝本欲來救朝鮮，而反擾朝鮮，至於此
極，安有救之之意乎？上曰：大人爲小邦憂慮，見於色發於言如此，不勝感
激。遊擊曰：欲得紙卷以爲衲衣，以給吾軍，用於戰場，勿論休紙，廣求八
道以足於用。上曰：以紙作衣，可以禦丸乎？遊擊曰：甚好矣。因出示曾造
紙甲曰：依此樣造著，則大小丸皆不得入矣。濡水而衣，則禦丸尤妙矣。作
衣之法，先以紙厚舖，以三升布著內外，以紙繩盤結，如榛子大，或如栗子
大，簇簇相襯，而穿之以繩，末結之於衣內，若以雪綿子間紙舖之，則尤妙
矣。且曰：後日禦倭之策，不須攻城，俟其出城而掩擊之，則蔑不勝矣。吾
自年十七八歲從事於討倭，今至四十餘年，豈不知倭情乎？倭賊不足畏也。
上曰：大人曾屬戚總兵軍中乎？遊擊曰：戚繼光時，吾年尙幼，未及從軍，
與劉綎父親從事，而亦與俞大猷同行於戎陣之間，俞公之文武兼材，當時之
人極稱之。且曰：倭賊若寇於浙江，無一人生還者，蓋以浙江之兵，勇於戰
鬪，爭先殺賊，知進而不知退故也。俺雖有病，今若有急，即可躍馬馳突，

少不辭難矣。上曰：聞大人攻蔚山之時，勇激三軍，志烈萬夫，一叫先登，羣醜靡然，小邦之人，皆服大人之雄風矣。遊擊曰：安東榮川兩太守，盡力於天兵之支供，厥功最大，須用襃獎，使之激厲。通事吳廷福，追行不離，接伴官長在左右，哨官等同其死生，亦須獎賞，以酬其勞。上曰：如敎。遊擊曰：榮川儒生無少無大，親爲負戴以輸糧餉，榮川何等地方，而太守最賢，人民亦賢，俺中丸來時，非但人人皆來致慰，稚儒少士，亦來而悲傷，誠可嘉也。且距都門三十里，有舘里焉，欲爲投宿，人爭迎待，以爲天朝大人中傷而來，極力厚待，皆體國王盛意也。上曰：小邦以不得竭力支待，上下憂慮，而大人如是敎之，多謝多謝。遊擊曰：如此仁風厚俗，若不一一通之於國王，緣何知有此等好箇人也。仍謝曰：氣惱，請罷酒禮。上曰：恐傷瘡處，不敢強請。遊擊曰：俺在中路，屢遺衣服，罔知所報。上呈禮單。遂相揖而出。（卷九十六葉十九至二十一）

(26)正月己酉（二十三日），經理接伴使吏曹判書李德馨啓曰：吳總兵獲倭賊細作人，經理拿來親問，則說稱：前日倭賊救島山之兵，非是眞倭，乃高麗人數千，協同倭子數百，多張旗幟，以張聲勢。船上之賊，則大船所載倭子僅五六人，其餘皆是高麗人云云。經理反覆審問，乃曰：高麗可惡。顧謂甯國胤曰：我今欲催各營兵再攻島山。國胤曰：人困馬疲，以此兵何能再舉乎？經理怒罵曰：將官無一人，你亦說道如是耶？……（卷九十六葉二十六至二十七）

(27)都元帥知中樞府事權慄狀啓曰：蔚山內窟之賊，如前屯據，而刈草倭子一名，獲來推問，則當淸正被圍之時，淸正請諸陣來援，各處之賊，皆會于蔚山，望見天兵軍威甚盛，衆賊皆以爲難犯，不可輕動之際，天兵先自解圍。諸賊致慰淸賊曰：脫圍得生，不勝欣賀。諸陣之賊，各還其窟，而今年則仍據窟穴，而不爲衝犯云矣。（卷九十六葉二十七）

讀上列史料，特別是宣錄，再據明史楊鎬傳及日本外史兩書，錄其有關者如次，以爲質證之用。

(甲)明史楊鎬傳於「倭乃退屯蔚山下」，書曰：

（萬曆二十五年）十二月，鎬會總督邢玠提督麻貴，議進兵方略，分四萬人爲

三協，副將高策將中軍，李如梅將左，李芳春解生將右，合攻蔚山。先以少兵嘗賊，賊出戰大敗，悉奔據島山，結三柵城外以自固。鎬官遼東時，與如梅深相得，及是遊擊陳寅連破賊二柵，第三柵垂拔矣，鎬以如梅未至，不欲寅功出其上，遽鳴金收軍，賊乃閉城不出，堅守以待援。官兵四面圍之，地泥淖，且時際窮冬，風雪裂膚，士無固志，賊日夜發礮，用藥煮彈，遇者輒死，官兵攻圍十日，不能下，賊知官兵懈，詭乞降以緩之。明年正月二日，行長救兵驟至，鎬大懼，狼狽先奔，諸軍繼之，賊前襲擊，死者無算，副將吳惟忠，遊擊茅國器斷後，賊乃還，輜重多喪失。是役也，謀之經年，傾海內全力，合朝鮮通國之眾，委棄於一旦，舉朝嗟恨。鎬既奔，挈貴奔趨慶州，懼賊乘襲，盡撤兵還王京，與總督玠詭以捷聞。諸營上軍籍，死亡殆二萬，鎬大怒，屏不奏，止稱百餘人。鎬遭父喪，詔奪情視事。御史汪先岸，嘗劾其他罪，閣臣庇之，擬旨褒美，旨久不下。贊畫主事丁應泰，聞鎬敗，詣鎬咨後計，鎬示以張位沈一貫手書，並所擬未下旨，揚揚詡功伐。應泰憤，抗疏盡列敗狀，言鎬當罪者二十八，可羞者十，竝劾位一貫扶同作奸。帝震怒，欲行法，首輔趙志皋營救，乃罷鎬，令聽勘，以天津巡撫萬世德代之。已，東征事竣，給事中楊應文敘鎬功，詔許復用。

(乙)日本外史慶長二年書：

十一月，邢玠入韓，聚議都城，以為和兵持重，若待秀吉親濟者，其志不在小，宜及今擊之。會明諸道募兵皆至，乃分為三，李如梅將左軍，高策將中軍，李芳春解生將右軍，明三十三將與韓七將，分屬三軍，以楊鎬麻貴統之，糧餉火器皆極豐備，期以十二月進攻焉。我諸將聞之，益修城壘，清正巡視西生諸寨，而留裨將加藤清兵衛，與毛利氏援卒，俱修蔚山。明諸將議曰：秀吉諸將，清正最勇悍，先克清正，則餘從風解。乃聲向順天，以牽行長，而諸軍會慶州，留高策于彥陽，以絕釜山援路，而李如梅解生等，皆萃于蔚山。蔚山土木未竣，其役卒駭明軍至，入告清兵衛，清兵衛出戰，陷伏大敗，入城嬰守。淺野左京大夫，率毛利氏將太田政信，宍戶元繼等，將往蔚山監役，行至彥陽，與高策夾嶺而舍，未相知也。比曉，我斥兵上嶺，為

明先鋒所獲，我軍乃覺。政信元繼說曰：衆寡懸絕，不若疾走入蔚山也。大夫曰：幸長提兵至此，未覩明人之旗而逃，何面目復見太閤哉？公等欲走卽走，吾當死於此矣。乃遣其將太田、岡野、龜田、森島四人，率銃隊進，逆擊明先鋒，卻之，大夫在高阜，望見筴軍踰嶺也，恐其戰沒，使人召還之，不肯，奮擊斃數百人而死之，獨龜田脫歸，獻所獲甲首，且曰：明兵之衆，望之無際，諸君速退。大夫怒曰：吾豈聞衆而退哉？自揚徽號，麾衆而進，將士覩之，爭赴明軍，大夫身被十餘創，猶進不已，龜田力諫，使二從士囘其轡，而以刀鞘鞭馬，馬奔蔚山，筴兵追躡，岡田某，福永某，返戰而死。清兵衞望見，出城迎入，元繼爲明軍所隔，自間路入島山，島山，蔚山別堡也。時楊鎬李如梅等，已被蔚山外郭，大夫代清正率將士，嬰壁守之。明兵以大夫爲清正也，欲必獲之，攻擊甚急，大夫自放銃，無不命中，時開門突戰，殺傷過當。二城之間有川，李芳春解生泛兵艦以絕之，城兵銃破其五艘，溺數千人，而敵勢不衰。麻貴，茅國器鼓衆攀壁，前者墜，後者登，晝夜不歇。城兵欲告急於清正，清正時在機張，相去三日程，敵兵充塞道路，大夫曰：誰可往乎？近臣木村某，奮請往，大夫壯之，予以善馬，已出門，明兵麋集，木村一騎馳突萬衆中，一日一夜達機張，見清正告急。清正大驚，投袂而起，左右或止之曰：蔚山以孤城當大敵之衝，而我寡兵援之，終不能保，不若棄之也。清正曰：彈正囑我曰：緩急幸援我兒，今餒之敵，何以立天下？乃率見兵五百人，人負糧食，登舟赴援，與明候船戰江中，走之，清正自蒙銀兜鍪，杖薙刀，立船首，指麾士卒，明韓諸軍指目，莫敢近者。遂入蔚山。鎬貴謂將士曰：清正定入城矣，猶檻虎而刺之也。明日，合諸軍蟻附而上，清正令士卒，投大石巨材，擊却之。卽夜，與數百騎襲明軍，大獲而還。敵更起飛樓，以火筒佛郎機，百道竝攻，城壘震裂，清正與大夫堅守不屈。鎬貴知其不可力取，乃下令休戰，合圍十晝夜，斷我汲道，城兵飢渴，皆嚙紙，煎壁土，刺馬飲其血，馬盡，乃飲溺。夜出城外，搜明人尸，取其所佩糒糧牛炙食之。天大雪，士卒癉瘃，有墜指者，而清正意氣自若，益修戰具，用銃及紙礮，日斃明兵數百千人。鎬貴夜設伏，而曉焚營

退走數里，以誘城兵。城兵欲追，清正不許，曰：彼舉火以退，退不設殿，
不以夜而以曉，是將誘我而殲之也。久之，明伏稍稍出，終復圍之。浮田氏
卒有亡在明軍者，呼語城上人曰：楊經理願媾和，欲與加藤公面議之，期城
外百步相見。清正欲往，大夫曰：敵情不可測；公受太閤命，爲一方重寄，
勿輕出貽笑外國，雖然，不出示之怯也，度彼未識公面，僕請爲公代行。衆
遂兩止之，故紓會期，以俟我援兵至。黑田孝高在梁山，使使告釜山曰：蔚
山急矣，即陷，諸城隨之，不可不趣援。諸將然之。豐臣秀秋、毛利秀元、
黑田長政、加藤嘉明、森忠政蜂、須賀家政、藤田高虎、其子高良、脇坂安
治等，將騎卒五萬，自彥陽 昌原，分道赴援，而行長自海上會之。三年正
月，秀秋等至彥陽，擊破高策，與昌源軍皆赴蔚山，行長益裝空艦，蔽海而
至。楊鎬聞我軍自三面至，挺身先遁，麻貴解生等乘夜解圍。長政使後藤基
次晨出候軍，得一馬鞾于水涯，返報曰：是日本制，我兵已有騎渡者，不可
後矣。長政即馳躪明軍，藤堂高良等揮槍繼之，清正與大夫，乃開門合擊，
敵衆崩駭。獨其將吳惟忠茅國器殿而回戰，吉川廣家奮擊走之。明軍大走，
遺棄糧仗蔽野。諸將之救蔚山也，明候我空虛，一軍襲梁山，爲黑田孝高擊
却之，一軍襲釜山，浮田秀家使立花宗茂邀于般丹，燒而走之。明主得蔚山
敗聞，與其下議曰：是役也，謀之經年，傾海內力，加以全韓之兵，期於必
克，今乃如此，罪當歸經理。乃罷楊鎬，以萬世德代之。（卷九十六葉二十四至二
十七）

讀日本外史，他不細論，但就其結論觀之：「是役也，謀之經年，傾海內力，加以全
韓之兵，期於必克，今乃如此。」此一結論，看來似係外史之胡說，然考其語氣，則
有明史爲之底本也。如鎬傳書曰：「是役也，謀之經年，傾海內力，合朝鮮通國之
衆，委棄於一旦，舉朝嗟恨。」據此，可見外史作者，其對於明史的抄襲，自是眞實
之事。實際明史之失言，固又經常多有之，比如前引結論，不外完全爲妄說之類：

　(一)所謂「海內全力」四字，參鎬傳頭辭，則爲「分四萬人爲三協」而已。考丁
酉倭禍，明援韓兵力僅止此數耶？不知四萬人之外，還有許多水陸軍兵，正在途中，
正源源而來，據中興志，合爲十四萬二千有餘矣。大兵未齊，而楊鎬之先爲發動者，

抑又何耶？揆其當日方略，不外爲棋先一著而已。如宣錄卷九十九葉三十五有云：「上曰運糧而後發兵可也，不料事勢，先發大兵，用兵豈如是耶？李憲國曰：事勢則然矣。然大兵不下，賊必先動。」據此：則楊鎬之進攻島山，無可非議，蓋曰使島山若下，則其他梁山、釜山、西生浦各陣倭營，俱不難一掃而空，參外史，亦已明言之。所可惜者，只是天時難測，當倭賊瀕於必敗之際，連日大雨，救了倭衆，此正楊鎬之所不料也。

　　（二）「合朝鮮通國之衆」，此一語，特別是「通國之衆」四字，看來其數甚大，然究竟言之，殆又由于明史之胡說，如宣錄卷九十四葉十四書：

> （丁酉）十一月丁酉（初十日），天將南下時，以我國兵馬分屬三營協隨天將：一營，忠淸道兵馬節度使李時言領二千兵，以平安道二千員名屬焉。二營，慶尙左道兵馬節度使成允文領二千兵，以防禦使權應銖兵二百員名、慶州府尹朴毅長領一千兵、咸鏡江原等道兵二千員名屬焉。三營，慶尙右道節度使鄭起龍領一千兵，以黃海道兵二千員名、慶尙道防禦使高彥伯兵三百員名屬焉。

此所調各道之兵，凡一萬二千五百員名。厥後戊戌二月二十六日辛巳，經理楊鎬更爲證實之，如宣錄卷九十七葉四十書：「經理謂李德馨曰：你國兵，前言四萬五萬，而島山擧事，見得不止一萬，不爲花名，而開總數者，皆虛事也。」光濤按，朝鮮嘗自稱「我國本是無兵之國」，以「無兵之國」，倉促之間，乃能湊集「不止一萬」之多，配合天兵以擊倭，可謂拮据盡力矣。所以關于朝鮮兵力之或多或少，原可不必計較，只是明史所說的「合朝鮮通國之衆」，不免有張皇其辭之弊，不得不特別拈出說明，那就是說，所謂「通國之衆」，宣錄固記之甚悉，總共僅只一萬二千五百人，而明史之所云云，則失之稽考，不外撫拾明人之一虛言而已。

　　再，明史的虛言，還有更大的二則，亦須爲之辨明：

　　鎬傳云：「諸營上軍籍，死亡殆二萬。」按，這一死亡，揆之前文「分四萬人爲三協」之處，不折不扣殆爲損失半數，損失如是其大，則其時明兵幾幾乎不能成軍矣，茲檢宣錄卷九十七葉六，則又不然，旋卽派分各地駐防的：

戊戌二月戊午（初三日），軍門派分軍馬，使之速赴信地，副總兵李芳春、
遊擊牛伯英、盧得功各原部兵馬，分住安東。遊擊葉邦榮原部官兵，分住龍
宮。副總兵吳惟忠原部官兵，分住忠州。遊擊陳愚聞原部官兵，分住水原。
遊擊藍芳威原部官兵，分住稷山。參將李寧，原部兵馬分住忠州。遊擊董正
誼、柴登科、秦得貴原部兵馬，分住全州。遊擊擺賽原部兵馬，分住安城。
遊擊季金原部官兵，囘營另聽調遣，俟藍芳威、李宣、擺賽兵到，方許歸
營。王京住兵，俱限初八日起行。

此分派各軍，參宣錄卷九十七葉十四，曾記其總數有日：

> 戊戌二月丁未（二十二日），備邊司啓日：今見經理咨文，三路分兵之數甚
> 多，糧餉接濟，極爲悶迫。全羅道則分派之軍不至甚多，慶尙道則馬步兵至
> 於三萬八千五百，而馬數亦至於二萬六千………

由此史文，其所云全羅道分派之軍，以及慶尙道之三萬八千五百，合而言之，多多少
少，是有伸縮性的，總之，明兵的大勢依然，而二萬人之死亡，當係虛說，是固無可
置疑的。討論至此，偶檢萬錄（吳興嘉業堂本，亦卽明抄本，其中頗多李遜之用硃筆所寫的意見。又所
謂李遜之，是否有誤，抑係其父應昇，待查。又嘉業堂本，江蘇圖書館曾傳抄一分，梁鴻志所影印的卽江蘇圖書
館本。）二十五年十二月丙戌，「先是十一月乙卯經略邢玠抵王京議進剿」條（全文凡五
百四十二字，比燦北平圖書館本全漏去，廣方言館本只錄下段，僅一百六十二字。），其眉批有云：「此
皆玠鎬飾詞，實大敗於蔚山，死者二萬人。」據此，則明史之虛說，當係受了眉批的
影響，不可不注意。此外，還有眉批關于「實大敗於蔚山」，亦爲明季士夫相傳的妄
說。所幸朝鮮漢江那邊有「京觀」，使明人當日的勝捷，永有辭於東國，有如宣錄卷
九十七葉三十七書：

> 戊戌二月己卯（二十四日），政院以御史接待都監言啓日：御史驗功時所驗首
> 級，令積置訓鍊院前，積薪燒火，已燒之後，將其燒灰，埋于漢江那邊，
> 作京觀狀，削白木作標，書其上日：某年某月某處勝捷時所斬首級埋置處
> 云。卽定都監考喧聽用官，令該司運納燒木，使之監燒，而今已畢燒云。此
> 灰令漢城府郎廳，率當部官員，令兵曹運灰馬子掘墳，築土軍人定送，使之
> 依分付埋置，作塚立標，何如？傳日：依啓。

曰「某年某月某處勝捷時所斬首級埋置處云」，則蔚山所有大捷之狀，即此可見一般，而明兵之貢獻於東國者，可謂大矣。反之，其在明士夫之浪說，竟顛倒是非，指大捷爲大敗，是則尙得謂有良心耶？

二

鎬傳云：「賊閉城待援，官兵四面圍之，地泥淖，且時際窮冬，風雪裂膚，士無固志。」此一則，看來似無可議，然如細心讀之，則又大有問題。比如說，所謂「地泥淖」，是否由于連日大雨而泥淖；上文則未之言也。又有謂「風雪裂膚」，特別是「雪」字，檢宣錄，其時蔚山只有下雨而並無下雪之事，如戊戌二月初八日癸亥，麻提督面語國王有曰：

> 去冬十二月二十三四日之戰，非諸將不用命，地勢非如平地，城塹高險，鐵丸如雨，不知所從而來，人輒麻仆。天且二日連雨，士馬立於泥濘中，飢餒且疲，茲以退來。此乃接伴陪臣及諸將官所親見，其間曲折，無不知之，不須更言。

按，島山之戰，麻貴爲大將，且嘗身先士卒矣，故其所言，皆順理成章，讀之極其自然。這一談話，比之明史關于什麼「地泥淖，風雪裂膚」之所云云爲何如？我想，後者正又明史之一胡說而已。所以明史一書，胡說已爲通病，不必深論，然如不幸，一旦而爲敵國所利用，則其情節又不尋常了。比如日本外史罷，其記島山之役，便是儘量利用明史之錯誤，於下雨則諱而不言，乃竟明目張膽曰：「天大雪」。這一書法，不注意則不難輕輕放過，一注意，則有千斤之重，其在當年英勇作戰的明兵言之，實爲萬古共同蒙羞的恥辱。我想，讀者當知道，中國古代作戰，帶雪行軍，本是常事，例如唐朝李愬之生擒蔡州吳元濟，便是乘雪夜而致勝的。今者島山之役，果眞不是下雨而是「天大雪」，則明兵之生擒島山清正輩，可能不難與李愬比美。所以關于外史之書「天大雪」，一面又更在那裏形容明兵之連戰連敗，而不能利用大雪天致勝，顯見明兵遠非倭兵之敵，是即外史之用意也。不知明兵原有可勝之道，只因「二日連雨，士馬立於泥濘中」，才致不利而退的。而我在前面所說的「大雨救了倭衆」，即此。

其實當時倭中亦有自知之明，認爲「天兵勢大，難以支吾」矣。如宣錄卷一〇一葉六，戊戌六月戊午（初五日）書：

經理都監招被擄人趙禮問之，則賊中皆曰：島山之戰，雖無勝負，天兵勢
大，難以支吾，皆有恐懼之色。

至「難以支吾」的實證，參中興誌，有「戊戌九月麻貴破平清正於蔚山」之一記錄，
可以見之，如是條小字書曰：

貴至慶州，令解生等以六千人先發，解生直抵島山，敗賊兵十餘人於柵外。
二十二日甲辰，貴領大軍至島山下，選精騎挑戰，清正乍出乍入，已而大出
合戰，千總麻雲以二百餘騎出其不意橫衝之，賊大駭奔迸，溺水死者甚衆。
天兵乘勝奪外柵，盡燒房屋糧草，賊入保內城，放丸如雨，天兵不能近，貴
日出遊兵挑戰，或變陣佯退，而清正終不出。（下冊葉五十八至五十九）

曰「清正終不出」，則清正之恐懼可知。據此，則關于被擄人趙禮之報導，其曰「皆
有恐懼之色」，當係倭營之實錄。有此實錄，則倭之必敗，已成必然之勢了。又，此
次麻貴之再攻蔚山，乃楊鎬去後另一部署，時水陸軍兵齊集，由經略邢玠運籌一切，
如中興誌戊戌九月「邢玠分諸將四路征倭」條，其小字有曰：

邢玠分割兵將，四路進兵，使麻貴主東路攻蔚山，董一元主中路攻泗川，劉
綎主西路，陳璘主水路，協攻順天，刻日並進兵，合十四萬二千七百餘人。
權慄 李光岳屬劉綎，李舜臣屬陳璘，鄭起龍屬董一元，金應瑞 權應銖屬麻
貴，按察副使梁祖齡監麻貴董一元軍，參政王士琦監劉綎陳璘軍。

麻貴既破平清正，清正復藏入石窟，縮頭不出。十月，麻貴聞中路董一元泗川失利；
即舍清正旋師，於是清正遂與甲斐守等焚諸營渡海遁去矣。曾記清正前者向關白說
道：「我今一出，朝鮮舉竿可定。」今則一再困於強敵，幾於不保，使非中路之有助
於彼，則清正之能否遁去，正未可知。清正生平最善爲狂言，結果乃如此，是亦狂言
者之一烱戒也。

出自第四十一本第四分（一九六九年十二月）

明清檔案與清代開國史料

李 光 濤

　　明清檔案，原爲清代內閣大庫所藏。清內閣在雍正乾隆以前爲國家庶政所自出之地，在雍乾以後，猶爲制誥典册之府，所存檔案，都是當日構成史蹟者自身的敍述。又清初纂修明史及三朝（清太祖、太宗、世祖三朝）實錄，搜集天啓崇禎兩代的案卷，以及瀋陽陪都的舊檔，並爲內閣所掌。 至其數字上的統計， 當以紅本庫所藏的紅本爲最多，據乾隆十二年十二月二十一日大學士訥親清查紅本一奏本，自順治元年至乾隆十二年 （一六四四──一七四七） 凡一百〇三年，紅本庫所貯紅本，便在百萬件以上。以此爲例，則自乾隆十三年迄光緒三十四年（一七四八──一九〇八），其年代更久，共一百六十年，則是紅本數量之大，可以想見。這些檔案，在宣統二年時，因大庫屋壞，大學士張之洞曾擬奏請銷毀，參事羅振玉建議張氏，將檔案移存國子監，也就是孔廟，共裝八千蔴袋，堆在孔廟內之敬一亭。民國元年，孔廟內設了一個歷史博物館籌備處，檔案便歸該館管理，實際也只是看守而已。

　　又所謂籌備處，其首任處長是胡玉縉。胡爲南菁書院高材生，博識前朝掌故。自他就任處長之後，對于敬一亭內的八千蔴袋非常的擔憂，日夜隄防工役們放火。因爲胡氏知道從前清朝武英殿裏藏過一副銅活字，後來由于太監們你也偷，我也偷，偷得「不亦樂乎」，待到王爺們似乎要來查究的時候，就放了一把火。自然，連武英殿也沒有了，更何況銅活字的多少。而不幸敬一亭中的蔴袋，也彷彿常常減少。工役們不是研究家，所以他將袋內的東西倒在地上 （孔廟內的警察，每當生火爐時，即取倒在地上的字紙作爲引火之用）， 單拿蔴袋去賣錢 。 胡氏因此想到武英殿的故事，深怕蔴袋缺得多了之後，敬一亭也照例燒起來。就到教育部，去商量一個遷移、或整理、或銷燬的辦法。當

時專管這一類事情的是社會教育司，司長是夏曾佑。夏氏的主張，以爲這些檔案是萬
萬動不得的，只有任其自然。所以結果，也就拖下去了，而且一拖便是十來年。

　　及至傅增湘氏來長教育部，他本是藏書的名人，所以他很關心這些蔴袋，以爲蔴
袋裏定有好的宋板書「海內孤本」。有一次，他就發了一個命令，第一次先搬了二十
個蔴袋到教育部西花廳，倒在地上試行檢查，第二次又搬了若干袋。這時教部的次長
是陳垣氏，他是以考察教育馳譽的，又是一個考據家，他和總長傅氏對于蔴袋都「念
茲在茲」，在塵埃中間和破紙旁邊離不開。前後兩次檢查的所獲，大概是賀表、黃綾
封、題本、奏本。題本以小刑名案子居多，至於宋板書，　有是有的。　或則破爛的半
本，或則撕破的幾張，也有清初的黃榜，也有實錄的稿本，還有朝鮮的賀正表。而他
們對這些發見比較最感興趣的便是宋板書。於是傅氏更要大舉整理了，另派部員幾十
人參加整理。

　　其時歷史博物館籌備處，已經遷在午門，蔴袋們便在午門上被整理。那時整理的
方法，據原來參加這項工作後來又充當史語所整理檔案工作的工友佟榮說，當初這些
東西從蔴袋裡倒出來的情形，大概都是整大捆的居多。這樣的，自然也用不着什麼整
理，只須將一捆一捆的提出來堆在一邊，便算了事。

　　最奇怪的，就是當時整理的工友，也不知道是奉到什麼人的命令，大家都一致認
眞地在塵埃和亂紙中拚命的去找宋板書。當然，工友們也不是板本家，宋板不宋板全
無分別，但是，只要能够找出書册一本，便會現錢交易，立時賞以銅元四十大枚　（等
於銀元二角）。其餘的亂紙，自然，也就視同廢紙了。當時整理的大旨是如此。

　　檔案自從這次教部大舉整理之後，所有整理的總成績，以及他的數量，事過境遷，
也就無從查考了。要之，整理的結果，不外是分爲保存和放棄。保存的一部分，後來
又被北京大學分了一大部分去，其餘仍藏歷史博物館。放棄的一部分，由各部派員會
同檢查了一次，也只是短短的幾天便結束了。從此，這一大堆破字紙便散放在午門樓
上，無人過問。接着，教部部長傅氏也就下野了。

　　最糟糕的，莫過於北平午門歷史博物館之出賣檔案，爲民國來史學界之第一最大
的損失。民初教育部設歷史博物館來貯存檔案，顧名思義，總算很妥當的辦法。不料
數年之後，歷史博物館爲四千元，竟將這檔案賣了。歷史博物館出賣檔案，而且買主

是重造紙料的同懋增紙店，說來眞是不可思議。後來此事爲羅振玉所聞，於是急往同懋增紙店洽商，以三倍的價值，也就是一萬二千元，將其買來，寄存商部所設的商品陳列所大樓，延招十餘人，排日檢視。正檢視間，商部忽勒令移出。不得已，覓賃善果寺餘屋堆置之，而整理之事，羅氏當然也就無法進行了。傳聞當時日人頗有向羅氏洽購之意，這時寓居天津的李盛鐸，得知此事，急以一萬六千元購於羅氏，於是，這殘餘檔案遂歸於李氏，並在天津北平二處租屋分貯。不過，檔案在李氏處日淺，而且李氏除僅檢過一兩袋外，其餘並未翻動。在這情形下，關於檔案的命運，當時有一驚人消息，爲中央研究院歷史語言研究所所長傅孟眞先生所聞，即：「李盛鐸切欲卽賣。」並云：「滿鐵公司將此件訂好條約。」這一訂約，檔案幾乎又落於外人之手。所幸檔案現在仍爲公有，而且歸於歷史語言研究所（簡稱史語所），總算不幸中之大幸了。

史語所設置於民國十七年。是年九月，傅孟眞先生剛剛就任所長之始，跟着便向院長蔡子民先生提出了要收買天津李盛鐸所藏的大庫檔案。十七年十二月底，由蔡院長爲之籌款二萬元，於是檔案遂得購定，而歸史語所。

其時史語所遠在廣州，對此鉅量檔案的處置，尚未計及。及十八年五月，史語所由廣州遷至北平，纔預備接收李氏所藏的檔案，並勘得歷史博物館午門西翼樓上爲堆存整理之所。七月，由教育部將該館撥給中央研究院，委託史語所管理。八九兩月，經研究員徐中舒先生率同書記，將李氏存於平津兩處的檔案，陸續運存午門樓上。九月底，由傅孟眞先生及徐中舒先生設計，並招雇書記十人，工友二十人，共三十人，進行整理工作。

大庫檔案，在歷史博物館賣出時，重十五萬斤。及史語所將李氏原存天津的檔案裝車運平時，秤得約重六萬餘斤，其在北平的數量，大約也是六萬餘斤，合計損失已二萬餘斤。又損失之外，更有遭受水濕之事。因當初同懋增紙店由歷史博物館買得檔案之後，取去蔴袋，另備蘆席用機器漬水捆紮成包，這種漬水的情形，當然也就有許多所謂「爛字紙」變成更濕爛的紙團了。檔案在這種情形下，所以史語所的整理工作，也正是一件極其艱苦的工作。我們整理時所有的用具，計有多種：一、手杖，二、口罩，三、風鏡，四、藍布對襟長衫，五、黑布帽子，以上各件，每人俱各一分。而且我們的檢理這宗爛字紙，都是和爛字紙打成一片，不像鄧之誠骨董瑣記所說甚麼「

勝朝紅本清釐時,貯藏袋凡數千餘,移午門博物館理之,司其事者部曹數十人,傾於地上,各執一杖,撥取其稍整齊者,餘仍入藏袋,極可笑。」一類的情事。我們乃是整天的八小時都在字紙堆裡爬進爬出,一片片的字紙都要展開細看的。而且這些字紙都是幾百年的舊物,附帶的塵土又特別多,每一藏袋或席包倒在地上時,塵土便騰起多高,室內差不多猶如烟霧一般。不說別的,單說這些藏袋在我們初步整理結束之後,所裝的灰土便有一百二十餘袋,堆在午門前端門門洞內,每袋灰土最少以一百斤計算的話,也就共有一萬二千斤之多了。

現在再說整理期間關于整理的情形:㈠去灰與舖平。史語所檔案,大都與字紙簍中字紙無異。初整理時,每件於整理之先,必須去灰,去灰之後,即隨時逐一舖平。此二者係連續之工作,費時最多。㈡分類。此為整理時最重要的工作,初為外形的分類。蓋此項檔案,如明稿、清紅本、揭帖、移會、謄黃、賀表、各項簿冊雜稿及殘本書葉等,其外形各各不同。在稍有經驗之工人,一見即可識別,按其形色,分別處置。同時有書記六七人,同熟練之工人,選檔案中最多之紅本、揭帖,按其內容,作簡單之分類,並按時代分別處置,即順治、康熙、雍正、乾隆、嘉慶以下至光緒朝,各為一類。㈢捆紮。各項檔案,分類之後,再用蔴繩捆紮,分別處置。㈣裱褙。此項檔案既破碎居多,有些重要的,或破爛過甚的,必須隨時裝裱。因此史語所就在午門前西廊預備了一間裱褙室,使與整理工作得有聯絡。

史語所的檔案,原約十二萬斤,及被整理後所得的重量,約略如下:第一項,凡被整理上架的,計佔九十大木架,每架四層,每層載重約二百斤,以一架的重量計之,約重八百斤,以九十架合計之,則當為七萬斤上下。第二項:仍被裝入藏袋的,共一千二百餘袋,每袋約重三十斤強,則當在四萬斤。又,其被裝入的種類:(1)是題本中半漢半滿的滿文,而且還是殘而又殘的滿文。這類的滿文,比較可以整理的都經整理上架。(2)是小刑名案件的殘片,亦佔多數。(3)是濕爛的紙團,以及先經水漬後來又乾結成餅似的無法揭開的檔冊和案卷。第三項,灰土約重一萬二千斤,即一百二十餘袋。以上三項,合而計之,適當於原約共重十二萬斤左右之數。

史語所整理檔案之始,曾經特訂工作規則十二條。這些規則其中最重要的,即,在進入工作室時,其工作室大門,由管理人將鎖鎖上,一切工作人等,不得隨意出

入，並不得在室內有交頭接耳或談話行爲。此外如遲到和請假的，都須照章辦理，一律扣除薪資，遲到五分鐘的其罰金以一點鐘計算。至於工作成績特別優異的，每月總校一次，並開寫其姓名向大家公布。有列爲一等或二等者，定三月爲一期，得酌予增加其薪資，以資鼓勵。

　　整理檔案工作，當初羅振玉曾經說到他所得整理的經驗，有甚麼「檢理之事，以近數月爲比例，十夫之力，約十年當可竟」一類的意見。而史語所整理檔案集中的人力，總數雖然三十人，實則其中尚包括裱畫匠一名，雜役二人，抄寫二人，眞正參加整理的僅二十五人，比之羅振玉所說的「十夫之力」，也就等於兩倍半的人力。而檢理的結果，時間剛剛一年，卽自民國十八年九月起至十九年九月三十日止。工作這樣之快，自然還是那「十二條規則」訂得太好了。如依羅振玉的說法，假若也是一年爲期的話，必須「百夫之力」才可以完事的。

　　史語所整理檔案的動機，當初傅孟眞先生有一長函致蔡院長，曾鄭重說明購買大庫檔案的必要，且云：「此事如任其失落，實爲學術上之大損失，明史清史，恐因而擱筆。且亦國家甚不榮譽之事也。」又傅先生對于檔案的注意，據其平時的主張，並以多多刊布爲第一，而研究次之。如其言有曰：「歷史之研究，第一步工作，應搜集材料。而第一等之原料爲最要，將來有所發表，卽無大發明，亦不至鬧笑話。因此種原料他人所未見，我能整理發表，卽是對于學術界之貢獻，決不致貽誤他人。」總而言之，歷史之研究，尤其明淸之際的史事，如無檔案的話，大家還不是拚命地在那裡抄實錄。「專靠抄實錄，那能成信史？」往者蔡孑民先生曾如此言之。茲史語所刊行之明清史料，計甲乙丙丁戊已庚凡七編，共七十本，還有辛編十本正在刊印中，年前可以出版。這類史料，姑以戊已兩編言之，俱臺灣史料，甚爲臺灣學人所重視，卽其一例。此外，更檢出若干現證，將逐一向大家作一個簡略的介紹和當面說明，其對于史事的眞實性，多少可以引起若干的興趣和瞭解。

(1) 祖宗問題

　　據太祖實錄記其祖先發祥之始，有天女朱果之說。然太宗實錄稿天聰七年九月十四日答朝鮮國王書，則自稱爲女眞國大金之後。並云：「請擇一博古者來，予將世系，詳爲說明。」

(2) 七大恨

天聰四年正月有一刻本告示，所記七大恨與太祖實錄異。刻本原藏北平午門歷史博物館，後藏北京大學，文長凡一千二百三十餘字。滿洲老檔秘錄亦有記錄，全文共三百九十一字。實錄入天聰三年十一月丙申，全文僅四百四十二字。王氏東華錄又省作三百四十九字。

(3) 繼嗣問題

太祖武皇帝實錄乃太宗天聰十年所修，其眞實性已是一問題。如記天命七年三月初八日遺訓談及繼嗣一事，似是奴兒哈赤固以不預立儲君爲其遺訓的，而關于後來皇太極之繼承皇位，當然也就是說係取決于八旗主的，其實太宗之卽位並非如此，有如順治八年二月二十二日追論攝政王多爾袞罪狀詔有云：「自稱皇父攝政王……以爲太宗文皇帝之位原係奪立。」與遺訓完全相反。另外武皇帝實錄還有強請大福晉殉死之記錄，也與奪位行爲有關。

(4) 天命十一年六月二十四日遺訓

「帝訓諸王曰……預定八家，但得一物，八家均分公用，毋得分外私取。」此二十字，參天聰五年七月勅諭諸將領，言及出兵搶掠所得之物，有云：「所得之物，不拘好歹，不似往年各搶各得，盡行入官平分。」亦爲一反證。

(5) 開國方略

所謂「開國方略」，我在「清太宗與三國演義」一文已詳述之，茲再補充若干如次：當薩爾滸戰役，奴兒哈赤用計誘劉綎行爲，則有「用杜松陣亡衣甲旗幟，詭稱我兵，乘勝督戰，綎始開營，遂爲所敗。」此類的計筴，本三國演義中的常套，彼乃從而學之，以敗劉綎。又如他們又嘗使用美人計，出名姝，捐重粧，以悅漢人。前之撫順額駙李永芳、西烏里額駙佟養性等，後之大凌河許多遼人叛將，都因此之故，爲他們所惑，而爲清人出死力。有如順治五年爲清人死守贛州，以拒廣東提督李成棟數十萬反正軍之總兵胡有陞，其左右卽有滿洲名姝二人。而所謂美人計，大家當然都知道出於演義中東吳飾孫夫人以悅劉備的故事，他們也學得很澈底。還又有所謂曹操五日一大宴以厚待關公的把戲，他們也曾依樣畫葫蘆，以厚待遼人。有如王錄天聰五年

十月戊戌載：「上謂諸貝勒曰：大凌河官員，可八家更番，每五日一大宴，宴與今日同。」此外如釋總兵祖大壽之俘，則又學孔明之擒縱，曰：「可擒則擒，可縱則縱。」又檢天啓實錄六年九月戊戌遼撫袁崇煥奏，有：「奴屢詐死懈我」之言。此詐死之事，在三國演義中更多有之，例如周瑜詐死敗曹仁，皆是。諸如此類甚多。他們的揣摸行計，直如是之巧，所以又常常為得意之言，如云：「我國本不知古，凡事揣摸而行。」其實所謂揣摸的話，自然也只是揣摸三國演義而已。

最笑話的，莫如他們揣摸此小說，因為揣摸太忘真，所以很有些上當的趣事。例如關公的顯聖，以及諸葛亮的空城計，他們也都疑神疑鬼的，以為真有其事，以為諸葛復生，所以往往一見即跑。據乙編葉四七九，「敵至張秋鎮，羣奴見城上有紅面大漢，身披金甲，手執大刀，奴賊未敢進城。」又同書葉五五二，關于內黃縣的城守，有空城待敵，敵過空城而不入一類的記事。像這一些的笑話，大家都應該注意的。

(6)　名分問題

雍正實錄載七年九月癸未有一上諭論及與大明之關係有曰：「我朝之於明，則鄰國耳。」今檔案內查出天聰實錄稿六年十月初十日有上大明皇帝一奏本，由此奏本，當然也就是「大明為君，而金國為臣」的，與雍正上諭完全相反。

(7)　寧遠戰役

天啓六年遼東巡撫袁崇煥於寧遠城下大挫奴兒哈赤之後，奴兒哈赤且死於是役。翌年，其子皇太極欲謀為父報仇，復率兵犯寧遠，仍遭挫敗而退，死傷甚衆。自是之後，金國之衆，據天聰元年實錄稿，有「非死則逃」之說。後來六七兩年實錄稿記其弱點更多：①征伐不可久停，若踰一年不征，敵人乘機修備，欲圖再擧，恐天災莫測，有悮大事。②今年宜卽出師，不然，國自此而窮，馬亦難得，兵亦不增。③我國之人，利於出征，在家何益。④我兵在家久住，恐敵人漸長機謀，修理城池，器械有備，昔云乘機遘會，時不可失。⑤今者邊巡不往，恐敵人漸長機謀，內亂漸消，尤難圖矣。凡此情

形，可見金人實利于出兵。然此利于出兵之事，並非利于攻城，而實利于野地浪戰，以用其所長。特是袁崇煥知金人之所長在騎射，故惟憑堅城大砲而使騎射無所施；知金人之得勢在速戰，故靜以待其變；知金人之乘時在秋多，故堅壁清野而使無所掠。凡此，不僅可以困金人，且實可以制金人，而散其黨。蓋彼等衣食所資，皆須掠奪，既爲「在家無益」之言，及一旦出外，而又未必如意，則其勢「非死卽散」，當爲袁崇煥之所深知。

(8) 入關史事

清人入關，首先我們應當注意清人之勾結流賊；而勾賊的實事，僅殘餘檔案中有之。爲了說明這一實事，我們必須先從明之亡國說起。明之亡國，據朝鮮肅宗實錄卷三十九葉四，曾載清人宣傳之言有曰：「聞渠嘗謂明亡於流賊，渠之入燕，爲大明報仇，至上先帝之諡云。」這一宣傳，是爲清人最得意之作。嘗見內閣大庫檔案有康熙六十一年十一月遺詔，更堂堂正正言之：「自古得天下之正，莫如我朝。太祖太宗初無取天下之心……後流賊李自成攻破京城，崇禎自縊，臣民相率來迎，乃剪滅闖寇，入承大統，稽查典禮，安葬崇禎。……以此見亂臣賊子，無非爲眞主驅除也。」清人纂修明史時，卽係因襲此種官樣文章，以入明史流賊傳，書：「亡天下者，李自成張獻忠也。」茲檔案內有順治元年正月二十七日關于多爾袞勾結流賊「併圖中原」一書稿，足以證明官書所載，完全爲諱飾，完全爲妄說。

(9) 山海關戰役

多爾袞與李自成山海關之戰，據明史流賊傳，乃四月二十二日事，一戰摧之。其後乾隆爲世祖實錄作序，措辭更多誇張失實。如談及世祖嗣位之初有云：「當是時，流賊已入京師，明祚已成板蕩，遂因明將吳三桂之請，命將士入關，定燕京，殄羣寇，挈斯民于水火之中，而登之衽席之上，爰主郊禋，式頒正朔。自古得天下之正，未之有比也。」這一段序文，尤其是「自古得天下之正未之有比也」的大話，在清朝歷代實錄中都是常見的文章。其實山海關的戰役，當四月二十一日的辰時，卽清兵尚未參戰之日，吳三桂的部隊卽已與李自成鏖戰終日，凡連殺數十餘陣。是日戰，有「斬獲賊級無數」之

報，又有「大獲奇捷」之報。凡此奇捷與斬獲無數，俱吳三桂獨自血戰之功，初與多爾袞無關，因爲多爾袞所率的清兵於四月二十二日才趕至關上參加戰爭的。是日戰役，卽無清兵的參加，而李自成之必敗，已成必然之勢了。不過，當初吳三桂之與多爾袞，如不與彼合力而向彼請兵，則將有必敗之勢，因多爾袞曾威脅吳三桂，有「乘虛直擣」之說。

(10)　鄭成功史料

①　順治年勅諭鄭成功稿（圖版壹）。此勅稿乃順治十年事。時清人方困於李定國，連喪二名王，特別是敬謹親王之輿尸而歸，其時朝鮮使臣報導清廷之狀有云：「上下憂慮，不遑他事。」於是清廷顧西不能顧東，乃決心與鄭成功休兵講和。其曰：「朕豈憚於用兵」，實際正憚於用兵。一面勅內更再三提及鄭芝龍，並若干遷就之意以動其心。不知成功惟知以「大明」爲第一，盡忠不能盡孝，故其講和大計，始終堅持「不剃頭，不變衣冠」。厥後和事之無成，原因卽在此。蓋成功之志亦與晉王李定國同，不外誓扶明室，以漸圖恢復而已。可惜後來只因有了一個洪承疇，爲清人統一中國。如無洪承疇，則明清的大勢，正未可知也。

②　順治十一年十月二日福建巡撫佟國器奏本。（圖版貳）此奏爲一最珍貴之文件，奏內描寫鄭成功之大節，有凜然不可侵犯之意。其所云：「鄭成功不受詔，不剃頭，其意如山」，寥寥十三字，讀來令人不禁爲之蕭然起敬，與洪承疇之「大節有虧」，殆有天堂地獄之別。而鄭成功之俎豆千秋，萬世欽仰，可謂於國有光矣。

③　康熙八年九月招撫鄭經勅諭（見丁編葉二七二）。此件未用「勅諭之寶」，由今言之，也許當初清廷曾有過這一招撫擬議，及經過再三考慮之後而又作罷的，以此勅諭亦並未送出。因爲鄭經一談到招撫而其所持惟一不二的條件，卽「比照朝鮮，不剃髮，願進貢投誠」。此與清史稿鄭成功傳所記康熙四年關于「請稱臣入貢如朝鮮」之說，前後正同一情節。所以清人對于招撫鄭氏之一再失敗，卽因鄭氏始終堅持「不剃髮，不變衣

冠」之一決策而已。

附清初世系表（圖版叁及圖版肆）

補　　記（圖版伍）

皇父攝政王香册文：「維順治七年歲次庚寅十二月庚辰朔二十五日甲辰，孝侄皇帝御名（御名二字旁各有一圈）稽首再拜上言：允文允武，衍萬年有道之長，立德立功，舉百世不刊之典。特崇殊禮，用答純誠。皇父（皇父二字旁各有一圈）攝政王天縱聰明，性成仁讓，堅辭□（疑文疑大）寶（下略。又辭、寶二字，未付裱前，其字跡可見，今因裱匠不慎而失去原貌。）」按，此文最後的兩句，可以看去當年多爾袞所有推位讓國的眞實性。與順治八年正月二十六日追尊皇父攝政王爲義皇帝詔書內所云：「皇父攝政王當朕嗣服之始，謙讓彌光」，正同一意見。特別是前者「性成仁讓，堅辭大寶」八字，說來價值非常。那也就是說，奴兒哈赤身死之後，其皇位繼承人，應當是由多爾袞繼位的。只是多爾袞因爲年幼，年方十五歲，而由四大貝勒（包括皇太極）暫主國政。沒想到皇太極自主國政之後，久假不歸，弄假成眞，以汗自稱。迨天聰十年修太祖武皇帝實錄，又出以「己意」，於天命七年三月初六日條，僞造太祖遺訓，以皇位繼承人須由八旗主會議決定之，此乃皇太極奪位之一眞相也。沒想到其子順治帝竟揭開眞相，於香册文中竟衝口道出「皇父攝政王性成仁讓，堅辭大寶」，使皇太極奪位之事，昭然若揭。再說一句吧，太祖遺訓與順治親口所道，兩相比較，總有一眞一假。如以檔案爲眞，則武錄顯然爲僞造。反之，若以檔案爲不足據，而以官書爲信史，則又難乎其爲歷史矣。謹註明於此，惟在讀者加以精密的選擇。善乎前引蔡元培先生之言曰：「拚命抄實錄，那能成信史」？卽此意也。

出自第四十二本第二分（一九七一年六月）

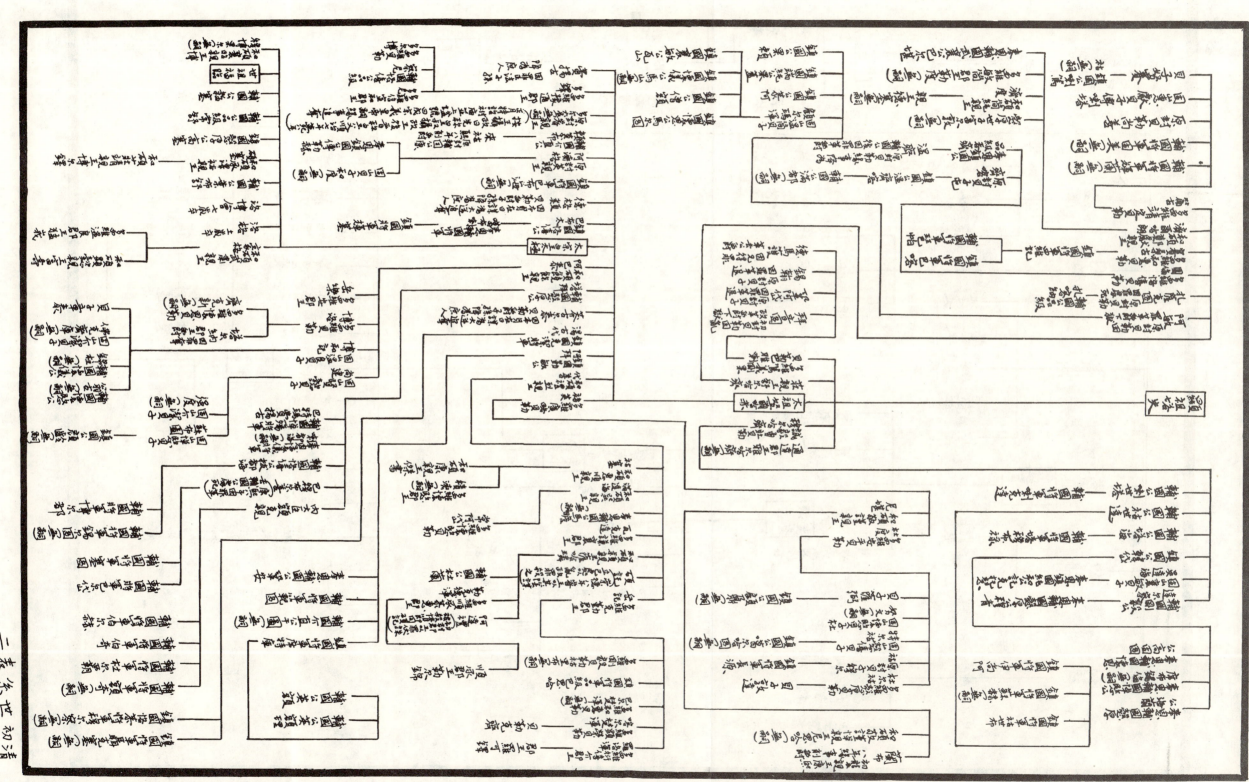

清初世系表一

布库里雍顺 ……… 范察 ……… 都督孟特穆 肇祖原皇帝

天女 佛古伦

叔 伯篇

充善

妥罗

锡宝齐篇古 景祖翼皇帝

都督福满 兴祖直皇帝

德石库
　苏克果齐黑代夫
　谈吐
　摔揭古宝

刘阐
　禄胡臣
　麻哲梅
　门土士

索长阿
　李大
　武大
　摔氣阿本台
　龍敦
　非英敦

觉昌安 景祖翼皇帝
　李敦巴圖鲁
　尼里汉
　界堪
　塔察篇古 显祖宣皇帝
　塔克世大妻揭古

塔克世 显祖宣皇帝
　礼敦巴圖鲁
　额尔衮哈奇
　界堪
　努尔哈赤 太祖武皇帝
　巴牙喇
　穆尔哈奇

努尔哈赤 太祖武皇帝
　褚英
　代善
　阿拜
　汤古太
　莽古尔泰
　塔拜
　阿巴泰
　皇太极 太宗文皇帝
　巴布太
　德格类
　巴布海
　阿濟格
　赖慕布（太祖庶福晋所生不载）
　多尔衮
　多铎

皇太极 太宗文皇帝
　豪格
　洛格
　洛博会
　叶布舒
　硕塞
　高塞
　常舒
　福临（世祖）
　韬塞
　博穆博果尔

福临 世祖
　牛钮
　福全
　玄烨
　常宁
　奇绶
　隆禧
　永干

玄烨
　承瑞
　承祜
　承庆
　赛音察浑
　长华
　长生
　万黼
　允禔
　胤礽
　……

圖版壹之一

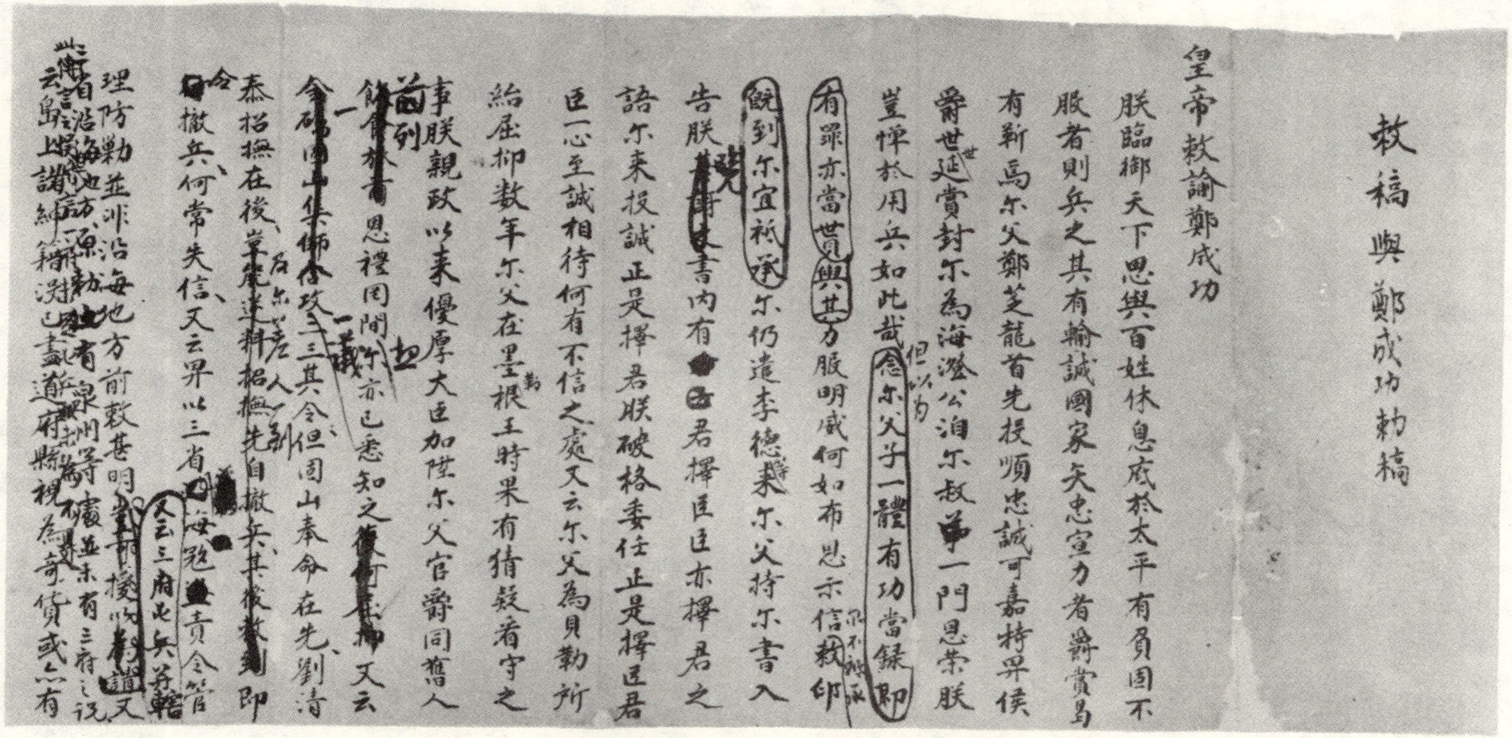

敕稿與鄭成功勅稿

皇帝敕諭鄭成功

朕臨御天下思與百姓休息底於太平有負固不服者則兵之其有輸誠國家矢忠宣力者爵賞曷有靳焉爾父鄭芝龍首先投順忠誠可嘉特畀侯爵世延賞封爾為海澄公洎爾叔芝[illegible]一門恩榮朕豈憚於用兵如此哉

圖版壹之二

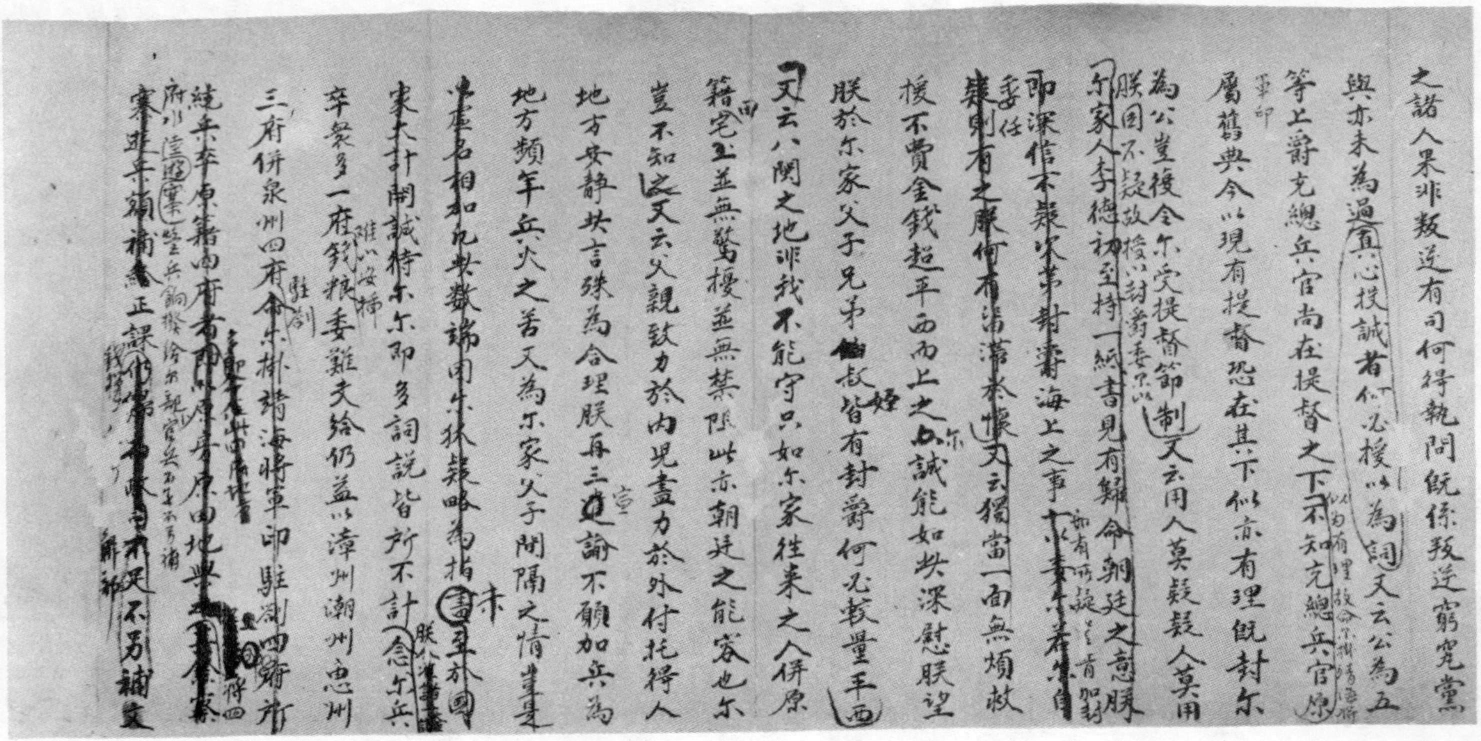

圖版貳之一

欽差提督軍務巡撫福建等處地方都察院右僉都御史臣佟國器謹
　奏爲密報海上終〻受撫仰祈
聖明亟賜睿斷事竊照鄭成功原無投誠歸順之情海上烏集
　者衆嗷嗷待食各郡水陸官兵汛守既嚴閩入無從因借
　撫局以餌我大兵既撤往復奏
請成功名爲受撫實恣剽劫自拾年捌月至今分布各僞鎮率
　兵拾餘萬韃食索餉先自漳泉興化以及福省屬邑赤地
　無餘其慘苦情形屢經臣具奏
聖明御前矣嗣
皇上復差内院學士葉成格等賫
勅前來令鄭成功剃頭
開讀捌月拾叁日到福州臣從韓閩特出與提督臣楊名高斟
　酌謀議既定而發檄各道將護送
詔使捌月貳拾肆日抵泉據學士葉成格等玖月貳拾叁日報
　稱駐泉貳拾餘日鄭蝦黄徵明李德周繼武迤相往返屢
　門不下拾餘次鄭成功不受
詔不剃頭其意如山復遣各僞鎮分布收割民禾仍行其韃食
　索餉故智且聞西賊僞永曆差官及太監現在成功處察
　視動靜其狡謀愈不可測臣於拾月初壹日見報即日同
　提督臣楊名高密議發兵沿途接應候
詔使回省先行具疏馳
報伏乞

皇父攝政王香冊文

七年十二月二十八日寫　四冊　每冊四行　每行連臺頭二十四字　清字四冊五行

先寫香箋一張　文同　每行二十三字　連臺頭
有圍香填金

維順治七年歲次庚寅十二月庚辰朔二十五日甲辰

孝輕皇帝　御名　稽首再拜

上言先文先武行萬年有道之長立德立功舉百世不刊之

典特崇殊禮用荅純誠

皇父攝政王

父攝政王

天縱聰明

性成仁讓

堅

神牌底　清字二行漢字一行　實樣去神住加之弘清篆各三行

成宗懋德修道廣業定功安民立政誠敬義皇帝神位

德盛典崇蒇芳薇於永久

成宗愛崇禋薦式殿

天壇文

維順治七年歲次庚寅十二月庚辰朔越二十四日癸卯嗣天子臣

敢昭告於

明人援韓與稷山大捷

李 光 濤

稷山大捷，由朝鮮倭禍言之，乃明人再度援韓第一功（倭禍凡二節，前者萬曆二十年曰「壬辰倭禍」，而後者萬曆二十五年是爲「丁酉倭禍」）。而是役立功人物，又應以經理楊鎬爲第一。使當時無楊鎬，則王京陷沒，亦只且夕間之事而已。茲將其史事，姑分兩節記之：㈠楊鎬經理朝鮮，㈡稷山戰役。

第一節　楊鎬經理朝鮮

「經理朝鮮」一名稱，乃臨時因事設置之官，與所謂「經制」不同，不必細述。但此一職，尚有一原委，不可不記，如萬曆實錄（簡稱萬錄）二十五年二月乙亥條所書上段有曰：

大學士張位沈一貫奏陳經理朝鮮事宜，言：欲爲自固之策，先擇要害適中處所以立根基，使進可以戰，退可以守，始爲萬全之計。莫若于開城平壤二處開府立鎮，西接鴨綠旅順，東援王京鳥嶺，勢便則遣輕兵以趨利，不便則虎踞此處以壓其邪心。練兵屯田，用漢法以教朝鮮之人，適商惠工，開利源以佐軍興之費，選賢用能，立長帥以分署朝鮮八道之事。開平既定，次第取慶尙忠淸黃海等處，日逼月削，倭可立盡。既定此策，即當通登萊入遼之海路，從此轉餉以資軍與，渡軍以講水戰，使往來之人不疲于陸，且令二鎮聯絡可以相援，又可以通朝鮮之黃城島，踄釜山而窺對馬。此爲長策，當急行者也。言者欲轉浙直舟師從海入遼，北海風高，少山嶼，無棲泊所，不若從內地至登萊，駕登萊之舟以入遼，此安穩之計。又今言兵者動稱南兵，南兵非經戰之士，盡市井少年耳，體力不能過北人，獨其擊刺之法與器械之利，本爲制倭設者，不可不循倣而用，彼方老將，猶能言之。臣等以爲招南兵不如求南將，教練甚易，與所

募南兵參而用之，此亦長久之計也。上然之，令下部議。部請行朝鮮國王同司道官詳議具奏，如該國推託不便，不妨別議。得旨：設官經理朝鮮，原爲保全屬國，目前戰守進止，此爲長策，待彼力能自立，官兵即當撤還，天朝不利一民一土，督撫官傳示國王，俾知朕意，作速計議奏報，以圖自全。

萬錄所書，其在中朝之應付丁酉倭禍，要而言之，不外爲持久之計。這一消息，傳至朝鮮後，東國君臣又該如何呢？參朝鮮宣祖實錄（簡稱宣錄）卷八十七葉十二，其情如下：

丁酉四月癸酉（十三日）未時，上御別殿，引見大臣及備邊司有司堂上。……（領議政柳）成龍曰：……目今所當急議者，乃是天朝欲置巡撫等官於我國之事也。上曰：此事……已奉聖旨，謂之經理朝鮮軍務，又以爲朝鮮若曰不便，則更議施行云。今若擴（疑搪）報，以致天朝謂朝鮮無可奈何，而欲退守鴨綠江，則難矣。若八道設官一事，則誠不可支矣。如平安等道擇置一官，設爲屯田等事，有何妨乎？成龍曰：聖旨亦有一土一民不屑取之語，此則明言其意，而其事誠有所妨矣。上曰：天朝豈有因此而取我國之理乎？成龍曰：此則誠無所疑，若唐官出來，而凡事一如監司體貌，必皆自專，則我國無復著手處矣。況出來者未必皆得善人，而終至於不可支，則雖欲更請撤兵，亦不可得矣。上曰：如屯田一事，可以試之，雖曰有弊，比之賊來之有虞則有間矣。（領敦寧府事李）山海曰：多數設置，則亦必難支，若出一官而爲屯田，則或可矣。上曰：天朝慮我國無糧，而爲此持久，非偶然也。成龍曰：元朝設征東省於昌原（光濤按：昌原隸慶尚道極南端，與巨濟島正隔海相望），而久留貽弊，竟不能支。今此奏文，不須斷然防之，只陳難行之事可矣。上曰：其更議二字，是爲我國慮有後弊之言也。自前天朝亦多論議，或言失朝鮮得日本，如失弓得弓，或謂如琉球安南等國，則不必救，朝鮮爲遼左藩籬，不可棄之。若或因此違拂，而有所疑貳，則甚可慮也。成龍曰：今此奏文，必須詳審，使臣之任亦重矣。上曰：見縉紳便覽，則已差經理朝鮮某，曾奉聖旨也，若送使臣，則必速送可也。上曰：天朝若知我國不便事情，則豈必強爲乎？

談到經理朝鮮一官，參燕行錄選集上冊，有所謂「石塘公燕行錄」，記權悏使行，逐日有一記錄，試擇要言之：㈠丁酉三月十五日書：閣臣建議，具題請設經理朝鮮巡撫及

司道官，前往本國料理備禦事宜。此亦聖旨，今明當下云云。㈡三月十六日書：表憲
且言：在兵部聞得經理朝鮮都御史楊鎬，司道官蕭應宮，已奉聖旨差出云。楊鎬即今
遼東布政使，蕭應宮即今防海禦倭專管寬奠金州右參政云。由權悏兩則日記，再參上
條史文關于「若八道設官一事」之所云云。看來甚爲含混，好像是說朝鮮八個道，每
一個道都各設官料理備禦事宜。實際日記所書不是那囘事，所謂司道，也僅僅只蕭應
宮一人。而且這蕭應宮在職時間，並未多久，即被逮以去，檢明史朝鮮傳，於「麻貴
邃報青山稷山大捷」下又書云：「蕭應宮揭言，倭以（沈）惟敬手書而退，青山稷山
並未接戰，何得言功？玠鎬怒，遂劾應宮恇怯，不親解惟敬。並逮。」據此，則可見
當初閣臣之一建議，其後來眞正任事的，只得經理楊鎬一人而已。

　　又按，右引史文有若曰：「若遣使臣，則必速送可也。」凡此云云，乃萬曆二十
五年丁酉四月十三日癸酉之事。可是，雖曰「速送」，然其到達中朝，則爲萬曆二十
五年八月十七日乙亥，日期相去已四月有餘矣。如是日萬錄書云：

　　　朝鮮國差陪臣沈喜壽等三十三名，進賀萬壽聖節，並奏經理事宜。給賞，伴送
　　　如例。

此經理事宜奏本，其全文凡二千七百五十字，載宣錄卷九十二葉二十四至二十八，即
丁酉九月二十日丁未。今姑置之，且先就宣錄卷八十八葉四十一，即丁酉五月二十八
日戊午，載國王移經理楊咨文，內有「參小邦今日之力，恐難堪任」等語。參之奏文
，只詳略之異而已。咨文凡三百六十六字，其全文如左：

　　　朝鮮國王爲遵奉屢旨，咨議防倭要機，協力固守，以圖萬全事。本月二十日，
　　　准欽差經理朝鮮軍務都察院右僉都御史楊咨前事。准此，爲照小邦兵火之慘，
　　　前古所無，非皇朝如天之恩，不能保有今日。即且大兵再出，終始拯濟，必欲
　　　使兇徒盡殄，而小邦蒙覆盂之安，又爲之經理長遠之策，圖振積衰之勢。惓惓
　　　至此者，誠以小邦忝爲藩屏，自祖先以來二百年，粗修業命，不忍一朝棄之，
　　　而爲鯨鯢所吞耳。況此開府之議，實爲保全小邦之至意，貴院以茂德重望，受
　　　委東事，經理密勿，風聲所至，即小邦民庶，猶知感賴，企尙有再生之望，況
　　　於當職，豈敢有一毫疑阻於其間，而有所云云哉？兵部原議有設官置鎮，屯田
　　　練兵築城等各該勾當，此無非保藩之勝算。而顧以小邦今日之勢，參之小邦今

日之力，恐難堪任。原奉聖旨，旣令作速計議奏報，毋失事機，致貽後悔。當職不得不詳具事情，更聽朝廷裁處。已經專差陪臣沈喜壽，賫本馳奏，仍具別咨稟知去後。今承咨諭，不勝悚惕，煩乞貴院諒其情勢，而恕其不及，使小邦畢蒙大恩，而免於罪戾，至幸至幸。

再據前引萬錄二十五年二月乙亥條，其所遺下段有一摘要，此一摘要，就史例言之，原係將前後情節併歸一事而作爲結論的，　應續錄如次，以存這一史事之全貌，其辭曰：

後朝鮮虞中國吞倂，疏稱舊都漢城開城平壤，今倂殘破，所居漢城，亦荊棘未除。小邦形勢，全慶二道爲重，慶尙門戶，全羅府藏也，斯倭所必爭，我所必守。倭若據全羅，則遠之西海一帶，近之珍島濟州，皆爲窟穴，縱橫無所不通，便風一二日抵鴨綠，卽開城平壤不足爲固。往在壬辰，倭陸抵平壤，又從水犯全羅，　繞出西海，幸舟師扼于閑山島。今倭抵慶尙左右道，而釜山西生浦爲其巢穴，對馬釜山間海洋數百里，爲其糧道。若于慶尙要害設險，屯積兵餉，時以輕兵相機攻勦，從陸地以蹙其勢，而又以利艦銳卒，出沒海上，邀截其後，庶幾有濟。若屯田則土地磽确，終不如南方。議遂寢。

曰「議遂寢」，卽指大學士張位等所陳在朝鮮境內屯田養兵之一建議，作　爲　罷論而已。其實朝鮮所祈望於中朝者，第一，急出水陸大兵，早日平定倭禍，第二，糧餉一項，或遼東陸運，或山東水運，以應軍需，二者俱當前要著。所以厥後楊鎬之經理事宜，亦端在乎此而已。特拈出說明，俾資讀者參考之用。

第二節　稷山戰役

記稷山戰役，應先言稷山的地理，否則不能了解這一戰役之重要性。考忠淸道地理志，該道東西四百七十七里，南北二百四十四里。州二：曰忠州，曰淸州。今只就淸州言之，淸州凡二郡：曰天安，曰沃州。縣十七：曰文義，曰淸安，曰鎭川，曰竹山，曰稷山，曰平澤，曰牙山，曰新昌，曰溫水，曰全義，曰燕岐，曰木川，　曰懷仁，曰靑山，曰黃澗，曰永同，曰報恩。由上二郡十七縣，檢日本外史卷十七終葉（卽第二十九葉）所附「朝鮮國全圖」，見於著錄者，　二郡俱有之，　縣則竹山、木

川、青山三縣，其他十四縣俱略去，可見「全圖」二字，原名不副實，並不完全。不過稷山的位置，按之「全圖」，亦大略可知。比如全羅道地理志所書稷山縣四境：東距鎮川二十八里，西距平澤十七里，南距天安十里，北距京畿陽城十九里。此一境界，其所云京畿的陽城，按之「全圖」亦不可得，然此亦無關，總之，稷山地區，南則天安，北則京畿道，這是不易之論。京畿即王都所在，那就是說，其時倭賊大勢，只要由稷山一過陽城，則王京之陷落，自然也就不須深論了。

　　當南原失事之後，（副總兵楊元三千騎盡沒。元僅隻身脫走。）其時王京情形，參宣錄卷九十一葉二十七，記國王謂副總兵李芳春有曰：「小邦人民，曾經慘禍，先自駭散，賊鋒未至，中外已空，禁之不能，極為悶迫。」曰「中外已空」，則王京之景象可知，其不即陷沒者，殆間不容髮而已。所幸經理楊鎬認為賊逼王京，已勢迫眉睫，於是由平壤趕至王京，以為鎮定之計。

　　丁酉八月丁丑，備忘記傳于政院曰：楊經理將欲來到云。今賊鋒甚熾，經理不宜輕為來京，萬一勢難還去，則所損非輕，人心益潰，不如留守平壤。此意參酌，或移咨周旋。（宣錄卷九十一葉二十三）

曰「賊鋒甚熾」，曰「經理不宜輕為來京」，則國王之「心亂」，可見一班。反之，其在楊鎬則異是。參萬錄二十五年三月壬寅，記大學士張位等推薦楊鎬之言有曰：「才兼文武，精敏沉毅，一時無出其右。」且楊鎬生平有一恒言曰：「心定則氣壯，心亂則氣奪。」（宣錄卷九十一葉十一）諸如此類，特別是「心定則氣壯」，蓋曰「氣壯」，正見楊鎬眼中無敵，於是乃有稷山之大捷，使王京轉危為安。記得前日國王所曾說過的「予意以為都城不可守也」之所云云，由今思之，皆「心亂則氣奪」之類。據此，則關於楊鎬「才兼文武」之說，亦千真萬確，固非虛譽也。

　　稷山大捷，見於東國史籍者甚多，茲為表揚當日明人的英勇起見，悉照錄於後，以為糾正明史及日本外史之用。

一、宣祖修正實錄

　　九月，經理楊鎬，使副總兵解生等，大敗賊兵于稷山。先是，賊自陷南原，乘勝長驅，進逼京畿。經理楊鎬在平壤聞之，馳入京城，招提督責不戰之狀。與提督定計，密選騎士之精勇者，使解生牛伯英楊登山頗貴領之，迎擊于稷山，

諸軍及我人皆莫知也。解生等伏兵于稷山之素沙坪，乘賊未及成列，縱突騎擊之，賊披靡而走，死者甚多。又遣遊擊擺賽，將二千騎繼之，與四將合勢，遊擊又破之。是日，經理提督請上出視江上，上不得已而行，人心洶懼，士庶皆荷擔而立，內殿避兵西幸，及捷報至，京中乃稍定。（卷三十一葉六）

二、宣廟中興誌

丁酉九月，平清正入京畿，楊鎬遣副總兵解生等邀擊大破之，清正走還蔚山。清正轉陷湖西，將迫京畿，急報日至，朝廷爭請出避，麻貴亦欲引還。楊鎬方在平壤，接伴使李德馨曰：賊一渡漢江，則江以西無復着手處，及今駐往，猶可爲也。鎬從之。軍吏諫勿輕進，不聽，遂疾馳入京，招麻貴等責不戰之狀。即與貴定計曰：賊勢方銳，先摧其前鋒，然後可以大軍繼之。夜選各營精壯二千騎，驍將十五人，使副總兵解生，參將楊登山，遊擊將軍頗貴，牛伯英領之，密途于天安，而諸將莫知也。初七日乙未，解生等疾馳至稷山天安之間，清正兵已至，望見賊衆皆著白衣，遍野而前，天兵疑其爲我人，初不之備，及賊放砲，始覺之，四將一時跑馬陷陣，賊披靡而走，死者甚衆。忽一賊持白旗上山麓之，賊大陣應時雲合，四將度不可敵，即斂騎還振威。鎬繼發各營兵出陣江上，丁酉，又遣遊擊將軍擺賽將二千騎爲後援。賽馳至振威，與四將合兵進，與清正大戰於素沙坪，部下勁騎皆出入如飛，斬其驍將葉一枝，清正遂擧軍而遁。解生曰：此賊狡黠，走必循山，騎步異勢，不可追也。遂歛步止營。是時楊鎬麻貴請上出視江上，人心惱（疑恂）懼，士庶皆荷擔而立，內殿避兵西幸。及捷報至，京中乃稍定。鄭起龍以游兵四百入報恩赤岩，猝値清正兵於大霧中，起龍意氣整暇，當前立馬，射倒數十賊，清正疑有備，良久不敢動，起龍故與相持，而使快馬奔告前路士民，使速避，然後徐引而去，湖嶺避亂人賴而獲免者數十萬。楊鎬又遣參將彭校（疑友）德，追敗清正於青山。邢玠又聲言天朝且發水軍七十萬，由海道直搗日本，倭聞風遂不敢進，清正退屯蔚山，與義弘行長等互通聲勢，沿海屯柵，連延九百里。（下册葉四十八）

三、亂中雜錄

丁酉九月六日，天將副總兵解生等，大敗賊衆于稷山金島坪，清正等退遁，流下嶺南。初，楊鎬在平壤，聞賊兵已逼畿甸，日夜馳到京城，令本國設浮橋於銅雀津，先送副總兵解生，參將楊登山，遊擊擺賽頗貴等兵數萬，迎賊於湖西之境。解生等到金島坪，巡審用武之便，分兵三協，爲左右掩殺之計。陳愚衷自全州退遁，賊兵跟追，已渡錦江。上日夜泣懇于經理，慰解曰：倘官軍不利，主君宮眷可相救活。即與麻貴領大軍啓行，至水原下寨，遣兵于葛院，埋伏于芥川上下，以爲後援。賊兵自公州天安直向京城，五日黎明，田秋福向洪慶院，先鋒已至金島坪。天兵左協出柳浦，右協發靈通，大軍直從坦途，鑼響

三成，喊聲四合，連放大砲，萬旗齊颭，鐵馬雲騰，槍釼奮飛，馳突亂斫，賊屍遍野，一日六合，賊勢披靡。日暮，各歛兵屯聚。清正夜令諸軍，決明朝死戰之計。解生密令諸將曰：今看賊勢，明當決死以退，努力敢死，毋坐軍律。但彼賊狡黠，倘至敗退，必由山路而去，險阻之地，騎步異勢，不可窮追。翌日平明，賊兵齊放連炮，張鶴翼以進，白刄交揮，殺氣連天，奇形異狀，驚惑人眼。天兵應炮突起，鐵鞭之下，賊不措手，合戰未幾，賊兵敗遁，向木川清州而走。大軍力竭，且路出山僻，麻貴不許跟追，休兵分道追下。其後賊還朝，稱朝鮮三大戰，平壤幸州金島坪云。

或云，金島之戰，天兵結陣于弘慶院，暗埋火藥于幕草。及賊至，天兵佯棄陣走，賊兵爭入焚幕，為火傷死者多，此言近似。且經理不往水原，與上共登終南山，望見氣曰：賊兵敗走。（卷三葉七十四至七十五）

四、宣錄丁酉九月書：

(1)乙未（初八日），接待都監啓曰：卽刻塘報入來於經理衙門，前去天兵，埋伏于稷山南十里地，傍多阻隘處，見倭賊先鋒，不知何將標下，下馬斮殺，而暫相退駐。天兵急於貪殺，不遑砍首，餘賊四散，昨日發送三千軍已到，方追逐，此乃今日午後報。而又有唐兵自陣中馳來口報曰：斬首三十級，中銃箭死者，不記其數，午後，各收拾結陣。斬級中有金盔金甲者數人，必是賊酋云云。

（卷九十二葉九）

(2)丙申（初九日），提督接伴使張雲翼啓曰：卽刻自稷山戰所囘來唐兵說稱：天安稷山之間，不意倭賊先鋒皆著白衣，遍野而來，唐兵等初謂稱朝鮮人，不為進逼，俄而倭先放砲，唐兵一時跑馬斮殺，交戰良久，倭人中箭被棍死者，幾至五六百，斬級三十餘顆，解副總楊參將各手斬二級。而倭賊登山舉白旗，天安大軍卽刻雲集，衆寡不敵，各自退守，解總兵等四將，去夜發稷山，前來唐兵亦多死者云。且提督卽刻發放各營，使之盡數出陣江邊，仍為野營云。且發令旗使擺遊擊抄領精兵二千五百，迎擊於水原之路云。敢啓。傳曰：知道。（卷九十二葉九至十）

(3)丙申，接伴使申忠一書啓：本月初七日，兇賊先鋒，自天安上來，解副總

楊參將頤遊擊牛遊擊四將，抄領精銳者二千名，將官十五員，逆戰于稷山十五
里許，斬首三十一級，死傷者不可勝數 ，親自斬賊 ，解副總二級，楊參將一
級，頤遊擊三級，馬匹器械之所被獲者，未及計數而來云 。是日 ，回軍過振
威，初昏到水原，飯後便卽起馬，夜纔二更矣。傳曰：知道。（卷九十二葉十）

(4)丁酉（初十日） ，掌令李鈇來啓曰：賊鋒已及近畿 ，天兵至於搏戰廝殺 ，而
我國將士曾無一人遮遏於中路，最後雖遣李慶濬，而只率些少兵，又不前進與
天將合勢，下去累日，尙留於果川地，其何以有辭於天將，而振發其軍情哉？
……（卷九十二葉十一）

(5)癸卯（十六日） ，傳于政院曰：兇賊至詐，善於用兵 ，變幻無窮 。今賊分兵
爲三路，其一枝直衝畿甸，今無故忽焉退遁，萬一賊佯若退去之狀，而天兵墜
於其術，盡銳南下之後，其他路之賊，遠出其後，直擣漢水，覆其根本，則尙
忍言哉？此必無之理，雖然，亦不可謂無是理也。此大事，政院須詳問虛的曲
折，此意言于大臣。（卷九十二葉二十一）

(6)癸卯，經理伺候郎廳來啓曰：未知某將官到某地所獲，而各將諸處人斬獲之
數，共九千七百五十三名，馬四千餘匹云。此說近於誇張，而自中所言如此，
互相稱賀，更加詳聞以啓。（卷九十二葉二十二）

(7)癸卯，接待都監啓曰：卽刻撥兒所報擺柴兩遊擊 ，追擊斬賊十八級 ，方乘
勝追擊云。傳曰：知道。（卷九十二葉二十二）

(8)乙巳（十八日） ，接待都監啓曰 ：提督吩咐擺柴彭三將 ，追擊倭賊于錦江之
邊，昨天又斬四十六級，且鎭川之賊，已過荊江而去云。（卷九十二葉二十三）

(9)乙巳，忠淸觀察使丁允狀啓：兵使李時言馳報內：倭賊來犯報恩稷山等處，
遍滿結陣 ，與天兵對敵 ，內浦各官並爲瀰滿 。而兵使所管將卒，皆避亂左
道，竄伏林間，不得招集，以此邊報不通，且守令等去處，邈不聞知云。 （卷
九十二葉二十三）

(10)丙午（十九日） ，上幸慕華館，迎慰李副總汝梅。上曰：大人再臨小邦，萬
里駈馳，得無勞苦乎？副總曰：職分內事，何言勞苦。上曰：提督如松大人今
在何地，做得何官，而無恙否？於小邦有拯濟之恩，小邦臣民，至今感祝，難

忘其德。副總曰：時在北京府。上曰，今者倭賊再逞兇謀，已及畿內，幸賴諸
大人之威，得免魚肉之慘，深感。副總曰：恨未及到　，殺一賊以答國王耳。
然天朝大兵陸續出來，若齊到，則一鼓蕩滅，何患之有？上曰：小邦旣不能自
振，罪戾已大，而皇朝再發大軍，終始拯濟，感激皇恩，罔知所以爲報。　（卷
九十二葉二十三）

⑾丁未（二十日），接待都監啓曰：當日彭擺柴三將先囘，而追賊至荆江，接戰
連捷，柴遊擊軍得十四級，擺遊擊手斬四級，軍丁獲三十六級，彭中軍軍丁得
三十六級，提督內家丁斬三十五級，及他將軍丁亦有所獲，合諸營一百五十五
級。倭賊則清州公州兩處大陣，盡爲奔還，或入湖南，或從鳥嶺四散而退。今
此之賊，逢人輒殺，道路村墟，積尸如山，孩提不遺云。（卷九十二葉二十四）

⑿戊申　（二十一日），上幸茅遊擊所館 遊擊名國器。上曰：再發兵糧，終始拯濟
，皇恩罔極。大人以小邦之故，萬里駈馳，勞苦至此，實深未安。遊擊曰：奉
命東征，職分內事　，何勞之有？上曰：兇賊逼迫畿輔　，小邦亡在朝夕，天兵
進勦大捷，兇賊畏天威遠遁，皇恩及諸大人之德　，尤爲罔極。遊擊曰：俺兵
未來之前，已爲遁北，恨不得攻滅彼賊。後頭大兵齊集，則當覆巢穴，幸勿疑
慮。（卷九十二葉二十八）

⒀乙卯（二十八日），上幸遊擊牛伯英下處。上使呈禮單，請拜，以辭，伯英請
只行揖，乃相揖。上曰：若非皇威及諸大人之功，小邦安得保有今日，皇恩
罔極。伯英曰：此國王福也，俺等何力焉？乃還宮。（卷九十二葉三十二）

上引史籍凡四種，其第三種亂中雜錄的作者趙慶男，乃當時避亂之人，從未參加戰
鬥，然稷山大捷，特別是清正之披靡敗遁。所知者必多，故其描寫九月初六初七兩日
的血戰，看來直如活現眼前。如其辭有曰：「賊兵自公州天安直向京城，天兵左右協
直從坦途，鑼響三成，喊聲四合，連放大砲，萬旗齊颭，鐵馬雲騰，槍釖奮飛，馳突
亂斫，賊屍遍野。一日六合，賊勢披靡，日暮，各歛兵屯聚，清賊夜令諸軍，決明朝
死戰之計。」又記清正敗遁有曰：「翌日平明，賊兵齊放連砲，張鶴翼以進，白双交
揮，殺氣連天，奇形異狀，驚惑人眼。天兵應炮突起，鐵鞭之下，賊不措手，合戰未
幾，賊兵敗遁，向木川清州而走。」這一場惡戰，可能由于清正之損兵折將相當慘重，

遠近莫不聞知，所以本條之末更加小註曰：「其後賊還朝，稱朝鮮三大戰，平壤幸州
金島坪云。」按，金島坪當係稷山之別堡，而清正稷山之敗，厥後倭國更常常舉此爲
言，且與平壤幸州並稱，則其當初傷亡之大，卽此可知。最奇者，莫如稷山戰役，沒
想到還有後來清國的太宗，亦且津津樂道，以問朝鮮世子矣。例如朝鮮仁祖實錄卷四
十三葉十六，二十年壬午 (明崇禎十五年，清崇德七年，西元一六四二年) 七月甲申書：

> 進賀使麟坪大君㴭等馳啓曰：臣等呈表箋及方物，則皇帝引臣等行禮，因令入
> 叅於堂內西壁之列，世子及鳳林大君亦在坐矣。皇帝……問曰：壬辰年後，倭
> 兵再犯朝鮮云，倭兵留爾國幾年？世子答曰：首尾六年。而丁酉之再犯也，一
> 漢將大破倭兵於畿地，故倭衆遁去矣。又問曰：倭兵渡海之數七萬云，然耶？
> 世子答曰：二十餘萬云矣。

按後者壬午之一六四二年，去前者丁酉之一五九七年，其間相去凡四十六年，以四十
六年之久，其戰績竟遠播異域而不朽，可謂深入人心矣。據此，則倭中自稱之「朝鮮
三大戰」，其歷久而不忘者，當更係意中之事。野諺不云乎：「前者不忘，後事之師
也」，卽此意也。然考日本史籍之著錄，似乎犯了健忘病，大抵言之，不外顚到是非
而已。有如日本外史一書，是其最著者，書稷山戰役，曰：「殺傷相當」，又曰：「
明軍在國都不敢出」。凡此，故據卷十六葉二十四錄其一段於後，庶幾讀者不難加以
比較也。

> 我陸軍一隊，以秀元爲將，黑田長政爲先鋒，進迫國都，軍于全義館，擊明將
> 解生於稷山。明將楊登山牛伯英來衝我陣，長政將後藤基次，栗山利安揮槍拒
> 之，殺傷相當。登山伯英退與生合，濟川斷橋，我兵絕流而渡，擊走之。明軍
> 復大至，長政將母利友信，原種良等力戰，秀元亦至，擊却明軍，於是明軍在
> 國都不敢出，我軍亦持重不進。

曰「我軍亦持重不進」，質言之，那就是說，因稷山戰役，得了很大的教訓，不敢再
度冒險犯難罷了。此參宣錄卷九十二葉十二關于「多設這樣砲子於此邊，則賊何敢得
渡乎」之一紀錄，可以知其然矣：

> 九月己亥 (十二日) ……上與經理提督渡江，因上那邊山脊，(光濤按，所謂「那邊山
> 脊」，與雜錄小註所說的「且經理與上共登終南山」，正是一事。) 諸官追及焉。……經理招

出檢閱鄭弘翼曰：你能射否？上曰：此是書生，素不學射，無能爲也。經理曰：
然則何佩弓箭爲？上曰：只爲威儀之具耳。經理笑而命出。又指內官等曰：此
輩亦能射乎？上曰：粗能矣。經理遂令張帿，命唐人及我國人等較射。經理見
我國人射法曰：好，好，天兵則矢力不緊，而貴國則發矢猛利，若是則何畏乎
賊？仍問曰：南方之人，亦如此乎？上曰：然矣。經理曰：如此善射，而何使
賊攔入乎？上曰：素不習戰，故恇惻至此矣。經理曰：令養大其膽氣可也。射
畢，各給銀錢有差。又令天兵試放虎蹲砲於江邊，吹角一聲，各放一炮，聲震
天地。經理曰：此何如？上曰：至於今日，得見天威之雄壯，彼賊不足平，深
幸。經理曰：多設這樣砲子於此邊，則賊何敢得渡乎？

曰「賊何敢得渡」，此只假設之辭，不必眞有其事。蓋麻貴於敗倭已「分道追下」，
而清正且更遠遁蔚山矣。是稷山戰役，關於明人的建功，旣如彼昭昭，寫入東國的史
冊，可謂永有光於天下後世了。反之，其在中國的史籍，則多埋沒而不彰，如前記蕭
應宮，竟誣搆：「倭以惟敬手書而退，稷山並未接戰，何得言功」，卽其一也。此
外，還有兩種記錄，使當日的將士見之，必爲之垂首喪氣：

一、萬錄二十五年九月庚戌，時倭已入朝鮮公州，犯稷山等處，經略楊鎬馳赴
王京，鼓率將士，斬級一十九顆，賊勢少沮。事聞，上命相機堵截，無以小勝
輕敵。

二、明史稿楊鎬傳：九月朔，鎬始抵王京，令副將解生等屢挫賊，朝鮮軍亦數
有功，倭乃退屯蔚山。

以上兩條，當分別說明：

㈠萬錄所書：「斬級十九顆，賊勢少沮。」這一書法，似非與大賊作戰，只不
過斬獲若干零賊，與東國史籍所記的：其一，「大敗賊兵於稷山」，其二，「清正等
入京畿，解生等邀擊大破之」，其三，「天將解生等大敗賊衆于稷山金島坪」，彼此
相較，是其情節之懸殊，字裏行間，讀者自會有所分別的。還是宣錄第六條關於「斬
獲之數共九千七百五十三級」之一報導，揆之「大敗賊兵」等等之類，庶幾近之。然
此尚係九月十六日癸卯所報之數也。此報之外，再參第八條九月十八日，及第十一條
九月二十日，兩次殺賊之數，前者四十六級，後者一百五十五級，共兩百零一級，此

俱係奉麻貴之命追擊敗賊所斬之數。見於贍錄者是如此，至若贍錄之散失，其事不詳

者當更多，參宣錄卷八十五葉十七，獻納李必亨曾面啓國王言之矣。其言有曰：「國

史最重，壬辰以前，散失者不足言，其後史記不修者亦多，如天兵克復平壤之事，莫

大盛烈，而亦泯不書。」以此爲例，像平壤盛烈，且泯而不書，則其他史事之失載，不

消說，當亦同樣多有之，特借此一提，凡研究明人援韓戰史者，不可不知。

　　㈡明史楊鎬傳，所書有兩段情節，前者則爲「解生等屢挫賊」，這屢挫賊三字，

與萬錄所記的一十九級，均平淡無奇，不足稱大捷，依我的意思，應當這樣寫：「解

生等屢破賊，斬級近萬，至於天兵急於貪殺，不遑砍首之數，更不記其數。」（參前引

宣錄第一條）凡此，才能與平壤大捷並稱，亦當稱之曰「莫大盛烈」。此在上文原有贍

錄爲證，不必贅述。現在我再就楊傳後者關於「朝鮮軍亦數有功」之說，歸類記之，

此一「有功」，除若干零碎記錄不述外，但將丁酉九月二十三日，「李舜臣大破倭人

於珍島。倭人稱鳴梁之戰」。這一戰，專出朝鮮水軍之「盛烈」，足雪往者閑山島舟

師覆沒之恥。特據中興誌及亂中雜錄兩書轉錄於後，以見當初東國「臨敵易將」　（以

元均易李舜臣致舟師敗沒）之所遺誤者大矣。

　　一、中興誌

　　丁酉九月，李舜臣大破倭人於珍島下，殺其將來島守。

初倭酋家政等六將，連兵數百千艘向西海，舜臣兵寡不敵，遶海而上，家政等遂至務安，執佐郎姜沆，
問水軍所在。沆紿之曰：泰安安行梁，水路之天險也，天將召顧兩遊擊，領戈船葺餘艘，橫截梁上，下
游船已到鼇生浦，統制使以衆寡不敵，退與天兵合勢矣。賊聞之，相顧色動，遂囘兵下順天。舜臣復還
珍島，益募士卒，申明約束。賊聞之，又以來島守爲水路大將，領毛利民部等詩（疑諸）酋兵千餘艘西
上。來島守先遣九艘嘗之，舜臣擊走之。又夜遣兵放砲驚之，舜臣亦令放砲，賊知不可動，引去。裴楔
棄軍逃走，舜臣狀啓論罪，卽所在誅之。來島守乃悉兵前進，舳艫亘海，不知其際，而舜臣所領才十餘
艘。舜臣領避亂諸船，列遙海爲疑兵，而中流下碇以當之。賊先以百餘艘擁之，勢若風雨，諸將懾懼失
色，謂舜臣不可復免，一時退散。舜臣親立船頭，厲聲督之。僉使金應誠，亙濟府使安衞等同船以入，
直衝其鋒。賊蟻附儛，船幾陷。舜臣囘船救之，立碎其兩船，頃刻之間，連破三十艘，斬其先鋒，賊大
駭而却。舜臣懸賊首，張樂船上以挑之。賊奮怒，分軍迭出。舜臣乘勝縱火，延爇諸船，赤焰漲海，賊
兵燒溺死者不知其數，遂殺來島守，毛利部落水僅免，其餘將帥死者數人。是日避亂士民，皆恃舜臣爲
重，簇集山頂，望見舜臣陷百重圍，砲雷白鋩，四面騰震，以爲舜臣軍必糜爛無遺，皆失色痛哭。良久
戰氛開，見官軍船箇箇兀立，乃大驚，爭軍（疑誤）先趨賀。捷奏，上大喜，下書褒美，欲陞崇品，有

言舜臣爵秩已高，止賞將士。楊鎬聞而歎曰：此捷近日所未有也。送銀段勞賞，而奏聞天朝。（下略）

（下册葉四十九至五十）

二、亂中雜錄：

丁酉九月二十三日，賊酋來島守，領兵船數百艘，先向西海，至珍島碧波亭下。時統制使李舜臣留陣鳴梁避亂，舟子百餘隻，在後聲援。舜臣聞賊至，謂諸將曰：賊衆我寡，不可輕敵，臨機策應，如此如此。賊見我軍孤弱，意謂吞噬，交競先登，四面圍掩。我軍無心戀戰，佯入核心，賊喜我軍畏怯，內薄亂戰。忽然將船螺角交吹，旗麾齊颭，鼟鼓聲中，火發賊艘，延熱諸船，烟焰漲天，射矢投石，鎗槊交貫，死者如麻，燒溺死者亦不知其數，先斬來島守，懸首檣頭。將士奮勇，追奔逐北，斬殺數百餘級，逃脫者僅十餘隻，我船尙皆無恙。其後賊回巢論兵，必稱鳴梁之戰。（卷三葉七十六）

按，李舜臣原於八月內起用，剛一月，便能整理若干殘餘舟師，而爲國家建此大功，固爲東國之一奇男子也。然究竟言之，還是受了稷山大捷的鼓勵，才致水軍有此勝利的，不可不知。

當第二節稷山戰役寫完之後，復又細讀宣錄，看到國王接見楊經理一則，專爲稱頌經理退賊之功，內有「奉還宗社，再安京城，此莫非大人威德之致，不勝感激」等語，是乃前文所未及，不可不借此補記，以見經理之表現，並非尋常也。

丁酉十月丁丑（二十日），接見楊經理。上與經理相揖訖，上曰：近日天氣向寒，館宇凉薄，不審大人氣體如何？經理曰：賴國王賜，平安矣。上曰：大人前患手指，今則何如？經理曰：似得差歇，而尙未全瘳矣。仍揖讓就座。上曰：頃者賊逼畿輔，都城幾不守，人民散亡，無以爲計，不得已奉宗社遷于外，故避寇虐矣。今則天兵大至，兇鋒少退，故奉還宗社，再安京城，此莫非皇靈之遠暢，又實由大人威德之致，不勝感激皇恩，仰拜大人之賜也。經理曰：此都由國王之洪福，何功可與於俺哉？感激皇恩之言，正是正是，微皇上則安得保有今日哉？國王之言，誠善誠善。上曰：兇賊少却，廟社重還，實是大人之功，無以爲謝，請作拜以謝。經理曰：惡，是何言也？俺何功哉，不敢此禮。上強請，不從。上曰：統制使李舜臣捕捉些少賊，是乃渠職分內事也。非有大功

伐，大人賞以銀段，褒以美之，寡人未安於中。經理曰：<u>李舜臣</u>好漢子也，收拾戰船於散亡之餘，能立大功於摧敗之後，極可嘉獎，故略施銀段，以示俺嘉悅之意耳。上曰：在大人則然矣，於寡人實有所未安也。（卷九十三葉三十四至三十五）。

— 14 —

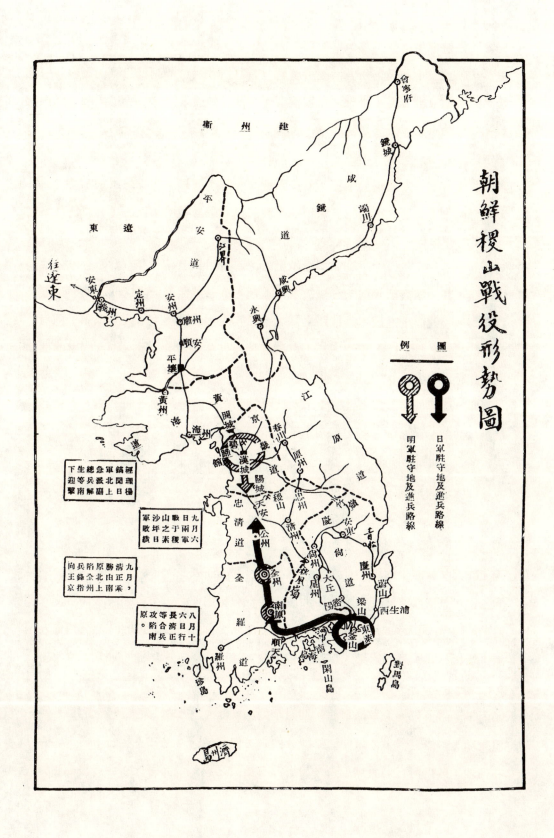

朝鮮稷山戰役形勢圖

滿洲八旗的戶口名色

陳 文 石

一、編審人丁

滿洲的旗制組織，是一個最大的獨立自足的戰鬥體，也是一個部勒屬人最大的組織單位。它的功能，不只是軍事性的，是統貫旗人生活，政治、經濟、社會等全面性的。因為它的建立是在全面動員的戰爭行動中，所以也就決定了它的特性——一切設計為了適應戰鬥。(註一)

旗制組成的基本單位是牛彔。牛彔建立於明萬曆二十九年，是由滿洲人狩獵組織脫化而來的。武皇帝實錄：「是年(辛丑)，太祖將所聚之眾，每三百人立一牛祿厄眞管屬。前此，凡遇行師出獵，不論人之多寡，照依族寨而行。滿洲人出獵開圍之際，各出箭一枝，十人中立一總領，屬九人而行，各照方向，不許錯亂。此總領呼為牛祿(華言大箭)厄眞(華言主也)。於是以牛祿厄眞為官名。」(註二)可知牛彔的形成，是以適應戰鬥需要的形勢，結合了氏族社會遺留下來的族黨(血緣)屯寨(地緣)兩要素，而構成滿族社會的新組織。在滿族社會發展史上，這是一件非常重大的變動。(註三)這一個新的組織體制，保存了氏族社會舊有的特質，也貫注了新的要求與精神。它不但使族人的生活條件與戰鬥條件結合為一，更能適合當前歷史發展的情勢；也使旗制保持了吸收不同族羣的高度容納性，滿足了軍事組織中統一性的要求。它是以氏

(註一) 入關以前，無日不在戰爭狀態下，一切設計，自然都為了滿足戰爭的要求。入關後，帝國建立，原來對立的戰爭主體也已經消滅了。但這個帝國是一個征服王朝，征服者與被征服者的心理對立狀態，政治上的緊張氣氛，很難化除。為了保障政權安全，就必須保持高度警覺，握緊自己階級內部的武力，以便隨時採取行動。所以八旗在入關以後，歷史的條件已經轉變了，但它原來的功能組織並未因此而變更，編丁披甲當差以鎮戍內外，多方豢養族人以培養後備隊伍。雖然這個要求，由於種種因素，越來越落空，到後來如何照顧族人生活，反而成了首要的嚴重課題。

(註二) 卷一。牛彔的組織，首為適應戰爭需要，後乃以此定戶籍。見註三。

(註三) 陳文石，「滿洲八旗牛彔的構成」，大陸雜誌三一卷九、十期。

族社會的族羣爲基礎，而以可以投入戰鬥的成員——壯丁，爲一切權利義務分派調度的計算標準。（註一）

牛彔編丁的額數，前後曾有變動。上引武皇帝實錄是三百人立一牛彔，會典事例將三百人改爲三百壯丁。（註二）八旗通志在天聰四年以前的編丁記載中，「每佐領（牛彔）編壯丁二百名。」（註三）康熙十三年規定「每佐領編壯丁一百三、四十名，餘丁彙集另編佐領。」（註四）清會典說是「編佐領以均其戶籍：各佐領編壯丁一百五十人爲率。」（註五）編組牛彔壯丁數目的計算方法及前後變動的意義，不想在這裡敍述。但旗中兵員編制及挑補派差，是以牛彔組成丁數爲配屬標準的。所以清會典又說：「稽戶丁之册，以定兵額。」凡滿洲、蒙古兵曰親軍（每佐領下二人），曰前鋒（每佐領下二人），曰護軍（每佐領下十七人），曰鳥槍護軍（每佐領下六人），曰礮甲（每佐領下一人），皆別爲營。步軍則合滿洲、蒙古、漢軍而隸於統領（滿洲、蒙古每佐領下領催二人，步甲十八人），其隸驍騎營者曰馬甲（滿洲蒙古每佐領下馬甲二十人），以都統專轄。設匠役以治其軍器，皆有額。額外曰隨甲，各以官之等撥焉。」（註六）因此，就必須充分掌握丁的資料，才能對戰鬥力的估計，權利義務的分配，挑補納差的調度，以及八旗並各牛彔力量的均衡（註七），作最佳的安排與控制。

（註一）　當初牛彔建立時，是以族寨爲骨架，所以儘可能的保存原來族羣的完整。這是清太祖由遺甲十三副發展成八旗制度及其所以成功的原因。因爲牽涉到牛彔的承襲管理的問題，所以對每個牛彔的來歷，承管歷史，特別重視。就旗的組成來說，旗是牛彔的合成體，由牛彔到旗，是直接的。所以旗下一切調派取予，都以牛彔爲計算標準。

（註二）　欽定大清會典事例（以下簡稱會典事例）卷一一三，「八旗都統，戶口，編審丁册」。

（註三）　八旗通志卷三一，「八旗戶籍，編審丁册」。

（註四）　光緒大清會典（以下簡稱會典）卷八六，「八旗都統」。

（註五）　同上，卷八四，「八旗都統」。

（註六）　見註四。

（註七）　編丁亦爲使丁壯負擔納差均等。清高宗實錄卷一五三，乾隆六年十月丙辰，「戶部右侍郎

　　編查八旗人丁，尚有「清理戶口，整頓名分」的意義。(註一) 這包括兩層作用：一是清除行為卑賤犯罪旗人的旗籍。淸會典：「犯罪應刺字者，即予削除旗籍。逃亡在外受雇傭工，及被獲發遣在配怙惡不悛者亦如之。凡削除本身旗籍，其子孫仍入丁冊。犯行竊計贓逾貫行同積匪者，並子孫削除旗籍。」(註一) 一是清查家奴，使不得以賤冒良，竄入正戶戶籍。如旗人抱養民間子弟指稱歸宗，私入旗檔。另戶旗人抱養家人之子為嗣，民人之子隨母改嫁於另戶旗人，或家人之子隨母改嫁於另戶旗人，民人之子隨母改嫁旗下家人，或家人抱養民人之子為嗣等，皆在戶丁檔冊上分別開載列明，以免混亂旗籍，侵奪另戶正身旗人挑差食糧的機會。

　　編審丁冊，必先有可資依據的資料。資料來源，淸會典：「以編審之法，周知丁壯之數。凡生子女則告於有司，三年乃編審焉。」(註二) 旗人生育子女呈報有司登記的情形，在關外時方式不詳。入關後是「大臣官員以下至閒散人等，凡屬正身另戶，生有子女，俱令於滿月時即告知族長，呈報佐領註冊，每年一次，令各佐領查明，已故之數銷案。至十歲時，具結呈報參領，鈐蓋關防，保送至都統處註冊，已故者查明銷案。」在京在外，都是一樣。如有隱匿不報，或將非本身所生子女捏報親生註冊，查出將參領、佐領、族長等及隱匿者捏報者一併治罪。外任旗員，除本人治罪外，各

阿里袞奏，盛京內務府三佐領下有未入旗檔人丁約六、七千人，毫無管束。緣三佐領下入冊納差共三千八百餘丁，每歲每丁應納差者，或鹽一千觔，或靛三百觔，或魚二百八十觔。又有入官人丁，每一丁交銀二兩至三兩不等。至比丁之年，入冊一丁，即添差一分，如有逃避，仍在本族中包墊完納。此等人丁，並無錢糧，因畏避入丁添差，皆隱匿不報，閱年已久。等敕交盛京內務府三旗佐領等，詳悉清查，造入丁冊。」

又會典卷八四，八旗都統：「凡戶之別……遷移則均其數。」其下註云：「佐領內如有越旗移置，閒散多寡不一，每五年或十年，都統、副都統將丁數均齊。如遇領催、馬甲等缺，即於均齊旗分內挑補。駐防分四旗者，即於四旗內均齊。分八旗者，即於八旗內均齊。」各旗各佐領人戶保持接近均衡狀態，此從太宗時已經注意，並有計劃的調整與控制。見太宗實錄卷一八，天聰八年五月庚寅條。

(註一)　八旗通志卷三一。

(註二)　會典卷八四，「八旗都統」，會典事例卷七四三，「刑部，名例律，徒流遷徙地方。」

(註三)　同上。又天咫偶聞卷十。

地地方官並負連帶責任。（註一）

　　人丁資料，「凡八旗之檔，戶繫於佐領，丁繫於戶。」「八旗人丁，每三年編審一次，令各佐領稽察。已成丁者，增入丁册。其老弱幼丁，不應入册。」（註二）所見編丁最早的記載是天聰四年十月，由「各牛彔額眞各查其所屬壯丁，其已成丁無疑者，卽於各屯完結。凡當沙汰老弱，新編疑似壯丁，係瀋陽者赴瀋陽勘驗，係東京者赴鞍山勘驗。」（註三）並命各級官員自誓，如有隱匿，願坐罪受罰。此次編查，不只是爲了瞭解各旗壯丁人數，使私家不得隱佔，得以準確估計戰力，及便於分配差役攤派等負擔；同時也爲了掌握各旗壯丁缺額撥補資料，維持各旗力量接近平衡。由於八旗俘來人口，皆平均分配，已造成旗下牛彔多寡不一，旗間勢力不均情況。故淸查控制，使不得漫無限制的發展。

　　三年一編，成丁者卽記入丁册。認定成丁的年齡標準，前後曾有不同。未入關前，年滿十五足歲後卽編入丁册。天聰七年十二月扈應元條陳七事奏：「編壯丁全在戶部，戶部比看得法，而老幼應差不怨。況自古未長十五歲者不當差，年至六十歲者亦不當差。」（註四）成丁年齡卽兵役開始年齡，所以淸太宗在天聰五年閏十月設學敎育子弟，凡十五歲以下，八歲以上者，俱令讀書。入關後，雍正七年副都統高應翽奏稱：「定例，八旗壯丁，三年一次編審。請嗣後凡世管佐領、公中佐領下之另戶壯丁，無論在京在屯，自十五歲以上，令該管官將花名與本人查對明白註册。」（註五）是至雍正七年，仍以滿十五歲爲成丁年齡。

　　當時除滿十五歲的年齡標準外，尚有身裁高低的標準。寧古塔記略：「每於三年後將軍出示，無論滿漢，其未成丁者，俱到衙門比試，名曰比棍。以木二根高如古尺五尺，上橫短木，立於將軍前，照册點名，於木棍下走過，適如棍長者卽註册，披甲派

────────────

（註一）　八旗通志卷三一，「八旗戶籍，編審丁册」。雍正七年十一月。戶部則例，卷二，「戶口，外任旗員生子不報。」

（註二）　會典卷二一，「戶口」。八旗通志卷三一，「八旗戶籍，編審丁册」。

（註三）　太宗實錄卷七，天聰四年十月辛酉條。在關外時有記載的，計天聰四年一次，天聰七年一次，崇德三年年一次，崇德六年一次。

（註四）　羅振玉，史料叢刊初編，天聰朝臣工奏議卷中，「扈應元條陳七事奏」。

（註五）　八旗通志卷三一，「八旗戶籍，編審丁册」。

差食糧。………辛酉（康熙二十年）三月，予於比棍已合式，將派差矣，予父言於將軍乃止。」(註一) 以身高五尺爲度，亦見於會典事例雍正五年例文。(註二) 此卽金德純旗軍志所謂以五尺之表，度人如表，能勝騎射，充壯丁入籍，有甲卒缺出，卽以充選。

乾隆四年規定「遇比丁之年，將至十八歲以上者，覈明入冊。」六年，復以「八旗編丁，有以身及五尺造入丁冊者，有年至十八歲造入丁冊者，事不畫一。今酌定及身五尺，皆造入丁冊，以杜規避隱漏之弊。」放棄十八歲年齡標準。至乾隆四十一年，始確定「八旗壯丁，統以十六歲造入丁冊。」(註三) 以十六歲爲成丁年齡。

編查時除適齡壯丁編查入冊之外，幼丁之食俸餉者，亦造入丁冊。此有兩種情形：一是未及壯丁年齡的養育兵；(註四) 一是官員子弟有職任未及分立戶口年齡而已分戶者，亦以另戶分造，載入丁冊。(註五)

壯丁編審不只是編查另戶正身旗人，亦包括戶下家役奴僕。造冊格式，會典事例：「凡身及五尺者皆入冊，已故者開除。各佐領造戶口清冊二本，一咨戶部，一存該旗。其戶口冊內，開載一戶某人，係官開明某官某人，無官者開載閑散某人，上書父兄官職名氏，旁書子弟及兄弟之子，並戶下人丁若干。」「或在籍，或他往，皆備書之。」戶下家奴人丁，亦各開具花名，核明送交戶部。各省駐防官兵，以及外任文武各官子弟家屬，由戶部行文各該將軍、督撫，查明造冊咨送。(註六)

(註一) 吳振臣著。商務叢書集成本。

(註二) 會典事例卷一一三，「八旗都統，戶口，編審丁冊」。

(註三) 同上。

(註四) 養育兵的設立，是因爲「承平旣久，滿洲戶口孳盛，餘丁繁多，或有丁多之佐領，因護軍、驍騎校皆有定額，其不得充伍之閑散滿洲，至有窘迫不能養其妻子者。如何施恩俾得生計之處，再四籌畫，並無長策。欲增編佐領，恐正餉不敷。若不給以錢糧，俾爲贍養，何以聊生。旣不能養其家口，何由造就以成其材。」於是各旗規定若干名，訓練藝業，給以錢糧，於本佐領下另戶餘丁十歲以上者挑補，如人數不敷，將九歲以下餘丁挑補。會典事例卷一一二一，「八旗都統，兵制，挑補養育兵」。會典卷八六。

(註五) 八旗通志卷三一，「八旗戶籍，編審丁冊」，「國初定旗員子姪俟十八歲登記部檔後，方許分居。」順治十七年題准，「凡官員子弟有職任者，不拘定限歲數，准其分戶。」本所所藏滿洲世家通譜中所記男性，名下註明年歲職任，無職任者註明閑散，滿洲人有職任後，不拘限定歲數，卽可分居分戶，此與中國社會自唐末以來對祖父母父母在子孫別立戶籍分異產者有罰，及社會上鼓勵同居共財的觀念不同，雖然清律有祖父母父母在子孫別籍異財者杖一百的規定，（祖父母、父母告乃坐）似是不適於滿人，此亦是由於特殊條件要求。

(註六) 會典事典卷一一三，「八旗都統，戶口，編審丁冊」。

　　丁册戶口名色，不止另戶、戶下兩種，尚有所謂開戶及另記檔案等名目。清文獻通考：「（乾隆）六年，　復定八旗造丁册之例，凡編審，各佐領下已成丁，　及未成丁已食餉之人，皆造人丁册，分別正身、開戶、戶下，於各名下開寫三代履歷。其戶下人祖父或係契買，或係盛京帶來，或係帶地投充，或係乾隆元年以前白契所買，分別註明。正戶之子弟，均作正身分造，餘俱照舊例。」（註一）以下分別說明各種戶口名色的性質。

二、戶口名色

　　一、另戶：另戶也叫做正戶，可說是旗人清白之家。（註二）在戶籍劃分的意義上，他們是征服階級的骨架，寄託著保衞部族王朝的核心力量。他們從所建立的政權吸取營養，分享種種特權優遇；部族王朝也靠他們維繫生命，要求提供必要的服務。因此在這種關係圈外的人，不但沒有享受圈內人某種權利的機會，也沒有圈內人某種服務資格。在原則上說，旗下每一個另戶家庭，都享有當差食糧，官學讀書，應試出仕，承襲受蔭，及接受圈地（國初），撥配房屋，承買入官房地人口，接受賞貸救濟，輔導生活，傷殘老弱孤寡享受贍養照顧的機會與權利。當然，這並不是說內部沒有階級的分劃。相反的，自清太祖興兵之日起，內部階級的分化，已隨著征服的進展日益滋長，封建色彩，日益濃厚。階級的存在，自然會造成權利義務機會的不能均等。但在戶籍上說，除皇室以外，凡身家清白的族人，都是另戶正身旗人，地位是平等的。這牽涉到旗下成員與旗制組織的基本構成關係等問題，本文不擬分析旗人應有的權利與義務，所以只說明戶籍名色上的性質爲止。

　　二、開戶：開戶是另戶正身旗人戶下的奴僕，開立戶口。旗下奴僕並不限於漢人，也有滿人。開戶有兩種含義：一是指出旗爲民，復籍立戶。一是指從原主戶下開出，載入

　（註一）　卷二〇，「戶口考㊀，八旗戶口」。開戶名詞之現出，會典事例卷一五五，「戶部，戶口，分析戶丁」條
　　　　　云：「（乾隆四年）又議准，八旗造報丁册內，有向開正戶一戶，後經造爲開戶人等，或係隨母改適
　　　　　，或寄入親屬戶內，原係別立一戶，迨後被人欺壓，造入戶下，作爲開戶，原非戶下家人可比。」
　（註二）　東華錄光緒十七年十月癸丑條。

旗檔，但不得出旗爲民。由戶下奴僕戓爲開戶，屬於上述開戶定義第一種範圍的：

（一）　軍功開戶：軍功開戶是由於奴僕隨同主人出征陣亡，自己的子弟可以從原主戶下開出爲民。高宗實錄：「若有官員奴僕陣亡，將伊子弟准其開戶爲民。如係兵丁奴僕，著釣賞伊主身價，亦准爲民。」（註一）滿洲人自關外時起，每兵出作戰，從統帥到士兵，多携帶或多或少的家奴壯丁，跟隨行間。一方面是服侍主人照料馬匹等雜役；一方面是爲主人搶掠搬運財貨。雖然不是戰鬥員，但必要時也直接參加戰鬥。奴僕陣亡，同屬爲國捐軀，昭忠祠祭祀，列名於兵丁之次。（註二）所以令子弟解除奴籍，出旗開戶，恢復自由民的身份，以示激勸。又因奴僕無論由血戰所得，或因功賞賜，或出自價買，都付出了一定的代價。雖然在部族政權上說，旗人作戰，即是保衞部族政權；保衞部族政權，即是保衞自己的利益。放出陣亡家奴子弟以鼓勵奴僕效命疆場，與個人的利害關係本是一致的。但爲顧念兵丁生活，仍由政府支給被開戶爲民人的身價，作爲對本主的補償。

（二）　絕戶家人開戶：戶已絕而家奴尙存，不但主家已成絕戶，而且同族也沒有人存在時，可開戶或爲民。會典事例：（乾隆四年議准）絕戶家人，本主尙有同族人等，即編入族人戶下。無族人可歸，不論家下陳人，契買奴僕，均准於本佐領下開戶，責令看守伊主墳墓。年力精壯者，准於本佐領下選拔步軍。如內有乾隆元年以後白契所買之人，情願贖身爲民者，准其贖身，身價照絕戶財產入官例辦理。」（註三）前者是原主及其族人戶籍不存，無所附麗，故令其在原主所屬佐領下開立戶口，看守主子墳墓。後者是因爲乾隆元年以後白契賣身。白契賣身與紅契賣身不同，紅契賣身是主僕之分一定，則終身不能更易，世世子孫，永遠服役。白契賣身，可以贖身復籍爲民。由上引白契賣身絕戶家人贖身的事例，也說明了一件事實，即旗人奴僕，不只是屬於個人的財產，在旗人利益與部族政權共存的意義上說，也是共有的財產。所以雖然主家及族人已絕，仍不肯令其無代價的解除奴籍，必須付出當初身價，用來支付照顧其

（註一）　卷六〇八，乾隆二五年三月庚戌條。

（註二）　會典事例卷一一三，「八旗都统，戶口，分析戶口」。

（註三）　同上。又戶部則例卷二，「戶口二，軍功跟役出戶」。

他的旗人。

家奴由父兄跟役陣亡開戶爲民，及絕戶家人贖身復籍，屬於奴僕恢復自由途徑的討論範圍，與本文所要討論的旗下戶口名色無多大關係，故不再敍述。以下所說明的，是只能在原主或佐領下開戶，而不能出旗爲民，即前述定義的第二種情形。（註一）

㈠ 作戰首先登城者：會典事例：「國初定，八旗戶下壯丁首先登城者，准其開戶，並將胞兄弟嫡伯叔帶出，仍賞給原主身價銀。」（註二）

㈡ 丁册內有名，並已在原主戶下挑驗步兵等缺者：乾隆三年六月，議政大臣尹泰等議覆正紅旗副都統趙國政條奏八旗家奴開戶疏稱：「近年丁册內有本身姓名，及照戶部所奏，繼續置買入册者，除在戶下挑驗步兵等缺，養贍孤寡外，亦許放出爲民，不准在佐領下另立一戶。查既入丁册，不准贖身，但果否効力年久，既不准開入旗檔，又不准放出爲民，則不獲霑伊主之恩，殊爲可憫。」於是規定：「盛京帶來奴僕，原屬滿洲、蒙古，直省本無籍貫，帶地投充人等，雖有籍貫，年遠難以稽查，均准開戶，不得放出爲民。」（註三）四年復定：「國初俘獲之人，年分已遠，與投充之人迷失籍貫者無別。至遠年印契所買奴僕內，有盛京帶來及帶地投充之人，原係旗人轉相售賣，雖有籍貫，無從稽考，均應開戶，不准爲民。」（註四）

在奴僕恢復民籍條件上，必須在部在旗及原設籍地方政府存有自民人轉爲滿人家下奴僕的檔案可查，遇有施恩放出，始可囘籍爲民。否則，解除累世家奴的機會，便只有如前所述父兄跟役陣亡，子弟放出爲民，或開入旗檔在原主或佐領下開戶了。事實上明末清初大戰亂之後，版籍散失甚多，當初投充賣身時，根本沒有想到要完成將來復籍時必要的手續。因此，許多人都失去了「獲霑天恩」的機會，而滿洲統治者在骨子裡非到萬不得已，也不肯讓奴僕出旗爲民的。

（註一）　家奴開戶而不爲民的情形，在入關之前已經存在。世祖實錄卷六〇，順治八年九月甲申，「諭戶部，盛京癸酉年（天聰七年）定例，凡係本家奴僕，開戶另造者，許其編入。其係各戶長同造一戶者，許其編出。今有以盛京戶口册內另戶之人，稱原係伊家奴僕具告者，毋准。其册內本同戶，乃告稱非伊家奴僕者，亦毋得開出。」

（註二）　卷一一三，「八旗都統，戶口，分析戶口」。

（註三）　高宗實錄卷七〇，乾隆三年六月丙申條。

（註四）　見註二。

　　㈢　効力年久，本主情願准令開戶：會典事例：「乾隆四年議准：八旗戶下家人開戶，向由各該旗聲明本主念其世代出力，情願准其開戶者，該參領、佐領、族長、族人列名具保咨部，無論何項人等，詳查上次丁冊有名，並冊內註係陳人者，即准開戶。」（註一）

　　㈣　已放出爲民，尙未入籍，歸旗作爲開戶：乾隆四年規定，凡在乾隆元年以前放出爲民之戶，尙未入籍，或入籍在乾隆元年以後之戶，皆令歸旗，作爲原主名下開戶。（註二）

　　㈤　藉名設法贖身，私入民籍，其主已得身價，或尙未議結，無論係自備身價贖身，或親戚代爲贖身，皆歸原主佐領下作爲開戶。（註三）

　　第五項也是乾隆四年規定的。乾隆十二年，對此復有更訂，是年七月戶部奏稱：「八旗戶下家奴，有借名設法贖身，私入民籍，以及旗民兩間者，例應歸旗，入於原主佐領下作爲開戶。此等戶口，雖歸於原主佐領之下，但係佐領下之開戶，而非原主名下之開戶，既無本主拘管，而披甲當差等事，又有各佐領下另戶，伊等不能挑補差使，閑散無事，必致漸成游惰。伏查先經議政大臣等會同八旗大臣所定條款內，有乾隆元年以前放出爲民之戶，果經伊主情願放出，入籍年久者，准其爲民。如乾隆元年以後始入民籍者，伊主念其勤勞，情願放出者，應令歸旗，作爲原主名下開戶等語。是勤勞願放出之僕，例應歸旗者，尙入於原主戶下。今借名設法爲民之戶，查出反歸入於佐領下作爲開戶，而不歸原主，似屬輕重不均。」因議准「此項借名設法爲民之僕，除從前已經議結之案，毋庸置議外。嗣後凡此等案件，或被首告，或經察出，查明曾報部旗，伊主得過身價者，應令歸旗，入於原主名下，作爲開戶，不准歸本佐領下。如未經報明部旗，無論伊主曾否得過身價，俱令歸旗，仍作爲原主戶下家奴，不准歸入佐領作爲開戶。」（註四）

　　由此可知開戶，有在原主戶下開戶及原主佐領下開戶的分別。在原主戶下開戶，只是從原主戶籍內戶下家人的地位開出，另立一戶，仍附在原主戶籍之下，並不是獨自

（註一）　卷一一三，「八旗都統，戶口，分析戶口」。八旗通志卷三一，「八旗戶籍，買賣人口」。

（註二）　同上。又高宗實錄卷一一八，乾隆五年六月甲戌條。

（註三）　見註一。

（註四）　八旗通志卷一，「八旗戶籍，買賣人口」。高宗實錄卷二九四，乾隆一二年七月癸卯條。

成爲另戶，原來的主僕名分關係，仍部分保留，因此行動也仍受所繫戶長的拘管。至於在佐領下開戶，已脫出原主戶籍，與原主不再存有主僕名分關係，不再受原主的控制，地位自然也較在原主名下開戶爲優。此外，並規定「若有實在用價契買，隨又交價贖身者，均應在買主佐領下作爲開戶。如經開戶壯丁給價買出者，伊等（開戶壯丁）原非另戶正身，其名下不便復有開戶之人，仍應歸原主佐領下作爲開戶。」（註一）這裡也說明了開戶人與原主的關係及其在旗下的地位。

　　（六）　養子義子開戶：養子義子開戶，與家奴開戶性質稍有不同。養子義子開戶因爲牽涉到旗籍與財產繼承的問題，所以對滿洲人抱養子嗣，非常注意。規定「八旗無嗣之人，如有同宗及遠近族人，昭穆相當，可繼爲嗣者，該旗參領、佐領呈報都統咨部，准繼爲嗣。不得過繼異姓，以亂宗支。若無同宗可繼，除戶下家奴民間子弟，雖與另戶旗人分屬至親，不准承繼外，其有另戶親屬情願過繼者，取具兩姓族長並該參領、佐領印甘各結咨部，准其繼立。」（註二）是不但不得以戶下家奴及民間子弟爲嗣，即使撫養而不入嗣，亦不得繼承家產。因此，養子義子成年之後，令其分產分戶，別記檔案，以免日後爲承嗣承產問題，紛爭互控。（註三）

　　養子義子因爲可能是戶下家奴，在身份上固然無獨立人格，即所養爲民間子弟亦不能和正身旗人相比。因此即使開戶之後，仍須在本佐領之內，不得越佐領認戶，以防年久之後，竄亂戶籍。會典事例：「八旗開戶義子人等，不得越佐領認戶，仍留本佐領下當差。如有越佐領認戶，自稱另戶與原主無涉者，該旗都統即拏交刑部從重治罪。」（註四）用以固定原來的身份地位以免紊亂戶籍，宗支不清，影響到支食錢糧，

（註一）　八旗通志卷三，「八旗戶籍，買賣之口」。此亦乾隆四年定。會典事例卷七五二，「刑部，戶律戶役，人戶以籍爲定」條言此定於乾隆五年，乾隆二十四年戶部奏准將開戶爲民例刪除。

（註二）　會典事例卷一一一五，「八旗都統，戶口，旗人撫養嗣子」。

（註三）　同上，然仍常發生互控事件。聖祖實錄卷二五六，康熙五十二年十月庚辰：「八旗出征舊人，有將擄獲之人爲養子，分產開戶者。傳至子孫輩，或因勒詐不遂，稱爲祖父家奴，混行控告。」大清律例會通新纂卷二八，「刑律訴訟，干犯名義」條，「八旗有將家人爲養子分戶開戶之人年久，值原主之子孫庸弱或至絕嗣，伊等自稱原爲養子，或謊稱近族兄，反行欺壓，希圖占產爭告者，審明係官革職，枷號一個月，鞭八十；平人枷號三個月，鞭一百，將養子分戶開戶之檔銷毀，仍給與原主子孫爲奴。」

（註四）　卷一一一三，「八旗都統，戶口，分析戶口」，雍正二年覆准。

混冒居官，（註一）及家產繼承等問題。同時也爲了保持征服階級的尊嚴，及內部血統的純潔。所以另戶旗人之子如給予另記檔案人、開戶人、戶下家奴或民間撫養者，也不准歸宗。（註二）

　　三、戶下：是指家下奴僕造在本主戶籍之下，亦爲戶下家奴之簡稱。清會典：「凡戶之別，曰另戶，曰戶下。」於戶下註云：「家奴或係契買，或係從盛京帶來，或係帶地投充，或係乾隆元年以前白契所買之人，俱於本名下註明，編入另戶本人戶下。」（註三）實際除家下奴僕以戶下名色造報外，「家人之子，隨母改嫁與另戶，以及民間之子隨母改嫁與戶下家人者，統以戶下造報。」俱交與該旗參領、佐領、族長確查具結，呈明都統存案。如已成丁，遇編審壯丁之年，各於丁册本名下註明，咨報戶部查覈。（註四）

三、開戶後的身分地位

　　家奴開戶後，有的從原主戶籍下開出立戶，有的在佐領下立戶開檔，所以有時也叫做另記檔案，意卽正戶之外另行記檔。（詳見下節）其身分地位，與原來亦有不同。不過畢竟身上已染有奴僕污籍，「與正身旗人有間」，因而介於另戶與戶下之間。（註五）爲清晰明瞭起見，可就旗下普通滿洲另戶旗人服役當差最消極的義務（在開戶人看起來也許是權利）作爲標準，看開戶人被限定的地位與開戶的性質。普通另戶旗人可挑補當差的範圍：

　　一、領催：每佐領下五人。（掌登記檔册，支破官兵俸餉。漸次錄用，可膺官職。）於另戶馬甲、閑散壯丁內挑取。

（註一）　高宗實錄卷一三五，乾隆六年正月辛卯，「開檔養子，本不應居官並當前鋒、護軍等差。但革去職銜差使治罪，已足蔽辜。」

（註二）　會典卷二一，戶部，廣東淸吏司。

（註三）　同上卷八四，「八旗都統」。

（註四）　會典事例卷七五二，「刑部，戶律戶役，人戶以籍爲定」。中樞政考卷一六，「戶口，旗人歸宗」。八旗則例卷三，「戶口，旗人歸宗」。

（註五）　開戶人有的原來並非奴僕，見頁二四四註一。

二、前鋒：每佐領下二人。

　　　　　另戶馬甲、執事人、養育兵閑散內挑取。

三、護軍：每佐領下十七人。

　　　　　另戶馬甲、執事人、養育兵、披甲閑散內挑取。

四、馬甲：每佐領下二十人。（隸驍騎營，都統管轄，其優者可選領催。）

　　　　　另戶閑散、養育兵、披甲等內挑取。

　　　　　※如另戶不敷，開戶人亦可挑取。（註一）

五、步甲：每佐領下十八人。

　　　　　另戶願當步甲者挑取。

　　　　　※開戶及印契、白契所買家人亦可挑補。

六、養育兵：餘丁幼丁之可教者，其額數不按佐領分配。

　　　　　另戶餘丁及奉旨作爲另戶十歲以上者挑補。

七、弓匠：每佐領一人。

　　　　　另戶馬甲、養育兵、閑散內挑補。

八、鐵匠：每佐領一人。

　　　　　※開戶人及印契、白契所買家人內挑補。（註二）

　　開戶人不能挑選領催、前鋒護軍及養育兵。領催掌管佐領內文書册籍，出納俸餉錢糧，且可陞任職官，職級雖低，然地位重要。前鋒與護軍，都屬侍衞軍範圍。會典：「前鋒隸前鋒統領上三旗親軍，及由下五旗公中佐領下附入上三旗當差者，俱隸領侍衞內大臣。下五旗王公府屬下親軍，則執事於各王公門上，護軍隸護軍統領。」（註一）統領與前鋒統領，兵制俱列在禁衞兵門，（註二）自非另戶正身旗人充任

（註一）　。開戶人亦指滿州人之爲開戶者而言。上諭旗務議覆及諭行旗務奏議雍正元年九月廿六日：「查八旗
　　　　挑選馬甲，俱於滿州內視其能騎射者挑取。如缺少滿洲，於開檔滿洲戶下滿洲家下舊人內選挑取
　　　　。」

（註二）　此爲會典卷八六所記情形。又註一雍正十二年五月十六日奉准：「將不能騎射清語蒙古語之開檔戶
　　　　下人等內，視其年力精壯者，挑爲鐵匠，不准挑取別項差役，令其永遠學習行走。」

不可。（註三）養育兵完全是寓敎於賑的救濟性質，（註四）當然亦以另戶爲主，開戶人是輪不到的。弓匠具有專門技術，每佐領一人，照馬甲支領錢糧。弓匠族長照領催例支給，故開戶人亦無被挑取資格。（註五）

　　開戶之後，可以挑充步甲、鐵匠，錢糧少而差事苦的缺，可以借支庫項銀兩，（註六）也可以置買田地，開墾荒田，爲自己的財產，出旗時並可將田產帶出。戶部則例：「八旗另記檔案養子開戶人等出旗爲民，其原有老圈及置典置買各旗地，俱令報明官贖，不准隨帶出旗。若自置民地及開墾地畝，准其隨帶。」（註七）

　　家奴開戶之後，亦可成爲另記檔案人戶，距離解放爲民的機會更進了一步，所以私行開戶是絕對禁止的。中樞政考：「旗人將家僕不呈明該旗私行開爲另戶者，係官議處，係平人鞭責。失於查出之該管佐領、驍騎校，各照例叅議。如家主未經放出，佐領受賄私行開戶者，叅革，交刑部治罪。」（註八）開戶人雖然在名義上已經不是家奴，可以享受到較戶下人不同的待遇，但因爲其曾隸賤籍，所以犯罪後仍是以旗下家奴相看的。上諭內閣：「旗下開戶之人與奴僕輩應行發遣者，給與披甲之人爲奴。蓋爲此等之人，原由奴僕開戶而爲正戶，而所犯之罪，又復卑汚下賤，如偸盜之類，固不得與正身之另戶同列。」（註九）

　　家奴開戶之後，在旗下的地位與前不同，權利義務，自也隨之發生轉變，此須專文分析，所以不在此叙述了。

（註一）　會典卷八六，「八旗都統」。

（註二）　清文獻通考卷一九七，「兵考㈠」。

（註三）　護軍、披甲，俱係正身。大清律例會通新纂卷三九，督捕則例卷上，「呈報逃人」。

（註四）　見第二四三頁註四。

（註五）　清高宗實錄卷九四，乾隆四年六月癸未，軍機大臣議覆：「外省駐防，順治康熙年間，開戶人等子孫，念伊祖父曾經出力，仍准挑補馬甲。雍正年間開戶者不准。查前議准趙國政條奏，八旗馬甲額兵，應挑取正戶，開戶者不准充當。又兵部議准將軍王常奏，右衞駐防，另戶人少，開戶人多，兵額准於分戶內選充。查八旗兵額定制，止許另戶充補。」

（註六）　高宗實錄卷五〇六，乾隆二一年二月丙子條。

（註七）　卷一〇，「田賦」。

（註八）　卷一六，「戶口，私行開戶」。

（註九）　雍正六年四月廿八日。

四、另記檔案

這裡需要補述的，是另記檔案人戶。另記檔案也叫做「別載冊籍」。（註一）是因為特殊原因，另行記檔，即所謂「另戶另記檔案」。（註二）其戶籍地位高於開戶，因此常混造在正身另戶冊內。另記檔案的原因，八旗則例：「八旗開戶養子因出兵陣亡，及軍功列爲一等、二等，奉旨著爲另戶者，另記檔案。」又「國初投充俘掠入旗之人，後經開戶，及民人之子旗人抱養爲嗣，併因親入旗，或本係良民，隨母改嫁，入於他人戶下，或係旗奴開戶，及旗奴過繼與另戶爲嗣，已造入另戶檔內，後經遵旨自行首明者，亦另記檔案。」（註三）事實上另記檔案之原因，並不止此。「雍正七年六月，鑲藍旗滿洲都統綽奇等將伊該旗佐領富泰徇隱開檔之人及養子等令當護軍之處參奏。奉上諭：佐領下滿洲少者，恐廢佐領，將戶下滿洲及家生子開檔人載入另戶滿洲內，令當前鋒、護軍者，其情尙可原宥。倘佐領下滿洲本多，而佐領知而作弊，將養爲子嗣之漢人載入滿洲冊內，令當前鋒、護軍，則理宜治罪。爾等將富泰佐領下滿洲之數，詳查具奏。再八旗現今開檔人及養子當前鋒、護軍者甚多，若輩卽與滿洲等矣。其中亦有人去得漢仗好，効力行間，得歷官職者，或佐領懼罪不報，而伊等又恐蠲退，隱忍不首，必且令習惡之人，敢生訛詐控告等事。著交八旗大臣等將朕此旨曉諭各旗佐領，有將開檔及養子挑爲前鋒、護軍者，各將緣由報明。其間開檔養子，亦令從實自首，並不革退伊等之前鋒、護軍。如有人去得行走好者，亦於應陞之缺列名。旣經開檔，卽係另戶。惟另記檔案，俾得明晰，則可免後日控告之端矣。」（註四）

　　所謂「旣經開檔，卽係另戶。」是「另戶另記檔案」的另戶，並不是如前面所說

（註一）　淸文獻通考卷二〇，「戶口考（一），八旗戶口」。

（註二）　高宗實錄卷一一八，乾隆五年六月甲戌條。

（註三）　卷三，「開戶養子另記檔」。

（註四）　八旗通志卷三一，「八旗戶籍，另檔人戶」，會典事例卷一一一三，「八旗都統，戶口，分析戶口」。又旗下婦女逃走及病迷走失，無論投回擊獲，回旗後均另記檔案。會典事例卷一五五，「戶部，戶口，分析人丁」。

的正身正戶的另戶。（註一）

　　另記檔案的原因，是因為這些人不但早已竄入另戶檔籍之內，且已食糧挑差，充任前鋒、護軍。前鋒與護軍都屬禁衞軍，並可補放護軍校、驍騎校，協理牛彔內事務，陞任章京。（註一）為了保持旗籍純正，族系宗支不紊，所以接受已成事實，令凡非正身另戶旗人而混入另戶之內者，各自將身分來歷首出，別記冊籍，已有職位仍予保留，但加限定，使永遠不得再行陞遷。

　　雍正十二年七月，八旗都統等復以前次清查時所有開戶、過繼養子人等內已至前鋒、護軍、領催者，俱已另行記檔。彼等子孫已入另戶檔內者，於時亦皆自行首出。但因當時並未至前鋒、護軍、領催，所以不准彼等另記檔案。此等人旣已與其父兄一例行查，亦應將伊等註入另記檔案之內。於是乃令各旗將此等人分析族支，編次支脈，按其輩數，註明係何人之子，何人之孫，造冊二份，一存旗，一送戶部，永遠備查。嗣後如復夤緣串通冒入滿洲旗檔，除治罪外，仍記入開戶養之子內。（註三）

　　這是原則性的規定，另行記檔之後，如「軍前行走出衆，著有勞績，或漢伙好人去得，辦事好有品行，仍可由各該旗大臣預將緣由聲明奏聞，帶領引見，補授官職。」（註四）不過這是特例天恩，官職陞轉，也有一定的限制。

　　另記檔案，可說是戶籍上的問題人戶。除上述原因外，凡「根底不清，旗民兩無可考。」（註五）或「八旗另戶，從前撫養之子並隨母改嫁者，或跟隨外任，或在鄉居住，未及呈報，因未造入丁冊，或因丁冊無名，不准自首者。總屬戶口不清之人，未便任其脫落，令各旗查明分析彙奏，別行註冊。」及「民間子弟，自幼隨母改嫁於另

（註一）　會典卷八四，「八旗都統」，所說「戶下之開戶，亦爲另戶，」亦卽此意。另記檔案的原因，高宗實錄
　　　　　卷一一八，乾隆五年六月甲戌條記之甚詳。

（註二）　聖祖實錄卷一一四，康熙二三年正月壬辰條。

（註三）　上諭旗務議覆及諭行旗務奏議，雍正十二年七月廿五日。

（註四）　八旗通志卷三一，「八旗戶籍，另檔人丁」。

（註五）　會典事例卷七五二，「刑部，戶律戶役，人戶以籍爲定」。

戶旗人者，照戶口不清之例，別行註冊。」（註一）又「旗人義子，必該佐領具保，實係自襁褓撫養成丁以繼其後者，准其另記檔案。」（註二）

因爲另記檔案人戶是根底不清有問題的戶口，所以禁止與宗室聯姻。並將伊等本身與子孫，造具清冊三份，鈐用各該旗印信，一存該旗，一咨戶部，一呈宗人府存案，以備查考。（註三）

五、開戶家奴轉成另戶或放入民籍

戶下家奴成爲開戶或成爲另記檔案人戶之後，不但可以享受到上述較家奴爲優的待遇，而且可以得到放出爲民的恩澤。自己距離恢復自由民身分的機會近了一步，同時也爲直系親屬帶來了可以隨同解除奴籍的希望。會典事例：「凡八旗另記檔案養子開戶內，有現食錢糧未經出旗之人，或因在軍營着有勞績，或因技藝出衆，蒙恩作爲另戶者，父母子孫及親兄弟，俱准作另戶。」（註四）

轉成另戶機會最多的是隨征立有軍功。每次戰役終了，兵部即根據出征統帥所報隨征有戰功之另檔開戶人戶，請旨作爲另戶。如雍正十一年從征人內有分檔開戶人充當領催披甲者，照家選兵丁前往軍營効力，凱旋日將伊等妻子俱出本主之家編爲另戶之例辦理。又如乾隆六年，將隨征頭等開檔披甲索爾賓、碩包，二名二等開檔披甲金色等三十六名俱爲另戶。（註五）

乾隆二十一年並許漢人另記檔案及開戶人等出旗，恢復民籍。實錄：「八旗另記檔案之人，原係開戶家奴冒入另戶後，經自行首明，及旗人抱養民人爲子者。至開戶家奴，則均係旗人世僕，因効力年久，伊主情願令其出戶。現在各旗及外省駐防內似此者頗多，凡一切差使，必先儘另戶正身挑選之後，方准將伊等等挑補。而伊等欲自行謀生，則又以身隸旗籍，不能自由。現今八旗戶口日繁，與其拘於成例，致生計日益

（註一）　會典事例卷一一一三，「八旗都統，戶口，分析戶口」。乾隆四年議准。

（註二）　同上卷七五三，「刑部，戶律戶役，立嫡子違法」。原註云：此條係乾隆三年定，嘉慶六年，因乾隆五十三年業將旗人乞養異姓爲嗣，分別擬罪，明著例文。

（註三）　八旗則例卷三，「戶口，開戶養子另行記檔」。另戶兵丁之必須參加秀女挑選。見卷七「挑選秀女」。

（註四）　卷一一一四，「八旗都統，戶口，分析戶口（二）」。

（註五）　世宗實錄卷一三〇，雍正十一年四月庚辰條。高宗實錄卷一四七，乾隆六年七月戊寅條。

艱窘，不若聽從其便，俾得各自爲謀。著加恩將現今在京八旗在外駐防內另記檔案及養子開戶人等，俱准出旗爲民。其情願入籍何處，各聽其便。所有本身田產，並許其帶往。此番辦理之後，隔數年似此查辦一次之處，候朕酌量降旨。」（註一）

乾隆二十四年規定，「開戶人等，如係累代出力家奴，經本主呈明令其開戶，及根底不清，旗民兩無可考，應另記檔案者，此項人丁，本無過犯，應准收入民籍。」（註二）

因此，乾隆以後所修中樞政考，開戶已成爲奴僕出旗爲民的條件之一。「凡盛京帶來奴僕，併帶地投充奴僕，以及俘獲人等，已准開戶者，俱准出旗爲民。其印契所買奴僕內有從盛京帶來，及帶地投充人等，已經准其開戶，亦准出旗爲民。」（註三）

六、開戶及另記檔人戶居官陞轉的限制

開戶本非正身旗人，另記檔案亦因非另戶旗人冒入另戶檔案之內，不但挑補錢糧，且身任職官，侵佔旗人機會。爲避免將來混淆難淸，所以接受旣成事實，辦名定分，別載冊籍。並特規定限制陞轉條例，以杜不肖上司之掯勒索詐，及希圖僥倖，妄行鑽營之弊。（註四）乾隆六年，正白旗漢軍都統怡親王弘曉奏駐防杭州開戶生員王廷嶢呈請援例考試，禮部等部議覆，「嗣後八旗遠年開戶人等，除從前奉有諭旨，准其考試之擧貢生員，仍准其考試外，其從前契買家奴，將本身及子孫考試之處，永遠禁止。至投充、養育、俘掠人等，雖本係良民，旣經開戶，但未開戶以前，曾在伊主家身供役使，今若准令考試，究於名分有乖，應將本身及子孫考試之處，永遠禁止。又八旗另記檔案人戶，來由不一，惟另戶抱養民人，本係良民，應准考試。及從前奉旨准其居官考試者，原係恩加本身，仍准其居官考試外，其有奉旨後考中學監生員，兼捐納貢監者，仍留頂帶終身。所有一切另記檔案人戶，將伊等及子孫考試之處，亦槪行禁止。」永爲定例。（註五）

（註一）　高宗實錄卷五〇六，乾隆二十一年二月庚子條。

（註二）　會典事例卷七五二，「刑部，戶律戶役，人戶以籍爲定」。

（註三）　卷十六，「戶口，家奴開戶爲民」。

（註四）　世宗實錄卷二九四，雍正十二年七月癸卯條。

（註五）　高宗實錄卷一五〇，乾隆六年九月甲戌條。欽定學政全書卷六六，「旗學事例」。

　　由此可知同是另記檔案人戶，其原來的身分如何，關係是很大的。以上是對參加考試的限制。乾隆十五年，另記檔案人巴達克圖等任職主事被查出議革，高宗以八旗此等人員尚多，令徹底查明，造冊分送吏、戶、兵三部，以備日後查對。復念遽行革退，必致失業，故令現任文武官員，俱仍留任，惟停其陞轉。（註一）至廿一年規定出旗爲民辦法時，復以八旗另記檔案及開戶人等貧富不齊，生計亦異，定年裁汰，恐屆期尚有未能出旗謀生者。因議定凡在京准出旗之人，文武官係署任者不准實授本任，俟出缺後裁改。屆應陞應調之期，交吏兵部議奏，以漢缺用。外任及綠營各員，非旗缺，卽改民籍，出旗爲民。損納候缺者並進士舉貢生監，均卽改隸。（註二）二十二年二月，吏部兵部議上出旗後考試錄用原則：㈠如有特著勞績，賢能出衆之員，在內之文職，許該堂官保題漢缺；武職許都統、步軍統領保題。在外之文武各官許督撫將軍保題，均候旨辦理。㈡現任文武官，係旗缺者，出缺後不准再補。係候補漢缺者，但准補用，補後停其陞轉。㈢一應舉貢生員，照乾隆六年題准之例，如原係另戶抱養民人爲子者，准歸入民籍應試；如本係家奴開戶另記檔案者，止准本人頂帶終身，不得再行考試。此項人等既經出旗爲民，其子孫各照該籍民人例，一體辦理。（註三）

七、結　語

　　在整理上述滿洲八旗戶口的材料中，發現了一個重要的事實，卽在外駐防八旗軍隊中開戶記檔人挑補馬甲的人數日漸加多。本來挑補馬甲是滿洲人的權利，也是他們的責任。但慢慢的被開戶記檔人「侵佔」了。如乾隆六年二月諭署福州將軍策楞云：「各旗開戶人等，定例不准挑取馬甲。先將另戶壯丁挑補，其另戶中有年未及壯，一二年後可以造就者，亦准挑補。再有不敷，方於開檔分戶人等內酌量選用，此通行之例也。查福州四鎮，並未照例遵行。緣閩省披甲之開戶、戶下人等，通計二百餘戶，迄今將及百年，伊等父子兄弟互相傳頂，家口重大，惟藉甲糧養贍，漢伎弓馬，與另戶無異。且伊等祖父有原係官來閩，並在閩曾經出仕者，若缺出裁汰，俟

（註一）　八旗通志卷三一，「八旗戶籍，另檔人戶」。

（註二）　高宗實錄卷五〇六，乾隆二十一年二月庚子條。

（註三）　同上，卷五三二，乾隆二十二年二月壬申條

　　另戶不敷始行挑取，必致失所。況原來之一百四十餘戶，駐防日久，滋生繁衍，現在
家口至一千七百餘口之多，伊主在京在杭，無可依倚，非京旗隨主豢養家奴可比，實
有不得不挑之勢。」（註一）

　　這種情形，不止福州四鎮，外省駐防者都是如此。開戶人挑補馬甲，起於順、康
年間，雍正時曾加禁止，並一再清查。乾隆年間，曾有計劃的令出旗爲民，或令挑補
綠營兵丁，以便「勻出錢糧，可養正身。」但突然出旗，適應甚難，謀生不易，頓成
失業，所以復轉與官員勾結，仍舊回旗冒食錢糧。乾隆二十七年五月，發現一旗中有
三百餘人出旗後復回旗挑補馬甲或拜唐阿者。（註二）

　　造成開戶及戶下人挑補馬甲當差的原因，如正身旗人逃避當差，私脫戶籍者多，
（註三）兵丁逃亡，應補壯丁不足（註四）；旗人乏嗣，抱養民間子弟等。其中牽涉問題
甚廣，清理不易，在此尚不能提出具體結論。

　　在滿族建立政權的過程中，旗制證明在人人納入戰鬥，一切支援戰鬥的要求下，
是一個效率極高的組織。這個高度效率的造成，無疑的以掌握精確的人丁資料，爲重
要因素之一。而精確人丁資料的掌握，是以認眞編審登記爲前提的。但隨著帝國的建
立，慢慢發生變化，雖然在形式上仍然維持三年編審一次的制度，而事實上已公式化

（註一）　高宗實錄卷一三七，乾隆六年二月壬戌條。外省駐防開戶人挑取馬甲的例子甚多，如頁二五二註五，
　　　　及高宗實錄卷一四五，乾隆六年六月丁己條。
（註二）　高宗實錄卷六六三，乾隆二十七年閏五月戊戌條。又卷六六七，乾隆二十七年　庚寅。陝西巡撫鄂弼
　　　　奏：「乾隆二十一、二十五兩年，清查各旗分應行出旗爲民戶口，至今六年間，出缺裁汰官兵二百五
　　　　十餘員名，尚未裁汰者，一千二百五十餘員名。且彼時幼丁，俱成壯丁，仍住滿洲城度日者，共有一
　　　　千七百九十九名，旗人實多重累。查綏遠城右衞駐兵，有往綠營食糧之例，請將西安現應出旗之壯丁
　　　　挑驗，於省城督撫標及近省之提鎭各營，步守兵缺出，與綠營餘丁間補。至現在當差尚未出缺裁汰之
　　　　官兵，應照原義，俟壯丁挑往補完日，陸續移往。」得旨：甚好，如所議行。
（註三）　清文獻通考卷一九七，「刑考」。
（註四）　會典事例卷八五五，「刑部，督捕例，另戶旗人逃走」。又卷七四三，「刑部，名例律，徒流遷徙地
　　　　方。」

了。如乾隆六年查出「盛京內務府未入旗檔人丁約六、七千人，毫無管束，（註一）可見其荒廢不實情形。而更重要的是編審時「佐領等官，視爲泛常，隨意去留。」（註二）隨意去留所代表的意義，除去紙上作業，揑造數字，名實不符外；便是勾結舞弊，侵蝕公項，冒食錢糧，毀壞體制。雍正乾隆年間，屢次清查，且有的不得不令作爲另戶，以接受不法事實。在一個一切以丁爲計算標準的組織來說，如果將丁的編審視同具文，任意去留，「闔旗通同舞弊，罔上行私。」（註三）其後果是可想而知了。

　　稿成之後，承李學智、管東貴兩兄看過，並提供修正意見，謹此致謝。又結語中註太多，管兄建議移入第三節叙述，改動費事，所以仍從其舊了。

（○○）高宗實錄卷一五三，乾隆六年十月丙辰條。

（註二）八旗通志卷三一，「八旗戶籍，編審丁册」。

（註三）高宗實錄卷六六三，乾隆二十七年閏五月戊寅條。

出自第四十三本第二分（一九七一年六月）

滿族的入關與漢化

管 東 貴

目　　次

一、前　　言

　　這篇文章跟我兩年前發表的滿族入關前的文化發展對他們後來漢化的影響（註一）一文，內容上有密切的關聯性。滿族的漢化，文化因素自始至終都在發生作用。所以在現在這篇文章中，文化因素仍佔着相當的份量。但是，在滿族漢化的全部過程中，發生重要作用的因素，並非只有文化一項；文化之外尚有人口及地理等方面的因素。而人與地這兩方面的因素之發生作用，主要關鍵即在於滿族的入關。

　　滿族入關，掌握了中國的政權，居於有利地位，何以反而是人口與地理兩方面的因素發生作用，而促成了滿族的漢化？這是本文所要探討的主要問題。

　　關於討論滿族漢化問題的一些基本觀點和論述，在我的前一篇文章中大致都已說到；除非必要，否則本文不再提。

二、滿人的入關潮

　　皇太極想「成大業」的願望（註二）雖然未能在他有生之年實現，但是却在他去世

註　一　中央研究院歷史語言研究所集刊（以下簡稱史語所集刊）第四十本上册，民國五十七年。

註　二　見史語所集刊第四十本上册，管東貴文，頁259，註十四。

後的次年，在多爾袞手裡突然成了事實——取得了明朝的政權。現在，橫在滿族領導分子面前的一個最大問題是：進到一個地大人多（註三）的異族領域內，如何才能鞏固已經到手的政權？爲了達到這個目的，北京的滿淸朝廷，在權宜上一方面利用投靠的漢人，一方面宣示其不再東遷的決心（註四）；在根本上則儘量鼓勵滿人入關，使成爲鞏固統治的基本力量。朝廷鼓勵滿人入關的態度與措施，在當時正符合一般滿人崇慕漢式生活的心理。

　　我在前一篇文章中曾經說到，滿族是在一種「文化寄生」（寄生於漢族文化之上）的狀態下進到關內來的。因此他們當時正處在一個由採獵畜牧的生活方式轉變爲農業社會的生活方式的文化轉變靑黃不接的時期。而且在這一轉變中，他們還沒有使農業社會的生活之根生長在自己的民族分子身上，他們的這個根仍舊生長在被擄去的大批漢人奴隸的身上，他們的生活物資大都靠漢人生產供應。因此，他們雖然改變了一套生活方式，但是却沒有使自己的民族分子把這套生活方式跟東北的天然環境直接而牢固地建立起一套的新生態關係來。同時也因此他們失去了安土重遷的觀念。而且數十年來，由於崇尙漢式生活的緣故，使他們養成了視關內如天堂的心理。所以凡是陶醉於漢式生活，或渴望過漢式生活的滿人，都希望能有機會入關。他們的這種心理，再加上滿淸朝廷鼓勵滿人入關的政策，於是使整個滿族社會像沸騰了起來一樣。據日人韃靼物語記載當時自東北湧向關內的人潮是水陸兩路並進，並且「男女相踵，不絕於道」（註五）。這種情形，勢必造成民族的大遷徙。

註　三　滿族入關前的人口大約是七十五萬到八十萬之譜，（見史語所集刊第四十一本第二分，1969，管東貴入關前滿族兵數與人口問題的探討）；然而十六七世紀之交，中國大江南北則已有人口一億三千萬到一億五千萬左右（見P. T. Ho, Studies In the Population of China, P. 264）。

註　四　清世祖實錄卷五，順治元年六月甲戌，攝政和碩睿親王諭京城內外軍民曰：「我朝勘寇定亂，建都燕京，深念民爲邦本，凡可以計安民生者，無不與大小諸臣，實心擧行。乃人民經亂離之後，驚疑未定，傳佈訛言；最可駭異，聞有訛傳七、八月間東遷者（按，指滿淸退囘東北）。我國家不恃兵力，惟務德化，統馭萬方。自今伊始，燕京乃定鼎之地，何故不建都於此，而又欲東移？今大小各官及將士等，移取家屬，計日可到，爾民豈無確聞。恐有奸徒，故意鼓煽；並流賊奸細，造言搖惑。故特行曉示，務使知我國家安邦撫民至意」。

註　五　轉引自稻葉氏原著，楊成能譯滿洲發達史，頁 266（臺北臺聯國風出版社，民國五十八年影印本）。

　　清初進入關內的滿人究竟多到甚麼程度？今已無從確知。所知道的是，往昔繁華的都市，如開原、鐵嶺、撫順等，已被當做了流放罪犯的荒遠之區；而太祖、太宗兩朝的政經重地遼東一帶，在實行了獎勵招墾辦法七、八年之後（見下），仍是「沃野千里，有土無人」。清聖祖實錄卷六順治十八年五月丁巳（按，當時世祖順治已去世，聖祖康熙已卽位，次年始改爲康熙元年，一六六二），奉天府尹張尚賢疏：

> 合河東、河西之邊海以觀之（按，河指遼河）黃沙滿目，一望荒涼………，以內而言，河東城堡雖多，皆成荒土，獨奉天、遼陽、海城三處，稍成府縣之規，而遼、海兩處仍無城池。至若蓋州、鳳凰城、金州，不過數百人。鐵嶺、撫順，惟有流徙諸人，不能耕種，又無生聚；隻身者逃去大半，略有家口者，僅老死此地，實無益於地方。此河東腹裡之大略也。河西城堡更多，人民稀少。獨寧遠、錦州、廣寧，人民湊集，僅有佐領一員，不知於地方如何料理。此河西腹裡之大略也。合河東、河西之腹裡觀之，荒城廢堡，敗瓦頹垣，沃野千里，有土無人。

據滿洲老檔秘錄記載，天命六年（一六二一）中，海州一帶已有田約六十餘萬畝，遼陽一帶已有田一百二三十萬畝（註六）。僅此兩地卽已有田約一百八九十萬畝，當時這些田地已均分給軍士，而由漢人耕種。又據朝鮮李朝實錄記載，太祖天命十年（一六二五）末，在蓋州、海州、遼陽、鐵嶺間，南北四百里，東西兩百里，的一片土地上（按，全在奉天府屬之內），單單看守漢奴耕作的兵士就有「夷兵三萬，漢兵四萬」（註七）。然而在順治十五年到十八年間，遼陽及海城（按卽海州）兩地的起科地畝總共僅四萬八千餘畝（註八）。另外，順治十八年，整個奉天府屬的人丁僅三九五二人（註九）。由此可見上引張氏「沃野千里，有土無人」之說，大致可信。那末這裡的人哪裡去了？

註　六　參看史語所集刊第四十本上冊管東貴文，頁262，註28引滿洲老檔秘錄。按在該註中，田地之由「日」換算爲「畝」，係據盛京通志卷34旗田「一日約六畝餘」；若依柳邊紀略卷三之說法，則一日約合浙江田四畝零。

註　七　見史語所集刊第四十本上冊管東貴文，頁273，引朝鮮李朝仁祖實錄卷七，仁祖二年十二月丙戌條。

註　八　見盛京通志卷二十四田賦志。

註　九　同上卷二十三戶口志。

　　有人認爲遼東一帶的荒涼景象，是由於明、淸之際二三十年的戰爭造成的(註一〇)。
這種說法頗有可議餘地。自明代在遼東一帶開關馬市以來，由於邊境貿易所形成的經
濟活動的便利，影響到女眞人口之逐漸向遼東一帶移動。後來努兒哈赤建後金，將都
城自興京遷至遼陽（天命六年），天命十年再遷瀋陽(註一一)。這不僅反映了先前女眞
人口移動的趨勢，而且建都遼、瀋期間，京城對於滿人自然又會發生吸引力。自天命
十年遷都瀋陽之後，明與後金之間的主要戰爭已不在遼東(註一二)，而是在錦州府一
帶。在這種情形下，遼東是可以發揮「生聚」的功效的。而且自淸太宗以來，屢次破
邊關，越長城，深入內地，擄掠漢人，動輒十幾二十來萬，所擄漢人大都置於後方生產
岡位(註一三)。因此，自太宗以來至入關前，遼東一帶的人口當不致比天命年間少。不
過，當多爾袞決定入關的時候，曾下令後方，緊急徵集十歲至七十歲的人，作爲孤注
一擲的入關資本(註一四)。當然，這一命令並不一定執行到百分之百，但是直到順治
十八年，寧遠、錦州、廣寧等地僅有佐領一員（見上引奉天府尹張尙賢疏）這種情形，
多少反映了滿族入關時曾竭盡關外之兵力。所以從這些現象上看來，遼河東西一帶「
荒城廢堡，敗瓦頹垣」等景象當然是戰爭的遺痕；但其「沃野千里，有土無人」的情
形則當與滿淸入關（關外之漢人也「從龍入關」）有直接的關係。據聖武記的記載滿
淸投入關內奪取政權的兵力是二十萬左右(註一五)，其中八旗滿州的兵力卽達八萬之衆
(註一六)。政局稍稍穩定後，陸續入關的滿人當遠比兵數爲多。

　　總之，這些現象大致反映出了，隨着滿淸政權在關內的逐漸穩定，滿族的重心也
逐漸移入到了關內。入關前，滿族全部人口大約是七十五萬到八十萬；而關內大江南

註一〇　見郭廷以東北的開拓（國民基本知識叢書邊疆文化論集上，頁49），又全漢昇，王業鍵淸代的人口變
　　　　動（見史語所集刊第三十二本，頁162）。

註十一　參看史語所集刊第四十本上册管東貴文，頁259。

註十二　天聰七年（1633）後金雖曾攻克旅順，但是役似無慘烈之戰爭。且在該年六月，朝廷諭令滿洲軍士，
　　　　不得驅擾遼東民人，違者並妻子處死，決不姑恕。參看東華錄天聰七年六月壬戌記事。

註十三　參看史語所集刊第四十本上册管東貴文，頁272—273。

註十四　參看史語所集刊第四十一本第二分管東貴文，頁148引朝鮮李朝仁祖實錄。

註十五　見魏源聖武記卷十一。

註十六　見史語所集刊第四十一本第二分管東貴文頁187—188。

北的人口，在十六七世紀之交即已達一億三千萬到一億五千萬之譜（見前註三）。以漢族人口之衆，即使全部滿人移入關內，也只不過是像在一塊巨大的海綿上洒幾滴雨水而已。可是，滿族的故土却恐怕會因人口的大量流失而導致嚴重的問題。

三、滿族入關後東北的變化

滿族取得了中國的政權後，凡是希望過漢式生活的滿人，自然會千方百計奔向關內，何況滿清朝廷對於滿人的入關還給予百般鼓勵和優待。因此，凡是留在故土的滿人，大體上都是保有比較濃厚的滿族本色（按，因職務關係而羈留者當不在此列）。所以幾十年後，當滿清皇帝看到關內滿人的漢化趨勢無法阻止時，嘆息地說，只有希望烏拉、寧古塔等處的滿人來保持滿族本習了。雍正上諭八旗二年（一七二四）七月二十三日諭：

> 我滿洲人等，因居漢地，不得已與本習日以相遠，惟賴烏拉、寧古塔等處兵丁不改易滿洲本習。（註一七）

然而，他們守住了滿族的文化本色沒有呢？答案剛好與世宗的希望相反。東北的滿人並沒有凍結在滿清朝廷的希望裡；相反地，他們那裡正不斷地在發生變化。東北的滿人何以不能如朝廷所希望，守住故有的文化？這是這一章所要探討的主要問題。

滿清入關後，對東北產生了兩個顯著的後果：一是有土無人；二是滿人區域的文化面貌又回到了它那近乎原始的狀態。而這兩個後果，又跟後來東北的變化有密切的關係。

（一）　東北人口的大變動

滿族在統治中國的二百六十餘年間，對於所謂「龍興之地」的東北所採的態度，幾經變化。始則因其荒蕪而獎勵移墾，繼則為顧全滿人利益而實行封禁，嗣後又在內外交迫的情況下再度鼓勵移民。在朝廷獎勵或鼓勵期間，漢人之出關者固然踴躍，即在封禁期間，而犯禁出關者仍然不絕。這種情形跟清初以來滿人之湧向關內，恰成對照。所以到最後，滿人在東北反而成了少數民族。漢人之所以能於滿清統治下在東北

註十七　此諭也見於清世宗實錄。

造成這一局面，必有其原因存在。

　　滿清入關以來，東北雖然由於人口的流失而變得荒涼，但是它所具有的天然富源却依然存在。大凡文化較高的民族，其利用天然富源的能力也必高。因此東北潛在的天然富源，後來遂成了吸引關內漢人的一股巨大力量。此正所謂「天生麗質難自棄」也。

　　滿清朝廷既然把東北視爲龍興之地，則盛京一帶由繁榮變爲荒蕪的情形，自然容易引起朝廷的關心。所以在順治十年（一六五三）就頒布了遼東招民開墾例，想藉獎勵移民的辦法來恢復東北的繁榮。但是，這一獎勵移墾的辦法實行到康熙六年就被廢除（註一八），前後大約十五年的時間。遼東雖然並沒有因招墾例而完全恢復舊觀，但是却由它帶動了後來一波又一波的移民浪潮（註一九）。

　　獎勵移墾的辦法廢止後，清廷對漢人的出關逐漸改採管制政策。在管制政策下，出關的漢人以勞工（註二○）及政治犯（註二一）等爲多，且皆由政府安排。其中單是中土流遣人士及其子孫，到雍正末年時即已有十萬之衆（註二二）。其他如墾荒、商販、採參等自行出關的人，數目恐怕更多。凡自行出關的人，須先取得兵部的許可，即所謂的「

註十八　見清聖祖實錄卷二十三，康熙六年七月丁未，工科給事中李宗孔疏言。

註十九　吳希庸近代東北移民史略（東北集刊第二期）頁10。

註二○　例如康熙十五年遣往吉林船廠地方之造船工人即有數千戶，高士奇扈從東巡日錄卷下，（遼海叢書第一集第七册，頁六，按高氏自序作於康熙二十一年）：「甲戌，雨，駐畢烏喇雞陵，又因造船於此，故曰船廠……康熙十五年春，移寧古塔將軍駐鎭於此，建木爲城，倚江而居，所統新舊滿洲兵二千名，並徙直隸各省流人數千戶居此，修造戰艦………」。

註二一　例如三藩舊部以及方拱乾、汪景祺、呂留良等之家屬等等（參看謝國禎清初流人開發東北史附錄清初東北流人遷徙年表）。這些遣發遣的漢人，除了供滿人差使的外，其餘都編入官莊，從事耕作。大清會典事例卷一○九三奉天府職掌「治賦」條：「康熙二十六年定：奉天曠土甚多，令府尹廣置官莊，多買牛種，酌量發遣之人足應差使外，餘儘令其屯種」。由此可以想見當時流放到東北的漢人人數之多。

註二二　劉選民清代東三省移民與開墾（史學年報二卷五期）頁68。

起票」，這樣才算有了合法的出關資格。楊賓柳邊紀略卷一（註二三）：

> 凡出關者，旗人須本旗固山額眞送排子至兵部，起滿文票；漢人則呈請兵部或隨便印官衙門，起漢文票。至關，旗人赴和敦大北衙記檔驗放，漢人赴通判南衙記檔驗放。或有漢人附滿洲起票者，冒苦獨力等輩，至北衙亦放行矣。進關者如出時，記有檔案，搜檢參貂之後，查銷放行。否則漢人赴附關衙門起票，從南衙驗進；旗人赴北衙記檔卽進。蓋自外入關，旗人便於他時，銷檔而出，不必更起部票也（註二四）

從這段文字中可以看出：（一）當時漢人起票必有相當之困難，否則不必冒苦獨力，附滿人起票；（二）此時朝廷對滿人之入關，大致仍沿襲着先前的鼓勵態度，所以「自外入關，旗人便於他時」。根據這兩點來推測，則這項管制辦法對漢人與對滿人各有不同的作用：管制漢人出入關，是在維護東北滿人的利益；管制滿人出關，則在於避免動搖關內八旗之根本。如果當時滿清朝廷實行管制東北的用意確是如此，那末這就暴露出了滿族在人口少與文化低的情況下進到人口多與文化高的漢族境內後所遭遇到的最根本的問題，即：「保持關內的政權」與「保全東北的利益」，難以兩全，這一問題關係着滿族的前途至深且鉅。

當時自行出關的漢人，大都是爲生活所迫的流民。他們爲了避免辦理起票的困難以及起票出關所受的約束，所以很多人寧願冒險偸越出關，或賄賂守城的人。他們到了關外，有的偸採人參，有的私墾荒地，有的則匿於滿人家中爲之耕作，謀生之路不

註二三　引文見遼海叢書第一集第八册柳邊紀略頁5。按，據兪樾䕷蕘編卷五引余懋杞東武山房集楊安城傳（臺北新興書局影印四部集要本，頁4831—2）記載，楊賓父楊安城（楊越）於康熙壬寅多（即康熙元年，柳邊紀略自序作康熙初）流寧古塔，次年春抵成所。二十八年，賓與弟寶赴成所省視；三十年，安城歿於成所，約一年半後歸葬故里。柳邊紀略自序有「先子至其地在三十年前」句。且已提及歸葬之事，又卷五寧古塔雜詩第十三首也有「三十年前事」句。根據這些線索推測則，柳邊紀略當成於康熙三十一年左右。引文所述出關起票事，當是二十八年楊賓等出關時的情形。

註二四　山海關守禦官兵原由盛京將軍管轄，康熙二十七年改由兵部直轄。這一改隸事件反映了當時出入關管理上有嚴重問題發生。清聖祖實錄卷一三七康熙二十七年十一月辛未『兵部覆議御史郭世隆疏言：『山海關城守禦章京等官，職司稽察，每多懈弛，嗣後失察私參之例，請加嚴定處分，應無庸議』。上曰：『偸刨人參，禁絕甚易。但人參爲物，治病，且無甚關係。故朕於偸刨之人，亦未曾有一正法者，著如部議。山海關守禦官兵，嗣後停止令盛京將軍管轄，照張家口例，一切事件送部定奪』』。

一而足。據說，山東至今尚流傳着一句讚美東北土地肥沃的話：「春天搞一棍，多天
吃一頓」。這樣良好的土質再加上地廣人稀的因素，自然會成爲吸引關內饑餓人們的
一股巨大力量。

　　私墾荒地或爲人耕作的流民，大致有都固定居止，地方上對他們易於管束。至於
偷採人參的人，則大都匿居深山密林，難於管束。而且偷採人參直接妨害到滿人的利
益，是嚴重的犯禁事件。可是這些偷採人參的人，却仍然能在滿人區域大行其道。據
柳邊紀略卷三記載，當時出關採參的人每年不下萬餘：

> 凡走山者，山東（山）西人居多，大率皆偷採者也。每歲三四月間趨之若鶩，
> 至九十月間乃盡歸。其死於饑寒不得歸者，蓋不知凡幾矣。而走山者日益多，
> 歲不下萬餘人(註二五)。

按，採掘人參，八旗各有分地。但是到康熙二十三四年時（一六八四一六八五），烏
喇、寧古塔一帶在公私走山者採掘下，已使人參絕跡，而須東行數千里，甚至烏蘇里
江以外才能找到，以致使八旗分地徒有空名(註二六)。這是由人參所反映出來的東北天
然富源對關內漢人所產生的吸引力。當時東北除了偷採人參的人以外，還有從事包攬
飛參(註二七)及偷運闖關(註二八)的人等等，這都是法所不許的。

　　滿清朝廷對於人參的管制向來甚爲嚴厲，不但八旗採掘各有分地，其運入關內，
卽令宗室，也歲有定額，超過定額則須照例納稅 (註二九)；至於私運則嚴厲查禁，犯
者可以處死。然而却仍有人冒死犯禁，而且偷越出關的「走山者日益多，歲不下萬餘
人」。這反映出了兩個重要的事實就是：㈠從採掘到運銷都有吸引人的利潤，㈡對人

註二五　東北滿人社會中，原甚厚待過客。後來因爲走山的人太多，而使這種風氣逐漸破壞。同上柳邊紀略：
　　　　「十年前，行柳條邊外者，率不裹糧，遇人居，直入其室，主者則盡所有出享。或日暮，護南坑宿
　　　　客，而自臥西北坑。馬則煮豆麥、剉草飼之。客去不受一錢………今則走山者以萬計，蹤迹詭秘倉
　　　　卒，一飯，或一宿，再宿必厚報之」。

註二六　柳邊紀略卷三：「甲子、乙丑已後，烏喇寧古塔一帶採取已盡，八旗分地，徒有空名。官私走山者，
　　　　非東行數千里入黑斤阿機界中或烏蘇里江外不可得矣」。

註二七　清朝文獻通考卷三十一征榷，商務本頁5138。

註二八　見下引柳邊紀略卷一所記關禁之漏洞。

註二九　柳邊紀略卷三：「宗室人參過山海關皆有定額，額外人參照例每斤納稅六錢」。

與對物關禁都有漏洞。

　　人參之所以有那樣大的吸引力，當然是由於它特別值錢，而且只要願冒險，獲得也不難，我們看清初一個九品官的俸祿是每年官俸銀二十一兩七錢，祿米十二石，柴薪銀十二兩(註三○)總共不過四十餘兩銀子。再看，當「走山者日益多」的時期，寧古塔地方的情形。那裡漢人之在富貴人家做老師的，一年最多可得報酬二三十兩，而少的則僅有十數兩；能通滿語的則可以在生意場中替人做掌櫃，這種工作待遇稍好，然而也不過三四十兩(註三一)。至於當時寧古塔人參的價值：「足色者，斤十五兩；八九色者，斤十二三兩；六七色者斤九、十兩；對沖者，六七兩；泡，三兩；若一枝重兩以上，則價倍，一支重斤以上，價十倍；成人形，則無價矣」(註三二)。關內價格當比這更高。一個走山者，只要能採得三四斤中等人參，就等於一個九品官的全年俸祿，或一個掌櫃的全年的報酬(註三三)。人參有這樣高的價值，難怪會有那樣多的人甘冒生命的危險（犯禁與死於饑寒）去走山偷採。

　　至於關禁的漏洞則也是多方面的。在交通方面有水陸偷越及賄賂等途徑。柳邊紀略卷一：

> 至于人參，惟朝廷及王公歲額得入，餘皆不得入，入者死。是以參買不得公行，向賂守者或夜踰城而入，或晝壓草車詐入，己巳、庚午間（康熙二十八、二十九年），天子屢責守關吏，或死或徙(註三四)，賂不行，乃從他口入，亦有泛海自天津、登州(註三五)來者矣。

人參可以憑賄賂或偷運入關，人也可以憑同樣的辦法偷渡出境。所以後來朝廷曾三令五申要加強邊關及海口對於流民偷越出境的稽查(註三六)。

註三○　清朝文獻通考卷四十二國用四，（商務本，頁5244）。

註三一　柳邊紀略卷三。

註三二　柳邊紀略卷三。

註三三　康熙二十六七年間，寧古塔地方的糧價是：「稗子穀石五兩；小麥石三兩；大麥石二兩五錢；秫、黍、稷、高粱、蕎麥石各二兩；糠麥石一兩三錢。凡一石可當通州倉二石五斗」，見柳邊紀略卷三。

註三四　按，前註二四引聖祖實錄謂：「朕於偷刨之人，亦未曾有一正法者」，是指朝廷之執行態度而言；而柳邊紀略所說的「或死或徙」，則似是指法令規定而言。

註三五　登州，今山東牟平縣。

註三六　見下引欽定大清會典事例卷一五八，乾隆十五年、廿六年、廿七年文。

另外，在法令上也有漏洞，即商賈、工匠及單身傭工三種人，爲旗民生活中所必須有的，仍准出關（註三七）。然而身份既可以矯裝，職業更可以變更；他們到了關外，既可以變爲私墾荒地的人，也可以變爲走山刨參的人。

關外天然富源的引誘力既然那麼強，流民爲生活所迫而冒險出關，自是勢所當然。然而對滿清朝廷來說，無論是私墾荒地或偷採人參，都是對滿人利益的一種侵害；尤其墾荒的流民，容易定居落戶，更屬不當。

滿清朝廷既然是爲了滿人的利益，制定管制漢人出關的辦法，那末現在當這些辦法沒有實效，而關外漢人愈來愈多時，必然會逐漸採取更爲嚴厲的措施。後來的「封禁」即正是由這樣的發展而逐漸形成的。這一發展表明滿清朝廷對於「保持關內的政權」與「保全東北的利益」這兩個問題，想獲得兩全的結果——以掌握全國政權的力量來達到保全東北的目的。

先是乾隆五年（一七四〇），規定寄居奉天府流民必須取保入籍，否則定限遣回原籍。欽定大清會典事例卷一五八流寓異地：

> 五年奏議：「寄居奉天府流民，設法行遣，陸續令回原籍」。奉旨：「情願之民，准令取保入籍；其不情願入籍者，定限十年，令其陸續回籍」。

到乾隆十五年，定限屆滿時，入籍成績並不理想；因此只好一方面展限十年，一方面申禁流民偷越出口。同上流寓異地：

> （乾隆）十五年覆准：奉天府流民歸籍一案，今已滿十年。其不願入籍而未經飭回原籍者，令地方官確查實數，速行辦理。此外有無游手無業，未經驅逐之人，亦確查辦理。並令奉天沿海地方官，多撥官兵稽查，不許內地流民再行偷越出口。並行山東、江、浙、閩、廣五省督撫，嚴禁商船，不得夾帶閒人。再山海關、喜峯口、及九處邊門，皆令守邊旗員，沿邊州縣，嚴行禁阻。庶此後流民出口可以杜絕（註三八）。

註三七　見下引欽定大清會典事例卷一五八，乾隆二十六年文。按，查禁流民偷越出境，乾隆年間比康熙年間更爲嚴厲。

註三八　乾隆十三年，入籍定限屆滿前，「山東饑民出口者，幾至數萬」。見東華續錄乾隆朝卷二十七，乾隆十三年五月乙巳。

又同上，<u>乾隆二十六年議准</u>：

> <u>奉天</u>流寓民人（按，民人爲旗民之對稱，實即<u>漢人</u>），於<u>乾隆</u>五年奉旨，定限
> 十年，無產業者，令其囘籍；有產業者，令編入<u>奉天</u>民籍；又經奉旨展限十
> 年。現在流寓小民，應入籍者，均皆歡悅入籍；應囘籍者，俱經各原囘籍。所
> 有商買、工匠及單身傭工三項，爲旗民所資籍者，准其居住。其餘入籍與<u>奉天</u>
> 民人一體納賦。仍令<u>直隷</u>、<u>山東</u>等省督撫，轉飭邊關海口，嗣後赴<u>奉天</u>民人
> 內，查係並無貿易又無營運者嚴行查禁。

從這一段記載中可以看出偷採人參以及私墾荒地的<u>漢人</u>都在被禁止出關之例。文
中雖說流民入籍囘籍之事俱已辦妥，但事實上流民偷越入境的根本問題並沒有解決。
同時流民在<u>東北</u>的脚跡也並不只限於<u>奉天府</u>一地，只是當時<u>奉天府</u>的問題較爲顯著而
已。就在上面所說辦妥流民入籍囘籍之事的次一年，朝廷發覺滿族的心腹之地<u>寧古</u>
<u>塔</u>也已有了同樣嚴重的流民問題。因此，遂採取了更爲嚴厲的措施，把<u>寧古塔</u>定爲禁
區，境內流民須盡行驅出。<u>欽定大淸會典事例卷一五八流寓異地</u>：

> （<u>乾隆</u>）二十七年覆准：<u>寧古塔</u>交納地丁錢糧之開檔家奴及官莊年滿除入民籍
> 人等，俱係世守居住，置立產業，不能遷移，伊等地畝，槪行查出，即令納
> 糧。至<u>寧古塔</u>界內，地方徧小，外來流民不便准其入籍，應將流民驅囘。如有
> 願於<u>吉林伯都訥</u>地方入籍者，即將該處仗出餘地，分給伊等，交納地糧……其
> <u>吉林伯都訥</u>地方墾地流民，如有願納糧者，將伊等地畝花名入册，交納錢糧；
> 願囘籍者，將地畝交與現納糧民人，並附近民人納糧。仍令嗣後嚴禁私墾。並
> 令邊門官員實力查逐，儻復有流民潛入境地者，嚴參議處。

<u>乾隆</u>朝是八旗滿洲因生計問題而朝廷議論欲將京旗閑散移墾<u>東北</u>最盛的一個時期
（參下），這也可能是影響朝廷採取這種嚴厲措施的一個原因。然而，不管朝廷如何
三令五申，雷厲風行，而流民問題仍如燎原之火，且有擴大蔓延之勢。所以不久，
<u>阿勒楚喀</u>、<u>拉林</u>等地也發現有跟<u>寧古塔</u>一樣的情形（註三九）。終於使朝廷擴大禁區，令

註三九　<u>欽定大淸會典事例卷一五八流寓異地</u>：「（<u>乾隆</u>）三十四年覆准：<u>阿勒楚喀</u>、<u>拉林</u>地方，流民二百四十
　　　　二戶，俱係陸續存在，在二十七年定議之前，定限一年，盡行驅逐至<u>伯都訥</u>地方，每戶撥給空旬一具
　　　　，令其入籍墾種，二年後納糧」

整個吉林省境內不許流民居住，並永行禁止入境。東華續錄乾隆朝卷三十二乾隆四十
一年十二月丁巳諭軍機大臣等：

> 盛京、吉林爲本朝龍興之地，若聽流民雜處，殊與滿洲風俗攸關。但承平日
> 久，盛京地方與山東、直隸接壤，流民漸集，若一旦驅逐，必致各失生計。是
> 以設立州縣管理。至吉林，原不與漢地相連，不便令流民居住。今聞流寓漸
> 多，著傳諭傅森，查明辦理，並永行禁止流民，毋許入境。

這段文字除了記載關於封禁吉林的事以外，還反映出了下述幾種情形：㈠流民在東北
是逐漸自盛京蔓延到吉林的；㈡當時黑龍江似乎還沒有流民問題；㈢在滿清朝廷人士
的心目中，盛京也是滿人的區域，只是因與漢地相連，流民問題較爲嚴重，但由來已
久，所以只好承認既成事實，至於吉林，則純爲滿人區域，不容有流民雜入；㈣雖然
當時流民偸越出關仍在普遍查禁之例，但朝廷對吉林嚴，對盛京鬆，無異把關禁移到
了吉林邊境，這是對於「保全東北利益」的希望瀕臨破產的徵兆。（註四〇）

從東北流民問題的根本深處去看，則不難看出封禁政策並非解決這問題的根本之
道；根本之道是要滿族有足夠的人力與能力去利用東北的天然富源。但是這却又是滿
族最缺乏的，因此儘管朝廷對於吉林的流民問題採雷厲風行的手段，一方面將流民儘
行驅出，一方面著永行禁止入境，但是過不久，問題依然發生。這可以從吉林人口的
變動以及又查出新來流民數千戶的事實等方面看出來。

清朝文獻通考卷十九戶口一（商務版頁五〇三三－五〇三四）所記乾隆四十一
年，四十五年及四十八年吉林省丁口的變動如下：

註四〇　封禁政策所欲保全的東北利益，大約可以分爲三方面說：㈠保護東北滿人之產業及生計。㈡保護滿族
　　　　發祥地之固有風俗，以作爲維繫民族團結的力量。這兩點可從本文以上所述約略看出；另外請參看
　　　　稻葉著楊成能譯滿洲發達史（同前引影印本）頁 286—292，吳希庸近代東北移民史略（東北集刊第
　　　　二期）頁15，蕭一山清代東北之屯墾與移民（東北集刊第四期）頁1，全漢昇、王業鍵清代的人口變
　　　　動（史語所集刊第三十二本）頁 163。㈢欲「保留發祥地之東北，勿使漢人侵入，則一旦中原有事，
　　　　可以退守」，（見傅維航清代漢人拓殖東北述略刊禹貢六卷3—4期合刊）。按，自乾隆以來，朝廷爲解決
　　　　八族生計問題，屢次試辦滿人移墾東北，但皆失敗，這失敗自然更會增加滿清朝廷對於漢人進入吉林
　　　　的恐懼（參看本文下）。

時　　間	人　　口	增　加　率	平均每年增加率	備　　註
乾隆四十一年	74631			左列兩項增加率，均以四十一年之數字爲基數。
四十五年	135827	81.9%	20.4%	
四十八年	142220(註四一)	90.5%	12.9%	

表　　Ｉ

上表所列雖是人丁之數，但人丁的變動大致也反映出了人口的變動。表中的平均每年增加率比全漢昇、王業鍵淸代的人口變動一文所說十八世紀初至十八世紀末的中國人口迅速增長期的平均每年千分之一四‧八五的增加率還要高出近十倍（按，淸代的人口變動一文中所據之數字，亦係人丁之數）。這樣高的人丁增加率，當是由外來人口所造成。這時候雖有八旗滿洲移墾東北之議，但皆議而不果（見下）。所以外來人口當是流民。在「永行禁止流民，毋許入境」的諭令下，流民之所以仍能在吉林境內落戶，跟查辦流民問題的官吏「未實力奉行」有密切關係。這可以從嘉慶年間的諭令中看出來。東華續錄嘉慶朝卷十嘉慶十五年十一月壬子朔諭：

> 賽仲阿等奏，查辦吉林、長春兩廳流民一摺，據稱：「吉林廳查出新來流民一千四百五十九戶，長春廳查出新來流民六千九百五十三戶」等語。流民出口，節經降旨查禁，各該管官總未實力奉行，以致每查辦一次，輒增出新來流民數千戶之多。總以「該流民等，業已聚族相安，驟難驅逐」爲詞，仍予入册安挿，再屆查辦，復然。是查辦流民一節，竟成具文。

以上是吉林封禁後，流民仍然湧入境內的大概情形。至於盛京，在管制上既然沒有像吉林那樣嚴，則流民之入境更爲方便。所以到了乾隆末年，金、復、蓋三州以及極爲偏僻的鳳凰城一帶，都被山東人佔據。博明希哲鳳城瑣錄(註四二)：

> 奉天南濱大海，金、復、蓋與登、萊對岸，故各屬皆爲山東人所據。鳳凰城乃極邊，而山之阪水之涯，草屋數間，荒田數畝。問之，無非齊人所茸所墾者。

註四一　這項數字跟全漢昇、王業鍵淸代的人口變動頁168附錄表一所載乾隆五十一年吉林省之人口數十四萬八千人，甚爲相近。按該表係根據戶部彙題各省民數穀數淸册，此也當是人丁之數。

註四二　引文見遼海叢書第一集第八册，頁3。按，作者博明希哲，乾隆間進士。

　　清廷對東北的封禁政策，形式上一直維持到咸豐末年。這時候清廷正處在內憂外患的交迫之下，東北的封禁既缺乏實際效果，因此在「裕度支、杜窺伺」的用意下，朝廷態度遂又一變，不但陸續開放禁區，而且還積極鼓勵移民。於是墾荒的，採參的，做工的，經商的，修路的，開礦的，相續湧入東北，使清末東北人口急劇上昇（註四三）。

　　出關的漢人不僅在東三省境內活動，在烏蘇里江以東到日本海這一片廣大的土地上及其深山密林之中，也都有他們的脚跡（註四四）。根據當地黑斤人「與華人久處，遂變華俗，謹守溝規，一聽華人之命，惡俄甚嚴」（註四五）等情形來推測，漢人來這一帶已有相當久遠的歷史。前面曾經說到，康熙二十三四年間（一六八四——一六八五），「走山者」的脚跡就已經到了烏蘇里江以東地區。廿世紀初年，俄人亞森涅夫曾到這一帶遊歷，據他說這一帶的中國移民，有的定居，有的遷徙不定，有的獵取麝香及貂皮，有的砍伐林木，有的搜掘人參及菌類，有的撈取海產，也有培植和種植罌粟的。總之，在當地自然環境以及由他們所構成的那個社會中，任何謀生的空隙他們都鑽得進去。他們尤其擅於山林生活，密林深處，小徑縱橫，路通之處，必有小屋一間，凡路之盡頭則必有中國小廟一座，而捕鹿之陷阱及捕機則有綿延達數十里者（註四六）。

　　上面一段所述的情形反映出了，漢人在東三省以及烏蘇里江至濱海一帶的發展，時間與空間兩方面都已有相當的深度。同時，他們在那裡的生活，都已跟當地的天然環境建立起了緊密的關係。

　　僅就東三省的情形而論，到光緒末年，漢人人口已爲滿人的十倍有餘。今據東三省政略（註四七）卷六及卷八的記載，將民人（包括男女大小）與旗人（包括男女大小及官兵）的人口列表比較如下：

註四三　參看前引全漢昇、王業鍵淸代的人口變動頁164及168—180附錄各表所載東北各省人口的變動情形。
　　　　關於各行各業的人的概況，請參看Robert H. G. Lee, The Manchuria Frontier in Ch'ing History (Cambridge, Massachusetts, 1970)第五章。

註四四　參看曹廷杰西伯利東編紀要（遼海叢書第七集第三册）頁36—38。按，作者曹廷杰，於光緒十一年（1885）三月奉命「變裝前往伯利一帶，密探俄界情形」（見原書頁1）。

註四五　同上書，頁36。

註四六　參看 Robert H. G. Lee, The Manchurian Frontier in Ch'ing History, p. 90. 引亞森涅夫游記。

註四七　徐世昌（當時東三省總督）撰，宣統三年鉛印本。

	民 人（口）	旗 人（口）	合 計
奉　天(註四八)	8,769,744	963,116	9,732,860
吉　林(註四九)	3,827,862	410,101	4,237,963
黑龍江(註五〇)	1,428,521	27,136	1,455,657
總　　　計	14,026,127	1,400,353	15,426,480(註五一)

表　　II

民人就是漢人，而旗人中則尚包括蒙旗及漢旗人口 (註五二)。現在單就上表所列民人與旗人數字相比，前者已是後者的十倍有餘，如果再依黑龍江一書所述該省在宣統年間

註四八　表中奉天省民人數字，根據卷六紀戶籍所附光緒三十三年各屬呈報戶口數目表；旗人數字根據卷八旗
　　　　務所附奉天省各屬駐防八旗戶口表。按，上述卷六之序文中，另有「茲據各屬先後呈報約計全省民人
　　　　1,365,286戶，男女大小9,270,029口」，今不取。又卷六戶籍紀奉天省韓僑一萬餘人，未計入表中。

註四九　表中吉林民人數字，根據卷六紀戶籍所附全省民籍戶口表；旗人數字根據同卷所附全省旗籍戶口表。
　　　　另外，卷八旗務附有吉林外城戶口表載「男女官兵總計 318,415 名口」（參下註五二），按此一數字應
　　　　已包括在上述卷六全省旗籍戶口表之410,101名口中，故不另計。

註五〇　表中黑龍江省民人及旗人數字，均根據卷六所附全省戶口表。在該表中，兼列民籍及旗籍，總計人口
　　　　爲1,455,657丁口；其中省城正黃、白、紅、藍、與鑲黃、白、紅、藍八旗男女大小 5,873丁口，又鑲
　　　　丁包正藍及鑲藍旗21,263丁口，兩處旗人共計27,136口。上述全省戶口表所列總計人口1,455,657減去
　　　　27,136，得民人數爲1,428,521。此項計算，旗人人口資料可能不全，故不免有偏低之嫌。惟滿清末
　　　　造，黑省民人數字之直線上昇則尚有其他記載可供參考。茲據楊爾和譯黑龍江（上海‧商務版，民國
　　　　二十一年十一月）頁六載：「江省居民、至中東路建設爲止（1903年7月1日開始營業），不過四十萬
　　　　八千人。設鐵路後，增加迅速，在1908年，已爲百四十五萬五千六百五十七人，在1911年初，達二百
　　　　六萬七百人，1914年可算作二百四十六萬千八百十四人（除去未滿十六歲者）」。

註五一　據清史稿地理志載宣統三年(1911)東三省之編戶及口數如下：奉天編戶1,650,573，口10,696,004；吉
　　　　林編戶739,461，口3,735,167；黑龍江編戶241,011，口1,453,382。總計編戶2,631,045，口15,884,553。
　　　　清史稿的這項總人口數字跟表 II 根據東三省政略所列的三省人口總計數字甚爲相近，惟後者所指之
　　　　時間較清史稿早三年；又按上引黑龍江一書所記1911年初黑龍江人口爲二百零六萬餘，比清史稿的數
　　　　字（同屬宣統三年）多六十萬之譜。根據這些線索來判斷，上述清史稿的人口數字所根據的可能是宣
　　　　統三年以前的資料。另據 P. T. Ho Studies on the Population of China, p. 161引英國駐牛莊
　　　　領事 Sir Alexander Hosie（1894-1897 及 1899-1900在任）的估計說：「滿洲於1904年之人口總數，
　　　　包括滿族在內，有一千七百萬之譜」。

註五二　據卷八旗務所附吉林外城戶口表之附考謂：「此表係調查外城八旗滿、蒙、漢戶口統計，其吉林省城
　　　　官兵男女戶口自較外城爲繁，另飭調查列表，不在此限。再琿春戶口人數尚未查明，故未列入」。由
　　　　此知旗人包括滿蒙漢。

宣統年間人口增加的速度來估計（見註五〇，不到三年，計增四〇％強），則到宣統末年東北漢滿人口的比例當遠較上述倍數爲大。

以上所述，是滿族入主中國後，到政權崩潰止，關內漢人流向東北，造成滿漢人口賓主換位的大概情形。現在我們要進一步問，在滿清朝廷爲滿人利益着想的嚴厲封禁政策之下，漢人何以仍能進入東北並且在那裡立足生根？

如果東北是一個無人之境，那末漢人去到那裡只要跟自然環境奮鬥就够了。但是漢人之進入東北不但要在極惡劣的條件下跟自然環境奮鬥，而且還要向冷酷的社會環境挑戰。這副雙重擔子漢人是憑了甚麼力量把它挑起來的？簡單回答是憑了優於滿人的文化素養的力量才把它挑起來的。

乾隆廿六年，朝廷議准奉天地方辦理流民入籍時，曾有這樣的規定說「所有商賈、工匠及單身傭工三項，爲旗民所資籍者，准其居住」。可見這三種流民可以不入籍，也不飭回原籍。不但這樣，而且這幾種人在嚴厲禁止統民出關的情形下，他們仍准出關(註五三)。他們之所以得此優待，原因即是「爲旗民所資籍」。這表明了甚麼？表明了在東北滿人的生活中已經不能沒有漢人了。

前面說到，乾隆四十一年以後，吉林省境內已根本不許再有任何流民入境。可是每查辦一次，輒增新來流民數千戶；而地方官「總以『該流民等，業已聚族相安，驟難驅逐』爲詞，仍予入冊安挿」(註五四)。如果東北滿人並不覺得外來流民對他們有甚麼特別需要，則地方官吏當不至於在違背朝廷政策的情形下去，替他們想辦法入冊安挿。

關外漢人在當地滿人日常生活中究竟擔當了怎樣的角色呢？前人有一段很好的描述。錢公來逸齋隨筆「東北五十年來社會之變遷」(註五五)。

　　其莊園領地，名號不一……而其生產工具，則專靠前明防兵，未得退入關內，

註五三　見前引大淸會典事例流寓異地乾隆二十六年文「：嗣後赴奉天民人內，查係並無貿易，又無營運者，嚴行查禁」。

註五四　見前引東華錄嘉慶十五年十一月壬子朔諭。

註五五　轉引自吳希庸近代東北移民史略（東北集刊第二期）。

「所衛」遺族，以及關內逃出，不甘受滿清統治之明朝宗室勳戚，隱姓瞞名，偸生在敵人後方，俟得機以報，以及遷謫流徒遺孽，併各旗下奴才，自相配耦所生之「家常子」(奴才所生之奴才)，供牧畜，供田獵，供耕種，供差遣，供厨膳，供裁縫外，年深月久，而各旗莊園產業，日見發達。莊園附屬之事業，需要日多，少東主之生活習慣，慾望無窮。加以婚喪嫁娶，送死養生，人事日繁。建築宅地，運料幫工，瓦木石匠需人；勒碑刻銘，裝飾坟墓需人；出門東家坐轎車，則需輪人與人；東家要練習弓馬，或馳騁田獵，則製造弓箭需人，製造鞍轡需人；製造精細嵌金鑲銀，嚼環彎練需人；騎馬往來，冰天雪地，則馬要釘鐵掌之鐵匠需人。此外，莊園主東和鄰莊往來酬酢，要附庸風雅，作賦吟詩，無聊之寄食門客，又需人。至此一方面，皇家上諭的禁令雖是禁令，而一方面，莊主的需求總是需求。因此，年年由內地(齊、魯、燕、晉)向關外走私的人民，是源源不絕，無有底止。及至走私的人民到達地點後，其各莊園之莊主一向是望人工的，非特不加拒絕，反極盡招徠之能事。於是借墊牛糧籽種，白住房屋，能下田的去下田，能伐木的去伐木，能種菜的去種菜，牧羊的去牧羊，喂豬的去喂豬，鐵匠送到鐵匠爐，木匠送到木匠舖；念過書的功名人，則留到府裏，敎少東人念書，伴老東家清談。

東北滿人的這種生活情形，表明了他們對於生活的慾望過份膨脹，而他們那種日增不已的膨脹，處處都要靠漢人才能得到滿足。他們自己不擅於工，不擅於農，所以依靠滿人本身的能力，是無法過那樣的生活的。但是他們取得了統治漢人的權力，這一權力遂成了使他們可以對生活慾望作着過份膨脹的一種力量。在嚴厲的封禁期間，滿人生活上所存在的這種慾望，竟又成了漢人偸越出關的護符。這不但是漢人之所以能夠在東北立足生根的原因，同時也是造成東北漢化的一個原因。不過，這個原因，本質上仍是源自滿漢兩族的文化差距以及兩族的人日常文化素養而來的。

(二)　東北文化面貌的變化

滿清朝廷對於維護東北滿人的文化本色，態度曾是堅決的。這可以從雍正皇帝的一段話裏看出來。雍正上諭八旗二年七月二十三日諭：

> 我滿洲人等，因居漢地，不得已與本習日以相遠。惟賴烏拉、寧古塔等處兵丁

　　不改易滿洲本習。

後來朝廷對東北採取封禁政策，跟這一態度有一脈相承的關係。但結果却全盤失敗。

　　到滿清末年，東北的漢人旣已佔全區人口的百分之九十強，而漢人的文化素養又高於當地滿人，則東北滿族文化之漢化，應是理所當然的事，這番道理我們無需多說。在這一節裏我們所想知道的是：滿族因入關潮的洗刷所留下來的，較富有本色的東北滿人，在文化方面步向漢化的具體情形。下面我們拿清初寧古塔（在今吉林寧安縣）的情形來作例子看。

　　順治年間，寧古塔尙號荒徼，人跡罕到（註五六）。當時一般人對它的傳說是「其地重氷積雪，非復世界，中國人亦無至其地者，諸流人雖各擬遣，而說者謂半道為虎狼所食，猿狄所攫，或肌人所啖，無得生也。向來流人俱徙上陽堡，地去京師三千里，猶有屋宇可居，至者尙可得活。至此，則望上陽如天上矣」（註五七）。這些傳說雖有失實之嫌，但却正反映了寧古塔對外交通的閉塞情形。由於它對外交通閉塞，所以也就保留着比較純樸的滿族本色。當時寧古塔的一般情形，可以從下面的一些記述中約略窺見。

　　寧古塔在今吉林寧安縣，有新城舊城之別，康熙五年建新城。營建之先，新城原址似已有人聚居。新城建成之後，舊城遂廢（註五八）。城雖有新舊之分，但人們的生活情形當時尙無多大差異。現在我們先看舊城的情形。方拱乾絕域紀略（註五九）：

　　　土地無疆界，無城郭，枕河而居，樹短柴柵，環三里，闢四門，而命之曰城中。
　　　以碎石甃埤丈餘，闢東西門，置茅屋數椽，而命之曰衙門，章京刑政地也。埤雨
　　　卽圮，圮卽甃。柵內卽八旗所居；當事則厚待士丈夫，請□□旨居士大夫於柵

註五六　見吉林通志卷一一五寓賢楊越傳。

註五七　見研堂見聞雜記（不分卷），臺北廣文書局影印本，頁289。

註五八　楊賓柳邊紀柳卷一：「寧古塔城舊在覺羅城北五十二里，康熙五年移於覺羅城西南（原注：去覺羅城
　　　　八里），今梅勒章京所居者新城也。新城建，舊城遂廢，人呼之為舊街上」。

註五九　皖志列傳稿卷二：「拱乾…………順治九年，科場星誤，謫寧古塔，十一年放歸，寓揚州，撰絕域紀
　　　　略。」故書中所述寧古塔，是舊城的情形。正文所引絕域紀略文，見小方壺齋輿地叢鈔，五之一，頁
　　　　342。

內，餘人則居諸屯……宮室像鳥獸而爲巢爲營窟，木頗材而無斧鑿，即樵以架屋，貫以繩，覆以茅，列木爲牆而墐以土……八旗之居寧古者，多良而醇，率不輕與漢人交。

新城距舊城約六十里，其建設規模當時大致與舊城相當。吳振臣寧古塔記略(註六〇)：

有木城兩重，係國朝初年新遷，去舊城六十餘里。內城周二里許，只有東西南三門，其北因有將軍衙署，故不設門。內城中惟容將軍護從及守門兵丁，餘悉居外城，周八里，共四門，南門臨江，漢人各居東西兩門之外。

又楊賓柳邊紀略卷一：

寧古塔四面皆山，虎兒哈河繞其前。木城周二里半，東西南各一門。外爲土城，土城本周十里，四面有門，今皆圮，惟臨河西南面壁立耳。公衙門及梅勒章京居在木城內，餘官兵及民皆散住東西南土城內，合計不過四三百家。屋皆東南向，立破木爲牆，覆以莎草，厚二尺許，草根當簷際，若斬絢大索牽其上，更壓以木，蔽風雨，出瓦上，開戶多東南（原注：金志：獨開東南一扉）。

從上面的幾段記述可以約略看出，新舊城規模大致相當，而且都具有原始樸素的風味。舊城漢人似爲流遣人士(註六一)，當時滿人很少跟他們來往，新城內外城之內，共約居住滿人三四百家，而漢人則分居外城東西兩門之外（按，這是指三藩亂起以前的情形，見下），這似乎表明滿人與漢人日常生活關係尙很疏遠。下面我們看寧古塔人的生活情形。

當時寧古塔一般滿人的日常生活，主要是靠天然產品，而以打獵爲主要工作，寧古塔記略：

四季常出獵打圍，有朝出暮歸者，有兩三日而歸者，謂之打小圍。秋間打野雞圍，仲多打大圍(註六二)。

打獵之外也兼事農作。寧古塔紀略：

註六〇　見商務排印本叢書集成初編3178號，頁1—2。

註六一　康熙五年建新城之前，已有不少漢人被流放到寧古塔。參看謝國楨淸初流人開發東北史附錄淸初東北流人遷徙年表。

註六二　見商務叢書集成初編本，頁14。

地極肥饒，五穀俱生，惟無稻米。四月初播種，八月內俱收穫矣。農隙俱入山采樵，以牛車載歸，足來歲終年之用乃止（註六三）。

買賣方面，一般似仍停留在以物易物階段。絕域紀略：

不用銀錢，銀則買僕婦、田廬或用之；錢則外夷來貢時求作頭耳之飾。至粟豆交易，或鍼、或線、或煙筒，大則布，裕如也。

器用方面，皆以木製，尚無瓷無陶。絕域紀略：

無陶器，有一瓷碗，如重寶然，羣不貴，遂不足寶矣。凡器皆木為之，出高麗者精，復難得，大率出土人手，匕箸盆盂，比比皆具，大至桶甕，亦自為之（註六四）。

又寧古塔紀略：

無瓦器，其盞、碟、盆、盎、澡盆之屬，俱以獨木為之…無燭，點糠燈（註六五）。

衣着方面，多為獸或魚之皮，有麻無布帛。柳邊紀略卷三：

陳敬尹為余言曰：「我於順治十二年流寧古塔，尚無漢人。滿洲富者緝麻為寒衣，擣麻為絮；貧者衣麃鹿皮。不知有布帛，有之，自予始。」

又俞樾薈纂編引余懋紀東武山房集楊安城（楊越）傳（註六六）：

公流寧古塔，康熙壬寅多也（按，即康熙元年）……土人及駐防將士，皆樸魯，衣魚皮。

以上所述，是寧古塔一帶滿人日常生活方面本來的大概面貌。三藩事變之後，寧古塔發生了顯著的變化，不過幾年工夫，竟商販大集，街肆充溢，車騎照耀，而居然有了華夏風味。寧古塔紀略：

（寧古塔外城）周八里，共四門，南門臨江，漢人各居東西兩門之外，予家在東門外……後因吳三桂造反（按，始於康熙十二年），調兵一空，令漢人俱徙入城中，予家因移住西門內。內有東西大街，人於此開店貿易。從此人煙稠密，

註六三　同上，頁10。

註六四　以上兩段引文，均見小方壺齋輿地叢鈔，五之一，頁342。

註六五　見商務叢書集成初編本，頁11。

註六六　參看前註二三。

　　　　貨物客商，絡繹不絕，居然有華夏風景。

又吳兆騫寄顧舍人書(註六七)：

　　　　寧古塔自丁巳後(註六八)，商販大集，南方珍貨，十備六七。街肆充溢，車騎照

　　　　耀，絕非昔日陋劣光景。流人之善賈者，皆販鬻參貂，累金千百，或有至數千者。

另外，柴薪的逐漸難以獲得，也反映了寧古塔這些年來迅速繁榮的情形。柳邊紀略卷

四：

　　　　寧古塔薪不須買，然二十年前，門外即是，今且在五十里外，必三四鼓薄食

　　　　往，健者日致兩車，弱者致一車(註六九)。

　　　寧古塔這種迅速而顯著的變化，楊賓有一首詩描述(註七〇)：

　　　　三十年前事(註七一)，兒童見者稀，天寒曳護臘(註七二)，地凍著麻衣(註七三)，雪

　　　　積扒犂出(註七四)，燈殘獵馬歸，只今風俗變，一一比皇畿。

前六句都是描述寧古塔一帶還沒有發生顯著變化時的情景。而末兩句，則一方面點出

了它的變化，一方面還說明了變化的方向——漢化。

　　　在寧古塔文化面貌的變化過程中，三藩事件雖然像是一個里程碑，但是在本質上

它卻只是一種具有加速作用的「機緣」而已。至於造成這種變化的根本原因或動力，

則是滿人對於漢族文化的嚮慕心理。這可以從各方面的記載中看出來。楊安城傳

(註七五)。

註六七　民國十三年修寧安縣志卷四寓賢吳兆騫傳末附有寄顧舍人書。該書作於康熙十七年二月十一日。按，

　　　　吳氏因丁酉（順治十四年）科場事，流徙寧古塔。

註六八　丁巳即康熙十六年。

註六九　所謂「二十年前」，是指康熙十年左右，參看前註二三。

註七〇　見柳邊紀略卷五寧古塔雜詩第十三首。

註七一　指康熙一、二年（參看前註二三）。當時寧古塔尚未建新城。然而柳邊紀略已有關於新舊兩城的記載

　　　　（見前註五八），因疑楊安城流寧古塔時居舊城，後遷新城。

註七二　護臘即吉林三寶之一的烏拉草。

註七三　原註：「貴人乃絮麻衣禦寒」。

註七四　原註：「雪中運木之車曰扒犂」。

註七五　見前註二三。

公稍出漢物與市，土人貴漢物，爭出菽粟來易，遂約漢人共買。

其次，我們再看這種變化的具體情形。先看衣着方面，這方面的慕漢心理最爲明顯，柳邊紀略卷三：

> 陳敬尹爲余言：「我於順治十二年流寧古塔……滿洲富者緝麻爲寒衣，擣麻爲絮；貧者衣麅鹿皮。不知有布帛；有之，自予始。予曾以疋布易稗子穀三石五斗。有撥什庫某，得予一白布縫衣，元旦服之，人皆羨焉」。今居寧古塔者，衣食粗足，則皆服綢緞，天寒披重羊裘，或猞猁猻狼皮打呼（原註：打呼，皮長外套也）。惟貧者乃服布。

在器用方面，原先的木製品已漸爲磁製品取代。柳邊紀略卷四：

> 自昔器皿如盆、盎、椀、盞之類，皆刳木爲之，數年來多易以磁，惟水缸、槽盆猶以木。

在禮俗方面，大自處世待人，小至婚禮燃燭，處處都模仿漢人。楊安城傳（註七六）

> 漢人以罪至者，多依以爲生（按，指因罪被流放到寧古塔的漢人，多依靠當地滿人爲生），傭使之。公至，獨爲屋以居；入山伐木，壘土石爲坑，皆自擘畫。土人初奇公狀貌，至是益服其才。公稍出漢物與市，土人貴漢物，爭出菽粟來易，遂約漢人共買，菽粟漸饒。土人既仰給於買，不敢輕漢人矣。公曰：「未也，尚不知禮教」。於是敎之讀書，崇退讓，躬自養撫孤，贖官奴婢……凡貧不能舉火及婚喪者，公爲倡率周之，富人感其義，爭助公，以不與爲恥，曰：「吾不可以見楊長者」。

楊賓在柳邊紀略序裏面說到他寫這部書的第一個動機，就是紀念他父親（楊安城）對寧古塔地方所產生的影響：

> 先子謫居久，變其國俗，不異於管寧、王烈之居東，寧古塔人至今思之。

寧古塔人受楊氏的影響，還可以從楊氏靈柩啓運回鄉時的情況中看出來。吉林通志卷一一五寓賢楊越傳：

> 越歿………當柩發寧古塔，其人設魚殽以祭者相屬於道，而持賻（按，即楊賓

之弟）號哭，如送所親焉。

寧古塔人原不知製蠟，也無蠟燭，漢人自製蠟燭於婚禮中燃用，滿人也仿效之。寧古塔記略：

> 無燭，點糠燈……不知養蜜蜂，有采松子者，或采樵者於枯樹中得蜂窩，其蜜無數。漢人教以煎熬之法，始有蜜有蠟。遇喜慶事，漢人自爲蠟燭，滿洲人亦效之，然無賣者（註七七）。

知識是思想的根源，而思想又是行爲的依據。以上所說，大都屬於行爲方面的模仿。然而，在知識與思想方面，滿人也是一派慕漢表現，尤以上層社會爲然。這可以從他們聘請漢人爲家庭教師的情形上看出來。柳邊紀略卷三：

> 文人富則學爲買（原註：陳敬尹、周長卿）；貧而通滿語則代人買，所謂掌櫃者也；貧而不通滿語則爲人師（原註：師有胡子有、李召林、吳英人、王建侯、季某、彭某）。

又寧古塔記略：

> 予七歲，鎭守巴將軍聘吾父（按，即吳兆騫）爲書記，兼課其二子，長名額生，次名尹生。余及固山烏打哈隨學（註七八）。

上自固山大人，下至雅齡童子，都學漢文，讀漢人的書，長期下來自然會產生重大影響。據說寧古塔竟由一個冰山雪窖之鄉，變成了說禮敦詩之國。同上寧古塔記略：

> 丁酉秋（按，即順治十四年），我父獲雋。人方以爲得人慶，詎知變起蕭牆，以風影之談，橫被誣陷，致使家門傾覆，顚沛流離，迫遠戍窮荒………荷戈二十三年，百冷辟易，疾疢不作。所遇將軍固山，無不憐其才，待以殊禮。窮邊子弟，負耒傳徑，據鞍弦誦。彬彬乎冰山雪窖之鄉，翻成說禮敦詩之國矣（註七九）。

註七七　商務叢書集成初編本，頁11。

註七八　同上，頁4。按，寧古塔記略作者吳振臣，康熙三年生於戍所。

註七九　同上，頁18。按，先前流人中，楊安城等人也有重大影響。陳敬尹在寧古塔時也曾被將軍聘爲家庭教師，教他的小孩（見謝國禎清初流人開發東北史頁25引吳兆騫歸來草堂尺牘）。流人「負耒傳經，據鞍弦誦」的情形，在黑龍江也是一樣。西清黑龍江外紀卷七：「流人通文墨，類以教書自給。齊齊哈爾最著者，江西王雨、亭霖，教授八旗義學」。

前面說到，雍正皇帝爲了想使東北滿人永遠保持其本色，以爲關內滿人的表率，所以對於他們崇尙漢人文墨的趨向，曾加以嚴厲的斥責與阻止（註八〇）。然而長期下來，朝廷的這種願望落了空。所以到了道光年間，寧古塔地方的滿人對於漢人的文墨不僅只是學習，而且發展到了相互「競談」的地步。薩英額吉林外記（註八一）卷八記寧古塔地方的風俗說：

　　　尙淳實，耕作之餘，尤好射獵。近年漢字事件日增，競談文墨。

　　總之，寧古塔地方的滿人，在物質生活及精神生活兩方面，其漢化趨勢到康熙十幾二十年間，已甚爲明顯。在這一變化趨勢中值得注意的是一般滿人的反應，他們覺得漢人來了以後，天氣也變暖了。寧古塔記略（註八二）：

　　　近來漢官到後（註八三），日向和暖，大異曩時。滿洲人云：此暖是蠻子帶來。

　　另外，漢人在這一變化趨勢中，有的人因經商致富，累金千百；有的則憑文墨之勝，結交顯貴。因此，漢人地位遂逐漸增高（註八四）。這對於滿人的漢化，又有加速的作用。

　　寧古塔的這些變化，顯然跟朝廷的意願相背。從這樣的一個角度去看，則乾隆元年諭不再將漢人罪犯發遣至黑龍江、寧古塔、吉林烏拉等地，而改發於各省煙瘴地方的決定（註八五），以及二十七年之封禁寧古塔，四十一年之封禁吉林全省，這一連串的措施，都跟日漸加深的漢化趨勢有密切關係，而朝廷所說的「風俗攸關」，可能主要卽是出於對漢化趨勢的顧忌。

　　東北的漢化，除吉林外，奉天本來大部份就是漢人所開化的，其主要城市也是漢人建立起來的。前面討論東北人口的變動情形時就已經說到，自清初到乾隆年間，關

註八〇　見前引雍正上諭八旗二年七月二十三日諭。

註八一　薩英額，吉林人，隸滿洲正黃旗。吉林外紀成於道光年間。

註八二　商務叢書集成初編本頁 5。

註八三　柳邊紀略卷三：「寧古塔滿洲呼有爵而流者曰哈番。哈番者，漢言官也。」

註八四　柳邊紀略卷三：「其俗貴富而賤貧，貴老而賤少，貴漢而賤滿。何也？凡東西關之賈者皆漢人，滿洲官兵貧，衣食皆向熱賈賒取，俟月餉到乃償直。是以平居禮貌必極恭敬，否則恐賈者之莫與也。況賈者皆流人中尊顯而儒雅者，與將軍輩皆等夷交；年老者且弟視將軍，況『此者乎。」

註八五　見大清會典事例卷七四四刑部名例律乾隆元年諭。

內流民在東北的發展，是逐漸自盛京蔓延到吉林的，而黑龍江當時則尚無流民問題，
這跟地理形勢顯然有密切的關係。正由於這種緣故，所以到了滿清末年，東北一千四
百多萬漢人當中，盛京（奉天）有八百七十多萬，吉林只有三百八十多萬，而黑龍江則
只有一百四十多萬（根據上節表Ⅱ）。因此，從人口多寡的觀點看，三省漢化程度之深
漸，當與漢人人口之多寡成正比。

　　漢人之初入黑龍江省，境遇特別悽慘，常遭滿人「洗街」之災。黑龍江述略：

　　　黑龍江省不設民官，獨齊齊哈爾土城內外旗民雜處（按：旗民，分別指滿人與
　　　漢人）……先是省城街市各旗分地建屋，閒有漢民賃居貿易。歷一二年後，屋
　　　主突來，盡驅屋中人出，搜索一空，謂之洗街（註八六）。

當初漢人的處境雖然那樣惡劣，但是在漢化的總趨勢之下，黑省也逐漸跟着發生變化。
所以後來他們也同樣聘請流遣漢人教授滿人子弟。至於在清末的情形，則可以從下面
的兩段文字中約略窺見。章炳麟太炎文錄續編卷六：

　　　曾靜起事，用晦與葆中皆戮尸，毅中處斬（註八七），諸孫皆戍寧古塔，後以佗
　　　事，又改發黑龍江，隸水師營。民國元年，余至齊齊哈爾，釋奠於用晦影堂，
　　　後裔多以塾師、醫藥、商販為業。土人稱之曰老呂家。雖為臺隸，求師者必于
　　　呂氏；諸犯官遣戍者，必履其庭，故土人不敢輕，其後裔亦未嘗自屈也。初開
　　　原、鐵嶺以外，皆故胡地，無讀書職字者，齊齊哈爾知書，由呂用晦後裔謫戍
　　　者開之。至于今用夏變夷之功亦著矣。

又湯爾和譯黑龍江，譯者弁言：

　　　漢族殖民勢力之大莫與京也。清既入關，滿蒙本為禁地，漢人婦女，不得移居
　　　開外；至光緒初年，始解除此禁。今之黑龍江省，在二三十年以前（按，湯氏
　　　譯者弁言作於民國十八年八月），尚委諸少數旗兵及游牧人種之手。苟有漢
　　　人，亦刑人流竄，編管兵籍者也。當是時，黑龍江全省，實為榛莽之區，山深
　　　林密，人跡不至…………呼蘭河流域，松花江沿岸，今所稱為穀倉者也，在當
　　　時，惟有灌木叢生，狐免出沒，荒涼寥泬，長與終古而已。漢人一至，乃披荊
　　　斬棘，以血肉筋力與鳥獸爭，與氣候爭，與洪水爭，與土人爭，乃至與饑餓疾

註八六　見徐氏觀自得齋校刊本，卷二，頁2。
註八七　呂留良字用晦，號晚村，浙江石門人，雍正十年，因曾靜文字獄遭戮尸梟首。葆中、毅中皆用晦子。

病爭，遂有一九〇六年以後之天地（按，似指建中東鐵路以後之移民狀況，參看前註五〇）。迄於今日，凡人蹤所至，無不有吾人足跡。任觀人口表，無論荒陬僻壤，漢人之數，必在一切人羣之上……自一八五八年璦琿締約後，俄人在黑龍江左岸發展海蘭泡，清廷爲對抗計，於一八六〇年，許漢人在呼蘭河流域自由居住，此後二十年，在今青岡、蘭西、呼蘭各縣並巴彥、綏化之一隅，移住者已有二十萬戶。距今又隔五十年，其增加之比例，可以推想……大賚、泰來、肇州、呼蘭、巴彥一帶，本爲蒙人牧場，或旗兵屯田之地。漢人一至，遂成聚落。浸假而有農村，浸假而有市肆。其時雖以清朝定制，漢人無租地之權，而土著滿人，性不能耕，耕亦不如漢人之能收穫。於是禁令雖嚴，而私相授受者，勢已不能復止……曾不數年，滿蒙領域之間，自王公以至走卒，所有土地牲畜，盡入其手。

黑龍江的漢化雖較奉天、吉林兩省進行得稍遲，但到滿清晚季，這種遲緩的情形，由於對俄、日帝國主義侵略威脅的驚惕，而在積極推行移民實邊的政策下逐漸彌補了起來。呼蘭平原的迅速開發，就是一個顯著的例子。

另外，東北文廟的興建年代及其分佈，也約略地反映了東北漢化的進展情形。其中惟黑龍江尙缺乏資料。西倩黑龍江外紀卷二謂：「社稷、孔子，徧天下皆得祀，黑龍江一省獨無，此爲闕典」。民國二十二年修黑龍江通志稿也沒有關於文廟的的記載。令將奉天及吉林兩省文廟的建年及分佈情形，分列兩表如下（註八八）：

地　　　名	興　建　年　代	來　　　　　由	備　　　　　註
1.金　　　縣	明洪武十七年，1384		阿拉伯數字爲公元
2.興　　　城	明宣德五年，1430		
3.義　　　縣	明正德年間		清嘉慶四年重修
4.錦　　　縣	明正統元年，1436		
5.開　源　縣	清康熙四年，1665		
6.鐵　　　嶺	清康熙三十年，1691		

註八八　表Ⅲ根據奉天通志卷九十二，表Ⅳ根據吉林通志卷四十六。兩表均以興建之年代先後爲序；有年號無年數者，則列於該年號之末。無年號及年代者，則列於清末。

7.復　　　縣			清康熙時重修
8.蓋　平　縣	清康熙年間	知縣郭運昭建	
9.昌　圖　縣	清同治七年，1868		
10.鳳　凰　城	清光緒三年，1877	東邊道陳本植捐募創建	
11.岫　巖　縣	清光緒三年，1877		
12.懷　德　縣	清光緒五年，1879		
13.新　民　縣	清光緒十三年，1887		
14.海　龍　縣	清光緒二十九年，1903		
15.洮　南　縣			光緒二十九年留地，尚未建修
16.撫　順　縣	清宣統元年，1909		
17.臺　安　縣	不詳		
18.興　京　縣	不詳		
19.撫　松　縣	不詳		
20.梨　樹　縣	不詳		
21.唐　平　縣	不詳		
22.營　　　口	民國六年，1917	知事朱佩蘭擇地創修	
23.遼　源　縣	民國九年，1920		
24.錦　西　縣	民國十年，1921		
25.西　豐　縣	民國十一年，1922		
26.輝　南　縣	民國十一年，1922		
27.東　豐　縣	民國十二年，1923		
28.綏　中　縣	民國十三年，1924		
26.遼　中　縣	民國十四年，1925		
30.西　安　縣	民國十六年，1927		

表Ⅲ　奉天文廟表

地　　　　名	興　建　年　代	來　　　　由	備　　　　註
1.寧　古　塔	清康熙三十二年（八九註），1693		

註八九　所據吉林通志作康熙三十二年建，惟原附夾註謂：「盛京志作乾隆三十五年（建）」。又民國十三年
　　　　纂修之寧安縣志卷二謂：「清嘉慶二十三年建」，此句之下附夾註謂：「盛京志乾隆三十五年建」。
　　　　按，寧古塔自乾隆二十七年列為禁地，嘉慶時封禁之令仍嚴。雖仍有流民進入，然也不至於敢公然興
　　　　建文廟。據此判斷，則該文廟當係初建於康熙三十二年；惟乾、嘉兩朝有增修之舉，則也不無可能。

2.吉　林　府（註九〇）	清乾隆七年，1742		乾隆元年秋七月詔建新設永吉州文廟；七年，知州魏士歃始從事焉
3.伯都訥舊城	清道光二年，1822		光緒元年，兵民捐修正殿三楹
4.長　春　府	清同治十一年，1872		
5.伯都訥廳	清同治十三年，1874	紳商捐建	在孤楡樹屯
6.雙　城　廳	清同治十三年，1874	商民捐建	
7.賓　州　廳	清光緒十九年，1893	署同知吳瞻菁捐建	
8.三　　姓	不詳		下馬碑二，上豕刻滿漢兩體書
9.阿勒楚喀	不詳		

表IV　吉林文廟表

根據以上兩表，可作如下數點推論：

(1)　以數量論，奉天有文廟三十處，吉林九處，而大部份係東北開禁以後所建，這些現象都似乎跟漢化的進展有相應的關係。

(2)　最早的文廟在遼東半島的金縣（大連之北），建於明洪武十六年，四十多年後，才陸續有興城、義縣、錦縣等處的文廟。這似乎反映了：漢文化向東北的擴延，本來就有水陸兩路，水路當是自山東半島至遼東半島，陸路則是經山海關。後來清代流民偷越出境之有水陸兩路，大概即是本乎此。

註九〇　吉林，原稱烏喇雞陵，康熙間更名爲船廠，雍正間改爲永吉州，光緒間升爲吉林府，今名永吉縣。高士奇扈從東巡日錄卷下：「甲戌雨，駐畢烏喇雞陵。又因造船於此，故曰船廠……康熙十五年春，移寧古塔將軍駐鎭於此……所統新舊滿洲兵二千名，並徙直隸各省流人數千戶居此，修造戰艦」。按，船廠地方建造文廟之議，始於雍正初，旋因雍正帝反對而罷。雍正上諭八旗二年七月二十三日，辦理船廠事務給事中趙殿最，請於船廠地方建造文廟，設立學校，令滿漢子弟讀書考試等語具奏。奉上諭：「文武學業，俱屬一體，不得謂執重執輕。文武二者兼通，世鮮其人。我滿洲人等，因居漢地，不得已與本習日以相遠。惟賴烏拉、寧古塔等處兵丁不改易滿洲本習。今若如此崇尙文藝，則子弟之稍穎悟者，俱專事於讀書，不留心武備矣，即使百方力學，豈及江南漢人？何必捨己所能出人之技，而習其不能出人之事乎……此皆妄聽發遣罪人內稍能識字之匪類，不顧大體，肆言搖惑之所至耳。豈但建立文廟、考試生童，即立學亦屬多事……」。然而，十餘年後，建文廟之事，終於達成。這一點也足以反映出該地之漢化趨勢。

(3)　自乾隆二十七年封禁寧古塔起，到咸豐十年陸續開禁止，計九十九年，只有吉林伯都訥舊城一地建造文廟。這似乎反映了儘管流民偷越出關禁而不止，但他們的活動却遭到封禁政策的一些阻礙。

四、關內滿人的變化

滿族入關以前，文化上正處於一個「寄生蛻變」的時期。所謂「寄生蛻變」，從表現於經濟生活方面的情形說，就是他們依靠攎來的大批漢人爲奴隸從事生產，逐漸自原有的以採、獵、畜、牧爲基礎的生活方式轉變爲農業社會的生活方式，而他們自己却並沒有掌握到鑄造那種生活方式的力量(註九一)。處在這種狀態下的滿族，把民族重心移到文化高、人口多的漢族境內去，會產生甚麼樣的後果，這是我們在這一章裏面所要討論的主要問題。

（一）　滿人的生計問題

滿人入關後，在不過十一二年的時間，就發生了生計困難的問題。順治十二年戶部尚書陳之遴滿洲民兵生計疏：

> 滿洲民兵，實爲國家根本，年來窮苦日甚，關係非小。但富強覇術，利害相
> 參；賑濟恩施，久遠難恃(註九二)。

往後，這問題愈來愈嚴重，使滿人氣質敗壞，日漸墮落，終滿清之世，朝廷雖想盡辦法，也挽救不囘。可是當滿清政權一崩潰，滿人在漢人社會中像冰雪之浸解於水，而生計問題也隨之自然消失。這似乎顯示，滿人的生計問題跟入關後的滿清政權，兩者之間有緊密的關係。這關係究竟如何？讓我們先看看滿清入關後，朝廷對於滿人的安排以及一般滿人的生計問題的發展情形，然後再去尋找關於這個問題的答案。

滿清入關取得了中國的政權後，由於這一政權是以滿族爲其基礎，所以朝廷爲了要發揮滿人的力量來鞏固統治，於是採取了「養威居重」的政策。在這一政策下，朝廷有幾項重要的措施：

(1)　爲了統馭滿人，發揮固有的組織力，把八旗制度移入關內，而以京師爲其根

註九一　參看管東貴滿族入關前的文化發展對他們後來漢化的影響（史語所集刊第四十本上册）。

註九二　皇朝經世文篇卷三十五。

本之地。

　　(2)　實行圈地(註九三)，使近幾五百里內，一切都在滿人的「絕對」控制之下。

　　(3)　凡滿人，皆以擔任政府職務（軍或政）爲根本，其尚未擔負政府職務者，則爲等待徵用的後備隊，不得從事民間職業(註九四)，而由政府豢養。

　　從這些措施上，我們可以明顯地看出，滿清朝廷已使整個滿族成爲了一個以保衞滿清政權爲根本目的的戰鬥集團(註九五)；而這個集團反過來又受着政權的保護。

　　滿清入關後，定全國額兵爲二十萬甲，一甲卽一兵。其中滿洲八旗佔八萬甲，到康熙時增爲十二萬甲，惟總兵額之數則終清之世未有多大變動(註九六)。凡被選爲佔一兵額的人謂之披甲人，其餘則爲閑散；披甲的人由國家給以一份錢糧，這份錢糧原先大致是够養家的，同時房屋也由政府配給。然而到後來，家庭人口普遍膨脹，而披甲之數不變，閑散愈來愈多，再加物價上漲，錢糧田租不足以養家，所配房屋不敷居住，自是事勢所必然。兼之俗尚奢侈，不崇節儉，於是一般滿人普遍陷於窮困(註九七)。

註九三　所圈得之地，滿人自己並不耕種，只是坐取其租。皇朝經世文編卷三十五，乾隆初孫嘉淦八旗公產疏：「查我朝定鼎之初，雖將民田圈給旗人，但仍係民人輸租自種；民人自種其地，旗人坐取其租。」

註九四　同上書，乾隆五年御史范咸八旗屯種疏：「蓋民生有四，士、農、工、商皆得以自食其力。而旗人所藉以生計者，上則服官，下則披甲」。又乾隆六年戶部侍郎梁詩正八旗屯種疏：「查八旗人，除各省駐防與近京五百里聽其屯種外，餘並隨旗居住，羣聚京師，以示居重馭輕之勢。而百年休養，戶口衆多，無農工商賈之業可執，類皆仰食於官」。同上書，沈起元擬時務策：「況法制禁令更使之無可經營乎」。按，這種禁制對於京師的滿人最嚴，例如閑散本無錢糧，所以駐防閑散無例禁，然而京師閑散却同受禁例之限。同上書道光五年協辦大學士英和會籌旗人疏通勸懲四條疏：「臣等伏思，閑散與兵丁不同，旣無錢糧，安能禁其自食其力。況我國家，百八十餘年，旗民久已聯爲一體，毫無畛域。漢人游學、游幕、外出經商，並無限制，駐防閑散又無例禁，何獨於京城而禁之？」

註九五　皇朝經世文編卷三十五，乾隆十年，御史赫泰復原產籌新墾疏：「四海之衆，民也；而八旗之衆則兵也。」

註九六　參看管東貴入關前滿族兵數與人口問題的探討（史語所集刊第四十一本第二分）。

註九七　同前沈起元擬時務策：「竊開世祖時定甲八萬，甲受銀若干兩、米若干石至聖祖時乃增爲十二萬甲。蓋一甲之丁，至今而爲數十丁數百丁者比比。於是一甲之糧，昔足以贍一家者，必不足以贍數十家數百家勢也。甲不能遍及，而徒使之不士、不農、不工、不商、不兵、不民、而環聚於京師數百里之內，於是其生日蹙，而無可爲計」。又，同上書，乾隆二年御史舒赫德八旗開墾邊地疏：「我朝定鼎之初，八旗生計頗稱豐厚者，人口無多、房地充足之故也。今百年以來，其覺窮迫者，房地減於從前，人口加有什伯；兼以俗尚奢侈，不崇節儉，所由生計日消，習尚日下，而無所底止也」。

這是從外表上所看到的滿人生計問題的一個輪廓。

　　滿人既然不得自謀職業（包括閑散，參看註九四），則生活有了問題時，朝廷就不能不設法解決。起先，大概朝廷以爲這只是偶發性的問題，撥款救濟就可以解決。順治年間，滿人生計問題開始之初，朝廷就是這樣處理的（註九八）。然而，此例一開，不但沒有解決問題，反而使一般滿人覺得有恃無恐。所以康熙、雍正、乾隆幾朝都有同類的鉅額撥款（註九九），而問題有增無已。尤其京師八旗，人口集中，最爲嚴重，他們一方面鬧窮，另方面却經常醉飽在歌場、賭舘、戲院、酒肆一類地方（註一〇〇）。花用不足，則質當盔甲、器械（註一〇一），甚至犯禁私典旗地（註一〇二）。原先被朝廷當作「備干城之選」的後備隊，竟這樣日深一日地陷入了墮落的旋渦。在這種環境中長

註九八　前引陳之遴滿洲民兵生計疏：「賑濟恩施，久遠難恃」。

註九九　清朝文獻通考卷三十九（商務版，頁5218—5219），雍正五年諭管理旗務諸王滿洲文武大臣等：「近來滿洲等，不善謀生，惟恃錢糧度日，不知節儉，妄事奢靡。朕屢曾降旨，諄諄訓誨。但兵丁等相染成風，仍未改其糜費之習，多有以口腹之故，而羅賣房產者……又將每季米石，不思于貯備用，違背禁令，以賤價盡行羅賣，沽酒市肉，恣用無餘。以致闔家匱乏，凍餒交迫，尚自誇張，謂我從前曾食美食，服鮮衣，並不悔悟………旣至貧乏，惟希恩賞。從前，皇考（按，指康熙皇帝）軫念兵丁効力行間，致有債負，曾發帑金五百四十一萬五千餘兩，一家獲賞俱至數百。如此厚賚，未聞兵丁等置有產業………一二年間，蕩然無餘，心愈奢侈，而生計較前更加窘乏。其後，又發帑金六百五十五萬四千餘兩，賞賜兵丁人等；亦如從前，立時費盡。朕自卽位以來，除特行賞賜外，賞給兵丁一月錢糧者數次，每次所賞需銀三十五六萬兩。此銀一入兵丁之手，亦不過妄用於飲食，不及十日，悉爲烏有………」。從上面這段文字中可以看出康熙、雍正兩個時期的情形，然而這還只是雍正五年（距順治十二年巳七十來年）。關於乾隆時情形，請參看同書，頁5220，乾隆元年兩諭。

註一〇〇　雍正上諭八旗二年四月初五日諭：「朕以八旗滿洲等生計時厪於懷，疊沛恩施。其縱肆奢靡、飲酒、賭博，於歌場、戲館以覓醉飽等事，屢經降旨訓誡………」。又同上書，雍正六年七月初八日：「今時之少年滿洲等，不諳素習，惟事奢靡、賭博、游戲，至於應習之滿洲技藝，反不專心學習」。

註一〇一　同上書，雍正二年三月二十三日：「從前曾經禁止質當盔甲、器械等物。今再嚴加禁約，交與八旗五城，於京城內外當舖中，所有盔甲、器械，著以來年正月爲限，此時稍寬其期，俾得辦理完畢」。

註一〇二　皇朝經世文編卷三十五，乾隆二年御史舒赫德八旗開墾邊地疏：「昔時所謂近京五百里者·已半屬於民人，前經臣工條奏，勤帑收贖………將旗地典與民者，收贖給還本人」。又清朝續文獻通考卷七（商務版，頁7558）：「定例旗地不准私行典賣與民，有私行典賣者，查出撤地入官………乾隆十年至十二年，十三年至十五年，十六年至十八年，共三次發帑贖回民人私典旗地歸原佃承種納租………乾隆十九年至二十五年，第四次贖回私典旗地」。

大的滿族幼苗，恐怕不但不能發揮保衞滿清政權的作用，而且終將成爲這個政權的內在威脅。但是滿族的領導分子，除了發放救濟金外，他們能拿出甚麼有效的辦法來把這個「結」打開呢？

在朝廷大臣們之間，對於滿洲八旗的生計問題也一直有人發表議論，提供意見。他們大都認爲生計問題的癥結在於滿人不自養，而仰養於官，仰養於官，則終將有不敷之苦（註一〇三）。因此所提解決生計問題的辦法，也都不外是使滿人「自爲養」。至於如何使滿人自爲養，則有不同的意見。較爲積極的約有二端（註一〇四）：

(1)許旗人出旗爲民，俾自謀生業（註一〇五）。

(2)遣八旗閑散移墾邊地。

這兩種辦法都不失爲治本之道。然而，第一種辦法是要滿清朝廷放棄對滿人的依靠，藉以解除對他們所加的束縛。這不僅等於宣告八旗制度破產，而且也等於拆散了滿清政權的基礎，所以沒有被朝廷採納。朝廷所採納的是第二種辦法。

八旗移墾之議，大抵始於雍正，盛於乾隆，而與滿清之覆亡相終。雍正時八旗移墾黑龍江及寧古塔等地事，在晚年已有定議。但是，還沒有付諸實行，雍正皇帝就去

註一〇三　皇朝經世文編卷三十五，乾隆六年，戶部侍郎梁詩正八旗屯種疏：「若慮事有難行，不及早爲之所，雖現在尚可支給，而數十百年之後，旗戶更十倍於今。以有數之錢糧，養無窮之生齒，使僅取給於額餉之內，則兵弁之關支不足供閑散之坐食，旗人生計日蹙，而民賦斷不可加，國用無可減縮，即竭度之所入以資養，而終苦不敷」。

註一〇四　除了這裡提到的兩種「自爲養」的辦法以外，也還有人提到過別的辦法，例如：修舉農功，以增加旗田產量，同時寬恤兵力，節省財用（見皇朝經世文編卷三十五，順治十二年陳之遴滿洲民兵生計疏）；增撥八旗滿洲駐防各省（見同上書乾隆三十五年張若淮請發八旗駐防各省疏）等等。

註一〇五　同前沈起元擬時務策：「徒使之不士、不農、不工、不商、不兵、不民，而環聚於京師數百里之內。於是其生日蹙，而無可爲計。非旗人之愚不能爲生也，雖有干木、陶朱之智不能爲生也；豈惟旗人不能自爲計，雖堯舜之仁不能爲之計也……況法制禁令更使之無可經營乎哉。若施非常之恩，下恢宏之令，俾脫旗籍，東西南北，除伊祖、父作官郡邑之外，許其擇便占籍，隸於有司。將學而爲士，力而爲農，藝而爲工，貨而爲商，以至或爲塾師，爲幕客，人自爲生，何無產興業之足患。其秀者仍可爲王國之用，勤者亦可供貢賦之入。國用所節甚多，不俟上之經劃，而人人自得於光天化日之下。於德爲深厚，於治爲光大，而於時實爲要務矣」。○按沈氏，江蘇太倉人，康熙二十四年生，乾隆二十八年歿。見清史列傳卷七十五，或碑傳集卷八十四）後來，也有滿人提同樣意見。同上書，道光五年，協辦大學士英和會籌旗人疏通勸懲四條疏：「（閑散）願改入民籍者，照漢軍例，呈明該處地方官，准其改入民籍………其降革休致之官員，已退錢糧之兵丁，未食錢糧之舉貢生監，均照閑散例，一體辦理，各省駐防，亦一律辦理………閑散自不致困守材能，農工商賈亦可以聽其謀生」。

世了（註一○六）。乾隆二年，又有人提出八旗移墾的意見，御史舒赫德八旗開墾邊地疏（註一○七）：

> 八旗者，國家之根本也。我皇上深見乎此，體列祖愛養旗人之聖心，有可利濟之處，莫不畢舉，兩年於茲，裨益多矣。然以久遠計之；猶未見其可以無慮也。蓋養人之道，在乎因天地自然之利而利之，必使人自為養，斯可以無不養………盛京、黑龍江、寧古塔三處，為我朝龍興之地，土脈沃美，地氣肥厚。其間曠處甚多，概可開墾。雖八旗滿洲不可散在他方，而於此根本之地，似不妨遷移居住………合計京師及三處地畝，均勻攤給。務使家有恆產，人有恆心。然後再教以儉僕，反其初風。則根本綿固，久遠可計矣。但安土重遷，乃情理之固然；而就易避難，實事勢之所有。遷之之道，必先料理於數年之前，俟三處一切之規模既定，然後於八旗之願往者，及生計極窮者，一一籌其起身安家等事。明白曉諭，厚加賞賜，俾各欣然就道，不知有遷徙之苦，方可不礙於事理………至於預籌之道，請密勒三處將軍等，令其踏勘所屬地方，其為可墾之處，應得若干地畝，可住若干兵丁，作何建造城堡房舍，有無禽魚水泉之利。逐一審度，據實具奏。俟准行之後，廣募民人（按，即漢人）擇地開墾。其無力者，官給牛具籽種，而不遽行陞科，俟地既熟，果有收穫，即動帑建造城堡，以居民人商買，該將軍量度情勢，如為其人可以遷往之時，即奏聞動帑酌定移住人數。一面改造房屋，分定區宇，然後自京派往，俟到彼時，即將所墾之地按戶攤給。或即仍令民人耕種，交租給兵。則旗人不過有一往之勞，而較之在京，已得世世之恆產矣………

這項對於旗人顧慮無微不至的移墾辦法，並沒有被朝廷採納。其實，即使採納，也未必能達到預期的效果，因為有無效果的決定因素，主要還是在一般作為移墾對象的旗人身上。如果我們根據清初的圈地以及日後旗人私典旗地的情形來推測，則即使把八

註一○六　皇朝經世文編卷三十五，乾隆六年，戶部侍郎梁詩正八旗屯種疏：「世宗憲皇帝（按，即雍正）運獨見之明，計萬世之利，念旗人生齒日繁，而國帑不足以給也。欲於黑龍江、寧古塔等處，分撥旗人居住耕種，俾得自為生養。雍正十二三年間，開查辦業已定議，未及舉行」。

註一○七　見皇朝經世文編卷三十五。按，舒赫德，滿洲正白旗人，見清史列傳卷二十。

旗閑散移到東北（註一〇八），那也只不過是讓他們換一個地方，去重演一次圈地的歷史
而已。

　　三、四年後，八旗移墾之議又再度興起。例如乾隆五年御史范咸及乾隆六年戶部
侍郎梁詩正均有八旗屯種疏（註一〇九）。范、梁兩人在疏中雖然沒有詳細說明屯種辦
法，但爲國家財政及八旗生計着眼則屬一致。當時乾隆皇帝對於這些人的意見仍豫疑
不決，於是乃交大學士審議。東華續錄乾隆六年五月癸未條。

　　　　大學士遵旨議覆戶部左侍郎梁詩正奏：「度支經費莫大於兵餉，伏見每歲春秋
　　　　二撥，解部銀多則七八百萬，少則四五百萬。京中各項支銷，合計須一千一二
　　　　百萬，入不敷出。蓋因八旗兵餉浩繁，所出既多，各省綠旗兵餉日增，所入愈
　　　　少，請及時變通。八旗閒散人丁，宜分置邊屯，以廣生計。綠旗兵丁，宜量停
　　　　募補，以減冗額」等語。查乾隆二年、五年，經御史舒赫德、范咸條奏，將在京
　　　　旗人移駐興、盛二京等處耕種，經王大臣等屢行詳議，緣寧古塔、拉林、阿爾
　　　　楚哈、渾春、博爾哈屯、海蘭，素係產蔘之所；移駐滿洲，不諳耕種，召民開
　　　　墾，恐行刨採。而黑龍江風土廻異，京城旗人，不能與本地人一體耕地打牲，
　　　　耐受勞苦，一遇歉收，難以接濟。奉天亦無曠土可耕，應將八旗閒散人丁分置
　　　　邊屯之處，無庸議。

乾隆看了大學士們的議覆後，覺得不妨派人到奉天一帶去實地實地查看，然後再作決
定，同上癸未條末：

　　　　得旨：八旗人丁分置邊屯一事，著大學士查郎阿、侍郎阿里袞，前往奉天一帶
　　　　相度地勢，再行定議。

一年後，五月乙丑，（同上書）「命發滿洲單戶一千名移駐拉林、阿勒楚哈屯田」。
於是八旗因生計問題所促發的移墾之議，總算有了一個行的開端。不過，實際上到乾
隆九年才開始籌辦，到十九及二十五等年才移駐就緒。其緩慢的情形反映了實際行事
的困難。當時曾爲這件移墾事添設副都統一員，在移墾區專司稽察彈壓，到乾隆三十
四年，這項副都統職位突然又告裁撤（註一一〇），原因即是移墾成績不佳。後來，在嘉

註一〇八　移墾對象都主張爲八旗閑散。舒赫德疏中也是這樣說的，本文略去未引。
註一〇九　均見皇朝經世文編卷三十五。
註一一〇　吉林通志卷三十一下，頁二。

慶、道光以及光緒各朝，也都辦過八旗移墾的事，但最後都歸失敗，今舉數例於下

(註一一一)。吉林通志卷三十下食貨志頁四，將軍富俊蒞任後，於嘉慶十九年十一月十

四日奏言：

> 臣檢查舊卷，移駐京旗蘇拉（按，即閑散），蓋房墾地，均藉吉林各城兵力趕
> 辦，其他但墾而不種。雖酌留數人教耕，一年裁汰，新移京旗蘇拉，往往不能
> 耕作，始而顧覓流民代爲力田，久之多爲民有，殊失我皇上愛育旗人之至意。

又同卷，頁五十八，道光二年正月二十七日諭：

> ………茲據奏稱：「開墾屯田，專爲移駐京旗閒散而設。上年富俊奏定雙城堡
> 章程，經各都統等曉諭八旗，迄今已逾一年，願移者僅二十八戶，恐十五年內
> 移駐三千戶，必有屈旗展限之事」………雙城堡屯田，計可移駐京旗閒散三千
> 戶，今願移者僅二十八戶，人情不甚踴躍(註一一二)

又同書，卷二十九，頁十九，記道光至光緒初，歷五十餘年的一項移墾計劃：

> 光緒三年，將軍銘安奏：「………道光年間，續經富俊奏請開墾伯都訥荒地二
> 十餘萬晌………備撥京旗招民承墾，每戶給地三十晌，俟京旗到日，撥交二十
> 晌，十晌即爲佃民產業，是爲旗二民一之地。迄今五十餘年，京旗並無一戶移
> 來，地畝均已成熟，由佃民等每年納大小租制錢三百三十文。」………

再看光緒年間籌辦的一個例子。清朝續文獻通考卷八田賦（商務版，頁7570）：

註一一一　乾隆以後，辦理八旗移墾的經過情形，可參考劉選民東三省京旗屯墾始末（禹貢六卷，三、四期合
　　　　　刊）第三、四、五各節。本文所注意的是，以移墾的辦法來解決旗人生計問題的效果如何，原因何
　　　　　在等問題。

註一一二　據上引劉選民東三省京旗屯墾始末之統計：「清廷預算雙城堡可移駐京旗三千戶、每年移駐二百戶。
　　　　　然按實際之統計，道光二年起，僅移駐京旗二十八戶；道光三年，移駐五十三戶；四年，移駐五十
　　　　　八戶；五年，移駐七十四戶；六年，一百八十九戶；七年，八十五戶；以上共移駐四百八十七戶。
　　　　　清廷以移駐之數並不踴躍，乃思變通辦法；原定移駐京旗三千戶之計劃，改爲移駐一千戶，將其他
　　　　　二千戶剩餘之田畝，酌添於一千戶之京旗及原住屯丁，又許京旗購買奴僕，或雇長工，代其耕種。
　　　　　惟嚴禁私自典賣而已」。按，這種「許京旗購買奴僕，或雇長工，代其耕種」的變通辦法，恐仍難免
　　　　　流爲嘉慶十九年富俊所說「始而顧覓流民代爲力田，久之多爲民有」的後果，跟清初的圈地，如同
　　　　　出一轍。後來，移墾雙城堡旗人大批逃逸的現象，多少顯露了這種趨勢，吉林通志卷二十九，頁二
　　　　　十一：「同治八年，前將軍富明阿奏，請將雙城堡京旗逃逸之二百二十餘戶地畝，撥補京旗餘丁」。

光緒初年，開辦呼蘭民墾，特留上腴晌地，以備京旗移墾，續經京旗撥發十三

戶到屯。在京有行裝資給，在路有驛站供支，在屯有廬舍井灶，在地有牛具籽

種。籌辦於半年以前，費金至數千以上。曾未一紀，並妻子相率而逃，莫可蹤

跡。僅餘三戶，在屯泣求將軍咨回京旗。

滿人這種戀棧京師，視「故土」如地獄的情形，跟清初以來漢人之冒禁湧向東北，恰

成強烈的對照。兩百多年來，滿人在政權的「保護」，也可以說是「限制」之下，已

像是在籠子裡長大的老鷹，雖然把他放出了籠子，但已不能適應海濶天空的野生活

了。從這些現象上，我們已不難想見滿族未來的命運了。

　　滿人爲甚麼那樣戀棧京師？我們看下面的一段記述。吉林通志卷二十九，頁二

十，光緒三年將軍銘安奏：

　　國家體恤旗人生計，按戶授田，給資治具，幾於纖悉無遺。而八旗人等猶復憚

　　於移徙者，誠以吉林天寒地僻，物產不豐。京旗之人，素又未習耕作，胼手胝

　　足，是所難堪。兼在京旗人，尤以報効當差爲務，近值文敎昌明，更以讀書應

　　試爲榮。驅功名仕宦之人強使之耕，又奚怪其裹足不前也。

　　如果滿人的生計問題確是由於生活物資的缺乏所引起，那末移墾，尤其是向滿人

的「故土」東北移墾。無論從哪一角度去看，都可以算是解決這一問題的治本之法。

而其所經歷的時間，自乾隆初年算起，到光緒初年，也已有一世紀又半，不可謂短。然

而，將軍銘安的這一番話，無異宣告滿清朝廷的這項辦法已完全失敗。而這項辦法的

失敗又深一層地顯示：滿人的生計困難，骨子裡並不是一個眞正缺乏生活物資的問題

（按，貧窮而又奢侈，也已多少反映了這一點），而是滿族在人口少，文化低的情形

下入關建立政權後必然會遭遇到的根本問題之體現於外的一種「病徵」，就像患了膽

阻塞的人，皮膚會發黃一樣；而所謂「生齒日繁」、「仰食於官」、「俗尚奢靡」等

之爲生計問題的原因，也都只是基於同一根本問題而與表面的生計問題發生關聯而

已。因爲如果滿人確爲生活絕路所迫，則縱有胼手胝足之苦，亦無不可忍受，何況移

墾對滿人大都只有「一往之勞」。至於所謂「天寒地僻，物產不豐」，則非理由，漢

人的大量湧向關外，可以爲證。

　　是甚麼力量使滿人不願返歸「故土」（註一一三），而要留在關內的呢？上面引文中

註一一三　世世代代都在關內生長的滿人，對東北有無「故土」觀念，大有問題。

的最後兩句說得很明顯「在京旗人，尤以報效當差爲務，近值文敎昌明，更以讀書應試爲榮。驅功名仕宦之人強使之耕，又奚怪其裹足不前也」。移墾之所以失敗，主要原因即是在這裡。這是甚麼一種力量？這就是朝廷一向反對的，滿人趨向漢化的一種力量。

從上面兩段分析中，我們可以很淸楚地看出一種對照的現象，就是：滿人有消極墮落的一面，也有積極發奮的一面；表現於消極一面的，例如對於移墾不願有「一往之勢」；表現於積極一面的，例如以讀書應試爲榮。消極墮落一面的事，正是朝廷所期望於他們的；而積極發奮一面的事，却爲朝廷所反對。滿人就在這種矛盾狀態下罹患了不治之症，而生計問題即是其「病徵」。然而，造成滿人不治之症的病原體，却是來自朝廷方面，此可謂作繭自縛也。關於這一點，我們將在結論中提到。

（二）　滿人的漢化

就滿族入關後的情勢說，他們除了掌握政權以外，在人口及文化兩方面都居於極端的劣勢。文化的滲透力不是政權的力量所能阻擋得住的。在這種情形下，滿人跟漢人發生長期而密切的接觸，要想不漢化，倒是一件難事。所以雍正皇帝眼看着關內滿人的日益漢化，只好說：「我滿洲人等，因居漢地，不得已與本習日以相遠」（見前引雍正上諭八旗）。

在滿人漢化的過程中，有值得注意的現象是，一般滿人跟朝廷的態度總是互相對立。例如習騎射、守本習、移墾自養等，是朝廷所希望於一般滿人的，然而一般滿人對這些却持消極態度；至於如棄淸語學漢語、效漢人服飾、用漢姓、崇尚漢人之文藝以及讀書應試等，是朝廷所竭力反對的，而一般滿人却有鍥而不捨的興趣。他們在這方面所表現的精神，可以跟漢人犯禁出關闖天下的情形相比。下面我們拿滿人之嗜好文墨的現象爲例看。

雍正二年，吉林船廠地方，因奏請建造文廟，設立學校，考試生童，結果遭到雍正皇帝的一頓訓斥，說是多事（註一一四）。後來過了幾年，關內駐防八旗滿洲也要求准子弟在駐在地考試。雍正上諭八旗十年七月初一日諭：

> 本朝設立各省駐防兵丁，原以捍衞地方，申明武備。其歷來所定規條，俱屬盡

註一一四　見前註九〇引雍正上諭八旗二年七月二十三日諭。

善，無可更張之處……乃近日仍有不知而妄瀆者。是以特行宣諭，以覺愚蒙。
一則奏稱，駐防兵丁之子弟，宜准其在各省考試。獨不思國家之設立駐防弁
兵，原令其持戈荷戟，備干城之選，非令其攻習文墨，與文人學士爭名於場
屋也。

　　然而，滿人這種欲以文墨見勝的漢化趨向，並沒有因為朝廷的嚴詞訓斥而有所改
變。相反地，它似乎在日益加深地滲入滿人的生活之中。東華續錄乾隆二十年五月庚
寅第二條，諭：

　　滿洲本性樸實，不務虛名，即欲通曉漢文，不過於學習清語技藝之暇，略為留
心而已。近日，滿洲薰染漢習，每思以文墨見長，並有與漢人較論同年行輩往
來者，殊屬惡習。夫棄滿洲之舊業，而攻習漢文，以求附於文人學士，不知其
所學者並未造乎漢人堂奧，而反為漢人所竊笑也。即如鄂爾泰係胡中藻素所尊
重者，然其詩中頗有戲謔鄂爾泰之句。伊姪鄂昌見胡中藻悖逆之詩，不知憤
恨，反與唱酬，實屬喪心之極。又以史貽直係伊伯父鄂爾泰同年舉人，因效漢
人之習，呼為伯父。卑鄙至此，尚可比於人庶乎。此等習氣不可不痛加懲治，
嗣後八旗滿洲，須以清語騎射為務。如能學習精嫻，朕自加錄用，初不在其學
文否也；即翰林等，亦不過學習以備考試。如有與漢人互相唱和，較論同年行
輩往來者，一經發覺，決不寬貸。著通行曉諭部院八旗知之。

　　乾隆二十四年，又發生滿人家長瞞着朝廷，偷偷送子弟去應試的事。大清十朝聖
訓乾隆卷三十一法祖，二十四年乙卯九月壬申諭內閣：

　　朕恭閱世宗憲皇帝實錄，內載辦理船廠事務給事中趙殿最條奏，船廠地方設立
學校，令滿漢子弟讀書考試。欽奉皇考諭旨，本朝龍興，混一區宇，惟恃實行
與武略耳，並未嘗恃虛文粉飾………仰見我皇考期望我八旗，務令崇尚樸誠，
勤修武備之至意………去歲文童應試，伊等私行傳遞，繼復肆行喧鬧，經朕治
罪，並降旨令三品以上大臣子弟，嗣後有願就試者，必國語騎射兼優（按，國
語，指滿洲語），方准奏聞應試。蓋恐滿洲人等，惟務虛文，不敦實行，以致
舊日滄樸素風漸至廢棄耳………今歲鄉試屆期，伊等又不遵旨具奏，竟潛任伊
等子弟悉行應試。朕復降旨，將伊父兄等，內惟身在軍營及職居外任，不及知

情者加恩寬免，所有在京隱諱不行具奏者，俱行治罪。此非以其已奉明旨，尙爾朦朧僥倖之所致乎。觀此則滿洲人等之崇尙虛文，不思遵守舊俗，所關綦重，實不可不急爲挽囘整頓者。嗣後各宜痛懲陋習，益盡力於滿洲應行勤習之武略，以仰副皇考再三垂訓之心。

這幾段記載反映出了一般滿人崇尙文墨這一風氣的發展情形：朝廷與一般滿人之間的相反態度，逐漸形成爲「道高一尺、魔高一丈」的情勢。朝廷雖然以「治罪」爲法寶，但一般滿人却用種種方法瞞着朝廷去達到目的，而最後仍是一般滿人勝利。所以到了光緒年間，將軍銘安在奏內明白地說，一般滿人都「以讀書應試爲榮」。朝廷防杜滿人漢化的努力，到此已是山窮水盡了。

滿人的漢化趨勢，使兩族的人在各方面都逐漸突破界限，拉近距離。這可以從下面舉的幾件事例中約略看出來。例如：八旗滿洲駐防兵丁要求身故之後，准其骸骨在外瘞葬（註一一五）；一般滿人喜歡採用漢姓（註一一六）；滿人要求准旗人自由改入民籍（註一一七）等等。同時、滿人漢化的趨勢，也逐漸自文化的範圍延伸到了語言的範圍（註一一八）。所以到了滿清末葉，滿漢兩族不僅融合在同一文化之中，而且也融合在同一

註一一五　雍正上諭八旗十年七月初一日諭：「本朝設立各省駐防兵丁，原以捍衞地方。申明武備。其歷來所定規條，俱屬盡善，無可更張之處………乃近日仍有不知而妄瀆者，是以特行宣諭，以覺愚蒙………一則奏稱駐防兵丁身故之後，其骸骨應准在外瘞葬，家口亦應准在外居住。獨不思弁兵駐防之地，不過出差之所，京師乃其鄉土。本身旣故之後，而骸骨家口不歸本鄉，其事可行乎？若照此行之日久，將見駐防兵丁皆爲漢人。是國家駐防之設，竟爲伊等入籍之由，有此理乎？」

註一一六　欽定中樞政考卷八，乾隆四十三年六月上諭：「………我滿洲原有姓氏，何可忘本而改易漢姓。卽將此通行曉諭八旗各省將軍副都統一體遵行」。又同年七月上諭：「前因滿洲以漢字對音書寫名字欲得漢文語氣，每將首一字用漢姓字面者，朕曾經降旨禁止。又有將首一字數代通用者，昨亦降旨禁止矣。今新中繙譯擧人內尙有陶光一名，直用漢姓「陶」字；郭布亨一名，直用漢姓「郭」字者若僅有之字，尙不顯然。陶、郭兩姓，漢人最多。以滿洲而用此等字面命名，看去竟似漢人，成何道理」。

註一一七　前引道光五年協辦大學士滿洲正白旗人英和會籌旗人疏通勸懲四條疏：「我國家百八十餘年，旗民久已聯爲一體，毫無畛域………或在外年久，願改民籍者，照漢軍例，呈明該處地方官，准其攺入民籍」。按，這段話的用意，在於解決滿人的生計問題。

註一一八　滿人於雍正時期已顯露不能固守滿語本位的跡象，甚至連蒙古旗人也有同樣的趨勢（參看史語所集刊第四十本上管東貴滿族入關前的文化發展對他們後來漢化的影響註四一引雍正八旗上諭各諭）。梁啓超先生也曾說：「及其末葉，滿洲人已無復能操滿語者，其他習俗、思想，皆與漢人無異」（見民國四十五年臺灣中華書局印行梁啓超國史研究六篇：中國歷史上民族之研究頁27）。

語言之中。兩族的人在體型外貌上本無差別（註一一九），兼又交相雜處，則兩族合而爲一，已是大勢所趨。不過，這時候以「大清」爲名的中國政權還在滿人手中，這對於維繫滿族之名義上的存在，還多少有點作用。

鴉片戰爭，中國面臨到被列強瓜分的危險；這不僅有亡國之患，且將有滅種之虞。這一空前未有的，且愈來愈明顯的危險，使國人尤其是佔絕對多數的漢人救亡圖存的驚覺心也日益增强。在這種情形下，滿清政權如果不能拯救中國於危亡，則這一政權不是被列强吞沒，就是被國內倡導救亡圖存的人士所推翻。

從滿清政權下帝國主義國家在中國的鴉片貿易發展情形上看，鴉片戰爭的失敗，只是滿清政權下中國積弱之被迫總暴露而已。這種積弱之勢，跟滿人生計問題之不可救藥，有相應的關係。況且當時朝廷的利益（以滿族爲主體）跟全國人民的利益（以漢人爲主體）又不一致。所以要想在滿清政權下把中國從危亡中拯救出來，是不太可能的（註一二〇）。從這樣一個角度去看，則滿清政權勢在必亡。

無論滿清政權如何亡法（或爲列强吞沒，或爲國人所推翻），如果在潰亡之前不能領導滿人脫離漢族的區域（註一二一），那末滿族順着漢化的趨勢而澈底融合於漢族之中，是無可避免的。直到革命運動興起時，滿族並不像蒙古那樣，保有完整的故土可爲後退之地，因爲這時候東北的情形跟關內已無多大差別。同時他們也不像契丹那樣，在中國之外已另建有勢力範圍，可作退身之所。所以他們在中國的結局既不同於蒙古，也不同於契丹。當滿清政權被淘汰在中國人民爲生存而奮鬥的滾滾洪流之中時，滿漢之間的最後一道牆也已被推倒，於是兩族的融合遂爲水到渠成。

伍、結　論

註一一九　區別民族，通常有三方面的標準，即文化、語言及體質。其中體質一項，在學術研究上包括各種體型指數，血型及遺傳基因之分配等內容；然而，一般人們在日常接觸中，却只辨其外表。

註一二〇　在滿清朝廷中，如文悌之流，憤康有爲的「保國會」是保中國不保大清，而欲誣陷加罪。這種想法反映了在當時國家危亡之際，滿清朝廷中仍潛伏着一股以滿族利益高於國家利益的勢力（其實這是滿清政權的原形）。光緒皇帝雖然以文悌不識大體而革去了他的御史職，但是後來光緒皇帝自己却也被幽禁瀛臺。這又反映了那股潛勢力在當時的朝廷中是佔着優勢的。

註一二一　根據前面說到的，一般滿人對於滿清朝廷及八旗制度的離心現象看來，則滿族領導分子在當時即使想那樣做，恐怕對一般滿人也已發生不了多大的號召力

　　滿族入關以前，文化上正處在一個大轉變時期。在這一轉變中，他們逐漸由以採獵畜牧等為基礎的生活方式轉變為農業社會的生活方式。這一轉變，事實上即是一種漢化趨向。不過，他們這種生活方式的轉變，乃是藉着擄去了大批漢人為奴而達成的。所以他們雖曾自豪地說，他們已是一個耕田食穀的農業民族了，但是他們自己的民族分子，事實上却並沒有掌握到鑄造那種生活方式的基本力量，這種力量仍舊操在被淪為奴隸的漢人手中。

　　然而，從另一個角度看，滿族正因為有了大批的外族奴隸來供應他們各方面的需要。所以他們能使自己的民族份子人人都變成戰鬥員。他們憑着這樣的一股力量，對內榨取奴隸，對外則肆意擴張。皇太極即位後不久，即曾公開地表露了他要撼翻明朝而為天下共主的意圖，十幾年後，明朝在一場內亂中，果然給了他們實現這一意圖的機會。

　　然而，滿族當時正處在一種「文化寄生」的狀態中，而其人口也不過只有漢族的二百分至一百六十分之一。拿這種情形來跟漢族相比，其民族潛力就顯得十分薄弱。在這種情形下，如果為了貪取明朝的政權而進入漢地，則滿族難免有被湮沒在漢族之中的危險。

　　滿族領導分子之決定入關，表明他們自有一套劃算。我們先看兩件事：㈠多爾袞接到吳三桂邀請入關的信以後，隨即下令自東北緊急徵集十歲至七十歲的滿人入伍；㈡滿清在北京建立政權後，盡量鼓勵滿人入關。從這兩件事上我們可以清楚地看出，在他們決定入關的同時，也決定了把整個滿族當作資本投入到這一冒險中去。

　　入關後的滿清朝廷，除了宣示不東遷的決心，而欲竭力保持關內的政權外，同時也想保留滿人在東北的特殊利益。這是一種既要魚又要熊掌的態度，但是從滿族的民族潛力上看，他們無法兼得。

　　滿族入關以後，滿漢之間的關係發生了一些重大的變化：

(1)　打破了原先存在於滿漢兩族之間的地域及社會等界限；

(2)　原先明末因政治腐敗所造成的漢族內部的勢力對立和自相抵消力量的情形，也因滿族的入關及政權的轉移，而逐漸轉變成為征服者與被征服者的滿漢對立；

(3)　滿漢之間動刀動槍的戰爭逐漸轉變成為一場文化柔道。

　　由於滿族在文化及人口兩方面均居於劣勢，所以滿漢關係的這些變化，對於滿族顯然都是不利的。其中尤以第一項變化對滿族的命運關係最大，因爲地域及社會等界限對於一個民族，相當於髮膚之於人體，具有最基本及最重要的保護作用。

　　入關後的這些不利情勢，使滿族領導分子愈來愈覺得須要依靠自己的民族爲根本去鞏固政權；在他們看來，只要能鞏固政權，就可以抵擋一切不利情勢。爲了達到這一目的，滿清朝廷又決定了幾項做法：㈠竭盡所能鼓勵滿人入關；㈡實行圈地政策，使近畿五百里內盡爲滿人所有；㈢將八旗制移入關內，以京師爲其根本之地，以利統馭；㈣採養威政策，使滿人皆由政府豢養，禁止他們從事民間職業。這樣一來，一方面使滿族在漢地建立起了新的地域界限及社會界限，以爲彌補；另方面也使整個滿族都變成了以保衞滿清政權爲根本目的的一個戰鬥集團，而這個集團反過來又受着政權的保護。因此，滿族入關後，其「文化寄生」的狀況絲毫沒有改變，所以他們的民族生機也就愈來愈依靠在「以民族供作武力，以武力鞏固政權，以政權保護民族」這種「民族、武力、政權」三環互相倚存的關係上，而滿人爲生存競爭發揮聰明才智的天地也就只有這麼一點。

　　滿清頭一世紀半的統治，可以說是相當成功的。但是從另方面看，他們在文化及人口兩方面之居於劣勢的情形却始終沒有改變過來。因爲他們既然把民族的生機完全寄托在「武力‧政權」上，則他們在文化方面之居於劣勢的情形就不可能改變過來。而文化與人口代表着一個民族的質與量，就滿族當時的情形而言，質的改變其重要性似應在量之上。質沒有改變，則量的改變於事無多大補益，何況事實上量之居於劣勢也並沒有改變過來。由於滿族在這兩方面之居於劣勢的情形沒有改變，所以根本問題也始終存在。儘管他們在政權上逐漸步入鞏固之途，但是根本的問題却也一天天暗中在滿族內部發作。這使他們那三環之中最根本的一環——民族，逐漸變成了最弱的一環。所以在東北，由於民族重心隨政權移到了關內，致使故土人口稀少，而其利用天然富源的能力（文化）又低，漢人乃能乘虛而入，反客爲主，無形之中絕去了滿族的後退之路。在關內，文化與人口這兩項劣勢因素，由於處地之情形較爲特殊，所以轉化成了滿清朝廷在政策上及制度上的先天缺陷。而這些缺陷又造成了滿人形諸外表的生計問題。反過來看，滿人生計問題之所以成爲不治之症，根本原因卽在於文化、人

口、處地諸劣勢因素之無法改變，而尤其是文化因素，關係最大。

　　滿族領導分子之所以要進入漢地，目的是爲了奪取明朝的政權；然而他們之所以敢去奪取政權，吳三桂固然給了他們鼓勵，但更重要的是他們決定了把民族當作資本去冒險。所以當他們取得了明朝的政權後，必然要採取「養威」政策。在這一政策下滿人之爲法制禁令所約束，不得自由擇籍擇業，自是理所當然的事。否則，若任憑入關滿人自由擇籍擇業，統馭上就必然會發生困難；統馭有困難，又如何能收「養威」之效？而且那樣一來，滿人很快就會變成漢人，這一點滿淸朝廷是瞭解得非常明確的。所以政權雖然給了滿人保護，却也限制了他們發揮聰明才智的天地。

　　在一個民族社會中，職業體系是構成文化的骨架。這副骨架必有一部份跟所處的自然環境直接發生關係，這也就是文化之根；採獵畜牧的社會或農業社會尤其如此。然而，滿人呢？他們在入關之前，本來就已處在漢化的趨勢之中；而漢化對他們來說，乃是想提高自身的生存能力，使跟漢族一樣。現在他們旣已生活在漢族社會之中，眼看着漢人有廣闊的職業天地，廣闊的發揮聰明才智的天地，廣闊的文化天地；反顧自己，雖無饑寒之憂，但却沒有職業之自由，沒有跟漢人校量聰明才智之自由。這樣自然無法把漢人的文化消化而爲自己的文化。滿人在精神方面所受到的這種痛苦，不是物質所能彌補的。如果他們是在東北一個單純的自己的社會中，則他們可以用各種方式反抗那些約束。但是他們是處在漢族境內，是靠着政權的保護才能在漢族境內立足的，所以如果去反抗這個政權爲維持滿人地位所加給滿人的約束，那就等於去拆除自己在漢地立足的基礎，這又是他們所不願的。然而，他們也明白，滿淸政權基本上非依靠他們不可，非養他們不可；如果不養他們，就等於朝廷自己廢掉這個政權的基礎，這又是朝廷所不願也不敢的。基於這種關係，所以一般滿人心智上所受到的壓力，遂朝着朝廷的這一「弱點」去發洩，儘量求取酒肉聲色的現實之樂，於是形成爲滿人的不治之症——生計問題。然而，酒肉聲色之樂並不能解決滿人心智上所遭受到的痛苦，而只能給予暫時的麻醉而已，所以在滿人的這一不治之症中，會出現窮困而又奢靡的現象。

　　總結滿族的這段歷史看，使我們覺得「入關奪取政權」，對於滿族的命運是一個重要的關鍵。只要他們那樣做，則以後的發展就會一個結套着一個結，愈久愈不易解

開。如果他們當時不入關，就在東北鞏固他們的政權，保持自己的地域界限及社會界限，那末儘管他們仍不免漢化，但却可以保持自己的民族成爲一個獨立的單位，就像朝鮮、越南或明治維新以前的日本那樣。不過，我們也不可忽視，「入關」之爲滿族命運的一個重要關鍵，並非獨立產生出來的，它仍跟滿族以前的歷史有相當的關聯。我們看，自皇太極即位以來，滿族社會中即已逐漸被鼓動起了一股入關打天下的暗潮。多爾袞應吳三桂的邀請而決定入關，可以說就是這股暗潮的湧現而已。所以在「入」與「不入」的取捨上，尙有它前面的一段歷史在發生影響。如果這種影響也可以算作是一個「結」的話，那末他們的入關，也就只是那一連串的結中含有「機緣」成份比較重的一個而已。

跋汪楫的「崇禎長編」

李 光 濤

汪楫的「崇禎長編」（簡稱汪本），據目錄（目錄係黃彰健先生所加，爲說明起見，姑記之而已。）
自天啓七年八月至十二月，計五個月，凡四卷。又自崇禎元年正月至五年十二月，內
崇禎二年四月及崇禎四年十一月，有閏月，計六十二個月，每月各一卷，凡六十二
卷。通計全書（現存本）共六十六卷，分訂十六册，計一千九百二十七葉，葉二十行，
行二十二字。此書現藏史語所，係鈔本，鈔寫甚亂，同於傳鈔本的明實錄，當不只一
份。史語所爲之影印，附於明實錄之後，題曰「明實錄附錄」。爲使讀者便於檢查起
見，每面俱編有號碼，凡三千八百五十三面。以葉數言之，實只一千九百二十七葉。
如前所記，即係採取這一記錄的。

又，長編當初之爲史語所所得，原係第一任所長傅孟眞先生在北平時所選購。而
傅先生之選購是書，說來尚有一段趣事，請追述其大概。記得長編賣主爲琉璃廠宏遠
堂書店，索價甚高，其時欲購者甚多，如北平圖書館，如清華大學等，皆是。而北平
書店出售古書，有一習慣，總是將書用包袱包好，由店主人或管事者送上門，請選購
者從容評價。而傅先生購書大旨，只要是好書，議價時間，自然是一問題，然絕不會
在他手中錯過。比如長編當未購定前，曾放置傅先生辦公室歷時數月之久，而宏遠
堂主人，以急欲善價而沽，屢屢擬請取回，傅先生輒溫語相商，而以尚未細閱爲解。
結果卒於民國二十三年農曆端節前一天以六百銀元而收買之，並置於保險箱而固藏
之。由此舉措，則傅先生之喜幸可以推知。然而所不幸的，莫如其時在所長室服務之
工友王永庚。時王君年二十餘歲，人很精靈，頗獲傅先生的信任。沒想到爲了這長編
一書，而他的飯碗遭殃竟被打破了。蓋傅先生於買進長編之次日，也正是端陽節，一
時高興，叫了一部汽車，直開琉璃廠，打算先理髮，再隨便逛逛書店。不意事有湊
巧，汽車剛到琉璃廠路口，途中另停有騾車阻路。於是傅先生乃改變計劃，不先理髮
而先逛書店。便即忙下車，走進一家書店，正是宏遠堂，而倒霉的王永庚衣履整齊似

的，望之如貴客一般，便在此時被發見。傅先生卽詰以「你來幹什麼？」王君雖曲辭
解釋，傅先生當然不信，知其爲了長編書價六百元而向宏遠堂掌櫃的索取回扣的。於
是王君便被開除了。傅先生並又笑着說：「活該這小子倒霉。」傅先生之爲此決定，
地點是北海蠶壇後院西廂房董作賓先生工作室，另梁思永先生亦在座。至於光濤，則
是奉命行事的。茲崇禎長編原書依然如昔，且已廣印行世，而傅董梁三先生俱已先後
去世。追念往事，謹誌傅先生購書原委如此。是亦爲長編平添一段史話也。

　　至長編作者姓氏，見於本書者凡二起，其官銜則爲「纂修明史翰林院檢討汪楫編
輯」，如卷十七及卷二十四皆記之。除此，再參清史稿，汪楫有傳，如「文苑一」，
喬萊傳附汪楫記曰：

　　　　汪楫，字舟次，江都人，原籍休寧。性优直，意氣偉然。始以歲貢生署贛榆訓
　　　　導，應鴻博，授檢討，入史館。言於總裁，先仿宋李燾長編，彙集詔諭奏議邸
　　　　報之屬，由是史料皆備。二十一年，充册封琉球正使，宣布威德。瀕行，不受
　　　　例餽，國人建却金亭志之。歸撰使琉球錄，載記禮儀及山川景物。又因諭祭故
　　　　王，入其廟，默識所立主，兼得琉球世纘圖，參之明代事實，詮次爲中山沿革
　　　　志。出知河南府，治行爲中州最，擢福建按察使，遷布政使。楫少工詩，與三
　　　　原孫枝蔚、泰州吳嘉紀齊名。有悔齋集、觀海集。

汪楫史事，清史稿外，尚有儀徵縣志、徽州府志兩書，俱有著錄。其徽州府志第十九
本「宦業三」有云：「汪楫，字舟次，號悔齋，祖籍休寧，居於江都，官贛榆縣敎
諭。康熙己未，召試博學鴻詞，取一等第十五名，授翰林院檢討，纂修明史。」按，
康熙己未，卽康熙十八年。此一紀年，可爲清史稿作一說明，那也就是說，汪楫之作
崇禎長編，實始於康熙十八年而已。不過，長編一書，似非只汪楫一人專任，汪楫之
外，可能尚有他人。參江都縣志卷二十三「人物」有載：

　　　　汪懋麟，字蛟門，康熙丁未 (三年) 進士，授秘書院中書舍人。每入直必携書
　　　　卷，竟夜展誦弗輟。值憂歸，薦博學鴻詞，不赴。服闋，以主事銜入史館，與
　　　　修明史。越三年，補刑部主事。

此記汪懋麟，亦曰「與修明史」，而其參加時期，當與汪楫爲同時。如其辭有云：
「薦博學鴻詞，不赴。服闋，以主事銜入史館。」繼之又有曰：「越三年」。由上云

云，則汪懋麟之與修明史凡三年，揆之前引汪楫傳記其在史館，也正是相類，即自康熙十八年至二十一年，亦三年，似不至有誤。然此一討論，只論其歲月，究之，汪懋麟的工作，是否亦同為崇禎長編，此無關重要，可以不論。茲所論者，即現存崇禎長編十六冊，由汪楫言之，可以說是汪楫獨力所修的全書。蓋曰汪楫在史館任職只三年，三年時間，能於故紙堆中輯成長編十六巨冊，則其用力之勤，當非一般悠悠泛泛者之比了。

又，長編一書，見於檔案者，只有目而無書。參史語所印行的「書檔舊目補」第三十九葉第二面第三欄所謂「西庫書檔」有載：「崇禎長編十四本」。又小字：「在靠西第二櫃」。按：「西庫書檔」據方甦紱文，以為這次清查西庫書檔，尚是乾隆初年所編，或竟是雍正元年勅諭續修明史以後之事。此西庫查出之長編只十四本，可惜未註明自崇禎某某年起至某某年止字樣，使吾人今日研究多一煩惱，然其與現存之十六冊似非一事，則不必置疑。又，清查西庫，方甦既指為乾隆初年事，是時乾隆尚無下旨焚燬禁書之事，故長編十四本在西庫，得安然無恙。迨厥後乾隆四十七年二月以降，雷厲風行的一直嚴旨查燬禁書，據清代禁書索引，「崇禎長編」一目即在其中。據此，則西庫之長編十四本，後來是否亦檢出焚燬，殆又無從查考了。

討論至此，吾人再參朱希祖先生所撰的「崇禎長編殘本跋」，凡六百餘字，民國十七年六月出版，載燕京學報第三期葉五一三。「殘本跋」全文，有兩個意見：㈠研究殘本的淵源，㈡兼及培林堂書目有崇禎長編三十七冊。凡此云云，是皆讀者所注意。而朱先生所說的「殘本」，現有通行本，其體例與「汪本」有異。兩相比較，讀者可一見即知。今將跋文轉錄於後，俾資參考。

痛史本崇禎長編二卷，自崇禎二年 (二年乃十六年之誤) 癸未十月起，至甲申三月十日止，癸未十月以前缺焉，蓋出於舊鈔本如此。是編不知撰人及原卷數，但知為明史館所編，而不知何人主稿。及閱鄞縣志藝文，始知為萬言所撰。言字貞一，號管村 (萬承勳撰先府君墓誌)，斯年子 (鄞志)，少與諸父斯大、斯同學於黃宗羲 (浙江通志)，以古文名 (國史萬斯同附傳)。康熙十四年，中副榜 (墓志)。明史館開，總裁徐元文特薦七人，言與焉 (鄞志)。十九年，應召纂修，食翰林院七品俸，兼修盛京通志一統志 (墓志)，獨成崇禎長編 (國史附傳)。言在史館，

性鯁直，不肯狥所干（全祖望撰陳卜年墓誌）。楊嗣昌孫挾要津札，乞於嗣昌傳少寬
假；有運餉官以棄餉走死，求入死事之列；並力格之，以此得罪貴人（鄞志）。
長編傳（疑誤）數，各書未見有記載者，惟崐山徐果亭侍郎培林堂書目有崇禎長編
三十七册，則其全書至少必有三十餘卷。崇禎一代事蹟，起居注已亡佚。南都
欲修崇禎實錄（明通鑑附編一羅萬象疏，南疆繹史李清傳，清諸更思宗廟號，修實錄，允之。），
書未成而南都陷。順治三年，諭內三院曰：「今纂修明史，闕崇禎元年以後事
蹟，著在內六部都察院衙門，在外督撫鎮及都布按三司等衙門，將所闕年分一
應上下文移有關政事者，作速開送禮部，彙送內院，以備纂修。」（王先謙順治
東華錄）然則萬氏長編，其取材必半在此。然當時南服，尚有未入版圖者，順治
號令，必尚有未及，則其史料，亦必有所未完。時文秉之烈皇小識八卷，李遜
之之崇禎朝紀事四卷，孫承澤之山書十八卷，皆崇禎一代事蹟，必都在萬氏網
羅之中。茲則私家所記，尚有遺存，而史館儲材，業已散佚，則此長編，其因
忌諱所汰，格式所棄，未采於明史者必夥。視茲殘本，已覺廣博逾恒，其全書
若在，寧不視爲國寶而不刋布以傳之耶？世有其書者，幸無閟焉。中華民國十
七年二月十一日，海鹽朱希祖跋。

「痛史本」，史語所亦已爲之影印，即附於「汪本」之後。「痛史本」分卷辦法，與
「汪本」不同。「汪本」前文說過，每月爲一卷。「痛史本」原係殘本，卷一只得三
個月，即自崇禎十六年十月至十二月，卷二則爲崇禎十七年正月起至三月十日止，
共二卷。其卷一凡三十六葉，卷二則二十六葉，合計六十二葉。以面言之，凡一百二
十四面，每面十二行，行三十二字。由上種種，比之「汪本」，其非一式，固皆顯而
易見之事也。至「痛史本」的作者，據跋文，有所謂「閱鄞縣志藝文始知爲萬言所
撰」之說，並云：「（康熙）十九年應召纂修（明史），獨成崇禎長編。」曰「萬言」，
曰「獨成崇禎長編」，特別是「獨成」二字，讀來極其有力。然則長編作者，汪楫之
外，又更有「萬言」其人耶？是很值得注意的。依我的看法，長編一書，作者可能有
數家之多，編成之後，進之史館總裁，用與不用，再由總裁加以決定的。姑就現證言
之，「痛史本」爲一家，「汪本」爲一家，凡兩家。前者乃萬言所「獨成」（註），不
必論。而後者「汪本」，只限於崇禎五年十二月以前的史事而已。崇禎一朝共十七

年，除汪楫完成前五年外，尚餘十二年。此十二年，當另有他人合力分纂的。這一判斷，雖無確證，然言來亦自成理。只要有理，判斷也可成立的。

又，「殘本跋」尚有所謂「崑山徐果亭侍郎培林堂書目有崇禎長編三十七册」之一記錄，這也是可喜的介紹，使其書如尚在人間，那眞是無價之寶，而如明史中之崇禎一朝史事，也須從頭改寫的。有如前引汪楫傳：「入史館，言於總裁，先仿宋李燾長編，彙集詔諭奏議邸報之屬，由是史料皆備。」此所云「彙集詔諭奏議邸報之屬」，以史料價值言之，自是纂修長編之正宗。然其底本，則尚有「崇禎存實疏鈔」爲之前身也。此書乃北京大學影印行世，孟心史先生有「崇禎存實疏鈔跋」，凡一千三百餘字，字字皆有來歷，謹照錄於後，庶幾讀者可省翻檢之煩：

全書裝八巨册，共一千一百餘葉，所存不過崇禎六年正月中一月奏疏。想見崇禎一朝十七年間，所存之疏，當有如此者一千數百册矣。是書之名，不但署之題簽，並其鈔格紙版心，亦確定書名而後付鈔，則決非明代人語氣。而鈔工極精，裝製極偉，自是官修之書。蓋崇禎朝本無實錄，清修明史，先作崇禎長編，故以此疏鈔先存其實，蓋其時史官所搜輯付鈔者也。明北都既陷於流賊，清乃襲而取之。事平以後，收拾文件富如此。清於整理前朝史料，以國家全力爲之，較之今日之整理前清史料，殊不侔矣。今崇禎長編已不見全帙，此書又當爲長編之底本。崇禎一朝時當鼎革，史料最難得。今有此鈔，不可謂非史家異寶。惟輯錄不在明代，太觸清初時忌者未必存。然當時用人行政、安常處變之事蹟，足爲史文考訂之資者，已不知凡幾。又其題奏奉旨施行次第，可以考見明之政本所在。明祖寄政務於老成，分爲六部，以杜中書專斷之弊。然責之以事務，使無失墜應行節目而已。匡過弼違之任，則在新進有銳氣之士大夫。設六科給事中專封駁，其始名其官爲源士，謂其爲政治之源。不經科鈔，令部再覆，則雖奉旨無效。盡絕歷代斜封墨勅之弊，謂之諫官。士大夫惟有此職權，雖或觸忤，終必有踐此職者。明一代士氣之盛，死節之多，其根本在是。清仍明制，得其完具之軀殼，而不用其屬世摩鈍之精意，有科鈔而無封駁，一次奉依議之旨，即付施行。又使諫臣之職，混合於臺臣。所許風問（疑聞）言事，乃撫拾臣民惌愿，以爲朝廷耳目；其於主德之污隆，王言之得

失，士大夫無糾繩之責。具曰予聖，言莫之違。所謂一言喪邦，昧乎孔門所戒，蓋自諫官失職始。合明清兩朝臺諫職掌觀之，可爲憬然。本書凡交部議之件，部覆奉旨再交科，科不駁再鈔交部，部乃再覆奏。此時以其已經科臣贊同，故並行稿同具，但候再奉一複述之旨敍入稿中。故明有題行稿而清無之，奉旨施行之程序不同也。明祖之授權士大夫，得古來臺諫並置之本意，自認衰職之必有闕，自設諫臣以補之，不自滿假正在乎此。清事事仿明，而此樞機之發不同。後來士之報禮，輕重大異，讀本書可以慨矣。至本書之來原，實在閣庫，然已流出市肆，轉購得之，附考如左。

本校藏內閣大庫檔案中，有各衙門交收明天啓崇禎事蹟清單，內崇禎年卷二萬一千七百六十一件，全者九千零九十四件，餘不全件。（光濤按，清單原件，今史語所亦有之，見圖版。）此卽因天崇兩朝實錄，或殘或本無有，故特加徵集。再考中央研究院所藏大庫書檔舊目，據方甦所定爲第四次目，亦是天崇兩朝部件居多。天啓朝限於四年七年，各有十二束。四年實錄爲經馮銓毀滅而全闕者，七年爲毀其六月之一箇月，故收集祇於此兩年。其崇禎朝則逐年皆有。其詳見方甦所輯，已有印本不具錄。目後附記云：「以上存」。則必當時認爲不犯時忌者。別有天啓四年部件一包，附記云：「以上記」。又有天啓四年以外部件一箱，及崇禎朝逐年部件，附記云：「以上記」，而又加「不用」二字。則爲當時所不擬用作史料，必已有爲時所忌之處。更有崇禎朝逐年部檔共十七包，附記云：「以上去」。則不但不用，務必去之。然此「去」之記號，亦是史臣自相要約之辭，觀其目尚在，則其原件固在當時庫內也。又有成本之天崇部檔十三本，其下亦分別注應「存」應「去」之件。此皆崇禎朝奏疏之存者，而經史臣選擇之證。此所謂「存實疏鈔」，當卽就其所謂應存者而鈔之。至鈔存之本，屢見於庫檔舊目。乾隆十年所查記者，方甦定爲第十次目，中有崇禎存實疏鈔五套，當卽與本書相等者爲一套，意每套卽每一月之疏也。本書原裝紫檀木匣一匣，當是流落人間後，爲收藏家所珍貯而作。又同目內復有崇禎存實疏鈔一套五本，亦是別一月之件，與前五套各分儲，遂各見其目。總之，可證本書之出自大庫，特未知其卽在此五套中否耳？其五本之一套則非本書也。民國二十三年四月，孟森跋於北京大學史料室。

崇禎存實疏鈔，凡一千一百二十二葉，葉二十四行，連抬頭二字每行二十四字，平行只二十二字。據書檔舊目補，此書亦在銷燬之列。如「應銷燬書籍總檔」項下葉三十五第二面第一欄有書：「崇禎存實疏鈔八十八本。」又注：「係明崇禎六七年間內外臣工條陳奏議，其武備邊防諸疏，均多違礙，應燬。」至崇禎存實疏鈔見於「內閣書檔舊目」及「舊目補」者，據「孟著」，共六套，實際不止此數，尚遺去數起，亦歸併記之，以見其數之多也：

　　㈠　「目十」所收「上缺」項下：

(1)　葉四十四第一面第二欄書：崇禎存實疏鈔五套。（孟著有記）

(2)　葉五十一第一面第三欄書：崇禎存實疏鈔一套五本。（孟著有記）

　　㈡　「補目二」所收「書籍簿冊」項下：

(1)　葉十一第一面第三欄書：崇禎存實疏鈔六十二本。

(2)　葉十三第二面第二欄書：崇禎存實疏鈔五套 計四十一本。

(3)　葉十九第一面第二欄書：崇禎存實疏鈔一本。

(4)　葉二十第二面第三欄書：崇禎存實疏鈔一套 五本。

以上所記，再加「應燬」八十八本之數，大略計之，實共二百餘冊矣。像「孟跋」甚麼一月八巨冊之所云云，一年則爲九十六巨冊。崇禎一朝共十六年零三個月（天啓七年五個月及崇禎閏月姑不算），其總數應共有一千五百六十巨冊。而「書目」所見的只二百餘冊，相差之數，凡一千三百餘冊，則其短缺之大可以想見。不幸此二百餘冊，逮至今日，又僅僅八巨冊而已。而且這存實疏鈔一書，觀其「鈔格紙版心」以及「鈔工極精」之處，似乎當初編成之後，只有精鈔本，並無刻本，可說是孤本，一有短少，便永遠短少，不會再有發見的。而今者所餘八巨冊，北京大學爲之影印，由明史言之，正是有裨史學之處。反之，其在現存崇禎長編，則甚爲可惜，惜其不能爲校對之用。蓋曰所謂八巨冊，只係崇禎六年正月一個月的史料，而長編則止五年十二月以前事件，無崇禎六年正月事也。假如那八巨冊，不是崇禎六年正月，而爲崇禎五年以前任何一個月的話，則其爲用甚大。不消說，可以校出許多的問題，至少可以看出長編的「去」或「用」是如何的剪裁？比如檔案罷，檔案爲原料，有首有尾，然一入長編，其情又大異，證據如下：

㈠　崇禎二年五月十一日（乙未）毛文龍奏本，原件凡一五八八字，長編入二年五月己亥（十五日），共二〇七字。

㈡　崇禎二年六月十八日（辛未）袁崇煥斬帥題本，原件凡二二九八字，長編入二年六月戊午（初五日），共一六七二字。

㈢　同日袁崇煥島帥伏法題本，原件凡七〇三字，長編入二年六月癸酉（二十日），共二六八字。

總之，「長編」也罷，「疏鈔」也罷，而這兩種書，俱成於清人之手，誠如「孟著」所云，「太觸清初時忌者未必能存」，自是事實。「時忌」即「違礙」，縱曰「違礙」，百密往往一疏，何況疏漏實多。例如天聰實錄稿，亦成於清初，而其中「違礙」記錄，又多有之。如「金國汗」三字，本係清人最大的忌諱，然亦當諱而不諱，竟與「滿洲國皇帝」字樣並存於一書。而天聰實錄稿之可貴，價值即在此。試再就長編而論，其「違礙」之多，比之天聰實錄稿，正在伯仲之間。往者吾人曾撰有「清入關前眞象」一文，見史語所集刊第十二本。此文所記崇禎二年「己巳之役」，金人入關搶掠，其初意決策，有「打開山海，通我後路」之說。結果後路打不通，如攻城不尅及遇強則遁等情形，在長編中又隨在多有之。參天聰四年正月刻本諭有所謂「籲天哀訴」，即爲這些苦情而哀訴的。此類眞象，如寫入清實錄，不須說，正是清人開國的醜事。所以王氏東華錄天聰四年正月丁亥條小注有書：「實錄不載山海關戰事」，其故即在此，而長編厥後之銷燬，也正由於這一原因而已。沒想到「汪本」得倖免浩刼。現存者雖只十六册，然有此十六册，使吾人觀感爲之一新。特別是「山海關戰爭」，保留了清人許多的弱點。反之，像清實錄內關於「滿兵之強，天下無敵」之所云云，完全爲虛說。特珍重介紹，敬請讀者注意。

最後還有「痛史本」，亦可借此略述一二。「痛史本」崇禎十六年十月以前全闕，看情形，也是經過清人抽燬的。我們知道，明季之亡，原係由於「虜寇交訌」才致亡國的。今「痛史本」只有流寇而未書「虜情」，在清人眼光觀之，與「違礙」無關，因此始得保留傳世的。其所謂「卷一」和「卷二」，當然也是後人之所爲，而非作者「萬言」當初所擬定，不必深論。

又「痛史本」有一個意見，值得注意。如十七年正月己酉（二十日），南京兵部尙

書<u>史</u>可法疏奏有云：「前督師<u>洪承疇</u>淸方正直，精敏忠勤，今<u>承疇</u>死矣。」<u>可法</u>此奏，去三月十九日<u>明</u>帝殉國，僅僅兩月，猶有「今<u>承疇</u>死矣」之說，可見終<u>明</u>之世，<u>洪</u>之死節，殆成定論。然參<u>通鑑輯覽</u>卷一一五葉十九，則有相反之記錄。如其言有曰：「（<u>松山</u>）敗書聞，或傳<u>承疇</u>已死，帝驚悼甚，詔設壇都城，賜祭，將親臨奠。已，聞<u>承疇</u>降，乃止。」按<u>通鑑輯覽</u>乃<u>乾隆</u>年刊行，<u>乾隆</u>帝嘗斥<u>承疇</u>爲「大節有虧」，並特編<u>貳臣傳</u>，列<u>承疇</u>爲甲等。其記<u>明</u>帝於<u>承疇</u>「將親臨奠」，及「聞<u>承疇</u>降，乃止」，正爲挪揄<u>承疇</u>以笑其偸生，不必眞有其事也。又念<u>輯覽</u>之所云云，世人之傳說者多矣，今讀「<u>痛史</u>本」爲之校正。校正者雖僅只一事，然由此一事，亦足見「<u>痛史</u>本」價値之所在，揆之「<u>汪</u>本」可等量齊觀，同是天地間的善本，凡研究<u>崇禎</u>史事者，不可不知。

（註）　<u>萬言</u>在<u>四明叢書</u>中有「<u>管村文鈔</u>」行世，凡三卷。其卷三集二十四「祭徐相國夫子文」，內有「十年史館，飽聆訓詞」語。由此一語，可見其任職史館之久。而所謂「獨成崇禎長編」云者，當包括十年時間而說的。據此，再覗<u>汪楫</u>罷，<u>汪楫</u>只三年史館，而成書竟至十六巨册。此十六册，前文說過，是卽<u>汪楫</u>的「全書」。今者有<u>萬言</u>的年資爲比較，則關於「全書」之說，固亦爲可信之言也。

一之壹版圖

各衙門文牧明天啟崇禎事蹟目錄

兵部項下
崇禎年卷貳萬壹千柒百陸拾壹件內
全卷玖千零玖拾肆件
不全卷壹萬壹千陸百陸拾柒件

天啟項下　卷壹千柒百肆拾貳件
全卷陸百捌拾叁件
不全卷壹千零伍拾玖件
簿冊壹百伍拾陸本
全九本　不全壹百肆拾柒本
以上卷簿與來文相符

工部項下
奏疏肆本　科抄柒件
與來文相符

太僕寺項下
遺稿乙本
與來文相符

二之壹版圖

內務府項下
天啟崇禎事蹟書籍柒百壹拾柒本
奏疏卷拾叁本
全本柒百柒拾叁本
不全拾本
俱與來文相符
共來百玖拾本

禮部項下
壹千零肆拾貳件
全陸百叁拾玖件
不全肆百零叁件
簿冊叁拾貳本
全拾玖本
不全拾叁本
與來文相符

鴻臚寺項下
稿乙本
與來文相符

兵部邪政起署書乙部計拾伍本此書存貯
本部現照定衙發遣侯纂修時取交

— 443 —

清初遼東招墾授官例的效果及其被廢原因的探討

管 東 貴

目　　次

一、緒　　言

　　滿清取得中國政權後，關外的滿人與漢人都蜂擁入關，所以東北大部份地區很快就變成了一片荒土。清廷乃於順治十年頒佈了遼東招墾授官例，以期恢復該一地區的繁榮。但是，這一招墾例，實行了大約十五年左右，突然被朝廷廢止了。清廷之作此決定，前人或以為是由於招墾效果不佳，或以為是「大約國基已固，官爵不宜輕授，移民之潮已見其端，不須再事獎勵」的緣故。然而，這些說法都不能令人滿意。實行了十幾年的招墾例究竟有什麼樣的效果？清廷把它廢止，究竟是基於甚麼原因？這是本文所要探討的主要問題。

二、招墾授官例的頒佈

　　自明朝以來，遼東已逐漸成為東北最富庶、最繁榮的一個區域；不但農地遼闊、物產富饒，且有馬市之盛。天命六年（1621）努兒哈赤奪得這一地區後，隨即一方面自興京遷都遼陽，另方面又在該地區實行計口授田制。當時僅海州及遼陽一帶即已有田一百八十餘萬畝，悉由漢人之淪為奴隸者代滿人耕作（註一）。可見當時後金已把這

（註一）　參看管東貴滿族入關前的文化發展對他們後來漢化的影響（載史語所集刊第四十本上册），頁262，註28，引滿洲老檔秘錄及頁273引朝鮮仁祖實錄卷七。

一地區當作了政經重地；這對於恢復久經戰亂的遼東地區的繁榮，自然會發生積極的作用。

　　然而這樣一個富庶繁榮的地區，竟在滿清政府遷入北京後的幾年時間內，變成了「戶無舊籍，地無原額」的荒涼之境，以致使原有的行政體系完全瓦解（參下）。其荒蕪之所以如此迅速，根本原因乃是由於人口的迅速流失（註二）；而人口之所以迅速流失，主要原因則有下述三端：

　　（一）滿人的慕漢心理：　滿族入主中國以前，文化上正處在一個轉變時期：逐漸由原有的以採獵畜牧爲基礎的生活方式，轉變爲農業社會的生活方式。然而，在這一轉變過程中，他們自己的民族分子自始即沒有掌握到鑄造那種生活方式的力量（亦即一個民族締造自己的文化的力量），而是靠了被淪爲奴的漢人的勞動，才享受到農業社會的生活之果的。所以滿人自身逐漸脫離了與東北天然環境的關係。因此他們也就逐漸失去了「安土重遷」的意識。而且他們文化上的那種轉變，實際上也就是一種漢化趨向。所以久而久之，在滿人社會中乃逐漸普遍地形成了愛好漢物，以及崇慕漢式生活的心理。入關前，滿人之所以勇於參加對漢人的戰鬥，主要即是受了這種心理影響的緣故，因爲在戰鬥中他們不僅可以掠奪漢人的生活物資，同時還可以擄略漢人，供其驅使，而坐享漢式生活之果（註三）。所以當滿清入關在北京建立政權後，東北滿人社會中很快就掀起了一股入關的狂潮。

　　（二）滿清朝廷鼓勵滿人入關：　北京滿清政權，爲了鞏固統治，採行種種優待辦法，例如圈給地畝，而由漢人耕種，滿人坐取其租；給以房產、錢糧；安插政府職務等等，藉以鼓勵滿人入關。而朝廷的這一政策，與滿人的慕漢心理又正相符合。所以滿人的入關，更有火上加油之勢。而先前在關外被擄爲奴的漢人，亦趁這一機會「從龍」入關。據記載，當時關外人口湧向關內的情形是：水陸兩路並進，男女相踵，不絕於道（註四）。

（註二）　有人認爲，遼東的荒蕪乃是明與後金長期戰爭的破壞所造成的。關於這種說法，我在滿族的入關與漢化一文中已有辯正（見史語所集刊第四十三本第三分，頁448）。現在又可以補充一點是，遼東的「戶無舊籍，地無原額」，決非滿清遷都遼東後到入關以前的情形。

（註三）　前揭史語所集刊第四十本上冊，管東貴文，頁266，註32及頁271—274。

（註四）　參看前揭史語所集刊第四十三本第三分，管東貴文，頁446註5。

（三）入關前的緊急徵發：　　多爾袞接到吳三桂的信後，決定入關而尚未入關之前，曾緊急自東北徵集十歲至七十歲的人入伍，作爲入關奪取政權的資本 (註五)。當然，這命令是否執行到百分之百的程度，固難確定，但它對東北滿族社會中人口的迅速外流有相當的影響則無疑問。

遼東雖然由於人口的流失而變得荒蕪，但是往昔使它一度繁榮的種種天然條件却仍然存在。所以只要使遼東有人，則它的繁榮當可恢復。

滿人入關後，旣然把東北看作是滿清的「龍興之地」，則它的荒蕪景象自然容易引起清廷的關懷。而且田地荒蕪，亦是國家的一種損失。所以到順治十年（1653），清廷就頒佈了遼東招墾授官例。盛京通志卷二十三戶口志 (註六)：

> 順治十年………定例遼東招民開墾。至百名者，文授知縣，武授武備；六十名以上，文授州同州判，武授千總；五十名以上，文授縣丞主簿，武授百總。招民數多者，每百名加一級。所招民每名口給月糧一斗；每地一晌（按，晌又作日，一日約六畝餘，見同書卷二十四旗田頁22）給種六升；每百名 給 牛 二 十隻。

這樣優厚的條件，反映了清廷對於恢復遼東繁榮的急切態度。當然，這一獎勵移墾的辦法，除了具有恢復遼東繁榮的作用之外，同時亦可以爲戰亂後的關內饑民開闢出路，增加賦稅收入，並且加強邊疆國防，所以也是一種一舉數得的措施。當時，四川由於明末戰亂的破壞，其荒涼程度不在遼東之下，所以亦於同年頒佈了獎勵開墾的辦法，不過條件沒有像遼東的那樣優厚 (註七)。

當時滿人旣然都以入關爲務，而清廷又鼓勵滿人入關，所以遼東招墾的對象實際上只是漢人。下面是招民授官的一個實例。遼陽州志卷十二職官志 (註八)：

（註五）　參看管東貴入關前滿族兵數與人口問題的探討（載史語所集刊第四十一本第二分），頁184引朝鮮仁祖實錄卷四十五。

（註六）　下面引文，乾隆元年刊本，乾隆四十九年刊本（卽欽定本）及咸豐二年刊本皆同，唯康熙五十年刊本無招墾授官例之文。本文引文及卷數均據乾隆元年刊本。

（註七）　常明等重修，楊芳燦等纂四川通志（嘉慶二十一年刊）卷六十二食貨上：「順治十年准：四川荒地，官給牛、種，聽兵民開墾，酌量補還價值」。

（註八）　遼海叢書本，第三集第一册。按，該志序文撰於康熙二十年。

順治十一年，浙江人陳達德招徠民戶一百四十家，以功署遼陽縣事，到任二月故，奉旨著其子瞻遠知縣事。

三、招墾授官例的廢止

這一獎勵移墾的辦法，實行了大約十五年，到康熙六年，清廷突然決定把它廢除，而廢除的眞正原因却很難理解。清聖祖實錄卷二十三康熙六年七月丁未：

> 工科給事中李宗孔疏言：「各官選補，俱按年份輪授，獨招民百家送盛京者，選授知縣，超於各項之前。臣思此輩，驟得七品正印職銜，光榮已極，豈在急於受任。請以後招民應授之官，照各項年分，循次錄用」。上是之，隨諭吏部，罷招民授官之例。

李宗孔上疏的用意，在這段文字中已說得很清楚。他認爲遼東招民授官例中，「選授知縣，超於各項之前」，打破了「各官選補，俱按年分輪授」這種全國一致的辦法。所以要求「以後招民應授之官，照各項年分，循次錄用」，以維護國家體制的完整性，清廷主政當局對於李疏的反應是，一方面認爲李氏說的對，另方面却又「諭吏部，罷招民授官之例」，而把整個鼓勵移墾的辦法都給廢除了。可見主政當局的實際行動跟上疏人的要求，中間有一段差距，因爲罷招民授官之例並非李氏的要求。清廷之所以要這樣做原因何在？現在我們還沒有直接的證據可以間答這個問題（註九）。

有人認爲，清廷廢止招民授官例，是由於它沒有產生鼓勵移民的效果。日本稻葉君山著滿洲發達史論到遼東招墾一事時說（註十）：

> 順治十年………公布招墾遼東之命令爲………至順治十二年（西元1655年），又追加視開墾地之多寡授官進級有差，或賜給匾額旌表門閭之令，順治十五、十六年，康熙二及六等年間，種種優典有加無已。其張皇補苴之狀，可以想見。以至康熙七年西元（1668年），康熙帝鑑於招墾令之效果難知，乃毅然下

（註九）　據清史稿聖祖本記，康熙帝於六年七月己酉親政，時年十四歲。實錄繫李疏事在七月丁未，較親政之日早兩天。招墾授官例的被廢跟這有無關連尚不得知。

（註十）　據楊成能譯本。下面兩段引文見民國五十八年九月臺北臺聯國風出版社影印本，頁267—270。按稻葉原著於民國四年左右出版，楊氏譯於民國廿八九左右。

詔廢除矣。

又說：

西元一六六八年之撤消招墾令也，原因雖有種種，其主要之故，無非成績之不良耳。或者謂自康熙以降，農民之移向滿洲者，漸次增多，已無招墾之必要。其說之謬，誠不待辯。若果如或人所言，則亦何必恩詔頻頒，疊加優典，以相激勵乎？吾人爲欲解決以上疑問，試將康熙卽位之年，奉天府尹張尙賢所提意見抄錄於下，讀者試一覽觀，當能明其眞相矣：「盛京之形勢，自興京以迄山海關，東西千餘里。自開原以至金州，南北亦千餘里。大致可分爲河東與河西兩部。河東之部北起開原，西至黃泥窪、牛莊、乃明季當日之邊防地。自牛莊越三岔河而南，經蓋州、復州以達金州，至於旅順，轉而東，經紅嘴、歸復、黃骨島、鳳凰城、鎮江，至鴨綠江口，則爲明季之海防地。此河東邊海大略也。河西自山海關以東，經中前所、前衞後所、沙河、寧遠、塔山、杏山、松山、錦州，以至於大淩河，北面皆邊，南面皆海，所謂一條邊耳。獨廣寧一城、南自閭陽驛拾山站至右屯衞之海口，相去百餘里；北至我朝新插之邊，數千里，經磐山驛、高平、沙嶺，以達於三岔河之馬圈，此則河西邊海之大略也。就河東河西瀕海之地合而觀之，皆黃沙滿目，一望荒涼。倘奸宄暴發，海寇突至，猝難捍禦，則外患已覺可慮。以其內狀言之，河東城堡雖多，皆歸荒廢，惟奉天、遼陽、海城三處，稍具府縣規模，而遼海兩處，仍無城池。至若蓋州、鳳凰城、金州等地，每處不過數百人。鐵嶺、撫順、祇少數流遣者居之，不能望以耕種與生聚；就中隻身單口者，大半皆逃亡而去，其有家口者，則在此間束手待斃；其於地方殊無裨益，此河東內部之大略也。河西城堡更多，人民稀少。寧遠、錦州、廣寧，雖爲人民湊集之所，僅有佐領一員以爲管掌，對於治理上缺欠殊甚，此河西內部之大略也。試將河東河西合而觀之，沃野千里，有土無人，惟幾處荒城廢堡、敗瓦頹垣、點綴於茫茫原野之中而已。臣朝夕思惟，欲弭外患，必先籌備隄防，欲消內憂，必先充實根本。國家久遠之圖，其在斯乎」(註十一)。試就右列之意見書觀之，於淸初遼東荒涼之光景，

(註十一)　　據淸聖祖實錄卷二順治十八年五月丁己（按，當時順治帝已去世，康熙帝已卽位，惟尙未改年號）記載，主政當局閱畢張疏後，曾批交部議；部議結果如何，則不得其詳。稽葉氏下文謂張氏此疏之呈遞在康熙元年春，與實錄異。

可謂敍述靡遺矣。如張氏之所言，**遼河以東城堡雖多，皆歸荒廢**；稍具府縣之形者，祇奉天、**遼陽**、**海城**三處，然遼、海二處，並無城池。其尤堪怪訝者，蓋平、鳳凰城、金州三要地，僅區區數百人居之；**鐵嶺**、**撫順**，祇充流遣罪人之所。又言合遼東西以觀，皆沃野千里，有土無人，但見荒城廢堡，敗瓦頹垣。則所謂招墾之成績，果在何乎？按張氏此項意見書呈遞之時，乃在康熙元年之春，距順治十年招墾令之頒佈；已歷八年之久，而**遼東**、**遼西**依然不改殘破之光景，則順治招墾令之並無效果，可斷言矣。

後來，國人**吳希庸**撰近代東北移民史略一文(註十二)，引金靜庵靜晤室日記評稻葉氏之說不足盡信；而**吳**氏本人復認爲：

> 康熙七年乃將**遼東**招墾之令廢除。其廢之原因亦未必由於施行之無效，大約國基已固，官爵不宜輕授，移民之潮已見其端，不須再事獎勵，而封禁之機或已生於此時。

稻葉與**吳**兩人的說法，包含「效果」與「名器」兩個基本觀點：

　　一、效果：(1)無效（下詔廢除）　　　　　　　稻葉說
　　　　　　　(2)有效（不須再事獎勵）　　　　　吳說
　　二、名器：(3)國基已固，官爵不宜輕授　　　　吳說

其中第一項，**稻葉**與**吳**都是從效果的觀點著眼的，但說法却完全相反，這是頗有趣味的一種現象。就作者所知，自**吳**氏以後，**遼東**招墾授官例的問題即不再有人討論了。是否他們的說法已無可動搖，抑或那根本是無法解決的問題？這却還都值得再考慮。現在我們先從資料上說，**稻葉**與**吳**兩人的討論中尚有可檢討的兩點如下：

　　（一）關於廢止招墾授官例的時間問題：　上引**稻葉**文第一段說「康熙七年…………乃毅然下詔廢除矣」。後來**吳**持同樣說法。但是他們都沒有舉出證據來。據推測，他們所根據的大概是盛京通志卷二十三戶口志所載招墾例文末的一個雙行夾註「康熙七年，招民授官例始停」。然據前引聖祖實錄李宗孔疏文一段，則康熙之決定諭吏部廢除招墾例，是在六年七月。實錄所繫的時間應無可疑。然而盛京通志亦成書甚早(註十三)，夾註當有所本。因此如果兩書所記時間都是事實，則他們必是指同一事的不

（註十二）　載東北集刊第二期（民國三十年十月，四川三臺出版）；引文見頁 9—10。
（註十三）　乾隆元年，四十九年及咸豐二年各種刊本皆有此夾註，唯康熙五十年刊本，因正文不載招墾授官例，是以無此夾註。

同部份。比較合理的解釋是：實錄所記的六年七月（年已過半，且已是秋收之季）是滿清主政當局作成決定諭吏部的時間；而通志則是指詔諭實際生效的時間。稻葉之所以誤下詔亦在七年，吳氏信從其說，都是由於他們沒有看見實錄這段記載的緣故。

　　（二）未比較遼東以外的相關情形：　清初實施獎勵招墾的區域，除遼東外，尙有四川。四川自明末內亂以後，人口缺乏的嚴重程度，不在遼東之下。所以清廷在頒佈遼東招墾例的同年，亦頒佈了對四川的獎勵辦法：「四川荒地，官給牛、種，聽兵、民開墾，酌量補還價值」（註十四）。可是，就在康熙六年「罷招民授官之例」的同時，四川這一獎勵招墾的辦法亦遭池魚之殃。不過，不久以後，四川又恢復了獎勵措施，對於招民績優的官吏准「加級紀錄」。清聖祖實錄卷二十七康熙七年十一月戊午：

> 戶部議覆原任四川總督劉兆麒疏言：「蜀中流民，寄居鄰省者，現在查令同籍，而山川險阻，行李艱難。地方各官，有捐資招撫，使歸故土者，請敕議敘」。查招民授職之例，已經停止。但蜀省寇氛之後，民少地荒，與他省不同，其現任文武各官，招撫流民，准量其多寡，加級紀錄有差。從之。

在稻葉與吳兩人的著作中，都沒有提到四川的情形。然而，四川的這種情形，却可以把遼東的特殊性襯托出來。因爲康熙七年時，奉、錦兩府全部人丁僅 16643 人（註十五），所以廣大的遼東亦還是一個嚴重缺人的區域。但是朝廷對他們原先特別關懷的這個區域，在招民授官之例停止後，却並沒有採取類似四川那樣的獎勵辦法。這似乎顯示出，當時清廷對於四川與遼東之需要增加人口的問題，政策上已有了差異。

　　以上所述兩點，對於後面的討論有重要關係。此外稻葉引張尙賢疏「沃野千里，有土無人」、「荒城廢堡，敗瓦頹垣」等語，作爲招墾無效的證據，亦不足盡信。因爲不僅張疏有誇大之嫌（註十六），即稻葉之視「效果」一詞，亦有缺乏標準之不當（見下）。

四、招墾授官例的效果

　　要探討康熙六年清廷廢止遼東招墾授官例的眞正原因，首先當明瞭這一招墾授官

（註十四）　見前註七引四川通志。
（註十五）　見盛京通志卷二十三戶口志。
（註十六）　參看吳希庸近代東北移民史略引金靜庵靜晤室日記。

例在那十五年的實行過程中，究竟產生了效果沒有？如果有，其情形又如何？

所謂「效果」一詞，嚴格地說，只要招到了移民（如前述陳達德例），不管人數多少，就不能說沒有效果。但是實際上我們並不這樣去看效果一詞的意義，而通常都是在程度上去裁取。所以，所謂「有效」或「無效」，跟我們所持的觀點有密切的關係。如果認爲要使荒涼的遼東在一定時期內恢復到像往日那樣繁榮富庶才算有效，那末十幾年的招墾授官例，當然就不能算有效。然而，招墾授官例中並沒有標明「時限」這一點，所以亦就不能從這樣的觀點去看它的效果問題。但是，如果認爲對於一個原已荒蕪得人煙稀少、行政解體的地方，逐漸變得有了聚落，而且又建立起了行政組織，這樣算是有效的話，則十幾年來的遼東招墾授官例正有了這樣的成績。

金靜庵靜晤室日記（第四集）對於遼東招墾的效果，曾從人丁及田賦兩方面的新增情形予以說明。然過於簡略，不能從中看出招墾例實施期間及廢止後，人丁與田賦等變動的對照情形來。本章即擬在這方面作較詳的舉證與論述。

現在我們先看自滿清初年，到實行招墾前後，遼東一帶的大概情形。同前盛京通志卷二十三戶口志：

> 於時（註十七），州縣新設，戶無舊籍，丁鮮原額，俱係招民，三年起科。

又遼陽州志卷十五戶口志（註十八）：

> 遼陽蒙我國家招徠戶口，撫循安集，生齒漸繁………州屬戶口俱係招徠，三年起科

同書卷十六田賦志：

> 州屬向無地畝原額，俱係新墾荒地。康熙十年以前，係三年起科（註十九）；十一年以來，十年起科，十五年以後，仍舊三年起科。十八年以後，定爲六年起科。

此外，如鐵嶺縣志、開原縣志、蓋平縣志等早期志書，亦都有類似記載。這些記載反映出了：（一）實行招墾以前，由於人口流失過甚，已使原有的地方行政組織完全瓦解；（二）獎勵移墾的辦法對遼東發生了起死回生的作用。

（註十七）　指康熙三年，是年新設承德、蓋平、開原、鐵嶺四縣，遼陽改爲州。

（註十八）　遼陽州志並下引鐵嶺、開原、蓋平諸縣志，均據遼海叢書本（參下註二十）。

（註十九）　以上三段引文中，「起科」一詞，在戶口志中指丁賦，在田賦志中指田賦。按，依招墾例，凡招民及其墾地，均係三年起科（參看：遼海叢書本鐵嶺縣志第二種，卷下戶口志）。

　　另外，我們再從人丁及起科地畝的變動情形上去看，則更可以具體地看出招墾授官例對於遼東一帶所產生的恢復生氣的作用。今將這兩方面的資料列表如下：

表Ⅰ　蓋平、開原、鐵嶺三縣新增人丁表(註二〇)

時間 ＼ 新增人丁 ＼ 縣分	蓋平縣	開原縣	鐵嶺縣	三縣合計	備　　註
康熙 4 年	151*	——**	——	151	*不含歸管人丁（參下）**橫線表示該年缺記載，下同
5	——	——	——		
6	——	——			
7	237	701	729	1,667	
8	324	209	111	644	
9	134	647	208	989	
10	265	471	894	1,630	
11	126	3	15	144	
12	74	57	180	311	
13	——	5	15	20	
14	——	1	5	6	
15	43	17	39	99	
16	——	1	20	21	
17	——	1	2	3	
18	14	——	1	15	
19	4	2	9	15	
20	——	82	2	84	

（註二十）　據各縣縣志，版本同上；表中資料見各志之戶口志。蓋平縣志初刊於康熙二十一年；鐵嶺縣志（遼海叢書本第二種）序作於康熙十六年，二十二年知縣李廷榮輯補，內容止於二十年；開原縣志，序作於康熙十七年，內容止於二十年。

表Ⅱ　奉、錦兩府新增人丁表(註二一)

時　　　間	奉　天　府　屬	新增人丁	錦　州　府　屬	新增人丁	備　　　註
順治17年	遼陽、海城	3,723	（順治15—18年）		
18	金州	229	錦、寧、沙、後廣寧等	1,605	
康熙元年	遼、海、金州	420	錦縣	693	
2	遼陽州	130	錦縣	2,065	
3	遼陽、金州	165	錦縣	410	
4	承*、遼、海、蓋四州縣	489	——	——	*承，即承德、奉天府首邑，今名瀋陽
5	承德	154	——	——	
6	——		——	——	
7	承德等六州縣	2,643	錦、寧、廣	3,917	
8	承、鐵、海、蓋、開五縣	860	錦、寧、廣	330	
9	承、鐵、開、蓋	1,792	錦縣、廣寧	776	
10	承、遼、鐵、蓋、開五州縣	2,397	錦、寧、廣	561	
11	承、鐵、開、蓋四縣	170	錦縣、寧遠	321	
12	承德等六州縣	594	錦、寧、廣	1,310	
13	承、鐵、海、開四縣	155	寧遠、廣寧	181	
14	承、鐵、開	120	——		
15	承德等六州縣	255	錦、寧、廣	448	
16	承、遼、鐵、開四州縣	220	錦、寧、廣	470	
17	承、鐵、海、開	5	——		
18	承、遼、鐵、蓋、海五州縣	150	錦、寧、廣	411	
19	承德等六州縣	96	錦、寧、廣	262	
20	承、遼、鐵、海、開五州縣	279	錦、寧、廣	768	

（註二十一）　據盛京通志卷二十三戶口志，（四種刊本皆有此項資料）。

表Ⅲ　蓋平、開原、鐵嶺三縣起科地畝表(註二二)

時間 起科地畝 縣分	蓋平縣	開原縣	鐵嶺縣	三縣合計	備　　註
康熙 4 年	650*	──		650	* 不含歸管地（參下）。又，單位為畝，下同。
5	──			──	
6	1,538	──		1,538	
7	──	383	1,916	2,299	
8	857	293	4,388	5,538	
9	3,198	10,641	6,835	20,674	
10	3,986	12,635	11,721	28,342	
11	3,694	4,277	12,295	20,266	
12	──			──	
13	──			──	
14	──			──	
15	5,624	3,912	1,603	12,139	
16	──			──	
17	414*	1,467*	757*	3,638	* 自首隱地
18	132*	──	──	132	* 同上
19	──			──	
20	50	──		50	

（註二十二）　據各縣志之田賦志，版本同前。

表 Ⅳ　奉、錦兩府起科地畝表（註二三）

時　　間	奉 天 府 屬	起科地畝	錦 州 府 屬	起科地畝	備　　註
順治15–18年	遼陽、海城	48,165	錦、寧、沙、後廣寧四城	5,600	
順治 18 年	金州	7,167			* 州字或爲縣字之誤，蓋遼陽於康熙三年改爲州
康熙 元 年	遼陽州*	16	——	——	
2	遼陽城、金州	411*	錦縣	1,950	* 其中遼陽城 233 畝，金州 178 畝
3	遼陽州	130			
4	遼、海、蓋三州縣	1,042			
5	遼陽州	172	寧遠、廣寧	4,365	
6	遼、海、蓋三州縣	2,092	寧遠州	200	
7	承、遼、鐵、開四州縣	2,146	錦縣、寧遠	8,109	
8	承德等六州縣	6,727	錦、寧、廣	15,549	
9	承、遼、鐵、蓋、開五州縣	25,393	錦、寧、廣	14,356	
10	承、遼、鐵、蓋、開五州縣	51,861	錦、寧、廣	13,326	
11	承德等六州縣	21,844	寧遠、廣寧	12,931	
12	——				
13	——		寧遠州	50	
14	——		寧遠州	100	
15	承德等六州縣	21,787	錦、寧、廣	30,244	
16	——				
17	承德六州縣	7,345*	錦、寧、廣	27,524*	* 自首隱地

（註二十三）　據盛京通志卷二十四田賦志，（四種刊本皆有此項資料）。按，該志載有關於起科地畝之說明：
「奉、錦各州縣，向無原額。自順治十五年起科，每畝徵銀三分。凡新墾荒地，康熙十年以前，
係三年後起科；十一年以後，十年起科；十五年以後，仍舊三年起科；十八年以後，定爲六年起
科」，此項起科寬限之變動，對本文在下面利用此表作計算時，無影響。因爲康熙二十年的起科
地畝，當是十五年所定三年起科規定下，於十六年新墾之地。而康熙十一年之十年起科寬限，亦
當隨十五年改爲三年起科時告一結束。

18	承德、蓋平	864	錦、寧、廣	232	
19	──	──	錦、寧、廣	114	
20	承、海、蓋三縣	3,530	寧遠州	29*	* 自首隱地

　　在分析上面四個表之前，先有三點說明：（一）表 I 所列三縣均於康熙三年新設（註二四）。依招墾授官例，招民與墾地均三年起科，是設縣之年的招民與墾地均當於康熙七年起科（註二五）。惟蓋平縣則康熙四年及六年均有起科人丁及地畝之記載，蓋平縣志卷下戶口志：「新設縣分，原額無，俱係招民；起科人丁，不分等則，每丁徵銀壹錢伍分。康熙四年，新收海城縣歸管金州人丁貳百玖拾玖丁，徵銀肆拾肆兩捌錢五分。又新增人丁壹百伍拾壹丁，徵銀貳拾貳兩陸錢伍分」。又田賦志：「新設縣分，原額無，俱係新墾荒地，不分等則，每畝徵銀參分，不加閏。康熙四年，新收海城縣歸管金州地柒千參百肆拾陸畝肆分貳釐陸毫，徵銀貳百貳拾兩參錢玖分貳釐柒毫捌絲。新增起科地陸百伍拾畝，徵銀壹拾玖兩伍錢」。（另請參看上列四表康熙四年及六年欄）。引文中，「歸管」與「新增」有兩種較爲可能的解釋：一是新增之人丁及地畝爲歸管人丁及地畝中之一部份，惟歸管人丁及地畝，在歸管之前即已達起科之年，而新增者斯爲撥歸蓋平管轄時始達起科之年；二是歸管與新增了無關聯，即歸管者係由其他州縣撥來，新增者乃蓋平設縣之前境內記錄有案之招民及墾地，屆時起科而已。無論哪一種可能，對我們下面的分析都沒有影響，今特在此說明。其他新設縣分，雖亦可能於設縣之前已有招民及墾地，但缺乏記錄，所以只好在康熙七年起科。至於表中之所以未將歸管人丁及地畝之數字列入，是因爲無從知其起科年分。（二）某一年之新增人丁，並不一定全係於三年前之一年內自外移來，其中或有來時尙未成丁，若干年後始成丁者；不過長期下來，它仍能反映出人口變動的大勢來。（三）墾地是由人力開發出來的，每年之起科地畝，應視作是有勞動餘力的舊招民及新招民共同的勞動成績。因此，如果人口沒有變動，則當原有勞動力發揮到極限時，墾地面積

（註二十四）　盛京通志卷二十三戶口志：「康熙三年，奉天府添設承德、蓋平、開原、鐵嶺四縣，遼陽縣改爲州」，另外，也分見於前述各該縣志。

（註二十五）　鐵嶺縣志（李廷梁輯補本）卷下戶口志：「康熙三年、肆年、伍年、陸年招民，例於三年後起科，應於康熙柒年、捌年、玖年、拾年新增起科」。

亦不會有變動，當然亦就不再有新墾地出現。所以長期下來，起科地畝的變動情勢，亦反映了人口的變動情勢。

　　現在我們來分析這四個表。康熙以前，只有表Ⅱ及表Ⅳ有記錄。從這兩個表中，我們可以一眼看到，順治十八年以前，新增人丁方面，奉天府爲錦州府的2・4倍有餘（按，該項新增人丁之數，亦即兩府全部人丁之數，參後註二七）；而起科地畝，則奉天府幾爲錦州府的十倍。這已顯示招墾對遼東所產生的良好效果。此外，自康熙以來，四個表還有兩個特別重要的現象，就是：由昇而降及前段大於後段。今分別析論於下：

（一）　由昇而降的現象：

　　首先我們看表Ⅰ的「三縣合計」欄（註二六）。在這一欄中，最高數字在康熙七年，次高在康熙十年。但是，蓋平、開原、鐵嶺三縣，新設於康熙三年，康熙七年的起科人丁，可能包含了康熙三年以前歷年陸續來到而無記錄的全部招民（即所謂「戶無舊籍」）（註二七）。因此，康熙七年新增人丁數字之所以最大，可能是累積多年成績而計的緣故；所以眞正在一年內新增人丁的最高數字應是康熙十年的1630。照這樣看，則從康熙七年到二十年，我們可以看出它有一種由昇而降的變動趨勢，而以康熙十年爲其最高峯。

　　其次看Ⅱ表奉天府屬的情形；表Ⅱ的資料較表Ⅰ尤爲豐富。爲了配合下面的論述，我們把時間限在康熙元年到二十年的這段時期內。在這二十年中，奉天府屬的最高數字是康熙七年的2643；其餘依次爲十年的2397；九年的1792；八年的 860 等。然而，康熙七年數字之所以高，跟上述新設蓋平等縣的原因可能有關；而且康熙六年整個奉天府屬都沒有新增人丁的記載，這一年遼陽、金州、海城等州縣的新增人丁亦可能併入到了七年的數字中。所以眞正在一年內新增人丁的最高數字，仍應是康熙十年的2397。合觀Ⅰ、Ⅱ兩表，可以看出在這段時期內，遼東人丁由昇而降的變動趨勢，

（註二十六）　「合計」比較容易表現出人口變動的大勢來，因爲外來招民並非平均分配到每個縣去的。

（註二十七）　關於這一點，表Ⅱ頭幾年的數字表現得最明顯。據盛京通志卷二十三戶口志記載，順治十八年奉、錦兩府人丁總計是5557丁，其中奉天府3952丁，錦州府1605丁。而5557正是表Ⅱ頭兩欄3723＋229＋1605的和；3952亦是3723＋229的和。可見早年的所謂總計，乃是始自有記錄時的新增人丁的和。由此即可證明最早年分起科的所謂新增人丁，實際上是以往多年人丁的總數。

小範圍與大範圍都是一致的。**錦州**府不在招民授官範圍之內，暫不論，表中數字可供**參考**。

以上所說是關於人丁方面的變動情形。下面再看表 Ⅲ 及表 Ⅳ 起科地畝的變動情形。這項資料雖然沒有像人丁資料那樣完整，但其由昇而降的變動趨勢則仍然很明顯。現在先看表 Ⅲ 「三縣合計」欄。自**康熙**四年至十年，數字遞昇，至十年為最高峯，十一年後則趨下降。表Ⅳ**奉天府**屬的情形也大體一致，而亦以十年之數字為最高峯。

合觀四表，不僅人丁與地畝由昇而降的現象一致，而且最高峯都在十年，次高峯亦不出七至九年的範圍。十一年以後，則又有一種陡降的現象，人丁的陡降變動尤其明顯。

（二）　前段大於後段的現象：

這一現象只有從表Ⅱ及表Ⅳ中才能看出。現在我們把表中自**康熙**元年到二十年分為兩段，即自**康熙**元年到十年為前段，十一年到二十年為後段。另外，每段再分為兩節，每節各五年。要這樣分段是因為前後兩段不但時間相等，而且前段恰在招墾授官例有效時的三年起科範圍之內，後段則招墾授官例的影響已不存在。這樣正好相比較。所謂前段大於後段，就是前段各年新增人丁及起科地畝數字的和大於後段。分節是為了易於顯示該四節的重心所在。現在我們把這兩段四節內的數字的和列表如下：

表V　奉、錦兩府新增人丁與起科地畝前後比較表

時　間		奉　天　府		錦　州　府		備　　註
		新增人丁	起科地畝	新增人丁	起科地畝	
康熙	1—5 年	1358	1771	3168	6315	
1—10年		9050	90000	8752	57855	
	6—10年	7692	88229	5584	51540	
康熙	11—15年	1294	43631	2260	43325	*表Ⅳ康熙十七年及二十年之自首隱地未包括在內，蓋不知其為何年所墾也。
11—20年		2044	48025*	4171	43671*	
	16—20年	750	4394	1911	346	

　　上表數字，無論奉天府或錦州府，亦無論新增人丁或起科地畝，都有兩個一致的現象，就是：（一）前段大於後段，尤其奉天府新增人丁，前段爲後段的 4.4 倍有餘；（二）六至十年爲重心所在，尤其奉天府新增人丁，六至十年爲其餘十五年總數的 2.2 倍有餘。

　　從上面所說由昇而降及前段大於後段的兩種現象中，我們可以很明顯地看出，康熙十年以前的情形跟十一年以後，成顯明的對照。這種對照的形成，跟遼東招墾授官例的存與廢顯然有密切的關係。

　　前面說到，遼東招墾授官例在康熙六年還屬有效，到七年才開始停止實行。而康熙六年的招民與墾地，依三年起科的寬限規定，在康熙十年起科(註二八)。所以康熙十年的新增人丁與起科地畝，實際上乃是康熙六年的招民與墾地；同樣，十一年的數字，乃是七年的事實。因此，人丁與地畝之上昇到康熙十年爲最高峯，十一年以後陡然下降，跟招墾例的存與廢在時間上恰恰相應。這種相應足以表明它們之間有因果關係。表 V 前段大於後段的現象，亦是同樣關係下的結果。由表 V 我們還可以看到，錦州府的步調跟奉天府是一致的（雖然幅度不同）這似乎又表明招墾例停止後，不僅使移墾遼東的人減少，而且整個出關墾荒的人口都受到不良影響。

　　由以上所說，可以證明招墾授官例在實行期間的確曾經逐漸發生良好的效果，尤其在廢除前的幾年，正是效果特別突出的時候，這可以由「高峯」及「重心」均不出六至十年的範圍這一現象上看出。因此，稻葉氏所說，清廷廢止招墾授官例是由於它沒有效果，這種說法是不能成立的。

五、招墾授官例被廢原因的探討

　　上面我們從人丁和地畝的變動情勢上可以清楚地看出，遼東招墾授官例在實行期間，的確發生了顯著的效果。不過，這效果雖然顯著，但是如果從人丁與地畝的絕對值上去看，則那樣的效果並不能算很大。因為早在天命六年的時候，單是遼陽、海城

（註二十八）　參看前正註二十五。按，招墾例廢止後，三年起科的寬限仍屬有效，大概因爲這一寬限辦法，對於舊有招民的耕作餘力以及滋生人口的勞動力之用到開墾荒地上面去，仍有鼓勵作用。另外還可以藉此使新墾地入籍，以免規避賦稅。

兩地即已有田約一百八十餘萬畝（見前註一）。清廷頒佈招墾授官例後，到康熙十年，
整個奉天府的起科地畝總共還不過十四萬餘畝（即康熙一至十年的 90000 畝，再加上
順治十五至十八年的 55332 畝，參前表Ⅳ），不及上述遼陽、海城兩處原有耕地的十
二分之一。再看人丁數字，據表Ⅱ，自順治十七年到康熙十年，整個奉天府的全部新
增人丁只有 13002 人（註二九），即使再加上十一，十二，十三年的新增人丁 919 人，亦
僅 13921 丁（按，康熙十三年的新增人丁，可以看作是康熙十年成丁的人），遠不及
天命十年（1625年）「夷兵三萬、漢兵四萬，漢人內耕、夷兵外圍」（註三〇）的情形。
廣大的遼東在廢止招墾前只有一萬三千餘丁，這就難怪六、七年前奉天府尹張尙賢在
疏中說「黃沙滿目，一望荒涼」，「沃野千里，有土無人」了。總之，當滿清朝廷決
定廢除招墾例的時候，遼東還無法跟昔日的面貌相比。換句話說，它還可以容受大量
的人口去開發它的潛在富源。

　　另外我們再看，奉天府自康熙元年到二十年，無論新增人丁或起科地畝，七至十
年都是景況最好的時候，而這幾年的高數字却又正是招墾例被廢前的成績。明瞭這些
情況後，難免使我們要問，遼東既然還可以容受大量的外來人口，而當時又是外來人
口正旺的時候，何以清廷偏偏要在這樣的時候廢止招墾例？是否即如吳氏所說「移民
之潮已見其端，不須再事獎勵」？如果確是不須再事獎勵的話，何以該例廢止之後，
人丁與地畝都急遽下降，而清廷一直不像對待四川那樣，再謀有效的鼓勵辦法呢？可
見這一說法亦大有問題。

　　那末，是否如吳氏另一說「大約國基已固，官爵不宜輕授」呢？此說雖略有見地
（按，吳氏並未舉證，亦未作進一步說明），然窒礙之處則仍有也。

　　從吳的語句上去看，「國基已固」乃是「官爵不宜輕授」的原因。準此推論，則
順治十年頒佈遼東招墾例時，國基未固，而康熙六、七年間廢止此例時，國基已固

（註二十九）　據盛京通志卷二十三戶口志載：康熙七年始行編審丁册，是年原額新增通共爲 16643 丁；十五年
　　　　　　　編審，原額新增通共 26713 丁。按，依表Ⅱ自順治至康熙七年，奉天府新增人丁，總計爲9753
　　　　　　　丁，錦州府爲8690丁，合共 16643丁，與上述七年編審之數相符，又同表自順治至康熙十五年，
　　　　　　　奉天府新增人丁總計爲14296丁，錦州府爲12617丁，合共26913丁，較上述十五年編審之數多
　　　　　　　200 丁，近二十年之差數二百人，僅佔總人丁數一百三十分之一弱。以此推測，則表Ⅱ自順治至
　　　　　　　康熙十年，奉天府新增人丁總計 13002丁，與康熙十年時的人丁總數當甚相近。
（註　三　十）　見前註一管文頁 273 引朝鮮李朝仁祖實錄。

也。按招墾授官之例，不可跟一般的賣官鬻爵並論，因爲兩者在用意上有根本的差別：賣官鬻爵政府有金錢上的立即利益，招墾授官則不但沒有金錢上的立即之利，而且必須爲招民立即付出大筆資給。順治年間淸廷之所以願意這樣做，顯然是出於安穩意識下的一種長遠打算，而非感於國基未固也。再則，康熙六、七年間，國基雖然可能已較前穩固，但是如果淸廷仍有積極開發遼東的想法，則縱使他們覺得招墾不宜以授官作爲鼓勵，盡可廢止授官一項，而保留其他內容或另用其他辦法繼續鼓勵移墾。然而淸廷並沒有這樣做，而是斷然一併予以廢除。若說這是一種因噎廢食的錯誤，則事後當有圓轉措施；旣然這亦沒，即表明了遼東招墾例的被廢背後有更深一層的原因存在。

　　然則，這更深一層的原因究竟是什麼呢？據作者分析，比較恰當的囘答是：淸廷對於利用漢人移墾以開發遼東的根本態度已發生了變化———由積極變爲消極。這種轉變可以由兩個線索上約略看出。一是招墾例本身：遼東既被視爲滿淸的龍興之地，對於使其繁榮的措施理當列爲優先，然而實際上却是在仍須大大開發的情形下，把招墾例廢除了，廢除之後，遼東的人丁及起科地畝均顯著急遽下降，而淸廷對此又不另謀辦法，以此與四川相比，即顯出了淸廷對開發龍興之地的態度跟頒佈招墾例時有所不同了。另一是淸廷對漢人進入東北的態度的轉變：由招墾例的頒佈可以看出當時淸廷對漢人之進入東北採的是一種鼓勵態度，招墾例被廢後，對於漢人的出關逐漸變爲管制，再進則爲封禁（註三十一）；這種由積極鼓勵，到不鼓勵（廢除招墾），到管制，再到封禁，乃是一種一脈相承的發展，而招墾例的被廢正處在這一發展過程的中間。這是一條非常重要的線索，由這一線索上，我們可以更淸楚地看到招墾例的被廢，只不過是這一發展過程中初期轉變的一種表徵而已（註三十二）。

　　淸廷封禁東北是爲了保護滿人的利益（註三十三）這是公認的事實。用這樣的辦法

（註三十一）　　管制與封禁，請參看前揭史語所集刊第四十三本第三分管東貴文第三章第一節。

（註三十二）　　前引吳希庸近代東北移民史略論及招墾例的被廢時說：「大約國基已固……不須再事獎勵，而封禁之機或已生於此時」。可見吳氏亦已看出這一發展的脈絡，但是他却又把招墾例的被廢委諸其他原因。

（註三十三）　　參看史語所集刊第四十三本第三分管東貴文，頁456，註40。

來保護滿人的利益，即表明漢人進入東北，造成了對滿人利益的損害。前面我們說到，清廷廢除招墾例乃是由鼓勵移墾到封禁這一一脈相承的發展過程中的一環，所以招墾例之被廢，亦是由於它造成了對滿人利益的損害。因此，從這一線索上我們可以看出，清初朝廷之以特別優厚的辦法來鼓勵漢人移墾遼東，以及後來又突然把招墾例廢除，根本上都是從滿人的利益出發的。

東北的眞正實行封禁，在乾隆二十七年，地點只限於寧古塔，將流民盡行驅出，後來才逐漸擴大禁區（註三十四）。不過在那以前，漢人的出關早已受到管制。康熙二十幾年間，這種管制已很嚴厲，只有有正當職業的人才能獲准出關。然而，蓄意規避管制的人，仍有種種辦法可行，例如偸渡、賄賂、以及附在出關滿人名單中冒充滿人家的佣人等等（註三十五），身份旣可矯裝，職業亦可改變，只要到了關外，那就海濶天空了。他們有的到偏僻之處私墾荒地，以逃避賦稅（表Ⅲ康熙十七年、十八年的自首隱地或卽同此一類）。有的進入深山密林之中，偸採天產品，尤其是值錢的人參。據說到康熙二十幾年間，單是爲偸採人參而出關的山東、山西人，每年卽不下萬餘（註三十六）。以致烏喇、寧古塔一帶八旗人參分地徒有空名，因無人參可採，而須東行數千里至烏蘇里江外，始能找到（註三十七）。這些情形決非短期內所能造成的。實行招墾期間，招民若兼爲走山者，則尤較由內地出關容易多多。再則，東北滿人，原本文化較低、生活簡單、風俗淳樸，但當他們與進入滿人腹地的漢人接觸久了，難免受小利誘惑而與之勾搭，不獨有違法營私之行爲，抑且影響滿人固有的淳樸風俗。另外，在出關分子中，良莠不齊，逐利失敗者亦在所難免，這類人又極易結爲盜匪之

（註三十四）　同前註三十一。

（註三十五）　同上。

（註三十六）　楊賓柳邊紀略卷三：『凡走山者、山東、（山）西人居多，大率皆偸採者也。每歲三、四月間趨之若鶩，至九、十月間乃盡歸，其死於饑塞不得歸者，蓋不知凡幾矣，而走山者日益多，歲不下萬餘』。又：『十年前（按，指康熙十幾年時），行柳條邊外者，率不裹糧，遇人居，直入其室，主者則盡所有出享。或日暮，讓南坑宿客，而自臥西北坑。馬則煮豆麥、剉草飼之，客去不受一錢……今則走山者以萬計，蹤迹詭秘倉卒，一飯或一宿，再宿必厚報之。』

（註三十七）　柳邊紀略卷三：『甲子、乙丑（按，卽康熙二十三、二十四年）巳後，烏喇、寧古塔一帶採取已盡，八旗分地，徒有空名。官私走山者，非東行數千里，入黑斤阿鱗界中，或烏蘇里江外，不可得矣』。

幫，影響治安。這些事件，在清廷看來都是有損於滿族利益的。當這類事件到後來愈演愈嚴重時，清廷遂只好採取更嚴厲的辦法而終於實行封禁了。

招墾的目的，原在利用漢人來恢復滿清龍興之地的繁榮，但如今竟變成了對滿人利益有直接損害的措施。衡量之下，得不償失。康熙五、六年間，又值南方諸藩勢力日漸膨脹，如招墾長此實行，不僅整個遼東將盡爲漢人所據，即地方行政首長，亦都將盡爲漢人。萬一關內一旦發生變故，則在北京的滿清朝廷及關內滿人將陷入腹背受敵的困境；清廷對於這種情勢難免有所戒懼。由於上述種種因素的交織影響，在主政者的心數中，招墾例實已無繼續實行的價值。在這種情況下，李宗孔疏的作用只不過是促發了滿清主政當局作決定而已。所以儘管李氏疏只要求「以後招民應授之官，照各項年分，循次錄用」，而主政當局卻要把它完全廢除，從這一觀點上去看招墾例的被廢原因，則前人說法中所遭遇到的問題便都可以得到解釋。

總結以上所述，清廷之頒佈遼東招墾例，以及後來之把它廢除，基本上都是爲了滿人的利益打算的。然而這一招墾例在實行了十幾年後，卻產生了他們當初所沒有料到的兩項重大影響；第一是，招墾例的流弊引起了清廷對於漢人出關將不利於滿人的認識。第二是，加速了並且加深了漢人對東北天然富源的認識與嚮往；這種認識與嚮往，遂孕育成了後來無法遏止的一波又一波的流民出關浪潮（註三十八），因而導致了日後的封禁政策。

（註三十八）　同前註三十一。

論清季廣東收藏家藏畫目錄之編輯*

莊　　申

　　有關於中國書畫著錄或歷史的書籍，從宋代以來，其編輯的原則，大致可分兩類：第一類把對書法與畫蹟方面的記錄或描述分開，成爲各自獨立的兩個部份。第二類則把對書法與畫蹟所作的記錄合爲一編。在宋代，屬於第一類的，又分爲官纂與私纂等兩種。由宋徽宗（一〇八二──一一三五）敕編的宣和書譜與宣和畫譜是官纂的書畫著錄書籍的代表。而米芾（一〇五一──一一〇七）的海岳書史與畫史則爲私纂之佼佼者。宋代以後官纂的書畫著錄書籍似乎很少，一直要到清代才見賡續。可是把對書法與畫蹟的記錄分爲各自獨立的兩個部份的這一編輯原則，却已形成一個有影響力的傳統；宋代以後的許多與書畫著錄有關的書籍，都是根據這個原則而編輯成書的。舉其犖犖大者而論，在明代王世貞（一五二六──一五九〇）所編的書苑十二卷，與畫苑四卷、汪砢玉（十五世紀末期人）所的編珊瑚書錄與珊瑚畫錄各二十四卷（編成於崇禎十六年，一六四三）、朱存理（一四四四──一五一三）所編的鐵網珊瑚（萬曆二十五年，卽一五九七年之初刊本收書品與畫品各四卷，萬曆三十八年，卽一六一〇年之增刊本則收書品十卷，畫品六卷），都是把書法與畫蹟分爲兩個不同的部份。在清代，卞永譽的式古堂書考與式古堂畫考各三十卷（初刊於康熙二十一年，一六八二）、顧復的平生壯觀（書品與畫品各五卷，著成於康熙三十一年，一六九二）、吳升的大觀錄（書品、畫品各十卷，著成於康熙五十一年，一七一二）、安歧的墨緣彙觀（書品與畫品各二卷，附名畫續錄一卷，編成於乾隆七年，一七四二）、與顧文彬（一八一一──一八八九）的過雲樓書畫記（書品四卷，畫品六卷，編成於光緒八年，一八八二），也無不都是把對書與畫的記錄分別加以編輯的要著。

　　另一方面，把對書法與畫蹟的記錄合爲一編的書畫著錄書籍，雖在宋元兩代可各推舉黃伯思（一〇五一──一一〇七）的東觀餘論二卷（紹興十七年，一一四七，由其子黃䚮輯錄成書）、與周密（一二三二──一二九八）的雲烟過眼錄四卷（約成於

至元二十八年左右，一二九一）爲代表，但在明淸代，用第二種編輯原則而編著的，
與書畫著錄有關的書籍，實在指不勝屈。舉其要者言，在明代，朱存理（一四四四一
一五一三）的珊瑚木難八卷、都穆（一四五八——一五二五）的寓意編一卷、文嘉
（一五〇一——一五八三）的鈐山堂書畫記一卷（編成於嘉靖四十四年，一五六五）、
朱之赤的朱臥庵藏書畫目一卷、孫鳳的書畫鈔、陳繼儒（一五五八——一六三九）的
妮古錄四卷、董其昌（一五五五——一六三六的）畫禪室隨筆四卷、李日華（一五六
五——一六三五）的味水軒日記（編成於萬曆四十四年，一六一六），則都把對於歷
代書畫名蹟的記錄、批評、或描述，混記於一書之中。

　　這一類的書籍，到了淸代尤覺繁夥。在淸初完成的，有孫承澤（一五九二——一
六七六）的庚子銷夏記八卷（編成於順治十六年，一六五九）、吳其貞的書畫記六卷
（編成於康熙十六年，一六七七）、高士奇（一六四五——一七〇四）的江村銷夏錄
三卷（編成於康熙三十二年，一六九三）和繆曰藻（一六八二——一七六一）的寓意
錄六卷（編成於雍正十一年，一七三三）。完成於淸代盛期的則有陸時化（一七一四
——一七七九）的吳越所見書畫錄六卷（編成於乾隆四十一年，一七七六）、陳焯的
湘管齋寓賞編十二卷（編成於乾隆四十七年，一七八二）。編成於淸代中期的，則有
潘世璜的須靜齋雲烟過眼錄一卷（編成於道光九年，一八二〇）、張大鏞的自怡齋書
畫錄三十卷（編成於道光十二年，一八三二）、陶樑（一七七二——一八五七）的紅
豆樹館書畫記八卷（編成於道光十六年，一八三六）、胡積堂的華嘯軒書畫錄二卷（編
成於道光十九年，一八三九）。完成於淸代末期的，則有韓泰華的玉雨堂書畫記四
卷（編成於咸豐元年，一八五一）、蔣光煦的別下齋書畫錄四卷（編成於同治四年，
一八六五）、李佐賢的書畫鑑影二十四卷（編成於同治十年，一八七一）、方濬頤的
夢園書畫錄二十四卷（編成於光緒元年，一八七五）、謝堃的書畫所見錄三卷（編成
於光緒六年，一八八〇）、葛金烺的愛日吟廬書畫錄四卷（編成於光緒七年，一八八
一）、陸心源（一八三四——一八九四）的穰梨館過眼錄四十卷（編成於光緒十八年，
一八九二）、和邵松年的古緣萃錄十八卷（編成於光緒二十九年，一九〇三）。總
之，有關於歷代書畫著錄的書籍，自宋迄淸，歷時千年，始終不逾分錄與合錄等二編
輯原則。就上舉淸代的書畫錄而言，採用分錄原則的有五種，採用合錄原則的有十八

種，二者之比例爲一比四‧五。可見分錄與合錄等二原則固同時出現於宋代，但到清代，採用合錄的却遠較分錄者爲多。

(2)

廣東五位收藏家藏品目録的編輯，也與上述合錄、分錄的編輯原則緊密相關。譬如葉夢龍（一七七五——一八三二）的風滿樓書畫錄四卷（大約編成於道光二十年，一八四○），將對歷代書法與畫蹟的記録，採取分別編輯的方式。而吳榮光（一七七三——一八四三）的辛丑銷夏錄五卷（編成於道光二十一年，一八四一）、潘正煒（一七九一——一八五○）的聽颿樓書畫記五卷（編成於道光二十三年，一八四三）與聽颿樓書畫續記二卷（約成於道光二十九年，一八四九）、梁廷枏（一七九六——一八六一）的藤花亭書畫跋四卷（編成於咸豐五年，一八五五）、和孔廣陶（一八三二——？）的嶽雪樓書畫錄五卷（編成於咸豐十一年，一八六一），則皆爲將對歷代書法與畫蹟之記録，合錄於同一書籍之中。故此五家的藏畫目録，採用分錄原則的僅一種，採用合錄原則的則有吳、潘、梁、孔等四種。其一對四之比例，似乎也與整個清代書畫錄在編輯原則上，合錄與分錄者構成一對四‧五的比例接近。

廣東的五位收藏家的書畫錄的編輯方法，也十分值得注意。中國的書畫錄的編輯方法，從明代中葉（暫以十六世紀爲時間上的分野）開始，也可分爲兩類。成於宋元兩代及明代前期的書畫錄，大多具有下述三特徵：

一、對畫面的景物只作簡單的記述。

二、對畫面上（或畫面以外）的題跋，大多只記録題跋人的姓名。

三、對畫面上（或畫面以外）的印章，大多只記録使用者的姓名。

易言之，題跋的內容與印文的內容（與印章的形狀）在明代中葉的萬曆時代以前，書畫錄的編輯人都只予有限度的注意。從萬曆時期開始，中國書畫錄的編輯，對題跋而言，創舉甚多。首先，朱存理在其鐵網珊瑚中不但記録了畫家自己的款識短題，而且對畫面上或畫面以外的，收藏家的或畫家的朋友的、文字較長的題跋，也詳細的爲之一一記録。通過這些記録，遂可對每一幅的產生的背景，流傳的經過，和他人對該圖的觀感，得到清楚的認識。對過去數百年的書畫錄的編輯方法而言，朱存理的編輯

方法無疑是一種革命性的創擧。所以在鐵網珊瑚刊行以後，固然還有一些書畫錄仍然採用傳統的方式，而對朱存理的編輯方法漠然視之，但接受了朱存理的新方法的人，似乎不但更快，而且更多。汪砢玉在崇禎十六年編成的珊瑚網畫錄，就是首先採用這種新的編輯方法而編成的，一部更重要的書畫錄。因爲在這一部書裏，汪砢玉不但接受朱存理的方法而詳細的記錄了每一幅畫上的題語，而且更記錄了每一幅的質地與形式。雖然後者是朱存理所沒注意到的。

　　到了清初，卞永譽的式古堂畫考則在編輯方法上更具意義。第一，他不但按照朱存理和汪砢玉的編輯方法而記錄了畫幅的質地、形式與畫面上的題跋，而且更對畫面上或畫面以外的印章作詳細的記錄。印章的使用，雖可上溯於唐，然而畫家對印章的普遍使用，似乎還是從明代開始。特別是當何震的皖派繼承了浙派（創始於文彭，即鈐山堂書畫記之著者）而爲明清之際的許多文人刻治了大量的印章以後，印章的使用，遠超前代。卞永譽可能就因爲觀察到印章的重要性的逐日擴張，因而開始對古代畫蹟上的印章加以著錄。他對印章的記錄方法有三種：

　　一、把印文按照原有的排列順序，用楷書的釋文來重新排列。

　　二、在楷書的釋文之外，以方形或長方形來表示印章的原有形狀。

　　三、在印章之文，用小字加註，說明每一印的刻法（陽文稱朱文，陰文稱白文）

　　卞永譽對書畫錄編輯方法的另一個貢獻，是記錄了每一幅書法與畫蹟的面積。汪砢玉雖然在其珊瑚網畫錄中已經對書畫的質地有所記錄，卻還沒有注意到尺寸的重要。被明代的書畫錄的編輯人所忽視的這一個問題，要到清初當卞永譽編輯式古堂書考與式古堂畫考時，才被加以充份的注意。因此，他旣承襲了明代書畫錄的優點而對畫幅的質地、形式以及畫上的題跋加以記錄，又按照他自己的意見而增加了對畫幅尺寸與畫幅上的印章的記錄。在書畫錄體制的發展史上，卞永譽的式古堂畫考，可說是第一部完美的書畫錄。連清宮御藏的書畫目錄石渠寶笈（初編成於乾隆十年，一七四五，二編成於乾隆五十八年，一七九三，三編成於嘉慶二十二年，一八一七）也全都採用卞永譽所創始的編輯方法。所以中國書畫錄的編輯方法，在明代萬曆之前是偏重敍述的。萬曆之後的書畫錄才是偏重記錄性的。明人對書畫錄的編輯方法的貢獻，是創始對畫面的題識與對畫的質地與形狀的記錄，而清人對書畫錄的編輯方法的貢獻，

是創始對畫面的印文與對畫的尺寸的記錄。一定要到題跋、印章、質地、大小和形式等五要素都一覽無餘的得到記錄以後，這樣的書畫錄才正式具備成爲一個藏品目錄的條件。

卞永譽在康熙二十一年（一六八二）所完成的式古堂畫考與式古堂書考，雖是中國書畫錄的編輯史上最完美的著作，可是也有些在式古堂畫考刊行以後才完成的書畫錄，如迮朗的三萬六千頃湖中畫船錄（編成於乾隆六十年，一七九五），盛大士的溪山臥遊錄（始成於嘉慶二十一年，一八一六，作跋於道光十三年的一八三三），黃崇惺的草心樓讀畫集（無成書時日，然據光緒二十七年，即一九〇一，譚廷獻序，黃崇惺與譚廷獻爲舊友，則亦是同光間人），都按照明代萬曆以前的編輯方法而編成。他們既不記錄畫幅尺寸與印章，而對於畫面的題識與印章，也常常只記題跋人與使用人的姓名。對於題跋與印文的內容也毫不記述。不過迮朗、盛大士、黃崇惺等人的著作只可算是特例。在式古堂畫考問世以後，一般的書畫錄都已採用卞永譽的編輯方法了。

如前述，廣東五位收藏家的藏品目錄，雖在編輯的原則上意見分歧（葉夢龍採用分錄原則；吳、潘、梁、孔採用合錄的原則），但在編輯的方法上，這五家的藏品目錄却無不與清代絕大多數的書畫錄一樣；而把畫的質地、面積、形式以及畫上的題跋和印章等五要素，完全加以詳細的記錄。易言之，這五位收藏家在編輯他們自己的藏品目錄之際，在編輯方法方面，意見是一致的。

把握質地、面積、形式、題跋、印章等五要素的體例雖首倡於卞永譽，但根據粵東五位收藏家的藏品目錄裏的「凡例」而論，這五種藏品目錄體例的來源，似不是卞永譽的式古堂畫考，而是比式古堂畫考更晚的，高士奇的江村銷夏錄。這一看法，可以吳榮光的辛丑銷夏記的凡例爲據而得證實。茲舉凡例裏的兩則以爲說明：

「江村銷夏錄首重卷册尺寸。」

又說：「江村所載圖記，不可摹入，但用楷書加圈，其法最善……今從之。」

「余生當太平盛世，不過借林下餘閒以消永日，故概從江村。」

按式古堂畫考成於康熙二十一年，高氏江村銷夏錄成於康熙三十二年。其間相距十有一年。卷册的尺寸的紀錄，以及對印章的楷釋，和以長方形和正方形表現印章形狀，卞氏早在康熙二十一年已經使用。故「首重卷册尺寸」既不如吳榮光所說的始於

江村銷夏錄，而以「楷書加圈」的方式來記錄畫面上的印章的、被吳榮光稱讚爲「善」的方法，其實也非自高士奇始。高士奇只是最先使用卞永譽的體例的書畫錄編輯人之一。不過以此二家之著作而論，無論在經史或在詩文方面，高士奇著作的數量都遠過卞永譽（註一），而且高士奇在鑑賞方面的名氣也遠過卞永譽。可能就因爲這些原因，所以吳榮光只注意到高士奇的江村銷夏錄而忽略了卞永譽的式古堂畫考。故吳榮光的辛丑銷夏記編輯方法，便概從江村銷夏錄。吳榮光所採取的編輯方法固然是書畫錄中最完美的一種，但他僅知高士奇而不知卞永譽，似乎近於捨本逐末。這是美中不足的。

比辛丑銷夏記成書猶早的是葉夢龍的風滿樓書畫錄。可是葉夢龍並沒有編輯凡例，所以他對於尺寸、質地、形式、印、題等五要素的把握，究竟是受到卞永譽還是高士奇的影響，則不可知。然而，在另一方面，葉夢龍不但與吳榮光的私誼甚篤，而且葉、吳二人後來又結爲姻親（註二）。此後，在道光中期，二人先後歸老田園，同居廣東南海。推想二人必可時常見面。也許風滿樓書畫錄的編輯，便因爲葉、吳二者之私交，而使葉夢龍受到吳榮光的影響。因此葉夢龍對於五要素的把握，可能也和吳榮光一樣，是受到高士奇的影響，而不是直接承襲卞永譽。

與風滿樓書畫錄和辛丑銷夏記的成書時期最近的是潘正煒的聽颿樓書畫記。在潘正煒的自序裏，有一段話很重要：

> 「自古選歷代名人書畫，裒成一集，蓋始於明都氏穆寓意編。繼之者則以朱氏存理珊瑚木難，張氏丑清河書畫舫爲最著。國朝孫退谷有庚子銷夏記，記所藏並及他人所藏。高江村有銷夏錄，記所見，兼詳紙、絹、册、軸、長、短、廣、狹，而自作題跋，亦載入焉。近日吳荷屋中丞有辛丑銷夏記，其體例蓋取諸孫、高兩家。於余所藏，亦選數種，刻入其中。並勸余自錄所藏，付諸剞劂，爰倣其例，輯爲此編。」

潘正煒的這篇序文，頗有值得注意的地方：

第一、他對清初的書畫錄，僅僅列舉了孫承澤的庚子銷夏錄與高士奇的江村銷夏錄。根據這一事實，潘正煒對於卞永譽的式古堂書畫考，如果不是不知道，至少是不加重視。這一態度，與吳、葉二家對式古堂書畫考的漠視，是毫無二致的。

第二、潘正煒雖然自嫌其聽颿樓書畫記的編輯，是摹倣吳榮光的辛丑銷夏記，其

實這只是一種比較禮貌的措詞。辛丑銷夏記的卷首清楚的註明，此書是由吳榮光撰寫，但由其弟吳彌光、瞿樹辰、和潘正煒同訂的。意思就是吳榮光在編輯辛丑銷夏記的過程之中，曾經參考過潘正煒的意見。那麼，聽颿樓書畫記的編輯，如說是摹倣吳榮光的藏品目錄的體例，毋寧說是按照潘正煒自己的意見更爲恰當。

　　第三、如果此一推測近於情理，則潘正煒在其聽颿樓書畫記的自序之中，要以高士奇的江村銷夏記作爲清代的書畫錄的代表著作的一種，是由於他對此書的推重，正和吳榮光的看法一樣。此外，或者是由於他曾參與辛丑銷夏記的校訂工作，因爲受到吳榮光的影響，所以對於高士奇的著作也特別看重。

　　第四、潘正煒又把孫承澤的庚子銷夏記與高士奇的江村銷夏記一同列爲足以代表在清初編成的書畫錄的著作。這一意見極值注意。按孫書之成，雖在順治十六年庚子（一六五九），然問世不過半百，已由康熙朝的江南名士何焯（一六六一———一七二二）爲之校訂（註三）。同時到了乾隆時代，既先後由當時的名士如鮑廷博（一七二八———一八一四）、和余集（一七三八———一八二三）、盧文紹（一七一七———一七九五）等人爲作序跋（註四），同時更由鮑廷博以之編入由他所刊印的知不足齋叢書之中（註五），來爲之推廣。稍後，到乾隆四十八年（一七八三），清廷官修的四庫全書總目提要修成，也對孫氏此書，頗有好評（註六）。可見在從順治十六年到乾隆四十八年的這一百二十四年之間，在書畫鑑賞方面，無論是在江南，殆在京畿，或者無論是公是私，無不都把孫承澤的庚子銷夏記列爲一部重要的參考書。可是在廣東，情形就有點特別。大概到乾隆時代爲止，廣東的士人卻一直沒注意過庚子銷夏記。吳榮光與葉夢龍這一對姻親，雖然都在嘉慶與道光時代仕於京師，他們似乎也都沒有注意過庚子銷夏記的價值。所以吳榮光在推擧清代的書畫錄的代表著作的時候，只讚揚高士奇的江村銷夏錄，對於孫承澤的庚子銷夏記卻是隻字不提的。直到道光二十三年（一八四三），潘正煒寫其聽颿樓書畫記的自序，方第一次把孫、高二書，賦予同等的注意。易言之，孫承澤的庚子銷夏記雖在問世五十年之後，已引起江南學者的注意，卻要到問世一百八十四年之後，才引起廣東鑑藏家的注意。如果把高士奇的江村銷夏記介紹給廣東的收藏家，是吳榮光對其故鄉的一種貢獻，則潘正煒對於孫承澤的庚子銷夏記的介紹，也同樣得視爲他對廣東的收藏家的貢獻之一。也許正因爲潘正煒對庚子銷夏記的

鄭重介紹，引起了其他兩位粵籍收藏家的注意，因之，儘管在嘉慶與道光時代，早期的廣東收藏家（吳榮光、葉夢龍）對庚子銷夏記的價值未能有深入的認識，可是到了咸豐時代，晚期的廣東收藏家（梁廷枏與孔廣陶）似乎都對孫承澤的庚子銷夏記，甚表敬意。這一點，由梁、孔二家對其藏品目錄的編輯便可看出個中的消息。

現在試看梁廷枏的藤花亭書畫跋與孔廣陶的嶽雪樓書畫錄的編輯體例。按前書有梁廷枏在咸豐五年（一八五五）所寫的自序。其序之末節云：

> 「今重來省次，杜門卻軌……刪而存此……爰有是刻。或以比孫、高二書，則不惟非所敢望，體例亦多殊焉。」

所謂孫、高二書，直指孫承澤的庚子銷夏記與高士奇的江村銷夏記，自不待言。梁廷枏雖說以其所編之書畫跋與孫、高二書相比，是旣不敢也不宜的事，據此仍可推見在其心目中，孫、高二記必然具有極高的地位，否則他爲何不以其藤花亭書畫跋與卞永譽的式古堂畫考相比，而必取與庚子、江村二記相比？根據梁廷枏的這幾句話，可以清楚的看出來，孫承澤的庚子銷夏記雖因潘正煒的鄭重介紹，而在時代稍晚的廣東收藏家的心目中，成爲可與高士奇的江村銷夏記並駕齊驅的一部藏畫目錄，另一方面，卞永譽的著作似乎仍與在吳榮光的時代一樣，並沒有受到重視。甚至於根據這一邏輯，卞永譽的式古堂畫考是否確爲梁廷枏之所知，似乎也值得懷疑。

至於孔廣陶的嶽雪樓書畫錄的編輯方法的來源，似見於黎兆棠的序。其序云：

> 「懷民（廣鏞）、少唐（廣陶）兩昆玉，藏書籍甲粵中……其暇倣孫退谷、高江村銷夏錄之體，以著此錄。」

可見嶽雪樓書畫錄編輯方法的來源，也不外乎孫、高二書。由葉夢龍開始編輯風滿樓書畫錄到梁廷枏編輯藤花亭書畫跋，和到孔廣陶編輯嶽雪樓書畫錄，其間分別相距十五年和二十年。在這二十年之中，除了孫承澤的庚子銷夏記由於潘正煒的發現而得到更多的重視，與梁廷枏的藤花亭書畫跋，與孫、高二書略有差異而外，到孔廣陶編輯他的藏品目錄時，其體例似乎卽使不沿庚子與江村等二銷夏記之舊例，至少也與卞永譽的式古堂書考無關。總之，關於粵中五家的藏品目錄，他們雖然採用了書畫錄裏的新體例，卻沒有參考創始這種體例的學者的著作。數典而忘祖，這不得不視爲書畫錄編輯史上很不合情理的事。

(3)

　　如上述，廣東五位收藏家的藏品目錄，雖然全都按照清代新興的書畫錄的編輯方法而編成，必須指出，在這五位收藏家的藏品目錄中，都可發現錯誤或者缺陷。

　　這些錯誤與缺陷，大致可分三類：卽編輯方法的不當、校對上的疏忽、與年代上的錯誤。現在逐條討論：

甲、編輯方法的不當

　　辛丑銷夏記對於同一位畫家的作品的著錄，大半把它們集中在一齊。可是他至少對下述二畫家的作品的著錄，把它們分列二處。讀者在使用辛丑銷夏記時，便不免有混亂的感覺。譬如此書卷四一共著錄了兩件倪瓚（一三○一———一三七四）的作品。優鉢曇花圖見於辛丑銷夏記卷四的二十二頁（後頁），而鶴林圖則見於同一卷的四十一頁的前頁。其間相差近二十頁。吳榮光就用這些篇幅先後著錄了龔璛、馮海粟、和鱉巘等三家的書法立軸，與一件包括了劉有慶、范梈、歐陽應、虞集、吳全節、和柳貫等六家之墨蹟的書法手卷。此外，吳榮光又在這將近二十頁的篇幅之中，著錄了吳鎮（一二八○———一三五四）的漁父圖與王紱（一三六二———一四一六）的墨竹。既然倪瓚的優鉢曇花圖與鶴林圖，同樣的都是紙本的立軸，我們看不出任何理由吳榮光一定要在著錄了優鉢曇花圖之後，先後著錄四件別的書法和其他畫家的兩件作品，然後才繼續著錄鶴林圖。

　　相同的混亂又見於吳榮光對王紱的三幅畫的著錄。在辛丑銷夏錄的卷四，吳榮光先著錄了王紱的高粱山圖，接着又著錄了倪瓚的山水小軸。此後，卻在介紹了其他的五位畫家（王冕、王蒙、黃公望、倪瓚、和吳鎮）與十位書法家（龔璛、劉有慶、范梈、歐陽應、虞集、吳全節、柳貫、馮海粟、和鱉巘）的畫蹟與書法之後，才繼續著錄王紱的墨竹。吳榮光雖把對於倪瓚的兩件作品與對王紱的三件作品的著錄，分到兩個毫不相干的地方，卻又在另一方面，把對於錢選的，與對於趙孟頫的四件作品的著錄，集中在一齊。爲什麼吳榮光要對錢選與對趙孟頫的作品加以連續性的著錄，而對倪瓚與對王紱的作品的著錄，要夾插對別的書畫家的作品的著錄於其間？總之，吳榮

光對於同一位畫家的兩件以上的作品的著錄，時而採用連續式，時而採用分隔式，足
證其書對著錄同一位畫家的作品的方式，並無統一的原則。這種分隔與連續式的並
用，不但爲讀者造成閱讀上的不便，而且更形成一種感覺上的混亂。這些不便與混亂
的出現，不能不說是由於吳榮光對於編輯方法處置的不當。

在潘正煒的聽颿樓書畫記與其續編中，以及在梁廷枏的藤花亭書畫跋之中，又可
發現一種與出現在辛丑銷夏記中的類型不同的，編輯方法上的缺陷。

聽颿樓書畫記共五卷。目錄中所記載的書畫，都見於相當的卷數的正文之中。只
有卷五有些例外。據此書目錄，卷五共錄書畫名蹟四十六件（每一冊亦暫以一件計
算）。但卷五的正文，卻只著錄了三十七件。目錄中的最後十件是：

1. 宋元人山水冊
2. 宋巨然山水軸卷
3. 明沈周赤壁圖卷
4. 明謝時臣山水冊
5. 明倪鴻寶畫冊
6. 明（？）李玉鳴楷書冊
7. 人物毛詩圖卷
8. 明邢子原石軸卷
9. 清惲南田牡丹軸卷
10. 宋錢希白清介圖卷

都不見於聽颿樓書畫記卷五的正文。同書的續編分兩卷。據其目錄，卷下共著錄
書畫名蹟七十四件(每一冊亦暫以一件計算)。但卷五的正文卻只著錄到第六十二件：
黎簡山水長軸。後從六十三件開始，以下的十二件：

1. 王翬倣王蒙軸
2. 王原祁富春山軸
3. 王原祁倣黃倪山水軸
4. 王原祁倣古山水橫幅
5. 王鑑雲壑松陰圖軸
6. 王鑑層巒聳翠圖軸
7. 王翬夏口待渡圖
8. 方士庶山水人物花卉冊
9. 華嵒花卉翎毛掛屏
10. 王時敏倣黃大癡軸
11. 梁佩蘭行書詩軸
12. 錢載水墨蘭竹軸

亦都不見於續編卷下的正文。在作者所可見到的三種不同的版本之中，無論是手
抄本（註七）、木刻本（註八）、還是排印本（註九），聽颿樓書畫記的卷五的正文，都缺
少對由宋元人山水冊到宋錢希白清介圖等十件書畫的記錄。而在同書的繼編的卷下，
其正文也完全沒有對由王翬的倣王蒙軸到錢載的水墨蘭竹軸等十二件書畫的記錄。對

於同一件畫蹟，目錄載其畫家姓名、畫蹟名稱與形式，正文却對這些畫蹟，毫無記錄，編輯上的前後不符，不能不說是一種缺陷。而且這種缺陷並非由於版本的不同，而是由於編輯上的疏忽。

同樣的缺陷亦見於梁廷枏的藏畫目錄。據其藤花亭書畫跋的卷四的目錄，此卷共列書蹟與畫蹟的名稱一百六十六件。在第一百二十四件的畫名之下，梁廷枏曾用四個小字「以下未刻」爲註。可見從第一百二十五件（方風幾山水）開始，正文都沒有記錄。這一缺陷雖與在聽颿樓書畫記中所出現的缺陷的類型如出一轍，却稍有「程度上」的差異。對於這一「程度上」的差異，本文當然要稍做解釋。

在藤花亭書畫跋的卷五的目錄之中，梁廷枏於所記錄的第一百二十四件畫（芳荀遠山水）的畫名之下，曾用四個小字（「以下未刻」）爲註，而標明從第一百二十五件開始，其記錄皆未刻於正文之中。讀者在檢閱目錄之際，旣發現「以下未刻」等四字，遂可明瞭正文對畫蹟的記述，只到第一百二十四件爲止。從第一百二十五件開始，目錄雖載其名，正文却無與對一百二十四件所作的相同的記錄。心理上乃有所準備。

但在聽颿樓書畫記或聽颿樓書畫續記的目錄之中，潘正煒却並沒有任何小註，說明何者未刻。讀者對於同一畫蹟的只見於目錄而不見於正文的那一缺陷，遂無任何心理上的準備，從而認爲正文對畫蹟的記錄必與目錄對畫名的記錄相符。因此，當其讀者在聽颿樓書畫記的卷五的正文或其續記卷下的正文，查不到對宋元人山水册那十件，或對王翬的倣王蒙軸等十二件畫蹟的記錄，却又在這兩卷的目錄中，發現這二十二件畫蹟的畫名之際，便分外的感到迷亂與失望。

總之，在上概述二藏畫目錄中，就其目錄與正文不符的缺陷而言，梁潘兩家的類型並無不同，只是在缺陷的程度上，梁目似較潘目稍輕而已。因此，在正文中缺少由目錄所記載的畫蹟的記錄，是廣東收藏家對其藏畫目錄的編輯上的錯誤的第二種。

乙、校對上的疏忽

至於廣東收藏家的藏畫目錄的第二錯誤——校對上的錯誤，似也可首先列舉吳榮光的辛丑銷夏記。此書對於校對的疏忽，可見於下舉之二例。康熙五十一年，吳升編

就其名著大觀錄二十卷。吳榮光對於吳升的大觀錄是否曾經詳讀，不得而知。但當吳榮光獲得倪瓚的優鉢曇花圖，不但曾用大觀錄對倪瓚此圖的著錄而與原圖上的題跋，詳加校勘，並且在他自己的跋語中，提到吳子敏之名（註一〇）。吳榮光既然知道吳升的字是子敏，不會不知道吳升。可是在其辛丑銷夏記裏，他居然把吳升的姓名記錯了。在此書卷五，他不但著錄了仇英的玉洞仙源圖，而且更說：

「王升大觀錄亦載有實父玉洞仙源圖」（註一一）。吳榮光既在辛丑銷夏錄卷四說過大觀錄的編者是吳子敏（註十二），而在同書之卷五却又把大觀錄的編者記爲王升（註一三）。然據清初顧復的平生壯觀卷三（有康熙三十一年，一六九二年，徐乾學序），王升却是南宋初年的書法家。可見由於吳升與王升的一字之差，吳榮光竟把一位清初的書畫目錄的編輯人，變成南宋初年的書法家。但是把吳升誤記爲王升，應該不是由於吳榮光的見聞不足，而是由於他自己的筆誤，或者是由於在刻版時所產生的錯誤。

辛丑銷夏記裏還有若干由於校對不精而產生的錯誤。現藏兩例爲證。第一例，此書卷二了一件宋元山水册。該册之第三幅是梁楷的枯樹寒雅圖（註一四）。這個「雅」字顯然是「鴉」字的筆誤。第二例，此書卷五不但著錄了仇英的玉洞仙源圖（註一五），而且更引用了卞永譽與安歧對此圖的描述。在所引的卞永譽的文字中，有一句：「一仙老琴書跌坐」，這個「跌」字顯爲「趺」字之誤。但在所引的安歧的文句中（註一六），這個趺字，並沒有錯。看來好像卞永譽的原文之中有一錯字。可是細檢卞求譽的式堂書考（註一七），其原文所用的也是「趺」而不是「跌」。足見卞氏的原文無誤，被吳榮光引用以後，却產生了錯字。吳榮光對於這種校對上的錯誤，是應該是負全責的。

在十九世紀的廣東藏畫家的藏品目錄中，上舉的校對上的錯誤，又見於梁廷柟的畫目。茲舉二例以資說明。

藤花亭書畫跋卷一的正文，記錄了元初錢選的三卷畫（註一八）。錢選的字是舜舉。梁廷柟對這位元初的畫家的記錄是錢舜舉而不是錢選，並沒有錯誤。可是卷一的目錄却把錢選的字，記爲信舉。如果兩次是舜舉，一次是信舉，這一校對上的疏忽，似可原諒。然而藤花亭書畫跋卷一的目錄，却連續三次把舜舉誤記爲信舉。梁廷柟竟有這樣嚴重的校對上的疏忽，這是不可原諒的。

　　此外在藤花亭書畫跋卷四的目錄中，其第一百二十四件是芳荀遠的山水。清代的畫家雖多，却沒有以芳爲姓的畫家（註一九）。但在雍正時代與乾隆時代初期，却有一位長居揚州的安徽籍的畫家方士庶（一六九二——一七五一）。方士庶的字是循遠（註十九）。梁廷枏在其藤花亭書畫跋中，對於任何畫家的姓名的記錄，一律用其字而不用其名。所以這位找不出來歷的芳荀遠極可能是方循遠之誤。如果此一推測無誤，梁廷枏不但把這位皖籍畫家的字記錯了，就連其名也弄錯了。這樣不可原諒的嚴重的錯誤，也是由於校對的疏忽。幾乎完全一樣的錯誤，又見於潘正煒的藏畫目。在聽颿樓書畫續記卷下的目錄中，出現了方洵遠之名。不用說這位方洵遠自然就是籍出安徽而活動於揚州的方循遠。如前述，在編輯的錯誤方面，潘正煒的錯誤的程度大於梁廷枏。可是在校對的疏忽方面，梁廷枏的錯誤的程度又大於潘正煒了。

丙、年代上的錯誤

　　關於廣東收藏家的藏品目錄中，究有多少年代上的錯誤。作者未有深確的調查。但這種錯誤，至少已可發現於吳榮光的辛丑銷夏錄。按吳榮光的最重要的著作有兩種，一爲歷代名人年譜，其書凡十卷，編成於道光二十三年（一八四三），卽其下世之年。另一種就是辛丑銷夏記，凡五卷。其書雖然比歷代名人年譜的成書時期略早（道光二十一年，一八四一），其實也不過是在他逝前二年才得完成的。易言之，吳榮光的最重要的著作，都完成在他晚年的最後三年。可惜這兩部著作，都有些錯誤。關於歷代名人年譜裏的年代上的錯誤，固然早在十年之前，已經專家指出（註二一）。遺憾的是在其辛丑銷夏記裏，也有很可笑的年代上的錯誤。例如此書卷四第四頁記載了吳榮光自己寫在錢選梨花卷後的題跋：

　　　　「此卷余以丙戌入都得見之。今與法藏禪師手札卷同爲琴山農部所藏。……
　　　　道光甲戌十二月九日吳榮光題。」

　　按丙戌爲道光六年（一八二六）。在丙戌之後的道光時代，並無甲戌年。與甲戌二字有關的有甲午（一八三四）、戊戌（一八三八）和甲辰（一八四四）。可是吳榮光逝於甲辰之前一年。甲辰雖然不必考慮，而甲午與戊戌的干支也都與吳榮光自己的題跋裏的干支不符。看來他在錢選的梨花卷後的跋語中的所記的道光甲戌，應該不是

甲午（<u>道光十四年</u>）就是戊戌（<u>道光十八年</u>）的筆誤。在<u>道光十四年</u>，<u>吳榮光</u>是六十二歲，在<u>道光十八年</u>，則已六十六歲。總之，從<u>道光十四年</u>開始，<u>吳榮光</u>已經進入他自己的生命<u>史</u>裏的最後的十年。不管他所記的甲戌，究竟是誤寫於甲午年殆或戊戌年，這時候的<u>吳榮光</u>必然已經老態漸生。否則他絕不會在其<u>辛丑銷夏記</u>裏產生把他所經歷的年代的干支都記不清楚的錯誤。這種年代上的錯誤，如在印刷以前，經過精密的校對，似乎也完全可以避免。但<u>辛丑銷夏記</u>裏竟刻印了既非甲午亦非戊戌的<u>道光</u>「甲戌」。這證明他對此書的校對工作，的確是十分疏忽。

＊　作者自一九七二——一九七三年起，以三年爲期，由<u>香港大學亞洲研究中心</u>及<u>美國哈佛燕京學社</u>聯合贊助，撰寫<u>嶺南繪畫全史</u>。本年先撰第一卷廣東收藏家與其鑑賞。此卽該卷之一節。

註　一：據<u>清史高士奇傳</u>，<u>高士奇</u>的著作共有下列十種：

1. <u>經進文稿</u>	2. <u>天祿識餘</u>	3. <u>續書筆記</u>
4. <u>扈從日錄</u>	5. <u>隨輦集</u>	6. <u>城北集</u>
7. <u>淸吟堂集</u>	8. <u>春秋地名考略</u>	9. <u>左傳國語輯注</u>
10. <u>苑西集</u>		

此外根據<u>四庫全書總目</u>所錄，<u>高士奇</u>的著作在<u>江村銷夏錄</u>之外，還有下列六種：

1. <u>左傳記事本末</u>	2. <u>松亭行紀</u>	3. <u>塞北小鈔</u>
4. <u>北墅抱甕錄</u>	5. <u>金鰲退食筆記</u>	6. <u>唐詩掞藻編珠</u>

註　二：<u>吳榮光</u>在其自訂年譜（<u>南華社</u>據一九七一年，<u>香港中山圖書公司</u>翻印本）的<u>道光</u>八年（一八二九）條下註明：「三日，女<u>壹</u>適<u>葉應祺</u>」。並在應祺名下用夾行小註註明<u>葉應祺</u>是<u>南海</u>人。在<u>吳榮光</u>的藏品之中，有一卷<u>米友仁</u>的<u>雲山得意圖</u>（見<u>辛丑銷夏記</u>卷二），是一件很重要的畫蹟。在<u>吳</u>氏物故二十年後，此卷流爲<u>孔廣陶</u>的收藏。然據<u>孔</u>氏<u>嶽雪樓書畫錄</u>卷二，此圖上有一方印章，其印文爲「<u>南海女士葉吳小荷寫韻樓書畫之印</u>」。按<u>吳榮光</u>石雲山人集卷十七有「<u>小女祿卿畫四季花卉直幅誌題</u>」詩四首。其第二首第一句是「荷屋於今得小荷」。下有註：「號<u>小荷女史</u>」。則<u>壹</u>當是其女正名，祿卿爲其字，小荷爲其號。在上述印文之中，<u>小荷</u>在本姓之上，又冠夫姓。可見<u>雲山得意圖</u>是<u>吳榮光</u>送到<u>葉</u>家去的陪嫁品之一。大概正因爲<u>葉雲谷</u>也是古畫收藏家，<u>吳榮光</u>方肯以此卷名畫作爲<u>吳壹</u>的嫁粧。

註　三：<u>何焯</u>的庚子銷夏記校文，於文末繫款<u>康熙</u>癸巳。其年合爲<u>康熙</u>五十二年（一七一三）。<u>何</u>氏校文見<u>古學彙刊</u>第二集，第五册，上海，<u>國粹學報社</u>印行，民國十二年（一九二三）出版。臺灣<u>力行書局</u>有翻印本（另有頁數編號。在此翻印本中，校文是頁數爲二五八五——二六〇一）。

註　四：按庚子銷夏記所附<u>鮑</u>跋，成於<u>乾隆</u>二十年（一七五五）、<u>余</u>跋、又<u>盧</u>序，皆成於<u>乾隆</u>二十六年（一七六一）。

註　五：按知不足齋叢書凡卅八集。其四集曾收<u>孫</u>氏閒者軒帖考（其書分附於庚子銷夏記卷末），未收此記。然知不足齋別刊本則收之。其書今又有<u>乾隆</u>二十六年別刊本。

註　六：見四庫全書總目提要卷一百十三，子部二十三，藝術類第二。其評論不詳引，但引其末句云：「其人

可薄，其畫未可薄也」，以見大概。

註　七：按香港大學馮平山圖書館藏有聽颿樓書畫記及其續編之手抄本。

註　八：香港大學馮平山圖書館藏有聽颿樓書畫記及其續編之木刻印。前者五冊，後者二冊，皆缺卷首。故其初次刊印之時、地不明。

註　九：聽颿樓書畫記及其續記的排印本，皆見於由鄧實與黃賓虹所合編的美術叢書，第四集，第七輯。此書原在宣統三年辛亥（一一九一〇）由國粹學社初版刊行，至戊辰二版，現據民國三十六年（一九四七年）神州國光社之第四版本。

註一〇：辛丑銷夏記卷四（頁二十二後頁——二十三前頁）在著錄了倪瓚的優缽曇花圖與原題於此圖上的，董其昌與乾隆帝的三段跋之後，接錄他自己的跋文。茲錄其首段：

「此幀與吳氏大觀錄所載合。蓋自程季白後，爲吳子敏所見。旋入內府……。」

既說「此幀與吳氏大觀錄所載合」，足見吳榮光曾經使用吳升的大觀錄對此圖上題跋的記載，與原蹟上的題跋，來作對勘的工作。

註一一：見辛丑銷夏記卷五，頁五十四（後頁）。

註一二：見辛丑銷夏記卷四，頁二十二（前頁）。

註一三：見辛丑銷夏記卷五，頁五十四（後頁）。

註一四：見辛丑銷夏記卷五，頁三十九（前頁）。

註一五：見註一〇。

註一六：安歧對玉洞柚源圖的記述，見其墨緣彙觀，卷三。然安歧於此圖稱桃源仙境圖，其名與吳氏所記者異。

註一七：見卞永譽式古書畫考卷三十七。此據民國四十七年（一九五八年）臺灣正中書局影印鑑古書社影印吳興蔣氏密約樓藏本。（正中書局未將原書頁數印出，最爲外行。此局將每二頁合爲一版，每版另予頁數）第四六九版下頁。

註一八：按此三卷各爲白頭，蘭圖見藤花亭書畫跋卷一，頁三十五（後頁），花果圖，見三十六頁（前頁）、籃花圖，見三十六頁（後頁）。

註一九：編於清代而且專門記述清代畫家傳記或姓名的著作，大致以下述五種爲最重要：

1. 張庚的國朝畫徵錄，正編三卷，續編二卷。據自其序，此書編成於雍正十三年（一七三四）。
2. 彭蘊璨（一七八〇——一八四〇）的畫史彙傳，七十卷，附錄二卷。
3. 馮津的歷代畫家姓氏便覽，七卷。道光六年（一八二六）刊印。
4. 魯駿的未元以來畫人姓氏錄，三十七卷。有道光十年（一八三〇）湯金釗序。
5. 竇鎮的清代書畫家筆錄，四卷。有宣統三年（一九一一）竇氏之自序。

但在以上諸書之中，皆無芳荀遠之名。

註二〇：按張庚國朝畫徵續錄卷下、秦祖永桐陰論畫卷下、皆記力士廉，字循遠。

註二一：見馮承基：「歷代名人年譜摘誤」，載於臺灣大學文史哲學報，第十二期（頁四五——五二），民國五十二年（一九六三）臺北。

A Note on Five Art Catalogues by Nineteenth-century Kwangtung Collectors

Before the nineteenth century, most Chinese antique collectors centred around the region of the Yellow and Yangtze rivers. Starting from the middle of the nineteenth century, certain Cantonese scholars serving in the North, as well as Cantonese merchants in the salt business, began to show an interest in antique objects. As a result, five art collections of considerable size were built up in Kwangtung, the southernmost part of China. Moreover these five collectors had all compiled catalogues for their collections.

From the Sung dynasty onward, two editing principles became commonly used in the compilation of Chinese art catalogues. One was to divide the record of calligraphy from that of painting, so that they formed two independent sections. The other was to combine the records of calligraphy and painting into one chronicle. These two principles had been in use ever since the Sung dynasty. However, during the Ch'ing dynasty, the number of catalogues that were compiled in accordance with the combination principle far exceeded those that followed the separate section principle. The ratio between them was approximately 1:4.5.

Among the art catalogues of the nineteenth century Cantonese collectors, only Yeh Meng-lung's 葉夢龍 (1775–1832) *Fêng-man-lou-shu-hua-lu* 風滿樓書畫錄(4 vols. completed around 1840) was compiled in accordance with the separate section principle. The other four catalogues, namely Wu Yung-kuang's 吳榮光 (1773–1843) *Hsin-ch'ou-hsiao-hsia-chi* (5 vols. completed in 1841) 辛丑銷夏記, P'an Cheng-wei's 潘正煒(1791–1850) *T'ing-fêng-lou-shu-hua-chi* 聽颿樓書畫記(5 vols. completed in 1843) and *hsü-chi* 續記 (2 vols. completed in 1849), Liang T'ing-jan's 梁廷枏 (1796–1861) *T'êng-hua-t'ing-shu-hua-pa*藤花亭書畫跋 (4 vols. completed in 1855), and Kung Kuang-tao's孔廣陶 (1832–?) *Yüeh-hsüeh-lou-shu-hua-lu* 嶽雪樓書畫錄 (5 vols. completed in 1861), all abided by the combination principle. In the matter of editing principle, among the five Cantonese art catalogues, the ratio between the one that followed the separate section principle and those that conformed with the combination principle is 1:4, which is quite close to the 1:4.5 ratio between catalogues that followed either of these two principles through out the Ch'ing dynasty.

As to the editing methods used in Chinese art catatogues, there appeared three main characteristics before the Wan-li 萬曆 era (1573–1619) of the Ming dynasty, namely (1) brief description of subject matter in the painted proper; (2) only the names of those who had inscribed colophons on or outside the painted proper were recorded; (3) only the names of those who had stamped their seals on or outside the painted proper were recorded. It was Chu Ts'un-li 朱存理 who first recorded in his *Tieh-wang-shan-hu* 鐵網珊瑚 (first published in 1597, reprinted in 1610) the whole text of every colophon. However, Wang K'o-yü 汪砢玉 was the first one to record the format (hanging scroll, album, handscroll) and texture of each painting, something which Chu Ts'un-li had overlooked. Pien Yung-yü 卞永譽 of early Ch'ing further started to record the size of paintings, as well as the text and shape of all the seals that appeared on them. Being the first to grasp these five essential elements in art catalogue (i.e. inscription, text and shape of seal, texture and size of painting), Pien's influence was far-reaching. Even the art catalogue of the Ch'ing imperial collection followed his methods. Among the art catalogues that were privately compiled, the editing methods used in Sun Ch'êng-tsê's 孫承澤 *Keng-tzu-hsiao-hsia-chi* 庚子銷夏記 (completed in 1659) and Kao Shih-ch'i's 高士奇 *Chiang-ts'un-hsiao-hsia-lu* 江村銷夏錄 (completed in 1693) were the closest to those employed in Pien Yung-yü's *Shih-ku-t'ang-shu-hua-hui-k'ao* 式古堂書畫彙考 (completed in 1682).

Although a small number of art catalogues did not follow the five-essential-elements editing method initiated by Pien Yung-yü, the five Kwangtung collectors' catalogues, however, completely abided by Pien's way. Nevertheless these five collectors held Sun and Kao's catalogues in high esteem. Moreover, Wu Yung-kuang in the introductory remarks of his catalogue stated explicitly that his book was compiled by taking Kao Shih-ch'i's as his model. It is rather surprising that though the editing method used in these five collectors' catalogues was first introduced by Pien Yung-yü, yet it did seem that these Kwangtung art collectors had no knowledge of Pien's work.

Unfortunately the five Cantonese collectors all committed certain errors in their catalogues. These errors can generally be categorized as:

(1) Improper editing method. For example, there are two works by Ni Tsan 倪瓚 (1301–1374) and three works by Wang Fu 王紱 (1362–1416) recorded in the *Hsin-ch'ou-hsiao-hsia-chi*. However following the introduction of Ni Tsan's first painting, Wu Yung-kuang recorded six paintings by other painters, and

then continued with Ni's second painting. Similarly, he inserted the introduction of eight pieces of work by other artists between the texts recording Wang Fu's first two paintings and the third one. Yet in his introduction of Ch'ien Hsüan 錢選 and Chao Mêng-fu 趙孟頫, their four paintings were all grouped together, without being interrupted by the record of works of other painters. From this it can be seen that Wu Yung-kuang was inconsistent in the matter of editing methods. His way of separating the record of works by Ni Tsan and Wang Fu is most confusing to the reader.

(2) Carelessness in proof-reading. It is well known that Wu Sheng 吳升 was the author of the famous art catalogue *Ta-kuan-lu* 大觀錄, which was completed in early Ch'ing. Wu Yung-kuang once mentioned Wu Sheng in his catalogue *Hsin-ch'ou-hsiao-hsia-chi* by the latter's literary name Tzŭ-min 子敏. Since he knew Wu Sheng's literary name, evidently he must have known Wu's personal name. However in another passage in the same catalogue he recorded Wu Sheng as Wang Sheng 王升. And in the same way, he mistook "wu-ya 烏雅" for "wu-ya 烏鴉". In the case of *Têng-hua-t'ing-shu-hua-pa*, Liang T'ing-jan correctly recorded the literary name of Ch'ien Hsüan as Shun-chü in the text, but in the list of contents, it was found that "Shun-chü 舜舉" had been misprinted as "Hsin-chü 信舉" for three times.

(3) Chronological discrepancy. In *Hsin-ch'ou-hsiao-hsia-chi*, there is an inscription written by Wu Yung-kuang himself for the *Tzŭ-li-t'u* 賜梨圖. The date recorded at the end of this inscription is *chia-shu* 甲戌. Yet no such year could be found in the Tao-kuang era 道光. The stems and branches closest to *chia-shu* are *chia-wu* 甲午, *mt-shu* 戊戌, and *chia-ch'ên* 甲辰. However the year *chia'ch'ên* (1844) could be ignored, since by that time Wu Yung-kuang had already passed away. As to the other two dates, Wu was sixty-two years of age in the year *chia-wu* (1834) and sixty-eight by *mu-shu* (1838). It was then the beginning of the last decade before his death. By then he must have shown certain degrees of old age, and could no longer recall the correct date that he himself had lived through.

出自第四十五本第一分(一九七四年六月)

讀 清 世 祖 實 錄

黃 彰 健

　　清太祖的漢文文件未好好保存 ， 故清太宗時修太祖武皇帝實錄即主要取材於滿文檔。以係據滿文檔翻譯，故武皇帝實錄一書記明朝地名人名及朝鮮人的姓名，有時誤用同音或音近的字。如誤柴河堡爲釵哈、朴燁爲朴化、鄭應井爲張應京，董國雲爲董國胤，盧太監爲魯太監，即其例子。（參看健所寫與滿洲開國史有關論文，見史語所集刊三十七本pp.429、450、452、476、481）。

　　清太宗的漢文文件則好好保存 ， 故今存清太宗實錄稿記清太宗與袁崇煥來往書信 ， 即注明係根據漢文原件。清太宗的「書房日記」係用滿文紀錄，故今存清太宗實錄稿即有許多地方係據今存滿文老檔譯成漢文，然後再潤色。今本太宗實錄記明朝人及朝鮮人姓名，仍常誤用同音或音近的字。如清太宗實錄記：

　　　　崇德二年四月甲戌，和碩睿親王多爾袞遣蘇拜等奏報朝鮮國王諸子及大臣諸子家口數目。……尙書安以訓，侍郎樸魯、樸黃，武官李集思，文官李明順、米應夏、李澤高、甄類成、李奎。……（34/17b 華文書局影印本，下同）

以朝鮮仁祖實錄 (34/25a) 校之，安以訓應改爲南以雄，樸魯應改爲朴簹，樸黃應改爲朴潢，李明順應改爲李命雄，米應夏應改爲閔應協，李澤高應改爲李時楷，甄類成應改爲鄭雷卿，李奎應改爲李襘。

　　清太宗實錄記：

　　　　天聰七年五月丁巳，朝鮮國王遣使臣兵部侍郎朴祿來貢禮物。 (14/9b)

　　　　遣朝鮮貢使朴祿歸國。 (14/13a)

　　　　天聰九年十月壬辰，召朝鮮使臣禮部侍郎朴魯至內殿。 (25/29b)

　　　　賜朴魯鞍馬，……遣朴魯還。 (25/30a)

　　　　朴魯往來講說。 (28/7a)

此所記朴祿、朴魯均應改爲朴簹。

　　清太宗賜朝鮮國王的敕書係用中文撰寫，但敕中所記中國人姓名仍有時誤用同音或音近的字。如實錄記：

　　　　崇德八年七月，敕諭朝鮮國王：……生擒魯王朱衣珮，……東原王朱衣遠，……皆誅之。

以明史諸王世表校之，朱衣珮應改爲朱以派，朱衣遠應改爲朱以源。

　　清世祖實錄也有不少類此錯誤。今試拈出於下：

　　⑴世祖實錄 (2/12a，華文書局影印本，下同)：

　　　　和碩鄭親王濟爾哈朗自軍中奏報，……抵前屯衞，拔其城，斬明總兵李賦明、袁尚仁。

以明史卷二百七十附李輔明傳證之，李賦明應改爲李輔明。濟爾哈朗奏報時，清人尙未入主中國，其奏報應係用滿文寫的。

　　⑵世祖實錄 (4/18a) ：

　　　　順治元年四月，多爾袞以敗賊兵捷音奏聞，言：……李自成挾崇禎帝太子，……及宗室晉王秦王漢王等俱來。……我軍齊列，對陣奮擊，……陣獲晉王朱審烜。

今按：明宣宗時，漢王高煦造反，國除，以後卽未再封宗室爲漢王。明史卷一一八韓王傳記：

　　　　(韓王亶㙉)崇禎十六年賊陷平涼被執。

則世祖實錄所謂漢王應係滿文韓王的誤譯。順治元年四月，多爾袞尙未至北京，其奏報也不會用中文。朝鮮仁祖實錄 (45/28a) 引是年五月清國敕書，正言李志誠（李自成）「執太原府晉王，西安府秦王，平涼府韓王，晉王爲我所獲」。與我所考相合。

　　上引多爾袞奏報提到陣獲晉王朱審烜。今按：世祖實錄書：

　　　　攝政和碩睿親王賞晉王朱審烜等銀兩有差。 (7/9a)

　　　　睿親王賞故明晉王朱審烜貂掛一襲。 (8/11a)

　　　　賜故明晉王朱審烜貂蟒朝衣各一襲。 (8/15a)

　　　　賜故明晉王朱審烜銀一千兩。 (16/8b)

給故明晉王朱審烜家口月糧。 (16/13b)

連前所引，實錄有四條作朱審烜，有兩條作朱審烜。

考明史晉王傳及諸王世表，晉王敏淳，萬曆三十八年薨；子求桂，萬曆四十一年襲封。崇禎長編記：

崇禎五年七月乙卯，晉王之喪發引，准世子審烜出城送葬，當日卽囘。

則晉王求桂當卒于崇禎五年，其子審烜當于崇禎八年襲封。明史莊烈帝本紀、晉王傳、及諸王世表均說，李自成陷山西，執晉王求桂入京，均應據崇禎長編及清世祖實錄所記改正。清世祖實錄有四條作晉王朱審烜，均應改爲晉王朱審烜。

明清史料甲編第一本六十五頁有順治元年五月十五日攝政鄭王吉兒哈朗 賀表，說：「李志誠來攻山海，晉王朱新宣爲我兵所獲」。此賀表上於瀋陽，非撰寫於北京，係據滿文譯漢，故誤李自成爲李志誠，朱審烜爲朱新宣。

(3)世祖實錄記：

禮部言：故明襄陵王朱遵樔投誠赴京。 (8/12b)

賜故明襄陵郡王朱魁圖白金衣物。 (11/6a)

作朱遵樔，係據禮部漢文題本，應不誤。作朱魁圖，係朱遵樔的音譯。魁圖二字應改爲遵樔。

(4)世祖實錄記：

順治二年閏六月，豫親王多鐸等奏報：……潞王大恐，遂率衆納款。……紹興淮王，渡江來見。 (18/19a)

多爾袞遺書豫親王多鐸曰：王遣博洛等招撫蘇州杭州紹興等四府，又招撫潞惠等王。……大兵日久勞苦，王可親率諸將士還京。 (19/2a)

四年六月己丑，封博洛爲多羅郡王。册文曰：……令招撫蘇州杭州等府，爾獲故明惠王潞王等親郡王五人。 (32/21a)

今考黃道周黃忠端公全集有黃氏所撰「思文皇帝諭惠王詔」，詔書說：「聞王近在紹興，頗復安樂納福，爲慰」。同書「思文皇帝諭淮王詔」：「皇帝書與淮王：鄱陽，天下之奧區，……亦資賢王招討之力」。是順治二年時，惠王在紹興，而淮王則在江西。明清史料丙編第六本五一○頁有順治二年惠王常潤揭帖說：「本年五月二十日，

大兵至江南省，潤卽於六月內，差齎表文章璽，赴江南省豫王殿下投誠，……隨赴南省朝見」。是實錄所記「紹興淮王，渡江來見」，淮王二字應改爲惠王。

徐承禮小腆紀傳補遺卷一淮王常淸傳：「隆武帝立於閩中，常淸遂入閩。李成棟陷廣州，諸王皆遇害，獨常淸逃免，後定國公鄭鴻逵迎於軍中焉」。今考明淸史料丙編第八本七七〇頁順治七年平南王尙可喜題本說：

　　　總兵郝尙久投誠。……潮郡雖已歸附，……不過近郡一二縣。其餘各縣，南面

　　　沿海則有鄭成功擁戴僞淮王。

題本所記正與小腆紀傳補遺合。此亦可證淮王在順治二年未渡江降淸。

鄭成功擁戴淮王監國，其後又請淮王去監國號。淮王去監國號以後事跡無考。明史卷一一九淮王傳說：淮王常淸，「國亡，不知所終」。十年前有華裔日人自日本來臺灣，自稱係淮王後裔。當時有人據淸實錄指出，淮王已自紹興渡江降淸，不可能有後裔在日本。此卽忽略實錄所說「淮王渡江來見」，係據多鐸奏報，係譯自滿文，惠淮音近致誤。

明史卷一〇四諸王世表說：惠王常潤「奔廣州。順治三年，廣東平，被執，死」。此卽與淸世祖實錄所記牴觸，不可信。實錄記：「順治四年二月，征南大將軍博洛疏報，廣州府僞唐王弟聿鐭僭號紹武，李成棟率師進剿，斬聿鐭及僞周王等人。」實錄並未說惠王在廣東被斬。朱希祖先生南明殉國諸王考則據明史諸王表，謂遇害者有惠王。朱氏所考卽與上引實錄及明淸史料丙編惠王常潤揭帖不合。

乾隆時所修宗室王公功績表傳說：

　　　潞王朱常淓遂率杭州官屬開門納款，淮王朱常淸亦自紹興渡江來歸。（卷七）

　　　致書豫親王曰：王遣貝勒等招撫常州蘇州杭州紹興諸府，降故明潞王朱常淓，

　　　淮王朱常淸。王可率諸將士還京。（卷四）

表傳所記亦據世祖實錄，惟將實錄致豫親王書「招撫潞惠等王」，改爲「降故明潞王淮王」此因實錄說，「紹興淮王，渡江來見」，明史說，「惠王於順治三年被執死」，故宗室王公功績表傳纂修史臣作此改定。其實，實錄所記「招撫潞惠等王」，正確不誤，而實錄所記「淮王渡江來見」，淮王二字應改爲惠王。淸史稿博洛傳所記則沿襲宗室王公功績表傳的錯誤。

(5)世祖實錄記：

　　順治三年五月壬戌，京師紛傳故明諸王私匿印信，謀爲不軌。及行查，獲魯王

　　荆王衡王世子金玉銀印，魯王等十一人伏誅。因集各官傳諭曰：「魯王等私匿

　　印信，將謀不軌，朕不得已，付之於法」。 (26/10a)

今按，魯王以派於崇禎十五年爲清兵殺害，其弟以海襲封爲魯王，順治二年監國於紹

興，其後死於金門。順治三年時，北京不可能有魯王。潞王於順治二年降清。南疆逸

史卷一說：福王於順治「三年五月遇害，潞王亦見殺」。朝鮮仁祖實錄 (47/47a) 記：

「李景奭等啓曰：臣等在北京，……五月初二日洪光皇帝遇害。」是世祖實錄所記「魯

王伏誅」，魯王乃潞王之訛。世祖實錄此條原出於滿文檔，所引上諭「魯王私匿印信」

亦係譯自滿文。實錄不書福王被殺，係有所諱。明惠王降清，亦當於此時遇害。

(6)世祖實錄記：

　　順治三年九月，肅親王豪格等奏報：……（賊）守張果老崖，七月十六日夜潛

　　攻克之。……滿達海等，抵三台山圍之。臣於六月十二日亦至。周視三台山，

　　壁立堅固。……八月初七夜，奪其東門。 (28/5a)

　　順治八年二月，册豪格子富壽爲和碩顯親王，增注其父軍功於册曰：……征四

　　川時，攻克三寨山、張閣老崖等處。 (53/26a)

張果老、張閣老係人名，三寨山、三台山係地名。實錄此二條源出於不同的滿文檔，

(參看下文) 未知以何條所譯爲是。

(7)世祖實錄記：

　　順治六年二月辛亥，平西王吳三桂奏報：……僞王朱森釜、僞定遠侯趙榮貴，

　　……犯階州。……陣斬森釜榮貴。 (42/18a)

　　順治八年九月壬午，賜平西王吳三桂金册金印。册曰：……分別功績，特予表

　　揚。……咨爾平西王吳三桂，領兵在階州地方，誅僞秦王朱生福、僞定遠侯趙

　　榮貴。 (60/6a)

實錄作朱森釜，係據吳三桂漢文奏報，應不誤。册文記吳三桂功績，作朱生福，當源

出於滿文紀功檔册。明清史料丁編第八本七〇一頁所記平西王吳三桂册文與實錄所記

同，是此類滿文紀功檔册在順治朝內院已有漢文譯本。內院作平西王册文時，僅據滿

文紀功檔册的漢文譯本，未複查吳三桂漢文原奏。

上引顯親王富壽册文記豪格軍功，與豪格奏報不同，亦應以此一理由予以解釋。
當時滿文紀功檔册曾譯爲漢文，此有康熙時「功牌殘稿簿」爲證。（詳後）

順治朝部院奏事可用綠頭牌，見世祖實錄（71/9a）及明清史料丁編第十本九二七
頁。順治十年六月，「命凡敍軍功者，不得竟將功牌啓奏，必具疏以進」。據滿文功
牌譯漢，所記人名地名是可以與吳三桂漢文奏報及豪格滿文奏報不同的。

世祖實錄（116/4b）記平南王尙可喜册文，提到「僞國公陳邦付」，不作陳邦傳。
恐亦係據滿文功牌檔册的漢文譯本，撰寫册文，致有此誤。

(8)世祖實錄記：

> 順治十六年正月庚子，初，安遠大將軍信郡王多尼……議分兵進取雲南。……
> 多尼自貴陽入，……兵至安壯，斬其僞劉將軍。………投誠土司知府岑繼魯獻
> 策。……有僞伯李成爵屯兵萬人於山谷口。……至是捷聞。（123/2b）

今按：貴州有安莊衞。安壯應係安莊衞之誤。「土司知府岑繼魯」，南疆逸史（中華書
局本P.27）作「泗城州土官岑繼祿」，則知府應改爲知州，實錄作知府，係奏報有誤。
清史稿土司傳四第二頁說，岑繼祿「順治十五年歸附，隨征滇蜀有功」，則實錄作岑
繼魯係由滿文譯漢時，誤用同音字。李成爵，明清史料甲編第六本五九五頁及丙編第
十本九一三頁均作李承爵，則作成爵亦係據滿文翻譯，誤用同音字。

(9)世祖實錄記：

> 鄭親王濟爾哈朗奏報：……破僞伯胡一清七營於城南山，……僞總兵周進唐兵
> 於山峪口。（45/14b）
> 濟爾哈朗奏報：廣西賊渠趙廉分三路寇全州。……臣等率兵至永州，賊渠周進
> 唐、熊兆藻立五營於大松橋，…擊敗之。大破賊渠何永忠，永忠潰奔永從縣。
> 　　（46/26b）

御批通鑑輯覽記此事作胡一青、周金湯。胡一青、周金湯事迹見明史何騰蛟傳。周進
唐應係周金湯之誤。世祖實錄（140/8b）記：「尙可喜疏報：生擒僞伯周金湯」。此係
據漢文奏報，故所記不誤。趙廉，蔣良騏東華錄說，「一作焦璉」。作焦璉是對的。
何永忠應從通鑑輯覽改爲郝永忠。熊兆藻，通鑑輯覽、永曆實錄、東明聞見錄、小腆

紀年作熊兆佐，恐亦應改作熊兆佐。王夫之永曆實錄卷八說：「胡一青本名一淸，隆
武中改爲一青」。

　　⑽世祖實錄記：

　　　　英親王阿濟格疏報：⋯⋯獲李自成養子僞義侯姜耐妻。(18/4a)

　　　　洪承疇奏：僞澤侯田見秀、僞義侯張鼐赴省投誠。(20/23a)

　　　　平南大將軍勒克德渾奏報：僞義侯張耐詣軍降。(25/8a)

　　　　諭勒克德渾曰：⋯⋯賊官田見秀、張耐窮而來歸。(25/14a)

姜耐、張耐均係張鼐的誤譯。當以洪承疇漢文奏報所記爲正。

　　上引實錄所記滿洲人奏報，其原件係滿文，其後譯爲中文，遂將中國人名地名譯
錯。實錄所載漢人奏報，係據漢文原件，故所記中國人名地名不誤。

　　⑾世祖實錄記：

　　　　順治四年十二月丙戌，恭順王孔有德等奏報：⋯⋯僞平崗伯黃朝選遁走衡州。
　　　　臣等星夜進兵趨衡，⋯⋯搜獲，斬之。⋯⋯引兵趨寶慶，⋯⋯⋯斬僞魯王朱鼎
　　　　兆。⋯⋯師至沅州，(僞伯)張憲弼出城拒戰。⋯⋯獲僞永曆太子朱爾珠。⋯⋯
　　　　⋯招降僞國公劉承廕，僞伯王雲程、劉承永、董英、周思仲、高淸浩、鄭應昌
　　　　、僞內閣吳秉、僞巡撫傅上瑞。⋯⋯投誠總兵陳躍龍，副將蕭遠，領新降兵三
　　　　千，駐黎平府。(35/11a)

按實錄記：

　　　　順治四年六月癸巳，湖廣巡按高士俊奏報：大軍攻拔衡山安化，⋯⋯生擒僞總
　　　　兵黃朝宣。(32/22b)

明史何騰蛟傳也說，「衡州守將黃朝宣」，與高士俊奏報相合。實錄記孔有德奏報作
黃朝選，當係譯自滿文。

　　孔有德奏報：「僞伯張憲弼出城拒戰」，張憲弼係張先壁的誤譯。張先壁，有些
書寫作張先璧。王夫之永曆實錄卷十有張先璧傳，謂「先璧弟先軫」。李慈銘說，先
璧先軫以二十八宿命名，應以先壁爲是。

　　孔有德奏報說：「投誠總兵陳躍龍駐黎平府」。陳躍龍係陳友龍的誤譯。王夫之
永曆實錄有陳友龍傳。世祖實錄記：

順治五年正月丙午，以投誠總兵陳友龍，……充鎮守黎平總兵官。 (36/2b)
實錄此條係據漢文檔，故所記不誤。

孔有德奏報說：「招降僞國公劉承廕、僞伯王雲程、劉承永、董英、周思仲、高
清浩、鄭應昌，僞巡撫傅上瑞」。劉承廕係劉承胤的誤譯。清世祖實錄採要 （日本刊本
2/36）作劉承廕，是世祖實錄康熙修本已誤爲承廕。明史何騰蛟傳作劉承允，係避雍正
諱。

劉承永係劉承胤的弟弟。夏變明通鑑說，劉承永封武崗伯。

董英封劉陽伯。實錄作董英不誤。

孔有德奏報說：「招降僞伯王雲程」，王雲程係王允成的誤譯。王夫之永曆實錄
有王允成傳。王允成事迹又見明清史料丙編第六本五一二頁及明史何騰蛟傳。

孔有德奏報說：「招降僞伯高清浩」。高清浩應係郭承昊的誤譯。王夫之永曆實
錄卷二十四說：「郭承昊封泰和伯，隨劉承胤降淸，見殺」。

王允成、董英、郭承昊俱在順治四年降淸。今考世祖實錄書：

順治六年二月辛亥，授投誠官王允誠爲二等阿思哈尼哈番，董英爲三等阿思哈
尼哈番，……周師忠爲三等阿達哈哈番，……郭承昊……鄭允昌爲拜他喇布勒
哈番。 (42/20a)

郭承昊正與董英同時授世職，此可證上引孔有德奏報：「招降僞伯董英、高清浩」，
高清浩確係郭承昊的誤譯。

實錄此條說：「授投誠官王允誠爲二等阿思哈尼哈番」。王允誠與董英同時授世
職，而所授世職較董英高一等；上引孔有德奏報，「招降僞伯王雲程 (允成) 董英」，
王雲程 (允成) 的名字正列在董英之前，則實錄此條作王允誠，應改爲王允成。

實錄此條說：「授周師忠爲三等阿達哈哈番」。周師忠與王允誠 (王允成)、董
英、郭承昊一同授世職，則上引孔有德奏報說：「招降僞伯王雲程 (王允成)、董英、
周思仲、高清浩 (郭承昊)」，周思仲恐係周師忠之誤譯。周師忠事迹又見世祖實錄
114/15 a，該條所記係據洪承疇奏報，則作周師忠，較可信。

同理，上引孔有德奏報，「招降僞伯王雲程(王允成)、董英、鄭應昌」，亦應據上引
實錄 40/20a，改鄭應昌爲鄭允昌。鄭允昌降淸後以罪被誅，見世祖實錄 (49/8b)。允

昌的允字如係避雍正諱，則鄭允昌的本名恐應作鄭胤昌，故上引孔有德奏報誤譯爲鄭
應昌。鄭允昌降清以前事迹待考。（聞臺灣大學藏有世祖實錄康熙修本。只要一查，即可知我的推測
是否正確不誤。）

　　實錄記授投誠官董英、郭承昊以世職，應源出於漢文檔，可用以改正實錄所記
孔有德奏報中的人名誤譯。這使我想起，實錄記清兵下南京，降清的明朝公侯伯的姓
名，亦應據實錄此類記事校改。實錄記：

　　　順治二年五月己酉，豫親王多鐸等奏報：……（五月）十五日，我軍至南京，忻城
　　　伯趙之龍、牽魏國公徐州爵、保國公朱國弼、隆平侯張拱日、臨淮侯李祖述、
　　　懷寧侯孫維城、靈璧侯湯國祚、安遠侯柳祚昌、永康侯徐弘爵、定遠侯鄧文
　　　囿、項城伯韋應俊、大興伯鄒順益、寧晉伯劉允基、南和伯方一元、東寧伯焦
　　　夢熊、安城伯張國才、洛中伯黃國鼎、成安伯柯祚永……降。其沿途來歸者，
　　　……總兵……王之剛。 (16/19b)

　　　順治五年八月壬寅，授投誠……趙之龍爲三等阿思哈尼哈番。……郭祚永、鄧
　　　文堯、朱國弼、黃九鼎、張國才、鄒存義、李祖述、李世宏、張拱日、徐九
　　　爵、柳祚昌、劉允極、孫維城，……爲三等阿達哈哈番。 (40/3a)

以實錄這兩條對校，成安伯柯祚永應改爲郭祚永，大興伯鄒順益應改爲鄒存義，寧晉
伯劉允基應改爲劉允極，洛中伯黃國鼎應改爲黃九鼎。改正後，即與小腆紀年(10/17a)
所記降清公侯伯姓名相合。

　　定遠侯鄧文囿，小腆紀年作鄧文郁。世祖實錄 (40/3a) 作鄧文堯。作文囿應係譯
音，恐應以文堯爲正。

　　魏國公徐州爵降清，野史有記作徐久爵的，也有寫作徐九爵的，小腆紀年作徐允
爵，明史功臣世表作徐文爵。世祖實錄記授投誠官以世職，作徐九爵，則應以徐九
爵爲正。九爵死，其子啓蕃襲職，見世祖實錄 (77/17b)。明通鑑記降清公侯伯，作
徐州爵，係鈔東華錄。明通鑑作者未見世祖實錄，故未能參照上引世祖實錄 40/3a，
改正東華錄的錯誤。

　　豫親王多鐸奏報說：「沿途來歸者總兵王之剛」。王之剛應改爲王之綱。王之綱
降清後事迹，見世祖實錄 44/13a，98/6a，115/13b。明清史料丁編第一本收有總兵王之

綱的塘報。實錄記多鐸奏報，係據滿文譯漢，故所記漢人姓名多誤。

　　上引孔有德奏報說：「招降僞內閣吳秉」。今按明史卷二七九吳炳傳，吳炳官東閣大學士，「被執，送衡州，炳不食，自盡于湘山寺」。實錄作吳秉，係吳炳的誤譯。實錄說，吳炳投降，與明史所記異。瞿共美東明聞見錄說：「清人執吳炳。上之出也，百官未之知。吳炳以痁疾留。逼之薙髮投誠。未逾月，病死」。王夫之永曆實錄卷四吳炳傳：「吳炳與劉承胤降，隨孔有德至衡州，有德恒召與飲食，炳旣衰老，又南人不習北味，執酥茶燒豚炙牛，不敢辭，強迫餐之，遂病痢死」。傳以禮華延年室題跋、劉毓崧通義堂集、李慈銘越縵堂日記考論吳炳事，均相信明史，不信王夫之所記。謝國楨晚明史籍考卽依從傅氏等人所說。謝氏卽不知世祖實錄及東華錄書吳秉（吳炳）降清，與王夫之瞿共美所記相合。

　　實錄所記漢人奏報譯自滿文的，似僅此一處。這是一個很特殊的例子。孔有德是漢人，封恭順王。他用滿文寫軍機奏報，眞是太恭順了。

　　清朝是滿人建立的朝代。在清太祖清太宗時，其統治地區已有大量漢人。在清太祖天命辛酉年，正白旗備禦劉學成給太祖的奏本是用漢文寫的。清太祖太宗與明朝及朝鮮辦交涉，其來往文書係用漢文。清太宗所立實勝寺碑，碑文用滿漢蒙藏四種文字，由剛林撰滿文，羅繡錦譯爲漢文。

　　順治元年五月，清兵入據北京。六月，卽令內外各衙門印信俱竝鑄滿漢字樣。四年正月，命給直省文武官員敕書，兼書滿漢字。順治五年十一月河道總督楊方興揭帖提到他收到總兵官佟養量及宜永貴的塘報，塘報內稱：「擒獲僞公侯伯，俱經滿洲各大人，當卽審明正法，除具清字馳報上聞外，……所有獲得婦女牛驢，悉聽滿洲衆大人總開數目報部，見蒙清字部文，分給官兵訖」（明清史料丙編第七本六九五頁）。此所謂「清字馳報」，應係滿洲大人具奏，故奉到兵部「清字咨文」。順治六年正月二十三日固山額眞譚泰、和羅會奏報平復江西捷音，奏報日期據實錄，其奏文殘件見明清史料丙編第八本七〇六頁。這是滿洲人用漢文寫的奏報，恐另外還有滿文奏本。

　　順治七年十二月，多爾袞死，順治帝親政。九年正月命各省漢官敕書，俱着翻譯清字啓奏記檔，敕上只用漢字發給（世祖實錄62/15b）。旋仍命册文誥敕兼書滿漢字（63/9a）。十年三月，命各部院本章內清字宜先書官員銜名，次書謹題字樣，次書所條陳

為某事 (73/2b)。是月，上幸內院，閱部中奏疏，命「保舉之疏，俱着全譯，以便觀其人之品行」，是其時漢文章奏僅摘要譯為滿文。十年六月，始命「一應奏章案牘，須兼用滿漢文字，以便通曉」(76/4a)。但其時滿人軍機奏報有時仍只用清文，而未用漢文。明清史料丁編第八本七八四頁收有康熙時大將軍胤禛題稿，此即其清字題本至京以後，譯為漢文的底稿。史料丁編第九本八四二頁還載有康熙時「浙江福建等處敗賊功牌殘稿簿」。稿簿有眉批：「清文不解」，並將地名衢州府譯為曲州府，義烏譯為孳烏，蘭谿譯為藍溪，後始一一改正。丁編第十本九一四頁康熙時「功牌稿簿」提到：「遇賊偽威遠大將軍胡國柱、偽將軍王旭、李匡、前來援救雲南，胡國柱自縊，王旭、李匡赴火死，偽將軍王功亮、王中禮投降」。今以清聖祖實錄 (102/3a，102/4a)所載兵部題本校之，「功牌稿簿」作胡國柱、李匡不誤。「稿簿」所記王旭應改為王緒，王功亮應改為王公良，王中禮應改為王仲禮。這些「功牌」原文應為滿文，至京以後，始譯為漢文。地名誤譯，譯衢州府為曲州府，很容易改正，而人名誤譯，不查漢文題本揭帖，就不容易改正了。清聖祖實錄所記滿人軍機奏報是否有與清世祖實錄類似的錯誤，俟考。

　　清世祖實錄記：

　　　　順治五年二月，偏沅巡撫線緝疏報：偽恢武伯向登位寇沅州。(36/14a)

徐鼒小腆紀年附考 (15/7a) 向登位作項登韋。徐氏說：

　　　　東華錄、貳臣傳皆作向登位者，蓋軍中文報，多用同音省筆字，茲從陽秋。

健按：明清史料甲編第三本二一四頁有順治五年正月湖廣總督羅繡錦揭帖，即言向登位盤踞湖廣安化。是作向登位不誤。戴笠行在陽秋作項登韋，未必可信。東華錄係節鈔實錄成書。徐氏讀東華錄，未分辨實錄所記那些源出於漢人奏報，那些源出於滿文奏報，故對人名異文的解說與去取，與我不同。

　　世祖實錄記朝鮮人名也有錯誤及前後不一致處。今選錄實錄數則於下：

　　　　(大行皇帝) 遺諭 (朝鮮國王李倧) 曰：爾國崔明紀、金盛黑尼，雖罪在不赦，朕亦從寬宥。……其義州禁繫黨羽沈德淵、曹漢英、蔡義恒等，及築城之朴潢，亦着釋放。(2/4a)

　　　　諭朝鮮國王李倧曰：……皇考寬溫仁聖皇帝曾降明旨，以李明漢、李敬輿、許

啓、閔聖徽、李景奭、朴璜、曹漢英、申德淵等俱係罪廢，不許復錄。 (4/9b)

諭朝鮮國王李倧曰：………其永不叙用官李敬遇、李明翰、李敬式、閔性慧四人，爾世子欲求任用，姑如請准從。 (11/20a)

諭朝鮮國王李倧曰：……李景興、李景奭、趙洞、撥置之罪，茲逢慶赦，姑免其罪。 (52/16b)

朝鮮國王李淏奏稱：原任議政李敬興、李景奭、原任判書趙絅等，久著忠勤，請復加任用。 (83/21a)

諭朝鮮國王李淏曰：……李敬興、李景奭、趙絅，情罪重大，……爾乃朦朧奏請。 (87/17b)

以朝鮮仁祖實錄校之，清世祖實錄所記崔明紀應改爲崔鳴吉，清太宗實錄 (63/8a) 所記與朝鮮實錄合。朴璜、朴黃，應改爲朴潢。沈得淵應改爲申得淵。李敬遇、李景興應改爲李敬興。閔性慧應改爲閔聖徽。李敬式應改爲李景奭。太宗實錄 (63/7a) 作李慶世，誤。趙洞應改爲趙絅。李明翰應改爲李明漢。清太宗實錄 (43/8b) 作李名翰，誤。

　　清朝與朝鮮的來往文書係用漢文，而且係用漢文起草。實錄所記頒給朝鮮國王的敕諭，均與內閣大庫所藏漢文敕諭原稿相合， (參看明清史料甲編第七本六八八頁及庚編第五本四〇六頁) 。漢文原稿將朝鮮人名弄錯，而且不一致。但奉命撰敕諭原稿時，所奉的命令應係滿文。這些朝鮮人名的滿文讀音及滿文寫法應該相同。我們只要查世祖實錄滿文本，卽可判斷我的推測是否正確。

　　清世祖實錄記：

順治九年四月辛亥，朝鮮國王李淏，以其國人趙昭元等，詛咒謀逆，亂黨伏誅，遣使奉表具聞。 (64/4b)

今以朝鮮孝宗實錄 (8/27a) 所載朝鮮國王原奏校之，則趙昭元作昭媛趙氏；原奏並謂，其人爲「先上之侍姬」，則昭媛乃封號。清世祖實錄作趙昭元，應係據滿文檔册譯漢，致有此誤。清史稿屬國傳作趙照元，誤。清史稿屬國傳記李敬興、李景奭、趙絅事，誤趙絅爲趙洞，此應係謄錄有誤。應據朝鮮實錄改正。

　　由上文所舉這些例證，我們可以發現，清世祖實錄所記人名地名源出於漢人奏報

及部院漢文題本的，大體正確無誤。上引孔有德的奏報則例外。實錄所載上諭，則因順治皇帝說的是滿文，由滿文譯爲中文，故有錯字。而潞王誤爲魯王，即其一例。實錄記：「上諭兵部，潮州郝尚九作叛」(84/5a)，亦因據滿文翻譯，故誤郝尚久爲郝尚九。修實錄時鈔錄上諭，仍沿誤未改。

　　內院撰吳三桂尚可喜册文，叙述二人功績，因取材滿文紀功檔册的漢文譯本，故所記漢人人名有誤。修實錄時，將册文鈔入實錄，未改正册文的錯誤。

　　順治朝給朝鮮國王的敕諭係用漢文起草，起草者所奉的命令係滿文，故所草敕諭提到朝鮮人姓名常誤用同音字。實錄仍保存原來的錯誤。實錄 (83/21a) 記：「朝鮮國王奏稱：原任議政李敬輿、李景奭、原任判書趙絅，久著忠勤，請復加任用」。實錄此條源出於朝鮮國王的漢文奏本，故所記正確不誤。

　　清世祖實錄誤福王朱由崧爲朱由松 (17/6a)，誤魯王朱以海爲朱彝垓 (26/22a) 。由實錄原文看來，此均係滿人奏報的誤譯。似未必係康熙時修世祖實錄，據滿文奏報譯漢，始有此人名誤譯。很可能在順治朝內院對其時滿文奏報已如此誤譯。

　　清太宗的書房日記係倣倣朝鮮的承政院日記。清世祖入關後，即倣照明內閣，設置絲綸簿，將每天進呈的章奏摘由，記奏者姓名，並記奏上後所奉旨意。史語所所印明清史料戊編第四本即收有順治朝康熙朝的絲綸簿殘本。

　　上引實錄所說：「攝政王賞晉王朱審烜銀兩有差」，恐源出於當時內院官的「召對紀注」。今存順治二年五月二十九日至七月初九日攝政王日記一册，書名係近人所加，書名應據明清史料丙編第四本三〇四頁改稱「召對紀注」。該書係入直內院官紀錄大學士等官進見攝政王後與攝政王的談話，並紀錄是日攝政王所處理的政務。並非每天都記，未召對即不記，亦未記攝政王起居，與康熙起居注光緒起居注的體裁不同。該書閏六月初四條書：「賜明晉王朱燿烜袍服」，即誤朱審烜爲朱燿烜。此事實錄失記。實錄他條記賞賜晉王事作朱審烜，又作朱審烜，大概因所據「召對紀注」非一人所記，故有此歧異。實錄記賜襄陵王朱魁圖白金衣物可能也係依據內院記注。起居注正式置館在康熙朝。順治時未有起居注。這應與順治皇帝說話用滿文有關。

　　清世祖實錄記漢人朝鮮人姓名常誤用同音或音近的字。有些錯誤很容易改正，有些錯誤則需據他書詳考始能改正。所記人名，有些我們根本不知道是否錯誤。如前引

濟爾哈朗奏報：「斬明總兵李賦明、袁尚仁」。李賦明應改為李輔明，而袁尚仁是否有誤，即待考。上引孔有德奏報提到魯王朱鼎兆、永曆太子朱爾朱、副將蕭遠，永曆太子的名字一定錯，魯王朱鼎兆及蕭遠是否有誤，即待考。我還沒有計劃將世祖實錄所有滿人奏報及漢人用滿文寫的奏報所提到的中國人名、地名一一予以考定。要考證這些人名地名，還需研究清史的人共同努力，才能毫髮無遺憾。本文僅着重舉例，並解釋其致誤之由。這是我讀清世祖實錄時最使我感覺困擾的問題之一，因此我撰寫此文，提出我的看法，敬請同好惠予指教。

明洪武永樂朝的榜文峻令

黃　彰　健

（一）

　　研究明初刑律，需從律、令、誥及榜文四方面研究。在討論明洪武永樂兩朝的榜文在明代法律史所佔的重要地位之前，我得先對明律、大明令、及大誥的制定作一簡單之介紹。

　　首先談大明律。明太祖實錄記：

> 吳元年十月甲寅，命中書省定律令。
>
> 十二月甲辰，律令成，命頒行之。……凡爲令一百四十四條，律……計二百八十五條。

按今存大明令書首有洪武元年正月十八日欽奉聖旨：

> 今所定律令，……茲命頒行四方。

是吳元年十二月修成之律及令，均頒行於洪武元年正月。洪武元年正月，太祖建國號曰大明，故其時所頒行之令稱「大明令」，則律亦當稱「大明律」。實錄謂，「吳元年十二月甲辰，律令成，命頒行之」。甲辰應係律令修成日期，而非頒行日期。

　　太祖實錄記：

> 洪武六年閏十一月庚寅，詔刑部尚書劉惟謙詳定大明律。……合六百有六條，
>
> 分爲三十卷。……及成，翰林學士宋濂爲表以進。

今考宋濂文集，宋濂「進大明律表」上於洪武七年二月。實錄繫於洪武六年閏十一月，也是原始要終，牽連並記。宋濂表上日期自應以進書表所記爲正。

　　太祖實錄記：

> 洪武九年十月辛酉，……上曰：……律條猶有擬議未當者。於是（胡）惟庸、
>
> （汪）廣洋等復詳加考訂，釐正者凡十有三條，餘如故，凡四百四十六條。

實錄此處文義相當含混。實錄此處究竟是說洪武九年律總共四百四十六條，抑是說洪武九年改訂十三條，未改四百四十六條，是年律合計四百五十九條呢？

太祖實錄記：

洪武十六年九月癸卯，奏增朝參牙牌律，詔從之。

北平圖書館藏明刊本何廣律解辯疑書首有洪武十九年何廣自序，是書所載明律計四百六十條。因此我認爲洪武九年律係四百五十九條，加洪武十六年所增朝參牙牌律，正好四百六十條。

明史藝文志說：

大明律三十卷，洪武六年命刑部尚書劉惟謙詳定，篇目皆準唐律，合六百有六條。九年，復釐正十三條，餘如故。

史志未說洪武七年二月大明律書成，這是錯誤的。史志說，「洪武九年釐正十三條，餘如故」，也容易使人認爲洪武九年律仍六百〇六條，僅其中十三條曾釐正。這是與史實不合的。

明太祖實錄記：

洪武二十二年八月，更定大明律。先是，刑部奏言：比年律條增損不一，在外理刑官及初入仕者，不能盡知，……請編類頒行。……遂命翰林院同刑部官，取比年所增者，以類編附，舊律「名例律」附於「斷獄」下，至是特載之篇首。凡三十卷，四百六十條。

據宋濂大明律進書表，洪武七年律即以「名例律」冠於篇首。何廣律解辯疑書首有洪武十九年何氏自序，律解辯疑亦以「名例律」冠於篇首。實錄謂，洪武二十二年律始以「名例律」冠首，那是錯誤的。今存朝鮮刊本大明律直解書末有洪武二十八年金祗跋。直解所載明律應係洪武二十二年所定。

明史藝文志說：

更定大明律三十卷。洪武二十八年，命詞臣同刑官參考比年律條，以類編附，凡四百六十條。

明史此條亦鈔實錄，惟誤二十二年爲二十八年。

明太祖實錄記：

洪武二十八年二月戊子，刑部臣奏：律條與條例不同者，宜更定，俾所司遵
守。上曰：法令者，防民之具，輔治之術耳。有經有權。律者常經也，條例者
一時之權宜也。朕御天下將三十年，命有司定律久矣。何用更定。

明史刑法志將此事繫於洪武二十五年，亦當以實錄所記爲正。

明太祖實錄記；

洪武三十年五月甲寅，大明律誥成。

今存明代通行本明律書首均有洪武三十年五月「御製大明律序」，說：

將大誥內條目，撮其要略，附載於律。其遞年一切榜文禁例，盡行革去。今後
法司只依律與大誥議罪。……雜犯死罪並徒流遷徙笞杖等刑，悉照今定贖罪條
例科斷。

御製序所說，「將大誥內條目，撮其要略，附載於律」，即實錄所謂「大明律誥」。
南京國學圖書館藏明刊黑口本大明律、北平圖書館藏明成化刊本張楷律條疏議，即均
附有「欽定律誥該載」。弘治以後明律刊本則未見附有。

律序所說「雜犯死罪」是指不在「眞犯死罪」之列的那些死罪准依贖罪條例科
斷，而眞犯死罪則是眞實犯了死罪，不准依贖罪條例科斷。

律解辯疑、大明律直解、與洪武三十年所定明律的異同，我曾在史語所集刊第三
十九本爲文討論。

明史刑法志說：

太孫請更定五條以上，太祖覽而善之。太孫又請曰：……乃命改定七十三條。
建文帝卽位，諭刑官曰：大明律，皇祖所親定，命朕細閱，較前代往往加重，
蓋刑亂國之典，非百世通行之道也。朕前所改定，皇祖已命施行。

我曾取律解辯疑、大明律直解所載明律，與通行本明律比較，未見有七十八條不同。
所以我們可以肯定地說，明史刑法志這一紀載是錯誤的。

　　　　　＊　　　　　　　　　＊　　　　　　　　　＊

現在再談大明令。

大明令一百四十五條，於洪武元年正月與大明律一同頒行。大明律後來一再修
改。律與令如有異同，斷罪自依後來新頒的律。

明律「雜犯」「違令」條：「凡違令者笞五十」。律註說：「謂令有禁制而律無罪名者」。所謂令卽指大明令。明史刑法志說：「律不載而具於令者，法司得援以爲證，請於上而後行焉。凡違令者罪笞」。明中葉明人律註卽有將大明令條文附於有關律文之後的。故大明令在明代刑律中仍有其重要地位。

　　　　　　　　＊　　　　　　　　　　　＊　　　　　　　　　　　＊

現在再說大誥。

明太祖實錄記：

　　洪武十八年十月己丑朔，御製大誥成，頒示天下。

實錄記大誥頒行日期，係據大誥書首太祖自序。大誥書末有洪武十八年十月十五日劉三吾後序，故大誥頒行應在洪武十八年十月十五日以後。

太祖實錄記：

　　洪武十九年三月辛未(十五日)，御製大誥續編成，頒示天下。

此亦據大誥續編書首太祖御製序。今按續編「縱囚越關」條記洪武十九年四月初十日事。續編「有司超羣」條：

　　嘉興府崇德縣知縣畢輝、縣丞齊搏，爲旗軍小劉馳正道，入公廳，差人管解，以狀來聞，特遣使勞以尊酒。

太祖實錄記：

　　洪武十九年五月丁巳，上聞嘉興府崇德縣知縣畢輝、縣丞齊搏，剛正能官，……不容奸惡，特遣行人，齎醴以勞。

則大誥續編成書應在洪武十九年五月丁巳以後。

太祖實錄記：

　　洪武十九年十二月癸巳(十一日)，御製大誥三編成，頒示天下。

三編書首有洪武十九年十二月十五日太祖自序，十二月二十五日劉三吾後序。三編「排陷大臣」條紀洪武二十年正月二十九日事，故三編成書最早應在洪武二十年二月。

大誥七十四條，續編八十七條，三編四十三條。

諸司職掌刑部都官科「拘役囚人」條：

　　　　眞犯死罪的決。……笞杖徒流雜犯死罪應合准工。……注寫工役年限日期，分

　　豁滿日，疎放終身工役。……合疎放者，……給引寧家。合充軍者，……照籍

　　編發。

　　　　眞犯死罪：律令41條（條目从略），誥24條（條目从略）。

　　　　雜犯死罪：律令９條（條目从略），誥４條（條目从略）。

諸司職掌成書於洪武二十六年三月。建文帝册立爲皇太孫在洪武二十五年九月。諸司

職掌此處所定眞犯死罪雜犯死罪合計正好七十八條。而野史如趙士喆建文年譜謂太孫

所改係條例而非律。上引明史刑法志說，太孫改律七十八條，疑卽諸司職掌所記此一

條例之傳訛。

　　　　洪武三十年五月「欽定律誥該載」：

　　　　不准贖死罪：律102條，誥12條。（條目從略）

　　　　准贖死罪：律９條，誥24條。（條目從略）

律誥末尾說：

　　　　　凡法司今後議擬罪名，除繁文、燒毀卷宗、更名易諱、軍人關賞征進在逃、死

　　　　罪充軍工役在逃、在京犯奸盜詐騙，仍依定例處治，及軍官私役軍人因而致死

　　　　一名者償命外，其餘有犯，務要依律與夫大誥擬罪，照今定條例發落，並不許

　　　　將遞年各衙門禁約榜文等項條例定罪。敢有違者，以變亂成法論。

今存通行本明律書首均有弘治十年所奏定眞犯死罪雜犯死罪，其所定眞犯死罪雜犯死

罪卽與律誥所載不准贖死罪律及准贖死罪律相同，而將律誥所載大誥不准贖死罪十二

條、大誥准贖死罪二十四條，及律誥末尾「凡法司今後議擬罪名」那一段話略去。

　　　明代雜犯死罪律九條，係遵依洪武三十年律誥所定。關於這一點，我已在史語所

集刊二十四本大明律誥考一文中討論。

　　　洪武三十年御製大明律序說：「遞年一切榜文禁例，盡行革去」。是年所刊大明

律所附欽定律誥該載亦說：「不許將遞年各衙門禁約榜文等項條例定罪」，但是年所

附律誥末尾却又說：「繁文、燒毀卷宗、……在京犯奸盜詐騙，仍依定例處治」。這

些榜文禁例究竟是怎麼一回事？這是我寫大明律誥考時想弄清楚，而以材料不足，未

能深入討論的。本文則想彌補這個缺憾。

（二）

　　前幾年，我利用國家科學委員會撥給我的購書費，爲史語所向美國國會圖書館及日本內閣文庫購得明代刑書微捲多捲，其中有明嘉靖刊本南京刑部志一種。

　　該書爲龐嵩所撰，計四卷。其卷三爲「揭榜示以昭大法」，龐氏將當時南京「各衙門板榜懸刑部者」錄存。在明成祖洪武三十五年，刑部爲懸掛這些榜文，曾出了一道佈告：

> 刑部爲申明教化等事：洪武三十五年十一月二十一日本部尚書鄭賜同五府各部都察院通政司大理寺六科給事中等官，於奉天門早朝，欽奉聖旨：
>
> 朕自卽位以來，一應事務，悉遵太祖定制，不敢有違。…… 某（按指建文帝）不守祖法，多有更改，致使諸司將洪武年間榜文，不行張掛遵守。恁各衙門查將出來，但是申明教化，禁革奸弊，……有益於民的，都依太祖皇帝聖旨申明出去，教天下官吏軍民人等遵守。………敢有故違，依着太祖皇帝聖旨罪他。欽此。

　　因有這一聖旨，刑部遂申明了十九榜，都察院申明十榜，前軍都督府申明一榜，吏部申明一榜，戶部申明二榜，禮部申明七榜，兵部申明五榜，工部申明五榜，合計五十榜。刑部所申明的禁止焚毀簿書的榜文則懸掛於刑部大堂正間。

　　在此之後，南京刑部又陸續懸掛洪武三十五年十月至永樂十六年三月榜文，計刑部六榜，都察院四榜，戶部二榜，禮部一榜，兵部三榜，工部三榜，連前合計六十九榜。

　　這六十九榜，其中時間最早的係第二十榜：

> 洪武十九年四月初六日，爲除祛民害事，奉聖旨：差人前去蘇州，在城將積年幫閑害民直司、主文、小官、野牢子、小牢子，一名務要坊廂擎報到官，以除吾良民之患。故行隱匿，不行擎獲，其坊廂里甲，同罪不赦。

今考大誥續編「罪除濫設」條說：

> 民有四。松江一府，坊廂中不務生理、交結官府者，一千三百五十名。蘇州坊廂一千五百二十一名。此等不務生理者如許。……幫閑在官，自名曰小牢子、

野牢子、直司、主文、小官、幫虎。其名凡六。……今二府不良之徒，除見拿
外，若必欲搜索其盡，每府不下二千人。皆是不務正業之徒。………刑此等之
徒，人以爲君暴；寬此等之徒，法壞而綱弛。

則第二十榜正係太祖派人去蘇州拿幫閑害民濫設吏胥的榜文。這次在蘇州坊廂拿到一
千五百二十一名，而太祖則估計蘇州松江二府每府爲民害的濫設的吏胥應有二千名。
太祖也知道「刑此等之徒，人以爲君暴」，但他却以「寬此等之徒，法壞而綱弛」，
爲他的暴虐辨護。

其次爲洪武十九年七月十一日一榜。

一榜，洪武十九年七月十一日，爲鎮江府在城坊甲隣（鄰）人，坐視奸頑，把
持官府事，奉聖旨：天下臣民敢有不遵五敎，陷害官長，數爲民患者，許所在
者老少壯，或百，或數百，擎赴京來，使良善得安。（第二十一榜）

今考大誥三編「違誥縱惡」條：

鎮江坊甲鄰里人等，坐視容縱韋棟等一十八名，上惑聖聽，歸則把持官府，下
虐良民，養惡爲一郡之殃，束手不擒。韋棟等事發，將坊甲鄰里，盡行責罰，
搬石砌城。

實錄記：

洪武十八年七月乙丑，鎮江府丹徒知縣胡孟通、縣丞郭伯高，以事當就逮，者
民韋棟等數十人詣闕，疏其撫民有方，擧留之。上特命釋之，仍遣使往勞以
酒。勅曰：（略）。復以酒賜者民韋棟等，面論之曰：（略）

則大誥所謂韋棟上惑聖聽，應指此事。實錄僅記太祖寬政，對他的暴虐則隱諱不
書。

上引這兩道榜文，其一頒發於大誥續編之前，另一則頒發於大誥三編之前。而後
此所頒發榜文也有重申大誥禁令的。

如第十榜：

一榜：洪武二十七年三月初二日，爲強賊刼殺人民事，欽奉聖旨：今後里甲鄰
人老人所管人戶，務要見丁着業，互相覺察，有出外要知本人下落，作何生
理，幹何事務。若是不知下落，及日久不囘，老人鄰人不行赴官首告者，一體

遷發充軍。

今考大誥續編「互知丁業」條：

逸夫處死。里甲四隣，化外之遷，的不虛示。

所謂逸夫，即指未從事士農工商、未着業之人。

實錄記：

洪武十九年四月壬寅，勅戶部曰：……士農工商，皆專其業。……爾戶部榜諭
天下，其令四民，務在各守本業。醫卜者土著，不許遠遊。凡出入作息，鄉鄰
必互知之。其有不事生業而遊惰者，及舍匿他境遊民者，皆遷之遠方。

洪武十九年五月丙辰，申明遊民之禁。令戶部板刻訓辭，戶相傳遞，以示警
戒。

永樂四年閏七月戊辰，命都察院申明見丁着業之禁。

僅由實錄，看不出當時這些榜文的不合理規定。這應係纂修實錄史臣的曲筆。

實錄於榜文有曲筆，此處再舉兩個例子。

如第六榜：

一榜：洪武二十四年七月二十三日，為欽依禁約誣指正人事，欽奉聖旨：……
今後若是誣指正人的，本身雖犯笞罪，也廢他。但誣指人笞罪，也一般廢他。
本身已得死罪，又誣指人，凌遲，都家遷化外。

實錄記：

洪武二十四年七月乙巳，申禁罪人誣引良善。上謂刑部尚書楊靖曰：……繼今
犯法者，不許誣引良善。違者，所誣雖輕，亦坐以重罪。爾刑部其榜諭之。

實錄僅泛言「坐以重罪」，即意存隱諱。

又如第三十六榜：

一榜：洪武二十七年三月十四日，禮部署部事主事盖霖等奉聖旨：……胡元入
主中國，九十三年，華風傾頹，彝倫不敍，致有子烝父妾，弟收兄妻，兄收弟
婦，甚者以弟為男，至於姑舅姊妹，亦得成親。……以弟為男，不思弟之母是
何人？……爾禮部出榜申明，……今後敢有以弟為男，及姑舅姊妹成婚者，或
因事發露，或被人首告，定將犯人處以極刑，全家遷發化外。

實錄記：

> 洪武二十七年三月癸亥（二十四日），上謂禮部臣曰：先王之治天下，彝倫爲本。至於胡元，昧於敎化，九十三年之間，彝倫不敍，至有子納父妾，而弟妻兄妻，兄據弟婦者。……宜申禁之，違者論如律。

按明律「娶親屬妻妾」條：「若收父祖妾及伯叔母者，各斬。若兄亡收嫂，弟亡收弟婦者，各絞」。明律「尊卑爲婚」條：「其父母之姑舅兩姨姊妹，……不得爲婚姻，違者各杖一百。……若娶己之姑舅兩姨姊妹者，杖八十，並離異」。是依律，中表姊妹爲婚，罪不至死。

> 洪武十八年所頒大誥初編第二十二條「婚姻」條：

> 同姓、兩姨姑舅爲婚，弟收兄妻，子烝父妾，此前元之胡俗。朕平定之後，除元氏已成婚者勿論。自朕統一，申明我中國之先王舊章，……方十八年矣。有等刁頑之徒，假朕令律，將在元成婚者，兒女已成行列，其無藉之徒，通同貪官污吏，妄引告訐，致使數十年婚姻，無錢者盡皆離異，有錢者得以完全，……所以元氏之事不理，爲此也。今後若有犯先王之敎者，罪不容誅。

是同姓爲婚，兩姨姑舅爲婚，在大誥中均罪至死，與律不同。

實錄記：

> 洪武十七年十二月壬寅，翰林院待詔朱善言：「有國者重世臣，有家者重世婚。臣見民間婚姻之訟甚多，問之，非姑舅之子若女，即兩姨之子若女，於法不當爲婚，故爲仇家所訟。……議律不精，其禍乃至於此。按律：尊屬與卑幼相與爲婚者有禁。……若己爲姑舅兩姨之子，彼爲姑舅兩姨之女，是無尊卑之嫌，以門地則相匹，以才德則相稱，……古人未嘗以爲非也。願下羣臣議，弛其禁，庶幾刑清訟簡而風俗可厚也」。上然其言。

由十八年所頒大誥及上引洪武二十七年三月榜文看來，中表姊妹結婚，一直都嚴禁。實錄說，上然朱善所言，根本是纂修實錄史臣的曲筆。

　　上引洪武二十七年三月十四日榜文提到「胡元入主中國九十三年，彝倫不敍」，實錄所記是年三月二十四日太祖給禮部臣的上諭亦正提及此事，很明顯的實錄係據此一榜文點定潤色。榜文作十四日，實錄作二十四日，因南京刑部志錯字頗多，而國史

取詳年月，似仍應以實錄所載日期爲正。實錄只提禁子納父妾、兄收弟婦，弟收兄嫂，不提禁中表姊妹爲婚，亦係纂修實錄史臣有意省略。實錄說，太祖以朱善之言爲然，其實是纂修實錄史臣的看法，並不是太祖本人的意見。

明史朱善傳：「願下羣臣議，弛其禁，帝許之」。明史卽不知實錄此處有隱諱曲筆。薛允升唐明律合編說：「洪武十七年，帝從朱善言，其中表相婚，已弛禁」，卽因襲明史之誤。

南京刑部志所載太祖朝榜文計45榜。洪武三十年欽定律誥末尾提到「繁文、燒毀卷宗」等仍依定例處治。燒毀卷宗見第四、第二十六、第二十七三榜。

在京犯奸盜詐騙，見第十六榜。

軍官私役軍人因而致死一名，見第六十四榜。卽因襲洪武榜例。

繁文一榜不見於南京刑部志。明史茹太素傳：「洪武八年，陳時務，累萬言。……因令中書定奏對式，俾陳得失，無繁文」。萬曆大明會典 80/1a：「洪武九年，頒建言格式，使言者直陳得失，無事繁文」。實錄記：洪武十五年十月壬寅，刑部尚書開濟奏曰：內外諸司議刑奏劄，動輒千萬言。……上曰：自今有以繁文出入人罪者罪之。於是命刑科會諸司官，定議成示，榜示中外。大明律「上書陳言」條：「不許虛飾繁文」。洪武時對繁文的懲罰，恐亦甚重。

更名易諱的禁例，可參看大誥續編「故更囚名」條、「逃吏更名」條。皇明詔令記洪武十九年六月詔書：「官民吏胥人等，除正名表字應合，公私身名於世，敢有更名易姓及兩三名字者，被人告發，家財給賞告人，誅其本身，遷移化外」。此亦可見這些榜文禁例所定的處罰均極重。

南京刑部志所錄洪武永樂朝的榜文，最可注意的是明成祖對誹謗罪的處罰。

一榜：爲造言惑衆事，洪武三十五年九月二十五日，奉聖旨：如今有等奸詐小人，不思朝廷凡事自有公論，但不滿所欲，便生異議，捏寫匿名文書，貼在街巷牆壁，議論朝政，謗人長短，欺君罔上，扇惑人心。似這等文書必有同商量寫的人，也有知道的人。恁都察院便出榜去張掛曉諭，但有知道有人曾寫這等文書的，許他首告。問得實，犯人全家處死。……（第29榜）

一榜：爲禁約事，永樂四年十月初八日，奉聖旨：有等小人，他與人有仇，要

生事告那人，又怕虛了，都揑謗訕朝廷無禮的言語，假寫仇人名字帖子，丟貼街市，扇惑人心，意在朝廷替他報仇，且如田瑱這等都誅戮斷沒了。今後但見沒頭帖子，便毀了。若揭將來告，見了不棄毀，念與人聽的，都一般罪他。若有見人正在那里貼帖子，就便拏住，連帖子解送到官的，問得是實，依律賞他。（第58榜）

今按：實錄記：

永樂四年七月乙巳，申嚴誹謗之禁。

永樂四年九月丙戌，申嚴投匿名文書之禁。

實錄所記冠冕堂皇。僅由實錄，看不出其時所頒榜文的不合理的規定。

實錄記：

永樂二年四月甲申，釋安慶府民誹謗罪。先有典伏率軍卒往安慶採木，……教軍誣民為誹謗語，縛送刑部，獄具，刑部以聞。上曰：………此必軍造此語誣民。遂釋民而抵官軍罪，並罪刑部官之罔民者。

永樂四年四月己丑，錦衣衛校尉有訐朝臣謗毀時政之失者。上曰：……朝廷未嘗行此政，彼安得有此言？……命以校尉付法司，論如律。

實錄僅歌功頌德，記皇帝行為之可為後世法則處。對皇帝政刑有失，則曲予隱諱。

實錄記：

洪武十五年七月甲子，解州學正孫詢奏言：……故元參政黎銘，……常自稱老豪傑，謗訕朝廷。……上曰：告訐之事，豈儒者所為？置不問。

似洪武十五年時卽已禁誹謗朝政。

洪武十八年所頒大誥提到「尚書王時誹謗」，提到「朝廷官難做，朝廷好生屬害」。

大誥續編有「斷指誹謗」條，其處罰是：「闔家成丁者誅之，婦女遷於化外」。

大誥三編（P.15）指摘王朴，「姦頑誹謗不辦事」。王朴實以直言極諫被誅。明史卷一三九為王朴立傳。

永樂十九年四月奉天等殿災，四月十二日，成祖下詔：

法司所問囚人，今後一依大明律擬罪，不許深文，妄引榜文條例。（實錄）

禁誹謗之榜文條例當亦在不許妄引之列，故其時臣民即有上書直言極諫，指陳成祖過
失的。成祖惱羞成怒，於四月二十四日又下詔，禁謗訕。詔書說：

> 比者，上天垂戒，奉天等殿災。……特降敕求言。……奈何言者，其中多涉譏
> 侮謗訕及告訴之詞，而朝廷政務及軍民休戚，略不相干，深有乖於國體，亦非
> 所以致謹天戒之意。………自今敢有仍蹈前非，故將譏侮謗訕及告訴之言上聞
> 者，治罪不饒。（皇明詔令）

實錄不載此詔，亦係有意隱諱。

（三）

南京刑部志所錄洪武永樂朝的榜文計六十九榜。這只是在嘉靖時南京刑部仍懸掛
的榜文，洪武永樂二朝所頒榜文自不止此數。從正德大明會典、萬曆大明會典，我們
還可以找到洪武永樂朝所頒的若干榜文，今錄於下：

(1)　洪武三年，令戶部榜諭天下軍民。……（榜文从略）（萬曆會典19/1）

(2)　洪武十九年令，各處民，凡成丁者務各守本業。……其有遊民及稱商買，雖
　　　有引，若錢不盈萬文，鈔不及十貫，俱送所在官司，遷發化外。（萬曆會典19/
　　　19）

(3)　又令：敢有稱係官牙私牙，許鄰里坊廂拏獲赴京，以憑遷發化外。（萬曆會典
　　　35/38）（會典繫此令於洪武二年，恐誤。此似亦係行大誥時所頒令。）

南京刑部志所收洪武永樂朝榜文常說，將犯人家屬「遷發化外」，故知會典所引洪武
十九年令、及「又令」，均源出於其時所頒榜文。

(4)　洪武二十三年，榜諭各處稅課司。……（萬曆會典35/49）

(5)　洪武三十年，詔榜示通接西蕃經行關隘。………但將私茶出境，即拏解赴官
　　　治罪。（萬曆會典37/14）

(6)　永樂六年，令諭各關把關頭目軍士。……若有仍前私販（茶），拏獲到官，
　　　將犯人與把關頭目，各凌遲處死，家遷化外。（萬曆會典37/14）

由於提到凌遲處死，風格與南京刑部志所載榜文相同，故知會典此處所記亦源出於榜
文。

(7)　洪武二十六年又令，指揮千百戶管軍官吏，酷害軍人，尅減月糧，……抄沒家財，就與告人。（萬曆會典41/2）

(8)　洪武十八年，大誥天下，鄉飲酒禮。……紊亂正席，全家移出化外。（萬曆會典79/5）（彭健按，此卽大誥「鄉飲酒禮」條）。

(9)　永樂元年令，若官吏人等貪贓壞法，……一體職掌榜文內事理，具狀自下而上陳告。如有假以實封建言，驀越合干上司，徑赴朝廷干冒者，治以重罪。（萬曆會典80/10）

(10)　洪武二十七年令榜示天下寺觀。……有稱白蓮靈寶火居、及僧道不務祖風，妄爲議論沮令者，皆治以重罪。

永樂十年諭禮部，……揭榜申明，違者殺不赦。（萬曆會典104/4）

(11)　洪武二十七年，守衞榜例：管軍官犯罪，指揮降千戶，調邊衞。……（萬曆會典119/12）

(12)　洪武二十二年令，守衞邊塞官軍，不得與外夷交通。如有假公事出境交通，及私市易者，全家坐罪。（萬曆會典132/12）

(13)　洪武二十七年，聖旨榜例：（共十七款）（略）。（萬曆會典143/1）

(14)　承天門午門紅牌：

一、官員人等說謊者處斬。

一、凡大小官員奏事，語言不一，轉換支吾，面欺者斬。（萬曆會典143/5）

按南京刑部志所載榜文：

一榜：洪武二十六（五？）年六月初一日，……欽蒙顧問民間疾苦，却乃緘默不言。奉聖旨：……將吳從權張恒，擬依奏啓事體，語言不一，轉換支吾，面欺者斬，家遷化外。（第九榜）

此卽依承天門午門紅牌處斷。實錄洪武二十五年七月己酉條，謂將吳從權、張恒二人竄之遠方，又係隱諱曲筆。實錄作二十五年七月己酉事，所記日期，恐應以實錄爲正。

明史薛祥傳：

（洪武）八年，有司列中匠爲上匠。帝怒其罔，命棄市。祥在側爭曰：「奏對不實，竟殺人，恐非法」。得旨：「用腐刑」。祥復徐奏曰：「莫若杖而使工」，

帝可之。

大誥「戶部行移不實」條提到戶部諸臣「面欺平誑」。大誥續編「韓鐸等造罪」條說：「其鐸面欺應對」。

實錄記：

> 洪武二十五年二月壬子朔，御史宮俊奏刑名不實，法司以面欺，例當斬。上曰：奏對不實，自有常律，何得一以例論？宜依律斷。

按明律「對制上書，詐不以實」條：罪止杖一百，徒三年。太祖未將宮俊依面欺例處斬，那是宮俊的運氣。實錄只記太祖行為可以稱道處，對其用刑失中處卽隱諱不書了。

（四）

太祖朝的榜文，有時還鏤刻在鐵上。實錄記：

> 洪武五年七月，作鐵榜申誡公侯。其詞曰：……今以鐵榜，申明律令。……其目有九。……

在明成祖時，曾將太祖誡諭公侯鐵榜繕錄一通，頒賜功臣。明英宗時，曾將其刊刻成書。明史藝文志所著錄的戒諭功臣鐵榜一卷，可能係明英宗時刻本。

實錄記：

> 洪武二十七年四月壬午，命民間高年老人，理其鄉之詞訟。……若戶婚田宅鬥毆者，則會里胥決之。……且給教民榜，使守而行之。

今存皇明制書本教民榜文，則係洪武三十一年三月十九日戶部奉旨申明、並增加若干條款，再頒發的。

其時所頒榜文有些是懸掛於各衙門正廳。如南京刑部志所載榜文卽記：

> 一榜：為定奪鹽糧事。……定議各項事例，於洪武二十九年七月初二日奏准，置立板榜，於本衙門正廳，常川張掛。（第三十二榜）

實錄記：

> 洪武二十八年六月乙丑，勅諭文武羣臣曰：………嗣君統理天下，止守律與大

誥，並不許用黥刺剕劓閹割之刑。……並不許立丞相。朕皆已著之祖訓。爾五府六部等衙門，以朕言刊梓，揭于官署，永爲遵守。

永樂二年二月戊寅，大理寺臣奏，市民以小秤交易，請論違制律。上問工部臣，「小秤之禁已申明否」？對曰：「文移諸司矣」。曰：「榜諭於市否」？對曰：「未」。上曰：「……其釋之」。

則這些榜文有些是懸於官署，有些則榜諭於市，依其性質而定。

其時所頒榜文，可能有一部份還懸掛於申明亭。實錄記：

洪武五年二月，命內外府州縣及其鄉之里社，皆立申明亭。凡境內人民有犯，書其過名，榜于亭上，使人有所懲戒。

十四年四月甲子，……自今凡官吏有犯，宥罪復職，書其過，榜示其門。……若能省身改過，則爲除之。

十五年八月乙酉，……自今犯十惡，奸盜詐僞，干名犯義，有傷風俗，及犯贓至徒者，書于亭以示懲戒。其餘雜犯公私過誤，非干風化者，一切除之，以開良民自新之路。其有私毀亭舍，除所懸法令，及塗抹姓名者，監察御史按察司官以時按視，罪如律。

永樂三年二月丁丑，巡按御史洪堪言十事。……其九曰，法制禁令，止行於有司，民不及知。今後凡有條例榜文，宜令有司轉行里老，於本處申明亭內，召集鄉民，逐一告諭，庶其知所循守。……上皆納焉。

明律「拆毀申明亭」條：「凡拆毀申明亭房屋及毀板榜者，杖一百，流三千里」。鄭汝璧纂註：「板榜以木爲之，書朝廷所行勸善懲惡之言，與利除害之事，於各衙門前張掛」。由上引實錄洪武十五年八月乙酉條看來，申明亭舍似亦懸有法令。不過，以情理判斷，在各衙門前所設的板榜可能較多。

明太祖御製「到任須知」說：

爲官之道，政治禁令，所當先知。需考求節次所奉聖旨制書，及奉旨意出給榜文、曉諭官民事件，逐一考究。……中間或有缺損不存者，需要採訪鈔寫，如法收貯，永爲遵守。（萬曆會典9/7）

永樂朝所定「到任需知」則責成各州縣禮房司吏，在知州知縣到任時，「照開奉到制

書榜文幾十幾道」。（萬曆會典 9/35）。此可見當時朝廷對所頒榜文是如何的重視。

（五）

　　洪武三十年太祖御製大明律序說：「將遞年榜文禁例，盡行革去」。但是年大明律所附律誥末尾仍說：繁文、焚毀卷宗、在京犯奸盜詐騙等罪名，仍依定例處治。

　　太祖死於洪武三十一年閏五月。閏五月十八日建文帝即位詔說：「今後官民有犯五刑者，法司一依大明律科斷，無深文」。（見姜氏祕史）。此所謂「無深文」，即指洪武三十年所定律誥，其中不准贖死罪誥十二條、准贖死罪誥二十四條、及律誥末尾所說那些繁文、燒毀卷宗、在京犯奸盜詐騙等定例，均較律為重，為深文，不許行用。建文帝不明白宣佈廢除太祖所定的律誥及定例，而說「無深文」，這是他措辭巧妙、立言得體處。律誥所定准贖死罪律九條，則因較律為輕，不在「深文」之列，可能仍沿用。

　　明成祖於洪武三十五年七月初一即位。成祖革除建文年號，仍用洪武紀年。其即位詔說：

　　　　建文以來，祖宗成法有更改者，仍復舊制。刑名一依大明律科斷。……建文年
　　　　間，……一應榜文條例，並行除毀。

在建文朝，不張掛太祖所定榜文。洪武三十五年十一月二十一日有旨命重行張掛遵守，此已見前引。成祖「永樂十七年令：各處軍衞有司，凡洪武年間一應榜文，俱各張掛遵守。如有藏匿棄毀，不張掛者，凌遲處死」。（萬曆會典20/23）。永樂十九年四月奉天殿災，成祖詔：「法司所問囚人，今後一依大明律擬罪，不許深文，妄引榜文條例」。這些較律為重的榜文條例，在這時又不准行用。但在是年四月二十四日，成祖又下詔，禁止謗訕。

　　明仁宗於永樂二十二年即位。其即位詔說：「今後一依大明律科斷，不許深文」。仁宗洪熙元年三月恤刑詔說：

　　　　自今犯死罪，律該凌遲者，依律科決。其餘死罪，止於斬絞。……惟犯謀反大
　　　　逆者，依律連坐，其餘有犯，止於本身。毋得概處以連坐之法。……有告訐誹謗
　　　　者，一切勿治。

我們只要看前引洪武永樂朝榜文，動輒將犯人凌遲，全家遷於化外，並禁人誹謗，就可知仁宗此一寬恤詔是適時而受人歡迎的了。

明宣宗即位詔：「今後一應罪犯，悉依大明律科斷。法司不許深刻，妄引榜文及諸條例比擬」。

明英宗即位詔：「一依大明律科斷，不許深文」。

景帝即位詔：「今後內外法司所問罪囚，一依大明律科斷，不許深文。其有一應條例，並除不用」。

英宗復辟詔：「法司今後問囚，一依大明律科斷，照依運磚運炭等項贖罪發落，不許深文」。

憲宗即位詔：「一依大明律科斷，照例運磚做工納米等項發落。所有條例，並宜革去」。

自明仁宗以後，斷獄即以律為主。因不許深文，故律誥所定雜犯死罪律九條，以係太祖晚年定制，較律為輕，仍然行用，照例運磚做工納米贖罪發落。而洪武以後各朝所定例，在新君即位時，並行革去。

明律四百六十條，嚴格地說，仍疏略不敷應用；舊有各朝所定例仍有不宜革去的，故在明憲宗時，刑部與都察院的章奏即提到英宗時所定若干「例」不宜革去。此處舉兩個例子：

成化元年十一月十三日，刑部尚書陸等題：為誑騙錢物等事：……查得天順元年十一月十一日，節該刑部奏准，今後在京幷南京法司，有指以法司官名頭，誑騙人財物者，枷號一月，滿日，送兵部定發邊衛充軍，遵行已久。天順八年正月二十二日節該欽奉 (憲宗) 即位詔書內一款，「凡問囚，今後一依大明律科斷，照例運磚做工納米等項發落，所有條例，並皆革去」，欽此，欽遵。今南京奸詐之徒，因見前例一皆革去，肆無忌憚。……合無將 (犯人) 吳清等，幷今後指以法司官名頭誑騙囚人財物者，俱照依正統天順年奏准事例，於誑騙衙門前枷號一月示衆，滿日，送兵部定發邊衛充軍。……奉聖旨：照例充軍，欽此。(皇明條法事類纂下P.67)

成化六年七月二十日都察院右副都御史李等題，為申明舊例事。……查得正統

十三年九月二十一日節該奉英宗皇帝聖旨：「……今後敢有一應差使之人，仍
前索要王府財物的，正犯殺了，全家發邊遠充軍，欽此」。近因前例革去，人情
縱恣。合無本院再行申明禁約。今後一應差去王府官員人等，若有需索財物，
許巡按御史幷按察司官，指實舉奏，參問如律，照依英宗皇帝聖旨，奏請發
落。……奉聖旨：是，欽此。（皇明條法事類纂P.218）

此所謂奏請發落，那是由於情重法輕，故將犯罪情由，議擬奏聞區處。舊有的若干禁
例既革，經奏請重復行用；而因事制宜，復可制定新的例，故在明憲宗時即開始、
新定的例愈來愈多了。

　　史語所藏有成化條例、弘治條例明鈔本。二書均係將其時刑官定例時所上章奏，
按年按月鈔集，而日本影印的明鈔本皇明條法事類纂，則係據上述二書，按明律條目
分類。

　　所定的例愈來愈多，爲了整齊劃一，便於檢閱，不使所定的例輕重失倫，在明孝
宗弘治十三年遂制定「問刑條例」。而明孝宗即位詔也不與宣宗英宗憲宗一樣。孝宗
即位詔即不提「所有條例盡行革去」，此即因憲宗時臣工已發現此一措施不妥，不宜
再因襲。

　　明武宗即位詔：

　　　今後問擬罪名，律有正條者俱依律科斷。無正條者，方許依例發落。

此所謂例即指弘治問刑條例，及問刑條例以後所定新例。北平圖書館藏「大明律疏附
例」（隆慶二年重刊本）所收問刑條例即係弘治「問刑條例」，其書「續例附考」所
載則爲弘治問刑條例制定以後明孝宗武宗所增定的例。

　　明世宗即位詔：

　　　一依大明律科斷，不許深文。……條例增添太繁。除弘治十三年………奏准條
　　　例，照舊遵行外，以後新添者，悉皆革去。

在明世宗嘉靖二十九年，刑部尚書顧應祥又奉詔重修問刑條例，顧氏所定條例計376
條。明神宗萬曆十三年刑部尚書舒化又重修問刑條例，所定條例計382條。顧應祥及
舒化所定「問刑條例」，美國國會圖書館藏有明刻本。

　　史語所買到日本內閣文庫所藏「刑書據會」的微捲，其中收有萬曆四十年及崇禎

十一年所定的例。這是現存明律明刊本中最晚的一個刻本。將成化至崇禎歷朝所定的例合編爲一書，使這些例的因革變遷，一目了然，這是我正在進行中的研究計劃，今不深論。

明憲宗以後，例輔律而行。滿清入關，其所定律例卽多因襲明代。其後隨時增修，至同治九年所定之本，所附條例計一千八百九十二條，視萬曆時，增益數倍。至清末沈家本奏定新刑律，清代刑律始一改舊觀。

明憲宗以後，例輔律而行。在明憲宗孝宗時，所定的例有些仍用榜文公佈，使人民知悉。而在孝宗以後則漸漸少見。當時民間流傳應用的，應爲史語所所藏成化條例弘治條例這一類的書。這些書均係鈔案牘全文，非榜文體裁。

今存明刊本「條例備考」、明鈔本「大明九卿事例按例」所記嘉靖元年以後、至二十九年重修問刑條例以前所定例，亦係案牘體裁，非榜文格式。當時旣流行這一類的書，則職司刑名的官員與其幕僚，卽只需賡續鈔輯，將朝廷新定的例附於當時現行律例刊本之後。現存大明律例明刊本所增附的例多寡不一，其原故卽在此。

明洪武至弘治，各衙門可奉聖旨，出榜禁約。這些榜文因係奉聖旨而揭佈，故其性質與宋刑統所載的敕相同，而其體裁則不同。

在宋代有敕令格式，斷罪依新編敕，而在明洪武永樂時，這些榜文禁例的効力自亦在公佈在前的「律」之上。明太祖常說他自己律外用刑，這正是洪武永樂朝榜文的特色，而明憲宗以後所定的例，雖有些仍失之太重，但明代刑律自憲宗以後，例係輔律而行，而不欲破律，則是衆人所公認的。

明代的刑律，由上文所論看來，大致可分三期：

（1）洪武永樂，以榜文爲主，律爲輔。

（2）仁宣英景四帝，以洪武三十年所定律（包含律疏）爲主，不許深文。

（3）明憲宗以後，例輔律而行。

南京刑部志所載明洪武永樂朝的榜文峻令，正可使吾人了解這些榜文禁例在明代刑律史上的重要性。今謹錄存，作爲本文附錄。

附　　錄

南京刑部志卷三：

　　揭榜示以昭大法。（凡各衙門板榜縣刑部者錄之。）

刑部爲申明敎化等事：洪武三十五年十一月二十一日本部尙書鄭賜同五府各部都察院通政司大理寺六科給事中等官於奉天門早朝，欽奉聖旨：朕自即位以來，一應事務悉遵太祖定制，不敢有違。爲何？蓋太祖皇帝創業艱難，民間利病，無不周知。但凡發號施令，不肯輕易，必思慮周密然後行將出去，無有不是爲軍爲民的好勾當，所以三十餘年天下太平，人受其福。某不守祖法，多有更改，致使諸司將洪武年間榜文不行張掛遵守。恁各衙門查將出來，但是申明敎化，禁革奸弊，勸善懲惡，興利除害，有益於軍民的，都依太祖皇帝聖旨，申明出去。敎天下官吏軍民人等，遵守，保全身命，共享太平。敢有故違，依着太祖皇帝聖旨罪他！欽此。

　　計開：

本部（刑部）共申明十九榜。

(1) 一榜：洪武十九年六月二十五日，爲杜嚴僧惠榮告諸山僧人不律事，欽奉聖旨：勅爾刑部，速承朕命，榜示諸司，申明兩途，果潔身心以從佛，諸人毋得生事羅織，使善積而行堅。若果人慾之重，身心恍惚，逡巡在敎，進退兩難者，許蓄髮以爲民。一則从心所欲，二則不累於佛門。申明之後，敢有不从命，乖於佛敎者，棄於市，以禁將來。

(2) 一榜：洪武二十二年正月初五日，爲淹禁事，奉聖旨：在外軍民衙門多有將囚人淹禁，好生不便。刑部出榜文去各處知道：今後敢有淹禁一年之上，不發落者，當該官吏處斬。便是改除挨調，也挨挐將來。若接管官吏，推調不理，一體治罪。

(3) 一榜：洪武二十二年八月二十九日，爲詞訟事，奉聖旨：江西有等奸頑無藉之徒，往往赴京告狀，事多不實，累及良民，有死於中途者，有死於獄禁者。縱然不死者，其年生理，盡皆消廢，以此觀好詞訟者，死有餘辜。今後法司

精審來歷，設有仍前所告，動經五六十及百餘人一二十者，審出誣告情節得實，將好詞訟刁民，凌遲於市，梟首於住所；家下人口，移於化外。

(4) 一榜：洪武二十三年三月初三日，爲諸司官吏棄毀簿書黃冊等項及不立卷宗事，欽奉聖旨：賢人君子爲官吏，必簿書清，卷宗明，此保身去辱之良能也。且羲古聖賢，立法關防，務在公私利便，所以事成於責任，刑遠於己身。亘古今而行此道，守此法，永不易之良規。方公諸司官吏，不究古今之良法，計出千萬，必欲上謾朝廷，下虐小民，將以爲所謀者妙，所計者良，所積之贓，數盈千萬，將以肥己榮家。一旦事發，重者不能免其死。其前所謀所計，皆殺身之禍，從而家亡者有之。有等所作之罪本輕，因欲掩其非，故將卷宗不立，因而棄毀者有之，或藏匿民間者有之。孰不知律有明條，棄毀官文書者死。今後敢有簿書不清，卷宗不明，研窮至極，別無規避，止是怠於清理，以致前後錯亂，字樣差訛，理改而後可清者，杖一百還役。若棄毀訛謬內府貼黃戶口黃冊，及棄毀錢糧刑名造作孳牧草料供給軍需軍餉軍冊者，斬，家遷化外。所在布政司都司備榜刊文如式，紅牌青字，懸於公座之上，朝夕目擊，所在咸知，毋違是令。（南京刑部志著者注：此榜今縣大堂正間，後開示一十五起。）

一、南昌府刑房吏吳源劉文德等，將火燒毀文卷及兵工二房，各處斬。

一、江寧縣戶房吏段必先鄭永孫王會等，將本縣積年文卷盡行燒毀，各處重刑。

一、永平衞後千戶所吏楊文秀、軍吏陳貴劉伯信等將錢糧卷冊盡行燒訖，俱處斬。

一、揚州府通州兵房吏顧茂等，錯塡勘合，洗壞收匿在家，不期失火燒毀，各治重罪。

一、松江府戶房吏顧德亮等，將錢糧虛出實收，燒毀遞年卷宗，各處斬。

一、太平府刑房吏陶勝等，放火將各房勘合文卷燒訖，凌遲處死。

一、當塗縣知縣孫英、縣丞李嵩、典史席德貴及本府經歷吳從善等，令里甲屠戶買辦祭儀，不行立案，處以重刑。

一、嵐縣典史陳良、吏梁庸、與知縣陳圭，各吏陳禮等，放火燒卷，各處
　　斬。

一、安福縣吏劉如岡等六十八名，與一般吏王京等五十八名，計文卷，並不
　　立案，節次燒毀，處斬。

一、刑部辦事下第舉人徐復，扣下勘合簿紙淨毀，處斬。

一、潞州同知趙彥直、州判張時孟、吏王文質，燒毀卷宗，各處斬。

一、福州府刑房吏沈叔平等三十六名，不救失火，燒毀卷宗。知府張公勉，
　　同知胡毅、推官錢信可、經歷余鳳、各官止作燒了黃冊，朦朧具奏，俱
　　各處斬。

一、兵部職方司主事趙伯牧、李從善，所掌收軍重役冒名等項文卷，俱不立
　　案，喚吏楊開等將卷燒毀，俱處死。

一、海鹽縣知縣郎時翔，猾吏繆德名等，隱下卷宗，分寄人家，各處斬。

一、海鹽縣民金傑、姜惟、蔡華等四十三名，隱匿本縣備照黃冊，懼追燒
　　毀，俱各處斬。

(5) 一榜：洪武二十三年四月二十二日，為藏匿文卷事，欽奉聖旨：若有將文卷
　　簿籍不在衙門架閣，却行藏於本家，或寄頓他處，許諸人首發，官給賞鈔一
　　百錠。犯人處斬，家遷化外。

(6) 一榜：洪武二十四年七月二十三日，為欽依禁約誣指正人事，欽奉聖旨：如
　　今內外大小官員，貪贓壞法的固多，中間亦有守法度做好勾當的。因是平日
　　不肯同他為非，事發之後，所以被他誣指。比及朝廷辨明出來，正人君子已
　　被其辱。今後若是誣指正人的，本身雖犯笞罪，也廢他；但誣指人笞罪，也
　　一般廢他。本身已得人死罪，又誣指人，凌遲，都家遷他外。

(7) 一榜：奸頑亂法事。節次據五城兵馬司挐送到犯人顏鎖住等三十八名，故將
　　原定到皮剗鞝樣制，更改做半截靴短靿靴，裏兒與靴靿一般長，安上抹口，
　　俱各穿着，或賣與人，仍前自便，於飲酒宿娼，行走搖擺，致被兵馬司挐獲
　　送問罪名。本部切詳，先為官民人等一概穿靴，不分貴賤，致使奸頑無藉，
　　假粧官員人等，挾詐騙人，擾害良善，所以朝廷命禮部出榜曉諭，軍民商賈

技藝官下家人火者，並不許穿靴，止許穿皮剳鞾。違者處以極刑。此等靴樣一傳於外，必致制度紊亂，宜加顯戮。洪武二十六年八月初三日欽奉聖旨：這等亂法度的，都押去本家門首梟令了，全家遷入雲南。

(8) 一榜：洪武二十六年二月十三日，爲藍玉謀逆事，奉聖旨：君奉天命則興，臣奉君命則昌。今違君逆命之臣，相繼疊出。楊憲首作威福，胡臣繼踵陰謀，公侯都督亦有從者。賴天地宗廟社稷之靈，悉皆敗露，人各伏誅。今有反賊藍玉，又復逆謀，幾搆大禍，已於洪武二十六年正月初十日俱各伏誅。若不昭示中外，將謂朕不能保全功臣者。爾刑部將各人情詞，圖形榜示。

　　健按：藍玉伏誅，在洪武二十六年二月乙酉（初十），見太祖實錄 P.3296。當以實錄所記爲正。

　　逆臣錄無藍玉招詞。潘力田國史考異說：「玉以二月八日入朝被收，九日下錦衣衛，十日伏誅。未及具獄，而雜取家屬口語以證成之耳」。二月十三日卽圖形榜示。太祖匆促下手，不擇手段可見。

(9) 一榜：洪武二十六年六月初一日，岢嵐州學正吳從權、山陰縣敎諭張恒，考滿，吏部引見，欽蒙顧問民間疾苦，却乃緘默不言。奉聖旨：如伊尹耕於莘野，常以致君澤民爲念，及出相湯，發平日所懷，以安天下。甯戚未遇，扣角商歌，自薦於齊桓公，佐興伯業。漢賈誼董仲舒等儒，皆起於田里，上書數陳時務，議論得失。唐馬周未遇，不得親見太宗，尚且於武臣常何言事求進。此等名賢不得進見於君，欲行其所學。今既召至朝堂，朕親詢問，人各不言。學聖賢之道者，果如是乎？又如宋儒李沆爲宰相，佐眞宗，日收四方水旱虫蝗盜賊等事奏知，同僚以爲細事，不然其奏。沆曰：人主當延（？）四方艱難，有所警懼。不然，則留意於土木禱祠聲色狗馬之事矣。此等秀才，人君不問，尚且數將四方水旱等事日奏於君。今朕問其民間疾苦，支吾不言，其中心所操果何如？又以敎學之法言之，宋儒胡瑗爲蘇湖二州敎授之時，其敎諸生皆兼時務治兵治民水利算數等事，所以當時得人，皆由其敎授有法。今據其所言，平日在學不出，則所敎者不過循行數墨，蒙頭塞耳，世務不通。其所訓生徒，雖有聰明賢才。（原注：缺）將吳從權張恒擬依奏啓事體，

語言不一，轉換支吾，面欺者斬，家遷化外。

(10) 一榜：洪武二十七年三月初二日，爲強賊劫殺人民事，欽奉聖旨：今後甲里
鄰人老人所管人戶，務要見丁着業，互相覺察。有出外，要知本人下落，作
何生理，幹何事務。若是不知下落，及日久不同，老人鄰人不行赴官首告
者，一體遷發充軍。

(11) 一榜：洪武二十七年四月十二日，爲禁約事，欽奉聖旨：但有爲事充軍的奸
儒猾吏，及犯法頑民，鑽刺營充衞所吏典，甚至潛入有司衙門，結攬（攬？）
寫發，亂政害民者，許諸人指實陳告，正犯人處以極刑。當該官吏不卽發
遣，一體處治。

(12) 一榜：洪武二十七年四月二十四日，爲偷盜官物事，本部將江寧縣倉脚夫徐
德華等偷盜營造宮殿備用木植情由，連人引奏，欽奉聖旨，一體處死，仍着
家眷照依原盜官物，十倍追賠還官。

(13) 一榜：洪武二十七年十月十四日，爲私役屯軍事，奉聖旨：東勝右衞百戶周
成所管屯軍，止是一百一十二名，屈指可數，却將屯軍二名作書手，二名作
伴當使喚，二名在家造酒買賣。這六名田地誰與耕種？一年生理都悞了！如
此不才小人，只知貪圖厚利，害軍肥己，將他凌遲處死，傳首沿途號令。今
後似這等害軍的，一體治罪。

(14) 一榜：洪武二十七年十月二十六日，爲科斂屯軍事，奉聖旨：自古朝廷設置
軍衞，沿邊屯守，只是禦侮防姦，保安良善，所以近年於便民中抽下，使其
自備牛隻，農器種子，往邊上屯種。若管軍頭目提調撫綏得好時，數年之
後，糧草廣有蓄積，軍家衣食也都給足，又省得百姓供給，十分便當。今陽和
衞百戶王麟全不尋思朝廷設置屯兵保安良民的意思，只是貪圖厚利，害軍肥
己，斬首，前去本衞梟令。今後但有似這等科斂害軍的，與百戶王麟一體治
罪。

(15) 一榜：洪武二十七年十月二十六日，爲高郵衞百戶李成妄拏軍人做賊等事，
奉聖旨：設置軍衞，專一防姦禦侮，保安良善。其管軍人員鎮守各處者，務
在設法守禦，機（？）無暇時。倘有草竊，卽時撲滅，使一方寧靖。民無軍

擾，軍得民供。如此則忠於朝廷，永無災禍。奈何近年以來，管軍人員內有

等不才的，不思全家所食俸祿（下缺）。

(16)一榜：洪武二十七年十月三十日，爲禁約事，奉聖旨：京都人煙輻輳，有等

奸頑無藉之徒，不務本等生理，往往犯奸做賊。若不律外處治，難以禁止。

所以在京犯奸的奸夫奸婦，俱各處斬。做賊的、掏摸的、騙詐人的，不問所

得贓物多少，俱各梟令。已令出榜曉諭，犯者至今不已。刑部再出榜申明，

務要家至戶到，男子婦人大的小的，都要知道。

　　梟令犯人十起。

　　　沈付二等六起，俱偸盜。薛二等三起，俱詐騙，王軍兒陳神保一起，升

　　　斗作弊騙人。

　　處斬犯人三起。

　　　杜丑驢金氏等三起，俱通奸。

(17)一榜：洪武二十七年十一月十三日，爲百戶張庸賣放軍人事，奉聖旨：自古

爲將的都憑着那衆軍士氣力，所以能勾成功。做指揮的憑着那五千名的軍士氣

力，做千戶的憑着那一千軍的氣力，做百戶的憑着那一百名軍的氣力，做總

旗的憑着五十名軍的氣力，做小旗的憑着那十名軍的氣力。且以百戶論之，

一個百戶便是好漢，自己的氣力對得幾個人。若是一百十二名人齊心呵，甚

麼堅陣不摧動了？所以自古名將都愛惜軍士，同受甘苦。出軍時，衆軍未喫

飯，不肯先喫；衆軍未歇息，不肯先歇息。有疾病的，看視他；有傷損的，

撫綏他。所以能感動得衆軍士每，肯捨死出氣力，到處贏得人。及朝廷論功

之際，都作了他的功，享富貴，　立功在天地間，　至今不磨。　我朝自開國以

來，東征西伐，衆老頭目每會撫綏軍士的，如今都封公侯，做都督，做指揮

了。近年以來，管軍官員有等不才的，不知一家大小喫的俸祿是衆軍士每的

功勞，不肯尋思愛惜軍士。只如東勝左衞百戶張庸，任重慶衞百戶之時，所

領軍人一百一十名，沿途賣放一十六名，餓死四十四名，又復奸頑，一向不

肯勾補，致被指揮楊錦奏發提問處斬了。爾刑部出榜，與管軍人員知道，以

爲鑒戒。

(18)一榜：洪武二十七年十二月二十五日，爲頑民強占良民爲奴事，奉聖旨：自古
人君養民，爲禮與法。禮所以辨上下，法所以禁強暴，使天下烝民，貧有貧
安，富有富樂，強不敢凌弱，衆不敢暴寡，鰥寡孤獨，各得其安，共享太
平，斯歷代帝王不易之道也。我朝自開國以來，法古安民，剷除強暴，保安
良善。奈何有等奸頑小人，恃其富豪，欺壓良善，強捉平民爲奴僕，雖嘗累
加懲戒，奸頑終化不省。如安福縣糧長羅貴謙將羅惠觀拐到良民彭辰仔，買
作奴僕，在家驅使，及致伊母前來尋認，又將伊母監鎖在家爲奴。除將本人
凌遲示衆，妻子並一家人俱刺面入官爲奴。今後豪橫之徒，敢有強奪平民爲
奴，與羅貴謙一體治罪。

(19)一榜：洪武二十八年五月初五日爲非法用刑事，奉聖旨：紀綱法度，朝廷所
立。人臣非奉君命，不敢擅更。惟守而不易者，是爲良臣。邇來諸司官有等
不諳道理，往往非法用刑，凌虐良善，貪圖賄賂。浙江黃岩縣丞倪悅，指以
催糧名色，設置火爐，燒紅烙鐵，殘人支體。山西徐溝縣縣丞余琳亦以查
糧爲由，打造尖刀尖錐鐵鈎，傷人皮肉。松江府華亭縣知縣王紀用使大樣檀
木批頭，陝西白水縣知縣羅新創製兩層生牛皮鞭，恣行殘虐，如此不才者
多，不可盡舉。曾敕法司，究其所以，不得妄張威勢，使人畏懼，縱肆姦貪
而已，此豈人臣所爲。爾刑部將合用刑具，依法較定，發與諸司遵守。敢有
仍前不遵者，就用非法刑具處治。皂隸抵禁，輒便聽從行使者，一體處死。

都察院，爲申明榜文事，洪武三十五年十一月二十一日奉聖旨：（與刑部同，共申明十
榜。）

(20)一榜：洪武十九年四月初七日，爲袪除民害事，奉聖旨：差人前去蘇州在城
將積年幫閑害民直司、主文、小官、野牢子、小牢子，一名務要坊廂拏報到
官，以除良民之患。故行隱匿，不行拏獲，其坊廂里甲，同罪不赦。

(21)一榜：洪武十九年七月十一日，爲鎮江府在城坊甲僯（隣）人，坐視奸頑，
把持官府事，奉聖旨：天下臣民敢有不遵五敎，陷害官長，數爲民患者，許
所在耆老少壯，或百或數百，拏赴京來，使良善得安。

(22)一榜：洪武十九年九月十一日爲伸理冤枉事，奉聖旨：如今大誥兩頒，天下

臣民共知遵守，袪除姦惡，以安良善。其在京刑部四部、都察院十二道、五軍斷事官等衙門，專一職掌刑獄，辯明是非。自開國以來，用人無疑，凡勤法之人，姑出姑入，以重作輕，以輕作重，倒持仁義，恬亂違憲，使有寃枉者以致無所伸訴。蓋爲下情不能上達。今後敢有似前枉人者，許被寃枉之人，即將原問首領官吏拏來。

(23)一榜：洪武二十六年三月初一日，爲山西都指揮何誠等對撥俸糧害民事，奉聖旨：山西都指揮何誠，職居方面，全無仁心，不思撫恤軍民，故將朝廷立的好法度壞了，主使屬衞提調對糧指揮千百戶，務要每石加四加五，又巧立硃鈔錢、扇車錢、蘆蓆錢、偏手錢、這等名色，揹要民財。享這等大俸祿，如此害民，鬼神鑒察，豈能長遠。恁都察院將他所犯凌遲情罪，圖形榜示，敎天下知道。

(24)一榜：洪武二十七年二月十五日，爲官吏貪贓誘民爲非事，奉聖旨：自古設立有司，敎民爲善，使知禮義廉恥，以此五常之道悉布民間，務必使民從敎，不許違命。凡官有作爲休息，務必如期。在上者安敢失信於在下者。其納糧當差，趨事赴工，乃民求安耳，豈民無差徭而縱其自在者耶？今北平府同知錢守中等貪贓肥己，賣富差貧，致令民有奸頑者，每買求官吏，避難就易，或全不應役。如此計行，倣效者多，欲得雍熙之治，豈不難哉？朕觀北平府官吏，不能敎民爲善，乃敢貪贓，誘引爲非，所受肥己之贓四萬三千一百餘貫，法所難容，理合示衆，以戒將來。凌遲錢守中等六名，係官吏庫子盜賣草束。處斬王天德等五名，俱虛買實收。全家發建昌衞充軍，段大等六十九名，俱里甲耆民人等，虛買實收。發留守衞充軍尹恭用等二百一十五名，係庫子脚夫解役，通同盜賣草束，脫放罪囚。

(25)一榜：洪武二十七年三月初六日，爲福建興化衞吏何得時父母喪不丁憂事，奉聖旨：人生天地間，父母之恩至重。凡人初生時，離母身乃知男子，母經聞父生兒矣，父旣聞之，以爲禎幸，不過二三月，夫妻閱子寢笑，父母亦歡。幾一歲間，方識父母，歡動父母，或肚踢，或擦行，或馬爬。有時依物而立，父母尤甚歡情。然而鞠育之勞，正在此際。所以父母之勞，憂近水火，以其無知

也。設若水火之近，非焚則溺，多恐寒逼，夏恐蟲傷，調理憂勤，勞於父母，豈
一言而可盡。及其年長，或經商出外，或仕宦他鄉，或幹事別處，父母在家，
朝夕思望，心無暇時，惟恐其子失所。父母之恩如此至重，爲人子者，常當
體父母之心，或經商，或幹事在外，必須小心謹愼，不生是非，爲免致父母
憂愁。若仕宦在外，當公勤守法，不遭刑憲，使身家榮顯，父母歡悅，如此
方可報劬勞之恩。今興化衞吏何得時先居父喪，不行守制，復入衙門，結攬
寫發、貪贓害人，後居母喪又不守制，仍前在房，作主文名色，改抹文案，
撓禍殃民，如此不孝，世所不容，特將凌遲示衆。

(26) 一榜：洪武二十七年十月十四日，爲官吏作弊，燒毀卷宗事，奉聖旨：貴溪
縣知縣張三等，因上司刷出人贓埋沒逃軍囚者，令勾追完報，官節次受贓，
設計假作遺火，將公廨卷宗燒毀，意在上司無從稽考，得以作弊自由。事
發，各處以極刑。

(27) 一榜：洪武二十七年十一月十六日，爲燒毀卷宗事，奉聖旨：自古智人君子
爲官爲吏者，必要簿書清，卷宗明，此乃保身去罪之良法。近年以來，諸司
官吏，有等不才，貪贓害民，欲掩其非爲，故作遺漏，燒毀公廨，絕滅卷
宗，因此殺身亡家。如江西布政司刑房吏胡學魯等，貪贓作弊，將文卷暗行
燒毀，又復買求官吏，令妻男妄訴。如此各犯凌遲，家遷化外。

(28) 一榜：洪武三十五年七月十三日，爲禁約事，奉聖旨：如今軍民中，有等不
知道理的人，又行生事，妄將一應官員人等，擅自綁縛，非理凌辱，甚至搶
奪家財，因而希求陞賞，似這等好生不便，有傷治體。今後敢有仍前不遵號
令，妄自綁縛人來者，治以重罪。

(29) 一榜：爲造言惑衆事，洪武三十五年九月二十五日，奉聖旨：如今有等奸詐
小人，不思朝廷凡事自有公論，但不滿所欲，便生異議，揑寫匿名文書，貼
在街巷墻壁，議論朝政，謗人長短，欺君罔上，扇惑人心。似這等文書，必
有同商量寫的人，也有知道的人。恁都察院便出榜去張掛曉諭，但有知道有
人曾寫這等文書的，許他首告。問得是實，犯人全家處死；首告之人，官陞
三等，軍民都與官職，賞銀一百兩，鈔一千貫，仍給犯人財產。

前軍都督府爲申明敎化等事，<u>洪武</u>三十五年十一月二十一日奉聖旨：（與刑部同，申明一榜。）

(30)一榜：<u>洪武</u>二十七年十一月初七日，爲犯充軍人等，敎唆詞訟，把持官府等事，奉聖旨：沿邊等處，有等犯法免死充軍者，平日都是刁頑無藉之徒，今又不悛前惡，仍復在邊上，三五成羣，敎唆詞訟，告狀，實封，把持官府，不當軍役，潛於衞所，結攬寫發，撥置事務。今後但有這幾等，不問前犯輕重，俱各處斬。其沿邊衞所操練軍士，置備器械，皆是守禦合當做的，朝廷不曾禁約。今後敢有聲言把持，倚法爲奸者，卽時處斬。一、凡宥罪充軍人數，不許上書陳言，違者處斬。一、管軍人員若有因此號令，苦害軍士，致傷人命，亦以罪罪之。一、犯法免罪充軍人等，敢有不遵號令，仍前敎唆詞訟，告狀實封，把持官府，及結攬寫發，撥置事務者，不問前罪輕重，俱各處斬。一、凡沿邊衞所操練軍士，置備器械，聽從其便。敢有倚法懷奸，聲言把持者，卽時處斬。

吏部爲申明榜文事，<u>洪武</u>三十五年十一月二十一日奉聖旨：（（與刑部同，申明一榜）

(31)一榜：<u>洪武</u>三十一年正月二十五日，爲吏員出身資格事，奉聖旨：今後吏員都要九年考滿，仍依前例，與他出身。當月二十九日，將議定後項條例覆奏，奉聖旨：「是。備榜曉諭」。從七品出身，一品二品衙門提控都吏。正八品出身，一品二品衙門掾史令史典吏並內府門吏。從八品出身，三品衙門令史。正九品出身，三品衙門典吏，四品衙門司吏。從九品出身，四品衙門典吏，五品衙門司吏。未入流，六品七品八品九品並雜職衙門吏典，並察院典吏。

戶部爲申明榜文事，<u>洪武</u>三十五年十一月二十一日奉聖旨，（與刑部同，申明二榜）

(32)一榜：爲定奪糧鹽事。照得在京衞所官軍陣亡病故、爲事典刑等項、遺下對支糧鹽、征操軍馬、並幼軍娶配家小等項該添月糧，定議各項事例，於<u>洪武</u>二十九年七月初二日奏准，置立板榜，於本衙門正廳，常川張掛。

(33)一榜：<u>洪武</u>三十年三月初四日，爲民間買賣高擡時估事，奉聖旨：今後民間買賣，只許使鈔，並不許將金銀於街市交易，阻壞鈔法。敢有仍前，將金銀

交易諸物、高擡時估、愚弄平人壞法者，正犯處死。所賣之物，盡數斷沒入官。家遷化外。

禮部爲申明敎化事，洪武三十五年十一月二十一日奉聖旨，（與刑部同，共申明六榜）（健按：應作七榜）

(34)一榜：洪武二十三年五月初一日，爲布政司府州縣職掌事，奉聖旨：申明出去敎化。朕自二十八歲渡江，居江東三十六年。自甲辰卽王位，戊申卽帝位，至今十七年矣。當首創天下，命將四征，偏華夏之兵，安華夏之民，設諸有司，宣布條章，務勸士農工商，各安其業，民間戶婚田地鬥毆相爭一切雜犯詞訟，曾令自下而上，毋使喞寃。是後縣州府行省官吏在職役者，往往倒持仁義，增詞陷良，減情出惡，以致喞寃者多。由是行省更爲承宣布政司，一切諸雜刑名盡赴京師，歸之法司，務必申寃理枉，如此者十七八年。總理府州縣千七百餘城，其刑散在民間，似乎無有。及其總歸京師，每郡上發一起，京師旱集千七百餘起。一月若十起五起，該數萬以上。五刑備用，日無暇時。如此聲播天下，但見朝廷用刑甚繁。孰不知有司獄空，京師獄盈，伸寃理枉，盡在刑部都察院五軍斷事官。以千七百餘府州縣職掌，命三法司剖斷，務要各得其當，豈不繁也歟？若此治有年矣。今仍勅禮部行下諸司，備榜昭告。今後刑名各屬所司，自下而上。縣決笞，州決杖，府決徒𣬸，布政司決絞斬，縣解州，州解府，府解布政司，如此施行。布政司聞奏，自某年某月日集到秋後應合棄市者若干人，然後刑部大理寺都察院五軍斷事官以各所該入奏，送監察御史刑部官，會同本處布按二司斷事司官，審錄無異，依時出決。若民有所告，自下而上，縣不理而告州，州不理而告府，府不理而訴于布政司，布政司不理，而申于按察司。若此諸司皆不才，或受狀而遷延不與歸結，以致事枉人寃，許令齎大誥赴京伸訴，罪其所司。如有邀截阻當者，依大誥內事例決之。

一、朕自居江東三十六載，未嘗見日而臨百官，自年初至於年終，每披星戴月而出，四鼓衣衣飯食，待旦臨事，此非飾己之言，皆眞情實意之詞。嗚呼！朕觀古今凡人得時之後，有始無終者多。朕外無禽荒，內雖有婦女，不敢久留宮中，色荒之事，可知。生不飲酒，壯而少用，未嘗以酒廢

事，無暇音樂峻宇，得罪者鳳陽宮殿也。然非好離宮別殿而爲之，當是時見淺識薄，意在道理適均，便於民供耳。且人之得時，孰不欲安逸盤遊，縱意所好。眞聖賢不假修飾，天然不邇此事。降聖賢之人，親於此事者多矣。凡居若干玩好盤遊者，朕每欲爲之，見其不敢何也？蓋古人有此者興亡疊疊，因此，恐懼不已。憤恨枉良縱惡，由是察文吏若見淵魚，以此臣民皆曰刑甚。朕今老矣。前許多年，每令一出，皆爲安民。凡責任於人，人皆授任。旣任之後，不從令而殃民者無數。人才孝廉孝悌力田聰明正直監生進士，不分少壯，千百人中，不殃民者選無一二，可見人有若是之愚也。朕無狎客，亦無謀臣，專恐懼而日經營，欲盤石之固未備，所以朝廷之事，連歲每在顚危之間。今特勅諸司各當其事：

一、今後合決重囚，各歸所司。布政司並直隷府州行移刑部，按察司呈都察院，斷事司轉達都督府，行下斷事官。各該法司參照，然後入大理，詳議具奏，差官出決。

一、有司官吏不才，顚倒是非，小民無處伸訴。所以不畏越訴之罪，徑赴京來，以致法司囚數盈集。今後各歸所司聽理。敢有仍前倒持仁義，以是爲非，以非爲是，及遲滯不理，或理不卽果決者，許州按縣；州或縱而不治，則府按之。若府亦然，布政司按之。布政司不才，則按察司通治。按察司違者，巡按御史糾劾。

一、軍人詞訟，先於小旗處告理，達於總旗，可決者決，不可決者呈於百戶，卽與剖決。若有不可決者，則呈於所。所不能決者，則呈於衞。衞不能決者，則呈於都司。其有陳告總小旗千百戶不公不法等事，亦須自下而上陳告，亦從在上衙門按治。至都司不公復不決，從按察司按治。干係機密重事者，不在此例。

一、各處囚軍並安置人，假建言代人告狀，案煩朝政者斬。若有身背黃袱，聲言赴京言事，挾制官府者，處以極刑。

一、有等頑民，原告赴縣詞訟，被告不候對問，徑赴府陳告。其原告弟男子姪明知被告伸訴，又赴布政司陳告，布政司未曾施行，其被告弟男子姪又赴按察司陳告，並不明說互告情由。如此亂法者，非止一人。且如江西泰

和縣民肖關生等，梟令，家遷化外。今後敢有似此不候原問衙門歸結，隱

下互告情由，妄行越訴亂法者，一體梟令遷發。

(35)一榜：洪武二十六年十二月十五日，爲禁約事。照得各處軍民人等，多有將

太祖聖孫龍孫黃孫王孫太叔太兄太弟太師太傅太保大夫待詔博士太醫太監大

官郎中字樣，以爲名字稱呼，有乖名分。理合出榜曉諭改正。敢有仍前違

犯，治以重罪。奉聖旨：是。

一、醫人止許稱醫士醫人醫者。不許稱太醫大夫郎中。

梳頭人止許稱梳篦人，或稱整容，不許稱待詔。官員之家火者，止許稱閽

者，不許稱太監。

(36)一榜：洪武二十七年三月十四日禮部署部事主事盖霖等奉聖旨：古者先王以

至德要道順天下，何謂至德？父子有親，君臣有義，夫婦有別，長幼有序，

朋友有信，是爲至德。何謂要道？五者在人最爲切要，能日逐行此五者，是

爲要道。所以歷代人君，咸執此道，則民用和睦，而天下大治。自胡元入主

中國九十三年，華風傾頹，彝倫不敘，致有子烝父妾、弟收兄妻，兄收弟

婦，甚者以弟爲男，至於姑舅姊妹亦得成親，以致中國人民，漸染成俗，亦

有是爲者。朕膺天命，代元爲治，立綱陳紀，復我中國先王之教，務必父子

親，君臣義、夫婦別、長幼序、朋友信，已嘗詰諭天下遵守。爾來聞知，尙

有愚頑，不循教化，有以弟爲男者，甚乖倫序。設若以弟爲男，不思弟之母

爲何人？嗚呼！人所以異於禽獸者，以其備此五常之德。今所爲若此，何異

禽獸？欲其不罹刑禍，未之有也。爾禮部出榜申明，務必使民從教。今後敢

有以弟爲男，及姑舅姊妹成婚者，或因事發露，或被人首告，定將犯人處以

極刑，全家遷發化外。

(37)一榜：洪武二十八年八月十三日，奉聖旨：軍民詞訟，因是所司不肯分理，

以致往往赴京陳告，如此者連年不已。禮部出榜禁約：凡有詞訟，自下而

上，不許越訴。

(38)一榜：洪武二十五年九月十九日，爲禮制事，榜文一款：內使剃一搭頭。如

有官民之家兒童剃留一搭頭者，閹割，全家遷發邊遠充軍。剃頭之人，不分

老幼，罪同。

(39)一榜：洪武三十五年十月初八日，奉聖旨：恁禮部，將洪武年間定立，朝參奏討、筵宴侍坐、官員出入廻避等項制度，備榜申明，敎天下知道，不要犯着。

(40)一榜：洪武三十五年十一月初二日，爲禁約事，奉聖旨：近有軍民人等，私自下番販賣番貨，透誘蠻夷爲盜，走透事情。恁禮部，將洪武年間諸番入貢禁約事理申明，敎各處知道。犯了的，照前例罪他。不問官員軍民之家，但係番貨番香等物，不許存留販賣。其見有者，限三箇月銷盡。三箇月外，敢有仍前存留販賣者，處以重罪。

兵部爲申明敎化事，洪武三十五年十一月二十一日奉聖旨。（與刑部同，共申明五榜）

(41)一榜：洪武二十年四月二十五日奉聖旨：恁兵部便出榜去，着沿江上下兩岸巡檢司，但有往來諸色人等，搜檢沿身，有多餘空引空批者，此等意欲赴京偸取軍囚人在逃。今後務要搜檢精密，拿住，連人解赴京來。每一引一批，賞鈔五錠。

(42)一榜：洪武二十二年三月二十五日，奉聖旨：如今在外衞所軍官，不肯操練軍人，又不肯敎他兒子演習弓馬。爲這般有來告替的，將他孩兒比試，馬也不會騎，弓也不會射，在家只是喫酒，學唱，下棋，打雙陸，蹴圓。又有在街上做賣買，與民爭利。如此高貴復賤，所以行出號令，在京但有軍官軍人，學唱的、割了舌頭；下棋打雙陸的、斷手；蹴圓的、卸脚；做賣買的、發邊遠充軍。府軍衞千戶虞讓男虞端故違，吹簫唱曲，將上唇連鼻尖割了。今後軍官舍人，但犯一件，與虞端一般治他。若爲父的不好生敎子演習弓馬，後來赴京告替，比驗他弓馬不慣熟，一時連父子都發去極邊上、生蠻地面裏守禦，不與俸給，直待他操練成人時，方准他替。及龍江衞指揮伏顒與本衞小旗姚晏保蹴圓，卸了右脚，全家發赴雲南去訖。

(43)一榜：洪武二十三年十二月初七日，爲頑民不當差役等事，奉聖旨：已前准安永平兩衞指揮儲欽等不才，聽信下人買囑，將積年在鄉、交結有司、把持官府、說事過錢、酷害百姓之徒，報作親丁名，冒給在衞，軍不着役，民不

當差。事發，都拏來罪了。兵部出榜去，說與都司衛所知道，若是仍前隱占時，那衛所官吏拏來，都廢了。

(44)一榜：洪武三十一年正月十六日，奉聖旨：今後敢有將官船私下賣者，正犯人俱各處以極刑，籍沒其家，人口遷發邊遠。若同買之人，有能自首者，免本罪，更賞銀一百兩，全給犯人財產。

(45)一榜：洪武三十五年十一月二十五日，爲馬匹事。龍江衛中所百戶周德輪該本管旗軍孫來旺關養馬匹，不知朝廷正欲操練軍士，演其威武，惟欲利己偷安，臨事避難，公行賄賂，欺誑朝廷，同惡結成黨類，似此奸頑，俱各處斬。

工部爲申明榜文事，洪武三十五年十一月二十一日奉聖旨。（與刑部同，共申明五榜）

(46)一榜：洪武二十四年八月初五日，奉聖旨：今後各處軍民官司，除奉上司明文造作，方許輪流差遣人匠。其餘私家，一應什物，聽令用錢雇覓人匠成造。並不許私自役使。敢有假公營私，擅行役使者，處以重罪。日追工錢一貫文，給與人匠。

(47)一榜：洪武二十四年九月初六日，爲軍民柴薪事，奉聖旨：嗚呼！天道以有餘補不足；人心不才，以不足奉有餘。我朝公侯人等，雖荒閑田地，皆占爲己有，諸雜草木，民不得採取，可若是之貪邪？恁工部出榜張掛：不分江淮南北，凡有公侯軍官人等及民間大家所有山場田地內，天地所生荻葦蒿草柴薪針刺，軍民一槩採作柴薪。若夏田割麥之後麥稭，秋田收成之後稻稭之類，割荳之後地內落葉之類，皆許軍民取爲柴薪。若公侯百官人等阻當砍斫，致使軍民艱辛。臨期若在山場平野外阻當砍斫者，許令軍民綁縛將來。惟墳塋內樹、本官住處籬隔內針刺草木、園內果木，不許動，及不許夾帶正樹株出。

(48)一榜：洪武二十七年四月二十六日，奉聖旨：街上推車的都碾壞了街道。恁工部便出榜禁治。今後不許人於正街上碾損街道。只許他於兩傍土地上推行。如有故違號令，拏住，發充軍。

(49)一榜：（年月缺。）奉聖旨：天台縣頑民求宜翕等四百一十八名，行至中途，

糾合在逃，不肯趣事赴工，非我中國之民。若不罪他，使其餘倣效，朝廷號令如何得行，事務如何能辦？各發寧夏充軍。今後敢有不聽號令頑民，一體遷發。

(50)一榜：洪武三十年二月十三日，奉聖旨：如今軍衞多有將官用戰船私下賣了。工部出榜去各處張掛。但有賣官船的，凌遲處死，家遷一萬里。私買者同罪。有曾私買官船，即今船有現在某處，同買者出首告，與免本罪，更賞大銀一百兩。若傍知者出首，賞銀一百五十兩。

本部（以下凡掛各榜，另以各衙門爲序）。

(51)一榜：爲禁約事，洪武三十五年十二月二十七日奉聖旨：近因在京有等撒潑的人，殺人搶奪，並強買人貨物，已曾禁約，但有犯的，廢了。如今在外也有這等人，低價強糴人糧米，市鎮舖舍強買貨物，良善的人好生被他攪擾，都做不得生理。憑刑部通行禁約。今後但有這等的，也照在京犯的一般罪他。

(52)一榜：爲申明禁約事，永樂元年二月二十八日奉聖旨：比先有號令：但有拏住強盜的，賞銀五十兩，段子四表裏，鈔二千貫，仍賞犯人財產。兩鄰知而不首者，與犯人同罪。同盜之人能出首，免罪，一般賞銀。刑部出榜申明。但有被劫之家，左右前後儕人，東西各十家，南北各十家，都要出來救護捉拏。若是拏住賊人，不問幾名，賞銀五十兩，段子四表裏，鈔二千貫，仍給犯人家產均分。敢有坐視不相救護，將這四十家都拏到官，要他均陪被劫人家財物了，着一百斤大枷枷着，直等拏住強盜，纔方放他。

(53)一榜：爲禁約事，永樂元年四月十二日奉聖旨：比先免死發去充軍，近來將來告那逃叛，希望陞賞。似這等欺瞞朝廷，好生不便。今後不許將這等事告言綁縛。若違了號令的，重罪。果有逃叛等項的人，許他首將出來，都免他死罪。

(54)一榜：爲禁約私賣軍器事。韓三保故違號令，仍將軍器貨賣出境。似此玩法，原情深重，已將正犯人斬首號令，家財沒官，成丁男子俱發三萬衞充軍。今後敢有仍將軍器出賣外境，及見賣之人，知而不首，關津去處不行

盤獲，一體治以重罪。永樂二年八月十九日奉聖旨，是。

(55)一榜：爲禁約事，永樂三年六月十一日奉聖旨：今後但有非奉朝廷明旨，王府擅自行移有司，及發落一應事務，隨卽具奏，不許承行。敢有隱匿不奏，及擅自承行者，許被害之人陳告，及諸人首發，治以重罪。的然不恕。

(56)一榜：爲故違禁令事。都勻衞指揮僉事司華賚捧多至表箋到京，辭回，不卽前去，却於儀鳳門外延住二十日餘，收買紵絲花翠等項。本部將本犯情罪具奏，明正典刑。永樂九年閏十二月欽奉聖旨：比先有號令，辭了的不許在這裏停住。但過了半日不去，便廢了。這厮却敢故違，延住了許多日子，還着刑部將情犯出榜，各處張掛，着多人知道。

都察院

(57)一榜：爲建言事。永樂元年二月內，該江西建昌府南城縣老人傅季滿，假以建言爲由，誣告民人曾顯驢等。節該欽奉聖旨，送都察院問了，就出榜去各處禁約。今後不許於建言事內告人。欽此。

(58)一榜：爲禁約事，永樂四年十月初八日奉聖旨：有等小人，他與人有讐，要生事告那人，又怕虛了，都捏謗訕朝廷無禮的言語，假寫讐人名字帖子，丟貼街市，扇惑人心，意在朝廷替他報讐。且如田英這等，都誅戮斷沒了。今後但見沒頭帖子便毀了。若揭將來告，見了不棄毀，念與人聽的，都一般罪他。若有見人正在那里貼帖子，就便拏住，連帖子解送到官的，問得是實，依律賞他。

(59)一榜：爲禁約事。該刑科署都給事中曹潤等奏：乞勅下法司：今後人民娼優，裝扮雜劇，除依律神仙道扮，義夫節婦，孝子順孫，勸人爲善，及歡樂太平者不禁外。但有褻瀆帝王聖賢之詞曲、駕頭雜劇，非律所該載者，敢有收藏傳誦印賣，一時拏赴法司究治。永樂九年七月初一日奉聖旨：但這等詞曲，出榜後，限他五日都要乾淨，將赴官燒毀了。敢有收藏的，全家殺了。

(60)一榜：爲鈔法事，永樂十六年五月十一日奉聖旨：今後民間一應交易，除挑描剜補，及字貫不全，不成張片，難辨眞偽的，不許行使。其餘亦依榜上所帖鈔貫樣，不拘大小，不分油污水跡，或邊欄雖有損缺，其貫伯字樣分明

的，務要流通行使。敢有仍前指以新舊昏軟爲由，高擡物價，折准分數，沮壞鈔法的，許諸人捉拏首告，犯人處以重罪，財產斷沒入官。如有奸頑之徒，故將挑描剜補，字貫不全，不成張片，難辨眞僞鈔貫，強買貨物的，許被害人連人鈔拏到官，一體治罪不饒。

戶部

(61)一榜：爲給還人口事，<u>永樂</u>二年正月十五日**奉聖旨**：但是各處官軍下拘擄的人口，都是好百姓，不許拘留。都敎放囘去，依親完聚。

(62)一榜：爲收買馬匹事，<u>永樂</u>十一年五月十四日**奉聖旨**：這換馬的茶，也照舊中鹽的。着客商每將官茶運去中。

禮部

(63)一榜：爲禁約事，<u>洪武</u>三十五年七月十六日**奉聖旨**：今後奏事，俱依<u>洪武</u>年間舊例，不要更改。

兵部

(64)一榜：爲私役軍人事，<u>洪武</u>三十五年十月初四日**奉聖旨**：內外衞所大小官軍，中間多有不體朝廷愛軍的心，往往私自役使，非法凌虐，百般生事。今後每私役一日，追工錢一貫，仍論罪如律，因而致死者償命。但有在逃軍士，論數住俸。如有百戶逃軍一名，住俸一石。逃十名，全住。逃三十名，降充總旗。四十名，**降充小旗**。五十名，發**邊**遠充軍。

欽定住俸事例：千戶逃軍十名，住俸一石。指揮逃軍五十名，住俸一石。

欽定跟官等項事例：指揮至僉事，每人六名。千戶**鎮撫**，每人三名。百戶所**鎮撫**，每人二名。俱許隊伍正軍內**差**撥。每三日一次**差**使操練。直廳六名，把門二名，看監四名，看庫一名，俱許隊伍正軍內揀老軍充當，每一月一換。

(65)一榜：爲比試事，<u>永樂</u>六年三月二十日**奉聖旨**：今後軍官子孫，務要如法操練，弓馬慣熟，不許怠惰廢弛。日後如有赴京比試不中的，發充軍三年，着他知道祖父已先從軍立功的艱難。三年過，再着他來比試。若再不中時，發他烟瘴地面，永充軍役。別選戶下有才能有志氣有本事有見識的兒**男襲**替。

又不惧了朝廷恩待功臣的好意思。

(66) 一榜：爲恩宥事，<u>永樂</u>九月閏十二月二十五日奉聖旨：各處衞所軍人，並爲事充軍，或遠年，或近年，有在營逃的，有征進公差等項逃的，有懶惰不肯種田逃的，又有犯罪工役囚人逃的，今要改過自新，自因懼罪，不肯出來。恁兵部出榜，限一月以裏首告，與免本罪。

工部

(67) 一榜：爲私宰耕牛事，<u>洪武</u>三十三（五？）年八月初七日奉聖旨：恁本部便出榜禁約，着錦衣衞與兵馬司差人捉拏。

(68) 一榜：爲禁約事，<u>永樂</u>元年二月二十一日奉聖旨：朕自卽位之初，首詔不急之務，一切停罷，不得一毫妄用民力，期在休息，以臻太平。今後軍民大小衙門，非奉朝廷明文，敢有妄興造作，擅用一軍一民，及科斂財物者，處以極刑，家遷化外。

(69) 一榜：爲作弊事，<u>永樂</u>元年四月十一日奉聖旨：各處織造緞疋所用顏料，並不曾着百姓出備。該管官吏堂長，不守法度，往往作弊擾民，有將官物減尅，有將人匠私役，以致所織緞疋，多有不堪。及致驗出，關發追賠，其官吏匠作又不自行賠納，却乃通同有司，洒派小民，揹要銀鈔，十分害民。工部便出榜張掛，敎百姓每知道。若有被害的，許他指實，徑赴上司陳告，究問犯人，處以極刑。告人，不問他越訴。

明 代 衛 所 的 軍

陳 文 石

明史兵志：「明以武功定天下，革元舊制，自京師達於郡縣，皆立衛所，外統之都司，內統於五軍都督府，而十三衛爲天子親軍者不與焉。征伐，則命將充總兵官，調衛所軍領之。既旋，則將上所佩印，官軍皆回衛所。蓋得唐府兵遺意。」[1] 志文「蓋得唐府兵遺意」一語，所指有其一定的範圍，引用時多所發揮，反會滋生不必要的困擾。[2] 茲先就衛所的軍士一項，做初步探討。並亦在此範圍之內，與唐府兵制中的兵，稍作比較。

一、衛所軍的來源

明以軍衛法部伍全國軍隊，邊腹內外，棋置衛所。以衛所繫軍籍，以軍士隸衛所。軍隊雖因駐地及任務之不同，[3] 而有京營、留都、腹內衛所、邊兵之別，[4] 但其基本體制，仍是衛所制。故有人形容衛所與軍士的關係，稱軍士如貨泉，衛所乃其出產，而戍守是其轉輸處。[5] 不過此亦就其總的體制比附言之。本文所述，限於腹內衛所，且亦僅爲一般狀況。

明代衛所軍的來源。圖書編云，「國初之爲兵也，取之亦多途矣。有從征，有歸附，有謫發，有籍選。從征者，諸將素將之兵也，平定其他，有留戍矣。歸附者，元之故兵與諸僭僞者之兵也，舉部來歸，有仍其伍號矣。謫發則以罪人。籍選拔之編

---

1. 明史卷八九，兵一。
2. 明人論衛所兵制，即常以唐府兵制相比較，故清修明史兵志中有此語。今坊間明史專著或中國通史皆引此語論明代兵制。而孟森先生更謂「後人於唐府兵之本意，初不甚了然。即於明之兵制，亦沿其流而莫能深原其本。……今惟由明之衛所軍，以窺見唐之府兵。」華世出版社本。民國六十四年，臺北。孟森先生此說，影響甚大，此亦本文寫作動機之一。
3. 明史卷一二八，劉基傳。
4. 朱健，古今治平略卷二五，國朝兵制。
5. 荊川先生文集卷八，與嚴介谿相公(五)。

戶。途不一也。」[1]

從征與謫發，所指範圍均甚爲明確。歸附則除故元及元末諸割據勢力投降者外，尚包括新收服地區軍民之被籍取爲軍者。[2] 籍選不見於明史兵志，圖書編僅云拔之編戶，也沒有說明籍選的方法。但明史兵志「清理軍伍」下有垛集爲軍。「明初，垛集令行，民出一丁爲軍，衞所無缺伍，且有羨丁。」「成祖卽位，遣給事等官分閱天下軍，重定垛集軍更代法。初三丁已上垛正軍一，別有貼戶。正軍死，貼戶丁補。至是，令正軍、貼戶更代。貼戶單丁者免。」[3]

垛集亦稱垛充或朵充。[4] 不但實行的範圍遍及全國，[5] 而且在衞所軍的來源上，亦佔有相當大的比重。王世貞議處清軍事宜疏：「不知高皇帝時，多朵充及從征二端耳。」[6] 圖書編：「國初衞軍籍充垛集，大縣至數千名，分發天下衞所，多至百餘衞，數千里之遠者。」[7] 但垛集並不都是三丁已上垛正軍一。太祖實錄：「平陽府太原等府閱民戶四丁以上者籍其一爲軍，鐲其徭役，分隸各衞。」[8] 英宗實錄則言：「山西行都司衞所軍，多係平陽等府人洪武間垛集充軍，更番應當戶丁，往來供送。」[9] 是籍選卽爲垛集。故邱濬州郡兵制議云：「其初制爲軍伍也，內地多是抽丁、垛集，邊方多是有罪謫戍。」[10] 不過垛集爲軍，其實行範圍既遍及全國，在衞所軍中又佔甚重的比例，垛集軍戶終明之世又一直存在，明史兵志未將其列入衞所軍的來源，而於

1. 章潢，圖書編卷一一七，軍籍抽餘丁議。王圻，續文獻通考卷一六三，兵考，皇明都司。亦言明初取兵有從征、歸附、謫發、籍選四途。

2. 此例甚多。如明典章洪武元年八月十一日大赦天下詔。「新附地面起遣到軍人，少壯者永爲軍士。」明史紀事本末卷十，洪武四年八月平蜀，籍明氏散亡士卒爲軍。明太祖實錄卷七三，洪武五年四月庚子，收集故元山後宜興等州遺民爲軍。卷八〇，洪武六年三月丁巳，山後宜興、錦州等處搜獲故元潰散軍民九百餘戶，少壯者隸各衞爲軍，老弱者隸北平爲民。

3. 明史卷九二，兵四，清理軍伍。此見於太宗實錄卷十五，洪武三十五年十二月壬戌。

4. 皇明經世文編卷三三二，王世貞，議處清軍事宜以實軍伍以蘇民困疏。又卷一二七，何孟春，陳萬言以伴修省疏。

5. 垛集軍見於記載的，有湖廣、陝西、山西、遼東、廣東、福建、浙江及北平、保定、永平等三府。見王毓銓，明代的軍屯。

6. 見註4。又皇明經世文編卷一九，胡濙，擬造黃册事宜疏。

7. 圖書編卷一一七，議復里甲以編民兵疏。

8. 明太祖實錄卷二二〇，洪武二十五年八月丁卯。

9. 明英宗實錄卷一一三，正統九年二月壬辰。

10. 皇明經世文編卷七四〇。

「清理軍伍」項述之，不知爲了何故。又垛集雖爲籍民爲軍，但其入軍籍之後，義務權利，與其他軍戶同，然又保持正軍、貼戶，使更代服役，亦不明其立法之意何在？有人說垛集爲籍民戶補充軍伍而設。[1] 但當時取兵之法，除上述者外，其途甚多，詳見下。而垛集爲軍，自洪武、永樂之後，卽甚少記載。[2] 續文獻通考謂籍選（卽本文垛集）當卽所謂民兵，其制起於後，非洪武時初制。[3] 案軍與兵不同。陳邦彥課糧田云：「兵糧高皇帝之舊也。以垛集則稱軍，以召募則稱兵。」[4] 軍是國家經制的、永久的組織。有一定的額數，一定的戍地，且是世襲的。一經爲軍，其戶籍便成爲軍戶，非經開豁除籍，其一家系便永遠世世代代充軍。兵是臨時召募來的，非經制的，無一定的額數，也不永遠屯駐在同一地點。任何人都可以充募爲兵，雖食糧在伍，但戶籍仍是民戶。服役亦僅終身而止，退伍之後，復歸爲民。[5]

其實明初取兵，何止上述四項。如洪武四年，籍方國珍所部溫、台、慶元三府軍士隸各衞爲軍。[6] 籍浙江蘭秀山無田糧民嘗充紅戶者爲軍。[7] 收集山東北平故元五省八翼漢軍分隸北平諸衞爲軍。[8]徙北平山後之民散處衞府，一部分籍之爲軍。[9]六年，簡拔嘉定、重慶等府民爲軍。[10] 十一年，收集四川明氏故將校爲軍。[11] 收集江州沔陽舊將士爲軍。[12] 十四年，籍鳳陽屯田夫爲軍。[13] 十五年，籍廣州蛋戶爲水軍。[14] 籍浙

1. 王毓銓，明代的軍屯。
2. 明宣宗實錄卷六五，宣德五年四月丁酉，工部尚書黃福疏云：「今天下衞所之兵，多有亡故，有丁者追補，無丁者欠缺。爲今之計，凡腹裏衞所缺者，莫若於附近郡縣，十丁以上，田不及五十畝殷實民戶選補。其邊衞有缺，以各處犯罪者就近發補，則士伍不空矣。然又不可不養其銳，必令所司免正軍之雜役，使專操屯。存戶下之老幼，使治生產，則有以養其生……命戶部議行之。」此頗似垛集。又明英宗實錄卷一〇八，正統十一年九月丁丑，直隸壽州衞千戶陳鏞上言「各衞軍逃亡缺伍，乞依洪武年間垛集事例，于民籍內設法補完。」然以後卽未見類此記載。
3. 卷一二二，兵考，兵制。
4. 乾坤正氣集選鈔卷九一。
5. 吳晗，明代的軍兵。中國社會經濟史集刊第五卷第二期。民國廿六年六月，北平。
6. 明史卷九一，兵三，海防。溫、臺、慶元三府軍士及蘭秀山無田糧之民凡十一萬餘人，隸各衞爲軍。
7. 同上。又見太祖實錄卷七〇，洪武四年十二月丙戌。
8. 明太祖實錄卷六三，洪武四年閏三月庚申。按籍得十四萬一百十五戶，每三戶收一軍，分隸北平諸衞。
9. 明太祖實錄卷六六，洪武四年六月戊申。徙北平山後民三萬五千八百戶，十九萬七千二十七口。
10. 明太祖實錄卷七八，洪武六年正月癸丑。
11. 明太祖實錄卷一一七，洪武十一年二月甲子。
12. 圖書集成卷三七，兵制彙考二三，明四。
13. 明太祖實錄卷一一八，洪武十一年四月辛未。
14. 雷禮，皇明大政記卷三，洪武十五年三月癸亥。

東民四丁以上者戶取一丁爲軍。[1] 此外，倘有所謂抽丁。如洪武二十年抽福建福、
興、漳、泉四府三丁之一爲沿海戍兵。[2] 有投充爲軍。古今治平略：「初定府州縣，
張赤白旗二，立之郊。下令曰：願爲吾兵者立赤旗下，願爲吾民者下白旗下。」[3] 有
以不務生理遊食無業被充軍者。[4] 真所謂「國初之爲兵，取之亦多途矣。」[5]

　　上所舉都是國初取兵之途。此外有平民被清軍官吏強抑爲軍的。[6] 其後復有佃軍、
婿軍、同姓軍、重隸軍、重役軍等名目。[7] 不過這都是少數，而且有的是違法的。

二、軍籍與軍戶

　　洪武元年立軍衞法，自京師達於郡縣，皆立軍衞。度天下要害之地，「係一郡者
設所，連郡者設衞。大率以五千六百人爲衞，千一百二十人爲千戶所，百十有二人爲
百戶所。所設總旗二，小旗十，大小聯比成軍。」[8] 軍衞法的構想是，「太祖高皇帝
以武功戡亂，混一區宇，洞見古今之利病，定爲經久之良法。內之所設，有錦衣等十
二衞，以衞宮禁。有留守等四十八衞，以衞京城。彼此相制也。外之所設，有留守，
以衞陵寢。有護衞，以衞藩封。有都司衞所，以防省郡縣。上下相維也。」[9] 所有內

1. 明史卷一二六，湯和傳云。共得五萬八千七百餘人。
2. 明太祖實錄卷一八一，洪武二十年四月戊子，按籍抽丁，共得一萬五千餘人。案抽丁不是集。皇明經世
　文編卷三五，朱鑑，請補軍民册籍疏云：「查自洪武元年以來，原造軍民籍册，並節次原集及抽丁等項軍
　册到官。」
3. 古今治平略卷二五，國朝兵制。又皇明經世文編卷一二七，何孟春，陳萬言以俾修省疏。萬曆大明會典
　（以下簡稱明會典）卷一三七，兵部二，收捕。
4. 諸司職掌，刑部，司門條，合編充軍。
5. 圖書編，軍籍抽餘丁議。明軍籍黃册頗注意從軍來歷，但其區別原因，現在都不知道了。
6. 清軍官吏濫抑民人爲軍，自明太祖時起，無朝無之。如明史卷一四一，盧熙傳，御史奉命捜舊軍，睢民濫
　入伍者千餘人。卷二八一，趙豫傳，清軍御史李立，專務益軍，勾及姻戚同姓，稍辨，則酷刑榜掠，人情
　大擾，訴枉者至一千一百餘人。又卷一六一，況鍾傳，民人被酷刑抑配經鍾疏免者百六十人，役止終身者
　千二百四十人。
7. 明神宗實錄卷六，隆慶六年十月辛巳，兵科左給事中蔡汝賢因清勾軍丁奏言軍政五害：一、佃軍，謂佃故
　軍之地爲業而補軍者。二、婿軍，謂娶故軍之女爲妻而補軍者。三、同姓軍，謂籍異姓同展轉勾補者。
　四、重隸軍，謂軍或改近調遠而原衞未經除名，因而勾搆。五、重役軍，謂本人在伍不缺而餘丁又行勾
　搆，因而發回原籍者。明會典卷一三七，兵部二，冒名。宣德四年令，民戶與軍姓名相同冒勾解者，照例
　審實開豁。若同姓同名之人已經到衞食糧三年之上者，不准。
8. 明史卷九〇，兵二，衞所。
9. 皇明經世文編卷一七八，張孚敬，奏答安民飭武疏。

外衛分，皆隸於五軍都督府，而亦總於兵部。有事則調發從征，事平則各還原伍。所謂合之則呼吸相通，分之則犬牙相制也。[1]

明代軍制之統馭運用，明太祖確實有一番「深哉邈矣，而不可加也」的安排，[2] 此處不多論列。就腹內衛所來說，既已有一定的額軍，則必有保障補充軍源之法以相配合，始能保持其原設計體制的穩定，與所預期的效用。

明代保障衛所軍源的方法，是軍戶制度。

軍戶是以其戶類屬軍籍而定。洪武元年收復北平後，詔凡「戶口版籍應用文字，其或迷失散在軍民之間者，許令官司送納。」[3] 以爲立戶收籍整理天下賦役的根據。二年，「令凡各處漏口脫戶之人，許赴所在官司出首，與免本罪，收籍當差。凡軍、民、醫、匠、陰陽諸色戶，許以原報抄籍爲定，不許妄行變亂。違者治罪，仍從原籍。」三年，「令戶部榜諭天下軍民，凡有未占籍而不應役者許自首，軍發衛所，民歸有司，匠隸工部。」[4]

明代戶籍分類，明史食貨志云：「凡戶三等，曰民、曰軍、曰匠。民有儒，有醫，有陰陽。軍有校尉，有力士，弓、舖兵。匠有廚役、裁縫、馬、船之類。瀕海有鹽、灶，寺有僧，觀有道士。畢以其業著籍，人戶以籍爲斷。」[5]

人戶以籍爲斷，依籍應役，這是承襲元代戶籍分類而來的。「元代戶計制度對帝國服務人口的區劃，是以軍戶、民戶、匠戶爲主幹。」[6] 明代戶籍亦以軍戶、民戶、匠戶爲主。不但在戶籍分類上承襲元代，而且在人民報戶定籍時，仍以在元朝時的戶

---

1. 春明夢餘錄卷三○，五軍都督府。又卷四二，兵部一，兵制。
2. 皇明經世文編卷一四八，王廷相，修舉團營事宜疏。
3. 明典章，洪武元年十月詔。此詔當爲收復北平後所發。有關之原文爲：「秘書監圖書、國史、典籍，太常法服、祭品、儀衞及天文儀象，地理戶口版籍，應用文字，已令總兵官收拾，其或迷失散在軍民之間者，許令官司送納。」
4. 明會典卷一九，戶部六，戶口一，戶口總數。
5. 明史卷七七，食貨一，戶口。此外有陵戶、海戶、墳戶、壇戶、園戶、瓜戶、車戶、米戶、藕戶、窰戶、羊戶、酒戶、茶戶、舖戶、音聲戶等，見明會典。又戶類排列順序，會典常稱軍、民、匠戶，軍在前。
6. 黃清連，元代諸色戶計的經濟地位。食貨復刊六卷三期。六十五年六月。臺北。元代戶籍制度，在戶等上改變了唐宋依丁產分九等戶則的辦法。元代戶口類別和等則，有依職業分的，有依民族分的，有依階級身分分的，有依宗教分的，有依管轄機關分的，有依所納貢賦分的，總稱爲諸色戶計。戶計類屬不同，其所負擔的賦役種類和輕重也各不同。

籍所屬類別爲準。[1] 所以明代軍戶軍籍的成因，可分爲：一、在元朝時原爲軍戶，仍編入軍籍，充軍服役。如屢次遣人赴各地收集故元軍士爲軍，便是依籍收取。[2] 此復引伸爲「其嘗爲兵，俾仍爲兵。」[3] 所以凡在元末天下大亂曾參加軍旅，雖已解甲歸田，仍征發爲軍，編入尺籍。[4] 二、現役軍人，無論從征、歸附、謫發、籍選、投充及平民非法被抑爲軍已食糧三年者，[5] 其戶皆編入軍籍。

戶籍的分類，卽是向國家提供差役的差別。明皇朝爲了能確實掌握全國人民差役的分配，及任何人不得漏戶脫役，[6] 所以動員相當大的力量，編造全國戶籍黃冊（亦稱賦役黃冊，皇族戶口另有冊籍）。人戶以籍爲定，亦卽差役以籍爲準。民有民差，軍有軍役。復爲了保障軍役有固定的來源，衞所軍士有固定的額數，因此在國家戶口之中，劃編軍戶。如其戶籍未變，則世代充軍。

軍籍的編立，古今治平略說是初定州縣時卽已分別著籍。[7] 不過雖然軍民分籍甚早，但軍籍黃冊的編造，則在洪武二十一年。

軍籍黃冊（亦稱軍籍文冊，軍黃，軍冊），是爲了防止軍民紊亂戶籍，隱埋避役，及營丁替補，勾攝逃軍，軍產授還，軍戶免丁等管理上的方便而編造的。先是，洪武三年十一月詔戶部籍天下戶口，置立戶帖。各書戶之鄉貫，丁口名歲，以字號編爲勘合，用半印鈐記，籍藏於部，帖給於民。仍令有司歲計其戶口之登耗以聞。[8] 十三年五月，詔軍民已有定籍，以民爲軍者禁之。[9] 十四年，詔天下府州縣造賦役（戶籍）

---

1. 元史卷九八，兵一：「天下旣平，嘗爲軍者定入尺籍伍符，不可更易。」
2. 明太祖實錄卷六三，洪武四年閏三月庚申。卷七八，洪武六年六月癸丑。卷八〇，洪武六年三月丁巳。卷八三，洪武六年六月戊寅。卷一七四，洪武十八年七月丁未。續文獻通考卷一二二，兵考，兵制。
3. 明太祖實錄卷一七，乙巳年（元至正廿五年）七月丁巳。明史卷一四〇，王興宗傳，「（洪武初）知嵩州，時方籍民爲軍，與宗奏曰：元末聚民爲兵，散則仍爲民。今軍民分矣，若籍爲軍，則無民何所征賦。」
4. 見頁178註1，頁179註6, 8, 11, 12。
5. 明會典卷一三七，兵部二〇，冒名。
6. 大明律集解附例，戶律，戶役，人戶以籍爲定：「凡軍、民、驛、灶、醫、卜、工、樂諸色人戶，並以籍爲定。若詐冒脫免，避重就輕者，杖八十。其官司妄准脫免及變亂版籍者罪同。」
7. 卷二十五，國朝兵制。
8. 續文獻通考卷一三，戶口考二。明史卷二八一，陳灌傳：除寧國知府，訪問疾苦，禁豪右兼併，創戶帖以便籍民，帝取爲式，頒行天下。
9. 續文獻通考卷一三，戶口考二。又卷一二二，兵考，兵制。「洪武十五年，有戍卒言故元將校宜取爲兵。帝以版籍已定，豈可復擾。命徙其卒於他衞。」事實上洪武十五年以後，仍有籍民爲兵的例子。此可能以所言爲取故元將校爲兵之故，而特張揚其事。

黃册。十六年九月，初命給事中及國子生、各衞舍人分行天下，清理軍籍。[1] 不過此時軍籍册尚未由全國戶籍總册中分化出來。二十一年，詔衞所覈實軍伍。令衞所造軍戶圖籍，並置軍籍勘合。續文獻通考：「帝以軍伍有缺，遣人追取，往往撓法擾民，乃詔自今衞所將逃故軍姓名鄉貫編成圖籍，送兵部，照名行取，不許差人。又詔天下郡縣，以軍戶類造爲册，見載丁口之數。取丁則按籍追之，無丁者止。又命兵部置軍籍勘合，遣人分給內外衞所軍士，謂之勘合戶由。其中開寫從軍來歷，調補衞所年月及在營丁口之數。如遇點閱，以此爲驗。底簿則藏於內府。」[2]

這種軍戶圖籍，即後日之軍籍黃册。全國賦役黃册每十年大造一次，每屆大造賦役黃册時，也同時攢造軍籍黃册。賦役黃册包括全國各地所有人戶，所以册內亦造入軍戶，並於其下「備開某戶某人，及於某年月日爲某事充發某衞所軍。其有事故等項，亦備細開具，以備查考。」[3] 另在「見年均徭人丁册內，審係軍戶者，摘入軍黃册內，仍將祖軍名籍，充調衞分，接補來歷填造，使軍黃、民黃、均徭，貫串歸一。」此外，各軍復發給由帖，上開本軍年貌、丁產、貫址及衞所等，亦十年更給一次。[4]

軍籍是世襲的，「終明之世，軍籍最嚴」。[5] 除非具有一定的條件，不得除籍。依規定可以除軍籍的：一、戶有軍籍，仕至兵部尚書者。[6] 二、軍戶丁盡戶絕者。[7] 三、官員軍民之家有家人義男女壻自願投軍，或因事編發，死亡後其本房已絕者。[8] 四、僧道因事充軍身故，戶止有一丁，且在充軍之前爲僧道者。[9] 五、同籍之人生前各自充軍身故，本房丁盡，他房又不及三丁者。[10] 六、因事充軍止終本身在衞身故者。[11]

---

1. 續文獻通考卷一二二，兵考，兵制。
2. 同上。
3. 明會典卷二〇，戶部七，戶口二，黃册。
4. 卷一五五，兵部二八，册單。會典並規定各司府州縣之軍籍文册，務要置立木櫃，整齊收貯。各官上任之日，俱要交待明白。如有疏虞，接管官具申淸軍御史，呈都察院移咨兵部參究。
5. 明史卷九二，兵四，清理軍伍。
6. 同上。
7. 明會典卷一五四，勾補。
8. 同上。
9. 同上。如在充軍之後者，仍發充軍。
10. 同上。如他房有三丁以上時，則由他房補役。
11. 同上。若非在衞，又非征調，在外身故，未有本衞所相視明文，即係在逃，仍勾子孫一案補伍，無者免勾補。

七、在逃缺伍三十年以上，五經淸勾，十次回申，仍無踪跡者。[1] 以上第一項可請求除籍，第二至七項須取具里老有司保結，呈部開豁。此外便是曠恩特例。如禮部尙書夏言以特恩除籍。實錄：「禮部尙書夏言疏乞除其家府軍左衞軍籍，許之。以見役丁篤疾，京衞及江西俱無次丁故也。」[2] 又如潮州府學生陳質，其父戍大寧，死，有司取其補伍，自陳幼荷國恩受敎育，願賜卒業，以圖上報。太祖謂兵部曰：國家得一卒易，得一材難。命削其兵籍，遣歸就學。[3] 又如羅京以同母弟楊士奇之請，得除籍。[4] 此亦皆有個別特殊條件，非輕易可得。[5]

三、軍戶的義務和權利

衞所軍士來自軍戶。軍戶軍籍，大都定於洪武年間。先是因身爲軍士而戶入軍戶，編成軍籍。其後則是根據軍籍軍戶，而征發軍士。國家對所需要的軍士數目，可以自由控制。但對提供軍士之軍戶的消長，是無法自由控制的。明初衞所制建立後，究有多少軍士，[6] 多少軍戶，[7] 因爲這是國家最高機密，絕對不許外人知道。[8] 而且軍士與

1. 明英宗實錄卷五三，正統四年三月己酉。明會典卷一五五，兵部三八，淸理軍伍。呂坤，實政錄卷四，民務三，解送軍囚。
2. 明世宗實錄卷一四三，嘉靖十一年十月甲午。
3. 明太祖實錄卷一九九，洪武廿三年正月戊子。此處言削其兵籍，或爲只是免其個人兵役，非削其家軍籍。
4. 皇明經世文編卷一六，楊士奇，恭題天恩卷後。又卷一八，金幼孜，楊少傅陳情題本副錄後。
5. 夏言得除籍，官高得寵之外，見役丁篤疾，家鄉又無次丁可應役。陳質是明太祖爲鼓勵士子讀書。謂兵部曰：「軍士缺伍，不過失一力士耳。若獎成一賢才，以資任用，其繫豈不重乎！」羅京爲楊士奇之同母弟。羅京父戍永昌衞，卒，京兄憲補戍役，母卒，京以事坐種田北京，士奇時佐仁宗監國南京，以母故墓無所託，乃懇請宥京。仁宗以士奇輔導功，特准除籍。
6. 明太祖實錄卷二二三，洪武廿五年十二月丙午。在京武官二千七百四十七員，軍二十萬六千二百八十人。在外武官三千七百四十二員，軍九十九萬二千一百五十四人。明史卷九一，兵三，民壯。「天下衞所官軍，原額二百七十餘萬。」明孝宗實錄卷一八○，弘治十四年十月乙丑，「祖宗時天下都司衞所原額官軍二百七十餘萬。」皇明經世文編卷三六六，葉春及，修軍政：「國初置衞四百九十一，所三百一十一，以軍計之，約三百一十萬餘。而是時口之登籍者六千五十四萬。」又卷四六六，李維楨，武職策。「按圖索之，天下爲衞者四百九十有奇，爲守禦千戶所者三百一十有奇，儀衞羣牧番夷土司不與焉，約可得兵三百三十餘萬。」吳晗，明代的軍兵，據萬曆會典卷一二九──一三一，「各鎮分例」統計，原額數字一百五十八萬六千六百一十一人，應爲永樂以後數字。王毓銓，明代的軍屯。認爲看作弘治原額較妥。
7. 明初的軍戶，明太宗實錄卷三三，永樂二年八月庚寅，都察院左都御史陳瑛言：「以天下通計，人民不下一千萬戶，軍官不下二百萬家。」又卷二六，永樂元年的著籍是：戶一千一百四十一萬五千八百二十九，口六千六百五十九萬八千三百三十七。又卷三七，永樂二年的記載是，戶九百六十八萬五千二十，口五千九十五萬四百七十。
8. 敖英，東谷贅言卷下：「我國初都督府軍數，太僕寺馬數，有禁不許人知。」陳珂，槎上老舌，五軍嚴密條「祖制，五府軍數，外人不得預聞，惟掌印都督司其籍。前兵部尙書鄺埜向恭順侯吳某索名册稽考，吳按例上聞，鄺惶懼疏謝。」

軍戶二者如何保持變動上的適應，亦沒有可供考查的資料。不過就現有的史料觀之，例如許多對脫漏軍籍的防範規定，[1] 正表示軍戶在人爲的因素下，產生消減的現象。

在軍戶軍籍固定後，一個可以經常補充，且至少可以彌補部分軍戶軍籍消減問題的，是永遠充軍人戶改爲軍戶軍籍（雖然當初充軍的立法本意，也許不是爲了彌補軍戶軍籍的消減問題所訂立的）。明律充軍條例甚多，明史刑法志：「初制流罪三等，視地遠近邊衞，充軍有定所。蓋降死一等，唯流與充軍爲重。……律充軍凡四十六條。諸司職掌內二十二條，則洪武間例皆律所不載者。其嘉靖二十九年條例，充軍凡二百十三條，與萬曆十三年所定大略相同。……而軍有終身，有永遠。永遠者罰及子孫，皆以實犯死罪減等者充之。明初法嚴，縣以千數，數傳之後，以萬計矣。」[2]

充軍者以免死爲戍，當懷上恩，故謂之恩軍。[3] 永遠充軍戶其子孫又世世執役，故謂之長生軍。[4] 其戶籍皆編入軍戶。[5] 充軍執役，尤其在邊境戍守上，佔有相當大的比例。明史兵志：「初太祖沿邊設衞，惟土著及有罪謫戍者。」[6]

明律人戶以籍爲斷，卽是人戶依所屬戶籍類別服役當差。軍戶的差役，分爲二部分。一是出丁一人赴指定的衞所當兵，一是支應戶下未經免除的差役。

戶丁赴指定的衞所當兵服役的叫做正軍。[7] 其子弟稱爲餘丁或軍餘（軍官的子弟稱爲舍人）。正軍在衞也叫旗軍。旗軍在營服役分兩種，一是防禦操備，一是撥種屯田。操備的稱爲操守旗軍，屯田的稱爲屯田旗軍。二者的比例，並沒有一定。（見第四節）

戶出一丁服役，應服役壯丁，除非有特殊情況，或經特准者，不能免役。客座贅

1. 明會典卷一五五，寄籍、禁令等。
2. 明史卷九三，刑法一。
3. 明太祖實錄卷二三二，洪武二十七年四月癸酉，詔兵部，凡以罪謫充軍者名爲恩軍。沈德符，萬曆野獲編卷一七，恩軍。
4. 陸容，菽園雜記八：「本朝軍伍，皆謫發罪人充之，使子孫世世執役，謂之長生軍。」
5. 明會典卷一三七，兵部二○，收補。造黃冊之年，各司府州縣備查所屬充發永遠軍犯，開行該管州縣，將本犯本房人丁事產，分出另立軍戶。
6. 明史卷九一，兵三，邊防。皇明經世文編卷三三二，王世貞，議處清軍事宜以實軍伍以蘇民困疏。
7. 明太祖實錄卷一九九，洪武二三年正月甲申：「諭兵部尚書沈縉曰：兵以衞民，民以給兵，二者相須也。民不可以重勞，軍不可以重役。今天下衞所多有一戶而充二軍，致令民戶耗減，自今二軍宜免一人還爲民。」

語：「其原絲尺籍，皆係祖軍，死則其子孫或族人充之。非盲瞽廢疾，未有不編於伍者。」[1] 以特恩免役的例子。明史兵志：「間有恩恤開伍，洪武二十三年，令應補軍役生員遣歸卒業。宣德四年，上虞人李志道充楚雄衞軍，死，有孫宗臯宜繼，時已中鄉試，尙書張本言於帝得免，如此者絕少。」[2] 又葉盛申明祖宗成憲疏：「查得條例內開，故軍戶下止有一人充生員，起解兵部，奏請翰林院考試。如有成效，照例開豁軍伍。若無成效，仍發充軍。聖明立法制例，夫豈無而自然。蓋在太祖高皇帝之時，有生員陳質，宣宗章皇帝、太上皇帝以來，有生員李宗侃、沈律、張衍等俱蒙列聖體念賢才，考試作養，底于有成。」[3] 顯然的這都是爲在學生員，鼓勵其努力讀書，作育統治人才，而特豁免。但也附有條件，必須是戶下止有一人，已充生員，而且讀書成績能通過翰林院的考試，否則仍須入營服役。另外一個例子是應服役因已爲官而特免。武昌推官姜蕃，訴其祖父充五開衞軍已死，其父老病，戶無餘丁，今五開數取其補役，請援洪武中例除其役。兵部勘實，未敢擅除。宣宗以蕃已爲官，特允除之。[4]

正軍赴衞所服役時，至少有餘丁一名隨行，在營佐助正軍生理，供給軍裝。[5]

軍戶出正軍一名，入營當差，並有餘丁一名隨行，以幫生理，是已佔去正軍全部及餘丁部份生產時間與勞力。所以必須減輕軍戶負擔，保障軍戶生活，方能使其世世提供軍丁，並供給在役軍丁服裝盤纏。

爲了使軍戶生活安定，所以一般軍戶，都有田地。[6] 正軍在營，無論操備屯種，

---

1. 顧起元，客座贅語二，勾軍可罷。
2. 明史卷九二，兵四，淸理軍伍。
3. 皇明經世文編卷五九。陳質事見前節所述。實錄言除籍，與此處除役不同，亦特例。
4. 明宣錄卷八八，宣德七年三月戊辰。所謂援洪武中例，見明太祖實錄卷二五二，洪武三十年四月辛亥，「以唐庸爲給事中。庸寧夏人，父中嘗爲貴州衞戌卒，庸代役。時有令凡軍民懷一材一藝者，得以自效。庸詣闕自陳。吏部奏庸正軍宜還戌。上曰：令旣下而背之，是不信也。人有才而不用，是棄賢也，遂擢用之。」
5. 古今治平略卷二五，國朝兵制。明史卷九〇，兵二，衞所。明會典卷一三七，存邮。餘丁因係幫助正軍，亦稱幫丁。明史卷二〇五，李遂傳：「江北池河營卒以千戶吳欽革其幫丁，毆而縛之竿。幫丁者，操守卒給一丁，資其往來費也。」也有不止一丁的，但此多爲邊地衞分。如明史卷二〇三，呂經傳，「故事，每軍一，佐以餘丁三。」此指遼東地方。又如平涼府開城縣，每正軍一，餘丁二三佐助。見明英宗實錄卷一三〇，正統十四年六月庚申。
6. 明代各府州縣所都有官田。軍戶承種的軍田，卽其中一部分。明史卷七七，食貨一，田制。全國田地，除民田外，都是官田。明皇朝掌握了相當大的官田地。官田和民田的比例，已不可考。但就軍戶所佔全國戶口的比例，「以天下通計，人民不下一千萬戶，官軍不下二百萬家。」軍田是不會少的。明太宗實錄卷三三，永樂二年八月庚寅。

都免其本身一切差役。在營餘丁和原籍戶下一丁，亦免部分差役，使其得以供給正軍。洪武四年，「令各府縣軍戶，以田三頃爲率，稅糧之外，悉兌雜役，餘田與民同役。」七年，「令山東正軍全免差役，貼軍免百畝以下，餘田與民同役。」[1] 卅一年，「令各都司衛所在營軍士除正軍並當房家小，其餘盡數當差。」[2] 卅五年，「令糧集軍正軍貼戶造冊輪流更代。貼戶止一丁者免役。當軍之家，免一丁差役。」[3] 宣德四年，「令天下衛所每軍一名，免原籍戶下一丁差役。在營軍餘，亦免一丁，令專一供給資費。」[4] 正德六年，復規定「在三千里外衛所當軍者，原籍本營，亦准各免二丁，專一供給軍裝。」[5]

四、軍士在營生活資料來源

明代各府州縣軍丁服役，並不以其原籍府州縣分發就近衛所，也不分發在同一地區或同一衛分，而是相當遙遠相當分散的。于謙覆大同守禦疏：「大同府四州七縣之民，自昔至今，多於腹裏及迤南衛所充當軍役。其各該衛分，有二、三千里，有五、七千里者。」[6] 又楊士奇論勾補南北邊軍議：「有以陝西、山西、山東、河南、北直隸之人起解南方極邊補伍者。有以兩廣、四川、貴州、雲南、江西、福建、湖廣、浙江、南直隸之人起解北方極邊補役者。」[7] 陝西南陵縣是一個具體的例子。該縣有軍丁八六二人，分發在一三六個衛或守禦千戶所，地區包括京師、南京、兩直隸、河

1. 明會典卷二〇，戶部七，戶口二，賦役。明太祖實錄卷八九，洪武七年五月壬子，「山東濰州判官陳鼎言。故事，正軍貼軍地土多者，雜徭盡免。今本州軍地多，而民田少，民之應役者力日殫，請正軍戶全免差役，貼戶免百畝之下。其百畝之外餘田，則計其數與民同役。從之。」明會典言此施行於山東布政使司全境。
2. 明會典卷二〇，戶部七，戶口二，賦役。
3. 明會典卷一五四，兵部三七，勾補。
4. 見註2。古今治平略卷二五，國朝兵制。「宣德中勅天下衛所軍，離鄉背井，在伍給裝爲難，其免原籍戶一丁縣，令專一供軍家。在營者一體行之。」宣德五年，以馬軍比之步軍尤爲勞苦，自備軍裝爲難，令馬軍戶內再免一丁。宣宗實錄卷六二，宣德五年正月丙寅。
5. 明會典卷一三七，兵部二〇，存卹。餘丁只免雜泛差役，正役是不免的。明史卷七八，食貨二，賦役：「役曰里甲，曰均徭，曰雜泛，凡三等。以戶計曰甲役，以丁計曰徭役，上命非時曰雜役。皆有力役，有雇役。」明武宗實錄卷一九，正德元年十一月乙酉：「巡撫順天府都御史柳應辰言，順天、永平二府並各衛所差役不均。……軍衛均徭，當出于餘丁，近年兼派正軍，姦弊難稽，民窮財盡。」
6. 皇明經世文編卷三四。
7. 皇明經世文編卷一五。

南、山西、陝西、甘肅、四川、雲南、貴州、廣西、廣東、湖廣、遼東等地。[1]

明會典對清出各衞在逃紀錄等項軍人編發衞分及罪謫充發其應分發地區都有明確規定。[2] 偶有改發近地者，都有特殊的原因。如宣德五年令應充軍之人有父母年七十以上及篤廢殘疾者，許于附近衞所收役。嘉靖廿二年，令山西應解別省軍士，除兩京、宣大、遼東、陝西照舊清解外，其餘清出應解河南、山東、四川、湖廣、浙江、江西、福建、兩廣、雲貴等處軍士，俱存留本省，撥附近衞所收籍食糧。[3] 存留本省，因爲當時邊警甚急，需要更多兵力防守。

遠離原籍分發服役，是爲了使其遠離故土，不易逃亡。或另有其他原因，尚不清楚。至於南北易地分發，「彼此不服水土，南方之人死於寒凍，北方之人死於瘴癘。且其衞所去本鄉或萬里，或七、八千里，路遠艱難，盤纏不得接濟，在途逃死者多，到衞者少。長解之人，往往被累，非但獲罪，亦艱難死於溝壑而不知者。」[4] 易地分發，爲軍丁、爲社會所造成的種種困擾與苦難，將於軍士的逃亡與勾捕一節內述之。

正軍赴衞所服役，照規定必須攜妻同行，不許獨身。明史兵志：「軍士應起解者皆僉妻。」[5] 明會典：「正統元年奉准，凡解軍丁逃軍，須連同妻小同解，違者問罪。無妻小者解本身。」[6] 「如原籍未有妻室，聽就彼婚娶。有妻在籍者，就於結領內備開妻室氏名、年歲，着令原籍親屬送去完聚。」[7] 或爲臨時置買，因而有雇買假妻等問題。[8]

1. 嘉靖高陵縣志卷二，兵匠。每一地區應分發人數，都有規定。
2. 明會典卷一五四，兵部二七，編發。
3. 同上。明宣宗實錄卷六四，宣德五年三月辛亥，「兵部尚書張本等奏，京師操備官軍，其間有屬陝西緣邊鞏昌等衞及階州、文縣千戶所者，去京師甚遠，每歲更代，必俱遣人促之方至，請以陝西內地衞所官軍與之兌換。又山東內地衞所官軍，有調緣海備倭者，緣海衞所却調京師操備。通州諸衞官軍發淮安運糧，而直隸安慶諸衞乃發京師操備，彼此不便，請行兌換，上悉從之。因謂勇等曰，大凡用人必須審其便利，則人樂於趨事。若不度量地理遠近，人情難易，旣不便下人，亦有誤公務，卿等宜速行之。」然而這都是個別突出的例子才被記錄下來。所言事理甚明，而原則不變，蓋留爲行寬恤之仁？
4. 明史卷九二，兵四，清理軍伍。
5. 同上。又卷二〇五，李遂傳：「舊制，南軍有妻者，月糧米一石，無者減其四。」
6. 明會典卷一五五，兵部三八，起解。
7. 明會典卷一五五，兵部三八，起解。
8. 同上。解到新軍內有雇覓假妻者，審出，將妻變價入官，或配與別衞無妻軍人。古今治平略卷二五，國朝兵制：「爲具齎資，爲置買妻小，其說以爲遇之厚，庶得其心，無逃亡也。其所買爲軍妻者，恩旣不屬，視如唾核，及軍旣逃，終流落乞丐而凍餒以死。」

　　僉妻同行，爲安定軍士生活　，解決其生理上、心理上因無妻室所引發的種種問題。而且軍士自服役後，幾乎是終生在營。使其建立家室，生育子女，卽是建立一個補充軍丁的來源。

　　每一衞所，都有軍房田地。[1] 宣德元年規定，軍士到衞後，「卽將空餘屋地，量撥住種。」「限半月收幣月糧，葺理房屋。俟其安定，方許差操。」[2] 正德八年復規定必待到營三箇月食糧滿日，方許揀選操備屯種，或其他差役。[3]

　　軍士居有月糧，行有口糧。月糧，明史食貨志：「天下衞所軍士月糧，洪武中令京外衞馬軍月支米二石，步軍總旗一石五斗，小旗一石二斗，軍一石。城守者如數給，屯田者半之。民匠充軍者八斗。」[4] 這是指有眷屬者而言。[5] 又籍沒免死充軍之恩軍，「家四口以上者一石，三口以下六斗。無家口者四斗。」[6] 月糧之外，並有月鹽，「有家口者二斤，無者一斤，在外衞所軍士以鈔準。永樂中，始令糧多之地，旗軍月糧，八分支米，二分支鈔。」[7]

　　明史所載軍士月糧數目，是一般通則。實際情形，因駐屯地區及收成狀況不同，變化甚多。因而有月支本色米九斗者、八斗者、七斗者、六斗者。[8] 月糧原則上在本衞關支，但事實上並非所有衞所都是如此。張居正與薊遼督撫書：「近訪得薊鎮軍糧，有關支於一二百里之外者，士卒甚以爲苦。夫以數口之家，仰給一石之粟，支放不時，斗斛不足，而又使之候支於數百里之外，往返道路，顧倩負載，費將誰出。是名雖一石，其實不過八九斗而矣。況近日又有撫賞採柴等項名色，頗出其中。」[9]

　　這是腹內衞所一般狀況。[10] 若沿邊衞所，生產不足，糧餉轉運不便，常以糧折

---

1. 各衞所都有軍田，卽是供給在衞軍士屯種及軍士家屬耕種的，並載在軍黃册內。
2. 明會典卷一三七，兵部二〇，存郵。
3. 同上。
4. 明史卷八二，食貨六，俸餉。
5. 明太祖實錄卷一七七，洪武十九年四月乙亥。皇明經世文編卷四三，李秉，奏邊務六事疏：「各處軍士，止以有妻爲有家小，其雖有父母兄弟而無妻，亦作無家小，減支月糧。是輕父母而重妻，非經久可行之法。況父母供給軍裝，不無補助，乞以此等作有家小開報，一體增給。庶使親屬有賴，軍不逃亡。」
6. 明史卷八二，食貨六，俸餉。
7. 同上。
8. 皇明經世文編卷三九，王恕，處置運糧餘丁月糧奏狀。又卷五九，葉盛，軍務疏。
9. 皇明經世文編卷三二六。
10. 薊鎮雖爲九邊之一，但地近京畿。

銀，或折布，則所得更少。如正德年間，糧一石折銀一兩二錢，實際上被官吏漁獵四錢，又以撙節爲名，扣存四錢，軍實得只四錢，買米止三斗三升。[1]

軍士出行有口糧，按路程、時日等情況發給。[2]

軍士衣裝自備，[3] 並由在營餘丁及家族幫貼。會典：「凡軍裝盤纏，宣德四年令每軍一名，優免原籍戶丁差役。若在營餘丁，亦免一丁差使，令其供給軍士盤纏。」[4]續文獻通考：「時以軍士徵調，當自備衣裝，供給爲難，故有此制。」[5] 並令「軍籍之家，以時量送衣裝。」[6] 隆慶五年復議准，「凡州縣清出應解之軍，責令本戶或本里照依丁糧幫貼軍裝盤費。」[7] 出征則由政府發給冬衣棉花，胖襖鞋袴。[8]

會典屢次提到在營餘丁是專一供給正軍的，但其供給範圍，史文不詳。又軍士如輪派屯種，當可有自己的部分收入。

「明代衞所之制，計兵授地，以地養兵，故兵足而糧不費。」[9] 兵足而糧不費，這是明太祖建立衞所屯守制的理想，但也只是從洪武到宣德六十年間的情形。

明代衞所制度的一個基本要素，是用軍士且守且屯。王邦瑞送東崖崔先生陟山東大參序：「我國家兵制與屯政並立，內開衞府，外設邊戎，咸授以田。戰則荷戈，休

---

1. 皇明經世文編卷一八五，霍韜，嘉靖改元建言第一疏。又卷二八，王驥，邊務五事疏。
2. 皇明經世文編卷二八，王驥，邊務五事疏。又圖書集成卷三六，兵制，明三。赴京班操口糧，「每班山東、河南、中都上班官軍，以到京報名日爲始，除各該省解到各軍大糧銀，聽兵部委官散給外，其口糧每官軍每月造支四斗，雙月折色，單月本色。官軍防秋口糧，軍職及標兵營官軍秋操，每月各造支口糧三斗，城守營各一斗二升，備兵營無。」皇明經世文編卷七九，劉大夏，條列軍伍利弊疏：「江南官軍，每遇京操，雖給行糧，而往返之費，皆自營辦。」又卷四三，李秉，奏邊務六事疏：「瞭望官軍，去城四十里之外者，方給口糧。」
3. 明會典卷一三七，兵部二四，存恤。
4. 同上卷一五五，兵部三八，凡軍裝盤纏。
5. 卷一二二，兵考，兵制。
6. 同註4。又弘治十年題准，「其不奉冊勾之家，以五年爲率，著令戶下應繼人丁，給供送批文，於戶內量丁追與盤纏，照數開寫批內，仍差管解該衞，當官給與本軍收領。若本軍在彼富足，不顧供給者，聽其告免。」
7. 見註4。班軍衣裝，則回家自取。續文獻通考卷一二二，兵考，兵制。「景泰二年二月，分三大營爲三班。時邊事棘，班軍悉留京，間歲乃放還取衣裝。總兵官石亨言，京營諸軍操備日久，今暫息稍寧，宜令輪流取衣裝。」又今古奇聞，劉小官雌雄兄弟：「老漢方勇，是京師龍虎衞軍士，原籍山東濟寧，今要回去取討軍裝盤纏。」
8. 明史卷一七七，王復傳。
9. 續文獻通考卷一二九，郡國兵，邊防。

則秉耜。使農不厭兵， 兵不坐食。」[1] 其理想是希望能做到「養兵百萬，要令不廢百姓一粒米。」[2]

正軍在營，平時分防守操備與撥種屯田兩項主要任務，其分配大概是輪流方式。守與屯的比例，以所在地的實際情況而定。明會典：「明初兵荒之後，民無定居，耕稼盡廢，糧餉匱乏。初命諸將分屯於龍江等處， 後設各衛所，創制屯田，以都司統攝。每軍種田五十畝爲一分，又或百畝，或七十畝，或三十畝、二十畝不等。軍士三分守城，七分屯種。又有二八、四六、一九、中半等例，皆因田土肥瘠，地方緩衝爲差。又令少壯者守城，老弱者屯種，餘丁多者亦許。其征收則例，或增減殊數，本折互收，皆因田地而異云。」[3]

明代軍屯的具體情況，研究者已多。[4] 此處只言軍屯收入與衛所軍士生活資料來源上有關部分，而且也只是子粒征收科則定制後的一般通則。

明會典：「洪武三十五年（建文四年），始定科則，每軍田一分，正糧十二石，收貯屯倉，聽本軍支用。餘糧十二石，給本衛官軍俸糧。洪熙元年，令每軍減征餘糧六石，共正糧十八石上倉。」[5] 明史食貨志：「（月糧）軍一石，城守者如數給，屯田者半之。」「明初各鎮皆有屯田，一軍之田，足贍一軍之用，衛所官吏俸糧，皆取給焉。」[6] 此卽所謂使「守城軍的月糧，就屯種子粒內支。」[7]

正糧上屯倉，餘糧上衛倉。守備操練的軍士的月糧， 由衛倉關支。[8] 屯軍的月糧，由屯倉關支。這裏有問題的，是屯軍月糧的數目。原正糧餘糧二十四石，都要上倉盤納。洪熙元年， 詔各都司衛所， 屯田軍「今後除自用十二石之外， 餘糧免其一

---

1. 皇明經世文編卷二二八，續文獻通考卷一二二，兵考，兵制。邱濬，大學衍義補卷三五，屯營之田：「無農不耕，而吾借不耕之人而役之；無兵不戰，而吾乘不戰之時而用之。」

2. 陸琛，儼山外集卷二四，同異錄上：「太祖最留意屯田，嘗曰：吾京師養兵百萬，要令不費百姓一粒米。每以遠田三畝易城外民田一畝爲屯田。」此亦見於明大政纂要卷九，洪武二十五年正月。

3. 明會典卷一八，戶部五，屯田。

4. 較爲成系統者，見王毓銓，明代的軍屯。

5. 明會典卷一八，戶部五，屯田。

6. 明史卷八二，食貨六，俸餉。

7. 皇明經世文編卷一九八，潘潢，請復軍屯疏。

8. 皇明經世文編卷一六三，林希元，應詔陳言屯田疏，「歲輸正糧十二石，餘糧如之。正糧輸之屯所，以給本軍月糧。餘糧輸之衛所，以給守城軍士。」

牟，上納六石。」[1] 正統二年，復令「每軍正糧免上倉，止征餘糧六石。」[2] 正糧免上倉的原因及其所造成的問題，這裏不談。但基本上仍是屯軍月糧一石，與明史所言，「（月糧）軍一石，城守者如數給，屯田者半之。」的說法不合。孟森明史復就此推論云：「如是恒有七八成之兵，可在農畝。卽恒有七八成之兵，只需半餉。夫七八成半餉之兵，是卽等於三四成額軍不需給餉也。以三四成餘賸之額餉，給三四成守城之額兵，實餘額餉一二成，爲官長及馬兵水兵等之加額，及上級官俸給，皆有餘裕。而軍械亦括於其中。」[3] 後半段官長加額及上級官俸給云云，乃根據明史「明初各鎮皆有屯田，一軍之田，足贍一軍之用，衞所官吏俸糧，皆取給焉。」[4] 而來。

依上引史料，屯軍月糧，亦爲一石，並非城守者之半。所謂餘賸之軍餉，乃屯軍所納餘糧，支給城守軍士後所餘賸者。林俊送范應楨按察福建序云：「我太祖遠稽近紹，屯守之兵，居然古意。內地則屯八人守二人，邊地則屯七人守三人。衞五千人，歲輸六石，守人食月一石，以歲輸充歲食，二八則歲贏一萬二千石也。三七則歲贏三千石也。」[5]

但這也只是宣德以前如此。[6] 正統二年以後，屯軍正糧不再上倉，軍屯已發生重大變化。春明夢餘錄：「不知正糧納官，以時給之，可以免貧軍之花費，可以平四時之市價，可以操予奪之大柄。今免其交盤，則正糧爲應得之物，屯產亦遂爲固有之私。典賣迭出，頑鈍叢生，不可收拾，端在於此。」[7] 事實上永樂後期，已是每下愈況。宣德九年屯田收入突然下降後，便再沒有恢復。[8]

1. 明仁宗實錄卷六，洪熙元年正月丙戌。
2. 明會典卷一八，戶部五，屯田。
3. 孟森，明代史，華世出版社，民國六四年，臺北。
4. 明史卷八二，食貨六，俸餉。
5. 衞五千人，自然是舉成數。以屯守二八計算，四千人屯種，人納糧六石，共二萬四千石。一千人城守，人月糧一石，共支糧一萬二千石，故餘一萬二千石。如三七屯守。三千五百人屯種，人納糧六石，共二萬一千石。一千五百人城守，人月糧一石，共支糧一萬八千石，故餘三千石。又春明夢餘錄卷三六，戶部二，屯田：「雖曰三七、四六、二八不等，而大約爲三七。是以三人耕，供七人之食也。耕者授粟多，故得十二石。守者授粟寡，分得五石一斗四升。」此是依餘糧十二石計算。城守者之月糧，此處暫不論。但屯軍仍是十二石，卽月糧一石。
6. 屯田子粒收入最多都是永樂元年，二三、四五〇、七九九石。而這一年其他官田及民田全國總收入是三一、二九九、七〇四石，二者是四與三之比。
7. 春明夢餘錄卷三六，戶部二，屯田。
8. 王毓銓，明代的軍屯。

這裏順便附述明代軍士的武器。明代軍士所用的武器，由國家供給。明會典：
「凡軍器專設軍器局。軍裝設鍼工局，鞍轡設鞍轡局掌管。」[1]「軍器造於工部，而給
散則兵部掌行。禁衞營操，內外官軍，莫不有定數。」「凡官軍領用軍器，洪武二十
六年定，內外官軍合用衣甲鎗刀弓矢等器，必須總知其數。如遇各衞移文到部申索，
轉工部定奪關撥。」「凡各邊合用盔甲弓箭等項軍器，俱令各處都司所屬衞所歲造數
內關用。如果不敷，及軍情緊急添設者，赴部請給。」[2] 各衞都有軍匠，製造本衞所
需軍器。[3]

五、軍士逃亡與勾補

軍戶世籍，代代當兵，所以每一軍戶，必須有正軍一人在營服役。如正軍老疾身
故逃亡，需戶內壯丁補繼。

正軍服役的條件，未見詳細規定。「因其原係尺籍，皆係祖軍，死則其子孫或族
人充之，非盲瞽廢疾，未有不編於伍者。」[4] 服役除役年齡，也未見明確記載。洪武
十五年，「令各衞軍士年老及殘疾，有丁男者許替役。所管官旗留難者坐罪。」[5] 並未
言老到什麼年齡才可由丁男替役。洪武二十九年都指揮僉事張豫上言：「各衞軍士年
七十以上，並老疾無丁可代者，若留在伍，虛費糧賞，宜令囘鄉依親。」[6] 宣德二年
規定，「故軍戶下止有人丁年七十以上，或篤疾殘廢不堪充軍者，保勘是實，明白囘
報定奪，不必起送。」[7] 依此，是七十歲尚不得除役，此與民戶應役年齡不同。明史
食貨志：「民始生籍其名曰不成丁，年十六曰成丁。成丁而役，六十而免。」[8]

老疾殘廢，不堪征操軍士，洪武十五年規定，有丁男者許替役。廿三年，「令老

---

1. 明會典卷一九○，工部一二，軍器軍裝。
2. 明會典卷一五六，兵部三九，軍器。
3. 皇明經世文編卷一○○，李承勛，遼東撫處殘破邊城疏略：「照得撫屬每衞一年類造盔甲腰刀各一百六十件，弓張撒袋各八十副張，長箭四千八十枝，圓牌四十四面，該料銀七十二兩，該役匠作數多。」
4. 顧起元，客座贅語二，勾軍可罷。
5. 明會典卷一三七，兵部二○，老疾。
6. 明太祖實錄卷二四四，洪武二十九年二月甲午。
7. 見註5。
8. 明史卷七八，食貨二，賦役。元代兵役年齡是十五歲到七十歲。元史兵志：「其法家有男子十五以上，七十以下，無殘疾，盡簽為兵。」

疾軍有子年一歲二歲該紀錄者，皆與正糧，侯成丁收役。」二十六年復定，「凡內外衛所軍人，或征進工作傷殘，或患痼疾，及年老不堪征操者，須要保勘相驗是實，許令戶下壯丁代役。若無少壯，止有幼小人丁，許令該衛紀錄操練，仍令老疾隨營。如果戶絕無人，揭籍查勘明白，具奏除豁。聽令隨營，或依親還鄉。」[1]七八歲以下爲幼丁，或令在營，或同原籍依親，由屬衛紀錄。十三、四歲爲出幼，在衛隨營操練。[2]

軍士身故，則「勾取戶內壯丁補役。如別無壯丁，止有幼小兒男，取官吏保結回報，行移該衛，照勘相同，紀錄，侯長成勾補。」[3]

衛所軍士大量逃亡，洪武年間已甚嚴重。宣德之後，已威脅到衛所制度的存在。這是一個因素非常複雜的問題。而表面直接現象，則是軍士窮苦萬狀，難以存活。「內外都司衛所軍官，惟知肥己。征差則賣富差貧，徵辦則以一科十，或占納月錢，或私役買賣，或以科需扣其月糧，或指操備減其布絮。」[4]「雖有屯田子粒而不得入其口，雖有月糧而升斗不得入其家，雖有賞賜而或不給，雖有首級而不得爲己功。」[5]「軍士蔽衣菲食，病無藥，死無棺。」[6]「瘦損尫羸，形容枯槁。」「既難自存，復遭凌虐，避差畏苦，戀舊懷歸。」「飲恨吞聲，無可控訴。」[7]便只有逃亡了。

正統三年九月，行在兵部奏：「自遣御史清理之後，近三年于茲，天下都司衛所

---

1. 明會典卷一三七，兵部二〇，老疾。
2. 明會典卷一三七，兵部二〇，收補。
3. 明會典卷一五四，兵部三七，軍政一。
4. 明宣宗實錄卷一〇八，宣德九年二月壬申。
5. 王鏊，王文恪公文集卷一九，上邊議八事。
6. 明史卷一六〇，張鵬傳。卷一八五，黃鞏傳。
7. 皇明經世文編卷一二，王瓊，清軍類序。卷二八，王驥，貴州軍糧疏。呂坤，實政錄卷四，解送軍囚。皇明經世文編記軍士生活者甚多。窮苦萬狀，惟軍爲甚。如卷六二，馬文升，恤軍士以蓄銳氣疏云：「照得陝西腹裏衛所軍士，俱在三邊操備，有一年一次回衛休息者，有十八個月回衛休息者。又有一家正軍餘丁二三名在邊操備者。其在衛餘丁，又要種納屯糧子粒守城等項差使。且以在邊軍士言之，既有官給騎操馬匹，赴邊之日，彼處總兵副參等官，每軍一名，又要脚力或馬或騾壹匹頭。其軍士既無營生，又無產業，止靠月糧六斗養贍。置備軍裝，整理輜糧，亦皆仰給。如此懼怕到邊責打，只得原籍戶下津貼財物，置買前去。比至則邊方該管官旗，或指以買賣旗號纓頭爲名，或假以修理城垣門樓爲由，節次科歛，逼迫無奈，又將原買脚力馬騾變賣出辦。未及一年，使用盡絕，或又有倒死馬官，隨要買賠，逼追緊急，只得揭借，或本管指揮千百戶彼處副參與官馬匹錢物。馬一匹還銀二三百兩者有之，銀一兩還本利三四兩者有之。彼至回衛，各官家人隨即前來索取。在衛官員，懾其勢要，只得監追，或典賣妻子，或揭借月糧，歸還前去。賠馬一匹，已至破家蕩產。倘有倒死，將何所買賠，因此而逃亡者十常八九。」

發冊坐勾逃故軍士一百二十萬有奇。今所清出，十無二三，到伍未幾，又有逃故。」[1]
其中有多少是逃亡，有多少是身故，固不可知。但由一般記載瞭解，正統之後，軍
士逃亡幾牢。「往時一衞以五千六百人爲率，今一衞有僅及其牛者，甚則什無二三
焉。」[2] 有一百戶所僅剩下一人。[3]

缺伍逃亡，卽依例追捕，「提本軍謂之根捕，提家丁謂之勾捕。」[4]

明代衞所軍士之定衞、收捕、重冒、存恤、根捕、勾捕、挨查、改編、斷發，兵
部有一套詳密的作業系統。[5] 在冊籍方面，「國初尺籍，有軍籍冊、黃冊、格眼冊、
額軍冊、編軍冊、惠軍冊、順衞冊、班軍冊、類姓冊、地名冊、魚鱗冊、奏盜冊，名
色多端，參互考驗。」[6]

凡清理軍伍，勾捕軍丁，「司府州縣設專官，或監以御史，歲集里老，聚其招
募、梁集、罪謫、改調、營丁籍戶之數，以根捕、紀錄、開伍、結除、停勾，嚴稽其
冒漏。」[7] 清勾軍丁，總於兵部，「衞所上缺伍圖冊，府縣上軍戶文冊，並下諸省按
勾。衞所卽去府縣近，不得輒相移文。」[8] 或由中央派清軍御史赴各處清勾。

「逃軍根捉正身。如正身未獲，先將戶丁起解補役，仍根捕正身補替。」[9]「軍士
以衞所爲家，父子兄弟在焉。以州縣爲老家，族姓在焉。衞所有丁者，於衞所勾補。
衞所無丁者，於州縣勾補。」[10]

軍士由於老疾、身故、逃亡而發生繼替問題，其初是以嫡繼。「非所當繼，雖有
壯丁，不得應役，或其子幼，例當紀錄，以致軍士精壯者少。」成化十三年規定，

---

1. 明英宗實錄卷四六，正統三年九月丙戌。
2. 邱濬，大學衍義補卷一一七，治國平天下之要，嚴武備。
3. 明英宗實錄卷四七，正統三年十月辛未。
4. 明史卷九二，兵四，清理軍伍。
5. 明會典卷一三七，兵部二〇，軍役。
6. 明世宗實錄卷六，正德十六年九月丙子。
7. 續文獻通考卷一二二，兵考，兵制。
8. 明會典卷一五六，兵部三九，勘合。「每布政司並直隸府州各給勾軍勘合一百道，底簿二本。都司收勘合並底簿一本，一本發布政司直隸府州。凡遇勾軍，都司填寫勘合，差人齎付各該官司，比對字號，著落有司勾發。」勾軍清冊甚爲詳明，「都司衞所將應勾軍人，備查原充、改調、貼戶、女戶、的祖姓名、來歷、節補、逃亡年月，衞所、官旗、都圖、里社、坊隅、關廂、保鎮、鄉團、村莊、店圈、屯營等項，的確逐一造冊，呈報兵部轉發。」各種冊單，見明會典卷一五五，兵部三八，冊單。
9. 明會典卷一五四，兵部三七，軍政一。
10. 皇明經世文編卷三三七，汪道昆，遼東善後事宜疏。

「此後凡有軍人事故，其嫡長子孫弱小，卽於戶內揀選壯丁替補，不必拘於舊例。」[1]

後復爲勾補方便，建立聽繼辦法。於軍冊「實在」項下，「另立二欵，一曰見役，下係軍丁某人。二曰聽繼，下係軍丁某人。」「凡清軍御史今後清出軍丁，除正軍外，仍于戶內另審一殷實戶丁聽繼。如有逃亡，卽勾聽繼之人應補。若聽繼之人別有逃躱，則罪坐戶頭。捕獲原逃，免其補伍。」[2]

清勾軍丁，這是明代兵政上一大項目，也是朝野最痛苦最困惑的工作。每年遣人清勾，不但清軍御史府州縣掌印清軍官以不能完成規定標準，須受處分，[3] 而且逃軍鄰里連坐，[4] 因此而造成許多慘痛弊害。

由於功令嚴急，所以清軍官周行民間，焦神極能，窮搜厲禁。甚至挨無軍役，欲逭己責，乃多方揑故，寃抑平民，頂名解補。[5] 明史刑法志論勾軍之弊云：「有丁盡戶絕，止存軍產者，或並無軍產，戶名未除者，朝廷歲遣御史清軍，有缺必補。每當勾丁，逮捕族屬里長，延及他甲，雞犬爲之不寧。」[6] 又王世貞疏云：「臣每見清軍之牘一下，其在窮邊遠裔，戶弱丁單者，一遇勾攝，卽就拘攣，沿門乞哀，搏顙求助。若族丁稍衆者，卽不以正戶應役，或脅委孱弱，或購推點壯。孱弱之人，遑遑不達戍所，就斃道路。卽幸而達戍所，而衣食鮮繼，水土未服，不瘵而鰥，則老而獨。……至于應勾之徒，稍遇壯點，則藉口亡命，詐索親隣，故隱行裝，坐食解伴。著伍未幾，或營稱賞冊，或委托取裝，衞官受其賄屬，利彼月糧。甚有解者未及門，而軍已高臥於家矣。」[7]

清勾官吏遍天下，而差遣之數，多於所取之丁。「每衞每年清勾軍士，多則數萬，少有千餘，而計解到軍士，多者不過二三十名，至有一軍勾及數十次，所費不知

---

1. 明憲宗實錄卷一六八，成化十三年七月壬午。
2. 明會典卷一五四，兵部三七，勾捕。卷一五五，兵部三八，冊單。
3. 同上卷一五五，兵部三八，清理。「隆慶六年令，府州縣掌印清軍官完軍八分以上者薦，七分以下者獎，六分以下者戒飭，五分以下者參降。」
4. 明會典卷一五四，兵部三七，根捕。宣德元年奏准，凡逃軍三月不首者，並里隣人等問罪，就點親隣管解，寫家發附近充軍，遞送隱藏者墩臺衞分充軍。
5. 皇明經世文編卷三三七，汪道昆，遼東善後事宜疏。卷一一一，王瓊，陳愚見以蘇民困事。
6. 明史卷九三，刑法一。
7. 皇明經世文編卷三三二，王世貞，議處清軍事宜以實營伍以蘇民困疏。

幾何。」[1] 如「廣西、貴州二都司所轄衞所軍多逃亡，勾軍官旗千五百餘人，淹延在外，有至二十年不回者。」[2]

事實上勾軍成了衞所軍官的利竇。[3] 范濟疏云「凡衞所勾軍，有差官六七員者，百戶所差軍旗或二人或三人者，俱是有力少壯，及平日結交官長，畏避征差之徒，重賄貪饕官吏，得往勾軍。及至州縣，專以威勢虐害里甲，既豐其饋饌，又需其財物，以合取之人及有丁者釋之，乃詐爲死亡，無丁可取，是以宿留不同。有違限二年三年者，有在彼典顧婦女成家者。及還，則以所得財物，賄其枉法官吏，原奉勘合，朦朧呈繳。」[4] 及「本軍至衞，掌印以下，鎮撫以上，不罄所携不止。既着伍，復得錢縱之歸。」[5]

衞所軍官，固貪利縱放。而勾單至邑，清軍廳亦視爲奇貨，不厭其欲不止。[6] 又由於法必歲勾，勾必造冊，軍房滑書，世傳箕裘，一切軍戶，皆口分之業。所以得任意謄寫，神出鬼沒，奸弊叢生。一不滿欲，輒誣而剝之。有一軍而致死數人之命，一戶絕而破蕩數家之産者。[7]

軍士家族受勾軍之迫害外，尙累及隣里。每勾到軍，僉里役二名押解。「此輩非有腴田上賞，使之廢廬産，鬻子女，觸冒寒暑，凌歷瘴險，以與軍共一旦之命。蓋至于千里之外，而下産半廢矣。……三千里之外，而中産亦半廢矣。」[8] 長解之人，往往有艱難死於溝壑而不知者。[9] 而一軍起解，「民間娶妻，僉解路費軍裝，無慮百金。故一軍出，則一家敝。一伍出，則一里敝。」[10]

被勾獲者，「身被拘攣，心懸桑梓，長號卽路，終天永訣。」有如棄市。[11] 累解

1. 皇明經世文編卷九九，王憲，計處清軍事宜。
2. 同上卷二八，王驥，計處軍士疏。
3. 同上卷三七二，魏時亮，題爲摘陳安攘要議以俾睿探疏。卷七四，邱濬，州郡兵制議。卷五九，葉盛，軍務疏。
4. 明宣宗實錄卷五，宣德八年二月庚戌。皇明經世文編卷二九，范濟，詣闕上書。
5. 皇明經世文編卷四四六，鄭元標，敬陳吏治民瘼懇乞及時修擧疏。
6. 同上。
7. 古今治平略卷廿五，國朝兵制。皇明經世文編卷四三一，劉應秋，與朱鑑塘中丞書。
8. 皇明經世文編卷三三二，王世貞，議處清軍事宜以實營伍以蘇民困疏。
9. 同上卷一五，楊士奇，論勾補南北邊軍疏。
10. 同上卷三三七，汪道昆，遼東善後事宜疏。
11. 古今治平略，卷二五，國朝兵制。邱濬，大學衍義補卷一六，固國本，邮民之患。

累逃，累到累死。因而有全家逃亡，或潛入番夷者。[1]

六、軍士社會地位的變化

開國創業，需要武力，重視軍人。明史兵志：「當是時，都指揮使與布按並稱三司，爲封疆大吏。而專闖重臣，文武亦無定職，世猶以武爲重。」[2] 所以以侍郎（正三品）改爲指揮同知（從三品），而視爲恩榮。明史張信傳：「洪熙初，召爲兵部右侍郎。帝嘗謂英國公（張）輔有兄弟可加恩者乎？輔頓首言，輗、軏蒙上恩，備近侍，然皆奢侈。獨從兄侍郎信賢，可使也。帝召見信曰：是英國公兄耶。趣武冠冠之，改錦衣衞指揮同知世襲。時去開國未遠，武階重故也。」[3] 武官受到重視，但軍戶軍籍，似並不如此。明史翟善傳：「（洪武二十六年）署（吏）部事，再遷至尚書。明於經術，奏對合帝意。帝曰：善雖年少，氣宇恢廓，他人莫及也。欲爲營第於鄉，善辭。又欲除其家戍籍。善曰：戍卒宜增，豈可以臣破例。」[4] 明太祖欲令其脫軍籍入民籍，是以愛施恩，顯然軍戶在社會地位上不如民戶。[5]

這是去開國未遠的情形。隨着承平日久，武力不被重視。軍政廢弛，營伍素質日落，而社會上重文輕武觀念，亦日益抬頭。由是互爲因果推移，軍人地位，逐日益低下。明史兵志：「正德以來，軍職冒濫，爲世所輕。內之部科，外之監軍、督撫，疊相彈壓。五軍府如贅疣，弁帥如走卒。總兵官領勅於兵部皆跽，間爲長揖，即爲非體。」[6] 軍官如此，軍士可知。例如役使軍士，軍官及公侯之家，定有軍役額數。此外一軍一卒不得私行呼喚，律有常憲，違者處治甚嚴。[7] 但「至於末季，衞所軍士，雖一諸生可役使之。」[8]

---

1. 皇明經世文編卷六二，馬文升，存遠軍以實兵備疏。
2. 明史卷九〇，兵二，衞所。時尚重武階，固是一因，然錦衣衞指揮同知能世襲，當亦有關係。
3. 明史卷一四五，張玉傳附從子信傳。
4. 明史卷一三八，翟善傳。
5. 縱是因爲軍戶民戶與國家的權利義務上有所差別，見下頁註2，但仍可謂指示著二者在社會地位有所不同。
6. 明史卷九〇，兵二，衞所。
7. 續文獻通考卷一二二，兵考，兵制。大明律例集解附例卷一四，軍政，公侯私役官軍。皇明經世文編卷四五，林聰修德弭災二十事疏。
8. 明史卷九〇，兵二，衞所。

　　軍士地位，隨着武力之無所用而日漸低落，本是我國歷朝的現象。但明朝有意的
以罪謫長生軍爲保持軍戶可以維持所希望的數量，以供給軍士來源，使本來清白的軍
戶軍士，與謫罪爲伍，不但使軍士之素質低下，自卑墮落，而且也爲社會對軍戶塑造
了一個憎惡的觀念。許定國在論京營兵制議中云：「獨我國世卒，世卒有定數，而募
無常數。然則以謫爲軍，至以相詬，欲軍之强，制胡可得也。」[1] 雖然軍戶表面上在
某種方面似較民戶佔到了優惠，如靳學顏講求財田疏所云：「人有恒言軍强民弱，謂
夫正屯之外，又兼餘地。餘地之外，又買民田。差役不能干，有司不能得制。比夫民
之輸筋脊，竭筐篋，終歲而辦官。捐親戚，去坟墓，隨地而占籍者，相什百也。」[2] 但
實則爲世輕，人恥爲軍。[3]

　　武人受到輕視，軍戶地位也隨之低落。軍戶與民戶比較所受到的差別待遇，也表
現在國家法令上。如軍戶無分戶之自由。明會典：「調衛戶下餘丁寄籍有司者，若遠
調二三千里之外，後調衛所正餘不缺，聽留一丁，於有司種辦糧差，其餘悉收原衛所
操守。如後調衛所缺人，行原衛餘丁內取解，不許於原籍勾擾。其調衛在千里之內
者，餘丁照例同營。」[4]「軍戶不許將弟男子姪過房與人，脫免軍伍。」[5] 又如同樣犯
罪，處分不同。明會典：「逃軍逃匠逃囚人等，自首免罪，各發著役。罪重者從實開
奏，量與寬減。其逃民不報籍復業，團聚非爲，抗拒官府，不服招撫者，戶長照南北
地方，發缺軍衛所充軍，家口隨住。逃軍逃匠逃囚人等不首者，發邊衛充軍。」[6] 明
律：「凡用强占種屯田五十畝以上不納子粒者問罪。照數追納完日，官調邊衛，帶俸
差操。旗軍軍丁人等發邊衛充軍。民發口外爲民。」[7] 他如投充爲王府家人，民發口

---

1. 皇明經世文編卷三九二。又卷八，葉伯巨，萬言書：「今鳳陽皇陵所在，龍興之地，而率以罪人居之。近
　　令就中願入軍籍者，聽其免罪。」是已將軍戶視之甚低。

2. 皇明經世文編卷二九九。

3. 顧炎武，天下郡國利病書五二，河南，懷慶府，京邊戍役論。

4. 大明會典卷一五五，兵部三八，清理。又明會典卷二十，戶部七，戶口二，黃册。「景泰二年奏准，凡各
　　圖人戶，有父母俱亡，而兄弟多年各爨者。有父母存，而兄弟近年各爨者。有先因子幼而招婿，今子長成
　　而歸宗另爨者。有先無子而乞養異姓子承繼，今有親子而乞養歸宗另爨者。俱准另籍當差。其兄弟各爨
　　者，查照各人戶內，如果別無軍匠等項役占規避窒礙，自願分戶者聽。如人丁數少，及有軍匠等項役占窒
　　碍，仍舊不許分居。」此處軍匠二字，尙需分析，可能是指軍與匠，也可能是各衛中製造軍器的軍匠。

5. 大明會典卷十九，戶部六，戶口總數。

6. 明會典卷十九，戶部六，逃戶。逃軍與逃囚列爲一類。

7. 大明律例集解附例卷五，戶律，田宅。

外，軍舍餘丁發極邊衞分充軍。[1] 而且軍戶在從事公職上也受到限制。明會典：「正軍戶五丁者充吏，四丁不許。水馬驛站貼軍雜役養馬等項人戶，四丁以上者充吏，三丁不許。民戶兩丁識字，亦許勾充。」[2]

爲保障皇權安全，而設置武力。爲保障軍士來源，而設立軍戶制度。爲維持軍戶的存在穩定，而安排其物質生活保障。念其萬死一生以立戰功，而有某種優遇。[3] 但又以罪謫爲軍，發衞執役。却又似乎在有意的貶抑軍士的社會地位。[4] 軍士在當初無論是從征、歸附、垛集、籍選，甚至被抑配爲軍的，雖戶入軍籍，都是國家的平民。但罪犯以恩軍至營，使原來非謫籍的軍士與之爲伍，身分便也隨之低落，爲世所輕視了。再加以別的種種問題，致軍戶子弟結婚都成了問題。[5]

生活艱難，又內受長官凌虐，外受社會輕視。逃亡只能躱避一時，而且要受到一次一次的追捕，非但連累家族，且殃及隣里，所以只有挖底去根，在脫籍上想辦法了。雖然禁止軍戶子弟參與關係到軍冊的事務，凡「軍籍典吏，不得撥武庫司冊科當該。軍籍監生，不得撥送清軍。南京後湖查冊監生人等，並司府州縣兵房吏典，造冊書手，俱不許用軍戶之人。」[6] 以防變亂軍籍。然「一隸戎籍，子孫往往貽累于無窮。」[7] 所以反而爲里胥製造了勒索的機會。明史周經傳：「清軍之弊，洪熙以前在旗校，宣德以後在里胥。弊在旗校者版籍猶存，若里胥則並版籍而淆亂之。」[8] 否則便是自殘肢體，以逃避應役。明會典：「（宣德）四年令應繼壯丁故自傷殘肢體者，許隣里擧首，全家發煙瘴衞所充軍。」[9] 或亡命山林糾衆爲非。[10] 明朝末年的饑民大動亂中，正不知有多少逃軍參與其中。

---

1. 明武宗實錄四六，正德四年正月壬寅。明神宗實錄卷三三二，萬曆二十七年三月丙午。
2. 明會典卷八，吏部七，吏役參撥。
3. 如軍人犯盜免受刺刑。皇明經世文編卷三五六，徐渉，奏爲懇乞天恩酌時事備法祀以善臣民以贊聖治事：「國初見軍官人等身在行陣，萬死一生以立戰功，故此（免刺）優之，推而及族餘丁，亦免刺耳。」
4. 以罪犯充軍，卽使充邊衞，其情形亦同。其到衞之後，卽與軍士一同執役，在法理上爲國家軍士。無論其爲止充本身，或永遠充軍家入戎籍，在觀念都是一種懲罰意義，此牽涉到明代衞所制本身上另一問題，當在分析明太祖對明兵制的整個安排構想上，另文討論。
5. 明史卷一五八，黄宗載傳，（洪武三十年進士）永樂初爲湖廣按察使，「武陵多戎籍，民家慮與爲婚姻，徭賦累已，男女至年四十尚不婚。宗載以理諭之，皆解悟。一時婚者三百餘家，隣邑效之，其俗遂變。」此爲永樂年間事，是此時軍戶已不爲人所重。
6. 明會典一五五，兵部三八，清理。
7. 皇明經世文編卷一八，金幼孜，書楊少傅陳情題本副錄後。
8. 明史卷一八三，周經傳。
9. 明會典卷一五五，兵部三八，禁令。
10. 皇明經世文編卷一四，審義，上言十事疏。

七、明衞所軍與唐府兵簡單的比較

明史兵志論明代衞所兵制云「蓋得唐府兵遺意」。茲先就各家研究唐府兵制度所得成績關於府兵本身部分歸納其要點如下：(一)唐代的道分有軍府州與無軍府州。凡有軍府的州，人民便有充當府兵的義務，也卽是人人有充當府兵的可能。(二)唐代的戶口三年一定，以入帳籍。府兵亦三年一揀點。府兵的揀點，依資財，材力，丁口三項標準爲順序。財均者取強，力均者取富，財力又均先取丁多。(三)折衝府分內府、外府。內府衞士爲二品至五品官子孫，外府取六品以下子孫及白丁無職役者點充。府兵的揀點，是從合乎標準的民戶中點充。點充之後，一有「軍名」，便爲終身役。軍名旣定，不可「假名」，逃亡者加罪一等。府兵也不能自由遷徙，「有軍府州不得住無軍府州」。(四)府兵揀點是爲了增加新的兵源，不同於世兵制，也不是普通征兵。軍府州都有「軍府籍」和「衞士帳」。前者是後備兵名冊，後者是現役兵分番宿衞的名冊。府兵一般是二十一歲入軍，六十而免。(五)各折衝府的兵源和軍人家室住處叫「地團」，其戶籍屬州縣，其軍籍屬折衝府。軍人分居在「地團」之內，其戶籍與民戶參雜在一起，其土地也相互交錯。除在戶籍上註明「衞士」和「不課」外，其他完全相同。(六)府兵的主要任務是分番宿衞京城。這是經常性的任務，但也擔任邊疆或內地特殊的防務。有指定的折衝府分番服役。(七)府兵基本上不脫離其家鄉和本人原來的生活，只有在上番教閱時，才分別集中於折衝府，或上番的京師，或征戍的所在地，執行軍事任務，過軍旅生活。(八)府兵執行軍事任務時的食糧行裝和一部分裝備，「人具弓一，矢三十，胡祿、橫刀、礪石、大觽、氈帽、氈裝、行縢皆一、麥飯九斗，米二升，皆自備。其甲冑戎具藏於府，有所征行，則視其入而出給之。」(九)府兵除在家習武，上番前課試，征戰中教戰，及季冬集府教閱外，宿衞京師時尙有平時教射與冬春講武。(十)府兵在防地營田，「各量防人多少，于當處側近給空閑地，逐水陸所宜，斟酌營種，並雜草蔬，以充糧貯及防人等食。」收入主要的是做爲公糧。(十一)府兵依均田法可受田，因已服軍役，故免其租、庸、調的負擔。[1]

---

1. 主要取自谷霽光，府兵制度考釋。岑仲勉，隋唐史。陳寅恪，隋唐制度淵源略論稿。濱口重國，從府兵制至新兵制，史學雜誌四一編十一、十二號。又如府兵是否兵農合一，兵農分離，兵農合治，兵農分治，因各階段的具體情況不同，還沒有一致的結論。又唐府兵制與均田制的關係，此牽涉到府兵制度本身的另一問題。

明代衛所的軍與唐代府兵制的兵，可做簡單的比較如下：

(一)軍的來源：明衛所軍，來自軍戶，每軍戶出軍丁一人。軍戶是由全國戶籍中劃分出來的。軍民分籍，以軍戶世襲提供固定的軍士來源。唐代府兵有軍府州的居民，才有充當府兵的義務，才有充當府兵的可能。府兵揀點，依戶籍上資財、材力、丁口三項標準。每三年揀點一次，在合乎標準的民戶中點充。

(二)軍戶經濟條件：明衛所軍來自軍戶，軍戶是以籍爲定的，所以不考慮其經濟條件。雖然爲保障軍戶生活，一般都有軍田，但選充軍戶，並不以此爲前提。十年一編軍黃冊，是爲了不使軍籍紊亂，保障軍士來源。所注意的是聽繼丁，和提供勾補的資料。不管軍戶產業，只管丁有沒有絕。唐代戶口，三年一定。點充府兵雖有三項標準，但以資財爲重。三年一揀點，是準備新的兵源，不是編發。均田制雖不是爲府兵而設，但它爲府兵制提供了存在的條件。所以論者多認爲均田制的破壞，是府兵制破壞的條件之一。

(三)服役與平時生活：明衛所正軍到指定的衛所服役，沒有應役與退除役年齡的規定。只有老疾殘廢不能征操或身故時，由繼丁補替。而且要帶餘丁前往衛所，資助其軍裝生活。又要帶妻室在衛所長期居住。軍士在營，不管是操守屯種，都是軍旅生活。唐府兵一般有了軍名，二十一入軍，六十而免。只有輪到上番京師，或征伐，或教閱時才過軍旅生活。平時不脫離其本來的鄉土，及原有的職業生活。

(四)裝備費用：明衛所軍器由國家供給，生活軍裝等費用，有月糧及餘丁資助，或本籍供給。唐府兵除軍器外，一切都自備。[1]

(五)軍籍與繼替：明衛所軍的軍籍是世襲的、家族的、固定的。一經爲軍，一家系永遠爲軍。所以缺伍要一次一次的勾，勾到丁絕爲止。唐府兵是經點充之後才有「軍名」，有軍名後不可「假名」，逃亡。逃亡罪加一等。服役是個人的，原則上到六十歲除役爲止。

(六)家庭優免：明衛所軍免正軍本身一切差徭及餘丁一人雜泛差徭。並以三百畝爲率免稅糧及應派差役。唐府兵免其個人租、庸、調。

---

1. 部分輕兵器亦自備。

（七）社會地位：明衛所軍無分戶之自由，弟男子侄不得過房予人，不可充當管理兵役事務的吏。法律上某些過犯較民人處罰爲重。唐府兵也有不可隨意遷徙，自有軍府州遷居無軍府州的限制。

（八）屯營：明全國衛所皆有軍屯。這是國家統一的軍屯制度，用以支付軍糧及官軍俸餉，理想上是以軍養軍。唐府兵亦有營田，但只是部分的，用以補助公糧。不是全面的，也不是國家軍政的統一政策，更不是爲了軍糧與官軍俸餉。

由上簡單比較，所謂「得唐府兵遺意」者，只是「征伐則命將充總兵官，調衛所軍領之。旣旋，則將上所佩印，官軍各還衛所。」而已，明史兵志言之已明。其實明代衛所制度，倒是受了元代兵制的不少影響。

清代滿人政治參與

陳 文 石

一、前　　言

　　滿人本爲清代才有的名詞，題目中標出滿人，又冠以「清代」二字，是因爲清代的政權中參與政治活動的，不但有滿人，還有蒙古人、漢人。而且滿清統治者不但以種族劃分參與政治活動者的身分，復將國家統治機構之職位——缺分，分爲宗室缺、滿洲缺、蒙古缺、漢軍缺、內務府包衣缺、漢缺六個範疇。缺分的劃分，雖然不是將所有缺分嚴密的依其代表的權力、利益、地位按照種族身分分爲等級順序而分配，但其排列順序如此，自有其在政治上、社會上及心理上一定的意義與作用的。

　　滿人以氏族社會殘餘仍具有血緣地緣關係的族寨爲基礎，益以明代衛所官僚組織的間架，編組屬人爲牛彔，建立旗制，並用以融結不同族羣，創建大清帝國。入關之前，由於當時歷史發展情勢及社會結構的限制，旗制不但是具有血緣親族性質的封建制度，行使國家統治權的機構，也是部勒屬人爲戰鬥體的軍事組織，融結不同族羣向明鬥爭簡捷有效的體制。[1] 它包有多方面的特質，也滿足多方面的功用。但入關之前，所佔據地區不大，統治人口不多，而且又處在對外爭生存的交戰狀態，彼此禍福與共，上下心志齊一，故可行之靈活，運用自如。入關之後，情形便完全不同了。這時所要統治的，不但是一個絕對多數人口的異族，版圖遼濶的國家，而且無論在政治制度、經濟結構、社會組織、文化水平上，都遠較自己爲高、爲優、爲複雜，歷史悠久的大帝國。

　　滿人入關之後，所面臨的問題，除上述種種差異外，更重要的是進入一個被征服

---

1. 細谷良夫，清代八旗制度之演變，故宮文獻三卷三期。

的社會——而且又是進入一個異族土地後，如何建立政權，運用何種方式進行統治，不但可使政權鞏固，保障既得利益，而且可使國祚綿長，所享利益能既廣且久。

　　就統治權的運用技術來說，不外三種形式。其一是完全由征服階級自己內部人員進行直接統治，被征服階級人員經選拔後可以參與非決策性的事務工作，或只令其參與中下級政治運作。這種方式最爲蠻橫獨裁，往往不考慮被征服者的生存權利，雖然可做到予取予求，但基礎最不穩定，統治也最不能長久。其二是二元體制，征服階級與被征服階級分別以自己原有的方式統治，統治的運作各以其自己社會分子擔任。對被征服階級只要求其完成所交付的任務，其他不再多所干預。這種方式，雖然最爲省事，但不足以保證能得到最大利益，與有效的預防內部反抗勢力的滋長。其三是征服者與被征服者合作，共同參與統治。除征服者內部事務以其與被征服者無關者外，餘由雙方共同分派分配人員治理。這種方式，可以使征服階級在參與職位掌握政治動向，於運作情態中瞭解被征服社會的離合情況，自是最爲妥當的。但也不能做到合作無間，完全開誠布公。因爲政治權力，本來卽是無時不在鬥爭狀況之中。何況雙方又都有非我族類，其心必異，在利害關係上，心理意識上，有不可觸及的忌諱。

　　清自太祖努爾哈赤起兵創業，至世祖入關，前後六十餘年間，漢化進行，速度甚快。尤其清太宗卽位後，一方面仿大明會典置立六部、都察院等機構，設官理事；一方面積極繙譯遼、金、元等史書，尋求統治經驗。及至順治入關以後，面對突然來臨的大帝國，其所以未採取前述一、二兩種政策，而用第三種合治共理方式者，除遼、金、元之歷史鏡鑑外，亦有其本身歷史發展因素作用。清自其祖先阿哈出於明永樂十一年接受明朝封貢貿易治邊政策，明置建州衞使爲指揮使以統其衆，到太宗去世，已二百三十餘年。明代的封貢貿易治邊政策，是將統理各族羣的方式，套入自己的衞所制度。以衞所官制官諸族羣酋豪，並以貢市經濟利益的引誘，使不爲邊寇盜。[1] 酋豪受封官職的高低，所予貢市經濟利益的多寡，依其族羣的大小勢力的強弱而不同。受封者一方面是代表明廷約束管理族人的職官，一方面也是自己族羣中的最高統治者。政治權威，經濟利益及官職的世襲，使他們在族羣中樹立了族長、酋長、官長三位一

1. 陳文石：明代前期（洪武四年——正統十四年）遼東的防務，中央研究院歷史語言研究所集刊第冊七本。
　　園田一龜：明代建州女直史研究。

體穩固的地位，影響了其內部階級的分化，也加速了走入封建社會的過程。清太宗令
人繙譯遼、金、元史吸取統治經驗，正表示其認識到所處的社會結構的變化。也說明
了其所以能接受投降漢官建言，採用大明會典建制設官的內在動力。明朝衞所制度在
治邊政策運用中對建州社會發展的影響，便是清人入關之後所以沒有採用遼、金、元
的統治形式，而採取滿漢共治複職（中央）的根本原因。

　　以上是就建州女眞歷史發展經過，說明清人所以採滿漢共治的原因。而事實上即
就純經濟效益觀點而言，爭取被征服社會分子的合作，爲雙方的利益執行統治政策，
也是最爲經濟的。因其瞭解自己社會傳統政治的作業模式，熟悉應付自己社會人員的
方法。使其參與統治，　自是易收事功。　當然合作共治，　這其中有彼此利益協調的一
面，也有彼此利益衝突的一面。所謂協調與衝突，也常是相對的，這要看雙方當時各
自所掌握的條件與所要求的利益尺度而定。不過這一尺度，也常隨雙方對所掌握條件
有利狀況的認定及其演變趨向而相應變化。而這種情態，如果征服者與被征服者屬於
不同的民族，由於不同的文化系統，不同的生活習慣，上述合作共治穩定性的維持，
因素也就更爲複雜。征服者雖然可以在被征服的社會內取得共同利益的合作分子，但
雙方潛藏的非我族類其心必異的心理，都甚敏感。因而情緒緊張，疑懼猜防的動機，
也隨之加强。所以征服者在此情形之下，雖然找到了願供驅使的統治工具，爲了政權
的安全，仍不能不緊握自己的內部武力，　監視鎭攝反動力量，　以控制合作分子的忠
貞，保衞統治機構的靈活運作。另一方面，便是分派自己人員深入到各個統治機構中
去，掌握關鍵位置，參與運作活動。這樣，不但可以洞悉合作分子的忠貞程度，而且
可以體察被統治社會脈博跳動狀況，時時處在情報靈敏高度警戒地位。對方如有不利
於政權的企圖，可在其行動初萌未發之時，搶佔先機，籌謀對應之策。

　　合作共治，雙方參與，固然是最佳的統治方式。但在運用操縱時如何才能是最適
當的配合範圍，相尅相成達到最圓妙的運用，是需要高度技巧精心設計的。

　　滿人入關之前，雖然在太宗年間，經過一段急進的改革與漢化，[1] 但就總的狀況
來說，在社會形態上，仍然是氏族崩潰後向封建社會過渡的前封建社會；在經濟結構
上，農業生產固然已佔首要地位，但採集、漁獵等生產活動仍有相當重要性；在政治

---

1. 陳文石：清太宗時代的重要政治措施，中央研究院歷史語言研究所集刊第四十本(上)。

組織上，正由家長制政權越過部落聯盟向君主專制邁進；在文化活動上，則文字創立不久，只能對生活行事作簡樸的紀錄，尚不能在知識活動上發揮大的功用。以如此的內在條件，突然進入一個無論在社會形態、經濟結構、政治組織、文化水平及人口數量，不但遠比自己複雜優異，而且又是自己臣服二百六十餘年的異族社會後，如何建立政權，行使統治，是關係成敗存亡的基本問題。奠基決策選擇的錯誤失當，血戰得來的政權，將會在廟堂上舉手投足間輕而失之。

在中國政治制度來說，自秦始皇廢封建，行郡縣，官僚制度亦由此成立。經過千餘年的長期發展，至明已是以組織龐大、系統複雜、運作繁瑣的機構。以上下監臨、大小制衡、彼此扼約為其特性，也正是最高統治者為了保障政權安全，便於威柄獨持所設計的。所以要想穩固的掌握中國的政權，必先確實的掌握此一官僚機構。鞏固統治基礎，亦必先鞏固此一官僚組織。滿人入關之前，雖已經歷了一段漢化，並積極學習運用這個官僚制度。但當時由於種種客觀條件的限制，並不是、也不能無條件的、全面的採行，只是部分的、有保留的選擇接受。如太宗所設六部，固由於人口日多，事務日繁，尤其是國中包括女眞人、漢人、蒙古人，不同的文化背景，不同的生活方式，不同的風俗習慣，必須建立一個統一的管理機構，設官理事，不能由各旗各自管理。否則不但在進行的對明戰爭中行動不能統一，力量抵消；而且會造成旗與旗間的糾紛磨擦，內部分裂。而太宗在排除旗制束縛，建立集權的需要中，也必須建立一個籠罩旗制之上的機構，統理八旗事務，並用以塑建領導中心意識，以轉移旗主貝勒對本旗的控制力量。但這一套組織體系的建立，自己歷史文化中並無可資憑藉之處，而且地理環境、歷史因緣可供借用模倣者，只有取自明朝。同時，在人口結構上，不但漢人佔絕大多數，而且問題亦最多。所以乃倣明朝中央政府組織間架形式，設立書房、六部、都察院。利用投降漢官與自己族人共同參與工作。但由於戰爭的需要，旗制在組織上所具有的先天的氏族社會性質，及族羣在構成旗制組織戰鬥力量的種種因素，書房與六部設立後，旗制的影響力量，仍在六部之上。而太宗本人的族類意識，及與明朝長年衝突糾結不解的壓力，亦恐漢化過速，族人失去淳樸之風及騎射之長，內心矛盾不定。因而制度雖設，並沒有認眞施行，也沒有讓參與政治運作的漢人發揮可發揮的力量。所以行事有「叫喝於今日，而更張於明日者。每出己見，故事多猶

豫。做一頭，丟一頭，朝更夕改，有始無終，且必狃著故習。」[1] 但入關之後，所面臨的局面已完全不同。這是一個與自己多方面不相同的社會，這個社會所推行的政治制度，是靠她自己的歷史條件所產生的官僚組織，而且又已行之千餘年之久。所以要想保持已得政權，順利統治，並期久遠，除接受之外，已沒有可以選擇的餘地。也不許做一頭，丟一頭，吆喝於今日，而更張於明日。但亦由於前述這兩個社會在種種條件上的差異，滿人在接受中國這一套官僚制度爲統治工具時，不但使其原有的特性更爲突出，更爲顯著，並且出現了新的形式，新的色彩。

　　入關後滿人由以女眞、蒙古（漢人雖在人口上佔多數，並編有八旗漢軍，但在政治地位、社會地位上，漢軍遠在女眞、蒙古之下。旗下漢人則爲奴僕，地位更低。如以自由民來說，人口數量仍以女眞、蒙古爲主。）爲主的部落汗國，造成一個以漢人爲主的君主帝國。滿人在決定進行統治這個大帝國時，很決斷明智的採取了與關內漢人複職合治的辦法。然由於自己人數上的限制，因之所取的主要是控制中央及地方高級職位及重要生產部門。在中央政府各機構中，除了純屬皇族生活範圍內事務外，其餘各衙門各職位，都採取平分共理形式。而在共建大業，分享政權利益的遠近觀念意識上，又將蒙古、漢軍列爲與自己同一範疇。所以在政府職位中除滿缺外，另有蒙古與漢軍的保障名額。此卽參與分配中，所謂宗室缺、滿洲缺、蒙古缺、漢軍缺、內務府包衣缺及漢缺的由來。本文主要目的，在分析滿人在政治運作中參與程度與方式，因此在缺分劃分中，除蒙古、漢軍、漢人外，將宗室缺、滿洲缺、內務府包衣缺劃爲一類，皆稱之爲滿缺。

　　前面敍述入關前的政治組織時，曾指出基於當時的社會形態的需要，唯有藉軍制與徭役制並行的組織或機構，才能實施有效的統治。所以國家統治機構旗制化，八旗制度與國家統治機構，成爲互爲轉換的形式。[2] 而旗制組織，在入關之後大清帝國的政權上，雖然不像入關前旗制與國家幾乎合而爲一的作用，但仍有相當左右力量。其原因，乃由於自努爾哈赤起兵復仇，至不斷向外發展過程中，先建立部勒族羣屬人的牛彔組織，而後由牛彔編組成旗，由旗建立部族政權，由部族政權擴大爲大帝國。在

1. 天聰朝臣工奏議上，胡貢明五進狂瞽奏，天聰六年九月。陳言圖報奏，天聰六年正月二十九日。

2. 關于八旗制度的建立，參閱孟森八旗制度考實，中央研究院歷史語言研究所集刊第六本。

此不斷的成長擴張過程中，吸收了許許多多的族羣，也容納著族羣間不同的特質與利益。[1] 因此在旗制上不能不始終保持著滿洲、蒙古、漢軍的區別。這不但是種族的，也是參政權利的、經濟利益的劃分。而卽在滿洲本身來說，清太祖努爾哈赤自「建州常胡」以父祖遺甲十三副起兵復仇起，到兄弟子侄分領各旗，統一女眞，征服蒙古，向明帝國進行戰爭的過程中，在溶合諸族羣，編制成旗時，不得不顧及各族羣的社會形態，以及當時客觀條件下生活資料的來源與分配等問題，所以在將族羣組織轉化爲新的體制──牛彔時，儘可能保持原有族羣的完整性。運用族羣中原有的氏族社會殘存的傳統性能，完成新編牛彔的時代任務要求。八旗中的所謂勳舊佐領、世管佐領，便由此而來。勳舊佐領「皆國初各部落君長，率屬來歸，授爲佐領，仍統其衆。爰及苗裔，世襲罔替。」世管佐領「皆國初携摯族黨，倡義歸誠，或功在施常，錫以戶口，爰立佐領，奕葉相承，世亦弗替。」[2] 由於保持原族羣的完整性，管理牛彔的人又是原族羣中的貴族統治階層，所以便保持了相當濃厚的氏族社會殘餘的特質與力量。牛彔額眞不但與本牛彔屬人具有血緣親族關係，封建主從關係，並具有官僚政治關係。而牛彔也正以此種特質，在旗制組織中保持著可以表示意見的相當力量，在權利義務的分配上，有其一定的地位。

　　旗制與帝國的關係，入關後由於外在條件的轉變，自不能仍保持著入關前「有人必八家平養之，地土必八家平分之。卽一人尺土，貝勒不容於皇上，皇上亦不容於貝勒」[3] 的形式。但由於旗制的先天特性及帝國由八家共幹得來的歷史因素，故雖經世宗的大力改革，强化獨裁君權，解除血緣親族式封建統治諸王在政治上的干預力量，但八旗畢竟是滿洲政權的支撐骨架，基本元素。無論是化旗爲國，國本在旗，二者是存則俱存，亡則俱亡。所以鞏固種族政權，必須鞏固以種族爲中心力量的旗制。而鞏固旗制，除參與政權，分享政治經濟利益外，尤必須保持內部的和諧平衡。所以八旗對帝國的權利義務依存關係上，必須義務平擔，權利均等。旗制與政權關係上如此，牛彔與旗間之關係，亦復如是。

---

1. 陳文石：八旗滿洲牛彔的構成上、下，大陸雜誌三十一卷九、十期。
2. 光緒大淸會典（以下同）卷八五，八旗都統。聽雨叢談卷一，佐領。
3. 陳文石：淸太宗時代的重要政治措施，中央研究院歷史語言研究所集刊第四十本上。

前所述及的勳舊佐領與世管佐領，他們是建州女眞由建立旗制到創造帝國基本力量中的核心分子。他們不只是全家參加創業行動，而且是全族參加創業行動。努爾哈赤爲了擴大武力基礎，團結向心力量，這些强有力的族羣酋長家族，便成了彼此婚姻對象，建立了雙線婚姻關係。因此當大清帝國建立後，他們不但是基於共建大業伙伴，要求參與政權，分享利益；基於婚姻血緣關係，也要參與政權，共享富貴。在所謂尙主選婚世代相傳的八大家中，都是早期參加創業的有力族羣家庭。除了尙主聯姻關係加强了創業集團的連結外，另外便是選拔勳貴子弟爲宮廷侍衞，以結合共同建業守成關係。侍衞選拔的功用是多方面的，它不但傳遞發難創業的歷史情感，維繫傳統主從關係，而更重要的是用以觀察調敎選拔文武人才，培養幹部。侍衞的品秩甚高，可文武對品互轉，一方面滿足勳貴世家參與政權的要求；一方面在政權中始終保持在對抗漢化而造成的危機上，一股極强的向心力量。

上述諸問題，固然是影響滿洲政權性質的先天因素，另外一個影響滿清政治發展方向的重要因素，便是漢化問題。滿人自建州衞建立時起，便是向漢文化地區進攻，由圈外到圈裏，最後終於征服了漢文化大帝國。但在對待漢文化問題上，直到清玉朝覆亡，一直處於矛盾心理狀態，回歸與認同的困局。漢文化不但在各方面優於女眞族的文化，而且自進入遼東邊牆後，所佔據的、所生活的、所統治的都是漢文化帝國。在文化接觸歷史經驗上，低文化必然向高文化屈服學習，如持續不變，終至必被吸收涵化。滿清統治者自知爲文化落後的少數民族，所以能得到中華大帝國，並非由於漢文化的衰老，而是人爲的因應失當。自己惟一的優勢，是生活淳樸，尙武習射，以强力取天下。太宗雖已警心留意，但未有調和長策。在入關之前，尙是一個混合社會，滿漢人口上相差比例亦不懸殊。國內的漢人，又多是武夫降卒，文化水準不高，降虜生活甚劣，所以心理上仍有自傲上風。及至入關之後，無異跳入了漢文化大海，而旗人駐集京畿，又是首善之區，全國精華所萃。[1] 內心的空虛，外在的壓力，統治上的需要，使來自文化草莽的滿人，不得不俯首於漢文化之下。漢化的結果，首先所表現的是生活奢侈，輕視騎射。生活奢侈，帶來意志腐化。輕視騎射，消磨尙武之風。二者日新月盛，卽等於動搖政權基礎。滿清統治者爲了挽此風氣，除强調族人淳樸道

1. 在全國來說，京師固是首善精華之區。外省八旗兵所駐各地，也是國家人文經濟精華之地。

德，騎射尙武傳統外，便是選擇世家子弟充當侍衞。而侍衞以清語騎射爲首要條件，希望能由與政權關係密切的裏層，保持住以武功取天下的長技。同時也以騎射清語爲標準，選拔下級軍官士兵充當侍衞。以及在文武官員任用資格上，特別爲貧寒旗人保留機會，寬留餘地，以冲淡調和日趨奢靡的風氣，制約過度漢化的影響。

漢化問題帶來的另一個困擾是科舉。滿人入關後爲儘快的安定新建立的政權，吸收漢族份子參與合作，所以政權甫建，逐卽宣布開科取士。科舉制度，本久已成爲讀書人入仕爲官的途徑，獵取榮華富貴的門路，爲社會所響往，爲世人所羨慕。滿清統治者爲了民族自尊，表示族人資質無遜於漢人，所以不但不限制或阻止族人參加科舉考試，而且給予種種便利，在不公平中僞造公平進行競爭；而另一方面，實又不願族人追逐場屋，消磨尙武精神，落入漢人文士生活情調。因此，爲了保持族人得參與考試，而有分榜錄取，保障名額辦法；又復强調族人應維持傳統簡樸美德，以清語騎射爲重。事實上在傳統成規中，政府許多職位必須科甲出身才能擔任，是以又不得不令族人追逐考試。而追逐考試，則勢必荒廢清語騎射，因而又高唱旗員文武互轉，將相不泥一途，世祿之家不應考試等論調。[1] 左右支應，兩下爲難，無可奈何的發展，無可避免的矛盾，這眞是一個困局。

矛盾的困局，自必設法謀求解救之道。解救之道訴諸大衆接受的第一個要求，是將所提出的政策理性化，連繫於一個高尙的理想，使社會認同接受。於是高唱用人「效法三代，八旗仕進之階，不泥一轍。大臣故不判其文武，下至食餼彎弓之士，亦有文職之徑。」[2] 因而產生「文武互轉」，「滿洲翰林不必科目」，「軍士錄用文職」等說詞，爲族人開拓入仕途徑，以便參與政治活動，制衡漢人在政府中的力量。而在族人內部來說，爲了使科甲入仕分量不致過大，減輕影響政權運作的壓力。所以在任官出身上，進士有文進士，滿洲、蒙古繙譯進士。舉人有文舉人，滿洲、蒙古繙譯舉人。生員有文生員，滿洲、蒙古繙譯生員。並特設官學生，包括八旗官學生、義學生、覺羅學生、算學生。無出身者曰閒散。拜唐阿、親軍、前鋒、護軍、領催、馬甲就文職時，皆得視同閒散出身。在後文所統計的文職二九三人中，文進士、文舉人共

---

1. 聽雨叢談卷十二，世祿之家不應考試。
2. 同上卷一，軍士錄用文職，滿洲翰林不必科目。

一〇六人，而閒散及出身不詳者九九人。出身閒散與不詳所佔比例如此之高，這不是自然現象，而是有意的安排。目的是在平衡科甲的力量。就本位文化與漢文化成分爲標準衡量，出身閒散與不詳者，較之科甲出身者，自然保存的本族文化成分較多，與部族政權本質相近，更忠於保衛部族政權的利益。

另一方面，出身閒散與不詳者參與較多，亦是使政權基礎放大，同時並減輕族人漢化科舉的壓力。但出身必須與入仕後的遷轉配合，方能發揮預期的力量。這一點，滿清統治者早已籌度及之。除缺分保障，以防漢人侵入族人缺分外，並且運用文武互轉的方式，由武入文。如任官法中之改班，一等侍衞可改三品京堂。二等侍衞可改四品京堂。輕車都尉、參領、三等侍衞改郎中。騎都尉、副參領、四等侍衞、佐領改員外郎。藍翎侍衞、雲騎尉改主事。前鋒校、護軍校改主事及七品小京官。[1] 便是爲此設計的。而轉入之後，即依文官敍資遷轉，不受出身任何限制。

以上所舉滿清政權的特質，只是擇其犖犖大者，而此已可說明滿清政權具有氏族血緣性、封建主從性、官僚組織性三種性格。本文之目的，即在分析滿洲政權在此種情形下，如何選拔參與政治運作的人才，諸如出身資格、選拔範圍、任用方式、姓族關係、缺額劃分、陞遷過程。如何能維持氏族的、封建的、官僚的三種關係的平衡，而發揮其所預期的功能，滿足所賦予的任務。在資料運用上，以清史列傳、清史、清史稿爲底本，共選出滿洲文職二九三人。在選擇過程中，因爲滿人文武互轉，所以在取捨上，凡是偶而出仕文官，而絕大部分事業活動在武職者，仍入武職範圍。如瑪爾賽由一等男爵兼一雲騎尉爲副都統，工部尙書、戶部尙書、蒙古都統。其爲工部、戶部尙書僅一年，故列入武職。馬喇由佐領爲副都統、刑部侍郎、副都統、護軍統領、工部尙書。侍郎僅一年，工部尙書亦僅一年，其一生活動在軍事，故列入武職。此外有爲文職而未收入者，如宗室富壽，史文僅言其光緒十四年進士，死後贈侍講學士，其他事蹟不詳，故未收。德格勒史文上僅記其進士出身，任編修、侍讀學士，充日講

---

1. 大清會典卷七，吏部文選司。七品小京官所包範圍：正七品有翰林院編修，大理寺左右評事，太常寺博士，國子監監丞，內閣典簿，通政司經歷、知事，太常寺典簿，太僕寺主簿，部、寺司庫、兵馬司副指揮，太僕寺滿洲讀祝官、贊禮郎，鴻臚寺滿洲鳴贊。從七品有翰林院檢討，鑾儀衞經歷，中書科中書，內閣中書，詹事府主簿，光祿寺署丞、典簿，國子監博士、助教，欽天監靈台郎；祀署奉祀，和聲署署丞。其中詹事府主簿，光祿寺署丞，國子監監丞、博士、典簿六項，稱爲科甲小京官，以滿洲、蒙古文進士、文舉人、繙譯進士除授。

起居注官、掌院學士，其他事蹟無考，亦未收入。又納蘭性德，進士出身，初仕爲三等侍衞，其他無考，故亦未列入。又所收人物時間劃定，以入關後始初仕爲官者爲限，凡入關前已爲官者皆未收錄在內。以入關前與入關後，所面臨的問題不同，參與政治活動的條件要求亦自相異。客觀情勢不同，自有不同的考慮、不同的選擇、不同的條件。故本文所討論時間，上限到順治入關爲止。

二、 參與之出身資格

(一)出身資格

清代任官之法，清史稿選舉志：

> 凡滿漢入仕，有科甲、貢生、監生、廕生、議敍、雜流、捐納、官學生、俊秀。定制由科甲及恩、拔、副、歲、優貢生、廕生出身者爲正途，餘爲異途。異途經保舉，亦同正途，但不得考選科道。非科甲正途，不爲翰詹及吏、禮二部官。惟旗員不拘此例。官吏俱限身家清白，八旗戶下人，漢人家奴長隨，不得濫入仕籍。[1]

這是通論一般情形，在滿人方面又另有規定。大清會典：

> 分出身之途以正仕籍。凡官之出身有八，一曰進士 文進士、滿洲、蒙古繙譯進士 二曰舉人 文舉人、滿洲、蒙古繙譯舉人、漢軍武舉 三曰貢生 恩貢生、拔貢生、副貢生、歲貢生、優貢生、例貢生 四曰廕生 恩廕生、難廕生、廕監生 五曰監生 恩監生、優監生、廕監生、例監生 六曰生員 文生員、滿洲、蒙古繙譯生員、漢軍武生 七曰官學生 八旗官學生、覺羅學生、義學生、算學生 八曰吏 供事、儒士、經承、書吏、承差、典吏、攢典 無出身者，滿洲、蒙古、漢軍曰閒散 拜唐阿、親軍、前鋒、護軍、領催馬甲就文職者，出身與閒散同 漢曰俊秀 武生行伍就文職者出身與俊秀同 各辦正雜以分職。[2]

「文進士、文舉人出身者，均謂之科甲出身。與恩、拔、副、歲、優貢生，恩、優監生、廕生爲正途。其餘經保舉者，亦同正途出身。旗人並免保舉，皆得同正途出身。」[3] 如此旗人出仕爲官，根本無所謂出身正途異途之別，皆爲正途出身。使旗人不但入仕途徑放大，將來升遷機會亦因之加寬。可以不必受讀書人始能爲文官的限制，使執戈彎弓之士，亦有文職途徑。此外，又在所列八項出身進士項下設滿洲、蒙

---

1. 選舉志五。
2. 卷七，吏部文選司。
3. 同上。

古繙譯進士，舉人項下設滿洲、蒙古繙譯舉人，生員項下設滿洲、蒙古繙譯生員，官學生更是專爲旗人設的。至於無出身者閒散項下等名目，其範圍則更爲廣泛了。

需要進一步補充說明的，爲第八項「吏」之定義及其所指涉範圍。大淸會典：「設在官之人以治其房科之事曰吏。凡京吏之別三，一曰供事，二曰儒士，三曰經承。外吏之別四，一曰書吏，二曰承差，三曰典吏，四曰攢典。」供事，凡宗人府、內閣、文淵閣、翰林院、詹事府、中書科、內廷三館及修書各館、各衙門則例館，治房科之事者皆曰供事。禮部於經承之外，復有儒士。部院衙門之吏，以役分名，有堂吏、門吏、都吏、書吏、知印、火房、獄典之別，統名曰經承。外吏，凡總督、巡撫、學政、各倉各關監督之吏，皆曰書吏。總督、巡撫於書吏之外，復設承差。司、道、府、廳、州、縣之吏曰典吏。首領官、佐貳官、雜職官之吏，皆曰攢典。[1]旗人入仕，無由吏進身者。因爲異途無需經過保舉，皆得同正途出身，等於不需有任何資格。而且明定「滿洲、蒙古無微員，宗室無外任。」[2] 外官從六品首領佐貳以下官，不授滿洲，道員（正四品）以下不授宗室。[3]

茲根據淸史列傳、淸史、淸史稿統計滿人二九三人出身情形，表列於下：

出身統計表：

出身	進士	繙譯進士	舉人	繙譯舉人	貢生	廕生	監生	生員	繙譯生員	官學生	閒散	世職襲爵	不詳	共計
人數	82	6	24	7	4	16	13	11	5	17	3	9	96	293
百分比	28%	2%	8.2%	2.4%	1.4%	5.5%	4.4%	3.8%	1.7%	5.8%	1%	3%	32.8%	100%

又未收入淸史列傳、淸史、淸史稿而見於八旗通志者尙有六五人，因其所收到乾隆年間爲止，不能貫穿整個朝代，故未與前三項資料一併計入。茲將其分配情形附列於後，以供參考：

出身	進士	舉人	貢生	廕生	監生	官學生	閒散	襲爵	不詳	總計
人數	10	2	1	1	4	2	1	1	43	65

1. 卷十二，吏部驗封司。
2. 同上卷七，吏部文選司。
3. 淸史稿，選舉志五。

1. 第一表中所列廕生有恩廕、難廕、特廕之別。大清會典：「凡官死事者，皆
贈以銜而廕其子焉 。 凡贈銜之等十有八，廕子之等六，皆視其官之職以爲
差。……凡覃恩予廕者，文職京官四品而上， 外官三品而上 ，皆得廕一人
焉。武職二品而上亦如之。在告而食俸者亦如之。……辨任職之等，滿洲、
蒙古、漢軍廕生差以品，其等四。漢廕生差以級，其等七。及歲則引見，得
旨，皆按其等而任之。」[1]

滿洲一品官廕生任員外郎。二品廕生任主事、都察院經歷、大理寺丞、光祿
寺署正。三品官廕生任通政司經歷 、 太常寺典簿、部、寺司庫 、 光祿寺典
簿。四品官廕生任鴻臚寺主簿、八品筆帖式。[2]

2. 襲爵列爲出身之一，因其已有品級，出仕時可對品任官。世爵等級，大清會
典：「凡世爵之位九，其等二十有七。一曰公，其等三。二曰侯，其等四。
三曰伯，其等四。四曰子，其等四。五曰男，其等四。六曰輕車都尉，其等
四。七曰騎都尉，其等二。八曰雲騎尉，其等一。九曰恩騎尉，其等一。凡
封爵，以雲騎尉爲準。加等進位襲次，皆以是積焉。……凡公、侯、伯皆按
其勳閥而錫以名。」公、侯、伯、子皆視一品 ， 男視二品 ， 輕車都尉視三
品，騎都尉視四品，雲騎尉視五品，恩騎尉視七品。[3]

3. 表中出身不詳者最多，佔總數三分之一。在「分出身以正仕籍」的時代，出
身不但是其可出任何種官職的條件，而且影響日後陞遷機會，對前途發展有
一定的作用與限制。同時也隱隱的表示著其才情氣質，身家地位。這些雖無
明顯的界說限定 ， 但在官場中是非常重視的 。 滿人出身異途固無需經過保
舉，皆得視同正途。但因爲出身範疇，具有實質上的一定意義與作用，故對
此也非常注意。傳記中不著其出身，可知其不在所定出身資格項目之內，連
異途都扯不上了。

4. 由出身統計表所列各項人數比例，可窺知滿清政權的性質。二九三人中，世
職襲爵者九人 。 此等人物由於情形特殊 ， 且不在會典所定出身資格標準之

---

1. 卷十二，吏部驗封司。
2. 同上。又清史稿選舉志五，封廕。
3. 同上。又光緒大清會典卷四十六，兵部武選司。

內，可排除不予計算。滿人旣然異途不經保舉可視爲正途，故所餘二八四人，可分二大項。自進士至閒散爲一項，一八八人，佔百分之六六‧一九强。出身不詳者爲一項，九十六人，佔百分之三三‧八强。出身不詳者比例如此之高，不但說明了部族政權的特質，也說明了其運用征服者的身分，不經過所宣布的一般出身資格，使族人進入政府，參與運作。出身不詳者的另一層意義，不只是滿人與漢人參與政權上的鬥爭，也是部族內部問題。這是有意的選擇漢化水準較低族人參與政治活動，以平衡族人參與科舉力量的作用。因爲參加科舉者越多，卽是漢化程度越深。這與滿洲最高統治者希望族人淸語騎射，風尙淳樸，保持族類意識淸醒的要求是相矛盾的。這一矛盾，不但會導致內部衝突，而且影響到部族政權的安定基礎。此當於後申論。

（二）選拔範圍

選拔參與政治活動人材範圍，就滿人來說，不外宗室、覺羅、外戚、世家、平民、奴僕六項。宗室、覺羅是全憑血緣因素。中國的王朝，無論是漢族建立的，或外族建立的，都是走化家爲國的路子。因此雖然客觀事實的要求，不得不採取爵職公之天下的理性途徑，但總覺血緣紐帶，較他姓爲安全。加上儒家遠近厚薄的倫理色彩籠罩社會一切活動，無形中也助長了家族政權的趨向。因此最接近政權中心的血緣關係集團，便有更多參與政權的機會。明代朱明政權，由於靖難之變，及宸濠、宸濠的叛亂，以致嚴防宗室在政治上活動，成爲純粹接受豢養的祿蠹，是矯枉過正的例外。

在宗室參與政治活動來說，外來王朝，不像漢族王朝的限制束縛。也許因爲外來王朝由於進入中國後，最大的利害矛盾是種族的對立。在非我族類，其心必異的疑忌心理下，使內部的矛盾轉化爲一致對外的合作。多一個宗族參與政權活動，多佔據一個政府位置，便可多一分防範情報來源，多一分控制操縱力量。因之，血緣關係自然便成了取得參與政治活動最捷便的途徑。

另一個重要途徑，是姻親關係。氏族時代的婚姻關係，固然有其血緣紐帶的一定作用，而尤其當社會解體，逐鹿天下的過程中，往往以聯婚結合力量，劃分敵我，作爲重要的政治資本。及至天下定於一尊之後，或基於共幹大業的合作諒解，或基於其已存在的社會勢力，或基於政治條件的運用，或基於傳統關係的維持，因之，皇族

的婚姻，多多少少都帶有一定程度的政治利益的考慮。而這一個政治利益考慮的因素，便造成外戚參與政治活動的有利途徑。當然也還有傳統社會中強有力的倫理作用。中國不少的王朝中，有限制外戚在政治上活動的規定，這也說明了外戚之易於參與政治活動，且往往參與在權力中心，左右朝廷施爲，影響政治方向。

　　茲將清代后妃所出族姓統計結果說明如下。清史稿后妃傳：「太祖初起，草創闊略，宮闈未有位號，但循國俗稱福晉。福晉蓋可敦之轉音，史述后妃，後人緣飾名之，非當時本稱也。……順治十五年，採禮官之議……議定而未行。康熙以後，典制大備。皇后居中宮，皇貴妃一，貴妃二，妃四，嬪六，貴人、常在、答應無定數，分居東西十二宮……諸宮皆有宮女子供使令。每三歲選八旗秀女，戶部主之。每歲選內務府屬旗秀女，內務府主之。秀女入宮，妃嬪貴人惟上命。選宮女子貴人以上得選世家女，貴人以下但選拜唐阿以下女。」經統計自清太祖努爾哈赤起至宣統止，二八后，八八妃，一四嬪，五貴人。其姓氏最多者爲納喇氏，五后、九妃、一嬪。其次爲鈕祜祿氏，六后、七妃。其次爲蒙古博爾濟吉特氏，五后、八妃。其次爲佟佳氏，三后、三妃。其次爲富察氏，一后、四妃。其次爲赫舍里氏，一后、三妃。其次爲伊爾根覺羅氏，三妃、一嬪。其次爲董鄂氏，一后、二妃。其次阿魯特一后、一妃。其餘五六人，分散在五一個姓氏中。

　　后妃姓氏分配如依年代上看，蒙古博爾濟吉特氏集中在太宗、世祖兩朝。計太宗二后、五妃爲博爾濟吉特氏，世祖二后、三妃爲博爾濟吉特氏。自此而後，只宣宗孝靜皇后出自博爾濟吉特氏，這充分的說明政治婚姻的關係，而且有其極重要的時間因素意義。[1]

　　氏族社會婚姻關係及政治性婚姻關係，往往是嫁娶雙軌的。茲將清代公主五十二

---

1. 「清初廣與他部通婚，蓋爲一代國策。太祖時，如哈達部、烏喇部、葉赫部、董鄂部、蘇完部、渥集部、科爾沁部、札魯特部、喀爾喀部，其部長莫不與太祖近屬相婚嫁。而一時親近大臣，若額亦都（娶太祖妹、繼娶太祖女），何和哩（娶太祖女），費英東（娶太祖女），揚古利（娶太祖女），康果禮（娶穆爾哈奇女）之屬，旣崇之以爵秩，復申之婚姻，其漢人初降者亦間及焉。」鄭天挺清史探微（一）滿清皇室之氏族與血系：清初通婚政策。清初廣與他部締結婚姻關係，是政治的，也是戰略的，亦有經濟的意義。這是與起兵後建國發展過程相伴進行的。如太宗培主要開拓方向是爭取察哈爾、蒙古各部，以打開西進轉折南下通路，拊明京師畿甸。所以太宗培的婚姻政策運用集中在察、蒙博爾濟吉特氏。世祖時代，一方面是與博爾濟吉特氏建立起來的友好關係正在高潮延續；一方面是加緊進行中國征服需要蒙古的大力支持。所以婚姻關係的運用，亦集中在博爾濟吉特氏。

人所嫁族姓統計如下計：

博爾濟吉特氏	三十二人	納喇氏	五人
鈕祜祿氏	四人	瓜爾佳氏	四人
富察氏	三人	郭絡羅氏	二人
伊爾根覺羅氏	二人		

其餘十人，爲董鄂、佟佳等十個家族。

由上所示，嫁與蒙古博爾濟吉特氏者最多，而且除最後文宗外，每朝都有。最多者爲太宗時，十七個女兒，有十四個嫁與博爾濟吉特氏，這與太宗十三個后妃中，有七個來自博爾濟吉特氏，其政治因素是一致的。由於本文不分析蒙古人參與政治活動情形，故每朝婚嫁特別因素，不再敍述。

又公主出嫁姓族與后妃姓族所佔的比例，兩者的關係是一致的。亦正是清稗類鈔、嘯亭雜錄等所說的八大家尚主選婚範圍，與後文將論之族姓世家參與關係所顯示情形，亦正相同。（又佳夢軒叢著之十，煨柮閑談，「本朝開國宗藩，其永襲不替者惟六王，六曰禮、鄭、莊、肅、睿、豫。郡王二，曰克勤、順承。卽俗所謂與國同休之八大家也。」按此爲一般所傳說八鐵帽子王，與選婚尚主之八大家不同。）

宗室外戚，都屬血緣關係集團。世家功臣集團屬於另一個系統。與兵犯難，共圖大業，本來是以家族生命財產爲賭注的投資。當大業已成，元從佐命，汗馬功多。則不能不分配政治利益，共享血戰成果。是以或裂士封藩，或世職食祿，或出仕爲官。計功列等，或及身，或再傳，或世代相襲，皆各有其分。雖然祿有厚薄，官有大小，如不以個人個別家庭爲分析對象，而以功臣世家整體觀之，則其酬勳報功，共享政權之旨皆一。

功臣世家，由於與建業有血肉關係，所以不但廣泛的要求參與政權，而且往往干預選拔參與人材的範圍，有時甚至影響到政治發展方向。這不僅由於共建大業同享政治利益的諒解，也基於禍福一致的情感認同。但功臣世家力量的過分發展，也常使最高統治者感覺如芒刺在背，爲皇權安危憂心，因而形成猜疑防範，誅戮剪除慘劇。滿清自入關取得政權後，除種族中心派與滿漢共治派發生鬥爭流血外，並沒有發生過誅戮開國功臣事件。這也許是因爲正當開國之初，雖然是分享政治利益矛盾最強烈的時

期，然而不得不團結自制，一致對外，因而冲銷了皇權與功臣間的矛盾緊張情勢。

　　平民是指一般旗人自由民說的。努爾哈赤初起之時，女真族社會，由於明代衞所制度運用入封貢貿易治邊政策。各族羣族長、酋長、官長（衞所官職）長久以來已成三位一體世襲狀態。故清人政權的發展過程，在政治形態上，是在氏族崩潰後，由家族政權，跨過部族聯盟而直接走向封建帝國。但由於發展過於迅速，所以氏族社會的殘餘力量，在社會結構轉變時，仍表現著相當的作用。如保持氏族社會殘餘的血緣地緣的族寨關係，建立牛彔制度，以牛彔爲基礎，建立旗制體系。雖然牛彔組織是部勒其成員的一切活動，功用是多方面的。旗制的編組是爲了容納不同族羣，基於軍事行動統一指揮的需要。但就當時女真族羣的分佈情形，雄長自立的狀況，各族羣納入牛彔、旗制的經過，以及牛彔的組成分子，承管系統，與旗制間權利義務平分共享，維持均衡發展諸因素觀之，在在都說明了女真族當努爾哈赤初起時的社會發展情況。

　　清人政權從氏族崩潰後的一個小家族，到建立統一大帝國，前後六十年間，在政治上說，可謂發展迅速，變化甚大。而社會經濟方面，亦復如此。努爾哈赤興起之前，由於受到明朝封貢貿易馭邊政策長期的影響，社會經濟結構，固已發生不少變化，但畢竟是緩慢的，調整適應是容易的。起兵之後，情況便完全不同了。最主要的，莫過於個人經濟機會的不能保持均衡。加以封建官僚組織的建立，個人成就觀念的突出，氏族社會情感的淡薄，所以社會階級逐漸向兩極發展，族人有淪爲奴僕的。這些失去自由民身分的族人，失去了分享經濟利益的機會，參與政治活動的權利，也失去了自由民應受的法律保障。

　　上面是就入關前社會階級的分化及旗制組織內部的關係說的。入關之後，所面臨的主要問題，是八旗與漢人的對待關係。情況轉變，原來的內部對應關係，自然要加以修正了。因此，在前述參與政治成分中，特列奴僕一項，是有其原因的。清人在建國過程中，每次出征所掠奪的人口、財物，如出兵時無特別規定，便成爲私人財產。因此旗人家庭一般都有或多或少的奴僕。而最高統治者皇帝由於起初創業之時，在旗制下亦爲旗主，與其它各旗旗主一樣，有自己應得的俘虜奴僕。這些分得的人口，便是後來內務府三旗的來源。他們在其主子名分下雖是奴僕，但由於所服侍的是最高統治者皇帝，所以其地位也較被征服者的地位爲高了。聽雨叢談：

內務府三旗，分佐領管領。其管領下人，是我朝發祥之初家臣。佐領下人，是當時所置兵弁。所謂凡周之士，不顯亦世也。鼎業日盛，滿洲、蒙古等部落歸服漸多。於天命元年前二載，遂增設外八旗佐領。而內務府佐領下人，亦與管理下人同為家臣。惟內廷供奉親近差事，仍專用管理下人也。

國家既設外八旗，列鑲黃、正黃、正白為上三旗，護從御營也。列鑲白、正紅、正藍、鑲紅、鑲藍為下五旗，隸於諸王統帶也。其各王府家臣曰王包衣，（只有下五旗，無上三旗），除不得挑各旗錢糧及預選秀女外，其餘登進之階，與八旗相同。若食錢糧，只准在本府也。[1]

內務府三旗，不但可以出仕為官，而且在排列缺分順序上，列於漢缺之前。[2] 這是以征服者自傲意識作祟，在中國王朝是從來沒有的。而由此亦可瞭解滿清政權在發展的演變過程中，皇室威權日漸突出，君王專制的特性愈來愈濃。雖然旗制組織在形式上仍有氏族社會色彩，但內部早已隨君主權力的擴張加強而日漸官僚化。也正如中國王朝一樣，創業功臣力量，隨政治情況的安定，日漸減弱式微，皇室突出，高高在上。因此，內務府三旗包衣，也可以參與政治活動了。[3]

愛新覺羅氏由家族政權成為大帝國後，由於入關後民族矛盾對立形勢的擴大，所以不得不在政府體制之外，仍保持著旗制的存在。以統整滿洲、蒙古、漢軍的力量與漢人鬥爭。八旗本是在共幹大業過程中成長起來的，其一切權利義務平均分配的觀念，也是由此形成的。入主中國後，雖仍保持此種形式，但由於上三旗天子自將，下五旗分屬諸王。上三旗較下五旗更為靠近權力中心，其佔有權利機會，自然增多。因此表面上是各旗權利義務均等，維持旗間勢力的平衡並立，而實際上是有著遠近高下實質上的差異的。例如抬旗，便是明顯的表徵。這不只是心理上的激勵，也是經濟上的吸收，人才資源的集中。茲將二九三人其所屬旗別，統計如下：計正黃旗四一人，鑲黃旗六四人，正白旗五四人，鑲白旗二四人，正紅旗一九人，鑲紅旗二三人，正藍旗三二人，鑲藍旗三五人，旗別不詳者一人。上三旗共一五九人，下五旗一三三人。

---

1. 卷一，八旗原起。
2. 缺分的排列順序是宗室缺、滿洲缺、蒙古缺、漢軍缺、內務府包衣缺、漢缺。
3. 包衣參與外廷政治活動後，往往以其宦績優異，抬入上三旗。包衣地位，在滿洲統治者眼中，雖高於漢人，但其在旗中地位，仍是低下的。

（三）族姓家世與參與關係

明代女眞族散佈地區很廣，族羣很多，由於明朝運用封貢貿易分化羈縻政策，所以始終各自雄長，族酋林立，不能產生强大的族羣，統一起來。至萬曆中期，明控制力量，已日漸解體。清太祖起兵之後，各族羣有率部來歸共謀大業者，有被征服歸降收編者，女眞族又走上統一的路程。由於社會發展歷史條件的限制，及爲了軍事行動指揮管理上的方便，所以在設計部勒人口體制編組人力運用的組織而建立旗制時，仍採用了氏族社會遺留下來的族寨結構形式，儘量保持原有族羣的完整性。依其人數的多寡，族羣的强弱，或編爲一個牛彔，或分成數個牛彔，或二個三個族羣合爲一個牛彔。牛彔章京，仍由原族羣中族長或較大家族的人管理。如爲二個三個族羣編成牛彔，牛彔章京卽由彼此輪流擔任。因爲本族寨參加編組牛彔人數的多寡，不但代表著勢力的强弱，也指示出參與建立大業的力量。尤其是最先自動來歸而勢力較大有名的姓族，兄弟子侄，大都成了開國佐命元勳，世職傳承。他們在旗制構成上佔有重要地位，在政治上自然也享有較多參與機會。聽雨叢談：

> 舊制每佐領三百人，其佐領之名目有四。若勳舊佐領，皆國初各部落君長，率屬來歸，授爲佐領，仍統其衆，爰及苗裔，世襲罔替。若世管佐領，皆國初携挈族黨，倡義歸誠，或功在旂常，錫以戶口，爰立佐領，奕葉相承，世亦弗替。若互管佐領，因其本族戶少丁稀，合編兩姓爲一佐領，遞世互襲，亦在勿替之列。若公中佐領，或世襲之家已絕，改爲公中；或人戶滋多，另編公中；或合庶姓之人，編爲公中，皆以本旗不兼部務之世爵及二品以下五品以上文武官員內簡選兼任。從前佐領一官，極爲尊重。由此而歷顯官者最多。如大學士尹文恪公泰，以國子祭酒授錦州公中佐領，病免在家，尋於雍正元年起爲內閣學士，證此可見其盛矣。[1]

佐領之重要，由於其爲氏族社會遺留下來的產物。而八旗制度，本是在氏族社會的廢墟基礎上建立起來的。尤其是勳舊佐領、世管佐領，其地位極爲尊重，正表示其原有力量及投入共同創業的貢獻。而此等勳舊佐領、世管佐領之家，由於早期共同參加戰爭，滿清最高統治者爲了凝結其强固的向心力，强化其成敗與共的認同意識，故

---

1. 卷一，佐領。

常透過聯婚方式，使政治結合上復絡以姻戚紐帶。以此，這些勳舊佐領與世管佐領之家與政權中心的關係，自然更進一層。其可能被選參與政治活動的機會，也自然加多。

族姓家世與參與關係，在上節選拔範圍功臣世家中，已約略提及。滿洲族姓，乾隆年間纂修滿洲氏族通譜時，不但收羅了當時所有滿洲族姓，而且凡有事蹟可述者，皆綴以小傳。尤其對於早期來歸者，敍述更詳。不但可知滿洲族羣在明末分佈情形，亦可知其與建立滿清政權之關係。通譜序云：

> 我祖宗誕膺天定，勃興東土，德綏威聲，奄甸萬姓。維時龍從鳳附之衆，雲合響應，輻輳鱗集。强者率屬歸誠，弱者擧族內附。我祖宗建師設長以涖之，分旗隸屬以別之。厥有熊羆之士，不二心之臣，效命疆場，建謀帷幄。親以肺腑，重以婚姻，酬以爵命。……代序日遠，族姓日繁，不爲之明章統系，俾知世德所自，將罔以克念先人之勤，無以光照前烈。爰發金匱石室之藏，徵載籍，稽圖譜，考其入我朝來得姓所始，表之以地，系之以名，官階勳績，綴爲小傳。勳舊戚畹，以及庶姓，釐然備具，秩然有條，與國史相爲表裏。[1]

又清朝通志云：

> 國初時攀龍附鳳之衆，奔走後先，或舊屬編氓，或擧族內附……爰命廷臣，編輯八旗氏族通譜，表以地，系以名，官階勳績，與八旗列傳相爲表裏。於是名位世系，昭然可考。[2]

清通志姓氏前後次序，亦悉照八旗氏族通譜。首瓜爾佳氏，次鈕祜祿氏，舒穆祿氏、馬佳氏、董鄂氏、赫舍里氏、他塔喇氏、伊爾根覺羅氏、舒舒覺羅氏、西林覺羅氏、通顏覺羅氏、佟佳氏、那木都魯氏、納喇氏、富察氏、完顏氏。……這一個順序所據標準，通譜未見說明。在前述順序中，瓜爾佳氏佔四卷、鈕祜祿氏一卷、舒穆祿氏一卷、馬佳氏一卷、董鄂氏一卷、赫舍里氏二卷、他塔喇氏一卷、伊爾根覺羅氏四卷、舒舒覺羅氏一卷、西林覺羅氏一卷、通顏覺羅氏一卷、佟佳氏二卷、那木都魯氏

---

1. 八旗滿洲氏族通譜序。
2. 清朝通志卷一，氏族略一。

二卷、納喇氏三卷、富察氏三卷。如此排列，一定有其原則。在編纂通譜時，甚且將得姓原由、先世活動、歸附經過、勳位戰功、爵職傳遞、現時狀況，都紀錄在內，這是一件大事，何況滿人在未入關前，無論是由於氏族社會關係，或受明朝封貢羈縻政策影響，對譜牒都十分重視。排列順序，自然經過細心考慮，有其一定的理由。

世家族姓參與關係的另一個明顯指標，是封爵世職情形。雖然亦有非憑藉家世門第而奮力拔起得爵者，但亦影響於其後代之入仕。下面是清史稿封爵世表所列公、侯、伯、子、男五等爵中首得爵位屬於八旗滿洲者所統計結果，共計一七三人（家），除族姓不詳者十七人（家），覺羅七人外，其餘一四九人（家），分佈三十七個族姓。其順序是(1)博爾濟吉特氏十七人。(2)瓜爾佳氏十六人。(3)納喇氏十五人。(4)鈕祜祿氏十三人。富察氏十三人。(5)董鄂氏八人。(6)舒穆祿氏六人，佟佳氏六人，赫舍里氏六人。(7)他塔喇氏五人。(8)伊爾根覺羅氏四人。(9)完顏氏三人，那木都魯氏三人，章佳氏三人，費莫氏三人。(10)馬佳氏二人，戴佳氏二人，札庫塔氏二人，薩克達氏二人，覺爾察氏二人，碧魯氏二人。其餘郭洛羅氏、輝發氏、李佳氏、多拉爾氏、伍彌特氏、台楮勒氏、吳雅氏、王佳氏、西林覺羅氏、吳札庫氏、高佳氏、魯布哩氏、兆佳氏、寧古塔氏、郭爾貝氏、嵩佳氏各一人。依前面所列順序，除蒙古博爾濟吉特氏外，俗傳所謂之八大家者共七七人，佔去一半尚多。又就旗別分配看，計鑲黃旗三八人，正黃旗四一人，正白旗三一人，鑲白旗五人，正紅旗九人，鑲紅旗十七人，正藍旗十八人，鑲藍旗十四人。上三旗一一〇人，下五旗六三人。

茲復將前面統計所得二九三人之族姓分述於下。計宗室二三人，納喇（葉赫）氏十七人，鈕祜祿氏十七人，費莫氏九人，章佳氏九人，高佳氏八人，烏雅氏八人，舒穆祿氏七人，喜塔臘氏七人，完顏氏七人，佟佳氏六人，博爾濟吉特氏六人，西林覺羅氏六人，董鄂氏五人，索綽絡氏五人，他塔喇氏五人，赫舍哩氏四人，鄂濟氏四人，烏蘇氏四人，馬佳氏三人，覺爾察氏二人，伊拉哩氏二人，族姓不詳者一九人。其餘三七人分配在三七個族姓中。

1. 根據上所統計，除宗室、覺羅及不詳者外，最多者為富察氏，其次為瓜爾佳氏、鈕祜祿氏，再其次為伊爾根覺羅氏、納喇氏、費莫氏、章佳氏、高佳氏、舒穆祿氏、佟佳氏。宗室與覺羅的分別，大清會典卷一宗人府：「凡皇族，別

以近遠，曰宗室、曰覺羅（註：顯祖宣皇帝本支爲宗室，伯叔兄弟之支爲覺羅。）……凡宗室、覺羅皆別以帶。（註：宗室繫金黃帶，覺羅繫紅帶，革退宗室者繫紅帶，革退覺羅者繫紫帶。）

2. 富察氏等這幾個家族，人數特多，自有其歷史因素，都是從龍創業有力分子。在八旗滿洲氏族通譜中，皆是著姓，所佔卷數亦最多。通譜共八十卷，收羅一〇六六姓。富察、瓜爾佳、鈕祜祿、伊爾根覺羅、納喇、費莫、章佳、高佳、舒穆祿、佟佳等十個姓族共佔二十二卷。而且大部分在所謂八大家之內。清稗類鈔姓名類滿洲八大貴族之姓條：「滿洲氏族，以八大家爲最貴。一曰瓜爾佳氏，直義公費英東之後。一曰鈕祜祿氏，宏毅公額亦都之後。一曰舒穆祿氏，武勳王楊古利之後。一曰納喇氏，葉赫貝勒錦台什之後。一曰董鄂氏，溫順公何和哩之後。一曰馬佳氏，文襄公圖海之後。一曰伊爾根覺羅氏，敏壯公安費古之後。一曰輝發氏，文清公阿蘭泰之後。凡尙主選婚，以及賞賜功臣奴僕，皆以八族爲最。」嘯亭雜錄卷十之八大家條亦有此記載，列了九人而實爲八家。烏喇應爲烏喇地方之納喇氏。茲就八家八人之資料，簡述如下：

① 直義公爲費英東札爾固齊。蘇完部長索爾果之次子，國初隨父率五百戶首先來歸。努爾哈赤授一等大臣，妻以孫女。尋命與何和哩、額亦都(宏毅公)、扈爾漢、安費楊古爲五大臣，佐理國事。天命五年卒。天聰六年追封爲直義公，配享太廟。順治十六年，晉世爵爲三等公。雍正九年加封號信勇公，乾隆四十三年晉世爵爲一等公。

② 宏毅公爲額亦都，世居長白山地方，爲巨族。早年來歸，勇敢善戰，賜號巴圖魯，妻和碩公主，與費英東等同爲五大臣，累官至左翼總兵官一等內大臣。天命六年卒，天聰元年追封爲宏毅公，配享太廟。

③ 武勳王爲楊古利額駙。庫爾喀部長郎柱長子，父遇害，與族衆來歸。從戰有功，授一等子。太宗時授三等公，晉超品公。從太宗征朝鮮，中傷卒，追封武勳王。順治時配享太廟。雍正九年，加其世爵封號爲英誠公。

④ 錦台什，葉赫部長楊吉砮子，爲葉赫東城貝勒。楊吉砮女妻太祖（卽孝慈高皇后，太宗母），錦台什女妻太祖子代善。太祖征服葉赫，授其子德格爾爲

三等男，子孫相襲。

⑤溫順公爲何和哩，亦作何和禮、和和哩，代其兄長董鄂部。太祖起兵，聞何和哩所部兵馬精壯，加禮招致，以長女妻之。旗制初定，所部隸紅旗，爲本旗總管。後爲五大臣，天命九年卒。太宗時晉爵三等公，順治時追諡溫順，雍正九年，加封號曰勇勤。

⑥文襄公圖海，其曾祖瑚石，國初來歸。圖海由內秘書院學士、內弘文院大學士擢議政大臣，中和殿大學士，吏部尚書，加太子太傅，卒諡文襄。雍正二年，特贈一等公，配享太廟，加其封號爲忠達公。

⑦伊爾根覺羅氏，敏壯公安費古。檢查八旗滿洲氏族通譜及三十三種清代傳記綜合引得，俱無敏壯公安費古傳文資料。按安費古應爲安費楊古。安費楊古覺爾察氏，父子早年來歸，勇武敢戰，得碩翁科羅巴圖魯封號，爲五大臣之一，天命七年卒。順治十六年，追諡敏壯，立碑記功。子阿爾岱，孫都爾德，三世孫遜塔皆受爵世祖朝，有傳。惟檢視清史稿后妃傳、公主表，覺爾察氏既無選爲后妃者，亦無尚主者。嘯亭雜錄及清稗類鈔所云「凡尚主選婚，以及賞賜功臣奴僕，皆以八族爲最。」蓋爲概括之詞，非必尚主、選婚、賞奴僕三者俱備也。

⑧「輝發氏，文清公阿蘭泰之後」。輝發氏當爲富察氏。輝發氏八旗滿洲氏族通譜未見記載。富察氏亦滿洲巨族，氏族通譜中佔三卷。阿蘭泰祖父殷達瑚齊，國初來歸。阿蘭泰於康熙時由筆帖式累進武英殿大學士，兼吏部尚書，加太子太保，卒諡文清。子富寧安自侍衛歷官都統、左都御史、吏部尚書，世襲侯爵，加太子太傅，卒諡文恭，與父阿蘭泰同祀賢良祠。富察氏被選爲后者一，妃者四。

3. 這幾個人數多的姓族，也正是太祖時五大臣、十札爾固齊，及太宗時八總管大臣、十六佐管大臣、十六調遣大臣家族範圍之內。太祖五大臣除上述費英東、額亦都、何和禮、安費揚古四人外，尚有扈爾漢（佟佳氏）。十札爾固齊已查。出者爲費英東（瓜爾佳氏）、巴篤禮、雅虎、噶蓋（伊爾根覺羅氏）、雅希禪（馬佳氏）、博爾普（完顏氏）、阿蘭珠（董鄂氏）。太宗時八總管大臣、

十六佐管大臣、十六調遣大臣，其職務，東華錄云：「太祖剏制八旗，每旗設
總管大臣各一，佐管大臣各二，特設議政五大臣，理事十大臣（札爾固齊），
後或卽總管一旗佐管一旗者兼之，不皆分授。……至是，上（太宗）集諸貝勒
定議，每旗仍各設總管大臣一（人名略），是爲總管旗務之八大臣。凡議國政，
與諸貝勒偕坐共議之。出獵行師，各領本旗兵行，一切事務，皆聽稽察。其佐
管大臣每旗各二（人名略），此十六大臣，贊理本旗事務，審斷詞訟，不令出
兵駐防。又每旗各設調遣大臣二（人名略），此十六大臣，出兵駐防，以時調
遣，所屬詞訟，仍令審理。」[1]

這四十個在旗內僅次於旗主貝勒的高級官員，連同五大臣，十札爾固齊中已知
姓族者，共四九人。除去宗室、覺羅外，其餘分散在十七個姓族之中。計瓜爾
佳氏六人，伊爾根覺羅氏五人，鈕祜祿氏四人，董鄂氏四人，那木都魯氏四
人，佟佳氏三人，納喇氏三人，完顏氏三人，郭絡羅氏二人，兆佳氏二人，馬
佳氏、覺爾察氏、戴佳氏、輝和氏、薩克達氏、虎爾哈氏各一人。這些都是在
當時族羣大、分佈地區廣的姓族。其中有六個姓族，二十三人，在所謂八大家
之內。而佟佳、兆佳、郭洛羅三個姓族，也都在太祖、太宗時彼此有婚姻關
係，見前后妃公主表。又太宗時四十個大臣中，八人是五大臣的家屬，三人是
札爾固齊家屬，都是值得注意的。

三、職位名額之分配

(一)缺額劃分

清人入關後，爲了保障族人參與政治活動的權利，爲了平衡扼制漢人的政治力
量。一方面將在京各機構職位，分設滿漢兩缺（有時設滿、蒙、漢三缺）保持對立形
式；[2] 一方面劃分各缺所屬種族範疇，限定補選範圍，防止漢人勢力的擴張。因爲滿
人在人數上旣少，而文化水平又低。國家旣明定以科擧爲選拔人才首要標準，則科擧
成爲競爭目標，縱然在科目上可予族人優待，但畢竟亦無法與漢人競爭。而取得資格

---

1. 清太宗實錄卷一，天命十一年九月丁丑。
2. 清通志卷六四，職官略一，官制：世祖章皇帝定鼎燕京，統一方夏，內官自閣部以至庶司，外官藩臬守
令，提鎭將弁，雖略仿明制，而滿漢並用，大小相維，創制顯庸，超軼前代。

之後，又須依序註冊排班任用。漢人旣科舉者衆，取得資格者多，如此一來，如無設計安排，則滿人無形中被擠出參與政治活動之外。所以爲了保障滿人參政機會，爲了限定漢人勢力的擴張，除在出身資格方面爲族人開闢途徑外，又在缺分上設定保障名額。前者可爲族人參與政治活動提供人才來源，後者使種族職位上始終保持一定的比例。政府缺額的劃分，大淸會典：

> 凡內外官之缺，有宗室缺、有滿洲缺、有蒙古缺、有漢軍缺、有內務府包衣缺，有漢缺。凡宗室京堂而上，得用滿洲缺。蒙古亦如之。內務府包衣亦如之。漢軍司官而上，得用漢缺。京堂而上兼得用滿洲缺。凡外官，蒙古得用滿洲缺。滿洲、蒙古、漢軍、包衣，皆得用漢缺。滿洲、蒙古無微員，宗室無外任。[1]

滿洲無微員，宗室無外任。是說從六品首領佐貳以下官不授滿洲、蒙古，外任道員以下官不授宗室。其督撫藩臬，由特旨簡放者，不在此限。

滿淸政權內部的矛盾，實際上可以分成幾個不同的層次。第一個層次是滿洲、蒙古、漢軍對漢族的矛盾，第二個層次是滿洲、蒙古、漢軍間的矛盾，第三個矛盾是滿洲旗制間的矛盾。所以在第一、二個層次間依種族分爲滿洲缺、蒙古缺、漢軍缺、漢缺後，在滿洲內部又有宗室缺、滿洲缺、內務府包衣缺。宗室缺是爲了保障宗室的政治權益，內務府是爲了保障皇帝包衣的政治權益，滿洲缺則是上三旗與下五旗共同的缺分。茲將所劃定滿洲缺、宗室缺、內務府缺範圍分述於下：

滿洲缺：京官除順天府尹、府丞，奉天府府丞，及京府京縣官，司坊官，無滿洲缺外。大學士以下，翰林院孔目以上，皆有滿州缺。奉天府府尹，奉錦山海道，吉林分巡道，直隸熱河道、口北道，山西歸綏道，及各省理事、同知、通判，定爲滿洲缺。部院衙門筆帖式，皆定有滿洲缺。

宗室缺：宗人府監察御史及宗人府理事官以下，筆帖式以上，皆由宗人府於宗室內保題揀選。其部院司官，則於滿洲缺內，分吏部員外郎一缺，主事一缺；戶部郎中一缺，員外郎二缺，主事一缺；禮部員外郎一缺，主事一缺；兵部郎中一缺，主事一缺。刑部郎中一缺，員外郎缺二缺，主事一缺；工部郎中一缺，員外郎一缺，主事一

---

1. 卷七，吏部文選司。

缺；理藩院郎中一缺，員外郎一缺；陵寢衙門郎中一缺，員外郎二缺，主事二缺。由宗室選補。

內務府缺：內務府郎中以下未入流以上官，皆由總管內務府大臣於內務府人內保題揀選，不准推升部院缺。惟坐辦堂郎中，總理六庫事務郎中三缺，於得缺後，咨部以應升之缺列名。[1]

滿洲缺分的劃分，除上述原因外，還有其部族政權上的特別意義。嘉慶十六年批示宗人府議駁御史伯依保奏摺云：「宗室人員請添派學習行走員數一摺，所駁甚是。我朝家法，宗室人員，以學習清語，勤肄騎射為重，卽文學科名，尚非所急。是以宗室考試之例，從前乾隆年間，卽曾欽奉皇考高宗純皇帝聖諭停止。所以定其趨向，一其心志，不致荒棄本業也。近年來宗室生齒日繁，朕慮其無進身之階，屢經加恩，於六部理藩院，添設司員十六缺，並准令鄉會試，又增添宗學學生六十名，見在宗室登進之途不為不廣。今該御史又以宗室人多差少，請將候補人員分部行走。無論見在宗室候補未經得缺者只有一人，該御史人多差少之言，已為不確。且其意不過欲宗室等多得文職，其流弊必至重文輕武，或竟希圖外任，將來清語騎射，鮮有究心之人，於滿洲家法，殊有關繫。該御史年老平庸，必係聽人慫恿，為此見好之奏，應無庸議。」[2]

在此需要補充的是，滿洲缺雖然屬於八旗，參與政權，無論係權利，係義務，皆為各旗共同機會。但實際上在所見資料中，三旗人數遠較下五旗為多。如再將宗室缺與內務府包衣缺合併計算，則上三旗所佔比例更大了。

(二)名額分配與借用佔補

缺分名額分配，有二層意義：一是以種族為參與政權的條件所作的名額分配。上節所屬缺分劃分，卽此意義。至於其在各機構中劃分的實際情況，及所佔比例，將在下節中說明。一是八旗滿洲間族人參與政權的名額分配。前曾一再言之，八旗滿洲是建立滿清帝國的骨幹，在努爾哈赤創業的過程中，旗與政府是不分的。旗制卽政治體制，政府組織是以旗為實際內容。旗制與政府逐漸分化，是太宗卽位以後的事。雖然

---

1. 卷七，吏部文選司。
2. 清仁宗實錄卷二四○，嘉慶十六年三月甲寅。

太宗建立了六部、都察院一套行政機構，但旗制既為部勒國中屬人一切活動的組織，國家一切功能活動，政權一切施為，都必須透過旗制傳到每個國人（旗人）身上，則旗制的存在，與國家生存，自然仍血肉相連的結合在一起。固然自太宗之時，滿清政權的性格已是氏族的、封建的、君主專制的三種成分。旗制活動，也注入官僚制度精神。但旗制與政權在依存關係上，仍然保持昔日的性質。所不同的，只是入關之後帝國政權已不完全建立在旗的支撐力上，而八旗則必須仰賴政權的滋養而存活。清人入關之初，為了族人的生計，曾不顧任何反對實行強橫的圈地奪產政策，目的是為族人置立恒產，建立生活資料來源基礎。但這個強奪漢人生計政策，只能滿足滿人一時的掠奪狂，佔有慾，征服者迫害心理，並沒有真正的使族人生根在所分到的土地上。在漢人死亡載道流離失所，並犧牲了多少官吏所奪來的土地，很快的便典賣出去了。康熙初年，圈地政策雖仍在持續進行，但已是甚多貧窮難以度日者了。康熙、雍正、乾隆三朝，用盡各種方法，代族人贖回典賣出去的土地，運用國帑扶助救濟旗人生計，仍然不能使旗人保有恒產，自食其力。其後，並在軍中食糧名額（如養育兵）及參與政權官俸上謀求解決之道。而另一方面滿清最高統治者為了使族人能保持原來氏族社會淳樸尚武的習俗，除了用旗制、牛彔制範圍族人生活外，復倡導推行族長制，強調族姓間的互助扶持。所以旗人出仕為官，除為了本家生活外，還有謀求濟助本族的責任。因此，八旗參與政權活動的分配，不但是政治上的權利，更重要的是經濟利益上的均霑，以維持八旗內部的和協關係，共維大業的精神。縱然實際上上三旗與下五旗參與人數的比例，上三旗處處都佔優勢，但在所公佈的文件中，宣布的說詞中，都是八旗機會均等，利益一致。例如為了培養族人子弟參與政治活動所設的旗學，便規定了各旗的名額，保障各旗下的利益。

　　缺分借用佔補，亦有三層意義；一是指在滿洲缺分內已劃定此缺限於何種人可以補放，而由不屬於此種範圍內之人員借補佔用。嘯亭雜錄：

> 國初宗臣，皆係王公世爵，無有任職官者。康熙中，仁皇帝念宗室蕃衍，初無入仕之途，乃欽定侍衛九人，皆命宗室挑補。雍正中，裁汰宗人府滿洲司員、筆帖式之半，皆命宗室人員充補。乾隆中，又設宗室御史四員，以為司員陞擢之階。嘉慶己未，今上親政，特設宗室文繙譯鄉會試諸科目。又於六

部理藩院增設宗室司員若干員，以爲定額。然後宗室入仕之途，視爲廣裕。
而亦皆鼓勵，以思自振也。[1]

又如光緒四年，以盛京五部並未設有宗室司員，而時舊居宗室已有一千二百餘
人，新移居宗室亦有一百七十餘人，僅有宗室營主事二缺，升途阻滯，乃將盛京五部
並將軍衙門所屬額設筆帖式一百三十餘缺，五部額設郎中十三缺，員外郎二十四缺，
主事二十三缺中，撥出滿洲筆帖式六缺，京選主事內撥出二缺，京選員外郎內撥出二
缺，京選郎中撥出一缺，作爲宗室專缺。[2]

另一意義是種族缺分之間借用佔補。聽雨叢談：

> 內三旗旗鼓漢軍、外八旗漢軍，三品以上原可滿漢互用。而大學士之缺，外
> 八旗漢軍多用漢缺，內務旗鼓漢軍多用滿缺。從前高文定斌、高文端晉、書
> 文勤麟，今相國官宮保文，皆補滿相。先文蕭公先拜滿協辦，後躋漢首揆，
> 二百年來一人也。若外旗漢軍蔣相國攸銛，竟是一路漢缺，直躋首揆。惟寗
> 文毅完我，由漢軍特詔入滿相班位。高文定、高文端、書文勤後皆改隸外滿
> 洲鑲黃旗。[3]

又如武英殿大學士富寗安，鑲藍旗滿洲人，康熙四十六年由正黃旗漢軍都統升都
察院漢缺左都御史，旋調滿缺左都御史。[4] 亦有漢人借補滿缺者。嘯亭雜錄：

> 雍正中，滿洲副都御史缺出，一時乏人。憲皇帝命九卿密保。鄂文端公保許
> 公希孔宜任風憲。上曰：彼漢人，碍於資格。鄂公曰：風憲衙門所關甚鉅。
> 臣爲朝廷得人計，初不論定制也。上乃用許公爲滿副憲缺，踰年始調漢缺
> 云。[5]

(三)中央機構中職位的配置

在透過機構功能作爲政權控制的運用上，不外組織的與法令的兩種途徑。但無論
是組織的與法令的，其要求又不外積極的作爲與消極的防範兩方面。積極的作爲，是

---

1. 卷七，宗室任職官。
2. 皇朝掌故彙編卷三，銓選。
3. 卷一，滿漢互用。
4. 卷五，滿洲大臣亦可借補漢缺。
5. 卷四，漢人任滿缺。

透過組織功能，控制政治機構的運作程序，以導向一定的作為，完成所期待的目的。消極的防範，是使其不能脫出運作程序之外，違法為非。並造成其依賴、被動、敬畏等心理，保持效忠習性。關於法令方面的控制運用，此處暫不討論。就運用組織產生控制作用來說，最直接有力的，當然是參與政治運作。在運作體系的每一階層，每一階層的每一部門，都配置自己的工作人員。如此，不但可以發生運作導向功能，而且監視反動力量，在異態初萌，甚或異志成長之初，而可予以適時制止。滿人入關之後，既取得朱明政權，擁有廣大帝國，則不能不建立行政系統，以扱取政治利益。而中國大帝國自秦漢以來，其運作施為，即掌握在龐大的官僚組織之中。欲享有此大帝國，必先控制此大帝國所產生的官僚組織；欲控制此官僚組織，必先瞭然此官僚組織的運用；欲瞭然此官僚組織的運用，最好的方法是掌握此官僚組織每一階層中每一部門中的關鍵位置。所以，清人自世祖「定鼎燕京，統一方夏，內官自閣部以至庶司，外官藩臬守令，提鎮將弁，雖略仿明制，而滿漢並用，大小相維。」[1] 這是以種族利益及種族矛盾為前提的官僚政治組織，復益以封建制度與氏族社會的特性。清自太宗即位之後，即頗注意譯書，尤其是遼、金、元諸史，其所以採重要衙門滿漢並用，大小相維的方式，清通志職官略所謂：「蓋以一代有一代之規模，名目遞更，不相沿襲，變而通焉，以各存其規制。」是客觀條件的表現，也是歷史經驗的教訓。茲就滿人在中央機構中的配署狀況，看其參與運作情形。

我國在君主專制時代，中央政府機構的組織與發展，一直是演著由內而外，由小而大，由私而公，由隱而顯的路線前進。原來本為管理皇室內廷事務的集團，漸漸成為處理外朝政事的組織；本為宮中使令給役的侍從，漸漸成為國家的命臣法吏。所以，有些事務在某種程度上，宮中府中，仍有家國糾結不清的現象。但就主要結構形態上，仍可以其所理事務的性質，及直接牽涉到國家人民利害關係範圍的大小，影響程度的深淺，分為皇室事務與國家政務，分別處理。而事實上有的事務，有的機構，因為牽涉到最高統治階層內部的特殊利益，既不讓圈外人知道，更不許圈外人涉入。此在清人來說，如宗人府、內務府、侍衛處等衙門，即屬此類。宗人府「掌皇族政令。凡天潢屬籍，修輯玉牒，以奠昭穆，序爵祿，麗派別，申教誡，議賞罰，承陵廟

---

1. 清通志卷六四，職官略一，官制。

祀事。」[1] 這都是征服階級族內家務，所以除府丞及堂主事，因掌治漢冊文稿，由經過特選的漢人充任外，其餘上自宗令，下至無品級效力筆帖式，都由宗人充任。內務府掌「上三旗包衣之政令，與宮禁之治」。其機構之龐大，屬司之完備，事務之繁雜，人員之衆多，皆前未有。[2] 因其所理者皆宮中及皇室生活事項，所以除坐辦堂郎中，總理六庫事務郎中關係漢文簿籍三缺，於得缺後咨部以應陞之缺列名請旨外，其餘郎中以下，未入流以上，皆由內大臣於內務府內揀選保題。又如侍衞處，「掌上三旗侍衞親軍之政令，供宿衞扈從之事。」爲皇帝身側最親信的安全人員。不僅保護宮廷安全，更重要的是用以直接觀察培養訓練親信幹部，以供轉任八旗或政府重要官職。這些機構，因爲都與帝國民生國計不發生直接關係，而且與滿人參與政治機構用以制衡種族矛盾的主要用意上，亦不發生直接作用。（發生關係，產生作用，是由此途徑轉入外廷政府機構職位以後的事。）所以，以此爲標準，將宗人府、內務府、侍衞處、太醫院、鑾儀處，列爲皇室事務範圍；內閣、軍機處、六部、都察院、理藩院、通政司、大理寺、翰林院、詹事府、太常寺、光祿寺、太僕寺、鴻臚寺、國子監、欽天監列爲國家事務範圍。而這些機構中，復就其職權依其關係國計民生直接利害程度，將內閣、軍機處、六部、都察院、理藩院、大理寺、通政司、翰林院、國子監、列爲第一級。將掌祭祀禮樂之事，廟壇牲帛之等，舞樂之節，齋戒之期的太常寺；掌國之馬政，籍畿甸牧地畜馬之數，考其蕃息損耗，別以印烙而時閱之太僕寺；掌祭饗宴勞酒醴饈饌之事的光祿寺；掌觀天象，定氣朔，占候步推之事的欽天監，[3] 列爲第二級。以下就第一級中各機關滿人配署情形，列表說明：

1. 清史稿志八九，職官一，宗人府。志九〇，職官二，太醫院。志九二，職官四，侍衞處，鑾儀衞。
2. 同上志九三，職官五，內務府。
3. 同上志九〇，職官二，太常寺、太僕寺、鴻臚寺、光祿寺。

內　閣

官　職	品級		員　額　及　族　別					小計
	正	從	滿	漢	蒙	漢軍	不詳	
大　學　士	1		2	2				4
協辦學士*		1	1	1				2
學　士		2	6	4				10
典籍廳典籍	7		2	2			2	6
滿本房　侍讀學士		4	2					2
侍　讀	6		4					4
中　書		7	39					39
貼寫中書			24					24
漢本房　侍讀學士		4	2	2				4
侍　讀	6		3			2		5
中　書		7	31			8		39
貼寫中書			16					16
蒙古房　侍讀學士		4			2			2
侍　讀	6				2			2
中　書		7			16			16
貼寫中書					6			6
滿票籤處　侍讀	6		3					3
委署侍讀	由大學士於滿洲典籍、中書內派委，無定員							
中　書		7	(20)		(2)		於滿蒙本房派撥	
貼寫中書			(8)				於滿漢本房派撥	
漢票籤處　侍讀	6			2				2
委署侍讀	由大學士於漢典籍、中書內派委，無定員							
中　書		7		27				27
誥勅房	隸漢本房，由大學士於漢侍讀、中書內添派管理，無定員							
稽察房	由大學士於滿漢侍讀、中書內派委，無定員							
收發紅本處	由大學士於滿漢中書內派委，無定員							
飯銀庫	由大學士於滿洲侍讀、典籍、中書內派委，無定員							
副本庫	由大學士於滿洲中書內派委，無定員							
批本處　(詹翰官)*			1	於詹翰官內開列簡放				1
中　書		7	7					7
共　計			143	40	26	12		221

* 協辦大學士於尙書內特簡，滿漢或一人，或二人，本表以一人計算。

1. 表中固定編制缺額共二二一個。計滿缺一四三個，佔百分之六四‧七 ；漢缺四〇個，佔百分之一八‧一；蒙古缺二六個，佔百分之一一‧七；漢軍缺一二個，佔百分之五‧三。

2. 二二一個缺額中，有品級缺額一七四個。 滿缺一〇二個，佔百分之五八‧六；漢缺四〇個，佔百分之二二‧九。 品級不詳或無品級缺四七個。 計滿缺四十個，佔百分之八六‧五，蒙古缺六個，無漢缺。

3. 滿本房中有品級與無品級缺額共六九個，俱滿缺。漢本房中有品級與無品級缺額六七個，計滿缺五二個，漢缺五個，漢軍缺十個。

4. 滿本房、漢本房貼寫中書俱滿缺。

5. 漢軍最高者爲侍讀，無六品以上官。蒙古最高者爲侍讀學士，無四品以上官。

6. 蒙古缺額多於漢軍。

軍機處

官　　　職		品　級		員　額　及　族　別					小　計
		正	從	滿	漢	蒙	漢　軍	不　詳	
軍　機　大　臣				於滿漢大學士、尚書、侍郎京堂內特簡，無定員					
軍　機　章　京				16	16				32
方略館	總　　　裁			軍機大臣兼充					
	提　　　調			②	②				
	收　　　掌			②	②				
	纂　　　修			③	⑥				
	校　　　對			無定員					
內繙書房	管　理　大　臣			軍機大臣兼管					
	提　調　官							②	
	協辦提調官							②	
	收　掌　官							④	
	掌　檔　官							④	
	繙　譯　官							40	40
稽察欽奉上諭事件處	管　理　大　臣			特簡無定員					
	委　署　主　事	7		1					1
	行　走　司　官				4				4
	筆　帖　式	789					4		4
	額外筆帖式	789					8		8

官職		品級 正	品級 從	滿	漢	蒙	漢軍	不詳	小計
中書科	稽察科事學士	2		1	1				2
	掌印中書	7		1					1
	掌科中書	7			1				1
	中書	7		1	3				4
	筆帖式	7,8,9,						10	10
共計				20	25			62	107

1. 表中固定編制缺額一〇七個。計滿缺二十個，漢缺二十五個，無漢軍缺、蒙古缺，族別不詳者六十二個。

2. 一〇七個缺額中，有品級缺額六十三個。計滿缺二十個，佔百分之三一・七；漢缺二十一個，佔百分之三三・三；族別不詳者二十二個，佔百分之三十五。品級不詳或無品級者四十四個。計漢缺四個，佔百分之九；族別不詳者四十個，佔百分之九十一。

3. 有品級而族別不詳者二十二缺，俱為筆帖式。筆帖式大部為滿人專職。故滿缺額數，應較上述分配更高。又無品級而族別亦不詳者四十缺，為內繙書房繙譯官，掌繙清譯漢之事，難判斷其族別。

吏　部

官職		品級 正	品級 從	滿	漢	蒙	漢軍	不詳	小計
尚書			1	1	1				2
左侍郎			2	1	1				2
右侍郎			2	1	1				2
清檔房主事		6		2					2
漢本房	主事	6		2			1		3
	繕本筆帖式							12	12
司務廳司務		8		1	1				2
督催所		郎中、員外郎、主事無定員，由堂官委派，期滿則代							
當月處司員		以四司郎中、員外郎、主事、七品小京官每日滿漢各一人輪值							
文選考功稽勳驗封(四司)	郎中	5		9	6	1			16
	員外郎		5	宗1,8	6	1			16
	主事	6		宗1,4	7	1			13
筆帖式*		7,8,9,		57		4	12		73
共計				88	23	7	13	12	143

額外郎中、員外郎、主事、七品小京官無定員，由堂官分派四司辦事

1. 上表固定編制缺額一四三個。計滿洲八八個，漢人二三個，蒙古七個，漢軍一三個。
2. 一四三個缺額中，有品級缺額一三一個，滿缺八八個(宗室缺二個)，佔百分之六七‧二；漢缺二三個，佔百分之一七‧六。
3. 漢軍十三個缺額內，主事一缺，筆帖式十二缺，尚不如蒙古缺額分配。蒙古七個缺額中郎中一缺，員外郎一缺，主事一缺，餘四缺爲筆帖式。
4. 筆帖式品級不詳並族別亦不詳者一二個。

戶　部

官職	品級		員額及族別					小計
	正	從	滿	漢	蒙	漢軍	不詳	
尚書		1	1	1				2
左侍郎		2	1	1				2
右侍郎		2	1	1				2
南檔房 清字堂主事	6		2					2
北檔房 領辦			②	②	由堂官選擇資深廉正熟習例案司員充當			
北檔房 總辦			⑥	⑥				
北檔房 漢字堂主事	6		2			2		4
北檔房 筆帖式	7,8,9,						20	20
司務廳司務所	8		1	1				2
督催所			郎中、員外郎、主事、無定員，由堂官派委					
當月處司員			①	①	由十四司司員輪直			
監印處司員			②	②	由十四司司員輪直			
(清吏司) 江南司 浙江司 江西司 福建司 湖廣司 山東司 山西司 河南司 陝西司 四川司 廣東司 廣西司 湖南司 貴州司 郎中	5		宗1，17	14	1			33
員外郎		5	宗5，33	14	1			53
主事	6		14	14	1			29
現審處	設郎中、員外郎、主事無定員，由堂官派委							
飯銀處	司員滿二人、漢三人，由堂官於郎中、員外郎、主事、七品小京官內派委							
捐納房	司員滿六人、漢六人，由堂官於郎中、員外郎、主事、七品小京官內派管							
(各司)筆帖式	7,8,9,		100		4	16		120
額外郎中、員外郎、主事、七品小京官無定員，由堂官分派十四司一體辦事								

機構	職名	品級	滿	漢	蒙古	漢軍	族別不詳	共
	內倉監督		2					2
	管理錢法侍郎	2	1	1				2
	主事	6	1	1				2
寶泉局	監督		1	1				2
	大使	9	1					1
	筆帖式	7,8,9,	4					4
	(四廠)大臣	9	4					4
銀、緞疋、顏料三庫	管理大臣		2	2				4
	檔房主事	6	1					1
	郎中	5	3					3
	員外郎	5	6					6
	司庫	7	5					5
	大使	9	4					4
	筆帖式	7,8,9,	15					15
	庫使		26					26
倉場	侍郎	2	1	1				2
	筆帖式	7,8,9,				6		6
	坐糧廳		1	1				2
	(各倉)監督		13	13				26
共　計			269	66	7	18	26	386

1. 表中固定編制缺額共三八六個。計滿缺二六九個，漢缺六六個，蒙古缺七個，漢軍缺一八個，族別不詳者二六個。

2. 三八六個缺額中，有品級缺額三二四個。計滿缺二二四個，佔百分之六十九；漢缺四十九個，佔百分之十五。族別不詳缺額二六個。又品級不詳或無品級缺額六二個，計滿缺四十五個，漢缺十七個。

3. 漢軍缺額分配，都集中在筆帖式上，十八缺中僅堂主事二缺。蒙古雖七缺，郎中、員外郎、主事各一缺，餘為筆帖式。

4. 族別不詳二六缺，俱為筆帖式。筆帖式大部為滿人專職，故滿人所佔缺額應較上述分配更高。

禮　部

官　　職	品　級		員　額　及　族　別					小　計
	正	從	滿	漢	蒙	漢軍	不詳	
倘　　　　書		1	1	1				2
左　侍　郎		2	1	1				2
右　侍　郎		2	1	1				2
清檔房堂主事	6		2					2
漢本房堂主事	6		1			1		2
司務廳司務	8		1	1				2
督　催　所			郎中、員外郎、主事、無定員，由堂官改派					
當月處司員			①	①	以四司郎中、員外郎、主事、七品小京官輪直			
儀制祠祭主客精膳(四司) 郎　　中	5		5	4				9
員　外　郎		5	宗 1,8	2	1			12
主　　事	6		宗 1,3	4	1			9
鑄印局 員　外　郎		5		1				1
主事銜筆帖式	7		1					1
大　　使	9		1					1
會同四譯館 稽察大臣*			②	由六部、都察院、通政司、大理寺滿洲官派兼				
提　　督				提督會同四譯館兼鴻臚寺少卿				
大　　使	9		1					1
序　　班	9			2				2
朝鮮通事	6,7,8,		8					8
筆　帖　式	7,8,9,		34		2	4		40
共　　計			69	18	4	5		96

額外郎中、員外郎、主事、七品小京官無定員，由堂官分派四司一體辦事

1. 所屬書籍庫、版片庫、南庫、養廉處、地租處等，皆由堂官委司員管理，無定員，故不列入。

2. 表中固定編制缺額共九六個。（鑄印局主事銜筆帖式，由堂官於本部筆帖式內擬定引見補用，故以七品筆帖式計算）計滿缺六九個，佔百分之七一・九；漢缺十八個，佔百分之十八・八；蒙古缺四個，佔百分之四・二；漢軍缺五個，佔百分之五・一。

3. 漢軍五缺內主事一缺，筆帖式四缺。蒙古四缺內，員外郎、主事各一缺，筆帖式四缺。

兵　部

官　　職	品級		員　額　及　族　別					小　計
	正	從	滿	漢	蒙	漢軍	不詳	
尚　　　　　　　書		1	1	1				2
左　　侍　　郎		2	1	1				2
右　　侍　　郎		2	1	1				2
清　檔　房　主　事	6		2					2
漢本房　主　　　事	6		2			1		3
漢本房　繕本筆帖式			15					15
司　務　廳　司　務		8	1	1				2
督　　催　　所			郎中、員外郎、主事、無定員，由堂官派委					
當　月　處　司　員			①	①	以四司司員輪直			
武選車駕職方武庫(四司)　郎　　中	5		宗1, 11	5	1			18
員　　外　　郎		5	宗1, 9	2	3			15
主　　　　事	6		4	5	1			10
筆　　帖　　式	7, 8, 9,		62		8	8		78
共　　　　計			111	16	13	9		149

1. 表中固定編制缺額一四九個，計滿缺一一一個，佔百分之七四・五；漢缺十六個，佔百分之一〇・七；蒙古缺十三個，佔百分之八・七；漢軍缺九個，佔百分之六・一。

2. 一四九個缺額中，無品繕本筆帖式十五缺。

3. 漢軍九缺內，主事一缺，筆帖式八缺。蒙古十三缺內，郎中、員外郎、主事各一缺，筆帖式八缺。

刑 部

官職	品級		員額及族別					小計
	正	從	滿	漢	蒙	漢軍	不詳	
尙書		1	1	1				2
左侍郎		2	1	1				2
右侍郎		2	1	1				2
清檔房 主事	6		2					2
清檔房 繕本筆帖式							12	12
漢檔房 主事	6		3			1		4
漢檔房 繕本筆帖式							28	28
司務廳 司務所 司務	8		1	1				2
督催所 當月處 司員			①	①	以十八司郎中、員外郎、主事、七品小京官輪直			
(清吏司) 直隸、奉天、江蘇、安徽、江西、福建、浙江、湖廣、河南、山東、山西、陝西、四川、廣東、廣西、雲南、貴州督捕司 郎中	5		宗1 16	20	1			38
員外郎		5	宗1 22	19	1			43
主事	6		宗1 16	18	1			36
提牢廳 主事	6		1	1				2
提牢廳 司獄		8	4			2		6
贓罰廳 司庫	7		1					1
贓罰廳 庫使			2					2
飯銀處			由堂官於司員中派滿漢各一人					
筆貼式	7, 8, 9,		105			4	15	124
共計			179	62	7	18	40	306

額外郎中、員外郎、主事、七品小京官無定員，由堂官分派十八司一體辦事

1. 表中固定編制缺額共三〇六個。計滿缺一七九個，佔百分之五八・五；漢缺六二個，佔百分之二〇・三；蒙古缺七個，佔百分之二・三；漢軍一八個，佔百分之五・九。

2. 三〇六個缺額中，族別不詳者四〇個，爲清檔房及漢本房繕本筆帖式。

3. 漢軍十八缺內，主事一缺，司獄二缺，筆帖式十五缺。

蒙古十七缺內，郎中、員外郎、主事各一缺，筆帖式三缺。

4. 十八司內無漢軍缺。

工　部

官　　職	品　級		員　額　及　族　別					小計
	正	從	滿	漢	蒙	漢軍	不詳	
尙　　　書		1	1	1				2
左　侍　郎		2	1	1				2
右　侍　郎		2	1	1				2
清檔房主事	6		2					2
漢檔房主事	6		1				1	2
黃　檔　房			郎中、員外郎、主事，由堂官派委，無定員					
司務廳司務	8		1	1				2
督　催　所			郎中、員外郎、主事，由堂官派委，無定員					
當月處司員			①	①	以四司司員輪直			
營繕衡都水屯田(四司) 郎　　中	5		17	4	1			22
員　外　郎		5	宗1 17	4	1			23
主　　事	6		宗1 11	7	1			20
硝磺庫 員　外　郎		5	1					1
主　　事	6			1				1
鉛子庫 員　外　郎		5	1					1
主　　事	6			1				1
製造庫 郎　　中		5	2	1				3
司　　匠		9					2	2
司　　庫	7						2	2
庫　　使							22	22
惜節庫 郎　　中	5		①	兼充				1
員　外　郎		5	1					1
司　　庫	7						2	2
庫　　使							12	12
飯　銀　處			由堂官滿洲司員內派委，無定員					
筆　帖　式	7, 8, 9,		85		2		10	97
共　　計			144	22	5	11	40	222
額外郎中、員外郎、主事、七品小京官，由堂官分派各司一體辦事								

1. 表中固定編制缺額二二二個。計滿缺一四四個，佔百分之六四‧九；漢缺二二個，佔百分之九‧九；蒙古缺五個，佔百分之二‧三；漢軍缺一一個，佔百分之四‧九；族別不詳者四〇個。

2. 二二二個缺額中無品庫使三四個。

3. 漢軍十一缺內，主事一缺，筆帖式十缺。蒙古五缺內，郎中、員外郎、主事各一缺，筆帖式二缺。

4. 另管理錢法侍郎，滿漢各一人，以本部侍郎兼管。寶泉局監督，滿漢各一人，大使二人。管理火藥局大臣二人，直年河道溝渠大臣四人，督理街道衙門御史，滿漢各一人，皆為兼職。

理藩院

官　職	品級		員額及族別					小計
	正	從	滿	漢	蒙	漢軍	不詳	
尚　書		1	1					1
左侍郎		2	1					1
右侍郎		2	1					1
額外侍郎		2			1			1
滿檔房主事	6		1		3			4
漢檔房主事	6		1			1		2
司務廳司務	8		1		1			2
當月處			郎中、員外郎、主事輪值					
旗籍 王會 典屬 柔遠 徠遠 理刑（六司） 郎中	5		宗1, 3		8			12
員外郎		5	宗1, 11		23			35
主事	6		2		7			9
蒙古房 員外郎		5			1			1
主事	6				1			1
筆帖式	7, 8, 9,		32		55	6		93
銀庫 司官			於本院郎中、員外郎、主事內酌委					
司庫	7		1					1
庫 筆帖式	7, 8, 9,		2					2
庫使			2					2
共　計			61		100	7		168

1. 分旗籍、王會、典屬、柔遠、徠遠、理刑六司。

2. 另內館監督一人，外館監督一人皆兼職，族別亦不詳，故未列。

3. 表中固定編制缺額一六八個，計滿缺六一個，佔百分之三六・三；蒙古缺一百個，佔百分之五九・五；漢軍缺七個，佔百分之四・二。淸人對邊疆民族統治策略，不使漢人參與，亦其特質之一。

4. 漢軍七缺內，主事一缺，筆帖式六缺。

都察院（六科）

官　　　職	品　級		員　額　及　族　別					小　計
	正	從	滿	漢	蒙	漢軍	不詳	
左　都　御　史		1	1	1				2
左　副　都　御　史	3		2	2				4
右　都　御　史		1						
右　副　都　御　史	3							
經　　　　　歷	6		1	1				2
都　　　　　事	6		1	1				2
筆　帖　式	7, 8, 9,						10	10
六科　掌印給事中	5		6	6				12
六科　給　事　中	5		6	6				12
六科　筆　帖　式	7, 8, 9,						80	80
十五道監察御史　掌印監察御史		5	15	15				30
十五道監察御史　監　察　御　史		5	13	13				26
十五道監察御史　筆　帖　式	7, 8, 9,						32	32
共　　　　　計			45	45			122	212

1. 另京師五城巡城御史，五城滿漢各一人，兼攝。兵馬司指揮（六品）副指揮（七品）、吏目（未入流）每城各一人，皆漢人。掌巡緝盜賊，平治道路，稽檢囚徒、火禁等，未列。

2. 右都御史爲總督兼銜。右副都御史爲巡撫，河道總督、漕運總督兼銜。

3. 表中固定編制缺額二一二個，指明族別者九十個，滿漢各佔其半。族別不詳者爲筆帖式一二二個。

4. 無蒙古及漢軍缺。

通政使司

官　　　職	品　級		員　額　及　族　別					小　計
	正	從	滿	漢	蒙	漢軍	不　詳	
通　政　使	3		1	1				2
副　　使	4		1	1				2
參　議	5		1	1				2
經　歷	7		1					2
知　事	7		1	1				2
筆　帖　式	7, 8, 9,		6			2		8
登聞鼓廳 參　議	5		①	兼充				
登聞鼓廳 筆　帖　式	7, 8, 9,		1			1		2
共　計			12	5		3		20

1. 表中固定編制缺額共二十個，計滿缺十二個，佔百分之六十；漢缺五個，佔百分之二十五；漢軍缺三個，佔百分之十五；無蒙古缺。

2. 漢軍缺三個，都是筆帖式。

3. 蒙古事務由理藩院管理，不經過通政使司？

大理寺

官　　　職	品　級		員　額　及　族　別					小　計
	正	從	滿	漢	蒙	漢軍	不　詳	
卿	3		1	1				2
少　卿	4		1	1				2
檔　房　堂　評　事	7		1					1
司　務　廳　司　務	8		1	1				2
左　寺　丞	6		1	1		1		3
寺　評　事	7			1				1
右　寺　丞	6		1	1		1		3
寺　評　事	7			1				1
筆　帖　式	7, 8, 9,		4			2		6
共　計			10	7		4		21

1. 表中固定編制缺額共二十一個。計滿缺十個，佔百分之四七·六；漢缺七個，佔百分之三三·三；漢軍缺四個，佔百分之一九·一。無蒙古缺。

2. 蒙古案件由理藩院管理，不經大理寺？但刑部有蒙古缺額七個。

翰林院

官　　職	品級		員　額　及　族　別					小　計
	正	從	滿	漢	蒙	漢軍	不詳	
掌院學士*		2	1	1				2
侍讀學士		4	2	3				5
侍講學士		4	2	3				5
侍讀		5	2	3				5
侍講		5	2	3				5
修撰		6	*無定員					
編修	7		*無定員					
檢討		7	*無定員					
典簿廳　典簿		8	1	1				2
孔目			1	1				2
待詔廳　待詔		9	2	2				4
筆帖式	7, 8, 9,		40			4		44
庶常館　教習			①	①				
提調								
起居注館　日講起居注官			⑩	⑫				
主事	6		2	1				3
筆帖式	7, 8, 9,		14			2		16
國史館　總裁			兼充無定員					
提調			②	②				
總纂			④	⑥				
纂修			⑫	㉒				
校對			⑧	⑧				
共　　計			69	18		6		93

1. 數目字外有圓圈者爲兼充，不在統計之列。

2. 表中固定編制缺額九三個。計滿缺六九個，佔百分之七四・二；漢缺十八個，佔百分之十九・四；漢軍缺六個，佔百分之六・四；無蒙古缺。滿缺六九個，除去筆帖式外，只餘十五個缺額。清文獻通考：「翰林院掌制誥文史，以備天子顧問。凡珥筆鑾坡，陳書講幄，入承優直，出奉皇華，職司綦重。」然亦僅侍讀學士、侍講學士、侍讀、侍講，漢缺較滿缺各多一而已。

3. 漢軍六缺，都是筆帖式。

詹事府

官　　　　職	品級		員　額　及　族　別					小　計
	正	從	滿	漢	蒙	漢軍	不詳	
詹　　　　　　事	3		1	1				2
少　　詹　　事	4		1	1				2
左　右　庶　子	5		2	2				4
左　右　中　允	6		2	2				4
左　右　贊　善		6	2	2				4
司　經　局　洗　馬		5	1	1				2
主簿廳主簿		7	1	1				2
筆　帖　式	7, 8, 9,		6					6
共　　　　計			16	10				26

1. 此表係附列，未在統計之內。
2. 詹事府固定編制缺額二六個，除筆帖式滿缺六個外，其餘滿漢平分。無漢軍缺、蒙古缺。

國子監

官　　　　職	品級		員　額　及　族　別					小　計
	正	從	滿	漢	蒙	漢軍	不詳	
管理監事大臣			設一人，或滿或漢，於大學士、尚書、侍郎內特簡					2
祭　　　　酒		4	1	1				2
司　　　　業	6		1	1	1			3
繩愆廳監丞	7		1	1				2
博士廳博士		7	1	1				2
典籍廳典籍		9		1				1
典簿廳典簿		8	1	1				2
六 　助　　教		7		6				6
學 　學　　正	8			4				4
堂* 　學　　錄	8			2				2
八旗 　助　　教		7	16		8			24
官學 　教　　習			8	32	16			56
額　外　教　習			16					16
檔　子　房			無定員，由堂官專派滿洲、蒙古助教及筆帖式數員管理					
錢　糧　處			由堂官專派助教、廳官管理					
筆　帖　式	7, 8, 9,		4		2	2		8
算 管理大臣			1					1
學 助　　教	7			1				1
館 教　　習			1	2				3
共　　　　計			35	69	27	2		133

*六堂謂率性、修道、誠心、正義、崇志、廣業六堂。

*八旗各設官學一所。

1. 表中固定編制缺額一三二個，計滿缺三四個，佔百分之二五・八；漢缺六九個，
   佔百分之五二・二；蒙古缺二七個，佔百分之二〇・五；漢軍缺二個，佔百分之
   一・五。

2. 一三二個缺額中，有品級者五七個。滿缺二五個，漢缺十九個，蒙古缺十一個，
   漢軍缺二個。

3. 六堂助教、學正、學錄及算學館助教、教習皆滿缺。八旗助教為滿缺、蒙古缺，
   無漢缺。

4. 漢軍僅筆帖式二缺。蒙古缺除理屬院外，國子監在比例上亦算甚高。

　　以上十四個機構實際缺額（兼充者除外），有品級者一九〇九個，品級不詳或無
品級者三六八個，共計二二七七個，其族別分配如下：

表一：有品級、無品級缺額合併計算族別分配（族別順序依清朝官書所列順序）

族　別	滿	蒙	漢　軍	漢	不　詳	共　計
額　數	1,255	196	108	416	302	2,277
百分比	55.1%	8.6%	4.7%	18.3%	13.3%	100%

表二：有品級缺額族別分配

族　別	滿	蒙	漢　軍	漢	不　詳	合　計
額　數	1,123	174	108	328	176	1,909
百分比	58.8%	9.1%	5.7%	17.2%	9.2%	100%

表三：無品級或品級不詳缺額族別分配

族　別	滿	蒙	漢　軍	漢	不　詳	合　計
額　數	132	22	0	88	126	368
百分比	35.8%	6%	0	23.9%	34.3%	100%

①表一各族別缺額分配總數中，族別不詳者三〇二個。此三〇二個缺額，其分配

亦分有品級、無品級兩類。有品級者計筆帖式缺額一七〇個，司匠缺額二個，司庫缺額四個 。 無品級者繕本筆帖式缺額五二個 ， 內繙書房繙譯官缺額四十個，庫使缺額三四個。

②表二所列有品級缺額族別分配，漢缺尚不及滿缺三分之一。

③十四個機構中筆帖式（有品、無品）缺額共九六八個。註明族別者七四六個，計滿缺五八一個，蒙缺八一個，漢軍缺八四個。滿缺佔百分之七七‧八八。依此比例推算，表一族別不詳項內有品級與無品級筆帖式共二二二個，在此二二二個缺額中，滿缺應佔一七二個。如此則筆帖式總數九六八個缺額中，滿缺佔七五三個。

④表一所列全部二二七七個缺額中 ， 滿缺一二五五加上一七二 ， 成爲一四三七個。

⑤在種族矛盾上，滿、漢、蒙古、漢軍固然彼此之間都存有矛盾，但深淺各有不同。見第一表所列各族別缺數及百分比。如將滿、蒙、漢軍合爲一組以與漢族主要矛盾觀察，則前者總計爲，一五五九個缺額，佔百分之六八‧四六。後者缺額四一六個，佔百分之一八‧三。事實上族別不詳者，大抵皆滿缺。如此則滿、蒙、漢軍共缺額一八六一個，佔百分之八一‧七。

⑥各族參與政權的分配 ， 口頭上是所謂滿漢一體 ， 不分畛域。但缺分的明文劃分，額數的明白限定，顯然是畛域分明。缺分缺額的分配，只是根據征服階級種族條件，並沒有其他如人口數量、知識、技術等因素的考慮。

以上爲十四個機關中的共同現象。其個別現象應特別指出的：

①內閣漢本房中有滿缺，且所佔比例甚大，但滿本房中無漢缺。

②戶部組織最爲龐大，有些倉庫管理只有滿缺，沒有漢缺。如寶泉局大使，及其下東、西、南、北四廠大使。銀庫、緞疋庫、顏料庫郎中、員外郎、司庫、大使、庫使、檔房主事都是滿缺。

③兵部滿缺比例最大，漢缺最少。

④理藩院沒有漢缺，除少數漢軍缺外，都是滿缺與蒙古缺。

⑤六部都有檔房，分滿檔房、漢檔房，堂主事多數是滿缺，亦偶有漢軍缺，沒有

漢缺。

⑥十五道掌印御史皆滿缺，沒有漢缺。

⑦國子監典籍廳，率性、修道、誠心、正義、崇志、廣業等六堂沒有滿缺，都是漢缺。

上面是從十四個機構中觀察族別分配情形。下面將此十四個機構作業程序，分成幾個層次，看各層次中族別分配，以說明滿人所佔職位性質。

依一般作業程序，可分為四級。第一級包括內閣大學士、協辦大學士、學士，六部及理藩院尚書、侍郎，都察院左都御史、左副都御史，通政使司通政使、副使，大理寺卿、少卿，翰林院掌院學士，國子監祭酒。第二級包括內閣及翰林院侍讀學士、侍講學士、侍讀、侍講、修撰，軍機處章京，六部及理藩院郎中、員外郎、主事、堂主事，都察院掌道御史、御史、都事，六科都給事中、給事中，通政使司參議，大理寺寺丞，國子監司業，庫、局管理大臣。第三級包括內閣及軍機處中書、典籍，各部院司務、大使、司庫，禮部序班，刑部司獄，工部司匠，翰林院待詔、典簿，都察院及通政使司經歷、知事，大理寺評事，國子監監丞、典簿、博士、學正、學錄、助教，各倉庫監督，各部、院、監、寺、司筆帖式。第四級包括各部、院、監、司貼寫中書、繕本筆帖式、孔目、教習、額外教習，倉、場、局、庫之監督、庫使等。

第一級，為各機關長官，對本機關業務，可直接上疏，甚而面奏請旨，具有決策影響力量。但在中國官僚制度下，真正實際擬定計劃方案，負責推行的，往往是第二級人員，堂上官畫稿判諾。第三級屬於日常庶務及書辦工作，依成例受命行事。第四級屬使役性工作，根本不能接觸到對政務定策推動的範圍。下面是依前述二二七七人其族別在所設定的四級中的分配情況。

級別 ＼ 族別	滿	百分比	蒙	百分比	漢軍	百分比	漢	百分比	不詳	百分比	共計	百分比
第 一 級	42	52.5%	1	1.2%			37	46.3%			80	100%
第 二 級	390	54.9%	67	9.4%	12	1.7%	241	34%			710	100%
第 三 級	727	61.3%	106	8.9%	96	8.1%	82	6.9%	176	14.8%	1,187	100%
第 四 級	96	32%	22	7.3%			56	18.7%	126	42%	300	100%
共 計	1,255	55.1%	196	8.6%	108	4.7%	416	18.3%	302	13.3%	2,277	100%

　　由上表之各級族別缺額分配中，不難瞭解清人在入主中國後，如何掌握操持爲自己利益服務的官僚機構其組織內部的情形。如滿漢缺額在第一級中雖然相近。但在中國過去官僚制度的運作情形，第一級長官，固然負政策性責任，指揮監督權力。而政策的擬議與推動，第二級往往較第一級有更大的作用。在滿清統治者的構想中，第一級缺額相同，旣可發揮控馭力量，又可博得最引人注目的國家最高官員無種族畛域的視聽。在第二級中多用族人，不但整個機構的運作更爲穩固，作業的任何一個環節，都可控制。而且第二級的人員有時也可與第一級參與最高決策，或直接奏陳意見。第三級中滿人所佔比例最高，是高在筆帖式缺額上。筆帖式所理雖是日常庶務，受命行事。但這是滿清統治者爲訓練族人參與高層政治活動的特意安排，「將來陞用堂司官之人」。[1] 此外，如各機構中檔房，無論清字檔房漢字檔房都無漢缺，自有其一定的用意。又如戶部之四廠三庫郎中、員外郎、主事、大使，這些都是管理實際業務的各級主管，都是滿缺。是不是因爲這些機構有關國家財政狀況或皇室費用，因此都令族人掌管。又如兵部缺額，漢缺僅及滿缺的七分之一。理藩院無漢缺，以處理邊疆問題，種族利害關係，根本不使漢人有參預機會。十五道掌印御史都是滿缺。固然御史皆可獨立行使職權，掌道御史亦不能左右，但爲何要規定掌印御史皆屬滿缺，立法之初，當有其所以如此設定的構想。而十五道之筆帖式皆滿缺，亦自有學習彙監視之意。十五道監察御史如此，六科情形，亦復如是。至於國子監六堂漢缺多，滿缺少，這是由於本族文化水平的制約，無法克服的弱點，不得不多用漢人，是可以瞭解得到的。

四、陞遷與文武互轉

(一)初仕職位

　　初仕職位與出身條件，二者有其骨肉相連密不可分的關係。一個機構中其內部某一職位的任務特質、功能負荷、活動範圍、接觸系絡，決定了其在整個組織中的地位，也決定了此職位適任者的必要條件。在過去中國傳統官僚組織系統來說，機構中

---

1. 上諭內閣，雍正五年七月初三日。筆帖式之作用，詳見陳文石，清代的筆帖式。食貨月刊復刊第四卷第三期，民國六十三年六月，臺北。

人與事的關係，雖然不是以職定位，以位求才。科舉與入仕，各有其自身一定意義與作用。但二者經長期的發展演變後，取士與授職，各自爲了本身的利益與生存的需要，也有了相應相守的標準。表現得最明顯的，是出身條件與初仕職位的對應關係上。雖然這其中一直存在著所謂正途、異途的分別，社會階級與傳統意識並對此有其一定的影響力量。但出身正途、異途與所適任職位的劃分，自也有一定程度的客觀標準及存在的理由。並非如某些人所強調的此皆由於某一階級爲本身利害所把持壟斷的結果。

　　清人入關之後，爲了便於族人參與政治活動。爲了使族人在政治活動中不受出身條件的阻抑。所以不但強調「旗員出身不泥一轍」，而且強調「文武互用」，「滿洲翰林不必科目」。爲族人開拓入仕途徑，擴大陞遷範圍。茲將出身與初仕情形，表列於次頁。

1. 清代授官之法，分爲除、補、轉、改、升、調六班，茲述有關滿洲部分。
其一爲除班：文進士一甲一名進士除修撰，一甲二名三名進士除編修。其進士改庶吉士散館後留翰林者，二甲除編修，三甲除檢討。新進士引見分部學習者，爲額外主事，三年期滿奏留後，按報滿月日以次除。以中書用者，以學正、學錄用者，各按科分甲第除。其中書先到閣行走，一年期滿，亦准留補。其以知縣卽用者，按科分甲第除。歸班者除國子監監丞、博士、知縣。進士就教職者，除府教授。以知縣分發者歸各省補用。散館以主事用者，以知縣卽用者，各按散館名次除。歸班仍按原科甲第入月選。其以主事用者，先分部行走，如經堂官奏留，亦准題補本衙門之缺。
滿洲繙譯進士分部學習者、歸班者，例與文進士同。滿洲舉人除知縣，以科名爲次，於三科後入月選。筆帖式中文舉人者亦除知縣。
滿洲文進士、文舉人、繙譯進士除翰林院典簿、詹事府主簿、光祿寺署丞、國子監監丞、博士、典簿六項，是爲科甲小京官。宗室文進士、文舉人、繙譯進士皆不除知縣。文進士歸班者亦除科甲小京官。文進士除宗人府筆帖式。繙譯進士歸班者除中書。文舉人，亦除科甲小京官。
拔貢朝考後引見以七品小京官用者，分部行走，三年期滿奏留，卽爲實缺。又

出身初仕統計表

出身	初仕職位	人數	出身	初仕職位	人數	出身	初仕職位	人數
進士(82人)	給事中	1	蔭生(16人)	主事	8	閒散(3人)	中書	1
	侍讀	25		寺丞	1		筆帖式	1
	主事	16		員外郎	3		侍衛	1
	修撰	1		筆帖式	2	襲爵(9人)	員外郎	1
	編修	32		侍衛	1		散秩大臣	2
	知縣	3		不詳	1		侍衛	4
	檢討	13	監生(13人)	員外郎	1		佐領	2
	中書	2		主事	1	不詳(96人)	弘學士	1
	筆帖式	2		知縣	1		秘學士	1
	學正	1		中書	5		員外郎	2
	佐領	1		筆帖式	5		主事	8
	不詳	2	生員(11人)	郎中	1		知縣	1
繙譯進士(6人)	主事	4		贊禮郎	1		中書	3
	知縣	1		中書	2		小京官	2
	中書	1		筆帖式	3		筆帖式	39
舉人(23人)	知州	1		侍衛	3		副都統	1
	主事	5		整儀衛	1		散秩大臣	1
	編修		繙譯生員(5人)	中書	1		侍衛	26
	知縣	5		筆帖式	4		雲麾使	1
	贊禮郎	2	官學生(17人)	鳴贊	1		佐領	1
	助教	2		順天府教授	1		理事官	5
	中書	1		贊禮郎	1		護軍校	2
	筆帖式	6		中書	8		整儀尉	1
	佐領	1		靈台郎	1		拜唐阿	1
繙譯舉人(8人)	中書	5		筆帖式	2			
	筆帖式	3		庫使	2			
貢生(4人)	主事	1		侍衛	1			
	筆帖式	3		拜唐阿	1	總計		293

* 拜唐阿，清語作辦事執事之稱，爲近御差使，於滿洲大員子弟中挑選。清史稿選舉志：「滿人以門閥進者，多自侍衛、拜唐阿始。故事，內外滿大臣子弟，五年一次挑取侍衛、拜唐阿。以是閑散人員，勳舊世族，一經揀選，入侍宿衛，外膺簡擢，不數年輒至顯職者比比也。」

三年期滿奏留者，作額外主事。又三年期滿奏留，卽歸本衙門留補主事。以知縣用者，分發各省試用甄別，除知縣。

廕生按原廕官之大小引見，滿洲除員外郎、主事、都察院經歷、大理寺寺丞、光祿寺署正、通政司經歷、太常寺典簿、部寺司庫、光祿寺典簿、鴻臚寺主簿、八品筆帖式。奉旨外用者，除同知、知州、通判、知縣。其各項廕生分各衙門行走，二年期滿留奏者，准補各衙門之缺。其咨歸部選者，仍入月選。不能學習者，令隨旗行走。難廕生按死事官之大小，除主事、七品筆帖式。

以考授者，滿洲順天府學教授，以文進士、文舉人。訓導以恩、拔、副、歲貢。國子監助教，以部院筆帖式。進士、舉人、貢生，皆由禮部考試，以次除授。滿洲內閣中書，旗缺由內閣以本旗貼寫中書擬正陪，公缺按旗輪轉，由內閣以本旗貼寫中書與本旗文舉人考擬正陪，引見補授。滿洲貼寫中書，以舉人、貢生、監生、生員、官學生、算學生、覺羅生，及由以上各項出身之候補筆帖式，現任及候補之繕本筆帖式，現任及已邀議敍並候補之繙譯官、謄錄官，年滿及現任並候補之教習，現任未年滿及年滿戶部貼寫筆帖式，未年滿之兵部員外郎，由吏部會同內閣奏派大臣考試擬取，欽定後交部註冊，以次傳補。滿洲筆帖式，以文舉人、武舉、貢生、監生、文生員、繙譯生員、武生、官學生、覺羅學生、義學生，由部奏派大臣考試，擬取進呈，交吏部註冊，入月選，以次除。各部繕本筆帖式，戶部貼寫筆帖式，以應考筆帖式之人，由吏部派員考取，以次補用，三年期滿除筆帖式。

其二爲改班：八旗武職奉特旨改用文職者，一等侍衞改三品京堂，二等侍衞改四品京堂，輕車都尉、參領、三等侍衞改郎中。騎都尉、副參領、四等侍衞改員外郎。藍翎侍衞、雲騎尉改主事。前鋒校、護軍校、驍騎校改主事及七品小京官。奉旨記名改者，滿洲原任文職承襲世職在參領、佐領上行走者，由部引見記名註冊，參領改太常寺少卿、鴻臚寺卿、太僕寺少卿。佐領改鴻臚寺少卿。拔貢小京官期滿，以不諳部務甄別咨部者，改七品筆帖式。內閣中書以文理生疏，年力堪以辦事，甄別咨部，科甲出身者改詹事府主簿，光祿寺署丞、典簿，非科甲出身者改光祿寺典簿。文進士卽用知縣願改京職

者，改筆帖式。[1]

2. 上表二九三人，無出身者閒散三人，襲爵九人，不詳者九六人。閒散本爲無出身者，包括拜唐阿、親軍、前鋒、護軍、領催、馬甲之就文職者。襲爵不在會典所定出身八項之內，是亦應列入閒散之內。故閒散、襲爵、不詳三項，依會典所定出身八途標準，都應在無出身範圍內。此三項共計一〇八人，佔百分之三四強。

3. 出身與初仕關係，除閒散、襲爵、不詳三項外，其餘在出身八項範圍內者，亦有特殊現象。如進士項有給事中、佐領，舉人項內有佐領，都是國初情形。初仕最多者爲筆帖式與侍衞，尤其是筆帖式幾乎每項出身都有。

4. 前述閒散一項中所包拜唐阿、親軍、前鋒、護軍、領催、馬甲就文職時，其出身與閒散同。此皆爲兵丁出身。會典卷四六，兵部武選司：「凡武職官出身，曰世職，曰武科，曰廕生。授職各以其等。文職之改武者亦如之。其由兵丁拔補者，不以出身爲限焉。」其下註云：「滿洲前鋒，准拔補前鋒校、委署前鋒校。親軍，准拔補親軍校、委署親軍校。鳥槍護軍，准拔補鳥槍護軍校。健銳營前鋒，准拔補副前鋒校。前鋒、親軍、護軍、鳥槍護軍、領催，俱准拔補護軍校、驍騎校。前鋒、親軍、護軍、領催、馬甲，俱准拔補城門吏。」所以閒散一項，卽是准許士兵可以閒散名目轉任文職。是以聽雨叢談云，八旗仕進之階，不泥一轍，大臣故不判其文武，下至食餉彎弓之士，亦有文職之徑。[2]而拜唐阿（或作栢唐阿），非官非吏非兵，清語作辦事執事之詞。只是宮廷內供奔走使役人員。

在初仕中最值得注意的，是筆帖式與侍衞。這是清王朝滿族最高統治者爲使族人在滿漢共治複職（中央政府）的官僚體制下便於進入政府，參與政治運作，以保障政權安全，維護族人的特權利益。因此在對族人進身政府及歷階遷轉等資格程序上，除依照所揭示的國家用人任官銓註遷敍的一般規定外，所安排的兩條專利途徑。筆帖式，清史稿：「滿人入官，或以科目，或以任子，或以捐納、議敍，亦同漢人，其獨

---

1. 大清會典卷七，吏部文選司。
2. 聽雨叢談卷一，軍職錄用文職。

異者惟筆帖式。」「筆帖式爲滿員進身之階。國初大學士達海、額爾德尼、索尼諸人，並起家武臣，以諳練圖書，特恩賜號巴克什，卽後之筆帖式也。厥後各署候補者，紛不可紀矣。」[1] 聽雨叢談：「筆帖式爲文臣儲材之地。是以將相大僚，多由此歷階。」[2] 侍衛，清史稿：「滿人以門閥進者，多自侍衛、拜唐阿始。故事，內外滿大臣子弟，五年一次挑選侍衛、拜唐阿。以是閒散人員，勳舊世族，一經揀選，入侍宿衛，外膺簡擢，不數年輒至顯職者比比也。」[3] 聽雨叢談：「侍衛品級，旣有等倫，而職司尤別。若御前侍衛，多以王公冑子勳戚世臣充之。御殿則在帝左右，從扈則給事起居。滿洲將相，多由此出。」[4] 關于筆帖式與侍衛在滿人政治參與上所發生的作用，作者已有專文說明，以文長不再重複。[5]

(二)陞遷與文武互轉

文武互轉互用，這是清代特有的現象。明代武官轉文官者，通明代二百六十餘年，僅一二見。而滿人在任官時，則不受此限制，清文獻通考：

> 八旗人士，能開數石弓，以技勇稱最者，總萃林立。各直省中式者，見其挽強執銳，驚爲神勇，此皆漢六郡良家羽林期門之選，及唐時翹關負重之倫。特以技勇爲滿洲所素具，飫聞而習見，未曾設科目之名，是以無從紀述。我朝學士，文武並重。[6]

又聽雨叢談：

> 我朝效法三代，八旗仕進之階，不泥一轍。大臣故不判其文武，下至食餉彎弓之士，亦有文職之徑。如驍騎校、護軍、馬甲選贊禮郎。若栢唐阿、親軍、馬甲升筆帖式。……均存因材器使之意。[7]

八旗武職大臣，亦叨枚卜，唯不似兩漢專用武臣爲相也。康熙年，馬爾賽以

---

1. 清史稿職官志一，宗人府。選舉志五，推選。
2. 聽雨叢談卷一，筆帖式。
3. 清史稿選舉志五，推選。
4. 聽雨叢談卷一，侍衛。
5. 陳文石，清代的筆帖式。食貨月刊復刊第四卷第三期，民國六十三年六月，臺北。清代的侍衛，食貨月刊復刊第七卷第六期，民國六十六年九月，臺北。
6. 卷五三，選舉七。
7. 卷一，軍士錄用文職。

都統授武英殿大學士。雍正年，漢軍高其位由江南提督署總督，內擢禮部尚書、協辦大學士。乾隆十三年，滿洲領侍衛內大臣傅恒、兆惠，參贊大臣達爾黨阿。道光年，蒙古伊犁將軍長齡，盛京將軍富俊均由武秩入相，其他由武職轉文員而步揆席者尤多，未能悉載也。[1]

國朝旗員，不拘文武出身，皆可致身宰輔，或文武互仕。[2]

文武互易，行於滿人，漢人甚難。故偶有改易，視爲異典。池北偶談：

本朝用人器使，有不拘文武資格者。以武臣改文職，如順治中總兵官李國英改四川巡撫，後爲總督川陝，兵部尚書。總兵官胡章，改山東右布政使。遊擊王肇春、黃明改知府。以文臣改武職，如莊浪道參議朱衣客改隨征四川總兵官，吏部侍郎陳一炳、戶部倉場侍郎周卜世，前總督浙閩兵部侍郎劉兆麒，俱改都督同知僉事等銜，充山西、山東、直隸等處援剿提督總兵官。[3]

郎潛紀聞：

本朝漢臣文武，不相移易。故池北偶談記朱衣客以道員改總兵一事，嘯亭雜錄記劉清以運使改總兵一事，以爲罕異。近十年中，蔣中丞益澧，始爲武員。張軍門曜，始爲文員，已稱奇才。至楊制軍岳斌，由湘鄉把總起家，官至陝甘總督。且適與嘉慶間楊忠武公遇春同姓，同起行伍，同任秉圻，同督陝甘，先後若出一轍。咸同軍興，一人而已。[4]

清稗類鈔：

漢臣文武不相移易，然亦有以文改武，以武改文者。如徐湛恩以侍衛改郎中，姚儀以知府改總兵，朱衣客以道員改總兵，劉清以鹽運使改總兵，黃廷桂及楊忠武公遇春以提督改總督，劉襄勤公錦棠、劉壯肅公銘傳皆以提督改巡撫。又如彭剛直公玉麟、蔣果敏公益澧之始爲武員，張勤果公曜之始爲文員，而仍以武改文。至楊勇慤公岳斌由湘鄉把總起家，官至陝甘總督，且適與嘉慶間楊忠武同姓，同起行伍，同任秉圻，同督陝甘，先後若出一轍，則

---

1. 聽雨叢談，大學士。
2. 同上，滿洲掌院。
3. 卷一，文武互用。
4. 卷一〇，漢人文武不相移易。

為咸同軍興後一人而已。其後又有光緒末葉之劉永慶、田文烈、言效源三
人。劉字延年，汴人。初至朝鮮，以直隸州知州充領事，洊至道員，尋被簡
為江北提督，加侍郎銜。田字煥庭，鄂人。初以廣濟縣訓導投新建陸軍，積
功保至道員，曾任宣化鎮總兵。言字仲遠，蘇人。初以道員需次直隸，署大
名鎮總兵，未幾，而改任直隸巡警道。[1]

又聽雨叢談：

八旗官員，文武皆有互遷之階，漢籍官員則否，然亦未嘗全無也。漢武臣改
文者，如順治年，宋犖由侍衛改通判，歷官巡撫。李國英由總兵改四川巡
撫，升總督。胡章由總兵改山東右布政使。王肇春、黃明均由遊擊改知府。
康熙中，趙良棟由提督授川陝總督兼將軍。梁鼐由提督改浙閩總督。雍正
中，岳鍾琪由提督授川陝總督。韓良輔由廣西提督改巡撫。劉世明由提督改
巡撫，升閩浙總督。馬會伯由四川提督改巡撫，擢兵部尚書。道光中，楊遇
春由提督授陝甘總督。同治三年，楊岳斌由提督授陝甘總督。其以文臣改武
者，順治中，朱衣客由莊良道參議改四川總兵。陳一炳由兵部侍郎、閔卜世
由總督倉場侍郎、劉兆熊由浙閩總督，均改都督同知僉事等銜，充山西、山
東、直隸等處援剿提督。嘉慶中，劉清以山東運使授登州總兵。同治二年，
張曜由河南布政使改總兵。三年，余承恩由直隸廣平知府開缺道員，特旨改
以總兵。此外，乾嘉八十餘年文武互用者，不知凡幾。[2]

漢人改易者，不過二十餘人，各家皆視為罕異，傳鈔記載，津津樂道。然此皆由
於地方動亂，以非常之地，非常之時，非常之事，非常之人，故有此非常之舉措，非
行之於平時。非如八旗官員，文武皆有互遷之階。不特此也，「（滿洲）內外文職選補，
一時不能得官，及降調咨回各員，許改授武職，尤特例也。」[3] 而且文武互遷，會典
皆有規定。以武職改文職者，見於吏部授官之法。[4] 以文職改武職，見於兵部武官出
身項下：「凡武職官出身，曰世職，曰武科，曰廕生，授職各以其等，文職之改武者

---

1. 爵秩類，文武互改。
2. 卷一，文武互用。
3. 清史稿選舉志五，推選。
4. 大清會典七，吏部文選司。

亦如之。」其改易範圍：「八旗文職改武職者，科道郎中道府，改副參領、佐領、城門領。員外郎、同知、知州，改步軍校、監守信礮官。主事、通判、知縣，改驍騎校。小京官、司府首領、州縣佐貳、筆帖式，改城門吏。改駐防武職者，烏里雅蘇台、科布多駐班主事銜筆帖式改防禦，額外筆帖式改驍騎校。」[1]

茲就上文所引用資料文職二九三人中其互轉情形統計如下：

曾任武職者一五八人　　　　　佔百分之五三‧九。

未曾任武職者一三五人　　　　佔百分之四六‧一。

在遷轉過程中，所有文職缺分，都有明確規定的途徑路線，這是歷朝所沒有的。但在滿人來說，由於有文武互轉的辦法，便不會受此一途徑路線的限制。因為在文職途徑遷轉如受到限制時，便可先轉武職，有機會時再以武職對品轉為文職。如此，便可越過由文職遷轉上必須遵守的一定程序條件的限制。由於文武互用，在高階層官職中，又只是一個籠統的原則，沒有明確的規定，所以都統轉尚書、大學士、都御史等官甚為自由。這樣，一方面使滿人任官資格放寬，不一定受某種官職一定條件的限制。而即使人所重視的翰林院，亦非非進士出身不可。聽雨叢談：

> 我朝事法三代，國初八旗科目之制，或舉或停，不甚專重。筆帖式、中書可轉編修，部郎可升翰林學士。如尼滿由筆帖式授編修，洊至尚書。傅達禮以郎中授內院讀學，遷翰林侍讀學士，擢掌院學士。齊蘇勒由官學生出身，尹泰筆帖式出身，均歷官翰林侍讀、侍講、國子祭酒。凡此致身者，不勝枚舉。[2]

又清稗類鈔：

> 嘉慶戊辰，庶吉士散館，崇綬改三等侍衛。同時有步軍統領文寧者，忽為侍郎廣興所劾，降翰林院編修。都人有一聯云：翰林充侍衛，提督作編修。時謂之文升武降。蓋庶吉士從七品，三等侍衛正五品，步軍統領從一品，編修正七品也。[3]

---

1. 大清會典卷四六，兵部武選司。
2. 卷一，滿洲翰林不必科目。
3. 爵秩類，文武升降。

　　不過滿洲翰林可不必由科目出身的觀念，隨著滿人漢化程度的日深，追逐科舉的慾望日烈，也逐漸發生轉變。聽雨叢談作者於滿洲翰林不必科目條述完滿人非科目出身任翰林院官後云，「自余束髮以來，今四十餘年，不由科目而歷翰林者，未之得聞，不識改自何始。咸豐元年，尚書穆蔭由軍機候補五品京堂詔授國子祭酒，一時舉朝愕然，以爲曠典。蓋當事者老成凋謝，不知事溯成憲，非行創格。」[1]

　　終清之世，文武互轉運用最爲方便靈活的是侍衞。[2] 納蘭性德以進士授編修，擢侍衞。其弟揆敍以侍衞擢翰林學士。[3] 以文易武，以武易文，出於一門，可謂典型例子。

　　侍衞職位之易於互轉，自亦有其特殊因素。侍衞與被侍衞者皇帝的關係，本來具有氏族的、封建的、官僚的三重身分。（其實滿官與清王朝最高統治者，都具有此三重身分關係。）入宮廷充當侍衞，即是入宮廷當差執役。當差執役，行走報效，是由「世僕」的觀念延伸出來的，也是滿族最高統治者以氏族的、封建的關係地位，對其「世僕」在某等級以上所要求提供的當然義務。大清會典：「凡文武官子弟之充執事者，自十八歲以上皆與選。隨任者，及歲則歸旗，留者限以制。」[4] 所謂執事，是指挑取各項拜唐阿。「於在京大臣官員子弟內，將未得差使之閒散、捐納監生、天文生、捐納候補筆帖式，及各項小京官，考取候補各館謄錄官，年十八歲以上者，咨送挑選。外任旗員子弟，文職知府以上，武職副將以上，駐防副都統以上，除不准挑哈哈珠子外，候及歲時，亦送京挑差。至內外大員子弟，每五年由軍機處開列名單進呈，奉珠筆圈出者引見，或授侍衞，或授拜唐阿，其年限亦如之。」[5] 又實錄：「外任八旗官員，均爲滿洲世僕。伊等身居外任，旣不能在內當差，自應將伊子遣赴京城，挑選拜唐阿行走，代伊報效，於理方協。況伊等之子，挑爲拜唐阿後，如果行走奮勉，又未嘗不加恩陞用，此乃朕教養旗人之至意。」[6]其實侍衞，亦「身係當差，而非旗員。」[7]

1. 卷一，滿洲翰林不必科目。
2. 陳文石，清代的侍衞，食貨月刊復刊第七卷六期，六六年九月，臺北。
3. 八旗通志初集，科舉表。
4. 卷八四，八旗都統。
5. 同上。
6. 清高宗實錄卷四二二，乾隆十七年九月戊午。
7. 同上卷三四一，乾隆十四年五月乙巳。

旗員是指旗人在外廷政府機構中任職之身分說的，是國家官僚系統中的君臣關係。而侍衛身係當差，則是雖仍為官僚系統中的一員，而重要的是更親密、更濃厚的、氏族的、封建的主僕關係。實錄：「向來滿洲世僕等以侍衛、拜唐阿為近御差使，視為最榮。於挑選侍衛、拜唐阿時，則甚欣願。……今在京文武大臣，外任文武大臣官員等，皆受恩深重，得項較多，伊等子孫長成，更當挑取侍衛、拜唐阿，効力行走，方合滿洲世僕之道。」[1]

文武互轉，一方面可使族人在參與政治活動上不受出身資格，「各辨其正雜以分職」，及銓註敍階遷轉程序上的限制；一方面也用以提高族人的資質地位，並加強族人的自我種族中心意識。

侍衛的挑取，不只是單方面表示滿洲門閥大員向最高統治者盡當差服役的義務，也是（至少在早期）在氏族的、封建的關係下分享政權參與的權利。所以侍衛這一職位，其在各族羣參與共建大業中出現的經過，在滿人分配政權參與上所表現的面相，入關後維護滿人參與政治運作上所發揮的功能，是相當複雜的。它是滿族最高統治者用以凝結族人忠心意識的策略，也是訓練選拔重要文武幹部的方法，滿人得不受國家官人之法以進入政府的途徑。而更重要的，是在保護滿員以維持滿漢人才平衡上，滿員於獲罪後，得以迅速復起的避護所。所以滿人文武官員犯罪受處分，奪職降級，甚至往往由一二品大員，降為三等四等侍衛。奪職降級，本甚為嚴重的處分，此後經積功積資重新陞遷上去，需要一定的條件，一定的年限，亦甚不易。[2] 但滿員如降調為侍衛，只不過是一時廻避緩衝，往往為時不久，又以什麼什麼大臣身分外出任事，而旋即轉改開復。

1. 清高宗實錄卷一二二七，乾隆五十年三月乙亥。
2. 大清會典卷一一，吏部考功司：凡處分之法三：一曰罰俸，其等七。二曰降級，留任者其等三，調用者其等五。三曰革職，其等一。留任者，別為等焉。凡降調而級不足者，則議革。凡處分有展參者，則變其法。凡處分，至革職則止焉。甚者曰永不敍用。……定開復之法。降級留任者，三年無過則開復。革職留任者，四年無過則開復。若有旨六年八年開復者，至期無過則開復。

康雍乾三朝會典中央政府重要機構職官比較表

職稱	滿 康	滿 雍	滿 乾	蒙 康	蒙 雍	蒙 乾	漢軍 康	漢軍 雍	漢軍 乾	漢 康	漢 雍	漢 乾	備註
（內閣）大學士			1									1	
學士	6	6	6				2			2	4	4	
侍讀學士	4	4	4	2	2	2	2	2				2	
侍讀	11	8	10	2	2	2	2	2			2	2	
典籍	2	2	2				2	2		2	2	2	
中書			72			16			8			34	
中書舍人	76	65	2	19	16		13	8		44	40	4	
貼寫中書			40			6							
筆帖式	16	16	10										
小　計	115	101	147	23	20	26	21	14	8	48	48	49	
（吏部）尚書	1	1	1							1	1	1	
左侍郎	1	1	1							1	1	1	
右侍郎	1	1	1							1	1	1	
（四司）郎中	8	8	8		1	1	2			4	4	4	
員外郎	8	8	8		1	1	6			4	5	5	
主事	8	8	4		1	1	1	1		5	6	6	
堂主事			4						1				
司務	1	1	1							1	1	1	
筆帖式	65	65	57	2	2	4	16	12	12				七～九品，以出身為差，六部同
小　計	93	93	85	2	5	7	25	13	13	17	19	19	
（戶部）尚書	1	1	1							1	1	1	
左侍郎	1	1	1							1	1	1	
右侍郎	1	1	1							1	1	1	
（十四司）郎中	22	22	18	3	1	1	2			14	14	14	
員外郎	39	39	38	5	1	1	6			14	14	14	
主事	18	19	14		1	1	3	2		16	14	14	
堂主事			4									2	
司務	1	1	1							1	1	1	

職稱	滿			蒙			漢軍			漢			備註
	康	雍	乾	康	雍	乾	康	雍	乾	康	雍	乾	
筆帖式	135	135	99			4	32	32	16				
寶泉局使			5							1			
大理三庫中郎			3										
總理員外郎			6										
堂主事			1										
司庫		6	5										
大使		3	4										
筆帖式			15										
內倉監督			2										
總督倉場侍郎	1	1	1							1	1	1	
坐糧廳			①									①	由科道及各部司官奏委
倉監督			⑭									⑭	由各衙門司官內奏委
大通橋監督			①									①	由各倉監督內奏委
筆帖式	4	4	4										
小計	223	233	223	8	3	7	43	34	16	50	47	49	
(禮部尚書)	1	1	1							1	1	1	
左侍郎	1	1	1							1	1	1	
右侍郎	1	1	1							1	1	1	
(四司)郎中	6	6	6	1	1	1				4	4	4	
員外郎	10	10	10	1	1	1				4	4	4	
禮部主事	7	7	4			1		1	1	4	4	4	
堂主事			3										
司務	1	1	1							1	1	1	
筆帖式	39	39	34			2	4	4	2				
讀祝官	2												
堂子官	8												
皇史宬官	8												
司姓人				2									
行司司正	*1 族別不詳												
司司副	*1 族別不詳												
行人	*12 族別不詳												

職稱＼族別朝代人數	滿			蒙			漢軍			漢			備註
	康	雍	乾	康	雍	乾	康	雍	乾	康	雍	乾	
鑄印局員外郎 使		*1 族別不詳	*1										
△大 式譯中使	*1 族別不詳		1										
筆帖同四郎	1												
會館 大使	1												
序班		*1 族別不詳	2										六品四人、七品四人、八品四人
朝鮮事館督	*12 族別不詳	*12	*12										
通馬監部和署 釐正丞		*2 族別不詳											
樂署		1											
署		1											
奉 鑾	1	1											
左右司樂官	2												
協同用官 備官	*10 族別不詳												
⑳ 禮部官兼													
小　計	126	81	81	4	3	4	5	5	2	16	16	16	
（兵部）尚書	1	1	1							1	1	1	
左侍郎	1	1	1							1	1	1	
右侍郎	1	1	1							1	1	1	
（四司）郎中	11	11	12	4	1	1	2			4	5	5	
員外郎	13	10	10	4	3	3	6			3	3	3	
主事	8	8	4		1	1	1	1		5	5	5	
堂主事			4										
司務	1	1	1							1	1	1	
筆帖式 會同館使	67	67	62	8	8	8	11	11	8				
大督捕郎	*1 族別不詳												
左右侍郎										1			
理事官	2									2			
司務中	1									1			
郎中	1									1			
員外郎	15									1			

職稱	滿			蒙			漢軍			漢			備註
	康	雍	乾	康	雍	乾	康	雍	乾	康	雍	乾	
主事	3						1			6			
筆帖式	34						16						
司獄										1			
馬館監督			*1 族別不詳										
小計	161	100	97	16	13	13	37	12	8	29	17	17	
(刑部) 尚書	1	1	1							1	1	1	
左侍郎	1	1	1							1	1	1	
右侍郎	1	1	1							1	1	1	
(十八司) 郎中	14	14	17		1	1	4			14	18	20	
員外郎	18	18	24		1	1	12			10	18	19	
刑部主事	19	20	17		1	1	1	1		10	15	18	
堂主事			5						1				
司務	1	1	1							1	1	1	
筆帖式	96	104	105			4	19	23	15				
司獄		4	4							4	4	2	
贓罰庫庫牢	1	1	1										
提牢司			①									①	
小計	152	165	177		3	7	36	24	16	42	59	63	
(工部) 尚書	1	1	1							1	1	1	
左侍郎	1	1	1							1	1	1	
右侍郎	1	1	1							1	1	1	
(四司) 郎中	16	16	17	1	1	1	2			5	5	4	
員外郎	17	17	19	3	1	1	6			6	5	4	
主事	15	15	12		1	1	1	1		8	8	8	
堂主事			3										
司務	1	1	1							1	1	1	
筆帖式	90	90	77			1	14	14	8				
節慎庫司員外郎庫			①										
司庫	2	2	2										
筆帖式			2										
庫使			*12 族別不詳										

職／稱	滿 康	滿 雍	滿 乾	蒙 康	蒙 雍	蒙 乾	漢軍 康	漢軍 雍	漢軍 乾	漢 康	漢 雍	漢 乾	備 註
製造司庫中郎	2	2	2										
製造司員外郎庫	2	2											
製造司匠式	2	2	2										
製造司所丞	2	2	2										
筆帖式局督	5	5	4			1	1	1	2				
營造所使督										1			寶泉局以下監督、大使，皆由本部司官、筆帖式內奏委
寶泉監督			①									①	
大琉璃監道督			②										
琉璃監衙廠督			①									①	
衙廠督			①									①	
柴薪監炭			②									②	
煤炭監炭			①										
小　　計	157	157	158	4	3	5	24	16	10	24	22	20	
（理藩院）尚書 院書郎	1	1	1										
左侍郎	1	1	1										
右侍郎	1	1	1										
（五司）郎中	11	11	6			5							
員外郎	29	29	18			18							
主事	4	6	4			5							
堂主事	4		2			3		1					
司務	1	1	1	1	1	1							
院判										1			
知事										1			
副使										1			
筆帖式	11	29	36	41	41	55	2	6	6				由本院司官內奏委
銀庫司庫官			②										
司庫帖式庫			1										
筆帖式			2										
蒙古繙譯員外郎			*1 族別不詳										
蒙房主事特業教			*1 族別不詳										
唐古特司						1							
唐學助教						1							

職稱	滿 康	滿 雍	滿 乾	蒙 康	蒙 雍	蒙 乾	漢軍 康	漢軍 雍	漢軍 乾	漢 康	漢 雍	漢 乾	備註
筆帖式 內館外館督處郎 內監游牧外員	*③ 族別不詳			4 / 16									由科道司官內奏委
小　計	63	69	75	42	42	109	2	6	7	3			
（都察院）左都御史	1	1	1							1	1	1	
左副都御史	2	2	2							2	2	2	
左僉都御史										1			
十五道監察御史	23	30	13	2			8	5		24	32	13	
經歷	1	1	1				1	1	1				
都事	1	2	1				1		1				
筆帖式	51	35	35				7	5	5				
六科掌印給事中	6	6	6							6	6	6	
給事中	6	6	6							6	6	6	
筆帖式	107	107	80										
小　計	198	190	145	2			17	11	7	40	47	28	
（通政使司）通政使	1	1	1							1	1	1	
副使			1									1	
左通政	1	1								1	1		
右通政	1									1	2		
左參議	2	2	1							2	2	1	雍正後不分左右
右參議										1			
經歷	1	1	1							1	1	1	
通政使司知事	1	2	1					1		1			
筆帖式	8	9	7				2	3	3				
小　計	15	16	12				2	4	3	8	7	4	
（大理寺）卿	1	1	1							1	1	1	
少卿	1	1	1							2	2	1	
寺丞		1	1							1	1	1	雍正後改為左右丞
左寺正	1	1					1	1					
右寺正	1	1					1	1					
左司副										1			

職稱＼族別朝代人數	滿			蒙			漢軍			漢			備　註
	康	雍	乾	康	雍	乾	康	雍	乾	康	雍	乾	
右司副										1			
堂評事	1	1	1				1						
左評事										1	1	1	
右評事								1		1	1	1	
司務	1	1	1							1	1	1	
筆帖式	6	6	4					2	2				
小　計	12	13	9				3	5	2	9	9	6	
（翰林院）掌院學士	1	1	1							1	1	1	俱兼禮部侍郎銜
侍讀學士	3	3	3							3	3	3	
侍講學士	3	3	3							3	3	3	
侍讀	3	3	3							3	3	3	
侍講	3	3	3							3	3	3	
修撰													無定員
編修													〃
檢討													〃
△典簿	1									1			
▲孔目	1	1	1							1	1	1	
待詔	2	2	1							2	2	1	
筆帖式	48	42	40				8	4	4				
起居注館官			⑧									⑩	由翰林詹事坊局官充
主事	3	2	2				1					1	
筆帖式	14	14	14						2				
小　計	82	74	71				9	4	6	17	16	16	
（國子監）祭酒	1	1	1							1	1	1	
司業	2	2	1			1				1	1	1	
監丞	1	1	1							1	1	1	
博士	3	2	1							3	2	1	
助教	16	16	16	4	4	8				6	6	6	
學正										6	4	4	康熙時有孔氏世襲學正一員
學錄										2	2	2	
典簿	1	1	1							1	1	1	
典籍										1	1	1	
筆帖式	5	5	4			2	4	2	2				
俄羅斯館助教			1									1	
算法館助教												1	
小　計	29	28	26	4	4	11	4	2	2	22	19	20	

1.根據上表所列內閣、六部、理藩院、都察院、通政使司、大理寺、翰林院、國子監十三個機構有品級及無品級職位統計，康熙會典共二、〇八二個。計滿缺一、三八八個，佔百分之六六‧七。蒙缺一〇三個，佔百分之四‧九。漢軍缺二二八個，佔百分之一一。漢缺三二五個，佔百分之一五‧六。族別不詳者三八個，佔百分之一‧八。雍正會典共一、九〇八個。計滿缺一、三二〇個，佔百分之六九‧二。蒙缺九八個，佔百分之五‧一。漢軍缺一五〇個，佔百分之七‧九。漢缺三二六個，佔百分之一七‧一。族別不詳者一四個，佔百分之〇‧七。乾隆會典共一九三二。計滿缺一三〇六個，佔百分之六七‧六。蒙缺一八九個，佔百分之九‧八。漢軍缺一〇〇個，佔百分之五‧二。漢缺三〇七個，佔百分之一五‧九。族別不詳者三〇個，佔百分之一‧五。

2.如依上述一般作業程序所分四個等級分析各族別人數及所佔百分比，其結果如下。（此可與光緒會典相互比較，以見各時期各族別所佔缺額的分配狀況。）

(一)康熙會典：

級別＼族別	滿	百分比	蒙	百分比	漢軍	百分比	漢	百分比	不詳	百分比	共計	百分比
第 一 級	38	55.9%			2	2.9%	28	41.2%			68	100%
第 二 級	402	58%	26	3.8%	71	10.2%	194	28%			693	100%
第 三 級	927	77.4%	25	2.1%	155	12.9%	90	7.5%	1	0.1%	1.198	100%
第 四 級	21	17%	52	42.3%			13	10.6%	37	30.1%	123	100%
共 計	1,388	66.7%	103	4.9%	228	11%	325	15.9%	38	1.8%	2,082	100%

(二)雍正會典：

級別＼族別	滿	百分比	蒙	百分比	漢軍	百分比	漢	百分比	不詳	百分比	共計	百分比
第 一 級	37	54.4%					31	35.6%			68	100%
第 二 級	380	60.9%	25	4%	16	2.6%	202	32.4%	1	0.1%	624	100%
第 三 級	899	75.2%	73	6.1%	134	11.2%	90	7.5%	13	65%	1,196	100%
第 四 級	4	20%					3	15%			20	100%
共 計	1,320	69.2%	98	5.1%	150	7.9%	326	17.1%	14	0.7%	1,908	100%

（三）乾隆會典：

級別＼族別	滿	百分比	蒙	百分比	漢軍	百分比	漢	百分比	不詳	百分比	共計	百分比
第 一 級	37	53.6%		11.2%			32	46.4%			69	100%
第 二 級	353		71		2	0.3%	204	32.3%	2	0.3%		100%
第 三 級	837	75.4%	106	9.6%	98	8.8%	69	6.2%			1,110	100%
第 四 級	79		12	10%			2	1.6%	28	23.1%		100%
共 計	1,306		189	9.8%	100	5.2%	307	15.9%	30	1.5%		100%

出自第四十八本第四分（一九七七年十二月）

上海中外會防局經營始末

王 爾 敏

大 綱

中國自鴉片戰爭以後，內外情勢均產生顯著變化，抑且俱在常情之外，創發種種不同情景。中國朝野，除少數識見高遠之士，一般官紳，多半缺乏敏覺，忽於考究，昧於世變，拙於適應，遂至每況愈下，國民俱困。此眞滿淸主國政者無識之重罪。探討近代各項史實，每每俱能提示吾人一種世變非常之感覺，卽使曲隅之地，細小事故，亦足表現其關涉複雜之意義。今就上海地區之中外會防加以研討，當可略見此種案例之特色。

上海中外會防局，創設於咸豐十一年十二月十四日（一八六二·一·一三）。而於同治四年十二月十九日（一八六六·二·四）奏明裁撤，前後爲時四年。其間經過雖甚短暫，局面亦極狹小，但可據以認識開埠通商後種種意外發展之新情勢。

自道光二十三年（一八四三年）上海對外開埠通商迄於咸豐末年（一八六一），爲時不足二十年。然而上海中外會防局之創設，已經是依據一種中外聯防前例。

一、小刀會倡亂時期之上海防守

上海開埠後十年，至咸豐三年八月（一八五三），城中發生一次嚴重騷亂，卽小刀會起反，攻入縣城，殺死縣令袁祖惪，囚禁蘇松太道吳健彰，搶奪庫銀，搗毀海關署，尤其自建獨立旗號，完全形成一個叛亂集團。後來吳健彰被西洋敎士營救逃出，已經顯示洋人之影響力，而小刀會衆據守上海之後，益形加深反映出上海之國際意義。

小刀會佔據上海，自然引致淸軍包圍。當時主要指揮上海淸軍將領爲江蘇按察使吉爾杭阿及候補知府薛煥。屢攻上海城廂，終難得手。開埠通商以後，上海形勢已有

重大改變。縣城東臨黃浦江，有大東門小東門相通。實爲舊有水運碼頭所在，且爲當時小刀會由外輸入接濟通道。清軍於此防守最緊，除有水師兵船巡邏之外，並多自此攻城，焚燒城外房屋不少。東面水路，殆爲清軍完全扼制。至西、南，兩面，亦有清軍堵防，因是小刀會於東、南、西三面均難出入。惟北門以外，適爲開埠後新闢通商地區，十年來已爲英、法、美各國商人建屋居住。英、美領事館並建於此區，法國領事館則更接近上海城濠。因是英、美、法各國拒絕清軍自此地區攻城，清方未敢輕犯，而小刀會則乘此出入頻繁，獲取接濟。清軍來此追捕，反而遭英、美各國抗議與抵拒，自咸豐三年多以至四年，（一八五三――一八五四），洋人與清軍糾紛日增，漸至於不能避免武力衝突。（註一）

註　一：關於小刀會佔領上海後北門外之新形勢，可見咸豐四年正月二十四日兩江總督怡良之奏片，爲當時實錄，頗具參考價值。見四國新檔，英國檔，第一六一――一六二頁：「再上海縣城東面濱臨黃浦大江，我兵無紮營之地。西南北三面水陸俱通松江、嘉定、寶山大路。由北門至小東門一帶，地名洋涇濱，夷館鱗比，已成市集。其西南兩門，及小南大東等門外，均有零星夷房。城內建有天主堂二座。各夷領事以洋涇濱係國貨貿易之所，屢請我兵勿由該處進攻，免致城上回礮，傷及夷館。洋涇濱附近駐有夷兵巡查，不容兵勇經過。據稱：如有賊黨到彼，伊等代爲攔截。其言似尙有理。乃十二月十五日，候補知府薛煥抄截賊後，賊從洋涇濱一帶奔逃。該夷不能攔截，反將追賊兵勇阻擋，致任竄逸。薛煥甚爲憤激，親往英夷領事處與之講理。該領事自知理虧，但有唯唯遜謝。越日，吳健彰復照會該領事，責以大義，該夷遂將三茅閣橋拆毀，稱係斷賊出入之路。其實賊匪出城後尙可繞城行走。惟官兵欲攻北門，不由三茅閣橋，無可取逕。緣城上鎗砲林立，不便繞行城根也。十八日南門外兵勇追賊，將及城門，突有身穿夷服多人衝出攔阻。帶兵各官，恐開邊釁，不便衝殺，撤隊而歸。二十三日，兵勇正乘隙登城，北門夷房竟施放火箭入城，致賊得有準備。吉爾杭阿、吳健彰向該夷嚴行詰責。該夷酋狡賴，堅稱並無其事。夷人呼逆匪爲城黨，據云：伊與官兵城黨，兩不相助。然其暗中左袒逆賊，實非一次。逆匪搜刮城中銀錢貨物茶葉，與夷人暗相交易，莫可究詰。惟尙顧臉面，不敢公然助逆，祗可加意防備，設法羈縻，不便顯揭其短，致令乘機生釁。上海自明季大學士徐光啓崇奉天主教，松江府一屬，幾於到處風行。遠近年弛禁之後，愚民被誘者益衆。現在城內戶口，尙有四五萬人。其教中人均恃有夷人庇護，凡逆匪拘拿之人，夷人查係習教者，立向索回，間有業被戕害，亦必勒令罰銀賠禮而後已。傳天主教之頭目趙方濟（Francois Xavier Maresca）稱爲主教。據云：係燕全國人，咈囒哂人奉之最謹。因在楚傳教最久，故口操楚音，該主教遣夷館內教讀之人，向署松江府藍蔚雯，署上海縣孫豐聲稱：因進城禮拜，目擊城中米糧短缺，百姓每洋銀一圓，止買米十二斤，向其訴苦乞救。伊欲商同咈夷公使，咪夷噯夷各領事，從中作保，令劉麗川等一概投誠。以救闔城百姓等語。藍蔚雯等不敢隱匿，代爲面稟前情。臣許乃釗當與吳健彰熟商，據吳健彰回稱：前日噯夷領事呵喱啯（Rutherford Alcock）曾向該道言及，各國安分夷商，恨逆匪踞擾，以致貨物滯銷。僅十之二。其希圖漏稅，接濟火藥糧食漁利者，竟十之八。伊等領事人少，照料難周，亦如中華官員，不能查禁莠民，事同一律，莫若准令城黨投誠，奸商卽無可施其伎倆，城內民命亦可安全等語。該道答以須將下手戕官之犯捆獻，方可稟商督撫，奏請大皇帝恩施辦理，臣許乃釗當詰以夷情叵測，何可任令干預。據該道回稱，夷人以救民爲名，題目頗大，若拒絕不許，彼轉得以搖惑民心，別存奸計。不若姑予以照會，陽爲羈縻，惟責令必須將戕官正犯獻出，方准受撫。該夷旣意存護庇，事必不諧，當飭吳健彰妥爲辦理。該夷酋果以賊匪不願投誠回覆中止，此各國夷情詭詐辦理棘手之實情也。」

　　延至咸豐四年三月，由於清軍屢至商埠追緝小刀會衆，終於引起與英、美義勇隊 (Shanghai Volunteer Corps) 之直接衝突。英、美聯合隊三百八十人（英方二百五十人，美方一百三十人）於三月初六日（一八五四・四・三）下午三時，向商埠西面清軍兵營發動一次攻擊，打退清兵，並攻毀一排營房。這在上海洋人記載中稱之爲「泥城之戰」(The Battle of Muddy Flat)。(註二)

　　當時商埠地區尚未形成所謂之外人租界，本是中國土地，此次英美在中國之軍事行動，實是嚴重侵犯主權，原爲非法，眞正欺侮中國無能，亦足暴露帝國主義本色。惟清軍將領不敢抗議，反而委婉商請英美合作。其時吉爾杭阿已升任江蘇巡撫，一面嚴禁清兵進入商埠追捕小刀會衆，一面並嚴辭呼請英美領事確保眞正之中立。觀其遷延至是年十月十四日（一八五四・十二・三）致英美領事照會，雖然十分理直氣壯，而却完全缺乏現代主權觀念。惟此文件却已顯示英美勢力在此地區之不可忽視，足以充分影響全局之發展變化。茲引據吉氏照會，備爲參考：

　　「而逆匪常出北門及小東門，沿城向西來攻官兵營盤。並於陳家木橋以南相距二、三十丈處所，起築二十餘丈砲堤，將次完工，意在拒我攻城，並欲於此另通接濟之途。因思上年官兵初來上海，時向北門攻賊，該逆匪回砲抗拒，每礙各國洋房。當有貴英國前副領事威 (Thomas Francis Wade) 來營晤商，千萬勿令官兵由此攻剿，以保各國洋商人命財產。本部院因與各國夙敦和誼，是以嚴禁官兵不得再向北門剿賊，並於破木橋一帶挖長濠，排挿竹籤，使兵勇不能越溝而過。既阻官兵入界，即不應任賊仍出北門搦戰。況賊又在陳家木橋以南貼近洋房處所起築砲堤營壘。該逆一經向西開砲，官兵豈能任其轟擊，勢必開砲回攻。無如本部院禁令在前，不准礙及洋涇濱地界，如再越過濠溝，任憑打死勿論。而賊匪轉可於此開砲，官兵欲擊不能，不擊不可，營盤性命均不能保。是以預爲照會貴國阿、馬領事及美、英國馬、阿領事 (Robert C. Murphy) (Rutherford Alcock) 禁賊勿由北門搦戰，並不得在陳家木橋一帶起築砲臺營壘。則本部院可保官兵永不向東攻擊，洋涇濱地面可冀肅清，此與阻止官兵勿攻北

註　二：Wang Erh-min: "China's Use of Foreign Military Assistance in the Lower Yangtze Valley, 1860-1864," 中央研究院近代史研究所集刊，第二期，五三七—五四七頁。

門同一情理。現接阿、馬領事照復，以水師官不欲越預，濱南任由官兵攻剿，設有飛彈惧及界內，水師官亦不過問，仍不得越過周涇等語。查洋涇濱南非越周涇不可，濱南旣任官兵攻剿，試問不越周涇如何能到濱南，是該處賊匪可到，官兵不准到也。彼此相待兩歧，未免相形見拙。在阿、馬兩領事向來辦事公正，本部院揆情度理，諒因兵力較單不欲與賊爲難故耳。惟在滬官兵二、三萬人，只因管帶有人，素重情理，其所以恪守不准入界之約者，實本部院一人力爲保存洋房，致拂數萬人之心志。而兵勇均以任賊橫行，我軍束手受其轟擊，皆由外國人欺壓所致，情理實有未洽。設數萬人一時心變，共伸積忿，則與各國洋商性命財產大有關繫。此誠衆怒難犯之事，一經激成禍端，本部院雖欲禁止而勢已不能，即使大皇帝嚴治不善之咎，將本部院一人粉身碎骨，旣以此身爲殉，業已無可復問，而於各洋商性命財產則已大受其虧，與其日後返〔反〕悔，莫若事前熟計。因承貴公使傾心相待，敢布見到之言。如以此論爲然，何不早倩水師提督帶兵來滬，嚴禁逆匪勿出北門及小東門向西接仗，並不得在陳家木橋一帶起築砲臺營壘，則本部院仍禁官兵不再向東攻賊，使洋涇濱地面肅然安靖，又得情理之平，豈不彼此兩便。而賊匪旣與官兵牴牾，儘可由西南等門出戰，並非無路可走。若徒禁官兵不近洋涇濱，而賊匪可在洋涇濱左近任意攻擊，直是一偏之見，使本部院萬分爲難，洵係不平之甚也。」（註三）

　　原自三月初英美軍直接攻擊清軍營壘之後，清軍無法自商埠區進攻上海城廂。而小刀會則尤其利用方便，自北門出入商埠地區，交換物品，取得接濟。且爲抵抗清軍來犯，並在北門外洋涇濱以南地帶添築礮臺。即使清軍不經商埠而越過周涇在洋涇濱以南進攻北城，亦會受到小刀會礮台還擊，自然毫無施展餘地，在此困難情況下，使吉爾杭阿不得不思考爭取英美合作。因是自十月以後，積極說動英美領事拉攏兩國合作。隨後吉爾杭阿又於十一月十四日（一八五五‧一‧二）照會英國領事，擬具六條辦法，俾與英方合作執行。茲並開列於後：

　　一、官兵在陳家木橋一帶及馬路南半截擇地紮營，務望貴領事出告示，曉諭外國商人，暫勿到馬路跑馬遊行。並諭禁外國人勿至官兵營前窺探往來，恐有城

註　三：吳煦檔案中的太平天國史料選輯，第二八一三十頁。

內外國流氓混跡其間，無從分別也。

一、本部院現禁官兵不許持械進洋涇濱各處巷柵，望貴領事諭知禮拜堂巡街兵亦勿在柵外攔阻，致生事端。

一、暫借馬路南半截，將來若有損壞道路，一俟克復漚城，定當修好奉還。

一、官兵紮營後，仍須擇地起築城垣，不准業主租主□稱外國人地土稍有掯阻。

一、沿濱一帶應拆民房，須請貴領事派員查勘指點，以免悞拆。

一、現擬陳家木橋迤北距濱一二十丈地方築牆，沿馬路西南截斷往來偷漏之路。共打狗橋西首，美國水兵駐守交界之巷柵，俟新牆築成將巷柵包圍在內，使賊無路可通，庶地面一律肅清。（註四）

吉爾杭阿六條計劃，分別照會英美法三國領事，爲求速效及爭取三國合作起見，同時並派海防同知吳煦（字曉帆，浙江人），會同紳士翰林院庶吉士張庭學（字詩農，浙江鄞縣人，咸豐二年進士）以及商人候選道楊坊（字啓堂，浙江寧波人）分別會晤英美法三國領事，取得三國同意，決計於十一月二十五日起，沿洋涇濱北岸築牆一道，以斷小刀會進入商埠之路。此一交涉，遂使吉爾杭阿攻城計劃接近成功。（註五）

註　四：同前書，第三十一一三十一頁。
註　五：同前書，第三十二一三十三頁，吳煦致張庭學函：「昨日奉陪徧晤三國領事，各事均爲樂從，回營後逐一轉稟中丞，並將英國繪圖大略呈核，憲意甚爲忻悅。奉諭此事三國況已願辦，首宜趕早舉行，遲則賊有預備，轉恐日久無功。必得本月廿五日起手，先斷洋涇橋、三茅閣橋、陳家木橋三處要隘接濟。請外國水兵力堵洋涇橋，先於立大碼頭築牆堵塞。三茅閣橋亦於橋面築一磚墻。陳家木橋本係板橋，將板抽去，再得水兵巡緝（緝），自可斷其往來。至洋涇橋至陳家木橋沿江一帶，英國阿領事所欲築牆處所，原係妙策。但築牆工程不小，又需時日。現在惟有由三國派兵，先與本地所雇鄉勇會同巡查，一面再辦堵築之事，或樹木爲柵，或編竹爲籬，何項簡便而能攔截，即請啓堂（楊坊）兄今日與英國領事速爲商定。經費一層，亦宜與之訂定。只好先送若干，請其趕早辦理，應送之款亦須即日備送，庶不悞廿五之期。至法國議築公所後圍牆，所費尚不甚鉅，只好允許。亦令先斷接濟，一面築牆，萬勿因此觖擱。應送法國經費，須與英國同時速送，以免偏畸。

今日啓堂兄往訂舉行日期，及經費數目，本地雇勇人數，務望逐一議定，即望示知，以便轉稟。其南營杜絕往來行紅，爛泥渡、陸家嘴、頭二擺渡等處，定見抽去渡紅，派拖罟罛盤查，則水路亦可無慮。望囑啓堂兄轉告三國領事，以見彼此同心，此番務請斷絕盡淨而後已。專此奉復，即頌旅安。仍候回玉，不另。啓堂兄均此致意。

再啓者。法國領事所云：賊固接濟既斷，勢必獻城，或不日攻破城池，城裏匪黨請問撫憲如何辦法？弟亦詳細稟知。奉諭：前曾屢次招降，奈賊頑梗不化，本係自尋死路。今既相持日久，不但荼害生靈，抑且耗費錢糧，首夷罪名實無可逭。前者曾奉諭旨，務將叛逆首犯劉麗川、陳阿林及戎官之潘小鏡子、謝安邦等四犯，悉數捡拏等因，此四人萬萬無可輕恕，其餘脅從之衆，撫憲仰體好生之德，亦斷不致人人誅戮。

　　吉爾杭阿既得英美法三國領事合作，協助處理洋涇濱築牆堵守之事。遂卽出示公告沿洋涇濱北岸居民，凡有碍房屋，一律拆除，限期遷出近岸地區。（註六）至其當時沿洋涇濱北岸築牆防堵情狀，可就附圖略作參考（見上海北門外洋涇濱地區略圖如後：

　　圍牆築成之後，小刀會外援斷絕，雖與法軍及清軍在北門外屢作激烈戰鬪，終於不能抵抗。繼續相持一個月之久，於咸豐五年正月初一日（一八五五・二・十七）城破軍潰，小刀會勢力自此瓦解。清軍之所以能够攻戰成功，收復上海，當與英美法三國之合作，以及法軍參與助戰有重大關係。而從中奔走經營之江浙官紳，自此亦特受重視。（註七）

　　　　　今承三國公使領事協力相助，斷其接濟，賊卽坐困，或有獻城之舉，亦未可定。今中丞酌定章程，從斷絕接濟之日起，有能於七日內將首逆四人捆獻並獻城池者，倡論動手之人並予獎賞翎頂官職，並從重賞給銀兩。城中脅從各犯，棄戈投誠，亦一概免死，或遣散或遞籍，臨時分別安插，過七日外則又未能照辦矣。如待攻破城池，能細獻首逆四人者一體獎賞。惟兵勇進城，難免玉石俱焚，若仍敢抗拒官兵，則死亦不足惜也。如此分別酌定，皆合天理人情。伊領事向以行善爲懷，無事不合情理，諒以此論爲然。望閣下與啓堂兄詳晰轉致伊(Benoit Edan)領事，囑於斷絕接濟後遣人徧行傳諭，使城中悔罪之人，皆可自拔來歸，遵法獻獻。不但能保己命，並可救回無數生靈，陰功莫大，皆伊領事所成全也。」

註　六：官方諭飭洋涇濱居民遷移告示云：「現在美英法三國會同保衛洋涇濱地界，議定築牆堵守，凡碍及築牆巡守處所，不論中外房屋，聽外國領事官委勘明白，一概拆去。凡係安分良民早已遷避，其不願早搬者，非與賊匪往還，卽係貪賊買賣，必非善類。況係軍務大事，倘有抗違不遵，定卽嚴拏究辦決不寬貸。特示。」（吳煦檔案中的太平天國史料選輯第二十八頁。）

註　七：咸豐五年正月十四日，吳煦等人具稟請獎，充分說明江浙紳士奔走中外合作攻復上海之經過，茲將稟文列出：
　　　　「署松江府海防同知吳煦、浙紳翰林院庶吉士張庭學、商董候選道楊坊，謹稟大人閣下，敬稟者：竊卑職、紳董等，仰蒙憲委會同美、英、法三國領事官，在於洋涇濱分段築牆杜賊接濟，雇集夷勇、局勇水陸堵守。計自上年八月爲始，先自法國築牆，繼則美國接辦，迨英國築牆於陳家木橋一帶，旋被賊匪摧毀。當又密商法國提督，率領水兵，毀賊新築炮台，賊匪炮傷水兵。因而法國提督定欲除殘報仇，屢次會攻逆賊。卑職煦復獻編籬疊土之策，一日築成。卽蒙憲臺、撫憲飭派兵勇移營進逼，從此要隘杜經淨盡，粒米不能入城，賊匪窮困饑疲，元旦遂得克復城池，捲誅逆衆，是斷絕接濟洵已稍著成效。卑職等恪承指授，幸藏厥攻，下懷不勝欣忭。計自築牆以至竣事，歷時幾及五月，地雜華夷，事多磨折，艱難危險，實已備嘗。一切實情，悉在憲明洞鑒，無待卑職等縷述，此皆大人德威普著，成算在胸，斯有如響之應。卑職僅供奔走，無足言功。惟在事司董局勇人等，勤勞日久，盡力劻襄，均屬結實可靠。當牆工初築，賊匪澗跡洋涇濱，米糧蔬菜往來未絕。卑職等設法阻截，並蒙派撥員弁奮勇人等分投攔堵，並奉飭派健銳東勇，隨同卑職往來辦事，日久辛勤。迨九月間設局，准令逆黨投誠，奉委巡檢蔣銓逐名驗收，分別剃髮遣散，經理四月有餘，諸臻安協。卑職煦又督蔣巡檢隨時拏獲從逆要犯多名，均經解奉嚴辦。本年元旦戌刻，蒙派卑職煦與蔣巡檢的帶兵勇堵截小東門北門要隘，生搶逆犯徐耀等一百六十餘名，一律解請正法。並督蔣巡檢帶領健銳各勇奮勇登城，隨同克復。凡此在事出力，皆係歷歷可數。現當查敍功績之時，卑職等未敢泯沒微勞，合將最爲出力員名，彙開印摺稟送，仰斫大人俯賜分別酌獎，俾得觀感興奮，而示鼓勵。實爲恩便。」（吳煦檔案中的太平天國史料選輯，靜吾、仲丁編，第二十七—二十八頁。）

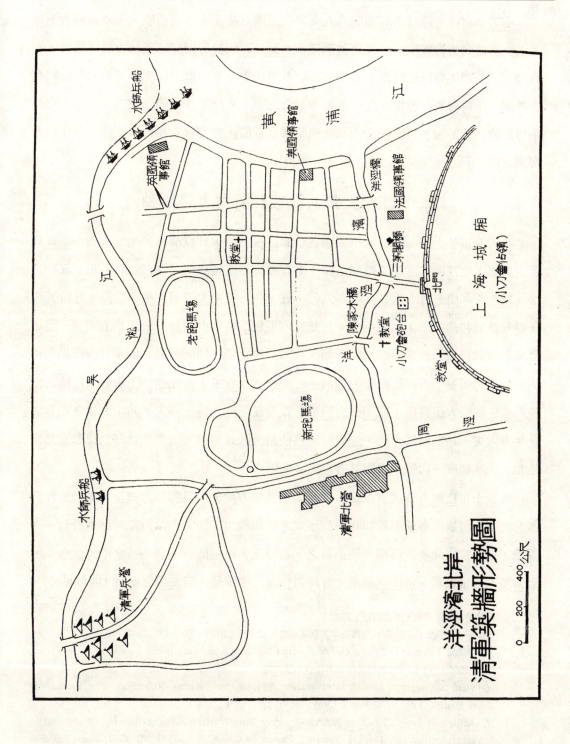

　　小刀會事件，導致上海通商外人英美法三國直接介入中國內戰。同時亦導致上海外人之組織武力自衛隊，並且更無形確定上海外人對於所居商埠區域之防守權力，不久即形成所謂之外國租界地。這是開放中外通商十年來之重大轉變。至於其他最嚴重之轉變，則為海關行政權自此落入西方列強之手。凡此對於中國未來百年命運，均產生難於估計之影響。實較一場內戰之殘酷嚴重百倍，惟內戰當為創發主因，自予外人可乘之機。

二、江南大營兵潰後江浙大吏之活動

　　小刀會事件之後，由於太平軍志在爭奪長江上游，且以清軍江南北大營在金陵周圍之屏蔽，使江浙富庶地區得到保障。上海亦得加速發展，日趨繁富。然在五年之後，咸豐十年閏三月十六日（一八六〇・五・六）江南大營為太平軍攻潰。此時長江下游暴露於兵劫之下，岌岌可危。於是立即引起江浙大吏對於上海前事的回憶，迅速思考到借請英法兵前來協助。遂乃形成更大規模之借兵助剿運動。倡議官紳即為主持大局之地方領袖：若兩江總督何桂清，江蘇巡撫徐有壬，浙江巡撫王有齡，江蘇布政使薛煥，蘇松太道吳煦，蘇州知府吳雲，以及江浙地方紳士多人。其中尤以守土有責之地方大吏，期望最為殷切，急切盼望英法兩國派兵助戰。而借兵助剿之種種意見與活動，並亦構成一代關係複雜之有趣史跡。（註八）

　　咸豐十年江南大營兵潰以後，江浙大吏及地方紳士，為謀地方安全，於借助洋兵觀念之下，發展出各種不同頭緒不同形式之防禦武力，情勢相當複雜，必須分別一一討論，自不宜在此多費篇幅。簡括言之，當時江浙兩地區有不同系統之中外混合軍，若常勝軍、常安軍、常捷軍稱是。有洋將代練之中國兵，若法國之麗發 (Bonnefoy)、

註　八：關於借兵助剿問題，可參閱以下諸文：

嚴中平：一八六一年北京政變前後中英反革命的勾結。歷史教學，52-4-15；52-5-14。

又，Wang Erh-min : China's Use of Foreign Military Assistance in the Lower Yangtze Valley, 1860-1864，中央研究院近代史研究所集刊，第二期。

又，John S. Gregory: British Intervention Against the Taiping Rebellion, *The Journal of Asian Studies*, Vol. XIX, No. 1 (Nov. 1959) pp. 11-24.

又，Lillian M. L.: *"The Ever-Victorious Army* Sino-Western Cooperation in the Defense of Shanghai Against the Taiping Rebels". *Papers on China*, No. 21, (1968). *East Asian Research Center*, Harvard University, Cambridge, Mass.

英國之斯得弗力（士廸佛立 Charles, W. Staveley）即是。乃至有直接參與中國軍務之英法現役軍官。凡此俱已顯見西方勢力之介入與影響。而其所以形成如此複雜情勢，基本動因，即在於太平軍之軍事行動，以及江浙官紳謀求存立安全之願望。

　　江南大營兵潰之後，風聲傳出，首先思考借洋助兵之計者爲浙江巡撫王有齡。王氏字英九，號雪軒，福建侯官人。受何桂清識賞，自咸豐七年以來，一直任官江蘇按察使以至布政使，以精覈錢糧見長。並支援江南大營糧餉有功。剛於咸豐十年三月十三日升任浙江巡撫。一月後即有江南大營兵潰之事（閏三月十六日）。王氏得上海道吳煦來信相告，即於閏三月二十二日（一八六〇・五・十二）覆書吳煦，並分函兩江總督何桂清。提出其借洋兵來助之計。時距大營兵潰僅有六日：

> 「刻讀手書，謹悉一切。大營兵勇已全數潰散，我輩經營四載，費盡心血，一旦竟付東流，言之能不痛哭長嘆息耶。另示一切，乃不得已之苦衷。（按：另示所指，當爲借洋兵之具體辦法，惟此項密函，已無從查得。）刻已函商宮保（指何桂清）云。鎮江、丹陽可以紮住，常州不至有虞，則無容議。倘毫無把握，一有不測，非若杭州之有人救援。此時杭州自顧不暇，且無得力將弁，如何能以分師。自杭州以外，均緩不濟急，惟有此着，可以濟變。至出奏時只說彼族情願助順剿逆。求照從前和議，已不可阻止等語，似尚與辦事者無礙商之。不知根帥（何桂清，字根雲）以爲然否？俟有囘信再復。」（註九）

又隔三日（閏三月二十五日）王有齡繼接吳煦之信，遂又囘信吳煦，再度提議商借洋兵助剿辦法。（註十）

　　吳煦以海防同知之微末地位，於小刀會之上海倡亂時，結合租界洋人，協助收復上海。因功而獲擢升。數年之間，已官至蘇松太道地位，抑且適爲上海地方首長，兼管海關，自尤與各國領事來往頻繁。及聞江南大營兵潰，立即飛函通知浙江巡撫王有齡，相商應急辦法。王氏既能思考借助洋兵，吳氏更是此中熟手。遂亦立上稟呈致兩

註　九：吳煦檔案中的太平天國史料選輯，第八十七。
註　十：同前書，第八十一頁。王有齡致吳煦函云：「昨今由信局兩奉手示，刻又由漿船賫到惠書。讀之不勝痛哭長嘆息。（原註：豈大營尙可恃乎？眞欲將江浙輕輕送去）此事愚見：一面照會請奏情願助順剿逆。事成之後，照前次和議辦理。一面直進長江剿賊。（原註：去歲赴湖北一樣辦法。）方屬有濟。倘欲商議，無人敢作主也（原註：根帥尙無囘信來，已兩次作書矣），閣下以爲然否？」

江總督何桂清。說明江南大營兵潰，後果堪虞。其時上海受到震動，洋人自必協力保全長江貿易，順勢乞求援助入江追剿，當可迅保江南安定。因乃請求何桂清迅速奏明朝廷，以便進行借洋兵之舉。吳氏稟呈或在致書王有齡之後，然亦必在江南大營兵潰後數日之內。（註十一）

　　江南大營兵潰，欽差大臣和春，提督張國樑以餘衆退保丹陽。閏三月二十九日（一八六〇・五・一九）太平軍再與清軍決戰，張國樑及提督王浚等均戰死，丹陽遂陷。和春奔退常州。四月初二日太平軍追至，再陷常州，和春負傷退滸墅關。江南各地紳民聞訊，尤驚惶不知爲計。王有齡知事已萬分急迫，遂於四月初五日（五・二五）一面以私函通知吳煦儘速借助洋兵。一面以公牘札諭吳煦，授命辦理借兵之事。一面直上片奏，陳明朝廷。並請吳煦將奏片由海路封寄朝廷，以速文報。足見王氏反應敏

註十一：太平天國史料叢編簡輯，第六冊，第一五一――一五二頁。吳煦致何桂清稟：「東南大局，全在江、浙，所恃者大營數萬兵勇，金陵且晚可攻克耳。今竟全行奔潰，兵賊兩擾，行將到處蹂躪，大局安可復問。兼之嘆、咈二酋，耽耽虎視，正欲與我爲難。昨□□探悉該酋等虛攻津沽，另於山海關以內海岸登陸，一徑趨京。又聞咈夷尚欲分擾山東，使我前後受敵，彼得逞所欲爲，狂悖情形，業已畢露。並聞香港迤北及通商各口岸，所到夷兵，共計七十餘船，尚有未到二十餘船，總共百隻左右，約共夷兵五、六萬人。舉事有期，北駛在邇，南北同時紛擾，眞屬應接不暇。爲得如許兵將，到處抵禦；各路餉需，又從何處措辦。竊觀大局，洵有不忍盡言者。頃與松海防同知兪丞（兪斌）、上海縣令劉令（劉郇膏）商酌，均謂嘆、咈稱兵犯順，其志不過欲得照會樞垣之四事耳。若在承平之際，斷不能如其所請。但該夷蓄心不善，此次無論勝負，必欲如願而償，兵聯禍結，正無已時。辰下東南危殆，該夷必更逞其兇狡，未必將就息爭。惟在迴各洋商，究有保全貿易之心，不若再向籠絡，囑令從中化解。趁其現有之兵船，助順剿逆，果能規取金陵，立功自効；則所求四事，定當上乞天恩，槪如其願。即償補兵費一、二千萬，亦爲救全東南大局而設，較之以兵脅和，遂其勒索，大不相同，於國體並無所損。復傳華商數人密籌，僉云，該夷志在通商爭臉，斷無窺伺土地之心，夷酋是否願辦，固無十分把握，跡其平時好利之心，似尚可商。倘得辦妥，南北均得保存，洵係一舉兩得，請卽稟商訓示等情。□□伏查該廳、縣所論，不爲無見，但所關過大，非外省所得擅專，且夷酋果否願辦，又難先與議矣！本不便逕行轉稟，惟思囘紇助唐，契丹和宋，古人每至必不得已，偶有借力夷狄之時。今日之事，東南危不可言，北地又有邊釁，均係非常之變，必有非常之策以應之。譬之病入膏肓，勢已不治，明知毒藥，非可涓滴入口，然有病則病受之，或可藉以同生；若並此而不施治，直是無藥可救。此等下下之策，非情急斷不敢瀆陳，是否尚可采擇？仰俟宮太保密摺馳陳請旨再商之處，敢乞訓示遵行。所慮者，大營卽潰，賊必全力衝突，事已間不容髮，恐致緩不濟急。　　所商夷務，固須得旨後始能向說，旣恐廷論格閡不行，且額（Lord Elgin）、葛（Baron Gros）二酋將到，又恐迅速北駛，並無可商之人。卽或能行，總非月餘不得議定，有濟與否，更非下愚所得預揣。橫昧之見，冒昧上陳。如憲臺別有安定良策，此事必不可行，並求宥其妄瀆，請作罷論。已囑該丞等切勿先露口吻，當不致貽誚於外夷也。（按：吳氏復自追記云：宮太保復諭，允與和帥商酌，復無同營，而蘇、常相斷淪陷，大局已不可復問矣。）

速，決策積極。（註十二）

　　和春退滸墅關，於四月初六日自殺身死。江南大營已無主帥，潰兵數萬，分投流竄，尤其加深騷亂。太平軍乘勝追擊，直逼蘇州。此時江蘇巡撫徐有壬坐鎮蘇州，毫無應敵把握，早於四月初四日關閉城門，禁止出入。同時亦思考到借英法軍前來助戰辦法。故早遣蘇州知府吳雲前赴上海，進行交涉。但自滸墅關失守之後，太平軍已迫近蘇州，再加潰兵聚集城外，危機即在眉睫。當此危殆之時，徐有壬遂亦於四月十一日發吳煦札文，授命火速借英法兵船星夜前來助戰。情詞所見，可知是在萬分危急之中。雖然此札發到吳煦之手，而蘇州已於四月十三日（一八六〇・六・二）失守。徐氏並隨城殉難。（註十三）

　　蘇州失守之後，江浙地方尤其震驚。當時官紳之一般設計，除借洋兵助剿之外，別無妥善應急之法。連日來地方大吏非逃即殉，無不各圖避趨之計。大致趨勢，又無不以上海為走投安全之所。抑且既欲求援於洋兵，亦不能不就商於上海各國領事。蘇州失陷，太平軍連天攻佔太湖沿岸，長江下游，已無淨土。由是而自然促使上海租界之人口激增，並加速提升其重要地位。其時江南大吏以兩江總督何桂清地位最高，但

註十二：吳煦檔案中的太平天國史料選輯，第九十一頁：王有齡信：「頃接蘇州來信，大帥已退至大關，潰兵紛紛下來，常州之失可想而知。現在惟有請夷兵速來，或到蘇或到杭均可。事成之後弟當任其咎。匆匆手泐，即頌勛安。愚弟齡頓首。初五辰刻。

　　又同前書，第四十四—四十五頁：「欽命會辦軍務浙江巡撫部院王（有齡），札蘇松太道知悉：照得前據該道函稱：聞得咈、嘆等國商人因金陵賊勢披猖，公議請兵助勦等情，據此。查各商久駐上海，與居民相安，不啻一家。茲因粵匪竄擾內地，即請助兵剿賊，固我疆圉；以副大咈、大嘆多年不分彼此互相援助之心，蘇常官民同深感激。並據各司道會詳，請奏前來，除恭摺奏明外，合亟札飭，札到該道，迅即面致各商，速請大咈、大嘆欽差即刻整隊前往蘇常代為攻剿，指日逆匪盪平，永商和好。我皇上鑒此奇功，必以有報。該道務須從速辦理，弗稍遲延，火速飛速，特札。咸豐十年四月初五日（初七到）」

　　又同前書，第九十頁，王有齡致吳煦函：「頃專足寄去兩信，計先入鑒。蘇、常如此情形，驛路已經梗阻，奏報必應設法馳遞，以通消息，可否由海船遞至山東或天津？轉遞之處，務祈籌示遵辦，以期便速。此請勛安。愚弟齡頓首。初五日巳刻。

　　附抄（王有齡）片稿：再風聞上海夷商恐賊內犯，商賈不通，有公請各國之兵助順保商之議，如果屬實，當此賊勢披猖，該夷助順情殷，恐難阻止，或竟藉此挽回大局，保全南服並綏北行，亦未始非計之得。理合附片密陳，伏乞　垂鑒。

註十三：同前書，第四十五頁，徐有壬札文：「札蘇松太道，兵部侍郎江蘇巡撫部院徐為飛札事；照得無錫被圍，蘇城萬分危急。現在咈嘆兩國業已和好，想志切同仇，必能撥兵援應。合亟飛札，札到該道即速遵照前赴咈嘆兩國統兵處，妥為商辦，務須迅撥兵船，星夜前來。如果藉其兵力轉危為安，我國圖報，惟力是視。本部院翹望援兵，急如星火。軍情緊急，萬勿稍延，切切特札。咸豐十年四月十一日。

亦藉與外夷會商助剿事而於四月十七日逃抵上海。（註十四）

何桂清逃抵上海，江南局面絲毫未得改善。其一，太平軍追擊清軍，所至勢如破

註 十 四：太平天國史料叢編簡輯，第六冊，第一五七頁，何桂清奏：「臣伏查此次金陵大營之潰，皆由和春信用非人，兵勇怨望已非一日。張國樑鬱鬱不得志，在丹陽孤軍擊賊，陷陣而亡。一時軍心瓦解，見賊即走，丹陽、宜興以及常州、無錫，均係賊到即潰，皆坐此弊。蘇城先有奸細混入，又爲潰逃兵勇勾結外賊，不過半月，遽報失守，尤堪痛哭。和春在滸墅關，目擊解體情形，無可收拾，先期自戕。張玉良因蘇州不守，亦即飛馳赴浙。正副主帥，相繼淪喪，三軍無主。數萬兵勇，一旦星散，軍火糧餉，悉以資賊。未及匝月，局面潰敗至此，實自古未有之奇變。該逆於十三日陷蘇州後，探聞賊隊絡繹而至，行將蔓延浙境。現在杭州城外，已有蘇省潰兵二、三萬人，其中難保無奸細混雜。臣王有齡督飭在城文武，嚴密稽查，分別安插。祇以人數衆多，領兵將弁，多半逃亡，清理極爲棘手。城中餉絀兵單。嚴州之賊，正伺滾而動，內憂外逼情形，實危在萬分。臣等屢次飛咨近省督撫及統兵大員，請發援兵。無如所調閩、楚、江西、皖南、北各路之兵，非自顧不暇，即緩不濟急。即如皖南鎮江長貴一軍向稱得力，已抵江、浙交界之平望鎮，旋因潰兵潮湧而來，遂即折回湖州。此外更遙遙莫必，即有援兵速至，亦復無從籌餉。是以蘇州危迫之時，江蘇新臣徐有壬焦急無計，飛札新調蘇州藩司薛煥，蘇松太道吳煦，請借嘆、咈二國夷兵，赴省救援。並准閣郡紳士韓崇、彭薀栝、汪藻、潘儀鳳等公稟，特委蘇州知府吳雲齎札催調。乃吳雲甫經到濾，蘇州遽聞不守。臣何桂清於劉河舟次，接據吳煦遣捕盜局輪船飛請迅去商辦，即於十七日晚間抵濾。」

籌辦夷務始末補遺，第五〇五頁，何桂清奏片並咸豐帝硃批云：「再正在繕摺間，適接署蘇松太道吳煦來稟，以撫臣徐有壬據蘇州紳士韓崇等商請照會嘆咈二酋，借用夷兵防守蘇州。該酋接撫臣照會，答以如要辦理保蘇之事，須請總理五口大臣何總督來濾面商，方能議定。吳煦以旣奉撫臣箚諭飭辦助順，一面專派捕盜輪船來接臣赴濾，一面稟明撫臣酌辦。今蘇州旣已失守，張玉良又退往杭州，兵勇均已潰散，地方又遭蹂躪，蘇省已無一兵一將，餉源無出，軍火器械一無所有，大局甚屬可危。臣拜摺後，即坐來船，前赴上海商辦。謹將臣赴上海緣由，先行附片陳明，伏乞聖鑒。謹奏。咸豐十年五月初一日奉硃批：覽。蘇垣保守，固尙不可藉用夷兵，今事已至此，何事可商，巧籍一避賊之地耳。」

又吳煦檔案中的太平天國史料選輯，第四十五頁，何桂清給吳煦札文：「太子太保兵部尙書兩江總督部堂何爲抄片咨行事：照得蘇州紳士商請照會嘆咈二酋借用夷兵防守，暨本部堂前赴上海商辦緣由，於咸豐十年四月十六日由驛附奏。除俟奉到硃此，另錄咨行外，合行抄片札知，箚到該道，即便知照，特札。」

又太平天國史料叢編簡輯，第六冊，第一六頁，何桂清奏：「臣何桂清跪奏：大營兵勇，潰敗決裂，至於此極，而夷務之無可挽回，景象業已畢露。現到夷兵四萬餘衆，不日即全數北行。迨British面見卜酋（Frederic W. A. Bruce）察其詞意，十分堅決，斷非空言所能阻止。當此事勢危急，若不急爲安撫，鉅患即在目前。臣與王有齡之本意，重在消弭北釁。而即以徐有壬借兵助順，與紳商望其救援爲激勸之詞，以分其勢而繫其心，仍無礙於國體。即使無江南之變，該夷北擾，亦是不了之局。況賊勢猖獗，深恐乘機勾結，若夷船北駛，賊復北竄，尤爲腹心之患。是撫夷、勦賊之情，洵出於萬不得已也。此次薛煥到濾，軍情夷務，皆所目擊。江、浙官紳、商民均以撫夷、勦賊爲當世之急務，否則不可收拾、薛煥亦以爲舍此別無他法。即蘇省紳士韓崇等亦聯名專函，求薛煥速定和議，迅借夷兵，以解倒懸。臣到濾七日，逐日與該司熟商，本月據該司云，因奉有上諭，各辦各事，若眞能挽回，則是聖主如天之福。惟據臣愚昧之見，事已決裂，若不顧東南大局，更不能消弭北釁。安危之機，止爭一間，不敢不據實直陳於君父之前，伏乞聖明洞鑒。再繕摺間，又接浙江撫臣王有齡來信，並致吳煦一信，並將原函一併恭呈御覽。信中璧田、即張玉良，向忠武即向榮，和大帥、即和春，曉帆、即吳煦，小漁、即蔡映斗，趙竹生、即趙景賢，合併陳明。」

竹，天京解圍之後，兩月之間，席捲江浙首善之區二十餘州縣。五月底已接近上海外圍。其二，英法聯軍二次進兵中國，主力直指天津，夏秋之際，正在積極運兵備戰，焉能理會江南官紳求援。其三，此時江浙糜爛，何桂清守土有責，屢受朝旨嚴譴，最後並革職拏問。何氏雖到上海，已是待罪之人。其時清廷已調升薛煥繼任江蘇巡撫，並暫署兩江總督及五口通商大臣。江南地方事務至此完全進入另一時期。

三、北京條約簽訂後借兵之議再起

薛煥繼任，蘇浙兩省大部淪陷，浙江方面仍由王有齡坐鎮杭州孤城，沿海之寧波尚未喪失。江蘇方面則只有上海及附近城鎮，兩處同命同病，而杭州尤見孤危。不過，當太平軍眞正進攻上海，遂立即引致英法軍抵抗。再加上北方經英法聯軍進佔天津北京，與中國議訂和約之後，使上海方面易於與英法軍人協同防守。故薛煥面臨局勢，實已日漸好轉。

原當蘇州城破之後，長江下游岌岌可危，地方大吏何桂清、薛煥、吳煦集於上海，難籌應敵善策。除呼求英美法洋商領事協守上海之外，乃由商人楊坊（候選道衙），經美國人可富 (Gough) 介紹，由美國軍人華爾 (Frederick Townsend Ward) 主持，召集呂宋人百餘名，輔以兩位美國軍人白齊文 (Henry Andrea Burgevine) 及法爾思德 (Edward Forrest)，組成一支洋槍隊，駐松江防守。終因打仗奮勇，雖敗不餒，聲名日漸著聞。薛煥並奏明請獎，賞給華爾四品翎頂，增募兵勇，擴大編組，定名其軍爲華軍，遂成地方一支重要武力。這就是後日常勝軍的前身。（註十五）

咸豐十年多中國分與英法俄三國簽訂和約，清廷政權復得穩定，北方已無問題。俄國首先向北京政府建議，願送中國鳥槍十萬桿，助中國練兵並平內亂。事爲恭親王拒絕。嗣後英法兩國亦各推薦軍官，願助中國在沿海各口岸練兵。（註十六）

當時提議助中國平亂者，俄爲首創，法國公使亦積極建議，而英國態度穩愼，不欲捲入中國內戰。北京方面，朝內先起反應，並生爭論；仍爲反對者多，附和者少。風聲傳至江南，遂又激起廣泛興趣。由於江南遍地糜爛，僅留上海、杭州、寧波、湖州數處孤城，江浙紳富，避難求活，地方大吏更望恢復失土，以贖罪責，深盼洋兵前

註 十 五：吳煦檔案中的太平天國史料選輯，第一百二十五頁至一百二十六頁。
註 十 六：王爾敏：練軍的起源及其義意，大陸雜誌，三十四卷，六期至七期，一九六七年，臺北。

來解救。今當中外已經恢復和好，俄法又主動建議助中國平亂，自是極合江南官紳願望。避難上海之蘇紳馮桂芬即有「借兵俄法議」以爲申解：

> 「側聞俄法二夷有自願助順之說。廷議以爲利多害少，是也。有謂不可行者，不知夷情之論也。欲借夷兵，當先問夷之有異志與否。夫諸夷不能無異志，而非目前數年中事。詳余所爲『重夷務議』中。今之自願助順者，非有他也。貼餉必以百萬計，利在官；逆賊積年刧掠，可攘而有之，利在兵；上年貿易十減三四，事平可復其舊，利在商。」（註十七）

江南大吏借兵解救蘇常，緊急求援，未見實效。而太平軍進軍上海受阻，英美法果然合力防守，自爲保護上海商埠區域起見，居民依爲可恃屏障，江浙逃難紳富，遂以商埠爲安全樂土，紛紛遷入避難苟活，不再更存恢復失地之想。及中外和約簽訂，俄法示好，有相助之意，再度激起借兵之議，地方大吏更欲利用助攻蘇常金陵，以保祿位而免罪責。因是而有浙江巡撫王有齡於咸豐十年十二月初三日，江蘇巡撫薛煥於同年十二月初九日分別呈遞奏摺，再度提出借兵助剿之議。（註十八）

註 十七：馮桂芬：顯志堂集，卷十，第十六頁。（光緒二年，校邠廬刊本。民國五十六年九月，臺北，學海出版社景印）

註 十八：吳煦檔案中的太平天國史料選輯，四九頁，王有齡奏云：「伏查江浙兩省賊勢披猖，兵力不敷勦辦，維（雖）蒙簡授曾（國藩）爲欽差大臣，現在規取徽寧，未能赴蘇追剿，亟應添兵協助，以免日久蔓延。借資外國之兵，其有無格外要求雖難預料，但由彼在京陳請，亦足徵同仇敵愾之誠，如果照議舉行，可期迅速應手。此後各省貨物已准外國自行販運，不復抽厘，其包攬內地厘捐，勢所必至，餉源旣斷，決裂即在目前，不得不爲急則治標之計。浙省寧波一口，現無俄國之人，啡國雖設有領事往來寧滬之間，並未常川在寧，且向來寧口通商事宜皆聽命於上海。此舉事關重大，若由浙向其商辦，必將決之於滬，而不能質之於寧。江蘇撫臣薛煥曁蘇松太道吳煦機宜熟悉，胆識俱優，必能訪察實情勘酌盡善。臣等已密行知會屬令就近妥商酌辦，由薛另行具奏。」

又同前書，四六—四八頁，薛煥奏云：「伏查江蘇軍興八載，良將勁卒戰歿甚多，而賊氛仍熾，玆則至於糜爛不堪。蘇省兵勇積習已深，潰逃是其慣技，民團尤不足恃。議者多謂：必須另籌良策，救民水火之中，庶免愈久而愈難收拾。本年春夏之交，蘇省官紳衆口同聲，欲借嘆、啡兩國夷兵剿賊。臣初不謂然，緣其時嘆、啡心正叵測，又嗜利無厭，後患不可勝窮，故不願與聞其事。玆俄羅斯使臣伊格那替業幅（Nicholas Ignatieff）願由該國撥兵在水路會同中國陸路重兵進剿髮逆，啡郎西亦有此請，是出於該使臣等之抒忱自請，與由中國向其商助不同。外夷所貪在利，兵費必鉅，然江蘇南北兩糧臺支放軍餉，從前每年約用銀一千餘萬兩，時歷八年而金陵迄未攻拔，是俄、啡兵費雖鉅，若地方早得肅清，則所省轉不可勝計。且新定條約，江寧一口通匪徒剿滅後，准啡國前往通商，正可以此明諭啡酋，使其早滅此賊，早日貿易。如是則俄、啡由水路而進，先取金陵，以此廓清江路，我即可收長江之利，以贍陸路之軍，餉充則兵自得力。若該酋等派陸兵由旱路會剿，再由京師陳派精兵數隊前來，不但髮逆即可立除，即各路土匪亦必不敢竊發。況俄羅斯乃海外之雄，向爲嘆所深畏，若聯絡俄國收爲我用，則嘆夷自必戢其驕心，不至與髮逆勾結爲害，此又以夷制夷之法也。論者又謂：夷人深

　　咸豐十年冬，借洋兵助剿之議再起，就上海情勢而言，當可能促成更具體之合作。英法軍人於北方戰事結束後，有者飽掠而歸，有者尚欲留在中國境內從事征戰。俄人倡議最先，並無進展。而英法公使領事，則已先後紛紛推薦軍官爲開埠通商各口岸練兵，以保商務暢通及洋商安全。中國地方大吏則盼望洋兵直接進入內地，代爲收復城池。

四、杭州失陷後中外會防之實現

　　中國官員乘勢利導，借兵助剿，經畫尚未成功，而太平軍已再發動大規模軍事行動，席捲浙東未陷之地。於咸豐十一年十月至十一月間，連陷奉化、慈谿、臺州、寧波。於十一月二十八日（一八六一・十二・二九）太平軍忠王李秀成攻陷杭州，巡撫王有齡，布政使麟趾，按察使寧曾綸，學政張錫庚，提督饒廷選等均殉難。十二月一日（十二・三一）太平軍攻破杭州滿城，杭州將軍瑞昌，副都統傑純均自殺，同日死者萬餘人。忠王李秀成於攻下杭州之後，立即於十二月初八日（一八六二・一・七）揮兵進攻上海，一路通告口岸洋人，勸洋兵洋商保持中立。（註十九）

　　寧波、杭州先後失陷，僅餘上海地區及附近城鎮，已爲僅存之孤島，而江浙殷富紳者尚且連日接踵而來，避難求活。太平軍攻略浙江各城之時，上海官紳自更感覺事

（承前註）入內地，恐不相宜。然喚國和約中本有內地游歷通商一條，即使不借夷兵之力，亦不能禁該夷之不入內地也。第戰勢蔓延甚廣，長江地方遼濶，俄兵即使驍勇，斷非三、四百人所能爲力。且夷兵不可令其與賊久持，久則恐生他變，此又不可不慮者也。臣愚以爲，該酋如果助順出於至誠，必須厚集兵力，一鼓成功，方無他慮，且可節費。查咸豐八年，喚酋額爾金（Lord Elgin）以火輪船五隻駛赴湖北，路過金陵，爲髮逆擊壞二隻，今聲罪討賊，船非數十隻不可，兵非數千名不可，但得夷兵厚集，會同俄兵，水陸並進，可期所向有功，不致顧此失彼。惟祝逆賊早平，誠如聖訓，我之元氣亦可漸復。從此餉可裕，兵可壯，伏莽固可漸消，即外國諸夷見我兵精糧足，亦可以懾服其心，而弭未萌之患，似又不僅爲救急之方已也。臣與各司道連日悉心體察，係屬利多害少。如蒙諭旨准行，應請敕下恭親王奕等照會俄、喚二國使臣，迅速趕辦，並將如何議給經費之處，酌議章程，兩執爲信，遵照辦理，實於殄賊柔遠皆有裨益。

又薛煥並於同一奏中，說明克城之後，中國與外國兵分配賞金及賊臟辦法：見前書，第四八頁：「再俄喚助順剿賊，克復地方後，所得賊臟，亦應與該使臣等先爲議明。如攻復金陵等處，賊臟必多，應以五成歸中國充公，以五成分賞中外兵勇。其應賞兵勇之五成，當以中國二成，外國三成爲斷。相應請旨餘恭親王等，一併與俄喚使臣預爲議定，以免中國資財盡流出於外洋，亦開源節流之一法也。」

註　十　九：郭廷以：太平天國史事日誌，八二八——八四八頁。（民國六十五年，臺北，商務印書館印，第三版）

態之嚴重。太平軍忠王李秀成攻破杭州之後，立即發佈通告，傳知上海，申明進攻上海之意圖。(註二十)上海地方得悉太平軍即來攻打，官民驚懼，遂更加速進行借助英法軍人之會防。觀吳雲致吳煦信，可以見其運用洋商買辦之手法及其焦急緊迫之情況：

「頃邀楊子芳（楊徽猷）來寓，告以軍務之壞，囑其赴城外（指北門外）與廣幫人籌議，凡在夷人處作夥如吳南皋之類，均囑轉告夷人，趕為防範。並慫恿協力助剿，能得兼顧浦東尤為大妙。又邀金蘭生來，囑其趕赴元豐庄與周家濤、張緻雲等商議，速催夷兵，保守南市。此番變起倉卒，各人尚未周知，子芳、蘭生得此警信，均已分赴各處矣。吟蕉處亦已去信，囑其邀同席華峯諸君商議，於夷人處告以利害，竭力慫恿，緣恐該酋以為數見不鮮，視作尋常之事。全在羣策羣力，（原註：華人告夷人，俾夷人去向領事說。）使知賊勢之大，趕為布置，則憲臺與商亦較易辦。」(註二十一)

關於駐上海英美法各國官商，自已嚴密合作為防守上海安定打算。同時期忠王李秀成亦派人於虹口捕捉兩名英國水手，授予致上海洋人通告，令其轉交英國領事。通

註 二 十：上海通志館期刊，第二卷四期，一四九一——一四九二頁，徐蔚南：上海在後期太平天國時代，所引咸豐十一年十二月初九日，忠王李秀成進攻上海通告原文：「眞天命太平天國九門御林忠義宿衞軍忠王李為諄諭向海松江人民、清朝兵勇各宜去逆歸順，同沐天恩，毋得自取滅亡事。照得伐暴安良，固宜逆誅而順撫，而開疆拓土，尤宜柔遠而懷來。緣念本藩自去冬恭承簡命。統師上游江楚，復由江楚班師，而進（取）浙省。凡所經過之地，其於投誠之百姓，則撫之安之，其於歸降之勇目，則爵之祿之，無不在在仰體上天好生之德，我主愛將重士之心；而戡亂治平，招降納衆，諒爾一帶人民，亦所深知而灼見也，茲因東南輿圖□□近歸我版藉；而惟有向海□□□實逼處此，乃我必收之地，而固□蘇浙之屏藩。故特分師五路，水陸並進，而進攻向海松江。恐爾人民驚恐，惶惶如喪家之犬，而窮無所歸。為是特頒諄諭，先行令人前來張貼，仰爾向海松江一帶人民兵勇知悉；爾等試看我師一路而來，撫郵各處投誠之人，著即放膽，亦照該等，急早就之如日月，歸之如流水，自當於純良之百姓，加意撫安，其於歸降之兵勇，留營效用。至於在向海貿易之洋商，去歲□□□□成約，各宜自愛，兩不相擾；自諭之後，倘不遵我王化，而轉助逆為惡，相與我師抗敵，則是飛蛾撲火，自取滅亡，無怪本藩師到而大肆殺戮之威，有傷天地之和也。其宜凜遵毋違！」

註二十一：吳煦檔案中的太平天國史料選輯，第七十一頁。
又同前書，第七十頁，吳雲致吳煦信：「今日憲臺（指薛煥）等商夷人協助之事，有無就緒。此事深費盡畫，眞亦甚難，其愼蓋毫無把手，全在夾縫裏做文章，故比別事倍難也。」
又同前書，同頁，吳雲致吳煦書：「惟賊勢過熾，能否抵禦，眞難逆料。所盼梅君到來，得與法酋商通。保全浦東，則為萬幸。事已急迫，楊懋棠又遠在甯波，應否飛信前去，囑其星夜來滬，渠家業俱在上海，得知此信，或能趕緊前來，況受憲臺知遇之深耶。此說明知非能救目前之急，看賊勢恐非數日間能了，迫其到來總有益也。」

曉外人嚴守中立，不得從中協助淸軍。(註二十二)

英國領事麥華陀 (Walter Henry Medhurst) 得到李秀成公函，即於十二月十三日 (一八六二·一·十二) 召集在上海英美法軍事領袖及領事，會商應付策略。英國將領何伯 (James Hope) 主張覆一公函，說明上海英美法抵抗太平軍之決心。至採用告示形式，則係出於法國領事伊擔 (Benoit Edan) 所建議。(註二十三)

當此時期，避難上海之江浙官紳，在緊急狀況下，已在積極奔走，極力乞求外力援助。在十二月初旬上海紳商會合向英國巴夏禮 (Harry S. Parkes) 數度商請中外會防辦法。中國出面者先後爲吳雲、應寶時、顧文彬、潘曾瑋等人。內中主持人則爲吳煦，中間引介之人，當爲英國繙譯官阿查哩 (Chaloner Alabaster)。(註二十四)並且在同時中國紳商擬定借洋兵助剿辦法八條，分別送交巴夏禮及呈遞江蘇巡撫薛煥。茲將此八條中外會剿辦法附開於後，以供參考：

> 「一、順衆籲以極（拯）民生。自賊匪竄擾金陵以來，江南諸地，蹂躪已徧，所傷生靈，何止數十百萬。中國承平日久，民不知兵，江南風氣，又極柔弱。以致經年累歲，師老無功，凡我文武，無不愧恨。茲幸貴國與中國永遠和好，遐邇咸知，現在商民，無不同聲環訴，求助貴國，實以情極之至。擬請貴國念救災邮難之誼，一面發兵會剿，一面由疆臣馳奏。

註二十二：上海通志館期刊，第一卷二期，三〇九——三一〇頁，蒯世勳：上海英美租界在太平天國時代。引據太平軍忠王李秀成通諭上海西洋人公牘有云：「今忠王已底定蘇州，奄有江東，則上海之當入版圖不待蓍龜而明矣。今以區區上海，欲作螳臂當車，是猶捧土以塞孟津，多見其不知量也。自西人東漸，與我互市，其僑居於濱海各州縣者不下數千人。我大軍至後，若盡殲居民，則恐傷各國友誼，而辱國體。故先此通告各國人民，毋與滿奴同處，則城破之日猶得民全，若夜郎自大，隱助滿奴，則大軍一至，玉石俱焚。雖悔亦無及矣。」

註二十三：同前書，第二卷四期，第一四九三頁，徐蔚南文，所引上海英法官方對太平軍通告之答覆云：「前已通告南京政權，上海已由英法軍隊防禦。因此一切對於上海的攻擊，將使攻擊者不利。」

註二十四：吳雲：兩罍軒尺牘，卷十二，第三十一——三十二頁，致周賸虎書：『至西人助順一節，前日巴酋（巴夏禮）到滬，介見蘇紳，旋約鄙人與敏齊（應寶時）同晤，央渠相助。巴云：「中國有諺語『成則爲王，敗則爲寇』（原註：巴酋一口官話，於中國情形，無不周悉），今觀此賊，實是寇非王，唯寇勢已大，欲就掃滅，斷非一年半載能了事。我外國人與彼無隙，今欲克復甯波，保守上海，非用武不可，一經用武，即啓釁端。中國人作事，每每有頭無尾，將來開釁之後，萬一撥在我外國人身上，如何處置。今欲幫同勦賊，必須預籌一線到底之法，請大府先行入奏，伊亦稟明駐京公使，聽候示下辦理」等語。（用意本在甯波、上海，而不能不統及金陵，即巴酋所謂一線到底也。）蘇浙紳士公呈內所稱借兵克復蘇、常、金陵之說，蓋曲從巴酋之意也。事勢至無可如何，不得不委曲遷就，兄觀滬城無西人，其能屹然否耶？言之可歎。』

一、防上海以固根本。上年七月，賊匪大股犯滬，幸賴貴國精兵，協同駐守，如何捍禦之法，擬請貴國統兵大員，商同調度。

一、復寧波以樹聲援。上海爲賊所時刻覬覦之地，其未敢大擧深入者，以有貴國駐守，兼之浙省尚在耳。今寧、鎮已陷，杭城被圍，再有疏虞，賊必全力趨滬。擬請貴國統兵大員，以兵船剋期收復寧、鎮；此間選兵勇中之敢戰者一、二千人，前往守城。則上海得以從容佈置，而賊必不敢輕犯矣。

一、乘空虛以取蘇州。賊衆近日以全力攻杭州，又知寧國被我兵進取，已分股前往救援，蘇城極爲空虛。且其中被脅難民，多有反正之意。擬請貴國酌派陸師，會同中國現紮松江及各路之水陸兵勇，併力進攻，乘虛直搗，定可應手。如能先斷賊通浙之路，則南京亦不難次第而下。

一、會曾兵以攻南京。中國曾帥大兵，現在分攻廬州、寧國兩處，得手卽可直下南京。擬請貴國會師合勦，以貴國水師攻南京，卽約曾營大兵扼賊後路。如此水陸夾擊，必可淨盡掃除，不留餘孽。

一、酌兵數以定餉需。上海所派松江、青浦、金山、寶山駐守各兵，實數水陸四萬有奇，每月需銀十萬兩。茲蒙貴國發兵，或戰或守，需兵若干，需餉若干，擬請酌量調派。所需兵餉，或以月計，或以收復地方後統計，並應會同法國與均請預行酌定，乃可設法籌備。

一、留寇貲以犒兵勇。南京、蘇州逆匪積貲不可數計。剋城之日，所遺輜重，不准私自攜取。擬請貴國酌定成數，分犒中外兵勇，庶足以昭信賞，而士馬無不騰歡矣。

一、設公所以便會議。中外軍務，旣相聯絡，所有應商辦事宜，難以日計。必須在洋涇濱設一公所，酌派清正官紳數員，逐日與貴國辦事之人，商酌集餉、調兵、設探報、備供應諸務。有應貴國照會中國撫、藩署者，有應撫、藩署照會貴國者，均由公所派定官紳及貴國派辦軍務之人承辦。（註二十五）

────────────────────

註二十五：太平天國史料叢編簡輯，第六冊，一六八——一六九頁。
　　　　又吳雲兩罍軒尺牘，卷十二，第八頁，致吳煦書：「兵勇得力者少，惟望西人協助，庶滬上或可以保。水師提督曾否囘來？前議滬兵勇直同兒戲，錮習已深，無可挽囘，擬於洋涇濱設立會防公所，此必不可少者。承商條款，亦皆是應辦之事，中間略參管見，以期周密。滬上安危，繫於此擧，望先與敏齋諸君籌商速辦。雲俟此間稍可抽身，卽當飛棹旋滬，聽候驅策，至禱至禱。」

　　根據會防辦法第八條所定，上海官紳遂即不稍遲延，而於十二月十四日（一八六
二・一・十三）在洋涇濱設立會防公所，時稱會防公所，時稱中外會防局，而以後者
應用較廣，乃成爲官方一定名稱。會防局之功用，一在徵集捐款，供應洋軍。一在探
訪情報，提供消息。一在租僱洋船，運兵運械。一在購辦軍火，接濟戰防。（註二十六）

　　上海官紳計議完成之後，同時稟呈江蘇巡撫薛煥，薛煥即根據衆紳所請轉奏朝
廷。其中參與之地方官紳，俱列名銜。計有宗人府府丞溫葆深、詹事府詹事殷兆鏞、
湖北鹽法道顧文彬、刑部郎中潘曾瑋、翰林院編修徐申錫、侍讀金日修。地方官則附
名其中，爲候補知府吳雲、候補知州應寶時。在稟中，聲明同意而未作列名者有：團
練大臣廳鍾璐、中允馮桂芬、編修潘遵祁。然其中眞正主持經營者實爲上海道吳煦。
但是並未出名。（註二十七）

註二十六：太平天國史料叢編簡輯，第六冊，一六九——一七〇頁、上海中外會防局開辦章程：
　　　　「十一年十二月十四日，設立會防公所，會同英、法二國領事等官，查明西南北大小逕路十一處，
　　　　各設偵探員董，酌計健丁，專探賊情，輪番馳報。如有大股賊至，即馳報發兵，會同英、法駐守兵
　　　　丁，併力捕勦。其滬城東路，瀕臨黃浦，商民船隻聚泊至吳淞口三數十里，帆檣相接，其中難保不
　　　　潛匿匪船。因派委員先禁各船不許停泊近城處所，並查出跡涉可疑者，槪行驅逐。另設立水巡礮船，
　　　　來往梭巡，復經英、法二國酌派火輪兵船，在黃浦、吳淞合流處駐泊，以防外江。其滬城北路，
　　　　尙有支河由洪口大橋、老閘、新閘直達靑浦、嘉定，爲逆匪乘船來犯之路。當飭幹員於大橋、新閘
　　　　兩處添設閘板，加以鐵練鎖截；並由英國派小火輪船，駐淀橋內閘外，以防內河。至於西南路道路
　　　　錯雜，田原平衍，無險可扼，而南、北兩門外，居民稠密，防亦極難，當與英、法二國熟商，由西
　　　　門而至新閘，由南門而至黃浦，相度地勢，開鑿深濠三千餘丈，起建礮臺二十餘處，盡將民居環包
　　　　入內。旣可摞壘而守，又可越濠而戰。復於要口開闢馬路，以通礮車，迎勦追轟，益臻便捷。凡此
　　　　工程，俱經次第興辦。惟是四鄕難民，紛紛沓至，流離困苦，無可爲生。因於南門外柴場，搭廠賑
　　　　濟，妥爲撫邮。並令員董隨時稽察，以防奸宄混雜。其餘應辦事宜，隨時體察情形，陸續酌辦。」
註二十七：同前書，一六六——一六七頁，上海官紳公稟：「呈爲借師助勦，環請陳奏事：竊查金陵師潰，髮
　　　　匪披猖。兩年以來，仰見大公祖大人整旣潰之兵，支瀕危之局，克復松郡，保全海隅兩廳五縣。維
　　　　持危艱，寢饋焦勞，遠近無不共諒。惟是兵單練弱，地狹防多。靑浦、嘉定、平湖、乍浦之賊，屢
　　　　出肆擾，我軍四路星羅碁布，僅能分守，無暇合攻。自十月至今，逆匪以數十萬衆力撲浙省。該逆
　　　　有一得杭州卽圖上海之說，自宜備豫不虞。況上海自甯、紹被陷，杭州受困以後，貿易不通，餉
　　　　源驟絀。若再曠日持久，正恐兵增帑竭，支持愈難，民困倒懸，何時能解。紳等伏考漢用運邪，唐
　　　　資回紇，皆借外國兵力以成大功，於古有徵，於今爲便。因思英、法二國，自去秋與中國通和以
　　　　來，極爲見好。其早經駐滬之領事兵官，於防匪查奸等事，互相照會，無不盡心。日前英國參贊大
　　　　臣巴夏禮與紳士接見，傾談之次，邀其調集西兵，助同中國官軍，保守上海，克復甯波，次及蘇州、
　　　　江甯等處。巴參贊深識大體，亦以賊氛肆毒，民不聊生，深爲欷恨。惟云，事關中國大計，必得撫
　　　　憲大人據實陳奏；巴參贊亦可一面稟商英憲以便趕緊議辦。現按曾營來函，明春可以分兵到滬。曾

　　上海中外會防局成立，以官紳吳雲、顧文彬、潘曾瑋、應寶時四人主持局務。局址設於洋涇濱商埠源通官銀號之內。分別於吳淞口、洋涇濱、關王廟三處設卡，抽收稅捐，專供支應洋兵作戰之用。當時議定借外國官兵一萬人，每人支應口糧、衣服、軍火共銀二十兩，合計每月支付二十萬兩，其中十萬兩由道庫抽提，另外十萬兩由會防局設卡收捐，而道庫之銀實卽出自江海關提撥。此外又議定洋兵助剿之犒賞辦法。卽克復縣城一處犒銀二萬兩，克復府城一處犒銀四萬兩。如能克復蘇州、金陵，則於破城之時，城中一切輜重概歸洋兵收管，變價之後，分作三分。英法兵各一分，中國

（承前註）　帥乘復皖之威，挾建瓴之勢，勇氣百倍。更得大公祖大人會合西師，居中調度，作犄角之形。尅期進兵。恢復諸城，計日可待。紳等兩省羣黎，同在水深火熱之中，痛切剝膚，待拯情迫。用敢偕同商民人等，環籲臺轅。伏祈大公祖大人俯順輿情，亟賜據情陳奏，請旨敕下總理衙門，會商英、法二國大臣，如何撥兵，如何派餉，及如何會合進勦之處，迅速定議施行。庶可同仇偕作，掃攘醜而靖東南，在此一舉矣。是否可行？伏乞鈞奪，無任急切待命之至！再查蘇省紳士在滬者，尙有團練大臣龐鍾璐，前任中元（允）馮桂芬，編修潘遵祁，紳等面商，意見無異。惟龐鍾璐以事非團練，未便會奏。馮桂芬，潘遵祁抱病，向不與公，未便列銜，合併聲明。上呈籌議借師勦賊章程八條。」

　　又同前書，一六五──一六六頁，薛煥奏：「奏爲江、浙兩省紳士具呈環請，據情代奏，恭摺馳陳，仰祈聖鑒事：竊自浙省甯波府城被賊佔據，上海等處地方頗爲震動。迨聞杭城失守，人心更覺驚惶，臣竭力撫綏，申嚴守禦。正在督率文武各員，並會同團練大臣周密布置間，據用道候補知府吳雲、候補直隸州知州應寶時面稟：有江、浙紳士公議借調英、法二國之兵助勦，懇臣代爲具奏。旋有江蘇前宗人府府丞溫葆深，前詹事府詹事殷兆鏞，按察使銜前湖北鹽法道顧文彬、鹽運司銜刑部郎中候選道潘曾瑋等，浙江翰林院編修徐申錫，內閣侍讀銜委署侍讀金日脩等，具呈到臣。內稱：逆匪有一得杭州卽圖上海之說，亟應備豫不虞。日前英國參贊大臣巴夏禮 (Harry S. Parkes) 屢與紳士接見，該紳等邀其調兵協助官軍，保守上海，克復甯波，次及江蘇蘇州等處。巴夏禮深識大體，亦以賊氛肆毒爲恨。據云馳奏之後，一面稟商英國大臣。是以偕同商民人等環請俯順輿情，據實陳奏，請旨敕下總理衙門，會商英、法二國大臣，撥兵會合進勦，以掃攘醜，而靖東南等語。臣以事關重大，所呈是否可行，札飭署蘇藩司蘇松太道吳煦督同吳雲、應寶時博采衆論，迅速核議具詳去後。茲據該署司等復稱：粵匪蔓延江、浙，毒徧東南，近復竄踞甯、紹，攻陷浙江省城。賊勢猖獗異常，卽圖窺伺上海。適有英國參贊巴夏禮，與江、浙紳士議論賊情，可商會勦。溫葆深等復與官紳商民反復會議，皆謂情形危迫，非此無以安定人心，實係衆謀僉同，詳請具奏前來。臣查逆匪旣得逞志於杭，必將甘心於滬。惟當激勵將士，督率軍民，矢志同仇，殲除兇逆，並飛咨督臣曾國藩迅速派兵前來，會同勦辦。惟現在臣與署提臣曾秉忠所部水陸各軍分防松江、上海、金山、奉賢、寶山各路要隘二、三十處，實有防多兵少之虞。而該逆數十萬之衆，兇燄方張，必須厚集兵力，以操制勝之權。該紳等所謂請兵助勦，亦屬萬不得已之計，旣據該司等詳稱兩省紳士、商民急迫呼籲，臣不敢壅於上聞。理合恭摺，由驛六百里具奏，並將該紳士等原呈及另信一函，封送軍機處備查。伏乞皇上聖鑒訓示。謹奏。」

　　又馮桂芬：顯志堂集，卷四，十九──三十一頁：「滬城會防記」，此文爲具備當時人始末之專門記載，但是太過簡略。

分得所餘一分，用此以爲激勸。(註二十八)

　　關於太平軍忠王李秀成之進軍，對於上海地區之用兵，已是聲至影隨。當麥華陀召集英、美、法三國軍事領袖議商保滬計劃之當日，太平軍已自浙江乍浦揮軍北上，進入江蘇沿海。奉賢縣城已有戰事。南橋亦有軍事接觸。次日中外會防局成立之當日，太平軍已進至商埠英區西面。於是上海東西兩面均受攻擊。上海附近未陷之地，全在黃浦江東，號稱浦東，此時首被兵刼。十二月十七日（一八六二‧一‧十六）太平軍攻蕭璮，佔青村，焚莊行。二十日佔領川沙廳及南滙縣。二十一日攻吳淞口爲法國海軍兵船所阻。二十二日佔周浦。二十四日太平軍進至白蓮涇。此時上海已成孤島，四面受敵。地方上全恃英法軍及華爾洋槍隊保守。(註二十九)

　　同治元年正月初八日（一八六二‧二‧六）法國將領卜羅德 (Admiral Auguste Léopold Protet) 與英國將領何伯議妥對付太平軍辦法。遂由法國領事伊擔召集兩國軍官，於正月十五日（二‧十三）在法國領事館議定中外協防上海辦法六條。足以具體見出上海防務之布署：

　　「一、美僑居留地及英僑居留地由英軍防守。法僑居留地、上海縣城及董家渡由法軍防守。北門及其附近城牆，由英軍防守。

　　二、法軍共九百人，其中三百人爲游擊隊，水兵百人爲補助隊。英軍共六百五十人，其中三百人爲游擊隊，又海軍陸戰隊五十五人，水兵二百人，隨時可以補助。但此人數當兵權號 (L'lmperious) 代替珍珠號 (La Pearl) 時，得減少一半。

　　三、喫緊之處，每隔一分鐘，開放二炮，以作警號。

註二十八：太平天國史料叢編簡輯，第六冊，一七〇頁，上海官紳經營洋兵助勦辦法，上薛煥稟：「竊查外國助勦兵丁，不能過多，今以萬人爲率。每連口糧、衣服、軍火，約需銀二十兩，所需月餉以二十萬爲率。此項銀兩，擬由道庫抽捐十萬兩，道庫之銀，仍在關稅內扣割；公所之銀，擬在吳淞口、洋涇濱、關王廟設立三卡，應可勉湊此數，然不能不與外國會同辦理。蓋吳淞口、洋涇濱兩處兼抽洋商釐款，關王廟逼近賊匪，必須外國兵船駐紮。惟未知此數敷外國輪船及供應雜用否？至克復一縣城，約犒賞銀二萬兩；克復一府城，約犒賞銀四萬兩，均於克復之日，即行籌發。至於克復蘇州、南京兩處，其犒賞數目，難以預定。擬於破城時，將城中一切輜重，概歸外國兵官收管。俟變價後，分作三成，英、法二國兵丁各可一分，中國兵得一分，是否有當？伏候裁奪。」
又上海通志館期刊，二卷四期，一四九四頁，徐蔚南文，載有中外會防局局址所在。
註二十九：同前書，一四九三——一四九四頁。

四、兩處居留地由各該地之警察及義勇隊維持治安。領事負責敦促滬道維持城內治安。

五、滬道軍隊因作防禦滬城之用。如有移動，應通知各國領事。

六、吳淞為水路咽喉，由英法海軍防禦，但如情境許可時，陸軍當盡力援助。」(註三十)

當此同時法國礮兵隊長達爾第福 (Tardif de Moidrey) 亦代清軍訓練一支礮隊，駐守徐家滙，助清軍抵禦太平軍，實為華爾之外之中外混合軍。自咸豐十一年歲末，直至同治元年三月之淮軍到臨，太平軍始終包圍上海，與洋槍隊及英法軍連日交戰。顯而易見，上海之安全，已是全部依恃洋兵之助守。即當淮軍到達之後，實仍須有洋兵助戰，不過淮軍進兵地位已日見重要，尤其遠離上海用兵，英法軍已不願直接介入。然於防守上海而言，洋兵會防實具有重大意義。

中外會防局除於協調洋兵助守上海，密切配合，達到相當功能之外。其另一重要貢獻，則在於僱用洋人輪船，由安慶運輸淮軍抵達上海，亦具深遠影響。嗣後淮軍之建功，李鴻章之飛黃騰達，均與此次運兵有密切關係。江浙官紳避難上海，掬盡思慮求兵求援。咸豐十一年八月曾國藩既克安慶之後。上海官紳即作求救之舉，乃使國藩作募練淮勇之決定。而下游求兵日急，淮軍相隔千里，無法飛渡，適在同治元年正二月間上海官紳有以輪船運兵之計。終於由會防局以十八萬兩銀僱到洋船運兵，淮軍自此建功，李鴻章自此成就不世勳業。此亦會防局一項歷史貢獻。(註三十一)

註　三　十：同前書，一四九五頁。

註三十一：王爾敏：淮軍志，四七──六四頁。
　　　又上海研究資料續集，六五二──六五三頁，李鴻章家書：「前賊犯上海，上海官紳立會防局，議結外國助剿，遣使由海道進都請旨，旋得嘉許。至是，賊犯吳淞口，又盤踞浦東高橋鎮，均為美人華爾、英何伯、法兩提督與法人卜羅德擊退。華爾與白齊文教練中國兵勇，習洋槍，稱洋槍隊，為常勝軍。旋華爾陣亡，白齊文以索餉不遂，投賊軍；於是，以戈登代領常勝軍。三月，曾夫子（即國藩）遣男赴援上海。初，曾夫子議遣男別領一軍，由鎮江進窺蘇常。適以上海會防局雇備輪船，遣員至安慶迎援師，遂改令男率楚軍及新募本鄉軍，乘輪東下，紮營於上海城南。聖恩浩蕩，授男江蘇巡撫，男以軍事有燃眉之急，遂以十二月拜表謝恩，受職視事；而別授薛煥通商大臣，專辦交涉事宜。營中條例，悉遵曾夫子釐訂之湘軍規則。」
　　　又吳雲：兩罍軒尺牘，卷十二，五──六頁。致喬松年書：「頃奉手諭，蒙垂詢軍情。浦東自川沙、奉、南同為賊陷，完善之區，蹂躪殆遍；松江、寶山，雖尚固守，而賊氛大熾，勢甚岌岌，滬城風鶴之警，幾無虛夕。薛帥憂憤至廢寢食，奈各軍錮習太深，挽回無術。雲力請乞師皖南，猶恐緩不濟急。幸西人有助順之意，雲偕子山（顧文彬）、玉泉（潘曾瑋）諸君與巴酋晤商，定議在

　　李鴻章率淮軍到滬之後，不久受任江蘇巡撫，但於會防局仍多所利用與倚重，而於主持局紳，則特看重應寶時，此外並添用黃芳。後來黃氏以疾病去職，應氏升海關道離任，李氏乃獨用陳錦主持，其他卡員，亦引進親信。（註三十二）

　　自李鴻章主持上海地方軍務，後路安全多恃英法軍兼顧，前敵並有常勝軍配合，因是中外會防局仍須籌款支援。嗣後英法軍先後撤回本國，而由英法將弁代中國訓練之洋槍隊尚有二支，分別為英人斯得弗力 (Charles W. Staveley) 及法人龐發 (Bonnefoy) 各統一支。連同常勝軍，俱由中外會防局支應。計自蘇滬用兵起始，前後支應款項由前任吳煦經手開支之款，達五百零五萬一千五百四十兩餘。自同治元年十月以後，由李鴻章經手開支之款，達二百七十八萬八千三百八十八兩餘。此為四年間中外會防一項巨大負擔。（註三十三）

　　同治四年十一月底，由於太平軍已經平定，蘇滬軍務完全停止，常勝軍早已遣撤，而少數代中國訓練之洋員尚留上海營中。李鴻章乃將英國將弁所練之千餘名及法國將弁所練之四百餘名，一併派淮軍總兵鄭海鼇兼統。同時裁撤所有會防局及分卡。於十二月十九日（一八六六・二・四）奏明朝廷，中外會防局至此告終。（註三十四）

（承前註）　洋涇濱設立會防局。中外合力拒守，當可保此彈丸，以待滌帥（曾國藩）援軍之至耳。熊（熊萬全）、李（李紹熙）反正，已成畫餅，當忠逆竄浙時，能選得力兵將，糾合內應，攻其不備，無論蘇事果得手，杭圍必可立解，而乃遲迴却顧，坐失事機，可勝太息。」

　　　　　又同前書，卷十二，第十一頁，致吳煦函云：「頃沈董來云：啊緒譯 (Chaloner Alabaster) 又為畫策，所有迎師船價，分四個月歸繳，但每名需銀二十兩。擬於明日再往面說，每名極多十五兩，其銀分六個月歸完。如能答應，可否定見，望即示知。以十五兩一人核算。計共需銀十三萬五千。首期約須三萬有零，以後此欵卽可由防局與啊緒譯籌補按付，似此通融，啊酋實為出力，可感。」

註三十二：太平天國史料叢編簡輯，第二冊，二百一十二頁，陳錦：松滬從戍紀略，「（同治）三年正月，黃公芳引疾，應公以知府權關道。予獨任會防。帥（指李鴻章）意視予益重，而予危尤甚。予則自行吾素，若勿聞焉。夷目馬福臣、麥加禮、狄妥瑪、阿喳哩、梅輝立等均與予洽。夷傷巡緝，動資贊助，自總辦會防，出入係乎一手。同局為陳太史元鼎，分局為陳令福勳，捐局為高令樹森，會字營管帶練軍為馮令寶圻。而軍船、船捐局事，猶歸予督辦。」

註三十三：李鴻章：李文忠公奏稿，卷八，第十一頁；卷九，第四一——四二頁。

註三十四：同前書，卷九，第七一——七二頁：鴻章奏：「竊據署蘇松太道應寶時稟稱：咸豐十一年冬間，上海賊氛環偪，籌議中外會辦防剿。經江浙紳士呈，由前撫臣薛煥奏，奉上喻：江浙紳士請借英法官兵勦賊，上海為通商要地，自宜中外同為保衛。著與英法兩國迅速籌商辦理，但與剿賊有裨，朕必不為遙制。等因欽此。經此蘇松太道吳煦與各官紳會商舉辦。先於十一年十二月十四日，在洋涇濱立會防公所，與英法提督領事各官籌商防勦之策，開築濠牆，建造礮臺。一面添練礮勇，隨同西兵齊出攻擊。並支應夫船糧草食物以利軍行。嗣又雇備輪船，迎接臣軍東下。迨同治元年三月，

五、結　　論

　　上海中外會防局之形成，時勢背景十分重要。蓋自五口開關，中外通商，港埠情勢，已經進入於國際關涉之範圍。任何變故，均足以牽連中外利害關係，有利則趨之若鶩，有害自必聯合摒除。關鍵重心尤在洋人商利。咸豐十年夏秋之際，英法聯軍會攻天津清軍，而同時在上海地區則助清軍防守，抵禦太平軍，表面似甚矛盾，而洋人為保口岸商利，其志曉然。此即構成中外協防之基本契機。

　　咸豐十年，江南大營兵潰，太平軍東征江浙，席捲太湖沿岸，江南膏腴之區。遍地災患。江浙紳富，紛紛遷流避兵，輦趨上海，依為活命全生之所，於洋兵之來助，自是祈禱以求。實亦構成中外會防之基本契機。

　　江南大營兵潰，地方大吏或殉或逃，各級官員，無不待罪偷生，苟延殘喘，急於期待洋兵來助，恢復失土，盼望十分熱切。故願一再奏陳，呼求借洋兵助剿。實亦構成中外會防之基本契機。

（承前註）　大軍莅滬，整兵籌餉，屢克名城，未及三年，肅清全省。即於上年四月間邊飭將洋涇濱會防公所停撤。仍留分局數處，併歸蘇松太道衙門兼辦，以備支應。現在英法在滬防兵均已回國，會防分局於本年十一月底全行裁撤。又吳淞口原有法國防兵駐箚，由該處團防局董事辦理支應，本年七月間亦將供應全停，裁捐撤局。計自十一年十二月開辦會防，至今閱時四載，所用經費悉在本局捐欵項下支銷，並未動用正項。合將會防撤局緣由稟祈察核奏咨等情前來。臣查從前上海會防局之設，緣時勢危迫，不得不籠絡洋人。薛煥原奏內即已聲明，只可謂一時權宜之計，究之中西兵弁，實不能在一路會勦，致受牽制。先是西兵克復青浦嘉定二縣，旋得旋失，待官軍再舉而後定。自嘉定復後，進攻蘇屬各城，惟戈登常勝軍以從，英法弁兵總未離滬城一步。是以臣軍抵滬數月，即經會防原紳馮桂芬潘曾瑋等呈請撤局。維時臣以戰事方亟，上海係後路根本，西兵屯駐城內外，索應月糧房租夫價，需費甚鉅，既相習為固然，未便遽翻前說，致生他釁。因暫留會防一局，稍示羈縻。迨至蘇常肅清，金陵告捷，彼族無可藉口，英法駐滬之兵，以次撤退。自上年八月起，丁日昌應寶時等與該提督領事再四商催，始將歷年占住上海學宮城隍廟園及大境青蓮庵諸處陸續讓還。節經咨明總理各國事務衙門，從此滬城風氣一清，界限分明。實皆仰賴朝廷德威所被，事機十分順手。而會防局從容蔵事，亦得有始有終，殆非該局官紳始願所及。計三四年來，動用經費為數不貲，悉就華商設立籌捐。臣於本年二月奏報軍需清單內，已聲明此項應歸外銷。再英法未撤兵之先，據英領事巴夏禮以上海係通商最要口岸，須由中國練兵接防，該公使復向總理衙門瀆請，臣即酌留上海城南高昌廟法國教練勇四百人，鳳凰山英國教練勇千餘人，仍諫派英法武弁各數人分司教習。令由中國官統帶。並派記名總兵鄭海鼇帶淮勇親兵一營，赴鳳凰山駐紮，兼統教練各營，會同上海道節制調遣。其勇丁口糧章程，改照楚軍營制，按月由關稅內撥給。外國弁兵，止管教練餉廠，不准干預營務，並與該領事等議明，此後該軍進止機宜，與洋弁應否撤換之處，悉由督撫統兵大員主政，以重海防而肅體制。」

　　然根本促成動力，尚全繫於太平軍之用兵趨向，咸豐十年十一月，太平軍兩度東征，對於上海口岸形成包圍，遂卽促使上海洋兵之捲入中國內戰，中外之會防乃於此應時而生。

　　中外會防固足以保上海之安全，實爲李鴻章與其淮軍奠定用兵基礎，借其地之財力與西洋槍礮之裝備，乃得完成其平吳大功。實乃前人耕耘，而食其利者則在於有識力能利用其情勢之人。

　　上海中外會防，眞正蒙其利者，實爲英法列強。自此租界之擴張，外人租界自主之漸次確定，上海政治、經濟、社會、文化重心之轉於租界，口岸之加速國際化，此後百年間之種種進展，均以此次中外會防爲其初步。至於中外會防局之特殊機構，自此將永不會再出現，蓋沿海口岸逐漸發展爲獨立國際都市，外人自有獨立行政，獨立謀畫，獨立擔當，舉凡軍事行動，亦決不容中國公私任何人加以過問。所謂主權已失，此後口岸卽以洋人爲眞正主人。

　　附記：

　　本文之撰著承劉廣京敎授、李三寶博士提供若干英文資料，特爲申謝。

丁應泰與楊鎬—朝鮮壬辰倭禍論叢之一

李 光 濤

丁・楊兩人史事，姑先就楊鎬言之。參「朝鮮壬辰倭禍史料」（簡稱倭料）葉二一
〇二所收「小華外史續編」有書：

楊鎬，號滄嶼，河南歸德府商丘縣人。有俠氣，遇事敢爲，性又疎宕，不拘小
節，持身峻潔，萬曆庚辰進士。丁酉六月，以欽差經理朝鮮軍務都察院右僉都
御史出來，住平壤，九月到王京，十二月下蔚山，戊戌三月回到王京，六月被
參回去。自渡江，嚴立鈐轄操束，所過地方，日食蔬荣，亦皆撥銀留辦。時賊
已破閑山，三路來侵，南原失守，楊元敗走，李（疑誤）提督諸將皆思捲退。經
理獨決計進前，倍日馳赴王京，軍情乃安。已而賊敗於稷山，經理親率大軍，
先攻清正於島山，躬擐甲胄，上陣督戰，初破太和江，進圍島山，城險不能猝
拔。過十餘日，會天大雨，士馬疲凍，引還安東，分屯盧得功、茅國器兩將之
兵於星州，李芳春、牛伯英兩將之兵於南原，以備不虞，又遣麻提督於安東，
申飭各營，以待秋間三路齊舉。先是，浙江遊擊陳寅中軍周陛（疑陛），爲人狡
詐，島山之戰，得罪於鎬，心銜之，譖於丁應泰曰：「島山之役，遺棄資糧器
械無算，天兵死者甚眾，以軍中帶來雜役及買賣人等頂補其缺，乾沒餉銀，不
分給各營，軍馬絕糧屢月。」應泰將參之，故詣經理。鎬示以閣老張位、沈一
貫手書，揚揚詡功伐。應泰抗疏盡列敗狀，並劾位、一貫扶同作弊。帝震怒，
欲行法，首輔趙志皐營救，乃罷鎬，令聽勘。及其還也，都民男婦皆出祖郊
外，立碑頌之。東征事竣，紋鎬功，詔許復用。

同葉又書丁應泰：

丁應泰，湖廣武昌府江夏縣人。亦以軍門贊畫，戊戌正月出來，五月回去，九

月再來，己亥三月回去。爲人兇恔，島山之役，聽人誣毀，上本參楊經理。我
國救之，應泰移怒於我，以我國爲與倭交通，以申叔舟海東紀爲證。賴天子明
聖，得無他。吏科都給事中趙完璧，劾應泰革職。

現在將有關資料四種分列於後，然後再詳加討論。

壹、朝鮮壬辰倭禍史料

（每條下所註括號內數目字有二，前者爲朝鮮宣祖實錄之卷次葉數，後者爲倭料葉數。）

(1) 戊戌（萬曆二十六年）二月朔丙辰。辛未，經理題本於皇朝，有曰：「經理朝
鮮巡撫楊鎬，日本賊酋幾擒，外援猝至，謹陳還師便宜，並瀝心情懇乞罷斥，
另簡才能，以揚神武事。臣以萬曆二十五年十二月初四日，會同督臣發兵揭
（疑課）蔚山，聯結西生浦，負東海，直吞慶尙。左界爲清正巢穴，聞其大集西
生浦機張兵甲于茲，的以今歲七月入犯安康迎日等處，欲漸進江原、咸鏡道，
包括王京有之，使其勢得逞，我之前後左右皆難救應，雖百萬兵無所施矣。清
正豪悍自多，又關白托重恃力，行長等皆望走。所在之人，渡海以來，今既數
年，僅挫於稷山之堵截，青山之追逐，非若行長之委頓平壤，明見天兵之不可
敵，不一先迫之，其何以先示威靈折其凶銳？所幸將士奮勇，經歷其壘，撲殺
四十餘里，破滅堅城大柵數處，除焚溺死者不可勝計，俘斬其將校已一千三百
有奇，其素日所蓄積，累歲所置，一朝蕩然若掃，清正僅以身免，奔之島山之
窟。我兵一再仰攻，惕于彈傷，設長圍守之，既浹旬矣，賊益窘急。據示降者
與我被報者同稱，城守不滿三千，爲我砲矢所殲並飢渴死者，橫屍成堆，僅鳥
銃手二百名，日食生米一合，餘皆奄奄待斃。清正又屢招通事投稟帖，欲照行
長事例放歸，力能盡撤諸島之兵，極其乞憐。臣不之許。射書城中，內變欲
作，臣妄意不三兩日可生縛而生獻之闕下，釜山以西便不勞力舉矣。乃水陸救
至，數萬齊來，我之士馬疲倦，難復與之決一朝，久之恐其不利也，遂不得不
撤兵回圍，整旅而還。此賊雖幸遲其授首之期，此時魂魄應甫完，心膽具（俱）
已喪，且奉（捧）首而竄西生浦矣。臣與提督麻貴，熟計萬全，士馬暴露良
久，就蒭糧，依館舍，不足休養其氣力。慶州北二百里，有安東府者頗儲糧，

又倭所垂涎之地，本土人民見撤兵，轉相驚潰，非留兵一枝，無以繫屬鎮定其心。則以盧得功盧繼忠李化龍兵暫住於此聽調發，其餘營馬步仍還王京，庶可東可西。而卒乘應蒐簡者，器械應善（繕）補者，又非王京不齎也。嗣是而旅順之舟師來會，南北之陸兵續集，再規閑山與釜山，此在目下正著。而以臣履歷賊巢，體體（察）賊勢，如清正先據機張矣，再進而后據西生浦，又再進而據蔚山，每進必爲堅城，每城必依山海，取便于進退，無憂乎兵食，此非一年之功；而行長之西侵全羅，必傍海島者，亦用此著。不兩年，朝鮮兩脇俱被害，若人處甕中，束手自斃耳。而我師出於千里丘墟之地，難以持久，豈宜易完。如今克捷以歸，恐不多得。督臣與臣講屯田之策，全羅道宜並築二城，各加馬步以衞屯卒，而東海若延日等處，近蔚山者亦築一城以擬西賊，仍各附以糧艘戰艦，屯種之餘，時時以輕騎逼倭巢，或撓其聚落，或剿其奇零，倐去倐去（來），若北虜之擾我邊地然。如小犯則聯絡援救，如大犯則自后出大兵擊之，肩胸俱壯，腹背無憂。在彼旣無所虜掠，不得寧息，則亦何樂於年年航海，自輸糧以坐空山哉？此自寬著，實自長策，卽朝夕平倭，亦計必出此，始足以善其後，但恐朝鮮人又以力不能築城爲辭。而不知清正島山之城，亦昨歲臘月始築之，其堅嶮足恃，則朝鮮八道所未有者，亦須海防道與監軍道至日，分全慶而理之矣。臣最庸懦，頃以不能對揚休命是懼，晝夜親冒矢石，進不敢後，退不敢先，一腔苦情，南北將士所知。惟是知小不可以謀大，遂令涸轍之魚，復囷囷洋洋於西江之水，臣之力量固自不逮。乃火攻之具已備，將舉事，天忽作雲下雨，窮兩日夜，可憐將士跼蹐水淖中，臣泣而禱之無應。再隔日，西北之風狂發，復積薪城隅，未及燎，風又頓息，彼止日反風者獨何人哉？臣爲此憤恚嘔血，積勞所發，徒病欲死，肉損骨銷猶不止，不復堪馳驅，從征諸人實共覩之。臣自傷有志無才，祇殃其身，無益于國，豈能爲階（陛）下了此東事，而況有經略督臣綱維于近地，監軍御史舉察于軍中，新來司道贊畫諸人宣猷展采，當智力輻輳，絕非曩日乏才之時。臣宜罷歸，仍願治臣委任不稱之罪，但乞餘生返衰羸於隴畝，無致塡壑於異域，終抱尸位遺親之恨，另簡才能者前來，專征討之事，庶軍伍之氣色日新，海氛之靖蕩無難矣。臣不勝惶恐待

命之至。奉聖旨：屢報東征，全籍（藉）奮勇爭先，親冒矢石，斬獲數多，何遽遂有此奏？專無靖難之計。倭情甚狡，遂（疑誤）與總督等官竭力籌畫，務為萬全退倭之計，不准。該部知道。（九七・二一──二三）（一一九七）

(2)　二月辛未，兵部一本，倭情事。該薊遼總督邢玠搪（塘）報前事，等因到部送司，案呈到部。臣等看得：大兵攻破蔚山，復圍島山，連克四寨，斬級千餘，清酋等眾已告窘急矣。行間諸臣，力欲生致狡賊，以震皇威，竟此天誅，惠爾屬藩。天時不偶，將吏兵馬，暴露雨雪連綿之中，旬日以來，賊堅以處，我仰以攻，遂漸疲困。即彼援兵不至，尤宜慎重，而水陸賊合兵，我輒旋慶州休養，此守之根，撫鎮以各有見也。狡奴遭挫之後，防我益密，伺我益巧，而我兵養威蓄銳之計，寧無強己勝敵之美（筭）乎？此又在當局者兵（疑誤）方多智，以收成功也。軍前日餉更為吃緊，容臣等移文司會，並申飭督務愈趁行事外，謹具題知。聖首：是。軍前糧餉最急，先調齊集，海運恐難依期，還著戶部從長隨宜設法，或從陸路轉輸，或水陸並進，不可遲誤。（九七・二三）（一一九八）

(3)　二月辛未，督（餉）侍郎張養蒙一本：春運將開，敬陳僱領防護，懇乞聖明大加激切（勸），以勵人心事。竊惟征討國之大事，糧餉軍之大命，臣以衰病餘息，謬肩見役，先是待輸無米，航舫（疑誤）無舫，直省同舟，若分楚越，建議借倉糧，請征登萊等處，請動近海郡具備食糧，請造遼舫，造沙舫，募淮舫，及顧覓商舫，請添遼東陸運嬴（臝）頭，其餘一應專行事宜，飛檄各屬，再三申飭，仍委贊理司官分投催僱，寢食俱廢，肝腸歇（疑誤）嘔，伏枕呻吟，不敢言病，誠念國家事重，而不敢有其之他（疑誤）。續該經略督臣定議，歲運七十萬。臣查各道報道，糧數頗足，今歲之運，其應用舫隻，差官分造，勒限前來，催覓已至者，見在裝運豆糧，與舫漸有次第，亦皆撫道諸臣協心共濟之力也。臣獨念糧以數十萬計，舫以數百艘計，即謂原在內地，有分衛所官軍，領運有把總總兵等官專制，尚多延緩侵費之弊，海運險遠，十倍內河，乃零星發洋，侵（漫）無統紀，則何弊不可生？又茫茫一水，我與倭共，乘機侵掠，兵家之奇，防不可不密也。但添一官則多一官之費，添一兵則多一兵之餉，自

東征以來，費用不貲，官民俱困，卽造舡一節，出於萬不得已，臣猶難之。更添議領運護運官兵，少則無濟於事，多則財力難供。臣反覆思之，惟有償運防運合爲一體，於勢最便，於事最省，於事最得濟也。今日海運，西起天津，遵海南濱而東至登州，登州渡海達於旅順，旅順北濱而東，直至於朝鮮。海道迂遠又直，更迭往來，而設把總總兵長運押行，不免顧此失彼。合無除分運各官聽該道自行選取，仍令長（運）押行外，其在天津專立一總，就便令海防撫臣遴委標下官一員領之，而總俱償運，護至登萊而止。登州專立一總，就便令新駐旅順總兵選委標下官一員領之，償護至朝鮮，更立一總專管交卸，亦令旅順總兵就便選委。各總仍管稽查夾帶諸弊，催同空名舡（疑誤）。登州仍管挑濬防倭城海口，及各島安泊處所。多總理於嚴加約束，各分信地，鱗次接管，則官兵不添而自足，權不分而自專，不惟海運無虞，因以熟知海島，演習水戰，亦防海之大計也。然防護一節，責在撫鎮，臣前已具題，荷蒙皇上俯允。若添官償運，不惟多官多費，且事推（權）不一，必至互相推諉，臣同因以爲合，爲事最便最當，而最得濟也。但萬里煙波，四望無際，颶風一起則倒海排山，濁浪一簡（術）則吞天絡（浴）日，乘之石礁島嶼，交列橫舖，鯨鰐潛莊（藏），蛟龍出沒，譚之者色變，望之者心寒，而當之者魄散魂飛，非人所樂趨也。自非大破常格，賞罰不爽，恐不足以起懦夫磟鈍者，而鼓其必往之心。查得先年薊鎮邊防，修茸稱難，后該閣臣題准事例，修守有功，與獲（疑脫）同賞，故人爭效力，而該鎮墻臺墩燧，甲於九邊，則鼓舞之力也。今海運大難於修守，而時事孔棘，又萬倍於薊鎮承平之時。臣亦願海運有功，與斬獲同賞，人未有（疑脫）效力者。糧則責之有司，以分數多寡，有無侵削，及運到水次先後爲殿最。運則責之兩總兵五把總，各分運官，以運期遲速，有無夾帶漂損爲殿最。一運之畢，撫鎮道據實開送，臣卽截題，備藏運通完，自鎮道以及有司，領（運）各官，容臣分別功罪，類題（請）旨，卽照薊鎮修守事例，與斬獲相提而論。則承委員役，前有所募（慕），後有所徵（懲），希榮慕進之念，奪其避險畏難之心，運事可蓴濟矣。再照督兵贊畫司官與臣督餉贊理司官，皆爲運宣力，督兵中軍標下守備等官皆（與）臣督餉中軍及守備官，皆爲運效勞，東事

功成，相應一體優敘。又天津登萊旅順之外其餘各該道，雖無海運之責，然積餉造舳，各有分在，臣隨力責成，使之協力共濟，待其果有勤勞，亦得並敘，事出非常，不可以常格拘之也。伏乞勅下該部再三酌議，如果臣言不謬，卽望速賜施行，餉務幸甚，臣無任激切懇祈待命之至。奉聖旨：該部知道。（九七・二三——二五）（一一九八）

（4）二月甲戌，邢軍門題本有曰：薊遼總督邢玠一本，賊酋幾擒，外救猝至，僅（謹）便宜還師休息，以圖再舉，以靖海邦事。准經理楊鎬揭報前事，等因准此。又准揭帖，爲將奉皇威，出師克捷，謹體將士之情，條上軍中顯狀，以昭激勸事內稱：攻取蔚山太和江件（疑誤）鴻亭城隍堂島山等處，以及靑山稷山之戰，各將官之勇劬（怯）功罪大略，等因，各到職。除將節次塘報堵截，攻取斬獲，傷損各大小將官之勇劬情實，功罪輕重，馬步軍兵之獲級，首從升賞等第，主以撫臣之斷案，參以塘報之原委，備行經理撫臣轉行海防道逐一覆覈，細查議確，令鎬（會稿）至日，方敢具疏請旨，及修險設要，分兵布守，使在在爲家，壘壘爲望，而漸以逼賊蹙賊，反客爲主，並分道委官屯田儲餉，爲寓兵以農之法。臣自去年與撫臣咨議，及抵王京，諄諄面相講求。今海防道梁祖齡已抵王京，而川中道府諸臣，不久將至，臣等分布舉行外。爲照先該臣與經理撫臣，以倭酋屯據南海，所在修城築寨，遊兵日進而逼，焚傷搶掠，收復人心，而淸正橄慶尙州縣，期於新正狂逞，橫謀尤不可言。使不乘其未備，草（早）挫其鋒，則大勢北延，將無計南駐。況淸酋驍悍跋扈，兵亦強勁，此賊一挫，而餘皆瓦解，此去多蔚山之舉不可不及之也。今幸賴皇上威靈，一鼓而取一堅城，擒一倭將，破三大寨，斬殺焚溺大小賊將一百餘人，獲級一千二百有奇，與夫火圍困者不可勝計。且窘淸酋於島山者句有餘日，至使凔雨飮溺，號叫哀乞，賊之力窮勢促極矣。天心稍一厭亂，彼酋亦不知碎首何所。奈何風雨爲阻，士馬久疲，且水陸之援兵俱至，此時圍不得不解，兵不得不撤，撫臣臨時變通，班師而還，深爲有見。蓋將士之病者傷者應暫休息，軍火器械之損者缺者應暫整理，由是而養精蓄銳，再竢南北之兵俱到，水陸之師全集，另圖剪滅，以爲未晚，蓋雖元兇尙在，而賊膽已寒矣。是役也，奮勇爭先，戰

勝攻取者，諸將士之勠力，設伏用正用奇者，提督麻貴之苦心，然獨全籍(舊)
撫臣楊鎬躍馬身先士卒，環(擐)甲親臨行陣，主籌運笑，無一事不經其心思，
無一命不賴其指授，至於冒矢石而不顧，窮日夜而無休，勵兵圖賊，終始如
一，蓋尤爲人所難也。是以堂堂正正，成此奇捷，厥功偉矣。今以勞瘁偶疾，
而天宥忠良，旋當疾可，若逃然乞休，國之大事，更籍(舊)何人？伏乞天語
勉留，暫行調理，另圖戰守。若乃職在王京，雖東顧西眄，南催北運，未敢一
息之少停，然匣中之虎復出，釜裏之魚再游，未竟九簣之功，實乏萬全之算，
禍本不得早除，中原未卽息肩，職固不得辭其責矣。卽極乞恩罷免，另選才望
者前來代任。但海氛未靖，恐難推諉而不敢。謹請戴罪以勉圖後事，靜聽聖明
處分。爲此具題勑旨。奉聖旨。（九七‧二七——二八）（一二○一）

(5)　二月乙亥，政院以麻提督接伴使張雲翼言啟曰：今日早曉，承文院官員以
本國奏稿遞給小臣，使之呈覽於提督。待將官禮畢，措詞呈納，則提督卽坐
堂，招臣及表庭老跪於前，責之曰：「觀你國奏本，極爲駭愕。二十三日大
捷，乃是俺標下將擺賽、楊登山領俺家丁得捷，而誣之曰左協先鋒云云。初日
督戰時，俺辰間到彼廝殺，經理則午時始到，而專歸功於經理，右協中協則夕
時乃到，而擺賽楊登山則沒而不錄。俺乃領兵大將，而乃曰提督以下諸將官。
俺有功於你國如此，而國王必欲掩我功而歸之他人，有何仇怨而誣之若此？俺
決不可更留你國事，當上本自明，提兵西還，李陪臣自可辦賊，不必借力於天
朝矣。卽馳往軍門曰，當與軍門辨明後上本矣。陪臣等可盡退去，不宜在
此」，云云。此外極有未安之語而不得盡錄，只記梗概以啟。傳曰：知道。
（九七‧三一）（一二○三）

(6)　二月癸未，軍門曰：「天將往來時，沿路迎慰設宴等事，願勿爲。使臣問
安，空費錢糧，有弊無益。今後餞慰設宴，一切勿爲。」（九七‧四○）（一二一
一）

(7)　二月甲申，政院以丁主事伺候堂上言啟曰：主事在途中出示書單，求各樣
書册，接伴使臣白惟諴已爲狀啟，而主事入京之後，更無分付矣。昨日出給銀
二兩，使貿入前日所求書册。卽將經亂以後散失難求之意，反覆告之，而主事

終不聽信，督促益急，極爲悶慮。朝鮮官制山川險隘圖，三京八道兵馬錢糧數，令該司磨鍊應求，而書册中如有可給者給之，何如？傳曰：依啟。（九七・四二）（一二一二）

(8) 戊戌三月朔丙戌。庚子，上幸經理衙門，與經理相揖而謂曰：「大人自戰場還已久，而以賤疾，今始來拜，極爲惶恐。且大人親冒矢石，不避艱險，大振天威，以破賊膽，日後掃蕩有何難乎？前日大人南下之後，寡人便當隨行，而被軍門止之，竟未免失約，至今爲恨。」經理曰：「軍門前已通書於俺處，爲其處糧餉不敷，如是爲之，今謹悉盛意矣。」上曰：「自古大賊，寧有剿滅之理，島山之舉，實令兇鋒褫魄，將有破竹之勢。皇上之德，大人之恩，誠不勝感激。」經理曰：「一舉掃蕩，是俺本心，而兵力不齊，且緣賊援大至，以致班師，以此之故。業已具本辭職，方候聖旨耳。」上曰：「專未聞知，何可乃爾？願大人終始濟拯小邦，勿復爲辭職之舉。」經理曰：「才不足以濟事，故辭之耳！下三道已分遣總兵爲屯守之事，貴王須申飭陪臣更加勉力。今日之事，築城屯田爲上緊。且天朝水兵幾萬出來，而天朝之船不過東海，貴國須多造船隻於東海，以資戰用。」上曰：「甚妙矣，大人爲小邦施設規畫，極其詳悉，感激感激。」且曰：「吳總兵將屯永川云，此地蕩破最甚，錢糧難繼，時節且晚，農事亦難，若仍前駐忠州則好矣。」經理勃然變色曰：「將令已下，不可變也。渠若厭往，則何將官肯往乎？國王豈知之乎？南人素奸，必往見國王也。」上曰：「豈有是理，特以小邦事勢稟議耳。」經理（曰）：「已定不可改，須勅監司運糧等事，另加用力。」上曰：「天兵爲小邦遠來，馬多損傷，小邦所當隨力備給，安敢受價而後爲之？前日軍門發給銀子，使之貿馬，寡人累辭不准，心實惶恐。諸島之馬，時方捉出，願大人還收銀子。」經理曰：「天朝運糧，凡事何者不用天朝之銀乎？倭賊最畏馬兵，今日之事，得馬最緊，銀子不須言。」上曰：「只患小邦馬難多得，豈敢受價爲哉？」經理令門子取來考事撮要，拈出「永樂貢馬萬匹」之語，示之曰：「貴國之多產馬匹，自古然矣，今何謂無耶？」上曰：「小邦在平時，則雖萬匹之馬，固可易得；如今蕩破之極，畜物亦甚掃如，故如是悶悶耳。」經理曰：「陪臣等雖或

誘以無有，而國王須勿信其言，多般措備。」上曰：「募馬除職事，亦已申飭掛榜知會矣。」經理又以考事撮要中倭奴待接之條，謂曰：「在前倭賊如此相通之事，俺曾不知。歲遺米如此，而今何不要給米以講和也？」上曰：「對馬島本是我土，而爲倭奴所有，未免竊發侵擾之患，故爲羈縻之術，如天朝之待獢子耳。」經理曰：「此已往之事，不必論，俺適見之，故言之，亦勿掛念。」上曰：「若無分付之事，請辭。」經理曰：「後當回謝。」上遂相揖而出。（九八‧八）（一二一六）

⑼　三月辛丑，上往見邢軍門，謂曰：「近緣賤疾，久闕伺候，常懷恐懼。」軍門曰：「國王體樣好矣。且中土上本之文，是誰手耶？甚好矣。」上曰：「李好閔所製。」軍門曰：「是人也，做何官？」上曰：「原任禮曹判書。」軍門曰：「自翰林升耶？」上曰：「然矣。」軍門曰：「文意好，而辭多美麗矣。」上曰：「小邦仰戴大人之恩德，恃而爲生，一朝西還，君臣缺然。未知大人何時還旆耶？」軍門曰：「當用兵之日，回來矣。後頭十三省軍兵連續出來，水兵兼載十餘萬石糧餉而齊到，俺必往于義州間，使之催督速來，故今往之矣。」上曰：「大人幾日還到小邦，願聞其奇。」軍門曰：「此處領兵大將多在，而經理亦在，劉提督又來之。經理足任貴國軍機等事，俺則非但管此朝鮮，保定薊遼等處亦當勾管，而且有獢子聲息，茲以言旋耳。」遂相揖而出。（九八‧九）（一二一八）

⑽　三月壬寅，上幸弘濟院，餞別邢軍門。迎入定坐，軍門曰：「前者賊酋清正，厚誘被擄唐人，僞作俺之票帖，使之偵探于本國，而見擒於水原留住唐人，國王知否？」上曰：「專不聞知，極爲驚愕驚愕。」軍門曰：「頃者旣已來探虛實而歸，今者見擄於再來云。前此本國人亦多被厚誘，每每偵探云。自今以後，各別腰牌，十分嚴禁。此非細事，探知國內虛實，則極可惡也，願國王城門內外申飭譏禁，且令外方陪臣另爲查察，勿使細作輩恣行也。非但探聽，投火倉庫及武庫等地，甚可畏也。又令國人各佩腰牌，則可辨間諜之人。」且曰：「馬山九十里地，今日不忍別離，而但路遠，不得不辭。」上曰：「小邦失守宗社，朝夕難保，而天朝旣發大兵，又發糧餉，皇恩罔極。而諸大人視之

亦如一家，盡力周旋，諸大人之德，雖隕首結草無以爲報。」軍門曰：「俺自前年十月請出兵糧而未及來，今則解冰，而兵糧大至，倭賊不足平。」且曰：「屯田修城，十分勉力。且明知臣下之賢否，賢者進而賞之，不肖者退而遠之。俺之此行，當使兵糧連續出送，兵糧則不足憂矣。本國人民，若失耕作，生道絕矣，亦須勸勉。」且曰：「俺之伺候官，多有勞苦，須問于李元翼，次次陞用。」上曰：「此乃份內事，不足償勞，而常慮其不勤。然分付如此，當如教。」上曰：「山川遼夐，道路俯阻，加以春日尙寒，願珍重貴體。」軍門曰：「倭賊今年內可以平之，三路旣已分兵，水兵兼至，賊不足平。」遂相揖而去。（九八・九——一○）（一二一八）

(11)　三月乙巳，陳御史接伴使李好閔來啟曰：「晉州水軍金守稱說，前年十二月二十一日，據在西生浦時，清正聞島山圍報，始爲不信，曰：此奴以我遠在西生浦，欲我來住，故爲此說。再聞實報，二十三日夜，始帶五十兵來投島山內城，二十兵中途見殺，三十人同入。清正獨與其軍計粒而食，已經累日，事勢甚迫，拔小刀擬頸。軍官倭前奪其刀曰：此中有一牛可烹，喫盡後處之。天兵退陣之日，方喫其肉。清正見馬兵圍立城下甚盛，清正吐肉，引大劍刺頸，軍官倭又奪之，幸將軍少待。俄而步兵走出，賊闞城看曰：此無奈取糧去耶？俄而馬兵馳退，諸賊撫掌大懽曰：今以後免死。西生之賊，船載食物犧于島山之下，兵退卽進。窟中之賊得喫粥物盡斃，唯清正等若干人得生。清正卽還西生，杜門稱疾，不理一事，曰：我在此處何爲？歸國何顏？日待關伯（白）之召還而已。島山之兵悉還西生，其眾滿萬。島山等處加築城柵，其眾不啻累萬云。（九八・一二）（一二二一）

(12)　三月丙午。昨夜經理飲酒至夜五鼓，臨罷時捲起帳幕諸具，經理與陳御史出於簷下，席上相執而坐，從容吐懷。經理於醉中謂陳御史曰：「年兄何故退棄於異國？」御史答曰：「你有一點忠心，非君豈爲此任。」經理謂旗鼓李逢陽曰：「我們如何？」逢陽跪告曰：「兩位老爺都好。」經理有憮然之色。逢陽又告曰：「忠心報國，貴名在後。」經理曰：「豈有忠心，什麼貴名，兵革如此，不遑家事。」因謂御史曰：「賊平我死於朝鮮，賊不平我死於朝

鮮。」又謂旗鼓曰：「爲我買七尺之柩，葬我於朝鮮之土。」因取巾拭淚。御
史曰：「只可喫酒，何用多言。」因愀然泣下。經理亦連說此等之語，拭淚不
已。旗鼓及左右答應之官，莫不泣下，相扶佝觴極醉，至曉乃罷。觀其辭色，
似有憤憤於被參之意也。在旁通事，目睹所言而啟達。上曰：「伏劍對尊俎，
豈宜出此言？似非出於被參之憤也。」（九八‧一二）（一二二一）

⒀　戊戌六月朔甲寅。丁卯，經理接伴使李德馨啟曰：「卽刻彭中軍招臣，密
說丁主事上本參劾老爺數罪，十件可斬，十件可誅，極其詆罵。其五件亦干於
貴國。其一，李元翼失閑山，金應瑞損兵，而楊某說與國王，還做官。其二，
島山之戰，朝鮮軍兵死者過千餘人，輕舉償事。其三，陰敎陪臣啟國王，上本
敍自已（己）功勞。其四，挾朝鮮倡婦。其五，我忘不記得。其他胡辭亂說，
絲毫不近者滿紙狼藉（籍），我之敍功，亦以本不上陣而偏厚門下官爲言。我
所得首級，老爺亦慮有此等說話而減錄矣？失閑山豈干於李元翼，而老爺着令
還做官，其有此事乎？朝鮮倡婦，安有親近風憲衙門之理？此等無理之語，傳
播裏邊，朝廷雖不理，而口說益多矣。邢老爺則以寬大之人，不親幹事，而都
爺則鈐束將士，每事欲急幹，是以恩歸於軍門，而怨歸於經理。老爺心裏不耐
煩，今將上本求回。東事之不幸，亦貴國之不幸也云云。」傳曰：「知道。」
（一〇一‧九──一〇）（一二八六）

⒁　六月戊辰，經理接伴使李德馨啟曰：「臣以丁主事參劾之言說稱，則經理
笑而謂曰，此不滿一笑。丁之爲人素可惡，當初出來時，軍門有書止之，來此
之後，軍門亦請速及回，到義州亦不帶在軍門身邊，送去遼東，其心腸異於平
人，眞別人也。他事不須說，謂我養朝鮮妲婦於裏面，其有此理乎？今時朝論
亦不同，趙閣老則還護他沈惟敬，張閣老則主張發出兵糧，丁之下官皆是沈惟
敬之類，外間做出許多說話，可惡狼矣。且曰：諸將不能幹事，我欲分明功罪
處之，而憎茲多口。楊元、陳愚衷犯律則請罪，李化龍、盧繼忠遲懦則論罰，
軍兵生事則要以法鈐束，我豈妄罪將官，而胡說多，作事亦難矣。觀其辭色，
則恒（怛）然似不介懷矣。」傳曰：「知道。」（一〇一‧一〇）（一二八六）

⒂　六月癸酉，李德馨見楊經理言曰：「前日老爺寄看丁贊畫本稿，其中有千

萬盧說，老爺大度，固不滿一笑。但今大兵齊到，糧餉亦已發，一場大事幾完，而被人弄毀如此，小的愁苦欲死。」經理笑而答曰：「萬事自有數，好亦貴國造化，不好亦貴國造化，國王不須上本，恐有人又說我敎他也。」臣答稱：「這時比那時不同，小邦社稷存亡所關，老爺亦烏得闌止？老爺不幹事，則只怕眾人俱解。望老爺勿以流言胡說不爲勾管事也。」經理曰：「自今以後，再不爲會客，再不爲勾管公事。」德馨曰：「小邦存亡不須言，天下安危大事機，都在老爺身上，老爺豈不念計而輕易爲此哉？」經理曰：「自古做事難，我則素性坦率，毫無隱情，凡事任直而行，不避恩怨，細人多不悅矣。」因出平壤以後自家爲束事所上本稿，及麻提督塘報，邢軍門本國揭抄，而指示之曰：「金應瑞則只透漏軍情，論以賣國請罪；李元翼權慄等，則我只以跳趨於倭所不到之地爲言，我豈說投順倭乎？」又指示邢軍門奏稿，麻提督塘報中寫稱，世子與淸正相通，閣臣柳成龍明以投倭，李元翼等與淸正往來交通，今忽不見所在，事狀叵測等語曰：「我豈爲此語哉？麻鎭守旣胡說如此，島山之役，又說我不得開半勾（句）話，誠可笑也。此則不須言，天下大事，不知終竟何如也？趙閣老元來主封之人，七個月被參告病在家，今忽出而示（視）事。丁應泰乃趙閣老之相厚人，今欲構陷張閣老，又生出一番胡說，我之被誣何足言也？李大諫本沈惟敬中軍，從前誤事亦多，而今亦因軍門差委，不計事禮，一心只欲救出惟敬。前日軍門監軍俱說該應叙功，而我惡其情狀，削而不錄，今於我被罪者俱創起一種議論，丁應泰又爲無賴輩謀主，上則欲爲趙閣老石尙書等地，下則與主和諸人朝夕計議，南方羣不逞之人，又托此人爲報怨於我，我自前取嫉於人者非一二矣。」因出趙閣老石尙書蕭（蔚）按察諸人私書示之。趙之書簡，則說沈惟敬被逮之後，人言亦多，望閣下調和，以完一場大事。石尙書書曰：不肯誤國事，老妻童穉將作瘴鄉之鬼，十歲兒子何干倭事云云。其下又云：臺下叙功時，語及行長守約，按兵不動，此可見封事不爲無益，倘皇上見憐，妻子得放田里，此爲至幸，老生年衰，不遠入地，更有何望？李大諫被邢制府之敎，宜諭行長，行長退在倭橋，肯從其令，行長之異於淸正，此亦驗也。沈惟敬今當大罪，其間亦多可恕，宋、孫兩經略不要多言，其意亦可知

也。幸勿過持外議，以全大事，闔扉淚洒，不知所云。經理說稱：「此老始終
爲沈惟敬所瞞，天生沈惟敬，誤了許多事，誤了許多人，你看今後必有攻戰不
了事，羈縻爲上策之論，紛然而起，軍情動搖，你看怎麼樣？」因笑曰：「行
長極有才，使天朝大官俱爲渠所惑，其才眞過人矣。打破南原，殺天兵三千
者，非行長而誰歟？如是而都說行長守約，此極有本事」云云。又出邢軍門手
札，說稱，李大諫赤心效勞，其功合應優叙云云。經理說道：「趙閣老有書而
我不聽，石尙書哀告，而我爲國事不得從，邢老爺欲叙李大諫之功，而我爭之
不錄，此等事，人皆以爲恩乎？」又令門子拿辨本草稿示之，丁本所言事，逐
件而辨明之。德馨亦以其時眼見之事，一一辨其虛誑。則經理說道：「丁應泰
在鴨綠江上，細知島山事，而爾在陣上，反不聞耶？」遂大笑。（一〇一·一四
──一六）（一二九〇）

⒃　六月甲戌，備忘記傳于政院曰：「更思之，楊麻兩人俱爲被參，而今獨辨
楊而不及麻，有若以麻則實然者，非但語勢可嫌，異日麻大人聞而詰之，將何
辭以對之？麻與楊隙必因此而轉深，而一失麻心，事且去矣，更速商量以啟。
想今朝廷之上，異端橫生，姦黨充斥，區區移咨數行之文，不足以救之，而今
見此咨文者，亦未必不以爲朝鮮以其麻楊在其地，故姑爲此說而申救之，其中
未必然也。壽張簧鼓之說而助之，則非但不能以動人聽，而恐反益薪而焚之
也。若於末端結言曰：『楊都院欽奉天子之命，經理小邦，小邦存亡成敗，決
於經理之身，倘或不稱其職，多行不義，則是負聖明而壞小邦也，小邦之亡，
可立而待，小邦寧有飾辭強辨，瀆冒移咨，厚誣朝廷，而自取滅亡之禍？人情
天理，萬萬無此』云，則此一語數句，足破邪說之構捏，而人人見之者，亦必
信之矣。但恐此語太緊，其添入當否？十分量處。」（一〇一·一六）（一二九二）

⒄　六月乙亥，經理下官有私相密語，票（標）兵亦爲來集，所見極爲殊常。
右議政李德馨啟曰：「連日於外間訪得流言潛布，光景漸變，或言步兵不遵號
令，故標兵執器械各自爲衞，或言老爺將移住別處，或言老爺已上辭本，各營
隨當撤兵，無知愚民等又聽其言，疑惑不定。固知老爺勁氣大度，萬甲在胸，
應機制變，有非常情所測，豈有纖毫聲色見於緩急哉？必其細人下卒，中間造

言，傳相告語，以致如此耳，職不勝愕惋。自古駕馭慓悍之兵，其策非一，在方冊可考也。必先以柔道制之，使其驕憤之氣，見我之所爲而稍屈，然後設法以驅策之，黃石公所謂柔能勝強者，誠至要之論也。若聞人之偶言，而我不免先動，施爲之間，似異平常，則人之瞯我深淺者多，而兵氣益驕矣。是故撤備去兵，乃能止亂，抱薪止火，寧有益哉？昔韓魏公引頸而迎賊叉，張乖崖淡笑而平亂卒，我不小變，彼自先服，其安閑雅量，至今可想矣。且此時老爺若動一步，則眾心俱解，百事瓦裂，天下安危大機，都在此一著，不但爲小邦存亡所關，老爺一身何可輕易自處？況倭奴細作耳目分布，事勢決不可當如是，道理又不當如是，老爺之必不然，職已料之熟矣。惟恐一傳再傳，眾聽俱惑，而門下兵衞，有異平日，又惹人之疑，則其漸甚不佳。今計但當不露辭，鎮靜凝定，引咎屈策，撫安將士，以待聖天子明見萬里之外，快降明旨，奮庸完事，此小邦之願望，而天下之幸也。乞老爺再加商量，爲此理合具稟。」經理招德馨謂曰：「中軍官錯處，致駭聽見。我則非欲移駐別處，當從速永回，這間事你不知矣。」且曰：「內邊議論大變，科官又上本參張閣老，本兵又上本參李如梅，羣議紛紜。趙閣老乃主封誤事之人，前日皇長子冠昏禮時，閣臣論議又不同，乘此機而紏集姦黨腹心，必欲去張閣老。乃曰：誤東事者楊某也，錯舉楊某者張某也。陰嗾其類上本，而趙閣老從中票下聖旨，張閣老已不得安於其位矣。麻貴元是石尙書門生，無一毫殺賊意思。可憐國王前後被瞞於天朝人，凡幾遭哉？我今回家，身則自在矣，第事機無了時。此亦你國造化。」因仰天嘆曰：「外邊有倭賊，內邊有奸賊，賊黨亦多，未知天下事如何」，云。（一〇一・一六──一七）（一二九二）

⒅　六月丙子，上御別殿，引見大臣及備邊司有司堂上。入侍：領議政柳成龍、海原府院君尹斗壽、行知中樞府事鄭琢、左議政李元翼、右議政李德馨、戶曹判書韓應寅、兵曹判書李恒福、左承旨許筬、注書權綌、事變假注書崔忠元、史官柳穚趙中立。上曰：「楊經理之被參，未知何故也？」德馨曰：「其舉錯怳忽，不可知也。大概蔚山之役，南北兵爭功，情意乖戾，乃至於是也。」上曰：「今日之事，計將安出？」成龍曰：「今日之事，不容但已，一邊陳奏

天朝，一邊移咨軍門，反覆辨析，庶幾朝廷知實狀而不爲邪說所惑，爲今日急
務耳。」上曰：「已爲罷職，今無及矣。然被誣之狀，不可不暴白於天日之下
耳。」成龍曰：「使臣雖星夜疾馳，終未得如擺撥之速達。今宜咨請於布政司
衙門，得紅旗撥馬，急急馳報軍門，請其陳奏，亦一策也。」上曰：「一小人
足以壞天下之事，丁應泰，予一見而知其人險詖。接見之日，言於予曰：『俺
入則盡忠，出則直言。』又曰：『國王能詩能書云，此特一藝耳，將何用哉？
莫若多讀兵書。』終言勿殺牛，以所看一書，名曰廣愛錄，其書曰百獸不殺。
若然，則終至於禽獸逼人，獸蹄鳥跡之道交於中國，其可乎哉？予於是乎知其
人之詭誕也。豈知今日至於此也。」恒福曰：「其書以爲，若殺之則必有報
應，殃禍及身云矣。」上曰：「莫非天也，莫非數也。既生平秀吉於日本，又
生沈惟敬於中原，莫之爲而爲也，豈人力之所可爲也。且數經理罪曰，可斬者
二十九條，可羞者十餘條云，天下萬古安有如此之人乎？雖鬼蜮不至是矣。又
言楊鎬動 (疑誤) 朝鮮築城，安知他日倚此而爲叛也，此等說話何如乎？誠極天
下之冤痛也。」成龍曰：「築城一事，高皇帝亦許之，豈得以爲罪乎？」鄭琢
曰：「天下或有如此之人，故國家有治亂興亡。」德馨曰：「大概經理之爲
人，性稟頗欠周詳，南北軍兵，待之不能脫彼此形跡，故南兵皆怨之，怨楊者
皆付 (附) 于丁。」上曰：「趙閣老萬古姦人也，老姦在閣，天下事可知矣。
使石星沈惟敬果有罪也，斷之毋疑也。而今猶在監，彼之謀免已 (己) 罪，傾
陷我國者，算無遺策矣。是亦我國之不幸也，奈何？且楊大人豈尋常人哉？但
性急而言易矣。」上曰：「昨見右相贍送禀帖，昨昨衙門徵兵自衞云，是何等
語也？」德馨曰：「昨昨於衙門前劍戟森羅，標兵等奔走倉皇，臣問之門下，
乃曰：『陳寅軍中做荒唐事，說此以應之云，而實未曉其意也。」上曰：「大
抵丁主事以陳寅爲第一功，經理則以李如梅爲首功云。二人爭功之高下，予所
難詳，何人果爲最優，右相知之乎？」德馨曰：「陳寅農所之戰，大獲首功，
李如梅則旁觀而得之云。而二十二日之戰，李如梅爲前鋒，引賊而出，挺身擊
之，擺賽楊登山夾而擊之。小臣隨後望見，陳寅亦聞之，躍馬馳入，未及十
里，已盡滅賊，斬首四百。此時則陳寅在後，安有第一功乎？至今遺恨。二十

二日克捷之後，乘勝直擣，則有如破竹之勢矣；而反自鳴金而退，軍情皆以是
歸咎於經理耳。」上曰：「以島山爲囊中物，而如是耳。」上曰：「經理與麻
劉兩將不相能云，信乎？」恒福曰：「看其下人等相較之事信矣。」許筬曰：
「經理囚陳寅中軍周陞，故陳寅欲奪之，幾至於發兵相攻，衙門員役皆言矣。」
上曰：「是何言也？假使經理囚周陞，在陳寅之道，何敢乃爾？」恒福曰：「
小臣家有一千總來寓，一日，將官輩來會飲酒，招臣出來，仍相與詆訴經理，
加之以無理之說，其氣象甚惡。臣言其不然，則又辱臣無所不至矣。」上曰：
「以此觀之，則經理大失人心，雖在此不必成功也。一丁應泰至么麼也，嫉怨
經理，設謀傾陷，渠之言奚足以眩亂朝廷之視聽哉？趙閣老大姦人也，黨於石
星，力主和議，此必與應泰表裏相應，輾轉事機，豈不寒心哉？倭賊連營九百
餘里，勢日熾盛，應泰之疏曰：兵不必加調，糧不必加運，且自天地開闢以
來，中國未有爲朝鮮拯救如今日者云，此言尤不測也。」成龍曰：「倭賊終不
得犯中原云，此未知何人言之也？」德馨曰：「宋應昌著成一書，名曰復高（
國）要編，有曰：倭賊逾全羅、慶尙、黃海、平安等路，然後抵中原地，終必
無是理。此則非但一時發諸口，至於書諸簡册，將欲誤天下也。」上曰：「應
昌見其形貌，陰險人也。」德馨曰：「應昌曰，王京城子險峻，未易攻拔，故
使查大受焚龍山倉，倭賊無糧宵遁云。當時城中粒米狼戾，何得云無糧餉乎？
此則欺天矣。」上曰：「往事已矣，言之無益，今日言事，正宜着實商議。經
理事不可緩也，必須今明內爲之，天朝論議激發，則或不無陷於罪籍？今日事
不但爲楊大人一身，實係我國家存亡，若或小緩，則其間邪議橫生，已無及
矣。楊大人以我國人稟性弛緩，不能㴑事，每於接見輒言之。前日言於予曰：
『貴國有茶，何不採取？』使左右取茶來示曰‥『此南原所產也，厥品甚好，
貴邦人何不喫了？』予曰：小邦習俗不喫茶矣。(經理曰)『此茶採取賣諸遼東，
則十斤當銀一錢，可以資生。西蕃人喜喫膏油，一日不喫茶則死矣。中國採茶
賣之，一年得戰馬萬餘匹矣。』予曰：此非六安茶之流，乃鵲舌茶也。對曰：
『此一般也。貴國啜人參茶，此湯也，非茶也，啜之中心煩熱，不如啜（茶）
之爽快矣。使貴國陪臣喫茶，則心開氣軍，而百事能做矣。』仍贈予茶二包，

似是『你若喫茶，則或可做事』以驚之之意也。此非爲茶言之，專爲不做事而
發，設辭言之也。」鄭琢曰：「此直戲侮之言也， 怠慢之氣， 豈喫茶所能療
也？」（下略）（一○一・一八──二○）（一二九三）

⒆　六月戊寅，許遊擊國威揭帖曰：「大師方集，征進在邇，擬掃釜塵，班師
奏凱，乃忽聞撫院被誣西旋，三軍氣索。夫臨敵尚不可易將，況易將將者乎？
孰主張是？孰綱維是？事關王國安危，我師利害，威徒扼腕廢食廢寢，計無所
出。唯王早圖之，勿自貽伊戚。」（一○一・二三）（一二九七）

⒇　七月朔甲申，陳奏官崔天健書狀官慶暹拜辭。奏本曰：「朝鮮國王謹奏，
爲大兵既集，撫臣被參，羣情疑貳， 事機將失，懇乞聖明洞察實狀， 亟回乾
斷，策礪鎮定，以畢征討事。據經理都察院伺候陪臣韓應寅啟稱：本院自本月
十六日不坐堂管事，十九日上本辭職。臣於外間訪得，或說楊都爺被丁主事參
奏，島山之役，兵馬多致損傷，匿不以報。麻提督亦併被參，或說敍功不公，
功多不錄，或說經理提督與清正講和，或說經理築城朝鮮也是大錯；或說倭奴
原數不多，經理張皇瞞報， 兵糧當減。 雖未知其眞的，而羣言漸播， 遠近疑
惑。等情，具啟。據此，臣竊照臣以覆亡禍敗之極，無復有自爲之勢，欽奉皇
上天地父母，曲察小邦悶迫之情，洞燭倭奴兇狡之狀，發兵運餉，皆出睿斷，
終始七年，再勤盛舉，優恩異渥， 曠超前古，綿綿扶植， 以至於今， 皇威赫
然，將士用命。蓋嘗一捷於稷山而京城全，再蹙於靑山而湖甸完，三鏖於島山
而賊已褫魄矣。臣感激洪造，傾戴豐功，惟欲粉骨糜身，庶能仰酬其萬一。目
今大兵齊集，聲勢甚壯， 布置已定，蓄銳待發， 臣方與一國臣民拮据供給資
糧，佇看摧殲廓清之舉。不意京報忽傳，軍中喧播撫臣楊鎬上本辭職，又將離
任西還。臣始而疑，中而訝，終乃大駭，且惋且悶， 如橫舟巨海震風駭浪之
中，篙師忽去，憨然以待死亡之無時也。其參疏所論，臣不得詳，臣不敢辨，
第據其流聞， 則多是情外不近之說， 亦有稱朝鮮人所言，而通國之未曾知者
也，無乃出於傳者之謬耶？伏見撫臣楊鎬，自膺簡命，銳意東事，與督臣邢玠
按臣陳效協謀宣力，殫竭思慮，其一心討賊，盡瘁圖報，素所蓄積，而勇往直
前，不避艱險，當機叏發，任怨敢爲，最爲長處也。且涖任遼道，經理多年，

──145──

諸委本國殘敗之狀，痛懲棍徒科擾之弊，約已（己）甚簡，冰蘖自飭，束下甚
嚴，秋毫不犯。至於樵汲輪回標兵，而日供茶粒，捐俸錢而取給，申明法禁，
戒戰各營，駐過之地，民皆晏然，此則小邦三尺童子亦所嘆服。上年秋，賊酋
行長攻陷南原，清正領大眾隨會，兇鋒已迫漢南，都城之民，魚駭鳥竄，洶洶
靡定。楊鎬自平壤單車疾驅，冒入危城，慰諭餘氓，申飭將士，使人心依賴，
賊情畏沮，遂卻敵於談笑指揮之間；此蓋人所難爲，而都城之得保今日，皆其
力也。島山之役，楊鎬以文職大官，擐甲上陣，暴露虎穴，過十二晝夜，一同
提督及諸將勵氣督戰，焚燒內外寨柵，斬獲千餘級，清正窮戚（慼）一穴，渴
餒幾斃，是蓋曠世之奇功。而不幸天雨急寒，士卒多傷，我勢已疲，而賊援大
集，固將有腹背受敵之患。楊鎬與麻貴密察事機，宣令左次，仍將遺下糧餉盡
行焚燒，挑選馬軍，身自爲殿，賊不敢追躡。即其事狀終始如此，令賊徒膽
破，遇有小邦人扮天兵貌樣，則輒皆走避，不敢恣意樵探，是孰使之然哉？若
征剿實績，則旣有小邦跟隨陪臣，又有領兵諸將目見，具悉其進退先次，人馬
失亡功罪，查覈自有公論，天日在上，豈容虛誣？臣於其時，擬將經理提督
及諸將勞績，具本上聞，以謝天恩。楊鎬過執謙遜，力寢其奏，臣以是爲歉
（歉），曾不料今日之論，紛紛至此。自古當事之人，易招人議，功罪之間，
難適眾情，聖鑒孔昭，明見萬里，其是非虛實，終必洞燭無餘，奚待臣之煩籲
哉？仍念此賊逆天悖慢，七年爲禍小邦者，蓋以羈縻之說，爲伊機所中，屢致
差了事機耳。到今賊之情形益露，臣之削弱滋甚，若天朝欲再與之講和，則非
但敗目前之事，而天下受其虞矣，即愚夫愚婦皆知其非，曾謂楊鎬身擔東事而
不料此耶？去二月時分，清正差倭奴一名與被擄人一名，假稱奉書提督，探我
虛實。行至竹山，楊鎬責罪南邊防守將領，即將前項倭子交付於南兵副將吳惟
忠，任其處置。又於四月間，行長又遣朱元禮要時羅等，托以講和，潛圖緩
兵，有書與總督以下各衙門凡八封，又有書與小邦禮曹者一封。楊鎬使下人微
發其遺禮曹之書，書辭可惡，且緩我而待新兵，乃伊之奸計，已事可戒。楊鎬
洞見此狀，拘囚其使，不發其書，將欲臨機行計，取勝萬全。今執此而罪講
和，則亦冤矣。昔我太祖高皇帝賜以小邦勅書有曰：『王國與倭奴爲鄰，京都

及沿海地方，設築城子。』教戒勸諭，如父誨子。今小邦藩蔽東海，而全慶爲小邦門戶，必先設備，利禦此寇。楊鎬欲築城屯守，以規遠計，此是經理職內要務；乃以是爲罪，而錯疑小邦，貽他日之患，其亦與高皇帝詔諭旨意，大相遠矣。臣再三查此賊東自蔚山島山，西至順天倭橋，連營列屯，首尾九百餘里，除小寨不計外，歷指其大營，通共有二十餘區，日事築城掘壕，屯田積穀，更換舊兵，添調新卒，其志豈徒然哉？賊之多寡盛衰，據此可知，今乃謂倭眾本少，要減兵糧，臣誠未知其定計之所在也。臣續據南邊馳報，及各該走回人告稱，倭賊將以七月後再調兵眾過海前來，要與天兵斯殺，明年秀吉領大兵進犯遼左地方，此正先發制人之秋。如令後起水兵在旅順未發者及時前進，大張軍聲，遮截海口要害，以絕其糧運，則彼賊來往路斷，其勢漸蹙矣。茲者流言一播，軍情大變，先者懈而思還，後者沮而不發，徘徊銷縮，坐失機會，卽小邦事勢，十分危迫，而經理於此時革任棄去，主張無人，種種潰裂，小邦之人，墜心解體，悶悶惶惶，如失所依。倘彼賊訽知此勢，則必抵掌相慶而起，念至于此，寧不寒膽？抑臣所深痛者，大兵已發矣，糧餉已運矣，撫臣方晝夜規畫，料理事務，凡小邦利害，賊情虛實，無不磨礱商度，已有定算，臣自幸滅賊有期，大局將結，天不見佑，事又敗意，一場經營，沮壞渙散，臣實痛悶，不知所爲。伊賊方且以計緩我，而蓄謀益深，今此機會，正賊之日夜希冀，而不可得者。萬一浮議未定，邊情莫白，則臣之滅亡有不暇計，而竊恐天下大計自此去矣。況撫臣奉承明命，經理小邦，存亡成敗，俱係於此。苟其所爲，如人所議云，則是不特負聖明，又將以壞小邦。臣當上念聖明，下顧小邦，尚何惜於撫臣，而乃敢曲爲煩辨，自速滅亡之禍，以陷欺罔之誅哉？臣雖無似，決不至此。伏願聖明洞察近日情形，深憐小邦危懇（疑誤），亟留經理，以畢天討，小邦幸甚，東事幸甚。臣無任危悶懇迫之至。緣係大兵旣集，撫臣被參，羣情疑惑，事機將失，懇請聖明洞察實狀，亟回乾斷，策勵鎮定，以畢征討事，爲此謹具奏聞。」（一〇二・一一三）（一三〇三）

(21)　七月丙戌，經理都監啟曰：「前日九卿五府科道官會議上本，奉聖旨，今始得於通報中，謄書以啟。」聖旨：東征獨遣經理、經理監軍道等官，責任甚重，轉調兵

餉，月無虛日，冀收全勝，以安外藩。乃輕率寡謀，致于喪師，又朦朧欺（蔽），奏報不實，法紀何在？楊鎬革任回籍。且將士披堅執銳，臨敵對壘，不避寒暑，倏爾死生，奏報不實，俱候勘明處分。其經理員缺，便着吏部公同會推有才望知兵的三四員來看。仍舉風力科臣一員前去，會同（原）奏主事丁應泰將兵馬錢糧持公嚴勘，分明公開。仍酌議東征之事，師老財匱，如何結局，俱從實奏請定奪，毋得徇私扶同欺罔，致干憲典。其南北官兵荷戈遠涉，當一體撫邮，何得偏護，致誤不均？今後再有這等的，參來重治不饒。該部知道。欽此。（一〇二・六）（一三〇六）

⑳　八月朔甲寅。辛巳，軍門都監啟曰：「卽見通報，八月十二日以本國奏本
<small>奏聞使崔天健賫去奏本也</small> 奉聖旨：楊鎬等損師辱國，扶同欺蔽，有旨特差科臣查勘，是非自明，不必爲其代辯。兵部便馬上差人傳與萬世德。著他上緊前去經理。仍傳與督臣邢玠等官，今兵餉旣集，應戰應守，速行會同詳議舉事，以圖後效，毋得以行勘推諉，致誤軍機。兵部知道。」（一〇三・二四）（一三四〇）

㉓　八月壬午，午時。彭中軍<small>友德</small> 來時御所，回禮也。中軍曰：「前日貴邦上本申救楊經理，丁主事以爲俺及陶通判請於國王而爲云。如此等語，固不足辨，但以楊喪師辱國，豈有此理？此非徒楊爺之不幸，抑亦貴邦之不幸也。經理則已矣，軍門御史又被參，科官出來後，國王須力陳其不然。」上曰：「大人無間內外，盡言不諱，不勝多謝。所敎之事，不轂當自盡陳矣。」中軍曰：「俺則雖欲有言，而俺言不見信，且俺亦參於其中，不可言也，國王勿爲尋常，詳細說與如大臣及下人，亦陳其不然。丁主事言，島山喪師，至於一萬，極爲痛憤。俺今日來此矣，此後人言必多，不敢再來此矣。」上曰：「不待大人分付，當自盡陳。且科道官意思如何？切欲詳知。」中軍曰：「科官意思，則不須問也。旣承朝命而來，公道昭然，不可任意爲之。」上曰：「且丁徐兩大人出來，小邦罔知所以，今承分付，不勝多謝。此外更有可敎之事，寫出送來，則當依施。」中軍曰：「此外無他說。丁徐出來，必有舉措，其時若有更告之事，則當書送。」遂告辭。上呈禮單，中軍不受。上三請而三不受。（一〇三・二五——二六）（一三四〇）

㉔　九月朔癸未。己亥，海平府院君尹根壽啟曰：「臣見陶通判，通判以聞於給事者寫示三張，未必皆眞，所聞如此，不敢不啟。一謂科道說丁主事奸邪小

人，誣害忠良，要上本參他。卽今上本要進兵破倭後，方會勘楊鎬之事，說楊只性急偏些，實是精兵任事之人。二謂昨聞科官說，要移咨國王，問楊經理在朝鮮有勞無勞，是否蔚山大敗不報陣亡，欺冒陞賞？明公道，定是非，正在此時。如果士民欲留本府在京撫安百姓，須寫狀投軍門徐科道陳察院，王梁二道方可留。三謂丁贊畫以私憤論楊經理，必欲求勝，遂波及於軍民（門）御史陶通判等官，是非顛倒。貴國士民稱寃，及此正當伸訴於軍門科道，不可緩也。只伸訴各官盡忠征倭，丁主事之誣罔自明矣。」傳曰：「予親見給事，聞其言恐不如此。」（一〇四·一三）（一三五〇）

㉕　九月癸卯，贊畫主事丁應泰一本：「屬藩（疑脫）奸有據，賊黨朋謀已彰事。臣行次夾江中洲，見豆黍豐茂，詢之遼人在途者曰：『此膏腴地，收穫數倍西土。先年朝鮮與遼民爭訟之都事，屢經斷案，鮮人不平，萬曆二十年，遂令彼國世居倭戶，往招諸島倭奴起兵，同犯天朝，奪取遼河以東，恢復高麗舊土，』等語，臣不勝駭異。臣行次定州，而臣從役以布數尺換鮮民舊書包裹（裹）食物，書名海東紀略，乃朝鮮與倭交好事實也。自丙戌年，遣壽藺齎書禮達日本薩摩諸州，及對馬島諸郡諸浦，或受圖書，約歲通倭船互市，或受朝鮮米豆，至納紬布千四，米五百石于伊勢守，轉達日本，皆獻納互市之實跡也。且國王諸酋，使船有定數，接待諸使有定例，倭館使船大小船夫有定額，給圖書有職掌，迎候供宴有定儀。復詳其天皇世係（系），國王世係（系），與夫政令風俗，歷歷指掌。且假日本之使而通給流（琉）球。又按其圖說，而熊川東萊釜山，其恒居倭戶二千有奇，畠山殿副官書契中明言國王和親。由是觀之，紬米之說有據，而招倭復地之說非虛語也。不謂關白雄酋，乃因其招而乘其敝，遂一舉而襲破其國，則朝鮮君臣之自貽戚也。朝鮮應科人習三經，則旣知春秋大義，當謹奉天朝正朔，何爲又從日本康正寬正文明等年號而大書之？且小字分書永樂宣德景泰成化紀年于日本紀年之下，則是尊奉日本加于天朝甚遠，而書又僭稱太祖世祖列祖聖上，敢與天朝之稱祖尊上等，彼二百年恭順之義謂何？而皇上試以此責問朝鮮，彼君臣將何說之辭？況其舞文訾辱中國先代帝王，卽其一序，已自槪見。朝鮮君臣輕藐中國，已非一日，招倭搆釁，自啟

禍戎，而剛憤求援，動稱死節。我皇上恩勤字小，發帑遣師，已復還全土界
（界）之矣，乃又固爭禮文，再厪皇上東顧之憂。且自偷安逸，移禍天朝，不
知何所底極？夫邦君無道，六師移之，三代不易之大法也。今朝鮮國王 姓諱
暴虐臣民，沉緬酒色，乃敢誘倭入犯，愚弄天朝，復與楊鎬結黨，朋欺天子，
卽我皇上寬仁不忍遽加誅討，而天鑑祖靈，必奪其魄而斬其後矣。督臣邢玠，
按臣陳效，與提督麻貴以及司道將領等官，何乃未勘之先，今日商計一疏，扶
同欺罔，明日令人保留，徇私曲庇，旣陰誘姓諱 差陪臣李元翼上疏保留，訟鎬
功德，大猾許國威承望風旨，恣逞刀筆，強寫諸將連名奏疏，稱訟（頌）楊鎬。
乞勅鎮撫司將黨賊許國威彭友德及陪臣李元翼等依律鞫問，窮究來歷明白，則
羣奸不得倒持國柄矣。臣今居鮮發奸欺，或諸奸又將惑鮮君臣，爲登山入海之
語，駭人耳目。然後彼有爵有土，忍棄世守之國，踏亡命之流，則將奚往？此
智者所不能惑也。伏望皇上將臣所奏，倂進呈海東紀略，勅下廷臣秉公評議，
朝鮮君臣是否絕倭愚弄中國，是否絕倭愚弄天朝？邢玠陳效麻貴等是否徇情扶
同欺罔？是否徇私曲庇？而黨奸諸謀，自不能掩眾目而逃公論也。」奉聖旨：
「這所奏朝鮮隱蔽事情，著差去科臣上緊併勘。前屢有嚴旨，東事候勘回之
日，功罪自明，丁應泰不必再有瀆奏。其奏內倭事是否眞僞，一切戰守機宜，
著邢玠陳效丁應泰徐觀瀾等盡去嫌疑，虛心會議行。擧務以國事爲重，毋得彼
此叄（參）差。見今秋防緊急，部務繁重，蕭大亨安心供職，俱不許紛紛瀆辭，
仍催萬世德兼程前去經理，該部知道。」（一〇四・一六──一七）（一三五一）

㉖　九月癸卯，以備忘記傳于政院曰：「今見丁應泰參奏，蓋因我國之直言陳
奏，力救經理，而爲此洩憤之擧也，予固知有此矣。凡人之立於天地之間，但
當爲我之所當爲而已，若夫橫逆之侵自外至者，初非所慮，而吉凶禍福，但當
順受而已。應泰之疏，不足以動予一毛。予爲天朝東藩之臣，初爲賊酋秀吉所
脅，據義斥絕，敗國亡家，顚沛流離，固守臣節，如水之百折而必東，萬死而
不悔，以此受罪，更有何言？目見奸孽橫恣，忠良受誣，終必誤天下大計，故
不忍不陳情力辨，使吾君洞然照此鬼蜮之肝肺，予爲楊經理而死，死有餘榮，
當含笑於地下矣。曾見自古中國與我國世（疑誤）之人平日稍有名字，及其奸邪

小人，欺蔽其君，枉害忠良，敗壞國家，而畏其中毒，怯於氣焰，依阿諛認，不出一言，縮頸奔走於奸臣之頤下，盡喪其平生所守者，予視之不啻如犬彘蟲蛆，予不忍爲此態也。設使天朝萬一如應泰之言，六師移之，予將稽顙蹈舞，寧有一悔乎？倘因此而得遂予所願，則應泰之反爲忠於予者多矣。嗟嗟！痼病昏劣之身，自知已明，前後丐乞其早退，而不幸以至于今日，不得不遺恨於卿等也。今聖旨未下，方在竢罪待命之中，豈敢以藩王自處，偃然無異平日乎？況自近日以來，積傷澌盡，晝夜胸痛，匙粒不下，眼疾尤重，咫尺不辨，兩耳閉塞，不分人語，腰下塞濕，寸步不能自致，夜則轉輾不寐，倚壁達朝，晝則昏困如醉，古人曰食少事煩，其能久乎？況百病叢身，一握之氣，寧能久存乎？自今凡一應機務，令世子處決。天將亦將以何面目接待，亦當令世子代行，言于大臣。」奸人揑虛，一國被誣，既有併勘之聖旨，則竢罪待命之舉，固不可已。十行之敎，詞旨懇惻，天將見之，莫不嘆服，皇上聞之亦爲感動，終有免勘之旨，則可謂能盡自處之道也。

（一〇四‧一七──一八）（一三五二）

貳、庫本明實錄

(1)　萬曆二十六年六月甲寅朔。丁巳（四日），東征贊畫主事丁應泰奏，「貪猾喪師釀亂，權奸結黨欺君」，蓋論遼東巡撫楊鎬，總兵麻貴、副將如梅等蔚山之敗，亡失無算，隱漏不以實聞，而次輔張位、三輔沈一貫與鎬密書往來，交結欺樂（疑蔽）也。大略論鎬曰：「倭至則棄軍士而潛逃，兵敗則議屯守以掩罪，既喪師以辱國，敢漏報而欺君。」如梅曰：「凌蔑將官，淫掠屬國，逗遛觀望，擅離信地。」貴曰：「忍于棄卒而倉皇馳遁，巧于避罪而文致報章，既已僨事，乃復冒功。」而輔臣報鎬書，位有「禍福利害與君共之」語，一貫有「以後大疏須先投揭而後上，以便措手」語；且以御史汪先岸論鎬擬票留中之旨，密以示鎬云。蓋先岸之疏，閣票稱鎬忠勇，留中不下也。又言：「自有東事以來，遼兵陣亡已逾二萬，皆喪于如梅兄弟之手，前後費餉六七百萬。」又謂鎬與如梅媚倭將清正，與之講和，以私通清正之書進呈。因論鎬所當罪者二十八事，可羞者十事；如梅當斬者六，當罪者十。又追論鎬之經理朝鮮，以賠

次輔位而得之。今觀位與鎬書云云，則人言不誣。疏上，有旨：「朕覽此奏，關係軍國切要重務，着五府大小九卿及科道看議來奏。」是日，位與一貫奏辯，請罷斥，上各溫慰留之。隨該府部等官看議回奏，大略主于行勘。上曰：「東征特遣經理等官，責任甚重，轉餉調兵，月無虛日，冀收全勝，以安外藩。乃輕率寡謀，至于喪師，又朦朧欺蔽，奏報不實，法紀何在？楊鎬革任回籍，著邢玠速赴王京，暫兼經理軍務；麻貴、李如梅姑著策勵供職，候勘明處分。仍舉風力科臣一員，會同督撫監軍及原奏主事丁應泰，將兵馬錢糧從公嚴勘，分別功罪。仍酌議東征之事，師老財匱，如何結局，俱從實具奏，毋得狥情扶同欺罔，致干憲典。其南北官兵，當一體撫恤，不得偏護。後位與一貫，以科臣趙完璧、徐觀瀾交章參論，位奏「羣臣（疑言）交至，孤忠可憐，懇乞聖明矜察處分，以全國體」，內有「臣心一毫無愧」之語。上曰：「楊鎬乃卿密揭屢薦，奪情委用，專任破倭，今乃朋欺隱匿，致償東事，辱國損威，莫此為甚，尚言一毫無愧，忠義安在？但念輔理多年，積有勤勞，姑准冠帶閒住。」一貫疏：「聞言負漸（慚），席藁待罪，懇乞聖明俯亮心迹，亟賜乾斷。」上以其失不過私書，疏中尚認罪愧懼，溫旨留之。（三二三・一——二）

(2) 萬曆二十六年七月甲申朔。己亥，監軍御史陳效言，東事難欺，煩言難據。大略謂：「撫臣楊鎬負氣任事，嚴急招尤，功次未分，怨謗漸起，失意奸將與被逐流客，游言喪敗，都市如簧。而贊畫主事丁應泰墮姦將高策之計，復以其身證之，恐煩言一布，士庶交疑，恩仇徒快羣讒，國家反成戲局。乞專勅科臣公同總督熟察情形，備查功罪虛實，公私不辨自明矣。」而又極言撤兵裁餉之不可。總督邢玠亦言：「應泰以喪師釀亂，奏報不實，指摘撫鎮，除稷山、青山、蔚山之損失多寡，與撫鎮諸臣之罪狀虛實，已蒙遣官會勘，顯形可見，無容臣言。至言撫鎮媚清正而與講和，事亦有因。蓋兵不厭詐，期於成功，可以戰勝則力用戰，可以間圖則兼用間。故古之用兵，亦有以賄賂間，有以親密間，有以文告間，從古不聞以間為諱。若忌和之別名而廢間之實效，文法一執，動必掣肘。況此酋最狡，每遣奸細，輒控造臣等衙門假牌，吳惟忠李寧累獲可驗，而此一僞語，即可信以為真乎？至所云倭止四五萬，我兵不必加

多，餉不必加積，節冗費，息民力，談之至美，亦臣等之所至願。但兩敵正在相持，島夷觀望以爲去留，將士觀望以爲進退，朝鮮觀望以爲離合，減撤之說，可令聞之將士，洩之倭奴乎？」有旨：「著差出科臣，一併勘奏。」（三二四·四——五）

(3) 萬曆二十六年八月甲寅朔。庚申，朝鮮國王李昖奏：「大兵既集，撫臣被參，羣情疑阻，事機將失，洞察實狀，亟回乾斷，策勵撫鎮，以畢征討。」上曰：「楊鎬等損師辱國，扶同欺蔽，特遣科臣查勘，是非自明，不必代辯。」（三二五·二——三）

(4) 萬曆二十六年九月癸未朔。戊子，兵科給事中姚文蔚上言：「東征之役，一切戰守機宜，當專責經督二臣主斷，餘人不得干擾。其查核功罪，責之監軍御史，勘覆奏事，責之差去科臣。主事丁應泰業已奉旨止據原奏會同勘明，不許逞臆阻壞軍機。且師克在和，兵事貴密，會議舉事，恐有參差洩漏之虞。」上曰：「東征事權，原係專責總督主持，各官不得牽制。」（三二六·一）

(5) 萬曆二十六年九月癸卯，總督邢玠恭報東征進取大略，合水陸官兵七萬，分爲三路，絕其糧餉。部覆得旨：「兵馬分派既定，爾部便急傳邢玠，刻期相機進剿。閫外事務，俱聽便宜行事，不必疑惑，致悞軍機。」（二二六·三——四）

(6) 萬曆二十六年十月乙卯（初三），朝鮮告急。國王李昖奏：「自撫臣楊鎬革任西回，軍情懈弛，全慶疑懼，我勢先動，賊焰益張，悖言謾語，無復忌憚，又非前日比。邊書告急，朝報夕至，目今事勢，十分危急，而主管無人，督臣邢玠又尙未到，舉目倉皇，茫然無依。伏乞委任藎臣，趁期征討。」上曰：「朕已另遣萬世德前去經理。近總督邢玠奏，目下分兵三路進兵，刻期攻剿，爾國亦當振飭將士，整備兵糧協助，共期蕩平，毋得專倚天朝，自諉積弱。」（三二七·一——二）

叄、日本影印的皇明實錄（原係傳抄本）

(1) 萬曆二十六年六月甲寅朔。丁巳，東征贊畫主事丁應泰，以蔚山喪師，撫鎮匿報，疏列諸臣罪狀，內及輔臣張位受楊鎬美珠，而以經理界之，沈一貫曲

意朋比，罪亦難辭。至如楊鎬，以偏護私黨，殘毒將士，而論其所當罪者二十八事，所可羞者十事，臣請指數之。陰厚李如梅，欲其奪二十三日之首功也，則擠高策于箭灘，忌嫉李芳春，憤其占彭友德之右協也，則驅芳春于西路，偏私廢公，罪一。令下發兵，在二十三之丑時，如梅進兵在二十二之黃昏，失令不信，罪二。遵化右協右營副將報功，則皆割耳，不欲各營在如梅先也，刑人快人，罪三。清正上保島山，陳寅乘勝登城，一鼓而渠魁就擒。鎬急鳴金，惟恐陳寅功加如梅上也，誤軍誤國，罪四。軍士三日不食，賊堞一孔數銃，當者立死，驅兵就斃，罪五。每日收兵疲極，勢如敗革乘風，賊望大笑，兵夜數驚，罪六。馬兵恬息，步兵環攻，冰解水深，不一分勞逸，罪七。每軍黃昏得米無柴，且饑且戀，鎬既司命三軍，不一爲之區處，罪八。賊遣通使，緩攻待援，玩我兵於股掌之上，講罷援至，墮賊計中，罪九。大風吹雨，泥水皆冰，饑者氣餒，寒者膚（疑膚）裂，哭聲震地，鎬若罔聞，罪十。招倭以輕裘肥馬，示倭以杖頭百金，倭以銃應，無一降者，十一罪也。令牌兵爲戲，以竭賊彈，乃牌兵受彈而屍盈野，十二罪也。賊城乏食，蔽冰代水，此非可困守而死賊乎？鎬卒不能，十三罪也。西山救兵，不滿三千，兵願決戰，此非可順眾心以破賊乎？鎬又不報，十四罪也。鳥銃在前，死者十九，紅旗在後，進者十一，人方罵不絕口，而鎬且與如梅夜飲酒爲樂，十五罪也，兵心思變，鎬聞下令賞銀有差，兵方引領待賞，乃兵定賞罷，盡已侵銷，十六罪也。盧繼忠之兵，委之虎口矣，全軍幾覆，殿後有功，而揭而參，何以服其心？十七罪也。李化龍之賢，稱之眾口矣，憤其面爭，無罪被辱，將恐將懼，又何以錮其身？十八罪也。軍士日米改用小升，至鹽菜銀遲之三月，使稱貸而鬻衣鞵，十九罪也。攻城無法，死者山積，徐昭獻計既不善用，何得又言昭無功而斷其頭？二十罪也。兵死倭彈，屍積盈城，鎬當傳令夜出收屍，且免暴露。乃棄之城下，致我兵踐屍枕骨，飲血傷心，爲倭譏笑，罪二十一。各營將官哭橐陣亡，鎬當面諭某人親故收殮，以安死魄，且示皇上浩蕩慈恩；乃見凜（稟）者絕無一憐語，故將士欲食鎬肉而寢其皮。罪二十二。被傷之兵，當放先回；而五六人，七八人，託護送而去，旗牌追趕，兵不復返，則令之不嚴也，罪二十三。偵探官原

有專設，而機張營西生浦既有援倭，卒不一報，則法之不行也，罪二十四。倒馬一匹，例追銀五錢，鎬于各營概追二兩，以如梅馬較各營陣死獨多，斂眾與梅買補，何下三萬餘兩，罪二十五。擒倭一名，則賞銀五十兩，鎬于先擒十餘名，實給賞十兩，計侵賞豈止四千餘兩，罪二十六。寧國胤下流小人，因舊時過付之私，任其妄殺報功，一管撥官而四十八級，何處得來？罪二十七。邵應忠管撥哨官，納倭碗刀之餽，准以報功三級，詹承恩其所親見。罪二十八。倭奴朱玉，吳惟忠所擒，乃與如梅而玉逃，則詭稱臨陣傷死。吳兵復挈，而楊且何辭？可羞一也。奸細劉三亦惟忠所挈，如梅挾仇而譖忠，則詐言遼人貿易，覆證既明，而梅且低首，可羞二也。同一副將之見也，高策則不迎不送，如梅則歡迎歡飲，可羞三也。同一軍士之搶也，遼兵則示意如梅令之去。宣兵則梟斬于市正之法，可羞四也。如梅每日外加酒飯銀一兩，反不加提督，以陛下之軍餉，滋鎬之私情，可羞五也。白澗舊中軍時，送銀二千兩，今題陞守備，以陛下之爵賞，榮鎬之私人，可羞六也。如梅友德開場賭博，而鎬每早堂則問「夜來孰勝」？憲體何在，可羞七也，玉狗香姨，漢城倡家，而鎬則潛納以恣枕席之歡，官箴何在，可羞八也。託言進京分送倭刀，每營索五十把，中有滑將，飾以金銀鑲裹，科害可勝言，可羞九也。高策箭灘稟命助攻，意在效用，鎬既不允，復聽如梅割其兩耳，將士為之愕顧，可羞者十。且正月初三夜倭出偽書，鎬受其紿，食不下咽，行不及履。既與如梅謀，馳馬潛奔，頃之旟旐招搖，山川色變，其墮塹落岩者莫知數計，南人有壯氣者，度不自保，去衣就火，慷慨自焚，言之令人涕淚滿襟。且二十五日真定營張中軍五箭射三倭，倭怒，聚銃擊之，彈入腦死。初四日，遵化營楊千總奮臂先登，拔其附柵，倭怒聚銃擊之，兩臁被四彈而斃。夫泯泯無聞者百千，不特此二人已也，況委用羣小劉光漢蕭來鳳等分頭督戰，索賕諸將，少不如意，割耳斬首。即光漢索兵倭刀不應，突縛三人，鎬斬其一，光漢執之俱斬。而鎬每日割人耳至盈筐，其慘有不忍言者。至若投世晚生帖於梅交（父），而升堂下拜於梅母，昨與如梅醉飲帳中，廉恥道喪，名節心死，以此人開府漢京，鮮人豈不欺中國無人，而為通籍之大辱乎？如梅協守遼陽，搗巢覆沒，剋軍括取，其跡昭昭然，臣亦不暇

漫論。獨以東征壞法亂紀，當斬者六，當罪者十，臣請言其槩。慶州分兵，如梅、擺賽同進；乃擺賽衝突而如梅逗遛，倘非提督救應，擺賽幾墮賊手，逗遛當斬一。蔚山寨墻平地高八九尺，乃陳寅砍寨而周陛燒船，如梅駐馬遙望，故智從來已然，觀望當斬者二。寨開梅至，強搶倭級，致首酋奔山，致國家貽無窮之禍，誤國當斬三。蹂躪南兵，爭割首級，且湊數報功，而步兵含無告之寃，故殺當斬四。見山城難下，則紿走東江，見倭銃傷兵，復移營退後，避敵當斬五。奉令堵截，不聽而軱回，高坐山頭，同撫鎮而調遣，擅離當斬六。倭船縱橫江上，不敢近岸者，吳惟忠一擊之力也。見忠受賞，梅逕撤兵，罪一。夷婦涯狎，惟忠因而譙問者，楊經理一戲之罪也，麻貴面訐，梅且斥辱，罪二。農所倭奴僅八十餘級，而未戰之先，已預報四百四十餘矣，況有益于所報之外，而匿之隍中者，何多也？罪三。支調中協至二十里，乃易取之寨則選擇而探之已有矣，何拒堵之？門戶不嚴，而出之柙中者誰歟？罪四。奪取金帛倭器倭刀，如往年平壤之故事，罪五。捲收皮箱寶塔美女，盡清正所藏之重貨，罪六，王杲斬倭，張貴斬倭，而梅僕李寧公然奪搶，向梅泣訴，梅且居之要功，罪七。用銀用級，以賄買譖揭害吳將，公論既明，吳將幸而無恙，罪八。故縱家丁搶奪朝鮮，既掠其寶物，又擄其婦女，罪九。邀刼經理，顛倒是非，有功則不錄，有罪則不問，罪十。而麻貴與楊鎬通天之罪，有大不可解者，則媚清正講和是也。自石星以主封坐辟，沈惟敬以講封擬決，聖斷赫赫，若雷霆方震，而鎬與貴敢與賊通。今清奴與貴回書，一則曰見寄華緘，欲計三國會同之事，一則曰欲計和不謀和，又曰大將軍欲計和好，予亦奏大閣殿下不可結和者也，等語。夫和之一字，宋人之愚，千載有遺憾矣。今鎬貴甘心沈惟敬之下，卽萬段不贖辱國之罪矣，伏望俯念軍旅重寄，奸黨巨蠹，先將張位沈一貫楊鎬李如梅麻貴等亟置諸法，以快中外之憤，或差忠直部臣，覆勘功罪，明正賞罰。仍差臣出關，順出山海關原點各營花名文冊，容臣先取遼陽道原給糧賞花名文冊，將見存兵士，查照籍貫年貌疤記一一驗對，庶奸鎬奸貴密令各營招商私補之弊無所容，而各營將官原報隱漏，迫于威脅從實盡數覆報，恩有欺罔，庶功明罪明，將安兵安，而數萬之師，懽呼鼓舞，倭奴不足平矣。上覽奏畢，

以係軍國切要重務，命廷臣公同勘議具奏。（一三・二七——三五）

(2)　甲子，輔臣張位罷。先是，征倭贊畫丁應泰奏東征喪師罪狀，並論輔臣張位沈一貫受賄交通。已而科臣徐觀瀾等復論敗東事者楊鎬，而主持用鎬者輔臣張位，因備言其通賂狀。位疏辨，略謂楊鎬之用，出自廷推，聖明欽點，非臣一己所能私授者。又謂勝敗兵家之常，今倭情未見變動，若止憑應泰偏詞，遽爲更革，恐內變外侮，因此決裂，不可收拾，其將奈何？天下事成之甚難，壞之甚易，小臣任意哆口，不顧其後，願皇上自爲社稷安危計也。臣義同休戚，忍不爲聖主明言之。夫閣臣本無權，動有責備，風波之地，萬分難居，今諸臣借東事相攻，臣一毫無愧也。乞賜骸骨，生還故里。疏入，上報曰：「楊鎬乃卿密揭屢薦，奪情委用，專任破倭，今乃朋欺隱匿軍情，致僨東事，辱國損威，莫此爲甚，尚言一毫無愧，其于忠義何在？但念輔理多年，積有勤勞，姑准冠帶閑住。」（一三・三五——三六）

(3)　甲子，定國公徐文璧等，吏部侍郎裴應章等奉旨看明丁應泰東征罪狀具覆。上報曰：「東征特遣經略經理監軍等官責任甚重，轉餉調兵，月無虛日，冀收全勝，以安外藩，乃輕率寡謀，致于喪師，又朦朧欺蔽，奏報不實，法紀何在？楊鎬革任回籍，著邢玠速赴（王）京，暫兼經理軍務。且將士披堅執銳，臨敵對壘，不避寒暑，倏爾生死，奏報不實，各有司存。麻貴李如梅姑著策勵供職，俱候勘明具奏處分。其經理員缺，便著吏部公同會推有才望知兵的三四員來看。仍舉風力科臣一員前去，會同督撫監軍及原奏主事丁應泰，將兵馬錢糧持公嚴勘，分別功罪。仍酌議東征之事，師老財匱，如何結局，俱從實奏請定奪，毋得徇情，扶同欺罔，致干憲典。其南北官兵荷戈遠跕，當一體撫恤，何得偏護，致嘆不均？今後再有這等的，參來重治。」（一三・三六——三七）

肆、朝鮮宣廟中興誌（故張繼先生有藏）

(1)　丁酉（萬曆二十五年）十一月，邢玠入京城。十二月，遣楊鎬麻貴進復慶州，大破平清正於蔚山。

邢玠方在遼東，楊鎬移書請先攻清正，斷賊左臂。玠然之，遂馳入京城，與鎬

定計。會宣大浙福等兵繼至，與前來兵合四萬四千餘人。玠令鎬及麻貴領大軍進攻清正，又遣董正誼領千餘騎，與我國兵大張旗鼓，趨南原，聲言攻順天等處，以綴行長義弘。鎬貴引兵向蔚山，號令整肅，權慄領高彥伯鄭起龍等從之。鎬令吳惟忠扼梁山，密令降倭入賊窟，圖形勢以來，遂指示進兵之路。初二日戊午，天兵我軍先到慶州，破賊兵於城外，賊棄城走，追擊又破之。己未，於大軍到蔚山，距賊壘六十里。麻貴招楊登山擺賽頗貴問曰：「爾等孰願爲先鋒？」三將爭先，貴令擺賽爲先鋒，賽喜而登山怒，至欲拳毆賽。賽領千餘人與鄭起龍先進，曉薄賊壘，射火箭挑之。賊出擊，賽陽退以誘賊，登山以二千騎繼至，合擊，大破之，獲其將一人。庚辰（疑庚申），鎬貴悉引大軍齊進，鎬躬擐甲冑督戰，諸軍鼓譟奮擊，砲聲震天，火箭數百枝齊發，風迅火烈，亂燕賊幕，一日連拔三窟，燒斬萬餘人。天兵方搶首級，而清正已入保島山矣。明日，鎬進兵仰攻，斬遲延者二人，眾皆爭奮，而城形絕險，備亦密，不可拔。游擊將軍陳寅中大丸，鎬乃收兵而退。明日，鎬令權慄李德馨率我軍及降倭攻之，又不克，死傷甚多。島山無水，賊每夜出城汲，輒爲我軍所獲，一夜擒百餘人，城中危迫，降者相繼。會大風雨，天兵凍餒不振。鎬令諸軍環城列營，各葺（茸）草房，爲持久計。貴請開一面，使賊得遁，設伏兵於要路以取之。權慄曰：「今右道賊屯星列，其勢必合兵來援，若能分軍以遏其路，則清正之頭可坐致也。」鎬皆不從。（下冊葉五十一）

(2)　戊戌（萬曆二十六年）正月，楊鎬麻貴攻島山不克，退屯京城。

鎬貴圍島山日久，賊兵大困，清正至欲自決，乃佯約日請降，而密求救於諸屯。賊數百艘自釜山西生浦來援，鎬令擺賽吳惟忠等禦之。初四日丙寅，自督諸軍薄城，欲爲火攻。而賊先於城外明火放炮。鎬斬士卒之退卻者，又綁游擊將軍李化龍徇示軍中，諸軍震慄爭先。而賊砲如雨，死者甚眾，遂收兵而退。是日，天兵又獲倭書，言加德安骨竹島釜山梁山等地十一倭將領六萬兵來，堅守以待云。藍江賊船九十餘艘，又入太和江上流，陸路諸賊若將繞出軍後，多列旗幟，以張其勢。鎬甚懼，問李德馨曰：「城險難拔，救兵勢大，計將安出？」德馨曰：「清正圍在孤城，天也，此舉一失，後未易圖。大人以萬人專

防箭灘彥陽路，堅陣以侍，則我得形便，賊雖來不難制也。」鎬曰：「累日攻城，兵多損傷，不容不退，且圖後舉可也。」德馨苦爭，辭氣壯厲，鎬雖不從，而深器異之。乃令撤兵，使擺賽楊登山爲殿。賽獨請決戰，鎬不從，賽橫臥馬前不起，作歌諷之。鎬夜燒各營馳入慶州，諸將爲賊所迫，浙兵多赴水死，獨副總兵李芳春斬賊百餘人還。鄭起龍爲賊所圍，起龍縱馬揮劍而出，賊陣劃然中而開，遂除 (徐) 收散卒而歸，賊不敢逼。是役也，凡天兵前後死者千餘人，傷者三千人。參將陳愚聞奮勇先登入柵中，中丸得不死。游擊將軍楊萬金執金鼓登城，中丸舁歸，道卒。資糧器械蕩然無遺。清正遂益完城壁，築角道以通汲水。又於楊鎬駐剳山上別築一城，爲堅守計。鎬還京城，更遣貴於安東，李芳春牛伯英於南原，祖承訓及游擊將軍茅國器、盧得功於星州，以謀秋間三路齊舉。李芳春禁侵擾，勤耕種，廣屯田，剿游賊，修官舍，葺房屋，瘞尸骸，民甚便之。芳春善騎射，馭軍嚴整，賞罰不逾時。（下册葉五二——五三）

參上錄史文，特別是日本影印的皇明實錄，其於丁應泰奏本 (簡稱丁奏) ，當爲日本古今學人所樂聞。不說別的，試姑舉日本外史言之，其記蔚山戰役的結論有曰：「是役也，謀之經年，傾海內力，加以全韓之兵，期於必克，今乃如此。」此一結論，演至今日，中國出版界便爲其所欺。有如武昌亞新地學社出版之中國歷代疆域戰爭合圖 (民國二十二年九月三版) ，關於「明代四裔圖說明」有曰：

朝鮮事明恭順。至李昖，日本豐臣秀吉來侵。……昖來乞援，遣遼陽總兵祖承訓往，大敗於平壤。又遣宋應昌、李如松繼往。如松取平壤，進至碧蹄館，恃勝而驕，復大敗，割慶尙、全羅、忠淸三道以界日。旋背約，日軍復來，經略楊鎬大潰於蔚山。會秀吉卒，劉綎進敗之，國乃得復。

此云「經略楊鎬大潰於蔚山」，當時楊鎬曾有本辨誣，參倭料第十五條，其記楊鎬與朝鮮右議政李德馨的對話可以見之：「又令門子拿辨本草稿示之，丁本所言事，逐件而辨之。德馨亦以其時限見之事，一一辨其虛誑。則經理說道：『丁應泰在鴨綠江上細知島山事，而爾在陣上反不知耶？』遂大笑。」按，楊的辨本，諸書俱無記錄，所幸有李德馨之言爲證，則是「丁奏」之虛誑，亦可悉其八九了。現在吾人姑據「丁奏」舉其若干重要者略加說明，以證其妄。

㈠「清正方保島山，陳寅乘勝登城，一舉而渠魁就擒。鎬急鳴金，惟恐陳寅功加如梅上也。」實際陳寅實已負傷，參倭料一一七四葉陳寅曾親語國王，言及丁酉十二月二十三日蔚山之戰，有俺遂唾掌奮銳，賈勇先登，賊丸中齒，而少無怖心。益勵士卒，鷹揚鶻擊，而丸又中腿，隔於超距，遂乃退步，思之至今，不勝忸怩。」據此，則陳寅之「退步」實因負傷而退，與楊鎬鳴金無關，更與李如梅無關。再檢朝鮮宣廟中興誌，使清正得入保島山，則楊鎬亦不能無責。中興誌書：「大破平清正於蔚山。」又書：「一日連拔三窟，燒斬萬餘人。天兵方搶首級，而清正已入保島山矣。」據此，使吾人想起萬曆二十一年正月初八日提督李如松攻克平壤一役，據宣錄卷三十四葉九書：「倭死者盈城，而李提督不令斬一級云。」又葉十書：「天兵破七星門而入，時方斯殺，平壤似已收復，不勝喜幸之至。」由上記錄，我們知道，戰勝攻取，全在注視其大者。觀李如松之意，只在收復平壤，割級云乎哉？茲者蔚山之役，則楊鎬智不及此。再參倭料第十八條關於朝鮮君臣的看法則爲：「二十二日克捷之後，乘勝直擣，則有如破竹之勢，而反自鳴金而退，軍情皆以是歸咎於經理耳。上曰：以島山爲囊中物而如是耳。」諺不有云乎：「機會敲人門只有一次」，而楊鎬島山之失策，其卽在是乎？

㈡庫本「丁奏」比日本影印的皇明實錄爲略。然庫本所書：「自有東事以來，遼兵陣亡已逾二萬，皆喪于如梅兄弟之手。」則爲皇明實錄所漏去，其曰「如梅兄弟」，殆又包括李如松而言，今不必注意。所當注意的，則爲明史楊鎬傳有書：「諸營上軍籍，死亡殆二萬。」此一數字，再參倭料第二十三條彭中軍面語國王之言：「丁主事言島山喪師至於一萬，極爲痛憤。」此一情節，所幸有宣廟中興誌第二條可證其妄，如其言有曰：「是役也，凡天兵前後死者千餘人，傷者三千人。」合而言之，共計四千餘人，以較同書首條所書：「一日連拔三窟，燒斬萬餘人」，則優勝者爲明軍而劣敗者爲倭兵。研究歷史，全憑資料，今「丁奏」（包括明史）之信口開河，烏得爲歷史。

㈢日本影印本「丁奏」：「麻貴與楊鎬通天之罪，有大不可解者，則媚清正講和是也。自石星以主封坐辟，沈惟敬以講封擬決，聖斷赫赫，若雷霆方震，而鎬與貴敢與賊通。」今參倭料一一七〇葉，卽宣錄卷九十六葉一三至葉一四，有一反證：「戊

戊正月初一日成貼，提督接伴使張雲翼馳啟：三十日清正送書於經理，欲爲講和。經
理答以渠若出來而求生活，則俺當赦之云。清正又答曰：麻老爺以戰爲主，必不見
我。楊老爺若求相見於中路，則當於明日午則出拜云。故經理欲引出計擒云云矣。」
據此，則「丁奏」之虛說，又一明證矣。再參庫本明實錄第二條後段所錄總督邢玠
疏，其言及撫鎮與清正講和事，看來最爲得體：「至謂撫鎮媚清正而與講和，事亦有
因。蓋兵不厭詐，期於成功，可以戰勝則力用戰，可以間圖則兼用間。故古之用兵，
亦有以賄賂間，有以親密間，有以文告間，從古不以間爲諱。若忌和之別名，而廢間
之實效，文法一執，動必掣肘。」此一則，乃兵家常識，丁應泰能否了解，姑不論。
然其面勸國王，則有「莫如多讀兵書」之說。倭料第十八條有書：「上曰：一小人足
以壞天下之事，丁應泰予一見而知其人險詖，接見之日，言於予曰：俺入則盡忠，出
則直言。又曰：國王能詩能書云，此特一藝耳，將何用哉？莫如多讀兵書。終言勿殺
牛，以所著一書，名曰廣愛錄，其書曰：百獸不殺。若然，則終至於禽獸逼人，獸蹄
鳥跡之道交於中國，其可乎哉？予於是乎知其人之詭誕也，豈知今日至於此也。(李)
恒福曰：其書以爲若殺之則必有報應，袂禍及身云矣。」

　　由于「丁奏」指「講和」爲通天之罪，吾人不妨將過去講封史事略述其梗概。當
朝鮮倭禍發動之初，明帝特命宋應昌爲經略，李如松爲提督，出兵援韓。在平壤未捷
之前，內閣諸公如首席閣臣趙志皐及第三席閣臣張位，他們都認爲「未宜輕舉」。後
來還是應昌稟承明帝意旨，密授提督李如松方略，於萬曆二十一年正月初八日出倭不
意，一舉而下平壤。萬錄二十二年三月壬寅，對於此點解說云：「當倭之敗平壤，沈
惟敬先以封貢之說與倭媾，倭不爲備，我兵出不意拔之，因媾以收其功。」據此，平
壤大捷之功，惟敬之貢獻實多，乃明史於此，反斥惟敬爲「無賴」，是誠不平之論
也。繼此之後，倭奴則因懾於平壤之敗而請封，議之數年，明帝則以羈縻爲原則，准
封不准貢，仍堅持戒備疏遠之意。考通和之事，參宣錄卷七十一葉三十一，通事倭要
時羅有一扼要之言曰：「通和之事，天朝曾有或是或非之說，而終得歸一。朝鮮方有
拒和之論，我國人亦有半毀半稱之者。是非之不定，三國皆然，此亦恐天之所爲，非
人之所得爲也。」按，要時羅之所言，他不具論，單就所謂「我國人亦有半毀半稱之
者」一述其大概。比如「半毀半稱」四字的解釋，也只是倭將行長和清正彼此相爭相

闕之事。蓋行長於平壤敗後，欲因敗爲功，故欲力成和事，一切行爲，不與清正計議。又以清正所擄幼弱王子，年老陪臣，得之不足爲勇，以抑清正之功。而清正則笑行長平壤之敗，陰通其事於關白，一面又自出己意，提出什麼「七事」，以敗行長之講和請封。此在宣錄記之甚多，拙著萬曆二十三年封日本國王豐臣秀吉考亦備載其始末，故茲從略。

現在吾人再將若干與和事有關的重要人物，姑據倭料第十五條，將楊經理與李德馨相話情節略述於後，以見「丁奏」之「攪局」，亦有「蛛絲馬跡」之嫌。(1)「趙閣老元來主封事之人，七個月被參，今忽出而視事。」(2)「丁應泰乃趙閣老之相厚人，今欲構陷張閣老，又生出一番胡說，我之被誣，何足言也？」(3)「李大諫本沈惟敬中軍，從前誤事亦多，而今亦因軍門差委，不計事體，一心只欲救出惟敬。前日軍門監軍俱說該應敍功，而我惡其情狀，削而不錄。今於我被罪者俱創起一種論議，丁應泰又爲無賴輩謀主，上則欲爲趙閣老石尙書地，下則與主和諸人朝夕計議，南方羣不逞之人，又托此人爲報怨於我，我自前取媒於人者非一二矣。」(4)「因出趙閣老石尙書蕭按察諸人私書示之。趙之書簡，則說沈惟敬被逮之後，人言亦多，望臺下調和，以完一場大事。」(5)「石尙書書曰，不肖誤國事，老妻童穉將作瘴鄉之鬼，十歲兒子何干倭事云云。其下又云：臺下敍功時，語及行長守約，按兵不動，此可見封事不爲無益。倘皇上見憐，妻子得放田里，此爲至幸。老生年衰，不遠入地，更有何望？李大諫被邢制府之敎，宣諭行長，行長退在倭橋，肯從其令，行長之異於清正，此亦驗也。沈惟敬今當大罪，其間亦多可恕。宋孫兩經略不要多言，其意亦可知也。幸勿過持外議，以全大事，闔扉淚洒，不知所云。」(6)「經理說稱：此老始終爲沈惟敬所瞞。天生沈惟敬，誤了許多事，誤了許多人。你看今後必有攻戰不了事，羈縻爲上策之論，紛然而起，軍情動搖，你看怎麼樣？」(7)「又出邢軍門手札說稱：李大諫赤心效勞，其功合應優敍云云。」(8)「經理說道：趙閣老有書而我不聽，石尙書哀告，而我爲國事不得從。邢老爺欲敍李大諫之功，而我爭之不錄，此等事，人皆以爲恩乎？」再參倭料第十七條有書：「經理招李德馨謂曰：內廷議論大變，科官又上本參張閣老，本兵又上本參李如梅，羣議紛紜。趙閣老乃主封誤事之人，前日皇長子冠昏禮時，閣臣議論又不同，乘此機而糾結姦黨腹心，必欲去張閣老，乃曰：誤東事者楊

某也，錯舉楊某者張某也，陰唆其類上本，而趙閣老從中票下聖旨，張閣老已不得安
於其位矣。」按，張閣老卽張位，張位其初與趙志皋對於朝鮮倭禍，同一看法，當平
壤未捷前，其於宋應昌，有「未宜輕舉」之說。當萬曆二十一年正月初八日李如松一
鼓攻下平壤之後，於是張位的看法以爲朝鮮倭禍不難平定。迨萬曆二十五年丁酉朝鮮
倭禍再起，參萬錄是年三月壬寅記大學士張位等推薦楊鎬之言有曰：「才兼文武，精
敏沉毅，一時無出其右。」且楊鎬生平有一恒言曰：「心定則氣壯，心亂則氣奪。」
（宣餘卷九十一葉十一）諸如此類，特別是「心定則氣壯」，蓋曰「氣壯」，正見楊鎬目
中無敵，於是乃有稷山之大捷，使王京轉危爲安。記得前日國王所曾說過的，「予意
以爲都城不可守也」之所云云，由今思之，皆「心亂則氣奪」之類。據此，則關於
楊鎬「才兼文武」之說，亦千眞萬確，固非虛譽也。

　　楊鎬稷山大捷，參明史，是無紀錄的。所喜東國史籍一直都是大書特書的，可謂
是深入人心的。例如英宗實錄卷七十二葉九書：「二十六年庚午（乾隆十五年，西元一七五
〇）九月甲寅（十五日），上過素沙（坪），望橋平原淺草，敎曰：『此皇朝經理楊鎬破
倭處乎？』承旨黃景源對曰：『經理密遣牛伯英、楊登山、頗貴等擊倭奴于此，又遣
擺賽將二千騎爲繼援矣。』上立馬慷慨久之。」

　　再，參倭料第二十條有書：「島山之役，楊鎬以文職大官，擐甲上陣，暴露虎穴
過十二晝夜，一同提督及諸將勵氣督戰，焚燒內外寨柵，斬獲千餘級（中興誌書：「燒斬
萬餘人，天兵方搶首級」），清正窮蹙一穴，渴餒幾斃，是蓋曠世之奇功。不幸天雨急寒，
士卒多傷，我勢已疲，而賊援大集，固將有腹背受敵之患。楊鎬與痲貴密察事機，宣
令左次，仍將遺下糧餉盡行焚燒，挑選馬軍，身自爲殿。」按，楊鎬之左次，由于貪
功所致，參倭料第一條有書：「城守不滿三千，爲我砲火所殲並飢渴死者，橫屍成
堆，僅鳥銃二百名，日食生米一合，餘皆奄奄待斃。清正又屢招通事投票帖，欲照行
長事例放歸，力能盡撤諸島之兵，極其乞憐。臣不之許，射書城中，內變欲作，臣妄
意不三兩日可生縛而生獻之闕下，釜山以西便不勞力舉矣。」曰「欲照行長例放歸」，
卽李如松於萬曆二十一年正月初八日平壤大捷後放走行長等一行之事，參宣錄卷三十
四葉十三至葉十五有書：「晡時，提督以賊窟難拔，眾軍飢疲，退師還營，使張大膳
諭行長等曰：『以我兵力，足以一舉殲滅。而不忍盡殺人命，姑爲退舍，開你生路。

速領諸將來詣轅門，聽我分付，不但饒命，當有厚賞。』行長等回報曰：『俺等情願退軍，請無攔截後面。』提督許諾。其夕，令通官分付于平安兵使李鎰，撤回中和一路我國伏兵。夜半，行長、玄蘇、義智、調信等，率餘賊乘冰渡大同江脫去。」今茲楊鎬島山之役，不學李如松而放歸清正者，只因妄意不三兩日可生縛清正而生獻之闕下，所謂貪俘獻之功是也。且楊鎬之失誤，不止一端，即如若干老兵的獻議，亦蔑視之。有如中興誌首條書：「貴請開一面，使賊得遁，設伏兵於要路以取之。」又書：「權慄曰：今右道賊屯星列，其勢必合兵來援。若能分軍以遏其路，則清正之頭可坐致也。鎬皆不從。」曰「鎬皆不從」，結果乃鑄成大錯，「宣令左次」，而招致無謂之損失。參倭料一一七一葉，戊戌正月初六日成貼，經理接伴使李德馨馳啟：「天兵是役也，前後上陣死傷，通考查報實數，則死者幾七百，傷者又三千餘人。將官陳遊擊寅、楊遊擊萬金、陳遊擊愚冲並中鐵丸。初四日捲退時，箭灘掩殺浙兵及祖承訓馬兵，則時未查實數。」此一死傷之數，較之中興誌所記者，殆彷彿近之，可不必細算。總而言之，以李德馨之言爲證，參前文，「丁主事言島山喪師至於一萬」，以及明史楊鎬傳「死亡殆二萬」，不外都是些虛說而已。再說一句吧，楊鎬於蔚山（包括島山）大破平清正，燒斬萬餘人，及其宣令左次也，爲倭所乘，死者幾七百，傷者三千餘人。此一史事，有倭料爲證，凡讀明史者幸請注意之。

　　除此，李德馨更有一個意見，值得注意，那就是「丁奏」之「攪局」，等於爲倭鬆了一口氣，而使楊鎬制倭之策略全部陷於崩潰而已。參倭料第十五條有書：「李德馨見楊經理言曰：『前日老爺寄看丁贊畫本稿，其中有千萬虛說，老爺大度，固不滿一笑。但今大兵齊到，糧餉亦已發，一場大事幾完，而被人弄毀如此，小的愁苦欲死。』經理笑而答曰：『萬事自有數，好亦貴國造化，不好亦貴國造化，國王不須上本，恐有人又說我敎他也。』」然參倭料第十八條另有一說，有「經理雖在此，不必成功也。」如兵曹判書李恒福曰：「小臣家有一千總來寓，一日，將官輩來會飲酒，招臣出來，仍相與詆訴經理，加之以無理之說，其氣象甚惡。臣言其不然，則又辱臣無所不至矣。上曰：以此觀之，則經理大失人心，雖在此，不必成功也。」所謂「經理大失人心」，那就是由于「丁奏」之「胡辭亂說」（此四字係李德馨啟辭，見倭料一二八六葉），以亂朝廷之視聽，尤其是當賞而不賞。比如蔚山戰役無論矣，而若稷山大捷亦

因蔚山戰役而埋沒，焉得不使戰士變心哉？當此之時，參前文，張閣老甫去，楊經理
便無人支持，亦勢必罷休。參倭料一三〇六葉有書：

　　戊戌七月丙戌，經理都監啟曰：前日九卿五府科道官會議上本，奉聖旨，今始
　　得於通報中，謄書以啟。

　　聖旨：東征特遣經略經理監軍等官，責任甚重，轉調兵餉，月無虛日，冀收全勝，以安外藩。乃輕率寡
　　謀，致于喪師，又朦朧欺（疑脫），奏報不實，法紀何在？楊鎬革任回籍。且將士披堅執銳，臨敵對壘，
　　不避寒暑，倏爾死生，奏報不實，俱候勘明處分。其經理員缺，便著吏部公同會推有才望知兵的三四員
　　來看。仍舉風力科臣一員前去，會同（疑脫）奏主事將兵馬錢糧持公嚴勘，分明公開（功罪）。仍酌議
　　東征之事，師老財匱，如何結局，俱從實奏請定奪，毋得徇私扶同欺罔，致干憲典。其南北官兵，荷戈
　　遠涉，當一體撫卹，何得偏護，致誤（嘆）不均？今後再有這等的，參來重治不饒。該部知道。

這道聖旨，遊擊許國威有一意見有曰：「且今天朝調發十萬兵，七十萬糧餉，多有未
到者，而聖旨乃謂師老財匱，此乃有主和之人在裏邊先提起此等論議。若楊都爺回
去，則你國事無人主持，諸將又不實報賊情，唯欲暫退而苟完目前，則朝鮮終難救
矣。」按，所謂「主和之人」，當指趙閣老而言。因趙在內閣，係首席閣老，而票下
聖旨，係其專任，有如前文所書：「趙閣老從中票下聖旨，張閣老已不得安於其位
矣」之所云云，便是證明。

　　說到這裏，我們再將楊經理在朝鮮兩年，其成就如何？參倭料一三一七葉二八七
〇條小字：「聞賊逼畿，馳來擊卻，是能赴急難也。親率諸將，打開賊窟，是不避危
險也。飭勵軍兵，莫敢侵擾，是號令嚴明也。及其歸也，使東土人心，如失父母，遮
道請留，皆出于至誠，非其忠信誠實感人深者，而能如是乎？」這一記錄，是為東國
人士對于楊經理離開朝鮮後的去思。這一去思，試與前文聖旨較之，其是非功罪，亦
不辨自明矣。

　　再，許國威意見內，還有「七十萬糧餉多有未到者」，參倭料第三條有書：「督
餉侍郎張養蒙一本，「春運將開，敬陳償領防護，懇乞聖明大加激切，以勵人心事。」
又書：「經略督臣定議，歲運七十萬」。又書海運路線云：「今日海運，西起天津，
遵海南濱而東至登州，登州渡海達于旅順，旅順北濱而東，直至於朝鮮。」又書風險
云：「萬里煙波，四望無際，颶風一起則倒海排山，濁浪一衝則吞天浴日。兼之石礁
島嶼，交列橫鋪，鯨鰐潛藏，蛟龍出沒，譚之者色變，望之者心寒，而當之者魄散魂

飛，非人所樂趨也。自非大破常格，賞罰不爽，恐不足以起儒夫磥鈍者，而鼓其必往
之心。」寫至此處，使我想起朝鮮與清人一段往事。當崇禎九年，清入侵朝鮮，朝鮮
不支而屈於清人，於是定城下之盟，其中有一條，歲輸糧若干萬石於清國。先是，清
崇德五年三月初四日朝鮮國王李倧奏，西上舟船遭風敗沒事理。廿八日，清主與朝鮮
國王勅諭一道，內有：「皇帝勅諭朝鮮國王李倧知道：朕閱來奏，皆兵糧漂沒致朕之
怒，並無兵糧依期而至致朕可喜之言，此必欲誤我兵糧，故預爲巧飾耳。從來海道，
千百船中一二漂沒者，蓋亦有之，卽爾國向日行船，豈無覆沒者。」（明清史料甲編第七本
葉六二七）據此，則張養蒙所說的「七十萬糧餉」，能否如數到達朝鮮，大是問題了。

　　再據許國威意見，所謂「且今天朝調發十萬兵」，這一兵數，包括陳璘的水兵在
內，是年（萬曆二十六年）十一月，水軍南海之戰，卒將日寇驅逐朝鮮境外。倭料記海上
之捷，一則曰：「可知其壯捷也」，再則曰：「則可謂壯捷也」。同時更稱：「東洋
之捷，萬世之功。」又記出來的倭子自稱，是役倭奴死者（傷者當然不算）共一萬四千餘
人。拙著明人援韓及陳璘建功曾詳記之，見中華文化復興月刊第三十一期。

　　還有丁應泰其人，亦當有一交代。參倭料第二十五條，丁應泰嘗具「屬藩搆奸
有據」一本參劾國王，有「朝鮮君臣輕蔑中國，已非一日，招倭搆釁，自啟禍戎」種
種不測之說。此一謬論，當然不會影響於明帝，而其後被罪者，還是丁應泰本人自食
其果。參倭料一四四一葉有書：「己亥正月庚戌，經理接伴使啟曰：『以今日董郎中
所言丁應泰被罪事問于旗牌等官，則答曰：此言果有之，但有口傳，正報時未來。大
概科官劾之，以丁家並參國王及邢楊陳三大臣，其間豈無無過之人，而一樣論之，太
過也云云。已奉聖旨，降二級。蓋此人元是七品官，降二級，則更無告身矣。報若來
到，卽當送示陪臣云云。』傳曰：『知道。』」

明中葉後中國黃金的輸出貿易

全 漢 昇

(一)

自宋眞宗時代 (998-1022) 四川成都商人發行交子以後, 中國紙幣的流通, 到了明朝 (1368-1644) 初期, 已經有三百餘年的歷史。 積累了三百餘年的經驗, 明太祖於洪武八年 (1375), 命中書省造「大明寶鈔」, 全國一律流通。初時流通情況相當良好, 但就在洪武 (1368-98) 後期, 因爲收回受限制, 發行沒有限制, 發行過多, 收回很少, 寶鈔的價值已經不斷下跌。隨着鈔值的低跌, 人民對寶鈔失去信心, 鈔法於是廢壞。到了正統元年 (1436), 政府在長江以南若干地區徵收田賦, 規定由米、麥折成銀兩, 按照四石折銀一兩, 或每石折銀二錢五分的比率來徵收, 稱爲「金花銀」。人民既然要用銀代替米、麥來納稅, 他們必須能够把米、麥運往市場上出售, 換到銀子作代價纔成。 因此, 自這年起, 政府「弛用銀之禁, 朝野率皆用銀[1]」。其後, 約自嘉靖十年 (1531) 開始, 隨着一條鞭法的實行, 各地賦、役都逐漸改以銀折納。由於銀本位貨幣制度的建立, 各地市場上都普遍用銀作交易媒介或支付手段, 銀的需要自然特別增大。可是, 中國銀礦的蘊藏, 數量本來有限, 經過長期的開採, 到了明中葉後, 各地銀礦漸漸耗竭, 每年產量有長期遞減的趨勢[2]。因爲供不應求, 各

---

1. 明史 (百衲本) 卷八一, 頁四, 食貨志。

2. 拙著明代的銀課與銀產額, 新亞書院學術年刊 (香港九龍, 民國五十六年) 第九期, 頁二四五至二六七; 又見於拙著中國經濟史研究 (新亞研究所, 民國六十五年) 中冊, 頁二〇九至二三一。根據該文第三表, 明代政府每年自銀礦產額中平均收到的銀課, 由成祖朝 (1402-23) 的 224,313(十) 兩, 仁宗朝 (1424-25) 的 106,432 兩, 宣宗朝 (1426-34) 的 256,450 (十) 兩, 減爲英宗朝 (1435-63) 的 46,541 (十) 兩, 憲宗朝 (1464-86) 的 61,913 (十) 兩, 孝宗朝 (1487-1504) 的 54,628 (十) 兩 (包括少量金課), 及武宗朝 (1505-20) 的 32,920 兩 (包括少量金課)。

地市場上銀的價值自然非常高昂[3]。

　　當明中葉前後白銀因爲供需不平衡而購買力增大的時候，以銀表示的物價或金價便相反的下降。　剛巧在約略同一時期內，　世界新航路發見，歐洲商人東來通商，中外貿易跟着發展起來。和這些與中國發生貿易關係的國家比較一下，中國一般物價及金價，更加覺得特別低廉。[4] 爲着要賺取鉅額的利潤，　中外商人自然通過國際貿易的途徑，把外國白銀大量輸入中國，把中國貨物（例如絲綢）、黃金大量輸出國外。

　　關於明中葉後美洲、日本白銀的輸入中國，及中國絲綢以及其他貨物輸往國外的情況，作者曾經先後發表數篇論文加以探討[5]。本文之作，主旨在探討明中葉後中國黃金輸出貿易情況；但爲着要說明這種情況之所以發生，我們先要看看明代中國金、銀比價變動的情形。

（二）

　　作者在民國五十五年撰寫的宋明間白銀購買力的變動及其原因[6] 一文中，　曾經根據顧炎武日知錄及其他有關記載，　按照年份的先後，　把明代以銀表示的金一兩的價

---

3. 關于明中葉後白銀因求過于供而價值高昂的情況，徐孚遠等輯皇明經世文編（臺北市國聯圖書出版有限公司影印明崇禎間平露堂刊本）第一八冊（卷二九九），頁六二七至六二九，靳學顔講求財用疏（隆慶四年，1570）說：「今天下之民，愁居儷處，不勝其束濕之慘，司計者日夜憂煩，遑遑以匱乏爲慮者，……謂銀兩不足耳。夫銀者……不過貿遷以通衣食之用爾。而銅錢亦貿遷以通用，……而致用則一焉。今獨奈何用銀而廢錢？……錢益廢，則銀益獨行。銀獨行，則豪右之藏益深，而銀益貴；銀貴則貨益賤，而折色之辦益難。而豪右又乘其賤而收之，時其貴而糶之，銀之積在豪右者愈厚，而銀之行于天下者愈少。再踰數年，臣不知其又何如也！」

4. 拙著明季中國與菲律賓間的貿易，香港中文大學中國文化研究所學報第一卷（香港、九龍，1968）；又見于拙著中國經濟史論叢（新亞研究所，1972）第一冊，頁四一七至四三四。又參考拙著明代中葉後澳門的海外貿易，同上學報第五卷第一期（1972）。

5. 除上引拙著外，參考拙著明清間美洲白銀的輸入中國，中國文化研究所學報第二卷第一期（1969），又見于拙著中國經濟史論叢第一冊，頁四三五至四五〇；拙著自明季至清中葉西屬美洲的中國絲貨貿易，同上學報第四卷第二期（1971），又見于拙著論叢第一冊，頁四五一至四七三；拙著再論明清間美洲白銀的輸入中國、食貨月刊社編輯委員會主編陶希聖先生八秩榮慶論文集（臺北市，民國六十八年），頁一六四至一七三。

6. 該文發表於新亞學報（新亞研究所，1967）第八卷第一期，又轉載於中國經濟史研究中冊，頁一七九至二〇八。

格，列爲一表（文中第三表）。如今事隔十餘年，因爲陸續蒐集到更多的資料[7]，須補充入內，同時又發覺表中根據大明會典的記載，說弘治十五年（1502）雲南金每兩換銀八兩八錢有多，有一些錯誤，須加以修正[8]，故現在另外列表來研究明代金、銀比價變動的情形。

第一表　明代以銀表示的金一兩的價格

年　　　　　代	地　　點	價格（兩）	根　　　　據
洪武八年（1375）	各地	4	顧炎武日知錄集釋（黃汝成集釋，道光十四年刊）卷一一，頁一二至一三，黃金。（以下簡稱日知錄。）
洪武十七年（1384）及以後	中國	6	吳晗輯朝鮮李朝實錄中的中國史料（中華書局，1980），前編卷中，頁六〇，六六至六七。
洪武十八年（1385）	各地	5	上引日知錄。
洪武十九年（1386）	浙江溫州府	6	明宣宗實錄（中央研究院歷史語言研究所印）卷八〇，頁四，「宣德六年六月甲辰」。
洪武廿八年（1395）以前	各地	5	明史稿（臺北文海出版社影印本），志六〇，頁二，食貨志；鄧球皇明泳化類編（隆慶二年刊）卷六八，頁八六至八七。

7. 近年中、日學人曾經先後製成明代金、銀比價表，例如：彭信威中國貨幣史（上海人民出版社，1965），頁七一四；小葉田淳金銀貿易史の研究（東京法政大學出版局，1976），頁五七；市古尙三明代貨幣史考（東京鳳書房，1977），頁三〇七。

8. 在拙文第三表中，作者根據大明會典（中文書局影印萬曆十五年司禮監刊本）卷三七，頁二三，金銀諸課，說弘治十五年雲南一兩金的價格爲銀八兩八錢餘，不免偏高。按該書原文說：「〔弘治〕十五年，令雲南該徵差發銀八千八百九兩五分，定爲常例。自弘治十六年爲始，每年折買金一千兩，足色二分，九成色三分，八成色五分，與每年額辦金六十六兩六錢七分，并餘剩銀兩，一同解〔戶〕部，轉送承運庫解納。」（又見於王文韶修續雲南通志稿，文海出版社本，卷四八，頁一七下，礦務。）可見這一筆八千八百餘兩的銀子，並不完全是一千兩黃金（包括足色金及成色金）的代價，此外還包括六十餘兩額辦金的價格，和「餘剩銀兩」。故事實上，當日雲南每兩金換不到銀八兩八錢餘那麼多。

洪武三十年（1397）	各地	5	上引日知錄、明史稿；明太祖實錄（史語所印）卷二五五，頁三下；明通鑑（中華書局）卷一一，頁五三五。
永樂五年（1407）	各地	5	續文獻通考（浙江書局，光緒十三年）卷一〇，頁九；陳仁錫輯皇明世法錄（明刊本）卷三三，頁三。
永樂十一年（1413）	各地	7.5	上引日知錄。
同年	各地	4.8	傅維鱗明書（叢書集成本）卷八一，頁一六四四，食貨志。
宣德元年（1426）	各地	4	上引續文獻通考。
正統五年（1440）	山西大同	1.67（一）	明英宗實錄（史語所印）卷六五，頁一，「正統五年三月乙巳」。
成化十七年（1481）	各地	7	明憲宗實錄（史語所印）卷二一九，頁二，「成化十七年九月己卯」。
成化十八年（1482）	貴州	7（足色好金）	何喬新勘處播州事情疏（叢書集成本），頁三一。
弘治二年（1489）	各地	5-6	何文蕭公文集卷三二題爲修省事（引自小葉田淳，前引書，頁五七）。
嘉靖九年（1530）	雲南	6	大明會典卷三七，頁二五，金銀諸課；續雲南通志稿卷四八，頁一八，礦務。
嘉靖十三年（1534）	雲南	6.361（足色金） 5.567（成色金）	顧炎武天下郡國利病書（廣雅書局本）卷一〇七，頁二六下，雲南，貢金；上引續雲南通志稿。
1560	中國	4	Rafael Bernal, "The Chinese Colony in Manila, 1570-1770," in Alfonso Felix, Jr., ed., *The Chinese in*

			the Philippines, 1570-1770, Manila, 1966, Vol. I, p. 46.
嘉靖年間（1522-66）	各地	5	金瓶梅（引自彭信威，前引書，頁七二七）。
隆慶元年（1567）	各地	6	余繼登輯典故紀聞（叢書集成本）卷一八，頁三〇一。
隆慶二年（1568）	各地	6	明穆宗實錄（史語所印）卷一九，頁一下至二，「隆慶二年四月壬午」；明穆宗寶訓（史語所校印）卷一，頁二〇至二一，「隆慶二年四月壬午」。
隆慶六年（1572）	雲南	8	明穆宗實錄卷六五，頁五下，「隆慶六年正月癸酉」。
1576	中國	4	Francisco de Sande, "Relation of the Filipinas Islands," June 7, 1567, in E. H. Blair and J. A. Robertson, eds., The Philippine Islands, 1493-1898（以下簡稱 Phil. Isls., Cleveland, 1903-09), Vol. 19, pp. 53-54.
1556-98	中國	4	Fernand Braudel, The Mediterranean and the Mediterranean World in the Age of Philip II, London, 1976, Vol. I, p. 499.
約萬曆八年（1580）	雲南	5-6	皇明經世文編第二二冊（卷三六三），頁五七八至五七九，張學顏題免雲南加增金兩疏（約萬曆八年）。
1590-1600	廣州	5.5-7.5	C. R. Boxer, The Christian Century in Japan 1549-

			1650（以下簡稱 *Christian Century*）, Berkeley, 1967, pp. 426, 464–465.
1592 及以後	廣州	5. 5–7	C. R. Boxer, *The Great Ship from Amacon: Annals of Macao and the Old Japan Trade, 1555–1640*（以下簡稱 *Great Ship*）, Lisbon, 1963, p. 2.
萬曆（1573–1620）中十七世紀初	各地 廣州	7–8 6. 6–7(足色金) 5. 4（成色金）	上引日知錄。 Martin Castanos, "Buying and Selling Prices of Oriental Products"（約 1600's 初）, in *Phil Isls.*, Vol. 19, pp. 307, 314; Boxer, *Great Ship*, pp. 179,184.
1580–1630	中國	5. 5–8	C. R. Boxer, "Plata es Sangre: Sidelights on the Drain of Spanish-American Silver in the Far East, 1550–1700", in *Philippine Studies*, Manila, July 1970, Vol. 18, No. 3, p. 461.
萬曆三十四至三十五年（1606–07）	雲南	6. 4	明神宗實錄（史語所印）卷四二四，頁二，「萬曆三十四年八月戊戌」；卷四三七，頁八下至九，「萬曆三十五年八月乙酉」。
1620–30	福建	8	Dutch data, 見 A. Kobata, "The Production and Uses of Gold and Silver in Sixteenth- and Seventeenth- Century Japan", in *Economic History Review*, Second

			Series, Vol. XVIII, No. 2, August 1965, pp. 250-254.
1635	福建	10	同上。
崇禎 (1628-44) 中	各地	10	同上；上引日知錄。
崇禎 (1628-44) 中	江左 (江南)	13	Kobata, 前引文；上引日知錄。
1640	廣州	11	Boxer, *Great Ship*, pp. 179-180.
1637-44	福建	13	Kobata, 前引文。

　　根據第一表，可知在明代二百七十餘年中，除最後十年外，金價每兩低廉時換銀四兩，昂貴時換銀八兩[9]，平均每兩金換銀六兩。換句話說，在明代絕大部分時間內，金、銀比價約爲一比六。這和宋、元時代金每兩平均換銀十兩有多[10]的情形比較起來，可說低廉得多。在明代金、銀比價中，金價所以比較便宜，銀價所以比較昂貴，原因可能有種種的不同，但當日全國各地市場上普遍用銀作貨幣，銀不免求過於供，從而購買力增大，當是其中一個重要的原因。

　　約在明朝中葉左右，當中國銀值增大，以銀表示的金價比較便宜的時候，在世界其他地區，卻因銀礦資源開發，產量增多，銀價下降，以銀表示的金價則相反的昂貴起來。

　　自一四九二年（明弘治五年）哥倫布發見新大陸後，西班牙人紛紛移殖美洲。他們在那裏發見有蘊藏豐富的銀礦，於是加以開採。其中於一五四五年在秘魯南部 (Upper Peru, 今屬 Bolivia) 發見的波多西 (Potosi) 銀礦，產量更爲豐富。這個銀礦由一五八一至一六〇〇年，每年平均產銀 254,000 公斤，約佔世界產額（遠東產額除外）的百分之六十有多[11]。

9.　在第一表中，作者根據明英宗實錄卷六五，頁一，正統五年 (1440) 三月乙丑，巡撫河南、山西行在兵部左侍郎于謙說山西大同「金六錢折銀一兩」的話，計算出金價每兩換銀一兩六錢七分少點。文中記載的黃金所以這樣便宜，可能是由於成色低下的原故。參考拙著宋明間白銀購買力的變動及其原因。

10.　見上引拙文。

11　A. Kobata, 前引文，in *Economic History Review*, Second Series, Vol. XVIII, No. 2, p. 247.

　　西班牙人在美洲開採的貴金屬礦產，除銀礦外，還有金礦，但產量遠在銀礦之下。這些貴金屬，一部分用作政府的稅收，另一部分通過貿易的關係，每年一船一船的運回西班牙。光是就白銀來說，自一五三一至一五八〇年，西班牙共自美洲輸入2,628,000 公斤；到了一五八一至一六三〇年，更激增至 11,362,000 公斤[12]。自一五九一至一六二〇年，西班牙每年自美洲輸入的金、銀，就價值說，銀佔百分之九十以上，金佔不到百分之二；自一六二〇至一六六〇年，幾乎全部是銀，金佔不到百分之一[13]。自十五、六世紀之交開始，由於金、銀數量的懸殊，和金價比較起來，西班牙帝國的銀價便日漸下跌，到了十七世紀中葉，約下跌百分之六十左右。換句話說，西班牙帝國的金、銀比價，在十五世紀末葉約為一比十；其後隨着美洲銀產量激增，逐漸發生變化，到了十七世紀中葉，徘徊於一比十五至一比十六之間[14]。

　　在美洲波多西銀礦發見 (1545) 的前三年 (1542)，日本人也在該國兵庫縣發見儲藏豐富的生野銀礦。隨着產量的增加，到了十六世紀末，該銀礦每年向豐臣秀吉繳納銀課，多至一萬公斤。約十七世紀初，島根縣岩美銀礦中一銀坑，向德川家康貢獻銀課，多至一萬二千公斤。約在同一時期，佐渡銀礦每年銀產額，約達六萬至九萬公斤[15]。日本銀產量既然激增，銀價便因供應增多而下跌，以銀表示的金價則相反的上漲。日本的金價，在天文 (1532-54) 以前每兩換銀四兩至六兩，但自天文時期開始，

---

12. Jaime Vicens Vives, *An Economic History of Spain*, Princeton, 1966, pp. 246-247; 拙著近代早期西班牙人對中菲美貿易的爭論，中國文化研究所學報第八卷第一期 (1976).

13. J. H. Parry, *The Spanish Seaborne Empire*, London, 1966, pp. 246-247; R. Trevor, *The Golden Century of Spain 1501-1621*, New York, 1937, pp. 297-293; 上引拙文。另據 F. C. Spooner 教授的研究，自一五〇三至一六〇〇年，西班牙共自美洲輸入銀 7,439,142 公斤，金 153,564公斤，就重量說，銀為金的四八・四四倍；自一六〇一至一六六〇年，輸入銀9,447,673公斤，金 27,769 公斤，銀為金的三四〇・二二倍。參考 F. C. Spooner, "The European Economy 1609-50," in *The New Cambridge Modern History*, Cambridge University Press, 1970, Vol. IV, p. 83.

14. Harry E. Cross, *South American Bullion Production and Export, 1550-1750* (unpublished), Center for Latin American Studies, Stanford University. 另據 F. C. Spooner, 前引文，歐洲的金、銀比價，在一五五〇年平均約為一比十一，一六〇〇年增至一比十二，及一六五〇年更增至一比十四・五。又據 C. H. Haring, *The Spanish Empire in America*, New York, 1975, pp. 249-250, 一五〇〇年西班牙金、銀比價為一比一〇・一一，一五六六年為一比一二・一二，一六四三年為一比一四・八四。

15. George Sansom, *A History of Japan* 1334-1615, London, 1961, p. 251; A. Kobata, 前引文，in *Economic History Review*, Second Series, Vol. XVIII, No. 2, p. 248; 上引拙著明代的銀課與銀產額。

金價卻上漲至每兩將近換銀十兩，其後也長期停留在較高水準之上。關於十六、七世紀間日本金、銀比價變動的情況，參看第二表。

第二表　日本以銀表示的金一兩的價格

年　　代	價　格（兩）	根　　據
天文（1532–54）以前	4–6	小葉田淳前引書，頁五五。
天文（1532–54）	10（一）	同書，頁五六，一一一。下同。
1 5 6 9	7.5（一）	
1 5 7 3	11（一）–12	
1 5 7 9	10–10（十）	
1 5 8 1	10（十）	
1 5 8 3	10	
1 5 8 5	8.32（十）	
1 5 8 6	8.82	
1 5 9 2	10（官價）	C. R. Boxer, *Great Ship*, p. 2.
1592 及以後	12–13	同上。
十七世紀初	8.3（足色金）	Martin Cartanos, 前引文, in
	7.8（成色金）	*Phil. Isls.*, Vol. 19, p. 307;
		Boxer, *Great Ship*, p. 179.
1 6 1 5	13.32（平戶）	小葉田淳前引書，頁五三。下同。
	12.93（京都）	
1 6 1 6	11.89（大坂）	
	12.63（江戶、	
	小田原）	
1 6 1 7	12.89（江戶）	
1 6 2 1	12.41（江戶）	
1 6 2 2	12.45	

歸納以上的事實，我們可知，當十六、七世紀世界其他國家銀產量激增，銀價下跌，以銀表示的金價上漲的時候，約略同時的中國，卻因普遍用銀作貨幣，銀求過於供，價值特別增大，金價則比較低廉。適在這個時候，由於新航路發見，歐洲商人東來，中外貿易不斷擴展。眼見中外金、銀比價的懸殊，從事國際貿易的商人，除自中

國輸出絲綢等貨物外，自然在中國搜購廉價的黃金向國外輸出，同時把中國人視爲至寶的白銀，輸入中國，以賺取鉅額的利潤。

（三）

自新大陸發現後，經過長期的經營，西班牙殖民者以墨西哥爲基地，于一五六五年佔領菲律賓羣島。因爲要加強美洲與菲島間的連繫，在此後兩個半世紀的期間內，西班牙政府每年都派遣大帆船（galleon）一艘至四艘（通常以兩艘爲多），橫渡太平洋，來往于墨西哥阿卡普魯可（Acapulco）和菲律賓馬尼拉（Manila）之間。大帆船載運各種不同的貨物，但美洲對菲的輸出，以白銀爲主，菲島對美的輸出，則以中國生絲及織造好的絲綢爲最重要[16]。 在菲島的西班牙人，因爲自美洲運到大量白銀，引起熱愛白銀的中國商人的興趣，故後者努力發展對菲出口貿易，以便把西人自美運到那裏的銀子，大量賺回中國。爲着要賺取更多的銀子，中國商人除把絲綢等貨物運往菲島，賣給西人外，又向菲島輸出黃金。根據十七世紀初年文獻的記載，自菲島開往美洲的大帆船，除其他各種貨物外，載有由中國商人運往菲島的沒有加工精製的金子，及加工製造好的金器和金首飾，數量甚大。這些金子有足色的，有成色較低的[17]。一五八二年六月十六日，一位西班牙官員自馬尼拉寫信給國王腓力伯二世(Felipe II)，說是年開往墨西哥大帆船所載運的貨物中，有黃金一千磅以上[18]。 這些黃金，可能有一部分產于菲律賓，一部分來自中國。

一位曾在菲律賓、澳門等處擔任財政、行政工作的西班牙人，于一六〇九年左右向新西班牙（以墨西哥爲中心，包括中美洲、西印度羣島及現在美國的一部分）政府建議，准許白銀自由運往菲律賓，其條件爲以其中一半購買中國貨物，一半購買中國黃金。他根據多年的觀察，說廣州金、銀比價，通常爲一比五・五；當金價因需要增大而上漲時，則爲一比六或一比六・五；從來沒有超過一比七・五的。可是，西班牙

---

16. 上引拙著明清間美洲白銀的輸入中國；自明季至清中葉西屬美洲的中國絲貨貿易。

17. "Memorandum of the retail selling prices of wares in Canton" (約 1600's 初) ，in *Phil. Isls.*, Vol. 19, pp. 318-319.

18. "Letter from Penalosa to Felipe II" (Manila, June 16, 1582), in *Phil. Isls.*, Vol. 5, p. 31. 按原文說船上載黃金二千 marcos, 而一 marco 等於 0.507641 磅。

的金、銀比價，經常都是一比一二‧五。因此，如果以白銀交換中國黃金，運往新西班牙或西班牙出售，可獲利百分之七十五以上，或百分之八十[19]。

　　明中葉後中國出口的黃金，除賣給菲律賓的西班牙人，換取白銀外，又向日本輸出。日本鄰近中國，當中國普遍用銀作貨幣，銀因求過於供而價值增大的時候，日本卻有豐富銀礦的發見，從而銀產量激增，銀價遠較中國低廉，以銀表示的金價則遠較中國昂貴。因此，自嘉靖三十六年(1557)開始以澳門爲貿易根據地的葡萄牙人，努力擴展對日貿易，除向日本輸出中國絲綢等貨物外，又把中國黃金運往日本，與日本白銀交換，以賺取鉅額的利潤。根據有關方面的記載，自一五八○至一六一四年，澳門葡商每年都以數量龐大的中國黃金，運往日本長崎[20]。這個時期一共有多少金子自中國運往日本，我們雖然找不到準確的數字，但在一六○○年前後，每艘葡船自澳門開往長崎，除裝運各種各色的貨物外，又載有中國黃金三、四千兩[21]。一五九○年，有一本報導中國情況的拉丁文刊物，在澳門出版。根據這本刊物中一篇文章的記載，是年共有黃金二千錠，每錠約值銀一百兩，由中國運往長崎[22]。另據一位倫敦商人的記載，在十六世紀八十年代中國對日出口貿易中，經澳門運往日本的中國黃金，其重要性只次于生絲及絲織品[23]。

　　歸納上引第一、第二兩表關於中、日金、銀比價的記載，我們可知，自十六世紀中葉左右開始的長期間內，當中國金價每兩約換銀四兩至七、八兩的時候，日本金價每兩多半換銀十兩左右，或甚至十二、三兩。故葡萄牙商人自澳門把中國黃金運往長崎出售，在扣除運費等開銷以後，利潤相當優厚。據日本小葉田淳教授的研究，在一六一○至一六二○年，澳門葡人運中國金子赴日出賣，獲利百分之六十；約十年後，

---

19. C. R. Boxer, *Christian Century*, p. 426. 又墨西哥大學 Rafael Bernal 教授指出，在一五六○年，墨西哥金、銀比價爲一比十三，中國爲一比四。見 Bernal, 上引文，in *The Chinese in the Philippines, 1570-1700*, Vol, I, p. 46.

20. Boxer, *Great Ship*, p. 6.

21. 同書，p. 179; Boxer, *Christian Century*, p. 109; Martin Castanos, 前引文，in *Phil. Isls.*, Vol. 19, p. 307; 上引拙著明代中葉後澳門的海外貿易。

22. Boxer, *Great Ship*, pp. 54-55; A. Kobata, 前引文，in *Economic History Review*, Second Series, Vol. XVIII, No. 2, pp. 253-254. 原文說每錠金約值一百 ducats. 按一 ducat 等於銀一兩，見 *Great ship*, p. 336.

23. Kobata, 前引文。

獲利百分之三十[24]。

　　澳門葡人在中國收購得來的黃金，除向日本輸出外，有一部分運往印度去。葡人航海東來，初時以印度西岸的果亞（Goa）爲根據地，其後向東擴展至澳門。他們在果亞、澳門間來往貿易，發見中國白銀的購買力大於印度，金價則比印度低廉。例如在一五八〇年至一六三〇年，廣州金價通常每兩換銀五兩半，貴時換銀八兩，但在果亞每兩金換銀九兩[25]。澳門葡人利用兩地金價的差異，自然把中國金子運往印度出賣。根據十七世紀初的記載，自澳門開往果亞的葡船，除絲綢等貨物外，載有黃金三擔至四擔，此外又有大量的金鍊及其他飾物。由於兩地價格的懸殊，往往獲利百分之八十至九十[26]。因爲歐、亞間的香料貿易，利潤非常之大，葡人又利用自華運來的黃金，在印度西南岸購買胡椒，運回歐洲出售[27]。

（四）

　　綜括上文，可知中國的對外貿易，約自明朝中葉左右開始，由於新航路發見，歐人航海東來，發展的規模越來越大。東來的歐人，初時以葡、西商人爲主，由於葡萄牙商船在中國沿海的活躍，西班牙大帆船航行於美洲與菲律賓之間，中國一方面推廣絲綢等貨物的出口貿易，他方面把黃金運往海外，以換取國內亟需用作貨幣的白銀。中國是世界上蠶絲工業最早發展的國家，絲綢產量豐富而物美價廉，它的大量輸出是可以理解的。可是，除此之外，中國出口的黃金，由葡船自澳門運往日本，其重要性只次於絲綢，這又是什麼原故呢？

　　關於明代中國黃金生產的情況，崇禎十年（1637）宋應星告訴我們：「凡中國產金之區，大約百餘處，難以枚舉[28]。」可是，當日中國黃金的產額或存量到底有多少，

---

24. 同上。又明神宗實錄卷四九三，頁三，載萬曆四十年（1612）三月辛丑，右給事中彭惟成說：「倭夷……得我……硝磺、鐵、金，皆二十倍於土價，而他錦綺器物，不過數倍。」彭惟成說日本金價貴到等於中國原來售價的二十倍，這句話顯然有些誇大。

25. C.R. Boxer, 前引文, in *Philippine Studies*, Vol. 18, No. 3, p. 461.

26. Boxer, *Great Ship*, p. 181; *Christian Century*, p. 110; *Phil. Isls.*, Vol. 19, pp. 310-311; 上引拙著明代中葉後澳門的海外貿易。

27. C.R. Boxer, *The Portuguese Seaborne Empire* 1415-1825, London, 1969, p. 60.

28. 宋應星天工開物（崇禎十年序，中華書局）下卷，頁三三六，黃金。

宋氏並沒有數字留存下來 。 明代中國每兩黃金換到的白銀所以比他國爲少 ， 換句話說，金價所以比他國低廉，除由于銀求過於供，銀值高昂以外，我們可以從明代民間黃金存量的豐富來加以解釋。黃金是體積、重量特別小而價值特別大的物品，最宜於作爲寶藏手段，因此中國富人往往儲藏黃金，以備不時之需。經過長期的累積，到了明代 ， 中國民間的存金 ， 可能已經達到一個龐大的數字 。 舉例來說 ， 在正德五年 (1510) ，劉瑾籍沒家產中，共有黃金 12,057,800 兩[29]。這個數字究竟有多大？自新大陸發見後，西班牙人在美洲開採儲藏豐富的金礦，結果自一五〇〇至一八〇〇年，南美洲及墨西哥出產的黃金，佔世界總額的百分之七十以上；其中光是秘魯的黃金產額 ， 在十六世紀佔世界總額的百分之三五‧七 ， 到了十七世紀更佔百分之六〇‧一[30]。 這些在殖民地採得的黃金，一部分作爲政府稅收，一部分由於貿易的關係，大量運回西班牙。根據統計，自一五〇三至一六〇〇，西班牙共輸入美洲黃金 153,564 公斤；自一六〇一至一六六〇年，共輸入 27,769 公斤[31]。 把這兩個數字加起來，可知自一五〇三至一六六〇年，西班牙共自美洲輸入黃金 181,333 公斤 ， 或 4,714,658 兩。把這個數字拿來和劉瑾私有的黃金數字比較一下，我們可以看出，在十六、七世紀一百五十八年中，西班牙自美洲輸入黃金的總額，約只等於劉瑾私有黃金的百分之三十九。事實上，除劉瑾以外，明代還有不少富人蓄藏黃金。如果再加上這許多人藏金的數字 ， 民間存金的數額當然更大 。 中國的黃金存量既然這樣豐富，由於供給增多，金價自然要較國外低廉。因此，在明朝中葉後，當海外貿易興盛的時候，由於鉅額利潤的吸引，商人紛紛輸出黃金，以賺取更多的白銀。

一九八二年七月卅日，九龍。

---

29. 陳洪謨繼世紀聞（叢書集成本）卷三，頁五一至五二說：「抄沒逆（劉）瑾貨財：金二十四萬錠，又五萬七千八百兩 。……以上金共一千二百五萬七千八百兩，……」又參考田藝蘅留青日札摘抄 （紀錄彙編本）卷四，頁三。
30. Harry E. Cross, 前引未刊稿。
31. F.C. Spooner, 前引文。

THE *LI-CHIA* SYSTEM IN MING TIMES AND ITS OPERATION IN YING-T'IEN PREFECTURE*

Huang Ch'ing-lien

I. Introduction

The *li-chia* 里甲 system, which operated at the lowest administrative level in Ming China's fiscal hierarchy, played a vital role in both tax collection and labor conscription. In 1381, the central government ordered the local governments to compile "yellow registers" (*huang-ts'e*, 黃册), thereby providing the Ming government the machinery with which to collect agricultural taxes and register conscript labor. The mechanics of this machinery—the *li-chia* system—were officially inaugurated in the same year.

According to the official *Ming History*, the *li-chia* system stood at the very bottom of local administration. It is reported:

> In the fourteenth year of Hung-wu (1381), [Emperor T'ai-tsu] ordered the compilation of "yellow registers for tax and labor levies" (*fu-i huang-ts'e*, 賦役黃册) for the entire empire. Every 110 households were organized as one *li* 里, and selected to serve as "heads" (*li-chang*, 里長) were the ten people whose families with the largest number of tax-paying adult males (*ting*, 丁) and the greatest holdings of grain. The remaining one hundred households were then divided into ten *chia* 甲, with each being assigned one "head" (*chia-shou*, 甲首). Every year, heads of *li* and *chia* were required to assume responsibility for the affairs of *li* and *chia*. The sequence of

*   This article is a revised and expanded version of a paper presented in the Spring, 1980, at the seminar course on Yüan-Ming History, East Asian Studies Department, Princeton University, which was under the instruction of Professor Frederick W. Mote. It represents a projected series of investigation on the local history of Ying-t'ien Prefecture during the Ming times. Professor Mote was then the advisor and director of this project. Each student attending that course was responsible to contribute a presentation which was considered to be related to the investigation. My classmates did their research on the topics such as the local social-econonmic history of some individual county of this prefecture (Chang Pin-ts'un, Scott Pearce), educational development (Chu Hum-lam), Buddhist monasteries (Shih Shou-ch'ien), commercial activities (Chang Hsiang-wen) and geographical mapping (Keith Hazelton). I have, however, tried to organize the scattered sources from the gazetteers to present the *li-chia* structure and its operation in this area.

I wish to express my gratitude to all the participants in the seminar course for their valuable service year of such *li-chia* heads was fixed in accordance with their member of males and amount of grain: the more the amount, the earlier the service. Every ten years, in turn, [each head] was assigned a "duty year" (*p'ai-nien*, 排年). [The units of 110 households] were known as *fang* 坊 in the city, "*hsiang*" 廂 in areas near the city, and *li* in villages (*hsiang*, 鄉) and districts (*tu*, 都).[1]

comments to my tentative presentation, as well as Professor Mote whose suggestions and encouragement to my original draft, have all contributed to the revision of this article. Professor Richard Davis, Dr. Chang Pin-ts'un, Mr. Wang Daw-hwan, Dr. Tseng Chiu-yu and Ms. Susan Hess were kind enough to spend time to read the revised version and to correct my errors. The research and writing for this article was done while I was supported by the grants from Princeton University and Institute of History and Philology, Academia Sinica. I am, of course, responsible for all errors.

The following abbreviations are used in this article:

AHL:　　　Average number of Households in a *Li*.

ASH:　　　Average Size of per Household.

CCCPHC: Li Wei-yüeh 李維樾，(*Ch'ung-chen*) *Chiang-p'u hsien-chih* (崇禎) 江浦縣志 (1641 edition).

CCLHHC: Huang Shao-wen 黃紹文，et.al., *Chia-ching Liu-ho hsien-chih* 嘉靖六合縣志 (1553 edition).

CLCJHC: Ts'ao Hsi-hsien 曹襲先，et.al., *Ch'ien-lung Chü-jung hsien-chih* 乾隆句容縣志 (1750, 1900 edition).

HCLYHC: Fu Kuan 符觀，et.al., *Hung-chih Li-yang hsien-chih* 弘治溧陽縣志 (1498 edition).

HKKF:　　*Hsin-kuan kuei-fan* 新官軌範 (1584 edition; Collected in Hishi copy, orig. in Naikaku Bunko 內閣文庫)。

KHCNHC: Tai Pen-hsiao 戴本孝，et al., *K'ang-hsi Chiang-ning hsien-chih* 康熙江寧縣志 (1683 edition).

KHKCHC: Li Ssu-ch'üan 李斯佺，*K'ang-hsi Kao-ch'un hsien-chih* 康熙高淳縣志 (1683 edition).

KHLSHC: Fu Kuan-kuang 傅觀光，et.al., (*Kuang-hsü*) *Li-shui hsien-chih* (光緒) 溧水縣志 (1883 edition).

KTCY:　　Ku Ch'i-yüan 顧起元，*K'o-tso chui-yü* 客座贅語 (1617 edition).

NCC:　　　Wen-jen Ch'üan 聞人佺，et.al., *Nan-chi chih* 南畿志 (1534 edition).

WLCNHC: Shih Yün-chen 石允珍，et.al., (*Wan-li*) *Chiang-ning hsien-chih* (萬曆) 江寧縣志 (1595? edition).

WLCPHC: Shen Meng-hua 沈夢化，et.al., (*Wan-li*) *Chiang-p'u hsien-chih* (萬曆) 江浦縣志 (1579 edition).

WLLHHC: Chang Ch'i-tsung 張啓宗，et al., *Wan-li Liu-ho hsien-chih* 萬曆六合縣志 (1615 edition).

WLLSHC: Wu Shih-ch'üan 吳仕佺，et.al., *Wan-li Li-shui hsien-chih* 萬曆溧水縣志 (1579 edition).

WLSYHC: Chiao Hung 焦竑，(*Wan-li*) *Shang-yüan hsien-chih* (萬曆) 上元縣志 (1593 edition).

WLYTFC: Wang I-hua 王一化，(*Wan-li*) *Ying-t'ien fu-chih* (萬曆) 應天府志 (1577 edition).

1) Chang T'ing-yü 張廷玉，*Ming-shih* 明史 (MS), (Peking, 1975), ch. 77, p. 1878; (*Ta*) *Ming hui-tien* (大) 明會典 (228 *chüan* edition, compiled under the direction of Shen Shih-hsing 申時行; 1585 revised edition; reprinted by Shanghai Commercial Press, 1936), ch. 20, p. 525. [There is also an earlier 180 *chüan* compilation, see: Wolfgang Franke. *An Introduction to the Sources of Ming History* (Singapore: University of Malaya Press, 1968), p.178.] Hsiao Kung-ch'üan, *Rural China: Imperial Control in the Nineteenth Century* (Seattle: University of Washington Press, 1960, 1967), p.32. In this passage, I follow in part Hsiao's translation of the MS description.

This statement, one of the most substantial descriptions among the Ming sources, calls for some attention. The first thing is the function of the system. It is well-known that the *li-chia* headmen had many functions in a given area. But most important were the functions related to tax collection. They were, on the one hand, the tax and labor service agents in their localities, and on the other, they had to fulfill their obligations themselves to the "ordinary labor corvée" (*cheng-i*, 正役). Their roles in tax collection and maintaining social order in their localities were frequently confused with other local chiefs such as "crop-chiefs" (*liang-chang*, 糧長) and "village elders" (*lao-jen* 老人 or *li lao-jen* 里老人). This confusion directly points to a part of the questions concerning this system, namely, our confusion over *li-chia* functions. We shall try to explicate their functions clearly in the first part of this article (Section II), and furnish an historical background for the analyses in the second part of this article (Sections III and IV).

From the above quoted statement, one must also pay attention to the *li-chia* arrangement in different areas. Was the decree of 1381 completely and uniformly carried out throughout the whole empire? Were there any variations in the *li-chia* arrangement among different areas? If variations did exist, to what extent did they deviate from the imperial sanction and the areas concerned? There are two possible approaches to these questions. One approach is to use the "macro-region" as a unit to compare the differences of the system which operated in certain prefectures or counties in that region with other regions. Another approach is to select a "micro-region," i.e., a certain prefecture or county, to analyze the *li-chia* arrangement and operation in that given area. Both of these two approaches have their advantages and disadvantages. A large-scale investigation covering larger geographical areas in the whole empire certainly can help to supply an overall view to the question. But its shortcoming is that because it lays no foundation for detailed comparison, it is thus hard to answer the question concerning deviations among localities well. A small-scale study could cover only a small area, but its advantage is that it can accomodate more detailed information. We have chosen the "micro-region" approach for two reasons. First, although this approach cannot offer the best angle from which to depict the system operating in Ming China as a whole, it will allow a more thorough investigation which can more satisfactorily answer the above raised questions, at least to the question of deviation among localities. Second, in writing an article rather than an extended work, we would prefer to limit discussion to a specific topic.

There is a considerable amount of literature that contributes to our understanding of the *li-chia* system, but works by the two modern historians Kung-ch'üan Hsiao 蕭公權 and Obata Tatsuo 小畑龍雄 are most directly related to our discussion. Kung-ch'üan Hsiao used many primary sources in writing his book—*Rural China: Imperial Control in the Nineteenth Century*.[2] Although this book deals mainly with late Ch'ing rural China, it nevertheless provides us with a good model for discussing the issue that we are concerned here. In discussing the administrative divisions and their functions, Hsiao correctly makes the distinction between the *pao-chia* 保甲 and *li-chia* systems which have for a long time been confused or ignored. He observes that the *pao-chia* units facilitated police control, while the *li-chia* units originally were designed to help in the collection of land taxes and conscription of labor forces.[3] More interestingly, his analysis on the "variations in the *li-chia* structure"[4] uses the "macro-region" approach described above to investigate the *li-chia* arrangements in the nineteenth century Chinese society, and he thereby is able to form some generalizations. He points out that apart from the regular *li-chia* form, the variations of the *li-chia* arrangements in the Ch'ing dynasty deviated from South to North China. After observing that the *li-chia* arrangements deviated from the regular form by adding, omitting, or substituting one or more extra units, Hsiao classifies them into three categories: additive, substractive, and substitutional variations. Each of these categories also contains several different patterns. The substitutional form is somewhat special in that it can have three patterns: four-(five-) level, three-level and two-(one-) level. Putting these phenomena together, Hsiao concludes that "the Ch'ing rulers did not succeed in establishing a uniform system of tax collection divisions in rural

---

2) Kuang-ch'üan Hsiao, *Rural China: Imperial Control in the Nineteenth Century* (University of Washington Press' 1960, 1967), xiv+783 pp.

3) *Ibid.*, p.49.

4) *Ibid.*, "Appendix I," pp.521-548.

China."[5]

The works by the Japanese scholar Obata Tatsuo are also noteworthy. During the 1950's Obata wrote five articles on the Ming *li-chia* system and the "village elders" system.[6] In contrast to the "macro-region" approach used by Kung-ch'üan Hsiao, his approach is mainly a "micro-region" one. Although he realizes the variations existed in the *li-chia* system, he engages in constructing general principles for the *li-chia* arrangements. He points out that the Ming *li-chia* system was initially based upon the number of households, and it subsequently came to be based upon land holdings.[7] This is why he pays attention to the size of AHL (Average Household number within a *Li*) when investigating the *li-chia* structure in Hai-yen Hsien 海鹽縣, Chekiang Province.[8] Nevertheless, this approach cannot well answer problems concerning this system, especially that of its variations. It seems that Obata has been aware of this problem. After making some modifications, he sets up three principles for the *li-chia* arrangements: a) the principle of *ting* numbers (*ting-shu yüan-tse*, 丁數原則), b) the principle of silver ounces (*liang-shu yüan-tse*, 兩數原則) and c) the principle of grain amount (*liang-shu yüan-tse*, 糧數原則).[9] The three principles are mentioned neither in the Ming decrees nor in Obata's previous articles. But it is clear that these principles are in accordance with the number of male adults, the amount of labor services and land taxes.

The present work is essentially a case study. It contains two parts: the first part (Section II) deals with the formation and functions of the

---

5) *Ibid.*, p.548.
6) The five articles written by Obata Tatsuo 小畑龍雄 during the 1950's are: (1) "Mindai kyokuso no rōjinsei," 明代極初の老人制 ("The elder system during the earliest Ming times,") *Yamaguchi Daigaku Bungaku Kaiji* 山口大學文學會誌, 1.1 (1950), pp.61-70; (2) "Setsukō Kai-en-ken no rikō," 浙江海鹽縣の里甲 ("The *li-chia* system in Hai-yen Hsien, Chekiang Province"), *Tōhō Gakuhō* 東方學報, (Kyoto), Vol.18 (1950), pp.138-151; (3) "Mindai kyōson no kyōko—shinmeitei o chūshin toshite," 明代鄉村の教化——申明亭を中心として ("Public instruction in the Ming villages"), *Tōyōshi Kenkyū* 東洋史研究 11.5,6 (1956), pp.23-43; (4) "Kōnan ni okeru rikō no hensei ni tsuite," 江南における里甲の編成について ("On the arrangements of the *li-chia* system in South China"), *Shirin* 史林, 39.2 (1956), pp.1-35; (5) "Rikō hensei ni kansuru sho mondai," 里甲編成に關する諸問題 ("The problems concerning the formation of the *li-chia*"), *Yamaguchi Daigaku Bungaku Kaiji*, 9.1 (1958), pp.40-60
7) Obata Tatsuo, "Setsukō Kai-en-ken no rikō," p.151; "Kōnan ni okeru rikō no hensei ni tsuite." p.1.
8) Obata Tatsuo, "Setsukō Kai-en-ken no rikō," pp.138-151.
9) Obata Tatsuo, "Rikō hensei ni kansuru sho mondai," pp.40-60.

Ming *li-chia* system, and the second part (Sections III and IV) concentrates on the *li-chia* arrangements in the Ying-t'ien Fu 應天府 area. We will first attempt to expicate the *li-chia* functions, and next to construct the *li-chia* arrangements in an area including as many as eight counties. We shall re-examine some principles or generalizations raised by Kung-ch'üan Hsiao and Obata Tatsuo, and further compare the forms and patterns of the *li-chia* arrangement in Ying-t'ien Fu area with the variations revealed by Hsiao. To test the principles fabricated by Obata, we shall carefully reconstruct and analyze the *li-chia* structure in the eight counties, and use the size of AHL to determine if there were any principles suitable for understanding the *li-chia* structure in this particular area.

II. Formation and Functions of the *Li-chia* System

Traditional Chinese governments always used numerical groups of households to represent the local administrative unit. These groups were regularly formed in units of five and ten, or multiples of the two numbers. Ideally, since the appearance of the *Chou-li* 周禮—a book forged during Han times—in which the rural administrative organizations were numerated in the way stated above, Chinese rural administrations were to varying degree based upon this ideal.[10] In practice, regardless of whether the ideal could actually be carried out in local administrative practice, every Chinese dynasty adopted it as a guiding principle of administrative policy. This is proven through select statements in the *Chou-li* and edicts of Chinese imperial governments.

The *Chou-li* uses "five" as the basic unit to construct the pyramid of local administrative structure. It states: [11]

> Let five households (*chia*, 家) serve as one *pi* 比, five *pi* as one *lü* 閭, four *lü* as one *tsu* 族, five *tsu* as one *tang* 黨, five *tang* as one *chou* 州, five *chou* as one *hsiang* 鄉.

This is commonly known to the "six-*hsiang* system" (*liu-hsiang chih-chih*, 六鄉之制). It established a hierarchy as follows: 5 households constituted the *pi*, 25 households the *lü*, 100 households the *tsu*, 500 households the

---

10) One might also note evidence for this principle in pre-*Chou-li* times. For one example in the *Kuan-tzu* 管子，see K. C. Hsiao, *A History of Chinese Political Thought*, trans. by F. W. Mote (Princeton University Press, 1979), pp.364-365.

11) *Chou-li* 周禮 (SPTK edition), *ch*, 3, p 49a.

tang, 2,500 households the *chou*, and 12,500 households the *hsiang*. Coexisting with this was the so-called "six-*sui* system" (*liu-sui chih-chih*, 六遂之制). The *Chou-li* says:[12]

> Let five households serve as one *lin* 鄰, five *lin* as one *li* 里, four *li* as one *tsan* 酇, five *tsan* as one *pi* 鄙, five *pi* as one *hsien* 縣, and five *hsien* as one *sui* 遂.

In other words, when we compare these two systems, *pi* 比 was comparable to *lin* at the same level, and *lü* to *li*, etc. In spite of the fact that these two systems are too perfect to be accepted as genuinely implemented, we find that these systems exerted great influence on subsequent local administrative organizations.[13] For example, the Northern Wei enforced a so-called "three chiefs systems" (*san-chang chih*, 三長制) in A.D. 486, whereby it was ordered that "five *lin* should select a *li* chief, and five *li* should select a *tang* 黨 chief.[14] In A.D. 564, the Northern Ch'i government ordered that "ten households be taken as *pi-lin*, fifty households as *lü-li*, one hundred households as *tsu-tang*."[15]

During early Sui times, the government ordered that "five households shall constitute one *pao* 保, and each *pao* shall have a chief head; five *pao* shall constitute one *lü* and four *lü* one *tsu*, both of which shall have chiefs called *cheng* 正."[16] In A.D. 589, the Sui government further ordered that one *hsiang* contain one hundred households.[17] The T'ang government used a similar system. The *T'ung-tien* 通典 describes its structure as follows:[18]

> One hundred households are to be organized into one *li*, five *li* into one *hsiang*, four households into one *lin*, and three households into one *pao*. In every *li* there is to be one *cheng* to serve as

---

12) *Ibid., ch.* 4, p.71a.
13) Two Japanese scholars, Kuribayashi Noruo 栗林宣夫 and Shimizu Morimitsu 清水盛光, found that the *Chou-li* had great influence on the local administrative system from the Northern Wei through the Ming or Ch'ing. See: Kuribayashi Nobuo. "Mindai no rikōsei" 明代の里甲制 ("The *li-chia* system in the Ming dynasty,") *Rekishi Kyōyoku* 歷史敎育, 3·8 (1955), p.32; Shimizu Morimitsu, *Chūgoku no kyōson tōji to sonraku* 中國の鄉村統治と村落 (*Chinese Rural Control and Village*) collected in the *Shakai kōseishi taikei* 社會構成史體系。(Tokyo. 1949). p.15.
14) Wei Shou 魏收，*Wei-shu* 魏書 (Peking, 1974), *ch.* 110, p.2855.
15) Wei Cheng 魏徵，et.al., *Sui-shu* 隋書 (Peking, 1973), *ch.* 24, p.677.
16) *Ibid., ch.* 24, p.680.
17) *Ibid.. ch.* 2, p.32.
18) Tu Yu 杜佑，*T'ung-tien* 通典 (Chekiang shu-chü edition, 1896), 3:12a-b.

chief (as for regions with mountains, valleys, or in danger, as well as those in distant and unpopulated places, [the people] are permitted to establish these by themselves); the chief is responsible for keeping track of the population, helping agriculture to flourish, warding off crimes and illegal activities, and assessing taxes and conscripting corvée labor.

Included among the new policies of the great Sung reformer Wang An-shih (王安石, 1021-1086) was the *pao-chia* code (*pao-chia fa*, 保甲法)—a system of rural administration that closely parallels earlier models. In the twelfth month of 1070, the Sung government ordered:[19]

> For every ten households constituting one *pao*, one native household (*chu-hu*, 主戶) with administrative ability is to be selected to serve as chief (*pao-chang*, 保長). For every fifty households constituting one large *pao* (*ta-pao*, 大保), one native household is to be selected to serve as chief (*ta-pao-chang*, 大保長), they are [the households] most willing and able to serve in administration and with the largest property. For every ten large *pao* constituting one *tu-pao* 都保, again, there is to be selected one chief (*tu-pao-cheng*, 都保正) and one assistant chief (*fu-tu-pao-cheng*, 副都保正), they are [the households] with the most ability and property and who are respected by the people.

This means that 10 households counted as one *pao*, 50 households as one large *pao*, and 500 households as one *tu-pao*. In 1073, there were slight modifications of this system: 5 households became one small *pao* (*hsiao-pao*, 小保), 25 households became one large *pao*, 250 households one *tu-pao*.[20] With the Yüan dynasty, there emerged the so-called "community system" (*she-chih*, 社制), where 50 households comprised one *she* and a senior man familiar with agriculture was chosen to serve as its chief (*she-chang*, 社長).[21]

---

19) Li T'ao 李燾，*Hsü tzu-chih t'ung-chien ch'ang-pien* 續資治通鑑長編 (Taipei: Shih-chieh shu-chü, 1964 reprinted), 218:6a. For the reform and new policies of Wang An-shih, see James T. C. Liu, *Reform in Sung China: Wang An-shih (1021-1086) and His New Policies* (Harvard University Press, 1959).

20) *Hsü tzu-chih t'ung-chien ch'ang-pien*, 248:8a.

21) Matsumoto Yoshimi 松本善海，"Gendai ni okeru sha-sei no sōritsu," 元代における社制の創立 ("The establishment of the *she* system in the Yüan period,"), *Tōhō Gakuhō* 東方學報 (Tokyo), 11.1 (1940), pp.328-337.

From the above cited documents, we can see that, traditionally, Chinese dynasties always used the specific numbers five, ten, and multiples of the two as the structural principle for rural administrative organization. Although historians remain uncertain about the extent to which this system was implemented, we do known that the principle itself was a familiar one to imperial Chinese decision-makers. Previous research has shown, and we will discover here also, that the Ming and Ch'ing governments exerted their authority through basically the same machine on the level of local administration.[22]

It is important to note here that according to Kung-ch'üan Hsiao, the *pao-chia* and *li-chia* system differed significantly in function: the *pao-chia* units facilitated police control, while the *li-chia* units originally were designed to help in the collection of taxes and labor forces.[23] Indeed, it is well known that the Sung *pao-chia* system had the former function, while the Ming *li-chia* system had the latter. Nevertheless, both the T'ang *li-hsiang-lin-pao* system and the Yüan *she* system incorporated both functions into one institution—the *li-chia* system.

The Ming *li-chia* system was officially established in 1381, as noted in Section I. In its ideals, it was certainly influenced by traditional Chinese concepts of rural administrative structure. For example, 110 households constituted one *li*, 10 of which were chosen as *li* chiefs and the remaining 100 were divided into 10 *chia* of 10 households each. This was clearly an application of the basic principle of using multiples of five or ten. But because the *li-chia* system of Ming times represented only one element in rural organization, it was also supplemented by the "village elder (*lao-jen*, 老人) system" and the "crop-chief (*liang-chang*, 糧長) system."[24] We will see that the Ming government went further than any government before it in establishing a complex structure of sub-*hsien* administration.

The "village elder system" was established in 1394 (although it was

---

22) cf. note 7).

23) cf. note 3).

24) The "crop-chief" (*liang-chang*) system has long time been an interesting subject studied by the specialists of Ming history. Liang Fang-chung 梁方仲，for example, has a classic study on this subject. See his "Ming-tai liang-chang chih-tu" 明代糧長制度，*Chung-kuo she-hui ching-chi-shih chi-k'an* 中國社會經濟史集刊，7.2 (1946), pp.107–133. This article was partially translated into English by E-tu Zen Sun & John de Francis. See *Chinese Social History* (N.Y.: Octagon Books, Inc., 1966), pp.249–269. The *liang-chang* was translated as "local tax collectors" by Sun and de Francis.

not fully implemented until 1398) to maintain social order. Under this system, village elders over eighty years of age could receive monthly stipends, official titles such as "gentlemen of the village" (*li-shih*, 里士) and "gentlemen of the community" (*she-shih*, 社士), and were appointed as advisors to settle local disputes. This system performed at least four functions: a) to handle judicial cases;[25] b) to oversee agriculture; c) to maintain local peace; d) to instill the state ideology into the minds of the populace.[26]

The crop-chief system, like the *li-chia* system, was established in the early years of the Ming dynasty and developed gradually.[27] Initially, this system was devised to collect tax grain from rural areas. The organizations of local divisions of this system depended upon the size of the population and production at the sub-county level. Subsequently, the crop-chief and *li-chia* systems were mixed together. According to the *Fu-i huang-ts'e*, these two systems were concerned with rural tax imposts and labor corvée. Their real functions were thereby often confused, not only among the Ming scholars, but also by modern historians. The obvious reason was that the basic administrative units in the two systems were similarly called *li* and *chia*. When a crop-chief collected the tax in his "grain-area" (*liang-ch'ü*, 糧區), he needed the help from other local chiefs, namely, the heads of *chia* and *li*, and village elders. This is the reason why many sources say that the *li-chia* headmen were involved in the tax collecting procedure. Furthermore, when one person played many roles simultaneously in different systems, the functions of these systems could easily be confused. For example, a report from the late sixteenth century (i.e., Wan-li period) mentions one person who simultaneously served as chief of *fang-li* (*fang-li chang*, 坊里長), the chief of tax collectors (*shou-*

---

25) Obata Tatsuo 小畑龍雄，"Mindai kyōson no kyōka—Shinmeitei o chūshin toshite," 明代鄉村の教化——申明亭を中心として ("Public instruction in the Ming villages"), *Tōyōshi kenkyū* 東洋史研究，11.5,6 (1956), pp.23-43.

26) George Jer-lang Chang 張哲郎，"The village elder system of the early Ming dynasty," *Ming Studies*, No.7 (1978), pp. 53-62. This article makes some arguments on the establishment date of the elders system. See also Hosono Kōji 細野浩二，"Rirōjin to shūrōjin—Kyōmin banbum no rikai ni kanrenshite," 里老人と象老人——「教民榜文」の理解に關連して ("*Li-lao-jen* and *chung-lao-jen*—how to understand the *Chiao-min pang-wen*,") *Shigaku Zasshi* 史學雜誌，78.7（July, 1969), pp.51-68. Obata Tatsuo, "Mindai kyōkuso no rōjinsei", pp.61-70.

27) Liang Fang-chung 梁方仲，*Ming-tai liang-chang chih-tu* 明代糧長制度 (*The Corps-heads System in the Ming Period*), (Shanghai: Jen-min ch'u-pan-she, 1957, 1962). The short book is based on Liang's previous article cited in note 24).

t'ou, 收頭) the off-duty grain-chief (*k'ung-i liang-chang*, 空役糧長), and judicial elder (*kung-chih lao-jen*, 公直老人).[28] In order to make our point clearer, it is thus necessary to examine more closely the history and function of the *li-chia* system.

When Chu Yüan-chang unified the whole empire, it was urgent for him to end the long period of social-economic chaos which occurred during the late Yüan times. To achieve this goal, Emperor T'ai-tsu (i.e., Chu Yüan-chang) had to set up a plan to facilitate the recovery of agricultural productivity and administrative machinery at the village level. The most convenient way for him was to bring the *she* system of the previous dynasty to life and put it under the direction of the Office of Agriculture (*Ssu-nung ssu*, 司農司).[29]   In 1364, Chu Yüan-chang proclaimed himself King of Wu (Wu Wang, 吳王). He organized his people, into units of 50 households each, so that they would work harder at farming their land. Some regulations were issued in the following year which imitated the Yüan *she* system. Three years later, in 1368, when Chu became the emperor of China proper, he established six ministries as the major machinery of the central government and issued edicts giving directions for governing rural areas.   An edict giving directions for the "rites of local banquet" in *li-she* 里社 was promulgated in 1368. In 1370, in Hu-chou 湖州, a proto-type of the *li-chia* system was set up, thoughit was not quite similar to the officially inaugurated system of 1381.

In 1372, some regulations concerning rural religious ceremonies were proclaimed.   One of them required that every one hundred households be organized as a "meeting" (*hui*, 會) headed by a crop-chief or head

---

28) Sun P'i-yang 孫丕揚，et, al., *Hsün-fang tsung-yüeh* 巡方總約 (1594 edition), 26a. Collected in P'eng Ying-pi 彭應弼，ed., *Ting-chün ta-Ming lü-li fa-ssu tseng-pu hsing-shu chü-hui* 鼎鐫大明律例法司增補刑書據會，*ch.*12. Hishi copy (orig. in Naikaku Bunko); As for "judicial elders," see: *Hsin-kuan kuei-fan* 新官軌範 (1584 edition), 7b-8a. Also collected in Hishi copy (orig, in Naikaku Bunko). It suggests that the magistrate set up a "*chih-lao*" (直老；a judicial elder on his turn) within thirty or forty households from among the "*li-lao*" (里老，*li* elders).

29) Matsumoto Yoshimi 松本善海，"Mindai ni okeru risei no soritsu" 明代に於ける里制の創立 ("The establishment of the *li* system in the Ming period,"), *Tōhō Gakuhō* 東方學報 (Tokyo), 12.1 (May, 1941), p.110.

of the *li*.)[30]　These kinds of religious ceremonies held in the villages were carefully and fastidiously recorded in the ceremonial regulations of the Hung-wu period, the *Hung-wu li-chih* 洪武禮制.[31]　In addition to the local religious function, another function of the *li* emphasized by the government was to handle judicial cases. A court of appeals known as *shen-ming-t'ing* 申明亭 was established for this reason in every *li*. These two functions, as pointed out previously, were a duplication of the "village elders system". [32]

The *li-chia* headmen also performed a number of particular functions which were assigned by the government. One was the so-called "ordinary labor corvée" (*cheng-i*, 正役). Its functions were different from those of the "miscellaneous labor corvée" (*tsa-i*, 雜役) which was in the charge of crop-chiefs, headmen of pond (*t'ang-chang*, 塘長) or village elders.[33]　The *Ta Ming hui-tien* 大明會典 states that the duty of crop-chief was "to oversee the routine business within each *li*."[34]　However the Ming codes stated that their duty was "to help collect money and labor forces, to oversee the routine business [in each *li*]."[35]　According to the official *Ming History*, we know that *li-chia* headmen performed at least two other functions which were more important than the religious and judicial functions. The first one was to collect the taxes. In this case, the *li-chia* headmen had the duties of helping to collect money and to enforce labor service required of the commoners, while crop-chiefs had the obligations of transporting items from the countryside to the seats of the

30) *Ibid.*, p.111. The terms of *"li-chia"* and *"li-chang"* can be certainly found in the very beginning of the Ming dynasty. In the case of Hu-chou 湖州，a system called the "Small Yellow Register-Map" (*hsiao huang-ts'e-t'u*, 小黃冊圖) was set up up in 1370, which was an proto-type of the *li-chia* system. It was a little different from the officially inaugurated regulations of 1381. See: *Yung-lo Ta-tien* 永樂大典 (Taipei: Shih-chieh shu-chü, 1962), *ch.*2277: 5b-6a. This source is quoted from the *Wu-hsing hsü-chih* 吳興續志。Also cf. Maeda Tsukasa 前田司，"Rikōsei seiritsu no katei ni tsuite" 里甲制成立の過程について ("On the process of the *li-chia* formation"), in *Chugoku Zen Kindaishi Kenkyū* 中國前近代史研究 (Tokyo, 1980), pp.204-220. Kuribayashi Noruo 栗林宣夫，*Rikōsei no kenkyū* 里甲制の研究(Tokyo, 1971), pp.5-7.

31) *Hung-wu li-chih i-chu* 洪武禮制儀注，collected in P'eng Ying-pi. *op. cit.*, *ch.*12.

32) cf. note 25).

33) Ku Yen-wu 顧炎武，*T'ien-hsia chün-kuo li-ping-shu* 天下郡國利病書，(Kuang-ya shu-chü edition, 1900), 20:18a-33b, in the section of "Chia-ting hsien-chih" 嘉定縣志。

34) *Ming Hui-tien*, *ch.*20, p.525.

35) Shu Hua 舒化，et. al., *Ming-lü chi-chieh fu-li* 明律集解附例 (Hsiu-ting fa-lü-kuan, 1908), 4:20a, puts as: "催辦錢糧，勾攝公事。"

counties' or prefectures' government. This division of reponsibility developed and became a model well before the reigns of Ch'eng-hua (成化, 1465-1487) and Hung-chih (弘治, 1488-1505), and did not change until the reign of Chia-ching (嘉靖, 1522-1566). In the late Ming, local governments did not ask *li-chia* headmen to expedite the collection of the taxes any more, but put pressure on the crop-chiefs to do that task by setting a deadline.[36]

When the *li-chia* headmen were incumbent upon their rotation, i.e., at the turn of "duty year" and they were thereby called the "on duty" *li-chia* headmen (*hsien-i li-chang* or *chia-shou*, 見役里長，甲首), they also were required to enforce corvée labor from the people of each *li* or *chia*. The term for the corvée labor that they were responsible for was the "ordinary labor corvée" (which also included "equalization of corvée service [*chün-yao*, 均徭] and "miscellaneous corvée service" [*tsa-fan*, 雜泛]), which was different from the "miscellaneous labor corvée."[37] This function was one of the most important reasons for the existence of the *li-chia* system.

The *li-chia* system involved complicated operations of the corvée conscription system in rural areas. The *li-chia* headmen were obligated to offer "ordinary labor corvée" themselves. For example, during the Chia-ching period, Ou-yang To 歐陽鐸, the Grand Coordinator (*hsün-fu*, 巡撫) of Ying-t'ien Fu, investigated the problems of the services of *li-chia* headmen through eight disbursement categories which were regarded as the most important duties of the *li-chia* headmen. These were a) expenditures from the merger of *ting* taxes and land taxes (*ting-t'ien*, 丁田); b) expenditures for the ceremonies of congratulations (*ch'ing-ho*, 慶賀); c) expenditures for religious ceremonies (*chi-ssu*, 祭祀); d) expenditures for local wine-drinking ceremonies conducted by officials or gentries (*hsiang-yin*, 鄉飲); e) stipends to *chü-jen* 舉人 and *kung-sheng* 貢生, etc. (*k'o-ho*, 科賀); f) expenditures for relief measures and welfare (*hsü-cheng*, 邮政); g) expenditures for routine official purposes (*kung-fei*, 公費); and h) money

---

36) MS, *ch.*78, p.1898.

37) MS, *ch.*78, p.1893. Unlike the *li-chia* services, the *chün-yao* services were assigned to adult males. See: Ping-ti Ho, *Studies on the Population of China, 1368-1953* (Harvard University Press, 1959), p.26. Further discussion on the *chün-yao* can be found in Ray Huang, *Taxation and Government Finance in Sixteenth-Century Ming China* (Cambridge University Press, 1974), pp.6, 36, 38, 91, 110, 112, 147, etc.

reserved for the future use of official travelers (*pei-yung*, 備用).[38]

In carrying out the duties of the "ordinary labor corvée," the *li-chia* services actually covered more items than the Ming regulations specifically required. After the *li-chia* system was set up, it gradually decayed or became corrupted by local officials. Some local officials compelled *li-chia* headmen themselves to offer the corvée labor if they failed to conscript it from the people. It caused many officials to argue that the burdensome distribution of *li-chia* services was unfair and unbearable during the middle and late Ming times. Many *li-chia* headmen resigned or even became fugitives rather than be bankrupted by the heavy burdens of corvée services.[39] For instance, many cases show that the *li-chia* services included supplying the personal attendants (*tsao-li*, 皂隸), the laborers and horses (*li-chia fu* 里甲夫 and *li-chia ma* 里甲馬) for the local officials.[40] These various labor services, i.e., providing laborers or horses, mostly were not conscripted by the *li-chia* headmen during early Ming times, but were imposed from the mid-Ming times on.[41]

A book entitled *Hsin-kuan kuei-fan* (新官軌範, HKKF, *The rules for new magistrates*, published in 1565; reprinted in 1585; its author is un-

---

38) MS, *ch.*78, p.1900. For the case of Ying-t'ien Prefecture, the *T'ien-hsia chün-kuo li-ping-shu* states 12 items to be investigated by the *li-chia* services (14:6a). These 12 items are almost as same as those in MS. For the expenditure of official affairs, most of them were for the costs of office maintenance, see Ray Huang, *op. cit.*, p.30. In fact, there were still more categories for corvée levied from *li-chia* such as the expenditures of grains-transportation, transport workers, guard-soldiers and all governments expenses, etc. See: Yamane Yukio 山根幸夫，"Mindai richō no shokuseki ni kansuru ichi kōsatsu," 明代里長の職責に關する一考察 ("On the duty of the village headmen in the Ming period"), *Tōhōgaku* 東方學，3 (1952), pp.5-6.

39) Obata Tatsuo, "Kōnan ni okeru rikō no hensei ni tsuite," p.31.

40) On the salary of the Ming officials, Ray Huang says that they supplemented their nominal salaries with the commutation of the personal attendants (*tsao-li*) furnished by the government. This practice startéd in the early years of fifteenth century. See Ray Huang, *op. cit.*, pp.48-49. Cf. Kuribayashi Noruo, *Rikōsei no kenkyū*, pp.81-91.

41) In general, the terms *tsao-li* and *li-chia fu* referred to cooks, buglers, boatmen, patrolmen, jailers, grooms, receiving men in the warehouses, operators of canal watergates, and clerical assistants. See: Yamane Yukio, *op. cit.*, pp.6-7; Ray Huang, *op. cit.*, p.34. *T'ien-hsia chün-kuo li-ping-shu*, 13:41a-46a, 13:55a-b, states one corvée service, the *huo-chia* 火甲，which was initiated in the Hung-wu period to collect the patrolmen. In this service, there were one *tsung-chia* 總甲 and five *huo-fu* 火夫 who patroled the town or city every day. These men were chosen from the *li-chia* population by turns. It became so corrupt a practice that a censor Ting Pin 丁賓 in Nanking critciicized it, making the accusation that the service was not employed for the government and therefore disturbed the common people. Ting suggested the government sep up a budget to hire the *li-chia* households.

known) provides us with a great deal of information concerning the practical business of *li-chia* intended for the use of new magistrates.[42] From this book and other related sources, we can summarize some facts about the *li-chia* system:

1) The recruitment of *li-chia* headmen:

HKKF states that the magistrates themselves should investigate privately which person was suitable to be appointed as *li* headmen instead of his being recommended by his subordinates.[43] The decree of 1381, as cited in Section I, indicates that the principle of selecting *li* headmen (*li-chang*) and *chia* headmen (*chia-shou*) favored those families with more males and great wealth. The numbers of these headmen were, as pointed out by a 1530's proclamation, 10 *li-chang* and 100 *chia-shou* within one *li*[44] Since they were chosen in accordance with a rotation system called "duty year" (*p'ai-nien*), every year there were 1 *li-chang* and 10 *chia-shou* on active duty within one *li*. Once the *li-chang* had been chosen, no substitute was allowed to serve in his place during that particular duty year. This *li-chang* had to be the exact person himself and was called "*li-chang cheng-shen*" 里長正身.[45] The tenth month of each year was when the *li-chang* duty changed from one person to another.[46]

2) The obligation of *li-chia* headmen:

We have already described the obligation of *li-chia* headmen above. The *Hsin-kuan kuei-fan* explains these obligations in a different way: the *li-chia* headmen represented their communities and were responsible for supporting the expenditures of the government (*chih-ying shang-ssu*, 支應上司) and to meet the expenses of budget items (*ch'u-pan hsia-ch'eng*, 出辦下程), which were equivalent to those of eight categories of the duties of *li-chia* headmen mentioned above. In order to oversee that the *li-*

---

42) The *Hsin-kuan kuei-fan* (HKKF; 新官軌範, *The Rules for New Magistrates*, 1594 edition; cf. note 28) has only one *chüan*, but supplies complete information on the county's daily administrative work. The main purpose of this book is to offer the rules for magistrates to follow in order to become a good officer. Although the rules written in this book represents the regulations from the decrees issued by the Ming government or the moral judgements from the points of view of the author, we can find evidence here for the real operation of administration in *hsien*-level government.

43) HKKF, p.29a.

44) *T'iao-li pei-k'ao* 條例備考，hu-pu 戶部，"tsan-tsao 攢造"，*ch*.2, p.38.

45) HKKF, p.28a.

46) *Ibid.*, p.14a.

chia headmen perform their duties well, this book points out that the magistrates should: a) adopt the former magistrate's procedures for controlling of *li-chia* headmen and put them under his direct supervision; b) divide all *li* into three levels in accordance with the population size: higher *li* (*shang-li*, 上里), middle *li* (*chung-li*, 中里), and lower *li* (*hsia-li*, 下里), and set the amount of payment for each *li*; c) send two or three reliable persons to collect the payments from each *li*. This book also suggests the magistrates had better ensure that the records of payments were *sans reproche*.[47]

3) The joint operation of routine business by the *li-chia* headmen and county officials:

Being a so-called "parent official" of the common people, the magistrate was in charge of everything within his jurisdiction. While *li-chia* headmen stood at the lowest level of the rural administrative framework, they nonetheless were under the command of the magistrate and were obliged to report their work to the county governments. The HKKF describes their tasks in great detail: *li-chia* headmen should "attend to their corvée services without interruption" (*ch'ang-ch'uan ying-i*, 常川應役) and go to get the orders from the county offices every five days.[48] When a new magistrate took up his official appointment, *li-chia* headmen should go to county offices twice a month, on the first and the fifteenth days of the month. On these occasions the magistrate offered his warnings and encouragements to *li-chia* headmen.[49] The *li-chia* headmen should also carry out their duty of helping collect taxes and corvées. In order to avoid corruption, *li-chia* headmen should go by themselves rather than only sending their agents to the countryside.[50]

4) Rendering assistance to local governments in the compilation of "yellow registers":

"Yellow registers" were important transcripts for the Ming administration. All the taxes and corvées were collected through them. Since the *li-chia* was the basic administrative unit of the Ming rural China, their headmen certainly had some responsibility to help compile them.

---

47) *Ibid.*, p.14b.
48) *Ibid.*, p.28a.
49) *Ibid.*, p.4a.
50) *Ibid.*, p.28b.

The Ming central government ordered that every ten years the "yellow registers" should be revised. The HKKF discusses the procedures of their compilation as follows: before beginning compilation, the magistrate should order *li-chia* headmen as a part of their duties to present a book, listing the names of households, along with the boundaries and size of every household's land, to local governments. When the compilation started, the local officials should choose a spacious and quiet place near the *li-chia* com-munity to do their work. On this occasion, *li-chia* headmen should prepare one desk, one chair and 50 to 70 big sheets of paper and the previous registers for the same community for local officials to check.[51] The regular format of the "yellow registers" used "*li-chia* blanks" (which were called *li-chia ke-yen* 里甲格眼, for each empty space was made by cross lines like a lattice) in which names of the members of the household were filled out first; and the amount of properties and taxes was written down second.[52]

5) Assisting the local officials to assess the taxes and corvées:

Which households in a *li* or *chia* should pay the most tax or corvée? How could the taxpaying and corvée services be fairly arranged? These were no doubt questions involving the interests of all the *li-chia* masses. Since the Ming government expected that *li-chia* headmen were to be the wealthy people in their home localities and familiar with the financial situation of their neighbors, the magistrates were instructed by the *Hsin-kuan kuei-fan* to call for their assistance in making decisions. It is interesting to point out here that the *Hsin-kuan kuei-fan* recommends a trick so that the magistrate can put the whole procedure under control: First of all, he ought to order *li-chia* headmen, village elders and writers to come to the county office early in the morning. These people should be divided into three groups and not allowed to speak to each other. Then he should try to find the financial records for every household through the "yellow registers," and ask for the opinions from *li* headmen and village elders as to the amount of the tax each household should pay.

51) *Ibid.*, pp.11a–b, 25b–26a.
52) *Ibid.*, p.12a; *T'iao-li pei-k'ao*, hu-pu, "ch'ing-chi 清籍" , ch.2, p.36b, collects a memorial of 1530 which discussed how to balance the taxes and corvée of common people through compiling the "yellow registers." In this memorial, it also mentioned the so-called "*li-chia* blanks."

Before asking them, the magistrate should warn them that the penalty for telling false information was 80 strokes (*chang*, 杖). By doing this he could obtain the true local financial situation from the frightened *li-chia* head men before him.[53] Arranging the corvée service equally was another duty of the *li-chia* headmen. They had to help the local officials to revise the "yellow registers" regularly in order to avoid unfair imposition among the *li-chia* masses.[54]

Judging from the above statements, there is not a shadow of doubt that the *li-chia* system was the nucleus of the Ming rural administrations. It plays a key role in helping us understand problems concerning the social structure. But because our previous descriptions only represent the policy of the Ming government, we must also investigate it from other perspectives. In the following section, the operation of this system in Ying-t'ien Fu area shall be examined.

III. The *Li-chia* Structure in the Ying-t'ien Fu Area

The operation of the Ming *li-chia* system in both rural and urban areas did not completely follow the pattern set up by the decrees. Nor was it carried out uniformly from prefecture to prefecture or from county to county. Moreover, the decrees themselves show some variations. For example, the decree of 1381 said that 110 households consititued one *li*. The system as applied in Hai-yen Hsien 海鹽縣, Chekiang Provience, however, offers an instance in which no figures are to be found consistent with the decree throughout the whole Ming dynasty. According to a report written by Obata Tatsuo in 1950, we know that the average number of households in a *li* (AHL) in Hai-yen Hsien changed over time: 304 in 1391, 256 in 1412, 125 in 1429, 165 in 1462, 166 in 1482, 159 in 1552. Although Obata was trying to explain these changes, including the numbers of *li* and population differentials, he failed to explain why the size of AHL was farther from that stipulated in the decree in the early Ming times (Hung-wu and Yung-lo periods) than they were during the mid-Ming times (Hsüan-te, T'ien-shun, Ch'eng-hua and Chia-ching periods). But Obata did point out an important phenomenon in Hai-yen Hsien, that

53) HKKF, pp.11b-12a.
54) *Ibid.*, pp.26a-b.

is, the policy of so-called "elevated *li* and combined *li* together [in accordance with practical situation]" (*sheng-li ping-li*, 升里併里) which was implemented in this county. This policy marked a change from the original regulations which were based on the numbers of households, into a system based on the amount of land owned.[55] Six years later, in 1956, Obata expanded this idea to discuss the *li-chia* operation within areas of the whole South China.[56] However, some questions still remain: Had this system really been implemented in this way in Ying-t'ien Fu area? Did any other problems arise when it was carried out? We are going to discuss these questions in the following pages.

There were seven (eight after 1491) counties in the Ming Ying-t'ien Fu area. The *li-chia* structure of every county developed independently and showed different forms. In order to synthesize the general features and compare their structural differences, this section will discuss these counties' *li-chia* structure one by one; and this discussion will also serve as the basis for further discussion in Section IV.

1) Shang-yüan county 上元縣:

Parts of Shang-yüan and Chiang-ning 江寧 counties constituted the Ming capital Nanking (from 1368 to 1421 the capital of all China; from 1421 to 1644 the southern capital). However when these two counties' gazetteers deal with their own local history, the urban and suburban (*fang-hsiang*, 坊厢) areas under the administration of the capital were no longer separated from the *li-chia* structure of these two counties. Thus, it seems feasible to take "county" as the unit in the present work to examine the operation of the *li-chia* system in Ying-t'ien Fu area.

The gazetteers of Shang-yüan county provide detailed information on the *li-chia* structure. Our sources are the *Nan-chi chih* 南畿志,[57] the *Wan-li Shang-yüan hsien-chih* 萬曆上元縣志[58] and the *K'ang-hsi Shang-yüan hsien-chih* 康熙上元縣志.[59] These three gazetteers give the names of the *fang* and *hsiang*, the numbers of their *t'u* 圖, the names of *hsiang* 鄉, and the *li* figures. The *Nan-chi chih* gives us the *li-chia* sources for

55) Obata Tatsuo, "Setsukō Kai-en-ken no rikō," p.140.
56) cf. note 7).
57) NCC, 4:7a; 4:25.
58) WLSYHC, 2:1b-2b.
59) T'ang K'ai-t'ao 唐開陶, et. al., *Kang-hsi Shang-yüan hsien-chih* 康熙上元縣志 (1721 edition), 7:6b-10a.

Table 1: *Li-chia* structure in Shang-yüan County

Data Area	Names of *fang-hsiang* or *hsiang*	Numbers of *t'u* or *li* (Hung-wu)	Numbers of *t'u* or *li* (Chia-ching, Wan-li)
	1. Shih-pa-fang 十八坊	18 t'u	4 t'u
	2. Shih-shan-fang 十三坊	7 t'u	3 t'u
	3. Shih-erh-fang 十二坊	8 t'u	3 t'u
	4. Chih-chin-fang 織錦坊	21 t'u	6 t'u
	5. Chiu-fang 九坊	6 t'u	2 t'u
	6. Chi-i-fang 伎藝坊	4 t'u	1 t'u
Urban and	7. P'in-min-fang 貧民坊	4 t'u	1 t'u
suburban	8. Liu-fang 六坊	3 t'u	1 t'u
areas (*fang-*	9. Mu-chiang-fang 木匠坊	9.5 t'u	1 t'u
hsiang,	10. Tung-nan-yü 東南隅	3 t'u	1 t'u
坊廂)	11. Cheng-tung-yü 正東隅	3 t'u	1 t'u
	12. T'ai-p'ing-men-hsiang 太平門廂	81 t'u	13 t'u
	13. San-shan-men-hsiang 三山門廂	1 t'u	1 t'u
	14. Chin-ch'uan-men-hsiang 金川門廂	6 t'u	2 t'u
	15. Chiang-tung-men-hsiang 江東門廂	6 t'u	2 t'u
	16. Shih-ch'eng-men-hsiang 石城門廂[1]	2 t'u	1 t'u
	Sub-total	182.5 t'u	43 t'u

Data Area	Names of *fang-hsiang* or *hsiang*	Hung-wu	NCC	WLSYHC
	1. Ch'üan-shui-hsiang 泉水鄉		11 li	11 li
	2. Tao-te-hsiang 道德鄉		10 li	10 li
	3. Chin-chieh-hsiang 盡節鄉		7 li	7 li
	4. Hsing-hsien-hsiang 興賢鄉[2]		7 li	7 li
	5. Chin-ling-hsiang 金陵鄉		3 li	3 li
Rural	6. Tz'u-jen-hsiang 慈仁鄉		6 li	6 li
areas	7. Chung-shan-hsiang 鍾山鄉		5 li	5 li
(*hsiang,*	8. Pei-ch'eng-hsiang 北城鄉		3 li	3 li
鄉)	9. Ch'ing-feng-hsiang 清風鄉		11 li	6 li
	10. Ch'ang-ning-hsiang 長寧鄉[3]		10 li	10 li
	11. Wei-hsin-hsiang 惟信鄉		6 li	6 li
	12. K'ai-ning-hsiang 開寧鄉		3 li	2 li
	13. Hsüan-i-hsiang 宣義鄉		5 li	5 li
	14. Feng-ch'eng-hsiang 鳳城鄉		14 li	14 li
	15. Ch'ing-hua-hsiang 清化鄉		6 li	11 li
	16. Shen-ch'üan-hsiang 神泉鄉		16 li	16 li
	17. Tan-yang-hsiang 丹陽鄉		17 li	17 li
	18. Ch'ung-li-hsiang 崇里鄉[4]		10 li	10 li
	Sub-total	203 li	150 li	149 li
Total		385.5	193	192

Notes: Sub-total *li* figures of Hung-wu period derived from WLSYHC, 2: 2b.
1) WLSYHC calls it 石門關廂，WLYTFC calls it 石門圍廂。
2) WLSYHC says it was initially called 長樂鄉。
3) WLSYHC says that it incorporated 爲政鄉 into one unit.
4) WLSYHC calls it 崇禮鄉；and it incorporated 建康鄉 into one unit

the Wan-li period only, and the *Wan-li Shang-yüan hsien-chih* provides information both for the Hung-wu and Wan-li periods, while the *K'ang-hsi Shang-yüan hsien-chih* copies the Wan-li period's information from the *Wan-li Shang-yüan hsien-chih*. Table 1 will use the sources of the *Nan-chi chih* and *Wan-li Shang-yüan hsien-chih* to show its *li-chia* structure.

From Table 1, we know that what are designated *li* are found only in rural areas, while the term *t'u* was used only in urban and suburban areas. (We shall analyze this phenomenon in Section IV.) In fact, the *t'u* was constituted of the same number of households as the *li*. By comparing the numbers of household (for all the population figures of Ying-t'ien Fu and its counties, see Appendix), we could derive the figures

Table 2:   AHL in Shang-yüan County

Years	Categories of households	Numbers of households	Numbers of *t'u* and *li*	AHL
1391		38,900	385.5	100.91
1513		29,160	193	151.08
1577		35,438	150	236.25
1592	*fang-hsiang*	1,225.8	43	28.51
		(6,129)		(142.53)
	li-chia	4,198	149	28.17
		(20,990)		(140.87)
	Sub-total	5,423.8	192	28.24
		(25,119)		(141.24)

Notes:
1) We can not find the household numbers in 1534 for which NCC provides the *li* numbers of the same year. Thus the AHL for 1513 is only an estimation based on the *li* numbers of 1534.
2) Figures for 1577 are derived from WLYTFC, 29: 11a–b. The *li* figure also is given in this book. Unfortunately, this book only states the names of urban and rural community units of every county in Ying-t'ien Fu, but does not provide *li* or *t'u* figures.
3) The population figures for 1592 do not include household numbers. We use 5 as ASH and the divisor to divide the "mouth" numbers in Table 3, Appendix. The figures that we would obtain from these calculations are not believable, because they are far lower than those for other counties.
4) The numbers of *li-chia* households and individuals in Chiang-ning county in 1592 are too close to each other to be credible (its ASH was 1.01). The same source, the *K'e-tso chui-yü* 客座贅語，also gives the data for Shang-yüan county's population. If we use "mouth" figures as the dividend and the *li* numbers given by WLSYHC as the divisor, we can get the result as noted in the parentheses. These figures are closer to what the AHL should be.

of its AHL as shown in Table 2. (Notice that the authencity of the Ming population figures have their limits, thus the AHL numbers should be treated with great caution. This will be discussed in Section IV.)

In addition, it is worth noting that some confusion arose between *t'u* and *fang* in Shang-yüan county. The *Wan-li Shang-yüan hsien-chih* explains this quite clearly:[60]

> After expelling the Mongolians [to the North], [the Ming government] impelled the population in Che-chiang area to fill out the capital [i.e., Nanking]. Those rural areas were designated as *fang*, and *hsiang* 廂 referred to those suburban area whose population was increasing. [The population] in Shang-yüan county was divided into 176 *t'u*. In 1391, [the government] compiled the registers. When [Emperor Ch'eng-tsu] moved [the capital] to the North [i.e., Peking], a great number of the population followed him [to Peking]. [Besides this, the population in Shang-yüan county] moved and scattered after the Yung-lo period, which resulted in a reduction to 44 *fang* in this county.

A question should be brought up concerning this statement: is the *fang* reported here the same unit as that called *t'u* in 1391? According to Table 1, the *t'u* number in 1391 was 182.5 which is close to the 176 mentioned in the statement above, and the 43 *t'u* in the Wan-li period is close to that of the 44 *fang* above. We will discuss this in more detail in Section IV.

Both the *Nan-chi chih* and *Wan-li Shang-yüan hsien-chih* inform us that the *li* number in the Chia-ching and Wan-li periods were 150 and 149, respectively. The *Wan-li Ying-t'ien fu-chih* gives the same figure as the *Nan-chi chih*. In addition, there are two other sources which provide different data on the *li* number in rural areas of Shang-yüan county (i.e., *fu-kuo*, 附廓): a Wan-li period book gives 194,[61] another,

---

60) WLSYHC, 1b-2a.
61) *Ch'ung-k'e tseng-pu ching-pan ta-Ming kuan-chih ta-ch'üan* 重刻增補京板大明官制大全 (hereafter abbreviated as KCTC), published in 1586 by Pao-shan-t'ang 寶善堂，reprinted in Hishi copy p.61a.

which contains late Ming material, gives 202.[62] However, in comparing these figures to the meticulous data for each *hsiang* given by the *Nan-chi chih* and *Wan-li Shang-yüan hsien-chih*, these two figures would seem less reliable.

2) Chiang-ning county 江寧縣:

There are three gazetteers which give us information on the *li-chia* structure of Chiang-ning county: the *Nan-chi chih*, the *K'ang-hsi Chiang-ning hsien-chih*[63] and the *Ch'ien-lung Chiang-ning hsien hsin-chih*.[64] Both the *Nan-chi chih* and *K'ang-hsi Chiang-ning hsien-chih* provide detailed information on the names of *fang-hsiang* and *hsiang* 鄉 and their numbers of *t'u* and *li*. The *Ch'ien-lung Chiang-ning hsien hsin-chih* gives only the *hsiang* names. Although the *K'ang-hsi Chiang-ning hsien-chih* was compiled in early Ch'ing times, it copies from earlier sources and is therefore consistent with what is stated in the *Nan-chi chih*. Table 3 is based on the data given by the *Nan-chi chih* and the *K'ang-hsi Chiang-ning heien-chih*.

From Table 3, we know that there were 35 *t'u* in Chiang-ning county's urban and suburban areas and that there were 25 *fang-hsiang*. However, both the *Nan-chi chih* and the *K'ang-hsi Chiang-ning hsien-chih* state that there were 35 *fang-hsiang* in this county. Another book, the *Wan-li Ying-t'ien fu-chih* provides the same information.[65] However, this inconsistency resulted from a constant change in population policy. A clearer account regarding the above mentioned inconsistency can be found in the *K'ang-hsi Chiang-ning hsien-chih*, as follows:[66]

> [Chiang-ning] has 35 *fang-hsiang*. Formerly, during the Hung-wu period these numbers were increased to many times this number. For instance, Jen-chiang [*fang*] had 5 *fang*, but it had had 18 [*fang*] in previous times [i.e., in the Hung-wu period]. The other

---

62) Li-ch'iao-tzu 曆橋子 (pseud.), comp., *Ta-Ming kuan-chih t'ien-hsia yü-ti shui-lu ch'eng-hsien pei-lan* 大明官制天下輿地水陸程限備覽，(hereafter abbreviated as CHPL), 9:3b. The publication date of this book is uncertain, probably in Chia-ching, Wan-li or even Ch'ung-chen periods.

63) KHCNHC, 6:2a–10b.

64) Wang Chen-yü 王箴輿，et. al., *Ch'ien-lung Chiang-ning hsien hsin-chih* 乾隆江寧縣新志，(1748 edition), 8:8a–b.

65) WLYTFC, 19:14a–b.

66) KHCNHC, 6:2a.

Table 3: *Li-chia* structure in Chiang-ning county

Data Area	Names of *fang-hsiang* or *hsiang*	Numbers of *t'u* or *li*
Urban and suburban areas (*fang-hsiang*, 坊厢)	1. Jen-chiang-fang 人匠坊	5 t'u
	2. Cheng-hsi-chiu-fang 正西舊坊	2 t'u
	3. P'in-min-fang 貧民坊	2 t'u
	4. Cheng-nan-chiu-fang 正南舊坊	2 t'u
	5. Cheng-tung-hsin-fang 正東新坊	1 t'u
	6. T'ieh-mao-chü-fang 鐵猫局坊	1 t'u
	7. Cheng-hsi-hsin-fang 正西新坊	1 t'u
	8. Cheng-hsi-chi-i-fang 正西伎藝坊	1 t'u
	9. Ch'eng-nan-chi-i-hsiang 城南伎藝厢	2 t'u
	10. I-feng-men-hsiang 儀鳳門厢	2 t'u*
	11. Ch'eng-nan-jen-chiang-hsiang 城南人匠厢	1 t'u
	12. Wa-hsieh-pa-hsiang 瓦屑壩厢	1 t'u
	13. Chiang-tung-chiu-hsiang 江東舊厢	1 t'u
	14. Ch'eng-nan-chiao-fu-hsiang 城南脚夫厢	1 t'u
	15. Chiang-tung-hsin-hsiang 江東新厢	1 t'u
	16. Ch'ing-liang-men-hsiang 淸涼門厢	1 t'u
	17. An-te-men-hsiang 安德門厢	1 t'u
	18. San-shan-chiu-hsiang 三山舊厢	2 t'u
	19. San-shan-chi-i-hsiang 三山伎藝厢	1 t'u
	20. San-shan-fu-hu-hsiang 三山富戶厢	1 t'u
	21. San-shan-hsin-hsiang 三山新厢	1 t'u
	22. Shih-ch'eng-kuan-hsiang 石城關厢	1 t'u
	23. Liu-kung-miao-hsiang 劉公廟厢	1 t'u
	24. Shen-ts'e-men-hsiang 神策門厢	1 t'u
	25. Mao-weng-tu-hsiang 毛翁渡厢	1 t'u
	Sub-total	35 t'u
Rural areas (*hsiang*, 鄉)	1. Feng-tung-hsiang 鳳東鄉	2 li
	2. Feng-hsi-hsiang 鳳西鄉	3 li
	3. An-te-hsiang 安德鄉	4 li
	4. Ts'ai-yüan-wu-hsiang 菜園務鄉	5 li
	5. Hsin-t'ing-hsien-hsiang 新亭縣鄉	2 li
	6. Chien-yeh-hsiang 建業鄉	4 li
	7. Kuang-tse-hsiang 光澤鄉	2 li
	8. Hui-hua-hsiang 惠化鄉	5 li
	9. Ch'u-chen-hsiang 處眞鄉	5 li
	10. Kuei-shan-hsiang 歸善鄉	3 li
	11. T'ung-hua-hsiang 銅化鄉	3 li
	12. Chu-men-hsiang 朱門鄉	4 li
	13. Shan-nan-hsiang 山南鄉	6 li
	14. Shan-pei-hsiang 山北鄉	3 li
	15. T'ai-nan-hsiang 泰南鄉	4 li
	16. T'ai-shan-hsiang 泰山鄉	2 li
	17. Sui-ch'e-hsiang 隨車鄉	3 li
	18. Wan-shan-hsiang 萬善鄉	3 li
	19. Hsün-hui-hsiang 馴翬鄉	4 li
	20. Yung-feng-hsiang 永豐鄉	3 li
	21. Ko-hsien-hsiang 葛僊鄉	2 li
	Sub-total	72 li **
Total		107

Notes: * WLCNHC puts as 2 *hsiang*.
 ** KHCNHC says 65 *li*   WLYTFC says 68 *li*.

Table 4:   AHL of Chiang-ning County

Periods or Year	Categories of Household	Households	*t'u/li*	AHL
Hung-wu		27,000	103	262.14
1577		17,256	68	257.74
Wan-li	*Fang-hsiang*	3239 (647.8)	35	92.54 (18.51)
	li-chia	14,342	72 (65)	199.19 (220.65)

Notes:
1) The *li* figures in Hung-wu period derives from 35 *t'u* plus 68 *li*.
2) 1577's figures derive from WLYTFC, 1: 14b.
3) The *fang-hsiang* household numbers are omitted in Table 4, Appendix. We use two figures to calculate its AHL here. The first one is using its "mouth" numbers as household figures. Although it was not the real household figures in 1592, we find that the same year's ASH of *li-chia* household was 1.01 and it had some possibility for *fang-hsiang* households to have such ASH figurse. And as we have seen, the AHL calculated in this way are more acceptable than the second one which we put into parentheses (divided by a hypothetical ASH figure of 5.)
4) The parenthesized figures for *li-chia* households in the Wan-li period are based on KHCNHC. The other is derived from NCC.

cases were all like this. Then [the government] drew in people from Che[-chiang], and Chih (i.e., Nan Chih-li) to populate the imperial capital. In 1391, [the government] compiled the registers. When [Emperor] Yung-lo moved the capital to the North, half of the population followed him. After that, some of the population scattered and moved out. So its *fang-hsiang* were reduced into the [lower] figures we have just mentioned.

Inevitably a question will again arise from this statement: Is the figure of *fang-hsiang* in Chiang-ning county merely a writing or printing mistake? If not, does it suggest that each *fang* had only one *t'u*? (Because of the records mentioning 35 *fang* and *t'u*.) This interesting question will be discussed in Section IV.

As for the rural area, there were 21 *hsiang* and 72 *li* within Chiang-ning county, as shown by Table 3. Yet the *Wan-li Ying-t'ien fu-chih* gives 68 as its total *li* figure. And the *K'ang-hsi Chiang-ning hsien-chih* provides a different total *li* number, stating that there were 68 *li* during Hung-wu period, and after that time this number was reduced to 65 because of amalgamation of *li*. Even so, since the latter is possibly incorrect, we will therefore use both 65 and 72 as divisors to examine the AHL in the Wan-li period. On the other hand, the *Kuan-chih ta-ch'üan* and the *Ch'eng-hsien pei-lan* provide the figures 103 and 74, respectively.[67]　Table 4 shows the AHL in the Hung-wu and Wan-li periods.

3) Chiang-p'u county 江浦縣:

Four gazetteers give us information about the *li-chia* structure in Chiang-p'u county: the *Nan-chi chih*, the *Wan-li Ying-t'ien fu-chih*, the *Wan-li Chiang-p'u hsien-chih*[68] and the *Ch'ung-chen Chiang-p'u hsien-chih*.[69]　All of them provide full information on the names of *hsiang* and the *li* numbers within each of them except for the *Wan-li Ying-t'ien fu-chih*. But the *Wan-li Ying-t'ien fu-chih* does give the total numbers of *li* and households and the names of each *hsiang*. We can therefore use these sources to construct Table 5.

Table 5: *Li-chia* structure and AHL in Chiang-p'u County

Hsiang/Households/AHL	1534 (NCC)	1577 (WLYTFC)	1579 (WLCPHC)	1641 (CCCPHC)
1. Hsiao-i-hsiang 孝義鄉	2 li		2 li	2 li
2. Po-ma-hsiang 白馬鄉	3 li		3 li	3 li
3. Jen-feng-hsiang 任豐鄉	4 li		4 li	4 li
4. Tsun-hua-hsiang 遵化鄉	3 li		3 li	3 li
5. Huai-te-hsiang 懷德鄉	2 li		2 li	2 li
6. Feng-ch'eng-hsiang 豐城鄉	2 li		1 li	1 li
7. Ch'ung-te-hsiang 崇德鄉	8 li		4 li	4 li
Total	24 li	19 li	19 li	19 li
Households	2,556	2,606	2,560	2,650
AHL	106.50	137.16	134.74	139.47

Note: We do not have household figures for the years 1534, 1579 and 1641, so we have used figures from Table 5 of Appendix as close as possible to these: 1522 for 1534, 1572 for 1579 and 1613 for 1641.

67) KCTC, p.61a; CHPL, 9:3b.
68) WLCPHC, 6:1b, 6:21a.
69) CCCPHC, 6:1b.

Two other sources, the *Kuan-chih ta-ch'üan* and the *Ch'eng-hsien pei-lan*, give the total *li* figures as 37 and 20, respectively.[70]

In the case of the *li-chia* structure in Chiang-p'u county, its *li* and *hsiang* numbers underwent change in various periods. The *Wan-li Chiang-p'u hsien-chih* and the *Ch'ung-chen Chiang-p'u hsien-chih* present a brief history of its change, though the latter is merely a copy of the former. They state:[71]

> The original number of *hsiang* was 6 (i.e., No.1-6 in Table 5) and there were 15 *li* of registered households [during Hung-wu period?]. Afterward, Ch'ung-te-hsiang (i.e., No.7 in Table 5) was set up and [the total *li* number] was increased to 18. When this area was flooded by the Yangtze River, it was then reduced into 4 *li*. So the total number of *li* was 19. ⋯ We know the original number was 33 [time unknown]. However, the [*Ta-ming*] *I-t'ung-chih* [大明] 一統志 [published in 1461] provides the number 24.5, later reduced to 19, while the *Nan-chi chih* [published in 1534] provides the number 22. These differences certainly result from hearsay. Is that really the case or not?

For the riverside areas (including the larger part of Ch'ung-te-hsiang), these two gazetteers further document that there were a total of 19 *li* in the earlier Ming times, and only 4 *li* in the Wan-li and Ch'ung-chen periods. The reason for this reduction is that some places of these areas were submerged by the Yangtze River, and others dried up.[72]

4) Chü-jung county 句容縣:

There are three gazetteers which describe the *li-chia* structure in Chü-jung county. The first one, the *Wan-li Ying-t'ien fu-chih* provides only its *fang, hsiang* and household numbers. The second and third ones, i.e., the *Nan-chi chih* and the *Ch'ien-lung Chü-jung hsien-chih*[73] have *t'u* or *li* figures for each *fang* and *hsiang*. Furthermore, the third provides the *ts'un* (村, village) numbers for each *hsiang* and gives the full names of those urban areas of every *fang* which are lacking in the former sources. Since the *Ch'ien-lung Chü-jung hsien-chih* copies directly from

---

70) KCTC, p.61b; CHPL, 9:4a.
71) WLCPHC, 6:1b; CCCPHC, 6:1b.
72) WLCPHC, 6:21a; CCCPHC, 6:1b.
73) CLCJHC, 1:7a-15b.

the Ming gazetteers, it seems fair to say that this local history might report only the Ming facts. Unfortunately, we are unable to locate other sources to check the names of each *fang* in Chü-jung county, so we will only list the *li* numbers of each *hsiang* and use the data of the *Nan-chi chih* to show the *li-chia* structure in rural areas. These data are charted into Table 6.

Table 6: *Li-chia* structure of Chü-jung County

Data Area	Names of *fang* and *hsiang*	Numbers of *t'u* or *li* (NCC)	Numbers of *t'u* or *li* (CLCJHC)
Urban areas (*fang*, 坊)	1. Tung-nan-yü 東南隅	3 t'u	
	2. Hsi-nan-yü 西南隅	3 t'u	(The *fang*
	3. Tung-pei-yü 東北隅	3 t'u	names are
	4. Hsi-pei-yü 西北隅	3 t'u	omitted.)
	Sub-total	12 t'u	17 fang
Rural areas (*hsiang*, 鄉)	5. T'ung-te-hsiang 通德鄉	13 li	13 li
	6. Fu-tso-hsiang 福祚鄉	14 li	14 li
	7. Lin-ch'üan-hsiang 臨泉鄉	15 li	15 li
	8. Shang-jung-hsiang 上容鄉	12 li	12 li
	9. Ch'eng-hsien-hsiang 承僊鄉	10 li	10 li
	10. Cheng-jen-shiang 政仁鄉	8 li	8 li
	11. Mao-shan-hsiang 茅山鄉	7 li	7 li
	12. Ch'ung-te-hsiang 崇德鄉	12 li	11 li
	13. Chü-jung-hsiang 句容鄉	15 li	15 li
	14. Lai-su-hsiang 來蘇鄉	13 li	13 li
	15. Wang-hsien-hsiang 望仙鄉	17 li	17 li
	16. I-feng-hsiang 移風鄉	15 li	15 li
	17. Hsiao-i-hsiang 孝義鄉	9 li	9 li
	18. Jen-hsin-hsiang 仁信鄉	8 li	8 li
	19. Feng-t'an-hsiang 鳳壇鄉	12 li	12 li
	20. Lang-ya-hsiang 瑯琊鄉	14 li	14 li
	Sub-total	194 li	193 li
Total		206	210

Without giving *li* or *t'u* figures, the *Wan-li Ying-t'ien fu-chih* gives us the same numbers of *fang* and *hsiang* in Chü-jung county. This gazetteer counts the total *li* figures as 214 and provides household and population figures.[74] Two other books, the *Kuan-chih ta-ch'üan* and *Ch'eng-hsien pei-lan*, give the total *li* figures as 213 and 252, respectively.[75] Insofar as we have no information about any change of total *li* figures for this county, we can only use the figures given by the *Nan-chi chih*, the *Wan-li Ying-t'ien fu-chih* and the *Ch'ien-lung Chü-jung hsien-chih* as the divisors to divide the household numbers (see Table 10, Appendix) which are shown in Table 7.

Table 7: AHL of Chü-jung County

Periods/Years	Households	A	B	C
1368-1424	36,089	175.19	168.64	171.85
1572	35,847	174.01	167.51	170.7
1577	36,096	175.22	168.67	171.89

Note: The AHL are derived from three different total *li* figures: A) 206 (NCC); B) 214 (WLYTFC); C) 210 (CLCJHC).

5) Liu-ho county 六合縣:

There are four gazetteers providing information on the *li-chia* structure in Liu-ho county. Two of them, the *Nan-chi chih* and the *Chia-ching Liu-ho hsien-chih*,[76] were written during the Chia-ching period. The another two, the *Wan-li Ying-t'ien fu-chih* and the *Wan-li Liu-ho hsien-chih*,[77] were written in the Wan-li period. Unlike its reporting on the other counties, the *Nan-chi chih* only informs us that Liu-ho county had 7 *fang* and *tu* 都，without providing any data on *t'u* or *li*. The *Wan-li Ying-t'ien fu-chih* says that there were 2 *li* (里 here is the urban community name, not the term for "administrative division") and 5 *tu*. Both of the two local histories of this county describe them as *hsiang-tu* 鄉都, but give the same names to each division as those reported in the two above. Table 8 shows these differences.

74) WLYTFC, 19:17b-18a.
75) KCTC, p.61a; CHPL, 9:3b.
76) CCLHHC, 1:20b-21b.
77) WLLHHC, 1:48b.

Table 8: *Li-chia* structure of Liu-ho County

| Area | Names of Community | Numbers of *li* or *t'u* | | |
		CCLHHC	WLYTFC	WLLHHC
Urban	Tung-li 東里	1 t'u		1 t'u
Areas	Hsi-li 西里	1 t'u		1 t'u
	Tung-erh-tu 東二都	4 t'u		4 t'u
	Nan-ssu-wu-tu 南四五都	3 t'u		3 t'u
Rural	Pei-ssu-wu-tu 北四五都	4 t'u		4 t'u
Areas	Shang-san-tu 上三都	3 t'u		3 t'u
	Hsia-san-tu 下三都	3 t'u		3 t'u
	Sub-total	17 t'u		17 t'u
Total		19 li	17 li	17 li

The Chia-ching and the Wan-li *Liu-ho hsien-chih* both state that the "original" total *li* figure was 17.5; this could refer to the Hung-wu period (i.e., the register of 1391). We will use this figure to count its AHL. As it is impossible to get household figures for the same year as that of the total *li* figures shown above, we have consulted Table 6 of the Appendix, and have adopted households figures for the years closest to construct Table 9.

Table 9: AHL of Liu-ho County

Year	Households	Total *li* numbers	AHL
1391	2,260	17.5	129.14
1552	3,153	19	169.95
1572	3,172	17	186.59
1612	3,747	19	197.21

It is noteworthy that although we did not use the sources of the *Kuan-chih ta-ch'üan* and the *Ch'eng-hsien pei-lan* in this case, they do provide the same total *li* figures as were drawn from the local histories, i.e., 19 and 17, respectively.[78]

---

78) KCTC, p.61b; CHPL, 9:4a.

6) Li-yang county 溧陽縣:

Three gazetteers give the figures for *fang, hsiang* or *li* in Li-yang

Table 10: *Li-chia* structure of Li-yang County

Area / Data	Names of Communities	Figures given by gazetteers		
		HCLYHC	NCC	WLYTFC
Urban Areas (*fang*, 坊)	1. Tung-fang 東坊			
	2. Hsi-fang 西坊			
	3. Nan-fang 南坊			
	4. Pei-fang 北坊			
	5. Chung-fang 中坊			
	6. Chung-tso-fang 中左坊			
	7. Chung-yu-fang 中右坊			
	8. Hsin-fang 新坊			
	Sub-total	5 fang	5 fang	8 fang
Rural Areas (*hsiang* 鄉)	9. Yung-ch'eng-hsiang 永城鄉	27, 2, 1	27 li	
	10. Fu-hsien-hsiang 福賢鄉	23, 1, 1	23 li	
	11. Chü-fu-hsiang 舉福鄉	12, 1, 1	12 li	
	12. Ming-i-hsiang 明義鄉	21, 2, 1	21 li	
	13. Hui-te-hsiang 惠德鄉	14, 1	14 li	
	14. Te-sui-hsiang 德隨鄉	5, 1	5 li	
	15. Ts'ung-shan-hsiang 從山鄉	12, 1, 1	12 li	
	16. Kuei-shou-hsiang 桂壽鄉	7, 1	7 li	
	17. Feng-an-hsiang 奉安鄉	13, 1, 1	13 li	
	18. Ch'ung-lai-hsiang 崇來鄉	14, 1, 1	10 li	
	19. Lai-su-hsiang 來蘇鄉	15, 1	10 li	
	20. Yung-t'ai-hsiang 永泰鄉	12, 1, 1	12 li	
	21. Yung-ting-hsiang 永定鄉	24, 1, 1	24 li	
	Sub-total	199,15, 9	190 li	
Total		204,15, 9	195 li	210 (1391?) 230 (1575)

Notes:

1) The names of the *fang* are derived from the WLYTFC. The gazetteer also gives us the total *li* figure as 210. This figure could be a original amount in the register compiled in the 24th year (1391) of the Hung-wu period It had increased to 230 by 1575.

2) There are three lines of figures under the vertical column of HCLYHC, the first one refers to *li*, the second one to *ch'ü* 區 and the third one to *ch'ün* 羣.

3) Both the HCLYHC and NCC state that there were 5 *fang* in 1398 and 1534, respectively. They do not inform us what the correspondence is between these 5 *fang* and the 8 *fang* in the urban areas.

4) We do not know the exact *t'u* or *li* figures in these 5 *fang*. We can only suppose that there was at least one *t'u* within each *fang* which we add into the sub-total figures of *li* in rural areas to get the total *li* figures shown at the bottom of Table 10.

county. Two of them, the *Nan-chi chih* and the *Hung-chih Li-yang hsien-chih*,[79] supply all the data we need. Strikingly, the latter even provides the figures for *ch'ü* 區 and *ch'ün* 羣 within each *hsiang*. In particular it also defines the common terms of *fang, hsiang, li*, and *chen* 鎮，and the rather uncommon terms of *ch'ü* and *ch'ün*: "Those communities distributed in urban areas are called a *chen*. The *ch'ü* is a division for managing grain storage, while the *ch'ün* is a community which engages in breeding and husbandry."[80] The other source, the *Wan-li Ying-t'ien fu-chih*, only provides the names of *fang* and *hsiang* and their total *li* and households figures. Putting the two together, Table 10 shows the *li-chia* structure of Li-yang county more clearly in the rural areas than in the urban districts.

Two other books, the *Kuan-chih ta-ch'üan* and the *Ch'eng-hsien Pei-lan*, report that the total *li* figures were 207 and 236, respectively.[81]

We have used the household figures of 1391 and 1577 from Table 9 of the Appendix to calculate the AHL number. In this case, only the total *li* figures given by the *Wan-li Ying-t'ien fu-chih* can be used for calculating the AHL. This is shown in Table 11.

Table 11: AHL of Li-yang County

Year	Households	Total *li* figures	AHL
1391	24,873	210	118.44
1577	24,833	230	107.97

7) Li-shui county 溧水縣：

Four gazetteers describe the *li-chia* structure in Li-shui county. They are the *Nan-chi chih*, the *Wan-li Ying-t'ien fu-chih*, the *Wan-li Li-shui hsien-chih*[82] and the *Kuang-hsü Li-shui hsien-chih*.[83] All of them, except the *Wan-li Ying-t'ien fu-chih*, provide detailed figures of its *t'u, li* and *hsiang*. It is very important to point out here that this county was divided into two counties in 1491. According to the *Kuang-hsü Li-shui*

---

79) HCLYHC, 1:6b–8a.
80) *Ibid.*, 1:6b.
81) KCTC, p.61b; CHPL, 9:3b.
82) WLLSHC, 4:1a–b; 5:1a–2a.
83) KHLSHC, 2:51a–52b.

Table 12: *Li-chia* structure of Li-shui County

Names of Communities	NCC	*t'u* or *li* figures WLYTFC	WLLSHC	KHLSHC
A 1. Tung-yü 東隅				
2. Hsi-yü 西隅				
3. Nan-yü 南隅				
4. Pei-yü 北隅				
5. Tung-pei-hsiang 東北廂[a]				
6. Hsi-pei-hsiang 西北廂[b]				
7. Tung-nan-hsiang 東南廂				
8. Hsi-nan-hsiang 西南廂[c]				
Sub-total	8 f	8 f	8 f	8 (3) t
9. Shang-yüan-hsiang 上原鄉	4 t		4 t	4 t
10. Ssu-ho-hsiang 思鶴鄉	10 t		10 t	8 (9) t
11. Tsan-hsien-hsiang 贊賢鄉	9 t		9 t	9 t
12. Po-lu-hsiang 白鹿鄉[d]	12 t		13 t	14 t
13. Feng-ch'ing-hsiang 豐慶鄉	?		7 t	9 t
B 14. Kuei-cheng-hsiang 歸政鄉	5 t		5 t	5 t
15. Ch'ung-hsien-hsiang 崇賢鄉	7 t		7 t	9 t
16. Ch'ang-shou-hsiang 長壽鄉	7 t		7 t	9 t
17. Shan-yang-hsiang 山陽鄉	9 t		9 t	9 t
18. Hsien-t'an-hsiang 仙壇鄉	14 t		13 t	13 t
19. I-feng-hsiang 儀鳳鄉	12 t		12 t	12 t
Sub-total	89(?)		96 t	100(102)
Total	104(?)	104 li	104	108(105)

Abbreviations:

    A: Urban and suburban areas (*fang-hsiang*, 坊廂)。

    B: Rural areas (*hsiang*, 鄉)

    f: *fang* (坊)。

    t: *t'u* (圖)。

Notes:

  a) Both the NCC and WLYTFC call it Tung-pei-yü 東北隅。

  b) The WLYTFC calls it Hsi-pei-pü 西北隅。

  c) Both the NCC and WLYTPC say Hsi-nan-yü 西南隅。

  d) The NCC says Po-ho-hsiang 白鶴鄉。

  1) The *t'u* figure for Feng-ch'ing-hsiang is lacking in the NCC. Therefore the subtotal number *t'u* is not the exact figure shown in this table. The total figure of the NCC derives from this figure and adds 8 *fang* and 7 *t'u* (which we suppose to be the same as those listed in WLLSHC)

  2) The figures in parentheses under the KHLSHC column are the Ch'ing figures, which are simply identified as "contemporary" figures, while the unparenthesized figures are both "old" and "contemporary" figures. Unfortunately, we do not know which period these "old" figures refer to. Compared with the NCC and WLLSHC figures, they may very well be late Ming figures.

hsien-chih, seven *hsiang* were separated from Li-shui county to form a new county, Kao-ch'un 高淳 county. These *hsiang* were Ch'ung-chiao 崇教, Li-hsin 立信, Yung-feng 永豐, Yu-shan 遊山, An-hsing 安興 and T'ang-ch'ang 唐昌.[84] This fact must be kept in mind when dealing with the AHL or population figures of Li-shui and Kao-ch'un counties. Table 12 is constructed from the above sources.

As stated above, in 1491 Li-shui county was divided in two. Seven of its *hsiang* were formed into a new county, Kao-ch'un. The total *li* figure given by the *Wan-li Li-shui hsien-chih* in this county was 252 before 1491.[85] However, we are also informed that the total *li* figure changed from 120 to 106 between 1491 and 1579.[86] Two other books, the *Kuan-chih ta-ch'üan* and the *Ch'eng-hsien pei-lan*, give different undated figures of 204 and 255, respectively.[87]

The population figures in Li-shui county (Table 7 of the Appendix) were too imcomplete to calculate the AHL in the Chia-ch'ing or the Wan-li periods. The only available household figures are those for the years of 1522 and 1577, which are used for the estimation of its AHL in Table 13.

Table 13: AHL of Li-shui County

Year	Households	Total li figures	AHL
1522	17,621	104	169.43
1577	17,764	104	170.81

Note: The total *li* figures are derived from the NCC, WLYTFC and WLLSHC.

8) Kao-ch'un county 高淳縣：

Three gazetteers supply the related data for the *li-chia* structure of Kao-ch'un county, the *Nan-chi chih*, the *Wan-li Ying-t'ien fu-chih* and the *K'ang-hsi Kao-ch'un hsien-chih*.[88] All of them, except the *Wan-li Ying-t'ien fu-chih*, provide *tu* 都 or *li* figures upon which Table 14 is based.

---

84) *Ibid.*, 2:51a.
85) WLLSHC, 4:1b.
86) *Ibid.*, 4:1a.
87) KCTC, p.61b; CHPL, 9:4a.
88) KHKCHC, 2:3a.

Table 14: *Li-chia* structure of Kao-ch'un County

Name of *Hsiang*	*Tu* or *li* figures		
	NCC	WLYTFC	KHKCHC
1. Ch'ung-chiao-hsiang 崇教鄉	2 tu	2 tu,	6(8) li
2. Li-hsin-hsiang 立信鄉	2 tu	2 tu,	3 li
3. Yu-shan-hsiang 遊山鄉	3 tu	3 tu,	7 li
4. An-hsing-hsiang 安興鄉	2 tu	2 tu,	6 li
5. T'ang-ch'ang-hsiang 唐昌鄉	4 tu	4 tu,	6(8) li
6. Yung-ning-hsiang 永寧鄉	2 tu	2 tu,	6(4) li
7. Yung-feng-hsiang 永豐鄉	?	?	7(5) li
Total	15(?) tu 41 li	15(?)tu	41(41) li

Notes:

1) The NCC only provides *tu* 都 figure, and it has left the spaces blank in Yung-feng-hsiang.

2) The KHKCHC gives both "old" and "contemporary" *li* figures. The figures in parentheses refer to those numbers derived from the early Ch'ing period.

3) The WLYTFC does not offer *tu* or *li* figures for each *hsiang*, but provides the total *li* figures.

Two other probably unreliable sources, the *Kuan-chih ta-ch'üan* and the *Ch'eng-hsien pei-lan*, give different total *li* figures of 76 and 12, respectively.[89]

In Kao-ch'un county, the *tu* was strikingly different from the *li* and was the only division that has appeared in our sources for the Ying-t'ien Fu area. We will leave this particular phenomenon for later discussion.

In consultation with Table 8, Appendix, we can estimate AHL of Kao-ch'un county in Table 15.

Table 15: AHL of Kao-ch'un County

Year	Households	Total *li* number	AHL
1577	12,526	41	305.51
1601	6,877(Ting?)	41	167.73

IV. Analyses of the *Li-chia* Operation in the Ying-t'ien Fu Area

The *li-chia* structure shows various patterns in the counties comprising Ying-t'ien Fu, as Tables 1 to 15 indicate. A variety of names of urban and rural divisions was utilized in this prefecture. Moreover, the

89) KCTC, p.61b; CHPL, 9:4a.

size of AHL in every county was inconsistent with the stipulation in the Ming decrees. Nor were they in agreement with the other prefectures. These phenomena are rather puzzling. The following pages are an effort to explain or resolve these questions.

First, we would like to discuss the differences in nomenclature. The practice of using various names for urban or rural divisions leads our interests into further discussion, because most of the Ming sources state the *fang, hsiang* 厢 and *hsiang* 鄉 refer to urban, suburban and rural areas, respectively. The divisions were designated in different ways: *t'u* in urban and suburban areas, *li* in rural areas.[90] When we examine the eight counties in the Ying-t'ien Fu area, we find that this is not exactly the case. On the basis of the foregoing section, we know that those counties which followed the rule were Shang-yüan (Table 1), Chiang-ning (Table 3) and Chü-jung (Table 6) counties, while the other five counties departed from the pattern. Chiang-p'u county only used the division *li* in its seven *hsiang* 鄉 (Table 5). Liu-ho used the *t'u* division in both rural and urban areas (Table 8). The urban division in Li-yang was designated *fang* 坊, but its rural division was named *li* (Table 10). Li-shui used the same term of *fang* in urban areas as Li-yang, but used *t'u* in rural areas (Table 12). In contrast with Chiang-p'u, all the divisions in Kao-ch'un were called *tu* (Table 14).

In the *li-chia* system, *t'u* and *li* were the two most important divisions. Many sources indicate that these two divisions were interchangeable in the *li-chia* structure, regardless of urban or rural areas. For example, Liu-ho is a typical case in showing that *t'u* also could be applied to the rural areas. Nonetheless, there actually existed a distinction between them. A Ming gazetteer, the *Chia-ting hsien-chih* 嘉定縣志, explains this very clearly: [91]

> *T'u* is the same as *li*. The reason *t'u* has not been named *li* is because there is a "map" (*t'u*, 圖) in front of every *li* register. We know that *li* is utilized in registering the households [into the register]. When the households have been registered [into the register], their

---

90) KTCY, 2:28b-30a.

91) Han Chün 韓浚，et. al., *Chia-ting hsien-chih* 嘉定縣志 (1605 edition), 1:24b-25a. The author can not find the latter part of the original description in this edition. We cite the source from Obata Tatsuo, "Kōnan ni okeru rikō no hensei ni tsuite," p.11.

agricultural land should be noted at the same time. Therefore, if it were named *li*, it would mean that the land has no definite size. [On the other hand,] *t'u* is utilized when people have domain dikes or fences in fields. When dikes and fields have been listed [on the register], their owner-households should be registered at the same time. Therefore, when *t'u* was applied [as a division, it would only mean that the land of the owner-households was drawn into a "map",] it would not necessarily mean that the household had a definite size. In this way, there is some difference between *t'u* and *li*.

Similarly, *t'u* and *fang* were also interchangeable. As we have already seen in the *li-chia* structure of the eight counties in Ying-t'ien Fu, *fang* was always used for the urban division name. But in the cases of Li-yang (Table 10) and Li-shui (Table 12), *fang* became a unit to designate rural divisions. The *Wan-li Li-shui hsien-chih* explains that one *fang* in an urban area was equal to one *li* in a rural area,[92] while the *Hung-chih Li-yang hsien-chih* adopts *fang* as an urban division and correspondingly uses *hsiang* in rural areas.[93] That means the use of "*fang*" was as an alternative to *t'u*, or that it has been confused with *t'u* in the Ming gazetteers.

Another important term, *tu* 都, was utilized in rural areas as a division unit. In the case of Liu-ho (Table 8), we have incomplete information on the *li-chia* structure. The various names of *tu* in Liu-ho were obviously derived from cardinal numbers plus directions, and the gazetteers failed to state the *li* figures within each *tu*. But we do understand from areas other than Ying-t'ien Fu that *tu* was an administrative unit intermediate between *hsiang* 鄉 and *li* or *t'u*. For example, Shou-hsin-hsiang 守信鄉, one of 5 *hsiang* in Chia-ting Hsien (Chekiang), administered 6 *tu*. On the *tu* level, cardinal numbers plus directions were utilized to serve as the *tu* names which were similar to those we have already seen in the Liu-ho case. For example, in Shou-hsin-hsiang, there were Tung-i-tu 東一都, Hsi-i-tu 西一都, Nan-erh-tu 南二都, etc. In Tung-i-tu, there were different levels, such as, it had one *ch'ü* (區, i.e., *liang-chü*

---

92) WLLSHC, 5:1a.
93) see note 80.

糧區）, two *shan* （扇, i.e., *cheng-shan* 正扇 and *fu-shan* 副扇）, both *shan* had seven *li* each, and each *li* administered various *yü* 圩. It is interesting to point out here that each *li*, which were also designated as *t'u*, were named by cardinal numbers. For instance, the seven *li* of *cheng-shan* in Tung-i-tu were Shih-pa-t'u 十八圖，Shih-chiu-t'u 十九圖，Erh-shih-i-t'u 二十一圖，San-shih-ssu-t'u 三十四圖，San-shih-liu-t'u 三十六圖，San-shih-ch'i-t'u 三十七圖 and San-shih-pa-t'u 三十八圖. The designation Shih-pa-t'u did not refer to "eighteen *t'u*," but to one division called "the eighteenth *t'u*," on the same level as the *li*. The *Chia-ting hsien-chih* supplies some good explanations for these terms: [94]

> Every *ch'ü* 區 is divided into *cheng* and *fu* [principal and secondary] *shan* （正, 副扇）. The reason for so designating these *shan* is that there are two crop-chiefs （*liang-chang*, 糧長）responsible for two different areas and both of them set up a *shan* [literally, a "fan"] register. *T'u* is equivalent to *li*. The reason for its being designated *t'u*, not *li*, is that a *t'u* [i.e., a map] was put in the front of every *li* register.

Apparently, the *li-chia* division in Chia-ting county represents an extraordinary arrangement when compared with the counties in Ying-t'ien Fu.

It would be of interest to compare the various patterns of the *li-chia* structure in Ying-t'ien Fu during the Ming dynasty with those variations in nineteenth century China as revealed by Kung-ch'üan Hsiao. According to Hsiao,[95] the Ch'ing *li-chia* arrangements frequently deviated from the regular form （*li-chia*）by adding, omitting, or subsituting one or more extra divisions, which he calls the additive, substractive, and substitutional forms, respectively. He further divides the substitutional form into three patterns: four-(five-) level, three-level and two(one-) level. Since both the *li* and *chia* are basic divisions in Hsiao's analysis, and since our data lacks the figure of *chia* in all counties, this would inevitably give rise to one question: Was the division *chia* comformably utilized in the eight counties? If not, how can we compare our data with Hsiao's find-

---

94) *Chia-ting hsien-chih*, 1:24b-25a.
95) Kung-ch'üan Hsiao, *Rural China: Imperial Control in the Nineteenth Century*, pp. 521-548.

ings which are based upon the *li-chia* regular form? Judging from the AHL size of the eight counties, it is safe to argue that the division *chia* (which was a level lower than the *li* in the *li-chia* system) would necessarily have been set up in the Ying-t'ien Fu area. The high AHL size (higher than the standard size of 110 households as stipulated by the Ming government) was a common feature in this prefecture. The counties with AHL figures lower than 110 were Shang-yüan (100.91 in A.D. 1391, see Table 2), Chiang-ning (92.54 in urban and suburban areas during the Wan-li period, see Table 4), Chiang-p'u (106.5 in A.D. 1534, see Table 5) and Li-yang (107.97 in A.D. 1577, see Table 11). These low AHL figures were neither very far away from standard size nor could they have been completely invariable (the patterns of the AHL size will be discussed later in this section). The *chia* would be subdivided from its higher level—*li* or other division—in order for the system to function well. Otherwise the divisions *li*, *t'u*, *tu*, or others, could not have handled the administration of such a large population as that constituted by 110 households or more. We then come to the conclusion that the *chia* did probably exist in the eight counties. Table 16 is a result of comparison between our data and the Ch'ing *li-chia* variations revealed by Hsiao.

According to Table 16, there are a number of remarkable features that should be noted: (1) There were no "regular" and "substractive" forms in the Ying-t'ien Fu area. This means that the *li-chia* arrangements in the eight counties were all characterized by variations. (2) The variations of the *li-chia* arrangements in this prefecture are mainly the "additive" and "substitutional" forms. (3) Among the substitutional forms, there was only one example found for the four-(five-) level, three were possibly existed in two-(one-) level, and all the others were (including 7 patterns) three-level. (4) The terms *ts'un* 村, *pao* 保, *yüan* 院 and *lu* 路 were found in the Ch'ing times, but did not appear in the eight counties. (5) The terms *fang* and *hsiang* 廂 which were utilized in urban and suburban areas in the eight counties do not appear in Hsiao's findings. This means that Hsiao's investigation can only be applied to rural areas.

In short, the different names of urban or rural divisions in the eight counties described above somewhat lack uniformity. The same term

Table 16: Comparison of *Li-chia* Divisions and Their Variations between the Ming Ying-t'ien Fu and Ch'ing China

	The Ch'ing Variations				The Variations in Ying-t'ien Fu	
Regular Form		li		chia	Ming Variations	Localities
					x x x	
Additive Forms		li	ts'un	chia	x x x	
	hsiang	li	ts'un	chia	x x x	
		li	t'u	chia	x x x	
	x x x				hsiang li chia	Shang-yüan (T.1) Chiang-ning (T.3) Chiang-p'u (T.5) Chü-jung (T.6) Li-yang (T.10)
	x x x				hsiang tu li chia	Kao-ch'un (T.14)
Substractive Forms	hsiang	li			x x x	
	hsiang=	li			x x x	
Four- (Five-) Level	tu	pao	t'u	chia	x x x	
	hsiang	tu	t'u	chia	x x x	
	hsiang	p'u	t'u	chia	x x x	
	chü	tu	t'u	chia	x x x	
	hsiang	tu	li	yüan	x x x	
	hsiang	tu	li	t'u	x x x	
	hsiang	tu	li	ts'un	x x x	
	li	tu	t'u	ts'un	x x x	
	hsiang	li	tu	t'u	x x x	
	x x x				hsiang li ch'ü ch'ün (chia?)	Li-yang (T.10)
Three- Level	hsiang	tu		chia	hsiang tu chia	Kao-ch'un (T.14)
	hsiang	li		ts'un	x x x	
	hsiang	tu		ts'un	x x x	
	hsiang	tu		t'u	x x x	
	tu	t'u		ts'un	x x x	
	lu	li		p'u	x x x	
	tu	t'u		chia	tu t'u chia	Liu-ho (T.8)
	pao	t'u		chia	x x x	
	tu	chü		chia	x x x	
	t'u	tung		ts'un	x x x	
	x x x				fang t'u chia	Shang-yüan (T.1) Chiang-ning (T.3)
	x x x				yü t'u chia	Shang-yüan (T.1) Chü-jung (T.6)
	x x x				"hsiang" t'u chia	Shang-yüan (T.1) Chiang-ning (T.3)
	x x x				hsiang t'u chia	Li-shui (T.12)
	x x x				li t'u chia	Liu-ho (T.8)
Two- (One-) Level	hsiang			li	x x x	
	hsiang			tu	x x x	
	lu			chia	x x x	
	hsiang			p'u	x x x	
	tu			li	x x x	
	chü			t'u	x x x	
	?			t'u	x x x	
	li			li	x x x	
	hsiang			chuang	x x x	
	li			ts'un	x x x	
	tu			ts'un	x x x	
	ts'un			li	x x x	
	ts'un			chia	x x x	
	li				x x x	
	x x x				yü ? (chia?)	Li-shui (T.12)
	x x x				"hsiang" ? (chia?)	Li-shui (T.12)
	x x x				fang ? (chia?)	Li-yang (T.10)

Left margin labels: "Variations" spans the full table; "Substitutional Forms" spans the Four-, Three- and Two-Level groups.

Table 16 (cont.)

Sources: Kung-ch'üan Hsiao, *Rural China: Imperial Control in the Nineteenth Century*, p. 522;
     and Table 1 to 15 in the present work.
Abbreviation: T.: Table (in the present work).
Glossary: chia 甲，ch'ü 區，chuang 莊，ch'ün 羣，fang 坊，hsiang 鄉，"hsiang" 廂，li 里，lu 路，
     pao 保，p'u 鋪，ts'un 村，tu 都，t'u 圖，tung 冬，yü 隅，yüan 院。

referring to rural divisions in one county could be applied to urban divi-
sions in another county. The terms *t'u, li* and *fang* were especially fre-
quently interchangeable. Thus, we can see that the operation of the *li-
chia* system in Ying-t'ien Fu area presents some variations when com-
pared with the initial proclamations of the Ming decrees. Even in com-
paring the *li-chia* arrangement with those variations in Ch'ing China, the
variations of these eight counties are particularly obvious (see Table 16).
These variations not only existed among these counties, for which we
could use the term "polarity" to describe them; but it has also been de-
monstrated that some differences existed within each of the counties
themselves, for which we might use the term "localism" to describe them. In
using the term "polarity," we mean that it refers to the polar extremities
of an empire-wide spectrum in the adaption of "universal" regulations to
individual prefectural-level conditions. To state it more clearly, the
"polarity" of the *li-chia* system means that there was frequently a ten-
dency in the Ming prefectures to operate the system in a way apart from
or opposite to the regulations set by the central government. While on
the other hand, in using the term "localism," we simply say that the
ways of operating the *li-chia* system in Ming China varied from one
locality to another. The existence of "polarity" and "localism," nonethe-
less, is the obstacle to our understanding of the *li-chia* system in the
Ming times.

Second, we need to seek out the reasons why the various figures
of AHL in these eight counties changed from time to time. Even though
the decree in 1381 and those later proclaimed many times that one *li*
consisted of 110 households, this is not the case for the eight counties
surveyed in this article. From the above tables, e.g., Table 2, 4, 5, 7, 9,
11, 13 and 15, we have great difficulty in perceiving what AHL rules are
being actually applied. This being the case, what better explanation can
we possibly give? It is the aim of the present study to provide a tenta-
tive one.

The difference in AHL was quite noticeable. We have the AHL figures for all the eight counties, except for Chiang-p'u (Table 5), Li-shui (Table 13) and Kao-ch'un (Table 15) for which Hung-wu period figures are lacking. But we can check the AHL figures in most counties at two different periods: the early Ming period (especially in the Hung-wu reign) and the late Ming period (especially in the Chia-ching and Wan-li reigns). In Shang-yüan county (Table 2) and Liu-ho county (Table 9) the AHL figures changed from close to 110 to a much larger figure. The remaining cases can be divided into three patterns: the first shows high AHL figures both in the Hung-wu and Wan-li periods, for which Chü-jung county is the example (Table 7); the second shows low (or close to 110) AHL figures throughout the two periods, for which Li-yang county is the example (Table 11); and the third pattern shows a change from high to low AHL figures, for which Chiang-ning county is the example (Table 4). Indeed, the above various patterns do not suggest any rule which can explain their changes. In the Introduction Section, this article mentions that Obata Tatsuo argues that in the Hung-wu period, the size of *li-chia* was structured as stated in the decrees, then in the late Ming period, the number of households per *li* increased greatly. This means that the "polarity" and "localism" do become the main factors influencing the operation of the *li-chia* system. "Polarity" means that no prefecture or county fit the Ming regulations, and "localism" means that no county precisely resembled each other in their *li-chia* size and operation. However, we would object to Obata's opinion (He argues that rules existed in forming *li-chia* structure. See "Concluding Remarks" below.), simply because we also realize that no system in imperial China could be maintained with no change as the edicts or decrees nominally required. And throughout the dynasty the system naturally operated close to what was stated in the decrees in the very beginning rather than in later times. Thus, the various patterns of AHL in Ying-t'ien Fu should be examined according to other analytical criteria.

If we consider the possible fluctuations in the population, we will recognize that it is difficult for us to summarize the rules of AHL changes in the Ming period. As Ping-ti Ho had pointed out, except for the peripheral areas (i.e., parts of Szechwan, Kwangsi, Kwangtung, and Yunnan and Kweichow) the population of Ming China was somewhat under-registered. Moreover, since the Ming Yellow Registers were primarily fiscal handbooks based on population figures and property assessments, the male population was certainly emphasized by local governments. Once the sex ratio of the entire population displays a sharp rise, we will have no way to deny that the rising figures represented the "fiscal population" based on male population (*ting*, 丁) which were not real population figures.[96] Actually, in the population figures of Chiang-p'u, Liu-ho and Chü-jung, the sex ratio shows a sharp rise from early Ming to late Ming (Appendix, Table 5, 6, 10). This phenomenon nonetheless indicates that the population figures became less and less reliable from the Hung-wu period on.

Some counties' ASH (Average Size of Household) figures also are somewhat unreliable. Chiang-ning is a good example (see Appendix, Table 4). Furthermore, when various means are applied to analyze the population figures in this prefecture, we can find that the Hung-wu figures were more reliable than for other periods in the Ming times. These various means include judging by the decreasing of ASH figures, the sharp rise of the sex ratio, and the dropping of household numbers, as presented in all the Tables in the Appendix and their Notes.

Regarding the limitations stated above, including the "polarity" and "localism" of *li-chia* operation, and the implausibility of the population figures, we are not able to go much further in the discussion of AHL rules or changes for Ying-t'ien Fu, as Obata is able to do in the case of Hai-yen Hsien.[97] But we do, at least, find that the operation of the *li-chia* system was not carried out in the way its regulations nominally required. And the population figures collected in the household registers or gazetteers represent an administrative, not a demographic census.

V. Concluding Remarks

The *li-chia* system played an important role in tax collection and labor conscription. It was not only a revenue machinery but also the lowest administrative unit in both rural and urban areas. According to

---

96) Ping-ti Ho, *op.cit.*, pp.9-24.
97) cf. note 55).

sources such as standard histories or official compilations, a well-designed
li-chia structure was officially inaugurated when Emperor T'ai-tsu took
his firm steps to deal with the financial issues. Moreover, this system
was based on household registers as well as on the ideals of traditional
Chinese rural community organization, and in combination with the other
fiscal and local control systems such as crop-chiefs (*liang-chang*) and
village elders (*lao-jen*) systems. It thus had many functions in the Ming
society.

Many modern scholars have made contributions to our understanding
of the Ming *li-chia* system, but few of them have provided systematic
studies on this subject, especially in the area of comprehensive case
studies. In fact, the *li-chia* system was by itself a complicated institu-
tion. It can not be perceived as a standard system free from variations
empire-wide. Nor can it be treated as a static system without any varia-
tions in its structure or its operation. Most of the existing primary and
secondary sources provide us only with misleading descriptions about the
system, whereas the *Ming History* and local histories give us the impres-
sion that this system was somewhat static in its function and operation.
On the other hand, although contemporary research provides better
historical explanations on this issue, their conclusions are still somewhat
inadequate when applied to the places under our survey. For example,
Obata Tatsuo shows us that there seem to have existed general rules in
the development of this system, including the standard size of AHL, and
the principles of using definite terms in the *li-chia* structure.[98] We find
that these hypotheses need careful re-examination.

This article contains two parts which discusses the *li-chia* system
in Ming times and its operation in Ying-t'ien Fu. In the first part (Sec-
tion II), we argue that the framework of this system was to help collect
the grain taxes and labor forces. The *li-chia* headmen were bound in
performing their duties of "ordinary labor corvée." And because of the
complex nature of the Ming social institution and financial administra-
tion, the function of the *li-chia* headmen was usually confused with the
crop-chiefs and village elders. Nonetheless, the role of the *li-chia* head-
men was endorsed by a handbook written for the newly appointed mag-

---

98) cf. notes 7) and 9).

istrates—the *Hsin-kuan kuei-fan*. All these facts illustrate that detailed study of this system merited careful attention.

In the second part of this article (Sections III and IV), we carefully check the gazetteers to construct the *li-chia* structure of each county, and present their numbers of AHL. We find that it is very difficult to establish any principle for the operation of the *li-chia* system. Even if compared with the cases in other counties such as Hai-yen Hsien oberved by Obata, we still can not make any principle for its structure. According to our findings, the rule for the structural division units is very flexible. For example, the commonly known usage of *li* and *t'u* was that the former referred to rural areas and the latter designated urban and suburban areas. But these two terms were sometimes substituted for by another term *fang* 坊, or the two were frequently interchanged. Some other divisions, such as *tu*, *hsiang* 鄉, were in most cases utilized in rural areas. But, again, this does not guarantee that the eight counties of Ying-t'ien Fu were all using them only in rural areas. In short, the application of various divisions caused the occurrence of variations among the *li-chia* structural patterns. Moreover, a comparison of the *li-chia* divisions and their variations between the Ming Ying-t'ien Fu area and late Ch'ing China (see Table 16) firmly supports our argument: the *li-chia* arrangements in the eight counties under our survey were all characterized by variations.

The changing patterns of AHL in the eight counties also cannot help us to form any general principle for the *li-chia* structure and operation. As analyzed in Section IV, the AHL figures which changed from close to 110 (the official quota of households to constitute one *li*) to much larger figures were found in Shang-yüan county (Table 2) and Liu-ho county (Table 9). The other cases showed three patterns of deviation from AHL figures. They were either higher than, lower than, or sometime close to, the official quota at different times, which suggests that a local administrative organization could vary from one county to another in the same dynasty and same prefecture. This fact would urge historians to find possible explanations.

One possible explanation to the flexible *li-chia* structure and operation in Ying-t'ien Fu area is the existence of the forces of "polarity" and "localism." We have proposed that the forces of "polarity" refers to the extremities of a empire-wide spectrum in the adaption of "universal" regulations to individual prefectural-level conditions; while the forces of "localism" refers to the variations of the *li-chia* arrangement from one locality to another, even including localities within a same prefecture. From the evidences of the *li-chia* arrangement and its variations presented in this article, this point is clearly demonstrated.

We can also apply this argument to explain the same puzzling *li-chia* variations in nineteen thcentury China. According to Kung-ch'üan Hsiao,[99] there are four distinctive features existing in the Ch'ing *li-chia* system: (1) During and even before the nineteenth century, only a relatively small number of localities followed the official *li-chia* form. (2) The areas in North China seem to have conformed to the official nomenclature more consistently than in South China. (3) Southern localities deviated from the official form by often introducing additional divisions; while Northern localities did not. (4) The *li* division was the core of *li-chia* arrangements in North China, but *tu* and *t'u* were two basic divisions in South China. These features were not totally consistent with the characteristics of the eight counties in the Ming Ying-t'ien Fu. This shows that "polarity" and "localism" were two major forces.

As for the question why the southern provinces deviated more from official form in its *li-chia* arrangement more obviously than the northern provinces, Hsiao provides several possible explanations, including: (1) the northern provinces were nearer to the seat of central government and could therefore be under closer supervision; (2) the variations in South China had already existed in the previous dynasties; (3) the recalcitrant southerners had stronger political motives than the northerners to disobey the alien regime; since they "used this extralegal, antiquated nomenclature to show their defiance—somewhat like their refusal to shave their heads."[100] But as Hsiao has admitted that "no definite answer can be offered" to this question, the above three explanations to the variations between the South and North China can only "partially" explain the phenomenon. The political motive is hard to verify. Two explanations,

---

99) Kung-ch'üan Hsiao, *op.cit.*, pp.544-545.
100) *Ibid.*, p.548.

that variations existed previously in South China and that the geographical location farther from the central government allowed greater variation, can actually be utilized as footnotes to our terms: "polarity" and "localism." "Polarity" and "localism" are two sides of the same coin. The greater the forces of "polarity," the stronger the forces of "localism," and *vice versa*. When localities of South China "polarized" to the opposite direction of "universal" regulations during the nineteenth century, we at the same time encounter the forces of "localism." When the forces of "localism" appeared in the eight counties under our survey, there also appeared the forces of "polarity."

The variations of the *li-chia* arrangements in Ying-t'ien Fu area during the Ming times show that there is no general principle for *li-chia* divisions and AHL size. Obata Tatsuo stated that the Ming *li-chia* system was initially based upon the number of households, and subsequently came to be based upon landholdings. Although he later made modifications of this principle into his so-called "three principles," based upon the number of male adults, amount of labor services and land taxes (see Section I); these three principles failed to explain the *li-chia* variations and AHL fluctuations as we have discussed in Section IV. This fact also urges us to seek possible explanations.

When Kung-ch'üan Hsiao concludes his study of variations in the Ch'ing *li-chia* structure, he states: "Whatever the reason may be for the existence of the bewildering number of variations, one conclusion is certain: the Ch'ing rulers did not succeed in establishing a uniform system of tax collection divisions in rural China. ... The Ch'ing government was unable to overcome the diversifying forces inherent in a vast empire with widely different local conditions."[101] Compared with similar phenomena which existed in the eight counties of the Ming Ying-t'ien Fu, can we not conclude that the late Imperial Chinese dynasties all failed to establish a uniform tax collection system? Here again, several questions will arise: When did the Chinese imperial governments succeed in setting up a uniform tax collection system? If the Chinese governments never overcame the diversifying forces inherent in a vast empire with widely different local conditions, to what extent did the forces of "polarity" and

---

101) *Ibid.*

"localism" influence the local administrative framework? Can we perceive this question from different perspectives, e.g., the local government organization, the relationship between prominent local elite and local governments, etc.? These questions are beyond the scope of the present research and need more historians to cooperatively look for answers.

Appendix

Table 1: Population of Ming China and Ying-t'ien Prefecture

Year	Category	Households	Mouths	ASH
1393	A	10,652,870	60,545,812	5.68
	B	163,915	1,193,620	7.28
1491	A	9,113,446	53,281,158	5.85
	B	144,368	711,003	4.92
1534	A	—	—	—
	B	182,724	788,806	4.32
1578	A	10,621,436	60,692,856	5.71
	B	143,597	790,513	5.51

Abbreviations:

    A: the Ming China population figure.

    B: the Ying-t'ien Prefecture population figure.

Sources:

  1) The censuses of 1393, 1491 and 1578 are quoted from:

    a) *Ming (Wan-li) hui-tien* 明（萬曆）會典 (1578), *ch.*19.

    b) Wang Kuo-kuang 王國光 & Chang Hsüeh-yen 張學顏，*Wan-li k'uai-chi lu* 萬曆會計錄 (1582), *ch.*16.

    ** The figures of a) and b) are consistent with each other.

  2) The census of 1534 (B) is quoted from the NCC. 3:1b.

Table 2: Population of Ying-t'ien Prefecture (ca. 1575)

County	Households	Mouths	ASH
Shang-yüan	35,438	142,050	4.01
Chiang-ning	17,526	53,828	3.07
Chü-jung	36,096	215,986	5.98
Li-yang	24,833	161,808	6.52
Li-shui	17,764	105,656	5.95
Liu-ho	3,172	29,580	9.33
Kao-ch'un	12,526	67,473	5.39
Total	147,355	776,381	5.27

Source: WLYTFC, ch.19.

Table 3: Population of Shang-yüan County

Year	Households		Mouths/*ting*	ASH
1391	38,900		253,200	6.51
1513	29,160(39,160)		135,800	4.66
1592	—	*fang-hsiang**	6,129	—
		ch'uan-chü**	598	
		li-chia***	20,990	
		Total	27,700	

Sources:

   a) WLSYHC, 2:3a.

   b) T'ang K'ai-t'ao 唐開陶，(*K'ang-hsi*) *Shang-yüan hsien-chih* (康熙) 上元縣志 (1721), 10:1a-2a.

   c) KTCY, 2:30a-31a.

Notes:

The three sources are all consistent with each other in their figures, except the household number of 1513—source b) puts it as 39,160 which is very possibly a mistake.

  * *fang-hsiang* 坊廂：urban area.

  ** *ch'uan-chü* 船居：boat-dwellers area.

  *** *li-chia* 里甲：sub-urban area.

Table 4: Population of Chiang-ning County

Year	Category	Households	Mouths	ASH
1391		27,000	220,000	8.15
1465-1505		5,112	11,200	2.19
1515		4,210	9,510	2.16
	chi-ling*	902	1,703	1.89
	Total	5,112	11,213	2.19
1592	*fang-hsiang*	—	3,239	—
	Moslem & Mongolian	—	99,230(?)	—
	li-chia	14,342	14,454	1.01
	Total	—	23,670	—

Sources:

   a) WLCNHC, 3:6a.

   b) KTCY, 2:31a.

Notes:

Some questions concerning the "mouth" sigures of Moslems and Mongolians in 1592 remain. Both the sources a) and b) state it as 99,230(?) 〔九口（萬?）九千二百三十〕。But source a) provides the total number, from which we can calculate its figure as 5,977.

  * *chi-ling* 畸零："odds and ends" households, which were usually composed by the widower, widow, orphan and childless. They were free from any conscription of labor corvée and were not organized into ordinary *li-chia* division. cf. MS, ch77, p. 1878.

Table 5: Population of Chiang-p'u County

Year	Households	Mouths	Males	Females	ASH	Sex Ratio*
1391	5,354	28,304	14,330	13,974	5.29	102.5
1412	3,840	22,986	11,793	11,193	5.99	105.4
1489	2,343	18,160	11,902	6,258	7.75	190.2
1522	2,556	20,568	12,310	8,258	8.05	149.1
1552	2,467	22,573	13,407	9,166	8.79	146.3
1562	2,570	24,198	14,340	9,858	9.42	145.5
1572	2,560	25,136	15,130	10,002	9.82	151.3
1613	2,650	14,988	7,937	7,051	5.66	112.6

*Sex Ratio: number of males per 100 females.

Sources:

   a) WLCPHC, 6:29a.

   b) CCCPHC, 6:2a.

Notes:

  1) From the fifteenth century onward, the Ming population figures are unreliable. This table provides an example:

    a) From 1412 on, the population reduced.

    b) The sharp rise of sex ratio shows the fact that "fiscal population" was based on the collection of land tax and labor services.

    c) From 1489 to 1613, the population shows no growth. It shows that a great deal of problems were indeed existing in the Ming fiscal administration framework.

    For the explanation of all these phenomena, see: Ping-ti Ho, *Studies on the Population of China*, 1368-1953 (Cambridge: Harvard University Press, 1959), ch.1, "The nature of Ming population data," pp.3-23.

  2) Both sources a) and b) provide the categories of households and their numbers of households for the year of 1572. Source a) puts it as 1,811 common people households (*min*, 民)，710 military households (*chün*, 軍). 12 artisan households (*chiang*, 匠), 6 miscellaneous labor service households (*tsa-yi*, 雜役) and 111 "tenant" (who was under the register of an estate owner) households (*chi-chuang*, 寄庄). Source b) puts it as 1,811 common people households, 710 military households, 12 artisan households and 110 "tenant" households.

  3) In most cases, sources a) and b) are in agreement with each other, except for the figure for 1613, which is only given by source b), and the "mouth" figure for 1522 and the male figure for 1572 are given by source b) as 25,608 and 25,130, respectively.

Table 6: Population of Liu-ho County

Year	Households	Mouths	Males	Females	ASH	Sex Ratio
1391	2,260	14,095	6,941	7,154	6.24	97.0
1412	2,081	14,483	7,389	7,094	6.96	104.2
1462	2,558	18,053	11,890	6,161	7.06	192.9
1472	2,483	17,610	11,601	6,009	7.09	193.1
1502	2,537	28,371	20,080	8,291	11.18	242.2
1512	2,685	31,156	12,016(?)	9,140	11.60	131.5(?)
			22,016			240.9
1522	2,790	30,775	21,807	8,903	11.03	244.9
1542	3,041	30,642	21,938	8,704	10.08	252.0
1552	3,153	30,919	27,283	8,736	9.81	312.3
1562	3,150	30,363	21,655	8,708	9.64	246.7
1572	3,172	29,580	20,893	8,687	9.33	240.5
1582	3,132	25,067	17,884	7,183	8.00	249.0
1592	3,212	24,956	17,773	7,183	7.77	247.4
1602	3,738	25,338	18,650	6,688	6.78	178.9
1612	3,747	25,422	18,720	6,702	6.78	279.3

Sources:
  a) CCLHHC, 2:1a-2a.
  b) WLLHHC, ch.2.

Table 7: Population of Li-shui County

Year	Households	Mouths/*Ting*	ASH
1260-64	24,761	53,125	2.15
1264-94	57,896	316,425	5.47
1391	33,862	232,095	6.85
1412	34,352	217,325	6.33
1522	17,621	84,568(T)	4.80
1537	—	59,640(T)	—
1575	—	20,281(T)	—

Abbreviation:
  T: *ting* (丁, male adult).
Sources:
  a) WLLSHC, 3:2b-3a.
  b) KHLSHC, 6:6b-8b.
  c) 1577 figures derive from WLYTFC.
Notes:
  1) In 1491, the Ming government divided Li-shui county into two counties: Li-shui and Kao-ch'un.
  2) Sources a) and b) have the same figures on Ming population.

Table 8: Population of Kao-ch'un County

Year	Households	Mouths	ASH
1502	12,515	67,463	5.39
1521	—	36,126(T) 19,003* 55,129(Total)	—
1542	—	8,153	—
1570	—	6,600(T) 4,903* 11,503(Total)	—
1577	12,526	67,473	5.39
1601	6,877(T?)	10,051(M) 6,509(F) 6,175(T) 3,976* 16,741(?) (26,972) (Total)	
1605	—	8,163(T)	—

Abbreviations:
   *: Male children (*pu-ch'eng-ting*, 不成丁)
   T: *ting* (丁)。
   M: Male.
   F: Female.
Sources:
   a) All figures, except those of 1577, derive from KHKCHC.
   b) The 1577 figures derive from WLYTFC, 19:33a.

Table 9: Population of Li-yang County

Dynasty/Year	Households	Mouths	ASH
Sung	96,671	191,975	1.99
Yüan	63,482	253,000	3.99
Ming	24,873	157,749	6.34
1577	24,833	161,808	6.52

Sources:
   a) HCLYHC, 1:25b.
   b) The 1577 figures derive from WLYTFC, 19:22a.
Note:
   The HCLYHC gives the numbers of population without specifying years. It only states "Sung," "Yüan," and "Imperial Ming" (*Huang-Ming*, 皇明)。 In the preface and *fan-li* 凡例 of this gazetteer, it says that it quoted from *Ta-Ming i-t'ung-chih* 大明一統志 (published in 1461) and other earlier sources. Thus, the "Ming" population in this table seems to belong to the early Ming period.

Table 10: Population of Chü-jung County

Year	Households		Mouths	Males	Females	ASH	Sex Ratio
1165-	*chu*	25,897	67,050(T)			2.59	
1173	*k'o*	2,496	5,766(T)			2.31	
1260-	*chu*	—	—			—	
1264	*k'o*	3,996	7,213(T)			1.81	
	Nan	34,765	—				
1280-	*Pei*	49	—				
1367	*Han*	38	—				
		34,814	214,790			6.17	
1368-		36,089	205,713	123,267	82,000	6.95	150.3
1424							
?		36,458	212,626	128,569	84,067	5.83	152.9
1572		35,847	215,986	130,586	85,400	6.03	152.9
1577		36,096	215,986			5.98	

Abbreviations:
- T: *ting* (丁 male adult).
- *chu*: 主，i.e., *chu-hu* 主戶。
- *k'o*: 客，i.e., *k'o-hu* 客戶。
- *Nan*: i.e., *Nan-jen* 南人，Southern Chinese.
- *Pei*: i.e., *Pei-jen* 北人，Northern Chinese.
- *Han*: i.e., *Han-jen* 漢人，the peoples of Chinese, Khitan, Jurchen and Korean, etc., who had initially been ruled by the Ch'in Empire, and became "*Han-jen*" in the Yüan dynasty.

Sources:
- a) CLCJHC, 5:a-b.
- b) WLYTFC, 19:18b.

Notes:
1) All figures are, except 1577's, cited from source a).
2) There are some data omitted in source a) which we leave them blank.

明代的里甲制及其在應天府的施行

黃 清 連

（摘 要）

里甲制度在明代地方基層行政體系中，扮演著相當重要的角色。不論在都市或鄉村，明朝政府都透過里甲制度對人民直接行使收稅、課役的權力。

本文以應天府（南京）八個轄縣（上元、江寧、江浦、句容、六合、溧陽、溧水、高淳）為中心，討論里甲制在這個區域的運作情形。從組織上來說，坊、廂、鄉、圖、都、里等單位，各縣採用情形，相當混亂。反映出這個制度的推行，常隨著客觀環境的改變而變動。各縣的里平均戶數與明政府在1381年宣佈的里甲制（每110戶為1里，其中10戶輪流擔任里長，其餘100戶分作10甲。）不但相去甚遠，而且各縣間也有差異。從運作上說，各縣都缺乏統一性，本文以「極性」（polarity）和「地方色彩」（localism）來解釋應天府各縣里甲制與明政府規定的出入，及各縣彼此的不同。

洪武以後，明代戶口統計數字的可靠性，值得留意。本文附錄所載江浦、六合、句容等縣戶口的「性別比例」（sex ratio）激增，顯示明代戶口逐漸偏重登錄丁男的趨勢。可以說，明代中、晚期的戶籍是「財稅人口」（fiscal population）的意義大於真正的人口統計。如果要以里平均戶數的變化來討論明代里甲制的遞嬗，並從而尋找出里甲組成的通則，就有不可避免的缺陷。

從事制度史的研究，要考慮到「時代」與「區域」的因素。本文以「極性」與「地方色彩」說明里甲制在明代應天府所屬八縣的施行情形，一方面想為上項因素提供論證經驗，一方面也希望這篇拋磚性質的習作，引起一些共鳴——企盼更多的區域研究，能對明代複雜的里甲制度，提出更深入的看法。

明中葉後中日間的絲銀貿易

全　漢　昇

（一）

　　我國的蠶絲生產和絲織工業，歷史非常悠久，到了明代 (1368-1644) 更特別發達起來。明初政府下令，凡農民有田五畝到十畝的，須栽桑半畝，十畝以上的加倍；不種桑的，須出絹一疋。全國地方官考課，一定要報告農桑的成績。原來沒有種桑的地方，派人把桑種運往，並敎以種植之法。種桑的，自洪武二十六年 (1393) 以後，不論多少，都免徵賦。[1] 政府在各地提倡種桑養蠶的結果，蠶絲生產自然大量增加，絲織工業自然發展，除本國消費外，還有大量剩餘可供出口之用。

　　在貨幣流通方面，明初發行「大明寶鈔」，因爲發行量不大，流通狀況還算良好。但到了中葉左右，因爲寶鈔發行太多，鈔值低跌，大家都拒絕用鈔，改用白銀作貨幣。可是，中國各地的銀礦，蘊藏並不豐富，經過長期的開採，礦藏逐漸耗竭，不能滿足市場上貨幣流通的需要。由於供不應求，白銀的價值便越來越昂貴。[2]

　　當十六世紀中國銀子因供求失調而價值高昂的時候，在太平洋東西兩岸，却出現了兩個銀礦生產非常豐富的地區：一個是西屬美洲；另一個是日本。西班牙政府，於一四九二年（明弘治五年），派遣哥倫布發見美洲新大陸。在新大陸的各種天然資源中，蘊藏豐富的銀礦引起西班牙人的注意，跟着從事大規模的開採。西班牙帝國自一五六五年起由美洲擴展至菲律賓後，航行於美、菲之間的大帆船，經常把鉅額白銀自

---

1. 吳晗明初社會生產力的發展，科學出版社出版歷史研究，一九五五年，第三期，頁五八。
2. 拙著明代的銀課與銀產額，新亞書院學術年刊（香港九龍，民國五十六年）第九期，又見於拙著中國經濟史研究（新亞研究所，民國六十五年）中册，頁二〇九～二三一；拙著宋明間白銀購買力的變動及其原因，新亞學報（新亞研究所，1967）第八卷第一期，又見於中國經濟史研究中册，頁一七九～二〇八。

美運菲，吸引了把白銀視爲至寶的中國商人的興趣，結果後者向菲大量輸出西人亟需的絲貨（生絲及絲織品）及其他商品，而把西人手中持有的銀子賺回中國。關於中、菲、美間貿易的歷史，作者已經寫成論文加以研討。[3] 本文擬對明朝中葉後在東亞市場上中國絲貨與日本白銀互相交易的情況，作一初步的研究。

（二）

日本蘊藏豐富的銀礦，在十六世紀約有三十個從事開採，其中大部分都在一五四〇年後開始採煉。該國兵庫縣生野銀礦，於一五四二年投資採煉，隨着產量的增加，到了十六世紀末，向豐臣秀吉繳納的銀課，一年多至一萬公斤。島根縣岩美銀礦中一礦坑，經過長期的經營，到了十七世紀初，每年繳納給德川家康的銀課，高達一萬二千公斤。約在同一時期內，佐渡島的銀礦產額，據估計每年約共六萬至九萬公斤；其中光是位於該島南部的一個礦坑，每年繳納銀課 975 公斤。一六一六年年底德川家康逝世時，留下了白銀 4,953 箱，重約 175,737 公斤。[4] 日本在十六世紀末葉，由於銀產豐富，曾有「銀島」(Silver Islands) 之稱。[5]

---

3. 拙著明季中國與菲律賓間的貿易，香港中文大學中國文化研究所學報第一卷（香港九龍，1968），又見於拙著中國經濟史論叢（新亞研究所，1972）第一册，頁四一七～四三四；拙著明清間美洲白銀的輸入中國，同上學報第二卷第一期 (1969)，又見於拙著論叢第一册，頁四三五～四五〇；拙著自明季至清中葉西屬美洲的中國絲貨貿易，同上學報第四卷第二期 (1971)，又見於拙著論叢第一册，頁四五一～四七三；拙著再論明清間美洲白銀的輸入中國，食貨月刊社編輯委員會主編陶希聖先生八秩榮慶論文集（臺北市，民國六十八年），頁一六四～一七三；Han-sheng Chuan, "The Chinese Silk Trade with Spanish America from the Late Ming to the Mid-Ch'ing Period," in Laurence G. Thompson, ed., *Studia Asiatica: Essays in Felicitation of the Seventy-fifth Anniversary of Professor Ch'en Shou-yi*, CMRASC Occasional Series No. 29 (San Francisco: Chinese Materials Center, Inc., 1975), pp. 99-117; Han-sheng Chuan, "Trade between China, the Philippines and the Americas during the 16-18th Centuries," 中央研究院國際漢學會議論文集（臺北市，民國七十年），頁八四九～八五三。

4. George Sansom, *A History of Japan, 1334-1615*, London, 1961, p. 257; A. Kobata, "The Production and Uses of Gold and Silver in Sixteenth- and Seventeenth-Century Japan," in *Economic History Review*, Second Series, vol. XVIII, No. 2, August, 1965, p. 248; Seiichi Iwao, "Japanese Gold and Silver in the World History," *International Symposium on History of Eastern and Western Cultural Contacts* (Tokyo: Japanese National Commission for UNESCO, 1959), pp. 63-64.

5. William S. Atwell, "International Bullion Flows and the Chinese Economy circa 1530-1650," *Past & Present: A Journal of Historical Studies*, No. 95 (Oxford, May, 1982), p. 71.

在十七世紀初葉前後，日本是亞洲唯一的白銀大生產者，[6] 每年都有鉅額白銀向外輸出。由一五六〇至一六〇〇年，日本每年銀出口額爲 33,750 至 48,750 公斤；及十七世紀初期，爲 150,000 至 187,500 公斤；[7] 由一六一五至一六二五年，每年輸出 130,000 至 160,000 公斤，約爲除日本以外世界銀產額的百分之三十至四十。[8] 可是，到了十七世紀三十年代，日本銀礦漸漸耗竭；[9] 再往後，到了十七世紀中葉，因爲礦坑越挖越深，爲水淹浸，抽水困難，生產成本遞增，報酬遞減，結果銀產量下降，[10] 銀出口量也就跟着減少了。

日本輸出的鉅額銀子，自然要刺激國際貿易的發展，在出口貿易中佔有非常重要的地位。以一六三六年爲例，日本出口的銀子，要佔該國出口總值的百分之八五・八。[11] 在另外一方面，鄰近的中國，有如上文所說，却因普遍用銀作貨幣，銀求過於供，價值特別昂貴。由於兩國白銀供求情況的不同，價值高下的懸殊，從事國際貿易的商人，自然要把中國貨物輸往日本，把日本白銀輸入中國，以賺取鉅額的利潤。因此，在明中葉前後，中國各地的物產，都大量運銷於日本，以滿足社會大衆的消費需要，[12]

6. Seiichi Iwao, 前引文，*International Symposium*, p. 65.

7. William S. Atwell, 前引文，*Past & Present*, p. 71. 又小葉田淳教授指出，十七世紀初期，日本每年輸出銀約爲 150 至 200 噸。見 A. Kobata, "The Export of Japanese Copper on Chinese and Dutch Ships during the Seventeenth and Early Eighteenth Centuries," paper presented at 31st International Congress of Human Sciences in Asia and North Africa, Kyoto, September, 1983.

8. Seiichi Iwao, "Japanese Foreign Trade in the Sixteenth and Seventeenth Centuries," *Acta Asiatica*, XXX (Tokyo, 1976), pp. 9-10.

9. William S. Atwell, "*Sakoku* and the Fall of the Ming Dynasty: Some Observations on the Seventeenth Century Crisis in China and Japan," paper presented at 31st International Congress of Human Sciences in Asia and North Africa, Kyoto, September, 1983.

10. Kato Eiichi, "The Japanese-Dutch Trade in the Formative Period of the Seclusion Policy: Particularly on the Raw Silk Trade by the Dutch Factory at Hirado, 1620-1640," *Acta Asiatica*, XXX, p. 44; Seiichi Iwao, "Japanese Gold and Silver," *International Symposium*, p. 67.

11. Kato Eiichi, "Japanese-Dutch Trade," *Acta Asiatica*, XXX, pp. 43, 65.

12. 例如明姚士麟見只編（叢書集成本）卷上，頁五〇~五一說：「大抵日本所須，皆產白中國。如室必布席，杭（州）之長安織也。婦女須脂粉、扇、漆，諸工須金、銀箔，悉武林造也。他如饒（州）之磁器，湖（州）之絲、綿，漳（州）之紗、絹，松（江）之綿布，尤爲彼國所重。」

而中國生絲及絲織品，為日本社會人士所大量消費，需求更大。[13] 那時日本人士在朝
會宴享中穿着的服裝，其用來縫製的絹紆，必須按照該國自有成式花樣，用中國絲作
原料來織造，故市場上對中國絲貨的需要非常之大。[14] 一六二二年九月十五日，一
位荷蘭在日本平戶商館的負責人，在送給本國荷蘭東印度公司董事會的市場研究報告
中，說在日本銷售的華貨總值中，中國生絲及絲線 (skeins of silk) 約佔三分之二。[15]
到了一六三六年，日本平戶輸入生絲佔入口總值百分之五九・四，絲織品（或絲紬）
佔百分之二一，合起來共佔入口總值百分之八〇・四。[16] 其後，到了一六四一年，在
日本入口總值中，生絲佔百分之三七・一四，絲織品佔百分之四四・一一，合共佔百
分之八一・二五。[17]

（三）

　　在東亞地區內，中、日間絲貨、白銀及其他物產的互通有無，如果能暢通無阻，
顯然對兩國經濟都很有利。可是，在十六、七世紀間，由於東亞的特殊形勢，兩國貿
易却不能正常進行。中國沿海區域，在明代屢為倭寇（日本海盜）所侵擾，到了嘉靖
（1522-1566）年間，倭患更為猛烈。因為要鞏固東南沿海的國防，明朝政府禁止本國
人民與日本通商。約略在這個時候，葡萄牙人從事世界新航路的發見，航海東來。在
中國沿海經過長期的活動，到了嘉靖三十六年（1557），他們借口舟觸風濤，須曝晒
水漬貢物及存貯運來貨物，獲得中國官方准許，在澳門築室居住，以便從事貿易。澳
門的葡人，因為不受明朝政府關於中、日通商禁令的束縛，正好航行於澳門、長崎之

13. 徐学遠等輯皇明經世文編（臺北市國聯圖書出版有限公司影印明崇禎間平露堂刊本）第三〇册（卷四九
　一），頁三三六，徐光啓海防迂說（又見於徐光啓徐光啓集，中華書局，1963，卷一，頁四七）說：「
　彼（日本）中百貨所資於我，最多者無若絲，次則瓷，最急者無如藥。」
14. 胡宗憲籌海圖編卷二倭國事略；陳文石明嘉靖年間浙福沿海寇亂與私販貿易的關係，中央研究院歷史語
　言研究所集刊（臺北，民國五十四年）第三六本，上册，頁三八七；戴裔煊明代嘉隆間的倭寇海盜與中
　國資本主義的萌芽（中國社會科學出版社，1982），頁七；C. R. Boxer, *The Great Ship from
　Amacon: Annals of Macao and the Old Japan Trade, 1555-1640* (以下簡稱 *Great Ship*),
　Lisbon, 1963, p. 2; C. R. Boxer, *Fidalgos in the Far East, 1550-1770* (以下簡稱 *Fidalgos*),
　Hong Kong, pp. 5-6.
15. Kato Eiichi, "Japanese-Dutch Trade," *Acta Asiatica*, XXX, pp. 44-45.
16. 同上，pp. 43,65.
17. 山脇悌二郎長崎的荷蘭商館（日文，東京中央公論社，1980），頁二一〇。

間，進行大規模的貿易。

在十六、七世紀之交，葡萄牙商船自澳門運往長崎的貨物，包括有白絲、各種顏色的絲線、各種顏色的 darca（此字意義不詳）絲、各種紬緞、棉線、各種顏色的棉布、麝香、金、白鉛粉、鉛、錫、水銀、陶器、茯苓、大黃、甘草、白糖及黑糖。[18] 在各種各色運往日本的中國貨物中，如上述，以絲貨爲最重要，在一六二二年約佔日本輸入華貨總值的三分之二，在一六三六年及以後都佔百分之八十以上。

葡商自廣州收購絲貨，經澳門轉運往日本出售，其中光是生絲一項，在十六世紀中葉以後的長期間內，每年平均約 1,600 擔；自一六〇〇至一六二〇年，每年平均約一千擔，最高的一年達 2,600 擔。到了十七世紀三十年代，葡船輸日生絲數量顯著減少，但輸日的綢、緞等絲織品則有增加的趨勢。[19] 例如一六〇〇年左右，葡船自澳門運往長崎的各種紬緞爲 1,700～2,000 疋；[20] 及一六三八年增加至 2,100 箱 (chest)，每箱約有一百匹至一百五十匹。[21]

當中、日間不能直接通商的時候，中國絲貨在日本市場上的售價，遠在中國國內市價之上。[22] 有鑒於兩國絲價的懸殊，葡人自澳門到廣州低價收購，轉運往長崎高價出售，經常獲得的利潤，起碼爲投資的百分之七、八十，有時超過百分之一百，[23] 要

18. C. R. Boxer, *Great Ship*, pp. 179-181; Boxer, *The Christian Century in Japan, 1549-1650* (以下簡稱 *Christian Century*), Berkeley, 1967, p. 109; E. H. Blair and J. A. Robertson, eds., *The Philippine Islands, 1493-1898* (以下簡稱 *Phil. Isls.*, 55 vols., Cleveland, 1903-1909), vol. 19, pp. 306-309; 拙著明代中葉後澳門的海外貿易，中國文化研究所學報第五卷第一期(1972)，頁二五八～二五九。

19. Kato Eiichi, "Japanese-Dutch Trade," *Acta Asiatica*, XXX, pp. 45, 48.

20. Boxer, *Great Ship*, pp. 179-181; *Christian Century*, p. 109; *Phil Isls.*, vol. 19, pp. 306-309; 拙著明代中葉後澳門的海外貿易，中國文化研究所學報第五卷第一期，頁二五八～二五九。

21. Boxer, *Great Ship*, pp. 155-156. 按每箱 (chest) 容量共有多少，該書沒有明確記載。但張天澤根據葡國文獻指出，十六、七世紀葡船運往日本的中國絲織品，少時爲 1,300 盒 (box)，多時爲 5,300 盒，每盒裝載錦、緞或天鵝絨一百匹，或一百五十匹較輕的絲織品（例如紗）。（見 T'ien-Tsê Chang, *Sino-Portuguese Trade from 1514 to 1644*, Leiden, 1934, p. 108.）一盒的容量，可能就是一箱的容量。

22. 例如胡宗憲籌海圖編卷二倭國事略說：「絲，所以爲織絹紵之用也。……若番舶不通，則無絲可織，每百斤直銀五十兩，取去者其價十倍。」

23. Seiichi Iwao, "Japanese Foreign Trade," *Acta Asiatica*, XXX, p. 6; Boxer, *Great Ship*, p. 17; *Fidalgos*, p. 51; 拙著明代中葉後澳門的海外貿易，中國文化研究所學報第五卷第一期，頁二五七。

大過自亞洲把香料及其他商品運往歐洲出售的利潤，[24] 也大過自澳門把絲貨運往果亞（Goa，在印度西岸）出售的利潤。[25] 因爲要壟斷中、日間絲貨貿易來賺取厚利，葡萄牙政府禁止西班牙人自菲律賓往澳門或廣州採購絲貨，以免後者因與葡人競爭購買華絲而引致絲價上漲，利潤降低。[26]

　　葡人一方面經營日本華絲輸入貿易，他方面又利用中、日市場上銀價的懸殊，[27]自日本輸出鉅額白銀。日本出產的白銀，在十六世紀最後四分之一的期間內，約有一半輸出國外，其中大部分由澳門葡人輸出，[28] 每年約五、六十萬兩。到了十七世紀，在頭三十餘年中，每年約輸出一百餘萬兩，有時多至二、三百萬兩。自一五九九至一六三七年，葡人共自長崎輸出銀 58,000,000 兩。[29] 這許多由日本運往澳門的白銀，大多數都轉運往中國，以便購買輸日絲貨及其他商品。[30] 據估計，葡人每年在廣州購貨，約用銀一百萬兩，或一百萬兩有多。[31]

　　日本在戰國時期（1467～1573）後，內戰結束，人民生活安定，對絲貨的消費跟着增加。在另一方面，由於銀礦生產豐富，人民購買力提高，從而輸入更多的絲

---

24. Boxer, *Fidalgos*, p. 7.
25. 同書，pp. 45-46.
26. Boxer, *Great Ship*, p. 49; *Christian Century*, p. 426.
27. 關於中、日銀價高下的不同，我們可以拿兩國的金、銀比價來作證明。自十六世紀中葉左右開始的長期間內，當中國金價每兩換銀四兩至七、八兩的時候，日本金價每兩多牛換銀十兩左右，或甚至十二、三兩。見拙著明中葉後中國黃金的輸出貿易，歷史語言研究所集刊第五三本（民國七十一年）第二分，頁二一五～二一九，二二一、二二三。
28. Boxer, *Great Ship*, p. 7.
29. 矢野仁一關於長崎貿易的銀、銅之輸往中國（日文），經濟論叢（京都帝國大學經濟學會，昭和三年）第二六卷第二號，頁一〇〇；拙著明代中葉後澳門的海外貿易，中國文化研究所學報第五卷第一期，頁二六二～二六三。
30. Boxer, *Great Ship*, p. 64; *Fidalgos*, p. 16.
31. Boxer, *Great Ship*, p. 6; *Christian Century*, p. 107; H. B. Morse, *The Chronicles of the East India Company Trading to China, 1635-1834*, Taipei, 1966, vol. 1, p. 17. 關於萬曆 (1573-1620) 中葉左右，葡人自日本運銀至澳門，再轉運往廣州的情況，王臨亨粵劍編（萬曆二九年，筆記標點本，廣文書局）卷三，頁一九下～二〇說：「西洋古里〔Caliout，在印度西岸果亚以南〕，其國乃西洋諸番之會，三四月間入中國市雜物，轉市日本諸國以覓利，滿載皆阿堵物也。余駐省〔廣州〕時，見有三舟至，舟各寶白金三十萬。投稅司納稅，聽其入城與百姓交易。」又說：「西洋之人往來中國者，向以香山澳中爲艤舟之所，入市畢則驅之以去。日久法弛，其人漸蟻聚蜂結，巢穴澳中矣。當事者利其入市，不能盡法繩之，姑從其便。……夷人金錢甚夥，一往而利數十倍。……」

貨。[32] 可是，當日本華絲入口貿易擴展的時候，葡人却不能像過去那樣壟斷華絲市場，因爲利之所在，中、日商人看見葡人那樣發財致富，自然要違反明朝政府禁止通商的法令，從事走私貿易了。日本生絲供應旣然有了新的來源，原來幾乎爲葡人獨佔輸入的華絲，在一六〇〇年日本輸入總額中，下降至只佔百分之三十多點。[33] 其後到了一六一二年，日本輸入生絲一共多至 6,300 擔，其中由葡船運來的不過 1,300 擔而已。[34]

　　葡人在澳門、長崎間經營的絲貨貿易，除中、日商人外，又遭受到荷蘭人的競爭。隨着海上勢力的興起，荷人航海東來，於十七世紀初葉抵達日本平戶；及一六二四年佔據臺灣，便在那裏收購華絲及其他貨物，運往日本售賣。[35]

　　雖然遭遇到激烈的競爭，葡人仍能站得住脚，繼續經營澳門、長崎貿易。可是，這種繼續了八十多年的貿易，到了一六三九年却被日本政府禁止。原來葡人一方面在日本通商，他方面又在那裏從事傳教工作。葡人中的耶穌會士，在日傳教的成績很好，但信仰神道或佛教的日人却加以反對。到了一六三七年，日本天主教徒發動叛變，葡籍耶穌會士也牽涉在內。日本政府於一六三八年平定叛亂後，便於一六三九年驅逐葡人出境，禁止葡船到長崎貿易。[36]

（四）

　　看見葡人經營中、日貿易，大發其財，中國東南沿海商人，早就不顧明朝政府有關中、日通商的禁令，秘密派船輸出華絲及其他貨物，運往日本及其他國家出售獲

---

32. 根據岩生成一教授的研究，日本於十六世紀後半，每年平均輸入中國生絲一千餘擔，及十七世紀初期增加至三千至四千擔。(Seiichi Iwao, "Japanese Foreign Trade," *Acta Asiatica*, XXX, p. 4.) 另據加藤榮一教授估計，日本每年平均輸入華絲，在十六、七世紀之交爲 1,600 擔，一六一〇至一六二〇年爲 3,000 至 3,500 擔，及一六二〇至一六四〇年爲 2,500 至 4,000 擔。(Kato Eiichi, "Japanese-Dutch Trade," *Acta Asiatica*, XXX, p.45.) 又參考 William S. Atwell, "*Sakoku* and the Fall of the Ming Dynasty".

33. Seiichi Iwao, "Japanese Foreign Trade," *Acta Asiatica*, XXX, p. 9.

34. Kato Eiichi, "Japanese-Dutch Trade," *Acta Asiatica*, XXX, pp. 48-49, 66.

35. 同上，p. 48.

36. Boxer, *Great Ship*, pp. 158-163; Edwin O. Reischauer and John K. Fairbank, *East Asia: The Great Tradition*, Boston, 1958, pp. 582, 588-589, 597-599; 拙著明代中葉後澳門的海外貿易，中國文化研究所學報第五卷第一期，頁二六三。

利。例如「嘉靖庚子年〔1564〕，〔王〕直與葉宗滿等造海船，置硝、〔硫〕黃、絲、綿等違禁貨物，抵日本、暹羅、西洋諸國，往來貿易，五六年致富不貲。夷人大信服之，稱爲五峯船主。」[37] 到了萬曆(1573～1620)中葉左右，對於與日本通商的禁令，中國官方事實上已不怎樣嚴格執行。[38] 自十七世紀開始，每年到達日本的中國商船，約爲三十餘艘，有時多至六十艘。自從一六三三年日本施行鎖國政策，一六三六年禁止日本船航海通商，及一六三九年又禁止葡船赴日貿易，於是造成中國商人到日本做生意的好機會，到達日本的中國船在一六三九年增至九十三艘，一六四一年，增至九十七艘。[39]

自中國沿海開往日本的商船，主要裝載各種絲織品、生絲及其他貨物，歸途中則載運白銀及其他日本物產。王在晉於萬曆三十七年(1609)間任浙江地方官，著有越鐫記載是年浙江發現的三宗通倭案件，其中一宗說林清等商人把紗、羅、紬、絹、布疋及其他貨物運往日本售賣，售賣所得倭銀，由銀匠在船傾銷溶化，因爲船中有爐冶、風箱、器具等設備。[40] 另一宗案件說嚴翠梧等在蘇州、杭州置買湖絲（湖州生絲）、

37. 嚴從簡輯殊域周咨錄（故宮博物院圖書館，1930）卷二，頁一八。

38. 明神宗實錄（中央研究院歷史語言研究所印）卷四七六，頁三下～四，萬曆三十八年(1610)十月丙戌，兵部覆議：「閩人販海爲生，舊俱絲海澄出洋，與販東西洋諸島。……近奸民以販日本之利倍於呂宋，寅緣所在官司擅給票引，任意開洋，高桅巨舶，絡繹倭國。」又同書卷四九八，頁三，萬曆四十年(1612) 八月丁卯，兵部言：「今通倭之民，所以屢禁而不止者，何也？蓋禁通倭，必漁者、賈者及市羅者一切禁絕，而後可。然民之生命在斯，其勢不能禁絕，則通倭之船已出矣。……海上姦民，飄大洋而出者，不止一處，……」

39. Seiichi Iwao, "Japanese Foreign Trade," *Acta Asiatica*, XXX, p. 11; Boxer, *Fidalgos*, p. 134; 韓振華再論鄭成功與海外貿易的關係，中國社會經濟史研究（廈門），一九八二年第三期，頁三四。

40. 王在晉越鐫（萬曆間刻本）卷二一通番說：「又一起爲福清人林清，與長樂船戶王厚商造釣槽大船，倩鄭松、王一爲把舵，鄭七、林成等爲水手，金士山、黃承燦爲銀匠；李明習海道者也，爲之嚮導；陳華諳倭語者也，爲之通事。於是招來各販，滿載登舟。有買紗、羅、紬、絹、布匹者；有買白糖、磁器、果品者；有買香、扇、梳、篦、毡、袜、針、紙等貨者。所得倭銀，在船溶化，有爐冶焉，有風箱、器具焉。六月初二日開洋，至五島，而投倭牙五官、六官，聽其發賣。……此由長樂開船發行者也。又有閩人揭才甫者，久寓於杭，與杭人張玉宇善，出本販買〔賣？〕紬、絹等貨，同義男張明覓船戶施春凡，與商夥陳振松等三十餘人，於七月初一日開洋，亦到五島，投牙一官、六官零賣。施春凡、陳振松等尙留在彼，而玉宇同林清等搭船先歸。此由寧波開船發行者也。林清、王厚抽取商銀，除舵工、水手分用外，清與厚共得銀二百七十九兩有奇。所得倭銀，卽令銀匠在船傾銷。計各商覓利，多至數倍，得意泛舟而歸。由十月初五日五島開洋，十二日飄至普陀相近，被官兵哨見追趕。商船……被礁閣，各負銀兩登山奔竄，逃入柴廠。將未傾倭銀，拋棄山崖蹊澗間。哨官楊元吉督同捕兵緝拿，……搜獲倭戒指、金耳環、倭刺刀、爐底器骸數件，又搜獲銀共三千九百兩七錢。……」原書未見，玆引自謝國楨明代社會經濟史料選編（福建人民出版社，1980），卷中，頁一三八～一三九。

緞、絹、布匹等物，由定海開船往日本出售。[41] 此外又有一宗案件說趙子明等「織造蛤蜊旺段匹等貨」，由海道輸出，而他是「杭〔州〕之慣販日本渠魁。」[42]

　　明中葉後中國商船走私運往日本的絲貨，除紗、羅、紬、絹、緞等絲織品外，生絲更為重要。根據一位耶穌會士的報告，一六一二年日本總共輸入華絲 6,300 擔，其中約 2,000 擔由中國商船輸入。根據荷蘭方面的記載，華船輸入日本的生絲，於一六三三年為 1,500 擔，一六三四年為 1,700 擔（一作 1,400 擔），及一六三七年為 1,500擔。[43] 又據岩生成一教授的研究，中國船運生絲赴日，於一六四〇年為 900 擔，一六四一年為 1,000 擔，及一六四五年為 1,300 擔（是年日本輸入生絲總額為 3,200 擔）。[44]

　　因為中國市場上白銀的購買力遠較日本為大，中國商人在日售貨所得的白銀，自然大量運載回國。上述王在晉記載往日本貿易的中國商船，有兩名銀匠，利用船中的爐冶、風箱、器具，把倭銀傾銷溶化，煉成一錠一錠的銀子。根據小葉田淳教授的研究，在一五四二年，有三艘自日本開往泉州的商船，共載銀八萬兩，即每艘載銀二萬六千餘兩，或約一千公斤。[45] 又據岩生成一教授的計算，在十七世紀初期，赴日貿易的中國商船，每艘平均自日運銀 23,500 兩回國。[46] 到了一六四一年，中國各商船共

---

41. 越鐫卷二一通番說：「其一起為奸民嚴翠梧，與脫逃方子定，以閩人久居定海，糾合浙人薛三陽、李茂亭結夥通番，造船下海。……有朱明陽者，買哨船增修，轉賣茂亭，先期到杭收貨，同夥林義報關出洋而去。翠梧、三陽……隨買杭城異貨，密雇船戶馬應龍、洪大卿、陸葉鹹膣船三只，詐稱進香，乘夜偷關。駕至普陀，適逢潮阻，哨官陳勛等駕船圍守，應龍等輕乘船而遁。哨兵追之，乃索得段、絹、布匹等物，縱之使行。而前船貨物，已卸入三陽大船，洋洋赴大墾矣。於是子定先往福建收買杉木，至定海交卸。意欲緊隨三陽等，同船販賣。遂將杉船向大嵩港潛泊，而豫構楊二往蘇、杭置買湖絲，……同來定海。見三陽船已先發，乃頓貨於子定家，尋船下貨。……」（引自謝國楨前引書，卷中，頁一三六～一三七。）

42. 越鐫卷二一通番說：「又一起為撫院訪拿省城通番人犯趙子明、沈雲風、王仰橋、王仰泉、何龍洲五名。向織造蛤蜊旺段匹等貨，有周學詩者轉販往海澄貿易，遂搭船開洋，往暹羅、呂宋等處發賣，獲利頗厚，歸償子明賒欠段價。……子明雖不與學詩同往，而轉買得利，應與學詩並走。生員沈雲風者，將資本托僕沈乘祚、來祥往海澄生理，來祥等徑往呂宋等處販賣貨物，包利以償其主。……家有通販之奴，似當罪歸其主。」（引自謝國楨前引書，卷中，頁一三九～一四〇。）又明神宗實錄卷四九六，頁三，萬曆四十年六月戊辰條說：「杭之慣販日本渠魁，如趙子明輩，亦併捕而置之理。」

43. Kato Eiichi, "Japanese-Dutch Trade," *Acta Asiatica*, XXX, pp. 48-49, 66.

44. Seiichi Iwao, "Japanese Foreign Trade," *Acta Asiatica*, XXX, pp. 11,13.

45. Evelyn Sakakida Rawski, *Agricultural Change and the Peasant Economy*, Cambridge, 1972, p. 76.

46. William S. Atwell, "International Bullion Flows," *Past and Present*, No. 95, p. 70.

自日輸出白銀 35,625 公斤，或九十餘萬兩；及一六四六年，輸出銀更多至 63,750 公斤，或一百六十餘萬兩。[47]

（五）

葡人在中、日間經營華絲貿易，不特要受到中國商人競爭的威脅，[48] 自十六、七世紀之交開始，日本商船由政府頒發「朱印狀」（一種出國及外國貿易的特許狀，上面蓋有朱色關防），稱爲「朱印船」，獲准出國貿易，也大量輸入華絲。據岩生成一教授估計，自一六〇四至一六三五年，日本共有 356 艘朱印船，出國貿易。[49] 因爲明朝政府禁止與日本通商，朱印船經常開往東南亞地區，與中國商人交易，[50] 購買生絲、各種絲織品及其他貨物，運囘日本出售。[51]

出國貿易的朱印船，除載運各種日本物產外，因爲日本銀產豐富，每艘都輸出大量白銀，有時一艘多至 5,600 公斤。[52] 據估計，朱印船每年自日運出的銀子，共約三萬至四萬公斤，多過中國商船自日運出的數量，差不多有葡船自日運出的那麼多。在

---

47. Seiichi Iwao, "Japanese Foreign Trade," *Acta Asiatica*, XXX, p. 11.

48. Boxer, *Fidalgos*, p. 134.

49. Seiichi Iwao, "Japanese Foreign Trade," *Acta Asiatica*, XXX, pp. 9-10; Kato Eiichi, "Japanese-Dutch Trade," 同上刊物，p. 48; 陳荆和清初華舶之長崎貿易及日南航運，南洋學報第十三卷第一輯，頁一～二。

50. 關於明中葉後中國商人運銷絲貨至東南亞各地的情況，顧炎武天下郡國利病書（廣雅書局本）卷九六，頁二九～三〇，福建六，郭造卿防閩山寇議說：「海外之夷，有大西洋，有東洋。大西洋則暹羅、柬浦塞諸國。……而東洋則呂宋，其夷佛郎機也。是兩夷者，皆好中國綾、羅〔春明夢餘錄卷四二，頁三五，傅元初論開洋禁疏作緞〕、雜繪。其土不蠶，唯藉中國之絲到彼，能織精好緞匹，服之以爲華好。是以中國湖絲百觔，值價百兩者，至彼得價二倍。……若洋稅一開，……聽閩人以其土物往，他如浙、直〔南直隸，即今江蘇及安徽〕絲客，江西陶人，各趨之者，當莫可勝計，即可復萬曆〔1573-1620〕初年二萬餘金之餉以餉兵，……」又皇明經世文編第三〇册（卷四九一），頁三一七～三一八，徐光啓海防迂說（約萬曆末天啓初）說：「於是有西洋番舶者，市我湖絲諸物，走諸國貿易。若呂宋者，其大都會也。而我閩、浙、直商人，乃皆走呂宋諸國。倭所欲得於我者，悉轉市之呂宋諸國矣。倭去我浙、直路最近；走閩稍倍之；呂宋者在閩之南，路迂迴遠矣。而市物又少，價時時騰貴，湖絲有每斤至五兩者。」（又見於徐光啓增訂徐文定公集，上海，民國二十二年，卷二，頁八三；徐光啓集卷一，頁三九～四〇。）參考拙著自明季至清中葉西屬美洲的中國絲貨貿易，中國文化研究所學報第四卷第二期，頁三五六。

51. Seiichi Iwao, "Japanese Foreign Trade," *Acta Asiatica*, XXX, pp. 3-4, 9; William Lytle Schurz, *The Manila Galleon* (New York, 1939), p. 115.

52. Seiichi Iwao, "Japanese Gold and Silver," *International Symposium*, p. 65.

國際市場中，日本商人旣然有這許多銀子，他們的購買力自然很大。當朱印船到達馬尼拉的時候，他們在生絲市場上和西班牙人競爭購買，促使華絲價格上漲，予西人以嚴重威脅。故菲律賓總督時常禁止日商在西人每年購買完畢之前，在那裏購買華絲。[53]

除菲律賓外，朱印船時常前往東南亞其他地區，尤其是印度支那，和販運生絲的中國商人交易，把華絲等貨物轉運回日本去賣。[54] 據估計，朱印船自東南亞輸入日本的生絲，有時每年多至 1,400 至 2,000 擔，在正常年頭約佔輸入總額的百分之五十至七十。[55]

隨着對外貿易的發展，外籍天主教教士在日本傳教及其他活動，逐漸引起日本當局的疑慮。早在一六二〇年，荷蘭人已經警告日本政府：如果繼續准許日本商船駛往外國港口貿易，要阻止外籍教士偷渡赴日，將是不可能之事。因此，日本幕府於一六三三年禁止外國人入境，於一六三五年禁止日本人前往海外，及海外日人囘國。此後朱印船便不再出國經營海外貿易。[56]

（六）

葡人對於日本華絲入口貿易的壟斷，不特遭遇中、日商人的競爭，而且受到荷蘭人的破壞。由於海上勢力的強大，荷蘭航海家於一五九五年打破葡人對好望角航路的壟斷，率領船舶四艘東航，於次年六月抵達爪哇下港（Bantam）。其後繼續努力，於一六〇二年設立荷蘭東印度公司來經營東方貿易，並於同年在下港設立商館。[57] 後來經過長期的準備，荷蘭東印度公司於一六〇九年派船開往日本平戶，在那裏建立商館，開始進行破壞葡人壟斷日本生絲市場的活動。[58]

荷人航海東來，在時間上比葡人爲晚，他們看見早到的葡人，由澳門轉運華絲前

53. Seiichi Iwao, "Japanese Foreign Trade," *Acta Asiatica*, XXX, pp. 9-10. 又參考註50。
54. Boxer, *Great Ship*, p. 76.
55. Seiichi Iwao, "Japanese Foreign Trade," *Acta Asiatica*, XXX, pp. 9-10. 朱印船每年自東南亞輸入日本的生絲，另一估計爲 1,000 至 3,000 擔。參考 Kato Eiichi, "Japanese-Dutch Trade," *Acta Asiatica*, XXX, p. 48.
56. Seiichi Iwao, "Japanese Foreign Trade," *Acta Asiatica*, XXX, p. 15; 陳荊和前引文，南洋學報第十三卷第一輯，頁一～二。
57. Schurz, 前引書，p. 343.
58. Boxer, *Fidalgos*, pp. 56-57.

往日本貿易，賺取那麼大的利潤，非常羨慕，有取而代之的野心。到了一六二二年，荷蘭海軍進攻澳門，其中一個目的，是要把澳門佔領，以便荷人代替葡人成為日本市場的中國絲貨供應者。但葡人以逸代勞，把荷人擊敗。[59]

進攻澳門失敗後，荷蘭艦隊轉移方向，於一六二四年佔據臺灣，此後荷人便以臺灣為貿易基地，收購華絲。在與荷人交易的華商中，李旦經常自廈門密買絲綢，運往臺灣出賣。[60]一六二五年李旦死後，許心素壟斷了廈門、臺灣間的貿易，於一六二七年正月七日，用船五艘，自漳州載絲數百擔，運往臺灣，賣給荷人。[61]有一個記載，說在一六四〇年左右，荷人一年在臺收購華絲及其他貨物，約共投資五百萬盾（銀一百五十萬兩有多）。[62]

荷人在臺灣收購的絲貨，一部分轉運往巴達維亞（Batavia，在爪哇西北）及歐洲，但較大部分都運往日本，因為後者銷路較好，獲利較大。[63]荷船運往平戶的各種貨物中，以一六三六年為例，生絲佔輸入總值的百分之五九・四，絲織品佔百分之二一，合共佔百分之八〇・四。[64]其中生絲一項，荷船每年輸入平戶的數量，詳見第一表。

59. 同書，pp. 72-92; Boxer, *Great Ship*, pp. 105-106; 拙著明代中葉後澳門的海外貿易，中國文化研究所學報第五卷第一期，頁二四九。

60. 秦炯纂詔安縣志（康熙三十年序）卷一二，頁九，沈鈇（詔安縣鄉官）上南撫臺移檄暹羅宣諭紅夷書說：「夫大〔臺〕灣去澎湖數十里，雖稱夷區，實泉〔州〕、漳〔州〕咽喉也。沿海商民，捕釣貿易，往來必經。……而遊棍李旦乃通夷許心素之流也，夙通日本，近結紅夷，玆……突入廈門，豈有好意？不過乘官禁販，密買絲綢，裝載發賣諸夷，併為番夷打聽消息者。」

61. Ts'ao Yung-ho, "Chinese Overseas Trade in the Late Ming Period," International Association of Historians of Asia, *Second Biennial Conference Proceedings* (Taipei, 1962), p. 441.

62. John E. Wills, Jr., *Pepper, Guns and Parleys: The Dutch East India Company and China, 1622-1681* (Cambridge, 1974), p. 10.

63. D. W. Davies, *A Primer of Dutch Seventeenth Century Overseas Trade* (The Hague, 1961), p. 62.

64. Kato Eiichi, "Japanese-Dutch Trade," *Acta Asiatica*, XXX, p. 65.

第一表　自一六二一至一六三九年荷船

輸入日本平戶的生絲

年　　份	數量（單位：斤）
1621	5,688（+）
1622	9,056
1623	3,231
1624	2,847.5
1625	29,017
1626	33,227
1627	91,362（+）
1628	28,980.5
1634	64,530
1635	132,039
1636	142,251
1637	110,306
1638	142,194
1639	111,287

資料來源: Kato Eiichi, "Japanese-Dutch Trade,"
Acta Asiatica, XXX, p. 66.

　　根據第一表，可知荷人於一六二四年佔據臺灣後，利用臺灣作爲貿易基地，運華絲赴日本出售，數量開始增加。其後自一六三五至一六三九年，荷船輸入日本的華絲更大量增加，每年都多至一千餘擔。另據岩生成一教授的研究，在一六四〇年荷船輸入日本的生絲更多至 2,700 擔。[65] 一六三五年後，荷船每年運往日本售賣的生絲，已經遠較葡船爲多。例如一六三六年，葡船運日的生絲銳減至 250 擔，荷船輸日的生絲却多至 1,422 擔有多。[66] 其後到了一六三九年，日本政府驅逐葡人出境，禁止葡船到長崎貿易，過去葡人在日本華絲入口貿易中所佔的地位，更爲荷人及中國商人搶奪了去。

---

65. Seiichi Iwao, "Japanese Foreign Trade," *Acta Asiatica*, XXX, p. 16.
66. Boxer, *Fidalgos*, pp. 114-115; 拙著明代中葉後澳門的海外貿易，中國文化研究所學報第五卷第一期，頁二六〇。但 Boxer 書中說一六二四年荷船輸日的生絲爲 1,421 擔，與第一表中的 1,422（十）擔，略有不同。

當日本的生絲入口貿易擴展的時候，除華絲以外，荷人曾試圖把波斯絲運日出賣，但結果虧本；在另外一方面，他們運華絲往日本出賣，利潤却高達百分之一五〇。[67] 荷人自臺灣販運華絲到日本去，在當日是最有利的一種買賣，他們獲利之大，要遠大於在亞洲其他地區經商獲得的利潤。[68]

荷船把華絲及其他貨物輸入日本後，因爲日本銀產豐富，每年都輸出鉅額白銀。例如一六三六年，荷船自平戶輸出銀 2,480,200 盾（約七十餘萬兩），佔出口總值的百分之八五・八。[69] 自一六四〇至一六四九年，荷船共自日本輸出銀 15,188,713 盾，約四百五十餘萬兩。[70] 這些由荷船輸出的日本銀子，有不少用來在臺灣收購華絲及其他貨物，轉運到日本及其他地區出賣。[71]

（七）

自十五、六世紀間世界新航路發現後，世界貿易越來越發達，而位於太平洋西岸的中國，其對外貿易也跟着發展起來。過去曾經長時期沿着絲紬之路向西方輸出的絲貨，自十六世紀後由於海洋交通的進步，更沿着海上絲紬之路來拓展它的輸出貿易。[72] 明代中葉後，中國出口的絲貨，除經菲律賓運往美洲，經果亞及巴達維亞運往歐洲出賣外，又有不少向日本輸出。

自十六世紀中葉左右開始，日本銀產豐富，輸出增加，在國際市場上具有強大的購買力。在中國方面，到了明中葉前後，全國普遍用銀作貨幣，銀因求過於供而價值增大；中國商人看見日本有那麼多的銀子，自然要擴展對日貿易，增加絲貨及其他商品的輸出，以便自日賺取鉅額白銀，運回本國。

67. M. A. P. Meilink-Roelofsz, *Asian Trade and European Influence in the Indonesian Archipelago between 1500 and about 1630* (The Hague, 1962), p. 263.

68. Seiichi Iwao, "Japanese Foreign Trade," *Acta Asiatica*, XXX, p. 17.

69. Kato Eiichi, "Japanese-Dutch Trade," *Acta Asiatica*, XXX, p. 65.

70 Carlo M. Cipolla, *Before the Industrial Revolution: European Society and Economy, 1000-1700* (London, 1976), p. 214; J. B. Harrison, "Europe and Asia," in *The New Cambridge Modern History* (Cambridge University Press, 1970), vol. IV, p. 659.

71. 參考註 62。

72. 陳炎略論海上「絲綢之路」，歷史研究，一九八二年，第三期，頁一六一～一七七。

　　可是，當中、日經濟互相倚賴的程度越來越密切的時候，明朝政府却因倭寇問題，禁止本國人民對日本通商。這樣一來，葡人航海東來，建立澳門爲貿易基地後，便乘機發展澳門、長崎間的華絲貿易，同時又把日本銀子轉運入中國來從中取利。

　　葡人在中、日間通商發財的情況，自十六世紀中葉後曾經繼續了許久，但後來中國、日本及荷蘭商人，因爲利之所在，都先後爭着去做同樣的買賣，而不讓葡人獨享大利。到了一六三九年，日本政府禁止葡船到長崎貿易，過去葡人在中、日貿易中所佔的地位，便爲中、荷商人取而代之了。

　　我國勞動人民辛苦產製出來的絲貨，被其他國家的商人利用來通商獲利，我國經濟上不免要蒙受損失。中國商人把本國出產的絲貨走私運往日本，被目爲非法的行爲，固然很有道理；但站在國家經濟的立場來說，這些走私商人爲國家爭取回不少商業利益，不讓日、葡、荷等外國商人獨享厚利，對本國經濟顯然有利。不特如此，由於他們在中、日間的經濟活動，中國絲貨出口增加，自然刺激人們對蠶絲業增加投資的興趣，創造更多就業的機會，對於本國經濟當然大有補益。中國的蠶絲產區遍於各地，但以江蘇、浙江間的太湖盆地爲最重要。明、清間這個地區經濟非常繁榮，人民生活比較富裕，故俗語說，「上有天堂，下有蘇、杭。」這個地區人民之所以特別富有，原因當然很多，但除西屬美洲等海外市場以外，日本市場對於中國絲貨需求的增大，從而刺激江、浙蠶絲業的發展，人民就業機會的增加，當是其中一個重要的因素。

　　復次，日本出產的白銀，除由中國商船運回外，又有不少爲日、葡、荷商船所輸出。這些自日本輸出的銀子，雖然爲其他國家的商船運走，其中有不少用來採購中國絲貨及其他商品，最後多半流入中國。明、清時代中國之所以能普遍用銀作貨幣來交易，把賦、役折算爲銀來向政府繳納的一條鞭法之所以能夠實行，雖然可能有各種不同的解釋，但除美洲白銀以外，日本白銀的流入中國，顯然是其中一個重要的原因。

一九八四年六月二十三日，九龍。

略論新航路發現後的海上絲綢之路*

全 漢 昇

一

　　把中國絲綢運往西方世界去的絲綢之路，在歷史上一共有兩條，而不是一條。頭一條是漢代東西方絲綢貿易的商路，以陸路爲主，東起長安，經河西走廊、天山南路、葱嶺，西抵大月氏（今阿富汗）、安息（波斯，今伊朗），再向西抵達條支（今伊拉克）、黎軒（又作黎靬）或大秦（卽羅馬帝國）。第二條是海上絲綢之路，指的是十五、六世紀間世界新航路發現後，把中國絲綢運往菲律賓，再轉運往美洲的太平洋航道，及把絲綢運往印度、歐洲的印度洋、大西洋航道。

　　橫跨歐、亞大陸的絲綢之路，要經過廣大地區的沙漠、草原和高山。一支三十頭駱駝的駱駝隊，在這條路上行走，只能馱九噸，行走非常緩慢，運輸效率非常低下。經過長途跋涉，運抵歐洲的中國絲綢，數量自然有限，當加上高昂的運費以後，價格昂貴到和黃金同價。據說在羅馬共和國末期，有一次連凱撒 (Julius Caesar, 100—44B.C.) 穿綢袍看戲，都被當時人非議，認爲過份奢侈。

　　可是，到了十六、七世紀，當大帆船橫渡太平洋，把中國絲綢大量運往美洲出售的時候，由于價格低廉，中國絲綢已經不再是只有少數有錢人纔能享用的奢侈品，而變爲大多數人的日常用品，連印第安人、黑人及其他窮人，也買得起來縫衣服穿了。

二

　　中國絲綢由海道輸出國外，在漢代已經開始。據漢書（百衲本）卷二八下，頁三

---

* 編者按：此爲本院第十七屆院士會開會期間全先生公開講演之講稿，講演日期爲七十五年八月七日。

七，地理志的記載，漢武帝（140—87B.C.）時，我國海船從廣東雷州半島出海，途經今越南、泰國、馬來西亞、緬甸，橫越印度洋，到達印度南端，船上載有黃金、雜繒，去換取各國出產的明珠、璧、流離、奇石、異物。其後中國絲綢也繼續向海外輸出，可是要等到世界新航道發現後，海上的絲綢之路纔特別活躍起來。

在十五世紀中葉前後，葡萄牙人已經沿非洲西岸探險，後來經過多年的努力，繞航好望角，橫渡印度洋，于明弘治十二年(1498)到達印度西岸。到了正德五年(1510)，他們攻佔印度西岸的果亞（Goa）；翌年，佔領馬來半島西岸的滿剌加(Malacca，一作馬六甲)；再過五年，便派船試航中國。其後經過長期的經營，于嘉靖三十六年（1557），獲得中國官方批准，在澳門定居，以便從事貿易。

當葡人尋找歐、亞新航路的時候，西班牙政府派遣哥倫布向西航海，橫渡大西洋，于弘治五年（1492）發現美洲新大陸。其後經過多年的經營，西班牙殖民者以墨西哥作基地，于一五六五年開始佔領菲律賓。因為要加強美洲與菲律賓間的連繫，自一五六五至一八一五年，長達二百五十年之久，西班牙政府每年都派遣一艘至四艘（以兩艘為多）載重由三百噸至一千噸（有時重至二千噸）的大帆船，橫渡太平洋，來往于墨西哥阿卡普魯可（Acapulco）與菲律賓馬尼拉之間。大帆船載運的商品，有種種的不同，但美洲對菲的輸出，以秘魯、墨西哥盛產的白銀為主，菲島對美的輸出，則以中國生絲及絲綢為最重要。

明代中國流通的貨幣，以「大明寶鈔」為主。到了中葉左右，寶鈔因為發行太多，價值不斷低跌，結果大家為着保護自己利益起見，市場交易都爭着用銀而拒絕用鈔。但中國銀礦儲藏並不豐富，銀產有限，銀求過于供的結果，價值自然特別增大。在菲島的西班牙人，因為美洲銀產豐富，每年都自那裡輸入大量銀子，自然引起把銀視為至寶的中國商人的興趣，促使後者努力擴展對菲出口貿易，把那裡西班牙人手中的銀子賺取回國。

中國商人對菲輸出的貨物，種類甚多，其中體積、重量較小而價值較大的生絲和絲綢，更為西班牙人所急需。當西班牙人到達菲律賓的時候，菲島的天然資源尚待開發，並沒有生產什麼重要商品可供對美大量輸出之用。在另外一方面，美洲因為銀礦正在開發，產量豐富，人民購買力提高，自然要講求生活上的享受，爭着購買華貴的

絲綢來縫製衣服。在這種情形下，如果大帆船把中國商人運往菲島的生絲和絲綢大量運美，那末，由于商品本身價值的昂貴，和在美洲市場上需求的增大，自然可以賺取鉅額的利潤，從而大帆船航線也因有可靠的運費收入而能長期經營，達兩個半世紀之久。因此，橫越太平洋的大帆船，一方面把銀價低廉的美洲和銀價高昂的中國連繫起來，他方面使中國大量生產的生絲和絲綢在美洲擁有購買力強大的市場，跟着這條海上絲綢之路也就蓬勃發展起來。

三

明代的中國，以江、浙間的太湖爲中心而擴展至東南沿海的廣大地區，蠶絲生產事業特別發達，產量越來越大的生絲和絲綢，除國內消費以外，還有大量剩餘可供出口。當西班牙人抵達菲島（1565）不久以後，明朝政府于嘉靖四十五年（1566）把福建月港陞爲漳州府海澄縣治，次年（隆慶元年，1567）正式准許人民自那裡航海前往東洋及西洋貿易。所謂東洋，指的是以菲律賓羣島爲中心的海洋，故往返東洋的人大部分都往菲律賓北部的呂宋島，或其中的馬尼拉港。他們自國內運到那裡的貨物，以生絲及絲紬爲主。當日在中國每擔值銀一百兩的湖（浙江湖州）絲，運到那裡出賣，起碼得價兩倍。除西班牙人外，有時日本商人也到那裡採購湖絲。當大家在市場上爭着購買的時候，湖絲價格更急劇上漲，每擔售銀五百兩。由于國內和呂宋售價的懸殊，把絲貨運到那裡出賣的中國商人，往往獲得鉅額的利潤。中國商人到馬尼拉後，在市東北部集中居住和貿易的地方，稱爲「生絲市場」，可見絲貨在中、菲貿易中所佔地位的重要。由于鉅額利潤的吸引，葡萄牙人也以澳門爲根據地，大量收購中國生絲和絲綢，轉運往菲島出賣。在十六、七世紀之交的數十年內，馬尼拉海關向以生絲及絲綢爲主的中國貨物課征的入口稅，在入口稅總額中每年都佔很高的百分比，在一六一一至一六一五年高至佔百分之九一‧五，一六四一至一六四二年更高至佔百分之九二‧〇六。

四

由中國商人或澳門葡人運往菲律賓的生絲和絲綢，在到達馬尼拉後，除一小部分

— 235 —

在當地消費，或向日本輸出以外，絕大部分或幾乎全部都由大帆船轉運往美洲出賣。

自馬尼拉開往墨西哥港口阿卡普魯可的大帆船，被人稱爲「絲船」，因爲船中載運各種貨物，以中國生絲及絲綢的價值爲最大。在一六三六年以前，每艘大帆船登記載運的各種絲綢，約爲三四百箱（chest）至五百箱，但在一六三六年出發的船，其中一艘超過一千箱，另一艘則多至一千二百箱。每一箱的容量，以在一七七四年啓航的大帆船爲例，內有珠色廣州光緞二百五十疋，深紅色的紗七十二疋，約共重二百五十磅；另外有些箱子載運長統絲袜，每箱一千一百四十雙，重二百三十磅。

除各種絲綢外，自馬尼拉出發的大帆船，又把中國生絲大量運往墨西哥出賣。根據西班牙貿易商在一七一四年正月二十七日的報導，每艘大帆船載運生絲一萬一千或一萬二千包（bale），每包約重一擔。其後到了一七二三年，西班牙議會于開會時也宣稱：大帆船自菲運美的貨物（以生絲爲主），雖然以四千包爲最高限額，但通常都多至一萬包或一萬二千包。運抵墨西哥的生絲，多半在那裡加工織造，然後運往秘魯出賣。根據一六三七年菲律賓檢察總長的報告，在墨西哥用中國生絲作原料來加工織造，有一萬四千餘人因此而獲得就業的機會。

美、菲間的西班牙人，經營中國絲貨貿易，經常獲得鉅額的利潤。可是，在另外一方面，西班牙國內（以南部爲主）的絲織工業，原來以產品銷售于美洲殖民地市場上，及大帆船自馬尼拉把中國絲貨大量運往出售，却要因爲後者售價的低廉而感到嚴重的威脅。早在一五八六年，在墨西哥市場上中國織錦（damask）的售價，低廉到不及西班牙線緞（taffeta）的一半，而且前者的品質比後者爲好。後來到了一六四〇年左右，差不多同樣的絲織品，中國貨的價格便宜到只爲西班牙貨的三分之一。因爲運銷美洲的中國絲貨越來越多，在一五九二年自東方輸入美洲的貨物總值已經超過自西輸美。遭受長期的激烈競爭以後，因爲售價低落，產品滯銷，西班牙的絲織工業，便由盛而衰，終于一蹶不振。

五

新航路發現後，中國絲綢向西方世界的大量輸出，除經由太平洋航道外，歐、亞間的海上絲綢之路也活躍起來。

當十六、七世紀，西班牙因美洲白銀大量流入，物價上漲，對外貿易入超的時候，葡萄牙、荷蘭都因貿易及其他關係，自西班牙輸入鉅額白銀。葡、荷商人航海東來，携帶着許多銀子，購買力非常之大，除販運香料以外，自然發展中國絲綢出口貿易來賺取利潤。

葡人航海東來，最先佔領印度西岸的果亞，然後再向其他地區擴展，同時以果亞為基地來經營歐、亞貿易。因此，他們到達澳門後，自然要展發澳門與果亞間的貿易，同時以果亞作媒介來與歐洲發生貿易關係。

由澳門輸往果亞的中國貨物，有種種的不同，但以生絲及絲綢為最大宗。在一六〇〇年左右，自澳門開往果亞的葡船，載有一千擔白絲、大量各種顏色的細絲、一萬至一萬二千疋各種顏色的綢緞，及其他貨物。自一五八〇至一五九〇年，由澳門運往果亞的生絲，每年約為三千餘擔；其後到了一六三五年，有人記載每年多至六千擔，不過這個數字可能有些誇大。澳門每擔白絲售價為銀八十兩；印度每擔售價約銀二百兩。除去運費及其他支出外，利潤為投資的百分之一百以上。自澳門運抵果亞的中國貨物，有不少在印度消費，但其中如生絲，有一部分轉運往葡萄牙出賣。當十六世紀自歐洲至東方的航路為葡人控制的時候，華絲的對歐輸出貿易自然由葡人長期獨佔。其後到了十七世紀，荷蘭人海上勢力興起，到東方來與之競爭，葡人的獨佔局面纔開始發生變動。

早在一五九五年，荷蘭航海家已經打破葡人對好望角航線的獨佔，率領船舶四艘東航，次年抵達爪哇下港（Bantam）。其後于一六〇二年建立荷蘭東印度公司來經營東方貿易，于下港設立商館。後來更在爪哇的巴達維亞（Batavia）建立貿易基地。

荷人到東印度來做買賣，手中持有自西班牙那裡賺到的銀子，自然使生活在銀價高昂地區的中國商人發生興趣，努力擴展對東印度出口貿易，把銀賺回本國。在十七世紀初期，中國商船每年都以大量生絲、絲綢、瓷器、麝香及其他貨物運往下港出售，在回航時雖然自那裡輸出胡椒、檀香、象牙等商品，仍然不能使貿易平衡，結果運走鉅額白銀。故荷人雖然自歐洲運來大量銀子，下港市面銀幣的流通仍然感到缺乏，不能滿足市場交易的需要。在一六二五年抵達巴達維亞貿易的中國商船，其總噸位有如荷蘭東印度公司在那裡的船隊那麼大，或甚至更大。到了一六四四年，航抵巴達維

亞的八艘華船，共輸入中國貨物三千二百噸。因爲華船除自那裏輸出胡椒等貨物外，還運走大量白銀，故當地政府要設法限制華商運銀出口。荷蘭商人雖然要花費許多銀子來購買中國貨物，但把後者運往本國或歐洲出賣，利潤非常之大。例如東印度公司于一六二一年正月，在雅加達（Jacatra）購買中國白色生絲 1,556 斤，運往亞姆斯特丹（Amsterdam）出售，毛利爲投資的百分之三百二十。另外一批中國白絲，重1,009斤，原在臺灣採購，于一六二二年三月在荷賣出，毛利爲百分之三二五。在荷蘭生絲市場上，中國生絲要和來自波斯等國的生絲競爭，但在一六二四年二月廿七日亞姆斯特丹生絲價目單上，大約因爲品質比較優良，中國產品被評價較高。可能因爲地理距離較近，荷蘭自波斯輸入的生絲，多于自中國輸入，但在十七世紀三十年代，荷人運波斯生絲到亞姆斯特丹出賣，利潤爲投資的百分之一百，中國生絲的利潤則高至百分之一百五十。

除以巴達維亞爲基地來經營東方貿易外，荷人于一六二四年佔據臺灣後，又在那裏收購生絲等中國貨物，轉銷于歐、亞各地。例如在一六二七年，荷船自臺灣輸往巴達維亞及荷蘭的生絲，共值560,000荷盾，輸往日本的更多至620,000荷盾。除生絲外，荷人又以臺灣爲基地來發展中國瓷器出口貿易。在十七世紀，荷人由臺灣輸出瓷器至歐、亞各國，多至一千五百萬件以上。

六

西班牙人移殖美洲後，在那裏開發蘊藏豐富的銀礦，由于銀產增加，在十六、七世紀每年都有大量輸出。在中國方面，自明朝中葉左右開始，因爲銀普遍用作貨幣來流通，由于求過于供而價值增大，故中國商人要努力輸出本國物產來換取白銀進口，以滿足貨幣方面的需要。西屬美洲出產的白銀，除橫渡太平洋，經菲律賓輸入中國外，又有不少輸往西班牙，再通過貿易關係，由其他歐洲國家的商人輾轉運來中國。

中國輸出的貨物，並不以生絲及絲綢爲限，但這些絲貨因爲體積、重量較小而價值較大，最宜于遠道運輸，故一方面以馬尼拉爲轉運口岸，每年由大帆船大量運往美洲出賣，他方面由葡船運往印度，再轉運往歐洲，或由華船運往荷屬東印度，再由荷船轉運回國。因此，由于太平洋及歐、亞間新航道的開闢，十六、七世紀的海上絲綢

之路，特別活躍起來。

中國的絲織工業，因爲具有長期發展的歷史背景，技術比較進步，成本比較低廉，產量比較豐富，故產品能遠渡太平洋，在西屬美洲市場上大量廉價出售，連原來在那裡獨霸市場的西班牙絲織品也要大受威脅。由此可知，在近代西方工業化成功以前，中國工業的發展，就它的產品在國際市場上的強大競爭能力來說，顯然曾經有過一頁光榮的歷史。

中國蠶絲產區遍于各地，而以江蘇、浙江間的太湖區域爲最重要。由明至清，這一地區經濟特別繁榮，人口特別增多而富有，故有「上有天堂，下有蘇、杭」這句俗語的流行。蘇州、杭州及其附近地區之所以特別富庶，當然可以有種種不同的解釋，但海外市場對于中國絲貨需求的增大，從而刺激這個地區蠶絲生產事業的發展，人民就業機會與貨幣所得的增加，當是其中一個重要的因素。

附　　錄

參考下列拙著：

1. 明季中國與菲律賓間的貿易　香港中文大學中國文化研究所學報（以下簡稱中國文化研究所學報）第一卷　一九六八。
2. 明清間美洲白銀的輸入中國　中國文化研究所學報第二卷第一期　一九六九。
3. 自明季至清中葉西屬美洲的中國絲貨貿易　中國文化研究所學報第四卷第二期　一九七一。
4. 明代中葉後澳門的海外貿易　中國文化研究所學報第五卷第一期　一九七二。
5. 近代早期西班牙人對中菲美貿易的爭論　中國文化研究所學報第八卷第一期　一九七六。
6. 再論明清間美洲白銀的輸入中國　陶希聖先生八秩榮慶論文集　頁一六四——一七三　臺北市食貨月刊社　一九七九。
7. 三論明清間美洲白銀的輸入中國　未刊。
8. "Trade between China, the Philippines and the Americas during the 16–18th Centuries," 中央研究院國際漢學會議論文集　民國七十年　頁八四九——八五四。
9. "The Chinese Silk Trade with Spanish America from the Late Ming to the Mid-Ch'ing Period," in Laurense G. Thompson, ed., *Studia Asiatica: Essays in Felicitation of the Seventy-fifth Anniversary of Professor Ch'en Shou-yi*, CMRASC Occasional Series No. 29 (San Francisco: Chinese Materials Center, Inc., 1975), pp. 99-117.

試論族譜中所見的明代軍戶

于　　志　　嘉

一、前　　言

　　明代承襲元制，將各種不同徭役之人以不同戶籍約束起來，大體分為軍、民、匠、灶四籍。其中軍戶約占全人口的五分之一。因為軍役的能否維持直接關係到國家權力的發展，軍戶制度的實現乃特具其重要性。筆者曾經就軍戶世襲制度加以討論，[1]但在撰寫時卽覺得對軍戶生活之實態缺乏瞭解。因此想到利用族譜或可補充其他資料之不足。明代衞軍平時都居住在衞所，由於政府鼓勵衞軍在衞立籍，又不許軍戶戶丁分戶，因此軍戶可分原籍與衞所兩地來談。衞所軍人以至軍餘固然有軍役以至各種軍差的負擔，留在原籍的戶丁是否有些什麼特別屬於軍戶的義務？他們與民戶究竟有些什麼不同？這是本文所欲探討的主題。這個問題牽涉到衞所與原籍兩地軍戶間關係的維持，族譜中有很生動的描述，因此以族譜資料為中心，希望能對軍戶生活之實態有較深入的瞭解。

　　可是族譜資料的利用有其困難與限制，這是必須先說明的。明修族譜流傳至今的

---

1. 于志嘉：明代軍戶世襲制度（臺北，臺灣學生書局，1986）。此書依據筆者碩士論文修改而成，初稿成於1981年12月。文中曾就有關明代軍戶問題之研究加以介紹與討論，請參照。稿成之後，又有李龍潛：「明代軍戶制度淺論」，北京師範學院學報1982年第1號，46—56；許賢瑤：「明代的勾軍」，明史研究專刊第六期（1983），133—192；叢佩遠：「明代遼東軍戶的反抗鬥爭」，史學集刊1985年第3期，23—30等篇發表，與本文所論，重點不同。偶有相關之處，將於註中隨處指出。

數量有限，現存族譜絕大多數修於清以後以至於民國，[2] 其中的記事大多最早只能追溯到明初。而且由譜敍等也可察知，明初的記事常有許多是可疑的。這一方面是受到明末兵燹的影響，明修族譜能保全的不多；另一方面可能是因為族譜原非為普及或刊行而作，部數既然有限，在收藏條件惡劣的情況下，或蝕於蠹魚，或不知所終。且明初社會經濟破壞甚烈，一般人民無力亦無暇顧及修譜，待生活安定，想要修譜時，先人事蹟多已湮沒，只憑故老傳聞，所記自多可疑。甚至有因先祖名諱不傳，而借用同姓異宗之譜以為參考者。遂至先祖同名而事蹟各異，[3] 令人不知如何取捨。這是使用族譜資料的難處。

此外，軍戶或軍戶之後代修譜的雖也不少，[4] 但其中有關軍戶的記載常只是片語隻字，其時代又多集中在明初。這是因為明代衞所制度的成立曾帶來一次人民的大遷徙，[5] 族譜既特重始遷之祖，明初因承應軍差而派赴衞所的事蹟遂得以留傳。可是軍戶戶下實際承應軍役的只為有限之一、二人；[6] 衞軍在衞立籍的結果，有時會在衞所和原籍個別發展成大家族。衆多人丁之中與軍役直接間接發生關連者有限，若修譜者與衞軍分屬不同房派，其先祖事蹟又不詳，很可能略而不記。這或許是現存族譜中較少軍戶記事的原因，也因此使在利用時受到很大的限制。

---

2. 參見羅香林：「中國譜籍之留傳與保存」，收入氏著中國族譜研究，香港，香港中國學社，1971，頁49—74；多賀秋五郎：宗譜の研究‧資料篇，東京，東洋文庫，1960；同中國宗譜の研究，東京，日本學術振興會，1981。中國宗譜の研究書後附有「現存宗譜目錄」（下卷，頁143—451），包括旦、美、大陸及香港各地所藏，為多賀個人調查所得。美國猶他學會所藏族譜的部分，臺北成文出版社曾於1983年出版目錄，即美國家譜學會中國族譜目錄，但以該學會之收藏品陸續增加，已不足用。近年來，聯合報國學文獻舘致力於族譜之收集，成績卓著，參見註9。

3. 例如本文註13所引用的苧蘿王氏宗譜，其先祖王廷璧、王允文與仲華、仲保、仲誠等之事蹟已略如正文所介紹。可是另有一部王氏家譜（道光27年，王石渠等修）自廷璧以至仲保三代姓名雖相同，其從軍事蹟却完全不同。後者所舉廷璧從軍的理由，乃是因為「舉充生邑糧役，十餘年不容告代，時有軍役免當糧長之例，遂認杭州同姓軍，在湖廣夷陵守禦千戶所當戍。」（卷三，「三房湫上河東世系」，頁1a）明初軍役免當糧長之例尚未能得見，二譜有關廷璧之記事又皆轉引自他譜（苧譜卷四七，頁7a、王譜卷三，頁1a），但因苧蘿王氏宗譜記仲保後代甚詳，王氏家譜則仲保之後不傳，姑從前者。

4. 筆者先後查閱過族譜五百種，其中出現有關軍戶或衞所官戶之記事的有96種（包括軍戶逃入民籍者），約占全體之五分之一，與軍戶占全人戶之比例相合。

5. 參見羅香林：「族譜所見明代衞所與國民遷移之關係」，收入氏著中國族譜研究，頁75—102。

6. 明代軍戶有重役的情形，即一戶內同時有數丁充當軍役，但至少在明初，政府政策是不以重役為然的。後來因為衞軍逃亡的很多，為補充缺額而有抽軍戶餘丁為軍的辦法，於是一戶數役，衞所軍戶的負擔乃大為增加。參見拙著，頁57～58及註42、49。

不過，也正如族規中常舉出的「完賦役」所顯示，[7] 完納賦役既是子民應盡的義務，有關軍差的承應或軍役的糾紛也常被記錄下來；若有因某種理由逃避軍差的，也不得不爲之略作辯護之詞。因此族譜中偶爾也可以發現一些極其珍貴的史料。這類資料出現的頻度雖不高，但其價值不容忽視。筆者不揣淺陋，先就目前收集所得之部分加以檢討。又因其文字、內容常多簡略，不易解讀，故以軍政條例[8] 配合說明，期能對軍戶制度有一通盤之理解。國學文獻舘收藏族譜微捲已達六千種，相信還有更多寶貴的資料等待我們去發掘。[9]

二、軍丁赴衞時隨行之人

明代行衞所兵制，將軍人分派到全國各地的衞所，其衞所與原籍常相隔甚遠。因此在軍丁到衞以後，如何確保軍丁在衞立籍，使不作逃亡之想，就成爲很重要的課題。南樞志卷九三，「起解軍人審勘妻小」（正統元年，1436）：

> 各處起解到軍人並逃軍正身，務要連當房妻小同解赴衞着役。若止將隻身起解，當該官吏照依本部奏准見行事例，就便挐問。委無妻小者審勘的實，止解本身。

---

7. 註2所引多賀：宗譜の研究・資料篇載有許多族規，可參考。

8. 軍政條例是明代清理軍伍、確保軍源的重要依據，其成書過程及內容簡介，可參照拙著頁75～91。今人能夠看到的有皇明制書（山根幸夫編，東京，古典研究會影印本，1967）卷12，「軍政條例」；嘉靖31年霍冀輯軍政事例六卷（日本尊經閣文庫藏，嘉靖間刊本）；萬曆2年譚綸等輯軍制條例七卷（日本內閣文庫藏，萬曆2年刊本）；南樞志（范景文撰，臺北，中央圖書舘藏，明末刊本）卷87～93，萬曆12年重刊「軍政條例」；以及大明會典（李東陽等奉敕撰，申時行等奉敕重修，新文豐出版公司影印本，萬曆4年修，萬曆15年刊本）卷137，「軍役」、卷154，「軍政一」、卷155，「軍政二」等。各書有關條例之比較，當有助於對軍戶制度先後演變的了解，筆者擬另撰專文探討。

9. 聯合報文化基金會國學文獻舘致力於族譜之收集，已先後購入微捲六千餘種，目前仍陸續有添增，1982年曾出版國學文獻舘現藏中國族譜資料目錄（盛清沂主編，臺北，聯經出版事業公司），僅收入一千九百餘種，亟待增訂續修。另有國學文獻舘現藏中國族譜序例選刊初輯十冊（盛清沂主編，1983）、族譜家訓集粹（行政院文化建設委員會、聯合報文化基金會國學文獻舘同主編，1984，以上出版社俱同）等刊行。本文資料之收集，承該舘盛清沂先生幫助甚多，謹此致謝。

史料中指出軍丁起解時，需連同當房妻小一同解發。[10] 這是有關規定中所能見到的最早的一條。明初的情況究如何？我們可以族譜資料來補足。

以軍妻同行的例子見正定王氏家傳。王氏始祖王大賢本山西清源縣羅谷都西峪村人。洪武三年（1370）以選充眞定衞右所小旗始遷眞定。譜謂：「相傳公始遷時，夫婦二人以獨輪車至，衣衾釜甌外無長物。」[11] 把軍丁由原籍遷到衞所時的情景生動地傳了下來。清源縣屬太原府，山西太原府洪武間曾粱集民丁爲軍，[12] 王大賢或卽於是時被粱集，而又被選爲小旗者。既偕妻赴衞，便以獨輪車載來全部家產，到衞以後立籍爲眞定人，「卜宅城北之權城村，及卒，葬城東三里屯」，子孫世世爲眞定人。

苧蘿王氏宗譜所記又是另一種情形。洪武間湖廣千戶夏得忠誘九溪洞蠻爲寇，靖寧侯葉昇羅致各省功臣之後當軍，王廷璧以是撥入湖廣彝陵守禦千戶所。[13] 洪武二三年（1390），廷璧六三歲，次子允文痛父年老，挺身出名代戍。因其妻朱氏懷孕方五月，乃將朱氏留在原籍，單身赴衞。在營另娶崔氏，生子仲保、仲誠。朱氏亦在原籍生子仲華。後來允文因在衞多病，待子成長，便以仲保代戍，携仲誠回籍。仲保則在永樂九年（1411）襲職百戶，數世後入宜都民籍。

將新婚妻子留在原籍，自己單身赴衞的例子還見於張廖簡氏族譜。其板橋派五世祖張希順生於洪武八年（1375），先娶陳氏，後從戍雲南。因日久未歸，陳氏改適。而希順在雲南傳生有三子，當是到衞後娶妻所生者。[14]

---

10. 同一條例又見霍書卷4，「解軍要眞正妻」，頁4a；會典卷155，「起解」，「凡僉解軍妻」，頁8b；及皇明制書卷12，頁12b。惟會典將之刪簡爲「正統元年奏准：凡解軍丁、逃軍，須連妻小同解，違者問罪。無妻小者解本身。」其它條例亦多類此。雖然保留了最主要的內容，但所刪去的部分有時也透露了不少重要訊息，例如提案者的姓名、職銜、清軍或巡按地等俱被刪除卽是一例。我們知道，許多有關軍政的「題議止係一時權宜之計」，「多出一時救弊之意」（南樞志卷87，嘉靖30年兵部題覆，頁9a—b），並不全部都可通行永久或適用各地的。經過兵部的篩檢，理論上凡被收入軍政條例一書者都應「永爲後世不易之法」，但難保不因「時移俗易，法久弊生」（同上）。故而有必要對條例成立之背景深入了解，特別是在提案本身具有地方性色彩時尤需一併考慮。這也就是爲什麼有會典這樣方便的書而筆者仍以軍政條例爲重的理由。現存軍政條例中以南樞志所收成書最晚，本文引用時亦以是書爲主，間參以他書，重出者不再列舉。
11. 正定王氏家傳（光緒19年，王耕心撰）卷1，「王氏家傳」，「始祖清源公家傳」，頁1a—b。
12. 參見拙著頁12~13、15，史料10、12。
13. 苧蘿王氏宗譜（民國4年，王融甫、王燮陽等重修）卷47，「桃源系紀」，頁7a—9b。
14. 張廖簡氏族譜（民國54年再版，張清風、廖大漢主編，臺中新遠東出版社），張氏「世系表說明」，板橋派下五世祖，張氏B152頁。

　　其次是携子赴衞的情形。道光三十年（1850）續修的范氏家乘是范仲淹一族的族譜，其中收有許多充軍的記載。如郎中房十世伯啓，洪武初戍雲南，子叔安從戍。支使房十一世叔鏞坐戍，二子尚幼，俱隨往。叔敏洪武初戍興州，一子子遍從戍。郎中房十一世叔昉，洪武中戍甘肅衞，一子子昱從戍。監簿房十二世元大，洪武初戍北京玉門衞，二子從周、從德隨往。忠宣房十二世子衎，永樂十年（1412）坐事戍辰州，一子希和從戍等等都是。[15]

　　鄭太崖祖房譜中的鄭德光，則在赴衞時將其子留在原籍，而與妻子同往。德光於洪武十六年（1383）收集軍伍從戎南京，官虎賁右衞。當時長子觀佐甫十四歲，遂留之於廣東原籍，使育於祖父可仕公。德光後與妻在衞生次子保保，保保後人聚族南京，德光之後就此分作廣東與南京兩支。族譜謂德光於洪武二一年（1388）又改調貴州興隆衞，而保保與其後人俱留居南京，是德光於赴貴州新調衞時，仍未携子前往的證據。但貴州是否有後則不詳。[16]

　　另外如南隅花廳王氏宗譜中的王德和，洪武初因事戍邊。所生三子，長寄同、次順同俱從父戍，季宜謹則留守門戶，依從兄王誠先成立家業。德和後卒於戍，歸骨葬於原籍。寄同陣亡無嗣，順同則於宣德間因與胡人戰，傷臂而卒。軍役遂由順同的長子承繼。由德和死後歸葬的一點推想，他在戍邊之初已有歸骨家鄉的念頭，同時也可能是因爲當時北方多戰事，故而將幼子留在原籍以爲退路。王氏此後也分作兩支，一支在北京，一支在浙江黃巖。[17]

　　妻小之外，又有與兄弟或從兄弟一同赴衞的。如饒氏宗譜裡的饒文玉與饒文章。文玉本有兄弟四人，明初奉高皇帝令從戎九江衞，遂與弟文章偕往。文章有二子，長忠十，次敬五，似乎在文章赴衞之前已生，但一直留在原籍的湖北廣濟。後因父年老，兄弟兩人焚香拜告，分頂差役。忠十拈鬮得九江衞籍，遂偕子良四、善七赴衞。敬五則鬮得廣濟民籍，留居廣濟。在九江衞的一支後來子孫繁盛。由文章的葬地可知，他在忠十替他頂役之後回到了原籍故鄉，可能在當初也是爲了終老故里而未携子前往

15. 范氏家乘（道光30年，范宏金等續修）卷24，「流寓錄」，頁12a、14b、15a、16a、17a。
16. 鄭太崖祖房譜（光緒21年，編著者不詳）卷3，頁3b—4b。
17. 南隅花廳王氏宗譜（光緒16年，王笠舟等修）卷2，「黃巖世傳」，頁7b—16a。

。但到了忠十的一輩，則抱定在衞立籍的打算，舉家遷走了。[18]

　　錫山馮氏宗譜的馮玉童則在吳元年（1367）爲歸併事發江西贛州衞時，携子添孫與從弟萬五同往。玉童父貴三與萬五父貴八爲親兄弟，貴三僅一子卽玉童，貴八則有二子，次爲萬五。貴三另有弟貴五，但生卒事蹟失考。玉童何以偕從弟同往，理由不詳。此支後留贛州，編譜時「子孫因路遠未輯」，遂失考。[19]

　　以上是族譜所見明初的情形。可以發現當時有一部分的人在赴衞前卽以歸骨故里爲志而將妻小留在原籍，或至少留一子在原籍以爲返籍時的依靠。他們也多能達成心願，埋骨家鄉。但一兩代後或因往返補役之不便，或者就因爲受到軍政條例的限制，紛紛在衞立籍，久之有與原籍失去連絡者。另一方面也有在從軍之初卽携妻帶子甚至全部家產赴衞者，這種情形似也相當普遍，他們也多能在衞繁衍子孫，成立家業。可能明初尚無以妻小同僉赴衞的規定，或雖有類似之慣習但並未嚴格遵行，因此有上述各種不同現象的出現。下面再舉幾個武官調衞時家屬隨行的例子以爲補充。

　　明代衞所武官自指揮使以下多世襲其職，因世代爲官有時亦被稱作官戶，但亦屬軍籍中人。[20]武官世襲須以嫡長爲優先，這是與軍戶不同之處。但實則繼襲者有爲弟、姪、姪孫者，又與軍戶相類。[21]同時官與軍之間尤其在明初保有相當大的流動性，因此在資料不足時，不妨以衞官的情形作參考。族譜中找到數例，都發生在調衞時。

　　其一見獻縣梁莊張氏家譜。梁莊張氏原籍江寧，明初有以軍功授兵馬司指揮使者，遂寓山西平陽府洪洞縣。永樂初奉令遷河間府獻縣梁莊，兄弟二人奉母馬太夫人與舅舅馬公偕來。後弟秀應以官任鹽大使遷外地，兄秀實之後則世居梁莊，至民國猶然。[22]另一則見威海畢氏宗譜。畢氏本安徽無爲州人，一世祖畢成於乙未年（1355）歸附從軍，後累陞至百戶。洪武十七年（1384）病故，子畢文敬尚幼，至二五年襲除薊州衞左所百戶，其後又累功陞至指揮同知。永樂十五年（1417）調威海衞，遂與弟畢德偕來。民國十三年（1924）畢氏修譜時，「長次兩支共計均有五百餘戶」，爲威海

18. 饒氏宗譜（民國18年，饒雲耀等重修）卷3，「梅川饒氏歷代世傳」，頁1a—4b。

19. 錫山馮氏宗譜（光緒4年，吳錦重修）卷7，「澄江柏公派倉頭支世表」，頁1a—6b。

20. 軍政條例中有許多條例都是兼及官與軍的。例如註25「軍戶不許隱蔽人丁」條，其內容其實是包括官與軍的。又參見拙著頁38—39，註67。

21. 參見于志嘉：「從衞選簿看明代武官世襲制度」，食貨月刊復刊第15卷第7、8期合刊，1986，頁34—35。

望族。畢文敬以下六世均任職威海衞指揮同知，其名俱見衞志。[23]

　　再有一例見京口陳氏五修家譜。始祖陳壐本鳳陽府定遠縣人，元末歸附從軍，洪武四年（1371）累陞至大興左衞副千戶，八年（1375）調廬州千戶所，十一年（1378）又調饒州守禦千戶所。洪武二四年（1391）嫡長子陳琦襲饒州所副千戶，二七年加陞贛州衞指揮僉事，永樂二年（1404）卒。嫡長子陳鐔於永樂六年奉旨改調世襲鎮江衞指揮僉事，子孫遂立籍鎮江。陳氏於陳壐未派任廬州時卽家於廬，壐妻歐氏卒，卽葬於廬。及壐改調饒州，「舉家之任」，因歐氏墓在廬州，留歐氏少子陳順守塚，其後是爲廬州支。及琦改調贛州，「復携家之贛」，同母弟二人及庶弟陳珪都在同行之列。後壐與琦相繼卒，皆葬於贛。到永樂六年陳鐔改調鎮江時，兩個叔叔就因「居贛日久，墳墓親戚皆在於贛」而不欲播遷，隨陳鐔赴任的只有陳珪及鐔弟陳鏞等。陳氏因此分爲三支。鎮江的一支後來因往贛奉迎壐、琦二祖之靈柩不果，與居贛族人交惡，竟至相絕不通音問。廬族則到清初亦失去連繫。[24]

　　上舉三例皆有兄弟隨行，張氏陳氏更及母舅及庶叔。可能因武官享有俸祿而親族同往就食者較多。又，三例都發生在衞官改調他衞時，爲免在襲替時因原衞與改調衞分俱有人丁而發生糾紛，可能政府也希望他們盡量舉族同遷。但由軍政條例也可得知，景泰以前是有例允許多餘人丁寄籍有司的。[25] 因此改調者在景泰以前可能有較大的自主權決定與何人同往後調衞所。無論如何，由上舉諸例我們推測，明初於軍士赴衞是否携帶家眷以及應由何人同往，似乎並無特別之規定。後以軍士逃亡日多，原籍勾補煩擾，才下令以軍妻或當房家小同解赴衞，俾使軍士存久居之志，久之可免清勾之苦而軍伍得實。但原籍旣是親戚墳墓之所在，可以想見卽使到正統年間軍政條例訂定以後，隨軍赴衞之人亦不會盡如條例所要求，應是有相當的彈性存在的。

22. 獻縣垛莊張氏家譜（民國18年，張濂等修），「序」（張濂序）。

23. 威海畢氏宗譜、畢公裔宗譜（民國17年，畢恩普編），畢氏宗譜卷1，「像贊」，上段，「功德世系」（不註頁碼）；畢公裔宗譜頁 38b—39a。乾隆威海衞志卷6，「官守志」，「職官」，頁3a。

24. 京口陳氏五修家譜（嘉慶9年，陳夢原等序）卷1，「陳氏重修家譜序」（陳世章序）。

25. 南樞志卷89，「軍戶不許隱蔽人丁」（景泰元年），頁9a。此條內容適用於「官軍戶下多餘人丁」。景泰以後仍持續此一慣例，但對違規少報寄籍人數的軍戶則加以懲罰，取消其寄籍資格。以衞所官軍舍餘寄籍有司的政策在成化13年以後有重大改變，因與本文所論無關，從略。

僉解軍妻的規定在正統元年（1436）以後一再被重申，[26] 到了嘉靖十年（1531）更有進一步的發展。就是在僉解戶丁時，如遇有尚未娶妻者，須由「其家親族給娶」，[27] 與正統元年無妻小者「止解本身」的規定相較，更顯出政府欲促使軍士在衛立籍的決心。這種作法似乎早已成爲慣例，但要到嘉靖十年才立法通行全國。[28] 軍丁赴衛前由闔族出貲代爲娶妻的例子見伍氏家乘。伍氏原籍安徽，洪武初因抽籍僉點雲南瀾滄衛軍，後改大羅衛。萬曆四三年（1615）軍人伍尙文故絕，「移文到縣勾補」，當時有長房子丁伍日誠自願前去補伍，與兄弟立下「合同」，議定「日後子孫永遠承充」。其條件是由「五股公出銀一百兩整，與日誠娶妻及路用盤纏、到衛安家之費」。[29] 五股的意義以及路用盤纏等費將在第四節再詳細討論，但由此亦可得知，爲無妻軍丁娶妻的規定，使原籍親族增加了許多負擔，有時亦或可對無妻的窮苦戶丁產生若干吸引力，使樂於赴衛。這也許就是政府促使該項慣例條規化的用意所在。

不過，以軍妻同僉赴衛的規定也帶來了不少流弊，例如有僱請假妻以爲日後逃亡舖路的，[30] 甚至還有「將妻僱請軍人應點」的情形。[31] 但這些情況俱不見於族譜，這裡不擬深論。

三・補役戶丁

僉妻赴衛的規定，其目的爲使衛軍在衛立籍，繁衍子孫；其結果也確實造就了許多大家族。[32] 但也有人丁單薄，不數代而丁盡戶絕的。又如明初該項條例尚未成立之

---

26. 如南樞志卷91，「中途故軍妻小發回」（正統2年，1437），頁5a—b；同卷，「改近軍逃復解原衛」（正統3年，1438），頁6b—7a；卷93，「充發軍犯備開招情」（弘治17年，1504），頁19a—b；卷90，「解軍小冊清軍查審」（正統元年，1506），頁8a；卷93，「解軍批內有妻無到」（正德6年，1511），頁20a—b；同卷，「解軍路遠增給口糧」（正德8年，1513），頁21a—b等都是。

27. 南樞志卷92，「處妄勾以絕逃軍」（嘉靖10年，1531），頁20a—21a。

28. 同註27。該條例係當時的巡按浙江御史鄭濂所題，經兵部查照見行事例以後，決定仍照前例舉行。但兵部所列舉的見行事例中並無爲無妻戶丁娶妻的規定，因此猜想在嘉靖十年以前只是慣例，經鄭濂題請才立法通行全國。

29. 伍氏家乘（同治7年，伍受糈等修）卷24，「軍族篇」。

30. 南樞志卷93，「查究僞印批廻發遣」（弘治3年，1490），頁11b—12a。

31. 南樞志卷91，「分別逃軍情罪」（嘉靖10年，1531），頁21b—22b。

32. 如註18所引饒氏宗譜，饒忠十携子赴衛，「至今子孫繁盛」（頁3b），即是一例。

時，衞所缺軍應勾何人補伍呢？

　　軍伍空缺，除因衞軍逃亡或死亡所造成者外，正軍因「征進工作傷殘，或患痼疾及年老不堪征操」[33] 時，亦可申請退役。空出的軍伍除逃軍例應根補正身外，須由正軍戶下勾取壯丁代役。壯丁是指年六十以下、十五以上無殘廢疾病之人。[34] 以壯丁補役的規定散見於洪武二六年（1393）以後的各有關條例。[35] 可是到了憲宗成化十三年（1477），撫寧侯朱永等陳軍務時，却把軍中士兵少精壯者的原因歸諸於「軍伍多以嫡繼，非所當繼，雖有壯丁不得應役」，[36] 與軍政條例中所見之規定不同。許賢瑤因此認爲明初曾有軍伍需以嫡繼的規定。[37]

　　考會典卷一三七，「老疾」：

　　　凡老疾軍人。洪武十五年令各衞軍士年老及殘疾，有丁男者許替役。……二十
　　　三年令老疾軍有子年一歲二歲該紀錄者皆與正糧。候成丁收役，不許別勾，以
　　　亂隊伍。

是筆者目前所見最早的規定，大概也就是朱永所謂「舊例」的依據。但只要求是「丁男」或「子」，並不似武官世襲時明確指出應以嫡長男爲優先。[38]

　　這裡筆者找出兩條與之相關的條例，一見於弘治九年（1496），一見於弘治十八年（1505）。前者使天順八年（1464）正月以後問罪發遣的「終身軍」，「但係在逃，或途中遇革，不曾經由所司釋放，輒自走回病故者，照例仍勾嫡男補當一輩」；後者則是有關府軍前衞幼軍的規定。府軍前衞幼軍不同於一般衞所軍，大約只要服滿所

33. 會典卷137，「老疾」，「凡老疾軍人」，洪武26年（1393）條，頁8a。

34. 南樞志卷92，「練精壯以裨實用」（隆慶5年，1571），頁28a—b。

35. 如南樞志卷91，「逃軍老疾選解壯丁」（正統2年，1437），頁4b—5a；同卷，「中途故軍妻小發回」（正統2年），頁5a—b；卷88，「衞所妄勾官軍罰治」（嘉靖4年，1525），頁20a—b；同卷，「京操軍士不許頂代」（嘉靖19年，1540），頁22b—23a等等都是。

36. 明憲宗實錄（據國立北平圖書館紅格鈔本微捲影印，臺北，中央研究院歷史語言研究所校勘印行，1968）卷168，成化13年（1477）7月壬午條，頁6b。

37. 註1引許文頁136。

38. 註21引拙文頁34。

定年限卽可退役，而且遇有老疾病故，例不勾丁補役。[39] 惟對役不及年卽逃者，爲施懲誡而發交根補。這時雖亦以根捉逃軍正身爲主，但若捉獲時正軍已過五十歲以上，或有老疾病故者，則於「各軍名下勾取親男解補」。這與上條終身軍本應當滿一輩卽可除伍，但對逃亡或擅離隊伍者則勾嫡男補役的意義相同。而且逃亡幼軍名下若無親男，亦可以戶下壯丁補伍，並不拘於親男。由於軍戶制度的目的本在確保軍源，推想當時除爲懲誡逃軍，而特別要求由嫡子代爲受過外，應不會自限軍源於嫡子。可是當時人看到武官世襲例以嫡長優先，另一方面又由對逃軍的條例加以引申，遂產生了軍伍必須嫡繼的誤解，甚至在軍中亦切實遵行。不過早在洪武二六年（1393），就已有明文規定，代役者只要是戶下壯丁就可以了。

正軍戶下若在營與原籍俱皆有丁，應收在營壯丁補伍，[40] 若隨營子孫尚未出幼，紀錄在官，則「候出幼之日差操食糧」。[41] 軍戶壯丁係指年六十以下、十五以上之人已如前述，因此出幼的年齡卽爲十五歲。不及齡者稱爲幼丁。幼丁一經記錄，原來的軍伍就算已有人頂充，不可再回原籍勾擾，因此軍戶樂以幼丁報補，藉以隱匿壯丁。[42] 但由政府寧可軍伍短暫空缺，不願回原籍勾補的一點來看，亦可知清勾對地方政府與人民帶來諸多的不便與煩擾。也因此只有在衛所軍戶丁盡戶絕時，才可發冊回原籍清勾。

補役以在營壯丁優先而不拘於嫡長子的例子如前引莘莊王氏宗譜。洪武二三年（1390）王允文代父補役，允文是王廷璧的次子。其後替役的王仲保則爲允文在營所生庶長男，正妻朱氏所生嫡長男王仲華不預軍役。後來仲保因功陞至副千戶，遂由其子孫世世承襲副千戶職。[43] 又有一例見藤溪陳氏宗譜。陳顯志於永樂初年坐罪戍遼東，以其長子觀音奴留居原籍，而使次子秋奴承戍瀋陽。後來秋奴子孫代代在衛補役，直

---

39. 會典卷154，「勾補」，「凡勾補軍士」，頁10a；卷137，「老疾」，「凡老疾軍人」，頁9a—b。有關府軍前衛幼軍的規定又見南樞志卷91，「幼軍事故不必僉補」（天順8年，1464），頁7a—b；同卷，「在逃幼軍終身開豁」（弘治18年，1505），頁12a。後者與本文所引會典卷137，「老疾」，弘治18年條所指應爲同一事，但南樞志則對「在逃幼軍如或到衛脫逃，或當軍不及十年之上者」，仍取戶丁再當一輩」，全未提及以親男優先補役之事。又，幼軍之實態尚有不明之處，待考。

40. 南樞志卷91，「在營有丁不許勾擾」（宣德4年，1429），頁30b。

41. 會典卷137，「老疾」，「凡老疾軍人」，弘治9年（1496）條，頁8b—9a。

42. 南樞志卷89，「里書隱瞞壯丁問斷」（正德10年，1515），頁17a。

43. 同註13。

到嘉、隆年間才又因在營缺丁而勾觀音奴之裔赴衞補伍。[44]

　　陳顯志是謫充永遠軍，永遠軍在間發以後須以本房人丁另立軍户，缺伍時卽由本房人丁內勾補，[45] 但亦視實際情形而時有融通之處。舊德述聞中的郭建郎卽是一例。建郎於洪武時坐罪戍甘州左衞，後改西安後衞，卒於戍所。因在營無丁，回原籍行勾，而建郎子已早世，孫尙幼，兄子貴公遂以己之次子代戍，子孫世世繼其役。[46] 終身軍因逃而被勾下一輩補役的例子尙未得見，上舉二例都是永遠軍，一繼以次子，一繼以姪，都不因非嫡長而被拒絕收役。

　　以姪代役的例子相當多。范氏家乘中的范子易，宣德中因叔父戍京師無嗣而爲里胥所勾，是當時勾軍惟恐無人應役，里胥指名不拘嫡長的例子。[47] 不過，由下舉二例也可得知，如果正軍本身有子嗣，該子嗣並且符合當軍的標準的話，一般還是不以姪代爲然的。一見合肥義門王氏續修宗譜稿，譜謂王眞於洪武二三年（1390）「以精力衰憊取原籍姪諱義者代之，蓋識時之士也」。何以被稱作「識時之士」，乃是因爲眞旣以姪代役，他的後人得免除軍役之苦，故而於修譜時加以表彰。王眞本人據舊譜的記載，在以姪代役以後家於衞所，可是又有一說以爲他後來隨黔國公征滇，做到都指揮，並可能在雲南另娶，生有子孫。若如此，則王眞在雲南的官職應由在營所生子孫繼襲，留居原衞的子孫或因之而脫免軍役。[48] 但無論如何，由「識時之士」一語也可略窺當時人對以姪代役一事的看法。

　　另一例見粵東簡氏大同譜。簡用耕本南京衞屯田軍，及晚歲脫軍籍，解戎衣歸，遂以從子淳政補役，而己子得脫。這件事情在族人之間頗引起一些非議，迫使其後人在修譜時不得不爲之辯護。辯護之詞頗爲有趣，引之以爲參考。見卷九，「家傳譜」，「世傳」，「莞井系七世用耕公民牧公」：

　　　用耕公年七十，其晚歲脫軍籍，猶古者五十不爲旬徒之制，非逃也。旣脫後，
　　　不欲復以軍籍苦宗人，勢不能無所避，乃避而不免鉤補者，以從子淳政補其宗

---

44. 藤溪陳氏宗譜（康熙10年，陳豐等修），「本宗系牒第二十六」，「歙南中溪派」，頁1b。

45. 南樞志卷89，「充軍給與開註户絲」（弘治9年，1496），頁12a—b。

46. 舊德述聞（民國25年，郭則澐撰）卷1，頁13b—14b。

47. 范氏家乘卷5，「賢裔傳」，「明山東東昌府棠邑縣知縣玩雲公傳」，頁37a—39a。

48. 合肥義門王氏續修宗譜稿坿逸塘詩存（民國26年，王志洋等續修），「行傳」，頁2a—b。

之籍，此由鈞者自爲之，適知有此宗人也。而非用耕公父子囑鈞者爲之也。如其不然，淳政公樸直，何以不白其爲囑而自脫哉？以其無所白，知其無所囑也。此以知其從昆弟閒各安所遇，一則無陷，一則無猜。……而或有人言者，其皆不知大義而失事實、好議論者哉。

辯詞中首先要澄清的是，用耕公是因爲年老而退役，並非爲避役而逃脫。其次要爭的是，淳政公被勾補役，是勾軍者按軍册得知其存在，因勾軍者之指名而被勾，絕非用耕父子賄賂的結果。[49] 否則淳政大可據理力爭，反控用耕父子與勾軍者囑法。同時也正因爲淳政甘願赴役，可以證明其中並無任何違法。辯詞所說究有多少眞實性，今人難以判斷，但由辯解之苦，以及當時頗招人言的各點看來，一般習慣還是以己子繼役爲常的。不過，不論勾軍者是否收了賄賂，以姪補軍本來就爲法令所允許，只是與人情相悖罷了。

彭氏宗譜的彭學一，是因爲無子而以姊夫代役的例子。學一原籍江西，元末曾倡義爲一鄉保障。明初江西內附，遂以尺籍隸蘇州衞，時爲洪武四年（1371）。學一故，因無子勾姊夫楊海忠夫婦補役。海忠在營生子楊仲英，遂以仲英爲學一嗣，繼補軍役。其後人並「因軍頭姓，遂頂姓彭」，代代當差不缺。弘治十三年（1500）仲英長孫彭浩致書江西原籍彭姓族人，是一份極重要的史料，下文會詳細討論。書後附有彭氏當軍履歷，其繼役情況如次：[50]

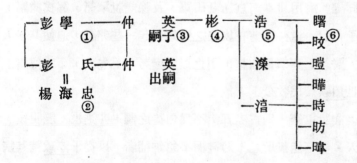

圈內數字爲當軍先後順序。仲英以下皆以嫡長爲繼，應是當時最普遍、最不致引起爭

49. 粤東簡氏大同譜（民國17年，簡朝亮等修）卷9，頁74b—75a。
50. 彭氏宗譜（民國11年，彭文傑等八修）卷2，頁1a；卷11，頁1b—2a。

議的方法。

　　海忠之妻爲學一之姊，因此海忠乃彭父之女婿。明代以義男、女婿繼補軍役的似乎不少。當時所謂的「義男女婿」包括兩種情形，其一是具有家人身分的義男或「義女使女招到女婿」，這是因爲明代禁止庶民使用奴婢，故時人常以「家人」、「義男」等名目代稱之。[51] 另一則不具家人身分而爲一般概念之義男、女婿，如海忠娶彭氏而爲彭姓女婿之類。但因軍戶可免在營及原籍各一名餘丁差役（詳下文），有時頑民會藉「過房、典賣、招贅」等手段避入軍戶，企圖逃避民差，[52] 因此軍政條例對以義男、女婿頂軍的情形訂有詳盡之規定。

　　這些規定歸納的結果可以得知：1.軍戶戶下必須無壯丁，才可以少壯義子或同籍女婿補役。2.義男、女婿代替義父、妻父家當軍，死亡以後，止許於義父、妻父家勾補，不許勾擾其親父之家。3.若義父、妻父家與親父家俱係正軍戶，二者同時因事故須勾丁補役，又只餘義男、女婿一人時，就以之承繼親父家役，將義父、妻父家開作戶絕，除豁軍伍。若親父家係民籍，則以之補義父、妻父家軍役，而以親父家開作戶絕。顯示出政府的態度是以不亂戶籍爲本，而又略以軍役爲重。[53]

　　以義子、家人充役的例證，在族譜中找到不少。如仇氏家乘的仇氏，明初以抽充

---

51. 參見西村かずよ：「明代の奴僕」，東洋史研究38卷1期，1979，24—50。

52. 南樞志卷89，「軍戶冒頂變亂版籍」（宣德4年，1429），頁 1b—2a。頑民通同軍士變亂版籍，「影射差徭」一語可有二解，一是軍戶丁藉過房、典賣、招贅的手段避入民戶，一是民戶丁藉以避入軍戶，筆者採用後說。一方面是因爲該條例對違犯者之處分係以「正軍全家調發別衛充軍，頂替之人就收本衛補伍」，而「頂替」應爲「頂替軍役」之意；另一方面如大明令（皇明制書本），「兵令」，頁34a 即有「民戶亦不得詐稱各官軍人貼戶，躲避差役」之說，可見確實有民戶爲逃避民差而想盡方法以各種途徑避入軍戶的。王毓銓以爲：「有明一代，但見軍逃爲民，雖犯重罪而不顧；未見民戶有求充軍戶者。」（王毓銓：「明代的軍戶」，歷史研究1959年第8期，收入氏著明代的軍屯，北京，中華書局，1965，頁 240）並不正確。

53. 南樞志卷89，「過房子女聽補父伍」（宣德4年，1429），頁 2b—3a；卷91，「義男女婿當軍免勾」（宣德4年），頁 30b—31a；卷89，「禁革埋沒戶丁冒頂」（正統元年，1436），頁 6b—7a；卷93，「絕軍不許買差之人」（弘治3年，1490），頁 12a—b。另外由南樞志卷91，「投發軍人勾解當房」（宣德4年），頁31a可知，如果官員軍民之家有家人、義男、女婿因自願投充軍役，或爲己事發充軍的，該軍役即繫於義男、女婿的名下。遇有事故，只許於本人當房人丁內勾解，當房死絕即應開豁，不可混勾主家、義家戶丁代役。這又是在以戶籍爲重的大原則下，保護了主家、義家對義男、女婿、家人等有較大的人身支配權了。

爲軍，時仇守信有五子，然應役的仇恩却不在五子之列。最後經後人的考證，被訂爲守信的義子。[54] 又如蕭山陳氏宗譜的陳寧一，洪武十九年（1386）抽充南京水軍左衞軍，死後勾取弟寧二之養子陳添保爲軍，其子孫至正德間仍當軍不缺。[55]

還有如孟氏家乘的孟志剛，明初垜爲杜寬甫之貼軍戶。杜氏故絕，志剛徙蒲爲蒲州守禦千戶所成造局盔纓匠，遂入軍籍。志剛生七子，第六子孟琳中景泰庚午（1450）科舉人，官至淮安府同知，致仕晉階朝列大夫。孟氏家乘卷三，「行實」，「軍漢支」云：

> 家世軍籍，則軍漢當特系。特系則應承者不得規避，旁腕者不得覬覦，庶世世有定守乎。然軍不在長支而在五支者何？先是長支爲軍漢，若恃其宗子也者，而不可近，宗人苦之。於是朝列公以其所爲子鉉者承之。既歷四世，宗人有相安無相尤，可以軍吾宗矣，故系軍於鉉之後。

這段話頗值得玩味。五支卽朝列公孟琳之後。琳雖爲志剛第六子，但因第五子璚早夭而爲五支。孟氏將軍役由固定支派之人承充，目的在防止繼役時互相推諉；而責既有所專，旁支之人亦不得覬覦軍裝之費（詳下節）。或許這也代表了當時一部分人的想法或做法。軍役本在長支，因長支恃爲宗子而趁機求索軍裝，宗人咸爲所苦。琳乃以「所爲子」孟鉉承役，歷四世而相安無事，遂稱鉉後爲軍漢支。

「所爲子」就是義子，軍政條例雖不反對以義子繼役，但須在正軍戶下別無壯丁之時。琳有兄弟多人，子孫應甚衆，琳本人亦有三子鏌、鐇、鏸，而不以己子應役。可見軍役雖有可覬覦之處，但除去坐收軍裝的好處外，軍役本身並不吸引人。而且軍役在長支則宗人苦之，在義子之後則宗人相安無事，益可見義子因名不正言不順，只能安於族人對軍裝的安排，而無力主動求索，這也是時人樂以義子爲軍的理由。鉉以「義官應軍」，其後鉉長子汝汰、汝汰三子棋、棋次子承恩相繼應役。承恩卒於淸順治己丑（1649），軍籍至此而去。孟氏爲垜集軍，其軍役本以正軍戶、貼戶代代輪充

---

54. 仇氏家乘（康熙20年，仇昌祚編）卷1，「世系譜」，「世系附考」，頁 10a—b；卷13，「賦役譜」，「賦役」，頁 3a—4b；卷18，「雜錄譜」，「軍籍自始」、「恩義兩名存疑」，頁 2a—3a。抽充的年代，一作元末，一作明初。

55. 蕭山陳氏宗譜（光緒 2 年，陳宗元等續修），「陳氏族譜序」（弘治18年陳晉序）。

為原則，[56] 杜氏旣已故絕，或因別無其它貼戶而軍役遂由孟氏世世承當？

以家人應役之例見前引伍氏家乘。二世祖伍貴於洪武初因抽籍僉點雲南瀾滄衞軍已如前述。貴有五子，却以「家人子」來興應役。來興赴衞後以軍功陞守備職，正統間病故，子執虎襲職，弘治間改調大羅衞。弘治十年（1497）執虎故，因無嗣回原籍清勾，「弘治十三年督文到縣，勾戶丁伍鼎解補」。嘉靖三年（1524）鼎故，子元「承後補伍」。以後直到萬曆四三年（1615）軍人伍尙文故絕，才又回籍勾取伍日誠補伍。伍氏初雖因家人子代役而得免，但在家人子故絕後仍被勾充軍役，萬曆間復以營丁故絕再度被勾，是清勾得以徹底執行的一個例子。[57]

上舉四例都是以抽充或垛充為軍的例子，也就是由民戶中抽取軍丁的辦法。抽充軍因是由丁多民戶中抽取一丁為軍，遇有「父子兄弟不和」的情形，往往「互相推調」，「每人一年，往來輪流」。[58] 垛集則湊數丁為一單位，由其中垛一為軍，而以出軍之戶為正軍戶，其餘為貼軍戶，共同負擔一名軍役。因以正戶、貼戶輪充為原則，各軍常到衞不久卽逃，衞所於是勾取次戶補伍，再勾再逃，表面上雖符合輪充的原則，而軍伍長久處於缺人狀態，[59] 並且連年勾擾不已。正統元年（1436）軍政條例已明文禁止，[60] 然未見改善，嘉靖三二年（1553）復又重申禁令。南樞志卷八九，「軍丁不得更番私替」：

> 凡解補軍人……自本軍收伍之後，直待其人老疾，方許告替更代。不許執信私約，十年五年輪房私自更替。如有仍前私替者，准照先年山西等處抽丁等項軍士私自輪流替換事例，從重問斷。其各衞所官旗若再容私下收替者，比照縱容軍人歇役律例參究。

就指出這種輪充的情形特別常見於抽垛軍。[61]

---

56. 孟氏家乘（順治8年，孟元芳、孟時芳等重修，孟述唐補）卷2，「籍貫」，頁1b；卷3，「行實」，頁2b—4a、39a—40b；卷7，「襍考」，頁2b。
57. 同註29。
58. 南樞志卷89，「軍士戶丁不許輪替」（正統元年，1436），頁7b—8a。
59. 明孝宗實錄卷180，弘治14年（1501）10月癸酉條，頁8b；明英宗實錄卷316，天順4年（1460）6月庚申條，頁3a。
60. 同註58。
61. 註58之「軍士戶丁不許輪替」，其對象包括抽丁軍與垛集軍。

　　事實上，抽充軍的子孫也常以各房輪充爲理之所當然。上舉蕭山陳氏即爲一例。
蕭山陳氏宗譜一修於弘治十八年（1505），再修於正德十一年（1516）。正德十一年
宗人陳殷爲其姪陳滔所作的譜序中說到：「蓋姪戶係軍戶，寧一當軍，寧二之子補伍
，而寧三、寧四、寧五之後該次矣。公查勾則出此有徵，滔之意幾微已見於斯。」[62]
寧一死後，繼補其伍的其實是寧二的養子，這在上面已經提過。由之當不難理解，在
各房都不願當軍時，最常被用來作犧牲的就是義子、家人。

　　陳殷的序同時也提供了一項訊息，就是修譜者有意以族譜作爲清勾時的輔證。一
且寧二之後故絕，即以寧三之子孫補役，以次類推。這是因爲族譜上有關世系的記錄
，正可以供作輪充時排定先後順序之依據故也。

　　除了族譜可作爲輪充時的輔證，另有爲之立「合同」以爲約束力量者。這就是上
引南樞志「軍丁不得更番私替」條所謂的「執信私約」。其例見蕭山道源田氏宗譜。
田氏於洪武二十年（1387）抽充台州海門衞桃渚所軍，成化五年（1469）立合同，定
以二十年一度六房輪枝接補，「無妻者合族均助聘銀，仍與軍裝」。萬曆二六年（15
98）在營老軍田捨中就曾據此合同，要求以原籍聽繼軍丁田應龍補伍。田捨中的理由
是自己年事已高，子田伯敬又病弱不堪差操，因聽說田應龍違背盟約，「計佈脫軍抄
民」，因此請按合同盟約勾應龍補伍。這個案子最後經查實際的理由是田捨中在一次
回籍收取軍裝時遭田應龍拒付，爲報復而誣告應龍逃脫軍籍。實則應龍因其祖父田敏
於正德間犯事充軍，須承田敏名下軍役而不再履約，並未脫出軍籍。蕭山縣的審單一
方面揭發捨中之謀，一方面又因捨中所據之合同「雖然盟立在契，查無印信，亦未經
官判，其間眞僞難憑。且查成化到今，縣卷並無一人解換」，判定捨中所告不實。結
果仍以在所壯丁子補役，「其捨中父子回籍，一應軍裝相應親枝承值」。應龍則聽繼
田敏軍役，但因與捨中同宗且家道稍裕，故仍應貼捨中軍裝，惟較他戶丁減半。[63]

　　成化五年的合同因未經官判又無印信被視作廢紙，但可以想像得到，如果戶丁間
彼此相處無間，即使是口頭承諾也能實行。成化間立合同之初，衆人或許並未感到有

---

62. 蕭山陳氏宗譜，「陳氏譜序」（正德11年陳殷序）。
63. 蕭山道源田氏宗譜（道光17年，田延耀等重修）卷1，「田氏始祖」、「田氏排行」、「田氏始祖辨」；
　　「外紀」，「世系紀」，頁6b─7a。

訴諸公權力的必要，其後因子孫在衛承襲不缺而久未勾補，萬曆間竟因此被判定合同無效。可是儘管如此，合同中有關輪充的部分雖被否定，關於幫貼軍裝的部分却被保留下來。這在下節還會討論，但也可見政府反對的不是合同，而是捨中籍合同誣告，混亂軍籍的事實。再者，審單對二十年一輪的合同內容未作任何批判，由之也可知政府基本上並不反對輪充，只是反對那些以輪充爲名，到衛不久卽逃者罷了。

最後再舉一個輪充的例子作爲本節的結束。黃氏族譜中所收「文水黃氏譜叙」，記載了黃佛宗一族的從軍記錄，整理如次：

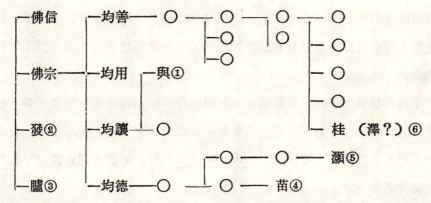

黃氏軍役起於元玄（文？）宗元年（1328？），時佛宗戶下有六丁，與同理（里）十八都五圖謝來子孫戶共湊九丁，粱充南京留守左衛軍。經拈闖決定由三房的黃與解衛。至元（正？）二十年（1360？）爲事調山西大同左衛，死後先後勾黃與叔祖黃發與黃臚補伍。臚死，復勾四房黃苗補役。正統四年（1439）調發廣東惠州龍川守禦千戶所，以後繼役的陸續爲苗姪黃灝（四房）與灝之從兄弟黃澤（長房，桂之誤？）。譜叙中所謂的長房、三房、四房是就佛宗諸子而言，而先後補役的還包括佛宗之兄弟二人，很能讓我們了解抽粱軍於淸勾時輪充的情形。[64] 也說明了這種習慣自元以來卽已存在，到明而被繼續，是證明元、明間軍役的連續一個很好的例子。[65]

綜上可知，明代淸勾，以在營壯丁爲優先，在營無丁則回原籍勾補，二者皆不拘於嫡長子。只是以嫡長補役最不易引起糾紛，因而可能爲大多數人所採用。抽、粱軍多有以義子、家人代役者，亦有各房互相輪充者，只要族人彼此相安無事，政府也大

64. 黃氏族譜（民國50年，黃進財、江萬哲主編，臺中新遠東出版社），A15、A25頁。
65. 有關元、明間軍役的連續性，參見拙著自序，及頁12、22—24、47—48。

多不予干涉，並不考慮該軍戶戶下是否尚有其他壯丁，只問衞所是否隨時有人在伍。這時軍戶常以族譜作爲清勾時參考的重要資料，或藉合同議約之訂定約束各房子孫。而此類合同議約也多被收入族譜，益顯見族譜在軍戶研究上的重要。若偶爾留下一些元朝乃至宋以來有關軍役的記事，[66] 更是彌足珍貴，值得我們深入研究了。

四、軍裝、軍田

由原籍僉解戶丁赴衞補伍，其沿途所需之路費以軍戶自備爲原則，但政府有時亦對超過相當距離者提供若干補助。[67] 軍戶戶丁自備的部分，此外還包括了軍丁到衞以後的安家之費，後來又加上爲無妻者娶妻的費用，這些在軍政條例中統稱爲「軍裝盤纏」，或簡稱爲「軍裝」。

起解軍丁時所預備的軍裝，其數額視衞所與原籍的距離遠近而有相當差異。根據嘉靖年間幾位巡按御史的報告，僉軍一名少則一、二十兩，多者七、八十兩，若問發邊衞，往返更須百兩之貲。[68] 證諸前引伍氏家乘伍日誠赴衞時族人爲之籌措軍裝百兩一例，可知絕非過言。

「軍裝」一詞另外又用來指原籍戶丁平時對衞軍所提供的生活資費，這是衞軍在有限的月糧以外一項重要的收入。但弘治以前軍裝是否有定額？應何時由何人送赴衞所？以及應由何人負擔等問題均不詳其實。軍政條例中有關的規定要到弘治十年（1497）才成立，見南樞志卷八九，「軍丁五年一送軍裝」。由之可知：1. 軍裝無定額，

---

66. 宋以來的例子見第四節所引吳氏宗譜（註 109）。不過並非軍役的直接承襲，而是前朝武官於亡國之際被俘，逐次貶降而成軍的。

67. 洪熙元年（1425）曾規定清解軍丁凡路途超過1500里之外者，超過之部分應由沿途官司支付行糧每日一升，解送過期者不與。見明宣宗實錄卷9，洪熙元年9月癸丑條，頁9b；可是宣德4年成立的軍政條例却刪去此項，不知爲何故。不過，由南樞志卷93，「軍解口糧司衞交割」（正統元年，1436），頁3a—b；及同卷，「解軍路遠增給口糧」（正德8年，1513），頁21a—b 可知，遠軍支糧的規定大體一直持續著，只是對距離的遠近先後有過一些改變。隆慶5年（1571）議准除「孤苦不能起解」者准於二千里之外關支口糧，其餘均「責令本戶或本里照依丁糧幫貼軍裝盤纏」。見會典卷155，「起解」，「凡起解軍丁」，及「凡軍裝盤纏」，頁8a、9b—10a。軍戶的負擔此後更形沈重。

68. 霍冀：軍政事例卷5，「題爲軍政利弊事」（正德6年，1511，巡按浙江御史李春芳），頁54b；「題爲清理軍伍以蘇民困事」（嘉靖4年，1525，巡按陝西御史楊秦），頁1b；「題爲申明舊例祛時弊以裨軍政以安地方事」（嘉靖11年，1532，巡按浙江御史鄭濂），頁9b；「題爲清理軍伍事」（嘉靖18年，1539，巡按廣東御史陳儲秀），頁47a。

於戶內量丁追與，不拘多少。2.五年一次，由戶下應繼人丁收齊後解送衞官，轉發本軍收領。3.繼丁解送時應向有司清軍官領取供送批文，內開實收盤纏數額；盤纏交軍後又須取得衞所印信，連批繳回，以示公信。4.若軍中富足不須供送，可告明衞官，將理由開寫於供送批文上，以免下次再去供送。5.若原籍軍戶富足，自願不時供送盤纏，聽從其便。6.繼丁解送盤纏到衞，若正值軍丁缺伍，卽以之補伍；有妻小者着令原籍親屬送去完聚。不但立收補伍實效，又可免淸勾之苦，堪稱一舉數得。

可是軍裝盤纏沒有定額，只由軍戶戶下量丁追與，各戶人丁數與經濟狀況既有不同，懸殊必至，結果必造成衞軍貧富差距之增大。遇有原籍戶丁不願供送，或貧乏不能供送的，衞軍生活立受影響。於是又產生衞軍「賄買各該衞所官吏，私自給文，擅回原籍取討盤纏，擾害戶丁」的弊端。[69] 衞軍回籍「取討衣鞋」的情形在正統以前似已相當普遍，可能在明初軍裝並不完全限由戶丁送去衞所，也有可能是允許衞軍回籍取討的。[70] 但因衞軍回籍往往遷延時日，造成軍伍的空缺；回籍以後對戶丁的需索也造成社會秩序的紊亂，因此改爲統由戶丁送衞。正德十年（1515）並且對指稱取討盤纏回家的正軍，「許里隣人等捉送所在官司問罪」，受賄賣放的管軍官旗則「聽淸軍御史參問降調」，[71] 顯見衞軍藉口取討軍裝回籍擾害的問題頗爲嚴重。另一方面，由弘治十年（1497）條例所定，軍裝到衞須由衞官點收後發放衞軍的一點亦可想到，衞官藉機中飽的情形或也不少。這也就是衞官何以會與軍士勾結，允許正軍回籍取討；或妄報事故，造册勾軍以便獲取勾到戶丁隨帶軍裝的理由了。[72]

衞軍回籍取討軍裝的情形在上節提到的彭浩致江西原籍族人家書中有極好的描述。彭氏宗譜卷一一，「養素翁寄江西原籍家書」：

> 竊見我同伍屬，數數往還江西等處原籍需索津貼盤纏，略不知恥。我欲往祖家拜望，以伸素志，抑恐家中致生瓜田李下之疑。況奈家事匆匆，山長水遠，故不能果其志也。

---

69. 南樞志卷89，「不許軍人囘擾戶丁」（嘉靖30年，1551），頁20b—21a。

70. 皇明制書卷12，「軍政條例」，頁14b—15a。

71. 霍冀：軍政事例卷1，「不許給文賣軍囘家」（正德10年，1515），頁35b—36a。

72. 南樞志卷92，「不收管丁朦朧勾擾」（正統元年，1436），頁2b—3a；又如卷88，「衞所妄勾軍丁降調」（正德3年，1508），頁10b—11a；卷91，「逃軍首復申報原籍」（嘉靖30年，1551），頁25a—b，俱是衞官與軍丁勾結的例子。

此書修於弘治十三年（1500）。當時彭浩已因年老退役，由長子彭曙見當蘇州衞軍。蘇州衞與江西距離尚不算太遠，但蘇州衞軍的原籍並不限於江西；可是與距離遠近無關，衞軍回籍取討軍裝蔚然成風，致使彭浩雖欲回原籍探望族人，却恐遭族人疑心，不得不先致書澄清。反映出當時衞所軍人與原籍族丁間的矛盾已相當强烈。弘治十三年正是政府下令禁止軍田絕賣的一年，[73] 三年前的弘治十年，並曾明令軍裝由戶丁五年一次供送到衞。適逢此加强軍政管理之時，彭浩的家書寫來格外謹愼。這由下面三點可以看出：

第一、他在家書中抬出了姪子彭昉為他撐腰。當時彭昉雖只是吳縣儒學廩膳生員，而且有一次落第的經驗，但彭氏或卽因此得以躋入紳士之列，「親戚交游，皆紳士大夫」。這種身分地位或已足以保證彭氏不會假回籍之便向族人需索軍裝，但彭浩還願提出更多的保證。他在家書中宣稱：如果彭昉明年能「僥倖登科，老身必率姪回來祭祖也。」祭祖而必待彭昉登科，這其間或許也有若干誇示的心理，但最重要的意義還是在向族人證明，自己無意也無必要靠族人接濟。

第二、他同時預備了十三封內容相同的家書。除了一封是要「拜奉原籍江西臨江府清江縣崇學鄉二十八都先曾祖太舅公彭學一家中尊長伯叔兄泊弟姪孫等位前」，另外十二封則分別投遞「十圖十排年里長、軍黃二冊書手等位」，請他們務必「公同清查明白」。里長與書手是編造黃冊的最基層人員，同時對清理軍伍、首報逃軍也有極大的職責，[74] 在整個清軍作業中具有舉足輕重的地位。彭浩因此於寄家書的同時也寄出十二封存證信函，於報備的同時也希望他們能公同為之作證。

第三、他為恐「家中猶豫，不能悟曉」，在家書之後又附上了「源流宗枝」，說明自己與彭學一的關係，以及學一以來在衞當差不缺的情形。內容包括籍貫、彭學一充軍事由、分配衞所、所屬百戶及總、小旗姓名、先後補役戶丁姓名、彼此間的血緣關係、改姓緣由等等。這些事項按理都應載入旗軍文冊與軍黃冊內，[75] 原籍族人應很容易就可查對得到。經彭浩主動提出，更顯出他為避嫌用了許多苦心。

---

73. 南樞志卷89，「軍戶田土不許絕賣」（弘治13年，1500），頁14a。
74. 參見拙著頁55、73—74。
75. 參見拙著頁87—89，史料47、50。

　　彭浩堅持不用原籍接濟，一方面是面子作祟，一方面也確實沒有這個需要。可是對大部分軍人來說，軍裝本來就是維持生計的法定來源，因此與他同伍的人大都樂此不疲。蒲松齡修蒲氏族譜般陽土著中，也有一個很好的例子。松齡的六世祖永良「流寓京都爲扈從軍」，每年都回山東淄川老家向族人需索資斧，且每來必「詭言其苦，叫號萬狀，盈裝乃去」。後來族人中有客於都者，發現他生活甚是安逸，拆穿了他的謊言。再以後永良回原籍要錢，「而族中貧子弟爭願代之，遂不敢復言，嘿然而去」，從此不再回來。蒲氏自洪武四年（1371）梁籍爲軍，其後有關軍籍的記事僅此一條。永良之前的情況不明，但永良以後想必再無回籍索費者。永良的事例同時也顯示了衞軍因爲勞逸不同，經濟情況也各異，軍裝之資有時並非十分必要。這時就反爲衞軍製造了一個勒索族人的大好藉口，更增加了彼此間的衝突。[76]

　　也許就因爲軍裝之資非人人所必須，族譜中常可看到一些單發性的事例。如安徽歙淳方氏柳山眞應廟會宗統譜裡的方誠，天順間由大同衞「歸理軍裝田畝，刊有簿籍」；[77] 桐城吳家紫吳氏宗譜裏的吳有能，嘉靖三二年（1553）以北直永平府延慶州副千戶奉大同巡撫曾銑調，經桐城時「聚族斂費而去，迄今杳然」，[78] 都只是偶發的事件。兩種族譜中都沒有任何資料顯示他們的原籍族人曾主動供送過軍裝，在方誠或吳有能的前後也都不見有衞軍回籍索費的紀錄。由另外一些族譜資料中可以看到衞所與原籍兩地的族人經過多年的不通音訊，到明後期才又通譜或恢復來往的。[79] 可能這種偶發式的索取軍裝在當時也是很普遍的現象。

　　弘治十年令軍裝五年一次量丁追與，大體在此之前軍裝主要也是按丁僉派的。例如前引黃氏族譜中的文水黃氏，就是「每丁年配貼銀壹佼（錢），衆貼布壹疋，准爲裝衣」。黃氏軍役由各房輪當，猜想幫貼的應不限於某幾房，而是原籍所有戶丁。每丁每年貼銀一錢，另由衆人合出布一疋，收集得的錢與布，如何由原籍的福建同安送到

---

76. 蒲氏族譜般陽土著（康熙27年，蒲松齡修），日本慶應義塾大學中文研究室藏，不分卷，不注頁碼。
77. 歙淳方氏柳山眞應廟會宗統譜（乾隆18年，方善祖、方大成等修）卷6，「靈山派名世堂」，頁18a。
78. 桐城吳家紫吳氏宗譜（光緒元年，吳瀕、吳謙昀等續修）卷1，「志賢公支志信公支以下」，頁5b—6a。
79. 如李氏族譜（民國48年，李炎、江萬哲主編，臺中新遠東出版社），「世系表」，「派譜」，A139—140頁。倡義公於洪武9年（1376）抽充南京留守司右屯衞軍，其後人「在南京累世役于王事」。萬曆35年（1607），裔孫李善「來視祖地」，方又通譜，是爲一例。

在山西的大同左衞，族譜中不曾交待。但緊接著上述規定又道：「其軍裝今日軍到，明日娶婦，只出一半；先娶後到全出」，詞意甚不清楚。猜想與上舉每年固定徵收的貼軍費用所指不同，是清解軍人時所需的軍裝盤纏。凡在原籍娶妻再赴衞者可領全額，單身到衞再娶者只給一半。[80]

戶丁人數以時消長，因此年年徵收的金額多少有些出入。前引蕭山道源田氏則按房攤派，見田氏族人成立於成化五年（1469）的合同。其中有關軍裝的規定分作兩個部分，一在起解時供作娶妻路費之用，由合族幫銀十二兩；另一則是平時軍裝之需，由六房每年各出銀一錢五分，合計每年九錢。田氏因原籍的蕭山與所分配之台州海門衞桃渚所俱在浙江，解軍路途較短，猶且要十二兩的盤費，遠地負擔之重可想而知。

軍裝由戶丁供辦，是軍戶在軍役之外又一項較民戶多出的負擔。政府因此免除軍戶戶下若干雜役，以爲補償。洪武四年（1371）「令各府縣軍戶以田三頃爲率，稅糧之外，悉免雜役。餘田與民同役」，[81] 乃是因爲當時的雜役，大體以按糧僉派爲原則。[82] 糧由田出，因此限以三頃爲率，三頃以外的部分則需與民同役。可是實行了不過三年，首先就在山東遭遇到困難。山東地方在洪武初年曾施行過垛集軍法，先後尚且不止一次，因此軍戶之比例甚大，軍地也遠比民地爲多。[83] 軍田免雜役是因爲軍戶必須幫貼正軍，可是正、貼軍戶並非同時著役，而且貼戶之設本來卽有幫貼正軍的意思，若軍田一概免役，縣內幾無田可以應役。故而對貼戶田的免役作了大幅限制，只能免百畝之內，正軍則全免差役。[84] 不過這個方法並沒有持續多久，到了洪武十四年（1381）黃册制度成立，洪武十八年將民戶按丁糧多寡、產業厚薄分爲上中下三等，徭

80. 黃氏族譜，「文水黃氏譜敍」，A15頁。

81. 會典卷20，「戶口二」，「賦役」，「凡優免差役」，頁16a。

82. 唐文基：「明初的雜役和均工夫」，中國社會經濟史研究，1985年第3期，53—62。

83. 明初山東行垛集軍法的事例參見拙著頁13—14、及頁35註54。垛集後州縣下軍、民戶的比例問題則參見頁19及頁39註67。

84. 明太祖實錄卷89，洪武七年（1374）五月壬午條，頁 2b；會典卷20，「戶口二」，「賦役」，「凡優免差役」，頁16a。

役僉派的標準就此改爲戶等，軍田免役法自然也不再存在了。[85]

　　徭役改按戶等僉派以後，有關軍戶免雜役的規定先後有過一些變化，例如在洪武三一年（1398）督令各都司衞所在營軍士，除正軍並當房家小，其餘盡數當差。[86] 永樂八年（1410）又令各處軍衞有司軍匠在京充役者，免家下雜泛差役。[87] 目的都應在補償戶丁因供送軍裝盤纏等費而較民戶多出的負擔。差役的免除以一房或一家爲單位，對於因戶丁人數多寡或距離遠近不同所造成的實質負擔差異，則不予考慮。宣德四年（1429）下令各軍免戶下一丁差役，若在營有餘丁，亦免一丁差使。[88] 軍戶戶下免役餘丁的人數大爲縮減，但各戶所能免役的餘丁人數則趨一致。表面上似乎合於公平的原則，而不公平的情形仍舊。正德六年（1511）乃不得不使在三千里以外衞所當軍者，原籍、本營各免二丁「專一供給軍裝」，[89] 較前稍有改善。另外在正統年間也先後增加了雲南土馬軍自備鞍馬兵器食糧聽征者以及陝西土軍在邊操備者的免役戶丁數

---

85. 這個轉變，伍丹戈：「明代徭役的優免」，中國社會經濟史研究1983年第3期，40—54 說得較爲清楚。王毓銓則以爲軍田所免爲「雜役」，餘丁所免爲「差徭」，但對差徭是何內容却沒有解釋（王氏前引書頁238）。王氏旣以爲二法可以同時存在，猜想他是將餘丁所免的差徭與創行於正統間的「均徭」視爲一物，而又依照明史卷78，「食貨志二」的說法，將均徭、里甲、雜泛視爲黃冊制度、里甲制度成立以來即同時並存的三種役（頁1893）。可是由山根幸夫：明代徭役制度的展開，東京，東京女子大學學會，1966，頁103—109可知，均徭法爲江西按察司僉事夏言於正統7年（1442）所立，其法係將過去不定期派的雜役改爲十年一次定期科派，並與里甲正役（亦十年一輪）交錯輪當，故每五年一應役。因此只是科派徭役的方法，內容則包括驛傳以外所有的明初雜役。註1所引李龍潛之文亦犯了同樣的錯誤。李氏將軍戶分爲「郡縣軍戶」（留在原籍的軍戶）與「在營軍戶」的兩個部分來考慮，這是對的。但他認爲郡縣軍戶因戶下已有人當軍役，故可減免「按丁僉派的『雜泛』」，另外又因可減免「按產業僉派的『雜泛』差役」，故有軍田免三項之內雜役的辦法，實在是極大的誤解（頁47）。原來他把洪武18年修改的雜役僉派標準——「驗民之丁糧多寡、產業厚薄」——看作不同的兩個依據，以爲雜泛有一部分按丁糧僉派，另一部分則按產業僉派；而實際上則是將丁糧、產業合併考慮，由之分立戶等，再依戶等高下僉派雜泛。另外，李氏又認爲隨營生理的餘丁一丁所免之差役，是他本人在「郡縣軍戶的徭役」，也是很奇怪的。餘丁旣隨營生理，多隨軍士在衞立籍，所應充的自然是衞所或衞所在地的差役，自無必要返囘原籍應役，這對所有在營餘丁來說皆是如此。還有，李氏亦以均徭、里甲、雜泛三役並列，並且以爲「明初，『均徭』是按『驗田出夫』僉派的」（頁47），則又將均徭與「均工夫」混爲一談了。本文所論之免役僅限雜役，正統以後以均徭法僉派。至於里甲正役則是任何人都無權「優免」的。
86. 會典卷20，「戶口二」，「賦役」，「凡審編賦役」，頁11a。
87. 會典卷20，「戶口二」，「賦役」，「凡優免差役」，頁16b。
88. 皇明制書卷12，頁4a。這可能是受到永樂19年（1421）遷都北京的影響，因爲遷都造成政治與經濟重心的分離，政府對徭役的需求增大。
89. 會典卷137，「存恤」，「凡存恤」，頁12b—13a。

。[90] 其意義也都在補償土軍戶因赴邊征戰而較平時多出的負擔。

以戶丁供辦軍裝的規定到了嘉靖以後有了重大的改變。嘉靖三二年（1553）下令使軍戶戶下田產中屬於祖軍（當軍始祖）名下的部分由當軍人役收租，待軍士老疾更換即轉移收租權以及田租收入至下一任手中。這是把軍田收入當作軍裝的主要來源，但無產之丁仍由本房人丁每年津貼。[91] 隆慶六年（1572）又議准於清解軍人時，清軍御史須督同州縣清軍官，「審定田產，酌為供幫常數」。軍田收入「嚴令戶丁以時齎送，或聽本軍回籍類收」。[92] 與嘉靖以前的條例相較，不但將供辦軍裝的重點轉移到軍田，而且開放了正德十年禁止衞軍回籍取討盤纏的禁令。推想戶丁不願供送的情形非常嚴重，政府本身又已陷入財政危機，[93] 各地普遍缺餉，為確保軍士獲得原籍軍裝的支援，才做此決定的。可是衞軍與原籍戶丁之間，經過數代以後，血緣關係已趨淡薄，如果衞所與原籍又相距甚遠，彼此間的隔閡更大。政府却不能就此點加以改革，仍然堅持由原籍供應衞軍。這是存在於軍戶制度內的一大矛盾。

軍裝供辦的來源在條例上雖有如是的改變，實際運作的情形又如何呢？萬曆二六年田捨中與田應龍因軍役承繼問題引起訴訟之事已如前述，其肇因就是田捨中於數年前回籍索取「各房一錢五分軍裝之數」遭到田應龍的拒絕。田氏並非沒有軍產，可是不但田捨中照舊回籍向各房索費，訟案結束以後，根據蕭山縣的審單也仍然「當差錢各房均派」。而且田應龍雖被判定與田捨中的軍役無干，却仍需供應捨中軍裝，只是「比戶丁止許諒幫一半」。[94] 可見量丁攤派的方法到明後期仍繼續存在，有時且與軍田租錢同時徵收。

田氏之軍產似即為當軍始祖（軍祖）所留，計有平屋十六間，軍田十二畝。萬曆間陸續被田捨中賣掉，到萬曆二六年興訟時只剩下田三畝三分。明初軍田似乎可以自

---

90. 會典卷20，「戶口二」，「賦役」，「凡優免差役」，頁17a。
91. 南樞志卷89，「軍丁不得更番私替」（嘉靖32年，1553），頁21b—22b。
92. 會典卷155，「起解」，「凡軍裝盤纏」，頁10a。
93. 例如邊餉的支出，明初主要以屯田糧、民運糧來供給，兼以開中法補之。及諸法破壞，京運年例銀的數額大增。京運年例銀出自太倉，直接影響政府財政，而數額由嘉靖初的六十餘萬遞增，隆慶3年（1569）已至二百四十餘萬，萬曆36年（1608）更至四百九十萬餘（參見寺田隆信：「明代における邊餉問題の一側面——京運年例銀について」，清水泰次博士追悼記念明代史論叢，東京，大安，1962，頁251—282。
94. 同註63。

由買賣，弘治十三年（1500）令軍戶田土「不許出契死賣，若買者，正犯并知見人問罪，地土追入官」，從此軍田與軍役的承當更有了密切不可分的關係。[95] 捨中絕賣軍產，本屬有罪，審單念其貧老，未與追究。並准捨中於剩餘的三畝三分田「每年收花管業」，是捨中同時可以得到軍田與戶丁雙方的補助。軍田租銀每年計一兩四錢，其後「每年其子孫旋里收花」，至康熙十六年（1677）族人與衞軍田憲榮立下「議單合同」，開明「每年租銀計一兩四錢，如本身不得回籍，有便人來將此合同帶來，付租銀註明。如無合同，雖本身來租銀不付。」改成認單不認人的方法。可惜田憲榮在康熙二十年（1681）「賚符收花」時不慎遺失了軍符（合同），以後遂不復來。軍符則為族人拾去，此後改軍田為祭產。可以說靠著軍田的聯繫，族人與衞軍間的關係一直要到清初軍田消失才斷絕。

田氏軍產為祖軍所遺，但若軍祖本身無田產或田產甚多，軍田將安出？張廖簡氏族譜中有一例。簡張氏始祖德潤因入贅張氏而兼承張、簡二姓，為福建漳州府南靖縣永豐里九甲里長。德潤生有八子，長子夭亡無嗣，三子流放廣東。洪武九年（1376）九甲抽軍一名充平海衞軍，遂預被抽之列。德潤因「思八子分纍，兼承軍民二役，慮以後世子孫參差，門戶難當」，將產業分作六股。另留「抽軍租田」與「祭祖田」二款，各以其租粟「當軍致祭」。抽軍租田一庄，受種子一石，大約可得租粟六十石。[96] 由「六大房輪流收，十年一贅當軍」。這可能是指軍裝十年一送，也可能是軍役由六房輪充，十年一換，輪當者將十年收得之租粟充作軍裝盤纏隨身帶到衞所也未可知。

簡張氏的軍田成立於洪武年間，是始祖於抽充之際，為使後世子孫能不受軍差煩擾而從自己田產中撥置者。至於從軍始祖可能是德潤六子中的一人，在德潤分產以前已身並無產業。分產之後所得與他子相若，並不用來應充軍差。軍田獨立於六股產業之外，其收入專供軍差承應者支用。這種情形似乎較為普遍，族譜中還可找到類似的

---

95. 同註73。軍田不但不可絕賣，而且除非因解軍艱難等與軍差承應直接發生關係的理由，否則亦不許典當，典當者亦應於限內贖回。

96. 張廖簡氏族譜，「簡氏淵源沿革志」，「洪源長窖清河范暘族譜杭序」，簡氏 A7—11 頁。其祭掃田計二段，一段受種子三斗，年科租粟18石；又一段亦受種子三斗，但未記科粟數額。抽軍租田受種子一石，按祭掃田之例折算，年可得租粟60石。

例子。如謝氏族譜中的謝廷玉，洪武十八年（1385）因事謫充陝西涼州衞軍，後調陝西山州衞，又用賄轉調潮州衞。天順間族人謝旻有田三一四石，廣授五子各房。另有二子無嗣，則以「屋園等業歸祭，永遠不缺」，二子各有田租六石，被用來「推瞻軍用」。其財力之富厚可知。謝氏之軍始自洪武，但軍產之設一直要等到天順前後。十二石的無嗣田租被用來「作爲出調梧州鎮盤費之資，每年軍人收租應用」。是在久經盤費之苦後，由後人於產業中特別撥置一部分作爲軍田的例子。謝廷玉與謝旻之關係不詳。[97]

又一例見許氏宗譜所收「廣東新會開平宗譜序」。許孔遜於洪武十七年（1384）爲瞞丁事充新會軍，至其孫輩，「數翁起而忖思，當軍重務，恐後世子孫應當之難」，因此設田六石，以爲當軍者養家之資。由「兩房子孫歷代輪當輪耕，其田盡與世守無異」。孔遜有三子，一子失傳，軍役由另二子之子孫輪充，這是謫充軍子孫輪充的例子。軍田收入則由輪當者收用。以後一直要到明末，才從其中撥出六斗作爲孔遜祖每年祭祀之費，餘田仍充作軍田。崇禎十七年（1644）合族出銀建造祠宇，猜想軍田即使在此時未被挪用、等到清朝廢除軍役以後，也很可能被用在合族事業上，而變成公產。[98]

錫山馮氏宗譜裏的軍田，也是後人設立的。四世祖馮德祥於洪武十二年（1379）爲同姓指攀軍役事充北京軍府左衞軍，馮氏因此入軍籍。卷三，「公田記」云：

> 軍爲公役，有任伍事者，合族出資以佐其衣糧，因而有膳軍之費。稍拂其意，即有提補之虞。我貴和公慮子孫愈繁，心力益散，遺後人憂非淺鮮也。爰置青暘鎮北衖房屋一所，牛車圩田六十畝，責長房承管，永給軍需。

膳軍之資沒有定額，好處是族人可量力而爲，可是遇到貪婪的衞軍，則適以做無限之需索。稍有不滿，動輒以勾補戶丁恐嚇之。馮氏的軍田可以說就是在這種情形下被迫設置的。軍田六十畝外還有房屋一所，大概是用來供作佃種者居住，或也兼作暫時的積穀倉。貴和公即馮禮，生於洪武戊寅（1398），卒於成化年間。永樂三年（1405）

---

97. 謝氏族譜（民國53年，謝泉海、江萬哲主編，臺中新遠東出版社），「萬興戶派」，說17頁；「謝氏族譜原序」，序7—8頁。

98. 許氏宗譜（1963，許敎正編纂，新加坡許氏總會刊行），「廣東新會開平宗譜」，「序」、「高陽宗支歷代行述」，B154—157頁。

大水時相傳卽散家財以賑，全活千數，財力相當雄厚。死後，四傳而次房、末房子孫蕩廢公產殆盡，到弘治十六年（1503）止存長房田二十畝，次、末二房又補置田十畝，湊成三十畝，仍歸長房獨管，備辦軍儲。至於軍裝是由戶丁送衞還是由衞軍回籍收取則不詳。

馮氏軍田一直要到弘光乙酉（1645）軍役去除以後才廢除，但並未依照部分族人的意見將之吸收入各房私產，而是整筆移作公田，供修祠、修譜以及祭祀等費。與田氏、許氏軍產命運相同。[99]

上舉諸例中的軍田除田氏以外，都是為了承應軍差特別撥置的。其數額由設立以來一直到明末甚至清初都不見增加，馮氏田甚至較初設時減半。軍田的生產量雖可能因生產技術的改良而增加，但所增應屬有限。而米價却受諸種因素影響不時變動。因此軍人除非能將田租以實物的狀態送回衞所，若所收為租銀，或雖回籍取得實物，但因路途遙遠，運送不便而在當地脫手，則在米價變動之外，還要受產地與衞所米價差異的影響。[100]尤其到明中期以後，由於商品經濟的發展，影響應更大。可是軍裝顯然不因之而被調整，這與弘治十年使衞軍五年一送軍裝不限其額的規定倒是互相呼應的。顯示出軍裝的支出一半是强迫性的一半也得出於自動，政府不能也無法規定其數額。因此有時由原籍軍戶自行決定，有時則由衞軍與原籍戶丁商議後決定。

下面要介紹的是以異姓共同出辦軍裝的例子。見前引伍氏家乘。家人子來興代主服役，一直到弘治十年（1497）子執虎故，似乎與原籍戶丁間不曾發生過金錢上的糾葛。可是到了弘治十三年伍鼎解補以後，就「屢年回家需索軍裝，費之多寡不一」。嘉靖八年（1529）遂有合同議約之訂立，雙方議定費銀四九兩四錢四分，永為定例。同時將合同議約「禀官請印，軍領一紙，本戶一紙」。衞所方面由當時充當軍役的伍元（鼎子）收執，「嗣後軍人子孫回家，執此合同對照，盤費照前辦給，本戶不得扣減，軍人毋許過取」。

---

99. 馮禮事蹟見卷 2，「貴和公傳」，頁 1a—2a、卷 7，「柏公派倉頭支世表」，頁 7a；軍田改公田事又見卷 1，「纂修宗譜跋」（馮淸時跋），頁1a—2a。

100. 參見全漢昇：「明代北邊米糧價格的變動」，新亞學報第 9 卷第 2 期，1970，收入氏著中國經濟史研究中冊，香港，新亞研究所，1976，261—308；寺田隆信：山西商人の研究，京都，東洋史研究會，1972，第三章：「北邊における米穀市場の構造と商業利潤の展開」，120—179。

　　議約中最值得注目的是立議約人共有九人。除伍元外，另八人分別代表八股，在原籍「共當軍民兩項差役」。其中五股爲伍姓，二股爲潘姓，一股爲孔姓。八股之成立在天順年間，時伍貴因見衞所「軍丁不旺，恐累後裔」，除以所生五子分爲五股，「並家屬二潘一孔命附伍姓，將所有田產除祭膳田外，品作八股分授」。每股田種十八石，「凡一切差事，八股輪執無異」。嘉靖年間，先人多已亡故，因恐潘、孔子孫違背盟約，因此成立「軍裝合同議約」，一方面滿足衞所軍人的需求，其實也藉機確保二潘一孔的協助，經由「稟官請印」的手續牢牢約束住他們。嘉靖八年的議約規定每年每股出銀六兩一錢八分；遇有勾丁解補，另由八股公出費用。如有子孫敢生端異說，執議約赴官府告訴。

　　二潘一孔均屬異姓，族譜中稱之爲「家屬」而不再作任何說明。由伍氏最初以家人子來興代役的一點來看，家屬當釋作「家人之屬」。伍貴因恐子孫爲軍役、軍裝所苦，先以家人代役，其後又使之附於伍姓，共同負擔軍民兩差。天順間初分八股時已「領約存據」，嘉靖八年（1529）又再度立約，原因都在於這樣的一個結合本身非常脆弱。在伍貴的一代或許還有些恩義、利害可言，逐漸連這一點關係都消失了，就只有藉官府之力强制他們結合起來。另一方面，明代雖禁止庶民蓄奴，但由於民間實際的需要，故而採取睜一眼閉一眼的態度；又因爲要確保軍役的來源，宣德四年（1429）的軍政條例就規定同籍異姓之人不許於充軍之後分戶，卽使分戶也要在缺軍之時解補。[101]因此伍貴一旦以這種形式拉攏住二潘一孔，在軍政條例中是頗能站得住脚的。這也是何以官府會不做任何刁難，就蓋印證明的緣故。

　　這樣到了萬曆二年（1574），八股之田有若干爲戶丁隱占，各戶又消長不一，遂又另立「置軍莊田種合同議約」，由八股各出銀三兩五錢，外加一筆賣田價銀十五兩，共成四十三兩，置買軍莊田種三擔六斗五升，「及山場園圃樹木屋宇基址」，召佃住種看管。每年秋租二十五擔，其中十擔由各股每年輪流領管，任其放貸，至次年交接時加四成的利息，用充軍費。其餘的十五擔則由「輪管賦役人收作採辦之費」，大

---

　　101. 皇明制書卷12，「軍政條例」，頁6a。

概是用來供辦民差的。[102]

議約中同時又因八股興廢不一，將之「併作五股當差，接官賦役」。我們可以看到二潘一孔分別被併入伍氏三股股下，可能八股中破壞最大的就是這三股，却仍不能脫出伍氏的掌握。同時令人不解的是，八股雖被合併為五股，但如置買軍田的費用以及包賠「無頭寃歃」的額數等，仍然是八股平均分攤的。不過這種現象在萬曆四四年（1616）的「軍裝合同議約」中獲得改善。前一年的萬曆四三年，因衛軍故絕回原籍勾取伍日誠補伍一事已如前述，當時除由五股出銀百兩以為娶妻及路用盤纏、到衛安家之費外，並議定其後每年「出軍銀三兩三錢整，俟軍人回家取費，不拘遠近，五股照派出備」。[103]若「日誠回家祭掃，衣服不拘遠近，五股公備銀二兩五錢與用」。伍日誠得到這些承諾，才「自願」前去補役。不過，三兩三錢之數究竟是五股公出之數？抑或各股分攤之數？合同中說的並不清楚。另外，議約中對萬曆二年所置軍田絲毫不曾提及，是不是軍田已因某種原因而不再存在？或者因為軍田收入不能滿足衛軍的需要，才又改為按股攤派？實際情形不詳。

從伍鼎補役到萬曆四四年，軍裝之費經過數次的更動，整理可成下表：

時　　　　間	回家索費頻率	軍　裝　額　數	負擔方法	勾丁解補之費
弘治13年以後	屢 年 回 家	多　　寡　　不　　一		
嘉靖8年以後	每 年 一 次	49.44兩	八股分攤	費用八股公出
萬曆2年以後	？	秋 租 10 擔 加 四 額 利	軍田收入	
萬曆44年以後	每 年 一 次	3.3兩（16.5兩？） 祭掃時2.5兩	五股照派	五股公出百兩

102. 這一部分的史料內容不易瞭解，引之以就正於大方。見伍氏家乘卷24，「軍族篇」，「置軍莊田種合同議約」，頁 1b：「每年秋租二十五擔，將十擔捱次付股領放，收照加四額利，輪流交接，聽辦軍費。有侵漁者，各戶告發，永充軍費。餘租一十五擔，輪管賦役人收作採辦之費，如租不足所用，公議隨條編照子丁派收，以補管役人湊用。」

103. 所謂「不拘遠近」，應指時間的遠近，亦即不拘何時同籍，均可將過去未領之部分全數領清。見伍氏家乘卷24，「軍族篇」，「軍裝合同議約」，頁3a。

萬曆以後與嘉靖年間相較，伍氏沒落的情形歷歷可見。[104]儘管如此，勾丁解補時所需的費用却不能稍減，由安徽到雲南的路費、娶妻、安家之費，合計共要百兩之鉅，全數由軍戶戶丁負擔，勾軍對原籍戶丁所帶來的困擾可想而知。

　　伍氏為使軍裝能持續供辦不缺，先後多次立下合同議約，固然是因為其家族已漸趨沒落，不得不更訂議約內容以減輕負擔；另一方面也為了約束異姓家人子孫，使之分擔差役。不過，也正如前舉蕭山田氏曾於成化五年、康熙十六年立約之例顯示，當時原籍戶丁與衞軍之間為免糾紛之產生以及在發生糾紛時有可依循之解決方案，經常採取立約的方法。范氏家乘中也有所謂的「蘇族貼助軍役議單」，[105]可惜沒有留下內容。另外一個特殊的例子，見定興鹿氏家譜卷八，「崇祀鄉賢事實錄」，「明封太常寺少卿成宇公事實」：[106]

　　　一、割腴田數十畝，代合族貼軍。令子善繼移呈邑令畢公自肅印批，以垂永久
　　　　。沐義者勒石紀之。

成宇公即鹿正，為鹿善繼之父。鹿正割腴田貼軍，是為紓解族人軍裝之苦。又為示永久不變，還請縣官批印，並刻石碑為記。這舉動不足為奇。奇怪的是，鹿氏本身並非軍籍，[107]民籍的鹿氏為何有貼軍之役呢？

　　鹿忠節公年譜為我們提供了這個問題的答案。卷上，萬曆四七年（1619）已未條下：[108]

104．據全漢昇：「宋明間白銀購買力的變動及其原因」（新亞學報第8卷第1期，1967，收入氏著中國經濟史研究中冊，179—208）頁186—187所載「明代江南每石米價」表，萬曆8年(1580)以後江南地方的米價大約每石 0.3兩，萬曆16年松江米價每石1.6兩。伍氏原籍安徽，比照江南則十擔米價約3〜16兩左右。又據黃冕堂：「明代物價考略」（氏著明史管見卷3，濟南，齊魯書社，1985，頁353—354），萬曆4〜43年間大抵米一石折銀數各地均約5〜7錢，則十擔米應為5〜7兩，為嘉靖間軍裝盤費的八分之一。萬曆44年以後的軍裝額數，按史料記載：「嗣後每一年出軍銀三兩三錢整，俟軍人回家取費」，「五股照派出備」，三兩三錢很可能是總額數，若如此，則又較萬曆2年以來減半。但因該部分之前後有關解軍盤纏百兩以及祭掃衣服費二兩五錢的記載，均載明其額數係由五股公備，唯該處謂「五股照派」，故筆者也不排除此三兩三錢或為各股分攤之數的可能。但即使如此，較嘉靖間也不過只存三分之一了。

105．范氏家乘卷24，「流寓錄」，頁17b。

106．定興鹿氏家譜（乾隆56年，鹿荃編）卷8，頁17a；又卷2，「世傳」，頁11a。

107．參見明清歷科進士題名碑錄（臺北，華文書局，1969），萬曆癸丑科，頁1156。鹿善繼係直隸保定府定興縣民籍。

108．鹿忠節公年譜，清・陳鋆編，道光重刊本，2卷。見卷上，頁21b。

九月，太公出地代族人貼軍。同甲李氏有軍三名，原無本族作貼戶例。當年父
老閭里情重，於軍人行李往來，不無供其乏困。後代相沿，遂成故事。顧貧窘
者殊苦之。太公割地十七畝與各軍分種，代合族幫貼費。先生移呈邑令畢公，
且勒之石云。

由善意的協助變成不可逃避的重累；同樣是閭里之人，當年父老情重，現在沒有供軍
義務的人却爲被迫幫軍所苦。這個例子很清楚的說明時間的遠隔使得軍戶制度產生了
不少破綻，這種以原籍戶丁貼軍的辦法已經爲大多數的軍戶甚至非軍戶帶來了困擾。

　　最後再舉一個例子說明原籍與衞所間的關係，見吳氏宗譜。吳氏軍役的來源非常
曲折，最早一直要追溯到宋代。當時吳彪隨岳飛平楊么，受封爲寧蠻將軍。助么爲亂
的「猺人散竄鄂、岳山谷間。既漢人避差猺（猺）者復逃匿其中，間出刼掠，有司以
吳氏素爲猺人慴服，奏世襲千長」，遂代代相傳。入元降襲爲百夫長，元末吳文海爲
陳友諒所俘，成爲其武昌護衞軍。及朱元璋破陳友諒，吳氏又爲朱明之軍。永樂間改
調河南彰德衞，防秋宣府，其後要到清朝裁革彰德衞才得去軍籍。文海有一弟名文忠
，歿於元順帝五年（1337），其子孫一向「並無軍分」。可是到了正統年間，因爲「
文海子孫戍宣府者屢爲北虜所傷，親丁祇留一人」，「朝廷按軍政勾補，始有文忠子
孫朋黨之議」。「朋黨」應卽「朋充」、「朋當」之意，不過似乎只是在經濟上施與
援助，並未實際勾丁補伍。

　　到了嘉靖末年，文忠的後裔吳石岩任衞輝府儒學訓導，在彰德衞附近的安陽縣西
關外三十里買地一頃，給文海子孫耕種爲業，條件是「不得干涉文忠子孫」。想來朋
黨之議爲文忠子孫帶來相當大的經濟負擔，並且隨時有被勾補役之虞，因此破財消災
，在衞所附近爲之置產，只求彼此間不再因軍役發生關係。吳氏軍田置於衞所，與上
舉諸例撥原籍戶下田產之一部以爲軍田者大異其趣，其欲逃脫衞軍騷擾之心念益見强
烈。[109]

　　總之，軍裝之費因各軍勞逸不同有時雖非十分必要，但條例中旣有以原籍戶丁幫
貼之規定，不肖者常藉之需索，造成衞所與原籍兩地軍戶間的矛盾。而原籍軍戶爲應

---

109. 吳氏宗譜（咸豐10年，吳賡泰等修），「平江遷通城始祖枝下」，頁17b—25a。

付衞軍不斷的求索，自明初以來即有撥戶下田產之一部以爲軍產，專供軍差支出的。無軍產者由戶丁僉派，二法並行而不悖，並不必拘於軍政條例來發展。軍田之大小與軍裝之多少，政府並無特別規定，全視軍戶之經濟情況以及原籍戶丁與衞軍間的制衡關係來決定，因此二者也常藉合同議約來保障自己的權益。軍田或議約的設置，使得軍戶子孫雖分居二地，仍能時時保持連繫；軍田收入也常由各房輪收，間接維繫了原籍戶丁的關係。軍田本身在軍役消除以後也常被納入公產，爲合族事業貢獻力量。但諸種關係是否和諧，則非任何人所能預料。衞所與原籍間因時間與空間的遠隔所造成的隔閡，常非一線血緣關係所能塡補。何況有以義子、家人代役者，有以無干之人貼補軍役者。顯示出以原籍戶丁幫軍的構想雖好，但對上述問題若不能突破，其結果反而激發了彼此間的對立，這由族譜中之資料已能了解。

五，結　語

　　以原籍戶丁繼補軍伍、供應衞軍的方法，使軍戶戶下人丁直接或間接地都承當起軍戶的義務，這是軍戶制度的一大特色。通過原籍戶丁的支援，政府得以更有效地掌握住兵源，同時將軍費支出減至最小，這正是軍戶世襲的意義所在。而軍裝的供辦以及軍役的繼補，既是軍戶戶丁特有的負擔，政府常減免其戶下雜役以爲補償，是軍戶與民戶最大不同之處。

　　可是衞所與原籍常相距甚遠，清勾解補往返費時，容易造成軍伍的空缺，因此政府鼓勵衞軍在衞立籍。軍伍有缺，儘先由在營壯丁補役，可說是軍戶制度的一大改革。經過政府的大力推行，衞軍在營發展的結果，有時不論在人力或物力上都不再需要原籍戶丁的支援。隨著時間的推移，有些家族更各自獨立發展，長久不通音間。政府却不能正視這個問題，仍然堅持以原籍軍戶支援衞軍。反而製造了彼此間的糾紛，加深了二者的矛盾。明中期以後清勾不得實效，嘉靖以後，開始有軍缺免勾改徵軍裝以爲募兵費用的說法出現，[110]不但能順應當時各種徭役乃至戶役紛紛改爲納銀的潮流，[111]也是改革軍戶制度的良法。政府却因爲募兵對國家財政所造成的負擔遠高於所得之

---

110. 參見拙著頁107、137—139。
111. 參見拙著頁137—138。

效果，不敢輕言嘗試，放棄了這個改革的機會。此後，軍戶制度雖得持續到清初，但就補充兵源一點來看，其意義已大爲削減了。

衞所與原籍戶丁間的接觸與矛盾，由族譜中一些例子可以得到最眞實的說明。其中所呈現的軍戶生活實態，適足以補充正史資料之不足。尤其是族譜中有關衞軍以外其他軍戶戶丁的生活紀錄，有助於我們對明代軍戶全貌的了解。將來筆者擬就幾個軍戶個案探討其婚姻、經濟及社會活動等，期能對軍戶之社會地位有一適當之評價。

―清初政權意識形態之探究―
：政治化的「道統觀」

黃　進　興

　　拙文試圖指出：㈠「治敎合一」雖爲儒家長遠以來的政治理想，但這個理想落實到制度結構上，却是分而爲二，各由「統治者」和「士人階層」所承擔；宋代以降，「道統觀」逐漸發展成形，更賦予「士人」意理的基礎，倚之與政權抗衡。但在康熙皇帝的統理期間，由於「道統」和「治統」的結合，使得「治敎合一」在象徵意義和結構上（皇權）眞正化而爲一，致使士人失去批判政治權威的理論立足點。㈡在認同滿淸政權的前提之下，這項獨特的意識形態是超越程朱與陸王學者之間的哲學歧見的。

前　　言

　　本文試圖探討淸朝初期政權的意識形態。

　　孔子以降，中國知識分子――「士」有了嶄新的意義，從此他們成爲以道自任的**羣體**。[1]雖然儒者咸認春秋、戰國以下爲「禮崩樂壞」的時代，但「治敎合一」却是他們長遠以來共同的政治理想。≪禮記・中庸≫足以代表如此的概念，它明白表示：

　　　雖有其位，苟無其德，不敢作禮樂焉；雖有其德，苟無其位，亦不敢作禮樂焉。[2]

但在「德」、「位」難以兩全的情況之下，只好採取分工合治的原則：統治者掌理治民之要，士却需負責敎化事宜。所以在象徵意義上，統治階層雖仍舊是「治敎合一」；但結構上，却是「統治者」與「士」各司其職，合而治之。這種對「治」（政刑）

1　有關先秦以孔子爲代表「士」的自覺，請參閱余英時敎授：＜古代知識階層的興起與發展＞，見氏著≪中國知識階層史論≫（臺北，聯經出版事業公司，1980），第一章。宋、明儒將此一精神發揚光大，並賦予「道統」的歷史意義，則請參閱拙著，Chin-shing Huang, The Lu-Wang School in the Ch'ing Dynasty, unpublished dissertation, Harvard University, 1983, Chapter 3。

2　≪禮記≫（十三經注疏，阮刻本），卷五十三＜中庸＞，頁9下。

、「敎」(禮樂)分殊的認識可舉≪新唐書・禮樂志≫爲證，它淸楚地反映二者的區別：

> 由三代而上，治出於一，而禮樂達於天下；由三代而下，治出於二，而禮樂爲虛名。[3]

由於「禮崩樂壞」的緣故，使「士」或「儒者」得以道自任；他們不僅義不容辭地擔負敎化事宜，並據之以批評政治權要。宋儒闡發「道統」一義，更使儒生自高自重，倚之與權要抗衡。王夫之說得好：

> 天下所極重而不可竊者二：天子之位也，是謂「治統」；聖人之敎也，是謂「道統」。[4]

然而在淸代，尤其是康熙皇帝，由於各種思想與歷史條件的湊合，使得「治統」與「道統」不祇象徵上，同時實質裏合而爲一。這卽是本文所欲討論的對象。

爲了達成上述的目標，我們以分析李紱對淸朝政權的觀感爲起點。李紱生於康熙十四年(1675)，卒於乾隆十五年(1750)。李紱的仕途固然坎坷，但在康、雍、乾三朝卻都當過不小的官，尤以雍正三年(1725)擢升爲直隸總督最爲顯赫，但不久卽因事去職。後雖有起復，但多爲閒差，無大作爲。終其身，以敢言、拔擢後進最爲著名；思想上，被認爲有淸一代陸王學派的健將。[4]此處必要申述的是，李紱只是本文討論的起始點，並非孤例，這在全文論證的過程中將獲得進一步的佐證。文末並將涉及此一政治意識形態深遠的涵蘊。

(Ⅰ)李紱對淸朝政權的觀感

康熙皇帝六十大壽時，李紱曾替祝賀的詞章題跋。李紱特別注意到皇上無視已身的豐功偉業，謙德冲懷，再三堅持「封禪」、「封號」、「立碑」之請。他寫到：

> (皇上)則又却之。謙冲之德，久而彌光，蓋自有書傳以來，未有若斯之盛隆者也。[5]

---

3 ≪新唐書≫(臺北鼎文書局，新校標點本)，卷十一＜禮樂志＞，頁307。

4 王夫之：≪讀通鑑論≫(北京，中華書局，1975)，卷十三，頁408。

5 李紱：≪穆堂別稿≫(1831)，卷四十，頁4上。李紱的小傳可參閱全祖望：≪鮚埼亭集≫(臺北，華世出版社，1977)，卷十七，頁207—211。與袁枚，≪小倉山房續文集≫，收入≪隨

接著，李紱解釋康熙帝謙沖之德的原由，他說：

> 仰惟我皇上于堯舜事功之外，探天性之秘奧，抉聖道之淵微；于十六字心傳默
> 契無間，故能不事虛文，不踏故轍。無論唐、宋空名屛而不居，卽七十二君登
> 封告成之典，視之泊如也。臣等生隆盛世，幸際昌期，不克仰贊高深于萬一…
> …。[6]

此段文字有略加疏解的必要，以便於往後的討論。「十六字心傳」卽≪尙書‧大禹謨
≫中的「人心惟危，道心惟微；惟精惟一，允執厥中。」此「十六字」素爲理學家推
尊爲「帝王心法」。南宋眞德秀（1178～1235）卽言：「人心惟危以下十六字，乃堯
舜禹傳授心法，萬世聖學之淵源，人主欲學堯舜，亦學此而已矣。」[7]

「唐、宋空名」指的是像唐玄宗、宋眞宗之流喜好臣工上尊號的人主。例如：天
寶元年（742），玄宗上尊號「開元天寶聖文神武皇帝」；[8]天禧三年（1019），眞
宗上尊號「體元御極感天尊道應眞寶運文德武功上聖欽明仁孝皇帝」；[9]這些人主都
不免遭後世不實之譏。

「七十二君登封告成之典」中的「七十二」顯爲虛數，意爲「多數」。「登封告
成之典」卽「封禪」之典。例如，漢武帝、漢光武帝、宋眞宗等皆曾登封泰山，禪于
梁父。[10]　李紱以爲康熙「執德弘，信道篤，超越古帝王實倍倫等」，却辭却「封禪
」之典，更足以顯示謙沖之德。又他認爲「唐宋之君，功德不逮皇上（康熙）至遠」
，却不若康熙堅辭不許臣下上尊號。因此李紱讚歎道：

> 我皇上功德至隆，咸五帝，登三王，告宗廟而名正，質臣民而言順，用垂鴻號
> ，向多讓焉！[11]

　　園全集≫（上海，文明書局，1918），卷二十七，頁1上—2下。≪清史列傳≫（中華書局，
　　卷十五，頁1—8上。

6　李紱：≪穆堂別稿≫（1831），卷四十，頁4上—4下。

7　眞德秀：≪大學衍義補≫（臺灣商務印書館，文淵閣四庫全書），卷一，頁2下。

8　≪舊唐書≫（臺北，鼎文書局，新校標點本），卷九，頁215。

9　≪宋史≫（臺北，鼎文書局，新校標點本），卷八，頁167。

10　各見≪史記≫（臺北，泰順書局，新校標點本），卷十二，頁484；≪後漢書≫（臺北，鼎文
　　書局，新校標點本），卷一下，頁82；≪宋史≫卷七，頁137。

11　李紱：≪穆堂別稿≫（1831），卷四十，頁3下。例如：羣臣以萬壽六旬，請上尊號。康熙卽

於此，李紱讚美康熙「功德至隆，咸五帝，登三王」之辭值得我們注意。因爲「三王五帝」之業，向爲儒家最高政治理想，據說只在上古堯舜黃金時代實現過。所以傳統上，儒臣勉勵皇帝成就「三王五帝」之業的奏章雖屢見不鮮；但若說皇上「已」成就「三王五帝」功業，則較罕見。[12] 所以李紱稱許康熙事功「咸五帝，登三王」究爲溢美之詞或竟是由衷之言，實有深究的必要。

　　的確，李紱對康熙的文治武功欽佩之至。[13] 事實上，在治績方面極少中國君主能與康熙相頡頏。康熙的功業素爲古今中外史家所稱道。卽使以意識形態掛帥的左派史學家也不得不承認康熙治理的「進步」成份，遑論其他。[14] 是故，李紱對康熙帝的景仰之情確有客觀根據，此點殆無疑問。

　　正因爲康熙傑出的治績使得李紱認爲今上賢聖如堯舜，而「治統、道統萃於一人」。[15] 換言之，李紱意謂著爲「治統」所出的「皇權」（emperorship）在康熙的統理中，同時又代表了文化傳承的「道統」。在李紱的時代，許多儒生對康熙有著同樣的評價。當時程朱學派的代表者——李光地（1642～1718）卽持有相同的看法。事

諭曰：「朕臨蒞日久，每於讀書鑒古之餘，念君臨天下之道，惟以實心爲本，以實政爲務。若侈陳功德，加上尊號，以取虛名，無益治道，朕所不喜。前諸王大臣等屢有奏請，朕曾手書批示，諭以斷不允行。前旨甚明，所奏知道了。」轉引自章梫：≪康熙政要≫（臺北，華文書局），卷十三，頁18上。又余金的≪熙朝新語≫載有康熙「見章奏有德邁二帝，功過三王等語。謂二帝三王豈朕所能過，戒羣臣以後不許如此。」余金：≪熙朝新語≫（上海古籍出版社，1983），卷二，頁1上。

12　李斯卽曾稱許秦始皇之功爲「五帝所不及」，≪史記≫，卷六，頁 236；另「琅邪臺」石刻亦有「功蓋五帝」之語。見≪史記≫，卷六，頁245。

13　見≪穆堂別稿≫（1831），卷四十，頁1上—16下；卷四十一，頁1上—12下。

14　典型馬克斯史學對康熙的評價，見≪中國古代史常識：明清部分≫（北京，1979），頁 215—225。傳統史學對康熙的描述可參閱≪清史稿≫與章梫在宣統三年（1910）仿≪貞觀政要≫所編纂的≪康熙政要≫。旣使帶有民族主義色彩的史著，如蕭一山的≪清代通史≫亦予康熙極高的評價。見蕭一山：≪清代通史≫（上海，商務印書館，1927），卷一，第六章。晚近西方史學則有 Jonathan D. Spence, *Emperor of China: Self-Portrait of K'ang-hsi* (New York, 1975) 和 Lawrence D. Kessler, *K'ang-hsi and the Consolidation of Ch'ing Rule, 1661-1684* (Chicago, The University of Chicago Press, 1976)。

15　李紱：≪穆堂初稿≫（1831），卷四十六，頁33上。吳澄復祀孔廟時，李紱亦稱乾隆「躬承道統」。見≪穆堂別稿≫（1831），卷二十五，頁十一下。李紱亦稱雍正「躬備道統之全」，見≪雍正硃批諭旨≫，頁867。

實上，早在康熙十九年（1680），李光地卽在奏章上表達了如是的期許。李光地說：

> 道統之與治統古者出於一，後世出於二。孟子序堯舜以來至於文王，率五百年
> 而統一續，此道與治之出於一者也。自孔子後五百年而至建武，建武五百年而
> 至貞觀，貞觀五百年而至南渡。夫東漢風俗一變至道，貞觀治效幾於成康，然
> 律以純王不能無愧。孔子之生東遷，朱子之在南渡，天蓋付以斯道而時不逢。
> 此道與治之出於二者也。自朱子而來，至皇上又五百歲，應王者之期，躬聖賢
> 之學，天其殆將復啓堯舜之運而道與治之統復合乎？[16]

康熙與其儒生臣子之間的關係誠然值得深入地探討。但揆諸日後康熙的功業，當時康熙的確接受了李光地的建議，而以結合「治統」與「道統」爲己任。由於統治者滙聚「治統」與「道統」於一身，以往二者在意識形態上的區分，也就變得模糊不清了。所以這些儒生固然獲得皇帝鼎力的支持，藉以實現文化的理想，無意中却付出昂貴的代價而犧牲了「道統」的自主性。換句話說，傳統裏「道統」批判政治權威的超越立足點被解消了。

上述的推論適足以說明李紱與其君主的關係。終其身，李紱以敢言、不畏權要著名；却始終未以「道統」代言者的觀點來批評或規勸皇帝。這和他在學術、思想上與程朱學派力爭「道統」極不相稱。事實上，這反映了以康熙爲代表的政權意識形態已將「道統」與「治統」結合一起。統治者變成「政治」與「文化」無上的權威。就此一觀點，作爲以道自任的「士」頓時失去與政治權威抗衡的思想憑據。

清初另一位著名的陸王學者——毛西河（1623～1716），向以抨擊朱子聞名。曾謂「（朱註）≪四書≫無一不錯」，原欲刊刻≪四書改錯≫以邀聖眷。後聞朱子升祀殿上，遂懼而毀板。[17] 另位學者謝濟世撰≪古本大學注≫，被劾毀謗程、朱，議死罪。[18] 作爲陸王學者而言，李紱維護陸、王學說不遺餘力，並時時攻訐官方所支持的朱子學。≪清儒學案≫之中，＜穆堂學案＞的按語卽云：「康熙中葉以後，爲程朱

16　李光地：≪榕村全書≫（1829），卷十，頁3上—3下。又見≪穆堂初稿≫（1831），卷三十三，頁1下。

17　全祖望：≪鮚埼亭集≫，＜外編＞，卷十二，頁828。

18　徐世昌：≪清儒學案≫（1938），卷五十五，頁1上。謝濟世案見≪清史稿≫，卷二九三，頁10328—10329；≪清代文字獄檔≫（臺北，華文書局，1969），第一輯頁1上—2下。

極盛之時。朝廷之意指，士大夫之趨嚮，皆定於一尊。穆堂（李紱）獨尋陸王之遺緒，持論無所紐。雖其說較偏，信從者少；要亦申其所見，不害其爲偉岸自喜也。」是故，李紱信道之堅，是無庸置疑的。[18] 然而李紱從未跨過此一界限，進而從思想上或文化上批評支持朱學的統治者。由是可以得知清主對朱學的推崇絲毫不影響及李紱認同清朝政權。

　　李紱之接受滿清政權可以溯至早年的詩作。他有首詩作於未入仕之前，題爲「讌露」，附記中明言「咏明季事因念　本朝之功德」。他將明亡的原因歸之於明朝自身的腐敗，以致寇讎四起，最後幸賴「聖人（清主）起東方，滅寇奠周京」，終克底定中原。[19] 以李紱之見，清人雖是異族，並不影響他們統治的合法性。在＜吳文正公從祀論＞中，他爲吳澄（1249～1333）辯解入仕元朝的理由，卽表示：

　　《春秋傳》所謂「內諸夏而外四裔」者，謂居中撫外，不得不有親疏遠邇之殊

　　。若旣爲中國之共主，卽中國矣。舜，東夷之人；文王，西夷之人；得志行乎

　　中國，不聞以此貶聖。元旣撫有中國，踐其土，食其毛者必推其從出之地，紐

　　而外之，去將焉往？聖人素位之學豈如是哉？[20]

李紱爲元朝的說詞同樣可適用於清朝。「舜，東夷之人；文王，西夷之人；得志行乎中國」的說法，事實上與當時雍正頒布＜大義覺迷錄＞以使清人政權合法化是上下呼應的。[21]

　　此外，李紱並藉著闡釋歷史事例，來暗示「明清之際」政權轉移的微妙關係。李紱認爲殷之亡，實咎由自取。武王伐紂，志原不在滅商。[22] 藉此，李紱將「殷周之際」做爲「明清之際」的張本，與清人官方的解釋頗爲契合。[23]

　　在另處，李紱又以「方遜志十族之誅」來說明明代君主之酷。比較起來，康熙、

19　李紱：＜穆堂初稿＞（1831），卷二，頁3下－4上。

20　同上，卷二十四，頁11下。

21　參較雍正：＜大義覺迷錄＞（臺北，文海出版社），卷一。

22　李紱：＜穆堂初稿＞（1740），卷二十四，頁2下－3下。

23　清聖祖的＜遺詔＞卽有云：「自古得天下之正，莫如我朝。太祖、太宗初無取天下之心，嘗兵及京城，諸大臣咸云當取。太宗皇帝曰：『明與我國素非和好，今欲取之甚易。但念係中國之主，不忍取也。』後流賊李自成攻破京城，崇禎自縊；臣民相率來迎，乃剪滅闖寇，入承大統。」見康熙：＜御製文集第四集＞（臺北，學生書局，1966），卷二十，頁14下－15上。

雍正等清主待逆臣或遺民便顯得深德仁厚。李紱在結語中不禁嘆道：

> 載觀十族之禍，乃知生逢聖世者，其爲慶幸，固千載而一時也。[24]

「生逢聖世」不時出現在李紱對清主的讚語之中，乃李紱眞切的感受。李紱生在明亡後二十九年，而且他的家鄉（江西臨川）受兵禍波及較少；這些原因都有助於他對清人政權的接受。但更重要的是，當時康熙皇帝企圖結合「道統」與「治統」的努力，使得儒生覺得期盼已久的「治世」終將來臨。袁枚（1716～1798）對李紱坎坷的生涯雖感慨系之，竟不得不感嘆李紱終能榮名考終，除了個人廉儉過之，乃「遭逢盛世之幸」。[25] 甚至連名重一時的反清大儒——黃宗羲（1610～1695）在他晚年亦只能同意「五百年名世，于今見之」。[26]

細究之，使得李紱等人覺得「生逢盛世」乃是康熙客觀治績與康熙政治理念互相強化的結果。是故，除了檢討康熙的治績，對他的政治理念亦不應忽視。在下節，我將探討康熙政治理念的獨特之處。

（Ⅱ）「聖君」的形象：康熙與道統的關係

康熙皇帝是個時常反躬自省，而且自許甚高的人。他以「非先王之法不可用，非先王之道不可爲」來自我期許。[27] 在他統治期間，文治武功都有卓越的建樹，在開闢疆土方面，他不僅鞏固了中原與滿洲，同時將清朝的勢力拓展至蒙古、新疆和西藏。另方面，他深曉歷史上對那些窮兵黷武、好大喜功君主的批評（例如：秦始皇、漢武帝），使他不敢忽視內政的建樹。[28]

24　《穆堂初稿》（1740），卷二十四，頁12下。

25　袁枚：《隨園全集》，卷二十七，頁2下。既生於盛世，則己身之不遇只能責己。趙翼亦有同樣的感慨，見趙翼：《甌北詩抄》（商務印書館，國學基本叢書），頁368，424—425。

26　黃宗羲，〈與徐乾學書〉，見《黃宗羲南雷雜著稿眞跡》（浙江古籍出版社，1987），頁278。並比較吳光：〈黃宗羲反清思想的轉化〉，《文星》，一〇六期（1987），頁160—162。

27　康熙、《御製文集第四集》，卷二十一，頁9下。

28　康熙自云：「自康熙三十五年，天山告警，朕親擐甲冑，統數萬子弟，深入不毛沙磧，乏水瀚海。指揮如意，破敵無存；未十旬而凱旋，可謂勝矣。後有所悟而自問兵可窮乎？武可黷乎？秦皇、漢武，英君也。因必欲勝而無令聞，或至不保者，豈非好大喜功與亂同道之故耶？」語見《御製文集第四集》，卷二十一，頁9上—9下。史家對秦皇、漢武的批評各見《史記》，卷六，頁276—277；《漢書》，卷六，頁212。

事實上，康熙對民生的貢獻絲毫不比他的武功遜色。他常以百姓生計爲懷，曾經六次南巡查訪民實，並圖治河。他十分關心賦政，康熙五十一年（1711）「盛世滋生人丁，永不加賦」之論更傳爲史上美談。康熙平時居處，自律甚嚴，撙節儉約，不類人主。[29] 任官無論大小，皆愼重其選，而且賞罰分明，吏治因而淸明。在他有力的統治之下，天下漸趨太平，民生日益富庶，人口大幅增加。[30]

康熙雖曾興文字獄以對付反淸份子，但較諸他的子孫顯得寬容許多。以「戴名世案」來說，他五次駁回議處，寬宥牽連者三百餘人，唯獨處決了戴氏本人。[31] 另方面，他於康熙十七年（1678）召開「博學鴻詞科」藉以攏絡積學之士。次年，召修《明史》，一則表明淸繼明入繼正統；二則，藉修勝朝遺事，以安撫明遺民。[32]

在思想上更具特色的是，康熙企圖結合「道統」與「治統」。這是康熙在文化與政治政策上最有意義的成就。康熙之成功見諸當時士人普遍視之爲「道統」與「治統」的具體象徵。前文提及的李紱只不過是其中例證之一而已。

康熙在「治統」方面的成就極爲顯著，前人多曾論及，此處不再贅述。以下我們將專注康熙與「道統」的關係，此一層面較爲人所忽略，值得細加探究。

康熙對文化濃厚的興趣可溯及童年時代。他自謂從五歲起，卽性喜讀書，八齡卽位，輒以《大學》、《中庸》的訓詁問題，詢之左右，求得大意而後愉快。[33] 及至十七、八，更勤於學，五更卽起誦讀，理事稍暇，復講論琢磨，雖因過勞而致痰中帶血，亦未稍輟。[34] 康熙博聞疆記，舉凡天文、地理、算法、聲律無不旁通，遑論經史典籍。他的好學博得中、外人士的讚許，致有稱「聖祖勤學，前古所無」。[35] 諒

29 李紱：《穆堂別稿》（1831），卷四十一，頁1上－2下；《康熙政要》，卷十三，頁1－11下。

30 Ho Ping-ti, *Studies on the Population of China, 1368—1953* (Cambridge, Massachusetts, Harvard University Press, 1959), pp. 266—270.

31 李紱：《穆堂別稿》（1831），卷四十一，頁1上－2下；蔣良騏：《東華錄》（北京，中華書局，無出版時間），卷二十二，頁361；蕭一山，《淸代通史》，卷一，頁651。

32 《淸史稿》（臺北，鼎文書局，1981），卷六，頁199—200；卷一〇九，頁3175—3177。

33 康熙：《御製文集第四集》，卷一，頁1上；章梫：《康熙政要》，卷七，頁6上。

34 章梫：《康熙政要》，卷十，頁11上。

35 見余金：《熙朝新語》，卷二，頁1上。又李紱：《穆堂別稿》（1831），卷四十，頁2上；昭槤：《嘯亭雜錄》（北京，中華書局，1959），卷一，頁7；西洋傳敎士的看法，則參見

非虛譽。

又康熙十分重視「經筵」講讀。「經筵」（意指儒臣奉詔入禁中爲皇帝或太子講
授經典）向爲歷代帝王教育極爲重要的一環。「經筵」的重要性可舉明代董傑的話爲
代表，他說：「帝王大節莫先於講學，講學莫要於經筵。」[36] 又說：

> （夫）經筵一日不廢，則聖學聖德加一日之進；一月不廢，則聖學聖德加一月
> 之進。蓋人之心思精神有所繫屬，則自然強敏。經筵講學，正人主開廣心思，
> 聳勵精神之所也。[37]

但「經筵」既經制度化，往往淪於形式，人主難免以敷衍，規避爲能事。[38] 但康熙
截然有異。

康熙十二年（1673），康熙改隔日進講爲日日進講。[39] 又惜陰如金，每旦未明
，未啓奏前卽要講官進講；日暮理事稍暇，復講論琢磨。[40] 他以爲「經筵」之設，
皆帝王留心學問，勤求治理之意，但當期有實益，不可只飾虛文。若明萬曆、天啓之
時，「經筵」特存其名，無裨實用。他鑑於前代講筵，人主惟端拱而聽，默無一言，
則人主雖不諳文義，臣下亦無由知之。因此他總是自己先講解一過，遇有可疑之處，
卽與諸臣反覆討論，期於義理貫通而後已。[41]

Lawrence D. Kessler, *K'ang-hsi and the Consolidation of Ch'ing Rule*, pp. 146—
154 和 Jonathan Spence, To Change China (Boston and Toronto, 1969), pp. 4 —
33.

36　≪明孝宗實錄≫（中央研究院歷史語言研究所校印，1964），卷十四，頁356。

37　同上，卷十四，頁356。

38　明朝皇帝之中，竟有如景帝以羞辱講官爲快之事。儀銘傳載有：「帝每臨講幄，輒命中官擲金
錢於地，任講官遍拾之，號恩典。」見≪明史≫（臺北，鼎文書局，1979），卷一五二，頁
1124。明朝「經筵」制度的形成則請參閱間野潛龍：≪明代文化史研究≫（京都，同朋舍，
1979），頁162—182。

39　李紱：≪穆堂初稿≫（1831），卷四十，頁1下；章梫：≪康熙政要≫卷七，頁1下。

40　章梫：≪康熙政要≫卷七，頁5下。康熙之好學無形中成爲皇室家規；趙翼對雍正時「皇子讀
書」有一段生動的記載：「本朝家法之嚴，卽皇子讀書一事，已迥絕千古。余內直肘，屆早班
之期，率以五鼓入，時部院百官未有至者，惟內府蘇喇數人往來。黑暗中殘睡未醒，時復倚柱
假寐，然已隱隱望見有白紗灯一點入隆宗門，則皇子進書房也。吾輩窮措大專恃讀書爲衣食者
，尚不能早起，而天家金玉之體乃日日如是。……然則我朝諭教之法，豈惟歷代所無，卽三代
以上，亦所不及矣。」見趙翼：≪簷曝雜記≫（北京，中華書局，1982）卷一，頁8—9。

41　同上，卷七，頁8上—8下。

　　康熙並要求寒暑照常進講，卽使在生辰或戎馬倥傯之際亦不例外。[42] 康熙之重視「經筵」顯然與他認爲「學問爲百事根本」的信念有著密切的關聯。[43] 他再三諄勸諸子必須勤於向學，[44] 並以宋理宗不能讀書明理，洞察萬幾，以致大權旁落，朝政日非爲戒。[45]

　　康熙讀書最重經史，他認爲「治天下之道莫詳於經，治天下之事莫備於史」，而人主總攬萬幾，考證得失則「經以明道，史以徵事，二者相爲表裏而後郅隆可期」。[46] 身爲帝國的統治者，康熙必得留心學問的實用價值。在實務層面，學問可幫他處理國家大事，因此他要求文武臣工儘可能多讀書；另方面，學問能讓他明斷是非，掌握治理實權，這從他對宋理宗的批評卽可窺見一二。

　　除了這些實際的考慮，康熙之所以強調「讀書」與他的政治理念息息相關，而他的政治理念又轉受他的學術思想所影響。他相信「道統」與「治統」之基本來源應該是一致的。論到《四書》之重要性，他卽明言：「道統在是，治統亦在是。」[47] 在他心目中，賢哲之君莫不尊崇、表章、講明斯理。統治者希冀「進於唐虞三代文明之盛」，則不能徒享權利而不盡化民成俗的義務。康熙一再申明：「天生民而立之君，非特予以崇高富貴之具而已，固將副教養之責，使四海九州無一夫不獲其所。」[48] 所謂「教養之責」便是「化民成俗」。而讀聖賢書却是「化民成俗」的工作所不可或缺的。康熙相信「凡人養生之道，無過於聖人所留之經書」[49]，舉凡天子以至庶人並無兩樣。

　　康熙認爲，自古以來，賢聖之君無過於堯舜，而堯舜之治實源自其所學。所以他說：「自古治道盛於唐虞，而其所以爲治之道，卽其所以爲學之功。」[50] 基於以上

42　同上，卷七，頁6下

43　康熙：《御製文集第二集》，卷四十，頁2上－2下。

44　同上，卷四十，頁4上－5上。

45　章梫：《康熙政要》，卷十，頁9下。

46　康熙：《御製文集第一集》，卷十九，頁3下。

47　同上，卷十九，頁7上。

48　同上，卷十九，頁8上。

49　章梫：《康熙政要》，卷十六，頁20下。

50　康熙：《御製文集第一集》，卷二十八，頁2上－2下。

的認識，康熙在＜日講四書解義序＞闡述了他獨特的政治理念：

> 朕惟天生聖賢作君作師。萬世道統之傳，卽萬世治統之所繫也。自堯舜禹湯文武之後而有孔子曾子子思孟子……，蓋有四子而後二帝三王之道傳，有四子之書而後五經之道備。[51]

經過如此的安排，「治統」與「道統」的銜接不出問題。「道統」因需延續二帝三王之道，也就成爲「治統」之依歸。帝王爲了尋求「治道」，則必得研讀代表「道統」的四書五經。

除了經書以外，帝王之學另有「帝王心法」可習。「心法」本爲儒者精要之傳，狹義「心法」卽指「十六字心傳」，廣義則謂「心性之學」，尤以宋儒爲代表。[52]康熙認爲除了學習有形的事例外，「心法」之學更爲喫緊，他曾說：

> 古昔聖王所以繼天立極而君師萬民者，不徒在乎治法之明備，而在乎心法、道法之精微也。[53]

又說：

> 每思二帝三王之治本於道，二帝三王之道本於心。[54]

所以康熙極力主張「心法以爲治法之本」並不突然。[55] 康熙又肯定心法之存亡關鍵乎治道之升降與天命之去留。[56]「心法」之學對康熙的意義由此可不言而喻。

依康熙的瞭解，「心法」之中以「居敬」最爲核心，自謂「自幼喜讀性理書，千言萬語不外一敬字。」[57] 他將朱子作爲個人修身之法的「居敬」拓展到治道的領域，故說：「人君治天下，但能居敬，終身行之足矣。」[58] 又說：「君子之學，大居

51　同上，卷十九，頁5下—6上。

52　同上，卷十九，頁1上—2下。

53　同上，卷十九，頁1上—1下。

54　同上，卷十九，頁2上。

55　同上，卷十九，頁8下—9上。

56　同上，卷十九，頁9下。

57　章梫：≪康熙政要≫，卷一，頁11下。

58　同上，卷一，頁11下。朱子卽曾云：「『敬』字工夫，乃聖門第一義，徹頭徹尾，不可頃刻間斷。」又說：「『敬』之一字，眞聖門之綱領，存養之要法。」黎靖德編：≪朱子語類≫（北京，中華書局，1986），卷十二，頁210。

敬。」[59]　嘗出＜理學眞僞論＞以試詞林，[60]　又屢次抨擊那些言行不符，以道自鳴的儒臣。[61]　康熙深信「居敬」是爲政的指導原則，如果對「敬」的功夫有所疏忽，便極易導致德性的缺失。

宋儒，尤其是朱熹，對康熙的影響是十分明顯的，上述的「心法」卽爲例證。他曾說「辨析心性之理而羽翼六經發揮聖道者，莫詳於宋諸儒」，[62]　因而刊行＜性理大全＞，並親自參與裁定＜性理精義＞。[63]　在＜理學論＞一文中，他推崇朱子道：

> 自宋儒起而有理學之名，至於朱子能擴而充之，方爲理明道備，後人雖雜出議論，總不能破萬古之正理。[64]

在＜朱子全書序＞中，他更確認朱熹「集大成而繼千百年絕傳之學，開愚蒙而立億萬世一定之規」。[65]　他欲刊行＜朱子全書＞，却恐遭後世沽名釣譽之譏，故自加解說：一生所學者爲治天下，非書生坐觀立論，所以敬述而不作。[66]　並自承讀書五十載，只認得朱子一生居心行事，受益良多，不敢自秘，故亟欲公諸天下。[67]　在＜全書序文＞中，康熙有一段感人的結尾，總結朱子對他個人生命的啓示：

> 凡讀是書者，諒吾志不在虛辭，而在至理；不在責人，而在責己。求之天道，而盡人事。存，吾之順；歿，吾之寧。未知何如也？[68]

康熙五十一年（1712），康熙下詔朱熹旣爲孔孟正傳，宣躋孔廟「四配」之次。後因李光地勸阻才使朱子退居「十哲」之末。[69]　縱使如此，朱熹已躋身孔廟正殿，凌駕漢唐以下諸儒。朱熹在孔廟位次的躍進代表程朱學派的再次勝利，而其官學地位

59　章梫：＜康熙政要＞，卷一，頁12上。

60　昭槤：＜嘯亭雜錄＞，卷一，頁6。

61　章梫：＜康熙政要＞，卷十六，頁23下—25下。

62　康熙：＜御製文集第一集＞，卷十九，頁2上。

63　同上，卷十九，頁1上—3上；＜御製文集第四集＞，卷二十一，頁7上—8上。

64　康熙：＜御製文集第四集＞，卷二十一，頁1下—2上。

65　同上，卷二十一，頁10下。

66　同上，卷二十一，頁12下—13上。

67　同上，卷二十一，頁12上。

68　同上，卷二十一，頁13下。

69　李清植：＜文貞公年譜＞（臺北，廣文書局，1671），卷下，頁50上—50下。

亦再次受到肯定。

　　康熙自幼性喜讀書，無疑舖下日後接受朱學的道路。程朱學者，如李光地、熊賜履（1635～1709）、魏裔介（1616～1686）等深爲康熙所倚重，他們對康熙思想必起一定的作用。身爲異族統治者，他却對儒家文化格外敏銳。譬如他能領略儒家禮儀複雜的象徵意義，並妥善予以運用。康熙二十三年（1684），他晉謁孔廟，並適時提昇孔廟禮儀卽是最好的證明。

　　孔尙任（1648～1718）的《出山異數紀》對康熙親詣孔廟，提供了極佳的紀錄。他描述道：皇帝步行升殿，跪讀祝文，行三獻禮。對孔子行三跪九叩之禮實爲歷代帝王所不曾有。[70] 康熙頻頻亞詢孔廟聖跡，令身爲陪侍官的孔尙任，倍感榮幸。康熙又親賦＜過闕里詩＞以示對孔子景仰之意，他寫道：

　　　　蠻輅來東魯，先登夫子堂；

　　　　兩楹陳俎豆，萬仞見宮牆。

　　　　道統唐虞接，儒宗洙泗長；

　　　　入門撫松柏，瞻拜肅冠裳。[71]

此詩由孔尙任跪讀，衍聖公孔毓圻等叩頭謝恩。事後孔尙任追記此詩，有以下的按語：「從古帝王過闕里，惟唐明皇有五言律詩一章，止歎聖生衰周，有德無位，而全無悅慕贊美之辭。伏視御製新篇超今軼古，景仰聖道不啻羹牆。臣家何幸膺茲寵錫，謹世世守之，奉爲典謨焉。」[72]

　　康熙立意異於歷代帝王，特將御前常用的曲柄黃蓋留置廟中，以示尊聖之意。這是歷代帝王致祀闕里未曾有的舉動。他又特書「萬世師表」，以頌揚孔子之教，誠如

70　孔尙任：《出山異數紀》（昭代叢書乙集），卷十八，頁4下。

71　同上，卷十八，頁15下。

72　同上，卷十八，頁16上。唐玄宗（685—762）的＜經魯祭孔子而嘆之＞如下：
　　夫子何爲者？栖栖一代中。
　　地猶鄹氏邑，宅卽魯王宮。
　　嘆鳳嗟身否，傷麟泣道窮。
　　今看兩楹奠，當與夢時同。
　　見孔祥林：《曲阜歷代詩文選注》（山東人民出版社，1985），頁25。迄康熙之時，僅此兩首帝王謁闕里孔廟之詩。康熙之後，則有乾隆，同書，頁57—58。

他所說：「朕今親詣行禮，尊崇至聖，異于前代。」[73]

依康熙之見，聖人有兩類：一類爲「行道之聖」，得位以綏猷（治世）；另類爲「明道之聖」，立言以垂憲。堯、舜、禹、湯、文、武達而在上，兼君師之寄是爲「行道之聖人」；孔子不得位，窮而在下，秉刪述之權則爲「明道之聖人」。[74] 但「明道之聖」遠勝「行道之聖」，卽因行道者勳業僅炳於一朝，明道者却敎思周於百世。[75] 堯舜文武之後，斯道失傳，後人欲探二帝三王之心法，以爲治國平天下，只有以孔子之敎爲準則。是故，康熙亟稱孔子爲「萬古一人」。[76] 而他對孔子的評價亦與朱熹相符合，朱熹在＜中庸章句序＞卽說：「若吾夫子則雖不得其位，而所以繼往開來，其功反有賢於堯舜者。」[77]

在他登位的第二十四年（1685），康熙規建「傳心殿」，位「文華殿」之東。正中祀「皇師」伏羲、神農、軒轅，「帝師」堯、舜，「王師」禹、湯、文、武，皆南嚮。周公，孔子則一東，一西。祭器視帝王廟。孔子伴隨其他九位聖君，與周公共十一「聖師」。[78] 從此「治統」的承接必得倚「道統」之傳，不僅在意理上，同時在祭祀制度上確立。

康熙銜接「治統」與「道統」的政治理念，無形中使二者會聚於「皇權」之中。照理說，唯有統治者才能代表「治統」；現在加上康熙皇帝積極地支持儒家文化，使他變成「道統」的守護神。所以他能够同時體現此二傳統，使它們最終都得歸之「皇權」的擁有者——統治者自身。

康熙獨特的政治理念，促使他在文化上必須有所建樹，大規模編書卽是其中的要目。著名的＜康熙字典＞、＜佩文韻府＞、＜性理精義＞等等皆是在他統治期間內完成。[79] 康熙不止敦促官員大規模編纂書籍，己身還參預其事，並做最後裁定。

73　孔尚任，＜出山異數紀＞，卷十八，頁11上—11下。

74　康熙：＜御製文集第一集＞，卷二十五，頁1上—1下。

75　同上，卷二十五，頁1下。

76　同上，卷二十五，頁2上。

77　朱熹：＜朱子大全＞（臺灣中華書局，四部備要），卷七十六，頁22上。

78　龐鍾璐：＜文廟祀典考＞（臺北，中國禮樂學會，1977），卷一，頁4下；＜穆堂別稿＞（1831），卷十二，頁7下；＜清史稿＞，卷八十四，頁2532。

79　康熙所編纂的書籍可略見蕭一山：＜清代通史＞，第一冊，頁781—784。

(80) 由於他的文化工作既深且鉅，使得他的皇位繼承者——雍正（1678～1734）和乾
隆（1711～1799）不得不繼續他所樹立的文化形象。雍正時期所完成的《古今圖書集
成》與乾隆所完成的《四庫全書》皆是此一意象的體現。而在＜古今圖書集成序＞之
中，雍正透露了內心的癥結，他記道：

> 我皇考金聲玉振，集五帝三王孔子之大成。是書亦海涵地負，集經史諸子百家
> 之大成。前乎此者，有所未備；後有作者，又何以加焉。……以彰皇考好學之
> 聖德，右文之盛治。並紀朕繼志述事，兢兢業業，罔敢不欽若於丕訓。(81)

由此可知，雍正之稽古右文正是爲了「繼志述事」，以彰「皇考好學之聖德，右文之
盛治」罷了。

雍正在他卽位的第一年（1723），卽下詔追封孔子五代王爵。(82) 此舉與明世宗
在嘉靖九年（1530）褫奪孔子王號的措施，形成極大的對比；(83) 尤其嘉靖九年孔廟
的改制一般視爲儒者之恥。(84) 雍正二年（1724），孔廟復祀林放等六人；增祀黃幹
等二十人。在孔廟發展史裏，此次入祀孔廟的儒者，人數僅次於唐太宗和唐玄宗的時
代。而雍正二年入祀者，程朱學者居十三位，却獨無一位爲陸王學者。(85) 雍正三年
（1725），下令避先師的名諱。雍正五年（1727），復定八月二十七日爲先師誕辰，
官民軍士逢此，致齋一日，以爲常。(86)

在思想上，雍正當仁不讓，以正統自居。他主動介入佛門僧派的爭執，自許爲敎
義最終的裁決者，還要主宰禪宗傳授中的「印可」（同意權）。(87) 又不惜帝王之尊

80　例如《性理精義》、《資治通鑑綱目》等編纂的意見。康熙：《御製文集第三集》，卷二十一
　　，頁1上—3上；《御製文集第四集》，卷二十一，頁7上—8上。

81　雍正：《世宗憲皇帝御製文集》（臺灣商務印書館，文淵閣四庫全書），卷七，頁6上。

82　龐鍾璐：《文廟祀典考》，卷一，頁8上。

83　《明史》，卷五十，頁1289—1299。

84　例如：沈德符：《萬曆野獲編》（北京，中華書局，1980），頁361—362；焦竑：《玉堂叢語
　　》（北京，中華書局，1981），頁92—93。

85　龐鍾璐：《文廟祀典考》，卷一，頁9上—10上；卷二，頁11下—13下。

86　同上，卷一，頁10下—12上。又見陸以湉：《冷廬雜識》（北京，中華書局，1984），「尊師
　　重道」條，卷一，頁1。

87　雍正：《揀魔辨異錄》（1733），＜序＞。

，與一介草民——曾靜（1679～1736）進行口舌之辯，力爭滿人政權的合法性。[88]
這些舉措在在都顯示出他不但視己身爲政治的統治者，並且自命爲思想上的指導者。

　　雍正的繼承者——乾隆，也顯現了同樣的特質。乾隆曾九次晉謁闕里孔廟，次數
之多爲歷代帝王之冠。[89]　並下令孔廟「大成殿」、「大成門」著用黃瓦，「崇聖祠
」著用綠瓦，以示敬意。[90]　有趣的是，乾隆首次涖臨孔府時，就約定將他鍾愛的女
兒下嫁第七十二代衍聖公孔憲培。[91]　此舉頗具深意。乾隆晚年（乾隆五十五年後）
不復親行「中祀」之禮，獨於退位前一年（乾隆六十年），仍堅持親詣文廟，行釋奠
禮。[92]　可見孔廟行禮對他必有特殊的意義。

　　清初君主大肆擴張孔廟禮儀的種種舉動，意義殊堪玩味。此中奧意却由雍正之「
上諭」宣洩無遺，他說：

> 使非孔子立教垂訓，則上下何以辨？禮制何以達？此孔子所以治萬世之天下，
> 而爲生民以來所未有也。使爲君者不知尊崇孔子，亦何以建極於上而表正萬邦
> 乎？人第知孔子之教在明倫紀、辨名分、正人心、端風俗，亦知倫紀既明，名
> 分既辨，人心既正，風俗既端，而受其益者之尤在君上也哉？朕故表而出之，
> 以見孔子之道之大，而孔子之功之隆也。[93]

孔子之教本爲傳統中國社會的凝聚力。雍正點出「在君上尤受其益」，不啻供出了清
初君主密集而廣泛地使用儒家文化象徵的理由。然而雍正與乾隆仍需「額外地」繼承
（或負擔）康熙所塑造的一套政治意識形態：「道統」爲「治統」之所繫，使得他們
在文化與思想領域必須有所作爲。

　　總之，清初君主在政治意識形態所努力的是，將「政治勢力」延伸到「文化領域
」。確切地說，是因統治者主動介入文化與思想的傳統，致使「皇權」變成「政治」
與「文化」運作的核心，而統治者遂成爲兩項傳統最終的權威。在康熙皇帝之前，專

88　雍正：《大義覺迷錄》（臺北，文海出版社），卷一，頁2上—13上。

89　龐鍾璐：《文廟祀典考》，卷一，頁17下—24上。

90　同上，卷一，頁14下。

91　孔德懋：《孔府內宅軼事》（天津人民出版社，1982），頁24。

92　龐鍾璐：《文廟祀典考》，卷一，頁24下—25下。

93　同上，卷一，頁12下。

制政權的發展主要是從制度方面作調整，以達到獲擅政治權力的目的。但專制政權倘欲獲得完全的伸張，則必得僭取以「道統」爲象徵的文化力量。這是康熙政治意識形態在客觀上所呈現的意涵，同時也反映了宋代以來「君權」的高漲。[94]

（Ⅲ）「治敎合一」的意涵

康熙聯繫「道統」與「治統」的努力，成爲其皇位繼承者的典範，居中仍以康熙和他的兩位繼承者——雍正與乾隆——最具成效。本來各自獨立的政治權威與文化權威至此合而爲一，清代的統治者於是變成兩項傳統最終的代表者。從先秦以降，以道自任的「士」或活躍在宋明儒學中「道統繼承者」的概念頓然失去批判政治權威的作用。

除了上述官方政權的意識形態之外，尙有一股民間思潮與之不謀而合。費氏家學卽其代表。費經虞（1599～1671）、費密（1625～1701）父子不滿宋明理學每以道統自高，談空說玄，無補民生實際，因此立意推翻以儒生爲中心的道統觀。他們批評道：

> 後世言道統……不特孔子未言，七十子亦未言。百餘歲後，孟軻、荀卿諸儒亦未言也。……流傳至南宋，遂私立道統。自道統之說行，於是羲農以來，堯舜禹湯文武裁成天地，周萬物而濟天下之道，忽焉不屬之君上而屬之儒生，致使後之論道者，草野重於朝廷，空言高於實事。[95]

費氏父子感歎「世不以帝王繫道統者五六百年」，[96] 謂上古「君師本於一人」，其民淳質，以下從上無所異趣；而孔子以下，「君師分爲二人」，異說叢出，道乃大亂。[97] 因此倡言「帝王然後可言道統」。[98]

---

94 宋代以降，「君權」的高漲，參見錢穆：《國史大綱》（臺灣商務印書館，1956），《下册》，第三十六、第三十七章；又見是氏，《中國歷代政治得失》（臺北，1974）頁65—67；又見其〈論宋代相權〉，《中國文化研究彙刊》（1942），145—150。

95 費密：《弘道書》，收入《孝義家塾叢書》，頁1上—1下。

96 同上，頁1下。

97 同上，頁1下—2上。

98 同上，頁8上。章學誠可能受此一觀念的啓示，而後發展「治敎合一」的思想。費氏父子的生平與思想的簡介，可參閱胡適：《胡適文存二集》（臺北，遠東圖書公司，1953），頁48—90。

　　費氏立論的動機誠然與清朝的統治者截然異趣，却無意中應合了官方的意識形態。二者的思想皆有共通的意涵：認爲一旦捨棄政治威權，則「道統」不僅徒爲空言，且無所依傍。因此「道統」必得藉著或倚附政治權威才得以延續，而政權的擁有者自然就變成「道統」最佳的執行者與代言人。

　　以清初而言，滿清政權思想的形成當然是清代君主與儒生相互爲用的產物。因此清代統治者採取上述的政治理念，並不一定表示他們對儒家學說眞誠的信服。如果我們把信服當作主觀的意願來看，大致而言，康熙於儒家具有深刻的體驗；相反的，雍正似乎僅止於權謀的應用，而乾隆則介於二者之間。[99] 他們的主觀的意願縱然有別，但其客觀訊息却是頗爲一致的：在中國的政治史中，結合「道統」與「治統」是專制政權發展最終的步驟。一個充分發展的專制政治，至少在意識形態上意謂著，統治者擁有絲毫不受牽制的絕對權力。然而在過去的歷史裏，由儒生爲代表而象徵文化力量的「道統」，却扮演了裁定統治合法性的角色。正由於「道統」在意理上能够獨立於現實的政權，使它對專制政權的擴充起了制衡作用。沒有人比明末的呂坤（1536～1618）將此中的關係表達得更透徹，當他論及「理」跟「勢」的關係時，他說：

　　　　公卿爭議于朝，曰：「天子有命。」則屏然不敢屈直矣。師儒相辯于學，曰：
　　　　「孔子有言。」則寂然不敢異同矣。故天地間，惟理與勢爲最尊。雖然，理又
　　　　尊之尊也。廟堂之上言理，則天子不得以勢相奪，卽相奪焉，而理則常伸于天
　　　　下萬世。故勢者，帝王之權也；理者，聖人之權也。帝王無聖人之理，則其權
　　　　有時而屈。然則理也者，又勢之所恃以爲存亡者也。以莫大之權，無僭竊之禁
　　　　，此儒者之所不辭而敢于任斯道之南面也。[100]

　　然而我們必須注意，結合「道統」並非統治者伸張絕對權力唯一的途徑。「絕對權力」並不一定來自政治權威與文化權威的合一。有時統治者會採取斷然的措施摧毀「道統」或其文化象徵，以達到政治權力絕對化的目的。明太祖卽是一個最好的例子。洪武二年（1369），明太祖卽位的第二年詔孔廟春秋釋奠，只行於曲阜，天下不必

99　參較 Huang Pei, *Autocracy at Work* (Bloomington & London: Indiana University Press, 1974), pp. 44—48。

100　呂坤：《呻吟語》（臺北，漢京文化事業公司，1981），卷一之四，頁11下—12上。

通祀。雖經儒生抗疏，明太祖仍獨行其是。[101] 孔廟素爲「道統」制度化的表徵，身後從祀孔廟本爲儒生嚮往的至高榮耀。試以明神宗萬曆十二年（1584）對王陽明應否入祀孔廟的爭議爲例，當辯論激烈化的時候，浙人陶大臨勸陸宗伯說：「朝廷不難以伯爵予之，何況廟祀？」陸宗伯囘答：「伯爵一代之典，從祀萬代之典。」[102] 比起統治者封侯封爵的「一代之典」，從祀孔廟却被目爲「萬代之典」，可見孔廟在儒者心目中的象徵意義。

　　由此可推知明太祖洪武二年的詔令志在打擊孔廟在文化象徵上的普遍意義，令其無法與政治威權頡頏。洪武五年（1372），明太祖因覽≪孟子≫，至「君之視臣如土芥，則臣視君如寇讎」語，謂非臣子所宜言，乃罷孟子配享，並令衞士射之。且詔有諫者以大不敬論。[103] 可是仍有儒臣錢唐抗疏入諫曰：「臣爲孟軻死，死有餘榮。」[104] 錢唐所體現的殉道行爲代表了政治權力與文化信仰正面的衝突，而其代價正是一個專制統治者無法估量的。於是明太祖只好馬上恢復孟子配享。洪武十五年（1382），又詔天下通祀孔子。[105]

　　其實，明太祖並非不知孔子一系對他政權合法化的重要性；洪武元年（1368）三月初四日，他卽曾筆諭孔氏子孫，孔克堅，說：

> 吾聞爾有風疾在身，未知實否？然爾孔氏非常人也，彼祖宗垂敎于世，經數十代，每每賓職王家，非胡君運去獨爲今日之之異也。吾率中土之士，奉天逐胡，以安中夏。雖曰庶民，古人由民而稱帝者，漢之高宗也。爾若無疾稱疾，以慢吾國不可也。[106]

所以只要情況許可的話，統治者必然要以削弱「道統」的自主性作爲強化專制政體的步驟；但策略容或有異，一爲明太祖的「對抗」政策，另一則爲康熙的「結合」

101　≪明史≫，卷一三九，頁3981。

102　孫承澤：≪春明夢餘錄≫（香港，1965），卷二十一，頁36下；又見其≪天府廣記≫（北京出版社，1962），卷九，頁89。

103　≪明史≫，卷一三九，頁3981；又≪文廟祀典考≫，卷四，頁3下。

104　≪明史≫，卷一三九，頁3982；又≪文廟祀典考≫，卷四，頁3下。

105　≪明史≫，卷一三九，頁3982；≪文廟祀典考≫，卷四，頁4上—4下。

106　≪孔府檔案選編≫（北京，中華書局，1982），≪上册≫，頁17。又≪明實錄≫措詞略爲雅馴，顯經修飾。參較≪明太祖實錄≫（中央研究院歷史語言研究所校本），卷三十一，頁8。

政策。

　　康熙雖是異族統治者，但自幼浸淫於儒家文化，反而使他較明太祖易於覺察至儒
家文化對中國政治與社會廣泛而微妙的影響。康熙所塑造的「結合」政策自然契合儒
家潛存的象徵符號，而爲一般士人所樂於接受。康熙極力提昇孔廟儀式只是此一認識
的諸多例證之一。[107] 由於清初君主善於運用漢文化來強化他們的統治，經由他們創
意地安排「道統」與「治統」的關係，使得他們在意識形態上變成兩項傳統最終的領
袖。

　　身爲明末遺民的王夫之（1619～1692）對於清初君主的文化政策不無疑慮。王氏
是位激烈的種族論者，絲毫不與滿清政權妥協。他藉著嘲諷歷史上的異族王朝，以怒
罵「敗類之儒，鬻道統於夷狄盜賊」，他詛咒異族王朝道：

　　　治統之亂，〔小人〕竊之，〔盜賊〕竊之，〔夷狄〕竊之，不可以永世而全身
　　　；其幸而數傳者，則必有日月失軌、五星逆行、多雷夏雪、山崩地坼、雹飛水
　　　溢、草木爲妖、禽虫爲蠥之異，天地不能保其清寧，人民不能全其壽命，以應
　　　之不爽。道統之竊，沐猴而冠，敎猱而升木，尸名以徼利，爲〔夷狄盜賊〕之
　　　羽翼，以文致之爲聖賢，而恣爲妖妄，方且施施然謂守先王之道以化成天下；
　　　而受罰於天，不旋踵而亡。[108]

王夫之認爲外族統治者，雖有陋儒之助，對中原文化却只能求其「形似」，不能得其
「精髓」，終不免自絕於天。他說：

　　　雖然，敗類之儒，鬻道統於〔夷狄〕盜賊而使竊者，豈其能竊先王之至敎乎？
　　　昧其精意，遺其大綱，但於宮室器物登降進止之容，造作纖曲之法，以爲先王
　　　治定功成之大美在是，私心穿鑿，矜異而不成章，財可用，民可勞，則擬之一
　　　旦而爲已成。故〔夷狄〕盜賊易於竊而樂竊之以自大，則明堂、辟雍、靈臺是

107　據≪闕里文獻考≫，孔廟有十三個碑亭，九個爲清主所立。見孔昭煥：≪闕里文獻考≫（1762
　　），卷十二，頁1下。錢穆於民初訪遊曲阜孔廟，亦注意及孔廟碑亭多爲異族王朝所建。錢穆
　　：＜師友雜憶＞，≪中國文化月刊≫，2卷，4期（1980），59。≪闕里文獻考≫的作者亦說
　　：「（孔廟）歷代嗣加恢擴，日就宏麗，至我朝而無可復加矣。」見≪闕里文獻考≫，卷十一
　　，頁1上。
108　王夫之：≪讀通鑑論≫（北京，中華書局，1975）・卷十三，頁408—409。

已。[109]

在另一段文字,王氏又大肆抨擊扶助異族王朝的文人,透露了他指桑(歷史上的異族王朝)罵槐(清朝)的意旨,他說:

乃至女直、蒙古之吞噬中華,皆衣冠無賴之士投幕求榮者窺測事機而勸成之。
廉希憲、姚樞、許衡之流,又變其局而以理學為捭闔,使之自躋於堯、舜、湯、文之列,而益無忌憚。游士之禍,至於此而極矣。[110]

在這段文字中,王氏的弦外之音是十分清楚的。王氏去世於康熙三十一年,≪讀通鑑論≫完成於他辭世前一年。他對康熙運用儒家文化來支撐他的統治必定有所知悉。所以王氏對歷史上征服王朝的謾罵,在現實上是有所指的。至於說「以理學為捭闔,使之自躋於堯、舜、湯、文之列,而益無忌憚」,更是把他對清初政權的諷刺,表現得露骨無遺,謂之「圖窮匕現」似不為過。

可預期的,清初君主結合「道統」與「治統」必將對他政權的性質產生影響。這類深遠的作用可見諸君臣關係的變化,以及政治權威概念之改變。以下的幾個例子將有助於我們掌握這類變化及其原由。

首先,以漢代與清代帝王詣曲阜孔廟為例:

元和二年(85A.D),漢章帝幸闕里,與孔僖有這麼一段對話。章帝以太牢祠孔子及七十二弟子,作六代之樂,大會孔氏子孫,命儒者講≪論語≫。孔氏後裔孔僖因自陳謝。帝曰:「今日之會,寧於卿宗有光榮乎?」孔僖對曰:「臣聞明王聖主,莫不尊師貴道。今陛下親屈萬乘,辱臨敝里,此乃崇禮先師,增輝聖德。至於光榮,非所敢承。」章帝大笑曰:「非聖者子孫,焉有斯言乎!」[111]

孔僖的對話十足表現了聖裔的超越精神,孔門並不因聖駕光臨而增添光彩。反之,章帝却需借蒞臨孔門以增輝聖德。孔門這種自尊自貴的精神至明末仍舊相當活躍。明末的散文家,張岱(1597—1679)即是很好的見證者。崇禎二年(1629),張岱謁孔廟。孔家人告訴他說:

109　同上,卷十三,頁409。
110　同上,卷十四,頁467。
111　≪後漢書≫,卷七十九,頁262。

　　　　天下只三家人家，我家與江西張，鳳陽朱而已。江西張，道士氣；鳳陽朱，暴

　　　　發人家，小家氣。[112]

這一段話充份彰顯了孔門自豪之氣，卽使擬諸帝王之家（鳳陽朱，明皇室），仍睥睨

之，不稱卑屈。

　　相對的，在康熙二十三年（1684），清聖祖詣闕里孔廟，孔家却瀰漫了臣服氣息

。在答覆聖祖垂詢孔廟古蹟時，孔尙任說：

　　　　先聖遺蹟湮沒已多，不足當皇上御覽，但經聖恩一顧，從此祖廟增輝，書之史

　　　　册，天下萬世想望皇上尊師重道之芳躅，匪直臣一家之流傳。[113]

在旁的侍從之臣，大學士王熙、翰林院學士孫在豐、侍講學士高士奇咸附和跪奏曰

：

　　　　孔尙任所奏甚是。[114]

最後當然是「上微笑頷之」了。[115]

　　上述漢代、清代君主臨幸孔廟時雙方對答的差異頗爲明顯。在第一項問答中，孔

僖認爲漢章帝詣孔廟是希冀「增輝聖德」，爲他的統治帶來益處；但在第二項答話中

，孔尙任却借重康熙的眷顧，令孔門生輝；孰輕孰重，情勢已甚了然。

　　孔廟本爲「道統」的具體象徵。清初君主對孔廟禮儀的重視顯示出他們嫻熟孔廟

在中國社會的文化涵義。另方面，他們再三提昇孔廟禮儀也透露了「趙孟能貴之」的

心態。換言之，孔廟作爲制度化的「道統」必須獲得統治者的認可與支持。清初三位

君主皆善於利用孔廟禮儀來表達「治敎合一」的統治手腕。乾隆於「闕里孔廟碑文」

中明言：

　　　　盆以知道德政治，體用一源，顯微無間。慕聖人之德而不克見之躬行者，非切

　　　　慕也；習聖人之敎而不克施之實政者，非善學也。[116]

在稱贊康熙與雍正對孔廟的貢獻之餘，乾隆下一結語：「惟『聖人』（雍正）能知『

12　張岱：≪陶菴夢憶≫（上海，古籍出版社，1982），頁10。

13　孔尙任：≪出山異數紀≫，卷十八，頁15上—15下。

14　同上，卷十八，頁15下。

15　同上，卷十八，頁15下。

16　乾隆：≪御製文集初集≫（臺灣商務印書館，文淵閣四庫全書），卷十七，頁4下。

聖人』（康熙）所由躋海宇於蕩平仁壽之域也。」[117] 但是，正如前面說到的，清廷對孔廟既能貴之，也能賤之，當孔氏後裔——孔繼汾欲理孔氏家儀時，卽因所述禮儀與≪大淸會典≫不符，遭到朝廷嚴厲的整肅。[118]

　　總之，淸代君主結合「道統」與「治統」的工作可視爲專制政權在意識形態方面的躍進。由於此一意識形態的指引，使淸代君主在政治理念上更突顯出權威的性格。這在雍正處理曾靜案件時表露無遺。曾靜本爲一介天眞而又食古不化的讀書人，主張「皇帝合該是吾學中儒者做」（哲王政治）；他說：若論正位「春秋時，皇帝該孔子做；戰國時，皇帝該孟子做；秦以後，皇帝該程朱做；明末皇帝該呂子（呂留良）做」。[119] 在審訊時，雍正嚴加駁斥道：

> 孔孟之所以爲大聖大賢者，以其明倫立教，正萬世之人心，明千古之大義，豈有孔子、孟子要做皇帝之理乎？……使孔孟當日得位行道，惟自盡其臣子之常經，豈有韋布儒生要自做皇帝之理！若依曾靜所說，將亂臣賊子篡奪無君之事，強派在孔孟身上。汚衊聖賢。是何肺腸？[120]

對雍正來說，孔孟雖尊爲聖賢，依舊需受「君臣」關係的約制。雍正將「君臣」關係絕對化，成爲所有人倫的準則。在他心目中，聖賢只有聽命於君上，絕無容他們「做皇帝之理」。

　　乾隆更是把傳統政治理想中輔佐「聖君」的「賢相」貶抑爲皇帝純粹的僚屬而已。在「書程頤論經筵箚子後」，他表示無法苟同程頤的看法，乾隆說：

> 獨其（程頤）貼黃所云：「天下治亂繫宰相，君德成就責經筵。」二語，吾以爲未盡善焉。……夫用宰相者，非人君其誰爲之？使爲人君者，但深居高處自修其德，惟以天下之治亂付之宰相，己不過問。幸而所用若韓、范，猶不免有上殿之相爭；設不幸而所用若王、呂，天下豈有不亂者，此不可也。[121]

接著，乾隆所下的轉語才眞正透露了他內心眞正的忌憚，他說：

117　同下，卷十七，頁3下。
118　孔德懋：≪孔宅內府軼事≫，頁30—32。
119　雍正：≪大義覺迷錄≫，卷二，頁5上—6下。
120　同上，卷二，5下—6下。
121　乾隆：≪御製文集二集≫，卷十九，頁7下—8上。

且使爲宰相者，居然以天下之治亂爲己任而目無其君，此尤大不可也。(122)

「宰相」一職原是儒生實踐經世濟民的「權位」，但在乾隆的概念中却淪爲奉命唯謹的忠誠僚屬。更嘲諷的是，在清代官制之中，並無「宰相」一職。乾隆四十六年四月十八日的「上諭」卽明言：

宰相之名，自洪武時已廢而不設；其後置大學士，我朝亦相沿不改。然其職僅票擬承旨，非如古所謂秉鈞執政的宰相也。(123)

所以乾隆的評語實際是反映了專制君主心目中「宰相」所應居的地位：旣無實權，又乏政治承當。

李紱的好友——全祖望（1705—1755）來自反抗清人入侵相當激烈的江浙地區，素對滿清政權有著極複雜的情結。雖說如此，在他理解「統治者」的權位時，專制思想仍然留下難以意識的痕跡。在《宋元學案》之中，全氏曾從《陸象山集》擷取一段文字以陳述陸梭山的政治見解，他摘錄道：

松年嘗問梭山（陸九韶，象山之兄）：「孟子說諸侯以王道，行王道以崇周室乎？行王道以得天位乎？」梭山曰：「得天位。」松年曰：「豈敎之篡奪乎？」梭山曰：「民爲貴，社稷次之，君爲輕。」象山歎曰：「家兄平日無此議論，曠古以來無此議論。」松年曰：「伯夷不見此理，武周見得此理。」(124)

值得注意的是，全祖望的摘錄與《象山文集》的原意不符。在《象山文集》原來的文字是這樣記載著：

松嘗向梭山云：「有問松：『孟子說諸侯以王道，是行王道以尊周室？行王道以得天位？』當如何對？」梭山云：「得天位。」松曰：「却如何解後世疑孟子敎諸侯篡奪之罪？」梭山云：「民爲貴，社稷次之，君爲輕。」先生再三稱嘆：「家兄平日無此議論。」良久曰：「曠古以來無此議論。」松曰：「伯夷不見此理。」先生亦云。松又云：「武王見得此理。」先生曰：「伏羲以來皆見此理。」(125)

122　同上，卷十九，頁8上。

123　轉引自《清代文字獄檔》，頁628。

124　全祖望：《宋元學案》（臺北，河洛圖書出版社，1975），卷五十七，頁130。

125　陸九淵：《陸九淵集》（臺北，里仁書局・1981），卷三十四，頁424。

本來在≪象山文集≫中，陸象山再三稱嘆梭山「得天位」、「民爲貴」的見解；在≪宋元學案≫的摘錄裏，象山却變成持否定的語氣。全氏又略去「伏羲以來皆見此理」一句，使得象山的態度更加模稜兩可。在全祖望的時代，以文字罹禍的恐懼固然存在，却不適於解釋上述文字的偏差，因爲陸象山早已入祠孔廟多年，全祖望並不必爲他負任何言語的責任。全氏對象山原意的曲解有可能受到當時專制思想的暗示，無意中形成一個可能被接納的政治觀點。[126]

　　清中葉一位著名的訓詁學家——焦循（1763—1820）曾對稍前呂坤論及「理」與「勢」的引言作了一番評論，更直接反映出專制思想深遠的影響。焦循評說：

> 明人呂坤有≪語錄≫一書，論理云：「天地間惟理與勢最尊，理又尊之尊也。廟堂之上言理，則天子不得以勢相奪。卽相奪，而理則常伸於天下萬世。」此眞邪說也。孔子自言事君盡禮，未聞持理以要君者。呂氏此言，亂臣賊子之萌也。[127]

對「理」與「勢」的關係而言，焦循顯然與呂坤持有相反的意見。「道統」之延續端視「理」之長存，而「治統」之維持則端賴「勢」之支撐。明末的呂坤仍可意識到「理」原具有批判政治權威的功能，但至焦循，「理」的批判層面却變得含混不清了。其根由是焦氏處在一個專制政權「理論」與「實踐」合一的時代。

　　另外，我們還可從≪四庫全書總目提要≫來舉證當時政治氣候的情況。≪提要≫的總纂官——紀昀對惲日初的≪劉子節要≫有如下的評斷：首先，他讚美該書「排纂頗爲不苟」，但不免略感遺憾，因是書「亦有一時騖辨之詞，不及詳檢而收之者」；[128] 他說：

> 如曰天命一日未絕則爲君臣，一日旣絕則爲獨夫。故武王以甲子日興，若先一日癸亥便是篡，後一日乙丑便是失時違天云云。此語非爲臣子者所宜言。……如斯之類，其去取尙未當也。[129]

126　冒懷辛首先發張此一文字差異。但他以全祖望懼罹文字獄，遂將陸象山的言詞略作調整，却非適切之解。參較冒懷辛：＜讀書札記三則＞，≪中國哲學≫（1980），第二期，152—154。

127　焦循：≪雕菰集≫（商務印書館，國學基本叢書），卷十，頁151。

128　紀昀：≪四庫全書總目提要≫（臺灣商務印書館，1971），頁1991。

129　同上，頁1991。

紀昀顯然否認儒者有任何超越的憑據，足以評估政權的合法性。他很明顯地將「以道自任」的「士」化約爲思想上爲「絕對忠誠」所束縛的子民。

儒家批判意識的消失亦可見諸當時一些有關思想的論述。以章學誠（1738—1801）爲例，章氏主張必得名實俱符始之爲「道」，然而「儒家者流乃尊堯舜周孔之道以爲吾道」，宋儒更是「舍器而言道」，此皆是以空名言道的弊病。[130] 以章氏之見，「道」乃實存於歷史之中。自先王之道立，則政敎典章人倫日用之外，別無他道可言。從此一觀點衍生下來，「道」只能見諸「形」或「器」，而批評現存「政敎典章」的「道」（超越性）則難以想像。無怪乎章氏偏愛「治敎無二，官師合一」的理想社會（三代），對三代以下「君師分而治敎不能合於一」，則深感遺憾。[131]

又章氏置周公的成就於孔子之上，[132] 此點不祇與絕大多數儒者大異其趣，[133] 而且與清初君主的評價亦不符。章學誠說「有德無位，卽無制作之權；空言不可以敎人，正是所謂『無徵不信』」，而孔子「有德無位，卽無從得制作之權，不得列於一成，安有大成可集」；反之，周公德位俱全，乃可謂眞正的「集大成者」。[134] 他雖解釋到此「非孔子之聖遜於周公，時會使然也。」[135] 但不可否認的，章氏的評估標準却是取自「時代精神」（Zeitgeist）：「理」與「勢」的合一。[136]

康熙二十五年（1686），反清大儒黃宗羲竟稱其時「古今儒者遭遇之隆，蓋未有

130　章學誠：＜文史通義＞（臺北，華世出版社，1980），頁42。

131　同上，頁38。

132　同上，頁37。

133　明代王陽明的「成色分兩說」，曾將堯、舜喻爲萬鎰金，孔子九千鎰金。卽遭受衆多儒者的抨擊。章學誠置周公於孔子之上，則更形突出。但王、章各所依據理由，誠然有異。王陽明的看法見葉紹鈞點注：＜傳習錄＞（臺灣商務印書館，1967），頁72—74。評陽明此說則有馮柯：＜求是編＞（中文出版社，和刻本），卷三，頁8下—10下；陳建：＜學蔀通辨＞（中文出版社，和刻本），卷十二，頁10上；卷九，頁10上—10下；陸隴其：＜三魚堂文集＞（臺灣商務印書館，文淵閣四庫全書），卷五，頁27下。

134　章學誠：＜文史通義＞，頁37。

135　同上，頁37。

136　胡適於＜章實齋先生年譜＞中云：「他（章氏）過崇周公，說他『經綸制作，集千古之大成，』雖然很可笑；但他認道在制作典章，故寧可認周公而不認孔子爲集大成，也不能不算是一種獨見；我們可以原諒他的謬誤。」於此胡適並沒有把握章學誠思想的時代意義。見胡適：＜章實齋先生年譜＞（臺灣商務印書館，1968），頁69。

兩；五百年名世，于今見之」。[137] 黃氏的話實發人深省。蓋上述之言顯示黃氏在意理上絕非只效忠於一朝一姓而全然受絆君臣之義（明皇室）；而終其身，黃氏却未嘗背離其明遺民的身份。究其實，黃氏的話毋寧反映了兩千多年來縈繞於儒生內心的「懷鄉病」（nostalgia）：期待「聖君」的來臨。但「聖君」的來臨却使得他們付出昂貴的代價，因爲儒者得以批判政治威權的立足點亦隨之風消雲散。這豈非儒家思想內在眞正的糾結？

※本文承蒙黃彰健、張以仁、邢義田、王汎森諸位先生評閱，並提出寶貴的意見，謹此致謝。在史語所講論會中，蒙獲毛漢光、柳立言兩先生評論，於此一併致謝。

137　黃宗羲：＜與徐乾學書＞，頁278。

義莊與城鎮
——清代蘇州府義莊之設立及分佈

劉　錚　雲

　　本文旨在以清代的蘇州府爲例，探討設立義莊所必須具備的社會經濟條件，並進一步分析義莊的地理分佈及其所反映出對傳統家族研究的意義。

　　在清代的蘇州府，設置一個有義田五百畝的義莊至少需銀五千兩，有田千畝以上的義莊則在萬兩以上。由於建莊費用的龐大，因而惟有士紳、商人、地主等富庶家族始有能力建莊。然而，即使如此，這些有志建莊者往往必須經過二、三代的努力，或三、四十個寒暑之後，始能達成心願。這些費心建成的義莊往往集中於蘇州府城、各縣城以及商業市鎮，而少見於鄉村。這意味着家族不僅見於城市與市鎮，而且他們可能還是當地少見的大家族。最後本文強調，清末義莊盛行的最重要原因應是在官方慈善機構日漸破敗，社會情勢日益混亂後，地方家族力行自恤的一種現象，而非日本學者所謂的「地主制度的補完物」，更非地主土地所有的一種形態。同時，蘇州府義莊多分佈於城鎮的現象也顯示出，人類學家認爲傳統家族只聚居於鄉村，而不見於城市或市鎮的看法需要修正；而我們若要徹底瞭解家族問題，顯然必須對城鎮家族的發展作更進一步的研究。

壹、前　言

　　北宋仁宗皇祐二年（西元 1050 年），范仲淹於其家鄉平江路（即明清之蘇州府）吳縣立義田，創義莊，救邮族人。大約十年後，劉輝即在江西購田數百畝以瞻族人，又十年，吳奎在山東「買田爲義莊」。此後直至北宋亡，尚有韓贄、向子諲等人分別在山東、江西或買義田，或置義莊。[1] 元、明以後，各方人士亦多踵而行之，陸續在各地建立義莊，而於清末達到建莊的高峯。誠如當時馮桂芬所說：「今義莊之設普天下。」[2] 然而，就目前資料所見，義莊之設似仍以經濟發達的江南地區爲多。馮桂芬亦曾表示：義莊「自明以來，代有倣行之者，而江以南尤盛。」[3] 日本學者清水盛

1　清水盛光：《中國族產制度考》（東京：岩波書店，1949），宋念慈譯（臺北：中國文化大學出版部，1986），頁 34-37。
2　馮桂芬：《顯志堂稿》卷四〈汪氏耕蔭義莊記〉，頁 1b。
3　同上，〈武進盛氏義莊記〉，頁 3a。

光也指出，無論是宋元，或是明清時代，義莊、義田在華中、華南一帶都「呈現著壓倒之優勢。」[4] 因此，爲求充分了解義莊的發展情形，本文乃以清代江南地方蘇州府的義莊爲探究重點。

關於義莊，已有不少中外學者做過研究。日本學者仁井田陞與福田節生都曾對義莊的性質與功能作過概括的介紹。[5] 清水盛光曾從族產的角度廣泛地討論義莊的起源與發展、設置與分布、規約與營運、特性與功能。[6] Denis Twitchett 與近藤秀樹分別探討了范氏義莊的發展與變遷。[7] 村松祐次分析了范氏義莊所經營的租棧。[8] 伊原弘介研究范氏義莊的租冊。[9] 目黑克彥分別討論了浙江永康縣的應氏義莊，以及清末義莊盛行的原因。[10] 山名弘史以蘇州府於太平天國前後設立的兩個義莊爲例，說明清末義莊的主要功能。[11] 馮爾康探究江蘇省蘇、松、常三府義莊的性質與族權的關係。[12] 張研論及清代江蘇族田的性質與作用。[13] 綜觀這些論著，或著重於個別義莊的研

4　清水盛光：《中國族產制度考》，頁 118。
5　仁井田陞：《アジア歷史事典》，第二卷（東京：平凡社，1959），頁 359-360；福田節生：〈清代の義莊について〉，《歷史敎育》第十三卷第九號(1965)，頁 53-59。
6　清水盛光：《中國族產制度考》。
7　Denis Twitchett, "The Fan Clan's Charitable Estate, 1050-1760" in David S. Nivison and Arthur F. Wright (eds), *Confucianism in Action* (Stanford: Stanford University Press, 1959), pp. 97-133; and "Documents on Clan Administration: I The Rules of Administration of the Charitable Estate of the Fan Clan," *Asia Major* NS 8.1 (1960)：1-35. 另見近藤秀樹：〈范氏義莊變遷〉，《東洋史研究》第二十一卷第四號(1963)，頁 93-138。
8　村松祐次：清末江南にすける小作條件と小作料の催徵について——江蘇省吳縣范氏義莊，同吳氏畬經棧の召由，承攬租由，字條，切脚すよび「出切備查」冊研究〉，《一橋大學研究年報：社會學研究》5 (1963)，頁 129-208。
　　另可參見其英文摘要，Yuji Muramatsu, "A Documentary Study of Chinese Landlordism in Late Ch'ing and Early Republican Kiangnan," *Bulletin of the School of Oriental and African Studies, University of London* 29.3 (1966): 566-599
9　伊原弘介：〈范氏義莊租冊の研究〉，《史學研究》第九十四號(1965)頁 25-50。
10　目黑克彥：〈清末に於ける義莊設置の盛行について〉，《集刊東洋學》27(1972)，頁 45-68；〈浙江永康縣の應氏義莊について〉，《集刊東洋學》26(1971)，頁 22-46。
11　山名弘史：〈清末江南の義莊について〉，《東洋學報》62.1/2 (1980)，頁 99-131。
12　馮爾康：〈論清朝蘇南義莊的性質與族權的關係〉，《中華文史論叢》一九八〇年第三期，頁205-218。
13　張研：〈論清代江蘇的族田〉，張仲犖、葛懋春編《歷史論叢》第五輯（濟南：齊魯書社，1985），頁 305-341。

究，或偏重於義莊性質與功能的分析，對於義莊與當地社會發展關係的探討，尚付闕如。本文嘗試從清代蘇州府義莊的規模、建莊的費用、建莊者的背景，來看設立義莊所需具備的社會經濟條件，並進一步分析義莊的地理分布及其所反映出對傳統家族研究的意義。

由於義莊與義田常被人混爲一談，認爲義莊卽義田，因此在未入正題以前，必須先澄清一下這些名詞上的混淆。[14] 義莊與義田固然關係密切，然嚴格說來，此兩者在歷史上各有所指，不可混用。關於這一點，清水盛光說得很清楚。他指出，根據范仲淹的用語，義田是指田產；義莊則有廣狹二義，就狹義而言，義莊意指收貯田租的建築物，而就廣義來說，義莊則指稱整個贍養宗族的組織。[15] 換言之，若依狹義的解釋，義田可與義莊同爲贍族組織的兩個要素；然若依廣義的解釋，義田則成爲義莊的一部分。因此，義莊可以包括義田，但義田卻未必與義莊有關。因爲立義田之舉並不僅見於宗族組織，我們翻檢地方志，可以發現許多地方團體如社學、養濟院、育嬰堂等組織都有立義田以裕經費之舉。本文的研究因而僅限於義莊，未立莊屋的義田不在討論之列，卽使有贍族之舉的亦不例外。

貳、資料來源

由於義莊有睦族、收族、保族之功，有益地方教化，深受各界重視，故其事蹟歷來均被收入地方志，以求鼓勵推廣。本研究之材料，尤其是在統計分析方面，主要卽根據蘇州府及其所轄各縣方志中的資料。蘇州府於清初隸江南省，仍沿明代建制，領一州七縣。康熙六年（西元1667年），分江南省爲江蘇、安徽兩省，劃蘇州歸江蘇省，仍領州縣如故。雍正二年（西元1724年），在應兩江總督查弼納的「升州增縣」之請後，蘇州府所轄之縣份於是由原來的七個增至九個。雖然於雍正十三年（西元1735年）及光緒三十年（西元1902年），分別又有太湖廳與靖湖廳之設，但蘇州府此一下轄吳、長洲、元和、常熟、昭文、崑山、新陽、吳江、震澤等九縣的建制一直維持至

14　如日本學者仁井田陞卽認爲，「義莊卽義田，意指同族的共有地……。」福田節生也採用了他的說法。見仁井田陞：《アジア歷史事典》，第二卷，頁 360。福田節生：〈清代の義莊について〉。

15　清水盛光：《中國族產制度考》，頁 5-10。

清末不變。雖然這些府縣志先後纂修的時間不一，但是除了震澤縣外，各縣志都有光
緒年間甚至更晚的刊本。其中以民國二十二年刊行的《民國吳縣志》所涵蓋的範圍最
為完整，它包含了民國以前吳、長、元三縣及太湖、靖湖兩廳的資料。其次是常熟、
昭文二縣的《常昭合志稿》，印行於光緒三十年（西元1904年）。本文的分析因而也
著重在這幾個縣份。所以，嚴格說來，本文應只是吳、元、長、常、昭五縣義莊的分
析。不過，由於其他地方志如《同治蘇州府志》、《吳江縣續志》、《崑新兩縣續修
合志》等也都刊行於光緒初年，因此我們可以說，透過這些資料，我們大致可以了解
清光緒以前整個蘇州府義莊設置的情形，以及光緒年間以後上述五縣的情形。

　　由於各縣志體例不一，收錄義莊的篇目也就不同。即以蘇州府為例，義莊或見附
於〈公署〉之後，如於《同治蘇州府志》、《民國吳縣志》；或見附於〈壇廟〉、〈
祠宇〉之後，如於《吳江縣續志》、《崑新兩縣續修合志》；或見附於〈善舉志〉，
如於《常昭合志稿》。然而，雖然篇目不一，內容卻幾無二致。義莊的創建人、創建
經過、莊屋的所在地、義田的畝數等均一一記載，有時甚而附上當時人所作的〈義莊
記〉一類的文字。不過，這些資料有時也不盡完整，尤其是關於義莊創建人的身分地
位多不見刊載，所幸這些人的事蹟往往由於創建義莊的關係而收入方志中的列傳，我
們可據以補充。除了作為補充材料外，列傳中的資料有時也可更正義莊項下資料不盡
正確之處。最常見的疏略就是後者往往將義莊的創建歸之於一人，而略去了上一代或
下一代亦曾參與建莊的事蹟。例如，昭文的董氏義莊，根據《常昭合志稿》卷十七
〈善舉〉所載，該莊係由「里人董廷棟建」，然由同稿卷三十一董廷棟傳中得知，董
氏雖「亦以孝友聞」，嘗「捐常稔田千五百畝贍族」，但董氏義莊卻是其子如恒遵命
建立。[16] 同樣的情形亦見於同縣的顧氏義莊、何氏餘慶義莊、常熟的王氏義莊、周氏
義莊、趙氏義莊等處。[17]

　　除了地方志以外，家譜中也常有義莊的資料，而且遠較前者為詳盡，舉凡義莊的

16　《常昭合志稿》（光緒三十四年刊本）卷十七，頁 12，及卷三十一，頁 30。
17　同上，卷十七，頁 14a，及卷三十一，頁 40b；卷十七，頁 19b，及卷四十三，頁 43b；
　　卷十七，頁 20b，及卷三十一，頁 43b；卷十七，頁 21a，卷 31，頁 43b；卷十七，頁
　　13b，及卷三十一，頁 27a–28a。

創建經過、經營規約、田畝的詳細位置、甚而義莊的平面圖等資料均見記載。同時，由於家譜係紀錄自家之事，其正確性顯然要較幾經轉手的地方志爲高。若將兩者相對照，我們往往可以發現後者的謬誤之處。例如，根據《同治蘇州府志》、《民國吳縣志》，長洲人陶篠捐田千畝立潯陽義莊，然據《蘇州陶氏家譜》，陶篠實乃陶守篠之誤。[18] 同樣的情形亦見於常熟席氏義莊。由《席氏世譜》可知，《常昭合志稿》誤將該莊創辦人席存勳寫成席成勳。[19] 此外，晚出的家譜尙可補充地方志之缺漏，例如，下文常舉以爲例的昭文縣大步道巷內的沈氏義莊，即不見於《常昭合志稿》，而是根據宣統三年的《虞山沈氏宗譜》補入的。[20] 雖然該莊早於光緒十七年成立，但卻遲至三十二年始提報有司，可能先它二年刊行的《常昭合志稿》因而未能將之列入。家譜中的資料雖然遠較地方志爲佳，但是由於現存家譜收藏並不完整，只可遇而不可求，無法提供有系統的資料，本文只得退而求其次，以地方志爲主，家譜等資料爲輔，來進行分析的工作。

叁、義莊的設置與發展

雖然范仲淹早於北宋仁宗時已在蘇州設立義莊，但是蘇州府繼范氏之後而立的第二座義莊卻要遲至南宋孝宗（西元1162-89年）時，始由錢佃於常熟設立；隨後又有廉弁、季逢昌二人分別於吳縣、常熟立義莊。宋亡之後，蘇州府義莊的設置行動亦暫告中斷，直至明孝宗弘治年間（西元1487-1505）周在始於崑山割田八百畝，置義莊、義塾，其間已相隔了二百多年。此後，萬麟、沈瓚等在吳江，申用嘉、吳之良、顧存仁等在蘇州城內分別建莊邮族，直至明末崇禎年間，尙有虎邱望山橋陳文莊公義莊的建立。[21] 明末清初的動亂使得義莊的設置又告中輟，直至康熙年間始見恢復。從此蘇州府置莊的數目即日漸增多，置莊的腳步也日漸加快，如表一所示，置莊的頻率

18　《同治蘇州府志》卷二十四，頁 29b-31；《蘇州陶氏家譜》（光緒四年修，三十四年刻本）卷六，頁 19a-b。

19　《常昭合志稿》卷十七，頁 14b；《席氏世譜》（光緒七年刊本）卷十二，頁 1a。

20　《虞山沈氏宗譜》（宣統三年刊本）〈沈氏義莊呈稿〉義莊志，頁 1a-2b。

21　參見附錄一。

從康熙時的每年零點零七座，逐漸增至道光時的一點零三，咸豐時的一點二七，同治時的一點五四，而於光緒時達到每年二點零九座的高峯。義莊的數目也從康熙時的四座增至光緒時的七十一座，而使得清代義莊的總數高達一百六十七，佔歷來蘇州府義莊總數的百分之九十三點八。不過，這幾個數字可能仍然偏低，因爲我們所能掌握的有關崑山、新陽、吳江等縣的資料僅及光緒初年，震澤縣的更只到同治年間，而根據表一的統計數字，蘇州府在光緒年間似乎正値義莊設置的高峯。

清末義莊盛行的現象恐非蘇州府所獨有，而是江南地區普遍的情形。日本學者目黑克彥也注意到這個現象，雖然他未舉出具體的數字，但他卻指出，探究清末義莊盛行的原因，不能單從像實踐儒家道德規範這樣單純的動機著手，而必須從清末的社會狀況來考量。他認爲，清末義莊的紛紛設置，乃是地主階層在清政府無法應付地方動亂頻仍、抗租抗糧運動紛起的情況下，力求自救的行動，以求地主地位的保全，以及鄉村支配權的確立。[22] 目黑克彥的論點固然不錯，清末的社會情勢可能刺激了義莊的設置，義莊也的確具備了鞏固其所屬家族地位的功能，然而我們也必須同時考慮設置義莊的主客觀條件，才能眞正了解義莊的實際發展情形及其於清末大量湧現的意義。以下就以蘇州府的情形來說明設立義莊所必須的一些經濟條件。

范氏義莊成立之初，其財產包含義田千餘畝及義宅一所。前者散置吳縣及長洲縣，均放佃給外人，以其收入濟助族人日常生活及婚喪喜慶之需；後者座落蘇州城內禪興寺橋西，佔地頗廣，除供族人居住的廂房及貯放租米的倉房外，另有宗祠二座——歲寒堂、忠厚堂，以及范文正公祠、范氏家園等。[23] 繼范氏之後而立的義莊也都以此爲範本，卽莊屋一所，義田若干畝。清代蘇州府的義莊自不例外，只是規模大小、經營方式略有不同，有些可能尚有市廛間租賃屋若干所。例如，元和的陸氏豐裕義莊除了有田三百十四畝、莊屋一所外，尚有蘇州城內閶一圖市屋兩所；一在弔橋西堍，門面計樓平房十間，一在南濠灣頭，門面計樓平房六間。[24] 不過，幾乎所有的義莊都不再像范氏義莊一樣，對全體族人計口授糧，而將對象限爲族內貧苦無依者。經

22　目黑克彥：〈清末に於ける義莊設置の盛行について〉，頁 56-63。

23　Denis Twitchett, "Documents on Clan Administration," p. 25.

24　《陸氏葑門支譜》（光緒十四年刊本）卷十二，頁 14a。

費的限制應是主要的考慮因素。[25] 有些義莊還依使用目的之不同將義田細加分類，如元和縣吳氏繼志義莊有義田六百畝，「以二百畝爲奉公田，以資公役；以五十畝爲報本田，以供粢盛，以供族食；以五十畝爲敦睦田，以恤匱乏，以脅高年；以五十畝爲嘉禮田，以時婚姻，以重人倫之本；以五十畝爲凶禮田，以謹喪葬，以厚人道之終；以百畝爲勸學田，以教以掖，以成後昆之美，以百畝爲備荒田，以裕以散，以裕歉歲

表一　蘇州府各朝代義莊設置數

朝　　　　代	義　　莊　　數	
宋	4	2.2%
仁　宗（1022–1063）	1	
孝　宗（1162–1189）	1	
理　宗（1225–1264）	1	
年　代　不　詳	1	
明	7	4.0%
孝　宗（1487–1505）	1	
世　宗（1521–1566）	2	
神　宗（1572–1620）	3	
毅　宗（1627–1644）	1	
清	167	93.8%
聖　祖（1661–1722）	4	(0.07)
高　宗（1735–1796）	11	(0.14)
仁　宗（1796–1820）	7	(0.29)
宣　宗（1820–1850）	31	(1.03)
文　宗（1850–1861）	14	(1.27)
穆　宗（1861–1874）	20	(1.54)
德　宗（1874–1908）	71	(2.09)
宣　統（1908–1911）	5	(1.67)
年　代　不　詳	4	—

資料來源：參見附錄。（以後各表資料若未特別提及，均請參見附錄）

25　清水盛光：《中國族產制度考》，頁 144–48。

之需。」[26]

　　然而，義田無論如何分類，都必須達到一個相當的數目才能發揮救濟的作用。就蘇州府而言，義田的規模不一。初立時，有少至百畝，也有多至二千餘畝者。然就表二所見，若以每一百畝爲單位作比較，蘇州府義田的畝數以五百畝左右的居多，約佔總數的百分之四十八；其次是一千畝左右的，約佔總數的百分之二十七；二者合計共佔百分之七十五。因此我們可以說，大多數的蘇州府人士若有意設立義莊，起初都以五百畝爲努力的目標。我們在文獻中也可以找到類似的例子。例如《常昭合志稿》上即載有：昭文人胡頤等受父遺命建莊瞻族，「捐集田二百畝，收租增置，」與子「廷鐘廷整經理十餘年，始足五頃，呈請建莊。」[27] 胡頤等雖然已集有二百畝的田地，但

表二　清代蘇州府義田畝數統計表

畝　　　數	田　數	百分比	累積百分比
100～199	1	0.6	0.6
200～299	3	1.9	2.6
300～399	3	1.9	4.5
500～599	74	47.7	52..3
600～699	8	5.2	57.4
700～799	4	2.6	60.0
800～899	1	0.6	60.6
1000～1099	41	26.5	87.1
1100～1199	3	1.9	89.0
1200～1299	3	1.9	91.0
1300～1399	1	0.6	91.6
1400～1499	4	2.6	94.2
1500～1999	1	0.6	94.8
2000～2499	7	4.5	99.4
2500～2999	1	0.6	100.0
畝　數　不　詳	12	—	
總　　　計	167	100.0	100.0

26　《民國吳縣志》（民國二十二年鉛字本）卷三十一，頁 21a–b。
27　《常昭合志稿》卷三十一，頁 40b。

在他們心目中顯然仍未構成置莊的條件，須待積滿五百畝始可呈請建莊。另外一部分人則可能由於族繁支衍，人口眾多，非有田一千畝，不足以應付需要。昭文的歸氏即爲一例。據阮元的〈昭文歸氏義莊記〉所載，國子生歸景沂「居約而厚施，慨然思置義莊，以贍其族；嘗手擬規條，其時產不足千畝，不果行。」[28] 此時歸氏已有田六百畝，然顯然仍不敷所需。[29] 因此，簡而言之，在蘇州府，義田五百畝是建莊的起碼條件。若族人眾多，則以一千畝爲建莊的理想目標。就整個蘇州府而言，平均每個義莊約有田七百九十四畝。

雖然這些義田的平均畝數可以高達將近八百畝，但是根據零星的家譜資料判斷，這些義田不可能是由大面積的土地所構成，而是由許多零星分布的小塊土地所組成。茲以常熟縣臨海屈氏義莊爲例說明之。屈氏義莊成立於嘉慶年間，置田千畝，至同治初年，義田畝數已累積至一千三百餘畝，散布於常熟、昭文縣境。如表三所示，這一千三百畝義田由八十九塊大小不等的田地所組成，最小塊的不到一畝，而最大塊的超過一百一十畝，差距驚人。不過，從表三也可以看出，除了不到一畝的零碎地外，田塊所佔的比例由大到小逐漸增加，其中超過二十畝的寥寥可數，而十畝以下的卻超過了一半，幾乎有三分之一的田塊不到五畝，而一到三畝的田塊卻佔了將近四分之一。同樣的情形亦見於昭文縣的沈氏義莊，以及常熟縣的席氏義莊。沈氏義莊有田五百餘畝，大小四十塊，散布於縣境各地。如表四所見，除了一塊一百二十八畝的大塊田地外，其餘都是不到四十畝的小塊田地；其中十畝以下的高達總數的五分之三，而五畝以下的更是超過了五分之二。席氏義莊田的分布更是零碎，同樣五百七十餘畝的義田卻分成九十二塊，零星分布於縣境；其中超過一半以上的田塊不及五畝，十畝以下的幾佔五分之四，十五畝以上的非常罕見，而面積最大的尚不及四十畝。由此可見，蘇州府義田分布的情形與江南地區一般土地分配的情形相一致，亦即少見個人擁有大面積的土地，而多是零星的小塊土地。

然而，義田的畝數並非一成不變的。許多家族在義莊成立之後仍孜孜於義田的增

28　阮元：〈昭文歸氏義莊記〉，《京兆歸氏世譜》（民國二年刊本）第八〈義莊志〉，頁9a–b。

29　《京兆歸氏世譜》第八〈義莊志〉，頁 8b。

置，以求擴大對族人的賑濟。最著名的例子即爲上述范仲淹所立的范氏義莊。在范氏子孫數百年的努力經營下，范氏義莊的田畝數由最初之三千畝增至乾隆時之五千三百餘畝。[30] 其他一些歷史不如范氏義莊悠久的亦不例外，義田畝數亦呈逐年上升之勢。例如，吳縣的吳氏義莊於嘉慶十六年初立時，有田六百四十九畝，二十一年續置墓祭田九十二畝，同治年間又增田二百九十畝，以後逐年增添，至宣統時已有田三千三百六十二畝。[31] 此外，元和的婁關蔣氏義莊、潘氏松鱗義莊也都有陸續增置義田的紀錄。[32] 也有些另行增置祭田或學田，或兩者兼有。例如，建於嘉慶十五年的昭文歸氏義莊，復於道光十七年「捐置祭產百畝有奇，書田千畝有奇。」此應是當時所謂「敬

表三　屈氏義莊田畝分配表

畝　　　　數	田　　數	百 分 比	累 進 百 分 比
0.1～0.9	2	2.2	2.2
1.0～4.9	26	29.2	31.5
5.0～9.9	18	20.2	51.7
10.0～14.9	10	11.2	62.9
15.0～19.9	14	15.7	78.7
20.0～24.9	4	4.5	83.1
25.0～29.9	3	3.4	86.5
30.0～34.9	3	3.4	89.9
40.0～44.9	4	4.5	94.4
45.0～49.9	1	1.1	95.5
55.0～59.9	1	1.1	96.6
60.0～64.9	1	1.1	97.8
65.0～69.9	1	1.1	98.9
110.0～14.9	1	1.1	100.0
總　　　　數	89	100.0	100.0

資料來源：《臨海屈氏世譜》第十一〈義莊志〉

30　《民國吳縣志》卷三十一，頁 11a–12b。
31　同上，頁 13b。
32　同上，頁 21b, 22b–23a。

宗以尊祖爲先，力田與讀書並重」的最佳寫照。[33]不過，義莊的田畝數有增也有減，即使深受朝廷眷顧的范氏義莊亦難免有陵夷之時。據淸水盛光指出，至明初，或因子孫得罪而沒官，或因戶役艱窘而典賣，或因權豪恃勢侵佔，范氏義莊田自四千畝減至一千二、三百畝。[34]除了以上這些外在因素，族內不肖子孫的盜賣田產亦是義田畝數減少，甚至盡滅的原因。乾隆二十一年，江蘇巡撫莊有恭有見於此，乃上疏奏請在大淸律中加入有關盜賣族產之律條。[35]然而，即使如此，盜賣之事仍時有所聞。例如，昭文的胡氏廷鎏義莊建於咸豐十一年，有田五百畝，可是不久即被其孫盜賣淨盡；其子媳與孫媳不得已，乃別建邺寡義莊。[36]因此，義莊田產亦如一般家族有其興衰起落之時。

關於莊屋的情形，我們所能掌握的資料並不多。不過，從方志及家譜零散的資料中，我們可以了解，一般莊屋的建立通常採以下三種方式：（一）就本族故宅、祠堂

表四　沈氏義莊田畝分配表

畝　　數	田　　數	百　分　比	累進百分比
0.1～　0.9	3	7.5	7.5
1.0～　4.9	13	32.5	40.0
5.0～　9.9	8	20.0	60.0
10.0～14.9	3	7.5	67.5
15.0～19.9	6	15.0	82.5
20.0～24.9	4	10.0	92.5
35.0～39.9	2	5.0	97.5
125.0～129.9	1	2.5	100.0
總　　數	40	100.0	100.0

資料來源：《虞山沈氏宗譜》〈義莊志〉，頁41a-48a

33　《京兆歸氏世譜》第八（義莊志附），頁 29a。
34　淸水盛光：《中國族產制度考》，頁 61-62。
35　同上，頁 172。
36　《常昭合志稿》卷十七，頁 14a。

表五　席氏義莊田畝分配表

畝　　　數	田　　數	百　分　比	累進百分比
0.1～0.9	3	3.3	3.3
1.0～4.9	49	53.3	56.5
5.0～9.9	20	21.7	78.3
10.0～14.9	12	13.0	91.3
15.0～19.9	2	2.2	93.5
20.0～24.9	4	4.3	97.8
25.0～29.9	1	1.1	98.9
35.0～39.9	1	1.1	100.0
總　　　數	92	100.0	100.0

資料來源：《席氏世譜》卷十二，頁1b-7a。

改建或擴建。例如，前面提及的范氏義莊、長洲的嚴氏愼遠義莊、張氏松蔭義莊、昭文的龔氏義莊、胡氏廷鋆義莊，以及常熟的席氏義莊都採取這種建莊方式。[37]（二）購屋置莊。例如，吳縣的耕蔭義莊、陳氏義莊、元和的潘氏滎陽義莊、張氏義莊、盛氏留園義莊、昭文的沈氏義莊等都是由族人捐金購屋以作爲莊所。[38]（三）購地另建莊屋。例如，吳縣的臨海義莊、長洲的潯陽義莊、周氏松蔭義莊、張氏崇本支莊、元和的徐氏梓蔭義莊、潘氏松麟義莊、汪氏誦芬義莊、楊氏宏農義莊、昭文的歸氏義莊等都是購買土地，另行闢建莊屋。[39] 從以上所舉的例子看來，蘇州府義莊房舍的建置似乎以後二種方式居多。

　　然而，不論以何種方式建置，蘇州府的義莊都不僅是獨立的倉房或宅第，專供貯放租米，或族人住宿之用，而往往是安排與宗族的其他建築物——主要是宗祠、義學——建在一起。上面就祠堂改建的，如席氏義莊，自不必多說有其用心。然而，有些

37　《民國吳縣志》卷三十一，頁 17b 及 20b；《常昭合志稿》卷十七，頁 14a 及 17a；《席氏世譜》（光緒七年敦睦堂刊本）卷十二，頁 1b。

38　《民國吳縣志》卷三十一，頁 13b-14a, 14a-b, 22a, 25a；《虞山沈氏宗譜》（宣統三年刊本）〈義莊志〉，頁 1a-b。

39　《民國吳縣志》卷三十一，頁 13a, 15b, 18a, 19a, 22b, 23a-b, 25b。

就故宅改建的義莊也費心將二者安排在一起，上面提到的嚴氏愼遠義莊即是一例。據
《民國吳縣志》，光緒二十七年，候選知府嚴兆淦承父遺命建義莊，將其十梓街夏侯
橋住宅分而爲三，以其中屋爲家祠，西屋爲義莊，東屋則仍留爲住宅。[40] 當然如此的
安排有可能是權宜之計，即利用現成的建築物作爲義莊之用。可是，我們也在方志上
見到許多宗族於新建或新購莊屋的同時，或建宗祠於其旁，或立宗廟於其內。例如，
先前提及的周氏松蔭義莊與杭氏義莊均於新義莊旁建宗祠，潯陽義莊與耕蔭義莊於新
購莊屋旁立宗祠，而顧氏春蔭義莊、潘氏松麟義莊、歸氏義莊則分別於新莊內設宗
祠、祖祠。也有的就直接在宗祠或祖祠內建義莊，如顧氏頌文義莊、錢氏竹蔭義莊皆
是。[41] 總之，方法雖有不同，目的則一，都是要將義莊與其他家族組織結合成爲一
體。

　　除了文字的記載外，有些家譜中所附的義莊圖中更具體顯現出，主事者對莊房的
安排別具用心。茲再以昭文的沈氏義莊爲例說明之。沈氏義莊座落於縣城賓湯門內大
步道巷，如附圖一所示，係一典型的江南大宅形式。自中央義莊大門進入後，莊屋呈
縱軸線排列，中央有三進，第一進爲茶廳，顯爲族人社交待客之處，第二進爲饗堂，
應是宗族祭祀之所，第三進爲正房大樓，大樓之後則爲倉廳與廚。兩旁依次又各有東
花廳與園圃、書房書樓、東西帳房。每進之間有天井與庭院，外圍以垣牆。另外一
個例子是昭文的屈氏義莊。該莊位於縣城南門外蓮墩濱，如附圖二所示，亦爲傳統民
宅的形式，只是規模較小，且與屈氏另一機構安濟堂同在一處。安濟堂係屈氏爲收養
「無告煢民，俾得生免饑寒，死無暴露」而設的機構，其田產租賦業已歸併義莊兼
管。[42] 而義莊之廳事、倉廒、廂房即位於其倉房之後，再往後一進爲宗祠與佛堂，最
後則爲後樓。第三個例子見於蘇州城內文昌巷的歸氏義莊。如圖三所示，該莊建於歸
氏孝義專祠內。祠中除了義莊之饗堂、東西楹、正楹、大樓、倉廒外，尚有建於莊旁
之書房、義塾，以及莊前之碑室。由此三例顯而易見，在蘇州府，義莊不僅是族人領
取贍米之所在，而且也是族人上義塾，參與祭祖活動的場所。一言以蔽之，在這樣的

40　同上，頁 20b。

41　同上，頁 18a, 19a, 15a, 13a, 15a, 22b, 18b, 20b；《常昭合志稿》卷十七，頁 11b。

42　《臨海屈氏世譜》（光緒九年刊本）第十一〈義莊志〉，頁 14a。

中研院歷史語言研究所集刊論文類編(歷史編・明清卷)

安排下，義莊實已成為當時各宗族的活動中心，凝聚族人向心之所在。

若莊屋一所及義田數百畝為立義莊的基本條件，則立一義莊顯然所費不貲。至於確切數字如何，由於一方面資料缺乏，另一方面各地義田不僅畝數不同，而且等則也不一，同時屋價也往往因地而異，我們很難有一明確的答案。以下僅就方志與家譜中所得之零星數字，按各莊成立之先後次序列一簡表，希望對此問題能提供一初步的解釋。表中所列義莊最早始於清嘉慶年間，最晚止於清光緒末年，可以說涵蓋了清中葉以至清末的蘇州府義莊；而其中所列之契價銀乃指各義田與房屋於義莊成立時之價格。就表中所見，義田的契價銀由四千五百多兩到二萬一千七百餘兩不等，而房屋所值也從最低的五百四十兩到最高的一萬兩不等。若就義莊總值而言，最低的是席氏義莊的四千五百七十三兩，最高的則是陳氏義莊的三萬八千六百兩。然席氏義莊之四千五百七十三兩恐怕仍是偏低之數，因該莊並未購地建莊，也未購屋置莊，而是將家祠「修葺擴充卽作莊房」，若加上修繕費用，其建莊之所需當不止四千五百七十三兩。因此，若以表六中最低的房價——歸氏義莊五百四十兩——來考慮，蘇州府義莊的最低建莊費當不會低於五千兩，而義田數若在千畝以上，則其建莊費更在萬兩以上，甚而有接近四萬兩者。

以當時人的收入而言，卽使最低的五千兩都是一筆不小的數目。根據王業鍵的推算，清光緒三十四年（西元 1908 年）的個人年平均所得約為銀三十兩。[43] 費維愷（Albert Feuerwerker）的推測則更低。據他的估計，十八世紀中（ca. 1750）的個人所得為三點四兩到六點三兩，十九世紀末（ca. 1880s）為八點三兩，二十世紀初（ca. 1908）則為七兩到十四兩之間。[44] 姑且不論誰的估計較正確，卽使以王的年收入三十兩為準，要儲蓄累積到五千兩顯然不是一件簡單之事。而我們的資料也顯示，只有經濟情況較富裕的官員、士紳或商人才有可能建莊。表七卽將蘇州府義莊建莊者的身分

43　Wang Yeh-chien, *Land Taxation in Imperial China, 1750–1911*(Cambridge, Mass.: Harvard University Press, 1973), p. 133.

44　Albert Feuerwerker, "The State and the Economy in Late Imperial China," paper presented at "The Sino-American Symposium on Chinese Socioeconomic History from the Sung Dynasty to 1900," Beijing, 26 October–1 November, 1980.

依紳士、官員、捐封、商人、平民等範疇分類統計，其中「紳士」指取得功名但未任官者（正途、異途出身均包含在內），「官員」指依正途出身而任官職或候補、候缺者，「捐封」指非依正途出身而由捐納或受封而得官職官銜者，「商人」指經商而無任何頭銜者，「平民」指旣非商人又無任何頭銜者，其餘因資料不全而無法判定者則歸入「不詳」。此外，必須指出二點：第一，雖然有些家族可能多人參與建莊，且多有功名或官位，然爲便於統計，每一家族只以功名地位最高者爲代表。其次，由於清代官職種類繁多，也是爲了便於計算，所有官職均取其品級列入統計。由表七可以看出，蘇州府義莊的建置仍以官宦之家居多，佔總數之三分之一強，其次則爲有功名者，佔四分之一強，而捐官者亦復不少，佔四分之一弱。若再細加分析，我們可以發現，官員中有不少中下級品秩的；而在有功名者中，也有相當多的貢生監生等下層紳士。清代中下層官員雖然俸祿微薄，卽以建莊人數最多的五品官爲例，年俸八十兩銀子，養廉銀一千至二千兩（以江蘇知州爲例），但誠如張仲禮所指出的，任官的許多額外收入（如知州可達三萬兩）使得他們能夠有餘力捐田建義莊。[45] 同樣的，下層紳士雖然多數境況不佳，但由於貢、監生等頭銜於清代可以金錢購得，同時富人在投資土地之餘，多喜捐官買銜以求社會地位之提高，因此在下層紳士中也不乏一些經濟情況良好者。[46] 他們和那些捐官封銜者可能和吳縣的錢福年一樣，「爲廉買五之之計」，而得以買田建義莊。[47] 不過，錢福年是丟官後轉而經商致富，但大多數表七中的貢監生與捐官封銜者卻可能是在經商發財後才得「功名」的。而這也可能是表七中無官無銜的商人極爲稀少的原因，因爲多數富商都已買了官銜功名。其次，有些富農與經營地主可能也包含在內，只是我們目前沒有資料以資證明。因此我們若將貢監生、捐官、商人三項歸於一類——富人，則在清代有錢百姓建莊的數目已在官員之上了。

　　然而卽使對一般商人或官員而言，建莊仍然不是一蹴可及之事。錢公輔記范仲淹立范氏義莊之經過時說：「初公之未貴顯也，常有志於是矣，而力未逮者二十年；旣

45　Chang Chung-li, *The Income of the Chinese Gentry* (Seattle: University of Washington Press, 1962), pp. 15–42.

46　Ho Ping-ti, *The Ladder of Success in Imperial China; Aspects of Social Mobility, 1368-1911* (New York: Columbia University Press, 1962), pp. 46–52.

47　《民國吳縣志》卷三十一，頁 20b。

表六　蘇州府義莊莊屋義田契價銀一覽表

義　　　　莊	義田畝數	田契價銀	房所數	屋契價銀	合計銀兩
潯　陽　義　莊	1150	—	1	4100	—
潘氏滎陽義莊	1243	—	1	6000	—
歸　氏　義　莊	1042	13150	1	540	13690
張　氏　義　莊	1100	—	1	3300	—
丁氏濟陽義莊	2000	15100	1	10000	25100
席　氏　義　莊	572	4573	—	—	4573
程　氏　義　莊	2400		2		20898*
王氏懷新義莊	1450		3		17736
張氏崇本支莊	1021	21763	1	1200	22963
沈　氏　義　莊	502	4700	1	2608	7308
陳　比　義　莊	1093	—	2		38600

*該莊另有建莊銀8000兩

表七　清代蘇州府義莊建莊者的身分

身　　　　分	人　數	百分比	累積百分比
紳士	33	29.5	29.5
進　　士	4	3.6	
舉　　人	1	0.9	
貢生監生	25	22.3	
生　　員	2	1.8	
孝廉方正	1	0.9	
官員	36	32.1	61.6
一　品　官	2	1.8	
二　品　官	3	2.7	
三　品　官	3	2.7	
四　品　官	2	1.8	
五　品　官	9	8.0	
六　品　官	5	4.5	
七　品　官	7	6.3	
八　品　官	5	4.5	

		29	25.9	87.5
捐封				
二	品	4	3.6	
三	品	6	5.4	
四	品	3	2.7	
五	品	6	5.4	
六	品	7	6.3	
七	品	1	0.9	
九	品	2	1.8	
商	人	5	4.5	92.0
平	民	9	8.0	100.0
不	詳	55	──	
總	計	167	100.0	

而爲西帥,以至於參大政,於是始有祿賜之入,而終其志。」[48] 這在宋代如此,在清代亦復如此,經歷二、三十年或四、五代的努力始達成建莊心願的例子比比皆是。就目前資料所見,蘇州府義莊建莊時間最長者似乎是吳縣的彭氏義莊及常熟的籧氏義莊,二者都經過上下五代的經營始完成建莊的工作。前者從乾隆三十餘年起至光緒四年止經過了至少一百年的時間,而後者則自康熙年間以迄咸豐六年經歷了至少一百五、六十個寒暑。[49] 不過,從表八可以看出,登大多數的義莊還是父子相承,經過二代的努力始達成建莊的目標。其次則分別爲一代與三代的經營,而此二者所佔之比例幾乎不相上下。我們若以二十年爲一代之計算單位,則蘇州府平均要四十四年始能建成一座義莊。然而即使是只經過一代的光景就建成的,可能也多是集眾人之力或是個人像范仲淹一樣經過了二、三十年的辛苦始能有成。例如,吳縣的蔣氏義莊即由蔣氏兄弟二人合力肇建,而前面提過的陶守篠,自十七歲起往來南北經商二十餘年,始有能力捐「良田千畝,建義莊二十餘楹。」[50] 可是表八也顯示出,這些只經一代就能建成的義莊所佔的比例卻有逐漸減少的趨勢,而經二代以上始能成就的義莊比例相對地

48　《民國吳縣志》卷三十一,頁 11a。

49　同上,頁 25a-b;《常昭合志稿》卷十七,頁 13b-14a。

50　《民國吳縣志》卷三十一,頁 21a;《蘇州陶氏家譜》(光緒三十四年刻本)卷六,頁 19a。

表八　清代蘇州府義莊成立時間統計表

時　　　間	一代	二代	三代	四代	五代	總　計
清　　　初 （1644–1796）	7	8	1	0	2	18 11.0%
清　　　中 （1796–1861）	15	19	13	3	0	50 30.5%
清　　　末 （1861–1911）	14	54	21	5	2	96 58.5%
總　　　計	36 22.0	81 49.1	35 21.3	8 4.9	4 2.4	164 100%

增加，尤其到了清末，幾乎有百分之八十的義莊要經過二代，甚至更久的時間始能完成。顯然，清末的人口壓力與土地資源的匱乏使得義莊的建置愈加曠日經年。

　　面對這建莊費用龐大，一時不易籌措的困難，各家族採行了不同因應之道。一般而言，有兩種不同的建莊策略。上面提及之蔣氏與陶氏是一例。他們和許多人一樣，在經過了多年努力之後，以莊屋與義田同時並置的方式，一舉建立了義莊。然而，另外有些家族，如長洲袁氏、元和吳氏，採取了另一種——先義田後莊房——的方式建立義莊。據《民國吳縣志》載，「乾隆五年袁廷棟妻蔣氏撫孤守節，置田七百餘畝贍族，至六十年，始建莊。」[51] 由置義田到建莊屋前後相距五十五年，可是若與元和的吳氏繼志義莊相較，這又顯得微不足道了。依《常昭合志稿》，明萬曆二十八年吳之良承祖志，割田六百畝，建義莊贍族，但是一直未建莊房，直至清宣統三年，始由其裔孫置莊房於衮繡坊巷，前後已有三百年的時間。不過，在這段期間吳氏之子好古曾於清順治五年定齊門小棧爲收租處。[52] 有了收租的地方，可能就不急著建莊房了。顯然，若欲建義莊，除了保族賑族的崇高理想外、尚需全體族人契而不捨，通力合作多年，始能有所成就。當然，沒有經濟力量相配合，空有理想也是枉然。

肆、義莊所在地的分佈

51　《民國吳縣志》卷三十一，頁 16a。

52　同上，頁 21a。

　　這種對經濟條件的要求也充份反映在義莊的地理分佈上。從表九可以看出，清代義莊的分佈有集中於城市與市鎮的趨勢，而鄉間卻相對的極少有義莊的設置。如表九所示，就整個清代而言，有七十二座，即將近二分之一的義莊設於縣城內，而位於市鎮上的也有五十六座，超過總數的三分之一。若將城牆外市集的十七座亦計入，則蘇州府一地位於城鎮的義莊數將高達一百四十四座，已超過總數的十分之九。顯然城鎮家族的經濟能力遠比鄉村家族的為佳。換言之，有能力建義莊的家族大多聚居於城鎮及其近郊。這個現象應與明清以來江南地區城鎮的發展息息相關。

　　明清以來江南地區由於商品經濟的發展，除了傳統行政中心──府城、縣城等的商業機能不斷擴充外，許多從事專業生產或以商業為主的市鎮也不斷興起。即以蘇州府為例，除了蘇州、常昭等府縣城外，蘇州府市鎮的數目從乾隆時的一百增加到光緒時的二百零六。[53] 表十一所列的市鎮中，有不少即當時著名之市鎮。例如，吳江之黎里鎮與新陽之眞義鎮均為江南重要的米糧市鎮。[54] 由於這些城鎮不僅提供了商業往來的利便，而且還具有許多鄉村所沒有的社會、文化、娛樂等設施與活動，[55] 因而除了商人外，許多鄉紳、地主也被吸引而紛紛遷入。石錦的有關明清時代浙江桐鄉舉人里居的研究即是很好的說明。他指出，桐鄉舉人的里居分佈入清以後發生了明顯的變化。該鄉的鄉居舉人佔總人數的百分比自明末的百分之八十六下降到清初的百分之四十八，至清末更降到百分之一以下；而鎮居舉人卻從明末的百分之十四上升到清初的百分之四十八，至清末更高達百分之八十九。他更指出，明末桐鄉舉人遷入鄉間的傾向在清代已不多見。[56] 這些有可能建莊的人士紛紛遷入城鎮，城鎮的義莊數自然就多了。

　　表九也顯示出，義莊集中於城鎮的趨勢在清代一直維持不變，無論是初期或晚期，城市與市鎮的義莊都佔絕對的多數。不過，其中城市義莊所佔的比例卻有逐漸增加的傾向；清初城市義莊僅佔當時總數的五分之一，而清末時其比例已超過總數的二

53　劉石吉：〈明清時代江南市鎮之數量分析〉，《思與言》第十六卷第十期，(1978)，頁139。

54　劉石吉：〈明清時代江南地區的專業市鎮（下）〉，《食貨月刊》第八卷第八期 (1978)，頁 23-24。

55　可參見 G. William Skinner, "Marketing and Social Structure in Rural China," *Journal of Asian Studies*, 24. 1(Nov. 1964): 40-43.

56　石錦：〈明清時代桐鄉社會精華分子的社會組成和變化稿〉，《漢學研究》第三卷第二期 (1985)，頁 739-770。

分之一。這可能是由於太平天國動亂的影響，各家族多將義莊設於縣城內以保安全。
我們也可以在方志中找到一些這樣的例子。例如，吳縣的程氏資敬義莊原建於胥門外
大日暉橋南，咸豐十年燬於兵亂，同治十年遷建於城內護龍街砂皮巷。[57] 然而，若就
個別縣城觀察，我們發現其間又有差異。表十係蘇州有關義莊資料最為完整的吳、
元、長（三縣合治）及常、昭（二縣合治）等五縣義莊所在地的分佈，其中表十之一
係清代整體的分佈，而表十之二、之三、之四分別為清初、清中、清末三階段的分
佈。由表十之一可知，吳、元、長三縣的義莊多集中於既是縣城，又是府城的蘇州
城，約佔總數的五分之三強，而常、昭二縣的義莊則多集中於市鎮，約佔總數的五分
之二強。然而。若就個別階段來看，則又是另一番景象。在清初二地的義莊均不多；
吳、元、長三縣城內外以及市鎮上的義莊數均差不多，而常、昭二縣僅有二座義莊位
於市鎮上。到了清中葉，二地的分佈已有明顯的差異；其時吳、元、長三縣有義莊十
九座，十四座位於蘇州城內，二座於城外，僅有三座於市鎮上，而常、昭二縣二十四
座義莊，僅有三座於城內，四座城外，卻有十六座於市鎮上。不過至清末，二地在這
方面已無甚差別，只是常、昭二縣市鎮義莊的比例仍大於吳、元、長三縣。既然一地
義莊的建置與該地的經濟發展關係密切，以下嘗試從吳、常二地城鎮經濟發展的不同
來解釋其間之差異。

表九　蘇州府義莊所在地的分佈

時　　　　間	城　內	城　外	市　鎮	鄉　間	總　計
清　　　初 （1644–1796）	3	4	7	1	15 9.5%
清　　　中 （1796–1861）	19	6	22	3	50 31.4%
清　　　末 （1861–1911）	50	7	27	10	94 59.1%
總　　　計	72 45.3	17 10.7	56 35.2	14 8.8	159 100.0%

57　《民國吳縣志》卷三十一，頁 13b。

表十之一　清代吳元長常昭義莊所在地的分佈

縣　　份	城　內	城　外	市　鎮	鄉　間	總　計
吳　元　長	39	6	14	2	61 40.9%
常　　昭	30	10	39	9	88 59.1%
合　　計	69 46.3	16 10.7	53 35.6	11 7.4	149 100.0%

表十之二　清初(1644-1796)吳元長常昭義莊所在地的分佈

縣　　份	城　內	城　外	市　鎮	鄉　間	總　計
吳　元　長	3	3	4	0	10 83.3%
常　　昭	0	0	2	0	2 16.7%
合　　計	3 25.0	3 25.0	6 50.0	0 0	12 100.0%

表十之三　清中(1796-1861)吳元長常昭義莊所在地的分佈

縣　　份	城　內	城　外	市　鎮	鄉　間	總　計
吳　元　長	14	2	3	0	19 44.2%
常　　昭	3	4	16	1	24 55.8%
合　　計	17 39.5	6 14.0	19 44.2	1 2.3	43 100.0%

表十之四　清末(1861-1911)吳元長常昭義莊所在地的分佈

縣　　份	城　內	城　外	市　鎮	鄉　間	總　計
吳　元　長	22	1	7	2	32
					34.8%
常　　昭	27	6	19	8	60
					65.2%
合　　計	49 53.2	7 7.6	26 28.3	10 10.9	92 100.0%

表十一　蘇州府義莊所在市鎮分佈表

縣　　份	市　　　　　　　鎮	數　　目
吳 元 長	木　瀆　鎮	1
	楓　橋　鎮	1
	洞庭東山	3
	相　城　鎮	4
	甪　直　鎮	5
常	田　莊　鎮	1
	西　徐　市	4
	翁　家　莊	1
	老　徐　市　　（東徐市）	3
	東　張　市	2
	歸　　　市	2
	白　茆　鎮	2
	董　濱　市	1
	東　唐　墅	2
	釣　渚　渡	5
	塘　橋　鎮	2
	大　義　橋	1
	陳埭市橋	1
	桂　　　村	1
昭	菰　里　村	1
	梅　李　鎮	1

	手 尖 湯	1
	沙 溪 鎮	1
	五 渠 鎮	1
	支 塘 鎮	2
	窰 　 鎮	1
	東 始 莊	1
	鄧 　 市	1
	施 家 橋	1
崑	張 浦 鎮	1
新	眞 義 鎮	1
吳	梅 堰 市	1
震	黎 里 鎮	3
總 計		59

　　蘇州城不僅是一歷史悠久的古都，更一直是一繁華富庶的工商業中心。明中葉以後，其城東之絲織業已執全國之牛耳，萬曆時已有織工數千人。棉紡織業在當時也很發達，所產之布，名重四方。而與紡織業並行發展之染坊、踹坊在蘇州城也隨之興盛，雍正時此二行業之工匠已達二萬餘人。[58] 除了工業外，蘇州之商業更是繁榮。清初蘇州城不僅已是江南各地所產棉布的集散地，而且也是全國米糧貿易中心。[59] 城西之閶門內外更是萬商雲集，鋪戶櫛比，百貨雜陳，酒肆林立。據估計，清初蘇州城人口可能已達五十萬，[60] 有人認爲是當時僅次於北京的第二大城市；[61] 而至太平天國起事前夕，蘇州城人口則已接近百萬，即令與世界上其他城市相比也是數一數二的。[62]

58　李華：〈從徐揚「盛世滋生圖」看清代前期蘇州工商業的繁榮〉，《文物》一九六〇年第一期，頁 14-15。

59　同上，頁 14；劉石吉：〈明淸時代江南地區的專業市鎮（下）〉，頁 21-22。

60　F. W. Mote, "A Millennium of Chinese Urban History: Form, Time and Space Concepts in Soochow,"*Rice University Studies*, 59. 4(1973): 39.

61　來新夏，〈清代前期的商業──讀書人筆記札記之一〉，收入氏著《結網錄》，（天津：南開大學出版社，1984），頁 22。

62　F. W. Mote, "A Millennium of Chinese Urban History: Form, Time and Space Concepts in Soochow," pp. 39-43.

由於在十九世紀中葉以前蘇州城一直保有區域性大都會的地位，雖然其附近有不少市
鎮工商業發達，如橫塘之釀酒業、[63] 楓橋之米豆市、[64] 東山之蠶市等，[65] 然顯然大多
數的潛在義莊建置者都爲蘇州的繁華所吸引，紛紛落籍於此，而導致義莊集中於城內
的現象。相對地，常昭縣城的發展可能就不及其境內之若干市鎮。例如，表十一所列
之梅李鎮、支塘鎮、老吳市、老徐市爲「邑東四大鎮」。[66] 其中梅李鎮以籐器業知
名，而支塘鎮則以工商業繁榮聞名。[67] 前者於光緒初有居民五百餘戶，後者約有三千
戶。[68] 老徐市雖僅有居民三百七十戶，人丁一千三百三十四口，但於明時卻是「商賈
駢集，居民萬灶。」[69] 可惜我們沒有縣城的人口資料，也未見任何有關其商業機能方
面之記載，無法確切顯現其間之差異，從而進一步比較吳、常二地城鎮發展之不同。
不過，從吳、常二地人口與市鎮的比例，我們也可約略看出二地間之差異。如表十二
所示，吳、元、長三縣於嘉慶二十五年之人口數爲二百九十七萬四千九百四十三人，
道光時之市鎮數爲二十五；而同時間常、昭二地的人口數爲一百一十一萬四千四百三
十二人，市鎮數爲三十八。前者人口爲後者之二點七倍，然前者之市鎮數卻不到後者
之十分之七；前者平均每十一萬八千九百九十八人有一市鎮，後者則僅要二萬九千三
百二十七人即有一市鎮。這樣的比較雖嫌粗糙，因爲未能考慮到二地市鎮規模的差
異，然它至少反映出二地城鎮發展程度的不同。顯然蘇州城的一支獨秀限制了附近市
鎮的成長，而相反的，常、昭縣城的平庸表現卻促成了其他市鎮的蓬勃發展。雖然到
了清末，可能由於安全上的顧慮，常、昭縣城的義莊數顯著增加，但其市鎮義莊的比
例仍較吳、元、長三縣的爲大。

63　許大齡：〈十六世紀、十七世紀初期中國封建社會內部資本主義的萌芽〉，《中國資本主義
　　萌芽問題討論集》（北京：三聯書店，1957），頁 908，註 5。
64　《民國吳縣志》卷二十一上，頁 19b。
65　《太湖備考》（乾隆十五年刊本）卷六，頁 34a。
66　《常昭合志稿》卷五，頁 15a。
67　許大齡：〈十六世紀、十七世紀初期中國封建社會內部資本主義的萌芽〉頁 908，註 5。
68　《常昭合志稿》卷五，頁 17b，頁 13a。
69　同上，頁 15a。

表十二　一八二〇年代吳元長常昭五縣人口統計表

縣　　份	人　　　　口　　　市	鎮
吳　　縣	2, 109, 789	8
元　　和	385, 970	9
長　　洲	479, 184	8
總　　計	2, 974, 973	25
常　　熟	652, 438	14
昭　　文	461, 994	24
總　　計	1, 114, 432	38

資料來源：《同治蘇州府志》卷十三，頁9a-b。

　　以上所論僅是義莊初置時的地理位置。就方志所見，在蘇州府有些義莊往往因天災、戰爭等因素遷往他處，大多是縣城內，或府城內。例如，吳縣的申文定公義莊明萬曆年間建於胥門外日暉橋南，乾隆七年因大風壞屋，而移入城西休休庵前。[70] 原來同樣建於胥門外的程氏資敬義莊也在原莊毀於太平天國亂事後，移建城內砂皮巷。[71] 然而，也有些義莊卻是由於其他考慮而遷建他處。例如，原在虎邱山塘的長洲的吳氏承志義莊，鑒於莊屋離城太遠，按月給放贍米不便，乃於宣統三年移建葑門內。[72]

　　除了莊址的變動外，有些義莊尚有分莊、支莊的設立。這些支、分莊均由支族所建，也許因此以支、分莊名之；[73] 可是，如表十三所示，也有些沒有支、分莊的名目，如程氏之資敬義莊與成訓義莊、陸氏之亦政義莊與吉卿義莊等。就表十三所見，這些支、分莊有一特點：即各義莊與其支、分莊均分處二地。有的是二者同處於一城鎮，但不同街，如程氏資敬義莊與成訓義莊、張氏松蔭義莊與崇本支莊、蔡氏義莊及其支莊；有的是一在城，一在鎮，如陸氏亦政義莊與吉卿義莊、席氏義莊及其分莊，

70　《民國吳縣志》卷三十一，頁 12b。

71　《程氏支譜》（光緒三十一年刊本）〈凡例〉，頁 5b。

72　《民國吳縣志》卷三十一，頁 20a。

73　《民國吳縣志》編者在張氏崇本支莊下，有一按語：「此係支族所建，故稱之支莊。」見卷三十一，頁 19a。

或一在鎮，一在鄉，如俞氏績安義莊與咏芳支莊；有的甚而分處於不同政，如盛氏拙
園義莊與留園義莊（一在蘇州府，一在常州府）。其中盛氏拙園義莊與留園義莊同由
江蘇武進人湖北布政使盛康所建。前者於同治六年建於盛氏本籍武進縣，而後者則於
十三年建於蘇州閶門外。顯然盛氏先於本籍建莊，而後於寄籍地建分莊。俞氏績安義
莊、陸氏義莊與席氏義莊則恰好相反，他們是先於寄籍地置義莊，然後始於本籍建支
莊。除此之外，這些支、分莊往往另定贍族對象，以與本莊有所區分。從方志及零星
家譜上的資料，我們可以看到，蘇州府各義莊對於贍族對象都有明白的規定。惟各莊
贍濟範圍廣狹不一，有的規定始遷祖以下各房貧苦無依者均可接受救助，如潘氏松麟
義莊、沈氏義莊均是；[74] 有些則將資格限制在某公支下各子姓，如元和陸氏義莊即將
對象限定在曾祖繩武公支下子姓貧乏者，非其支下但係始遷祖廬峰公子孫則「俟後有
盈餘，或族中續捐田房再爲以次推廣。」[75] 而各支莊的贍族範圍往往較其本莊爲小，
如表十三中的陸氏亦政義莊規定「分贍支祖鳳儀嫡派下貧族」，而陸氏吉卿義莊則限
定「分贍鳳儀支懷喬以下各支貧族」。[76] 然而，也有未重定贍族對象者，如表十三
中吳縣的程氏資敬與成訓義莊均以遷吳以來第五世祖子敷公以下各房貧乏者爲贍助對
象，惟一的差別是前者負責老三、四、五房名下荒塋，而後者則經辦老大、二房名下
荒塋。[77]

　　由以上兩點觀之，有些義莊似乎由於遷徙的關係而有支、分莊的設立。上面提到
的分別於本籍及遷居地建支、分莊的盛氏拙園義莊與留園義莊、俞氏績安義莊、陸氏
義莊與席氏義莊則均是。然而，由程氏、蔡氏、張氏義、支莊的例子看來，家族的遷
徙似乎並不是關鍵所在，而求子孫利益的確保似乎才是各族立支莊的主要動機。由表
十三可知，程氏、蔡氏、張氏之義莊及其支莊不是同在一城內，就是同在一鎮上，只
是方位不同。換而言之，這些義莊、支莊顯然由散居同一城內或鎮上的族人所建立。
由此看來，他們重新界定贍族對象之目的顯然在求減少受賑親族的人數，以求子孫能

74　《大阜潘氏支譜》（光緒三十四年刊本）卷二十（義莊規條），頁 1a；《虞山沈氏宗譜》
　　卷十一〈義莊志〉，頁 34b。

75　《陸氏葑門支譜》卷十三〈義莊規條〉。

76　《常昭合志稿》卷十七，頁 15a。

77　《程氏支譜》卷一〈成訓莊規〉，頁 7a；〈資敬莊規〉，頁 7a。

夠獲得最大之利益。盛康的留園義莊卽可作最佳例證。根據俞樾的記載,盛康將留園義莊收入的十分之一歸拙園義莊,以周邺族人,另外十分之一歸家善堂,以周濟親戚故舊,其餘則歸留園,其子子孫孫不論貧富皆與焉。其間之差異在於拙園義莊乃其「承先志而成,普及於一族之人,」而留園義莊則以其本人「爲始」。[78] 換言之,前者以全族人爲對象,後者則以自身之子孫爲限。由此可見,設立義莊的理想雖以全族人爲著眼點,但實質上還是以自身及子孫之利益爲出發點。至於支、分莊與本莊的關係,以及支、分莊的出現是否意味著 Freedman 所謂的宗族分枝(segmentation)現象的發生等問題,目前由於資料所限,並不清楚,有待將來作更進一步的探討。

表十三　蘇州府有支莊分莊之義莊

義　　　莊	時　間	地　　　點	支　　莊	時　間	地　　　點
吳縣					
程氏資敬義莊	道光25	護龍街砂皮巷	成訓義莊	光緒 6	劉家濱
元和					
盛氏留園義莊	同治13	上津橋上塘	拙園義莊	同治 6	江蘇武進
長洲					
俞氏纘安義莊	光緒18	相城鎮	咏芳支莊	宣統 2	北新濱
張氏松蔭義莊	同治12	相城鎮南塘	崇本支莊	光緒 7	相城王行濱
昭文					
陸氏亦政義莊	同治10	城內文昌巷	吉卿義莊	光緒29	白茆鎮
蔡　氏　義　莊	咸豐 7	城內花園街	蔡氏義莊	同治 6	城內報本街
常熟					
席　氏　義　莊	同治 6	釣渚渡	席氏分莊	……	祝家河頭

伍、結　論

范仲淹立田畝置義莊,俾使宗族子孫免於饑寒。後人多以爲合於三代聖人宗法遺意,而紛紛起而效法,以求族人「日有食,歲有衣,嫁娶凶喪有瞻。」[79] 然而,析產以邺貧宗並不始於范氏,其實漢之樊重、荀淑、晉之應詹已先其而行之,只是無義田

78　《民國吳縣志》卷三十一,頁 25a。
79　馮桂芬:《顯志堂稿》卷四,頁 3a。

之名而已。[80] 因此，范氏之義莊實乃清水盛光所謂的族人間「互助之組織化。」[81] 惟其有組織有規模，因而必須有相當的條件配合始能克奏其功。本文的分析即指出，義莊的建置除了要有儒家邮族的理想外，尚須有相當的經濟條件；一個有義田五百畝的義莊至少需銀五千兩，千畝以上的義莊則在萬兩以上。由於費用龐大，惟有士紳、商人、地主等富庶家族始有能力建莊。然而，即使如此，這些有志建莊者往往必須經過二、三代的努力，或三、四十個寒暑之後，始能達成心願。本文的分析也顯示出，蘇州府義莊的數目於清末時大量增加，而建莊的速度也日漸加快。前面提到日本學者目黑克彥認為，這種現象的產生主要是因為清末社會動亂加劇，各地地主欲藉義莊之設以鞏固其地位，亦即「縉紳・地主層」支配體制的維持。誠然，義莊的增置與清末的社會情勢有關，而義莊的建置者也可能有林則徐所謂的「竊善舉之名，以逐短漕之計」的自私動機，但我們似乎不能因此即以主事者的動機此一單因素來說明清末義莊增加的現象。[82] 清自中葉以後確如目黑克彥所說，政治衰敗，動亂頻仍，抗糧、抗租運動層出不窮，因此當太平天國、捻亂等亂事平定後，許多政府官員與地方士紳為求振衰起蔽，紛紛提出興革之策。[83] 目黑克彥文中所舉馮桂芬的〈復宗法議〉、〈收貧民議〉以及張海珊的〈聚民論〉都是在這種背景下提出的。藉著宗族的力量以及保甲制度的推行以求社會秩序的恢復是當時許多政府官員與地方士紳的一致看法。[84] 他們因此倡議宗族廣設義莊與政府與私人普設善堂，以期於境內無游民無饑民，減少動亂的根源。然而，藉宗族的力量以行社會控制的措施並非至清末始見提出，早在康熙的聖諭廣訓上即已可見對敬宗睦族的鼓勵，而善堂的大舉設立早於明末清初時即已展

---

80 吳錫麒：〈歸氏義田記〉，《京兆歸氏世譜》卷八，頁 11a。

81 清水盛光：《中國族產制度考》，頁 56。

82 林則彼：《林文忠公政書》乙集，卷八，頁 10a。

83 關於同治時期的改革，參閱 Mary C. Wright, *The Last Stand of Chinese Conservatism: The T'ung-chih Restoration, 1862-1874* (New York: Atheneum, 1966)。關於江蘇省的改革，參閱 Jonathan K. Ocko, *Bureaucratic Reform in Provincial China: Ting Jih-ch'ang in Restoration Kiangsu, 1867-1870* (Cambridge, Mass.: Harvard University Press, 1982).

84 Mary C. Wright, *The Last Stand of Chinese Conservatism*, pp. 133-147.

開。[85] 像同治時的許多措施一樣，這些辦法仍不脫在傳統制度中找尋解救之道的窠臼。因此清末義莊盛行的最重要原因應是在改革失敗，官方慈善機構日漸破敗，社會情勢日益混亂後，地方家族力行自恤的一種現象。[86] 總之，對大多數人而言，義莊自始至終就是家族的慈善事業，而非目黑克彥所謂的「地主制度的補完物」，更非地主土地所有的一種形態。[87] 況且，若以上面所提建莊的條件與過程——尤其清末建莊較前更曠費時日的情形——來衡量，以建義莊來達到地主地位的保全，似乎是一件緩不濟急的舉措。

　　然而，本研究更有意義的發現是，蘇州府義莊的分佈多見於蘇州城、各縣城以及市鎮，而少見於鄉村。同時各義莊莊屋也多與宗祠、義塾等家族組織建在一起，而成為家族的活動中心。這些現象反映出一久為學者，尤其是研究中國家族的人類學家，所忽略或否認的事實，即城鎮——或應說江南地方的城鎮，如果謹慎點——並不乏家族，甚至大家族的活動。長久以來這些人類學家若非專注於傳統鄉村社會的研究，即或認為，傳統家族只聚居於鄉村，而不見於城市或市鎮，即或有，規模往往很小，不具任何社會意義，或只是宗親會一類的氏族組織，沒有真正的血緣關係。 Hugh D. R. Baker 歸納出四點理由：（一）鄉村土地是家族財富的主要來源，而惟有長居於其上，始能從中獲利。（二）城市獲利機會大，人們因而傾向短期投資，無意於家族共有財的發展。（三）城市流動性大，親族間不易保持聯繫，因而也不易從家族中得到好處。（四）鄉間治安欠佳，需要家族的保護，城市則不然。[88] 這些似是而非的理由既非得之於田野的經驗，亦不曾經過史實的驗證。不過，這也反映出目前人類學界

85　《欽定大清會典事例》（嘉慶刊本）卷三一八，頁 7b-9a。關於善堂的建立，參閱 Joanna F. Handlin Smith, "Benevolent Societies: The Reshaping of Charity During the Late Ming and Early Ch'ing," *Journal of Asian Studies*, 46.2 (May 1987): 309-337.

86　關於官方慈善機構的破敗，參閱 Mary C. Wright. *The Last Stand of Chinese Conservatism*, p. 136.

87　目黑克彥：〈清末に於ける義莊設置の盛行について〉，頁 64。

88　Hugh D. R. Baker, "Extended Kinship in the Traditional City," in G. William Skinner, ed. *The City in Late Imperial China* (Stanford: Stanford University Press, 1977), pp. 502-504.

對於中國家族研究的現況。他們的觀點幾乎完全建立在香港、中灣、嶺南的田野經驗上，很少觸及歷史的層面。另一方面，史學家對這問題的研究也不免失之偏頗，因為大多限於個案的觀察，而不曾注意到區域性的整體探討。故直到今日，透過對蘇州府義莊的研究，我們才發現，家族不僅見於城市與市鎮，而且他們可能還是當地少見的大家族。此處的所謂的「大」家族不僅有財富，而且人口也多，否則就不需義莊這種制度化的互助組織，更不會有動輒上千畝的義田。同時由於看到有分莊的設立，我們瞭解，城鎮家族的聚居形式有別於鄉村家族。在城鎮中，家族多採散居的方式，而不似鄉村家族的聚族而居。這個現象可能並不限於本文所討論的蘇州府地區，而是普遍存在於各城鎮中。湖南洞庭暘塢的蔡氏家族即為一例 。 根據其家譜所載 ， 蔡氏宗族「地屬市塵，支繁戶廣，未便聚族而居，……。」[89] 由此可見，在城鎮中聚族而居並非家族，更非義莊成立的要件。反而由於聚居形式的改變使得義莊在凝結城市家族上更形重要。因此，若要徹底瞭解家族問題，我們必須對城鎮家族的發展作更進一步的研究。

89　《洞庭暘塢蔡氏宗譜》（嘉慶七年刊本）〈凡例〉。

附圖一

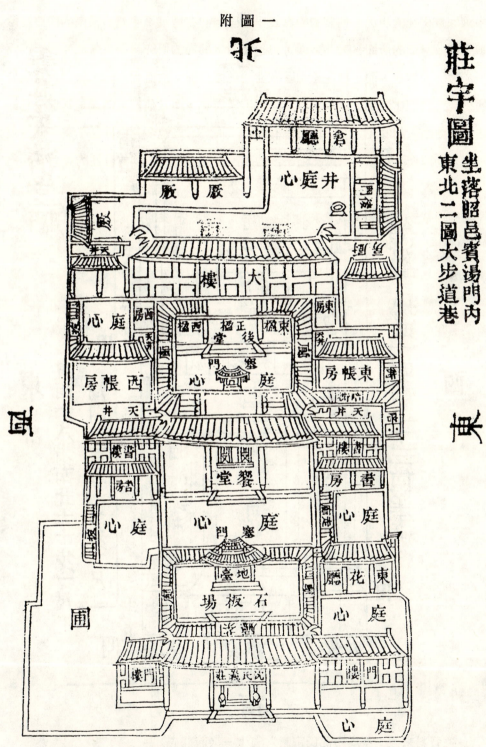

資料來源：《臨海屈氏世譜》第十一〈義莊志〉，頁25a。

附圖二

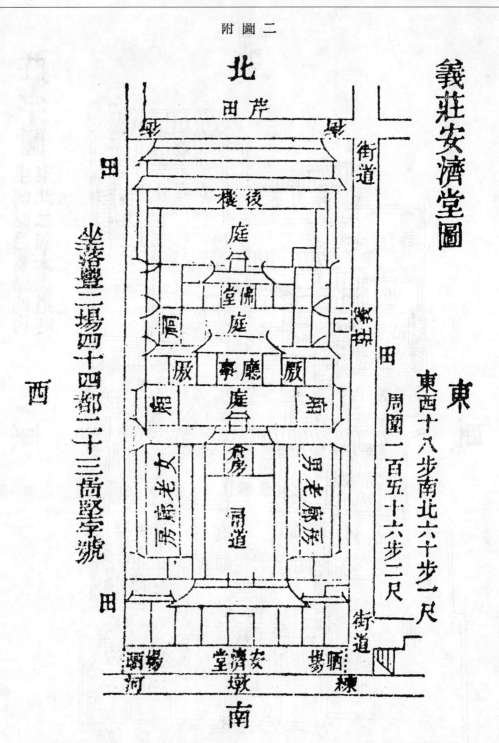

資料來源：《虞山沈氏宗譜》卷十一〈義莊志〉。

附圖三

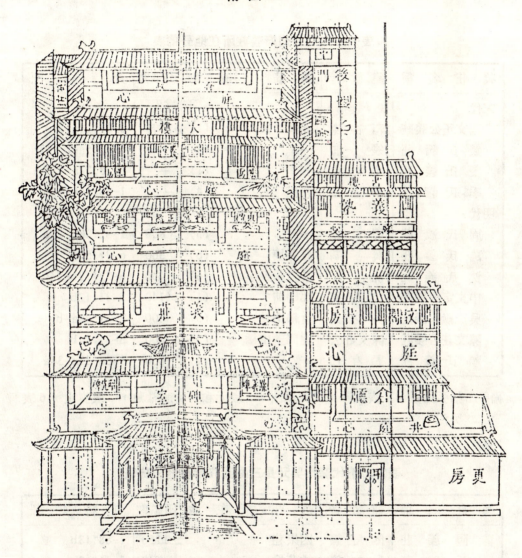

資料來源：《京兆歸氏世譜》第七，頁69b-70a。

附　　錄

表一　宋明蘇州府義莊所在地分佈表

義　莊　名　稱	建　置　者	義　莊　所　在　地		田畝數	資　料　來　源
宋代					
范文正公義莊	范　仲　淹	禪興寺橋西	(1)	1000	3-31:11a
錢　氏　義　莊	錢　　佃	一	(4)	一	5-23:5a-b
糜　氏　義　莊	糜　　弇	一	(1)	一	1-78:23a
季　氏　義　莊	季　逢　昌	許浦	(4)	一	1-98:14b-15a
明代					
周　氏　義　莊	周　　在	一	(5)	800	1-92:20b-21a
萬　氏　義　莊	萬　　麟	莊練塘	(6)	360	6-37:52a
沈　氏　義　莊	沈　　瓚	黎里鎮練字圩	(6)	430	6-37:53b-54a
申文定公義莊	申　用　嘉	郡廟前	(1)	1140	3-31:12b
吳氏繼志義莊	吳　之　良	袞繡坊巷	(3)	600	3-31:21a-b
陳文莊公義莊	陳　文　莊公	虎邱望山橋	(3)	300	3-31:21b
顧　氏　義　莊	顧　存　仁	一	(2)	600	1-86:33a-34a

備註：括弧內數字 1 表吳縣，2 表長洲，3 表元和，4 表常熟，5 表崑山，6 表
吳江。

表二　清代蘇州吳元長三縣義莊所在地分佈表

義　莊　名　稱	建　置　者	義　莊　所　在　地	田畝數	資　料　來　源
潯　陽　義　莊	陶　守　篠	因果巷	1150	1-88:18b
吳　氏　義　莊	吳　振　鏐	桃花塢	649	3-31:13b
汪　氏　義　莊	汪　世　錫	申衙前	2000	7-10:37b-38a
耕　蔭　義　莊	汪　爲　仁	郡西申衙前	1000	3-31:13b
陳　氏　義　莊	陳　宗　浩	黃鸝坊巷	1093	3-31:14a-b
張氏衡平義莊	張　茂　鏞	護龍街砂皮巷	528	3-31:14b-15a
翁　氏　義　莊	翁　榮　義	祥符寺巷	502	3-31:17a
顧氏頌文義莊	顧　來　章等	因果巷顧考功祠	1002	3-31:18b

程氏成訓義莊	程延桓	劉家兵	1000	3-31:19b
錢氏聞韶義莊	錢立賢	古寺巷	1036	3-31:21a
徐氏石麟義莊	徐佩荃	喬司空巷	509	3-31:21a
丁氏濟陽義莊	丁錦心	懸橋巷郭家橋	2000	3-31:23a-b
潘氏松麟義莊	潘遵祁	懸橋巷	1004	3-31:22b-23a
張氏義莊	張懿祖	懸橋巷	1001	3-31:22a
袁氏義莊	袁廷棟妻	聞德橋西	700	3-31:16a
王氏懷新義莊	王師晉	西花橋巷	1450	3-31:17a-b
周氏松蔭義莊	周元懷	舊學前	532	3-31:18a
杭氏義莊	杭安福	西花橋巷拗花衖	1010	3-31:19a
張氏義莊	張履謙	迎春坊	2003	3-31:20a
錢氏竹蔭義莊	錢福年	大郎橋巷內丁家巷	1018	3-31:20a
汪氏誦芬義莊	汪景純	平江路魏家橋	1008	3-31:23b
韓氏義莊	韓崶堂	婁門大街水荷香橋	2300	3-31:24a
陳氏義莊	陳駿	鈕家巷	1298	3-31:24a
蔣氏義莊	蔣兆烈	胡廂使巷	1029	3-31:24b
張氏蔭餘義莊	張永嘉	曹胡徐巷	1000	3-31:24b
陸氏餘慶義莊	陸迺普	中營基巷後徐家衖	1003	3-31:25a
顧氏輔宜義莊	顧廷賢	朱長巷	1090	3-31:25b
楊氏宏農義莊	楊廷昊	混堂巷	1004	3-31:25b
潘氏榮陽義莊	潘文起	混堂巷	1243	3-31:21a
潘氏天池義莊	潘紹驪等	城東水門橋長元學	2055	3-31:26a
徐氏春暉義莊	徐淑英	南石子街	1010	3-31:26a
宋氏義莊	宋宗元	葑溪南（卽葑門內）	—	1-90:3a
彭氏義莊	彭祖賢	葑門內十泉（全）街	—	1-89:14a-b
吳氏承志義莊	吳大培	葑門內織造府署	1014	3-31:20a
徐氏梓蔭義莊	徐長慶	葑門內盛家帶	1091	3-31:22b
吳崇德義莊	吳大根等	十梓街	1264	3-31:18a-b
王氏義莊	王有慶	百獅子橋	1012	3-31:23a
陸氏義莊	陸宗澂	衮繡坊巷	300	3-31:24b
顧氏春蔭義莊	顧文彬	護龍街尚書里	2408	3-31:15a-b
汪氏義莊	汪士鍾	（虎邱）山塘白姆橋東	1068	3-31:17a-b
蔣氏義莊	蔣之逵	虎邱山塘	300	3-31:21b
唐氏義莊	唐文棟	虎邱山塘孝子祠內	600	3-31:22a
盛氏留園義莊	盛康	上津橋上塘	—	3-31:25a

江氏蕭江義莊	江淞之子	胥門外小日暉橋	660	3-31:13b
程氏資敬義莊	程楨義	胥門外大日暉橋 （後遷護龍街砂皮巷）	2400	3-31:13b
徐氏義莊	徐維撰	木瀆	—	1-83:34a
徐氏義莊	徐學巽	洞庭東山	824	1-84:11b
嚴氏義莊	嚴徵喬等	洞庭東山	—	1-83:18b
翁氏義莊	翁新熙	洞庭東山	520	3-31:13b
臨海義莊	戈黃鴻等	楓橋（鎮）	1000	3-31:13a
張氏松蔭義莊	張蔭楷	相城鎮南隅	1001	3-31:17b-18a
張氏崇本支莊	張毓慶	相城鎮王行兵	1021	3-31:19a
陸氏義莊	陸肇域	相城鎮陸巷	500	3-31:16b-17a
俞氏纘安義莊	俞文靈？	相城鎮陸巷	505	3-31:19b
婁關蔣氏義莊	蔣德埈等	角直鎮	500	3-31:21b
王氏義莊	王朝慶	角直鎮	614	3-31:24b
嚴氏義莊	嚴德炎妻	角直鎮	538	3-31:24b
沈氏義莊	沈國琛	角直鎮	754	3-31:24b
殷氏義莊	殷柄初	角直鎮	558	3-31:25a
朱氏義莊	朱恩熙	牛十九都亨二圖	524	3-31:17a
沈氏義莊	沈鳳威	東13都魏字圩	1002	3-31:18a
地點不詳				
吳氏承蔭義莊	吳鳳清	—	511	3-31:26b
周氏義莊	周秉義	—	1000	3-70b:33b

表三　清代常熟昭文二縣義莊所在地分佈表

義 莊 名 稱	建 置 者	義莊所在位置	田畝數	資 料 來 源
歸氏義莊	歸衛等	城內文昌巷	1042	5-17:11b
陸氏義莊	陸樹仁	城內文昌巷	570	5-17:15a
王氏義莊	王登福	城內東殿巷	500	5-17:18a
沈氏義莊	沈壽祺	城內大步道巷	502	10-11:1a-2b
陸氏亦政義莊	陸上達	城內小步道巷	600	5-17:19a
顧氏義莊	顧士奎	北門	500	5-17:14a
毛氏義莊	毛守仁	毛家橋	500	5-17:15b
陶氏義莊	陶嘉祥	城內醋庫橋	500	5-17:16a
李氏義莊	李坤	城內鐘樓頭	500	5-17:19a

季 氏 義 莊	季 曜 煒	城內周沈巷	500	5-17:19b
鄒 氏 義 莊	鄒 敬 邦	城內周神廟衖	530	5-17:20a
陳 氏 義 莊	陸 啟 良	南門大街	500	5-17:20b
王 氏 義 莊	王 文 需	城內顧家橋	500	5-17:20b
邵 氏 義 莊	邵 亨 豫	小東門內	1000	5-17:21a-b
蔡 氏 義 莊	蔡 大 均	城內花園巷	500	5-17:14a
蔡 氏 義 莊	蔡 功 堡	城內報本街	510	5-17:14b-15a
錢氏承志義莊	錢 祿 咸	城內報本街	500	5-17:16a
李 氏 義 莊	李 光 祖	城內廣濟橋	540	5-17:15b
吳 氏 義 莊	吳 鏽	縣南街	500	5-17:16b
龔 氏 義 莊	龔 振 梁	城內迎恩橋	550	5-17:17a
徐 氏 義 莊	徐 文 英	城內午橋衖	500	5-17:17a
鄒氏谷春義莊	鄒 邦 瑞	城內南市街	1000	5-17:17b
沈氏承志義莊	沈 錢 氏	城內王家巷門	500	5-17:18a
徐 氏 義 莊	徐 元 霖	東山塘涇岸	500	5-17:21a
趙 氏 義 莊	趙 宗 耀	城內山塘涇岸	500	5-17:15b
王 氏 義 莊	王 鑠	九萬圩	560	5-17:21a
丁 氏 義 莊	丁吉城等	南門內六房灣	500	5-17:16a
周氏鶴記義莊	周 偉 文	城內塔濱後	500	5-17:16b-17a
曾 氏 義 莊	曾之撰等	城內翁府前	1000	5-17:17a
席 氏 分 莊	一	城內祝家河頭	—	5-17:14b
趙 氏 義 莊	趙 元 凱	鎮江門外報慈里	1430	5-17:13b
謝 氏 義 莊	謝 文 齡	寶湯門外弔橋北	500	5-17:17a
臨海屈氏義莊	屈 曉 發	南門外蓮墩濱	1300	5-17:11a
錢 氏 義 莊	錢 宗 煦	南門外蓮墩濱	500	5-17:18a
俞 氏 義 莊	俞 照	南門外石遜步橋	1100	5-17:11b-12a
姚 氏 義 莊	姚 文 埔	南門外	—	5-17:12b
陳 氏 義 莊	陳 如 松	南門外四丈灣	580	5-17:20a
顧 氏 義 莊	顧 文 泳	顧涇	1000	5-17:21b
南潯張氏義莊	張 寶 善	豐樂橋下塘	1000	5-17:20a
翁 氏 義 莊	翁 同 爵	西門外山塘	1000	5-17:19a-b
錢 氏 義 莊	錢 餘	平橋街	600	5-17:16b
楊氏敦本義莊	楊 岱	田莊鎮	1012	5-17:11a
繆 氏 義 莊	繆 岐	西徐市咸佳橋	500	5-17:17b
王 氏 義 莊	王 謙 福	西徐市	500	5-17:20b

陸 氏 義 莊	陸 炳 山	西徐市	500	5-17:20b-21a
周 氏 義 莊	周 錫 慶	西徐市西嚴塘莊	510	5-17:13a
朱 氏 義 莊	朱 鋪	翁家莊	1000	5-17:17b
王 氏 義 莊	王 宗 翰	老徐市塘南街	510	5-17:17b
鄭 氏 義 莊	鄭 道 元	東張市	500	5-17:18a
顧 氏 義 莊	顧 培	歸市西街	500	5-17:18b
董 氏 義 莊	董 廷 棟	歸市西街	1500	5-17:12a
李 氏 義 莊	李 敦 翰	白茆鎮北嚴涇	520	5-17:18b
陸 氏 吉 卿 義 莊	陸 潮 源	白茆新市塘南街	1050	5-17:15a
何 氏 餘 慶 義 莊	何 大 洲	董濱市東街	640	5-17:19b
徐 氏 義 莊	徐 朝 榮	東唐市	500	5-17:19b
朱 氏 義 莊	朱春榮等	釣渚渡田都里	500	5-17:21a
范 氏 義 莊	范 可 禹	釣渚渡南范	500	5-17:21b
許 氏 義 莊	許 巨 法	釣渚渡西許巷	500	5-17:21b
衞 氏 義 莊	衞 肇 吉	釣渚渡衞家塘	1000	5-17:13b-14a
席 氏 義 莊	席 存 勳	釣渚渡北范河西	570	5-17:14b
龔 氏 義 莊	龔 駿	東塘墅	1000	5-17:12a
龐 氏 裕 後 義 莊	龐 聯 奎	塘橋鎮街西	730	5-17:12a-12b
黃 氏 義 莊	黃 浩	大義橋	500	5-17:12b
鄒 氏 義 莊	鄒 琛 等	陳垛（市）橋	1070	5-17:12b
龐 氏 承 裕 義 莊	龐 煥 若	塘橋鎮街東	728	5-17:13a
黃 氏 義 莊	黃 金 臺	老徐市	500	5-17:13a
黃 氏 義 莊	黃 承 霈	東徐市	250	5-17:13a-13b
徐 氏 義 莊	徐 煥	桂村	1460	5-17:13b
瞿 氏 義 莊	瞿 曾	菰里村	500	5-17:14b
王 氏 義 莊	王 兆 熊	梅李鎮北街	510	5-17:16a
張 氏 義 莊	張 誦 德	羊尖蕩歸家墳	594	5-17:16b
邵 氏 義 莊	邵 德 溥	沙溪鎮	500	5-17:20a
胡 氏 廷 鋆 義 莊	胡 天 麒	五渠鎮	500	5-17:14a-14b
顧 氏 義 莊	一	支塘鎮孟涇	一	5-17:22a
周 氏 義 莊	一	支塘鎮東蔡涇	一	5-17:22a
周 氏 義 莊	一	縢鎮東北	一	5-17:21b
王 氏 義 莊	王 士 杖	東張墅	1000	5-17:11b
陳 氏 韞 輝 義 莊	陳 政 敏	東始莊附近墩頭	540	5-17:18a-18b
洛 陽 丁 氏 義 莊	丁 錦 峰	（鄧市附近）丁市	一	5-17:13b

張 氏 孝 友 義 莊	張 廷 煒	施家橋	2670	5-17:15b
周 氏 義 莊	周 希 柏	東鄉	510	5-17:18a
王 氏 義 莊	王 汝 濟	東鄉楓橋灣	510	5-17:18b-19a
徐 氏 義 莊	徐 慰 萱	東鄉	510	5-17:20b
李 氏 義 莊	李 佩 珩	西鄉	580	5-17:19b
蕭 氏 義 莊	蕭 大 坤	西鄉	500	5-17:20a
桑 氏 義 莊	桑 文 泷	南鄉	600	5-17:20a
周 氏 義 莊	周 鴻 福	秦三塘橋	1180	5-17:21a
李 氏 義 莊	李 承 烈	北鄉九箭里	500	5-17:16b
俞 氏 咏 芳 支 莊	俞 葆 仁 妻	新涇濱	501	3-31:20a
地點不詳				
王 氏 義 莊	王 慶 藻	—	100	5-30:68a-b
王 氏 義 莊	王 興 宗	—	500	5-17:15a
胡 氏 義 莊	胡 景 濂 妻	—	500	5-31:41b

表四　清代崑山新陽二縣義莊所在地分佈表

義 莊 名 稱	建 置 者	義 莊 所 在 地	田畝數	資 料 來 源
朱 氏 義 莊	朱 大 松	宇區六圖西塘街	1000	7-10:37b
徐 氏 義 莊	徐 寶 符	天區二圖西塘街	500	7-10:37b
胡 氏 義 莊	胡 書 雲	天區二圖望山橋西	518	7-10:38a
許 氏 義 莊	許 春 藻	騰區42圖張浦鎮	364	7-10:37b
趙 氏 義 莊	趙 之 驤 等	眞義鎮	1000	7-10:38a
孔 氏 義 莊	孔 傳 泗	崑山東南鄉孔巷	200	7-10:37a-b
張 氏 義 莊	張 廷 俊	夜區三圖里涇屯	500	7-10:37b
顧 氏 義 莊	顧 登	黃泥田	500	7-10:37a

表五　清代吳江震澤二縣義莊所在地分佈表

義　莊　名　稱	建　置　者	義　莊　所　在　地	田畝數	資　料　來　源
王　氏　義　莊	王　之　佐	梅堰	—	1-108:15b-16
周　氏　義　莊	周　光　緯	黎里鎮染字圩	1481	4-5:13
李　氏　義　莊	李　　璜	黎里鎮染字圩	500	6-37:65b
沈　氏　義　莊	沈　　贇	黎里鎮練字圩	430	6-37:53b-54a
迮　氏　義　莊	迮　鶴　壽	汾湖南傳圩	269	4-5:13a

備註：　1.《同治蘇州府志》
　　　　3.《民國吳縣志》
　　　　4.《吳江縣續志》
　　　　5.《常昭合志稿》
　　　　6.《吳江縣志》
　　　　7.《崑新兩縣續修合志》
　　　10.《虞山沈氏宗譜》

出自第五十八本第三分(一九八七年九月)

略論十七八世紀的中荷貿易

全　漢　昇

　　早在一五九五年，荷蘭航海家已經打破葡萄牙人對好望角航線的壟斷，航海東來。到了一六〇二年，荷蘭東印度公司成立，於下港（Bantam）設立商館。到了一六一九年，荷人更以爪哇的巴達維亞（Batavia）為基地，發展歐、亞間廣大地區的貿易。

　　十七世紀中葉左右，荷蘭的船舶噸位，有歐洲其他國家合起來的船舶那麼多。因此商業發達，對西班牙貿易大量出超，每年都有由三十至五十艘船組成的運銀船隊，駛往西班牙港口，把西班牙船自美洲運回的白銀大量運走。

　　由西班牙輸入荷蘭的美洲白銀，因為亞洲白銀價值遠較歐洲為大，有不少為荷船運往東印度來從事貿易。明朝（1368-1644）中葉後的中國，因為普遍用銀作貨幣，銀求過於供，價值增大；故當荷人把大量白銀運往東印度貿易的時候，原來生活在銀價昂貴社會的中國商人，自然感覺興趣，努力拓展對東印度的出口貿易，把銀賺取回國。

　　荷人自中國輸出的貨物，除生絲及絲綢外，瓷器及茶葉最為重要。從一六〇二至一六八二年，中國瓷器的輸出量，超過一千六百萬件。遠在英國東印度公司於一六六九年首次運茶赴英出售以前，荷人於一六一〇年最先運茶往歐洲，自此以後長期獨佔華茶對歐輸出貿易。自一七三九年開始，華茶成為荷船自東方運返歐洲的價值最大的商品。

　　在近代早期歐洲人向外航海，找尋新航路的潮流中，葡萄牙人沿著非洲西岸探險，繞航好望角，於一四九八年經印度洋抵達印度西岸。此後葡國商船活躍於歐、亞之間，自十六世紀中葉後更以澳門為根據地來經營中國與亞洲其他地區間的貿易。

　　可是，到了十七世紀，隨著荷蘭海上勢力的崛起，葡人不復能壟斷自歐洲到東方來的航道。早在一五九五年，荷蘭航海家首先打破葡人對好望角航線的獨佔，率領船舶四艘東航，次年抵達爪哇下港（Bantam）。到了一六〇二年，荷蘭東印度公司成立，於下港設立商館。其後到了一六一九年，荷人更在爪哇的巴達維亞（Batavia）建立根據地，發展歐洲與亞洲廣大地區間的貿易。

　　十七世紀中葉左右，荷蘭一個國家的船舶噸位，有歐洲其他國家合起來的船舶那麼多。由於造船技術的進步，同樣大小的商船，荷船比其他國家的船少用百分之二十

的水手。[1] 因爲水道運輸便利，荷蘭阿姆斯特丹 (Amsterdam) 發展成爲歐洲最大的
貨物集散中心，自三十年戰爭 (1618-1648) 結束後，由於對西班牙貿易大量出超，
每年都以由三十至五十艘船隻組成的運銀船隊 (Silver Fleet)，駛往西班牙港口，把
西班牙船自美洲運回的銀子運走。[2] 根據一六五四年十月十六日的報刊報導，有荷船
五艘，自加地斯 (Cadiz，西班牙西南部海港) 返荷，船上載有價值一千萬荷盾的美
洲白銀。[3] 又據一六八三年一位荷蘭官員的報告，荷每年約自西班牙輸入一千五百萬
至一千八百萬盾的銀子。[4] 在十七世紀中葉前後，西船每年自美洲運回的白銀，約有
百分之十五至二十五爲荷船運走，有些估計更高至百分之五十。[5]

　　由西班牙輸入荷蘭的美洲白銀，自荷蘭海上勢力向東方擴展以後，因爲亞洲白銀
價值遠較歐洲爲大，有不少爲荷船轉運往東印度來從事貿易。在一六〇三年，荷向東
印度輸出的白銀，約爲輸出貨物價值的五倍；及一六一五年，輸出銀更多至爲貨物價
值的十五倍。[6] 由一七〇〇至一七五〇年，荷向巴達維亞輸出貨物共值 100,600,131
荷盾，約佔輸出總值三分之一少點；輸出貴金屬 (以銀爲主) 共值 228,265,232 盾，
約佔輸出總值三分之二以上。[7] 根據各國自西班牙輸入美洲白銀，再轉運往東方貿易

1　Fernand Braudel, *The Perspective of the World*, Vol. 3, *Civilization and Capitalism, 15th–18th Century*, New York, 1986, p. 190.

2　Kristof Glamann, "The Changing Patterns of Trade," in E. E. Rich and C. H. Wilson, eds., *The Cambridge Economic History of Europe*, Vol. V (Cambridge University Press, 1977), p. 260.

3　C. R. Boxer, "Plata es Sangre: Sidelights on the Drain of Spanish–American Silver in the Far East, 1550–1770," in *Philippine Studies: A Quarterly*, Vol. 18, No. 3 (July 1970), p. 471. 按在十七世紀六十年代，銀一兩等於 3.5 荷盾；到了八十年代，等於 4.125 盾。參考 John E. Wills, Jr., *Pepper, Guns and Parleys: The Dutch East India Company and China, 1662–1681*, Cambridge, Mass., 1974, p. 27.

4　Violet Barbour, *Capitalism in Amsterdam in the Seventeenth Century*, Baltimore, 1950, p. 52.

5　同書，p. 51；C. R. Boxer, 前引文，in *Philippine Studies*, Vol. 18, No. 3, pp. 469–470；Kristof Glamann, 前引文，in E. E. Rich, etc., eds., 前引書，Vol. V, p. 260.

6　M. A. P. Meilink-Roelofsz, *Asian Trade and European Influence in the Indonesian Archipelago Between 1500 and About 1630*, The Hague, 1969, p. 378.

7　Ivo Schöffer and F. S. Gaastra, "The Import of Bullion and Coin into Asia by the Dutch East India Company in the Seventeenth and Eighteenth Centuries," in Maurice Aymard, ed., *Dutch Capitalism and World Capitalism*, Cambridge University Press, 1982, pp. 222–223.

的資料，最近有學者估計，在十七世紀，由歐洲運往東方的銀子，約共一萬五、六千噸。[8]

明代 (1368-1644) 中葉後的中國，因爲「大明寶鈔」發行過多，鈔值低跌，各地市場上普遍改用銀作貨幣，結果銀求過於供，價值增大；故當西班牙人於一五六五年開始佔據菲律賓，自美洲大量運銀前往貿易的時候，原來生活在銀價昂貴社會的中國商人，自然對西人帶來的白銀發生興趣，努力擴展對菲輸出貿易，把銀賺回本國。同樣的理由，到了十七世紀，當荷蘭人把在西班牙賺到的美洲白銀，大量轉運往東印度來貿易的時候，中國商人也自然感覺興趣，努力拓展對東印度的出口貿易，把銀賺取回國。

十七世紀初葉，中國商船每年都把生絲、絲綢、瓷器、麝香及其他貨物大量運往下港出賣，在回航時雖然自那裏運走胡椒、檀香、象牙等商品，貿易仍然不能平衡，結果輸出大量白銀。故荷人雖然自歐洲運來大量銀子，下港市面銀幣的流通仍然非常缺乏，不能滿足市場交易的需要。[9] 一六二五年駛抵巴達維亞貿易的中國商船，其總噸位有如荷蘭東印度公司的回航船隊 (return fleet) 那麼大，或甚至更大。[10] 在一六四四年，抵達巴達維亞的中國商船一共八艘，輸入貨物三千二百噸，但這些商船自巴達維亞運返中國的貨物，由一六三七至一六四四年，每年只有八百至一千二百噸。由於貿易順差，中國商船離巴達維亞返國，經常運走許多銀子。由於白銀長期大量流出，到了一六五三年八月，巴達維亞市面深感交易籌碼不足，政府被迫准許人民使用

8   Dennis O. Flynn, "Comparing the Tokagawa Shogunate with Hapsburg Spain:
     Two Silver-Based Empires," preliminary draft prepared for the Keio Con-
     ference on Precious Metals, Tokyo, June 1987.

9   M. A. P. Meilink-Roelofsz, 前引書, p. 246; William S. Atwell, "International
     Bullion Flows and the Chinese Economy circa 1530-1650," in *Past and Present:
     A Journal of Historical Studies*, Oxford, May 1982, No. 95, p. 75; 同上作者, "Notes
     on Silver, Foreign Trade, and the Late Ming Economy," in *Ch'ing-shi wen-ti*,
     Vol. III, No. 8, p. 3; J. B. Harrison, "Europe and Asia," in G. N. Clark, etc.,
     eds., *The New Cambridge Modern History*, Vol. IV (Cambridge University Press,
     1970), p. 654.

10   J. C. Van Leur, *Indonesian Trade and Society: Essays in Asian Social and Economic
     History*, The Hague, 1967, p. 198.

已被剝奪貨幣資格的錢幣來交易，同時設法限制中國商人運銀出口。[11]

荷蘭商人用銀購買中國貨，轉運回歐洲出賣，獲得鉅額的利潤。例如荷蘭東印度公司於一六二一年正月在雅加達（Jacatra）購買生絲 1,868 荷磅（一荷磅等於 1.09 英磅），或 1,556 斤，運往阿姆斯特丹出賣，毛利爲投資的百分之三百二十。又有一批原在臺灣採購的中國白絲，重 1,009 斤，於一六二二年在荷蘭賣出，毛利爲百分之三百二十五。該公司自創辦時開始，即把生絲與胡椒及其他香料並列爲最能獲利的商品來經營。在荷蘭的生絲市場上，中國生絲要和波斯生絲競爭，但在一六二四年阿姆斯特丹的生絲價目單上，可能因爲品質比較優良，中國產品被評價較高。大約由於地理上的近便，荷蘭輸入波斯的生絲，多於自中國輸入；可是在十七世紀三十年代，荷人把波斯生絲運往阿姆斯特丹出賣，利潤爲投資的百分之一百，中國生絲的利潤則高達百分之一百五十。

除以東印度爲基地來經營東方貿易外，荷人於一六二四年佔據臺灣後，又在那裏收購生絲等中國貨物，運銷於歐、亞各地。在一六二七年，荷船自臺灣輸往巴達維亞及荷蘭的生絲，共值 560,000 荷盾，輸往日本的更多至 620,000 盾。由於地理上的近便，荷人以臺灣作基地，積極擴展對日輸出的絲貨貿易。由一六三五至一六三九年，荷船輸入日本的華絲，每年都多至一千餘擔，在一六四〇年更多至 2,700 擔。一六三五年後，荷船每年運往日本的生絲，都遠較葡萄牙船爲多。例如一六三六年，葡船運日的生絲銳減至 250 擔，荷船卻多至 1,422 擔有多。當日本大量輸入生絲的時候，除華絲外，荷人曾試圖運波斯絲赴日出售，但結果虧本；在另一方面，他們把華絲運日出賣，利潤卻高至百分之一百五十。荷人把華絲販運赴日，在當日是最有利的一種貿易，他們獲得的利潤，遠較在亞洲其他地區經商獲得的利潤爲大。[12]

11　Leonard Blussé, "Chinese Trade to Batavia during the Days of the V. O. C.," in Centre for the History of European Expansion, *Inter-disciplinary Studies on the Malay World*, Paris, 1979, Archipel 18, pp. 195, 205.

12　以上參攷拙著〈明清間中國絲綢的輸出貿易及其影響〉，陶希聖先生九秩榮慶祝壽論文集編輯委員會編，《陶希聖先生九秩榮慶祝壽論文集：國史釋論》，臺北市，民國七十六年十一月十五日，頁 231 至 237；拙著〈三論明清間美洲白銀的輸入中國〉，《中央研究院第二屆國際漢學會議論文集》（印刷中）。

　　除生絲外，荷人又在巴達維亞、臺灣經營中國瓷器出口貿易。當荷人佔據臺灣時期，從中國大陸駛往臺灣的商船，多半運載大批瓷器。在一六三八年，臺灣安平港庫存的瓷器多至八十九萬件，其中一小部分運往日本，此外大部分都運往巴達維亞，再轉運往荷蘭。[13] 自一六○二至一六五七年，荷船由巴達維亞運往歐洲的瓷器，超過三百萬件，此外又有數百萬件運銷於印尼、馬來亞、印度、波斯等地市場上。從一六○二至一六八二，中國瓷器的輸出量，超過一千六百萬件。[14] 由一七二九年一七三四年，荷蘭東印度公司直接由本國派船來華貿易，運回瓷器多至將近四百五十萬件。自一七三○至一七八九年，該公司運歐瓷器，共達四千二百五十萬件。[15]

　　除絲、瓷外，近代中國茶的對歐出口貿易，也由荷人首先經營。遠在英國東印度公司於一六六九年第一次運茶赴英出售以前，荷人於一六一○年最先運茶往歐洲；這些茶來自日本，但以後荷人運歐的茶都來自中國。荷人壟斷華茶對歐輸出貿易，他們運茶返國，約於一六三五年轉運往法國出售，於一六四五年運銷於英國，於一六五○年運銷於德國、北歐。[16] 到了一七一○年，由於消費量大，英國還要自荷蘭輸入華茶來滿足需要。[17] 由十七世紀九十年代至一七一九年，中國及葡萄牙船運茶往巴達維亞，每年平均五、六百擔；從一七二○至一七二三年，由澳門葡船運往，每年二、三千擔，再由荷船轉運回國。[18] 荷蘭東印度公司每年在巴達維亞購茶價值，於十七世紀

13　林仁川〈試論明末清初私人海上貿易的商品結構與利潤〉，《中國社會經濟史研究》，廈門，一九八六年第一期。

14　C. R. Boxer, *The Dutch Seaborne Empire 1600–1800*, London, 1966, pp. 174–175; 陳小冲〈十七世紀上半荷蘭東印度公司的對華貿易擴張〉，《中國社會經濟史研究》，一九八六年，第二期；陳萬里〈宋末——清初中國對外貿易中的瓷器〉，《文物》，一九六三年，第一期。陳萬里先生在文中說，關於十七世紀中國瓷器輸出的數字，主要根據 T. Volker, *Porcelain and the Dutch East India Company*, 1956.

15　C. J. A. Jörg, *Porcelain and the Dutch China Trade*, The Hague, 1982, p. 149.

16　G. B. Masefield, "Crop and Livestock," in E. E. Rich and C. H. Wilson, eds., *The Cambridge Economic History of Europe*, Vol. IV (Cambridge University Press, 1967), pp. 297–298.

17　K. N. Chaudhuri, *The Trading World of Asia and the English East India Company, 1660–1760*, Cambridge University Press, 1978, p. 391.

18　George Bryan Souza, *The Survival of Empire: Portuguese Trade and Society in China and the South China Sea, 1630–1754*, Cambridge University Press, 1986, pp. 145–146.

九十年代至一七一九年，約佔向華、葡商人購貨總值的百分之二十至五十；及一七二〇至一七二三年，約佔百分之五十以上至百分之九十。[19] 在一七三〇年的夏天，一位英國商人乘船抵達巴達維亞，報導那裏有自廣州、廈門及舟山到達的商船二十艘，自澳門到達的商船六艘，共運來華茶二萬五千擔，其中只有五千五百擔用來滿足當地人士的消費，此外全部轉運往歐洲出售。這個估計可能有些誇大，但我們由此可以想見當日荷人經營華茶貿易的盛況。[20]

在十七世紀及十八世紀初期，荷蘭東印度公司主要以巴達維亞爲基地來經營歐、亞間的華茶貿易。到了一七二八年十二月五日，該公司更自本國直接派船前往廣州，採購茶葉及其他貨物。船中載銀三十萬荷盾，買賣完成以後，於一七三〇年七月十三日返抵荷蘭。計共運回茶葉二十七萬荷磅，絲綢五百七十疋，及瓷器若干件。貨物拍賣結果，獲得淨利爲投資的一倍有多。自一七三一至一七三五年，又有十一艘荷船往廣州貿易。[21] 這幾年荷蘭輸入華茶，事實上比英國還要多。[22] 自一七三九年開始，華茶已經成爲荷船自東方運返歐洲的價值最大的商品。[23] 荷蘭自廣州輸入茶葉價值，在一七二九年爲 284,902 盾，佔華貨入口總值百分之八五・一；及一七四〇年，超過一百萬盾；一七五三年，超過二百萬盾；一七五四年，超過三百萬盾；一七八六至一七八九年，每年都超過四百萬盾。[24]

十七、八世紀活躍於印度洋、西太平洋的荷蘭商人，一方面自歐洲帶來鉅額白銀，他方面又因拓展華絲對日本輸出貿易，自日運走許多銀子。看見荷蘭商人手中持有那麼多銀子，購買力很大，視銀如至寶的中國商人至感興趣，自然努力推廣出口貿易，把各種中國貨物大量運往東印度、臺灣出賣，自荷人手中賺取鉅額白銀。上文說

19　同書，p. 146.
20　Kristof Glamann, *Dutch-Asiatic Trade, 1620-1740*, The Hague, 1958, p. 235. 作者在腳註中說，根據荷蘭東印度公司的紀錄，該公司於一七三〇年約共購茶一萬一千擔，另外多出的幾千擔，可能由無執照營業的人 (interlopers) 收購，運往歐洲出賣。
21　Kristof Glamann, 前引書, pp. 230, 234.
22　J. H. Parry, *Trade and Dominion*: *The European Oversea Empires in the Eighteenth Century*, London, 1971, pp. 85.
23　C. R. Boxer, 前引書, p. 177.
24　C. J. A. Jörg, 前引書, pp. 217-222.

由於中國商船長期逕走白銀，到了一六五三年八月，巴達維亞市場上深以交易籌碼不足爲苦，政府不得不准許已被剝奪貨幣資格的錢幣重新流通使用。到了一七四一年（乾隆六年），清朝政府因爲荷蘭殖民者在爪哇殺害華僑事件，曾擬利用「禁海」的辦法來加以報復。當日執政的內閣學士方苞，把擬議禁海的辦法詢問在籍侍郎蔡新，蔡卻反對這種消極的辦法，他說：「閩、粵洋船不下百十號，每船大者造作近萬金，小者亦四、五千金；一旦禁止，則船皆無用，已棄民間五、六十萬之業矣。開洋市鎮，如廈門、廣州等處，所積貨物不下數百萬；一旦禁止，勢必虧折耗蝕，又棄民間數百萬之積矣。洋船往來，無業貧民仰食於此者，不下千百家；一旦禁止，則以商無賃，以農無產，勢必流離失所，又棄民間千百生民之食矣。此其病在目前者也。數年之後，其害更甚。閩、廣兩省所用者皆番錢，統計兩省歲入內地約近千萬。若一概禁絕，東南之地每歲頓少千萬之入，不獨民生日蹙，而國計亦絀，此重可憂也。」結果方苞採納蔡新的意見，禁海之議並沒有實行。[25] 由此可知，在乾隆（1736-1795）初葉前後，由於中國貨物對荷屬東印度的大量輸出，福建、廣東每年輸入銀可能多至將近一千萬兩，同時隨著中、荷貿易的發達，中國造船、航運及其他與出口貿易有關的工商業，因投資增大而獲利，及使更多人口得到就業的機會。清代康熙（1662-1722）、雍正（1723-1735）、乾隆三朝之所以被稱爲「盛世」，當然有各種不同的原因，但十七、八世紀中、荷貿易在發展過程中，使中國絲、瓷、茶及其他物產出口增加，造成經濟繁榮，顯然是其中一個重要的因素。

25　《漳州府志》（臺南市，民國五十四年影印本）卷 33，人物六，頁 64 至 65，〈蔡新傳〉；
　　蔡新《緝齋文集》卷 4，原書未見，引自許滌新、吳承明主編《中國資本主義發展史》，第
　　1 卷，《中國資本主義的萌芽》（北京人民出版社，1985），頁 707；田汝康〈十七世紀至
　　十九世紀中葉中國帆船在東南亞洲航運和商業上的地位〉，《歷史研究（月刊）》，一九五
　　六年，第八期。關於乾隆初葉中國因和荷蘭等國貿易而輸入大量白銀的情況，《清朝文獻通
　　考》（修於乾隆末年）的作者在卷 16 乾隆十年（1745）項下也說：「福建、廣東近海之地，
　　又多行使洋錢。……閩、粵之人稱爲番銀，或稱爲花邊銀。凡荷蘭、佛郎機〔葡萄牙〕諸國
　　商船所載，每以數千萬圓計。……而諸番向化，市舶流通，內地之民咸資其利，則實緣我朝
　　海疆清晏所致云。」

試論明代衛軍原籍與衛所分配的關係

于 志 嘉

朱元璋設衛所以爲國防軍備的據點，但因衛所制度成立時全國尚未達成統一，因此無法就衛軍的衛所分配問題加以通盤的計劃。特別是在衛所制度草創的階段，爲配合衛所設置的需要，衛軍的調度非常頻繁；其初固曾儘量使同一來源的軍人發至同千戶所，且除謫充軍外，大部分軍人也都被發派到原籍附近的衛所；多次改調的結果，卻使同縣出身的衛軍之衛所分佈情形漸趨分散，不僅在淸勾、解衛時爲縣的行政帶來很大負擔，因南北風土不合導致軍士逃亡的問題也逐漸被凸顯。明朝政府乃不得不透過軍政條例，定例改近以求改善。改近的措施遭到保守勢力的強力阻礙，同時因實施範圍有限，問題始終無法徹底解決。另一方面，成弘以後由於內憂外患不斷，衛所軍隊又普遍空缺，乃實施政策性改調以抽調兵力。但這時衛所制度已形同瘤，欲振乏力了。

一、前 言

明代設衛所爲軍事據點，爲確保兵源，又使軍戶子孫世襲軍役，這就是軍戶世襲制度。軍戶出正軍一丁赴衛服役，原籍餘丁則需幫貼軍裝盤費；正軍逃故老疾，原籍餘丁並需繼補其役，因此正軍與原籍戶丁間經常保持密切的連繫，[1] 衛所與衛軍各原籍官司間也因軍役繼補等問題而時有接觸。特別是正統以後禁止衛所直接派人到各地勾軍，淸勾的作業改由府州縣政府主導後，淸勾、解衛等工作大體成爲里甲的負擔，[2] 更爲軍戶原籍的鄉里之人添增了不少困擾。可以想見，衛軍原籍與衛所距離愈近，淸勾、解衛的工作愈容易達成；同衛衛軍的原籍愈一致，軍政管理也勢必愈簡便。可是歷來學者討論衛軍原籍與其所分配衛所之關係時，多以爲明朝政府曾刻意使同縣出身的軍丁分散至各衛，不准軍人在原籍附近的衛所服役，並且儘量以南人調北衛，北人

---

1 參見于志嘉〈試論族譜中所見的明代軍戶〉，《中央研究院歷史語言研究所集刊》第 57 本第 4 分，1986。

2 參見于志嘉《明代軍戶世襲制度》（臺北，臺灣學生書局，1986）頁 71。

調南衞。[3] 解毓才氏更以爲明初曾「定例，補伍皆發極邊，而南北人互易」。[4] 這種因「南人戍北、北人戍南」或發遣邊遠衞所而引起的水土不服問題，以及因水土不服導至軍士逃亡，因解送距離太遠、盤費太高致使軍戶、長解家破人亡的問題在明代史籍中也不難得見。[5] 可是其弊端之大，也使人不得不懷疑明朝政府何以不能預見其弊，而設下此一庸人自擾的制度。王毓銓氏曾推測明朝政府的用意在「防止容易同謀逃亡和共策反抗」，[6] 但其結果顯然更促進了逃亡。究竟明初政府在分軍赴衞時採用了何種方針？王、解諸氏所提出的原則是否成立？導致他們做出這種推論的理由究竟何在？明代衞軍的衞所分佈情形究如何呢？這是本文所擬探討的主題。

二、幾種說法的檢討

有關衞軍原籍與衞所分佈關係的討論並不多，其中以王毓銓氏的說法影響最爲深遠，因此有先提出來檢討的必要。王氏在《明代的軍屯》一書中說到：

> 明代軍戶的軍差不只重，而且戶下僉發爲軍的，一般都不准在附近衞所服役。
> 同一縣的軍丁也不准全在同一衞分或同一地區服役。一般是江南的調撥江北，
> 江北的調撥江南，使他們遠離鄉土。[7]

這一段話實際上包括了三個大原則。第一：不能分配到原籍附近的衞所；第二：禁止

3　參見王毓銓《明代的軍屯》（北京，中華書局，1965）頁 236。王氏此說普遍爲學者接受，參見陳文石〈明代衞所的軍〉（《中央研究院歷史語言研究所集刊》第48本第 2 分，1977）頁 187；周遠廉、謝肇華〈明代遼東軍戶制初探——明代遼東檔案研究之一〉（《社會科學輯刊》1980年第 2 期）頁49-50；許賢瑤〈明代的勾軍〉（《明史研究專刊》第 6 期，1983）頁 164。

4　解毓才〈明代衞所制度興衰考〉（收入《明史論叢》之四，《明代政治》，臺北，臺灣學生書局，1968）頁 219。

5　詳見本文第二節。又如嘉靖 4 (1525)年巡按陝西御史楊秦所上〈題爲清理軍伍以蘇民困事〉中論「妄勾」，卽謂：「往返道路不下數千，飢寒病死在所不免，解戶因而遲延，每得重罪。縱令生還，已無常產，只得逃避各處潛住。良民冤枉，莫此爲甚。」（霍冀《軍政事例》卷 5，頁 1b–2a）亦爲一例。同書收有奏疏多篇，論及此者不少，可參考。筆者參考的是日本尊經閣文庫藏，嘉靖間刊本。

6　王毓銓前引書頁 236。

7　同註 6。

將同縣軍丁集中分配到一衛或一地；第三：以南人戍北，北人戍南，使遠離鄉土。而第三原則更是由第一推衍而成。因此也可以歸納爲兩個大原則，也就是「分散」與「遠隔」的原則。

王氏此說自然參照了明人的說法。例如所引正統二年大學士楊士奇之言，謂：

> 有以陝西、山西、山東、河南、北直隸之人起解南方極邊者，有以兩廣、四川、貴州、雲南、江西、福建、湖廣、浙江、南直隸之人起解北方極邊者。彼此水土不服。南方之人死於寒凍，北方之人死於瘴癘。其衛所去本鄉或萬里，或七八千里，路遠艱難，盤費不得接濟，在途逃死者多，到衛者少。[8]

卽是一例。嘉靖 30（1551）年兵部就巡按浙江監察御史霍冀的提案所作的題覆中，亦指出：

> 臣近來竊見南人發北，北人發南，如雲、貴、兩廣之於遼東、萬全，而寧夏、大同等處之於福建、兩廣，俱係窮鄉絕域，道里輾轉，動以萬計。所以長解、軍丁一聞遷發，有如棄市，往往有自行殘傷而甘爲廢人者；亦有行至中途，力疲於遠阻，食缺於難繼，而幷其長解死亡於道路者。又有已到衛者，緣南人不耐苦寒，北人不宜炎瘴，加以官其凌虐，懷戀鄉井，恃頑者隨到隨逃，畏法者十常九病，亦徒寄空名而已。[9]

似乎導致衛所缺軍的罪魁禍首就是明初以來以南人戍北、北人戍南的作法。這種論調在明代史籍中層出不窮，衛軍遠戍的問題顯然在軍政管理上構成了很大的困擾，但此一問題之產生是否如王氏所說爲明政府規定之結果，則仍不無疑問。

王氏所舉諸證據中，最值得注意的是嘉靖《高陵縣志》與嘉靖《海寧縣志》中有關兩縣軍丁分配衛所之記錄。兩部縣志都載有各該縣軍戶的總數，和那些軍戶所應分成的衛所名稱，衛所名下並附記所屬軍戶的戶數。根據王氏的說法：「陝西高陵縣軍戶共六百二十一，其軍丁分屬於一百三十五個不同的衛分。浙江海寧縣軍戶共六千八百九十八，其軍丁分屬四百四十八個不同的衛分。陝西軍丁固然有分配到甘肅和遼東

8　同註 6。楊氏此說又見《明英宗實錄》（據國立北平圖書館紅格鈔本微捲影印，臺北，中央研究院歷史語言研究所校勘印行，1968）卷37，頁 3b-4a，正統 2 年 12 月丁卯條。

9　霍冀《軍政事例》卷 6，頁 33b-34a，〈兵部爲陳末議明舊例以圖實效以重民生事〉。

的，但也有不少分配到貴州和雲南。海寧軍丁有分配到南直隸衛分的，但分配到北邊各鎮的卻爲數很多。」[10] 王氏的敍述，充分強調了明代衛軍原籍與衛所分佈之歧異，他對南人北戍、北人南戍現象的描敍，也容易使人產生錯覺，進而同意他的看法。可是王氏對史料的分析僅止於上引籠統的描敍，實際情況究如何？有加以重新檢討的必要。

　　筆者同時又收集了四件同類的史料，分別收錄於嘉靖《固始縣志》卷 4，〈軍匠〉、嘉靖《許州志》卷 8，〈戍匠〉、隆慶《臨江府志》卷 7，〈軍役〉，及嘉靖《解州志》卷 4，〈兵匠〉。加上王氏所舉的二件，合計六件。其中，固始與許州在今河南省，臨江在今江西省，解州在今山西。以下擬先就嘉靖《固始縣志》的記事，加以分析。

　　《固始縣志》的記事遠較《高陵縣志》或《海寧縣志》爲詳。後者僅列舉衛所名與軍戶數，前者則將縣內 48 里所屬軍戶，依照里的順序，詳細列出各里內的軍戶名及其所分配之衛所名。茲例舉《固始縣志》記載方式如次：

　　　　新興：軍四十九。瀋陽左：施雲；右：李得山、張得春、吳谷彬；飛熊：吳二；施州：王俊、姜成、趙保兒、張大、李英；漢中：王保兒；……將樂：
　　　　杜敬；桃川：黃太。

新興爲里名，新興以下爲雙行小註。新興里內計有軍戶 49 戶，其戶名列舉於所分配之衛所名下。衛所名的右側原則上劃線標出，但筆者所參照之影本不夠清晰，[11] 故有人名右側劃線而衛所名下未劃者。由於人名未能以標點分開，人數清點不易，但因有總戶數 49 可資參考，誤差不致太大。表 1 係參照《明史・兵志二・衛所》中所列之衛所名，將縣內 48 里軍戶分配之衛所與戶數，按都司別排列而成的。其中子安里的部分因影本字跡模糊，里內 63 戶軍戶僅能辨識出 40 戶，另外又有 16 里人數統計結果與原資料所列人數不合。這個問題在下文將會討論，這裏按照筆者統計得的人數記入，總計 1730 戶軍戶被分配到 358 個不同的衛所，其分散的情形確實驚人。

　　在分析此一現象之造成原因前，需要對史料的性質做進一步的了解。首先要解決

10　同註 6。

11　筆者所參照的爲天一閣藏本新文豐影印本。

的，就是此一史料所提供的訊息，究竟代表了那個時代？

關於此點，嘉靖《固始縣志》並未指出明確的時間，但由史料前文對清勾的強調來推測，[12] 應是縣志編纂時的資料。這由下列各點亦可看出。

1. 同里內軍戶屬於同一衛所者，原則上都集中記於一處，但也有少數例外。如西曲里的王曇與胡珊，同為荊州衛而分記兩處；岑銘里內有 4 名神武左衛軍人，亦分記兩處。很可能他們是在兩次不同的時機下被分配至各該衛所的。

2. 史料中有調衛或改發的記錄。如官林里下「揚州張斌調曜塘黃丑兒」，曜塘為瞿塘之誤，黃丑兒或原屬揚州衛，後調瞿塘衛。同樣在官林里下，又有「府軍楊受宗原無衛鄭驢兒周名藏伯太孟與孫買住」，其意或指將原無衛分的鄭驢兒等五人分派至府軍衛。原無衛的理由不詳，但也可能是民戶丁投充軍役，或迷失衛分的軍戶丁另行頂充他役。

3. 所列舉的衛所有些成立的相當晚。如裕陵衛，舊為武成前衛，天順 8 (1464) 年始改為裕陵衛。[13]

由 1 和 2，可知該史料所示絕非洪武間衛所初設時之情形，由 3 更可確知這是一份後出的史料。可是，細檢其內容，還可發現以下數點，使人不得不懷疑該史料的可信性。

1. 衛名錯誤。如廬州書作盧州、贛州書作幹州、瞿塘書作曜塘之屬，尚可依其字形或字音辨誤，但如義鎮衛、華山衛或美樂千戶所之屬，則甚難斷定。另外，表中有多處衛名之後附有問號，是《明史‧兵志二‧衛所》中未見其名者，這些究有多少為衛名改變所致？又有多少純屬縣志的錯誤？非筆者目前能力所能究及。但問號之多，顯示問題之不容忽視。

2. 史料中列舉的軍戶總數與實際清點結果不合者達 16 里或更多。由於人數清點不易，清點結果可能略有偏差。但 48 里中有三分之一發生不合的現象，就不能一概以清點誤差來解釋。

12　嘉靖《固始縣志》卷 4，〈軍匠〉開宗明義即謂：「軍以禦侮，匠以精藝；國用所需，清勾攸重。役累則百計逋逃，籍占則多端埋沒。允宜備載，庶免厥奸。」參見頁 15b-16a。
13　《明史》（鼎文標點本）卷 90，〈兵志二‧衛所〉，頁 2205。

　　衛名的錯誤有可能是編纂者或刊刻者犯的錯誤，但也可能是縣志所依據的原始資料本身即有的問題。明代爲管理軍戶，曾設計多種册籍，其中由衛軍原籍各州縣製作的，就有軍黄册、回答寔有事故文册、兜底册、類姓册、類衛册等。[14] 縣志編纂者必然參照了這些册籍，如果縣志的錯誤是沿襲了這些册籍的錯誤，問題就非常嚴重。錯誤的發生雖可能只是單純的筆誤，但衡之當時造册書手種種不法舞弊的情形，也可能出自彼等之改纂。[15] 人數不符的問題同樣暗示了這些册籍的內容不夠精確，這些都可能影響到册籍無法發揮其應有之功能。儘管如此，這份史料對於了解縣內軍人衛所分佈的情形，提供了極其豐富的訊息，足以說明其整體之趨勢。因此不能以些許的錯誤抹殺其價值。只是在以之分析時，必先認清它所代表的大體是嘉靖間的分佈情形，而非明初政府所設定的狀況。

　　由於縣志並未說明該縣洪武以來軍戶戶數變動的情形，我們難以獲知嘉靖間的狀況較明初有了多大改變，但變動的因素有些是不難查知的。其一是軍戶戶絕造成的戶數減少，或因犯罪謫充而增加；另一就是軍戶由某衛改調他衛。有關之記事縣志雖不多，相信還有更多的實例未被記入。這從下文對改調原因的探討中也不難窺知。

　　表1所提供的訊息非常零碎，這裏按都司別將縣內軍人分佈的情形重作統計，同時將其餘五件史料依同一方式處理，其結果詳見表2。行都司亦倂入都司下，衛所名有疑問者，如果只是左、右、護衛之類的差別，則附記於相關衛所之下，實在無可歸類的才列作不詳。歸類之時，錯誤在所難免，但此表所提供的僅是其整體之趨勢，數字些微的差異應不影響其全貌。

　　《許州志・戍匠》的記載方式與《固始縣志・軍匠》又不同，乃是以衛所名爲準，於其下按坊、保的順序將所屬軍戶名一總列出，形式與類衛册非常接近。[16] 舉例如下：

14　參見于志嘉前引書，頁87。兜底册以下三册的成立及形式，參見霍冀《軍政事例》卷6，〈兵部爲陳愚見以釐時弊以肅軍政事〉（嘉靖31年），頁85b-86a。

15　《明史》卷138，〈沈𤩽傳〉即指出：「明初，衛所世籍及軍卒勾補之法，皆𤩽定。然名目瑣細，簿籍煩多，吏易爲奸。」（頁3977）詳細情形當另撰文討論。

16　類衛册的記載方式，見註14所引〈兵部爲陳愚見以釐時弊以肅軍政事〉，微引如下：「其類衛册則分別各衛所，先將各衛分隸各省，又以各都分隸各衛。其節年間發永遠新軍，一倂查明附入。」

　　潞州衛：陳二，吳村保；薛眞，沙陀保；周二，司徒保。

　　忠義後所：侯二，吳村保；趙福兒，落許保；郭張奴，韓村保。

　　宣府右衛：謝成輔，吳村保。

名單之前，揭有「洪武額軍」四字，但由衛所名中出現有長凌（陵之誤，太宗陵寢）衛、裕陵（英宗陵寢）衛一點來看，絕非洪武年間的原始名單。而且這些人若非出於其後的改調，則《許州志》的額數也絕非洪武年間的原額。史料中衛名的錯誤也不少，同一衛名也有先後兩次出現於不同處的問題，顯示州志所根據的原始資料乃是就舊資料逐漸加入新資料而成的。而若干不見於《明史・衛所》的衛所名，也讓我們懷疑是否在某些衛所改廢以後，舊資料仍未加修改地殘留在冊籍中。惟此點尚有待日後之釐淸。

　　《高陵縣志》以下的各史料則採取了相同的揭載方法，即於衛所名下揭舉軍戶戶數。其中諸如衛名錯誤以至額數與合計數目不符等問題也多存在，筆者皆依相同原則加以處理。以下參照表2，對各地軍戶的衛所分佈情形進行分析。

　　固始縣軍戶分佈最多的是北京各衛，其中包括親軍衛。1730 人中有 344 人，占全體的 19.9%。其次爲直隷各衛與陝西都司、行都司各衛，各占 15.7% 與 14.4%。河南、南京與山西各衛也各有百餘人，各占 9.4%、7.0%、6.6%。其它各都司人數都在百人以下，廣東、大寧、江西等都司甚至不及十名。如果以長江爲界，分配到以南地區衛所的軍人僅占少數，絕大多數還是在長江以北，並且離河南不太遠的地方。

　　固始縣軍人的分佈旣以北方爲中心，因北人戍南導至水土不服的問題應不至太嚴重，反而是分散各衛的情況值得重視，1730 人竟分屬於 357 個不同的衛所。各衛平均只能分配到 4.85 人，而事實上一衛一人或一衛二人的例子非常多，357 衛中有 199 衛如此，占全體的 55.7%。一衛人數超過 30 的僅有 6 衛，最多的是信陽衛（河南都司）92 人，其次是潞州衛（山西都司）72 人、壽州衛（直隷中府）57 人、瀋陽右衛（左府所屬在京衛）44 人、睢陽衛（河南都司）32 人及羽林前衛（親軍衛）的三十餘人。六衛皆屬北方衛所，其它一衛超過 20 人的也多爲北方衛所，相反的南方各衛則以一衛一、二人爲多。也因此，被分配到南方衛所的軍人雖不多，所分佈的衛所數卻不少，或許就是因爲這個緣故，使南人戍北、北人戍南的問題凸顯出來，而爲時人

所重視。

這種分散的情形在表中其他各地也都存在。河南許州軍戶共計 812 戶，被分配到 178 個不同的衛所，平均每衛只有 4.56 人。陝西高陵縣平均每衛 6.29 人，江西臨江府下清江、新淦、新喻、峽江四縣各為 6.26 人、7.35 人、7.61 人、5.63 人。山西解州與浙江海寧則分別為 10.32 人與 14.98 人，算是比較集中的例子。

再以都司別來看，河南許州軍戶分佈最多的還是河南都司，占全體的 30.9%；其次是直隸各衛與北京各衛，各為 19.8% 與 16.1%，萬全都司還有 7.3%，此外各都司分配人數均極少，一衛一、二人的比例更大，178 衛中有 112 衛皆如此，占全體的 62.9%。人數較多的衛所大都在河南都司，如信陽衛 176 人、宣武衛 33 人、睢陽衛 25 人，另外以萬全都司的隆慶右衛 42 人、親軍衛的府軍前衛 28 人為最多，人數不滿 10 人者有 162 衛，占全體的 91%。其分佈趨勢與固始縣軍戶類似，皆以北方為中心，並且以州縣所在地的河南都司人數最多，南方各衛則多止一、二人。

陝西高陵衛軍的分佈情形則與山西解州相類似。高陵軍戶 811 戶中 424 戶集中在高陵縣所在地的陝西都司、行都司，解州軍戶 960 戶中則有 431 戶集中在解州所在地的山西都司、行都司。其它各都司的人數都不多，除南京各衛（高陵）與直隸各衛（解州）外，均在百人以下。兩地衛軍並皆以北方衛所為中心。

可是在仔細比較過高陵與解州的衛軍分佈情形後，又可發現不同的特徵。兩地衛軍的主要集中地雖然都是州縣位置所在的都司，但高陵縣的 424 戶分散在陝西都司、行都司屬下的 33 個衛所，其中除靖虜衛 113 人較多外，其他各衛由 1 人到 36 人不等。解州 431 戶軍戶則分屬於 9 個衛所，其中有 319 人集中在陽和衛。解州軍戶分配次多的衛所為直隸中府的鎮江衛，計 64 人，高陵次多的則為南京龍虎左衛，計 111 人，較最多的靖虜衛僅少 2 人。

此外，解州衛軍的分佈較高陵衛軍略為集中。上文提過，解州軍戶平均每衛分配人數為 10.32 人，高陵則為 6.29 人。即使除去人數最多的衛所，解州仍達每衛 6.97 人，高陵則為 4.62 人。[17] 一衛一、二人的，解州 93 衛中有 41 衛，高陵 127 衛中則

17　解州除去陽和一衛，高陵縣則因靖虜衛與龍虎左衛人數相近，二衛皆除去。

高達 74 衛，占全體的 58.3%。

　　江西臨江府下四縣衛軍的分佈情形彼此大同小異。人數最多的是北京各衛與直隸各衛，其次則爲南京、遼東、江西、河南、陝西各都司。就整體趨勢來看，被分配到北方的軍人遠較南方爲多。因南人戍北而產生的問題，應是比較顯而易見的。

　　最後是浙江海寧。海寧衛軍戶數爲表中最高，因此每衛平均人數也是諸例中最高的。但全國 885 衛所中有 443 衛所都有海寧軍人的足跡，[18] 其分散之狀況仍相當驚人。6634 戶中有 1138 戶集中在浙江都司，占全體的六分之一強，其次如雲南、直隸、貴州、陝西各都司也都有 500 人以上，再次如山西、湖廣、中都、遼東、廣西各都司、留守司則各有 300 餘人。除了江西都司以及沿海的山東、福建、廣東各都司人數特別少以外，大體說來比較平均地分佈於全國各地。另外一點值得注意的是，浙江都司屬下的 1138 人分屬於 28 個衛所，其中一衛超過百人的有 4 衛，最多的杭州右衛爲 234 戶，其次爲台州衛 233 戶、海寧千戶所 193 戶及杭州前衛 105 戶。並沒有那一個衛所像解州之陽和衛，聚集了絕大多數的軍戶。而且人數超過百人的衛所散在各都司，如山西都司的太原右衛有 117 人、直隸後府的涿鹿衛有 125 人、河南都司的弘農衛有 133 人、湖廣都司的五開衛有 123 人、貴州都司的普安衛有 199 人、雲南都司的雲南前衛有 143 人、洱海衛有 130 人、廣西都司的馴象衛有 117 人。中都留守司的長淮衛更達 237 人，是所有衛所中人數最多的。

　　至於分配衛所與原籍的距離問題，除去海寧所在地的浙江都司，南方與北方的分配衛軍數相去並不遠。但除了浙江都司的 1138 人外，大都分配到距離較遠的地方，幾個鄰近的都司人數還特別少，與上舉諸例相較，是一個相當特殊的例子。

　　綜合上述，衛軍分散的情形確實非常嚴重，但仍有少數衛所人數相當集中，這些衛所也常位置於離原籍不遠的地方。以南人戍北、北人戍南的問題確實存在，但就上舉諸例來說，只有臨江、海寧問題較爲明顯，海寧一地尙且是南方衛軍多於北方。單從這些現象，是否能歸納出王氏的結論，尙有可疑；何況上舉諸例顯示的已是嘉靖間的分佈狀況，自明初以來已經經歷了許多變動，除非所有變動的方向都朝著王氏所提

18　《明史》卷90，〈兵志二·衛所〉記明代共有「內外衛四百九十三，守禦屯田群牧千戶所三百五十九，儀衛司三十三。」見頁 2204。

示的三原則進行，否則不能承認明朝政府曾做出如是之決定。那麼，上述分佈狀態究竟是如何形成的呢？明初以來又有那些的變動因素？衞所成立之初，明朝政府究依據何種方針分軍赴衞呢？次節以下將詳細討論之。

　　王說之外，還有一說想在這裏提出討論的，就是解毓才氏的說法，其說已見本文前言。解氏本人不曾指出其史料根據，但查《明史・兵志四・清理軍伍》，可知解氏不過是引用了其中的說法，再於其前加上「明初」二字，使得《明史》所謂：「定例，補伍皆發極邊，而南北人互易」，[19] 成爲明初政府分配衞軍的標準。解說如果屬實，我們首先就會遭遇到一個問題：補伍既皆發極邊，腹裏衞軍將從何而來？顯然這個說法是有很大漏洞的。

　　解說容或有斷章取義之嫌，然而，上舉《明史》引文究竟是什麼意思呢？這就需配合上下文來推敲。其原文如下：

　　　正統初，令勾軍家丁盡者，除籍；逃軍死亡及事故者，或家本軍籍，而偶同姓
　　　名，里胥挾讐妄報冒解，或已解而赴部聲寃者，皆與豁免。定例，補伍皆發極
　　　邊，而南北人互易。大學士楊士奇謂風土異宜，瀕於夭折，請從所宜發戍。署
　　　兵部侍郎鄘埜以爲紊祖制，寢之。成化二（1466）年，山西巡撫李侃復請補近
　　　衞，始議行。

史料的前半段俱是有關清軍的規定，後段則是對補伍發極邊、南北人互易的討論。前半段可以很容易就明代各種軍政條例中找出它的依據，其內容詳見《皇明制書》卷12，〈軍政條例〉。

　　《皇明制書・軍政條例》的內容，大體說來可分作兩個部分。前半部成立於宣德4（1429）年，後半則爲正統元（1436）年至3年間所制定。諸條例的成立背景，筆者曾爲文討論過，[20] 這裏不再贅述。值得注意的是，宣德年間幾度大規模清軍以至正統元年正式任命清理軍政監察御史到全國各地清軍，目的都是在解決歷年來衞軍大量逃亡所導致的衞所嚴重缺伍問題。在這個前提下所定的例，自然以順應人情爲宜，則此

19　見《明史》頁 2256。

20　于志嘉前引書，頁 76。本文所引之《皇明制書》爲山根幸夫編，東京，古典研究會 1967 年影印本。

例之意義自非懲罰性的調發極邊或南人戍北、北人戍南所可解釋。究竟定例以下的12
字應作何解釋呢？

《皇明制書·軍政條例》中有關此例的說明非常簡單，引用如下：

> 各處見清軍士，近因連年解發，長解人民艱難，正統二（1437）年十月內，行
> 在兵部已行奏准：暫於各處附近衛所收操。候正統三年各清軍御史回日，具奏
> 定奪。今照前項議定合行事宜，合無先行清軍御史，將各處清出南北極邊軍數
> 造冊，回日送部，定與改解衛分。仍行各官前去，依議解發。

依照這一段文字的說明，當時是為了紓解長解人民解送衛軍赴衛之苦，而定例暫將清
出軍丁改發原籍附近的衛所收操。說明之上，又列有改發之原則，舉一例如下：

> 山東、山西、河南、陝西、北京直隸人民，原充兩廣、雲南、貴州、四川行都
> 司、福建沿海衛分、湖廣五開、銅皷、寧遠等衛軍役者，今次清出，俱照今議
> 改補東西北一帶邊衛補伍。其北人有原係北方邊衛軍者，俱照舊解補，不在改
> 動事例。

說明之下，更詳列各府清出軍人應改解衛所名。如以北直隸順天府軍調三萬衛，山東
濟南府軍調定遼前、後衛，河南開封府軍調保安衛等。總的說來，順天府、北京直
隸、山東人民原充南方衛分的，改調遼東衛分補伍；河南並江北直隸人民改解萬全都
司衛分補伍；山西人民改解山西行都司衛分、陝西人民改解陝西行都司並寧夏衛分。
而南人原充北方衛軍的，則以廣西、廣東、貴州三布政司之人改解各該都司衛分補
伍，雲南人民改解雲南都司各邊衛，福建人民改解廣東、浙江沿海衛分，四川重慶等
府州人民改解四川行都司衛分，應天府並南直隸府州人民改解北京衛分補伍。比較複
雜的是湖廣、江西、浙江三布政司，清出軍丁除一部分改發各該都司或鄰近都司邊衛
外，分別被改編到南京及北京各衛所。

上述改調原則除湖廣、江西、浙江三布政司的部分人民以及應天府並南直隸府州
之人被分配到北京衛分外，大體說來，是以各州縣附近衛所為原則，使是年清出原訂
解發之衛所距原籍太遠的軍丁，能改編到原籍附近的衛所著役。同時，同一布政司之
人儘量分配到同一衛所，南、北兩京則以湖廣等三布政司人參雜用之。由於改解的衛
所多屬邊衛，因此有「補伍皆發極邊」之說，但所謂極邊衛所不過是原籍所在的都司

或鄰近都司的衛所，解送的距離有限。而以原屬南方衛分的北人改編北衛，原屬北方衛分的南人改編南衛，紓解長解長途解軍之勞，更是此例之最大意義。所謂「南北人互易」即當作此解。解氏引之以爲明初曾定例使南人戍北、北人戍南，其實是誤會了史文的意義。

　　王、解二說雖仍多商榷之餘地，但也部分反映了明代衛軍的分佈實況。特別是表2顯示的現象究竟是如何形成的呢？下節擬配合實錄與方志的資料，探討明初政府於分軍赴衛時所抱持的原則。

三、從衛軍的來源看明初分軍赴衛的原則

　　明代衛所的設置最早可追溯到甲辰（1364）年3月。是年正月，朱元璋始自稱吳王，占有以應天爲中心的江左州郡。《明太祖實錄》卷14，甲辰年3月庚午條：

> 置武德、龍驤、豹韜、飛熊、威武、廣武、興武、英武、鷹揚、驍騎、神武、雄武、鳳翔、天策、振武、宣武、羽林十七衛親軍指揮使司。先是所得江左州郡置各翼統軍元帥府，至是乃悉罷諸翼而設衛焉。[21]

可知在稱吳王後不久，即設定衛所制度。初僅設親軍衛17，其後隨領土之擴大，逐漸添設。至洪武26（1393）年，已有內外衛329、守禦千戶所65。「及成祖在位二十餘年，多所增改。其後措置不一」，至明末，更擴展爲都司21、留守司2、內外衛493、守禦屯田羣牧千戶所359、儀衛司33。各邊並設有宣慰使司、招討使司、長官司等近百處，番邊都司衛所等四百餘。[22] 規模不可謂不大。

　　有關明代衛所興廢沿革的情形，目前所知尚很有限。但由上述亦可得知，除去番邊衛所等具有羈縻性質者不論外，大體在太祖時已粗具規模。由甲辰年至朱元璋稱帝，期間有4年的光陰，稱帝以後到洪武15（1382）年平定雲南統一全國疆域，又經過了15年。這段期間正當軍事倥傯之際，也是明代衛所的形成時期。雲南平定以後，由於北邊仍有元朝的舊勢力，沿海地區有倭寇的侵略，國內也有白蓮教的餘黨四處活動，小規模的戰鬥仍不時發生，軍隊的需求還是很大。經各種不同途徑獲得的軍隊也

21　本條史料承黃彰健先生賜告，謹此致謝。

22　以上俱見《明史・兵志二・衛所》。

被編入衛所，在各地構築成軍事據點。這些記錄有部分殘留在實錄與方志中，有助於對明初政府分軍赴衛情形的了解。以下試就衛軍的不同來源，分別敘述之。

明代衛軍的來源有多種。[23] 最早追隨朱元璋起義的軍隊稱作從征軍，以濠州為中心，多兩淮之人。其後為擴充軍力，征戰之中多招降敗北軍人，是為歸附軍，其內容包括元軍及起義羣雄諸軍。

從征、歸附之外，又有謫充、籍選、收集、收籍諸法。謫充即以犯人充軍，因罪情輕重而有終身軍及永遠軍之別。終身軍服役終身而止；永遠軍則編入軍籍，子孫代代世襲軍役。籍選為抽民戶丁為軍之法，以三、五丁為一單位，由丁多戶中抽一丁者是為抽籍軍；集數戶丁至一單位，抽其一為軍是為垛集軍。垛集軍的特色在合數戶之力以供一役，出正軍者為正軍戶，其餘各戶為貼戶。貼戶除幫貼正軍之外，並有輪充軍役之責。

收集法是收諸反對勢力的殘餘舊部為軍。明朝成立以後，太祖常命歸附諸將到各地收集舊部，是為收集軍。收籍則是將屬於其他戶籍者收入軍籍，如以蛋戶、缸戶、屯田夫為軍者即是。

除此之外，故元軍戶到了明代仍繼續維持軍籍，加上因上述各法而增加的軍戶，到了永樂 2 （1404）年，全國軍戶已不下二百萬家，約占全國總戶數的五分之一。

從征軍俱為太祖親兵，乙巳（1365）年 7 月，朱元璋曾有令曰：

> 予自兵興十有餘年，所將之兵從渡江者，皆濠、泗、安豐、汴梁、兩淮之人，
> 用以攻取四方，勤勞甚矣。以其為親兵也，故遣守外郡以佚之。[24]

時為朱元璋自稱吳王的第二年，長期攻戰的結果，已領有浙東、江西、湖廣。[25] 為酬謝從征親兵的辛勞，將他們從第一線上撤下，使之從事外郡的防禦。這時在朱元璋的領地中已設有合淝、六安、長興、徽州、衡州、沔陽等衛，及滁州等千戶所，[26] 推想

23　以下有關之記敘，參見于志嘉前引書，第一章。

24　《明太祖實錄》卷 17，頁 5a，乙巳年 7 月戊午條。

25　有關元末群雄割據的形勢以及朱明統一全國的過程，參見吳晗《朱元璋傳》（香港‧龍門書店，1973）頁 34-102, 149-157。

26　《明太祖實錄》卷 15，頁 4b，甲辰年 9 月庚午條；同卷，頁 5a，同月甲申條；同卷，頁 9a，12 月丙辰條；卷 16，頁 7a，乙巳年 4 月條；卷 17，頁 1b，乙巳年 5 月乙亥條。

中研院歷史語言研究所集刊論文類編(歷史編・明清卷)

這些衛所的駐守主力,就是這些功成身退的從征親兵。

　　與之相較,歸附軍則被用作其後攻伐的主力。《明太祖實錄》卷20,丙午(1366)
年4月辛酉條:

> 上命朱文忠往徐達軍會議淮安城守事宜。諭達曰:大軍既克淮安,足以保障江
> 淮,控制齊魯。然將士新附,軍士移戍者多,留鎮者少。今就於其屬選將簡
> 卒,人人望長其屬,不得則易怨。將軍在處置得所,使上下相安,則吾無闃外
> 之憂矣。

在統一事業尚未完成之際,新歸附的軍人只有一小部分被留在原地擔任鎮守,大部分
則隨軍征伐,逐漸分散到全國各地。此後或隨衛所的設置而陸續被編入,但因資料缺
乏,無法詳論。

　　以上是明王朝成立以前的情形。值得注意的是,上舉措施乃是政府順應當時情勢
所需,調動軍隊的結果,並無因恐懼相同出身的軍人聯合謀反或逃亡,而刻意將他們
隔離分散的跡象。特別是使歸附軍的一部分仍留鎮原處,[27] 更顯出政府當用兵之時,
對歸附軍不得不加以重用。同書卷19,丙午年3月丙申條:

> 徐達拔高郵。……上命以所俘將士悉遣戍沔陽、辰州,仍給衣糧。

亦顯示徐達在攻下高郵以後,將所俘虜的將士二千餘人悉數遣送到沔陽、辰州,而未
將之分散各處。由上舉同年4月辛酉的史料來推測,這批官兵很可能還保持著若干原
有的統屬體系,由集團中選出將官,擔任管理之職。[28]

　　那麼,明王朝成立以後的情況又如何呢?以下列舉若干實例以為說明。

　　首先討論收集軍。同書卷50,洪武3 (1370)年3月壬子條:

> 廣西衛指揮僉事左君弼奏請收集故所部合肥軍士赴本衛調用。上從之。凡得一
> 千八百八十七人,置百戶一十七人,就令統詣廣西守禦。

卷74,洪武5年6月癸卯條:

27　此類例甚多,如《明太祖實錄》卷 15,頁 6a,甲辰9月條:「故陳友諒歸州守將楊興以城
　　降,就以興為千戶守之。」即為以降將守城例。又如蘇州衛,「吳元年立。天兵平張氏,即
　　以所俘士建衛。」則為以降兵建衛例,見正德《姑蘇志》卷 25,〈兵防〉,頁 1a。

28　又參見于志嘉〈從衛選簿看明代武官世襲制度〉(《食貨月刊》復刊第15卷第7、8期合刊,
　　1986) 頁33。

參政何眞收集廣東所部舊卒三千五百六十人，發靑州衛守禦。

卷80，洪武6年3月戊午條：

> 以賴正孫爲和陽衛指揮僉事。先是正孫收集陳友定舊將士八千人，詔以補和陽
> 衛軍伍。至是，以正孫爲指揮僉事，仍領之。

都是將收集到的軍士集中送到同一衛，並且以原來的官將充任百戶以至指揮僉事等職，統領舊部。只是左君弼等人收集舊部時所居之職，正巧都與出身地相距甚遠，促使收集軍也不得不遠離鄉里。但從成都都衛與右、中、前、後五衛，係以招輯之明玉珍舊部爲衛軍的例子來看，[29] 收集軍亦有可能被分配到附近的衛所，主要還是配合設衛的需要，適度加以調配的結果。

這一類的例子在地方志上也可得見。例如江西的袁州衛，是洪武元年以黃彬所招集的江西諸山寨逋卒爲軍設置的；[30] 河南南陽衛設於洪武2年，指揮僉事郭雲原來是元平章，於收集舊部之後被任以南陽屯守之職。[31] 二例皆將相同出身的軍人集中送到同一衛所，而且都離出身地不遠。

收籍軍的例子如洪武11 (1378) 年以鳳陽屯田夫爲軍，發派至湖廣黃州衛。這些屯田夫原是浙西的無田糧民戶，[32] 他們的原籍不必爲同一縣，但境遇相同，全被發派至同一衛。又如洪武 15 年曾選廣州蛋戶一萬人爲水軍，[33] 所分配之衛所雖不詳，但由充水軍的一點來看，明朝政府所考慮的是如何發揮他們的專才，而非分散或遠隔。

抽籍軍的例子最爲我們所熟知的有二。一是洪武20 (1387) 年以備倭爲目的，派遣周德興與湯和至福建、浙江，設衛沿海，抽籍爲軍之例；[34] 一是洪武 25 (1392)年抽山西平陽、太原等府民丁爲軍，以利屯田之例。[35] 抽籍軍分配衛所的原則，福建、浙江例見《明太祖實錄》卷 233，洪武 27 年 6 月甲午條：

29　《明太祖實錄》卷 68，頁 4b-5a，洪武 4 年 9 月丙子條。

30　正德《袁州府志》卷 6，〈武勳・黃彬〉，頁 54a。

31　嘉靖《鄧州志》卷 14，〈兵防志〉，頁 2b。

32　《明太祖實錄》卷 118，頁 2b-3a，洪武 11 年 4 月條。

33　《明太祖實錄》卷 143，頁 5b，洪武 15 年 3 月癸亥條。

34　浙江的抽籍，參照《明太祖實錄》卷 187，頁 2a，洪武 20 年 11 月己丑條；福建的抽籍參照《明太祖實錄》卷 181，頁 3a，洪武 20 年 4 月戊子條。

35　《明太祖實錄》卷 220，頁 2b-3a，洪武 25 年 8 月丁卯條。

詔互徙浙江、福建沿海土軍。初閩、浙濱海之民多爲倭寇所害，以指揮方謙
言，於沿海築城置衞，籍民丁多者爲軍以禦之。而土人爲軍反爲鄉里之害，至
是有言於朝者，乃詔互徙之。旣而以道遠勞苦，止於各都司沿海衞所相近者令
互居之。

可知最初是以之保衞鄉土，分配到最近的衞所，可是因爲對鄉里反而造成危害，乃以
福建、浙江之人互調。不久又因路遠不便，而將福建人調回福建各衞、浙江人調回浙
江各衞，[36] 只是離原籍稍遠罷了。但這已非政府之初衷，而是兩次改調的結果了。

　　關於閩、浙抽籍軍所屬衞所的互調，地方志也略有敍及，但與實錄的記載互有出
入。如崇禎《閩書》卷40，〈扞圉〉謂：

衞所初定，民未習土，率潛離城戍。（洪武）二十五年互調其軍於諸衞，故今
海上衞軍不從諸郡方言，尙操其祖音，而離合相間焉。

嘉靖《惠安縣志》卷7，〈職役〉云：

及（洪武）二十年遣江夏侯周德興建立沿海城池以防倭夫，編入尺籍，遂爲定
制。繼有言軍士戀土，不便防守，乃令各衞所對移，而崇武移之玄鍾。

均只提及一次的改調，《閩書》並將改調的時間記爲洪武 25 年。崇武與玄鍾二千戶
所俱屬福建都司，方志或將兩次的改調併作一次，而略去第一次改調浙江都司屬衞的
記載。但無論如何，由「民未習土」、「軍士戀土」等處看來，政府在分軍赴衞時對
民意仍需適度的尊重，抽籍軍旣嫌福建到浙江「道遠勞苦」，政府也只有屈從，再將
衞軍調回原籍所在地的都司近衞，這與王毓銓氏所推測的狀況是完全相反的。

　　山西抽籍軍的分配原則是使同州縣的人分到同衞所。洪武25年的抽籍共成立了16
衞，亦卽東勝5衞、大同城內5衞、大同迤東6衞，均屬於山西行都司。[37] 由衞選簿

36　嘉靖《龍溪縣志》卷8，〈人物・陳眞晟〉，頁4b云：
　　　國初苦倭寇，乃設鎭海衞以保漳之東土，而籍莆人、泉人來爲戍守。
　　是爲一例。下文舉嘉靖《惠安縣志・職役》，亦有崇武軍士調玄鍾所之例，皆可爲此證。但
　　嘉靖《寧波府志》卷8，〈兵衞〉謂浙江觀海衞與福建福寧衞之衞軍互調，則與實錄所記不
　　符。參見頁 35a。或許有部分的衞所並未實施第二次的改調也未可知。

37　《明太祖實錄》卷 223，頁 3b-4a，洪武 25 年 12 月壬申條；《明史》卷 40，〈地理志二・
　　山西〉，頁 971-973。

的資料可以確知，當時由洪洞、浮山二縣抽得的民丁被集中派遣至雲川衛，曲沃、翼城、絳縣的民丁則被分配到玉林衛。[38] 政府在分配衛軍時最先考慮的，是如何才能做到「民不擾」，因此將同地出身的抽籍軍集中送到附近的衛所。這與上舉閩浙抽籍軍的分配原則是完全一致的。

上舉二例還具有一個共同的特徵。不論在閩浙或山西，皆是因某一特定之目的（備倭或屯田）設置衛所，而抽附近民丁以為軍。這些民丁本屬民籍，卻被加以軍役的負擔，只有在保衛鄉土的名義下，才不致招來太大的怨尤。或者即是基於這一層考慮，抽籍軍服役的衛所都與原籍相去不遠。

可是垛集軍的情形就不太一樣了。垛集軍亦以民戶丁為軍，萬曆《濰縣志》卷6，〈兵制〉云：

> 當今之軍制，率三戶而籍一軍。其從役也，或衛京師、或戍邊徼、或隸各處衛所。蠻煙瘴海，遠近不同。

指出垛集軍的踪跡遍布各地。《濰縣志·兵制》並且對濰縣額軍的衛所分佈情形作了如下的敘述：

> 原額軍數六千七百三十六名，分隸京衛、邊衛、雲南、山西各省、各關衛、沿海各衛營所。處所繁多，不能徧考。

這種分歧現象是否在分配之初就已如此，是值得探討的問題。

山東實施垛集甚早。乾隆《定陶縣志》卷6，〈人物·鄉賢〉云：

> 商囂，定陶人。洪武三年垛軍，任監察御史。

可知在洪武3（1370）年曾實施過垛集法。另外由衛選簿的記錄也可得知，洪武元年、2年和4年也都在山東實行過垛集法。[39]

山東的平定在洪武元年2月。當時明王朝雖已成立，但尚未統一全域，只領有湖南、湖北、河南的東南部、江西、安徽、江蘇、浙江和福建等地。同年4月平定廣東，7月又下廣西，可是在四川還有明昇的夏國、雲南有元朝的宗室梁王；而淮河以北各地除了山東，仍然屬於元朝的統治。山東平定以後，朱元璋以之作為北征的基

38　參見于志嘉前引書頁14、附錄二。
39　參見于志嘉前引書頁13–14、34–35。

地，陸續將軍人送往前線。可能爲了補充兵源，先後多次在山東垜民爲軍。而垜來的軍丁則隨著北征的大軍，足跡分散到各處。一部分或更參與了討伐雲南的戰役，最後駐腳於雲南。也因此山東垜集軍的衞所分佈情形與歸附軍呈現了相似的面貌。

可是，山東的垜集軍在分散至全國各地衞所以前，似乎主要仍被分配在山東都司屬下的各衞。《雲川衞選簿》右所副千戶張一中項下：

> 內黃查有：張榮，卽墨縣人。洪武四年垜集，將正戶張端兒充膠州守禦千戶軍。五年調密雲衞中所。

卽是一例。又，霍冀《軍政事例》卷6，〈題爲酌時宜陳末議以裨益軍政事〉（嘉靖30年，1551）中有云：

> 山東衞所軍人缺伍數多，各軍原籍或係境內州縣。

可知仍有部分軍人未調往別處，留在山東各衞所。

山東之外，已確知曾實施過垜集的有湖廣、廣東、山西、福建等地。[40] 湖南的垜集由安陸侯吳傑等主持，時在洪武 22 年至 23 年（1389-90）之間。[41] 這時，貴州和雲南有許多新衞所成立，垜得的軍丁不少被派遣到貴州和雲南，[42] 另一部分則用來補充湖廣都司屬衞衞軍的不足。嘉靖《長沙府志》卷5，〈兵防紀〉記茶陵衞軍的來

40　湖廣、廣東之例詳下文。山西、福建例參見于志嘉前引書頁 14-15。

41　《明太祖實錄》卷 203，頁 3b-4a，洪武 23 年 7 月乙卯條；嘉靖《湘陰縣志》卷下，〈食貨・庸調〉，頁 43a-b；嘉靖《蘄州志》卷 3，〈古蹟・演武廳校場〉，頁 43a-b 都提及此次垜集。另外，嘉靖《長沙府志》卷 5，〈兵防紀〉有云：

> 洪武五年七月改潭州衞爲長沙衞，以各布政司幷本省各府州縣民自歸附丘指揮幷南雄侯、江英侯部下者垜充本衞軍士。

似乎在洪武 5 年已曾有過一次垜集。實際情形不詳。

42　貴州衞所設立於洪武 22-23 年間的，有安莊衞（《明史》卷 46，頁 1202）、都勻衞（頁1204）、清平衞（頁 1205）、興隆衞（頁 1206）、龍里衞、新添衞（頁 1214）、安南衞、威清衞、平壩衞（頁1215）等。其中龍里、清平等八衞軍「多湖廣人民三戶垜充」（見《明英宗實錄》卷 316，頁 3a，天順 4 年 6 月庚申條）。雲南例見《明太祖實錄》卷 201，頁2a，洪武 23 年 4 月戊申條：

> 改平夷千戶所爲平夷衞指揮使司。上以雲南列置戍兵，平夷尤當南北要衝，四面皆蠻夷部落，必置衞屯兵鎭守。乃命開國公常昇往辰陽集民間丁壯凡五千人，遣右軍都督僉事王成、千戶盧春統赴平夷置衞。

此例未言明爲垜集，但由時間、地點推測，或爲垜集之一例。

源，謂：

> 茶陵衞在元爲萬戶府，國朝吳元（1367）年始立衞，命指揮范谷保領焉。以
> 州之譚悅道等歸附軍千人並調蘇松歸附軍千人置左、右、中三所。洪武十三
> （1380）年復以襄陽歸附軍千人補之。二十二年命都督李勝粜州民戶，得軍二千
> 八百人，以二千人置前、後二所，調其餘以守禦貴州清平衞。

由此可以得知：1. 一衞雖常由左、右、中、前、後五所構成，以5600人爲額軍，但
五所未必同時成立，有時是分作數個階段才完成的。 2. 五所軍人來源或各不相同，
但儘可能以千人爲單位，將同一來源的軍人分配到同千戶所。茶陵衞所屬五所的軍
人，包括茶陵（譚悅道）歸附軍、蘇松（張士誠）歸附軍、襄陽（陳友諒？）歸附軍
與茶陵州民的粜集軍，其中除了張士誠的舊部，都是茶陵或其附近的人。

廣東的粜集施行於洪武27（1394）年。[43] 由安陸侯吳傑與陳埜先的舊將花茂主持。
其時因島夷爲患，於沿海地方依山勢設置了廣海、碙石、神電等 24 衞所，除粜集民
丁爲軍外，又收集了「海島隱料無籍等軍」，[44] 都是廣東土著之民。

不過，如前所述，兩廣在洪武元年已被納入明朝的版圖，因此有一部分衞所設置
得相當早。例如海南衞，卽成立於洪武2 （1369）年。初以「張氏漫散軍士」千餘名
設立海南分司，後又添撥北征中潰亡的陳州各地元軍千餘名，成立了東、西二所。洪
武 5 （1372）年改制爲海南衞，6 （1373）年以後，陸續有謫充軍發配來衞。是年，
改東、西二所爲左、右所，又因土寇占領儋州衞，以指揮張榮議設置新所。洪武 7 年
從福建調來賴正孫收集的陳友定舊軍三千，添設中、前、後三所。後因官吏犯罪謫充
來衞者甚多，洪武 10 年又增設中左所。 15 （1382）年調謫充軍之一部至崖州，設崖
州守禦千戶所，16 年以後因勾補者及幼丁成長者多，又於其中選出 1500 餘名爲軍。
20 （1387）年設後所，改中左所爲前所，將遷至儋州、萬州的前、後二所改爲儋州守
禦和萬州守禦所。[45] 經過這些調動，海南衞始具備了左、右、中、前、後五所，加上

43　廣東實施粜集法的時間亦有二說。雍正《廣東通志》卷23，〈兵防・軍額〉訂在洪武35年，
　　見頁 12b；萬曆《雷州府志》卷 12，〈兵防〉，頁 2b，以及正德《瓊臺志》卷 32，〈武
　　巡〉，頁 17a、光緖《續修廬州府志》卷 47，〈武功傳・花茂〉，頁 24a-b 等則皆訂在洪
　　武 27 年。前者未舉出實例，後者則詳述粜集經過，姑從後。

44　參照註 43。又見《明史》卷 134，〈花茂傳〉，頁 3908。

45　正德《瓊臺志》卷 18，〈兵防上・兵制〉，頁 3b-4b。

崖州、儋州、萬州三守禦千戶所，各所所內的軍源都是相當一致的。

關於海南衞各所軍士的原籍，正德《瓊臺志》卷7，〈風俗〉有云：

> 國初以來，軍士自初發張氏漫散，則多蘇、浙之人；續撥征北潰亡陳氏（按：
> 卷18，〈兵制〉作陳州）各處元氏舊軍，則多河之南北；再調賴正孫之收集，
> 則又閩、潮之產；以後中原各處官吏充配踵至，會染成習。

可知因爲來源的不同，顯出複雜分歧的現象。但由上文亦可得知，不論是謫充、收集
或歸附軍，都是以千人爲單位，被分配到同一千戶所的。

最後要討論的是謫充軍。如上所述，海南衞中左所（後改爲前所）及崖州守禦千
戶所的軍隊，主要就是由謫充軍組成的。明初，太祖以嚴刑重罰統治，故臣民因犯罪
而謫充爲軍者甚多。充軍下死罪一等，但永遠軍因需子孫代代世襲軍役，其苛酷有甚
於死罪者。關於謫充軍發配衞所的規定，洪武 26 年刊行的《諸司職掌》卷5，〈刑
部・司門科〉謂：

> 充軍仍咨呈該府作數，如浙江、河南、山東、陝西、山西、北平、福建竝直隷
> 應天、盧州、鳳陽、淮安、揚州、蘇州、松江、常州、和州、滁州、徐州人發
> 雲南、四川屬衞；江西、湖廣、四川、廣東、廣西竝直隷太平、寧國、池州、
> 徽州、廣德、安慶人發北平、大寧、遼東屬衞。

乃是將同一布政司的人送到同一都司，並且限於雲南、四川、北平、大寧、遼東等邊
境地區，以爲罪懲。這條史料明確地提示出以南人戍北，北人戍南的意圖，但此一規
定之適用時間及範圍似極有限。上舉海南衞屬廣東都司，不在上引《諸司職掌》所定
五都司內，又如《明太祖實錄》卷236，洪武29（1396）年2月甲午條云：

> 陝西行都指揮使司都指揮僉事張豫言：今迤西所統邊衞人稠地狹，供給糧儲惟
> 藉內地轉運，況各衞軍士多由罪謫。

陝西行都司亦不在五都司內，但其屬衞軍士多由罪謫。《明史・刑法一》亦有：「初
制，凡官吏人等犯枉法贓者，不分南北，俱發北方邊衞充軍」之記載，似乎卽使在明
初，還是有許多變通。永樂元（1403）年罷北平都司，[46] 可以確定《諸司職掌》中的

46　參見譚其驤〈釋明代都司衞所制度〉（《禹貢半月刊》第3卷第10期，1935）頁1。

有關規定必然會有相應的調適，唯實際情況不詳。

　　通過上述分析，可知明初政府在分軍赴衛時，常以千人爲單位，將同一來源的軍人集中調配至同一千戶所，並且在相當程度上維持了該軍團原有的統屬體系，以收管理之效。除謫充軍曾有明文規定以南人戍北、北人戍南外，垜集軍與抽籍軍因係由民戶丁中抽丁爲軍，大多以保衛鄉土爲號召而分配於原籍附近的衛所，或因應衛所設置的需要，將同縣抽垜得出軍丁集中送到同衛所。歸附、收集、收籍等軍的調配亦多以千人爲單位。其分配原則與其說是分散或遠隔，不如說是配合當時各地建衛的需要，將來源相同的人盡量分配到同一衛或所。由於相同來源的軍人不一定是同一縣出身，同縣出身的軍人可能因不同途徑先後於不同時機成爲軍戶，因此分析某縣軍戶的衛所分佈情形，對了解明初政府分軍赴衛的原則並沒有多大助益。儘管如此，通過本節的分析，我們對表2所呈現的現象仍可提出初步的解釋。諸例中，江西臨江與浙江海寧最早納入明的版圖，兩地出身的衛軍有不少屬於歸附軍，歸附既早，投入戰爭的時期較長，征伐之中，逐漸分散到全國各地的可能性很大。河南平定之時，南方各地除四川與雲南外，幾乎已完成統一，因此河南歸附軍人主要被用在北伐，其分佈遂以北方各地爲主。山西解州衛軍有許多是在洪武25年抽籍時產生的，抽籍軍被集中分配到陽和衛，因此呈現陽和衛一枝獨秀的分佈狀態。陝西高陵的情況不詳，但因地處邊境，可能在以土民爲軍的原則下，被優先分配到陝西都司、行都司。其衛軍分散於 33 個不同的衛所，或許是經多次召募後造成的結果。[47]

　　上述說明只能解釋大致之趨勢，對於大趨勢下的細節現象則難以涵蓋。這一方面是因爲我們無法掌握住明代衛軍全體之資料，無法進行詳細的分析比對，另一方面則是因爲表2所呈現的嘉靖間狀況，較明初已有許多變化。變動的因素在上節也已約略提到，下節擬針對明代衛軍改調的情形，加以探討。

47　參見《明史》卷 91，〈兵志三·土兵〉，頁 2249-2250。召募土民爲軍的方法廣泛實施於陝西、延綏、甘肅、寧夏等沿邊各鎮。《明孝宗實錄》卷 127，頁 3a，弘治 10 年 7 月丙午條；同書卷 179，頁 5b，弘治 14 年 9 月丁亥條都是召募的實例。

四、從軍政條例看明代衞軍的改調

明代有關衞軍改調的規定很多，俱詳軍政條例。[48] 大體可分作三類。一是懲罰性的將衞軍由原定衞所改調至邊遠、煙瘴地區衞所，一是安撫性的改調至衞軍原籍附近衞所，另一則是政策性的改調。

懲罰性的改調主要適用於逃避軍役之人。相關條例不少，簡單整理如下：

1. 軍戶壯丁不行應役，卻買通官吏將買到家人、義子、小斯冒名頂替，[49] 或以不係同宗子孫頂替起解者，[50] 正軍調發別衞充軍，頂替之人就收本衞補伍。備倭軍有以舍餘人等代替正軍的，正軍問調沿海衞分，舍餘人等就收該衞充軍。[51]

2. 遠衞軍子孫「投避附近衞所，冒頂異姓名伍作弊者」，事發，調極邊衞。[52] 解軍違限一年以上，[53] 或有「軍解正身並攬解之人買求別衙門私造印信、私用批廻」，[54] 即將軍人發邊遠衞分，原邊遠者發極邊。解人亦「不分親身、代替，俱發附近衞分」充軍。

3. 軍戶子孫畏繼軍役，捏同里書另作民戶，或寄異姓戶內，或冒頂他人戶籍者，正犯決杖一百，發煙瘴地面充軍。[55] 若軍戶恃強充任里老，或買通里老官吏，「將有丁捏作故絕，壯丁捏作幼小，非老疾捏作老疾，見在捏作逃移者」，「應解軍丁照例問發邊遠充軍；如原係邊遠，發煙瘴、極邊衞。仍令僉戶下一丁補伍」。[56]

4. 為事編發軍犯有於間招之際更易姓名鄉貫，到衞之後，又不將原籍原衞丁口

48　現存軍政條例中，以日本內閣文庫藏，譚綸等輯《軍制條例》7 卷（萬曆 2 年刊本，以下簡稱譚書）最爲完整。本文引用軍政條例，除非特別註明，皆引自此書。

49　譚書卷 2，〈軍戶冒頂變亂版籍〉（宣德 4 年），頁 2a。

50　譚書卷 6，〈解軍賣放頂替發遣〉（弘治 13 年），頁 17a。

51　譚書卷 1，〈舍餘代替正軍發遣〉（弘治 13 年），頁 23a。

52　譚書卷 1，〈遠軍冒充附近許首〉（正德 10 年），頁 31a。

53　譚書卷 6，〈解軍違限照例坐罪〉（宣德 4 年），頁 1a。

54　譚書卷 6，〈解軍批廻互相查考〉（弘治 4 年），頁 12a；同卷〈解過軍士查驗批收〉（隆慶 5 年），頁 30a。

55　譚書卷 2，〈改戶匿丁許首改正〉（正統元年），頁 6b-7a。

56　譚書卷 2，〈禁止里老朦朧結申〉（宣德 4 年），頁 1a-b；卷 3，〈繳回軍單不許捏弊〉（嘉靖 11 年），頁 19b-20a；卷 5，〈清軍隱瞞作弊坐罪〉（嘉靖 11 年），頁 26b。

從實供報，以圖日後無從追補者，正軍發邊遠充軍，家下另僉壯丁補伍。[57] 已逃亡而又限外不首者，杖一百，發煙瘴地面充軍。[58] 若於解衞之際冒領家人供送文憑，以便日後照身逃回者，正軍發邊遠充軍，家下另選一名壯丁補伍。[59]

　　上舉各項分類方法非常粗淺，只是將逃役方法或罰則近似者歸作一類。而逃役方法自然不只於此。如應繼壯丁爲怕充軍役而故自傷殘者，全家發煙瘴地面充軍。[60] 全家投托官豪勢要之家藏躲，致連年缺伍者，戶長發邊衞充軍，戶丁仍補原役。[61] 曾經爲事充發軍人用計營討各邊外省劄付，冒納冠帶者，「除眞犯死罪外，其餘枷號滿日，發煙瘴地面永遠充軍」。[62] 充軍人犯逃回潛住的，限外不首，拿送法司；原問死罪者仍舊處決，雜犯死罪以下者，枷號三個月後改發極邊衞分充軍。[63] 除此之外，窩藏逃軍也是一項不小的罪名，若窩家爲軍人，發邊遠衞分充軍。[64]

　　懲罰性的改調除將正軍調至邊遠或極邊衞分外，有時還要從原籍戶下挑選壯丁一名，補充原衞的缺額。但除非條例中載明改調的處分爲「永遠」，否則很可能是及身而止的處罰，其子孫仍繼續原衞的軍役。另外，懲罰性改調的處分不限於逃役軍人，軍官、軍人因其它犯罪行爲而被判調衞的情形亦不少，有些在調衞之初即規定了年限，期滿即回原衞；有些則舉家被遷，子孫改繼後調衞所軍伍。[65] 這些都促使明代衞軍的衞所分佈情形更形複雜。

　　懲罰性改調目的在懲處於「法」不合的軍丁，相反的，安撫性改調則所據爲

57　譚書卷 6，〈旗軍妄報名籍編發〉（宣德 4 年），頁 1b。

58　譚書卷 1，〈軍人自犯諸罪許首〉（正德元年），頁 24b-25a；卷 4，〈逃軍自首改編附近〉（正統元年），頁 3a-4a。

59　譚書卷 2，〈軍人冒給文引照同〉（宣德 4 年），頁 1b。

60　譚書卷 2，〈壯丁故自殘傷許首〉（宣德 4 年），頁 2b。

61　譚書卷 4，〈裁抑包占以輯逃移〉（嘉靖 32 年），頁 26b-27b。

62　譚書卷 4，〈查奪逃軍冒納冠帶〉（正德 15 年），頁 17b。

63　譚書卷 4，〈新軍逃回依律調補〉（成化 23 年），頁 9b；同卷〈軍犯逃回照律處發〉（弘治 13 年），頁 11b。此一規定至嘉靖 11 年而略有修訂，見同卷〈逃軍三次發邊瞭哨〉，頁 22b-23a。

64　譚書卷 4，〈逃軍孥獲罪及窩家〉（宣德 4 年），頁 1a-b。

65　軍官犯罪改調之有關規定，詳見萬曆《大明會典》卷 119，〈銓選二‧降調〉。衞選簿中亦有相關記事，參見于志嘉〈從衞選簿看明代武官世襲制度〉，頁 37-38。

「情」。明代衞軍逃亡的情形明初即已得見，此後並益趨嚴重。洪武間對逃軍「能自首者免罪復役」，「無衞分者照發外衞，有原衞者就發充軍」。[66] 所謂「外衞」，係與「京衞」對稱，部分逃軍因逃亡日久或其他原因無法查出原定衞所者，自首後即分配到在外衞所；能查出原衞的則仍發原衞。這個辦法在宣德4（1429）年清軍時被重申，[67] 至正統元年（1436）而有重大的改變。軍政條例〈逃軍自首改編附近〉（正統元年）記載對自首逃軍的處置辦法，謂：

> 榜文至日，限兩月以裏，許令赴所在官司或御史處首告，就收本處附近衞所入
> 伍當軍。轉達本部，行移原衞除豁軍伍。[68]

乃是以改發原籍（或脫逃地）附近衞所爲吸引逃軍自首的手段。由「行移原衞除豁軍伍」一點來看，此一安撫性改調似爲永久性措施，因自首而改調近衞的逃軍，其子孫代代承襲近衞軍役，與若干暫時性改調遠衞的懲罰性措施不同。

　　將自首逃軍改編近衞的方法究竟實行了多久，很難確知。但由成化12(1476)年，〈寄操軍士仍解原衞〉推測，似乎並不樂觀。條例內容如下：

> 先年收發附近衞所寄操軍士，除天順六年四月十九日以前編定者不動外，以後
> 告投存留者仍解原衞。其先收發附近衞所，若有逃走者，不問正身、戶丁，發
> 册至日，照例連妻仍解原舊衞所補伍。[69]

所謂「收發附近衞所寄操軍士」，包括遠年迷失衞分軍士及出幼軍丁等，但其大宗應即爲自首逃軍。他們在每次清軍後，因爲符合條例的規定而收發原籍附近衞所，可是卻在成化12年，一部分又被發回原衞。考實錄天順6（1462）年4月甲戌條，是時北直隸、福建、貴州、廣西、廣東、雲南清軍御史顧儼等因三年清軍例滿返京，兵部欲令各官仍前清理，英宗以兩廣師旅方股爲由，免掉兩廣地方清軍御史的派遣；貴州則因軍數不多，由雲南清軍御史兼理。[70] 清軍的範圍大爲縮小，此後至成化 12 年間清

66　萬曆《大明會典》卷 137，〈收補・凡收補軍士〉洪武 26 年條，頁 1b-2a。
67　譚書卷 5，〈勾解逃故軍餘許首〉（宣德 4 年），頁 4b-5b。
68　譚書卷 4，頁 3b。
69　譚書卷 6，頁 10a。
70　《明英宗實錄》卷 339，頁 1b。

軍的情形雖不詳，但成效似乎不彰。[71] 加以改編近衛的人並非個個安分守己，改近後復又逃亡的也不乏其人；另一方面，以自首逃軍改編近衛的方法亦刺激了部分遠衛軍人以改近爲目的而逃亡，或許就是在這些因素的影響下，以自首逃軍改近議逐漸退居劣勢了。

成化 12 年以後軍政條例中有關自首逃軍的規定，都只令其發回原衛。[72] 一直要到正德 9 (1514)年，才又有改編的規定。此即〈照例改編朦朧有罪〉條，其文如下：

> 凡各衛所軍人但在正德九年正月二十八日以前逃故，該衛所見今造册清勾，及在詔書到後三個月以裏，赴本處撫按衙門、布按二司、府州縣清軍官處首告者，方許改編附近。（中略）若聞有恩赦方纔逃回，及衛所有人應當，不曾開除；並在三個月限外首告者，俱不准改編。若原衛所相離原籍不及千里之上者，亦不准改編。[73]

從不准改編的諸種限制亦可了解，逃軍自首改近的事例一出，許多遠衛軍人爲求改近而紛紛逃亡，反而使軍政更加混亂。故而限定只有在是年正月二十八日以前逃亡故絕，於此例發佈時已經由衛所造册清勾者可以適用，例後聞有恩赦而逃回者不准改近；若在衛有人輪當軍役不缺的，亦不可援例要求改近。條例中並且規定，必須原衛與原籍距離超過一千里才有改編的資格，千里之內的，亦不能援例改近。這較正統元年的規定，已經加上了雙重的限制。

另外一點必須指出的是，正德 9 年的條例是以「恩赦」的形式提出，不像正統元年的條例，具有一般性或普遍性。恩赦的效用僅限於特定的時期，其法則並無法衡諸四海而皆準。軍政條例中再度以自首逃軍改近，一直要到嘉靖 2 (1523)年，[74] 其後

---

71 明朝曾於成化 11 年定例清軍以十分爲率，不及三分或有寃枉者，須受參奏黜責之罰。而當時能清出三分已非常不容易。參見于志嘉前引書，頁 100。

72 如譚書卷 4，〈新軍洮同依律調補〉（成化 23 年），頁 9b 即謂：「今後充軍人犯逃同潛住，限一個月以裏自首免罪，仍發原衛。」卷 5，〈清查遠年逃軍改近〉（正德 8 年），頁 21a 亦謂：「逃軍自正德八年六月以前如有在逃年遠軍人，許於所在清軍官明白出首免罪，解發原衛補伍」，都只能發回原衛。

73 譚書卷 1，頁 27b-28b。

74 譚書卷 4，〈逃軍埋沒許首改撥〉（嘉靖 2 年），頁 19b。

75 譚書卷 5，〈行查遠年差抅迷失〉（成化 13 年），頁 13b；同卷〈埋沒軍人改編附近〉（正德 8 年），頁 20b。

亦不復見。

不過，上述的改變僅限於自首逃軍，因遠年不曾清勾以至迷失衞分的軍人，仍於清出後送附近衞所收操。[75] 另外，宣德以來對「紀錄軍丁年方出幼，當發補役」者，如果原衞所離原籍千里以上，亦發附近衞所收役充軍。[76] 正統以後並且將範圍擴大到事先雖未紀錄，但於出幼時因戶內無其他壯丁而被勾補役者。[77] 天順 5 年（1461）又使「軍丁親老，無人養贍者」發近衞着役。[78] 目的都在減輕幼丁單丁戶因發遣遠衞而生的負擔。改編近衞以後，原衞的軍伍必須開豁，以免原衞因無人補伍重覆勾軍。但是寄操軍人子孫是否能永久改繼近衞着役，仍有疑問。如正德 8（1513)年，〈紀錄幼軍收發附近〉條卽在重申紀錄幼軍改近之令後聲明：「待候戶內人丁興旺，照舊改正」，[79] 強調了改近只是一時權宜性的措施。

這種權宜的作法，究竟是宣德以來的規定？抑或正德以後才附加上的已無由得知。而且不論始於何時，是否能切實遵行也很成疑問。依照軍政條例的規定，所有改調的記錄必須隨時記入各種册籍，[80] 以免因一時疏漏造成重覆勾補的困擾。可是，各種册籍雖皆以改調記錄爲其記載之要項，册籍本身在明代中期以後卻因軍政不脩，或流於形式而錯誤百出，或受控於里書之手，成爲欺詐謀利的工具。[81] 不過，無論如何，由各種册籍中改調一項所占的比重來看，衞軍改調的情形應相當普遍，並且已受到政府相當的重視。

最後要討論的是政策性改調。上文所介紹的正統 3 年事例以及相關條例亦併入

76　譚書卷 6，〈紀錄幼丁改發附近〉（宣德 4 年），頁 2a。

77　譚書卷 6，〈未紀錄幼軍發附近〉（正統 2 年），頁 5a–b。

78　譚書卷 7，〈單幼軍丁改編附近〉（天順 5 年），頁 6b。

79　譚書卷 2，頁 17a–b。

80　明代各種管理軍戶的册籍，多以「改調」爲其記錄之要項。參見譚書卷 1，〈衞所五年一次造册〉（弘治 13 年），頁 21b–22a；〈調衞逃沒問擬遠衞〉（正德 11 年），頁 31a–b；卷 2，〈查造旗軍戶丁類册〉（成化 11 年），頁 10a–b；卷 3，〈奏造有司格眼圖册〉（正德 8 年），頁 9b–10b；〈軍衞攢造五項文册〉（正德 16 年），頁 13a–14a；〈衞所軍單照式填註〉（嘉靖 11 年），頁 20a–21b；〈造兜底類姓類衞册〉（嘉靖 31 年），頁 27a–28a；〈軍民黃册參互稽考〉（隆慶 6 年），頁 34a–b；〈殷實造單改調除豁〉（隆慶 6 年），頁 37b–38a 等條。

81　參見註15。

此。這些條例有時會就適用地區、對象或時間加以限制，但基本上對逃軍並不特別排斥，而與老故疾軍平等視之。

軍政條例中所見有關條例最早出現於正統元（1436）年，是年因廣西都司南丹、奉議等衛所奏稱缺軍，而將浙江等都司並江南直隸鎮江、蘇州等衛所清出帶操軍士發回廣西各該衛補伍；廣西各衛的帶操軍士則皆收入正伍，藉以充實廣西兵源。[82] 這一次的改調只是將原屬廣西各衛而帶操於他衛的軍士調回原衛，將原屬他衛而帶操於廣西各衛的軍士收入正伍，調動的範圍很小。[83] 但兩年後的正統3年事例，其規模卻是全國性的。

正統3年事例的意義已如前述，當時因為有部分軍人所屬衛所與原籍相距太遠，致清解發生困難，為紓解長解與衛軍長途跋涉之勞，而有全面改編之議。改編的對象僅限於是年清出的「今次該勾軍丁」，但規模龐大，若能實現，不失為一項壯舉。可惜卻在條例化以後，被鄺埜以「紊祖制」為由否決了。

關於鄺埜否決此議的經緯目前尚不十分清楚，不過由實錄可以得知，正統3（1438）年2月巡撫河南山西行在兵部右侍郎于謙曾奏請將河南、山西清出「補役戶丁，但原衛在二千里外者，俱照例暫發附近衛所收操」，[84] 時在楊士奇提議以南北人互調後兩月。[85] 于謙的上奏經行在兵部覆奏獲得英宗的同意，我們雖無法確知他所援用的例是否即正統3年例，但由之當不難理解，正統3年例的提出確有其必要。山西、河南兩地清出的軍丁，由於于謙的積極爭取得以順利改編附近衛分，其他各地則不若似之幸運。《明史》謂正統3年例一直要到成化2（1466）年才因為山西巡撫李侃之請而議行，但其成效仍很可疑。施行之範圍是否能擴及全國也不無疑問。[86] 只能由其後的一些相關條例來推測，改調的政策推行起來可能並不十分順利。

其一就是上引成化12年〈寄操軍士仍解原衛〉條。以自首逃軍或出幼軍丁等改

82　譚書卷1，〈發回廣西衛所開伍〉（正統元年），頁2a-b。
83　譚書卷1，〈清查衛所收操軍士〉（正統2年），頁3b-4b。
84　《明英宗實錄》卷39，頁1a-b，正統3年2月乙卯朔條。
85　楊士奇的提議見《明英宗實錄》卷37，頁3b-4a，正統2年12月丁卯條。
86　李侃之議見《明憲宗實錄》卷29，頁3a-b，成化2年4月己酉條。據此，則不論李侃之議或兵部覆議，都只提及山西一地。

3644 中研院歷史語言研究所集刊論文類編（歷史編・明清卷）

編近衛的規定雖已行之有年，仍不免遭受挫折而被重新檢討；以南北人互易之例旣自議定之初卽飽受杯葛，推行以後所遭受的阻力必然更大。何況正統 3 年例雖僅限是年「清出疾故軍丁」可以適用，例後逃亡以求改近的弊病必在所難免；對軍政管理所帶來的困擾旣然類似，其前途也就不十分樂觀了。

另外一個促使我們做出相同推論的理由是：成弘以後幾次政策性的改調似乎推展得都不太順利。例如在成化13(1477)年，政府因雲貴兩省「外連交趾，內控諸夷」，地勢特別衝要卻缺人防禦，下令將今後清出雲貴夷人應解千里之外衛所者，「俱編本處邊衛當軍」。[87] 可是到了弘治元 (1488) 年又重申前令，並且附帶聲明：「自天順六 (1462) 年四月十九日以後奉例收發附近衛所軍人馬達二等」，「俱留本處衛所差操」。[88] 顯然成化 13 年例因受前一年〈寄操軍士仍解原衛〉的影響，致馬達二等的去留發生疑問，因而有弘治元年例予以澄清。這類的問題同樣也見於兩廣。[89] 由於條例本身在發佈時設想得不夠周全，先後發佈的條例內容互相牽制，因此在執行時容易發生糾紛。雲貴、兩廣的事例同時也讓我們對當時的軍政效率產生懷疑：馬達二等的去留問題早在成化 13 年例發佈時就已發生，卻要待十餘年後才得解決。這種牛步式的效率能否推動全國性大規模的改調，實在可疑。

果然，到了弘治 3 (1490) 年，又有新條例成立以爲南北人互調催生。〈南北充軍就便編發〉云：

> 洪武年間北人發極南邊衛，南人發極北邊衛充軍者，續後清勾，北人解去極南者被瘴癘而死，南人解來極北者被苦寒而亡，人多畏避，不肯着伍。合仍照宣德年間大學士楊士奇建言，各照南北地方編發。[90]

可能成化 2 年李侃的建議只帶動了山西一地補役軍丁的改調，眞正全面性再度就南北人互調提出檢討則是在弘治 3 年此例提出以後。不過，由弘治 15 (1502) 年追加提出的〈南北邊軍限年改編〉條，規定「除弘治三年以前已經改解附近者不動外，其在弘

87　譚書卷 1，〈雲貴夷充編本衛所〉（成化 13 年），頁 14b-15a。

88　譚書卷 1，〈雲貴軍丁本處留操〉（弘治元年），頁 19a-b。

89　譚書卷 1，〈兩廣軍丁編本邊衛〉（成化 13 年），頁 15a-b；〈兩廣夷人仍留本處〉（弘治 2 年），頁 20a；卷 7，〈兩廣軍人存留本處〉（弘治 2 年），頁 9a。

90　譚書卷 7，頁 9a-b。

治三年以後清出之數，俱要逐一解發原衞補伍」一點來看，[91] 弘治 3 年例的推行似乎也遭遇到不小的困難。

弘治 15 年例發佈以後，以南北人互調之議似乎暫時停息，但到嘉靖年間，又因清軍御史的多次題請，再告實現。嘉靖 32（1553）年，〈軍伍不許比例改編〉條對弘治以來的演變有如下之敍述：

> 編充軍犯原有定制，必酌情罪輕重，分別附近、邊遠、極邊、煙瘴等第發遣。
> 自正統一（三？）年，因其路途遼絕，遂有南北之分。至弘治年來，覆遵舊
> 制。近因各該清軍御史參酌時宜，以求充實行伍，節次題議改編。然一軍改
> 伍，二役俱存；貽累軍丁，勢及解戶。通行浙江等十三省及南北直隸各巡按清
> 軍御史查照，除自嘉靖三十一年以前改調外，斷自嘉靖三十二年春季，以後清
> 理軍丁俱不許比例改編，以致奸徒規避紛擾。以後年分永為遵守。[92]

條例中所謂「弘治年來，覆遵舊制」，應指弘治 15 年例。根據這個條例的記載，正統 3 年楊士奇之議似曾得以實現，並且一直持續到弘治 15 年，才又恢復「解發原衞補伍」的措施，與《明史》所載不合。不過，無論如何，由條例起始的部分亦可得知，明初將衞軍發遣遠衞的措施主要適用於謫充軍犯的編發，並非所有衞軍皆是如此。嘉靖以後由於清軍御史又以充實行伍為名，屢次題議改編，卻無法及時開豁原伍，致使一軍二役，反而更加重了軍戶與解戶的負擔，因此在嘉靖32年重作整理，以是年春季為斷，此後清出的軍丁俱不許比例改編。由這段敍述也可以推想得到，弘治15年所以會下決心限年改編，很可能有相當大的部分是緣自軍政管理的缺失。再加上總有一部分軍人欲援例而逃亡，爭端一多就難免使保守派官僚的意見占了優勢。這使得軍政條例中有關改調的規定反反覆覆，不但是軍戶連清軍官都不免要生無所適從之歎了。

軍政條例中有關改調之規定的複雜難解，尚可由下例獲得證明。此即嘉靖 31（1552）年，〈逃亡軍士限年改編〉條，內容如下：

> 自今清出軍士，除山、陝、河南、北直隸、湖廣等省照依題准，以嘉靖二十九

91　譚書卷 5，頁 17a-b。
92　譚書卷 6，頁 27b-28a。

年十二月以前爲限外　，其餘止許三十年四月二十五日題准以前逃亡者許其改

編。以後月日逃亡者卽係捏故希改之徒，清出軍戶或原逃仍補原衛，不許妄行

改編。[93]

這一條條例的成立背景，由於有原提案人的奏疏及兵部覆議可以參考，可知至少還包

含了三次不同的提案，分別由王本國、李初元、霍冀三人提出。加上此案原提案人孫

愼，四人都是清軍御史。[94]

王、李、霍三人的提案，先後於嘉靖 30（1551）年正月、四月及六月間提出。三

人不約而同要求改編，但王、李二人分別以北直隸、陝西、山西、山東、河南及湖廣

清出軍丁爲限，霍冀則要求全面改編。王、李並皆以嘉靖 29 年以前清出者爲界，霍

冀則希望提案以後所有清出軍士皆得照例改編。結果王、李之議很快就經兵部覆題而

奉命施行，霍案則因孫愼的意見，被修正成上引的形式。也就是以霍議題准的日期爲

限，其後逃亡者仍不得適用。山、陝等地清出者則因有王、李之議在先，仍以嘉靖 29

年爲限。

這個事例清楚的說明了一項事實：全面改編之議雖已蔚爲潮流，但保守的勢力仍

然不小；加上軍政的效率實在太差，以致始終無法徹底推展。因此常被冠以地區或時

間的限制，或者在某些特殊目的的要求下，進行局部性的改編。後者如弘治 5（1492）

年以「北直隸、陝西、山西、河南、山東人民，原充雲南、貴州、兩廣、福建軍伍，

果係天順六年以後清出在官，自來不曾解補者」改發近衛；[95] 弘治 18（1505)年將清

出北方腹裏衛分軍人離原籍五千里之外者改編近衛；[96] 嘉靖 11（1532）年將原籍陝

西州縣的京衛軍隨解隨逃者改編陝西附近衛分，山西、河南地方有願改者，「一體改

隸邊衛收籍」；[97] 12 年令：「今後凡遇勾補三次逃軍，及爲事應該改發、問發邊衛充

93　譚書卷 4，頁 25b。

94　霍冀《軍政事例》卷 6，〈題爲申舊例酌時宜以釐奸弊以實行伍事〉（嘉靖 30 年），頁 74a-
　　77b。

95　譚書卷 6，〈北方軍人就近編發〉（弘治 5 年），頁 24a-b。以北方軍人就近編發的事例，
　　到了弘治 9 年，又擴大範圍到北直隸等地人民原充四川行都司並湖廣五開等處軍役者，參見
　　同書卷 1，〈山西河南比例改編〉（弘治 9 年），頁 21b。

96　譚書卷 5，〈腹裏軍人改編附近〉（弘治 18 年），頁 19a-b。

97　譚書卷 1，〈陝西京軍改編邊衛〉（嘉靖 11 年），頁 35a-b。

軍者」，俱發貴州沿邊都勻等衛，應極邊者，調發貴州沿邊哨堡常川守哨；[98] 22 (1543)年又將山西、宣大各鎮淸出應解別省軍士，除兩京、宣大、遼東、陝西照舊淸解外，俱存留本地；河南等各省應該淸解山西、宣大各鎮者，亦改近充軍等都是。[99] 改編近衛的理由，如嘉靖 22 年例是因爲山西地方連年虜患，「多方招募，期年未集」，[100] 才退而求其次借助於改調法的。也就是說，這一類的改調大多是迫於情勢所需，爲紓解部分地區衛所缺軍之患而施行的。隆慶以後的政策性改編主要見於薊鎮，從隆慶 5 (1571) 年至萬曆元 (1573)年，相關的條例就有五條，[101] 這也是軍政條例中所見最後一次的改編。

軍政條例中有關改調的條例大體如上述。由之可以推知，明代以南人戍北、北人戍南的現象主要見於謫充軍。正統以後，爲紓解軍戶、解戶長途跋涉之勞，有將淸出軍丁改解原籍附近衛所之議。但因軍政管理上的缺失，弊多於利，推展得並不順利。改編他衛的方法並且常被利用來作爲懲處或安撫逃軍、單丁幼丁戶的手段；對犯法者施與改調遠衛的懲罰，對單丁幼丁戶或自首逃軍則予以改編近衛的優待。政府有時亦會應缺軍地區的要求，施行局部性的改調，以便缺軍地區能在短期間內湊出一支地方性色彩較濃的軍伍，應付敵患。但無論是那一種改調，大體皆限定適用者爲條例發佈時有淸勾之必要者；有些則在條例發佈後數年，又另立條例追加設限。這些限制使得原本錯綜複雜的衛軍分佈狀況更形多歧，有助於我們對表 2 所呈現的分散狀態的了解。尤其是謫充軍分配之衛所，在明初雖僅限於雲南、四川、北平、大寧、遼東等五都司，但隨著問刑條例的漸趨複雜，謫充軍人所發配的衛所也因罪情輕重細分爲烟瘴、極邊、沿海諸等級；[102] 如果再配合各地衛所的實際需要，同縣同罪的犯人因時間先後而被發配之衛所很可能大不相同。而同縣同衛的軍人在服役期間又可能先後因

---

98 譚書卷 1，〈處調邊軍以實營伍〉（嘉靖 12 年），頁 35b–36b。

99 譚書卷 1，〈山西軍士編回本省〉（嘉靖 22 年），頁 37b–38a。

100 譚書卷 2，〈山西存留應解軍士〉（嘉靖 22 年），頁 20a–21a。

101 譚書卷 6，〈初議改撥薊鎮軍士〉、〈酌邊腹以均補伍〉、〈復議山陝停解薊鎮〉（以上隆慶 5 年），頁 30b–32b；〈改解薊鎮依省發衛〉（隆慶 6 年），頁 33b–34a；〈議改薊鎮軍士〉（萬曆元年），頁 34a–35a。

102 《明史》卷 93，〈刑法一〉，頁 2301。

不同理由，適應不同條例的規定被分別改調到不同的衛所；即使被調到同一衛所，此後陸續又被改調的可能性也不是沒有。只要將上舉諸多改調的因素併入考慮，當不難了解表2所顯示的中後期狀況，絕對不是明代政府始料所能及的。

將謫充軍發配遠衛的規定似乎維持了相當長久。從軍政條例看來，明代一直要到嘉靖2（1523）年才設例從根本禁絕以南人戍北、北人戍南之弊。嘉靖2年〈解軍分理南北發遣〉條謂：

> 各該撫按衙門今後編發新軍，南人發南，北人發北；內有極邊字樣，方發極邊。如無極邊字樣者，雖遠不過三千里，程限不過一二月。[103]

可以想見因南人戍北、北人戍南而引起的各種問題雖然為明政府帶來不少困擾，但或者是基於懲處罪犯的心理，或者是礙於祖制，對新編發的充軍犯人，仍有相當長時期因循舊制，將之發配遠衛。也就是說，政府雖然早在正統年間即已發現問題，並且設法解決，但另一方面，仍然繼續製造問題。直到嘉靖2（1523）年才繞到問題的核心，從根本加以禁絕。不過，嘉靖2年例的推行亦遭到不少阻碍，嘉靖29（1550）年〈申明充軍律例發遣〉條即針對該例加以不少修正。修正的結果，凡「叛逆子孫及軍機人命，免死情重者；並律例原有煙瘴地面字樣者」，皆須「依律發遣」；能夠適用「南人發南，北人發北」原則的，只有「其餘軍犯並軍機原無免死字樣」者。其中應發極邊地方者，「俱照嘉靖七年題准事例，北直隸、宣大、山西、河南、山東人犯俱發甘肅地方；其山西、宣大、河南人犯俱發遼東地方」，藉以補充缺軍衛所的軍額。[104]隆慶以後，由於薊鎮嚴重缺軍，又改以新充永遠軍犯不論南北，俱編發薊鎮。[105]這時明代的衛所制度早已崩壞，各地衛所軍缺額的情形都很嚴重，甚至有「廢清勾，改募兵」的議論出現。[106]政府所以不能當機立斷，廢除軍戶制度，只是因為募兵亦不足依賴；對軍戶制度則無暇亦無力改革。隆萬年間對新充軍犯的處置，即是最好的證明。

---

103 譚書卷6，頁24a-b。
104 譚書卷1，頁38b-39a。
105 參見註101〈酌邊腹以均補伍〉、〈議改薊鎮軍士〉。
106 于志嘉前引書，頁107、137。

五、從族譜資料看明代衛軍的衛所分佈實態

　　明代衛軍的衛所分配及改調問題，還可借用族譜資料作實證性的說明。關於族譜對軍戶研究的利用價值與限制，筆者曾簡單介紹過，[107] 本節擬利用其中有關之記事進行觀察，期與上引官修史料相互印證。

　　表3所列，是筆者於查閱500種族譜後，將所有原籍與衛所資料齊備者摘出作成的。其從軍時間與緣由能確知者，亦列入以為參考。表中所舉軍人的原籍多集中在安徽、江蘇、浙江、福建、廣東等地，山東、山西等北方各省則較少，這主要是因為現存族譜的地域分佈原本就偏重於東南各省，筆者受時間限制，隨意取樣，故得此結果。500 種族譜中查出的軍人數自不止此，但資料不全者已全數割棄。

　　從軍時間集中在元末明初，永樂以後的僅有數例。另外，從軍時間不詳的例子也不少，即使記有時間，亦多如「洪武間」或「元末明初」等含混之詞。編號3（3-3，下同）的仇守信，甚至有「元末」和「明初」兩個不同的記載。[108] 這是因為後世子孫在編纂族譜時所能掌握的資料不夠完備而犯的錯誤。不過，所謂「元末」，大體意指朱明政權成立以前即投入朱氏陣營者，真正在元朝政權下收編為軍，以後再轉為明軍的例子並不多，3-90 的黃與是少數特例中的一個。

　　關於從軍緣由，為方便說明，姑分之為1從征、2歸附、3收集、4垛集、5抽充、6謫充、7元代軍戶、8召募、9其他等九類。但其中如 3-90 的黃與，在元文宗元（1328）年垛集為軍，入明後仍為軍戶的例子，則可同時納入4和7的兩類。由本文第三節可知，相同來源（即表3之從軍緣由）的衛軍常被集中分配到同一衛或所，因此有關從軍緣由的記事也特別具有參考的價值。唯表3列入之個案並不多，無法由之歸納出任何規律。

　　衛所一欄所記，則為各人所分配之衛所。調衛者以箭頭示之，但因資料本身常不夠詳備，有關調衛的記錄極不完整。儘管如此，111 例中也有 31 例，[109] 占全體的

---

107 于志嘉〈試論族譜中所見的明代軍戶〉，頁 635-637。
108 本節所引資料出處，大體均揭於表3備註欄，請參照。不見於備註欄者另行註明。
109 表中編號至 112，但 3-23 與 3-24 疑為同一人，只算作一例。

27.9％，不可謂不多。其後官職一欄爲各人任官記錄，未記入者乃世代爲軍之人。由於衛所武官就廣義來看亦屬軍戶之一部，前引嘉靖《固始縣志》（參見表1、2）中有關軍戶之記載亦包括軍與官，因此將軍、官一併列入表中。軍官若於調衛前後官職改變，則分別記其官職於衛名之後。3-42 由千戶降爲軍，是武官犯罪充軍的例子。

　　表3的作成方法大體如上述。由之觀察明代衛軍的衛所分配情形，最引人注目的當是有關調衛的部分。任長受（3-32）、畢成（3-67）與陳璧（3-73）甚至改調至五、六次。陳璧並且由南京改北京，再改直隸廬州，又調江西饒州、贛州，最後落籍於直隸鎮江衛。這種從南調北，從北又調回南的例子似乎不少，加上如 3-36 的吳文海，由湖南原籍附近的武昌護衛改調北方的河南彰德衛，或如 3-99 的劉應元與 3-106 的謝廷玉，由陝西邊衛調回原籍附近的福建永寧衛及廣東潮州衛；這些例子都使我們確信，以嘉靖《高陵縣志》或《海寧縣志》這一類的資料來分析明初政府分配衛軍的原則並不適當。明代衛軍既有相當大部分經歷過衛所改調，而改調的方向又因不同原因而顯得錯綜複雜，除非能徹底掌握改調的原因甚至所有案例，否則很難從一份後出的史料復原出明初的實況。實錄或方志可能提供一些策略性改調的資料，例如第三節曾提到廣東海南衛前、後二所於設置後不久即遷到儋州、萬州，後來分別被改爲儋州守禦所與萬州守禦所之類；軍政條例也提供了很多促成改調的理由。可是在那些大原則下仍然隱藏了許多小的個案。通過族譜資料的分析，可以了解還有許多特殊因素影響到衛軍的分佈情形。另一方面，由於取得的樣本太少，以省爲單位分析各省衛軍的分佈情形也沒有太大意義。事實上，以改調前的衛所爲基準或以改調後的衛所爲基準，所做出來的分佈圖已有很大差異。更何況上文已經提過，族譜中有關調衛的記錄並不詳備。本文因此不擬就各省衛軍的分佈情形作比較，僅以山東、山西、浙江三省爲例，俾便與上文相印證。重點則仍在調衛的一點上。

　　原籍山東的共有七位，即 3-2、6、53、80、92、93、94。其中丁順係於洪武初由海州徙來，文顯係正統間流寓山東，都不算山東土著之人。3-53 的范某爲范仲淹一族，屬侍郎房，其祖先良裘以宦遊居山東青州金嶺鎮，遂爲山東人。范某於洪武初以軍籍隸登州，居黃縣，其入軍籍理由不詳。3-80 的馮有才，「明初以三戶樑振武籍」，至第六代馮盛，「值一戶張道兒軍丁絕，成化間以清勾補役，始遷代」。馮氏因是

「次戶」，[110] 成化以前雖預軍籍但未嘗服役，振武衛是初梁時分配的衛所抑或其後經過改調已無由得知。3-92 的路引從軍緣由及時間均不詳，《路氏族譜》謂其「應陝西兵差，父子偕行」，[111] 似乎其前已有人充役，引不過繼其役而被勾補。入陝後，第五子誠以軍功留陝，遂入盩厔縣籍。3-93 的路某，歷城人，明初「以指揮從軍至黔，遂家於畢（節）」。其從軍緣由不論應歸入何類，由山東至黔很可能是隨軍征戰的結果。3-94 的蒲某，爲蒲松齡祖先，洪武 4（1371）年與劉、郭二姓共梁爲一軍，所分配衛所不詳，但子孫中有爲京都（北京）扈從軍者。後五例中至少有二例確定爲梁籍軍；所分配衛所最遠有在貴州者，但應非初分之衛。七人中分到南方衛所的只有一人，分到山東衛所的則有 3 人。

原籍山西的也有七人。卽 3-3、4、18、19、45、46、95。3-3、4 爲同族，軍祖仇守信，元末明初抽充爲湖廣永州府道州鎮江化右千戶所軍。[112] 守信以義子恩代役，「其子孫之居郞及道州者至二千餘丁」。仇睦於明初以「侵收倉草罪戍充平陽指揮使司班子軍」，至清始得除籍。18、19 的王大賢與王大聖爲「同產」兄弟，大聖於「洪武間以軍功授浙江觀海衛世襲指揮僉事，終明世未嘗中絕」；大賢則於「洪武三年，以選充眞定衛右所小旗始遷眞定，遂爲眞定人」。大聖充軍緣由不詳，若與大賢同時預選，則觀海衛很可能不是初分之衛。45 孟剛有兄弟四人，剛爲長兄，46 孟浩則爲末弟之孫。孟剛「應軍於宣府鎮」，但應軍的時間、緣由皆不詳。孟浩於明初「僉貼杜寬甫」，因杜氏故絕而補役，充蒲州守禦千戶所成造局盔纓匠，至明末不改。95 劉敬先原籍河南杞縣，洪武間始遷平定，旋被抽充大同府左衛屯田軍。七例中至少有二例爲抽充，一例爲梁集，王大賢則或爲抽充或爲梁集，又一例爲謫充，其餘則不詳。所分配之衛所僅二例在南方，三例集中在山西。仇睦並以謫充軍發配至山西平陽衛。

原籍浙江的有 13 例。3-16 的王眞爲杭州仁和人，吳元（1367）年聞太祖高皇帝興，「仗義渡江，投充廬州府守禦千戶所軍」。廬州守禦所於洪武13(1380)年改廬州

---

110 「次戶」之稱，見同書卷 2，〈誌傳上・隆菴公傳〉，頁 1a。

111 同書卷 1，〈路氏譜綱〉，頁 1a。路引兄路敬，於正統 11 年邑大飢時，曾出粟助賑。由此觀之，引應兵差赴陝西應非洪武初之事。

112 所名不詳，疑有誤。

衞，23　（1390）年眞「以精力衰憊，取原籍姪諱義者代之」；一說「由廬州以軍務隨黔國公征滇」，官至都指揮。3-20 的王德和原爲亭長，洪武初因事戍邊，其子孫家於北京。21 王觀督被勾補戍雲南，但其軍役究自何而起已無由得之。22 王鑱據譜云：「洪武四年爲遲慢黃册充北京興州中潭衞軍」，潭或爲屯之誤。但黃册之設，始於洪武 14 年，宗譜或誤記其年。23、24 王廷璧或爲同一人，其從軍緣由，前者乃是因其父自洪武初以來充糧長十餘年不容告代，「時有軍役免當糧長之例，遂認杭州同姓軍」；後者則是因爲九溪洞蠻爲寇，「靖寧侯葉昇羅致各省功臣之後當軍」所致；二例皆被分配至湖廣彝陵守禦所。29 田貴和於洪武 20 年抽充臺州海門衞桃渚所。30 田敏於正德 3　（1508）年爲「審錄重囚事」充廣西潯州衞軍。48 邱伯明原爲方國珍兵，方氏平定後被編入淮安衞中右所。49 金福忠洪武 35 年「以功僉德州衞守禦」，[113] 應爲以靖難功陞者，來德州以前屬何衞不詳。57 馬國璋元末渡江投軍，隨大將軍徐達北征，「山西平，議者以大同爲敵人出沒之所，欲留重兵以鎮之，必先廣設屯田，徐（達）因以公（國璋）爲大同中屯衞軍統領，經理屯務」。74 陳寧一，洪武 19 年抽充南京水軍左衞軍。88 黃榮從軍緣由及時間皆不詳，爲乍浦千戶所軍。89 王薀洪武 19 年充軍入京，積功至錦衣衞百戶。王薀從軍時間、地點皆與陳寧一同，其從軍緣由極可能爲抽充。若如此，則浙江至少於洪武19年及20年各有一次抽籍，19年抽籍者發至南京各衞，20 年抽籍者發赴沿海各衞。 王眞、 馬國璋爲從征軍， 初分衞所離原籍不遠，後以從征分散至雲南、山西。邱伯明爲歸附軍或收集軍，分配衞所亦在原籍附近。王德和、王鑱、田敏則爲讁充軍，分別被發遣到北京、廣西。這種分散的情形與第二節有關浙江海寧縣的分析並無衝突，基本上可說是互相呼應的。

　　以上所列舉的例子雖然不多，但依稀可以看出，除了讁充軍以外，絕大多數的軍人最初被分配的衞所常距離原籍不遠，後來因不同原因的改調而逐漸分散至四方。那麼，促成明代衞軍改調的原因究有那些呢？以下卽以族譜中改調的事例爲例，試加分析。

　　31 個例子的原因各異，約可歸納爲如下數類。

---

113 同書卷 3 ，〈墓志〉，謝陞〈明故文學新硎金公暨配葉氏合葬墓志銘〉，頁33a。

　　1.　洪武間因隨軍征伐而分散各處，因留鎮該地而致所屬衞所改變者。上舉諸例中的路某（93）、王眞（16）、馬國璋（57）都應屬此類，但譜中明記其先後衞所的只有王眞一例。另外 3-8 的方奇師，戊戌（1358）年於鄧院判下歸附充軍，乙巳（1365）年調襄陽衞，洪武 23（1390）年征散毛洞，調守永定亦爲一例。方氏子孫其後於正統間選征雲南麓川，景泰、天順間調征貴州，成化間輪守廣西，並且累功陞至副千戶，但不曾再被改調。50 姚福龍從軍緣由不詳，譜謂：「適陳理初平，荊襄多曠土，議分兵屯田，且以控西北。公隨湖廣按察僉事章溢入楚，始著籍漢陽」。其初屬何衞不詳，入楚後任「統制楚北襄漢營校尉」。永樂遷都後，始「編軍徭屯頭百戶」，屬武昌左衞。60 張禮「從太祖高皇帝渡江有功，陞授淮安衞鎮撫。隨調廣西桂林右衞鎮撫，奉令征安南」。[114] 96 劉眞至正間從龍起義，隨湯和下江南、克常州，卽統兵駐防西營。「後征西，平定山右，以戰功襲職，世守大同」等等都是。此外，3-102 鄭德光洪武 16（1383）年「收集軍伍從戎南京，官虎賁右衞，二十一年改調貴州興隆衞」，應是配合次年興隆衞的成立而起的。[115] 78 陶羆哥之孫俊於世襲父職後，因「朝議各省兵衞單弱，留都所屬多從龍之後，（宜）分調各衞」，而由龍驤衞改調蘇州衞，則係以功臣子孫分鎮各地的結果，亦可歸入此類。

　　2.　永樂間爲配合政治中心北移所作的調動。如 36 吳文海，「元末取充僞主陳友諒武昌衞軍，至明永樂年間改調河南彰德衞」；37 李興一，「始任南京指揮，永樂間調隨龍驤衞」，應爲由南京調北京之意。56 袁彥中，初隸南京龍虎衞左所，「永樂八年隨靖難兵還燕京，蒙遷發來居淄川袁家莊」；[116] 58 張某，明初以軍功授兵馬司指揮使，寓居山西平陽，「永樂初奉令遷河間府」，都屬於此類。遷調的路線大體是由南遷北，可以想到這一次的大遷徙，對於南北人的分佈狀況一定帶來極大的影響。

　　3.　配合官職的陞授而改調。屬於這一類的如 32 任長受、67 畢成、73 陳璽、78 陶羆哥之子纏兒、97 劉顯等。其中 32、67、73 都先後經過五、六次的改調，次數驚人。不過並非每次改調都伴隨了官職的陞授，多次改調的理由有些也非筆者所能掌

114　同書卷 5，〈世德・別錄〉，張裏〈奏請旌表祖姑疏〉，頁 36b。
115　參見註 42。
116　同書卷 6，〈家世紀年表〉，頁 3a。

握。以下將各例先後改調經過略作介紹，並嘗試分析其理由。

任氏從軍緣由及改調經過詳見「與武衞千戶任惠襲職供狀」。[117]軍祖任長受，洪武4年蒙畢指揮下收集充金吾左衞右所軍，6年調鷹揚衞右所，8年調蘇州衞前所，11年調遵化衞前所，27年病故。任彎子補役，洪武32年隨軍奉天征討，33年功陞小旗，34年再陞總旗，35年陣亡奇功。其親叔任信補充總旗，11月以平定京師功及彎子陣亡功陞涿鹿左衞前所世職副千戶職事。此後子孫世襲副千戶，未再陞職，但仍經歷多次的改調。任長受在洪武年間先後改調過3次，其理由雖不詳，但有可能是應各地設置衞所的需要。那麼，任信陞任副千戶以後的改調，又是基於何種理由呢？

襲職供狀中有關之記事如下：

（任信）蒙兵部官引奏欽准：陞河南都司涿鹿左衞前所世襲副千戶職事。未任，存留守衞。

（任麟）宣德九年五月二十七日蒙兵部官引奏，欽准襲職，仍授河南都司涿鹿左衞前所世襲副千戶職事，未任。宣德十年五月十三日歸併南京興武衞右所帶俸。

（任綱，景泰七年，1456）仍授原併衞所世襲副千戶職事，回衞帶俸。

（任輔，弘治十七年，1504）仍授南京興武衞所世襲副千戶職事，回衞帶俸。……正德五（1510）年九月內爲考選軍政官員事，奉南京兵部明文，註選南京水軍左衞左所軍政。本年十一月初八日到任管事。

（任德，嘉靖二五年，1546）仍授南京水軍左衞左所世襲副千戶職事，……回衞帶俸。（中略，嘉靖三十年）選調濟川衞前所僉書，本年二月初一日到任管事不缺。

供狀中最值得注意的是有關「未任」、「帶俸」、[118]「到任管事」的記錄。任信因功由遵化衞總旗陞涿鹿左衞副千戶，實際並未赴任，仍存留在原衞。遵化衞雖爲北京衞，但任信等因隨軍靖難，一路來到南京。宣德8（1433）年信病故，任麟繼襲，又授涿鹿左衞副千戶職事，卻仍不赴任。10（1435）年遂歸併於南京興武衞帶俸。此後經

---

117 同書卷3，頁24a-27b。

118 「帶俸」的設置與弊害，參見于志嘉〈從衞選簿看明代武官世襲制度〉，頁46-47。

綱、和、輔三代，都被授以南京興武衛副千戶職事，回衛帶俸。直到正德五年，輔因
考選軍政官員事註選水軍左衛左所軍政，到任管事，才離開興武衛。嘉靖間，任德又
被選調濟川衛擔任僉書，乃由水軍左衛再改濟川衛。調與不調，其關鍵端在管事或不
管事。任信初陞時，明朝尚無所謂「帶俸」職，可能因遵化衛無缺而被授與涿鹿左
衛職事。但因京師甫定，奉命留守南京。其後因武官漸冗，增設帶俸之職以容納之，
遂無須再占實缺而改於南京衛分帶俸。至任輔、任德，又因軍政考選成績優秀，被授
與軍政、僉書實職，才又改調有實缺的衛所。[119] 明初因陞官而改調，其後陞官不須改
調，卻在授與管事實缺時改調，關鍵就在「帶俸」一職上。任氏之例並且顯示，靖難
後一部分北方衛所軍人繼續留在南京，對衛軍的衛所分佈狀態也帶來了實質的影響。

　　畢氏改調經歷則詳見畢文敬「襲職誥勅」與文敬世傳。畢成於乙未（1355）年歸
附從軍後即隨軍征戰不已，吳元（1367）年充大河衛小旗，洪武 8（1375）年陞水軍
右衛右所總旗，15 年 6 月欽除府軍後衛後所百戶，8 月調兗州護衛，17 年病故。19
年起取文敬赴京，因年幼蒙撥驍騎右衛後所寄住，22 年撥錦衣衛中左所優給，23 年
臨清等處操練，25 年欽除薊州衛左所世襲百戶，32 年奉天征討，累功陞至山西太原
左衛同知。永樂 8（1410）年北征本雅失里，15 年復調山東威海衛，17 年到任，以後
直到七世畢高廢襲，不曾改調。

　　陳氏改調經歷詳見〈陳氏家譜傳〉。陳璽亦歸附軍，從龍以來累功陞至百戶，甲
辰（1364）年調入飛熊衛，洪武元年克北平府，調大興左衛，受誥封昭信校尉管軍百
戶。4 年陞本衛副千戶，8 年調廬州千戶所，11 年調饒州千戶所，24 年以老致政。
長子琦繼襲饒州所副千戶，27 年陞贛州衛指揮僉事，永樂 2 年卒。長子鐔於 6 年奉
旨改調世襲鎮江衛指揮僉事，5 月到任。此後至明末不再改。

　　畢、陳二氏多次的改調，有些隨官職陞授而起，有些則因衛所新設或征戰所至而
改，還有一部分理由不詳的。但不論其理由為何，一再改調的結果必然促使衛軍的分
佈狀態愈趨分散，則是無庸置疑的。

　　與上三例相較，陶、劉二例則相當單純。陶鸞兒於洪武間因屢立軍功，授龍驤衛

---

119 軍政考選似始於成化 2 年，「見任掌印、帶俸差操及新襲職官一體考選」，五年一次，參見
　　萬曆《大明會典》卷 119，〈銓選二・考選〉，頁 4a。

遊擊，晉威海衞參軍。由於歿後其子俊所襲的是龍驤衞千戶職，猜想與任信的情形類似。劉顯亦因戰功授寧國衞右所百戶，洊陞歸德衞指揮使，給千戶職世襲。爲典型的因官職陞授改調例。

4. 因罪改調。如 25 王浩子眞，洪武元年以平南功受封，洪武 6 年因「軍政疏防，題調高浦所百戶」；42 汪福一，洪武 4 年以軍功陞南昌左衞千戶，17 年「緣事調河南宣武衞小軍」都是。另一個例子見於元末，亦附記於此，即 90 黃與，文宗元（1328）年梁爲南京留守左衞軍，至元（正？）20（1360）年「爲監囚不嚴事，調山西大同左衞軍」。

5. 因例改調。如第四節所舉即是。族譜中有一例，即 99 劉應元族人劉良。「良頂補應元陝西甘州中衞鹽池驛軍，宣德三（1428）年奉例發附永寧衞福全千戶所百戶王斌下寄操」。良原籍福建安溪，按宣德三年曾有例將清出遠衞軍人改發原籍附近衞所寄操，[120] 良應即奉此例而改調。

6. 其他。族譜中還有兩個特殊的例子，分舉如下。其一爲 54 范從文，從文亦范仲淹子孫，屬監簿房。洪武中以明經應辟，累陞至戶部主事，後因罪謫役莊浪，「同官必欲殺之，復追戍金齒」，是受同僚迫害的例子。另一即 106 謝廷玉，洪武 7 年充程鄉稅課局攢典吏，至洪武18年「因實封事發，擬充陝西涼州衞軍千戶所，後調陝西山州衞軍，後蒙祖用賄轉調潮州衞軍」，是謫充軍因賄得以由遠衞改調附近的例子。

族譜中改調的事例大體可分作如上六類。第六類其他更暗示了還有許多個人的因素也影響到衞軍分佈的情形。這些因素已超出明朝政府所能控制的範圍，其是否出現端視軍政管理是否公正嚴明。第一、二類的改調則與明初動亂的局面有關，特別在衞所初設的階段，各地都苦於缺軍，軍隊的調配有時爲了應急而無法顧慮周詳。第三類的改調有時有其名而無其實，並且與一般衞軍無關。但由於衞官所遺留的記錄較爲周詳，同時由所舉諸例還可看到更多與官職陞授無涉的改調，可作爲我們對其他資料重估時的參考，因此不厭其煩，詳細徵引。第四、五類則可與第四節所述相呼應。看了這些實例，相信對明初分軍赴衞以至其後調衞的情形已有相當的了解。

---

120 譚書卷 4，〈改近軍迯復解原衞〉（正統 3 年），頁 6a-7a 中曾提及此例，請參照。

六、結　語

　　朱元璋設衛所以爲國防軍備的據點，但因衛所制度成立時全國尚未達成統一，因此無法就衛軍的衛所分配問題加以通盤的計劃。從實錄與方志的一些零碎資料，可以了解一衛五所雖是衛所的最基本形態，但五所的成立有時分作數個階段，各所的軍士來源有時並不一致。然大體仍以千戶所爲一整體單位，儘量使同一來源的人集中在同一千戶所。諸種來源的軍人，除謫充軍爲示懲罰之意，常被發配到邊遠、極邊、煙瘴地方，致與原籍遠離外；大多數的軍人最初分配的衛所都與原籍不遠，否則亦是爲配合衛所設立的需要，政府並無意使之與原籍隔離。後來因爲歷經多次改調，同縣出身者的衛所分佈情形益趨分散，不僅在清勾、解衛時爲縣的行政帶來很大負擔；因南北風土不同導至軍士逃亡的問題也逐漸被凸顯，致使明朝政府不得不透過軍政條例，定例改近以求改善。改近的措施遭到保守勢力的強力阻隔，實施得並不順利。同時因爲每次定例都只限當時清出者可以適用，並未能全面推行，問題始終無法徹底解決。

　　另一方面，正統以後由於內憂外患不斷，衛所軍隊又普遍空缺，乃實施政策性改調以抽調兵力，然而衛所制度已形同贅瘤，雖然還有人想要加以改革，衛軍的重要性已逐漸爲民壯、募兵所取代了。

　　改編近衛的方法所以不能全面推行，其實還有一個理由。那是因爲正統以後政府鼓勵衛軍在衛立籍的政策逐漸生效的緣故。筆者曾透過族譜資料的分析，指出衛軍在衛立籍的結果，有些家族不論軍役的繼補或軍裝的供辦都完全不倚賴原籍，久之有與原籍不通音問的。[121] 對這樣的軍戶來說，改衛反而破壞了他們的生活基礎，政府自然不能不顧慮。可是另一方面，由於軍屯、開中等法的破壞，以及政府本身財政的困難，衛軍收入既無法完全仰給於國家，對原籍戶丁的需求也就無法禁絕；衛官苛索以及重役的問題也促使軍士逃亡的情形日益嚴重。萬曆以後，民壯、募兵俱不足恃，在此局面下，原籍軍戶仍不失爲補充軍役的重要來源。這些狀況彼此互相牽制，使明朝政府始終無法放手改革，最後終於在軍政、民政俱壞的局面下，結束了二百七十六年的統治。

121　于志嘉〈試論族譜中所見的明代軍戶〉，頁 666。

表 1：固始縣出身

衞所名	里名	新興	馬塘	七賢	青陽	青峯	陳市	泉河	岑銘	長江	朱皐	沿城	官喬	栢陽	清河	大城	興賢	前冲	華嚴	蘇仙	宣政
親軍衞	金吾前衞	1			1								1			1					
	金吾後衞																				
	羽林衞？								1				1								
	羽林右衞																			1	
	府軍衞	3						4	1		1			2							1
	府軍左衞																				2
	府軍前衞			1		1															1
	虎賁衞？						1														
	虎賁左衞																				
	錦衣衞	1	1			1				1	2		2							1	
	旗手衞												1								
	金吾左衞			1					1								1				
	羽林前衞			5	1	6			6	2							1		3	1	
	燕山衞？																				
	燕山中護衞？					5		1													
	通州衞			1											1						
	騰驤衞？																				
	騰驤左衞			1	1							1									
	騰驤右衞																				
	武驤左衞								1											1	1
	武驤右衞					2						1									
	武功衞？																				
	武功中衞																			1	
	武功中護衞？																	1			
	北平衞？								1												
	永清衞？				1		1								1					1	2
	永清左衞																				
	永清右衞			1														1			2
	彭城衞	1				1	1				1	1								1	

衛軍衛所分布表

川山	長興	清灘	沙河	普照	華陽	大山	子安	官庄	西曲	巴族	趙市	會光	東曲	勝棠	期思	梁安	春河	海灣	馬壋	甘棠	官林	東隅	南隅	西隅	北隅	小計
																	2									6
																									1	1
		1		1																						4
																		2		1	1					5
	2		1				1	1		.		1						1	4	1		2		3		29
												2														4
														1												4
																										1
								1												1						2
2	1				1	1	1	2				1	1			1	1						1			22
																				1	1					1
																				1	1					5
1				3?										1											1	30?
		1																								7
1												1														3
							1													1						1
																				1	1					5
														1												2
		1																		1						4
	1			1				2																		5
																										4
																										1
																										1
																										1
		1													2					1						10
	1											1					1			3					2	8
		1	1						1	4	3						1									15
							1													1						8

	衞所名 ＼ 里名	新興	馬塘	七賢	青陽	青峯	陳市	泉河	岑銘	長江	朱阜	沿城	官喬	栢陽	清河	大城	興賢	前沖	華嚴	蘇仙	宣政
	常山衞？																				
	長陵衞																				
	裕陵衞													1							
五軍都督府所屬在京衞所	留守衞？																				
	留守左衞																				
	驍騎右衞						1														
	瀋陽衞？					2	1			3					1	1			1		
	瀋陽左衞	1	3				2			1				1							1
	瀋陽右衞	3		1		5	1			1				3		2				1	4
	瀋陽前衞？																				
	瀋陽中屯衞？							1													
	留守右衞																				
	武德衞						3														
	神策衞													1	1	1					
	應天衞																				
	留守前衞				1	1														1	
	龍驤衞																			2	
	豹韜衞																			1	
	熊韜衞？													1							
	鷹揚衞																				
	興武衞												2								
	大寧衞？		1																		
	大寧中衞																				
	神武衞？														1				3		
	神武左衞								4												
	忠義右衞																				
	義勇中衞			1																	
	義勇後衞																				
	武成衞？											1									
直隸	揚州衞																				
	儀眞衞			1																	

川山	長興	清灘	沙河	普照	華陽	大山	子安	官庄	西曲	巴族	趙市	會光	東曲	勝棠	期思	梁安	春河	海灣	馬塭	甘棠	官林	東隅	南隅	西隅	北隅	小計
																				1						1
																					1					1
																										1
													1								1					2
						1																				1
						一				2																3
		2	2	1	2					1	2		1													20
1	1							3	3	1					3	1			1	2					2	28
	1	4		1						1					5	1	2			6			1	1		44
				1																						1
																										1
																		1								1
																										3
	2																				1					6
	1										1															2
															1											4
													1													3
																										1
																										1
		1															1									2
						1				2												2			2	9
							1																			2
1																										1
			1			1																				6
																										4
											1															1
		1					1																			3
																	1									1
																										1
																					1				1	2
		1							1																	3

衛所名＼里名	新興	馬塘	七賢	青陽	青峯	陳市	泉河	岑銘	長江	朱阜	沿城	官喬	栢陽	清河	大城	興賢	前沖	華嚴	蘇仙	宣政
淮安衛	1																			
鎮海衛			1											2						
徐州衛																				
蘇州衛																				
太倉衛						1			1						1	1				
新安衛																1				
壽州衛	1	1				2	1	1	12					1	1	1	22		1	
大河衛																				
安慶衛		1					1										1			
宿州衛																				
潼關衛	1																			
歸德衛			1						1	1					1	1			1	
武平衛				1	1				1		1				1					
鎮江衛																				
盧州衛？									1								2			
六安衛							3								1	1				
建陽衛																				
汝寧千戶所		1		1	1				2			3			1		1	1		
九江衛									2											
遵化衛																				
密雲衛？																				
密雲後衛			1																	
開平中屯衛	1																			
興州衛？								1	1											
興州左屯衛																	2			
興州右屯衛						1									1					2
興州中屯衛									2											
興州前屯衛																				
隆慶衛				1					1										1	
東勝衛？																				
東勝右衛																			1	

川山	長興	清灘	沙河	普照	華陽	大山	子安	官庄	西曲	巴族	趙市	會光	東曲	勝棠	期思	梁安	春河	海灣	馬堽	甘棠	官林	東隅	南隅	西隅	北隅	小計
																										1
			1												1	1								1	1	8
																		1								1
											1															1
																		1							1	6
										1																2
	1	1		1			1				3				1		1					3	1			57
												1														1
											1	1													3	8
																						1	1			2
																										1
			1	1											1				1							10
	1					1	2?													2						11?
																					1					1
			1			1																		1	1	7
1			3					1	1											1	1					13
																									1	1
			2						1	2	1	1				1			2		1					22
	1											1								1						6
															1											1
																	1									1
																										1
																										2
													1				1									4
																										4
	1																									3
				1																						1
						1						1					1			1						7
							1																			1
																										1

里名／衛所名	新興	馬塘	七賢	青陽	青峯	陳市	泉河	岑銘	長江	朱皐	沿城	官喬	栢陽	清河	大城	興賢	前沖	華嚴	蘇仙	宣政
涿鹿衛																				
神武右衛			2	2	2			1											2	2
神武中衛								1												
盧龍衛			1																	
武清衛																	1			
撫寧衛														2						
寧山衛		1	1	3					1			1				2	2			1
大同中屯衛						1								2						
澤州衛？																				
天津衛																				
天津左衛	1	1		1		1														
天津右衛						1														
通州左衛																				
通州右衛															3					
涿鹿左衛												1								1
浙江都司　杭州衛？							1		1					1						
杭州右衛？																				
杭州前衛																1				
紹興前衛？																				
昌國衛																				
溫州衛																1				
臨山衛												1								
盤石衛																				
遼東都司　定遼衛？																		1		
定遼左衛																	1			
鐵嶺衛																				
瀋陽中衛																			1	
海州衛										1										
蓋州衛													1							
金州衛																				
義州衛					1												1			

川山	長興	清灘	沙河	普照	華陽	大山	子安	官庄	西曲	巴族	趙市	會光	東曲	勝棠	期思	梁安	春河	海灣	馬塍	甘棠	官林	東隅	南隅	西隅	北隅	小計
											1												2			3
1					2		4?		1	1			1													21?
																										1
																		1			1					3
																										1
	1																1									4
1							1	1								1		1	1							18
																										3
																									1	1
																	1									1
							1													1						6
							1																			2
							1																		1	2
	2																			1						6
1													1				1			2					1	8
																										3
						1						1														2
																								1		2
						1																				1
																								1	1	2
																										1
																										1
												1														1
																										1
																										1
			1																							1
																	1									2
									1																	2
																										1
																					1					1
																										2

衛所名 \ 里名		新興	馬塘	七賢	青陽	青峯	陳市	泉河	岑銘	長江	朱皐	沿城	官喬	栢陽	清河	大城	興賢	前冲	華嚴	蘇仙	宣政
	遼海衛							2													
	三萬衛										1										
	廣寧右屯衛																			1	
	廣寧中屯衛			3													1				
	廣寧前屯衛									1											
	廣寧衛					1			2			2									
	廣寧屯衛？																				
	廣寧中衛																			1	
	遼東中屯衛？																				
	遼東衛？																		1		
山東都司	寧海衛							1		1											
	青州衛？																		1		
	濟南衛																				
	平山衛																				
	安東北衛？																				
	靈山衛																				
	靖海衛																				
	東昌衛	1																			
	臨清衛						2														
	濟寧衛																		1		
	兗州護衛								1												
	山東中護衛？																				
	德府羣牧所														3						
	德安羣牧所？																1	1			
陝西行都司	甘州衛？		1				1											1		1	
	甘州左衛																				1
	甘州右衛				2																
	永昌衛																				
	涼州衛								1											1	
	莊浪衛											1									
	西寧衛																				

川山	長興	清灘	沙河	普照	華陽	大山	子安	官庄	西曲	巴族	趙市	會光	東曲	勝棠	期思	梁安	吞河	海灣	馬堤	甘棠	官林	東隅	南隅	西隅	北隅	小計
												2														4
																										1
																										1
																	1									5
											1															2
					1								1							1	2					10
																	1									1
																										1
	1																									1
																										1
									1		1	1													2	7
																										1
											1															1
																				1						1
																					1					1
												1														1
							1																			1
						1							1						1							4
1			1												1											5
															1											2
																										1
																								1		1
																										3
	1																									3
			2	3					1	1										1						12
																										1
																					3					5
1																										1
			1										1													4
																										1
																					1					1

衛所名＼里名	新興	馬塘	七賢	青陽	青峯	陳市	泉河	岑銘	長江	朱皋	沿城	官喬	栢陽	清河	大城	興賢	前沖	華嚴	蘇仙	宣政
山丹衛						1														
西安左護衛？																			1	
西安右護衛			1	4		1			1										5	
西安衛？													2							
西安左衛	1		1					2	1			1				1				
西安右衛？													1							
西安前衛																				
西安後衛	1			1															1	1
延安衛		1	1		2			2					2					3	1	4
漢中衛	1				1	1		1	1											
平涼衛		1	1		3										1					2
綏德衛					3									1						
寧夏衛		1	1		1				1	2		1	4							
慶陽衛					1							1		1					5	
翠昌衛																				
臨洮衛								1												
蘭州衛					1											1				
秦州衛																				
岷州衛					1															
河州衛					1											1				
洮州衛																				
寧夏中護衛						1														3
寧夏左衛？						1														
寧夏右衛？	1																			
寧夏前衛		1				1														
寧夏中衛							1													
和州衛																			1	
寧夏左屯衛	1				4															
寧夏右屯衛																				
寧羌衛																				3
榆林衛																	3			

（衛所名の左欄に「陝西都司」とあり、西安左護衛？以下の各衛を総括する。）

川山	長興	清灘	沙河	普照	華陽	大山	子安	官庄	西曲	巴族	趙市	會光	東曲	勝棠	期思	梁安	春河	海灣	馬壨	甘棠	官林	東隅	南隅	西隅	北隅	小計
																	1									2
1																										2
				2							1		1							1						17
	1		1																	1						5
3	1			2		1		2							1					2						19
1	1						1																			4
												1	2													3
1										1																6
1		2					1					1			2					4						27
																							1			6
1			1	3		2						1								2						18
					1																1					6
		1	1			4					1	1		2	5									1	2	29
1				1			1	1				1	2					1		2						18
	1																									1
																										1
	1																			1	1					5
																				2						2
												1								1						3
																										2
									4																	4
																										4
																										1
																										1
	1						4	1	2															1	1	12
		2															1			1						5
																										1
																										小計
1			3									1														5
						1	1				1															6
																										3

衛所名 \ 里名		新興	馬塘	七賢	青陽	青峯	陳市	泉河	岑銘	長江	朱阜	沿城	官喬	栢陽	清河	大城	興賢	前沖	華嚴	蘇仙	宣政
	甘州儀衛司？						1														
四川都司	成都左護衛																				1
	成都後衛					1															
	茂州衛																				
四川行都司	建昌衛																				
	建昌前衛		2							3						1	2	3		6	
	寧番衛																				
	會川衛																				
	鹽井衛												1				1				
廣西都司	桂林衛？			1						1											
	桂林中衛																1				
	柳州衛								1											1	
	南丹衛	6								1											
	南丹左衛？																				
	潯州衛																				
	奉議衛																				
	賀縣千戶所																				
雲南都司	雲南左衛			1								1									
	雲南右衛															1		1			
	雲南前衛																				
	大理衛													1							
	楚雄衛		1		1					1										2	1
	臨安衛	1																			
	景東衛															1					
	曲靖衛																	1			
	洱海衛									1											
	金齒衛？																				
	蒙化衛																			1	
	六涼衛		1				1						1	2							
	雲南衛？									1											
	雲南後衛																			1	

川山	長興	清灘	沙河	普照	華陽	大山	子安	官庄	西曲	巴族	趙市	會光	東曲	勝棠	期思	梁安	春河	海灣	馬堤	甘棠	官林	東隅	南隅	西隅	北隅	小計
																										1
																										1
																										1
																								1		1
						2					1										1					4
10											1							1								29
																		1								1
																				3						3
																2	2			1					2	9
																										2
																										1
																									7	9
																										7
						2																				2
												1								1	1					3
															1											1
													1													1
								1			1															4
																										2
											1			1												2
			1							1																3
											1			1	1						1					10
												1														2
		1	1		1						1		2		1											8
1							1					1														4
		1																		1			1			4
															1											1
			1													1										3
1										2									1			1	1	3		14
1								1															1			4
				1																						2

里名／衞所名		新興	馬塘	七賢	青陽	青峯	陳市	泉河	岑銘	長皋	朱江	沿城	官喬	栢陽	清河	大城	興賢	前冲	華嚴	蘇仙	宣政
	廣南衞									1											
	宜良千戶所																				
	定遠千戶所																		1		
	姚安中屯所		1																		
貴州都司	貴州衞																				
	永寧衞												1				1			1	
	普定衞																				
	普安衞						1						1	1							
	赤水衞						1														
	興隆衞																				
	清平衞																				
	安莊衞																				
	都勻衞																			1	
	畢節衞																				
	層臺千戶所																1				
河南都司	河南衞		1	1			1														
	弘農衞																1				
	陳州衞		1									1									
	睢陽衞		1			1	1	2	1		1			1			8	1		1	
	宣武衞	1						2			1						3				
	信陽衞	2	3	2	7	3	3	3	4	4	4	2	2	2	3	2	1	3	1	2	2
	南陽衞																				
	穎川衞					1											1				
	崇府羣牧所												1								
湖廣都司	武昌衞						2														
	黃州衞																1				
	蘄州衞			1																1	
	施州衞	5																			
	常德衞																				
	沅州衞									1											
	沔陽衞	1					1														

川山	長興	清灘	沙河	普照	華陽	大山	子安	官庄	西曲	巴族	趙市	會光	東曲	勝棠	期思	梁安	春河	海灣	馬壓	甘棠	官林	東隅	南隅	西隅	北隅	小計
												1														2
													1													1
																										1
																										1
		1											1											1		3
																				1						4
																									1	1
			1														2									6
																										1
		1																			1					2
						1	1									1										3
1						1				1																3
																	1								1	3
																				1						1
												1														2
1			1							1											1				1	8
																					1					2
1	1																									4
1		2	1								1				3		5	1								32
1											1						1	2							1	13
1			1	4	1	2	1	2	2	1	1	2	1	2	1		4	2	1	2		1	1		4	92
														1												1
1				1		1	1							1	1					1			1			10
																										1
													2													4
																										1
																										2
																		1								6
												1			1					1				2		5
																										1
																										2

衛所名	里名	新興	馬塘	七賢	青陽	青峯	陳市	泉河	岑銘	長江	朱皐	沿城	官喬	栢陽	清河	大城	興賢	前冲	華嚴	蘇仙	宣政
	茶陵衛															1					
	鎮遠衛			1																	
	清浪衛																				
	五開衛		1							1											
	靖州衛	1	1		1															1	
	寧遠衛	1																	1	1	2
	銅鼓衛	1		1						1				3	1	1	1				2
	武昌右護衛？																				
	武昌中護衛？																				
	桃川千戶所	1																1			
	新化千戶所																				
	荊府衛？																				
	荊府儀衛司																				
	吉府羣牧所							1		1										2	
湖廣行都司	荊州衛						1		1	1											
	荊州右衛																				
	瞿塘衛																				
	襄陽衛																				1
	夷縣千戶所																				
中都留守司	鳳陽衛								1					2							
	鳳陽中衛		2																		
	鳳陽右衛																				
	皇陵衛																				
	留守中衛			1		1														1	
	洪塘千戶所																				
福建都司	福州衛？												6					1			
	福州左衛								1												
	泉州衛		1																		
	鎮東衛												1								
行	將樂千戶所	1																			
江	南昌衛																	1			

川山	長興	清灘	沙河	普照	華陽	大山	子安	官庄	西曲	巴族	趙市	會光	東曲	勝棠	期思	梁安	春河	海灣	馬瑆	甘棠	官林	東隅	南隅	西隅	北隅	小計
											1															2
																			1							2
			1																							1
	1												1				1							1		6
	1		1	1									2				1									10
1											1								1							8
	1	2				2			2				1					3								22
																									2	2
																			1							1
																										2
						1																				1
																								1		1
													1													1
1																										5
								2																		5
																		1								1
						1														1						2
																										1
			1																							1
			2						2											1						8
1												1					2									6
			1						1								1	1								4
																		2						1		3
																				1						4
								1																		1
																										7
																										1
																										1
																										1
																										1
				1									1											3		6

衞所名 \ 里名		新興	馬塘	七賢	青陽	青峯	陳市	泉河	岑銘	長江	朱皐	沿城	官喬	栢陽	清河	大城	興賢	前沖	華巖	蘇仙	宣政
西都司	贛州衞															1					
	幹州衞？																				
	饒州千戶所												1								
廣東都司	廣州衞？						1														
	南海衞																				
	海南衞														1						
	碣石衞					1															
大寧都司	營州右屯衞																				
	營州中屯衞																				
	營州後屯衞														1						
萬全都司	宣府衞？																				
	宣府前衞														1						
	開平衞						2														
	隆慶右衞						1														
	龍門衞																				
	保安衞	2								1											
	懷來衞	1							2								1	2			
	美峪千戶所																	1			
	美烙千戶所？																				
	長安千戶所																				
山西都司	太原中護衞			1						1											
	太原左衞																				
	振武衞	1	1							1							1				
	振武中護衞？																				
	平陽衞																				
	鎮西衞																				
	潞州衞		3		2					1	10		2				1	47	2		
	汾州衞																	1			
山西行都	大同衞？									1			1				1				
	大同左衞																				
	大通左衞？														1						

川山	長興	清灘	沙河	普照	華陽	大山	子安	官庄	西曲	巴族	趙市	會光	東曲	勝棠	期思	梁安	春河	海灣	馬堤	甘棠	官林	東隅	南隅	西隅	北隅	小計
																										1
						1																				1
																										1
																										1
							1																			1
																										1
							1																			2
							1						1													2
																								3		3
																		1								2
																								1		1
		1																								2
			1																							3
							1																			2
	1																									1
					1																				1	5
1	1			1				1												2						12
																					1				1	3
					1																					1
										1																1
																										2
										1																1
									2			1					1	3								11
																		1								1
			1																					1	1	3
1																										1
				1	2						1															72
																					1					2
											1															4
					1																					1
																										1

衛所名	里名	新興	馬塘	七賢	青陽	青峯	陳市	泉河	岑銘	長江	朱皐	沿城	官喬	栢陽	清河	大城	興賢	前冲	華嚴	蘇仙	宣政
司	大同右衛																				
	朔州衛																				
	安東中屯衛			1	1										1						
南京衛所親軍衛	金吾前衛																				
	羽林前衛														1						
	府軍衛												4		1						
	府軍左衛						1														
	錦衣衛																			1	
	金吾左衛			1					1					2							
	孝陵衛			1																	1
五軍都督府屬南京衛所	留守衛？																				
	留守左衛							1			1									1	
	鎮南衛	1												1							
	驍騎右衛			1																	1
	英武衛																			2	1
	瀋陽衛？				1						4			8							
	瀋陽左衛			1																	
	瀋陽右衛			1				1		1			3	2							
	虎賁右衛																				
	留守右衛																1				1
	水軍右衛																				
	廣武衛	1							2												
	留守中衛																				
	留守前衛																				
	龍江衛？																				
	龍江左衛																				
	龍驤衛				1	2	1			2											
	飛熊衛	1				1														1	
	天策衛																			1	
	豹韜左衛									1											
	留守後衛									2											

川山	長興	清灘	沙河	普照	華陽	大山	子安	官庄	西曲	巴族	趙市	會光	東曲	勝棠	期思	梁安	春河	海灣	馬堽	甘棠	官林	東隅	南隅	西隅	北隅	小計
																								2	1	3
									1															1		2
1	1					1		1										1		2				1		11
1																										1
																										1
2																				1				1		9
																										1
																										1
						1																				5
																										2
																					1					1
																										3
							1			1										1						5
																										2
		1																						1		5
												2												3		18
1				3																						5
		4					2						2							2						18
1																										1
												1														3
		1																								1
								1							1				1	1				1		8
								1																		1
1																										1
																	1									1
			1																							1
			1→2																							7~8
		1										2				1										7
				2																	2					5
																										1
																										2

里名 衛所名	新興	馬塘	七賢	青陽	青峯	陳市	泉河	岑銘	長江	朱皐	沿城	官喬	栢陽	清河	大城	興賢	前冲	華嚴	蘇仙	宣政
鷹揚衛																				
興武衛										3										
原無衛																				
山左衛？														1						
述失衛？														1						
綏陽衛？													1							
美樂千戶所？												1								
留府羣牧所？							1													
留守羣牧所？																				
清州衛？									1											
興府軍後衛？														1						
西涼衛？											2									
澄州衛？						1														
章州衛？																2				
安■中護衛？																1				
義鎮衛？																				
兆州衛？																				
華山衛？																				
京州衛？																				
總　計	49	33	29	42	53	41	43	56	55	34	28	42	42	30	32	37	105	37	50	43

資料來源：嘉靖《固始縣志》卷四，〈軍匠〉。

說　　明：都司衛所名按《明史》卷九〇，〈兵志二・衛所〉之順序排列，不詳者附以問號。

川山	長興	清灘	沙河	普照	華陽	大山	子安	官庄	西曲	巴族	趙市	會光	東曲	勝棠	期思	梁安	春河	海灣	馬壋	甘棠	官林	東隅	南隅	西隅	北隅	小計
																									1	1
																										3
							3														5					8
																										1
																										1
																										1
																										1
							1																			1
																					1					2
																										1
																										2
																										1
																										2
																										1
							1																			1
							1																			1
							1												1							2
																				1						1
54	26	26	28	24	45	36	40?	27	31	39	33	27	24	31	30	24	28	41	20	42	52	19	28	35	39	1730

表 2：許州、固始、高陵、臨江、解州、海寧各地出身軍人分布都司屬衞表

	河南許州	河南固始	陝西高陵	江西清江	江西新淦	江西新喻	江西峽江	山西解州	浙江海寧
北京	131	344	94	385	310	299	246	29	127
直隸	161	271	19	448	325	283	149	113	557
浙江	9	13	1	110	97	1	28	18	1,138
遼東	20	38	3	116	131	86	96	70	337
山東	0	32	0	80	26	20	52	1	32
陝西	26	249	424	103	71	62	56	38	504
四川	13	49	41	21	11	3	10	77	241
廣西	11	26	4	14	55	45	22	7	324
雲南	34	68	29	46	21	9	19	12	598
貴州	8	29	15	22	36	13	3	6	537
河南	251	163	15	31	100	86	79	10	238
湖廣	26	95	7	43	53	33	26	22	371
中都	3	26	0	0	16	7	6	3	345
福建	16	11	0	11	0	6	1	0	53
江西	4	9	0	130	118	44	78	0	12
廣東	2	5	2	20	5	4	8	8	46
大寧	6	7	2	15	0	9	0	32	201
萬全	59	31	8	54	54	53	39	16	122
山西	18	115	16	17	3	15	23	431	386
南京	8	121	115	155	90	262	62	17	275
不詳	6	28	16	18	0	0	0	50	190
總計	812	1,730	811	1,839	1,522	1,340	1,003	960	6,634
分配衞所	178	357	129	294	207	176	178	93	443

資料來源：a、嘉靖《許州志》卷8，〈戍匠〉。
　　　　　b、嘉靖《固始縣志》卷4，〈軍匠〉。
　　　　　c、嘉靖《高陵縣志》卷2，〈兵匠〉。
　　　　　d、隆慶《臨江府志》卷7，〈軍役〉。
　　　　　e、嘉靖《解州志》卷4，〈兵匠〉。
　　　　　f、嘉靖《海寧縣志》卷2，〈軍匠〉。

表 3：族 譜 中 所 見 衛 軍

編號	姓　　名	原　　　　籍	從 軍 年	從 軍 緣 繇
1	丁　　興	湖 廣 武 昌	元末	1　從軍
2	丁　　順	山 東 日 照	洪武間	8?　召募
3	仇 守 信	山 西 曲 沃	元末明初	5　抽充
4	仇　　睦	山 西 曲 沃	明初	6　謫充
5	尹　　健	江 蘇 山 陽	明初？	？
6	文　　顯	山 東	正統14年	8　召募
7	方　　熙	安 徽 績 溪	？	7　元百夫長
8	方 奇 師	安 徽 歙 縣	戊戌年	2　歸附
9	方　　銘	安 徽	至正甲午	2　歸明從軍
10	方　　綽	安 徽	？	？
11	方 宗 玘	安 徽	？	？
12	方　　山	安 徽	？	？
13	方　　慶	安 徽	？	？
14	方 昌 祖	安 徽	？	9　民軍
15	方 回 得	安 徽	？	？
16	王　　員	浙 江 仁 和	吳元年	1　從征

原 籍 與 衞 所 關 係 表

衞　　　　　所	官　　職	備　　　　　　　　　　　　　　　　　註
遼東海州衛	百戶	《日照丁氏家乘》，〈序例第一〉，〈三修家乘序〉。
山東青州衛		《日照丁氏家乘》，〈世譜第一〉，1a。
湖廣永州衛？		《仇氏家乘》，1/10a、13/3a、18/2a。
山西平陽衛		《仇氏家乘》，1/10b、18/2b。
直隸天津右衛	指揮使	《尹氏族譜》，〈族譜序〉、〈長分譜系〉1/19a。
山東濟南衛→ 山東濟寧衛	指揮使 指揮同知	《濟寧文氏家譜》，〈文氏家抄〉、〈文氏宗譜・三世〉。
貴州貴州前衛		《歙淳方氏柳山眞應廟會宗統譜》，4/73a。
湖廣襄陽衛→ 湖廣永定衛	軍 副千戶	《歙淳方氏柳山眞應廟會宗統譜》，5/30a、17/16a-b。
南京留守衛→ 南京府軍衛	百戶 正千戶	《歙淳方氏柳山眞應廟會宗統譜》，5/45a-b。
雲南臨安衛		《歙淳方氏柳山眞應廟會宗統譜》，6/2a。
山西大同左衛	千戶	《歙淳方氏柳山眞應廟會宗統譜》，6/16a。
山西大同衛		《歙淳方氏柳山眞應廟會宗統譜》，6/18a。
陝西寧夏衛		《歙淳方氏柳山眞應廟會宗統譜》，6/20a。
錦衣衛		《歙淳方氏柳山眞應廟會宗統譜》，6/21a。
貴州		《歙淳方氏柳山眞應廟會宗統譜》，14/5a。
直隸廬州衛→ 雲南都司	軍 都指揮使	《合肥義門王氏續修宗譜稿、附逸塘詩存》，〈行傳・一世〉。

編號	姓　　名	原　　　籍	從軍年	從軍緣綕	
17	左　　淮	金　陵	?	?	
18	王　大　賢	山　西　清　源	洪武3年	4?	選充
19	王　大　聖	山　西　清　源	?	?	
20	王　德　和	浙　江　黃　巖	洪武初	6	謫充
21	王　　觀	浙　江　慈　谿	?	?	
22	王　　鑣	浙　江　諸　暨	洪武4年	6	謫充
23	王　廷　璧	浙　江　蕭　山	洪武間	9	認同姓軍
24	王　廷　璧	浙　江　蕭　山	洪武間	9	功臣後
25	王　　浩	安　徽　定　遠	元末	1	從征
26	左　　貴	安　徽　合　肥	洪武初	2	歸附
27	左　君　弼	安　徽　合　肥	元末明初	2	歸附
28	甘　受　和	江　西　豐　城	?	?	
29	田　貴　和	浙　江　蕭　山	洪武20年	5	抽充
30	田　　敏	浙　江　蕭　山	正德3年	6	謫充
31	伍　　貴	安　徽　桐　城	洪武初	5	抽充
32	任　長　受	安　徽　懷　寧	洪武4年	3	收集
33	安　宏　遠	江　蘇　無　錫	?	6	謫充

衞　　　　　　所	官　　職	備　　　　　　　　　　　　　　　　　註
直隸南匯嘴中後所	參謀	《南匯王氏家譜》，〈世表‧第一世〉、〈左氏譜敍〉。
直隸眞定衞	小旗	《正定王氏家傳》，1/1a。
浙江觀海衞	指揮僉事	《正定王氏家傳》，〈後記〉。
北京（？）		《黃巖花廳王氏宗譜》，2/7b。
雲南		《慈谿王氏宗譜》，7/10b。
北京興州中潭衞？		《暨陽古竹王氏宗譜》，〈行傳‧第四世〉。
湖廣夷陵千戶所		《王氏家譜》，3/1a。
湖廣夷陵千戶所		《苧蘿王氏宗譜》，47/7a。
？→福建高浦千戶所	百戶	《樹林王氏家譜》，〈跋溫陵派王氏譜序〉。
江蘇常州	千戶	《常州左氏宗譜》，3/1a。
廣西衞	指揮僉事	《常州左氏宗譜》卷2，〈本系圖〉；《太祖實錄》卷50，洪武3年3月壬子。
遼東瀋陽中衞	指揮僉事	《瀋陽甘氏宗譜》，〈忠果公列傳〉。
浙江海門衞桃渚所		《蕭山道源田氏宗譜》卷1，〈田氏始祖〉。
廣西潯州衞		《蕭山道源田氏宗譜》卷1，〈田氏始祖辨〉。
雲南瀾滄衞→雲南大羅衞	守備	《伍氏家乘》卷24，〈軍裝合同議約〉。
北京遵化衞→河南涿鹿左衞→南京興武衞→南京水軍左衞→南京濟川衞→南京興武衞	軍副千戶	《懷寧漱水任氏宗譜》卷2，〈武德將軍信公原傳〉。
雲南		《膠山安氏黃氏家乘合鈔》，〈自序〉。

編號	姓　　名	原　　　籍	從　軍　年	從　軍　緣　繇
34	吳　紹　四	安　徽　桐　城	元末	2　義兵歸附
35	吳　貴　華	安　徽　歙　縣	?	?
36	吳　文　海	湖　南　平　江	元末	2　歸附
37	李　興　一	安　徽　懷　寧	?	?
38	李　　　逷	安　徽　懷　寧	宣德 3 年	6　謫充
39	李　　　辛	江　蘇　吳　縣	洪武間	6　謫充
40	李　　　寅	江　蘇　吳　縣	洪武初	9　謫充
41	李　　　單	福　建　同　安	洪武 9 年	5?　簡拔
42	汪　福　一	安　徽　懷　寧	洪武 4 年	3　義兵收集
43	汪　福　四	安　徽　懷　寧	甲辰	3　收集
44	沙　以　忠	江　蘇　毗　陵	?	?
45	孟　　　剛	山　西　介　休	?	?
46	孟　　　浩	山　西　臨　汾	洪武初	4　垛集
47	林　發　鰲	廣　東　東　莞	?	5?　抽充?
48	邱　伯　明	浙　江　定　海	洪武初	3　收集
49	金　福　忠	浙　江　餘　姚	?	?
50	姚　福　龍	江　西　新　建	?	?
51	范　天　祐	江　蘇　吳　縣	洪武中	?

衛　　　　　所	官　職	備　　　　　　　　　　　　　　　　註
江西南昌衛		《桐城吳家紫吳氏宗譜》，〈原序〉、1/1a。
北京彭城衛	指揮	《昌溪庠里吳氏宗譜》，〈世系統圖·廿六世〉。
湖廣武昌護衛→河南彰德衛		《吳氏宗譜》，〈平江遷通城始祖枝下·十八世〉。
南京龍驤衛→山西太原中護衛→山西太原左衛	指揮	《懷寧李氏宗譜》，1/20a。
貴州？永寧衛		《懷寧李氏宗譜》，1/20b。
雲南		《李氏家譜》，4/4a。
遼東		《李氏家譜》，4/4a。
南京留守司右屯衛		《李氏族譜》，A139-140。
江西南昌左衛→河南宣武衛	千戶軍	《皖桐汪氏宗譜》，1/77a-79b、1/75b。
江西		《皖桐汪氏宗譜》，1/75a。
陝西莊浪衛		《毘陵沙氏宗譜》，〈里居志·第三世〉。
宣府鎮陽和堡	百戶	《孟氏家乘》，7/1b。
山西蒲州千戶所		《孟氏家乘》，7/2b、2/1b。
廣東南雄千戶所		《新界屯門林氏族譜》，〈吊桶世系·一世〉。
直隸淮安衛		《邱氏族譜存略》，〈邱氏族譜始末〉。
？→山東德州衛		《德州金氏支譜》，〈原序〉、1/8a。
楚北荊襄營→湖廣武昌左衛	統制百戶	《漢陽姚氏宗譜》，15/2a-b、1/3a-b。
北京永清左衛→直隸金山衛	指揮同知	《范氏家乘》，22/139a-141a、24/13a。

編號	姓　　名	原　　　　籍	從軍年	從　軍　緣　繇	
52	范　　岳	江　西　樂　平	洪武中	6?	謫充?
53	范　　某	山　東　青　州	洪武初		?
54	范　從　文	江　蘇　崑　山	洪武中	6	謫充
55	范　子　斆	江　蘇　吳　縣	洪武10年	6	謫充
56	袞　彥　中	北　京	洪武 4 年	6?	墮籍
57	馬　國　璋	浙　江　會　稽	洪武初	1	從軍
58	張　　某	江　蘇　江　寧	洪武間		?
59	張　　麒	江　蘇　興　化	丙午年	2	歸附
60	張　　禮	江　蘇　興　化	丙午年	2	歸附
61	張　　智	江　蘇　興　化	丙午年	2	歸附
62	張　克　粹	福　建　同　安	?	6	謫充
63	張　　旺	江　蘇　儀　眞	甲午年	1	從征
64	張　仙　乞	福　建　德　化	洪武 9 年	5	抽充
65	簡　德　潤	福　建　南　靖	洪武 9 年	5	抽充
66	戚　　詳	安　徽　定　遠	?	1?	從征?
67	畢　　成	安　徽　巢　縣	乙未年	2	歸附

衛　　　　　所	官　　職	備　　　　　　　　　　　　　　　　　　　註
遼東瀋陽中衛		《范氏家乘》，24/3a-b。
山東登州衛		《范氏家乘》，24/3b-4a。
陝西莊浪衛→ 雲南金齒衛		《范氏家乘》，5/40a-b。
陝西涼州衛		《范氏家乘》，21/63a-b。
南京龍虎衛→ 山東淄州		《淄川袁氏家譜》，1/1a。
山西大同中屯衛		《會稽馬氏宗譜》卷1，〈南湖公傳〉。
山西平陽兵馬司→ 河北河間衛	指揮使	《獻縣梁莊張氏家譜》，〈序〉。
南京飛熊衛	指揮僉事	《桂林張氏家乘附義高千古集》卷1， 　〈廣陵世系〉，〈始系〉、6/6a-7b。
直隸淮安衛→ 廣西桂林右衛	鎮撫	《桂林張氏家乘附義高千古集》，6/7b- 　8b。
湖廣		《桂林張氏家乘附義高千古集》，15/3b、 　卷1，〈始系〉。
湖廣鎮遠衛		《張廖簡氏族譜》，張氏B165。
福建高浦千戶所	千戶	《張廖簡氏族譜》，張氏C25-26。
南京留守右衛→ 北京留守右衛		《張廖簡氏族譜》，張氏A11、B108。
福建蒲禧千戶所		《張廖簡氏族譜》，簡氏A10-11。
山東登州衛	指揮僉事	《黃縣威氏宗譜》，〈跋〉。
直隸大河衛→ 水軍右衛→ 府軍後衛→ 山東兗州護衛→ 薊州衛→ 山西太原左衛→ 山東威海衛	小旗 總旗 百戶 百戶 指揮僉事 指揮同知 指揮同知	《畢氏宗譜》卷1，〈像贊〉，上段、〈 譜圖〉，上段。

編號	姓　　名	原　　　　籍	從軍年	從軍緣縁
68	許　孔　遜	廣　東　開　平	洪武17年	6　謫充
69	郭　建　郎	福　建　長　樂	洪武時	6　謫充
70	陳　　　某	四　川　成　都	洪武 2 年	?
71	陳　　　祖	安　徽　休　寧	?	?
72	陳　顯　志	安　徽　休　寧	永樂初	6　謫充
73	陳　　　璽	安　徽　定　遠	甲午年	2　歸附
74	陳　寧　一	浙　江　蕭　山	洪武19年	5　抽充
75	陳　燦　志	福　建　同　安	?	5　抽充
76	陳　秀　甫	福　建　長　樂	元末明初	2　義兵歸附
77	陳　添　用	福　建　同　安	?	3?　收集? ?
78	陶　鸞　哥	安　徽　定　遠	元末	1　從征
79	彭　學　一	江　西　清　江	洪武 4 年	2　**義兵歸附**
80	馮　有　才	山　東　壽　光	明初	4　垜集
81	馮　福　二	江　蘇　毗　陵	洪武 4 年	6　謫充
82	馮　福　三	江　蘇　毗　陵	洪武 4 年	6　謫充
83	馮　德　祥	江　蘇　錫　山	洪武12年	9　同姓
84	馮　安　三	江　蘇　錫　山	吳元年	6　謫充指揮

衛　　　　　　所	官　　職	備　　　　　　　　　　　　　　　　註
廣東新會千戶所		《許氏宗譜》，B154-155、B157。
陝西甘州左衛→ 陝西西安後衛		《舊德述聞》，1/13b-14b。
遼東廣寧左衛		《昌邑陳氏家乘》，〈譜系叙略〉。
陝西西安衛		《藤溪陳氏宗譜》，〈本宗系牒第十九〉。
遼東瀋陽衛		《藤溪陳氏宗譜》，〈本宗系牒第二十六〉。
南京飛熊衛→ 北京大興左衛→ 直隸廬州千戶所→ 江西饒州千戶所→ 江西贛州衛→ 直隸鎮江衛	百戶 副千戶 副千戶 副千戶 指揮僉事 指揮僉事	《京口陳氏五修家譜》，1/13a-18b。
南京水軍左衛	小旗	《蕭山陳氏宗譜》，〈陳氏族譜序〉。
南京		《陳氏大族譜》，B199-200。
廣東碣石衛		《陳氏大族譜》，B189。
福建漳州江東橋 巡檢司	巡檢	《陳氏大族譜》，A107。
南京龍驤衛→ 山東威海衛→ 直隸蘇州衛	遊擊 參軍 千戶	《蘇州陶氏家譜》，2/1a-3b。
直隸蘇州衛		《彭氏宗譜》，2/1a、3/220a。
山西振武衛		《代州馮氏族譜》，〈道後馮氏先世世系圖小序〉。
中都留守司懷遠衛		《毘陵馮氏宗譜》，7/5a-6b。
南京武德衛		《毘陵馮氏宗譜》，7/5a-6b。
北京軍府左衛		《錫山馮氏宗譜》卷7，第四世。
湖廣沅州衛→ 湖廣武昌衛		《錫山馮氏宗譜》卷7，第四世。

編號	姓　　名	原　　　籍	從軍年	從軍緣繇
85	馮　　晟	江　蘇　錫　山	？	6　謫充
86	馮　玉　童	江　蘇　錫　山	吳元年	2？　歸附？
87	黃　榮　八	安　徽　桐　城	元末	2　義兵歸附
88	黃　　榮	浙　江　蕭　山	？	？
89	王　　蘊	浙　江　餘　姚	洪武19年	？
90	黃　　與	福　建　同　安	文宗元年	4　垛集
91	楊　孟　孫	福　建　同　安	洪武20年	5　抽充
92	路　　引	山　東　臨　淄	？	？
93	路　　某	山　東　歷　城	？	1？　從軍？
94	蒲　　某	山　東　淄　川	洪武4年	4　垛籍
95	劉　敬　先	山　西　平　定	洪武間	5　抽充
96	劉　　眞	安　徽　鳳　陽	至正間	2　義兵歸附
97	劉　　顯	安　徽　績　溪	？	1　從軍
98	劉　　海	河　北　盧　龍	？	？
99	劉　應　元	福　建　安　溪	？	？
100	蔡　同　祖	福　建　同　安	？	6　謫充
101	鄭　文　玉	福　建　南　靖	建文4年	5　抽充
102	鄭　德　光	廣　東　香　山	洪武16年	3　收集
103	黎　逸　士	廣　東　梅　州	元末	1　從軍

衛　　　所	官　職	備　　　　　　　　　　　　　　　註
廣東南海衛		《錫山馮氏宗譜》卷7，第六世。
江西贛州衛		《錫山馮氏宗譜》卷7，第四世。
南京	指揮	《鹿城黃氏宗譜》，〈黃氏纘修宗譜序〉。
浙江乍浦千戶所		《蕭山黃氏宗譜》，〈行傳·第八世〉。
錦衣衛	百戶	《蕭山黃氏宗譜》，〈竹橋宗譜序〉。
南京留守左衛→ 山西大同左衛→ 廣東龍川千戶所		《黃氏族譜》，A14-15。
福建平海衛		《楊氏大族譜》，派10。
陝西		《路氏族譜》卷7，〈賢祖支派·小序〉。
貴州畢節衛	指揮	《畢節路氏長房族譜》，〈行述〉。
北京		《蒲氏族譜般陽土著》，〈族譜引〉、〈 　六世·永良〉。
山西大同左衛		《劉氏族譜》，〈凡例（嘉慶10年）〉。
江蘇常州西營→ 山西大同左衛	守備	《西營劉氏家譜》，8/1a-b。
河南寧國衛→ 河南歸德衛	百戶 千戶	《商邱劉氏家乘》，1/1b。
湖廣長沙衛	千戶	《善化洋田劉氏家譜》，1/3b。
陝西甘州中衛→ 福建永寧衛福全所		《劉氏大族譜》，C說7。
福建泉州衛		《蔡氏大族譜》，B80。
福建福州？		《鄭氏族譜》，A42。
南京虎賁右衛→ 貴州興隆衛		《鄭太崖祖房譜》，3/3b。
南監？→ 廣東澄海千戶所		《中壢黎氏族譜》，〈原序〉。

編號	姓　　名	原　　　　　籍	從　軍　年	從　軍　緣　繇
104	盧　子　興	河　北　淶　水	？	？
105	謝　魁　一	安　徽　宣　城	戊戌年	9　民兵僉籍
106	謝　廷　玉	廣　東　梅　州	洪武18年	6　謫充
107	簡　瑞　源	廣　東　番　禺	洪武間	？
108	簡　用　耕	廣　東	？	？
109	藍　仕　良	福　建　漳　州	洪武	4？　編軍
110	藍　仕　宗	福　建　漳　州	洪武	4？　編軍
111	邊　復　初	河　北　任　邱	靖難時	8？　從軍
112	饒　文　章	湖　北　廣　濟	洪武初	？

從軍緣繇：1.從征 2.歸附 3.收集 4.垜集 5.抽充 6.謫充 7.元代軍戶 8.召募 9.其他。

衛　　　　所	官　職	備　　　　　　　　　　　　　註
直隸德州左衛		《德州盧氏家譜》，3/1a。
山東青州左衛→ 山東登州衛→ 山東福山中前所		《福山謝氏家乘》，〈謝氏家譜考〉。
陝西涼州衛→ 陝西山丹衛→ 廣東潮州衛		《謝氏族譜》，序7-8。
廣東廣州衛		《粵東簡氏大同譜》，2/67a。
南京？衛		《粵東簡氏大同譜》，9/74b。
福建漳州衛		《藍氏族譜》，藍譜7。
湖廣安陸衛 （寄操彰州衛）		《藍氏族譜》，藍譜7。
衛不詳，仍居任邱	百戶	《任邱邊氏族譜》，〈重修族譜序〉。
直隸九江衛		《饒氏宗譜》，3/3a-b。

引 用 族 譜 目 錄

《日照丁氏家乘》82卷，丁聯珝等修，光緒26年刊本

《仇氏家乘》18卷，仇昌鼎等重修，康熙20年序，本衙藏板

《尹氏族譜》6卷，尹元熙・尹榮昌等三修，宣統3年刊本

《濟寧文氏家譜》126頁，文殿楷等四修，道光26年鈔本

《歙淳方氏柳山眞應廟會宗統譜》20卷，方善祖・方大成等修，乾隆18年木活字本

《合肥義門王氏續修宗譜稿附逸塘詩存》不分卷，王家賢等續修，民國26年鉛印本

《南匯王氏家譜》不分卷，王廣圻等重修，民國21年鉛印本

《正定王氏家傳》6卷，王耕心等修，光緒19年刊本

《黃巖花廳王氏宗譜》1-10卷，王笠舟等修，光緒16年木活字本

《慈谿王氏宗譜並附錄》1-12附3卷，王棠齋等修，光緒24年崇本堂印本

《暨陽古竹王氏宗譜》不分卷，王光斗等重修，乾隆60年木活字本

《王氏家譜》1-4卷，王石渠等修，道光27年三槐堂刊本

《苧蘿王氏宗譜》2-48卷，王融甫・王燮陽等重修，民國4年木活字本

《樹林王氏家譜》1冊，王謨己・王義政編，民國64年刊本

《常州左氏宗譜》6卷，左涵洭等修，光緒16年裕德堂刊本

《潘陽甘氏宗譜》不分卷，甘運瀅等續修，嘉慶9年木活字本

《蕭山道源田氏宗譜》6卷，田延耀等重修，道光17年紫荊堂刊本

《伍氏家乘》1-24卷，伍受糈等修，同治7年思遠堂刊本

《懷寧涤水任氏宗譜》13卷，任鶡峯等修，光緒11年慶源堂刊本

《膠山安氏黃氏宗乘合鈔》16卷，安曾發輯，嘉慶16年刊本

《桐城吳家柴吳氏宗譜》1-21-1卷，吳灝・吳謙昀等續修，光緒元年木活字本

《昌溪庠里吳氏宗譜》8卷，吳景桓等修，光緒26年思成堂刊本

《吳氏宗譜》不分卷，吳賡泰等修，咸豐10年昭德堂刊本

《懷甯李氏宗譜》1-7-1卷，李子新等修，宣統3年允福堂刊本

《李氏家譜》 8卷，李沅等修，道光19年刊本

《李氏族譜》不分卷，江萬哲・李炎主編，民國48年，臺中新遠東出版社

《皖桐汪氏宗譜》17-1卷，汪自健・汪月桂等重修，光緒26年敦睦堂刊本

《毘陵沙氏宗譜》 6卷，沙華年・沙永貞等三修，道光 9 年百壽堂刊本

《孟氏家乘》 7卷，孟元芳等重修，順治 8 年跋，刊本

《新界屯門林氏族譜》82頁，編著者不詳，清末抄本

《邱氏族譜存略》不分卷，邱寶廉編，民國11年石印本

《德州金氏支譜》 6卷，金俊書等修，道光14年寶默堂刊本

《漢陽姚氏宗譜》16卷，姚芳勛等修，民國10年成務堂刊本

《范氏家乘》40卷，范宏金等續修，道光30年刊本

《淄川袁氏家譜》 6卷，袁斯考等修，光緒20年刊本

《會稽馬氏宗譜》 5卷，馬文燮等修，道光27年文英堂刊本

《獻縣梁莊張氏家譜》 2卷，張濂等修，民國18年鉛印本

《桂林張氏家乘附義高千古集》1-15附 2 卷，張基等修，民國10年序，鉛印本

《張廖簡氏族譜》不分卷，張清風・廖大漢主編，民國54年再版，臺中新遠東出版社

《黃縣戚氏宗譜》不分卷，戚晷才等四修，民國10年石印本

《威海畢氏宗譜・畢公裔宗譜》不分卷，畢恩普編，民國17年跋，天津開文石印局印

《許氏宗譜》不分卷，許教正編輯，民國52年，新加坡許氏總會刊行

《舊德述聞》 6卷，郭則澐撰，民國25年蟄園刊本

《昌邑陳氏家乘》47頁，陳明侯等修，民國 3 年，山東印刷公司

《藤溪陳氏宗譜》不分卷，陳豐等修，康熙10年刊本

《京口陳氏五修家譜》 2卷，陳夢原等序，嘉慶 9 年刊本

《蕭山陳氏宗譜》 8卷，陳宗元等續修，光緒 2 年敦睦堂刊本

《陳氏大族譜》不分卷，陳建章・江萬哲主編，民國51年再版，臺中新遠東出版社

《蘇州陶氏家譜》 6卷，陶懷照等續修，民國 9 年刊本

《彭氏宗譜》1-12卷，彭文傑等八修，民國11年序，衣言莊刊本

《代州馮氏族譜》 4卷，馮曦等修，民國22年重刊鉛印本

《毗陵馮氏宗譜》1-12卷，馮受恆主修，道光17年寶薔堂刊本

《錫山馮氏宗譜》24卷，馮向榮主修，民國3年大樹堂刊本

《鹿城黃氏宗譜》1-23-1卷，黃介孚等八修，光緒16年序，德永堂刊本

《蕭山黃氏宗譜》不分卷，黃士福等修，光緒17年五桂堂刊本

《黃氏族譜》不分卷，黃進財・江萬哲主編，民國50年，臺中新遠東出版社

《楊氏大族譜》不分卷，楊金海・江萬哲主編，民國54年，臺中新遠東出版社

《路氏族譜》16卷，路振玉等修，民國26年鉛印本

《畢節路氏長房族譜》不分卷，路朝霖等編，光緒21年刊本

《蒲氏族譜般陽土著》不分卷，蒲松齡修，康熙27年

《劉氏族譜》不分卷，劉書府等修，嘉慶10年劉氏家廟刊本

《西營劉氏家譜》12卷，劉堃等重修，光緒2年木活字本

《商邱劉氏家乘》1-8卷，劉靜吉編，民國18年歸德義聚魁印本

《善化洋田劉氏家譜》1-4卷，劉慶祺等修，光緒27年活字本

《劉氏大族譜》不分卷，劉阿亨主編，民國51年，臺中新遠東出版社

《蔡氏大族譜》不分卷，蔡謀海・江萬哲主編，民國50年，臺中新遠東出版社

《鄭氏族譜》不分卷，鄭福財・江萬哲主編，民國51年，臺中新遠東出版社

《鄭太崖祖房譜》存2卷，編著者不詳，光緒21年

《中壢黎氏族譜》1冊，黎雙龍編，民國61年刊本

《德州盧氏家譜》6卷，盧見曾編，乾隆23年序，刊本

《福山謝氏家乘》不分卷，謝汝敏等修，民國12年

《謝氏族譜》不分卷，謝泉海・江萬哲主編，民國53年，臺中新遠東出版社

《粵東簡氏大同譜》1-13卷，簡朝亮等修，民國17年，上海中華書局

《藍氏族譜》不分卷，何兆欽主編，民國59年鉛印本

《任邱邊氏族譜》22-1卷，邊東旭等修，乾隆37年篤敍堂刊本

《饒氏宗譜》45卷，饒雲耀等重修，民國18年木活字本

哥老會的人際網路
——光緒十七年李洪案例的個案研究

劉　錚　雲

　　本文以會黨成員口供資料爲主,《申報》的報導爲輔,說明美生事件的發展以及李洪起事計劃的來龍去脈。雖然由於受限於材料,無法完全掌握李洪起事規模的全部輪廓,但是就資料所及,我們瞭解李洪的起事計劃基本上是以龍松年爲首,至少結合了長江沿岸漢口、沙市、黄石港、武穴、九江、安慶、銅陵、蕪湖、金陵、江都、清江浦、十二圩等重要市鎮的哥老會組織而成的大聯盟。這個大同盟雖然表面上是各山堂的聯盟,實際上只是各頭目與頭目間、各頭目與成員間人際關係的結合。同時由李洪的個案可以看出,哥老會山堂間的聯盟基本上只是原有山堂個人結拜關係的擴大,而哥老會的整體組織事實上也就是在這種以個人人際關係爲主的情形下運作。但在傳統社會中,這種人際關係很難突破時空的限制,個人隨著時空的轉移,必須不斷地加入新的組織,以確保人際關係的鞏固,俾免失去保護。在這種組織的運作完全取決於個人人際關係的情形下,哥老會的組織動員力之所以薄弱也就不言可喻了;而這種情形當不僅只限於哥老會,而極可能是整個清代會黨的一個共同現象。

一、前　言

　　哥老會是清同、光年間活躍於華中、華南一帶的異姓結拜組織。他們的成員大多是社會上的邊緣人物,其中尤以遭遣散的散兵、游勇居多,其次則爲無業游民、僱工、匠人、小本營生的生意人、茶館、煙館、酒舖的老板等,以及一些落魄文人、和尚道士、相士、乞丐、草藥郎中、江湖賣藝人士等。這些人無論是和尚道士,或是走江湖的賣藝人,遊走各地幾乎是他們的共同特色,即或不必親身遊走四方,也是必須經常與這些人接觸,例如那些茶館、煙館、酒樓的經營者。這些人雖然不都是移民,但是由於流動性大,失去傳統家族與地緣團體的倚靠,爲了自身的安全與生活的需要,才以互相幫助、不受人欺侮爲號召,以異姓結拜的方

式組成會黨這種擬血緣的團體，以求自保。不過，他們求自保的方式卻深具破壞性，從聚衆斂錢、打家劫舍、擄人勒贖、走私販毒、包娼包賭、到祭旗起事、進攻官署衙門，幾乎是無惡不作，後來又參加革命活動，成爲當時地方官極爲棘手的問題。可是他們之中也有少部份人並未參與行動，只是「出錢掛名入會，藉免搶劫之害。」[1]他們僅是出錢買「保家憑」，接受保護。這些人在當時地方官眼中，是所謂「會而不匪者」。[2]

　　一般而言，每個哥老會組織都有山、堂、香、水等名目，如戴公山、結義堂、金蘭香、龍泉水。[3]每個山堂各自獨立，不相統屬，通常由頭目統籌會中一切事務，早期稱作「老冒」或「帽頂」，光緒中期以後，改稱「龍頭」。龍頭之下，一般有所謂的「坐堂」、「陪（培）堂」、「禮堂」、「刑堂」、「智（執）堂」等五堂。[4]五堂之外，有些山堂還有專門職司儀式的香長、盟證，以及無所事事的心腹等職。從龍頭以至盟証都屬於第一個等級，也就是通常所謂的老大。老大以下分別是老二聖賢、老三當家，管理會內大小事務；老五管事，專司傳人聚衆以及上陣衝鋒、懲辦會內不法等事。老六巡風，負責通風報信的。巡風以下是順八（老八）、大九、小九、江口、尖口（老九）、大滿、小滿或么滿（老十）。哥老會內通常沒有老四與老七。這各有緣由，一是因爲「四」與「死」字同音，一是由於三合會內曾有過一位排行老七的和尚背叛了組織。[5]「四」、「七」這兩個數目字因而成爲哥老會的一項禁忌，通常不見使用。

1　《國立故宮博物院藏上諭檔》（以下簡稱《上諭檔》），道光十五年七月四日，頁35-36。
2　《國立故宮博物院藏月摺檔》（以下簡稱《月摺檔》），咸豐元年七月十二日，程矞采片。
3　這是光緒十三年安徽南陵縣的一個哥老會的組織名稱。（《國立故宮博物院藏宮中檔》（以下簡稱《宮中檔》），光緒十三年三月十日，陳彝摺。）
4　據檔案資料所見，也有五堂之外，再加上一個「管堂」而成爲六堂的；也有再加上「總堂」、「佐堂」而成八堂的。參見《月摺檔》，光緒十八年四月二十一日，沈秉成摺。
5　除了常見的十牌組織方式外，也有不少山堂採取比較簡單的組織辦法。安徽的青山四喜堂就是一個例子。它一共只有七個職位謼老大總頭，老二內當家，老三錢糧官，老五外面，老七、老八負責扒竊財物。另一個例子是前面提過的天定山忠義堂，只有總堂總辦、坐堂總理、飛令、大六、小六、大九、小九等名目。有些專在長江輪船上行竊的山堂組織更簡單，只有二個等級，即大爺與二爺。有關哥老會組織、成員與活動方式的討論，詳見Cheng-yun Liu, "The Ko-lao hui in Late Imperial China," PhD. Thesis, University of Pittsburgh, 1983, Chapters 3-5。

　　由於哥老會組成份子複雜，以及各山堂成員往往遊走各地，爲了便於彼此間的識別聯絡，除了山堂香水名目外，每一個哥老會組織都有口號。上述戴公山的口號就是「同心協力」。有些還有所謂內口號、外口號的分別。以大西山法寶堂爲例，它的內口號是「正直堂皇」，外口號是「同心協力」。[6]從少數流傳下來的哥老會文獻中，我們看到哥老會除了以口號作爲同一山堂成員之間的聯絡信號外，也發展出一套手式、茶碗陣等暗號，作爲不同山堂組織成員之間識別、聯絡之用。民國三十年前後在四川華陽縣中和場所作的一份田野報告，更具體顯示哥老會對會內其他組織成員所給予的幫助。根據該份報告，任何會內兄弟來到場上，理當受到該地組織的保護，並招待三天食宿，每日三餐，每餐三菜一湯。[7]這部份報告所述之事，固然見於民國以後，但這種同門兄弟彼此相助之事，應該不是民國以後才有。因爲有資料顯示，民國以前，各山堂間平日即互有聯繫，並非老死不相往來。據哥老會成員胡壽山指出，其內部文獻《海底》即曾指示：「凡建立一個公口，必須通知聯方碼頭，以及全省地方派弟兄前來參加。」胡本人曾於光緒二十七年十二月代表貴州貞豐的碼頭參加安順文德山福祿堂的成立大會。[8]胡壽山的例子應不是一個特例。在群英社編的《江湖海底》中，就有不少歌謠，生動地描寫出會中兄弟迎接遠道而來參加開忠義堂大禮的各地兄弟的歡欣之情。如在〈接客湍江〉中，我們可以看到這樣的句子：「喜洋洋，笑洋洋，撩衣進了忠義堂。各位仁兄龍駕到，千山萬水到香堂，千里迢迢來到此。……」[9]而在〈湍江令〉中，更明白指出廣東、廣西、河南、陝西、湖南、湖北、……等十三省「省省都有拜兄、府府都有拜弟，不知各台哥弟或從水道而來，或從早〔旱〕道而來。………。」[10]如果這些文獻資料確實是現實世界的反映，則清代的哥老會似乎已發展成具有自我意識的社群；各山堂雖然各自獨立，不相統屬，但是，彼此並不相斥，不僅互通消息，而且彼此支援，彼此照顧。這種社群組織甚且跨越了地域的

6　《申報》，光緒二年七月四日。

7　Mary Bosworth Treudley, *The Men and Women of Chung Ho Chang,* (Taipei, 1971), p. 250.

8　胡壽山：〈自治學社與哥老會〉，《辛亥革命回憶錄》第三卷（北京：中華書局，1963），頁469-471。

9　群英社編：《江湖海底》，頁1b。

10　同上，頁3a-b。

限制，以致「省省都有拜兄、府府都有拜弟。」哥老會這種組織分立，卻具有共同意識的特性一直是會黨引人注意的焦點。但是另一方面，回顧哥老會的歷史，我們不難發現這樣的聯繫照顧似乎並未給哥老會帶來更大的動員能力。除了地區性的騷動外，哥老會並不曾像白蓮教、太平天國等宗教團體一樣，曾掀起連綿十餘載，牽連十數省的大動亂。相形之下，哥老會的動員力量就顯得微不足道。因此，我們不禁要問：如果哥老會已發展成具有共同意識的社群，各山堂間維持何種關係，各山堂間互動的基礎是甚麼，合作的層面又有多廣。

目前要回答這些問題並不容易，因為除了上述零星的資料外，我們沒有任何具體有關哥老會各山堂間彼此互動的例子。不過，光緒十七年（1891）李洪發動長江沿岸十餘個哥老會山堂爲父報仇的案子，卻提供了我們瞭解這個問題的一條線索。李洪是太平天國降將李世忠之子。爲了報清廷殺父之仇，經過多年經營，聯絡了長江上下游哥老會頭目，準備各人邀集黨羽於光緒十七年十月十五日分成上、下游二支，一在湖北江陵縣沙市鎮，一在安徽安慶縣，二地同時起事。後來因爲考慮到「安慶一帶水陸各營甚多，聚集不易」，同時沙市「兵勇不多，又與湖南、四川接界，官兵追來，也有退步」，於是取消安慶部份的行動，改成十月十五日只在沙市鎮起事。爲了確保起事時彈藥無缺，哥老會的頭目同時透過任職於鎮江海關的英國人美生（Charles A. Mason）的協助，到香港洽購軍火。可是，沒有料到十七年八月十一日美生私帶炸藥五磅在鎮江闖關未成，而其在香港交致遠輪經上海運鎮江的三十五箱洋槍亦在上海被截獲。美生最初供稱該批軍火係其個人出資購得，然而經過一番折騰後，始承認其香港之行乃是爲哥老會頭目李洪購買軍火，以供起事之用。李洪的整個計劃因此而曝光。在清廷一年多的努力搜捕之下，李洪及其黨羽紛紛落網。[11]李洪的計劃雖然未能付諸實施，但是其聯繫整合的過程正好提供我們瞭解哥老會內各山堂組織間互動關係的機會。本文主要指出，哥老會的山堂組織主要建立在個人間之結拜關係上，山堂之間的聯盟也是這

11　關於美生事件的原委以及李洪起事計劃生成的背景的討論，可參見 Alan R. Sweeten, "The Mason Gunrunning Case and the 1891 Yangtze Valley Antimissionary Disturbances : A Diplomatic Link," *Bulletin of the Institute of Modern History, Academia Sinica*, 4 (1974)：843-880；渡邊惇：〈清末哥老會の成立──八九一年長江流域起事計劃的背景〉，《東洋史學論述》8（一九六七年七月），頁109-198。

種人際關係的擴大，但在傳統社會中，這種人際關係很難突破時空的限制，個人隨著時空的轉移，必須不斷地加入新的組織，以確保人際關係的鞏固，俾免失去保護。李洪的案子也顯示出，哥老會各山堂間的互動關係也就以人際關係爲主，而所謂的哥老會聯盟事實上也就是在這種以人際關係爲主的情形下運作。這種完全以人際關係爲基礎的結合，沒有任何意識形態爲基礎，動員能力自然薄弱。

二、李洪及其起事計劃

李洪即李顯謀，乳名地虎，別號雨生，河南固始縣人，自稱是一品廩生以勞績保舉知府。[12]據同黨的描述，他「是個中等身材，刮骨臉，下頦尖瘦，像個書生模樣」，爲人「極慷慨仗義」，是個「大老好人」。[13]其父李世忠即李昭壽，初名兆壽，又名兆受，也作長壽。李世忠出身貧賤，咸豐三年淮北捻亂轉劇，乘機起捻於霍邱，出沒於光州、光山、商城之間。五年十月間爲安徽寧池太廣道道台何桂珍所破，與同黨馬超江等同降。然而，由於李因降後未獲官職且不得食，不免失望，同時不滿馬超江被殺後，官府未能緝捕兇手到案，而安徽、河南兩地皆盛傳李已復叛，再加上巡撫福濟密致何桂珍，令其先發制人的書信又爲李截得，李因而懷疑爲何所賣，於是在十一月間設計殺害何後，投入太平軍陣營，隸屬於忠王李秀成。李入太平軍後，由於不見容於英王陳玉成，而李秀成又受太平諸將排擠，於是於咸豐八年九月再投入清軍勝保營中；獲賜花翎二品冠，補授參將，賜名世忠，部隊改稱豫勝營。十年五月李世忠任江南提督幫辦軍務，據有安徽之滁州、全椒、來安、五河、天長、六合等地。李一方面設卡抽釐，捆鹽自售，壟斷厚利，一方面招集亡命，勾結捻衆，厚積實力，不到四、五年間，據稱富已可敵王侯，人們皆稱之爲「壽王」。基於以上所見，誠如日本學者渡邊惇所指出的，李儼

12　劉坤一：《劉忠誠公遺書》〈奏疏〉卷十九，頁67a。另據申報的報導，李顯謀係以道員候選，曾在北洋一帶充當統領；後因「宦海風波，堅辭軒冕，寄居皖省，家食自甘。」（《申報》，光緒十七年十二月二十三日。）然以李世忠曾任江南提督，李顯謀自稱以一品廩生保舉知府，似乎比較接近事實。

13　《申報》，光緒十九年四月二十五日。

然已是割據一方的土豪。[14]根據漕運總督吳棠的觀察，在李世忠任職提督的六年中間，「縣官不敢理事，居民搬徙不敢回鄉，以致田畝荊榛，屋盧瓦礫，數百里間人煙斷歇。間有人民窮極歸里，亦被其蹂躙，困不聊生。」[15]即使在同治三年解職後，李世忠不僅仍保持當年豪侈的生活方式，蓄伶演劇，廣交貴游子弟，設局聚賭，販土賣煙，而且還將活動的領域擴及長江流域一帶，於霍邱、安慶、揚州等處皆廣置產業，攜姬妾優伶往來漢口、揚州、上海之間。同治十年，李以犯官、毆傷命婦爲安徽巡撫裕祿處斬。[16]

　　根據浙江總督劉坤一的調查，李世忠遺有五子，長子顯才早夭，三子成彬河南鄉試中式副榜，四、五子顯誠、顯貽均年幼在家，僅次子顯謀在外游蕩，變賣家產，黨夥繁多。[17]由於哥老會成員一向使用許多化名，官方一度不能確定眾人所供出的李洪、李鴻、李顯謀是否爲同一人，以及李洪究竟是李世忠的親生子，或只是傳言中的所謂養子。[18]爾後，又因爲其同黨不能在庭上當庭指認出李顯謀本人，幾乎使官方誤以爲李洪另有其人，而讓他矇混過關。[19]最後經其同黨匡世明的指認，始確定李洪即李顯謀，且爲李世忠之親生子。但時間幾乎已是案發的二年後了。李顯謀在身份被揭露後，與妻妾先後在獄中服毒自盡。[20]

　　由於李洪的突然自盡身亡，清官員除了他身世以外未能取得任何口供。根據其同夥高德華的供詞，我們瞭解李洪曾自承是哥老會中大哥，爲了報父仇，要求各路同會之人出力，但除此之外，我們對於他所開立之山堂香水名，以及組織情形，一無所知。[21]雖然渡邊惇認爲，從李世忠的出身背景以及當時的社會狀況來判斷，他很可能早已加入了哥老會，但是，他提不出任何直接的證據來支持他的

14　渡邊惇，〈清末哥老會の成立〉，《東洋史學論述》8（一九六七年七月），頁109－198。

15　王定安：《求闕齋弟子記》，頁91（捻軍一）。

16　關於李世忠的身平事蹟，可參見，謝興堯：〈李昭壽事略〉，《太平天國史事論叢》（上海：商務印書館，民國二十四年），頁212-237；王定安：《求闕齋弟子記》，頁98（捻軍一）。

17　劉坤一：《劉忠誠公遺書》〈奏疏〉卷十九，頁67a。

18　同上，〈電信〉卷一，頁6b。

19　《申報》，光緒十七年十二月二十三日。

20　劉坤一：《劉忠誠公遺書》〈電信〉卷一，頁10a。

21　《月摺檔》，光緒十七年十二月二十四日，張之洞摺。

這項推斷。因此，李洪的哥老會是否是建立在其父的既有組織上，還有待考證。不過，即使在組織上沒有具體的傳承關係，僅李世忠所遺留下來的巨額財富，對李洪的復仇計劃已有很大的幫助。根據官方的調查，李洪曾在霍邱、安慶、蕪湖、裕溪口等處廣置產業，大結夥黨。[22]李洪何時大結夥黨，資料上未見說明，不過根據雙龍山萬松亭的供詞，李洪這項結夥復仇的計劃顯然預謀已久。萬指出，他於光緒十四年在台灣遇見李洪時，李即有爲父報仇之說。[23]十五年六月間，萬即於鎮江第一樓茶館宴客，安排李洪與其他哥老會頭目匡世明、蔣雲、高德華、曾素蘭、許雲齋、曾鳴皋等人見面。一番飲宴後，萬松亭即當著李洪之面，向衆人說明，李「因父親是個忠臣，被裕撫臺陷害正法，死得冤枉，他決意要替父報仇」，請衆人「幫忙出力，約人起事。」蔣雲當即表示，會中人多，只缺軍火器械。李洪即向萬表示，買軍火必要洋人協助方能辦到。萬即要求曾素蘭與曾鳴皋出面，委託先後在洋行爲美生當差的徐春山、徐春庭兄弟代辦。李洪與會黨的第一次聚會至此告一段落，而他的復仇計劃於是跨出了第一步。[24]

不過，李洪的計劃一開始進行得並不十分順利，在購買軍火上就有些耽擱。光緒十六年正月間，曾素蘭、曾鳴皋同船過江看燈，在後艙內與徐春山見面。徐表示美生因爲服務未滿三年，不能請假，俟服務期滿，調到別處後才能幫忙。美生是於光緒十三年七、八月間抵華，隨即獲錄取進入海關稅務司工作，十月間派駐鎮江關。[25]照此計算，美生最早要到十六年九、十月間工作才滿三年，合於請假規定。不過，哥老會顯然等不及了，早在半年以前，也就是十六年的三、四月間，萬松亭攜李洪之信，與蔣雲以及另外二人分乘二船，由安慶押運三十箱共計六萬兩銀子，至江都縣六濠口清風泉茶館側邊碼頭交高德華、匡世明、曾素蘭、曾鳴皋等人，再會同他們將銀子送至鎮江，其中三萬兩交與徐春山轉交美生購買軍火，剩下銀兩由萬松亭、高德華、蔣雲等人經手，每人分用多少，不得而知。可是這一年的冬間，美生並未有任何行動；反倒是李洪曾親至鎮江徐春山處與曾素

22　劉坤一：《劉忠誠公遺書》〈電信〉卷一，頁7a。

23　《申報》，光緒十九年十月一日。

24　同上，光緒十九年四月二十五日。

25　Alan R. Sweeten, "The Mason Gunrunning Case and the 1891 Yangtze Valley Antimissionary Disturbances: A Diplomatic Link," p. 845.

蘭、曾鳴皋等人碰面，同到堂班喝花酒。李洪這趟鎮江之行目的何在，是否與美生見面，我們不得而知。

　　根據現有的資料，美生一直要到十七年五月間才在南京與哥老會份子見面。[26]美生可能就在這時候敲定了他請假的時間，而哥老會也得以開始積極佈置起事行動。因爲就在六月間，李洪專信知會各處頭目軍器已經辦就，要求大家約齊商討起事之事。七月一日各地頭目齊集安慶蔣雲家，商定十月十五日各人邀集黨羽分爲上、下游二支起事。李典爲大元帥，與李得勝等統領上游一支，在湖北江陵縣沙市鎮會齊；而下游一支則分爲東、西、南、北、中五旗，分別由濮雲亭、劉高升、張慶庭、高德華、蔣潤及許汶魁統率，龍松年爲總頭目，在安徽安慶會合，二地同時豎旗起事。隨後由於安慶一帶水陸各營甚多，聚集不易，七月中旬，五、六十個頭目復於大冶縣黃石港三灰地方以作盂蘭會爲名，開堂商議。大家以沙市兵勇不多，又與湖南、四川接界，官兵追來，也有退步，於是改定十月十五日集中沙市起事。除了中旗改由龍自統外，其他各旗分派配置不變，並派各頭目在「漢口、黃石港三灰、楊葉州、武穴、九江、大通、蕪湖、金陵、鎮江、十二圩各碼頭均行布置預備船隻等項。」[27]。會後，各人各自回到自己的根據地，分頭準備。然而，誰也沒有料到，美生八月間會被捕，整個計劃曝光，李洪及其同夥相繼落網，起事行動就此落幕。

三、美生事件

　　美生在鎮江與哥老會來往的情形，目前我們所知不多，只知道他於光緒十七年五月間，可能就是上述他在南京與哥老會份子碰面的同時，加入哥老會。[28]Sweeten 根據美生自己的回憶錄指出，美生在鎮江一方面學習華語，一方面學習中國歷史及政治制度，以排遣枯燥的海關工作。[29]Stanely Wright 認爲，美生這種迫

26　同上，頁848。

27　《月摺檔》，光緒十七年十二月二十四日，張之洞摺；《申報》，光緒十八年九月三日。

28　劉坤一：《劉忠誠公遺書》〈電信〉卷一，頁5b。

29　Alan R. Sweeten, "The Mason Gunrunning Case and the 1891 Yangtze Valley Antimissionary Disturbances: A Diplomatic Link," p. 845.

切想了解中國的意願促使他與哥老會接觸，並且更進一步加入了他們的組織。[30]
Sweeten 則以為，美生隨和的態度使他捲入了哥老會的活動，在取得他們的信任
後，透過他僕人（應該是徐春山）的安排加入哥老會。這兩種情形當然都有可
能。此外，錄取美生的考官在報告中說，美生生就一付中國人的臉，這未始不是
他受中國人歡迎的另一原因。[31]

　　雖然美生加入哥老會的動機不明，但是，他私運炸藥被捕的原因卻很明顯，
據各方面資料判斷，他本人實難辭其咎。可能是出於天真、無知，也可能是太過
於自信，美生在十七年七月初分別向他的華語老師陳士□及美國同事谷祿斯（
Henry Croskey）透露有會黨即將在金陵、鎮江等地起事，並邀二者加入哥老會。
七月十九日，美生動身往香港的前三天，他交給谷祿斯密碼簿一本，臨行之時又
交給暗號一紙，上載將來回來時之聯絡方式。谷雖將美生之事報告上級，但鎮江
關稅務司方面未將此事當真，僅囑其繼續留意。[32]到達香港後，美生透過當地哥
老會份子的引介，購得一百二十桿來福槍、一百二十七支左輪、二百二十一把刺
刀，以及六萬九千發子彈。[33]同時，美生也以月給二百五十元洋錢雇得英籍水手
陶士安（Peter Toussaint），並由其代覓十九人，月給洋錢一百元，協助照管裝運
彈藥。不過，最後只有五人隨行。[34]

　　在香港停留二週後，美生於八月十日乘招商局致遠輪，押運分裝三十五箱
的「鐵鍬鋼條」抵上海。由於美生在香港時曾致書稅務司，言明其改道香港的原
由（因其原來請假一月，欲赴高麗，見《申報》，光緒十七年八月十五日），引起
有關當局的警覺，遂於他抵岸時仔細搜查他押運之物；而他於香港時寫給上海稅
務司畢利登（Robert Bredon）的信亦同時抵達。美生於信上表示，他於赴港前夕
已發現哥老會的陰謀，為免打草驚蛇，他要求畢將該批彈藥放行，直放鎮江，以
便將涉案的哥老會黨羽一網成擒。畢利登不為所動，將信轉呈海關總稅司赫德，

30　Stanley F. Wright, *Hart and the Chinese Customs*, (Belfast : Wm. Mullan & Son Ltd., 1950), p. 624.

31　同上。

32　《申報》，光緒十七年九月六日。

33　Alan R. Sweeten, "The Mason Gunrunning Case and the 1891 Yangtze Valley Antimissionary Disturbances : A Diplomatic Link," p. 850.

34　《申報》，光緒十七年九月七日。

並勸美生前往北京就任新職，可是美生不理，獨自逕往鎮江。在鎮江，海關人員在其行李中搜出三十五磅炸藥。二個星期後，美生被捕。[35]最後，美生以私帶軍火被判監禁九個月，服刑期滿，准覓兩保人，各繳二千五百元作保，保證他以後不再犯後，得以釋放，否則將遞解回國。[36]

　　美生的私購軍火被捕正反映出他計劃的草率及缺乏遠見。誠如Stanely Wright所指出的，美生居然沒有想到，要將如此龐大的彈藥通關需要許多海關人員的配合。若能先擬定詳細的計劃，將彈藥由無人注意的沿海地點或是長江口私運上岸，或許有成功的可能。[37]美生行事何以如此草率迄今仍是個謎。

　　同樣令人困惑的是美生在本案中所扮演的角色。大約是十七年七月初，也就是美生向他的華語老師及美國同事透露哥老會即將起事的同時，美生也寄信給上海之洋將麥問皋（General William Mesney），要求代買槍械彈藥，並代爲糾集、訓練一千名士兵，以及能放大炮的西人五十名，三個月內備用，準備奪取中國砲台二座，兵船三艘；如願入會，每月可得銀五百兩。麥置之不理。[38]此外，美生並託徐春山、春亭兄弟代爲糾人，徐氏兄弟復轉託鎮江關聽差楊大昌、杜國富二人一同行事，預計每人代爲糾黨一百名，四人合計四百名；並打算將所糾之人藏匿在鎮江南門外十餘里山上的洋房內，由哥老會中人看守。最後因無人入會，以致未能成事。[39]另外在美生的書信中也發現，美生曾約會徐春山兄弟起事，搶劫福州軍器等局，搶英商太古行之安慶輪，並向商人要錢，令徐春山回福州及在甘露港會集等事。[40]顯然美生本人的意願不止於代人私購軍火，而可能是實際參與行動。至於眞象如何，有待進一步的研究。

四、參與計劃的哥老會成員

　　根據會黨的供詞推估，參與李洪計劃的哥老會山堂不下二、三十個之多。然

35　同上，光緒十七年九月六日。

36　劉坤一：《劉忠誠公遺書》〈電信〉卷一，頁4b-5a。

37　Stanley F. Wright, *Hart and the Chinese Customs*, p. 626.

38　《申報》，光緒十七年九月七日。

39　同上，光緒十七年十二月十三日。

40　劉坤一：《劉忠誠公遺書》〈電信〉卷一，頁2a-b。

而，由於這些供詞既不完整，而且也都有所保留，我們無法知道整個計劃的詳細內容，諸如究竟有多少人預備參加起事，以及各山堂之間如何參與、如何分工等細節問題。不過，從五、六十個頭目參與三夾地方「盂蘭會」，以及會後「商派各頭目在漢口、黃石港三夾、楊葉洲、武穴、九江、大通、蕪湖、金陵、鎮江、十二圩各輪船碼頭均行佈置預備船隻」的情形判斷，[41]預定起事的規模想必可觀。而從這幾個地點的分佈情形來看，漢口、黃石港（大冶縣）、武穴（興國州）位居長江中游的湖北省，沿江而下是江西的九江，安徽的楊葉洲（貴池縣）、大通（銅陵縣）、蕪湖，最後是江蘇的金陵、鎮江、十二圩（儀徵縣），已將近到了長江的盡頭。誠如張之洞所形容的，這次哥老會的起事計劃是「勾通洋人，結連長江上下三千里。」[42]

　　由於目前所能掌握的資料以會黨的口供為主，而口供的資料多以被捕的當事人為敘事重心，頗為零散。為了牽就這些材料，以下分別就原計劃中上、下游二支起事軍頭目的資料為線索，說明各地主要會黨參與的情形。（有關其餘參與山堂的資料，請參見附錄）

㈠安慶——下游一支

　　1.匡世明　匡世明雖貴為整個計劃中的二號人物，但有關匡世明的資料，我們所能掌握的極為有限。就目前所知，匡世明，湖南人，年三十八歲，[43]有許多化

41　《月摺檔》，光緒十七年十二月二十四日，張之洞摺。

42　同上。

43　《申報》，光緒十八年十二月二十八日及光緒十九年三月三十日。由於匡的化名太多，同時他又有一個同胞兄弟，所以要確定匡的正身，頗費周折；以下試作釐清。匡之同黨王魁供稱，曠世明即匡生明。（見《月摺檔》，光緒十八年四月二十一日，沈秉成摺。）也有《申報》的報導指出，匡世明有一「同胞生明，亦隨同在省。因又覆訊無入會實據，姑飭收押候質。」（見《申報》，光緒十九年三月三十日。）可是也有《申報》的消息指出，匡生明與李世忠之子名鴻者在申江酒店共謀私運軍火，準備起事，並供稱其與胞兄匡是明同居，其兄還屢勸其與會黨斷絕往來，不聽。（《申報》，光緒十九年三且十日。）這些消息彼此互相矛盾，一時不易分辯誰是誰非。不過，也有報導指出，匡世明有一同胞弟匡生明先其被捕。（見《申報》，十八年十二月二十八日。）劉坤一在發給裕澤帥的電報中也指出，「哥匪頭目匡世明由鄂解寧，……。」（劉坤一：《劉忠誠公遺集》〈電信〉卷一，頁9b。）因此，我們似乎可以確定匡世明與匡生明為同胞兄弟，而其中只有匡世明一人為會黨巨魁。

名，或作匡世鳴、或作曠世鳴、或作匡是明以及匡聖明。[44]匡似乎頗有草莽英雄人物的特質，根據同黨的供稱，由於他一向喜歡結交好漢，故會中人咸推爲領袖。[45]一些零星的資料也顯示，匡世明至少開過二個山堂。早在光緒十年以前，匡應該已在福建開立飛龍山，且一度與洋人過從甚密，預備由海外接濟軍火，可能欲藉中法戰爭時乘機起事，後因和議已成而作罷。[46]金學富（金老五），湖北光化人，即其飛龍山執法老五，手下有十餘個好手，光緒十七年七月參與黃州作會，管理糧台兼長江總巡。[47]光緒十三年以後，匡的活動地點似乎轉移到了江蘇江都一帶（當然也有可能是擴展），並開立了龍華山公義堂長江水。因爲根據前在江寧機器局當過工匠的徐耀庭的供述，徐因賭博輸錢跑出來，經王南山糾邀入會，在輪船上扒竊衣物；後來在江都縣七濠口鎮由王南山帶見匡世明，入龍華山公義堂長江水，充作老五。十七年七月在黃石港作會，徐受命管錢文，受總糧台名目。[48]十五年六月間，匡世明在鎮江與李洪首度見面，這在前面已經提過。據王魁（王金標）的供稱，「先在福建當勇，入飛龍山會，嗣遇龍松年邀入長江會黨，至安徽銅陵縣和悅洲居住。又從周有才入九華山天保堂會，爲老九。總會首匡生明，即曠世明。」[49]匡世明可能這時就是江淮一帶的總頭目，負責洽購軍火、統合起事之事。上文已提到，李洪的六萬兩銀子就是經由他與高德華等四人公收後轉至美生的，雖然他「因與鎮江馬快有仇，不敢過江。」[50]不過，根據徐春山的供述，爲了購運軍火事，匡世明還是曾過江親至美生處，詳情如何，不得而知。[51]

2.龍松年　五旗總頭目。龍松年即龍大勝（又名慶延、松延、青蓮），湖南益陽人，被捕時年五十六。龍自號三江總大爺，而從零星的資料看來，他的確是光緒年間活躍於長江上下游的重要會黨頭目。他早年曾在軍營當書識，也曾保舉過都司。遣散後，抑鬱潦倒，遂與謝廷玉、許汶魁、楊老五、蔣潤、劉會籌、姜清海

44　《月摺檔》，光緒十八年九月二十九日，張之洞片。
45　《申報》，光緒十九年三月十日。
46　《月摺檔》，光緒十八年九月二十九日，張之洞片。
47　同上，光緒十八年四月二十一日，沈秉成摺。
48　同上，光緒十八年八月八日，沈秉成摺。
49　同上，光緒十八年四月二十一日，沈秉成摺。
50　《申報》，光緒十九年四月二十五日。
51　《申報》，光緒十九年三月六日。

等人共謀結會，以謝爲首，會名天官山富貴堂三山香五獄水。[52]如果根據許汶魁聲稱他入會十餘年的供詞來判斷，天官山的成立應是光緒初年；[53]而根據黃潮鳳曾在安徽入蔣雲等的天官山富貴堂的供詞，以及龍松年邀王魁（王金標）至安徽銅陵和悅洲入會的事蹟來看，[54]龍之天官山應以安徽銅陵一帶爲主要活動地點。湖南長沙人劉會籌由其當家升爲老三，也有一說，劉是天官山正龍頭。劉曾充安徽水師哨弁，不安本份，斥革出營，廣結黨羽，據稱長江各處碼頭皆有落腳之處。[55]姚春亭，湖南益陽人，曾在安徽水師充勇丁，犯賭責革。十七年龍松年勸之入會，是其手下老九，未接飄布，派令駕船。[56]不過，龍的活動範圍當不限於安徽。光緒八年，龍在湖北樊城又與陳幗重開楚鄂山永樂堂郪陽香長江水，集有數十人，分路放飄；隨後再與魏慶祥立會名雙龍山公義堂五湖香四海水。[57]光緒十五年引介李洪與匡世明等人見面的萬松亭即是雙龍山中人。[58]因此，龍松年的雙龍山公義堂也可能與匡世明的龍華山一樣，是當時江蘇沿江一帶甚爲活躍的哥老會山堂。很明顯，長江上、下游都有龍松年活動的蹤跡。

　　3. 濮雲亭　東旗頭目。濮是貴州松桃廳人，年幼時爲太平軍擄去，後在淮軍當勇，入哥老會已有二十多年。先是入天台山堂，後因認識陳華魁、高德華等人，而與他們在江蘇淮陰縣清江浦鎮同開金龍山明義堂。十七年六月回安慶蔣雲家與龍松年商議於十月間起事，派統東旗，後因安慶查得緊，龍遂要濮於八月間到沙市安排十月十五日起事。[59]與濮在一起的陳華魁即陳德才，湖北江夏人，一向在安慶當勇。濮指出陳爲人極兇橫，同會兄弟都畏懼他，凡開堂都要陳在場壓服。[60]

　　4. 劉高升　西旗頭目。劉供稱是湖北江夏人，歷年來在直隸、安徽、江寧等省

52　同上，光緒十八年七月十九日；《月摺檔》，光緒十八年四月二十一日，沈秉成摺。
53　《月摺檔》，光緒十七年十月一日，沈秉成摺。
54　同上，光緒二十年六月八日，沈秉成摺；光緒十八年四月二十一日，沈秉成摺。
55　同上。
56　同上，光緒十九年八月二十日，沈秉成摺。
57　同上，光緒十八年八月二十二日，沈秉成摺。
58　《申報》，光緒十九年十月一日。
59　《月摺檔》，光緒十七年十二月二十四日，張之洞摺。
60　同上。

投營當勇，其間先入秦玉龍天福山，充當心腹；後在安徽銅陵縣和悅洲結識龍松年，又入玉龍山，充當香長；光緒十六年在江西德化縣與許文奎、歐桂卿開楚荊山，充當陪堂；十七年充龍松年西旗頭目，分管蕪湖碼頭。[61]可是根據《申報》的報導，劉一向「在大通、銅陵一帶聚黨稱雄，盤踞山谷，殺人奪寶，無惡不作。」同時也有同黨供稱，他是「安慶以下、蕪湖以上的大頭目。」劉並供出曾自立天福山永樂堂。[62]從這點以及他受命分管蕪湖碼頭與最後被捕前仍出没銅陵、青陽一帶深山等事實來看，劉的主要活動地點應仍在皖南沿江一帶。

5.張慶庭　南旗頭目。張慶庭即張金亭(庭)，江西德化縣人。張供稱曾在營當勇，後隨另案已正法之潘登科開雙龍山公義堂，派爲新輔大爺。龍松年等在三夾做會時，張係九江頭目，統帶南旗，奉李洪爲大元帥。[63]隨後他即因病走散。[64]

6.高德華　北旗頭目。高德華即高松山，湖北武昌縣人。高供認在揚州入會後，自開楚金山護國堂，供奉洪世武祖。光緒十五年五月在上海遇李洪。[65]不過，自承「往來長江，結交各處匪首」的黃金龍指出，據他所知，匡生明曾開飛龍山，高德華曾開龍鳳山，李萬元曾開萬壽山，莫海樓則開金台山。[66]濮雲亭也供出曾與高在江蘇淮陰縣清江浦鎮同開山金龍山明義堂。[67]曾同則供認他「先入安清幫後，又入高德華九華山。」[68]顯然，高還曾開過龍鳳山、金龍山、也曾是九華山的一員。高的手下張順成(張道士)即曾受三江營務之職。[69]

7.許汶魁　中旗頭。江蘇江都人。許供認入天官山地靈堂(富貴堂？)三山香五獄水已有十多年之歷史，在會中充任新副。十七年六月間在黃州做會時，在場四、五十人，許受命任總糧台，管理銀錢之職，其餘會衆分派出錢，暗製軍械。[70]

8.蔣潤　中旗頭目。蔣潤即蔣玉山(又名蔣雲)，湖南湘陰人。蔣先在安徽當

61　同上，光緒二十年六月八日，沈秉成摺。
62　《申報》，光緒十九年九月九日。
63　《月摺檔》，光緒十八年一月二十一日，德馨摺。
64　同上，光緒十八年九月二十九日，張之洞摺。
65　同上，光緒十七年十二月二十四日，張之洞摺。
66　同上，光緒十八年四月二十一日，沈秉成摺。
67　同上，光緒十七年十二月二十四日，張之洞摺。
68　同上，光緒十八年九月九日，劉坤一摺。
69　同上，光緒十八年八月八日，沈秉成摺。
70　同上，光緒十七年十月一日，沈秉成摺。

砲船水勇，鬧事被革職後，遇謝廷玉，於是與其一同開立山堂，即上述許汶魁所
入之天官山富貴堂。蔣並供稱，該山分有八堂，皆有頭目，其爲刑堂。謝已在揚
州就戮，會中匪黨散在長江一帶輪船碼頭乘機盜竊，堂首坐地分臟。十七年七月
以作齋爲名，歛錢結盟，集有三十餘人，何老小亦在其內。[71]蔣所提之何老小即賀
老小，湖北嘉魚人。初入清明會，爲老二，綽號小霸王，在蕪湖糾衆帶刀傷人，橫
行無忌。光緒十四年邀同余高等搶羅金秀家，又在繁昌縣荻港地方姦占民女。聯
絡痞棍倡立華蓋山采石水九華堂，匪黨七八十人，分定次序散布各處，轉相勾
結，置船兩艘，以之劫運貨財，互通信息。[72]上面提到的王魁供出何爲八堂之一，
十七年七月間也在黃石港作會。[73]因此何老小極可能也是在加入了好幾個山堂後
成爲天官山的一員。湖南辰州的汪潮鳳（宋老五）無業，四處游蕩，也是在湖北
入曾明高天福山會及黃得保四喜堂會後，又在安徽入蔣雲等的天官山富貴堂會，
名列老五，一直以在輪船上扒竊維生。[74]

(二)江陵縣沙市鎮 —— 上游一支

　　原計劃中上游的一支由李典與李得勝領軍。關於李得勝，我們所知不多。僅
知道他是湖北江夏人，與陳先知均爲大乾坤山頭目，而大乾坤山可能是甘學貞在
襄河一帶所立的山堂。據張之洞判斷，陳先知應是襄河會黨的總頭目。[75]

　　至於李典，就現有的資料而言，他的重要性應該遠超過李得勝。李典即李春
陽（又名李漢臣）。李在岳州自認係湖南安化人，但其手下余啓宇則供李係龍陽
人。李一向在營當勇，不過據張之洞指出，李在沙市客店自稱提督，在岳州又供
係甘肅補用總兵。誠如張之洞所說，「譸張爲幻乃向來會黨慣技」，[76]關於李典的
這部份身世，我們只好暫時存疑了。據岳州府知府鍾英指出，李典兇悍異常，在
巴陵縣監獄中，常將刑具打開扭斷滋鬧。[77]這也許是李典得以稱雄各地的部份原
因。李典供認曾領受謝廷玉的飄布，以及總統玉龍、金象、飛虎、蓮花四大山元

71　同上。
72　同上。
73　同上，光緒十八年四月二十一日，沈秉成摺。
74　同上，光緒二十年六月八日，沈秉成摺。
75　同上，光緒十八年九月二十九日，張之洞摺。
76　同上，光緒十八年二月十日，張之洞摺。
77　同上。

帥之印。光緒十六年五月在湖北荊州沙市鎮開立蓮花山義順堂甘露水普渡香，先後放飄二百餘人。[78]據其頭目劉鵬搏招供，十六年春在湖北遇李典時，李自稱四山大元帥，共放飄六萬餘張。不過，同是蓮花山頭目的廖星階也供稱，李典所稱開堂四次、放飄六萬餘張，實係李典自說之辭。[79]而李典自己則供認曾開過四山，每山約有數千人。顯然爲了爭取群衆入會，李典誇大了自己的勢力。[80]又據李之手下余啓宇、尹中安等供認，李自號開山王，自荊州起至九江、安慶止往來無定，各處均有妻室。李名下尚有「僞官」多人，可惜名目不見錄下。據張之洞判斷，「李典實爲湖北、湖南兩省會匪渠魁，各匪均倚以集事，該匪先在沙市分布夥黨，留葉坤山在沙市佈置，該匪往岳州放飄糾衆，希圖聯荊、岳爲一氣，陰謀不逞，已非一日，至爲深險。」[81]顯然李典的活動能力相當強，常來往於湖北、湖南、江西、安徽之間。而若從李典領受謝廷玉飄布及其玉龍、金象、飛虎、蓮花四大山元帥之印等事蹟來判斷，李典出道應該相當早，荊、岳一帶只是李典被捕以前最後活動之地。前面張之洞所提的葉坤山，是李典蓮花山副龍頭，四川江北廳人，在沙市河街開茶館。[82]李典的另外二位手下：余啓宇則是湖北武昌人。十六年與劉金魁另開（蓮花山？）北山堂，爲正龍頭。十月十五日起事之時，負責在黃州樊口預備船隻接應。[83]尹中安是湖北大冶人。爲準備十月十五日沙市起事之事，奉李之命到沙市河街找開茶館的葉坤山。尹並指出，葉是總頭目龍松年的幫辦，而關於李洪的事，他也曾聽高德華說過。[84]

　　會黨的口供資料也顯示，除了以上領軍頭目的山堂外，還有不少其他山堂也參加了李洪的計劃。吳有楚的福壽山即爲一例。吳是湖南湘陰縣人。曾經陳四海薦入李世貴（潰）之寶華山，後開飛龍山、福壽山，由新輔大爺推升爲龍頭。他自承與匪世明認識。[85]光緒十七年七月與許汶魁、龍松年等在黃石港作會。[86]吳有楚

78　同上。

79　同上，光緒十七年十二月二十四日，張之洞摺。

80　同上，光緒十八年二月十日，張之洞摺。

81　同上。

82　同上，光緒十七年十二月二十四日，張之洞摺。

83　同上。

84　同上。

85　同上，光緒十八年九月二十九日，張之洞摺。

86　同上，光緒十八年四月二十一日，沈秉成摺。

不少手下也因爲參加李洪的起事而被捕，金剩即是其中之一。金剩即金鈺堂，（一名金勝，又名金恕堂），湖南長沙人。金供認原在南陵充當捕役，由於耽誤公事遭革退，即入熊登旺金台山，先列爲老六，後升作老五；又入吳有楚福壽山，列爲老三。光緒十三年參與熊海樓宣城西河劫案，帶十數人爲舵把子，在街頭把風。事發乞後，脫逃回籍。十七年七月參加黃石港作會，八月到安慶與劉會籌、蔣潤逆跡城外，潛通上游匪黨消息，案發後逃至南陵，削髮裝僧以作爲掩飾。金被捕時爲金台山新副，會內稱爲黑面虎。[87]此外，如附錄所示，龍海騰與陳福林的五龍山、[88]李華堂的北梁山荊義堂、[89]陳大材的萬福龍頭山、石占春的九華山等[90]都參預了李洪的起事計劃，只可惜我們沒有足夠的資料，藉以瞭解他們的活動情形。

五、李洪事件所反映出之意義

　　雖然以上的資料破碎零散，不成系統，可是整理歸納以後，我們仍然可以理出李洪復仇計劃的主要輪廓，以及參與計劃的重要山堂組織。李洪雖自稱爲哥老會中大哥，同時也被各參與山堂奉爲大元帥，但是在整個起事計劃中，我們沒有看到李洪自己的人馬，他只是憑著一己之財力，透過龍松年的雙龍山及天官山，聯繫動員了湘、鄂、蘇、皖沿江一帶的山堂，參與起事，以報清廷殺父之仇。首先，雙龍山的萬松亭把李洪引介給在揚州開龍華山的匡世明、自開楚金山的高德華，以及曾鳴皋、曾素蘭等人，使得李洪與蘇皖二地沿江的山堂取得了聯繫。匡隨即透過會中在對江鎮海關當差的徐春山，利誘鎮海關官員英人美生至香港，代爲洽購軍火。隨後龍松年又整合了安徽、江蘇二省沿江一帶的哥老會黨；龍本人自任起事軍的總頭目，他所開雙龍山的張慶庭任南旗頭目，天官山的蔣潤、許汶魁則出任中旗頭目，另外楚金山的高德華出任北旗頭目，金龍山的濮雲亭出任東旗頭目，天福山的劉高升出任西旗頭目。另一方面又透過他與李典同是謝廷玉開

87　同上。

88　同上，光緒十八年九月二十九日，張之洞摺。

89　同上，光緒十七年十二月二十四日，張之洞摺。

90　同上，光緒十八年九月二十九日，張之洞摺。

山伙伴的關係，促成了李典的加入，以他在湖北荆州沙市鎮所開的蓮花山爲主力，聯絡荆、岳一帶的山堂，負責經營沙市起事的準備工作。這其中，劉高升自稱分管蕪湖碼頭，張慶庭係九江頭目；而我們從各山堂的所在地大致可以推測出，在李洪的起事計劃中，匡世明應是負責鎮江碼頭，高德華應是金陵碼頭，蔣潤、許汶魁應管大通，葉坤山負責沙市，其他如地方如漢口可能是由北梁山的李華堂分任，[91]武穴則可能由陳福林的五龍山天順堂擔任。[92]因此，李洪的復仇計劃事實上至少動員了江蘇的金陵、江都、十二圩（儀徵）、清江浦（淮陰）、安徽的安慶、銅陵、蕪湖、楊葉洲（貴池）、江西的九江、湖北的漢口、沙市鎮（江陵）、黃石港（大冶）、武穴（興國州）等地的哥老會山堂組織。這也說明了爲何龍松年等在黃石港集合後，要派各頭目到上述各地「均行布置，預備船隻。」由此可見，在龍松年等人的奔走下，長江上下游的會黨得以聯成一氣。誠如安徽巡撫沈秉成所觀察到的，這些會黨是「互相糾結，聲氣廣通。」[93]

　　我們目前對於各山堂在當地的一般活動情形無所悉。不過，這些山堂卻有一個共同的特徵：他們的所在地大都位於沿江的重要城鎮，不是沿江的重要通商口岸，就是水陸交通要地，商業興盛，人員往來頻繁。例如，漢口、九江、蕪湖、鎮江、金陵等地都是沿江的重要商埠，長久以來都是附近地區農產品的集散地，在列強的壓力下分別於咸豐及光緒初年開港，容許外商前來交易，市面益趨繁華。其他如大通、武穴、黃石港、十二圩也都是長江流域的重要市鎮或港埠，人口密集，交通繁忙。就連他們預定起事的沙市鎮也是一商業鼎盛的長江口岸。這一特點顯然爲施堅雅（G. William Skinner）的看法提供一個例證。施氏指出，祕密社會的山堂通常座落在城市與市鎮上，因爲這是掠取地方經濟資源最有效的手段。[94]不過，我們也必須指出，根據檔案資料，也有不少哥老會組織於窮鄉僻壤中開山堂。[95]如何將哥老會組織分類將是另一個重要課題。

91　同上，光緒十七年十二月二日，張之洞摺。

92　同上，光緒十八年九月二十九日，張之洞摺。

93　同上，光緒十八年四月二十一日，沈秉成摺。

94　G. William Skinner, "Cities and the Hierarchy of Local Systems," in G. William Skinner (ed.), *The City in Late Imperial China*, (Stanford : Stanford University Press, 1977), p. 276.

95　劉錚雲：〈清代會黨發展試論－清代會黨時空分佈與成員背景分析㈠〉，頁9-11。（行政院國家科學委員會專題研究計劃成果報告NSC 77－0301－H001-07）

　　其次，這些山堂還有一個共同的特徵，即成員的流動性很大。表一是我們目前所能掌握的各山堂成員的籍貫資料。由這個表的統計可以看出，這些哥老會份子絕大多數是湖南與湖北人，其餘省份的人僅佔極少部份。由此可見，李洪的盟友絕大部份不是土生土長的當地人。如果考慮到因爲樣本數太小而可能產生誤差，則我們至少可以確定，各地山堂的龍頭老大多是外地人。然而，更值得注意的是，這些哥老會成員不僅四處遊走，而且還隨著不斷的遊動而加入不同的山堂。李洪案子的重要人物龍松年就是一個明顯的例子。龍自光緒初年由軍中遣散後，首先加入了謝廷玉的天官山富貴堂；八年，又在湖北樊城與陳幗重開楚鄂山永樂堂；隨後又與魏慶祥同立雙龍山公義堂。李典更進一步，先後在不同的地方開山四次，自稱四山大元帥以及開山王。不只大頭目如此，小嘍囉亦不例外。例如，王魁即先後入飛龍山、天官山，最後從周有才入九華山天保堂，爲老九。金剩也是先入金台山，先任老六，後升爲老五，後來又入福壽山，任老三。

表一：李洪聯盟成員的籍貫分佈

籍　貫	人　數	百分比
湖　南	20	38.5
湖　北	17	32.7
江　西	6	11.5
四　川	4	7.7
安　徽	1	1.9
江　蘇	1	1.9
河　南	1	1.9
浙　江	1	1.9
貴　州	1	1.9
總　計	52	100.0

　　有些人遊走一番之後，又回到原來的組織，參與活動。前面提到過的吳有楚、余啟宇就是二個典型的例子。吳有楚雖然曾是匡世明飛龍山的一員，而後又

入了福壽山，並且由新輔升作龍頭，可是最後仍然與這幫人聚首，參加光緒十七年七月龍松年的黃石港作會。他先前離開飛龍山，參加其他的組織顯然對他再度加入李洪的同盟没絲有毫的影響。余啟宇雖然一直是在李典手下做事，直到案發前一年才另開北山堂爲正龍頭，可是他在起事計劃中仍然受命在黃州樊口預備船隻，一點不受影響。就哥老會而言，遊走各山堂顯然不是脫離組織的行爲，而是廣結人緣，加強個人的人際關係。

　　此一現象與有些會黨成員先後在同一地方與同一組織的人相互幾次結拜的情形頗有殊途同歸之處。例如，根據閩浙總督汪志伊等人的奏報，福建武平人饒特菖先於嘉慶十九年六月二十一日在建安、甌寧二縣交界的新岩地方與連榮耀等七人同拜黃廣琳爲師，入仁義會；同年十月二十日，饒又在新岩地方與連榮耀等三十二人同拜也是仁義會的張朝選爲師。[96]另一個例子則見於廣東來賓縣。嘉慶十三年二月間，顏亞貴、蔣聲、李文達等人先後從南海縣人顏超處習得結拜天地會之法，各自分頭糾人入會。同年四月間李文達復邀顏超、顏亞貴、蔣聲譃以及李太忠等十五人，以顏超爲總師傅，顏亞貴、蔣聲譃爲師傅，李文達爲大哥，鑽刀飲酒，結拜金蘭。[97]類似的例子在檔案資料中隨處可見。顯然如欲廣求奧援，參加了組織，還是不夠，個人必須不斷地與人結拜，建立「兄弟」關係。由此可見，無論是稍早的仁義會、天地會或是稍晚的哥老會，個人必須廣結金蘭，以獲取最大保障的情形並未隨著時間的變動而有所改變。換而言之，會黨成員間的互助仍建立在個人間的結拜關係上，並未隨著時間的改變，由個人而提昇到組織的層面上。就會黨成員而言，彼此的互助是建立在個人的結拜關係上，而不是組織的聯繫上。

　　瞭解這一點，我們就不難掌握李洪這個復仇同盟的性質了。很明顯的，這些參與李洪聯盟的山堂並未喪失原有的獨立性。從整個起事計劃人員的配置情形可以看出，李洪對參與計劃的人員並無任何約束力量，他必須仰杖龍松年、李典等人動員各人在各自根據地的力量，集結在沙市起事。換而言之，李洪的復仇大同盟事實上是一個鬆懈的山堂之間的聯盟。李洪本人除了擁有財力外，似乎没有自

96　中國人民大學清史研究所、中國第一歷史檔案檔合編：《天地會》第六冊，頁199。
97　同上，第七冊，頁209－211。

己的班底,一切依賴參與結盟山堂的人馬。而從整個起事計劃的整合過程中,我們不難發現這些山堂之所以能「互相糾結,聲氣相通」,乃是由於透過結拜關係,無論是開山立堂的大頭目,或是名列最後的小老九,都有一個人際網;透過這個人際網路,彼此互相牽引支援。另一方面,這個人際網路也隨著會黨成員的不斷遊動,不斷進出山堂,而持續擴大。李洪在台灣遇到萬松亭也許是偶然的因素,可是匡世明、龍松年與李典的加入可能就不是偶然的因素可以解釋的。萬松亭是龍松年雙龍山中人,[98]而龍松年與李典早期又都曾領受過謝廷玉的飄布。[99]王金標不僅曾是匡世明飛龍山的一員,也入過龍松年的天官山;[100]而王金龍不僅做過謝廷玉玉龍山的心腹,也是九華山的巡風。[101]同時,許多人如龍海騰、吳有楚也都強調與匡世明認識,雖然他們早已不是匡世明會中人。[102]因此,我們與其說李洪的復仇大同盟是奠基在各山堂的聯合陣線上,不如說是由哥老會成員人際網路的大結合而構成。

六、結 論

本文以會黨成員口供資料爲主,《申報》的報導爲輔,說明美生事件的發展以及李洪起事計劃的來龍去脈。雖然由於受限於材料,無法完全掌握李洪起事規模的全部輪廓,但是就資料所及,我們瞭解李洪的起事計劃基本上是以龍松年爲首,至少結合了長江沿岸漢口、沙市鎮、黃石港、武穴、九江、安慶、銅陵、蕪湖、金陵、江都、清江浦、十二圩等重要城市或市鎮的哥老會組織而成的大聯盟。這個大聯盟雖然表面上是各山堂的聯合,實際上還只是人際關係的結合,還只是各頭目與頭目間、各頭目與其成員間人際關係的結合。龍松年憑著個人的關係整合了匡世明、李典等人的山堂;同樣的,匡、李等人也透過個人的關係,邀集一批人參加而組成聯盟。這個大同盟的組織力量如何,由於沒有經過考驗,不

---

98 《申報》,光緒19年12月1日。

99 《月摺檔》,光緒十七年十二月二十四日,張之洞摺。

100 同上,光緒十八年四月二十一日,沈秉成摺。

101 同上,光緒十八年九月九日,劉坤一摺。

102 同上,光緒十八年九月二十九日,張之洞片。

得而知，可是從這個大同盟的整合過程中，我們可以瞭解哥老會不僅個別山堂是
建立在個人的結拜關係上，而且山堂間的聯盟也是個人結拜關係的擴大。

　　然而，這種人際關係的組合有其局限性。首先是個人能力的限制。個人人際
關係的大小通常依交遊的廣狹而有不同，而交遊圈的大小往往與個人的魅力，或
韋伯（ M. Weber ）所謂的charisma有關。本文中所見的龍松年與美生就是兩個相對
的例子。據安徽巡撫沈秉成指出，龍松年之所以能「廣結匪徒」是由於他既會「
治病」又能「舞文弄墨」，因而每每能「託名外科治病，常於長江上下游交結匪
人；」而且「凡匪黨新立山頭，必請龍赴會，爲之胡謅疏文。」[103]。相較之下，美
生託徐春山代糾人馬失敗，人際網路不張應是主要原因。美生本人只是剛入會的
老九，人際關係不強，而他再轉託兩個鎮江關聽差，再加上他本身又是個外國
人，無人入黨是可以預期的。

　　不過，更關鍵性的困難是，人際關係的組合有其時空的限制，而這種時空限
制對一向仰賴地方勢力的哥老會更是致命的打擊。根據各地方官的觀察，哥老會
黨多與地方痞棍勾結爲患。[104]張之洞就曾指出，哥老會的行動是「行蹤詭密，往
往與游勇、地痞暗相勾結，動輒糾集黨羽乘機煽亂，甚至造謠惑衆，潛謀不軌。」[105]
換而言之，哥老會的龍頭老大若非已在一地紮根，建立起自己的勢力，勢必要借
助當地的地方勢力始能開山立堂。這也就是俗話說的，「強龍不壓地頭蛇。」李
洪的復仇大同盟事實上就是這種現象的最佳見證。李洪雖然財力驚人，但仍然必
須透過龍松年的居間介紹，才能與其他哥老會黨取得聯繫；而龍松年雖然能夠廣
結匪徒，但仍然必須仰賴劉高升爲他分管蕪湖碼頭；同樣的，籍貫湖北江夏的劉
高升要在蕪湖立穩腳跟以前，勢必也需先與當地的地方勢力合作。然就目前材料
所見，有清一代，似乎沒有一個山堂組織能夠累積足夠的人力、物力資源，使得
個人的人際關係得以突破地域性的限制。這是因爲一方面在傳統社會企業的經營
規模通常不會很大，無法有效地累積資源；而更重要的是，另一方面哥老會多以
不正當或非法的手段，奪取資源。在這種情形下，若非對當地的社會瞭解透徹，

103　《申報》，光緒十八年九月三日。
104　《月摺檔》，光緒二十年六月八日，沈秉成摺；光緒十八年四月二十一日，沈秉成摺。
105　張之洞：《張文襄公全集》，卷三十二，頁27a。

關係良好，往往沒有門路可尋。這種人際關係在傳統社會是一種不可交換，不可移轉的資源。哥老會成員因而每到一新地方，必須與當地地方勢力取得聯繫，或共組山堂，或再加入新的組織，以建立新的人際關係，俾便接受保護。本文所見龍松年，匡世明，李典等人各處開山堂，以及哥老會成員可以同時進出好幾個山堂的現象，也正是這種局限性的具體反映。

　　因此，如果以上對李洪個案的分析可以成立，則哥老會各山堂間的互動關係基本上也就是以個人人際關係爲主的整合。在這種情形下，哥老會整體組織所能發揮的作用就有限制，哥老會各山堂成員在各地所能獲得的接待，可能與他個人的人際關係，以及他所屬山堂龍頭的人際關係有密切關係。換而言之，會黨成員之間雖然號稱講究「義氣」，但是所謂義氣的內涵郤是因人而異的，不同條件的人所獲的待遇也不相同。因此，在這種組織的運作完全取決於個人人際關係的情形下，哥老會的組織動員力之所以薄弱，也就不言可喻了。如果我們能更進一步探究，這種情形當不只僅限於哥老會，而極可能是整個清代會黨的一個共同現象。

附錄：李洪之同盟

領袖名	山堂名	地　　點	資料來源
李　典	蓮花山義順堂	沙市　湖北	1
葉坤山（副龍頭）			
龍海亭			6
張　標			6
廖　鑫			6
呂　先			6
余啟宇	（蓮花山）北山堂		1
劉金魁			
劉高升（香長）			8
王金龍（心腹）	玉龍山	吳淞　江蘇	1,4,10
	金象山		1
	飛虎山		1
匡世明	龍華山公義堂		3
陳金龍	長江水	上海　江蘇	10
王金龍（巡風）			4
徐耀庭			
	飛龍山		2
王魁（老九）	九華山天保堂		2
周有才			2
龍松年	楚鄂山永樂堂	樊城　湖北	3,8
	鄱陽香長江水		
魏慶祥	雙龍山公義堂		3
潘登科	五湖香四海水		6
萬松亭			11
張金亭（新輔）			6
（謝庭玉）	天官山富貴堂	銅陵　安徽	8,2

許汶魁	三山香五岳水			
蔣 潤				2
楊老五				2
姜清海				2
劉會籌				7
姚春亭				12
高德華	楚金山	揚州	江蘇	1
曾同（頭目）	九華山			4
	龍鳳山			2
許文奎	楚荊山富國堂			7,9
劉高升（陪堂）				
秦玉龍	天福山永樂堂		湖北	8,9
劉高升（心腹）				
張啟台（當家）				
龍海騰	五龍山			5
郭耀彩	英雄山	華容	湖北	5
吳有楚	福壽山			2,5
	飛龍山			5
熊登旺	金台山			2
金剩（老六）				2
熊海樓	金台山			2
李漢（副龍頭）				4
李 漢	萬壽山			2
張 標	西雷山	九江	江西	6
濮雲亭	金龍山明義堂	清江浦	江蘇	1
陳華魁				1
李華堂（大哥）	北梁山荊義堂	漢口	湖北	1
聶海山				

劉健宏

金老五	狼福山集賢堂		3
	青山四喜堂	十二圩　江蘇	3
張道士（老五）			3
張汲魁	聖龍山		3
陳齋公（當家）			4

資料來源：
1. 《月摺檔》，光緒17年12月24日，張之洞摺。
2. 《月摺檔》，光緒18年4月21日，沈秉成摺。
3. 《月摺檔》，光緒18年8月22日，沈秉成摺。
4. 《月摺檔》，光緒18年9月9日，劉坤一摺。
5. 《月摺檔》，光緒18年9月29日，張之洞摺。
6. 《月摺檔》，光緒18年1月21日，德馨摺。
7. 《月摺檔》，光緒20年6月8日，沈秉成摺。
8. 《申報》，光緒18年9月3日。
9. 《申報》，光緒19年9月19日。
10. 《月摺檔》，光緒18年4月1日，松椿摺。
11. 《申報》，光緒19年12月1日。
12. 《月摺檔》，光緒19年8月20日，沈秉成摺。

從銀賤錢荒到銅元泛濫
——清末新貨幣的發行及其影響

何　漢　威

　　十九世紀八十年代以降，中國廣大地區都出現銀賤錢荒的情況。銀賤錢荒的主因有三：(1)制錢幣材（主要是滇銅）供應短缺；(2)金本位的實施，國際銀價相對金價下跌，以致用銀表示的物價節節上升；(3)各省濫鑄銀幣，造成銀錢比價進一步滑落。由於清政府未能掌握問題的本質，種種補救措施多於事無濟。

　　1900年兩廣總督李鴻章在廣東首先開鑄銅元，藉此紓緩錢荒。鑒於銅元鼓鑄有利可圖，各省紛紛設局鑄造，倚之爲生財大道，而補制錢不足之原意盡失。濫鑄結果，銅元幣值劇跌；加上在此期間，銀價相對金價出現短暫回升的趨勢，銅元貶值更變本加厲。地方濫鑄，與中央利益相牴觸，導致清廷介入，施加限制。銅元泛濫，鼓鑄餘利亦如強弩之末。地方濫鑄雖遏止下來，但銅元充斥的後遺症卻無法根治。州縣當局因田賦所入，多爲貶值的銅元而陷於賠累不堪，人人自危。銅元貶值，流通困難，而銅元充斥，對物價騰漲卻起推波助瀾的作用。百物騰貴，對倚靠固定收入的階層影響尤鉅。清末不少地方發生暴動，與銅元充斥，物價昂貴，關係密切。

　　本文旨在將清末三十年間，從銀賤錢荒到銅元泛濫的演變經緯勾劃出來，揭示中國近代幣制如何從銀銅複本位轉變爲多元本位，並對銅元發行在省財政結構中的比重有所探討。

一、前　　言

　　藉操縱或控制貨幣的發行來達到財政調整的目的，是歷史上官僚帝國統治階層經常運用的重要財政權宜手段。[1]根據Peter Frost的研究，德川時代的日本，進入十九世紀後，「〔貨幣〕貶值成爲籌措政府財源的必要手段；貶值得益，平均爲

1　詳見S. N. Eisenstadt, *The Political System of Empire* (New York : Free Press of Glencoe, 1963), pp.126–27; Gabriel Ardant, "Financial Policy and Economic Infrastructure of Modern States and Nations," in Charles Tilly ed; *The Formation of National States in Western Europe* (Princeton, N. J : Princeton University Press, 1975), pp.190–92.

德川幕府歲入的百分之廿五到五十。」[2]滿清入關之初，部份鑄錢局亦靠鑄息漁
利；一般來說，鑄息約爲工本的百分之廿二到三十不等，這大致與當日錢典業中
一般銀錢借貸率二至三分的水平相等。[3]十七世紀七十年代以後，銅價日增，鑄本
日重，鑄錢的營利性質因之逐趨減弱而漸消失。[4]到了十九世紀中葉；清政府以操
縱貨幣發行作爲籌款手段，導致通貨膨脹。十九、二十世紀之交，清廷又採取類
似方法來籌措財源，結果跟十九世紀中葉如出一轍。學者對十九世紀中葉的通貨
膨脹，已作過頗爲深入的討論，成果豐碩；相形之下，清末最後一、二十年間的
通貨膨脹，則仍有待進一步的探討。[5]十九世紀中葉的通貨膨脹，發生於太平天國

2　見氏著 *The Bakumatsu Currency Crisis* (Cambridge, Mass : East Asian Research Center,
　　Harvard University, 1970), p.6.

3　彭澤益，〈清代寶泉寶源局與鑄錢工業〉，《中國社會科學院經濟研究所集刊》第五集（
　　北京：中國社會科學出版社，1983年），頁187-88；〈清代采銅鑄錢工業的鑄息和銅息問
　　題考察〉，《中國古代史論叢》第一輯（福州：人民出版社，1982年），頁37-38、60。
　　另一估計則說至1695年止，鼓鑄有利可圖，鑄息約爲工本的4-42％。見Hans Ulrich
　　Vogel, "Chinese Central Monetary Policy 1644-1800," *Late Imperial China*, 8：2 (December
　　1987), p.15.這種情形可跟明末鑄錢事業作一比較。十六世紀末，明代鑄息一般約爲工本的
　　四成。中央以外，地方鑄錢的利潤視本地銅價及市場對鑄出制錢的接受程度而定。十七世
　　紀初，南直隸淮安府鑄局的鑄息約爲工本的40％，而山西鑄局的鑄息更高達100％。值得
　　注意的是部份省鑄局的鉅利是得自壓榨商人，如強迫他們以低於成本的價格供應官方幣
　　材，並迫使他們以高於市價的比率接受鑄出的銅錢。見Ray Huang, *Taxation and Govern-
　　mental Finance in Sixteenth Century Ming China* (Cambridge : Cambridge University Press,
　　1974), pp. 76, 250.

4　〈清代寶泉寶源局與鑄錢工業〉，頁187。1700年後，鑄局相對工本的虧欠高達16-63％。
　　直到清廷可取得相對來說較爲廉宜的雲南銅時，北京兩鑄局的情況才得以改善，但鑄息微
　　薄，從不超過工本的5％。見Hans Ulrich Vogel, 前引文，頁15。

5　關於十九世紀中葉通貨膨脹的有關文獻，參考湯象龍，〈咸豐朝的貨幣〉，《中國近代經
　　濟史研究集刊》，二卷一期（民國22年一月）；吳晗，〈王茂蔭與咸豐時代的新幣制〉，
　　前引書，六卷一期（民國28年六月）；何烈，《清咸、同時期的財政》（台北：國立編譯
　　館中華文化叢書編審委員會，民國70年），頁206-31；戴玄之，〈咸豐大錢〉，《國立政
　　治大學歷史學報》，第一期（民國72年三月）；Jerome, Chen, "Hsienfeng Inflation,"
　　Bulletin of the School of Oriental and African Studies, 21：3 (1958); Frank H. King,
　　Money and Monetary Policy in China 1845-1895 (Cambridge, Mass.: Harvard University
　　Press, 1965), ch. 6.在各種著作中，對這問題研究最具深度的，當推彭澤益，〈1853-1868
　　的中國通貨膨脹〉，載氏著，《十九世紀後半期的中國財政與經濟》（北京：人民出版
　　社，1983年）。三篇涉及清末最後一、二十年間通貨膨脹的論著是：張振鶤，〈清末十年
　　間的幣制問題〉，《近代史研究》，1979年第一期；黑田明伸，《清末湖北省に於ける幣

革命時期，幣值變動至爲劇烈，可是爲時只有數年，重心只在北方數省，南方雖受波及，但受害程度遠較北方爲輕微。這可說是非常時期，政府因戰費浩繁，爲彌補財政赤字，應付軍費支出，迫不得已而付諸實行的措施。十九、二十世紀之交，各省相繼發行各種銀幣、銅幣和紙幣；利之所在，濫鑄、濫發及貶值成爲普遍現象。延及民國，貨幣凌亂無秩序的狀況更達於極點。各地軍閥無不把發行貨幣視作籌措財源的不二法門。一直要到1935年十一月法幣改革實施後，中國的貨幣制度才開始走上軌道。好景不常，不到兩年，抗戰發生，爲了應付財政的需要，政府所作所爲，都與建立健全貨幣制度的構想，背道而馳，爲日後的惡性通貨膨脹舖路。[6]要討論民國以來中國的通貨膨脹，追源溯始，實不能不從清末一、二十年間說起。清末幣制錯綜複雜，銀幣、銅幣、紙幣，以至銀行，彼此關係密切，要全面探索當日的通貨膨脹，便必須把它們合在一起討論。由於時間及篇幅所限，這裏只以銀、銅幣作爲研究對象。

　　本文擬探討如下問題：十九世紀中葉的通貨膨脹政策失敗後，清政府實施的貨幣政策頗爲謹慎，何以在清末最後十年間改轅更轍，以致貨幣貶值一發不可收拾？藉濫鑄和濫發銀、銅幣來作籌款的方便工具所引起的問題如何？其與鑄幣以外的通貨膨脹壓力有何關係？在省財政預算中，對其他財源有何影響？銅幣充斥怎樣波及到中央與各省之間、省與州縣之間、中國和列強之間的關係？中央介入的有效程度有多大？中央制定出來管制銅幣發行的措施，是出於自保，還是因有意識地出於擴張其財政控制權的願望而觸發？

　　對於當日銀、銅幣發行的利潤及流通量，我們並沒有掌握到全面可靠的統計數據，很多時各種史料之間所載的數字並不完全符合。就本文整體來說，要求每一細節完全無訛，實不可能；本文所著意的是相對程度的重要性，而不是確切的數量。

　　制改革──經濟裝置としての省權力〉，《東洋史研究》，41卷三期（1982年12月）；David Faure, "The Rural Economy of Kiangsu Province 1870-1911," 《香港中文大學中國文化研究所學報》，九卷二期（1978年），特別是頁428-30。

6　參考王業鍵，《中國近代貨幣與銀行的演進（1644-1937）》（南港：中央研究院經濟研究所，民國70年），頁41-42；卓遵宏，《中國近代幣制改革史》（台北：國史館，民國75年）；拙著，〈晚清四川財政狀況的轉變〉，《新亞學報》，第十四卷（1984年），頁303-305。

二、十九世紀八、九十年代的銀賤錢荒

　　十九世紀九十年間，中國廣大地區，從兩湖、蘇浙，以至雲貴和東三省，「無一處不苦銀賤錢貴。」[7]1892年間，制錢幾在天津市面絕跡。[8]在制錢匱乏的情況下，「民間則搭用竹籌，官場則發給紙券，眞僞雜出，民情驛騷。」[9]湖北漢陽因制錢短缺，小錢（盜鑄而成色較低的銅錢）幾成爲當地日常使用的唯一通貨。[10]在浙江杭州，人民拿銀圓到錢鋪換錢，換到的有一半是砂壳、鵝眼、鐵錢等劣幣。[11]福州也有類似的情況出現。[12]寧波的當鋪因制錢罕見，甚而出現「凡值十不能當五」的情形。[13]一般來說，北方對制錢的需求遠較南方爲大；因此，在銀賤錢荒下感到經濟失調的痛苦，也大於南方。[14]

7　《申報》，第8173號，光緒廿一年十二月初四日，〈論本報紀金陵錢業罷市事〉。另參考第8136號，光緒廿一年十月廿六日，〈論錢價之貴由於制錢之少〉；第8157號，光緒廿一年十一月十八日，〈論近日制錢缺乏之甚〉；第8182號，光緒廿一年十二月十三日，〈請暢行大小銀圓議〉；第8193號，光緒廿一年十二月廿四日，〈論宜推廣購錢以救錢荒〉。

8　*Returns of Trade and Trade Report for the Year 1892* (China : Imperial Maritime Customs, 以下簡稱*RTTR*), II : 22.

9　中國人民銀行總行參事室金融史料組編，《中國近代貨幣史資料》第一輯（北京：中華書局，1964年，以下簡稱《貨幣史資料》），頁651。

10　*North China Herald and Supreme Court and Consular Gazette*，以下簡稱*NCH*, May 1, 1899, p765. 另湖廣總督張之洞亦指陳：「大率湖北各府、州、縣城鄉市鎮，不惟制錢短缺，即粗惡薄小之現錢亦其不多，惟以一紙空虛錢條互相搪抵，民間深以爲苦而無如之何，通省情形相同。近年鄂省商民生計維艱，市面漸形蕭索，此實爲一大端。」見張之洞，《張文襄公全集》（台北：文海出版社，民國52年，據北平楚學精蘆丁丑〔1937年〕藏版影印，以下簡稱《張集》），卷33，頁23b-24，〈請鑄銀元摺〉（光緒十九年八月十九日）。

11　《申報》，第8141號，光緒廿一年十一月二日，〈武林小錄〉。

12　《申報》，第8234號，光緒廿二年一月十日，〈八閩瑣談〉。

13　《申報》，第8524號，光緒廿二年十二月十日，〈寧郡市面〉。

14　拙著，〈清末省區之間的銅元流通與貨幣套利〉，《第二次中國近代經濟史會議》（南港：中央研究院經濟研究所，1989年），頁894。又據關冊記載，1897年制錢短缺的徵候正開始在廣東北海地區出現，而在華中及華北各地早有切膚之痛。足證錢荒對北方造成的困擾較南方爲久遠。見*RTTR, 1897*，II : 615.

(一)銀賤錢貴的因素

1.規復制錢的失敗

清代幣制爲銀銅複本位。對於這種幣制的特點和得失，中外學者都作過深入詳盡的討論，這裏不必多贅。[15]這種制度的主要缺點爲貨幣供需之間，缺乏調節的彈性，貨幣流通量要視銀和銅的供需情況而定；可是，這兩種幣材的供應並不一定跟整個經濟對貨幣的需要相配合。銀和銅的供應量也難得緊密相應，不時出現劇烈的波動。[16]貨幣流通不大容易受政府控制。加上鑄錢技術低下和貨幣法規難以有效執行，制錢的流通遂受「錢重則滋銷毀，錢輕則多私鑄」的經濟法則所支配。私鑄和私銷一直是無法解決的問題。[17]銅是鑄造制錢的主要幣材。清代前期銅料的供應大都仰賴外洋，特別是來自日本的「東洋銅」。康熙（1662－1722）末年，日本國內用銅不足，限制銅片出口，造成中國進口洋銅銳減，制錢供應不足，從而出現錢貴的現象。這種情形一直要到乾隆（1736－95）年間雲南銅礦大規模的開採以後才有所改變。[18]錢貴期間，制錢的囤積和窖藏更加劇了錢價昂貴的趨勢。[19]清代貨幣體系既然具有以上的缺點，清政府因此特別於制錢部門，從幣材徵購、生產和流通各層面，採取一系列具穩定作用的措施，把波動減少至最低限度，藉以保障社會、經濟及治安不致受到損害。[20]

十八世紀中葉以後，雲南即成爲清代最重要的產銅中心，也是鑄錢幣材的主要供應地。當南京於咸豐三年（1853）爲太平軍攻陷後，長江和運河之間的廣大地區爲太平軍所盤踞，滇銅運京的路線因而中斷，鑄錢幣材供應從而發生困難。

15　參考王業鍵，前引書，頁5-12；張德昌先生，〈近代中國的貨幣〉，《人文科學學報》（昆明：中國人文科學社），一卷一期（民國31年六月），頁73-74；陳昭南，《雍正乾隆年間的銀錢比價變動（1723-95）》（台北：中國學術著作獎助委員會，民國55年）；"Flexible Bimetallic Exchange Rates in China 1650-1850;" "The Flexible Bimetallic Exchange Rate System Revisited;" 俱見氏著，*Essays on Currency Substitution, Flexible Exchange Rates and the Balance of Payments*（台北市銀行經濟研究室，1982年）；Frank H. King；前引書，頁26-58、69-90；Hans Ulrich Vogel，前引文。

16　王業鍵，前引書，頁11。陳昭南認爲制錢因用賤金屬（銅）作爲幣材，幣值在先天上就不穩定，從而加劇銀錢比價的波動幅度。見氏著，《銀錢比價變動》，頁65。

17　王業鍵，前引書，頁11；Frank H. King，前引書，頁28-42。

18　陳昭南，《銀錢比價變動》，頁42-43。

19　前引書，頁47-48。

20　詳見Hans Ulrich Vogel，前引文，頁9-14；另參考張德昌先生，前引文，頁75-76；王宏斌，《晚清貨幣比價研究》（開封：河南大學出版社，1990年），頁11-12。

中央和地方督撫立即認識到問題的嚴重，加上軍情緊急，在在需財，只有藉鎔銷制錢，改鑄成面值較大的銅錢，並發行大鈔，藉貨幣膨脹的措施作爲解決危機的辦法。這些貶值的大錢或大鈔，由於發行數額漫無限制，加上政府收放政策不一致，官吏自壞信用，在市面通用時，都遠低於其面值，從而不能暢行而日益壅滯。在這種情況下，清政府只好先後把各種不同面值的大錢和大鈔停鑄或停止發行。只有當十大錢仍繼續由北京的戶、工兩局鑄造；一直到光緒卅一年（1905）才正式停鑄，而其流通範圍，僅限於京城內外。[21]

　　藉通貨膨脹的政策來整頓貨幣，既然完全失敗，清政府只好寄望於恢復制錢的鑄造來解決貨幣上的危機。可是，禍不單行，咸豐六年（1856）雲南爆發了回民起義，滇銅的生產因之幾完全停頓。幣材的供應既瀕於斷絕，清政府不得不放棄規復制錢的打算，繼續行用大錢。同治六年（1867）戶部尚書寶鋆即奏稱：

>　　大錢一項，專行於京城之內，凡商民出示，均須攜帶制錢。十餘年內，京師制錢早已搬運殆盡，市間所存無非大錢。一旦下令更張，大錢既停，制錢無出，民間無錢可使，必致譁然。……此欲停大錢而不敢驟停者也。[22]

同治十二年（1873），清政府經一番努力後，終於鎮壓了雲南的回衆起義。隨著地方秩序的恢復，清廷即著手整頓雲南銅務，使滇銅生產恢復過來。可是，諸如資本不足、勞力缺乏、技術落後、成本遞增，報酬遞減和購銅價格制度不合理等不利因素相互交織，地方官員的努力終成畫餅，滇銅的生產能力始終無法回到過去的水平。從光緒十三年（1887）到卅二年（1906），滇銅產量估計爲3,350萬斤，即每年產量平均約爲117.5萬斤，這數目只不過是十八世紀中葉滇銅年產量最高峰時（超過1,344萬斤）的百分之十三上下。[23]光緒十二年（1886）七月，醇親王奕譞等即指陳仰賴滇銅來規復制錢的困難。[24]

21　參考註5。

22　《貨幣史資料》，頁512。

23　詳見嚴中平，《清代雲南銅政考》（北京：中華書局，1957年），頁45-49；全漢昇先生，〈清代雲南銅礦工業〉，《香港中文大學中國文化研究所學報》，七卷一期（1974年），頁161、173-80；陳國棟，〈回亂肅清後雲南銅礦經營失敗的原因〉，《史學評論》（台北：華世出版社），第四期（民國71年），頁76-77。

24　奕譞等在奏中說：「乃雲南礦務，自辦理招商集股以來，尚無成效，每歲運京之銅不過一批五十萬斤，較之從前歲辦滇銅六百數十萬斤，不及十分之一。以現在滇銅之數，而

　　滇銅既然求過於供，價格因此騰漲，而內地的舊銅、廢銅則銅質低下，不足以充作幣材之用。[25] 在這種情況下，戶部遂於光緒十一年（1885）五月奏請採購東洋銅作鑄錢原料，[26] 並於兩年後正式採購。[27] 洋銅一經購用後，價格即節節上升，迫使總理各國事務衙門和北洋大臣李鴻章於光緒十四年（1888）商定，一年之內，各省概不購用洋銅。[28] 同年六月，湖廣總督裕祿奏稱湖北寶武局銅鉛，「上年均係採購洋產，嗣以價值日增，未能續行定購。」[29] 光緒廿五年（1899）二月，兩廣總督鹿傳霖奏陳：「溯查光緒十五年〔1889〕粵省購辦機器，設局鑄錢，其時洋銅每百斤僅需銀十三兩有奇，至二十年〔1894〕已增至十八、九兩，因而停鑄。」[30] 同年三月，戶部尚書敬信等指出光緒十三年戶部初購洋銅鼓鑄制錢時，銅價每斤不過合銀約十一兩；到光緒廿五年初，直隸購銅鑄錢時，銅價增幅幾及三倍，每百斤騰漲達卅一兩。[31] 當日政府官員多把這種現象，歸咎於「各省鼓鑄多購洋銅，故洋商得以抬價居奇。」[32]

　　光緒十三年正月，清廷諭令各省規復制錢，並把每文制錢的重量定為一錢。[33]

　　　　欲規復制錢，其勢不能。…若必待滇銅充足始行議復制錢，恐十數年間尚難如願。」見《貨幣史資料》，頁520。即使在銅礦原產地雲南，規復制錢始於光緒十三年；兩年後，因「辦銅竭蹶，」被迫把兩爐停開。到光緒十六年(1890)八月，滇省辦到銅斤「已不敷三爐鼓鑄之用，」只好一律停鑄。（《諭摺彙存》，光緒十七年十月廿八日，頁3b。）

25　據兩廣總督張之洞奏稱：「查粵省滇銅甚少，並無準價。白者珍貴過甚，只可製器，不能鑄錢。紅者每百斤二十四兩，貴於洋銅已將一倍；雖質比洋銅為佳，而虧折過鉅。此外則有內地舊銅、廢銅，每百斤價十二兩，搜買既屬無多，銅質又復不淨，難受機器軋力，雖然提煉，仍易酥裂，不足以充鼓鑄。」見《張集》，卷25，頁34，〈開鑄制錢及行用情形摺〉（光緒十五年八月初六日）。粵省如此，想他省情形也相去不遠。

26　《貨幣史資料》，頁520。

27　《大清會典事例》（台北：啟文出版社，民國52年，據國立中央圖書館藏光緒廿五年刻本影印），卷218，頁22b，〈戶部‧錢法〉。

28　《張集》，卷131，〈電牘〉十，頁8，〈致雲南督辦礦務唐〉（光緒十四年五月初七日發）；《貨幣史資料》，頁571。

29　《貨幣史資料》，頁571。

30　前引書，頁760。

31　仝註27。

32　仝註30。

33　《貨幣史資料》，頁529-30。有關清政府在十九世紀八十年代規復制錢的討論，見Frank H. King，前引書，頁215-17；魏建猷，《中國近代貨幣史》（上海：群聯出版社，1955年），頁80-82。

鑒於銅價昂貴，刺激生產成本騰漲，地方當局大多採取權宜的辦法，把制錢重量減輕，從法定的一錢減至七、八分不等。[34]光緒廿四年十二月（1899年正月）清廷飭令各省設局鑄錢，每文重量以八分爲準。[35]雖然制錢的法定重量一再減輕，可是各省鑄造制錢，損失往往不菲。光緒十二年六月，閩浙總督楊昌濬「以鑄重一錢，則工本虧折必多，」因此奏請把制錢的重量改爲八分五釐。[36]可是，開鑄不久，即因「錢質較輕，未能搭用，旋以成本不敷，遂致停止。」[37]光緒十四年八月，直隸總督李鴻章奏稱天津機器局開機鑄錢，每年所出錢值少於銀五萬兩；可是，工本卻需十萬七千餘兩，亦即每鑄錢千文，成本約爲2,238文；如改用土法鑄錢，每鑄錢千文，仍須賠貼三百文上下。[38]光緒廿五年，直督裕祿表示即使把每文制錢重量定爲七分，以土法鑄錢，每千文仍須賠貼490文。[39]光緒十六年閏二月，兩廣總督李瀚章估計粵省每鑄錢千文，虧損約在三、四成之間。[40]由於虧損累累，粵省終於在四年後停鑄制錢。光緒廿五年二月，兩廣總督譚鐘麟奏稱即使把制錢重量減爲七分，估計每鑄錢千文，仍須賠錢四到五百文。他以銅價高昂爲理由，表示無法恢復鑄造制錢。[41]光緒十三年四月，陝西巡撫葉伯英估計每鑄錢千文，

34　參考《貨幣史資料》，頁579-83插表。

35　朱壽朋纂修，《光緒朝東華錄》（北京：中華書局，1958年，以下簡稱《東華錄》），總頁4276，光緒廿四年十二月甲午。

36　《貨幣史資料》，頁558。

37　《申報》，第6578號，光緒廿五年五月十一日，附張，五月初二日《京報》全錄。

38　吳汝綸編，《李肅毅伯奏議》，卷11，頁94b-95，〈請停機器鑄錢摺〉（光緒十四年八月初二日）。

39　裕祿，〈直隸試鑄制錢現擬籌辦摺〉，載王延熙、王樹敏輯，《皇清道咸同光奏議》（台北：文海出版社，據光緒壬寅〔1902〕上海久敬齋石印本影印），卷38，〈戶政類・錢幣〉，頁24b。

40　《貨幣史資料》，頁575。

41　前引書，頁578。按廣東雖停鑄制錢，但仍替其他能自行提供幣材的省分鑄錢。如光緒廿一年（1895），兩江總督張之洞撥款十六萬兩，在上海採買上等洋銅、白鉛，「交廣東錢局附鑄制錢二十萬串。」見《張集》，卷41，頁20，〈撥款購銅附鑄制錢摺〉（光緒廿一年十二月廿二日）；卷150，〈電牘〉29，頁17b，〈致蘇州鄧藩台、上海黃道台、鎮江呂道台、清江謝道台、揚州江運台、揚州府〉（光緒廿一年十二月廿四日巳刻發）。另參考《申報》，第8204號，光緒廿二年一月十日，〈憲示照登〉；《劉坤一遺集》（北京：中華書局，1959年），頁930-31，〈鑄造制錢每文仍照七分片〉（光緒廿二年五月廿四日）。據一年多以後，張氏調回湖廣時提到「惟粵局附鑄者不止一省，每日所出之錢勻攤分解，鄂省所得無多，仍不足以濟民用。」見《張集》，卷45，頁7b，〈籌設鑄錢局摺〉（光緒廿三年正月十二日）。可知交由粵局附鑄，收效不會太大。

約需工本銀1,645文。[42]同時，吉林將軍希元指陳該省制錢重量，每文雖爲八分，但鑄錢千文，仍須賠工本三百多文。[43]儘管清廷一再諭令各省規復制錢，但雲南、安徽、湖南、甘肅等省都表示工本高昂，以致無法遵行中央的諭令，恢復制錢的鑄造。[44]無怪乎這一期間，由於「收買之價，較之鑄錢，甚有餘利，」從而出現地方當局利用收買來的制錢交庫的情況。[45]就地方督撫而言，「洋銅價貴，鑄少則成本愈昂，鑄多則銅片有限。」[46]成本過重，鑄錢便成爲得不償失之舉。

2.國際銀價的下跌

制錢的流通除了受幣材供應短缺所困擾外，當日的局勢又因十九世紀七十年代以降金本位制度的建立，白銀價值相對於黃金劇跌而益形複雜。由於1848年美國西部加利福尼亞州及1851年澳洲等儲量豐富的金礦的發現和大規模開採，全世界黃金供應量大增；生產總值在十九世紀前五十年，每年平均爲1,600萬美元；可是，到了1851－75年的廿五年間，每年的生產總值劇增至12,000萬美元。十九世紀後半西方國家工業化的結果，國民所得增加，以維持外匯的穩定作爲銀行政策主要而直接的目標的觀點，普遍爲這些國家所接受。隨著經濟的發展，金本位因較能適應需要，並較銀本位更具貨幣效能，多數國家於是自十九世紀七十年代開始，放棄了金銀複本位或銀本位制，而改用金本位制度。一些國家或地區，雖然沒有採用金本位制，但亦停止銀幣的自由鑄造而演變爲跛本位制。銀的貨幣資格於是被剝奪。白銀的需求因而大大減少。[47]另一方面，銀的產量卻不能像其他商

42　《貨幣史資料》，頁565。

43　前引書，頁579。徐世昌《東三省政略》（李毓澍主編，《中國邊疆叢書》，第一輯第四種，台北：文海出版社，民國54年），卷七，〈財政・幣制〉，頁19載吉林每鑄錢一千，賠本高達三到四千文。這個數字可能過於誇大，不足爲憑。

44　《諭摺彙存》，光緒廿三年十一月卅日，頁6；光緒廿五年四月八日，頁4；光緒廿五年四月十五日，頁15；光緒廿六年正月十日，頁12b-13；《東華錄》，總頁4425，光緒廿五年八月甲辰。就甘肅來說，每鑄錢千文，須本銀二千文。

45　彭澤益，〈清代寶泉寶源局與鑄錢工業〉，頁192。

46　《貨幣史資料》，頁576。

47　參考 Herbert Heaton, *Economic History of Europe* (Tokyo : Harper & Row and Weatherhill Inc., 1963, International ed), pp.594-95; S. B. Clough, *European History : The Economic Development of Western Civilization* (Tokyo : McGraw-Hill Book Co, 1968, International Student ed.), pp.375-77；吳承禧，〈百年來銀價變動之回顧〉，《社會科學雜誌》，三卷三期（民國21年九月），頁324、338-39、341-43；另一記載則說從1851-71

品一樣，與價格變動緊密相應。[48]白銀的供應量依然有增無已。[49]在這種情況下，金銀比價發生很大的變動，尤以十九世紀最後十年開始更爲明顯。以同樣重量的黃金和白銀比較，1890年金價爲銀價的19.75倍，十年後爲34.37倍。換言之，1890－99十年間內，白銀價值相對於黃金，跌幅在四成以上。[50]（見表一）銀價相對於黃金既然劇跌，亦即以銀價表示的購買力大幅降低。洋銅是一種進口商品，自然受金銀比價變動所支配。根據下表所示，紫銅錠塊的價格，在1890－99十年內，從每擔值關平銀十四兩騰漲到卅一兩，增幅超過1.2倍。銅價漲幅較金銀比價漲幅還要高，後者只上漲了0.74倍左右。又據鄭友揆的研究所示，這時期清政府所鑄的制錢所含銅、鋅量，基於成本考慮，已較十九世紀七十年代的約減輕三成，從而到1900年銀錢兌換率的跌幅，遠比不上銀對銅和鋅購買力的下降。[51]

　　當世界大多數國家都採用金本位制時，中國仍是少數的用銀國家。白銀在中國的購買力大大超過在國外的購買力，因此，從1870年代開始，大量在世界市場上貶了值和找不到出路的白銀流入中國境內。估計從1871到1913年間，輸入到中

的二十年間，世界黃金的總產量相等於過去350年所開採的總和。見Dickson H. Leavens, *Silver Money* (Bloomington: Principia Press Inc., 1939), p.30. 有關世界各國採用金本位制或限制白銀作爲貨幣的情形，最簡明的是Committee for the Study of Silver Values and Commodity Prices, Ministry of Industries comp., *Silver and Prices in China* (Shanghai : Commercial Press Ltd., 1935), p.100.

48　世界上大概四分之三的銀礦是與銅、鉛、鋅等金屬埋在一起。當這些金屬的產量增加時，開採出來的銀礦也隨著增加，因此不能與市場需求相配合。參考Herbert M. Bratter, "Silver," in Edwin R. A. Seligman ed., *Encyclopaedia of the Social Sciences* (New York : Macmillan, 1934), 14：58。

49　世界白銀總產量，從十九世紀四十年代平均每年2,500萬安士，增至六十年代平均每年四千萬安士，以後持續上升，七十年代平均每年七千萬安士，八十年代一億安士，到九十年代更高至1.6億安士。見Dickson H. Leavens, 前引書，頁34; *Silver and Prices in China*, pp.100-101；Eduard Kann, *The Currencies of China* (Shanghai : Kelly Walsh Ltd., 1927, 2nd ed.), pp.209-10；吳承禧，前引文，頁334-35。

50　這十年世界銀價跌幅（對金而言）之大，與前二十年相比，更爲明顯。「白銀價格自1873年後雖不斷下跌，但到1892年時尚合1870-72年基數的65.7％（金銀比價降爲1：23.7），二十年中下跌34.3％，約1/3左右。」見鄭友揆，〈十九世紀後期銀價、錢價的變動與我國物價及對外貿易的關係〉，《中國經濟史研究》，1986年第二期，頁3。

51　按白銀對銅、鋅的購買力，從1893年的96.3跌至七年後的51.2（以1870-72年爲基期）；同期白銀對制錢的兌換率則由89.3跌至77.5，兩者相差26.3。見鄭友揆，前引文，頁14。

表一　1890－99年間金銀比價及紫銅錠塊價格的變動

年　　次	金 銀 比 價 *	紫銅錠塊價格（擔/關平兩）
1890	19.75	14.00
1891	20.93	16.13
1892	23.72	16.00
1893	26.52	21.99
1894	32.59	20.01
1895	31.63	23.11
1896	30.60	18.82
1897	34.21	24.65
1898	35.01	22.25
1899	34.37	31.00

資料來源：張家驤，《中華幣制史》（台北：鼎文書局，民國62年，影印本），第五編，頁25-27、36-37。

附　　註：*取最高與最低額之平均值。

國的白銀數達2.41億兩之多，[52] 單就1890到1900年十一年內，中國淨輸入的白銀即高達84,674,921海關兩。[53] 大量白銀積存於中國，無形中更壓低銀錢的比價，削弱白銀的購買力。本世紀三十年代中葉，實業部銀價物價討論委員會當根據A. B. Lewis及張履鸞的研究成果，列示1880－1933年間白銀在中國的購買力：以1910－14年作基期，1880年白銀購買力的指數為249.4，1890年為215.1，1900年為135。[54] 可知白銀購買力降低的程度，要以1890年到1900年間最為明顯。這種情形，與前述銀錢比價及銅價的變動比較，如出一轍。在當日仍採用銀本位制的中國，一般人對這種現象不大了解，山東巡撫張汝梅可能是對銀賤錢貴的本質有較深體會的

52　Charles F. Remer, *The Foreign Trade of China* (Taipei : Cheng-wen Publishing Company, 1967, reprinted ed.), pp.215.

53　Eduard Kann，前引書，頁226-27。1890-92年中國淨出口白銀12,074,390海關兩，1893-1900年淨入口96,749,931海關兩；出入相抵，入超84,674,921海關兩。這裏的白銀，除銀條外，還包括外國銀元。

54　*Silver and Prices in China*，pp.6, Table 2. 又據鄭友揆研究所示，由1873-92的二十年內，由於金產量萎縮，需求日增，而工業國家的生產技術又與時俱進，以金計的商品價格不斷下跌，以致銀對國際商品的購買力，反有加無減，平均指數增至108.5 (1870-72年=100)。可是，1893-96年間，銀價下跌甚於物價，銀的購買力平均指數降為88.9。1897年後，世界黃金產量增加。以金計的物價上揚，而銀價未能回漲，故銀的購買力下跌至75.1。見氏著，前引文，頁3。

少數人物。他說：

> 近年銀價日賤，錢價日貴，……南北各省到處皆然。……議者謂錢價之貴
> 由於錢少，必以禁私燬、鑄新錢爲補救第一要義。然各省有如所議力奉實
> 行，而錢價仍不少貶者，推原其故，雖曰錢少，亦由銀多。查中西互市以
> 來，適美、澳各洲銀礦大開，以所鑄銀條運至中國兌換。查今進口之數，
> 歲凡二、三千萬，而近年各省議築鐵路，廣開礦產及創設製造廠等，籌借
> 成本，亦均以金鎊折合現銀，來源既多，市價必賤。[55]

大多數清廷官員，只能掌握表象，以致本末倒置，把銅價上漲咎於洋商「抬價居
奇。」

3.各省濫鑄銀幣

　　在清廷諭令各省規復制錢的那一年，兩廣總督張之洞也著手開鑄銀元，以解
決制錢供應短缺的問題。隨著十六世紀以來中外貿易的開拓，外來銀元，特別是
西班牙銀元大量流入中國。這些銀元無論在形狀、成色和重量方面，都有一定的
標準，因此深受東南及華南地區人民歡迎。到了十八、九世紀之交，洋元漸成爲
東南沿海各省的交易媒介。光緒十三年正月，兩廣總督張之洞鑒於粵省自咸豐七
年（1857）以後的三十年來，沒有鑄造過制錢，以致商民的日常交易諸多不便，
遂奏請購置機器鑄錢。他通過清廷駐英公使劉瑞芬向英國訂購機器，估計機器運
到後，以每天開工十小時計，可鑄制錢270萬枚，銀元十萬枚。[56]他考慮鑄造銀元
的原因有二：(1)基於經濟民族主義的立場，張氏指出外國銀元，不單通行於沿海
各省及通商口岸，更遍及於內地的湖南、四川、以至前、後藏；中國利權因而損
失不菲，應藉鑄造銀元來補衰袪弊。(2)他希望「以鑄銀之色，補鑄銅之耗，」[57]亦

55　《東華錄》，總頁4270，光緒廿四年冬十月丁未。抱類似見解的是順天府尹胡燏棻。他
　　比張汝梅早一年便提出以下看法：「臣推原銀賤之故，由於金貴。…光緒十七、八年〔
　　1891-92〕以前，每英金一鎊不過合銀三兩五錢至四兩，今則漲至七兩或八兩有奇。中國
　　金價因之而漲，銀價即因之而落。…至於市面交易，洋貨固以鎊計算，價須加倍；百物
　　躉購則用銀，零星銷售則用錢，物價即不能得其平。此乃東、西洋各國重用金幣所致。」
　　見《貨幣史資料》，頁554-55。

56　《張集》，卷19，頁20b-21，〈購辦機器試鑄制錢摺〉（光緒十三年正月二十四日）。

57　《張集》，卷19，頁24b-26，〈試鑄銀元片〉（光緒十三年正月二十四日）。有關銀元
　　在廣東的流通情況，參考陳春聲，〈清代廣東的銀元流通〉，載明清廣東省社會經濟研
　　究會編，《明清廣東社會經濟研究》（廣東人民出版社，1987年）。

即利用鑄造銀元的餘利來彌補制錢的虧損。

　　張之洞籌議試鑄銀元時，態度十分審愼。他計劃在「試造之初，先鑄一百萬元，察其能否流通，陸續添鑄，多至五百萬元而止。如不能暢行，隨時停鑄。」[58]對於銀元的流通，他抱有如下的見解：「銀元通行之道，必須成色無稍欠缺，輕重不差銖黍，最爲緊要關鍵。……華洋共信，商民通行，官款准其完納，則無論支發何項官款，軍民無不樂從。」[59]可是，他的理想與日後事實的發展有很大的出入。

　　清末各省鑄造銀元，甲午戰爭前後實爲一分水嶺。甲午戰前，設局開鑄銀元只有廣東一省。甲午戰後，輿論一致鼓吹變通圜法；在光緒廿一年內，御史易俊、陳其璋、王鵬運相繼奏請推廣銀元的鼓鑄，「明以收回權利，暗以便益民生。」[60]對地方督撫來說，鑄造銀元逐漸變質成爲一條生財大道；利之所在，各省都不甘後人，亟亟以鼓鑄爲能事。我們從地方當局爭相鑄造小銀元（銀輔幣）和張之洞、劉坤一爲鑄幣利益而起爭議，即可見事實眞相之一斑。

　　廣東是最早開鑄銀元的省分。早在光緒十三年，張之洞在粵督任內便奏請設局鼓鑄，但一直要到光緒十六年四月，李瀚章接任兩廣總督後，粵省才開始鑄造銀元。該省所鑄的銀元，面值分爲五種：一圓（每枚重庫平銀七錢二分，成色爲九成足銀）、五角（重三錢六分，成色爲八成六足銀）、二角（重一錢四分四釐）、一角（重七分二釐）和五分（重三分六釐）；後面三種輔幣的成色均爲八成二足銀。[61]

58　《張集》，卷19，頁25b-26，〈試鑄銀元片〉。

59　《張集》，卷38，頁9-10，〈進呈湖北新鑄銀元並籌行用辦法摺〉（光緒廿一年閏五月廿七日）。稍後他又說：「現鑄銀元成色輕重，皆仿照洋銀，原欲奪洋銀之利，自不能不以洋銀之市價爲準則，而洋銀之成色低於紋銀，所值亦少於紋銀。在通商口岸，華洋貿易權衡切當，市價雖有漲落，要不至少於洋銀中實有之成色，且恒比實有之成色略高。蓋洋銀輕重有準，取攜便易，商民樂於行用，故所值雖浮於實有之成色，而人不以爲過。且行銷日廣，來者日多，洋銀之利不過如此，非謂九成之洋銀，即可抵十足紋銀以爲用也。自鑄銀元之利，亦復如此，能與洋銀同價則有利。至內地素無行市，必至任意折扣；若強其行用，恐實有之成色且不敷，工火更何由出？是以行用必聽其自然，不得絲毫勉強。」見《張集》，卷40，頁25b-26，〈湖北銀圓局請仍歸南洋經理摺〉（光緒廿一年十一月十七日）。

60　參考《貨幣史資料》，頁638-41。引文出自頁639。

61　前引書，頁679。

根據《美國鑄幣廠報告》（*U. S. Mint Report*）記載，廣東銀元局最初九年鑄出的銀元，總值52,310,760.15元；其他都是輔幣，以面值二角和一角的佔最多數，約佔輔幣總值的百分之九十三。[62] 茲將1890－99十年間廣東所鑄銀幣數量列示如後：

表二　　1890－99年廣東所鑄銀幣數量　　　　　　　　　　　　　　　　（單位：枚）

類別 ＼ 年別	1890.5－1891.12	1893	1894	1895	1896	1897	1898	1899
一　元	43,933	14,500	232,672	331,750	1,233,000	437,000	570,000	217,000
五　角	17,847	45,100	52,490		99,000			
二　角	5,667,381	13,923,900	21,807,680	29,055,900	14,743,000	22,537,000	30,989,000	36,566,000
一　角	16,098,579	14,216,400	12,494,840	14,159,660	21,538,000	8,651,000	7,721,000	3,241,000
五　分	1,158,945	127,100			164,000			

資料來源：1893 年 鑄 數 見 Great Britain, Foreign Office & Consular Archives（ 以下 簡 稱 *FO* 228）， R. Brenan to Sir O'Connor, Canton, June 30 1894, *FO* 228/1151, p.320；其 餘見 *RTTR 1891*， Ⅱ：437；*1895*，Ⅱ：433；*1899*， Ⅱ：577.

　　二角銀輔幣不單位鑄幣量的絕大多數，就幣值來說，也非其他面值的銀幣所能望其項背。英國駐廣州領事館嘗就1898及1899兩年粵省鑄銀幣總值作出分析：1898年所鑄銀幣總值爲 7,977,926元，其中6,355,116元爲二角輔幣，[63] 約佔鑄出銀幣面值的79.41％。翌年，粵廠所鑄銀幣總值共7,854,960元，內7,313,200元爲二角輔幣，[64] 約佔銀幣總值的93.1％。英駐廣州領事館也對1898年粵省所鑄銀幣的流通情況作過調查：一元流通呈不足，五角幾絕跡市面，五分流通額少之又少；反之，一角則供過於求，而二角數量更遠逾實際需要。[65]

　　廣東所鑄銀幣以二角輔幣爲主，實繫於財政上的考慮。二角輔幣成色既然較低，從鑄幣所得的餘利也因之較爲豐厚。對於這點張之洞作如下說明：

> 不知鑄成九成銀元，成色既減，則所值亦減。……大約鑄銀一千兩，除銅珠、白銀、火耗、運費外，盈餘不及二十兩。……若鑄八成二小銀元，成

62　Wen-pin Wei, *The Currency Problem in China* (Taipei : Cheng-wen Publishing Company, 1971, 據1914年刊本影印），p.48.

63　R. W. Mansfield to Sir Claude M. MacDonald, Canton, March 18, 1899, *FO* 228/1321, p.125.

64　B. C. S. Scott to Sir Claude M. MacDonald, Canton, April 30, 1900, *FO* 228/1358, p.99.

65　仝註63。

色較低，餘利較厚。大約鑄銀一千兩，盈餘約可百兩。是以粵省錢局以鼓鑄九成大元，並無餘利，數年來皆鑄小銀元，多至千餘萬兩，盈餘可豐。[66]

其他省分鑄造銀幣的情形，也與廣東出入不大。福建於光緒廿二年（1896）開鑄銀幣，前後十年當中，專鑄二角、一角和五分的輔幣，一元則從沒有鑄造。鑄出的銀幣數量：1896年三百萬枚，1897年250萬枚，到1898年劇增至650萬枚。[67]閩省鑄幣廠歷年所鑄的銀輔幣中，以面值二角的爲數最多。江蘇鑄造銀幣始於1898年，同樣以輔幣佔絕大多數。（見表二）湖南長沙鑄幣廠則只鑄造二角或一角銀幣，確實數目已不可考；惟據海關資料記載，以一角佔大多數。[68]各省當中，似只有直隸不以鑄造銀輔幣爲主要業務。[69]

66　《張集》，卷40，頁27b-28，〈湖北銀元局請仍歸南洋經理摺〉。英駐廣州領事館官員漢思禮（R. W. Mansfield）於1899年三月致駐華公使竇納樂（Sir Claude M. MacDonald）的報告中，也指出粵省造幣廠所出二角輔幣，與其他面值的銀幣相比，數量多得不成比例，顯然是從財政上收益著眼，對貨幣流通的供需關係未加顧。見註63，頁123；另參考註64，頁97-98。稍後，張之洞就有關湖北造幣廠鑄幣的情形作如下指陳：「查鑄大元無甚盈餘，鑄數多則尚敷工本局用，鑄數過少則有時虧本，若獲利全在小元。」見《張集》，卷184，〈電牘〉63，頁28，〈致戶部〉（光緒廿八年九月廿九日午刻發）。

67　Wen-pin Wei，前引書，頁49。

68　RTTR 1900, II：140。

69　天津機器局自1986—99四年間所鑄銀幣數目，可列示如後：

年別	1896		1897		1898		1899	
類別	數量	幣值	數量	幣值	數量	幣值	數量	幣值
一元	3,000	3,000	1,120,000	1,120,000	2,800,000	2,800,000	1,566,940	1,566.940
五角	2,500	1,250	20,963	10,481.5	176,000	88,000	56,100	28,050
二角	12,500	2,500	146,782	29,356.4	350,000	70,000	152,864	30,572.8
一角	5,000	500	147,770	14,777	614,000	61,400	153,787	15,378.7
五分	7,000	300	38,814	1,940	231,000	11,500	97,679	4,883.95

見 RTTR 1897, II：26；1898, II：31；1899, II：32
另一不以鑄小銀元爲重點的省分是四川。可是，該省開鑄銀幣，已是本世紀初的事，因此在這裏略而不談。有關川省鑄造銀幣的情形，參考濱下武志，《中國近代經濟史研究──清末海關財政し開港場市場圈》（東京大學東洋文化研究所，1989年），頁61─62，特別是表1─8。

表三　福建及江蘇鑄幣廠銀幣鑄造情況　　　　　　　　　　　　　　（單位：枚）

省　　分	福　　　　　建 A			年別 類別	1898	
類別 年別	二　角	一　角	五　分		B	C
1897	1,198,851	1,246,211	28,007	一元 五角	1,400,000 100,000	2,039,549 155
1898	1,382,500	968,000	256,222	二角	7,000,000	11,086,000
1899	4,147,500	2,904,000	768,666	一角 五分	8,000,000 100,000	10,784,178 3,312

資料來源：A *RTTR, 1897*，Ⅱ：372；*1898*，Ⅱ：380；*1899*，Ⅱ：435.
　　　　　B 前引書，*1900*，Ⅱ：140.
　　　　　C Enclosure in Chinkiang No. 10 of the 25th March 1899, *FO*228/1322, p.164.
附　　註：B和C所載南洋造幣廠1898年鑄出銀幣數目雖有出入，惟均呈示該年所鑄不同面值的銀
　　　　　幣中，以一、二角輔幣爲數最多。

　　鑄造銀幣既可獲厚利，地方督撫無不積極開拓銀幣銷路，彼此的利益便可能
會發生抵觸。張之洞和劉坤一因鑄幣利益而起爭議，便是最明顯的例子。光緒十
九年（1893）八月，湖廣總督張之洞奏請在鄂省鑄造銀元；[70]可是，一直要到光緒
廿一年閏五月才開始鑄幣。[71]這時，兩江總督劉坤一也籌議在江蘇設局開鑄銀
元。張之洞認爲蘇省若設局鑄造銀元，勢必對湖北銀元局的業務發展產生不利的
影響。因此他與湖北巡撫譚繼詢商議，「擬將鄂局歸南洋經理，江南不另設局，
以免相妨；籌款行銷，南洋任之，如有盈餘，酌量津貼鄂省。」[72]張氏的構想是讓
兩江總督、南洋大臣劉坤一分享鄂省銀元的利益，換取他不在南京設局鑄造銀元
的承諾，藉此保障湖北銀元的銷路。清廷並不贊同他的建議，堅持「鑄本由江南
借撥行銷，由湖北專司其餘利及籌款統歸湖北。」[73]張氏深切地了解這項安排對

70　《張集》，卷33，頁34b-35，〈試鑄銀元片摺〉。

71　《張集》，卷38，頁9-10，〈進呈湖北新鑄銀元並籌行用辦法摺〉。

72　《張集》，卷148，〈電牘〉27，頁3，〈致武昌譚制台〉（光緒廿一年八月十一日亥刻
　　發）。事實上，張氏「江南不另設局，以免相妨」之見，並非杞人之憂。七年後，他指
　　出：「鄂省小元…向來專恃滬銷，近年盡爲江南銀元所擠。緣江距滬近，官輪自運，銷速
　　費省，故不憚跌價爭售。鄂則自滬以銀條來，以小元往，商輪遠寄，費重利微。且鄂元大
　　批到滬，則江南銀元市價力跌減，動須賠折。」見《張集》，卷184，〈電牘〉63，頁
　　28，〈致戶部〉。

73　《張集》，卷148，〈電牘〉27，頁3b，〈致武昌譚制台〉；《張集》，卷40，頁27，〈湖
　　北銀元局請仍歸南洋經理摺〉。另參考頁24b-26。

湖北銀元局的影響。他在致湖北巡撫譚繼洵的電報中申言：

> 鑄多方有盈餘，……查此局〔鄂局〕月鑄三、四十萬兩，漢口一隅，能否
> 全銷，俾鑄本不致久壓？鄂省閒款能否源源接濟，俾免停機待款？如所鑄
> 太少，有何利益？如必藉江南、安徽各省行銷，似當照原議方無窒礙。否
> 則江南需用銀元當照粵局成案；外省附鑄，僅貼工次，利以分而益微，殊
> 於鄂局無益，且江南可自設局矣。[74]

儘管張之洞一再請求，但利之所在，劉坤一仍堅持在蘇省設局鑄造銀行，張氏的
計劃終成泡影。

甲午戰後，地方當局紛紛以「補制錢之不足」為理由，奏請設局開鑄銀元。
理論上，各省所鑄的銀幣都屬國幣，可在全國各地通行；事實上，這些銀幣一旦
在鑄造省分以外地區行銷，立即遇到重重障礙。當時中央政府雖議定「部庫雜
款，奏定搭銀元二成，」俸餉亦規定「以銀元搭放，」[75]地方當局亦出示曉諭各省
所鑄銀元，均與外國銀元一體行用，不得借故歧視，[76]但言者諄諄，聽者藐藐。這
些銀幣的暢銷程度，取決於客觀的經濟法則，而非一紙政令所能左右。銀元的市
價視地區使用的習慣及銀幣本身的成色而定，貶價行用，甚或抑勒拒收的情況，
時有所聞。

在南京市面流通的各省自鑄銀元，「除江南、湖北兩省所鑄者不致貶價外，
他如廣東所鑄大龍銀，每圓必短少錢八十五文；安徽所鑄，短少錢一百二十文；
福建所鑄，則竟短至一百五十文。」[77]同在江蘇省內的松江，人民如拿福建、安
徽、北洋所鑄的銀幣到市上錢店易錢，會遭到錢商諸多挑剔，「幾至一文不值。」[78]
浙江杭州市面流通的外省銀幣，只有廣東及湖北所鑄的可暢行無阻外，至於江
蘇、安徽及北洋所鑄，都出現滯銷的情況。[79]

74　《張集》，卷148，〈電牘〉27，頁3b，〈致武昌譚制台〉；另《張集》，卷40，頁
　　26，〈湖北銀元局請仍歸南洋經理摺〉。湖北巡撫譚繼洵也有類似的意見，參考《張
　　集》，卷148，〈電牘〉27，頁4，〈譚制台來電〉（光緒廿一年八月十三日巳刻到）。

75　《貨幣史資料》，頁664。

76　《申報》，第8157號，光緒廿一年十一月初六日，〈示用銀圓〉；第8752號，光緒廿三
　　年八月初一日，〈示用龍圓〉；第9585號，光緒廿五年十一月十七日，〈禁抑龍銀〉。

77　《申報》，第9458號，光緒廿五年七月初九日，〈清溪小志〉。

78　《申報》，第9564號，光緒廿五年十月廿六日，〈禁抑龍銀〉。

79　《申報》，第9211號，光緒廿四年十月廿一日，〈示用銀圓〉。

即使是本省自鑄的銀元，在省內行銷，也經常出現貶價，以至爲民衆所抵制的情況。安徽所鑄銀元，在蕪湖市上行用，因被指爲成色不足而被迫貶值。[80]在江蘇揚州，「墨西哥銀每枚只兌錢八百數十文，而本省暨湖北所鑄龍圓，又須折耗數十文，至他省所鑄更多方挑剔。」[81]甚至在離京城不遠的天津，該地錢局所鑄銀元，拿到市上易錢，每元要比墨西哥元少換十元，如要調換墨元，「亦需貼錢十文。」[82]

就前述事例看來，各種銀幣的市價取決於人民的信用程度及其本身成色。㈠墨西哥元的實際含銀量，並不比湖北、廣東所鑄銀幣爲高；[83]可是，墨元在中國流行已有一段較長的時間，深爲人民信用，而中國所鑄的銀元，「規模絕異，成色分量又不免各有參差，以致民間顯分畛域，此省所鑄往往不能行於彼省，仍不如墨西哥銀元之南北通行。」[84]㈡安徽、直隸等省所鑄的銀幣成色，低於湖北、廣東和江南鑄造的銀元，因此不單在省外不易流通，即使在本省地區，也要貶價才能行用。㈢1905年以後，地方督撫藉行政手段樹立人爲壁壘，把外省所鑄銅元拒於轄境以內的作法，實已伏線於此時。[85]

相對於銀元，銀輔幣的貶值程度更爲顯著，以致兩者兌換時，出現貼水的情形。如在南京，「若以小龍銀換墨西哥銀，需貼錢七十文；換中國大龍銀，貼五十文。其以小龍銀易錢，江南、湖北所鑄者，每枚僅換九八錢八十五文；廣東所鑄，更短三文；安徽所鑄者，則止值七十二文；福建所鑄者，更不及此數。」[86]浙江杭州市面，「若福建小銀錢，則每角須貼錢五、六文，甚有不肯收用者。」[87]湖北境內，每一銀元可易錢860餘文，至於銀輔幣一角只能換錢70餘文。若以銀元來換

---

80 《申報》，第9215號，光緒廿四年十月廿五日，〈龍銀貶價〉。

81 《申報》，第9585號，光緒廿五年十一月十七日，〈禁抑龍銀〉。

82 《申報》，第8818號，光緒廿三年十月八日，〈示禁抑價〉。

83 按光緒廣東銀元每千分含純銀902.70，湖北銀元則每千分含純銀903.703。見《貨幣史資料》，頁825，〈各省舊鑄銀元種類、重量、成色表〉。墨元的法定成色含銀902.65/12，而成色則只有898。見Eduard Kann，前引書，頁146。

84 《貨幣史資料》，頁853。

85 拙著，〈清末省區之間的銅元流通與貨幣套利〉，頁899-902。

86 仝註77。

87 仝註79。

取銀輔幣，進出之間，每圓即折耗一百多文。因此，當地民衆都不肯收受銀輔幣。[88] 各種輔幣價値視供求作準，不能與主幣維持十進的關係。以上情形的出現，顯然與各省行政當局視鑄造成色低下的銀輔幣爲生財大道息息相關。

　　對於當日各省所鑄銀幣數量與銀賤錢貴的關係，我們可就以下事實加以申論。根據1897年F. E. Taylor向皇家亞細亞學會中國分會提出的報告，該年天津（北洋）、武昌、福州、廣州四廠所鑄的銀輔幣，計有：五角214,796枚、二角31,852,571枚、一角17,892,931枚、五分66,921枚，四種面値合起來共50,027,219枚。這五千多萬枚輔幣在市面流通有什麼意義呢？F. E. Taylor以每一銀圓可換成920文制錢作計算基礎，算出這批輔幣的面値相當於制錢7,608,907,242文，或約合八百萬圓。他認爲近年來每一銀元所能兌換到的制錢數目愈來愈少的答案，應從銀輔幣大量流通於市面的現象去尋求。[89] F. E. Taylor的觀察，也可從《北華捷報》和海關各口的報導獲得印證。據《北華捷報》駐南京記者所發的電訊：

> 過去數週以來，南京的白銀供應，因總督從漢口引進新幣而大大增加。這種銀圓，每枚都很精緻，足以取代粗劣的墨西哥圓。新貨幣引起的一種後果，就是使日本、香港及海峽〔馬來亞〕的一角、二角打折行用。每圓兌成制錢，已跌至950文，這是八至十年來的最低比價。[90]

> 城中過多的白銀引致銀元不斷貶値。儘管官方已出示，盡力迫使商人把每銀元兌換制錢定在一千文，可是，現時只能兌換870文。十之八九，銀價還會降低。[91]

　　據海關資料透露，湖北鑄幣廠自光緒廿一年開始鑄造銀元，以後數年間，大量由鄂局所鑄的銀幣自漢口源源輸出到別省。（見表四）

88　《申報》，第8928號，光緒廿四年二月四日，〈黃鶴樓題壁記〉。張之洞也說：「鄂省小元之價與大元迥異，不甚通用，用須補水。」見《張集》，卷184，〈電牘〉63，頁28，〈致戶部〉。

89　氏著，"Scarcity of Copper Cash and the Rises in Prices," *Journal of Royal Asiatic Society North China Branch*, 31 (1896-97), pp.78-79.

90　*NCH*, December 20, 1895, p.1016.

91　*NCH*, January 17, 1896, p.84.

表四　湖北銀元局銀幣輸出情況及其佔鄂省白銀總輸出值的比重　　（單位：海關兩）

年　別	A 鄂省白銀輸出總值	B 銀元局銀幣出口值	C B佔A百分比
1895	242,500	38,808	16.00
1896	2,941,895	528,113	17.95
1897	1,672,140	486,340	29.08
1898	4,344,604	2,566,061	59.06
1899	6,370,221	4,633,471	72.74
1900	5,180,642	3,599,685	68.71

資料來源：*RTTR 1895*, Ⅱ：87；*1896*, Ⅱ：125；*1897*, Ⅱ：124；*1898*, Ⅱ：136；*1899*, Ⅱ：163；*1900*, Ⅱ：152.

　　就上表所示，鄂省銀元局所鑄銀幣的出口總值，在1895至1900年六年內，除了1897及1900年比上一年減少外，其餘各年都呈現大幅上升的趨勢。這些出口到省外的銀幣，其中有不少是二角和一角的輔幣。以1900年爲例，是年鄂省所鑄銀幣的出口值爲3,559,658海關兩，其中2,991,960兩全爲一、二角輔幣。[92]換言之，這兩種面值的輔幣約佔出口銀幣總值的84％。

　　甲午戰後，中國廣大地區銀賤錢貴的情況更形惡化。甲午戰前，銀賤錢貴的現象雖已存在，但波動幅度遠較甲午戰後溫和。以江西九江爲例，從1886－95的十年間，制錢對海關兩的比價不過上升二成之多。[93]可是，到甲午戰後，情況急轉直下。如江蘇清江浦在1896年一月的一個月內，墨西哥銀元對制錢的比價從1：950陡落至1：800，後回升到1：920，再跌至1：900以下，以致很多商店都拒絕收受銀元。[94]1896年二月，天津地區銀元相對於制錢購買力低降的情況，《北華捷報》有如下報導：

　　　在本地人當中，白銀終於要大打折扣方能行用，每一銀元低至大錢910文。

　　　每屆歲暮，錢價通常都上漲，但卻從沒有增漲得像現時那樣，正常行情爲1,050到1,100文不等。去年新歲錢價跌至一千到1,020文；可是，今年的跌

92　*RTTR 1900*, Ⅱ：152.

93　1886年，九江每海關兩可換制錢1,738文，1890年只換1,644文，1895年春，銀價跌至每兩易錢1,480文，至歲暮更陡落到1,398文。見*RTTR 1895*，Ⅱ：126.

94　*NCH*, February 12, 1896, p.246.

幅頗爲顯著，給各階層的人帶來不少艱困。[95]

三年後，天津銀賤錢貴的情況更是變本加厲，銀（圓）錢兌換率低落至1：775，[96]
銀價跌落仍無中止跡象。其他地區亦有相類的情況出現。（見下表）

表五　甲午戰爭前後中國各地每一銀圓兌換制錢的價值

年別＼地點	通州[A]	煙台[B]	上海[C]	鎮江[D]	寧波[E]	溫州[F]	漢口[G]	廈門[H]	汕頭[I]	梧州[J]
早午戰前			1,050○		1,030-1,050	1,140○	1,200	1,040○	980-1,030	1,000+
1894		1,040					1,200	1,040	980-1,030	
1895	1,075			1,050	980		1,200	1,040	980-1,030	
1896		860			900	780	840	1,040	980	
1897	925	730-900	900			980		1,040	870	
1898								900	880	960
1899			870							

資料來源：A，C及F見註70。
　　　　　B 見 *RTTR*，*1896*，Ⅱ：54；*1897*，Ⅱ：52.
　　　　　D 見前引書，*1895*，Ⅱ：174；*1896*，Ⅱ：209；*1899*，Ⅱ：263.
　　　　　E 見前引書，*1895*，Ⅱ：269；*1896*，Ⅱ：300.
　　　　　G 見前引書，*1896*，Ⅱ：126.
　　　　　H 見前引書，*1898*，Ⅱ：40.
　　　　　I 見前引書，*1898*，Ⅱ：434.
　　　　　J 見前引書，*1898*，Ⅱ：504.

附　　註：○爲1892年兌換數。+爲1889年兌換數。

綜而言之，甲午戰後三數年間，銀圓兌制錢的比價跌幅約在一成三到三成之間。

　　同一期間，不單銀元對制錢的比價下跌，銀兩相對於制錢，也有類似的情形
出現。多年來，山東臨清銀錢的平均比價約爲1：1,500；可是，在1898年短短數
月內，銀價對於錢價反常地大幅降低，每兩銀只能換成制錢1,120文，跌幅超過四
分一。[97]至於其他地區銀錢比價前後消長的狀況，茲列表說明如下：

95　*NCH*，February 28, 1896, p.316.

96　*NCH*，April 17, 1899, p.671. 在此兩星期前，天津的銀錢比價尚爲每圓兌制錢790文。見
　　NCH，April 3, 1899, p.574.

97　*NCH*，February 21, 1898, p.273.

表六　甲午戰爭前後天津、宜昌、北海每銀一兩對錢的比價變動

年別＼地點	天　　津A	宜　　昌B	北　　海C
1882－83		1,730	
1883－91	3,286	1,500	
1892	3,263		
1893	3,155		1,550
1894	3,057		
1895	2,918		1,350
1896	2,730		
1897	2,625	1,100(一)	
1898	2,572		
1899	2,080－2,400		

資料來源：A 見 *RTTR,1898*，Ⅱ：31；*1899*，Ⅱ：32－33.
　　　　　B 見 *Decennial Reports 1892－91* (China, The Maritime Customs，以下簡稱*DR*)，
　　　　　　　Ⅱ：141；*NCH*，March 26，1897，p.588.
　　　　　C 見 *RTTR 1897*，Ⅱ：615.
附　　註：按天津銀以關兩表示，錢則以小錢爲單位。北海用本地兩算（110本地兩＝100海關兩）。

　　就以上兩表所載十九世紀末十多年間銀錢比價變動的資料加以分析，1896年可說是一分水嶺。在這以後幾年間，銀賤錢貴的趨勢相當明顯，而在此以前，銀價相對於錢價下跌的幅度相當緩慢。銀賤固然還是以世界銀價低落爲主因；可是，就表一所見1890－99十年間的金銀比價變動，可分成兩階段：前一階段（1890－94）銀價陡落，從19.75：1滑落到32.59：1；後一階段（1894－99）的比價則起伏不大，銀價且在1895、1896兩年輕微上升。這種現象與甲午戰後銀賤錢荒的情形不盡切合。我們認爲問題癥結所在，與當日各省鑄幣廠濫鑄銀幣，特別是成色低下的銀輔幣有直接的關係。對於各省所鑄銀幣的供應量，我們掌握的資料並不完整，確實的統計萬難達到。茲就各種零散資料，作出如下約略估計：截至1899年止，廣東造幣廠所鑄銀幣約值56,768,742元，直隸所鑄值5,860,905元，福建鑄幣值1,910,236元，南洋鑄幣約值12,826,547元，[98] 安徽所鑄值十到二十萬元，[99] 湖北鑄幣約值23,353,124元，[100] 加上其他可能缺略不載的，則十九世紀九十

98　參考表二、表三及註68推算出來。

99　W. J. Clennell to W. O. Bax Ironside, Wuhu, 22 May 1899, "Report on the Trade of Wuhu for the Year 1898," *FO* 228/1331.

100　以表四B項相當於鄂廠所鑄銀幣總數的70％推算出來。

年代地方行政當局鑄造銀幣的總值當在1.2億元上下。[101]值得注意的是這一億多元中，大部份是發行於甲午戰後三、四年間。大量窖藏或原先作別種用途的白銀，突然加入流通的領域，變成貨幣使用，銀錢比價因之發生相應的變動。前述南北地區銀錢比價的此消彼長，就時間上來說，與省內或鄰近省區設局鑄造銀幣相當切合；加上湖北銀元局鑄出銀幣的行銷範圍主要爲外省，而「多鑄多銷，方有盈餘」[102]的政策又是各方的著眼點的實例看來，F. E. Taylor把甲午戰後銀賤錢荒有增無已的現象，歸結到各省濫鑄銀幣，實在不爲無見。《申報》也指出：「迨至粵東等處中國自鑄銀圓，而銀洋價值益賤，至甲午、乙未〔1894－95〕中東戰後，而賤者益賤。」[103]銀元或銀兩相對於制錢的比價固然低落；可是，如以貶值的銀輔幣換錢，更是每況愈下。1897年底、浙江寧波、紹興一帶，「近日洋價驟短，至七、八十文之多，而于角子、小洋則又揢勒不收，視同棄物。」[104]

(二)銀賤錢荒下政府的對策

十九世紀八十年代以降，隨著銀賤錢貴的出現，制錢對銀比價大幅升值，加上供應短缺，大量制錢因窖藏、熔銷或套利外運而絕跡市面。光緒廿五年二月廣東巡撫鹿傳霖奏陳：「竊近年制錢短缺，價值日昂，……實由於私鑄、私燬日甚一日，而私燬爲尤多。內地奸商私銷制錢改造銅器以漁利者，固亦不少，而洋商之銷燬爲尤其。」[105]據《申報》記載，湖北宜昌精銅每斤售價爲五、六百文，銷燬制錢一、二百文，即可得銅一斤；毀錢千文，可得銅六、七斤。[106]又據海關關冊

101　我們僅知奉天於光緒廿三年六月開工鑄幣，到同年九月，共鑄造大小銀元十四萬元。見《貨幣史資料》，頁689。1899年；奉天造幣廠只有兩個月用於鑄幣，共鑄出銀幣總值四萬元。見H. W. Fulford to Sir Claude M. MacDonald, Newchwang, 30th May 1900, *FO* 228/1360. 又據吉林將軍延茂奏，該省於光緒廿二年十一月開始鑄幣；到翌年十月止，一年之內，共鑄五種銀元447,080.85兩。見《貨幣史資料》，頁794。鄭友揆則估計由1889至1900年的十二年中各省所鑄銀元約3,300萬枚，銀輔幣約值6,899萬元，兩者合計總值超過一億元。見氏著，前引文，頁8。

102　《張集》，卷40，頁26b-27，〈湖北銀元局請仍歸南洋經理摺〉。

103　《申報》，第8948號，光緒廿四年一月廿四日，〈原貧〉。

104　《申報》，第8852號，光緒廿三年十一月十三日，〈嚴定錢銀市價示〉。

105　《貨幣史資料》，頁706。

106　《申報》，第8141號，光緒廿一年十一月二日，〈圜法日壞〉；第8526號，光緒廿二年

指出：1896年蕪湖銷燬制錢一串（千文），可得精銅七斤；按最低估算，每斤按三、四百文出售，盈利在一倍以上，十拿九穩。[107]無怪《申報》力言：「各項貿易其獲利無有豐於此者。」[108]

　　面對銀賤錢貴有增無已，地方督撫的對策是禁錢出口和把銀錢比價定限。可是，這兩種措施收效有限。清廷最初對於禁錢出口的措施不大支持。光緒十二年底湖廣總督裕祿以輪船裝運制錢出口，造成制錢短缺，奏請暫加禁運，清廷即表示如下看法：

> 圜法本貴流通，現在東南各省，鼓鑄久停，制錢之患，不獨湖北爲然。設皆禁運出口，則此省之錢，不能行之於彼省，多寡盈虛，無從挹注，恐亦窒礙難行。[109]

進入十九世紀九十年代，鑒於錢荒威脅愈益嚴重，地方督撫紛紛實施禁錢出口的措施。光緒廿一年底，兩江總督張之洞禁止輪船、洋船運錢出海，而內地民船裝運往來江南、江北，則不在此限。[110]同年，江西當局以上海、漢口的錢商赴贛省收購制錢外運，於是規定「販運銅錢出省，仍定以百千萬爲限；」超過規定數目的，即以私販制錢論罪。[111]其後更將定限降至五十串，如運錢出境超過限數的，一經查獲，即以「三成給賞，七成充公。」[112]翌年，蕪湖海關也限定每一旅客離境時，只能攜帶制錢三萬文，稍後更把限額緊縮爲一萬文。[113]清廷分別於光緒廿

十二月七日，〈彝陵談藪〉。又張之洞說：「漢口、沙市兩處銅器鋪素多，率皆毀錢以造銅器，以及一切不急之物。毀錢一緡，獲利三倍。」利潤與《申報》所載相類。見《張集》，卷96，〈公牘〉11，頁131，〈札司道籌議錢法〉（光緒十六年閏二月初一日）。

107　*RTTR 1896*, Ⅱ：185。另光緒廿六年(1900)閏八月，閩浙總督許應騤亦奏稱：「近來銅價奇昂，每斤合錢五、六百文，而制錢一緡重六斤四兩，燬錢爲銅，即獲數倍之利。」見《貨幣史資料》，頁873。

108　《申報》，第9465號，光緒廿五年七月十六日，〈論昨報登示禁燬錢事〉。

109　《貨幣史資料》，頁702。

110　《張集》，卷150，〈電牘〉29，頁4，〈致蘇州鄧藩台、蘇州府、上海黃道台、鎮江呂道台、揚州江運台、徐州沈道台〉（光緒廿一年十二月十一日午刻發）。

111　《申報》，第8119號，光緒廿一年十月初九日，〈關心市道〉。

112　《申報》，第8175號，光緒廿一年十二月初六日，〈告示照登〉；第8197號，光緒廿一年十二月廿八日，〈再禁販錢〉；第8411號，光緒廿一年八月十日，〈溢浦秋濤〉。

113　*RTTR 1896*, Ⅱ：185；《申報》，第8183號，光緒廿一年十二月十四日，〈襄垣近事〉。

二年正月及廿五年三月，飭令各省將軍、督撫著意稽查，嚴禁私販制錢出省。[114]
當日全國廣大地區，或先或後實行禁錢出口的措施，藉此紓解錢荒的困擾。[115]大
致來說，禁錢出口只是治標的辦法，只能奏效一時，但也觸發出很多副作用，對
人民生計及地區貿易，尤多障礙。張之洞對這種現象即有如下指陳：

> 鄰省皆禁運錢出境，以致市面愈不流通，小民生計艱難，商賈即多折閱，
> 民間完納丁漕釐課，尤爲苦累。[116]

除禁運制錢出境外，地方當局又對波動不定的銀錢比價，設一法定限價，希
望藉此穩定貨幣體系。可是，事與願違；地方行政當局所規定的比價，卻因銀錢
之間供需情況有別，銀、錢市場比價也因之起伏不定，法定比價難於維持；加上
無論在銀或錢的部門，錢商都有很大的貨幣處理權，地方當局企圖藉行政手段來
把銀錢固定於一定比價上，這種措施，雖或可收效於一時或一地，[117]但往往不爲
錢商所遵守，甚至激生事端，迫使官府不再堅持法定比價。光緒廿一年十一月，
江蘇江寧地區因限價而引起的錢鋪罷市及搗毀錢鋪即爲最明顯的例子。當時江寧
地方當局，鑑於銀賤錢貴，於是出示限定銀錢比價，規定墨西哥英洋每元兌錢九
百餘文者，悉令以一千文爲限。限價的結果，徒然造成錢業罷市，從而激起民

114　《貨幣史資料》，頁705、707。

115　如光緒廿三年(1897)盛京將軍依克唐阿電請禁阻現錢入關；直隸總督王文韶則嚴禁現錢
出境。見《貨幣史資料》，頁554；《申報》，第8602號，光緒廿三年一月廿九日，〈
丁沽春雨〉。兩年後，直隸清苑縣當局以「客商出外，無非辦貨、謀事兩端；所往之處
均係群邑大鎮，攜帶銀兩，隨時隨地皆可兌換，何必多帶現錢？」因此出示規定商民出
外，隨身所帶川資不得過京錢十千文。如違令多帶，多出部份則「入官充公。」見《申
報》，第9401號，光緒廿五年五月十一日，〈禁錢出境〉。同年，天津當局規定「客商
帶錢出口者，只准帶盤費錢三十吊上下爲止。」見《申報》，第9421號，光緒廿五年六
月初一日，〈禁錢出口〉。又上海江海關道以銀價陡落，於是致函海關稅務司「暫停運
錢出口執照。」湖南巡撫陳寶箴亦令岳州等關卡嚴禁現錢出境，一經查獲，全數充公。
見《申報》，第8193號，光緒廿一年十二月廿四日，〈論宜推廣購錢以救錢荒〉。

116　《張集》，卷45，頁6b，〈籌設鑄錢局摺〉，另參考RTTR 1896, I：2；1897，II：
208；《申報》，第8199號，光緒廿二年一月五日，〈潤州淑景〉。

117　如光緒廿三年，寧波每一墨圓只能兌制錢八百文。是年年底，「經道憲出示，不准錢儈
抑價壟斷，遂增至九百文有奇。」見〈光緒廿三年寧波口華洋貿易情形論略〉，《通商
各關華洋貿易總冊》，下卷，頁44，轉引自彭澤益，《中國近代手工業史資料》（中
國科學院經濟研究所《經濟史參考資料》第四種，北京：中華書局，1962年，以下簡
稱《手工業史資料》），第二卷，頁270。

怨，搗毀錢鋪，而無濟於解決困難。[118]江寧以外的地區，也有類似的情形出現。[119]

　　當地方官員以限價作爲解決錢荒的途徑時，張之洞即表示「竊思錢貴由於錢少，此乃自然之理；若出示禁止抬價，更茲事端。」[120]短短幾句話，也許對當日限價措施的徒勞無功，成效不彰，提供一簡單而明確的答案。

　　甲午戰後，各省濫鑄銀幣，成色、分量不一，幣制分裂紊亂，各地銀幣流通重重阻隔，以致某一地區的銀錢比價波動，不能由其他地區迅速共同分擔，從而減輕起伏的衝擊。[121]銀賤錢荒的情況愈益惡化。十九、二十世紀之交，清廷才著手對各省濫鑄的現象加以整頓。基於「各省設局太多，分兩、成色難免參差，不便民用，且徒糜經費」的事實，清廷於光緒廿五年五月諭令：

> 湖北、廣東兩省鑄造銀元設局在先，各省如有需用銀元之處，均著歸併該兩省代爲鑄造應用，毋庸另等設局，以節糜費。該兩省所鑄銀元成色，分兩不得稍減，務歸劃一。[122]

　　直隸、兩江和吉林當局對這項諭令表示異議。它們或從成本遞增、緩不濟急，或從經濟民族主義的角度來反對銀幣專由鄂、粵兩省代鑄。[123]同年六月初三

118　《申報》，第8171號，光緒廿一年十二月初二日，〈錢業罷市〉；第8199號，光緒廿二年一月五日，〈再鬧錢荒〉。另參考 NCH, January 24, 1896, p.123.

119　如光緒廿二年初，湖北武昌地方官員以銀賤錢貴日趨嚴重，於是發表公告，把制錢兌銀的比價固定爲每串（千文）相當於七錢三分（過去的銀錢比價爲每串可以兌銀八錢二分一厘），藉此把不利的情況扭轉過來。這種作法的直接後果是引起錢鋪罷市，使制錢供應更形缺乏。（ NCH, March 26, 1896, p.357.）光緒廿四年初，山東濟南地區因制錢缺乏，要把銀兌成錢頗爲費力，地方官員一直想迫使錢店把銀錢比價固定於銀一兩相當於錢1,200文，而錢店則堅持地方官員無權對銀錢比價作出規定。雙方爭議不下，錢店相率罷市，全城只有一家錢店繼續營業。（ NCH, March 14, 1898, p.409.）

120　《張集》，卷41，頁20，〈撥款購銅附鑄制錢摺〉。

121　觀點引自陳昭南，《銀錢比價變動》，頁71。

122　《貨幣史資料》，頁798。

123　如直隸當局以銀元由粵、鄂代鑄，「該兩省鑄造工本不能減於津局，而銀元往返解運，一切運保各費更須加增。且該兩省又力難多鑄，津郡市面需用甚繁，倘解濟不及，周轉不能應時，必致立形匱絀，殊於錢幣消長大局有礙。」（《貨幣史資料》，頁799。）兩江總督劉坤一則力言：「若一旦遽行議停，則數十萬購置之機廠悉成無用，十餘萬未還之墊項亦歸無著，每年復失大宗進款，殊爲可惜。…現在江海關上年外洋進口銀元合銀五百二十餘萬兩，核計洋數不下八百萬圓。……如江南一局再行停鑄，則中國自製龍元每年驟少數百萬，此絀彼盈，勢所必至。」見《劉坤一遺集》，頁1132-34，〈銀元局著有成效請仍接辦摺〉（光緒廿五年五月三十日）。吉林將軍延茂奏稱：「查吉省鑄元

日清廷諭令除廣東、湖北兩省外，直隸、江蘇、吉林三省仍准繼續鑄造銀元，其他各省則一如前議，不准另行設局鼓鑄。[124]翌年閏八月，福建當局亦以補制錢的不足及抵制外國銀元「佔銷之漏卮」的立場力爭，結果獲准續鑄銀元。[125]光緒廿七年（1901）七月，清廷再諭令除廣東、湖北兩省外，其他各省一律停鑄銀元。[126]隨著銅元在本世紀初大規模開鑄，其對清末整個財政體系的衝擊，比較銀元有過之而無不及，事態發展也進入一個新的階段。

三、銅圓的開鑄與流通

(一)背　景

　　十九世紀末葉十年間，全國廣大地區都在銀賤錢荒的陰影籠罩下，經濟失調的情況頗爲嚴重。爲紓解銀賤錢荒所引起的困難，光緒廿三年四月，御史陳其璋奏請「仿照外洋，添造大小銅圓，以補制錢之不足。」他力言鑄造銅元有八利，綜合來說，就是「成本既少，獲利自多。」[127]翌年七月，總理衙門章京劉慶汾、督理農工商總局大臣端方等也奏請鑄造銅元。劉慶汾認爲鑄銅元有四利：「成本極輕，獲利增倍也」、「製造甚精，分兩無幾，可杜作僞而免私熔也」、「錢價劃一，則小民厚沾其惠也」、「飭官收用，則中飽可除，漏卮可杜者也。」[128]端方在奏摺中申言：「東南各省銀圓久已流通，而制錢之絀如出一轍，是僅鑄銀圓不鑄銅錢，不能使銀價持平之明驗也。」他主張模仿香港錢式，利用廣東、湖北、江寧、天津等處現有機器來鑄造銅元。[129]銅元正式開鑄，卻要到光緒廿六年六月才

最得力者，尤在便民、抵俄兩項。蓋現錢支絀，非獨兵民艱窘，官商富戶莫不拮据。一自鑄元定價作錢行使，錢法始暢，民困復蘇，而抵制俄元更爲此中緊要關鍵。…今若由他省鑄造，無論往返運腳無此貼賠，且難必吉民之信，尤易啟俄人之心。」見《貨幣史資料》，頁802-803。
124　《貨幣史資料》，頁801。
125　前引書，頁803-804。
126　前引書，頁805。
127　《貨幣史資料》，頁651。
128　前引書，頁658-59。
129　前引書，頁660。

實施。[130]當時兩廣總督李鴻章以銀賤錢荒日趨嚴重，「然欲鑄錢補救，非備兩文之資本，不能成一文之制錢，」規復制錢得不償失。他注意到廣東與香港接壤，香港所鑄當十銅仙，在廣東頗爲通行，因此決定鑄造銅元。[131]同年閏八月，閩浙總督許應騤奏請援照廣東辦法，開鑄銅元，藉此減輕銀賤錢荒的壓力。[132]。就以上發展過程看來，鑄造銅元固然是爲了解決錢荒，但對鑄幣餘利並非全不著意。

(二)利　潤

鑄造銅元所鑄的餘利，要比開鑄銀元豐厚得多。一般來說，銀元的鑄息約爲百分之十到十四。[133]《東方雜誌》嘗就鑄造銅元的餘利作過如下估計：每鑄當十銅圓百萬枚，可獲利2,431兩。如每日鑄造百萬枚，一年的工作日以320天算，年利即達漕平銀約777,920兩，最少也在七十萬兩以上。[134]這項估計雖然不能適用於每省的銅元局，但對每日鑄幣能力超過一百萬枚的湖北、江蘇造幣廠來說，頗切合實際情況。江蘇省內的江寧、蘇州和清江浦三造幣廠，每鑄當十銅元百萬枚，即獲息超過3,300兩。[135]大體上，開鑄銅元的收益率，約爲百分之三十到五十之間。[136]利潤之高，可見一斑。

130　據光緒廿三年六月戶部就陳其璋請鑄銅元議所作的答覆中申明：「銅元之窒礙，其端有二：一在難行，一在私鑄。」戶部特別指出：「若以每重四錢之銅元作制錢二十文，計其息五倍，是又當百、當五十之類，壅滯難行，前鑒不遠。即勉強行使、商民計銅抵價，積習已久，當十錢即是明證。原奏歷陳各項利益，辦理實無把握。」（《華字日報》，光緒廿三年八月十二日。）可知戶部對於開鑄銅元，不敢貿然嘗試。
131　國立故宮博物院故宮文獻編輯委員會編，《宮中檔光緒朝奏摺》（台北：國立故宮博物院，民國63年，以下簡稱《宮中檔》），第13輯，頁841。
132　《貨幣史資料》，頁783。
133　據張之洞的估計，「大約鑄銀一千兩，盈餘約可百兩。」見註66。又吉林將軍延茂奏稱，從光緒廿二年十一月到翌年十月一年內，吉林共鑄五種面額不同的銀幣總值447,081兩，獲利61,544.5兩。見《貨幣史資料》，頁794。是知鑄利約在10到13.76％之間。
134　《東方雜誌》（台灣商務印書館，民國60年，影印本），二卷七號（1905年八月），〈財政〉，頁195-97。
135　前引書，二卷八號（1905年九月），〈財政〉，頁171。
136　仝上，頁133，NCH, November 10, 1905, p.305；《貨幣史資料》，頁926；軍機處檔（台北國立故宮博物院藏），第163133號。又據《通商各關華洋貿易論略》（台北：國史館史料處，民國71年，影印本，以下簡稱《貿易論略》），光緒三十年，頁56，〈杭州

㈢流通情況

　　銅元最初在市面流通時，在某些地區雖然因爲貨幣使用習慣的不同，銅元尚不爲大衆所接受，[137]但是在廣大地區，卻深受人民歡迎。銅元是以新式機器鑄造，具備形狀、大小、重量一致的優點，較諸各方面都不劃一的制錢，在使用上更爲方便。當時全國飽受銀賤錢荒的困擾已有一段頗長的時間，制錢短缺，錢價日昂的情況有增無已。[138]銅元的出現適足以成爲制錢的有效代用品。不少投機商人利用南北之間銀錢比價的差異，把大批銅元從廣州、福州、廈門、杭州運到上海；一部份在上海行銷，其他大部份則出口到山東膠州、煙台和直隸天津，再轉輸內地。他們從事的是一種貨幣套利的生意，賺取其中的差額利潤。銅元外運，造成部份地區如廣東銀根短絀，於是又增加人們對銅元的需求。[139]當十銅元在杭州初次發行時，人們在銅圓局前輪候兌換。銅元局整天都擠滿人，不得不定出限制，每人限兌當十銅元百枚。在日常交易中，銅元深受歡迎，以致出現貼水的情況。[140]據《海關十年報告》記載，湖北宜昌，人民對銅元需求甚殷，樂於行用：

口）載：「按紫銅每擔價值銀不過三十餘兩，計銅圓九十枚，重不過一斤零。故紫銅一擔，能鑄值洋一百餘元之銅圓，其獲利之厚不待言矣。」另參考《申報》，第11053號，光緒廿九年十二月初八日，〈論銅圓查弊事〉；黑田明伸，前引文，頁96。上海總商會則估計銅元餘利約在百分之卅五到四十之間。見Great Britain, Foreign Office, China. Confidential Print（以下簡稱FO 405），Inclosure 15 in No 30, Mr W. D. Little to Doyen of Diplomatic Corps, Shangha, June 2, 1905, FO 405/164, p.50.

137　如在江蘇宿遷縣，「人民對使用這種貨〔銅元〕都有些猶豫。錢莊、押店只肯按二成的比例搭收。」見NCH, October 8, 1902, p.727. 在山東濰縣，即使到1904年，除了火車站以外，銅元仍不被認作是法定貨幣。見NCH, September 9, 1904, p.577. 即墨亦出現相類的情形。見《大公報》（天津），第658號，光緒卅年四月十日，〈外省新聞・山東・民不信從〉。

138　據海關關冊記載，1894年，漢口漢平銀一兩可易錢1,375文；銀錢比價即逐年低落，九年後(1903)，更低至1,065文。九江錢價也有節節上升的趨勢。光緒廿八年初(1902)初，洋銀一元可易錢892文；到翌年中，祇能兌762文。宜昌方面，光緒廿七年歲暮海關銀一兩可換錢1,282文；兩年不到，竟跌至1,085文。蕪湖情況也十分相類。光緒廿八年初，該地每元可換錢950文；到同年十月，只能換到825文。以上俱見《貿易論略》，光緒廿八年，頁23，〈宜昌口〉；頁35，〈九江口〉；頁41b，〈蕪湖口〉；光緒廿九年，頁23，〈宜昌口〉；頁32，〈漢口〉；頁38b，〈九江口〉。

139　拙著，〈清末省區之間的銅元流通與貨幣套利〉，頁892-94。

140　《申報》，第10892號，光緒廿九年六月廿四日，〈換錢改章〉；《大公報》（天津），第413號，1903年六月十六日；艾父，〈銅幣瑣談〉，載陳度編，《中國近代幣制問題

　　雖然湖北銅元局於1902年發行的當五、當十銅圓，其面值遠源於實價，但
　　人民還是廣爲接納。儘管銅元如泉湧源源傾注於這區域，可是錢荒既這麼
　　嚴重，求便遠過於供。[141]

這種現象並不限於杭州和宜昌，也同樣見於其他地區。[142]

(四)銅元種類

　　銅元相對於制錢的最大分別是中間無孔。考慮到中國二千多年來都沿用中間
有孔的金屬貨幣時，銅元的鑄造，實對中國金屬貨幣的形制影響深遠。[143]銅元在
廣東初鑄時，正面鐫「每百箇換一元」的字樣，[144]可見銅元最初是對銀元比價。
到光緒三十年（1904）「才把正面的『每百枚換一元』的文字改爲『每元當制錢
十文。』後來這種銅元成了一種實幣，對銀幣沒有一定的比價，可是對制錢卻始
終是十與一之比。」[145]到光緒卅三年（1907），銅圓面額有當一、當二、當五、當
十和當二十共五種，其中當十最爲通行，各省都普遍鑄造。當二銅元幾有名無
實，除天津造幣總廠外，實際上各省都沒有開鑄。跟其他面額的銅元相比，當一
銅元生產成本高，鑄造量也少，只在廣東、湖北、直隸三省開鑄。當二十銅元主
要在華北及湖北、江西等省流通，而當五銅元的流通量更爲有限。民國二年
（1913），在鑄出的銅元總額中，當十銅元的比率高達百分之九十七、八。[146]

(五)全盛期

　　從清末最後十年間各省鑄造銅元的發展來看，光緒卅一年爲一分水嶺。是

　　彙編》（台北：學海出版社，民國61年，影印本，以下簡稱《幣制彙編》），冊四，〈
　　輔幣〉，頁56。

141　　*DR 1902-11*, 1：275.另參考《貿易論略》，光緒廿八年，頁23，〈宜昌口〉；光緒廿
　　九年，頁23，〈宜昌口〉。

142　　在江蘇，頭兩批爲數達180萬枚的當十銅元發出時，立即全被領去，這兩批銅幣實不足
　　以應付日常交易的廣大需求。參考《順天時報》，1901年一月十四日，頁3；1901年一
　　月十八日，頁3；1901年三月十三日，頁3。

143　　彭信威，《中國貨幣史》（上海：人民出版社，1965年，第二版），頁72-75。

144　　仝註131。

145　　彭信威，前引書，頁773。

146　　前引書，頁773-74；《幣制彙編》，冊二，〈幣制〉，頁797-98。

年，無論在鑄數或幣材（紫銅錠塊）進口量等方面，都顯示出鑄造銅元的事業到達全盛期。光緒三十年，銅元鑄數估計為16.937億枚；翌年，激增為75億枚。[147]紫銅錠塊入口，光緒廿九年（1903），只不過是75,000擔，但在接著的兩年，即倍增為243,000及730,000擔。（見表七）光緒卅一年，全國共有十四鑄廠，846部鑄機，其中約六成已用於鑄幣，二成正在裝勘，二成已向外國定購而尚未運到。（見表八）據上海總商會估計，這些鑄機如全部用於鑄幣，每年可出幣164.13億枚。[148]為盡快攫取鑄幣餘利，一些造幣廠如福州等甚至使用已滲雜白鉛，一經機器壓印便

表七　1901–10年中國進口的紫銅錠塊數值

年　別	數　量（擔）	價　值（關兩）
1901	10,000	309,000
1902	23,000	657,000
1903	75,000	1,924,000
1904	243,000	7,047,000
1905	730,000	21,393,000
1906	9,000	212,000
1907	139,000	4,204,000
1909	204,000	5,851,000
1908	4,000	129,000
1910	21,000	666,000

資料來源：Hsiao Liang-lin, *China's Foreign Trade Statistics 1864–1949*，pp. 49–50.
附　註：關於1905年以後紫銅錠塊進口減少，我們在後面還要討論。拿梁啟超〈各省濫鑄銅元小史〉，頁21所列數字與表中相比，梁著數字顯得有些含混。1904、1905及1908三年輸入數量，梁著與蕭著約略相等，其數據很可能也是得自海關報告。假如真是這樣的話，即使我們承認含有洋銅私運的情形存在，也難以接受梁著所列1906和1907年進口量分別為213,613及356,400擔。

147　《通商各關華洋貿易總冊》(台北：國史館史料處，民國71年，重印本，以下簡稱《貿易總冊》)，光緒三十年，頁10；光緒卅一年，頁13b。另梁啟超，〈各省濫鑄銅元小史〉，《飲冰室文集》（上海：中華書局，民國30年），冊七，21：21則把光緒卅一年數字估計為4,696,920,000枚。據英國駐華外交官謝立山（Alexander Hosie）爵士的保守估計，1905-1906兩年內所鑄的銅元數量約為九十億枚。見Memorandum Respecting Currency in China, No 4, China Association to Foreign Office, London, December 31, 1908, *FO* 405/195.按1906年開始，銅元鑄造因受禁運、限鑄等措施影響，步上由盛而衰之途。以此類推，梁氏提出的數字實不可能，相形之下，海關或謝立山所提供的數字便有較大可靠性。

148　Inclosure 15 in No 30, Mr. W. D. Little to Doyen of Diplomatic Corps, Shanghae, June 2, 1905, *FO* 405/164.

銅元的日本銅餅。[149]

表八　1905年銅元造幣廠的地理分佈

省　分	造　幣　廠　所　在	鑄　（舊）	機　（新）	數（總數）目	
江　蘇	江　寧	32	45	77*	
	蘇　州	18	56	74	⎫ 211
	清　江　浦			60	⎭
湖　北	武　昌			150	
直　隸	天　津		100	100	
四　川	重　慶	82		82	
浙　江	杭　州	16	80	96	
廣　東	廣　州	50	30	80	
湖　南	長　沙	4	36	40	
福　建	福　州	20	12	32	
安　徽	安　慶	8	12	20	
江　西	南　昌	5	12	17	
山　東	濟　南			12	
河　南	開　封			6	
總　數				846	

資料來源：Inclosure 15 in No. 30, Mr W.D. Little to Doyen of Diplomatict Corps, June 2 1905, *FO* 405/164, p.3.

附　　註：*在77部鑄機當中，45部裝置於上海江南製造局。1905年，署兩江總督周馥動議把置於製造局的鑄幣設備遷到南京。見中國史學會編，《洋務運動》（上海：人民出版社，1961年），冊四，頁121；《東方雜誌》，二卷三期（1905年四月），〈財政〉，頁56。

這846部鑄機分佈於全國十二省內所顯示出的另一面，便是各省銅元局的鑄幣能力大大擴張，有如下表所示：

149　*DR 1902 - 11*, p.548；*NCH*, March 31, 1905, p.637；《大公報》（天津），第317號，1903年五月十一日，頁5；《貨幣史資料》，頁808；《諭摺彙存》，光緒卅二年二月，頁84；《貿易論略》，光緒卅一年，頁74，〈福州口〉。

表九　1909－10年各省銅元局每日鑄幣能力的擴張　　　　　（千枚／天）

年別＼省別	廣東	山東	直隸	湖北	四川	江寧	蘇州	江西	浙江	河南
1900	40									
1902	170－200			300						
1903	260					70			300	
1904		200	300	1,200		1,000	400	40	750	50
1905			500	4,000		1,500		300	2,500	
1906		500					1,000			470－480
1907	1,000		600		300	4,000				
1910					500					

資料來源：《宮中檔》，第13輯，頁841；國立故宮博物院故宮文獻編輯委員會編輯，《袁世凱奏議專輯》（台北：民國59年），頁148；軍機處檔，第163133號；《諭摺彙存》，光緒廿九年十月十六日，頁22；光緒卅年十月十六日，頁23b；光緒卅一年三月廿日，頁3b；《東方雜誌》，一卷七號（1904年九月），〈財政〉，頁194；一卷九號（1904年十一月），〈財政〉，頁232；二卷七號（1905年八月），〈財政〉，頁118；三卷八號（1906年九月），〈財政〉，頁182；《順天時報》，1903年六月六日，頁4；六月二十日，頁3；《大公報》（天津），1903年六月廿二日，頁4；陳友琴，〈中國之銅圓問題〉，《東方雜誌》，22卷十三號（1925年七月），頁44；〈中國銅圓芻議〉，《幣制彙編》，冊四，〈輔幣〉，頁84；*NCH*，8 April, 1910, p.91；《張集》，卷185，〈電牘〉64，頁31，〈致蘇州恩撫台、陸藩台〉（光緒廿八年十二月十一日）；《貿易論略》，光緒廿九年，頁59，〈杭州口〉；光緒三十年，頁50b，〈蘇州口〉；頁56，〈杭州口〉；光緒卅一年，頁58，〈杭州口〉；L. C. Hopkins to Sir Ernest Satow, Tientsin, 27 November, 1905，*FO* 228／1594， p. 128；Shanghai Consulate General, Chinese Enclosure 165 of 1906，Governor of Kiangsu to Consul General, *FO* 228／1603，附表一。

附　註：湖北造幣廠有三所：銅幣局、銀元局除鑄、兵工廠附設銅幣局，表中所列只有銅幣局。江蘇造幣廠除江寧和蘇州外，還有清江浦一廠。光緒卅一年，清江浦廠每日的鑄幣能力，估計爲一百萬枚。見《貿易論略》，光緒卅一年，頁51，〈鎮江口〉。

　　據附表一所示，在各省造幣廠中，就絕對水平來說，湖北造幣廠的經營規模最大。《北華捷報》估計從1900－1906六年內，全國共鑄銅元125億枚，其中三分一很可能出自鄂廠。[150]這種情形的出現，一方面固然是地方當局藉鑄造銅圓以攫

150　*NCH*, October 23, 1909, p.181.

利，另一方面，也跟湖北境內，特別是漢口地區，對銅元需求量很大有密切的關係。光緒卅一年，湖廣總督張之洞表示：「湖北需用情形，有與各省不同者數端。漢口通商大埠，每年貿易不下數千萬；各幫出入皆用錢盤，不用銀盤，故漢鎮商務需錢獨多。近年制錢缺乏，全賴銅元爲周轉。」[151]張氏的論點可能有誇大之處，但並非完全無據。《1902－11年海關十年報告》便提到漢口因制錢短缺，「錢對銀貼水不少，打亂各類買賣，蓋無論交易量多少，其基礎都以錢價作準。」[152]據授任爲欽差大臣，調查各省幣政的戶部左侍郎陳璧於光緒卅三年所呈交的報告：「武漢爲長江樞紐，近年京漢路成，商務日見繁盛，故銅幣銷路較他省爲大。」[153]光緒卅一年，湖北三處造幣廠共有鑄機170部（內銅幣局一百部、銀幣局四十部、兵工廠三十部），以每日工作二十小時算，最少可出幣兩千萬枚。[154]1902－1905年中國進口的紫銅錠塊中，有相當大的比例爲湖北造幣廠所耗用。[155]

　　隨著鑄幣能力的擴大，各省造幣廠鑄出的銅元數量節節上升，於光緒卅一年到達最高點。（見下表）以安徽安慶造幣廠爲例，從光緒廿八到卅一年，共鑄出當十銅元29,462萬枚，其中光緒卅一年內所鑄的約16,050萬枚，佔總數量的55％上下。[156]

151　《張集》，卷65，頁15b，〈湖北鑄造銅元請由本省自行限制摺〉（光緒卅一年十一月廿八日）。黑田明伸亦指出制錢慢性供應不足，湖北更甚於他省，蓋漢口爲茶的主要輸出港，而銅錢是買茶的媒介；銅錢不足，導致茶市場混亂。1902及1903連續兩年，農產豐收，對作爲購買媒介的銅錢的需要量隨而增加；建設京漢鐵路，工資以銅錢來支付。見氏著，前引文，頁89、93。

152　*DR 1902-11*, 1：350.

153　陳璧，《望嵒堂奏稿》（民國廿一年排印本），卷六，〈考查各省銅幣事竣恭覆恩命摺〉，頁12b。

154　陳友琴，〈中國之銅圓問題〉，《東方雜誌》，廿二卷十三號（1925年七月），頁44；〈中國銅圓問題芻議〉，《幣制彙編》，冊四，〈輔幣〉，頁84；《貿易論略》，光緒卅一年，頁32b，〈漢口〉。

155　湖北於1902-1905四年內進口的紫銅錠塊逐年迅速遞增，計1902年6,860擔；1903年36,870擔；1904年103,670擔（另加銅餅10,699擔）；1905年414,355擔。見《貿易論略》，光緒三十年，頁29，〈漢口〉；光緒卅一年，頁32b，〈漢口〉。另參考*DR 1902-11*, I:350；孫泰圻，〈漢口商業情形論略〉，《商務官報》（台北：國立故宮博物院，民國71年，影印本），第廿四期（光緒卅二年十月廿五日），頁20b。1905年江漢關的純輸入額爲5,380萬兩，其中鑄造銅元用的幣材值1,550萬兩，約佔純輸入額的28.81％。見黑田明伸，前引文，頁118，註67。

156　A. J. Sandius to L. D. Carnegie, Wuhu, 6th May 1906, *FO* 228/1633，pp.108-109.《貿易

表十　1900－1905年廣州、福州、南京、北洋、湖北造幣廠鑄造當十銅元的遞增

（單位：枚）

地點 年別	廣　州[1]	福　州[2]	南　京[3]	北　洋[4]	湖　北[5]
1900	10,264,000				
1901	29,562,000				
1902		15,624,893			
1903	75,380,000	45,927,486		51,109,757	
1904	147,964,000	106,257,790	450,000,000*	81,946,060	560,000,000
1905	404,058,000		496,020,000		750,000,000

資料來源：1. *DR 1892－1901*，pp. 197，548；《東方雜誌》，一卷一號（1904年三月），〈財政〉，
　　　　頁24；《貿易論略》，光緒三十年，頁81b，〈廣州口〉；光緒卅一年，頁83b，
　　　　〈廣州口〉。
　　　　2.《貿易論略》，光緒三十年，頁69b－70b，〈福州口〉。
　　　　3. 前引書，光緒三十年，頁42，〈南京口〉；光緒卅一年，頁47，〈南京口〉。
　　　　4.《東方雜誌》，一卷一號（1904年三月），〈財政〉，頁24；L. C. Hopkins to Sir
　　　　　Ernest Satow, Tientsin, 27 November 1905, *FO* 228/1594, p.129.
　　　　5. *DR 1902－11*，I：350；楊志詢，〈中國去年外國貿易情形〉，《商務官報》（光緒
　　　　　卅二年十一月），第27期，頁28b。
附　　註：*包括當二十銅元在內。

㈥各省呱呱經營銅元之分析

　　梁啟超在他具有影響力的著作〈各省濫鑄銅圓小史〉中，力主濫鑄銅元的罪
魁禍首是直隸總督袁世凱。[157]《清朝續文獻通考》的編纂人劉錦藻也對袁氏作同
樣的非難。[158]這些非議只反映出維新主義者對袁世凱背叛戊戌變法，懷抱積怨，
而無助於昭示歷史事實。

　　各省熱衷開鑄銅元，實與現實環境的壓力息息相關。庚子事變以後，中央和
地方都因賠款及新政經費的籌措，財用無著，傷透腦筋。[159]各種新政當中，練兵

　　論略》，光緒卅一年，頁43b，〈蕪湖口〉；*DR 1902－11*,I：382則載光緒卅一年中，
　　安徽造幣廠共鑄出當十銅元2.4億枚。
157　梁超啟，前引文，《飲冰室文集》，冊七，21:19。
158　《清朝續文獻通考》（上海：商務印書館，《萬有文庫》第二集，民國25年，以下簡
　　稱《清續通考》），考7722，卷22，〈錢幣考〉四。
159　詳見羅玉東，〈光緒朝補救財政之方策〉，《中國近代經濟史研究集刊》，一卷二
　　期（民國22年五月），頁241-49。

是最大一項支出。光緒廿九年十一月，清廷諭令各省籌解練兵經費，年額882萬兩，按攤派方式責令各省整頓菸酒稅（年額562萬兩）、契稅、節省糜費，把浮收、中飽、優差、優缺的陋規歸公（年額320萬兩）來籌措的款。後一項攤派只有甘肅、新疆、貴州和東三省可予豁免。[160]這些措施是否切實可行，地方督撫都表示不大有把握。在整頓菸酒、契稅方面，除了直隸、東三省、四川、廣東外，其他省分都沒有積極推行。[161]由於省和州縣組織的運作，有賴浮收提供資源，浮收一旦歸公，對地方行政組織自然會有不利影響。[162]至於強迫把優缺陋規歸公，陝西巡撫升允和山西巡撫張曾敭對這項措施能否切實可行，分別作過如下饒有趣味的評論：

> 今天下貧弱如斯，所持者人心固結。近來差減員增，官多缺少；其始爲貧而仕，其繼因仕益貧。得優差者恆一歲一更，居優缺者無三年不調，即使歲餘數千金，而當官之酬酢、需次之宿逋、往返之川資、貧交之借貸，凡人情所不免者，皆取給於此缺、此差；其實入私囊者，蓋亦僅矣。其賢者嚴防虧累，勢必相卒求歸；若不畏瘠苦，甘以所得歸公，其心更不可信。……夫果人之中飽，誠屬無良，然使人人皆饑，國誰與立？[163]

160　仝上，頁249-50；《東華錄》，總頁4808-4809，光緒廿九年十一月丙戌。

161　拙著，〈清末賦稅基準的擴大及其局限——以雜稅中的菸酒稅和契稅爲例〉，《中央研究院近代史研究所集刊》，第十七期，下冊（民國77年十二月），頁77-94。

162　清代地方支出項目都受章則的嚴格制約，每項支出是由一筆數以百年來從未變更過的特定款目撥付。因此制度會趨僵化而形成兩大缺陷：㈠對變動中的情況未能即時作出反應；㈡條文和現實之間差別甚大，以致準備好的款項往往不足以應付財政上的需要。爲了籌措行政經費而又不想提高稅額，地方官員便只有採用帶徵浮收的辦法。浮收通常以兩種方式徵取：拿稅額作基準，再在這基準上加算若干百分率，或操縱銀錢換算率。詳見 Yeh-chien Wang, *Land Taxation in Imperial China 1750-1911* (Cambridge, Mass：Harvard University Press, 1973), pp.33, 54-56；另參考小林幸夫，〈清末の浙江いおける賦稅改革と折錢納稅について〉，《東洋學報》，第58卷一、二期，頁51-52。這一類收入對省財政的重要性，山西巡撫張曾敭以下一段話最足說明：「晉省自庚子以後，……每年驟增出款一百數十萬兩，以素稱貧瘠之區，尚能供支無誤，半係取給於外銷之項，中飽之資。」見《閣鈔彙編》，〈兵〉，光緒甲辰（三十年）七月十七日，頁3b。

163　《諭摺彙存》，光緒廿九年十二月廿日，頁14。張之洞也指出：「若搜剔太過，州縣無以辦公，甚至不敷用度，以致別滋流弊，仍然害及地方。」見《張集》，卷62，頁20b，〈籌撥練兵的款摺〉（光緒卅年七月十六日）。

晉省府、廳、州、縣，本無優缺，其稍裕者，亦僅及他省之中下，自經湊解償款，舉辦新政，已提州縣驛站、商富契稅報効等項所入約十去三四，而著名苦缺，仍需酌提各缺羨餘，均勻津貼，誠以府、廳、州、縣，均係親民之官。語云：「刻剝太甚，必有不肖之心應之。」若竟搜刮無遺，深恐別滋流弊。[164]

事實上，預期從浮收歸公，優缺報効、契稅整頓所入的解款，從未達攤派定額的要求，一如下表所示：

表十一　預期從浮收歸公、優缺報効、契稅整頓所入與攤額的比較　　　（單位：兩）

項目 省分	A 攤　　額*	B 預　期　解　款	C B佔A的百分比
江　蘇[1]	350,000	210,000	60
山　東[2]	250,000	100,000	40
江　西[3]	200,000	80,000	40
河　南[4]	200,000	100,000	50
安　徽[5]	150,000	80,200	54.6
山　西[6]	100,000	57,600△	57.6

資料來源：* 《清續通考》，考8277，卷71，〈國用考〉九。
1. 軍機處檔，第162574號；端方，《端忠敏公奏稿》（沈雲龍主編，《中國近代史料叢刊》，第10輯，94冊，台北：文海出版社，民國56年），卷四，頁13b，〈練兵要需請推廣鼓鑄摺〉（光緒三十年七月）。
2. 軍機處檔，第161316號。
3. 仝上，第160864號。
4. 陳夔龍，《庸盦尚書奏稿》《中國近代史料叢刊》，第57輯，507冊，台北：文海出版社，民國59年），卷三，頁26b，〈酌提優缺優差經費並辦當契捐摺〉（光緒廿九年十二月十七日），《諭摺彙存》，光緒廿九年十一月廿三日，頁8b—9。
5. 軍機處檔，第160145號。
6. 《閣鈔彙編》，〈兵〉，光緒甲辰七月十七日，頁4。
附　注：△內官員報効17,600,兩、裁減各局用費、整頓葭酒稅約四萬兩。

與徵收葭酒、契稅，把浮收、中飽、優缺、優差的陋規歸公來籌措的款的辦法相比，藉操縱貨幣發行的作法，遠較以上的措施來得有利可圖和可靠，而且更容易受地方當局支配。這可解釋為什麼地方督撫要求助於開鑄當十銅元來籌款，

以滿足練兵經費及其轄下範圍的需求。光緒卅一年二月，戶部論及由各省解交的練兵經費六百萬兩，其中大約270萬兩即出自銅元餘利。[165]另一項資料則提到蘇、粵、川、鄂、贛、浙六省預期每年解款310萬兩到北京，充作練兵經費。（見下表）光緒卅二年，鑄造銅元的事業已大不如前，但在是年七月，財政處、戶部還令各省把鑄幣餘利提出四成，解充練兵經費。[166]

表十二　蘇、粵等六省每年練兵經費攤額及預期所獲鑄幣餘利的比較　（單位：千兩）

省　　分	甲 攤　　額[A]	乙 預期鑄幣餘利[B]	丙 乙佔甲的百分比
江　　蘇	8,500	8,000	94.11
廣　　東	8,500	3,000	35.29
四　　川	8,000	4,000[a]	50.00
湖　　北	5,000	5,000[b]	100.00
江　　西	5,000	4,000	80.00
浙　　江	5,000	9,000[c]	180.00

資料來源：A《清續通考》，考8277，卷71，〈國用考〉九。
　　　　　B《東方雜誌》，一券12號（1905年一月），〈財政〉，頁335。
附　　註：a《東方雜誌》另一項報導說四川預期獲自鑄幣餘利，解充練兵經費的款額只有二十萬兩。見二卷三號（1905年四月），〈財政〉，頁57。
　　　　　b《東方雜誌》原作三十萬兩，惟據《張集》卷62，頁21b，〈籌撥練兵的款摺〉：「擬再於銅幣贏餘項下，提銀五十萬兩，遵旨解足每年所派練兵的款。」此處依《張集》更正爲五十萬兩。
　　　　　c據光緒卅一年，浙撫聶緝槼所遞奏摺，浙省每年籌自鑄幣餘利，解充練兵經費的款爲六十萬兩。見《諭摺彙存》，光緒卅一年閏四月廿二日，頁6。

　　地方督撫對銅元餘利在財政上的重要性，都有深切的體會。面對沉重的財政負擔，他們都把銅元鑄造視爲當務之急。光緒三十年七月張之洞說：

　　　　查湖北前年秋各冬試鑄銅幣，去年以來因制錢極缺，銀價甚低，銅幣暢行，頗有贏餘。去年派遣學生出洋及興建各學堂暨增購兵械各鉅款，大率取給於此。[167]

光緒卅一年六月兩江總督周馥奏稱：

165　《東華錄》，總頁5316，光緒卅一年二月丙辰。
166　《貨幣史資料》，頁932。
167　《張集》，卷62，頁21，〈籌撥練兵的款摺〉。

舉凡一切新政之無款舉行者，皆指此〔銅元〕餘利以爲的款。[168]

他指陳蘇省解充練兵經費140萬兩（內江寧八十萬兩、蘇州六十萬兩）、戶部提銀十萬兩、省內新政待支各款百餘萬兩，另各學堂及開濬黃浦、協濟江寧旗營籌經費五十餘萬兩，「皆指銅元餘利撥用。」[169]同年，直隸總督袁世凱也表示：

各省帑項支絀，籌措維艱，維銅圓餘利一端，尚堪把注。[170]

江蘇巡撫端方則奏稱履任以來，即以推廣銅元開鑄爲首要之途。[171]

㈦由盛而衰

隨著銅元的大量鑄造，銅元幣值也於光緒卅一年步上由盛而衰的道路；從這時開始，銅元不斷貶值。銅元對銀元的比價，在光緒卅一年以前，大體上是按低於百枚當十銅元兌一銀元的比價換算，亦即銅元對銀元有貼水的現象。從光緒卅一年開始，大量成色低下的銅元湧現市面的結果，據海關造冊處稅務司馬士（H. B. Morse）記載，在這一年內，銀元兌銅元數從1：88漲至1：107；換言之，銅元購買力下跌幾近百分之廿二。[172]根據英國國會一項聲明，從1906到1909三年內，中國銅元貶值的幅度不少於百分之六十三。[173]值得注意的是從十九世紀七十年代以降的世界銀價，在長期下跌的趨勢中，突於1903－1906年間一反常態，冒出短期上升的現象，銀價（對金而言）漲幅幾近二成。[174]與此同時，大量白銀卻從中國倒流入國際市場，[175]造成銀根短缺。銀銅比價自然會受金銀比價急劇波動及銀

168　周馥，《周慤愼公全集》（台北：文海出版社，據民國十一年秋浦周氏校刊本影印，民國55年，以下簡稱《周集》），卷3，頁27，〈各省銅圓流弊應籌補救摺〉（光緒卅一年六月十二日）。

169　《周集》，卷4，頁9，〈蘇省各局銅元暫免限制鑄數摺〉（光緒卅二年二月十八日）。

170　《袁世凱奏摺專輯》，頁1770。

171　《端忠敏公奏稿》，卷四，頁65，〈現辦學堂情形摺〉（光緒三十年十一月）。

172　《貿易總冊》，光緒卅一年，頁13b。

173　No. 61, Question Asked in the House of Commons, November 4, 1909, *FO* 405/194；Wen-pin Wei，前引書，頁120，註1。

174　這三年內，銀價相對於金從38.1：1上升到30.54：1；海關兩對英及對美匯率上漲幅度分別爲近三成半及二成。見王宏斌，前引書，頁142-44；另頁256-55，附表八。

175　從1901-11十一年內，白銀出超數值爲109,246,644關兩，入超爲63,941,286關兩，即淨出口值達45,305,358關兩。白銀大量流出，主要是由於鉅額的對外貿易逆差及庚子賠款所決定。見前引書，頁145-47。

根緊縮的衝擊而有所影響。加上銅元的濫鑄，各種因素交織的結果，中國南北各地銅元無不大幅貶值。（見下表）

表十三　1902－11年中國各地銅元與銀元的兌換價值　　（銀元一元兒當十銅幣枚數）

年別 地點	1902	1903	1904	1905	1906	1907	1908	1909	1910	1911
北　京	87.6	91.9	96.1	97.5	97.9	108.2	110.6	128.5	130.3	130
安　慶			95							137
杭　州	90			115						130
九　江	82		98				114－34			135
寧　波				95	111	107	118	132	129	
秦皇島	80.6	81.2	93.5	108	112	126	126	130	135	131.2
蘇　州	88			108			125			132
上　海	80	84	90	107	110	116	123	127－35	131	134
蕪　湖				95					137.7	136－54
沙　市	120	117	120	142	162	162	179	195	193.5	190
宜　昌		112.3	123.7	170.3	161.3					168－210
鎮　江		120						129		188.3
膠　州				80－90	95－108	108－32				

資料來源：*DR1902－11*，1：30，44，60，158，275－76，289，369，383，414；《貿易論略》，光緒三十年，頁35b，〈九江口〉；光緒卅一年，頁51，〈蘇州口〉；頁58，〈杭州口〉；光緒卅四年，頁50b，〈九江口〉；頁67，〈蘇州口〉；宣統元年，頁61，〈鎮江口〉；宣統三年，頁73，〈蕪湖口〉；*RTTR 1907*，II：119－20；金國寶，《中國幣制問題》，（上海：商務印書館，民國17年），頁96－97；張家驤，《中華幣制史》，第五編，頁35。

四、外人干預與中央介入

十九世紀末，在華外人對清廷聽任各自自謀，濫鑄銀幣，助長銀錢比價更不穩定，頗有責難。[176] 清廷雖在十九、二十世紀之交，開始著手有所矯正，不過收

176　如外人所辦的《字林西報》（*North China Daily News*）云：「中國國家不設一大銀圓局鼓鑄銀圓，通行各省，而於各省零星分散，使其權不歸一，隱隱有相競之意，舉措紊亂，未有甚於此事者。⋯然則他日銀圓之行用於市上者，當不下十種之多，將成一互相擁軋之勢。蓋各種規模不同，分量不一，銀之成色又復高下之不齊。駁雜錯亂，其弊有不可勝言者矣。⋯欲挽斯勢，必待北京政府有以約束各省督撫，使之併心一德，通力合作，毋相擠札以善其國，而後庶乎其可也。」見《華字日報》，光緒廿三年十月廿二日，〈中國銀圓〉；《申報》，第8825號，光緒廿三年十月十五日，〈論中國亟宜整頓圜法〉。

效似乎有限。[177]光緒三十年上半年以前，各省開鑄銅元，時間先後不一，對銅元需求程度有別；一般來說，各省因受錢荒困擾已有一段時間，故對銅元外運，基本上採取禁制的態度。光緒三十年下半年以後，地方督撫面對有增無已的財政壓力，紛紛改轅更轍，以開拓銅元外銷爲首要之務。爲推廣銅元銷路，地方當局不惜把銅元面值折價二到四成，售給錢商，運到別省行銷。地方督撫以成色較低的黃銅鑄幣，表面理由爲洋銅昂貴，要減輕生產成本，只有出此一策；眞正的用意，則可能在於彌補因折價求售的損失，以維持利潤於不墜。把大量貶值的銅元推廣到外省，這自然引起另一方的反響。地方督撫爲控制貨幣市場而相互競爭，爲把省外所鑄銅元拒絕於轄境之外，便紛紛訴諸行政手段，樹立人爲壁壘，阻隔銅元的流通。他們不了解省界並不等於貿易轉輸的範圍。政治的分裂力量，妨礙各地區正常的貨幣流通，徒然助長銀銅（元）比價出現更激劇的波動，影響省與省之間的關係。[178]當時的情形，山東巡撫袁樹勛有如下的描述：

> 民苦其掊克而官樂其贏餘，此省鑄彼省亦鑄，互相禁制，如防敵焉。蓋不特視民鑄爲私鑄，即視官鑄者亦如私鑄矣。……今此省對於彼省之銅元，非遏絕即折抑之，……一國之官，彼此不相聯屬；一國之幣，彼此不相流通，是何景象乎？[179]

　　各省濫鑄銅元造成幣值劇跌，互禁別省所鑄銅元流入轄境內行銷，終於引起外人的干預和中央政府的介入。

　　庚子事變後，修訂商約爲列強對華共同利益所在。經一番交涉，清廷分別於1902年九月及翌年十月與英、美、日簽訂新約。中英商約共十一款，其中第二款爲「幣制」，內容如下：

> 中國允願設法立定國家一律之國幣，即以此定爲合例之國幣，將來中、英

177　據光緒卅四年（1908）度支部致各省咨文：「各省開鑄銀元以來，除廣東、吉林兩省業經迭次報部送清冊外，其餘均未詳細造報。本部於光緒二十五年八月、二十八年二月，兩次奏催各省詳報銀元盈餘，支銷款項及鑄成銀元數目，而各省報案仍屬寥寥。」可知收效有限。見《貨幣史資料》，頁811-12。

178　拙著，〈清末省區之間的銅元流通與貨幣套利〉，頁897-902。

179　袁樹勛，《抑戒齋按牘輯存》，收入袁榮法編，《湘潭袁氏家集》（沈雲龍主編，《近代中國史料叢刊續輯》，21輯，201冊，台北：文海出版社，民國64年），冊一，頁92，〈奏陳銅圓十弊敬陳治標三策摺〉（宣統元年閏二月）；軍機處檔，第176606號。

　　兩國人民應在中國境內遵用以完納各項稅課及付一切用款。[180]

中國各地貨幣分裂不統一，從事進口和出口貿易的商人所持有的通貨，必須經過相當煩瑣的兌換手續，才能達成交易。有見及此，英代表馬凱（James L. Mackay）於商約簽訂時，堅持中國政府「必於要緊之區，設立鑄局，以鑄國家銀幣。」[181]

　　面對各省濫鑄銀、銅幣，導致成色低下的劣幣充斥市面，幣值大幅滑落的情況，一向執外國在華商務牛耳的英國，[182]對這種現象感受最爲深切。1905年四月在與上海總商會（Shanghai General Chamber of Commerce）主席李德立（W. D. Little）商談因當十銅元濫鑄，擾亂國內通貨，造成商業危機的可能性後，英駐華公使薩道義（Sir Ernest Satow）便與清廷戶部尚書趙爾巽討論這問題。可是趙爾巽並不認爲銅元因濫鑄而充斥市面；反之，他以爲銅元流通量還是不足以令清政府放心把大錢收回。[183]當時，上海的英商也藉著《字林西報》表示他們對濫鑄的不滿。在報中，他們指出全國約六十所鑄幣廠濫鑄劣幣到這種程度，財政危機是未來可能發生的事件之一。中國國幣有十二種之多，這顯然違反條約中統一圜法的明確規定。[184]在華英商也透過英國的中國商會聯合會（China Association）向英國

180　《東華錄》，總頁4913，光緒廿八年八月辛卯。

181　見《張集》，卷182，〈電牘〉61，頁30，〈致軍機處、外務部、戶部、江寧劉制台、上海呂大臣、盛大臣〉（光緒廿八年七月十七日未刻發）。當時參與談判的張之洞對馬凱的要求，極爲不滿。他認爲「此乃中國財政，戶部主之，與此次商約無涉，似乎干預太過。」（仝上）他並懷疑馬凱提出這項要求是出於盛宣懷的慫恿。「明係有人欲在上海設銀元局，歸通商銀行承辦以攬利權，暗中唆馬使敘入照會爲將來要求地步。」見《張集》，卷182，頁31b，〈致江寧劉制台〉（光緒廿八年七月十七日未刻發）。張之洞、劉坤一都認爲「圜法乃國家內政，不應入約。」見全書，卷178，〈電牘〉57，頁30b，〈致江寧劉制台〉（光緒廿八年二月廿四日午刻發）；頁32，〈劉制台來電〉（光緒廿八年二月廿三日午刻）。

182　英國在華經濟利益居領導地位，從以下事實可見一斑。就貿易來說，1899年英國及其殖民地香港和印度佔中國對外貿易總額的61.1％（其中英11.7％、香港41.6％、印度7.8％）；1913年所佔比例雖有所下降，但仍達46％之多（英11.4％、香港29.1％、印度5.5％）。見C. F. Remer, 前引書，頁160。投資方面，1902年英佔外人在華投資總額的三分一（當中近六成是直接投資）；1931年比例略有增加，接近四成。見Chi-ming Hou, *Foreign Investment and Economic Development in China 1840-1937*（Cambridge, Mass：Harvard University Press, 1965）, pp.8-9, 17, 211.

183　Sir E. Satow to Marquess of Lansdowne, Peking, May2, 1905, *FO* 405/163, p.163.

184　Inclosure 13 in No 30, Edward S. Little to the Editor of the *North China Daily News*, 22 April, 1905, *FO* 405/164, p.47.

外交部呼籲，請外交部正視中國未能履行中英商的統一國幣的事實。在致外交部的公文中，商會聯合會埋怨清廷當局聽任各省鑄造成色、重量不同的貨幣，使現時的貨幣體系更形混亂。商會聯合會認爲由外國政府向清廷施壓，迫使清廷改革幣制於事不合，合乎情理的是提請清政府遵守商約中統一圜法的規定，即使不能由中央鑄幣廠統籌鑄造，最低限度也要令若干省分鑄造價值一致的銀圓。[185]在華英商中，怡和洋行具舉足輕重的地位。針對銅元濫鑄，圜法混亂的情形，該行與其他在華英商於1905年六月去函英國外交大臣Lansdowne侯爵，力促正視此事。他們在陳呈中力言各省濫鑄，大有可能引起財政危機，從而對英國在華商務造成嚴重的損害；鑄幣廠倍增的結果，使全國一致的貨幣制度要建立起來，更不容易。[186]與財政部會商後，英外交大臣Lansdowne侯爵訓示駐華公使薩道義把商會聯合會的要求向清廷反映。[187]同時，上海總商會也去函給在京的外交使團主席公使，詳細開列各省造幣廠的鑄機數目，並對鑄造銅元的總數量及利潤作出估計。函中申言銅幣濫鑄，必然導致銅元打折扣才能行用，從而對國內外貿易造成莫大滋擾，貨幣制度也因之更爲混亂。總商會請外交使團主席公使向清政府施壓力，使銅幣鑄造數量悉以需求多寡作準，俾能維持幣值以穩定人心。總商會並預言由於銅元面值遠過於實值，如無解決辦法，貶值百分之五十爲意料中事。[188]《北華捷報》對於總商會的公函作出以下反響：

> 我們很高興，從今晨公佈的紀錄裏，知道上海總商會的委員會已經把中國的各省政府無限制地鑄造當十銅元的問題，提到議程上來了。委員會已給北京外交使團主席公使去信，提請注意大多數的地方造幣廠正在乘機競相鑄造，……我們還沒有提到多設造幣廠是直接違反條約的問題，這是屬於

185　No. 79, China Association to Foreign Office, London, May23, 1905, *FO* 405/163, pp.135-360. 另參考 No. 6, Glasgow Chamber of Commerce to the Marquess of Lansdowne, Glasgow, July 10, 1905, *FO* 405/164, p.3；No 7, Liverpool Chamber of Commerce to the Marquess of Lansdowne, Liverpool, July 11, 1905, *FO* 405/164, p.3.

186　Inclosure 1 in No 30. Messrs, Jardine, Matheson & Co. and Other British Merchants to the Marqueses of Lansdowne, 6 Jan. 1905, *FO* 405/164, p.37.

187　No 80, Foreign Office to Treasury, May 30, 1905, No.81, Foreign Office to China Association, May 30, 1905, *FO* 405/163, pp.136-37.

188　Mr. W. D. Little to Doyen of Diplomatic Corps, Shanghae, June2, 1905, *FO* 405/163, p.163.

外交官的事件，但是每一個在中國的外國人都受著這種怡然進行的通貨減色的威脅，而且也必有其後果。[189]

在外人的壓力下，[190]加上地方濫鑄，造成幣政紛歧紊亂的現象日益昭然，迫使中央政府一改聽任各省分鑄的態度，逐步展開行動來維護其對地方財政的控制能力。中央積極介入，藉以統籌幣政，光緒卅一年可說是個分水嶺。在此以前，清廷雖已感到各省濫鑄銀、銅幣，與其政治利益可能有所抵觸，但並沒有採取有力的措施來解決這問題。當中、英雙方在光緒廿八年談判商約修訂時，英代表馬凱已要求清廷設立造幣廠鑄造國家銀幣；基於這種背景，光緒廿九年三月清廷下令設銀錢總廠於北京。[191]諭令中說：

> 即如各省所用銀錢，式樣各殊，平色不一，最爲商民之累。自應明定畫一銀式，於京師設立鑄造銀錢總廠。俟新式銀錢鑄成足敷頒行後，所有完納錢糧、關稅、釐捐，一切公款，均專用此項銀錢，使補平、申水等弊掃除淨盡。部庫、省庫收發均歸一律，不准巧立名目，稍涉紛歧。[192]

銀錢總廠於光緒卅一年五月才動工鑄幣。[193]根據同年七月頒布的章程，清廷把銀錢總廠更名作「戶部造幣總廠。」「所造三品之幣，即文曰大清金幣、大清銀幣、

189　*NCH*, June 23, 1905, 譯文引自《貨幣史資料》，頁1095。英國外交部亦就中國幣制改革事項徵詢香港上海匯豐銀行的意見。匯豐銀行指出中國幣制改革的首要任務在於建立全國一致的計值單位；對各省造幣廠濫鑄屬於輔幣性質的銅元，該行認爲除非這些銅元與銀幣有某種主從關係，並可用銀幣把銅元收回，否則，要幣值穩定不大可能，而且本末倒置。見Hong Kong and Shanghai Banking Corporation to Foreign Office, London, July, 1, 1905, *FO* 405/164.

190　Inclosure in No. 71, Sir E. Satow to Prince Ch'ing, Peking, October 12, 1905, *FO* 405/164, pp.148-49. 薩道義在送交這照會前，要求上海總商會提供更爲確切的資料，以便向清廷展開交涉。見Inclosure 19 in No 30, Sir E. Satow to Doyen of Diplomatic Corps, June 24, 1905, 405/164, pp.52-53. 由於上海總商會未能如命奉行，美國又不願就此事加入列強行列向中國抗議，以致外交使團未能一致行動，只能個別的促請中國政府注意銅元濫鑄的問題。見Sir E. Satow to the Marquess of Lansdowne, Peking, October13, 1905, *FO* 405/164, p.149.

191　兩個月後，戶部基於北京水源不足，又離開平煤礦較遠，交通成本從而增加等考慮，把銀錢總廠遷往天津。見《貨幣史資料》，頁814。

192　仝上。

193　前引書，頁817。

大清銅幣，通行天下以歸一律。」[194] 在開始時，鑄幣先以銅元爲限。顧名思義，該廠「隸於戶部，」又名爲造幣總廠，鑄出的貨幣皆冠以「大清」兩字，即寓貨幣發行由中央掌握之義。[195]

戶部雖催令各省造幣廠把詳細章程送部審核，但各省對戶部的催令似乎未加重視。光緒卅一年七月，財政處奏稱：

> 各省鑄造銀、銅各元所得餘利，除近年有認解練兵經費，並浦江工程外，其餘多稱留辦地方新政之用，作爲本省外銷。經戶部催令將詳細章程報部，至今多未開報。[196]

這時各省濫鑄、濫發通貨，特別是銅元的情況，幾乎到了一發不可收拾的地步。這種現象，引起外人的關注，要求清廷正視幣制紊亂所引起的種種問題；日俄戰後，清廷即著手預備立憲，把財政權集中到中央尤爲當日憲政改革的核心。[197] 內外因素交織的結果，迫使清政府改轅更轍，採取連串措施處理幣制混亂的情況。中央介入地方幣政可分兩階段來討論。在頭一階段（1905.6－1906.9）中，雖然財政處、戶部都認爲「竊以銅幣之行，……謀所以整頓者，自以戶部收回爲正辦，」但顧及現實情況，收回銅幣非倉猝之間所能實行，故此先要從補救入手。補救的重點在於調整貨幣的供應量。一直要到第二階段（1906.10－1910.5）中央政府才對地方督撫施加更大壓力，以完全掌握財政權力爲目的。以下按年月順序把第一及第二階段中，中央政府所採取的措施排比出來，接著是對這些措施成效的評估。

甲　第一階段採取的措施

光緒卅二年二月，財政處和戶部奏稱：

194　前引書，頁815-16。

195　前引書，頁815。據英駐天津總領事金璋(Lionel Charles Hopkins)致駐華公使薩道義的報告，戶部造幣總廠雖設於天津，但不受直隸總督袁世凱直接控制，人事上也與袁轄下的北洋銀元局不相關連。見Lionel C. Hopkins to Sir E. Satow, Tientsin, 27 November 1905, *FO* 228/1594, p.126.

196　仝註193。

197　詳見拙著，"A Final Attempt at Financial Centralization in the Late Qing Period, 1909-11," *Papers on Far Eastern History* (Department of Far Eastern History, The Australian National University), 32 (September 1985).

竊以銅幣之行，各省爭相鼓鑄，流幣日滋，謀所以整頓者，自以由戶部收回爲正辦。惟就目下情形而論，收回之事，諸多窒礙，則以先圖補救爲亟。夫補救之道，大要不外清來源，暢銷路。[198]

這是第一階段期間中央政府一切措施的出發點。以下是這時期中央政府所制定的措施：[199]

A　把各省造幣廠數目凍結於現時水平上。銀幣方面，除戶部造幣總廠外，擬只留南洋、北洋、廣東、湖北四局作分廠，協同鑄造。至於銅元，「擬將各省現在業經開辦之局暫行留辦，但准就現在所有機器鑄造，其未經奏准者均不得再請設局鑄造。」

B　統一貨幣成色重量。銀幣方面，由總廠頒發樣本給分廠，並由中央抽樣檢查新鑄的銀元，「成色之參差、分量之輕重，均不得逾百〔千？〕分之一。」銅幣的成色，規定百分之九十五爲紅銅，百分之五爲白鉛，點錫的滲進以不超過百分之一爲限。至於重量，當二十銅元重庫平四錢，當十重二錢，當五重一錢，當二重四分；這四種面值都據戶部頒發的祖模來鑄造。鑄出後，都要交由財政處和戶部化驗。「如有不遵奏定章程者，即時令其停鑄，並限令將發出各元收回銷燬。」

C　規範銅元總鑄量中各種面額的比例。規定各省局每天鑄出各種面值的銅元中，當十佔五成，當五、當二各佔二成，當二十則佔一成。

D　採用定額制度以限制銅元濫鑄。擬定廣東、湖北、江蘇等省每天鑄額不能超過一百萬枚；直隸、四川不得逾六十萬枚，其他各省不過三十萬枚。尚未設廠開鑄的省分如山西、陝西等，則由戶部總廠負責撥給，貴州則由四川協撥。[200]

E　控制鑄料輸入。清廷於1905年八月、十一月及1906年二月再三申明，嚴禁各省從日本輸入銅餅。1905年十一月，戶部規定只有在禁令頒布前已與外人訂有合約的省分，才不受禁運限制。[201]1906年二月戶部又規定除非中央知悉每

198　史館檔（台北國立故宮博物院藏），〈食貨志・圜法・銅元〉；《東華錄》，總頁5484，光緒卅二年二月辛丑；《清續通考》，考7721，卷22，〈錢幣考〉四。

199　措施A、B、C、F，參考《貨幣史資料》，頁806-807。

200　《東華錄》，總頁5437-38，光緒卅一年冬十月壬戌。

201　如光緒卅二年四月，四川已向外定購紫銅5,479擔，另銅餅194擔。其中銅餅及2,874擔的紫銅已付過賬，並運往重慶途中。見《錫良電稿》（台北國立故宮博物院藏），〈致財政處、戶部〉（光緒卅二年四月七日）。

一輸入細目，並表示同意，各省不得訂約購銅。當督撫從外洋輸入銅胚時，他們須通知中央政府託付貨物的數量和價值；貨物入港時，並須接受海關的查驗和記錄。外務部並訓令駐日公使照會日本政府，申明嚴禁各省購運外銅。[202]

F　力持各省要作定期報告。中央催促各省每三個月應向財政處和戶部咨報所購鑄機件數、種類、價值、廠房狀況、人員數目、工作時數和鑄幣額等。各省也要按年造報所購鑄料價格，局中經費和鑄幣餘利。

光緒卅一年十月，財政處和戶部又令各省造幣廠名稱應予改變。「各省現有之廠，不得沿用舊名，應統名戶部造幣分廠，冠以某省字樣，以資識別。」鑒於各省局「所用鑄模，參差不一，」因此清廷擬令各省在未領到戶部頒發指定的祖模前，一律暫時停鑄，而現時行用不合規格的舊模，以作廢論。[203]

乙　第二階段採取的措施

在這階段中，清廷一方面加強前一階段制定的措施，另一方面，也引進一些新辦法，旨在發揮更爲直接的控制力。茲把這階段所用的措施列示如後：

A　將各省鑄廠厲行定額制度。光緒卅三年十月度支部（光緒卅二年九月戶部改組爲度支部）[204]對各省鑄廠制訂新鑄額，申明江蘇每日鑄額定爲160萬枚，湖北130萬枚，河南48萬枚。其他省分鑄額仍留在光緒卅一年水平上。[205]

B　對鑄幣原料進口施加更嚴密的控制。光緒卅二年九月財政處和戶部奏定各省

202　《東華錄》，總頁5485，光緒卅二年二月辛丑；《清續通考》，考7721，卷22，〈錢幣考〉四；《順天時報》，第1111號，1905年11月8日，第六板，〈不准購外洋銅餅〉。根據清廷駐日公使楊樞與日本外務省議定的辦法：「嗣後各省遇有訂購日本貨幣材料，必先咨明外務部或出使大臣，以憑照會轉飭所屬查驗放行。如無照會者，即屬私運，應由日官遵照該國飭令辦理。」見《申報》，第11482號，光緒卅一年三月初三日，第四版，〈兩江洋務總局咨江海關道文〉；第11490號光緒卅一年三月十一日，第三版，〈禁止私運銅餅公牘及辦法三條〉；《東方雜誌》，二卷四號（1905年五月），〈財政〉，頁67。

203　《東華錄》，總頁5437，光緒卅一年冬十月壬戌。按這項措施可能受到英國駐華公使薩道義的影響。在1905年五月致送給卸任戶部尚書省趙爾巽的照會中，薩道義提到各省造幣廠所鑄銅元鑄模參差不同，以致不能全國通行，徒然對人民有損無益。見Inclosure in No 57, Sir E. Satow to Chao Erh-hsun, Peking, July 14, 1905, FO 405/164, p.69.

204　有關戶部改組爲度支部事，詳見拙著，"A Final Attempt at Financial Centralization," pp.10-11, 14-15.

205　《貨幣史資料》把「每日」誤刊成「每月」。見頁937-40。

購用洋銅時，由它們「代爲電購，」亦即一切銅料進口必須通過財政處和戶部代辦。[206]

C 控制銅幣的成色形狀。光緒卅一年，湖北開鑄當一銅元；翌年，廣東和直隸也接著鑄造。[207]可是，這三省所鑄的銅元在成色、形狀方面都各有不同。廣東鑄造的銅元以黃銅作幣材，形狀則與制錢一樣。湖北和直隸所鑄則仿自當十銅元；鄂省所鑄以紅銅作鑄料，而直隸鑄幣則用黃銅。有見及此，度支部認爲有必要統一銅幣的形狀和銅的含量。光緒卅三年七月，度支部申明當五、當十、當二十三種銅元，「仍用九五紫銅，不得稍有參差，致紊幣制。」當二則「准其改用黃銅，以輕官本，」而當一的形狀則像制錢，以廣東所鑄作樣本，「仍用黃銅有孔。」[208]

D 藉鑄廠合併來達到生產合理化。以財政處提調劉世珩的建議爲根據，[209]中央希望把一些造幣合併起來，藉此在鑄幣方面取得較大的協調。光緒卅二年七月，財政處、戶部奏請「山東歸併直隸爲一廠，湖南歸併湖北爲一廠，江西、安徽、江蘇、清江浦歸併江寧爲一廠，廣西歸併廣東爲一廠，」加上奉天、河南、四川和雲南四廠共九處，皆隸財政處、戶部統轄。[210]

206　《望嵒堂奏稿》，卷五，頁20b-21，〈歸併各省銅幣局廠續擬辦法摺〉。

207　詳見《張集》，卷67，頁30-31，〈試鑄一文銅幣摺〉（光緒卅二年九月初一日）；《東華錄》，總頁5548-49，光緒卅二年秋七月甲寅；《清續通考》，考7724，卷22，〈錢幣考〉四。

208　《貨幣史資料》，頁942。

209　劉氏力言下列現象如各省自由設立造幣廠鑄造貨幣均爲世界諸國所無，而爲中國所獨有。就鑄造錢幣來說，從前各省布政使莫不聽命於戶部，與目前各自爲政完全兩樣。他提出改善的辦法：「相度各省地勢，距離之遠近，察核各省銷場範圍之廣狹，比較各省民用需要之程度，規合全局，量爲歸併，擬以直隸戶部所設造幣總廠爲全國中央之領袖。」歸併後，中央除把各局機數、銅斤和燃料調查清楚外，並派人駐廠監察。詳見劉世珩，《財政條議》（《清末民初史料叢書》，第23種，台北：成文出版社，民國57年，據光緒卅四年版本影印），頁32-35。

210　《東華錄》，總頁5551，光緒卅二年秋七月甲子；《清續通考》，考7724，卷22，〈錢幣考〉四；《東方雜誌》，三卷十期（1906年十一月），〈財政〉，頁223。跟其他省分的造幣廠相比，奉天、河南、四川和雲南四廠每日出幣量不多，因而保持原狀，未受合併影響。奉天、雲南、四川三廠所出銅元，主要供遠邊省分行用，更增強其存在理由。按雲南雖於光緒卅二年四月已獲准鑄造銅元（《諭摺彙存》，〈政務處〉，光緒卅二年閏四月，頁126-27），但要到光緒卅三年十一月才開始鑄幣。見《錫良電稿》，〈致度支部〉（光緒卅四年二月一日）。

E　加強人事控制。財政處和戶部奏請各省鑄幣廠合併時，由戶部遴選司員，隨同視察幣政的欽差大臣陳璧前往接收後，「擇其人地相宜者，札留一員作爲會辦。」會辦除與由督撫任命的總辦共同管理局廠事務外，「凡有購買銅鉛料物，每日鑄造數目及發售行用銅幣價值，均責成該員監督。」遇有緊要公事，可直接向財政處和戶部報告。

F　委派欽差大臣調查各省幣政。光緒卅二年七月，財政處和戶部以各省局的合併，「其部署承接，查覈機料，事體極爲繁重，」因此奏請欽派大臣前往查察。該大臣的職責除接收廠局外，還要調查酌留局廠的房屋、機器、物料、薪工數目、鑄幣成本、餘利和鑄幣數量等，詳列清單向中央彙報。[211]

G　調查銅幣供應。光緒卅四年一月，清廷諭令京外各廠按每日所鑄當十銅元數量，搭鑄三成一文新錢。這種新錢以黃銅鑄造，形狀從去年所議訂以有孔的制錢作樣本，改爲仿效銅元。這項措施用意在於突出當十銅元，從而間接提高其地位。[212]

同年二月，又以銅元充斥，命各省造幣廠暫時停鑄發行。[213]

宣統二年（1910）四月清廷公布幣制則例，統籌貨幣發行權於中央的努力也於這時達到最高點。在擬定的條例中，貨幣本位暫採銀本位制，以圓爲國幣單位。國幣面值包括：銀幣四種──一圓、五角、二角五分、一角；鎳幣一種──五分；銅幣四種──二分、一分、五釐、一釐。以圓爲主幣，五角以下爲輔幣，採十進制。「主幣用數無限制，銀輔幣用數每次不得過五圓之值。」鎳、銅等輔幣則不得過半圓之值，並規定各種銀幣的成色差異，不得低於法定的千份之三。國幣兌

211　E及F兩項，見《貨幣史資料》，頁933。早在光緒卅一年，據傳中央政府「已決定任命特別監督員監督各省造幣廠，今後造幣廠必須按規定鑄造成色、重量一致的銀、銅幣、違反的話，監察員會向中央告發。」見NCH, September 1, 1905, p.496.又英駐華公使薩道義在致趙爾巽及慶親王的照會中，分別指出當十銅元如須成色一致，各省造幣廠如要作爲造幣總廠的分廠來經營，則清廷應派遣具專門知識的代表團視察這些造些造幣廠，而這些造幣廠亦須一致地由中央所派之監察員加以嚴密的控制和監督。見Inclosure in No. 57, Sir E. Satow to Chao Erh-hsun, Peking, July 14, 1905, *FO* 405/64，p.69；Inclosure in No 71, Sir E. Satow to Prince Ch'ing, Peking, October 12, 1905, *FO* 405/114, p.149.也許這兩項措施的展開，或多或少與薩道義的照會有關。

212　上諭檔（台北國立故宮博物院藏），光緒卅四年正月十三日。

213　《貨幣史資料》，頁963。

換的機關爲大清銀行。[214]爲收回充斥市面的銀、銅幣，清廷通令各省停鑄現時流通的大小銀、銅元，並分年酌定停止行用的期限。舊銅元第一年的用數，「每次以值銀幣三元爲率，」以後逐年減少，「每次用數以使銀一元爲率。」在則例中，度支部促請清廷設法把舊銅元收回，「酌以數成改鑄二分及五釐銅輔幣，並選其當十分之精者數成，暫行作爲一分輔幣。」[215]同年五月，度支部又具奏造幣廠章程，議定在天津設造幣總廠，另於武昌、成都、雲南、廣州四處設分廠，於奉天暫設分廠。以上的造幣廠統由度支部管轄。總廠設正、副監督各一人，由度支部商派；分廠各設總辦一員，幫總辦一員，「均由正、副監督遴選委員呈部核准奏派，秉承正副監督分理各該廠一切事宜。」總、分各廠於開鑄初定主、輔幣比例，「暫定爲主幣八成，輔幣二成。」各廠每十天應把鑄出的國幣數量報部查核。[216]

這些措施的成效如何？能否貫徹實行？地方當局又有何反應？張振鵾認爲清政府雖然煞費苦心來籌劃凍結地方造幣廠的鑄幣數量，合併各省鑄局並直接干預局務，成效依然有限，可說名浮於實。鑄局的控制權還是由地方督撫牢牢掌握。[217]我們的看法是張氏也許過於低估中央所取得的實際成效。

擁有最大鑄幣能力，出幣最多的湖北及江蘇兩省，對中央的新措施，特別是根據定額來限制鑄幣數量，自然大爲不安。就在財政處和戶部奏請實施定額制度的一個月後，湖廣總督張之洞即表示異議。他力稱在財政處和戶部提出這項措施前，湖北一方面「通飭各關卡嚴行查禁本省銅元，概不准運銷出境；」另一方面又自行限制，飭令鄂省造幣廠減鑄銅元達四成之多。可是，他列舉湖北異於他省的情況有三：(1)漢口是繁榮的通商口岸，當地各幫生意往來，都用錢作兌算，因此需錢特多；近年錢荒，更全賴銅元周轉。(2)湖北官銀號發行面值一千文的官錢票數百萬張，其流通全賴銅元支持。若銅元供不應求，官錢票的信用便有崩塌的危險。(3)銅元鑄數過少，適足以造成錢商居奇。張氏斷言鄂省若每日限鑄銅元百萬枚，一定不足以應各方需要。他請求清廷「准由本省自行限制，隨時體察情

214　前引書，頁784-86。
215　前引書，頁789-90。
216　前引書，頁819。
217　張振鵾，前引文，頁271-77。

形，按實在需用之數鑄造。」[218]張氏的理由並不爲財政處接受。財政處認爲江蘇、湖北、廣東的鑄幣額定爲每日百萬枚，高於其他省分，實基於這三省商業遠較其他地區發達的考慮，而蘇、粵、鄂三省開鑄銅元遠早於別省，「歷年鑄造積累，流通於本省者爲數已屬不少。」鄂省如尚無銅元壅積的現象，「正宜預爲限制，善爲自謀。」至於湖北官銀錢局所發行的錢票，「應示以限制，並以現銀備抵，若維持現鑄銅元以爲應付，亦決非經久之道。」由於以上的原因，財政處拒絕張之洞的請求，奏請鄂省應遵照限額鑄造銅元。[219]

在各省中，就造幣廠的經營規模來說，江蘇僅次於湖北。光緒卅二年二月，署兩江總督周馥奏請蘇省境內三局鑄造銅元，可暫行豁免限額。他的理由是蘇省對中央的解款，以至本省新政用款，在很大程度上，必須依賴銅元餘利挹注。他又提到在通衢大埠雖有銅元充斥的現象；可是，「偏僻州縣市鎮仍不見有銅元，……足見本省應用銅元，目前尚在短絀之時，未至充溢之候。」如限制鑄數，「不惟機器廢置，工本不敷，借撥鉅款勢無法歸還，」甚至解款和本省經費，也會無從籌措。[220]《南方報》對周馥就限制鑄數所作的反應，有如下的報導：

> 根據新的規定，只准江南〔蘇〕省每日出幣不逾百萬枚，這使總督陷於困境。……鑄幣利潤大減，使應付本省支出成爲嚴重問題。總督因此對戶部的新規定提出抗議，如抗議無效，他會設法逃避該項規定。[221]

財政處和戶部駁斥周馥的論點，斥爲「自相矛盾。」它們指出：

> 該督臣前奏補救銅元法弊摺內，亦稱各省以錢多爲嫌，不妨暫行少鑄。可見銅元之不直多鑄，該督臣久已利害洞明。……查原奏內稱各省銅元大宗出售，上海一隅竟爲聚集之區，市廛擁擠，銷滯價落等語，是蘇省銅元實

218　《張集》，卷65，頁15-16，〈湖北鑄造銅元請由本省自行限制摺〉（光緒卅一年十一月廿八日）。黑田明伸認爲張之洞反對限鑄的論點，主要在維持官錢票的兌換。見氏著，前引文，頁97。有趣的是在翌年五月，張之洞卻作如下論斷：「若不限鑄數，則爲害無所底止，尚有何利之可言？」見《張集》卷196，〈電牘〉75，頁18b，〈致財政處、戶部、天津袁宮保、江甯周制台、開封張撫台、長沙龐撫台〉（光緒卅二年五月初二日寅刻發）。

219　《貨幣史資料》，頁955。

220　《周集》，卷四，頁9-10，〈蘇省各局銅元暫免限制鑄數摺〉；《論摺彙存》，光緒卅二年三月五日，頁15-16b。

屬壅滯異常。……又該督撫現因蘇省銀價驟漲，奏將各屬所收規復銀價，暫行撥還，每兩另行帶徵賠款錢二百文等因，由臣部另案覈覆。是該省銀貴錢賤，官民交困，無非因銅元太多之故，而此奏又以錢荒爲慮，率請加增鑄數，未免自相矛盾。至原奏所稱衝衢大埠現擁擠之象，而偏僻州縣不見有銅元，是則非限制鑄數之過，乃未能流通之過。[222]

財政處和戶部也表示蘇省以限鑄會造成「機器廢置，工本不敷」的理由並不能成立。它們認爲蘇省的問題癥結，「在設局過多，耗用繁鉅；」要減省不必要的開支，則「亟宜將各局酌量歸併。」蘇省請求暫免限制鑄數，礙難照准。[223]

其他省分的督撫，面臨戶部限鑄銅元的措施，若無良策應變，多以張之洞、周馥的進止作依據。[224]

儘管中央政府拒絕張之洞、周馥豁免限鑄的請求，但它要把各省造幣廠的鑄幣量置於一固定水平的作法，似乎不大成功。一些省分的造幣廠每日鑄幣量仍高於中央的規定。有見及此，清廷再於光緒卅三年七月提出一新限額。茲將該新限額列示如後：

表十四　1905－1907年粵、鄂等八省每日鑄幣限額和實際鑄數　　（單位：千枚）

省　分	1905年限額	1907年新限額實施前的實際鑄額	1907年八月新鑄額
廣　東	1,000	400	1,000
湖　北	1,000	2,000	2,300
湖　南	300	300	
江　蘇	1,000	2,800*	1,600
安　徽	300	300	
江　西	300	300	
四　川	600	300(一)	600
河　南	300	480	480

資料來源：《貨幣史資料》，頁939；《望嵓堂奏稿》，卷六，頁48b，〈考查各省銅幣事竣恭覆恩命摺〉。

附　　注：*其中120萬枚於光緒卅二年十一月起開鑄，供江北辦賑之用。

221　引自 *NCH*, November 24, 1905, p451. 周馥認爲「恐外省爭之愈亟，則部中持之益堅，仍駁斥不允，將來更難挽救。查部文…限數雖定，尚有飭查用錢州縣若干等語。」見《順天時報》，第1163號，1906年一月11日，第六板，〈限鑄銅幣爲難情形〉。

222　《貨幣史資料》，頁957。按周馥於前一年六月提出如下辦法：「現在各省既以錢多爲嫌，其出錢最多省分不妨暫行少鑄，庶不致漫無限制。」

223　前引書，頁958。

224　詳見《順天時報》，第1163號，1906年一月11日，第六版，〈限鑄銅幣爲難情形〉。

　　我們從上表可知中央政府在光緒卅三年七月起實施的新限額，其實不過是把光緒卅一年制訂的鑄額加強執行而已。就湖北和河南而論，光緒卅三年七月的新鑄額可說是中央對這兩省的讓步。河南在光緒三十年四月才開始鑄造銅元，遲於其他省分，「行銷尚未遍及，價值亦較他省爲高。」以銅元市價來說，湖北比不上河南；可是，「武漢爲長江樞紐，行銷亦尚暢旺。」基於這種原因，清廷對這兩省的鑄額也酌量放寬。[225]

　　光緒卅三年十一月，湖廣總督趙巽奏請湖北每日的鑄額，應照七月所定的提高一倍，即從每日的二百萬枚增到四百萬枚。他的論據是：(1)京漢鐵路完成後，武漢地區比從前更爲繁盛，需用銅元也更多；(2)大量銅元運到宜昌、沙市、襄陽、樊城、老河口等地區行銷；在漢口流通的銅元，而供不應求。(3)漢口銀錢店號發行的紙幣，全賴銅元支持。清廷同意他的請求，申明只以一年爲限。[226]

　　中央的妥協並不表示地方當局可以公然不顧限額規定而不受懲處。光緒卅二年閏四月，財政處以江蘇境內蘇州造幣廠違反光緒卅一年所定的限額爲理由，勒令該廠停鑄。根據這一年所定的鑄額，江蘇江寧、蘇州、清江三處造幣廠每日的鑄幣總數不得逾百萬枚，平均每日應得三十餘萬枚。據蘇撫陳夔龍奏稱，蘇州造幣廠減鑄後，「計每日不足一百萬枚，」顯然遠超清廷所定的限額，財政處於是命令該廠停鑄。[227]福建省內，造幣廠即有三處，每天鑄出的銅元數量遠遠超過限定的三十萬枚，清廷因此在光緒卅一年年底下令關閉閩海關造幣廠。[228]除湖北、河南因情況特殊，稍加通融外，其他省分援例請求放寬鑄幣限額，並不一定得到中央首肯。如光緒卅四年三月，湖南巡撫岑春蓂奏請把該省的鑄幣限額從每天的三十萬枚增至二百萬枚，[229]即爲清廷嚴拒。[230]

225　《貨幣史資料》，頁939-40。

226　《政治官報》（台北：文海出版社，民國54年，影印本），第57號，光緒卅三年十一月十七日，頁10-11。

227　《貨幣史資料》，頁958-59；《諭摺彙存》，光緒卅一年七月四日，頁9-10；《宮中檔》，23輯，頁412。

228　《宮中檔》廿二輯，頁898-99；廿四輯，頁426-27；《諭摺彙存》，（政務處），光緒卅二年，頁131。

229　《政治官報》，第160號，光緒卅四年三月九日，頁11。

230　前引書，第173號，光緒卅四年三月廿二日，頁5。

　　在管制幣材輸入方面，清廷得到頗大的進展。光緒卅二年初，江西奏請輸入銅餅2,780.3擔，但爲清廷否決。[231]中央控制幣材輸入，終於因各省購銅須委託財政處和戶部代辦的措施實行而達到目的。實施入口管制的結果，中國進口的銅無論在量和值方面，都比管制前大大減少。[232]問題的關鍵在於海關是當日中國政府機關中，唯一具備現代特色的行政機構。由於洋銅整批在通商口岸卸運，對行政效率較高的海關部門來說，要查察地方當局是否違犯幣材進口管制，並非難事。[233]當然，光緒卅四年二月停止鑄造銅元命令的頒行，更是洋銅輸入劇減的重要原因。

　　爲了減輕銅元充斥所引起的失調現象，清廷飭令各省停鑄，並在這方面收到一定的成效。光緒卅二年，鑒於列強的抗議及等候戶部頒發新的鑄模，各省造幣廠因此而停鑄銅元兩個月。[234]光緒卅四年二月，顧慮到銅元充斥，清廷再令各省停鑄，「俟銅元價值稍平，察看市面情形再行復鑄。」[235]同年六月，兩江總督端方電商度支部，爲避免「機器擱置銹損，」請求解除江蘇省停鑄禁令。度支部同意暫時解禁，提出每日鑄數不得超過四十萬枚爲條件。[236]一個月後，端方與湖廣總督陳夔龍、湖南巡撫岑春蓂聯名致電軍機處，請求中央批准蘇、鄂兩省恢復開鑄。端方電稱在停鑄令發出前，蘇省已徵得清廷同意，訂購紫銅35,000石，其中

231　〈限制各省運銅餅入口案〉，總理各國事務衙門清檔（南港中央研究院近代史研究所藏），B-5-1。

232　參考表七。湖北是銅元鑄數最多的省分。該省於1907-10年輸入的紫銅塊，與同期全國輸入量相比，頗爲一致，都顯示劇減的跡象。1907年，湖北共輸入紫銅塊5,454擔；三年後，降至3,338擔。見張乃煒，〈漢口商務之調查〉，《商務官報》，廿八期（光緒卅四年十月廿五日），頁24；*DR1902-11*，I：341。按張乃煒文，把擔作噸，疑誤。

233　據海關報告指出，1905年十二月，經重慶關運入四川的銅餅有21,800斤，翌年一月經上海關運往江蘇及浙江的銅餅分別爲1,771及1,824擔；經鎮江關運往清江浦的銅塊共2,520擔；經上海運往安徽，而在蕪湖關查驗的銅料有38,000斤。同月，河南輸入銅塊1,038擔前，先在天津關登記。以上見〈限制各省運銅餅入口案〉，總經各國事務衙門清檔，B-5-1。

234　梁啟超，前引文，〈飲冰室文集〉，冊七，21：21；《東方雜誌》，二卷八號（1905年九月），〈財政〉，頁181；另頁41。

235　《貨幣史資料》，頁963。

236　《盛京時報》，第1912號，光緒卅四年六月初五日，第四板，〈各省新聞・江甯商准續鑄銅元〉。

21,000餘石剛運到。在接到停鑄令後，蘇省即已去電取消餘下的13,000餘石的定購單；可是，各商號以「銅向外洋購定，萬難停運爲辯，紛紛來廠稟請磅收付價。」鄂督陳夔龍電稱湖北正發生水災，工賑在在需款，鄂省造幣廠存銅積有六、七萬石之多，各商家「交貨索銀，尤難設法。」湖南巡撫岑春蓂則以湘省「兌換轉用概係店鋪紙票，……倒塌堪虞，鐵路轉瞬開工，需用現錢尤鉅」爲理由，力陳必須利用該省現存的紫銅一萬石鑄造銅元，作爲彌補。同時，福建、河南、廣東也提出類似的理由，請求暫准恢復開鑄。度支部批准這幾省的要求，但以「一俟存銅鑄完，即行停止」爲條件。[237]這些省分的存銅用罄後，廣東和河南請購洋銅，以便繼續鑄造銅元，即爲清廷嚴斥而作罷。[238]

　　對於某些邊陲省分，清廷也針對當地特殊的情況，作出個別的處理。當停鑄令發佈後，護理四川總督趙爾豐以該省停鑄銅元，「外間尚未周知，浮議已所不免；近則錢根甚緊，市面窘迫，不惟銀價日漲，甚至無錢可易，」因此奏請暫緩停鑄。度支部以該省情況與他省不盡相同，「遠在西南，外省銅元浸灌較少，本省地方遼闊，雖經設有行銷銅幣局數處，猶未普遍流通，」於是同意川省所請。[239]雲

237　軍機處檔，第170307號；《政治官報》，第296號，光緒卅四年七月廿七日；頁6-7；《順天時報》，第1969號，光緒卅四年八月十四日，〈鄂湘之又鑄銅元〉。端方等的申辯並非危言慫聽。1906年四月，福建當局把購銅一千擔的合約作廢，英駐華公使薩道義即代英國商行向清廷索償。見〈限制各省運銅餅入口案〉，總理各國事務衙門清檔，B-5-1。福建當局聲稱光緒卅四年，該省爲購銅所需，已欠下洋商的債務爲數在卅萬兩以上；河南當局則表示洋行拒絕把先前欠下的三千擔銅停運。按豫省除以存銅尚未鑄元作理由外，豫撫林紹年一再強調該省自光緒卅四年三月底即已奉令停鑄當十銅元；可是，「若日久停鑄，微特商民交通扞格，且恐外省私販乘間闖入，減折行用，尤於市面大有關繫；況汽車已至汜水，路工需用銅圓尤夥，不得不預爲籌畫，以應所求。」基於以上考慮，他於是奏請恢復當十銅元的鑄造。見《申報》，第12774號，光緒卅四年七月廿八日，第三張第二版，〈要摺，豫撫林開鑄當十銅圓片〉。（詳後，註421。）這與兩年前他主張完全停鑄銅元，恰成鮮明對比。

238　甘厚慈輯，《北洋公牘類纂》（台北：文海出版社，民國55年，據宣統二年絳雪齋刊本影印），卷九，〈幣制〉，頁30，〈督憲楊准度支部咨各省銅元仍應停鑄如有不敷可由總廠購運札飭造幣津廠遵照文〉；*NCH*, December 31, 1908, p.778.

239　《順天時報》，第1892號，光緒卅四年五月十二日，第五板，〈奏覆護理四川總督川省礙難停鑄銅元摺〉；第七板，〈時事要聞·奏准川省緩停鑄銅元〉；度支部向清廷建議：「擬准如該督所請，將造幣蜀廠鑄造銅元暫緩停辦。」清廷卻下令「仍遵前旨，暫行停鑄。」似乎清廷沒有批准四川暫緩停鑄銅元。見《貨幣史資料》，頁963。可是，四個月後，端方、陳夔龍等致電軍機處請准開鑄銅元時，在電文中說：「近時川省業經

貴總督錫良也奏請滇省可免受停鑄限制，繼續開鑄銅元。他力稱雲南造幣廠每日鑄幣量約爲二萬枚，還不到清廷在光緒卅一及卅三年所定限額約十分一。雲南是西南邊陲省分，如委託他省代鑄，運費高昂，於滇省貨幣流通無補。結果，清廷接受他的意見，把滇省豁免於停鑄限制之外。[240]光緒卅四年八月，東三省總督徐世昌以銅元停鑄數月後，奉天市面貨幣周轉困難，而以前訂購的銅料，「無從退換，積壓成本，折耗堪虞，」奏請援案把現存銅斤四千餘石及原訂銅斤運到後，一併鼓鑄。度支部同意奉省儘數把現存幣材開鑄銅元，而對於動用訂購銅斤鑄幣則有所保留。[241]

　　儘管在華英人對中國政府未能履行1902年商約第二款「立定國家一律之國幣」感到不滿，籲請英國政府及外交使團一再施壓迫使清廷就範；[242]可是，對於清廷飭令各省停鑄銅元的措施，卻認爲是最能令人滿意的。[243]由於濫鑄的銅元到處充斥，銷路大減，餘利日薄；加上清廷兩次下令停鑄，各省鑄量隨而減少，茲列表說明如下：

奏准開鑄，寧、鄂、湘三省可否援案。」可知川省已獲准暫緩停鑄。見《貨幣史資料》，頁964。

240　中國科學院歷史研究所第三所編，《錫良遺稿‧奏稿》（《中國近代史資料叢書》，北京：中華書局，1959年），頁777；《政治官報》，第185號，光緒卅四年四月五日，頁17。

241　《東三省政略》，卷七，〈財政‧幣制〉，頁17b-18；《申報》，第12829號，光緒卅四年九月廿五日，第四張第二版，〈要摺‧度支部奏覆東三省援案開鑄銅元摺〉；《順天時報》，第1997號，光緒卅四年九月十九日，第七板，〈議覆東三省開鑄銅元〉。

242　China Association to Foreign Office, London, December 31, 1908, *FO* 405/193, p.3；Enclosure 1 in No 68, Doyen of the Diplomatic Body to Prince Ch'ing, March 30, 1909, *FO* 405/195, p.97. 外人因銅元貶值而蒙受損失的例子，可以拿上海電車公司來作說明。1908年，該公司的銅元收入部份兌換成銀元後，損失50,812元；翌年，損失增至116,089元；到1910年更增至168,848元的新紀錄。見金國寶，前引書，頁71-72；王顯謨，〈新銅幣之增加及其影響〉，《幣制彙編》，冊四，〈輔幣〉，頁54。

243　Inclosure in No. 57, Sir Edward Grey to Sir John Jordan, London, November 20, 1907, Memorandum, *FO* 405/175，p.191；Memorandum Showing Steps Taken by China to Carry out the Provisions of the Commercial Treaty of September 5, 1902, Foreign Office, China Department, December 31, 1907, *FO* 405/177, pp.3-4.

表十五　1904-1908年銅元鑄量的消長
（單位：千枚）

年　　別	鑄　　量
1904	1,741,167
1905	7,500,000
1906	1,709,384
1907	2,851,200
1908	1,428,000

資料來源：除1905年鑄數外，俱見梁啟超，〈各省濫鑄銅元小史〉，《飲冰室文集》，冊七，卷21，頁21；1905年鑄數，見本文頁31。

　　清廷雖飭令各省應造送章程清冊報部，並列出造幣廠本利、款目及鑄幣量，但除少數省份外，大多未力加著意，清廷也沒有切實要各省履行這項措施。一直要到光緒卅二年七月，清廷才任命戶部左侍郎陳璧爲欽差大臣，辦理各省造幣廠的合併和酌留等部署承接事宜。光緒卅三年五月，陳氏完成使命，就視察所見列舉各廠現存弊端，提供清廷作日後整頓的參考。他指出：

> 綜而論之，機器鑄數餘利之多，以湖北爲最。廣東廠房極爲合用，辦事規則細密爲諸省冠，祇以近年銷路未暢，餘利甚微。直隸廠機安置得宜，辦理精核。江寧舊廠亂雜無序，新廠仿照廣東，尚屬完好；機器鑄數，幾埒湖北，惟從前經理未善，餘利短絀。河南機廠無多，亦以章制未備，款目動輒舛誤。福建南局開辦較早，稍有贏餘；東、西兩局開辦未久即停，徒以鉅款易此廠機，尤爲可惜。四川餘利優於粵、閩，惟僻處西隅，轉運未易，即廠機亦未完備，尚待擴充。[244]

陳氏親自詳細考查，把各廠的薪工數目，燃料開支，每日鑄幣數量列表造冊，送交度支部比照參考。自此度支部即強制規定各省必須把造幣廠資料，按時造冊送部；只在這階段中央政府才開始較爲具體地瞭解各省造幣廠的實況。[245]

　　中央和地方督撫之間就生產合理化及人事管理方面達成妥協。在合併計劃公佈前清廷先要打聽地方督撫對這問題的態度。具有影響力的督撫，考慮到造幣廠合併後，對他們的利益並無抵觸；因此，他們樂於和中央合作，藉以強固他們的

244　《望嵒堂奏稿》，卷六，頁3，〈考查各省銅幣事竣恭覆恩命摺〉。

245　各省造幣廠向中央造報資料的內容，可以拿湖南造幣廠光緒卅四年度的報告爲例。見《政治官報》，第678號，宣統元年八月三日，頁8-9。

地位。周馥、袁世凱對合併的辦初，最初有所保留，[246]權衡利害後，周馥與粵督岑春煊促請中央主持此事，張之洞則自始至終表示支持。[247]根據財政處提調劉世珩的原來建議，廣西的造幣廠合併於廣東，江西、安徽的造幣廠則合併於江蘇爲一廠。[248]他們的利益反因合併的結果而擴大，自然樂觀其成。其他督撫因爲擔心造幣廠一旦合併，鑄幣餘利無著，是以或持異議，或採觀望態度。如江西巡撫吳重熹即說：「若此時遽議歸併，則各省胥有爲難，所墊成本均未清撥，勢必停鑄省分向歸併省分索分餘利，以資彌補，致啟糾葛，而停鑄之機器亦無從折變，徒令銹廢，更爲可惜，似不如仍舊貫之爲愈。」[249]

　　比較光緒卅二年七月及九月財政處、戶部就控制各省造幣廠人事所提出的辦法，我們可以看出中央政府在這問題上所持的立場呈現退縮的傾向。中央所任命的會辦的權力，比前所具議的大爲縮減。他不能像前一奏摺議定那樣，「如有緊要公事，准其徑達臣處、臣部〔財政處和戶部〕，以憑查考。」反之，會辦只能與督撫所委任的總辦會銜辦理。由於各省造幣廠的合併有賴地方督撫的支持，中央便不得不作出讓步。清廷的態度可從光緒卅二年九月財政處、戶部的具奏反映出來：

　　　　又此次歸併各局廠，係整齊幣制，統籌兼顧之辦法，……現雖由臣處、臣
　　　　部居中調度，仍賴各疆臣協力維持。是以臣等前奏已經聲明總辦各員會同

246　周馥等說：「竊思歸併一策，難處甚多，廠屋固不能搬移，即機器一拆一裝，所費甚
　　　巨。若此省停鑄，彼省多鑄，非疆吏所能決議。若合各省通籌盈絀，俱應歸部主持，由
　　　部派員管理，庶集散爲整，機括緊湊，不必歸併而自收歸併之效。」見《順天時報》，
　　　第1306號，1906年7月4日，第五板，〈補救銅元辦法〉。又直督袁世凱認爲「以銅元爲
　　　補助找零，限制用數，酌定劃一價值，則毋庸減併而其弊自除。」見《順天時報》，第
　　　1310號，1906年7月8日，第五、六版，〈直督覆財政處、戶部電〉。
247　《東華錄》，總頁5569，光緒卅二年秋七月甲子；《清續通考》，考7724，卷22，〈
　　　錢幣考〉四；《東方雜誌》，三卷十號（1906年十一月），〈財政〉，頁223。有關張
　　　之洞的態度，參考《張集》，卷196，〈電牘〉75，頁18，〈致財政處、戶部、天津袁
　　　宮保、江甯周制台、開封張撫台、長沙龐撫台〉。要注意的是張之洞的合併計劃，不單
　　　包括湖南，連河南造幣廠也算在一起。
248　《財政條議》，頁32b。
249　《申報》，第11950號，光緒卅三年六月初五日，第三版，〈贛撫電覆銅圓辦法〉；《
　　　順天時報》，第1318號，1906年7月十八日；第三版，〈贛撫電復補救銅元流弊辦
　　　法〉。

督撫札委，嗣後廠內事宜由總辦等分報臣處、臣部及該管督撫批示辦理各等因，將來歸併接收以後，仍應由各省督撫就近督飭稽查。[250]

這說明了地方督撫仍是一股不容忽視的力量。可是，通過會辦的任命，中央政府因而可掌握到各省造幣廠的部份管理權。

為突出當十銅元的地位，光緒卅四年一月，清廷諭令各省造幣廠按每日所鑄當十銅元的數量，搭鑄三成一文新錢。根據廣東、河南和湖北的經驗，鑄造這種面值較少的銅幣，往往得不償失。「核計鑄造工料，尚須虧本，」[251]「現鑄一文新錢，尚多虧耗，」[252]「輪廓甚少，檢數為難，且鑄造之費，月耗累萬。」[253]以此類推，地方督撫自然不會熱心推廣鑄務。[254]

中央政府對各省鑄幣局廠控制程度的增加，到光緒卅四年以後更為明顯。中央集權化隨著宣統二年四月幣制條例及五月造幣廠章程的頒布而達到最高峰。中央對幣政控制權的增加，正好與日俄戰爭後清廷實施以中央集權為目標的憲政改革相呼應。在憲政改革中，清理財政、鞏固財權，尤為清廷致力的目標；幣制整頓是財政改革的一環。大略言之，清廷於光緒卅二年才開始較為具體的著手清理財政；到光緒卅四年清理步伐加速，而於宣統年間達到巔峰。演變歷程與整頓幣制的發展頗為切合。[255]

250　《望嵒堂奏稿》，卷五，頁20b–21，〈歸併各省銅幣局廠續擬辦法摺〉。

251　《華字日報》，光緒卅二年閏四月三日〈羊城日聞·示用新鑄一文銅圓〉。

252　《申報》，第12774號，光緒卅四年七月廿八日，第三張第二版，〈要摺·豫撫林奏開鑄當十銅圓片〉。

253　《順天時報》，第1887號，光緒卅四年五月初五日，第四板，〈河南通信·開鑄當一銅圓紀聞〉。

254　如湖北試鑄一文銅幣，「計銅質工火，每千枚約需成本銀九錢，現在銀價每千枚約虧耗銀二錢三分，如鄂省每歲鑄十萬串，約計應虧銀二萬三千兩；至多歲鑄三十萬串，約應虧六萬九千兩以內。」見《順天時報》，第1468號，光緒卅二年十一月初六日，第九板，〈奏摺錄要·奏為遵議鄂省試鑄一文銅幣摺〉。又兩江總督端方表示「當十銅圓餘利已不敵從前之優銷，倘僅造一文，非徒無利，而損失甚鉅。」見《盛京時報》，第五號，第四版，光緒卅四年五月廿八日，〈各省新聞·江南定期開鑄新錢〉。《申報》對清廷這項措施即有如下批評：「然而一錢重之銅，鑄制錢祇得一枚；鑄銅元即得制錢五枚。其盈虧為一與五之比例，孰肯舍大利而就大不利哉？」（第12599號，光緒卅四年正月廿七日，第一張第三版，〈論說·論銅元與制錢之比例〉。）

255　仝註197。

　　清廷雖然在整頓幣政方面取得一定的進展，但在面對過去數年間各省因濫鑄貨幣所產生的後遺症卻顯得無能爲力。光緒卅四年正月，慮及北京銀價對於銅元上升，造成百物騰貴，影響民生，清廷於是撥銀五十萬兩，貶價收購銅元，平抑銀值。[256]清政府必須正視的首要難題是各省濫鑄的銀、銅幣到處充斥，而其中成色低下的劣幣要佔很大的比例。要收回這些貨幣，困難重重，《申報》即有如下的看法：

> 經部中通盤核估，計從前鑄出之銅元，其買銅之費已抵銀一萬萬兩，如照放出之銅元，核其價值，非有二萬萬兩之資本銀不能收回。然此尚專就官鑄之銅元而言，若併各省官民之私鑄，與外洋私鑄成後之闌入，即以最少之數約之，亦應加一倍。故今日若欲收回舊日銅幣，非有銀四萬萬兩不辦。[257]

事實上，度支部也承認要確知各省鑄幣多少，貨幣流通量有多少，並不可能。收回流通的銅元，估計需款二萬萬兩，不過是根據每省鑄造及流通的銅元平均值一千萬兩的粗略推算得來。[258]對捉襟見肘的清廷來說，實在並無財源可資運用。宣統三年（1911）三月，清廷與英、美、法、德四國銀行團簽訂整頓幣制與東三省實業借款合同，借款一千萬鎊。[259]對於市面劣幣充斥，這不過只暫時起一種緩和作用，而不是理想的解決問題的方法。清政府如要有效的整頓貨幣體系，實施金本位制度來穩定貨幣匯率，是勢在必行的措施。可是，由於各種顧慮和利益的對立，加上客觀的困難，金本位制度應否採用，遲遲還是處於爭論的階段。[260]同

256　上諭檔，光緒卅四年正月十三日。根據陳璧的奏議，清廷撥劃作收回銅元的款項，總額達374,420兩。見《貨幣史資料》，頁969；*NCH*, April 16, 1908, p.152；*DR 1902-11*, I：2。

257　《申報》，第13499號，宣統二年八月初三日，第一張第四板，〈收回銅幣竟須四萬萬兩金〉。

258　《政治官報》，第1167號，宣統二年十二月廿五日，頁14。

259　張振鵾，前引文，頁283-87。合約全文，見《貨幣史資料》，頁1204-13。

260　詳見全漢昇先生，〈清季的貨幣問題及其對於工業化的影響〉，載氏著，《中國經濟史論叢》（香港：新亞研究所，1972年），頁41；李宇平，《近代中國的貨幣改革思潮》（國立台灣師範大學歷史研究所專刊18，民國76年），頁127-54；Hamashita Takeshi, "International Financial Relations behind the 1911 Revolution：The Fall in the Value of Silver and Reform of the Monetary System," in Eto Shinkichi & Harold I. Schiffrin eds. *The 1911 Revoution in China：Interpretive Essays* (University of Tokyo Press, 1984), pp.240-46.

時，中國在沒有建立強有力的中央銀行前，也無法採用金本位制度。要建立中央銀行，必先從大清銀行入手。可是，當日的大清銀行能否承擔這任務，還是一項疑問。整頓幣制合約簽訂不久，滿清政權隨即覆亡；幣制紊亂，劣幣充斥的情況，到了民國更是變本加厲。

五、銅圓貶值對地方財政的影響

因濫鑄銅元而造成清季的貨幣體系，更形紊亂，在魏建猷、耿愛德（Eduard Kann）等的著作中已有詳細的討論，這裏不必多贅。[261] 銅元濫鑄對當日中國整個政治經濟究竟產生了什麼影響？

雖然清代田賦稅額用銀來表示，但實際上，從十八世紀中葉開始，制錢已大規模的用來作賦稅支付手段。[262] 另一方面，地方官員則須把他們徵收到的稅款換成白銀，解交更高的行政單位。宣統元年四月江西巡撫馮汝騤對這種運作的微妙之處有如下的描述：

> 查江西州縣徵收丁漕，以錢折收，以銀上兌，其中有無盈餘，須視銀價貴賤為准。銀價賤則雖核減徵數，而盈餘尚可提解；銀價貴則雖規復舊章，而辦公仍屬不敷。[263]

馮氏的話雖針對江西的情況而發，可是，一般來說，也適用於其他各省。隨著清末最後十年各省大規模濫鑄銅幣，地方州縣的財政狀況也發生很大的變化。十九世紀九十年代，全國廣大地區出現銀賤錢貴的情形，州縣徵收田賦，收錢解銀，出入之間，利用以錢易銀的盈餘，應付各方需索，維持地方行政運作。軍機大臣禮親王世鐸即說：

261　魏建猷，《中國近代貨幣史》，頁145-48；Eduard Kann，前引書，頁422-23。

262　據光緒廿四年禮親王世鐸奏稱：「臣等伏查例載，各省田賦，凡地丁、耗羨皆以銀數為定。而徵收事例又載，應交錢糧願折錢交納者，該督撫於開徵之先，按時價合定收大錢若干等因。原以民間通用制錢，徵收尚少虧耗，故例准折錢交納，以為便民起見。」見《東華錄》，總頁4296，光緒十四年十二月乙未。

263　《申報》，第13040號，宣統二年四月初七日，第一張第四版，〈緊要新聞‧馮撫查覆抑使銀元參案〉。

近年銀價日落，錢價日漲，丁漕折錢，在民照常完納，在官已多盈餘。[264]
世鐸的話可以從山東、江西、江蘇等省的事例得到印證。光緒廿二年山東東部的
田賦徵收率，每兩銀按京錢5,800－5,900文換算；這種過高的換算率，引起該地
紳富的激烈反對，巡撫李秉衡於是把稅收率減至4,800文，全省一律按這比例徵稅。
田賦換算率雖已降低，但仍爲市價的兩倍。銀價低落，徵收得來的制錢可換成更多
的銀子，地方官員因此有較多可資運用的資源，應付各方需索。[265]根據同治十二
年所訂的章程，江西田賦按以下的稅率徵收：地丁每額銀一兩，徵銀1.49兩，換
成制錢則爲2,682文（其時銀一兩定價制錢1,800文）；漕米一石，折徵銀一兩九
錢，相當於制錢3,400文。到十九世紀九十年代中葉，由於銀賤錢貴，每兩紋銀僅
值制錢1,200文，銀價僅及二十多年前的三分二。結果，「在官徵錢解銀，贏餘加
倍；業戶售穀得錢，完納丁漕，暗中虧耗亦倍。」在這種情況下，江西巡撫德壽
於光緒廿二年十一月上奏，議定自翌年開始，地丁一兩，減徵錢一百文；漕米一
石，減徵錢140文，以紓民困。[266]江蘇錢糧參照同治四年（1865）的規定：每正
銀一兩依市價折錢1,400文，加上辦公經費六百文，共折成二千文；三年後，因銀價
漲至每兩易錢1,700文，田賦稅率隨著調整到折收錢2,200文。同治十年（1871），
銀價更漲至每兩換錢1,800多文，錢糧徵收也提高到每兩2,400文。光緒三年（1877）
及廿二年，由於銀價滑落，地方當局分別各奏減二百文，田賦於是回復到原來的
每兩折收錢二千文。[267]安徽亦於光緒廿二年十一月議定凡以制錢交納田賦的，每

264 仝註262。

265 Joseph W. Esherick, *The Origins of the Boxer Uprising* (Berkeley, Los Angeles & London：
University of Califoria Press, 1987)，p.171.

266 《申報》，第8572號，光緒廿三年正月廿八日，《順天時報》，第1346號附張，光緒卅
二年七月初二日，第五板，〈外省新聞・贛撫覆江西同鄉京官電文〉；《江西全省財政
說明書》（北京：經濟學會，1915年），〈歲入部・地丁〉，頁2；〈歲入部・漕糧〉，
頁8。按同治十二年的章則，萬安、樂平兩縣的漕米折徵，比其他各縣多加216文。這次
減收丁漕後，兩縣每石漕米折納制錢3,490文，仍高於其他各縣的3,280文。德壽並奏
稱：「更於減徵之外,每地丁一兩,責令各屬隨正加解錢價平餘銀七分；每漕糧一石,加
解錢價平餘銀一錢,統歸司庫湊解四國〔俄法、英德〕借款,以濟國家之急。」見《華
字日報》，光緒廿三年九月初二日。

267 《貨幣史資料》，頁585；《申報》，第9396號，光緒廿五年五月初六日，〈縣示照
登〉。

銀一兩酌減錢一百文。[268]兩年後，湖南當局奏定該省「凡徵錢之澧州等二十州、廳、縣，各就向章原數，每徵地丁正銀一兩，減收錢一百文；……又有漕州縣內，如澧州等十五州、廳、縣，每漕米一石，減收錢一百四十文。」[269]光緒廿五年八月，直隸總督裕祿以當時銀價每兩易制錢1,100到1,120文之間，而各州縣「折徵多至制錢二千七、八百文，」於是奏請把稅率「一律減為制錢二千文。」[270]以上省分雖因銀賤錢貴而略減田賦折錢徵數，可是，「比較時價，總不免有浮多。」[271]

　　自十九世紀七十年代以降，國際銀價即呈現長期下跌的趨勢。可是，隨著本世紀初，各省濫鑄銅元，加上銀價（對金而言）於1903－1906年間一反常態，於短短三年內上漲幾近二成。在這情況之下，銅元幣值劇跌，跌幅之大較長期滑落之白銀為更甚。相形之下，銀價節節上漲，州縣的財政景況也因之而進入一新階段。銅元充斥的後果之一，是制錢被逐出市面，渺無蹤跡。可是，在徵收田賦時，折算率仍用制錢來表示。清末最後數年間，面對銅元不斷貶值，官民之間對以銅元納稅，應否按其面值收受，爭議頗多。地方官或藉提高銀錢（包括銅元）換算率，或把銅元打折、限成行用來保障田賦收入避免陷於庫藏竭盡，無可施為的境地。[272]

　　在老百姓交納田賦時，地方官對於質劣的銅元往往要打折計算，才肯接受，甚至完全拒收。如光緒卅三年，江蘇松江府七縣民戶完納田賦，地方官員拒收銅

268　《貨幣史資料》，頁585。

269　《順天時報》，第2199號，宣統元年五月三日，第五板，〈奏請將提解州縣丁漕錢價平餘等項一律停免摺〉。

270　《大公報》（天津），第2895號，宣統二年七月十三日，第三張，〈專件〉。

271　仝注262。戶部亦認為「即令各按原數分別減徵提用，或一、二百文，或三、四百文，州縣仍各有存留，於辦公絕無賠累。蓋減徵者，減平時之多取，固無礙於正供；提用者，提州縣之盈餘，不得疑其加賦。」見《華字日報》，光緒廿三年九月初三日。

272　參考王宏斌，前引書，第七章。不過，王氏認為「當銀貴錢賤時，他們〔地方官員〕利用＂勒徵銀兩＂和提高徵收比例，對下巧取豪奪，對上則謊稱徵收困難和＂賠累不堪＂，把搜羅的社會財富私自大量侵吞。」（頁161）證諸當日事實，王氏所言可能有過於簡單化的偏差。地方官員並不能為所欲為，而且，＂賠累不堪＂亦非全是謊言。（詳後）

元。[273] 翌年，安徽太平、江蘇宜興也有同類事情發生。[274] 光緒卅二、三年間，山東省內一些州縣規定人民交納田賦，一半以至七成的稅款須用制錢支付；[275] 光緒卅四年，棲霞縣內，人民若以銅元完納田賦，只能按面值六折換算。[276] 宣統元年，江蘇蘇州府規定人民完稅時，只能搭交當十銅元三成。[277] 同年，江西境內只有南昌府屬，老百姓以銅元完納錢糧，仍可依其面值行用；鄰近省會南昌的各州縣可搭收三成銅元；在邊陲各行政區，則完全拒絕接受銅元爲賦稅支付手段。[278]

　　州縣官員又常提高銀錢換算率，藉以保障稅收能維持於一定水平之上。光緒卅三年，安徽潛山縣縣令調整銀錢換算率，從光緒廿七年的銀一兩折錢2,350文的比價，提高到一兩折錢2,850文，並申明不能以銅元來支付。[279] 翌年，松江府把完納田賦的銀錢換算率增加四成，從銀一兩值二千文激增至2,800文。[280] 浙江昌化縣的漕折率增幅達一半之多，每石折錢相等於6,280文。[281] 山東膠州的田賦，本已規定「銅元、制錢各半完納。」宣統元年春，地方當局以制錢缺乏，把銅元制錢比價從原來的每制錢千文兌銅元1,080文，大幅提高到1,460文，以致「鄉民完納錢糧者大受其虧累。」[282] 根據王業鍵教授的研究，清末江蘇川沙廳田賦中，地丁部份的

273　《申報》，第12178號，光緒卅三年二月初六日，第一張第五板，〈松江府七縣紳士上江都稟〉。按清末老百姓交納田賦時，抑短的情況不限於銅元、銀幣也是抑勒的對象。

274　《申報》，第12661號，光緒卅四年四月初一日，第三張第二板，〈太平紳商稟控丁漕抑勒浮收〉；第12744號，光緒卅四年六月廿六日，第四張第三版，〈宜興縣士民公函〉。

275　《順天時報》，第1288號，1906年六月十二日，附張第三板，〈各省新聞・商民不願銅元制錢搭配行使（山東）〉；第1583號，1907年六月四日，第四板，〈誣收制錢幾激民變〉。

276　《貨幣史資料》，頁984。

277　《民吁日報》，（王季陸主編，《中華民國史料叢編》，台北：中國國民黨中央委員會黨史史料編纂委員會，民國58年），1909年三月廿五日，頁1；《申報》，第13108號，宣統元年六月十七日，第一張第五版，〈旅滬議員預備會紀事〉；Yeh-chien Wang，前引書，頁117，121-22。

278　軍機處檔，第176922號。

279　仝註276。

280　《民吁日報》，1909年十一月二日，頁3。

281　《民吁日報》，1909年五月十六日，頁3。

282　《華字日報》，宣統元年閏二月廿九日，〈膠州錢糧之弊竇〉。又山東地丁，自光緒廿二年起，向照每兩銀兌京錢4,800文換算。可是，光緒卅二年間，汶上縣令借辦新政爲口實，「每兩私加京錢四百文，…如用銅元完糧，復加二成結算，是每兩地丁竟加至京

增加主要依據市面上的銀錢兌換率，而漕糧部份的增加則繫於米糧市價。與物價的增幅相比，清末地丁稅收的增加速度顯得較爲落後。換句話說，在清末的通貨膨脹中，田賦中地丁所佔的比重愈大，田賦的眞正負擔也愈輕；反之，如漕糧佔較大的比例，田賦的負擔則會較爲沉重。王氏指出滿清覆亡前夕，川沙廳田賦收入激增，在於佔田賦收入比例極大的漕糧折征能隨糧價上升而作相應的配合。[283] 可是，當日大部份地區的漕折率是按市面的銀錢比價作調整，因此不能像川沙那樣與物價變動相適應。這些地區包括浙江、安徽、廣東、湖北和江蘇寧屬部份。[284]

　　面對銅元不斷貶值，地方官員固然可通過提高銀錢（包括銅元）換算率，或把銅元打折及限成使用等辦法來保障田賦收入能維持於一定水平上；可是，他們有時也會因一意孤行，無視老百姓的利益，而付出高昂的代價。宣統二年，山東萊陽縣地方官硬性規定人民繳納田賦時，若以銅元支付，只能按面值七成折算，因而觸發一場規模頗大的地方暴動，便是人所熟悉的例子。[285] 由於類似情形而引起的規模較小的社會動亂，更是不勝枚舉。[286] 反之，地方官員在作出因應措置

錢六千二百四十文。」見《順天時報》，第1298號附張，1906年六月廿三日，第三板，〈各省新聞·貪令加徵地丁撤任（山東）〉。

283　Yeh-chien Wang，前引書，頁120-21。

284　前引書，頁125。

285　詳見王仲，〈1910年山東萊陽群衆的抗捐抗稅鬥爭〉，《中國科學院歷史研究所第三所集刊》，第一集（1954年七月），頁209-220；Roxann Prazniak, *Community and Protest in Rural China : Tax Resistance and County-Village Politics on the Eve of the 1911 Revolution* (Unpublished Doctoral Dissertation, University of California, Davis, 1981), pp.63-95.

286　如光緒卅三年，山東濟寧制錢短缺，縣令鄧際昌議定完糧須「制錢七成，銅元三成。」民間購錢不易，加上錢商居奇，「每銅元一枚祇易制錢七文。」百姓因喫虧過甚，遲遲不肯完糧，鄧令派人催繳。村民打算全用銅元交納，鄧氏拒不接受，「因此大動公忿，遂連夜傳帖，四鄉復聚萬餘人擠擁入城，…並有匪徒從中煽惑，欲圖放牢劫庫。」最後由兗沂曹濟道胡建樞出面調停，「姑作變通辦法，全納銅元，每銀一兩作四千八百文，外加一成錢色。」事態才平息下來。見《盛京時報》，第175號，㈢，〈濟寧州因徵收制錢幾激民變〉；另參考《順天時報》，第1583號，1907年六月四日，第四板。同年，直隸正定冬季差徭如驛站馬號等項折價，縣令拒收銅元，堅持悉以制錢交納，結果民情大譁，群情洶湧。省府保定亦有同類事件發生。縣令黃國瑄迫令「百姓半繳制錢，半繳銅元；」催科的差役又狐假虎威，魚肉百姓。「鄉民不堪其擾，遂聚衆將差役痛毆，並連合各鄉永遠交納草料，不復繳價。」黃令在群衆的巨大壓力下，只好收回成命。見《盛京時報》，第339號，光緒卅三年四月十三日，㈡，〈直隸州縣迭起民變〉。翌年，

時，往往會遇到種種阻力而難以作爲。江蘇的情況，可說是一項最爲具體的事例。

　　光緒廿二年，由於銀賤錢貴，江蘇當局把地丁稅率從每兩折收錢二千文更定爲2,200文；光緒廿八年，爲了應付庚子賠款的需要，把原先減去的二百文恢復徵收，稱爲規復銀價。光緒卅一年數月之間，銀價驟漲，銀錢比價從銀一兩換錢1,400餘文漲至近1,700文。銀價上漲的結果，使州縣官員不能再像從前那樣，利用以錢易銀的盈餘，維持地方行政運作。這些官員以羨餘不敷地方經費開支，「有請免解規復者，有請免提平餘公費者，窮竭情詞接連而至。」有見及此，蘇省蘇屬布政使濮子潼與兩江總督周馥磋商後，打算從光緒卅二年上忙起，把規復銀價的二百文撥交各州縣作抵補用途，「其賠款隨忙每兩另行帶收錢二百文。」又議定「各屬交代案內，攤捐各款無關解司者，並議准展緩一年。」光緒卅二年三月，周馥奏請錢糧加價徵收。[287]

　　周馥提出請把江蘇各屬所收規復銀價撥還給州縣的辦法，遭到戶部駁斥。戶部認爲此舉並不合於情理。「是從前因賠款甚急而規復銀價，今因調劑屬員而另取於民，致令國家受厚斂之名，黎庶增無窮之累，而凡各州、廳、縣則坐收現成之利，以飽其橐。」而且現時錢價尚比同治七年（1868）、十年要低，錢糧加價徵收實無必要。戶部指出周馥所持的理由並不充份。較早前他還說過「若遽限制鑄數，民間又有錢荒」的話，江蘇既然擔心出現錢荒，那麼「以一時一地之偶異，遂謂銀價驟漲，殊非定論。」戶部把問題歸結於「錢法不修，官民交困。」對症下藥，應「飭令將錢法因時制宜，竭力整頓，酌盈劑虛，以適於平；」這樣「則官民

　　　　直隸蠡縣當局「遇鄉民交納官款，仍令兼交制錢；銅元一枚，僅作制錢七枚抵算，而縣署所發官款則又一律發給銅元。」老百姓民情不忿，三日內聚集萬餘人包圍縣署，欲將縣令搜出；復經紳董調停，縣令亦把責任諉過於帳房門丁，並聲明以後出入款項全用銅元，一場動亂才得以避免。見《盛京時報》，第510號，光緒卅四年六月九日，㈢，〈各省新聞·銅元抑價縣處被毀〉。宣統元年七月，江蘇丹陽發生民變，導因於縣署徵收田賦時，規定老百姓若以銅元納稅，每百枚只作九十枚算。群情激昂，數千人即時聚集在一起。他們搗毀漕書住所，並波及錢櫃，又到縣署大堂滋鬧。見《盛京時報》，第858號，宣統元年七月廿四日，㈣，〈丹陽民變鬧署之原因〉；另參考《順天時報》，第2261號，宣統元年七月十八日，第七板，〈丹陽民變鬧署詳報〉。

287　《貨幣史資料》，頁588；《申報》，第11808號，光緒卅二年二月十一日，第三版，〈藩司批示各州縣請變通徵收章程辦法〉。

均受其益，而無取乎加賦矣。」[288]

　　光緒卅二年五月，周馥又重申前議，奏請地丁錢糧加徵折價錢二百文，並在戶部答覆前，已飭令州縣官員在上忙徵收。周馥的措置，受到翰林院侍讀學士惲毓鼎的彈劾。惲氏在奏摺內指稱：「查該督原奏，一則曰州縣公費太少，再則曰州縣辦公竭蹶，是祇知體恤屬吏，而不知體恤農民。屬吏不足，於民取償；民間不足，將於何取償乎？」他又請求戶部飭令已開收加徵丁銀折價的州縣，把所入「流抵下忙完數；」並請「飭下江蘇督、撫臣嚴飭各州縣，徵收丁漕，凡民間完納銀元，應照市價折錢，不得違例不收銅元，自定櫃價。至各漕折價，屆時藩司應照市價核定，不得抬價病民。」[289]戶部在接到惲毓鼎的奏摺後，對周馥大加申斥：「獨不思州縣少收二百文，未必即形淡薄，而閭閻再加二百文，則將不勝困苦。且向來各省奏請，無不俟部覆然後開辦；今一面陳奏，即一面飭徵，未免輕易。並稱各屬上忙概已啟徵，民間完納均尚相安，何以人言乃如是嘖嘖也？」戶部接受惲毓鼎建議，命令蘇省當局把加收的二百文，撥充下忙正賦；聽任民間以銀元或銅元完納田賦，不得抬價及拒收。[290]

　　蘇省奏請加徵丁銀折價經戶部兩次議駁，未能付諸實行；在這種情況下，該省蘇屬長州、元和、吳縣三首縣地方官員，經多次商討後，制訂出如下辦法，務求達到加徵丁銀折價的目的。他們打算趁按察使朱家寶到任不久，各州縣官員均須前來謁見，「每來一員，即糾合聯名簽字；……俟六十二州縣會齊，即當聯名通稟，若此事不准，請全體交卸。」[291]事實上，州縣官員因「辦公無著，賠累不勝」而乞退者即有十多人，如寶山、青浦兩縣令即以此為理由而請求離任或「選員接署。」[292]

　　面對銅元貶值，銀價日昂的現象有增無已，光緒卅三年九月，兩江總督端方等再向清廷提出解決困難的三種辦法。在奏摺中，端方奏稱州縣徵收忙銀所入，

288　《東華錄》，總頁5508，光緒卅二年夏四月辛丑。
289　前引書，總頁5541，光緒卅二年五月庚戌。
290　前引書，總頁5546，光緒卅二年五月辛酉。
291　《順天時報》，第1349號，光緒卅二年七月初五日，第二張第五板，〈外省新聞‧蘇屬各州縣挾制加賦手段〉。
292　《順天時報》，第1370號，光緒卅二年八月初一日，第二張第五板，〈州縣反對不准加收漕費〉。

扣除辦公經費後，與目前的銀價相比較，中間虧耗約爲三百文。他認爲補救措施有三種：(1)從光緒卅二年分起，免提撥充償付英、德續借款及訓練新軍之用的忙漕盈餘約二十萬兩；(2)以銀完銀；(3)查照原先奏案，請加丁銀折價二百文。端方奏陳免提忙漕盈餘制肘頗多，推行不易；因「款關軍需償款，遽少此項大宗，均須由部另籌指撥，以資彌補。此時部庫拮据，未必即能籌撥，而司庫搜刮淨盡，亦屬挹注無資。」相衡之下，以銀完銀不失爲可行之法。民間用銀已成習慣，「大戶完銀較多，即可自向銀莊開寫銀票交納；小戶零星無幾，亦可以錢易銀赴櫃交納；既免畸重畸輕之弊，亦無洋價、銀價之別。」即使這項辦法比請加徵折價錢二百文爲數要多，「惟銀價貴賤各有其時，貴既不至累官，賤即可以便民。」端方懇請度支部於「三策之中，酌行其一。」[293]

　　同年十二月，端方等以清廷在前次所提的三項辦法中的免提忙漕盈餘及以銀完銀兩項，既經部議嚴拒，於是三度提出忙銀加徵二百文之請。端方奏稱「分計增徵之數，約須有田十畝以上，始加收錢二百文，爲數有限，」請從光緒卅三年上忙起徵收。端方並說如一年後；銀價跌至每兩易錢1,400文，這項加徵立即停收。[294]

　　由於蘇省連番上奏，請加丁銀折價二百文，度支部終於同意自光緒卅四年上忙起，每兩加收二百文，試辦一年。可是，銅元充斥，銀價日漲；到光緒卅四年上半年，銀價漲至一兩易錢1,860文，比較去年上升三百文；連傾鎔火耗計算在內，每兩值錢近二千文。在這種情況下，光緒卅四年七月蘇省蘇屬各州縣稟陳該省督撫，指出「雖准加收二百文而仍如未加，且所加之數尚不能敵所長之數，各屬年年因公虧累，大者五、六萬金，小亦二、三萬金。」經一再商量後，這些官員認定只有採用「以銀完銀」的辦法，才可使他們脫離困境。[295] 兩江總督端方、江蘇巡

293　《申報》，第12474號，光緒卅三年九月十三日，第三張第十板，（要摺・江督、蘇撫會奏州縣徵解忙銀辦法摺）。

294　《申報》，第12259號，光緒卅三年十二月初九日，第一張第四板，（要摺・江督、蘇撫仍請忙銀加價）。

295　《申報》，第12768號，光緒卅四年七月廿二日，第二張第二板，（蘇屬各州縣會稟督、撫、藩文）。值得注意的是，這裏所稱銀價，不單指銀兩換制錢數，也包括換銅元文數的價。蓋宣統元年四月，前農工商部左侍郎唐文治就蘇省徵銀解很事，上電清廷力爭，電文中謂：「查現時市價序平足色銀一兩，約換銅元二千零數十文，加以賠款二

撫陳啟泰及江蘇布政使瑞澂爲了地丁徵銀問題，進行頻密磋商，一致認定徵銀解銀是解決當前困難的關鍵所在。[296] 端方認爲「既定徵銀解銀，則辦公經費全係州縣所得，似可略減，」擬從原來的六百文減爲五百文。[297] 可是，江蘇布政使瑞澂以辦公經費減去百文，恐怕「徵不敷解，」堅請維持原數。[298] 同年十月，江督、蘇撫正式向清廷奏請自光緒卅四年下忙起，全省田賦一律改爲徵銀解銀，每兩帶徵辦公經費錢六百文，抵解賠款錢二百文。[299]

這奏議立即受到清廷批駁。度支部以「暫加二百文之奏，尚未經年，遽爾更張，恐失民信，且傷政體」爲理由，對徵銀解銀的辦法斷然拒絕。[300] 宣統元年三月，端方指陳當前銀價奇昂，每兩易錢二千數百文；近一年內，銀錢比價升值達五、六百之多。根據州縣呈遞之田賦徵解款目及支出項款報告，大縣每年虧累錢二、三萬串，小縣則約一、二萬串。「自去年〔光緒卅四年〕來，委缺力辭者十餘人，在任求去者數十縣。」因此，端方奏請自宣統元年上忙開始，江蘇全省田賦實施徵銀解銀的措施。此外，「每兩隨收公費錢六百文，蘇屬並帶收規復錢二百文。」[301]

端方徵銀解銀的辦法引起強烈的反響。前農工商部左侍郎唐文治指出田賦改徵銀兩，實與加賦無異。唐氏認爲「小民並無現銀，納銀時向用銅錢折算；銀價、錢價地方官不免上下其手，若買銀納銀，則平色、成色更多一層剝削。」若地丁改徵銀兩，以現時銀價每庫平兩換錢二千零數十文算，加上賠款、辦公經費八百

百、公費六百，是每兩應納銅元二千八百數十文。」見《貨幣史資料》，頁985；《順天時報》，第2181號，宣統元年四月十二日，第七板，〈江蘇徵銀解銀問題公電〉。事實上，銅元本身並未脫離制錢體系，以文計值，始終與制錢維持當十的關係。

296　《申報》，第12823號，光緒卅四年九月十九日，第一張第五板，〈蘇省地丁徵銀解銀問題〉。

297　《申報》，第12825號，光緒卅四年九月廿一日，第一張第四版，〈緊要新聞·蘇省地丁徵銀解銀問題〉。

298　《申報》，第12822號，光緒卅四年九月十八日，第一張第五版，〈緊要新聞·蘇省徵銀解銀問題〉。

299　《申報》，第12840號，光緒卅四年十月初六日，第一張第四－五版，〈緊要新聞·江督、蘇撫會奏上下忙徵銀解銀〉。

300　《順天時報》，第2048號，光緒卅四年十一月廿四日，第五板，〈奏摺錄要〉。

301　軍機處檔，第177283號；《端忠敏公奏稿》，卷14，頁11，〈請徵銀解銀另收公費摺〉（宣統元年三月）。

文，「是每兩應納銅元二千八百數十文，較之去年下忙每兩驟增四百數十文，名爲徵銀，實係加賦。……不特此也，銅元濫鑄不已，而吾民受加賦之累亦不已。」[302]宣統元年四月，度支部聽取唐文治的電奏後，再度拒絕蘇省田賦徵銀的請求。[303]

　　江蘇以外，江西和安徽當局也因銅元充斥，銀價上升，州縣賠累不支，想把田賦稅收改變爲完全或部份徵銀解銀。結果像江蘇一樣，由於兩省京官的反對及中央不予同意而未得要領。[304]王業鍵教授指出清代地方官員並不如一般學者所說，可隨意決定田賦徵稅率而爲所欲爲，實際情形與此有很大出入。地方官通常以這兩種方式來處理田賦稅率的問題：或與地方士紳、耆老會商，尋求彼此認爲可以接受的稅率，或由地方當局向中央呈遞擬加減的稅率，施行與否，聽由中央

302　《貨幣史資料》，頁985；《順天時報》，第2181號，宣統元年四月十二日，第七板，〈江蘇徵銀解銀問題公電〉。

303　《申報》，第13055號，宣統元年四月廿三日，第四張第二板，〈要摺・度支部奏覆江督等奏請將甯蘇上下兩忙地蘆各款改爲徵銀解銀摺〉；《順天時報》，第2187號，宣統元年四月十九日，第五板。

304　宣統元年十月，安徽巡撫朱家寶以銀價奇昂，進款日損，奏請「自宣統二年冬漕起，每銀一兩、每米一石，向來捐錢三百文者，改收庫平銀一錢八分，以錢百文合銀六分。」見《申報》，第13273號，宣統元年十二月四日，第一張第五板，〈皖省徵銀解銀之原奏〉。朱氏此舉，惹起旅京皖人的憤慨；他們籲請全皖各界人士據理力爭，抵制朱氏徵稅辦法。見《順天時報》，第2418號，宣統二年二月六日，第四板，〈皖人反對賠款徵銀〉。度支部本已同意朱氏的措施，但因皖人抗爭，御史石長信復以「皖省丁漕加捐，改錢爲銀，民情實多未便，」請照原來章則辦理，終於使度支部改變原意。該部指出：「查該撫奏稱收錢合銀二十一、二萬兩，改爲徵銀，歲可收銀二十四萬餘兩。是徵銀、徵錢兩相比較，所加不過二萬餘兩，爲數本屬無多，自未便加以區區款項，致滋妨礙。」見《申報》，第13340號，宣統二年二月廿一日，第一張後幅第二版，〈緊要新聞・皖省丁漕加捐仍改銀徵錢〉。光緒卅二年六月，江西當局提出徵銀辦法：「徵地丁額銀一兩，實收庫平色銀一兩七錢；徵漕折一石，實收庫平色銀二兩四錢。」見《申報》，第11919號，光緒卅二年五月廿三日，第一張第三版，〈贛撫奏請丁漕徵銀解銀〉。這項措施引起江西京官的強烈反響。他們力陳：「江西素稱銀荒，丁漕數太畸零，小民以錢易銀，既受錢肆折壓，照銀報櫃，尤受吏役謀求，平色任意高低，苛求勢所不免。…將來小民無處購銀，則州縣當必又按現定銀數折錢徵收，輾轉剝削，害將何底？」見《申報》，第11973號，光緒卅二年六月廿八日，第三版，〈江西同鄉京官致贛省撫、藩、臬電〉；《順天時報》，第1349號，光緒卅二年七月五日，第二張第五板。宣統三年，江西諮議局內部發生田賦完稅，用洋或用銅元之爭，付諸表決的結果，銅元派戰勝洋元派。見呂芳上，〈清末的江西省諮議局〉，《中央研究院近代史研究所集刊》，第十七期下冊（民國77年12月），頁114-15。

決定。[305]他的說法可從清末最後十年間蘇、贛、皖三省的經驗，得到充分的印證。

　　江蘇當局一再陳請加徵地丁折價或以銀完糧，所持的理由是銅元充斥，銀價昂貴，州縣虧累過甚，以致「挪移欠解，視若故常，幾將以補署爲畏途，丁漕爲重累。」[306]這些說法是否言過其實？我們的看法是江蘇官員雖然利用這問題作爲立論的根據，可是，揆諸當日的情況，他們並沒有把事實過於誇大歪曲；大體來說，他們說法的可信度頗高。我們可以從下列兩方面加以申論。一、州縣官員因銅元價落，銀價上升，賠累堪虞，飽嘗苦果，惶惶不可終日之狀，並不以江蘇爲限，可說是清末大部份地區的共同現象。這方面翔實的報導，不單見於官員奏摺，也見於中外報章，以至外國駐華外交人員的報告，可說是當日最爲令人觸目的課題之一。這點我們會在下面有更爲詳細的說明。二、江蘇當局奏陳請加徵丁銀折價二百文時，接二連三受到清廷駁斥，認爲不應只注意調劑屬員，而漠視老百姓的利益。可是，到蘇省當局以丁銀折價雖已加徵，而州縣官員景況困難，依然如故，於是向清廷奏請實施徵銀解銀的辦法時，清廷在唐文治等人影響下，對這項建議拒加考慮，但亦不得不承認「至州縣賠累，亦係實在情形。」[307]又據江蘇諮議局研究會員王宗保的分析：「州縣解銀一兩，轉輾虧耗，轉輾折合，實約需銀一兩二錢左右。按照現今〔宣統元年〕銀市所收錢二千四百文，僅僅勉敷抵解，而書吏紙張、飯食、辦公經費，即至少之每兩五十文已無著焉。此外，尚有層憲各署幕友、胥吏之忙規有何取償焉？賠累之故，職是由之。」他雖認爲「所謂虧耗者，……蓋不虧於辦公之費用，而虧於批解之賠累；」解決之道在「明定司道府署之公費，按照部議所詰，將上列批解各費〔傾鎔火耗、輕平等項、奏提平餘、規復銀價〕分別酌量提減，則官困蘇矣。」[308]他所論賠累的癥結在那裏是另一回事，但當日州縣經費竭蹶不支卻是不爭的事實。

　　江蘇而外，類似的情況也見於其他省分。在銅元貶值，銀價騰貴出現前，江

305　Yeh-chien Wang，前引書，頁34-35。

306　仝註296。

307　仝註302、303。

308　《申報》，第13207號，宣統元年九月廿七日，第四張第二板，〈專件·江蘇諮議局議案理由書〉。

西的田賦於實徵實解後，州縣經費有盈無絀。光緒卅二年，江西州縣官員以銀價騰漲，有意改變丁漕徵收辦法，引起該省京官不滿，大加抨擊。江西巡撫吳重憙只好站出來替他的下屬辯護。他說：「前因有餘，是以迭經提取；今雖枵腹，未能概予酌還。」「州縣賠累不支，紛紛稟求交卸；一經委署接代，延不赴任。從前視大缺爲利藪，今視大缺爲累途。在任之員如坐愁城，盼代之殷如望雲雨，匪特不能盡心民事以裨地方，並且地方有事，輒因辦公無費，致多貽誤。」[309]同年，江西蓮花廳、星子、上高、興安等縣縣令因「銀漲錢跌，徵解錢糧無甚利益，而提解平餘仍需銀二錢九分，」紛紛託病請假就醫。[310]綜計聯銜請求開缺的有廿四人。[311]兩年後，該省銀錢比價爲每庫平兩約可換銀2,100文，州縣如要符合過去每額銀一兩，徵銀1.49兩的需求，將之折算成錢，便需要徵收3,100文。可是，銀錢換算率還是照過去1：1,800的比例折算，以致州縣稅收不敷解運所需。[312]另一方面，過去江西當局鑒於庫款困窘，於是通飭地方各屬加提平餘銀，即使到銀價騰貴，州縣經費無著仍因循未改，[313]更增加州縣的財政困難。光緒卅四年，贛撫馮汝騤奏稱銅幣貶值，銀價騰漲的結果，江西當局每年在田賦徵收方面蒙受的損失約達卅一萬兩。[314]一些地方官員在找出滿意的解決辦法前，竟把田賦稅款存於錢莊而

309　《順天時報》，第1346號，光緒卅二年七月初二日，第五板，〈外省新聞·贛撫覆江西同鄉京官電文〉。兩年後，贛撫馮汝騤亦有相類似的意見。參考軍機處檔，第181409號；《政治官報》，第733號，宣統元年九月廿八日，頁170。

310　《申報》，第11789號，光緒卅二年正月廿一日，第一張第四板，〈贛省州縣因糧價受虧託病請假〉。

311　《順天時報》，第1440號，1906年十二月十一日，第十三板，〈時事要聞·贛省銅圓滋累〉。

312　《江西全省財政說明書》，〈歲入部·地丁〉，頁2；〈歲入部·漕糧〉，頁8。

313　從光緒廿九年三月初一日起，江西「各屬地丁一兩，加提平餘銀八分，連前共解銀一錢五分；漕米一石，加提平餘銀一錢，連前共解銀二錢。」見《申報》，第10802號，光緒廿九年四月廿一日，〈札提平餘〉；《大公報》(天津)，第372號，光緒廿九年閏五月十一日，頁4，〈中外近事·江西·司道會銜詳請酌加提解錢價平餘文〉。按《申報》把「二錢」誤作「二兩」。

314　軍機處檔，第181409號；《政治官報》，第733號，宣統元年九月廿八日，頁17。《華字日報》亦載江西大縣如南昌、臨川等，虧累不下數萬兩，即使小縣虧累也多達數千兩。(光緒卅四年十月三日)按十九、二十世紀之交，江西「各縣徵錢解銀，大獲厚利，有多至十餘萬金者。」見《申報》，第11919號，光緒卅二年五月廿三日，第一張第三版，〈贛撫奏請丁漕徵銀解銀〉。短短數年間，州縣景況即出現關鍵性的變化。

不解交省庫。[315]

　　宣統元年，湖南稅入中，貶值的銅元佔很大的比重，以致州縣虧欠累累。爲避免抵補前任所遺留的虧空，州縣官員紛紛奏請開缺。澧州一州四縣的牧令都一再懇請卸任離職。[316]《民立報》對湘省州縣困窘之有狀如下報導：

> 湘省各州縣缺，年來日益困苦，因錢價日落，規費全裁，凡承乏者賠累至不堪言狀；候補各員多視署缺爲畏途，避之唯恐不速，以是各州縣之欠解錢糧者，實繁有徒。[317]

山東州縣官員因銀貴有增無已而叫苦連天。據《華宇日報》記載：

> 山東省銀價從前庫平兩只換京錢兩吊一、二百文。自行使銅元後，漲至三吊左右。各州縣以盈餘無著，遂紛紛乞退，然猶可勉強支持。近則飛漲至三吊五百六、七十文，以至各州縣無不以賠累不堪爲詞，紛紛稟求交卸，不知作何辦法也。[318]

河南、安徽、浙江，以至直隸的州縣官員徵不敷解，賠累日甚的情況，觸目皆是。茲摘錄有關記載列示如後：

> 豫中各州縣缺，視銀價之漲落爲肥瘠，……大約平均計算，銀價合一千三百二三十文，已僅能勉強敷衍，過此則無不賠累，而杞縣、睢州等大缺爲尤甚。解銀愈漲，吃虧愈鉅；現值開徵下忙漕糧，竟有因銀價增漲無已，

315　《時報》，1911年六月十六日，頁3。

316　《時報》，1910年一月四日，頁3。

317　《民立報》，（《中華民國史料叢編》，台北：中國國民黨中央委員會黨史史料編纂委員會，民國58年），第17號，1910年十二月十九日，㈢，〈新聞一・湘省窮極之現象〉。

318　光緒卅三年九月十六日。據《申報》記載：山東州縣「以大缺論，徵銀一兩，連盈餘須解一兩五錢；按三千二百文之銀價計之，適敷銀一兩五錢。此外，尚有火耗、解費、書差賞額，均在賠累之內，而上司之供給，幕友之薪水、委員之酬應、合署之伙食，更無所出。是以近來每出一缺，懸一牌示，多有託故不赴任者。」（第12210號，光緒卅三年三月八日，第二張十一版，〈銅元流弊〉。）這些報導也可以從宣統元年山東巡撫袁樹勛所奏，得到充分印證。在摺中，袁氏說：「以臣目擊山東州縣情形，屢有求免去任，疊請交卸之事；甚有因虧無抵，發爲心疾，佯狂涕泣，以求苟免於監追者。夫以牧民長史，至於愁苦無聊，日日憂貧，朝不謀夕，此危邦之陋風，非天下之細故。」見氏著，前引書，《湘潭袁氏家集》，冊一，頁96，〈奏覆東省州縣異常虧累亟應變通辦理摺〉（宣統元年閏二月）；軍機處檔，第176606號。

恐賠累哀求交卸者。[319]

豫省……比來銀價飛漲，每兩昔易千文左右者，今且增至一千五、六百矣。著名優缺如杞縣，每少應少四、五萬金。各縣紛紛具稟，或懇交卸，或請免提。[320]

汴省各州縣凡是〔光緒〕三十四年及〔宣統〕元年交卸者，無不虧累鉅萬。蓋以三十四年、元年之銀價極大；交卸之後，俱負虧累。今夏已屆查參之期，所有交代未清數至萬餘者，一律查抄監造，以遵部章。刻查交代未了例，須查抄者計四家：㈠前鞏縣林令、㈡修武林令、㈢南台陳令、㈣新野嚴令。以上四家皆不能再寬者，尚有二十一家至秋季到限云。[321]

皖函云：安省各屬現以銀價飛漲，銅元錢價大跌，所以漕數每石約虧百文、數百文不等。日前已有潛山、桐城、宿松等十餘州縣以不堪賠累，稟求交卸，聞其餘各州縣亦僅敷衍而已。蓋州縣平素之進益，全恃於收漕地丁等項之餘利；現在因抑勒銅元，被虧不淺，又往往反爲紳耆上控，故近日官界對此問題，均束手無策，不勝其苦云。[322]

〔浙省〕其時銀賤錢貴，各州縣挹注有資，……未及數年，而銅元充斥，銀價盛漲，昔之優缺，盡成瘠區，且其賠累視瘠區更甚。遂致虧欠纍纍，參追接踵，各牧令鑒於前事，往往求弛負擔，引退不遑。且在事者，人人自危，尋常錢穀簿書，已虞叢脞。[323]

〔直隸〕乃自銀價翔貴，州縣徵解未免暗中虧折。……比來銅元暢行，銀價日見翔貴；即未經行用銅元各屬，亦俱受其影響。每市平一兩增至三千五、六至三千七、八百文不等，而行用銅元者更無論矣。各州縣徵收地糧，每正銀一兩隨解耗銀一錢數分不等，再加傾鎔火耗，加平解費、書吏飲食、筆墨、紙張、油燭一切雜費，須銀一錢數分。統計在內，勻攤合算，

319 《大公報》（天津），第2216號，1908年九月十四日，第二張，頁2b。
320 《順天時報》，第2144號，宣統元年閏二月廿七日，第七板〈汴藩詳減各縣提款〉。
321 《華字日報》，宣統元年二月廿五日，〈州縣查抄者何多〉。
322 《盛京時報》，第667號，光緒卅四年十二月廿四日，㈢，〈各省新聞・皖省官界之苦況〉。
323 《順天時報》，第2396號，宣統二年正月初四日，第四版，〈各省新聞・浙藩詳請裁免州縣提款〉。

每正銀一兩，至少須加耗銀雜費三錢，而折徵州縣，每銀一兩，祇准收京錢四千。此四千文之款，須買銀一兩三錢之多。……第按平時普通銀價三千四、五百文，合計每收銀一兩，實已賠累至四、五百文。至行用銅元之處，更不止此數；若再繼長增高，則虧賠更無止境。[324]

甚至外人也察覺到當日州縣官員的困窘處境。英駐上海總領事霍必瀾（Pelham L. Warren）在致駐華代辦麻穆勒（W. G. Max Muller）的報告中，即指出上海、寶山兩位前任縣令之死，實際上是因不堪賠累，愁苦無聊而自裁，虧累出現非他們之過。中國財政的混亂狀態可從本地事例充份顯示出來。[325]

銅元貶值，銀價騰貴，地方財政也因之蒙受不利的影響。地方基層單位稅入以銅元為主，按章須把稅款折成銀兩，解送更高的行政單位。銅元相對於銀貶值，表示地方稅入少於從前。宣統元年，湖廣總督陳夔龍奏陳由於銅元貶值，湖北善後局每年從鹽稅、貨厘、雜稅所入，比諸銅幣充斥前，約減少八、九十萬兩。[326]類似的情況也在安徽和直隸出現。光緒廿八到卅四年六年內，銅元大幅貶值的結果，安徽房鋪捐的稅入從每年的十七萬兩減為十一萬兩，減幅在三分之一以上。[327]而且在光、宣之交的一、兩年內，州縣官員因銅圓貶值，以致未能如額把稅收解交省庫，積欠的稅款約達二十萬兩。[328]根據宣統元年直隸籌款總局的財政報告，光緒卅一年該省酒稅稅入為717,995兩，接著兩年分別為720,252及773,566兩。宣統二年這項稅源收入已減到六十萬兩左右。籌款總局把收入減少歸咎於經濟蕭條及銅元貶值，蓋該局所入的大部份稅款都是日益貶值的銅元。[329]過去在州縣經費有盈無絀時，湖南、浙江、河南和江蘇等省，把各屬州縣徵收的丁漕錢價平餘，

324　《順天時報》，第2549號，宣統二年七月十三日，第四版，〈專傳・直隸各州縣會陳辦公竭蹶懇求補救稟〉。

325　Enclosure 2 in No. 7, Consul-General Sir P. Warren to Mr. Max Muller, Shanghai, April 18, 1910, *FO* 405/200, p.29.

326　宮中檔宣統朝奏摺（台北國立故宮博物院藏），第01101號，《庸盦尚書奏議》，卷12，頁16b，〈善後局艱窘難支籌議補救摺〉（宣統元年八月十一日）。

327　《安徽全省財政說明書》（北京：經濟學會，1915年），〈歲入部・雜捐〉，頁24、26。

328　前引書，〈歲入部・地丁〉，頁7。

329　拙著，〈清末賦稅基準的擴大及其局限－以雜稅中的菸酒稅和契稅為例〉，頁80。

中研院歷史語言研究所集刊論文類編(歷史編・明清卷)

提解作地方新政或中央練兵經費之用。[330]隨著銅元貶值,銀價騰漲,情勢急轉直下。如江蘇每年原就州縣丁漕平餘項下,認銀廿一萬兩,解充練兵經費。宣統元年,據護理兩江總督樊增祥奏稱:「近來銀價驟漲,錢價日落,寧、蘇兩屬提款,即令毫無蒂欠,司庫易銀轉解,已僅得十成之六,況各州縣虧欠纍纍,終未能如數收足?」[331]湖南、浙江和直隸也出現類似的情形。[332]

就前面種種事實看來,中央大員不諳地方政府之實際困難,又想不出一套改革財政的整體辦法,滿清政權的覆亡,或許可從這裏得到一點啟示。1905年《北華捷報》滿懷信心地預言:

> 政府發現利用這鑄幣〔銅元〕,稅收成果要減少五成,從而被迫要把稅收加倍,或要熬得住稅收減縮的時刻定會到來。[333]

不祥的預言終於成爲事實。

六、物價上漲及其政治後果

根據王業鍵教授的觀察,清末長期性的物價上升,在十九世紀八十年代中葉

---

330 如河南「自甲午以後,新政選舉,各屬平餘一提再提,幾同竭澤而漁。」仝註320。浙江「州縣征收丁漕,於同治初年減浮案內,規定平餘爲辦公、辦漕之需。光緒三十年派籌北洋練兵經費,就仁和等五十七州縣丁漕平餘項下,每縣提銀五千五百兩至六百兩不等,計年提銀一十二萬五百兩,…遞年照辦在案。其時銀賤錢貴,各州縣挹注有資,無不力圖報効。」仝註323。湖南在光緒廿四年由巡撫陳寶箴奏明每地丁正銀一兩,提平餘銀七分;每漕米一石,提平餘銀一錢,撥作解還鄰岸鹽釐用途。五年後,「升任撫臣趙爾巽因各局興辦學堂,無款可籌,飭令將減徵之款〔參考註269〕規復以作各屬學堂經費。又光緒三十年,湘省派解練兵經費案內,因加徵煙酒、田房等稅,並裁節各局所經費尚不足銀二十萬兩之數,經前署撫臣陸元鼎…陳明自是年秋季起,每年由官捐集銀四萬兩,藉以湊解在案。當時所以提解平除,並令認捐練兵經費者,原以銀價減賤,向來收錢各州、廳、縣,征收錢漕盈餘辦公之外,尚有餘長,是以分別提解,以濟要需。」見註267。

331 《順天時報》,第2275號,宣統元年八月初五日,第五版,〈度支部會奏遵議護江督等奏江蘇練兵經費請減半籌解碍難照准摺〉。

332 如直隸「近來銀價日增,折征盈餘已不足恃,各州縣多未能如期報解。」見《順天時報》第2550號,宣統二年七月十四日,第四板。浙江「近來各缺每況念下,無盈可提,可岸歲收短絀,益不可支。」仝註323。湖南「各州、廳、縣徵收錢糧,以錢折徵者,照近來銀價計之,平餘無幾,甚至不敷易解。以故應提各款,雖文告屢催,各州、廳、縣多報解不前。」仝註269。

333 *NCH*, March 31, 1905, p.637.

開始；而銀賤則爲助長物價的關鍵。在此以前，從1875到1885年十年間，以銀表示的物價指數還是相當穩定；但到1895年，指數卻高漲了一半。[334]最近鄭友揆教授嘗就收藏於中國社會科學院經濟研究所的皖南屯溪市出土零售物價資料（包括糧食〔米〕、農村產品〔豬肉、豆類〕及手工業品〔鹽、食油、紙〕），細加分析。他指出「自從70年代起至90年代初，皖南以錢計的土貨物價逐漸下跌，如以1870－72年爲100，至1892年其指數僅爲68.5，1892年後制錢的質量加速轉劣，物價成比例的上漲，至1900年，物價指數升至102.5。」[335]據《海關十年報告》記載：從1892到1901十年內，天津地區麵粉、麻油、豬肉、木炭、木柴以錢表示的價格，上漲一倍。[336]面對以錢表示的物價上漲，一些地區如北京、直隸景縣、四川合江等地農備、手工業者以錢爲標準的工資，儘管向來甚少變動，但在十九、二十世紀之交，都作出相應調整。據此可知從十九世紀七十年代到九十年代中葉的廿多年間，錢貴的意義不單是對銀而言，即兌換銀所需的錢數比前減少，而且購買力大增，以錢表示的物價下跌。可是，到了十九、二十世紀之交，情形爲之一變，儘管錢相對於銀依然昂貴，但就物價來說，錢的購買力下落。[337]這是極爲複雜的問題，明確的認知還有待異日作進一步探討。

334　Yeh-chien Wang, "The Secular Trend of Prices during the Ch'ing Period (1644-1911),"《香港中文大學中國文化研究所學報》，五卷二期（1972），頁360。據關冊記載：「〔福州〕1892年銀元，一元能買到的土產數量現在〔1901年〕一元五角或更多的錢也買不到。銀元購買力已降低了百分之四十五至百分之五十。」見DR 1892-1901，Ⅱ：101；譯文引自《手工業史資料》，第二卷，頁271。「在廈門的第一次十年〔1882－97〕報告中指出：『就當地的購買力而言，現在的銀元與十年前相同。』從那時以後，事態變遷極大，一切日用品、工資等等都遠比十年前昂貴，在許多場合下，銀元的購買力已比平時降低了一半。」見DR1892－1901，Ⅱ：130；譯文引自前引書，頁271。凡此都可與王氏所言相印證。

335　氏著，前引文，頁17。

336　DR 1892－1901，Ⅱ：548-49。

337　如寧波一地，「銅錢仍然是日常購物的主要通貨，在銀價貶值的同時，它的購買力也大大低落了。這樣，銀兩便受到雙重貶值，因爲銀兩再也換不到那樣多的銅錢，而換來的銅錢再也買不到那樣多的商品了。」見DR 1892－1901，Ⅱ：56；譯文引自《手工業史資料》，第二卷，頁270。1898年煙台貿易報告記載該地生活必需品價格大漲。米、小米、麵粉、豬肉、雞蛋、食油、燃料、蔬菜等商品，自1894年以來，價格上漲了百分之五十到一百。不論怎樣解釋，基本事實是銀賤錢貴，老百姓用同樣數目的錢去買糧食及生活必需品，只能買到五年前的一半到四分之三之間。見Chefoo Trade Report for 1898, FO 228/1322, p.102.另參考注335。

　　由於國際銀價低落，以一較長期的觀點來分析，清末以銀計的物價水平，從十九世紀八十年代中葉起，便已呈現上升的跡象。可是，清末最後十年間銅元濫發，最直接的影響是給自十九世紀九十年代即已上升的物價起了催化作用，增加物價上漲的速率和速度。大量文字和數據資料記載或說明了當日通貨膨脹的情形。根據西方經濟史家如C. E. Labrousse 和 Witold Kula 研究所得，在物價普遍上升的時期，生活必需品價格遠比其他商品來得迅速。[338] 我們先從米糧價格開始，也許更能有助於說明當日通漲的實況。以下根據手邊的一些資料，把清末部份地區的米糧價格整理成以下三表。

表十六　中國東南地區米區米糧價格，1881－1910　　　　　　（單位：銀兩／每石）

地　點	蘇　州　府		江　寧　府		杭　州　府		安　慶　府		福州府	上海	無錫
年　別	米	小麥	米	小麥	米	小麥	米	小麥	米	米	米
1881	1.4	1.11	1.36	1.04	1.97	1.45	1.24	1.12	1.85	1.69	
1893	2	1.32	1.87	1.15	2.31	1.52	1.4	1.08	2.06	1.97	1.97*
1901	2.65	1.91	2.75	1.51	2.74	1.55	1.91	1.37	2.55	2.83	2.32
1910	3.61	2.65	3.49	92	3.7	2.45	2.87	2.46	3.63△	4.24	4.14

資料來源：王業鍵、黃國樞，〈清代糧價的長期變動（1793－1910）〉，《經濟論文》，9：1，
　　　　　頁5、7、12－13，表一、二、三。

附　　注：* 係1894年價格；△ 係1909年價格。

表十七　清末華北地區米糧價格，1880－1911

地　點	河 北 景 縣		山東煙台 (銀元/百斤)				北　京	
年　別	麥 (錢文/每斗)	指數	米	指數	小麥	指數	小麥零售(銀元/百斤)	指數1901＝100
1880	1,200	100						
1890	1,300	108						
1900	1,700	142						
1902			2.56	100	2.1	100	3.75	101
1910	2,760	230					4.21	113
1911			4.05	158	3.33	159	4.88	132

資料來源：*DR1892－1901*，Ⅱ：548－49；*DR1902－11*，Ⅰ：232；《手工業史資料》，第二
　　　　　卷，頁267、583。

338　Witold Kula, *An Economic Theory of the Feudal System : Towards a Model of the Po-
　　lish Economy 1500-1800.* Trans by Lawrence Garner (London : NLB, 1976), pp.152-56.

表十八　清末長江中游漢口（湖北）和合江（四川）米價，1885–1910

地點	漢　　口　（擔）			地點	合　　江 (公升)				
年別	1885	1910	1910 指數 （1885＝100）	年別	1885	1895	1905	1915	1915 指數 (1885=100)
錢價（文）	2,000	8,000–9,000	400–450	錢價（文）	48	48	70	240	500
銀價（元）	1.98	6–6.7	303–338	銀價（兩）	0.034	0.054	0.058	0.109	321
英　金　價	7s 2d	10s–11s 8d	145–161						

資料來源：Political Review, 16 November 1909, translated in Fraser, Hankow, 24 November 1907, *FO* 228/1730. 原文未見，轉引自 Joseph W. Esherick, *Reform and Revolution in China : The 1911 Revolution in Hunan and Hubei*（Berkeley, Los Angeles & London: University of California Press, 1976）p. 117；全漢昇先生（與王業鍵合著），〈近代四川合江縣物價與工資的變動趨勢〉，《中國經濟史論叢》，頁768。

根據以上各表零散資料所示，可以歸納出以下的特點：(1)當日中國廣大地區，從華北以至長江中、上游，到東南沿海，都一致呈現物價持續上升的趨勢，可見通貨膨脹的廣泛程度。(2)物價上升幅度，初期比較穩定，到本世紀初加速騰漲，而於滿清政權覆亡前夕達到極峰。糧價陡漲顯然和當日貨幣，特別是銅元，供過於求息息相關。(3)從物價指數顯示，以銅幣表示的指數增長率最高，以銀表示的指數也有可觀的增長，但與前者比較，顯然瞠乎其後。以英金價（樣本有限，只有一處）表示的指數的增率最爲緩慢。這些現象都和當日幣值變動的情況相當吻合。國際銀價長期下跌，白銀匯價相對於黃金極不穩定，銀價大幅貶值。另一方面，隨著本世紀初各省傾力鑄造無數實值遠低於面值的銅幣，銅元相對於白銀的貶值程度，又遠過於白銀相對於黃金；因此，用銅幣表示的指數，自然把用銀表示的指數，遠遠拋在後面。

當日通貨膨脹並不單以生活必需品的食糧爲限。根據1908年英駐宜昌領事的報告，提到過去十年內，宜昌芝麻油、原棉、小麥、酒、鹽、豬肉和大麥的價格，以錢價表示，整整漲了一倍。[339] 王業鍵教授嘗就零散不全的資料，把清代物價指數概括地整理出來。據他估計，以銀價來表示，如拿1682年作基期(100)，1885年

339　H. A. Little, Ichang, 25 July 1908, Appendix D, *FO* 228/1693；原件未見，轉引自 Joseph Esherick, *Reform and Revolution in China*, p.279, n. 42. 日本外交人員的報告則指出1904到1910年間，湖北日常必需品的價格增幅從二、三成到兩倍不等。見同書，頁279，註44。

的物價指數則爲240，十年後漲至360，而於1910年更達到600的高峰。[340]換句話說，清末廿五年間，全國物價漲幅達一倍半。若稍加細分，前期（1885－95年）的漲幅爲百分之五十；最後十五年的漲幅則爲百分之六十七。這估計大致和前三表所顯示的物價變動趨勢相符合。

　　物價上漲，表示貨幣的購買力下降；這種情形對社會各階層的影響不同。在這段期間，掌握生產資料的人，顯然要比一無所有的，處於有利地位。清末的地主階級和自耕農戶，可說是當日通貨膨脹的受惠者。他們的田賦負擔因通貨膨脹的作用，比前大爲減輕。王業鍵教授利用了豐富的地方文獻，對清末江蘇川沙廳、蘇州府、浙江湯谿縣、江西南昌縣和直隸定州五地的田賦負擔與物價變動的關係，作出縝密深入的分析。茲把王氏的研究成果，簡化爲下列各表：

表十九　江蘇川沙廳、蘇州府田賦負擔和物價變動的比較，1879－1909年

地點	江蘇川沙廳		蘇　　州　　府			
			米　　　　價		平 均 繳 納 田 賦	
年　別	地丁漕糧指數	南開物價指數	錢文／每石	指　數	錢文／每畝	指　數
1879	100	100				
1889	100	128				
1893	105	125				
1900	123	192	2,523	100	612	100
1905	154	224	2,869	114	732	120
1909	245 (228)*	242	5,922	235	1,079	176

資料來源：Yeh-chien Wang，前引書，頁118－19、122。

附註：*假定百分之三十的田賦以當十銅元支付，另外的七成用制錢支付，推算出括弧內的指數。

表二十　浙江湯谿縣地丁徵收率與物價比較，1878－1909　　　　　（指數1878＝100）

年　別	每額銀一兩徵銀	指　數	南 開 物 價 指 數
1878	1.5	100	100
1897	1.7	113	182
1902	1.8	120	210
1909	1.9	127	245

資料來源：Yeh-chien Wang，前引書，頁124。

340　Yeh-chien Wang，前引文，頁361。

表廿一　江西南昌縣地丁漕糧的實徵、折徵率與物價比較，1873－1908

（指數1873＝100）

年　別	每兩地丁額銀實徵率	指　數	每石漕糧折徵率(銀兩)	指　數	南開物價指數
1873	1.5	100	1.9	100	100
1897	1.9	127	2.4	126	144
1901	2	133	2.5	132	152
1908	1.8	120	2.6	137	198

資料來源：Yeh-chien Wang，前引書，頁125。

表廿二　直隸定州田賦負擔與物價比較，1875－1911　　　　（指數1875＝100）

年　別	田賦負擔（元／每石）	指　　數	南　開　物　價　指　數
1875	0.05339	100	100
1901	0.05725	107	192
1906	0.05750	108	219
1911	0.07814	146	255

資料來源：Yeh-chien Wang，前引書，頁126。

　　據以上四表，我們可以發現這五處地方都顯示出一共同特色，那就是田賦增加的速度遠趕不上物價上漲的速度，只有江蘇川沙廳的情形稍為例外。川沙廳的田賦收入中，漕糧佔極大比重，又能隨著物價上漲而調整其徵收率。因此，1909年該地的地丁漕糧指數能與物價指數亦步亦趨。即使如此，在清末最後三十年間的大部份時間內川沙廳的田賦負擔還是落後於陡升的物價。江蘇當局在奏請改變地丁徵收辦法，實施徵銀解銀的措施時，嘗就當日田賦負擔與糧價消長之關係作過一估計：

> 從前米賤之年，每石僅能糶錢二、三千文；業戶完忙，除少數之折糧田蕩每畝完銀數分不計外，即以多數之每畝完銀一錢核計，亦須合錢二百文，祇餘錢一千二百文或二千二百文而已。今則米價每石照市可糶錢七、八千文左右；每畝完銀一錢，連公費賠款合錢二百六、七十文，應餘錢六千七百四五十文或七千七百四五十文。如舍銀就錢而論，統計一畝所出，一歲所輸，業戶獲沾利益，以今較昔，幾增五、六倍之多。雖每畝尚有漕糧一斗，而銀貴錢賤，所餘仍數倍於曩年。[341]

─────────────────

[341]　《申報》，第12824號，光緒卅四年九月二十日，第一張第五版，〈緊要新聞‧蘇省地丁徵銀解銀問題〉。另參考第12840號光緒卅四年十月初六日，第一張第五版，〈緊要新聞‧江督、蘇撫會奏上下忙徵銀解銀〉。

江蘇當局這番話是否誇張失實，這裏不必深論，但至少說明一事實，就是田賦徵
稅未能與糧價上升並駕齊驅，地主階層及自耕農戶坐收其利，因而被蘇省官員以
之作爲徵銀解銀的立論根據。王業鍵教授認爲各省情況雖不一樣，但在大多數情
況下，田賦稅入遠趕不上通貨膨脹；總體來說，清末的田賦負擔要比十八世紀減
輕三分一上下。即使在同期間田賦稅入增加達九倍的四川，當時的實際負擔還是
比盛清之世減輕三分之一。[342]

　　在物價有增無已的情況下，依靠固定收入而工資微薄的階層，除非其所得能
與節節上升的物價看齊，否則，可供支配的眞正收入日益減少，生活狀況因之日
益惡化。清末一般受薪階層在通貨膨脹中，能否維持過去的生活水平，下面三表
或可提供一些啟示：

表廿三　直隸景縣手工業工資的消長，1880－1910年　　　　　　（單位：錢文）

年別\職業	每　日　工　資				指　數　（　1880＝100　）			
	1880	1890	1900	1910	1880	1890	1900	1910
木　匠	200	200	250	300	100	100	125	150
泥瓦匠	200	200	250	300	100	100	125	150
石　匠	150	150	200	250	100	100	133	167
油漆匠	200	250	250	300	100	125	125	150
鐵　匠	120	120	200	250	100	100	167	208
農　工	150	150	300	1,500	100	100	200	1,000

資料來源：《手工業史資料》，第二卷，頁267、584。

342　Yeh-chien Wang，前引書，頁113-14。

表廿四　北京、煙台、三都澳手工業工資的消長，1902－11年

地　點	職　　　　　　業	年　　別		指數（1902＝100）	
		1902	1911	1902	1911
北　　京	大工每日銅元工資	39	50	100	161
	小工每日銅元工資	23	30	100	130
	大工銀元工資(分)	35.2	38.4	100	108
	小工銀元工資(分)	26.2	23.0	100	88
煙　　台	普通小工每日工資(不管飯)(文)	27.5△	37.5△	100	136
	普通鐵匠每日工資(管飯)(文)	4.5	6.5	100	194
	木匠和泥水匠每日工資(管飯)(文)	100	220	100	120
	柞綢織工每日工資(管飯)(吊)	7.5	11	100	153
	僕役每月工資(管飯)(吊)	3.5	6	100	171
	雇農每年工資(管飯)(吊)	35	55	100	157
	繰絲工每月工資(管線)(吊)	9	13	100	144
三都澳	木匠工資(每日)(元)	0.15	0.25	100	166
	泥水匠工資(每日)(元)	0.12	0.24	100	200
	裁縫工資(每日)(元)	0.12	0.20	100	166

資料來源：《手工業史資料》，第二卷，頁582－83間插頁；*DR1902－11*，Ⅰ：232；Ⅱ：88.
附　　註：大工是瓦匠和木匠，小工是和瓦匠、木匠一起做活的幫工。△工資平均值。

表廿五　清末民初四川合江每日工資及工資指數　　　　　　　　（基期1885）

職　　　　　業	銀價(兩) 錢價(文)	年　　　　　　　　　　別			
		1885	1895	1905	1911
木、石、泥、篾工	銀價	0.032 (100)	0.042 (131)	0.053 (166)	0.082 (256)
	錢價	45 (100)	55 (122)	64 (142)	186 (400)
縫　工、織　工	銀價	0.043 (100)	0.069 (160)	0.083 (193)	0.091 (212)
	錢價	60 (100)	90 (150)	100 (166)	200 (333)
農　　傭	銀價	0.017 (100)	0.023 (135)	0.033 (194)	0.055 (323)
	錢價	24 (100)	30 (125)	40 (166)	120 (500)
店　　傭	銀價	0.080 (100)	0.173 (216)	0.192 (240)	0.191 (238)
	錢價	112 (100)	225 (201)	230 (205)	420 (375)
力　　役	銀價	0.043 (100)	0.062 (144)	0.083 (193)	0.182 (423)
	錢價	60 (100)	80 (133)	100 (166)	400 (666)

資料來源：全漢昇、王業鍵，〈近代四川合江縣物價與工資變動趨勢〉，頁769－770。
附　　註：括弧內數字是工資指數。

　　根據前面三表，可知清末各地手工業者的工資都有可觀的增長；可是，我們如再進一進步把工資和物價的增長率相互比較，可以看出除少數行業，如景縣的

農工、合江的農傭、力役外，大部份手工業者的工資都遠遠落在物價後面。以三
都澳來說，該地米價從1902年每石2.9元漲至1911年的五元，以1902年作基期，到
1911年米價指數升至172。因此，除泥水匠的工資升幅高於米價外，其他行業工
資增長都趕不上米價騰漲。《海關十年報告》即指出：「大體說來，……在這十年
中〔1902-11年〕零售物價已經上漲近一倍，工資大約增加了百分之七十五。」[343]
北京大工工資指數，若以銅元表示，無疑高於物價指數。可是，我們必須注意到
銅元迅速貶值的事實；若將銅元工資折算成銀元，便可知道銅元面值不足以反映
工人的實際收入。

　　此外，當日的《海關十年報告》對清末工資落後於物價，以致受薪階層的生
活條件日益惡化，有不少的報導，茲擇出部份列示如後：

　　〔南京〕從一九○二年起，幾乎每種東西都貴多了。尤其是食物的價格漲
　　得最厲害，現在比這十年的初期大約貴三倍。……工資當然是有所增加。
　　但是與物價相比，增加的百分數就很少。[344]

　　〔鎮江〕這十年中〔1902-11年〕物價大漲，尤其是食物方面漲得更多，比
　　較貧窮的階級受苦最重。……有些物價增加到一倍以上，有些增加了百分
　　之五十。……這種物價的普遍上漲，有些是由銅元貶值所致。因為我們已
　　經注意到，當每塊銀元兌換銅元數目增加時，物價也就上漲了。房租也足
　　足增加了百分之五十，有些繁華的地方則已增加一倍。生活費如此高昂，
　　近來一般人都叫苦連天；雇傭勞動者不得不為提高工資而進行罷工，而增
　　高的工資仍遠不足以應付這種變遷。[345]

　　〔蘇州〕過去許多年來生活費的增加一直是一件痛苦的事。的確，工資的
　　增加對這種情況有些抵償，但與米價和房租的昂貴相比，卻很不夠。……
　　一九○二年的平均米價為每擔四元一角，一九一○年為七元；……房租足
　　足增加了百分之五十，而在最繁華的地區實際已增加一倍。米貴銅元賤為
　　漲價的一般原因。勞動人民也受到銅元貶值的痛苦。[346]

343　*DR 1902-11*，Ⅱ：88；譯文引自《手工業史資料》，第二卷，頁591。
344　*DR 1902-11*，Ⅱ：406；譯文引自前引書，頁587。
345　*DR 1902-11*，Ⅱ：423；譯文引自前引書，頁587-88。
346　*DR 1902-11*，Ⅱ：37；譯文引自前引書，頁588。

〔寧波〕生活費用和絕大多數商品的價格，在過去十年中大大地提高了。……隨著在各地都表明了的趨勢，工資也增加了，但是趕不上糧食價格的增長。後者平均起來上升了百分之百，而工資只上升百分之六十到八十。現在還很難看出人們的掙錢能力和他們所掙的錢的購買力二者之差的最後結果。一個人現在比十年前掙得多了，他的景況卻更壞了，因爲他買不到以前那麼多的東西，這一點是十分清楚的。[347]

〔杭州〕每擔好米的平均價格，一九〇二年爲五元五角，以後幾年中爲六元至七元，而現今已經是七元三角了，十年來增加百分之三十以上。……十年來工資一般地增加了百分之二十五。[348]

〔汕頭〕物價方面──簡言之，在這十年中〔1902-11年〕物價已經漲了一倍。一九〇二年米價每擔四元，現已漲到七元至八元；……工資也因之增加了。例如，……木匠和泥水匠的工資已由每天三角增至五角。[349]

〔新會江門〕在過去十年中〔1902-11年〕生活費一直不斷地增長，……因爲生活費增加了，所以工資率也增加了。在過去十年中工人的工資可以說已經增加了百分之二十，……由於物價普遍上漲以後以原來工資額供養家庭越來越困難，爲了爭取較高的工資，間或發生過罷工。[350]

〔福州〕我們調查過的人對這十年〔1902-11年〕物價的增長率幾乎一致估計爲百分之五十至六十，少數人認爲甚至百分之八十，也并非過高的估計。……工資沒有普遍地按物價上漲的同等比例增加，這一事實對於廣大群衆必然是一種沈重的負擔。[351]

〔廈門〕在這十年中〔1902-11年〕本區物價幾乎已經普遍上漲，許多生活必需品的價格可以說比十年前將近漲了一倍，工資雖然也有相當的增加，但是工資的提高與生活費是不成比例的。[352]

347　*DR 1902-11*，Ⅱ：67-68；譯文引自前引書，頁589。

348　*DR 1902-11*，Ⅱ：53；譯文引自前引書，頁588。

349　*DR 1902-11*，Ⅱ：131；譯文引自前引書，頁589-90。

350　*DR 1902-11*，Ⅱ：191；譯文引自前引書，頁590。

351　*DR 1902-11*，Ⅱ：98-99；譯文引自前引書，頁591。

352　*DR 1902-11*，Ⅱ：115；譯文引自前引書，頁591。

〔煙台〕據估計，十年〔1902-11年〕中木炭、蔬菜、鹽、魚、肉類、蛋類
及其他日用品價格均由已上漲大約一倍或一倍以上。……主要的原因是：
貿易的普遍停滯；由於奢侈品的流行所造成的通商口岸生活費的提高；銅
元的貶值以及南方某些省分近年罕見的水災和饑荒。工資是以銅元支付
的。由於近年來生活必需品價格高漲及銅元大爲貶值，工資的增加是無可
避免的。……人們一定會認爲，既然工資增加了這麼多，今天工匠的生活
至少應當同十年前一樣安適，而事實正相反。一個力伕或工匠在一九〇二
年每天花八十文就夠吃了，而現在購買同等數量的食物必須付出二百文或
二百文以上。[353]

綜合以上數據或文字的資料，我們認爲在滿清政權覆亡前夕，大部份依靠固
定收入的人是在貨幣貶值、百物騰貴的情況下過活，欠缺了一種安定的保障。貨
幣貶值的最具體表現，就是消費者在購物時，若以銅元作爲支付手段，只能按其
面值打折使用。這對消費者固然是首當其衝，可是在商言商，銅元減折行用也有
事非得已的理由。隨著各省濫鑄銅幣，幣信漸失，幣值下跌，物價波動。在這種
情況下，「商家進貨均以銀計，……交易則以錢計，當此銀貴錢賤之際，出入相
抵，所耗甚鉅。」[354]「假如每洋兌銅元千文，所進貨物，值洋一元，即值錢千文，
翌三月而每洋兌銅元一千一百文矣。其售出之錢碼，仍照進貨時計算，即每洋一
元，折閱百文。於是不得不相率加價，繼以加價不利於衆口，且慮滯銷也。」[355]
最後便不得不訴諸銅元折扣一途。

銅元折減行用，大約開始於光緒卅一年。是年七月，寧波市面銅元充斥，當
地鹹貨、蔬菜等商號發出通知，謂以銅元購物時「以九扣取用；」可是，受到地方
官員出示阻止。[356]到光、宣之交，銅元減折即成爲各方觸目的問題；在江蘇、浙
江等省，這問題更特別明顯，不少地方或社會騷動都由此而起。杭州商務總會對

353　*DR 1902-11*，Ⅱ：232-33；譯文引自前引書，頁592。

354　《申報》，第13065號，宣統元年五月初三日，第一張第一版，〈論說・論銅元減折風
　　　潮之可慮〉。

355　《申報》，第12794號，光緒卅四年八月十八日，第一張第三版，〈論說・論再鑄銅元
　　　之害〉。另參考第11911號，光緒卅二年閏四月廿五日，第二版，〈論銅元急宜定法償
　　　之限〉；第12728號，光緒卅四年六月初九日，第一張第四版，〈論銅圓九折之害〉。

356　《申報》，第11601號，光緒卅一年七月四日，第一張第三版，〈稟請禁止折扣銅元〉。

銅元應否減折行用，作過熱烈的討論。有贊成銅元減折的；也有加以反對的。贊成派認爲鄰近地區多已實施減折，本區銅元若仍照面值行用，勢必危及本地商民的經濟利益。如光緒卅四年五月杭州總商會醫業、煙業、南貨業代表即力言：「新城、富陽皆屬本府地段，既有作八、作九成法，省中一律實行，似無不可；否則，省城作十，外府縣皆作九八，將來奸商偷運圖利，勢必愈聚愈多，愈多愈困害。故不得不自抑其價，以圖抵制。」反對派則從社會安定及技術上的困難的角度來闡明其立場。他們指出：「抑價之說，祇能行諸僻縣，萬不能公行省城；況近日餘杭已因作九召禍，釀成人命？省城各業必欲仿行，則將來召成事變，誰擔責任？……況市面制錢極少，若作九用，譬如五文銅元，買四文物，其半文如何找法？」在一番激辯後，總商會議定「各業如慮虧折，請一律改作洋盤〔銀元計算〕，其零星各業鋪，則暫增物價彌補」，但不得把銅元減折行用。[357]

三個月後，由於銅元充斥的情況變本加厲，商務總會召集眾商董會議，商量維持銅元貨值辦法，議定「市面行用，凡上千文者用銀元，上百文者用銀角，銅元作爲零星找補之品。」可是反對議案的大有人在，「有以貶價爲唯一主義者。」他們認爲「銅元貶價於圜法固不相宜，但不折價則私鑄愈多，何如大貶價而私鑄可絕。」[358]

在銅元充斥的情況下，江蘇，特別是蘇州地區，面臨很大的減折壓力。由於江蘇與其他省分的銀銅（元）比價有別，從事貨幣套利的人紛紛把銅元運到蘇省，藉以在貨幣換算率的變動中，博取其間的差額利潤。[359]當時蘇省的官紳面臨兩難的抉擇：「山東各縣及浙江嘉、湖、寧、紹一帶，多將銅元貶價減用，奸商惟利是圖，遂以購元來浙者運之蘇省，以致漏卮不塞，市面恐慌，……我不自減，從何抵制？但幣制所關，當計其久且遠者。銅元每枚鑄定當十，公家何可輕議減折，且一經活動，將來愈減愈少，必至當八、當七、對折而後已，恐異日爲害，又

357　《申報》，第12702號，光緒卅四年五月十三日，第二張第三版，〈紀商務總會會議銅元事〉。

358　《申報》，第12784號，光緒卅四年八月八日，第二張第二版，〈緊要新聞・杭州商務總會集議銅元平價事〉。另參考第12776號，光緒卅四年七月三十日，第二張第三版，〈分類新聞・政界・定期提議銅元事宜〉。

359　拙著，〈清末省區之間的銅元流通與貨幣套利〉，頁902。

將甚於今日。」在衡量再三之下，江蘇布政使瑞澂僅出示嚴禁銅元減折。[360]

　　地方官員在兩害相權後，也有傾向於聽任銅元減折，由市場經濟法則支配銅
元幣值，如長州、元和、吳縣的知縣即持這種主張。他們認爲減折有以下三利：
一平市價、二敵私鑄、三期流通。他們力言：「或謂銅元值十，本係鑄定，減用恐
多關礙、殊不知盈虛消長，要貴因時制宜。……況廣東銅元鑄明每百枚易洋一
元，更何以市面通行均未遵守，可見市面隨時漲落，銀錢相輔而行，理本從同，
並無二致。膠柱鼓瑟，一成不變，徒使上下受莫大之害，於義何取？第銅元所鑄，
本與大小洋元情形無異；與其由官示諭減折，不若由商照銀洋辦法，隨時定價調
劑其平。」[361]可是，江蘇當局基於省內秩序穩定的考慮，對長州、元和、吳縣縣
令的建議，嚴加駁斥。[362]爲商討省內銅元應否減折的問題，兩江總督、江蘇、浙
江巡撫電報往來不絕。[363]

　　蘇、浙兩省當局屢次發出示諭，重申嚴禁銅元減折的命令，適足以證明銅元
減折的普遍。據《申報》指出，當日浙江全省祇有仁和、錢塘兩縣尚未減折。[364]
商店基於經濟上的考慮，即使沒有規定銅元減折使用，也紛紛把商品價格改以銀
幣計算。如杭州的大小商店，「十九改售洋碼。」[365]結果，「即零販肩挑一切食物
已貴至加無可加，以視七、八年前〔光緒廿六、七年〕，爲十與六之比例，居民只
此進項，其何以堪？」[366]

360　《申報》，第12754號，光緒卅四年七月七日，第一張第五版，〈蘇藩、臬示禁減折銅
　　圓〉。另參考第12746號，光緒卅四年六月廿八日，第二張第三版，〈分類新聞・政
　　界・永禁銅元減折〉。

361　《申報》，第12732號，光緒卅四年六月十四日，第三張第二版，〈本埠新聞・汛道爲
　　銅元事移商務總會文〉。

362　《申報》，第13060號，宣統元年四月廿八日，第一張第四版，〈緊要新聞・江、浙督
　　撫籌商維持銅元辦法〉。

363　仝上，第一張第四、五版。

364　仝注362，第一張第五版。據《申報》記載浙江各地當日減折情形：「嘉、湖各府現均
　　作八，紹屬則作七，除省垣方寸地尚當十外，全浙無不減折使用。」（第13069號，宣
　　統元年五月七日，第四張第三版，〈盛澤商會來函〉。）

365　《申報》，第12723號，光緒卅四年六月四日，第二張第二版，〈分類新聞・政界・蘇
　　杭銅元平價之難〉。

366　《申報》，第12713號，光緒卅四年五月廿四日，第二張二版，〈分類新聞・政界・商
　　會補救銅元之策〉。

　　江浙以外，全國廣大地區銅元減折的現象十分普遍。宣統元年，天津地區銅元只能按其面值七五折使用；[367]廣東方面，省城銅元尚能按九折行使，省城以外則只能按面值的八到八五折通行。[368]又《民立報》載宣統二年山東濰縣以西地區，銅元僅作七或八折扣算。[369]來自外省的銅元，折算率更低；以光緒卅四年的河南爲例，竟有低至六折使用的。[370]

　　由減折而引起的地方騷動，更是不勝枚舉。光緒卅三年四月，浙江富陽因米商減折銅元幣值，引起當地人民不滿，聚衆搗毀米店；「除復源盛與德昌兩家外，無店不毀。」對於群衆暴動，米商則以集體罷市作爲報復。[371]光緒卅四年六月，類似的情形出現於江蘇嘉善、青浦、浙江嘉慶、平湖和乍浦。[372]同時，浙江寧波的蔬果小販以日常交易所收的都是銅元，但向批發商付款時，銅元只能按八五折到九折扣算，與他們的利益大有抵觸。在這種情況下，蔬果小販議決不向批發商購貨，並以罷市爲抗議手段。[373]宣統元年三月，蘇州震澤鎮因商人把銅元抑價，在教育界領導下，當地人民集合抗議，引起商民衝突，商號以罷市來對抗。

367　Inclosure 1 in No. 68, Doyen of the Diplomatic Body to Prince Ch'ing, March 30, 1909, *FO* 405/195, p.97.

368　《申報》，第13159號，宣統元年八月初九日，第二張第二版，〈緊要新聞・粵省仍擬鼓鑄大批銅幣〉；《順天時報》，第2287號，宣統元年八月二十日，第四板。

369　《民立報》，第57號，1910年十二月六日，㈣，〈新聞二・煙台通信・魯幣制之禍中禍〉。

370　《順天時報》，第1865號，光緒卅四年四月九日，第四版，〈河南通信・電阻京師銅元運汴〉。

371　《盛京時報》，第186號，光緒卅三年四月廿六日，㈢，〈紀富陽商民罷市情形〉。

372　《盛京時報》，第510號，光緒卅四年六月九日，㈢，〈彙記因銅圓激變事〉；《申報》，第12727號，光緒卅四年六月初八日，第二張第三板，〈分類新聞・政界・嘉屬私折銅元肇禍兩則、角里減折銅元風潮續誌〉；第12747號，光緒卅四年六月廿九日，第二張第四板，〈乍浦銅元抑價罷市〉。

373　《申報》，第12724號，光緒卅四年六月一日，第二張第四版，〈小販會議洋價〉；第12723號，光緒卅四年六月四日，第二張第四版，〈雜記・甬郡小販罷市風潮未平〉；第12729號，光緒卅四年六月十日，第二張第四版，〈雜記・南郡小販風潮之結局〉，《盛京時報》，第511，光緒卅四年六月十日，㈢，〈各省新聞・再紀銅幣恐慌事〉；第515號，光緒卅四年六月十四日，㈢，〈再誌寧波以銅元恐慌罷市事〉；《順天時報》，第1919號，光緒卅四年六月十三日，第四板，〈再紀銅元恐慌事〉。按光緒卅一年十二月，寧波商販也因鹹貨、蔬果商抑勒銅元，憤而以罷市作杯葛手段。見《申報》，第11748號，光緒卅一年十二月初四日，第二版，〈甬江開市〉。

在官員多方勸導下，商號終於答應開市，危機才得以平息。[374]同年四月，江蘇松江府亭林、葉樹兩鎮的商人，鑒於貶值的銅元充斥市面，決議顧客購物時，若用銅元支付，只能按面值的八成折算。結果群情大譁，終於引起暴動，數家商店被搗毀，商人亦以罷市來作報復。[375]宣統元年五月，安徽宿州鹽局因銅元充斥，銀價昂費，「制錢十千僅易銀五兩有零，而總局籌撥賠款、兵餉等款不能減少，仍飭按六兩四錢提解，以致局員賠累難支，迭次辭差。」爲減少虧欠、代理鹽運使陳炳文請准山東巡撫袁樹勛，「仿照長蘆成案，銅元按七五折收。」這消息公佈後，民情大譁，釀成暴動，搗毀鹽局子店五處，搶去食鹽380,892斤、制錢1,700餘串。經山東及安徽當局派兵鎮壓，暴動才告平息。[376]

宣統二年，湖南長沙爆發清末最後十年間最大規模的地方搶米暴動。[377]《時報》把這次暴動歸咎於下面四個因素：1.米價上漲；2.雇工薪資微薄；3.佃農極端窮困；4.貨幣貶值。[378]梁啟超嘗針對湖南米價騰躍的現象指出其根源在於銅幣貶值，銀價上升，加上窖藏及欠收的因素，米價便仿如脫韁之馬。[379]根據日本外交人員的報告，因通貨膨脹而觸發的騷動，在湖北各處皆然。[380]1910年英國駐華代辦麻穆勒在年報中提利「由銅幣貶值造成的物價騰漲」是中國各地暴動的主因。[381]同

374　《申報》，第13014號，宣統元年三月十日，第二張第四板，〈商人私抑銅元之肇禍〉。

375　〈記銅元貽害商民事〉，《東方雜誌》，六卷八期(1909年七月)，〈記事〉，頁160-62；《華字日報》，宣統元年四月十日，〈因銅元折兩罷市風潮兩誌〉；《申報》，第13038號，宣統元年四月五日，第二張第二版，〈分類新聞・政界・亭林罷市風潮已平〉。

376　《申報》，第13702號，宣統三年三月初六日，第二張後幅第二版，〈要摺・安徽巡撫朱家寶、山東巡撫孫寶琦奏查覆安徽鹽局委員祝雲翔等參款摺〉。東省長蘆食鹽，若用銅元購買按七五折收取緣起，見《順天時報》，第1847號，光緒卅四年三月十七日，第四板，〈各省新聞・銅元買鹽定七五折之詳情〉。

377　詳見Arthur L Rosenbaum, "Gentry Power and the Changsha Rice Riot of 1910," *Journal of Asian Studies*, 34：3(May 1975)；丁原英，〈1910年長沙群衆的搶米風潮〉，《中國科學院歷史研究所第三所集刊》，第一集；Joseph W. Esherick, *Reform and Revolution in China*, pp.123-42。

378　《時報》，1910年四月廿一日，頁1。

379　〈湘亂感言〉，《飲冰室文集》，冊九，卷25，頁59-60；〈論中國國民生計之危機〉，前引書，冊七，卷21，頁38。

380　Joseph W. Esherick, *Reform and Revolution in China*, p.117.

381　Max Muller, "Aunnal Report 1910," *FO* 405/201，p.57.

年六月十五日G. Stewart在英國國會辯論中指出：

> 事實上，就使到所鑄的貨幣成爲法定和正式的一種來說，我相信這些貨幣的金屬成色或重量都已減低，從而把華人手中金錢的購買力減低一半。…由於這種貨幣的購買力減低，米價漲時便引發暴動，如最近所發生的一樣。中國現時爲數不少的騷動，原因在此。[382]

從本世紀中葉以降的經驗看來，清末最後十年間的通脹經驗可說是溫和的。[383]此外，如《海關十年報告》煙台口所說，當時導致物價上漲的原因，除銅圓貶值外，尚有自然災害、貿易停滯、奢侈品盛行等因素。固然，即使銅元未濫發，以銀計物價因國際銀價低落，銀匯中外差價不同，套利發生而仍然上升。但我們要指出的是十九世紀九十年代銀賤錢荒，物價開始上漲，但漲幅與本世紀初，銅元充斥市面時相比，便顯得望塵莫及。對當日大多數人來說，銅元是買賣必需品的零售貿易中的主要支付手段；銅元濫鑄，一發不可收拾，物價上漲便好像永無休止。[384]「由於經常是物價先漲，然後，工資才隨著已經改變的情況慢慢地自行調整；因此，可以公正地斷言，近年來勞動人民的生活是很困苦的，并且經常陷入入不敷出的困境。」[385]波蘭經濟史家Witold Kula指出：在封建體系之下，危機意味著物價的一般水平急劇上升，而在資本主義體制下，危機則表示物價的一般水

382 *The Parliamentary Debates：House of Commons*, Fifth Series, XVII：1932.

383 如照王業鍵的估計，1896－1910十五年間的物價指數，以銀價表示，漲幅約爲百分之六十七；（參考注340）平均每年增長率不過是3.62％；如參照《海關十年報告》，1902-11十年內各地物價約上升一倍算，則平均每年增長率也大約只有8％。按Charles S. Maier嘗把本世紀通貨膨脹分爲三類：通漲率每年高至10％的爲蠕緩通脹(creeping inflation)，10到1,000％的爲拉丁通膨(Latin inflation)，超過1,000％的爲惡性通漲(Hyper inflation)。蠕緩通脹的經濟特點爲眞正成長。見氏著，"The Politics of Inflation in the Twentieth Century," in Fred Hirsch & John H. Goldthorpe eds. *The Political Economy of Inflation* (Cambridge Mass.：Harvard University Press, 1978), pp.41-47；特別是頁43，Table 1. 按Maier所說的蠕緩通脹並不適用於清末最後十年間，蓋當日生產水平低下，農業社會的長期穩定性不易使消費者對物價上漲具有任何預期心理。

384 根據David Faure的說法，「白銀貶值貫串於1870年到1911年的整段時期。到1895年止，銅錢價格相對於物價仍然穩定，但從1896到1911年，錢價相對於物價也下降。…白銀貶值自始即影響到原先與銅錢掛鉤，出售時卻用銀算的每一項目。然而，正是銅幣貶值才導致1900年代每種價目冊都可看到的節節上升的通貨膨脹的廣泛影響。」見氏著，前引文，頁420。他的觀察，其實不單可用於江蘇，也適用於全國廣大地區。

385 *DR 1902－11*，Ⅱ：88；譯文引自《手工業史資料》，第二卷，頁592。

平陡落。[386]清代中國固然不是封建社會，但拿這段話引申到中國，用來衡量滿清政權覆亡前夕的社會，當可體驗當日秩序動盪與銅元泛濫，物價騰漲之間的微妙關係。

七、銅幣供應量及鑄息在省財源中的比重

清末最後十年間物價暴漲，顯然跟貨幣供應量的增加，有不可分割的關係。在這個過程中，地方行政當局所發行的貨幣，特別是銅元，扮演了極其重要的角色。有關這一期間的貨幣供應量，我們並無確實的數字作爲統計的根據。宣統元年四月，度支部尚書載澤以各省奏報爲基礎，估計自光緒十六年至卅四年，各省共鑄出大銀元四千餘萬枚，小銀元十四億枚以上；銅元一項，從光緒廿六年起，鑄出數值超過一億兩。[387]民國二年(1913)年，財政部泉幣司對各省造幣廠自開辦至該年所鑄的銀幣及銅元數量，作過頗爲詳細的調查。根據調查所示，迄民國二年止，各造幣廠共鑄出銀元206,028,152元，銀輔幣折成銀圓286,478,805元，各類銅元折成當十銅元297,186,980,783枚。[388]貨幣史專家彭信威認爲度支部的數據過低。他根據財政部泉幣司的調查數字，稍加調整，估計清朝傾覆前夕所鑄的銀元值二億元，銀輔幣各種面額合計值2.5億元，各類銅元折成當十銅元二百億枚，以134枚換一銀元算，約合銀1.49億元。[389]郝延平根據彭信威的估計、輔以其他資料，對清末銀、銅幣的供應量提出新的衡估。在銅元發行量方面，他同意彭信威的看法，認爲清末銅元的流通總數量約值銀1.49億元。至於銀元和銀輔幣，他以《廣東全省財政說明書》作基礎，根據該書所述，從1890到1909年底，廣東共鑄出

386　Kula指出在封建體制之下，物價一般水平與國民所得總額之間的波動不相關聯。在這種體制下，依正常通則求說，備用的資源和尚未用過或潛力沒有發揮的生產因素並不存在。在有利時期，由於生產因素的充分使用與物價下跌相一致，國民所得從而增加。見氏著，前引書，頁107–108。

387　《政治官報》，第922號，宣統二年四月十七日，頁15；S. R. Wagel, *Chinese Currency and Banking* (Shanghai: North China Daily News & Herald Ltd, 1915), p.121; Eduard Kann，前引書，頁42。

388　李芳，〈中國幣制統一論〉，《幣制彙編》，冊二，〈幣制〉，頁789、793–94、797–98。

389　彭信威，前引書，頁881–83。

各種面額的銀幣共值銀154,219,894元。他估計這數目，加上其他造幣廠如湖北、江蘇所鑄的，則清末流通銀幣的總值約爲二億元。[390] 如參照民國二年的調查，郝氏對清末銀幣總值的估計很可能會流於偏低。[391] 在沒有更爲確實的統計資料可供利用前，有關清末銀幣總值，我們姑且接受彭信威的估計。彭信威估計清末貨幣的總供應量約爲廿一億元。[392] 而郝延平則估計爲廿五億元上下。[393] 據彭氏的估算，清末所發行的銅元和銀幣，要佔貨幣總數量的百分之廿八左右；其中銀元佔9.54％，銀輔幣佔11.92％而銅元則佔7.12％。[394] 郝延平推算清末貨幣的總數量中，銀幣（包括輔幣和盜鑄）佔的百分比是9.6，而銅元則佔5.9，合共15.5。[395] 這兩種估計雖有相當的出入，但清末發行的銀、銅幣在貨幣總供應量中佔可觀的比重，卻是不爭的事實。若進一步考慮到這兩大類的貨幣，特別是銅元，只是在短短十多年間發行，而且還未包括各省官銀錢號於同時濫發的紙幣，則當日銀、銅幣泛濫所引起的通貨膨脹壓力，由此可以想見。

清末銀、銅幣的發行既以擴大財政收入爲目的，若我們想要了解這些貨幣在財政上有多大影響，其中一條線索便是以鑄幣餘利在貨幣發行當局的整個財政結

390　Yen-p'ing Hao, *The Commercial Revolution in Nineteeuth Century China : The Rise of Sino-Western Mercantile Capitalism* (Berkeley, Los Augeles & London : University of California Press, 1986), pp.64-67. 在書中，郝氏已修正他數年前對清末中國官鑄銀元數量的估計。是時，他估量1910年間，官鑄銀元總數爲1.56億元。見氏著，〈晚清沿海的新貨幣及其影響〉，《中央研究院近代史研究所集刊》，第七期（民國67年），頁230-31。

391　即使不參照民國二年調查所得，郝氏估計流於偏低，也可以從下面兩個例子看出來。根據S. R. Wagel的研究，1911年間天津、江寧、武昌、成都、雲南、廣州及奉天七造幣廠約鑄15,139,677銀元，輔幣則有五角4,535,730枚、二角42,535,525枚及一角393,020枚，折成銀元共25,953,949元。見氏著，前引書，頁126-27。又柳詒徵根據南京造幣分廠報告書，列出該廠自光緒廿三年十二月到卅一年，共鑄銀幣14,775,096元，二角輔幣105,400,821枚（其中223,600枚鑄於宣統三年），一角49,511,185枚，全部折成銀元共40,806,378元。見氏著，〈江蘇錢幣志初稿〉，《史學雜誌》，二卷五期（民國20年），頁34-36。拿廣東、江南及1911年一年銀幣鑄數相加，總數即約220,980,220元，超出郝氏估計十分之一以上。

392　彭信威，前引書，頁888－89。

393　Yen-p'ing Hao，前引書，頁68，表五。

394　彭信威，前引書，頁888。

395　仝註393。

構中所佔的比重來作分析。有關各省的鑄幣餘利，我們所知十分有限。戶部左侍郎陳璧在光緒卅三年向清廷呈交的各省造幣廠視察報告，是當日銅幣鑄利方面較爲確實的調查紀錄。可惜，光緒卅三年以後便沒有廥續的資料。1905年初爲各省鑄造銅元的極盛期，當時《北華捷報》假定各省造幣廠每年動工三百天，每日獲利六萬兩，則每年鑄進銅元的盈利總數，當不少於1,800萬兩。該報另估計1904年湖北從鑄銅元中得到的利潤達二百萬兩。[396]

　　我們認爲《北華捷報》的估計可能有過高的偏向。茲以陳璧的視察報告爲基礎，整理成下表，分析各省造幣廠的銅元餘利在省的財政政格局中所佔的地位。

表廿六　清末蘇、鄂等九省平均每年的銅元餘利及其佔各該省總收入中的比重

(單位：兩)

省　別	A 1900－1907年間平均每年 的銅元餘利	B 1909年省總收入	C A 佔 B 的百分比
江　蘇	2,453,268	5,776,291	4.74
湖　北	2,422,572	17,180,310	14.10
廣　東	1,193,779	37,396,473	3.19
湖　南	504,288	8,260,255	6.10
直　隸	400,268	28,417,088	1.57
安　徽	194,074	6,431,158	3.02
江　西	148,892	9,395,118	1.58
山　東	144,436	11,171,384	1.29

資料來源：A項仝附表二。B項採自《清朝續文獻通考》，考8235，卷68，〈國用考〉六。
附　　註：廣東、直隸包括銀元、銅元兩項；其他省分則全爲銅元餘利。

　　基於以下的原因，上表不愜人意之處頗多。㈠由於資料所限，表中所示的時間序列並不完整；A項是1900年中至1907年初每年平均的銅元餘利，而B項則爲各該省於1909年的總收入。這兩者之間很難作相互比較。此外，造幣廠經營銅元的時間長短，各省不盡相同。在零散不全的資料當中，我們別無他法，只好勉強採用這兩組數字。㈡A項數字有過於低估的傾向，這是由於兩種因素所致：首先，銅元餘利的統計資料不全，表中數字只是每年的平均值。如上表所列，江蘇的銅元餘利只列出於江寧、蘇州兩廠的，清江一廠則因數據缺乏而沒有列入。同時，

396　*NCH*, March 31, 1905, p.637.

　　1909年各省總收入數字也可能偏低。其次，各省每年平均餘利與鑄造銅元最盛時的實際收益，差別甚大。例如，從光緒廿七年中到廿九年底的兩年半內，蘇省江寧一廠所獲銅元餘利，合計只有二十萬兩。[397]到光緒卅年，兩江總督魏光燾大事擴充寧廠的鑄幣設備後，銅元餘利估計每年可達170到180萬兩。[398]表中湖北每年平均鑄利在240萬兩以上。但自鑄額設限於光緒卅一年實施後，銅元餘利減少到一百萬兩。[399]據英、日外交人員的估計，1908年湖北的鑄利約爲725,000兩。[400]同樣，由於限鑄推行，直隸銅元餘利即由每歲的七、八十萬兩，劇降到四十餘萬兩。[401]根據以上的事實，我們認爲大有理由把表中所列的鑄幣餘利作大幅度的修訂。當各省鑄造銅元到達最盛期時，加上鑄銀幣所獲餘利，我們相信若把表中的總值提高一倍，達1,500萬兩以上，作爲這時期各省鑄幣的總收益，當不會離事實太遠。就表中所示，我們可以看出銅元餘利在湖北全省的總收入中，佔有頗大的比重，高達百分之十四。就銅元造幣廠的生產規模來說，江蘇和湖北都居全國前列。江蘇在1900-1907年間，每年平均銅元餘利收益還略高於湖北，但這項財源在省的總收入中，所佔比重比湖北低很多，只有百分之4.74。當中的主要關鍵是江蘇有更爲廣泛的賦稅基準，可資利用的財源更多，從而銅元餘利的比重便相對降低。在滿清政權覆亡前夕，江蘇的田賦、鹽稅等收入，都居全國首位，非其他省分所能望其項背。反之，湖北的賦稅基準遠比江蘇薄弱，對銅元餘利的依賴程度也因而遠高於江蘇。[402]宣統二年，清廷公佈幣制則例，強制規定大多數省分停鑄銀、銅幣時，鑄幣餘利便不再在省的總預算中佔特別的地位。[403]

397　《宮中檔》，十九輯，頁709。

398　前引書，頁892。

399　《望崋堂奏稿》，卷六，頁54b，〈查報各省廠銅幣餘利應解練兵經費片〉。《順天時報》亦載鄂省自限鑄後，「鑄數既微，盈餘自少，…與去年情形判若霄壤。…查本年銅幣餘利約計僅一百萬兩有零，較去年〔1906〕減少大半。」（第1529號，1907年四月二日，第四板，〈欽差籌款二十萬兩之原因〉。）

400　Joseph W. Esherick, *Reform and Revolution in China*, pp.115。

401　《順天時報》，第1465號，1906年十二月五日，第十三板，〈直隸財政困乏之原因〉。

402　如1908年，江蘇田賦總收入爲14,448,000兩，而湖北只有4,797,000兩。見Yeh-chien Wang，前引書，頁75，表44。又1910年，江蘇鹽稅總收入爲13,860,474兩，佔全國鹽稅總入的29.3％，湖北則爲1,760,177兩，只佔全國鹽稅總入的3.7％。見姜道章，〈清代的鹽稅〉，《食貨月刊》，復刊六卷七期（民國65年十月）。

403　鑄幣餘利是官業項下的重要的財源之一。據1911年的預算，在總歲入的3.02億兩中，官

　　雖然各省造幣廠從鑄造銅元中取得可觀的餘利，但這些收益都被中央需索、本省行政支出、購置鑄幣機器以擴大生產能力等用途消耗殆盡。根據陳璧的調查報告，大多數造幣廠都有入不敷支的困難，並經常有負債累累的情況出現。以江蘇江寧一廠來說，全部利潤（約3,103,167兩），都因歸還借款、支付銅價、花紅銀、各學堂工程經費、各營軍裝器械、雲南銅本費、警察局經費及其他局所支出而提取殆盡，結果出現赤字數達614,510兩。湖北銅元餘利高達洋例銀8,411,255兩；可是，當這項收益撥充學堂經費、賠款、代墊紗布、絲麻等局股本、練兵經費、兵工廠經費、淺水輪船、各項工程等用途後，赤字即達759,895兩上下。廣東鑄幣廠餘利達7,759,561兩；可是，當所有支出一併考慮時，尚有赤字451,735兩。江寧一廠因建廠、購機、採運物料積欠債項多達154萬兩。[404] 光緒卅二年初，閩省三廠中，單是福州關一廠所欠債項便達一百萬兩。[405] 四川為開鑄銅元，訂約借債，為數達167.6萬兩之多。[406] 根據陳璧的調查報告，我們把湖北、廣東、江寧、福建、直隸、四川、河南造幣廠的銅元餘利支出情況，整理成表（見附表三）。至於其他省分銅元餘利的支配，因資料所限，只好略而不談。就附表三所見，經營規模和生產能力位居全國前列的造幣廠，如湖北、江寧、廣東，鑄利中的相當比例或用於省內各種建設，特別是教育、實業方面，或用於加強武備，鞏固國防、維持治安等。這都屬於當日新政推行的範疇。湖北和廣東的銅元餘利，用於省外，特別是解交中央作整軍經武、償付賠款和洋債，協濟他省的比重也相當可觀，徘徊百分之三十之間。[407] 湖北造幣廠執全國之牛耳，也可能與銅元餘利用於

　　　　業收入估計為4.27千萬兩。可是，清廷因發現官業收入總數高得不合實際，因此在1912
　　　　年的預算把這項收入總數修訂為1,500萬兩。見Yeh-chien Wang，前引書，頁138，註
　　　　六。這裏不能確定的是這大幅度的削減是否與幣制則例所規定，除造幣總廠及其支廠
　　　　外，各省造幣廠皆一律停鑄有關。

404　《望嵒堂奏稿》，卷六，頁49，〈考查各省銅幣事竣恭覆恩命摺〉。廣東餘利數目是包
　　　括鑄造銀幣的利潤在內。江蘇除江寧一廠的欠債外，另蘇州及清江兩廠，每廠各欠款
　　　160萬兩。《北華捷報》提到「寧廠過去負債達四百萬兩。」(November 24, 1905,
　　　p.451.)也許這數目是蘇省三廠積欠的總數。

405　《宮中檔》，廿二輯，頁898；《諭摺彙存》，〈政務處〉，光緒卅二年閏四月，頁130。

406　《錫良電稿》，〈致財政處、戶部〉（光緒卅二年四月七日）。

407　按銅元鑄利支出項目款數多寡，可能隨造幣廠業務消長而相應改變。如光緒卅二年初，
　　　署兩江總督周馥奏陳蘇省解交練兵經費140萬兩（內江寧八十萬、蘇州六十萬）、戶部

再投資的比例高達百分之十四以上有關。直隸銅元餘利的支銷，與他省稍有不同，最大的一項目是用來抵借公債。福建造幣廠餘利用於擴大生產部份，比例尚逾三成。可是，省內三造幣廠中，西廠和閩海關銅幣廠均開辦於光緒卅一年，是時銅元事業開始由盛而衰，一年多以後，兩廠相繼停業。「官款無著，負債累累；各省幣政之壞；虧耗之多，未有甚於閩省者也。」[408] 是以鑄利用於再投資部份雖高，而業務推展依然有限。就比例來說，川省銅元餘利用在建廠房、購機器方面，居各省之冠（非絕對數目），「惟川江路險，運料艱難，時有沈失之虞。在上海、漢口、宜昌、重慶、嘉定等五處設局轉運，費用稍多。」[409] 加上花紅一項佔餘利支出總數二成，用於省內建設部份，相形之下，顯得微不足道。河南鑄廠銅元餘利總數中，花紅所佔比例超過三成，糜費部份可能相當可觀。[410]

八、餘　論

　　清末最後二十年間，各省大量鑄造銀幣，尤其是銀輔幣，而銅元的濫鑄，較諸銀幣更有過之而無不及，終於到了一發不可收拾的地步，大大削弱了滿清政權的長期經濟利益。銅元泛濫成災的結果，把制錢逐出市場，導致了制錢制度的土崩瓦解。[411] 在對外貿易方面，由於制錢作為幣值標準作用的喪失，「中國雙重匯率的情況，很快消失了。金銀比價的變動遂成為影響中外貿易的主要因素。」[412] 清

　　　　提銀十萬兩、省內所支、待支各款百餘萬兩，另各學堂及開濬黃浦、協濟江寧旗營等經　　　　費五十餘萬兩，「皆指銅元餘利撥用。」（見註169）這裏蘇省解交中央支用的銅元鑄　　　　利數達150萬兩，其中絕大部份為練兵經費，以上指撥項目與附表三所示，大相逕庭。

408　《望嵒堂奏稿》，卷六，頁30b-31，（考查各省銅幣事竣恭覆恩命摺）。

409　仝上，頁38b-39。

410　仝上，頁7。

411　按光緒卅一年二月海關造冊處稅務司馬士便力言：「現在制錢既缺，必帶銅元；試問買　　　一文之物，如何便當？足見非樂於使用，實為勢所迫，不得不帶；既帶總為購物，購物　　　必較制錢更須多費，此亦無可如何之事。比如工商人等，向來每日賺二百文，不獨足夠　　　俯仰，且可另購并非日用必需之物。今則不然，僅免室家之凍饑，況銅元與制錢同在一　　　時，一係值價，一係不值價？則值價者終被不值價者所併除，此亦自然之理；曩日縱有　　　未明，現則無須考證，已可悅然。銅元百枚，若照制錢之本質核算，實值四成，銅元如　　　不改章，將來制錢必被其銷於無形。」見《貿易總論》，光緒三十年，頁10b-11。

412　鄭友揆，前引文，頁23。鄭氏認為1900年以前，「中國的對外貿易嚴格地受著雙重匯率

末的貨幣體系，本已極爲混亂，到了十九、二十世紀之交，又因各省相繼開鑄銀、銅幣而益形複雜。王業鍵教授認爲本世紀初，在多元本位下的中國幣制，具有三種顯著特點：(1)流通的貨幣彼此之間沒有一致和固定的關係；它們的交換價值隨信用狀況的改變而變動；(2)貨幣發行機構太多；(3)貨幣流通各分畛域。[413]清末各省濫發的銀、銅幣，爲這些現象提供有力的佐證。

　　銀、銅幣濫發的負面影響，我們已有很詳細的說明。可是，我們也不應漠視其正面功能。光緒十六年張之洞指出：「照得湖北全省商民生計，近來頗形蕭索，推究所由，固因商務減色，水災迭告，而制錢日少，亦其一端。」[414]十多年後，他對中國貨幣行用的情形有以下的概述：「其沿海、沿江通商大埠，尚參用生銀、銀元，而內地土貨，無論巨細賣買，皆用銅錢積算，雖大宗貿易間用生銀折算，總以錢爲本位。…合計中國全國仍是銀、銅並用，銅之地倍於用銀之地。大率中國國用皆以銀計，民用仍多以錢計。」[415]可知廣大人民還是在制錢經濟中過活。在銀賤錢荒的陰影籠罩下，如無銀輔幣的發行，則社會在進行小額交易時，對錢的需求更大，錢荒或可能更爲嚴重。[416]日本學者黑田明伸認爲清末湖北

　　　　的影響——對外是金、銀匯價，對內是銀錢比價。」（頁1、23）他估計十九世紀後半，中國的出口商品幾全部來自農村，而約佔進口總值八成的洋貨的銷售對象則爲使用制錢的群衆。從1871到1900三十年間，制錢對銀兩升值了34％，抵消了部份金銀比價下跌的影響；洋貨往內地銷售，以錢計的貨價仍低於內地土貨物價。是以銀價雖不斷下跌，而進口反迅速增加，貿易逆差反持續擴大。見頁1、16。

413　王業鍵，前引書，頁42-43。

414　《張集》，卷96，〈公牘〉11，頁13b，〈札司道籌議錢法〉；另參考註10。

415　《張集》，卷63，頁10b-11，〈虛定金價改用金幣不合情勢摺〉（光緒卅年八月十六日）。另周馥亦有類似的見解。「中國則銀、銅兩用，且用銅尤多於用銀，市集買賣，鄉農糴糶，皆非銅錢不行；即富商鉅賈大宗貿易，向以銀洋營運，而在產地收貨到銷場賣貨，仍須用錢。」見《周集》，卷四，頁九，〈蘇省各局銅圓暫免限制鑄數摺〉。較爲具體的例證，參考鄭友揆，前引文，頁7-8。

416　十五世紀前三、四十年，歐洲出現金、銀短缺，而銀荒尤爲嚴重。爲紓解通貨不足的困難，地方統治者紛紛降低貨幣銀含量，鑄造成色較低的貨幣如黑錢（monnairs noirs）等，以濟燃眉之急。見John Day, "The Great Bullion Famine of the Fifteenth Century," 載氏著, *The Medieval Market Economy* (Oxford & N. Y : Basil Blackwell, 1987), 特別是p.28；John H. Munro, "Deflation and the Petty Coinage Problem in the Late Medeval Economy : The Case of Flanders, 1834-1484," *Explorations in Economic History*, 25 : 4 (October, 1988), 特別是p.410. 以上情形，可與各省鑄造銀輔幣相參照，儘管性質、內容不盡相同。

發行銅元等貨幣，確立了銅元、官錢票的普及流通，促進農產品的出口政策；從市場把孤立的小農捲進開港經濟，提高農作物的商口化。銅貨供應過剌，銅元價跌，使用銅元的生產者拿農產品與通商口岸用銀的商人交易時，因銀貴銅賤，強烈地具有農民、中間商的不等價交換性格，形成中間商的居中支配。中間商將累積的資金一部份從農產品加工業轉化爲產業資本，奠下工業都市武漢的基礎。[417]

　　清末最後一、二十年間，中央政府聽任地方鑄銀、銅幣，這是否表示中央已失去控制幣政的權力？我們認爲這種情形的出現，是由歷史現實所決定，與中央失去對地方的控制能力並無關係。滿清入關後，在北京設寶泉、寶源兩局，鑄造順治通寶的制錢，並頒發錢式，命各省設局鼓鑄。戶部雖於順治十四年（1659）令各省停鑄，但三年後又再准許各省鑄錢。一個龐大的「鑄錢工業的生產體系便在全國範圍內建立起來。」[418]光緒卅二年，戶部奏請的擬歸併各省銅元局時還說：「中國幅員遼闊，若如各國僅設中央一廠轉運，恐形不便。」[419]事實上，在銅幣泛濫成災前，清廷對各省開鑄銅元的態度，從光緒廿七年十二月的上諭可見一班：

> 近來各省制錢缺少，不敷周轉，前經福建、廣東兩省鑄造銅元，輪廓精良，通行市肆，民間稱便。近日江蘇仿照辦理，亦極便利；並可杜私鑄之弊。若沿江沿海各督撫籌款仿辦，即就各該省搭鑄通行。[420]

由此可知各省開鑄銅元，是得到中央和首肯和支持；至少在銅元泛濫成災前，中央和地方並沒有因鑄幣而發生利益上的嚴重對立。

　　當日地方官員在處理銅元問題上，因形勢所迫，以致很多時表現出令人驚異的無知。對於這點，我們不應過於苛責。[421]光緒卅二年以前，地方督撫可從全局

417　氏著，前引文，頁112-13。

418　彭澤益，〈清代寶泉寶源局與鑄錢工業〉，頁179。

419　仝註210。

420　《貨幣史資料》，頁873，按清廷不止一次下令地方把銅元解京，以紓減錢荒所引起的困擾。光緒廿九年，江蘇和廣東分別解運當十銅元150萬枚和120萬枚到京。見《宮中檔》，十八輯，頁256；《諭摺彙存》，光緒廿八年四月十七日，頁8b；光緒廿九年九月十八日，頁6b。同年，清廷又從直隸天津造幣廠中提取當十銅元430萬枚，作支發官俸，解決制錢短缺的用途。見《順天時報》，第473號，1903年九月廿四日，頁2；第474號，1903年九月廿五日，頁二。

421　如林紹年在廣西巡撫任內致戶部電即指出：「圜法重在便民，取足民用而止，有時即賠

考慮，自由處置銅元餘利。可是，銅元泛濫，一發不可收拾，迫使中央政府不得不採取連串措施，尋求解決問題的辦法。清廷雖深知銅元餘利不可恃，[422]但又迫使地方督撫以銅元餘利的四成解充練兵經費。清廷這種自相矛盾的作法，加深了當日幣制混亂的局面，實難辭其咎。在遏止各省濫鑄方面，中央政付雖取得一些成果，但面對銅元充斥爲患，卻感到一籌莫展。爲顧及銷路，銅元流通管道，多局限於通商大埠，而未能普行於內陸偏僻之處。[423]加上人爲壁壘的阻隔，銅元壅滯的情形便更爲嚴重。銅元貶值，銀價騰貴；州縣官員因不堪賠累而陷入困境的，觸目皆是，這與太平天國革命前的情形相類，即州縣因銀價騰漲而賠累日

耗工本而亦爲之者，以便民爲利也；即餘利極大，亦不宜多鑄者，多則病民，直謂之害，不可謂利也。伸縮之權在大部，不宜任各省爭鑄。…大抵害民遍而且能，以此充斥之銅元爲最，挽救誠不可緩；然必留紆民力，結民信以待將來，莫如即飭各省停鑄，限爲補助之用，官民公其出入，含此別無良策。」見《申報》，第11932號，光緒卅二年五月十六日，第四版，〈桂撫電覆補救圜法〉；《順天時報》，第1301號，1906年六月廿八日，第六板。兩年後，清廷悉令各省停鑄，時林氏任河南巡撫，基於財政上的考慮，即急不及待地向清廷請求恢復開鑄當十銅元。參考註237。從桂撫到豫撫短短兩年間，林氏對鑄造銅元態度之劇變，足證地方官員並非一無所知，他們的所作所爲還是取決於財政考慮。其他官員在此問題上類似的遭遇，參考拙著，〈清末省區之間的銅元流通與貨幣套利〉，頁903。又如張之洞對於鑄幣廠只亟亟於鑄造銀輔幣以博取餘利所引起的後果，有頗爲深切的認識。他說：「有小元而無大元互相調換，行用必不能持久，上海行用粵東小元，市價近甚減色，作九二折扣算。」（《張集》，卷40，頁28，〈湖北銀元局請仍歸南洋經理摺〉。）「銀元之善在齊銀幣，便商民，除吏弊，乃無形之利，意本不在盈餘；其要須在多鑄大元，若小元只取便零用，無關銀幣大政。」〔《張集》，卷176，〈電牘〉55，頁1b，〈致江寧劉制台、廣州陶制台〉（光緒廿七年十一月初五日酉刻發）。〕可是他的話並没有引起其他督撫在意，連他自己也無法抗拒多鑄餘利較豐的銀輔幣的誘惑。

422 如光緒卅一年十月財政處奏稱：「戶、工兩部所鑄當十大錢僅抵制錢二文，可爲前鑒。更恐將來餘利漸少，不獨鑄局成本虧折堪虞，且錢價愈賤，物價必增，小民生計爲艱，地方收款亦暗受虧折。」見《東華錄》，總頁5437，光緒卅二年冬十月壬戌。

423 如周馥在〈蘇省各局銅元暫免限制鑄數摺〉中指陳：「因偏僻州縣，運銷較難，不若繁盛之區，可以轉運靈便，遂致大宗出售。江蘇上海一隅，竟爲各省銅元聚集之區，一時市廛擁擠，銷滯價落。」又云：「第各省爭相運銷，以致衝衢大埠現廛積之象，而偏僻州縣市鎮則仍不見有銅元。」見《周集》，卷四，頁8b-9。另參考《順天時報》，第1306號，1906年七月四日，第五板，〈補救銅元辦法〉。張之洞也指出湖北有相類似情形出現。「湖北省鑄出銅元，統歸官錢局行使，以致銅元壅滯於武、漢兩處。錢價日低，物價日貴，而省外各府縣鄉鎮銅元未能行到者尚多。」見《順天時報》，第1377號，光緒卅二年八月初九日，第二張，〈鄂督行江漢關、鄂道文〉。

多。[424]若就人民賦稅負擔來說，此二時期大不相同。[425]在某種意義來說，濫發成色低下的銀、銅幣，本質上，實爲政府的另一種課稅門徑，比開徵新稅更等而下之。政府當時既無決心與力量改革稅制，[426]相形之下，濫鑄通貨遂成爲一可行而又較無阻力的籌款途徑。人民被迫接受面值浮於實值的劣幣，財產蒙受損失，實相等於課稅後，可支配的收入減去一部份。這種現象並非中國所獨有。Gabriel Ardant 說過：

> 簡言之，以非財政辦法來籌措款項，國家或需放棄部份權利，或需有一種至少尚不見於十八世紀歐洲大多數國家的先進經濟基層結構。在一切情況下，只有當這些辦法是由一種具高生產力的財政制度伴隨著時，方可使用而不致吃大虧。[427]

這樣的制度並不存於清末的中國。

本文蒙全漢昇、王業鍵、科大衛（David Faure）三教授斧正，謹此誌謝！

424　詳見彭澤益，〈鴉片戰後十年間銀貴錢賤波動下的中國經濟與階級關係〉，載氏著，前引書，頁40-41。
425　太平天國革命前白銀外流所形成的通貨收縮與賦稅負擔增加之關係，參考前引文，頁43-46；Yeh-chien Wang，前引書，頁114-15；王業鍵，前引書，頁29-31。
426　參考Yeh-chien Wang，前引書，頁27-31、47、81-82。
427　Gabriel Ardant，前引文，頁192。

附表一　陳璧奏報中各省到1907年初的造幣情況

省別	造幣廠	時期	年數月日	當二十	當十	當五	當二	當一	鑄造枚數(折成當十)	每天造幣能力(枚)	出售價值(兩)	餘利(兩)
江蘇	清江（總局	1905.2－1906.8	1年6月	✓	✓				740,085,585			1,320,715
	蘇州〈 新局	1904.2－1906.7	1年5月		✓				529,430,867 } 2,928,313,391		} 10,909,084	398,662
	（江寧	1905.6－11	5月		✓	✓			354,812,087			3,103,167
		1901.8－1907.2	5年6月		✓	✓			603,984,850	4,000,000		
安徽		1902.5－1906.5	4年		✓	✓			519,361,334			776,282
江西		1903.4－1906.12	3年8月		✓				379,722,376			545,940
山東		1904.8－1907.1	2年5月		✓	✓			296,274,556			346,005
浙江	總局	1903.3－1907.2	3年11月	✓	✓				821,107,384			1,650,333
	分局	1905.5－1907.1	1年8月		✓	✓			163,253,380 } 984,360,764			135,211
湖南	總局	1902.7－1906.15	4年3月		✓				179,959,100			1,146,456
	新局	1905.7－1907.1	1年6月		✓	✓			632,356,825 } 812,315,925			1,002,357
河南		1904.11－1907.1	2年2月	✓	✓				230,545,880	470,000－480,000	1,639,208	
湖北	鑄幣局	1902.9－1907.1	4年4月	✓	✓			✓	2,548,327,005	4,000,000*	17,299,534	5,239,674
	銀元局	1903.6－1907.1	3年7月		✓	✓		✓	1,211,653,299 } 4,287,525,054		8,150,168	2,195,867
	兵工廠	1905.3－1906.2	11月		✓			✓	527,544,700		3,563,061	550,589
福建	南廠	1900.10－1906.1	5年3月		✓	✓			347,244,868	600,000	2,683,557	
	丙廠	1905.10－1907.1	1年3月		✓				79,059,249 } 500,006,069		512,583	
	閩海關	1905.8－1907.1	1年5月		✓				73,701,952		477,245	
廣東		1900.7－1907.1	6年6月		✓	✓		✓	958,606,000	1,000,000	6,786,137	7,759,561+
四川		1903.8－1907.1	3年5月		✓			✓	775,512,944	300,000	2,187,081	
直隸		1902.7－1907.5	4年10月		✓	✓		✓	682,180,520	600,000	4,569,363	1,934,631+

資料來源：陳璧，《望品堂奏稿》，卷5，頁25、29－30、33；卷6，頁4b－46。

附註：十包括銀元餘利在內。

＊所有地方銀兩單位都一律換成庫平兩。

見李幸平（1905）七四頁，《張之洞別之於ケル銅貨鑄造》，清國湖北之於ケル貨幣政策，《國立台灣師範大學歷史學報》，第十一期（民國72年），頁135。又《通商彙纂》，明治38年，銀元局每日平均鑄造當十銅圓四百萬枚，銀元局250萬枚，見黑田明申，前引文，員118，註64。

△據武昌銅元局每日平均鑄造當十銅圓四百萬枚，銀元局250萬枚。

△據閩浙總督崇善奏，福州關鑄局於1905年初開鑄幣時，每日可出幣八十萬枚。見《宮中檔》，21輯，頁890。

＊據日本資料—律換成庫平兩。據報在1905年，銅幣局日出幣700萬枚，銀元局300萬枚，兵工廠180萬枚，銀元局300萬枚。第十一期（民國72年），頁135。又《通商彙纂》，明治38年，銀元局250萬枚，按武昌銅幣局每日平均鑄造當十銅圓四百萬枚，銀元局250萬枚。見表中所列為高。據報在1905年，銅幣局日出幣700萬枚，銀元局300萬枚，兵工廠180萬枚。

附表二　陳璧奏報中各省造幣廠每月平均鑄幣能力及利潤

省　別			每月平均鑄幣能力（枚）		每月平均利潤（兩）	
江蘇	蘇州	清江	41,115,566		77,689	
		總局	31,142,992	167,524,677	79,732	204,439
		新局	70,962,415			
		江寧	24,302,801		47,108	
安徽			10,820,028		16,173	
江西			8,630,054		12,408	
山東			10,216,363		12,036	
浙江		總局	17,470,370	25,633,039		
		分局	8,162,669			
湖南		總局	3,528,610	38,659,545	35,113	42,042
		新局	35,130,935		6,911	
河南			8,867,134			
湖北		銅幣局	49,006,289	125,135,405	100,760	201,880
		銀元局	28,171,007		51,067	
		兵工廠	47,958,109		50,053	
福建		南廠	5,511,823	15,117,849		
		西廠	5,270,617			
		閩海關	4,335,409			
廣東			12,289,821		99,481	
四川			18,914,940			
直隸			11,744,492		33,356	

資料來源：見附表一。

附表三　陳璧奏報中湖北、廣東、直隸、江寧、福建、四川、河南造幣廠迄1907年止銅元餘利的支出情況　　　　　　　　　　　　　　　　（單位：兩）

省別	A 支　出　項　目	B 款　數	$\dfrac{B}{C}$	百分比
湖北	甲.省內：			
	⑴再投資（建造廠房、添購機器）	1,223,198.7	14.22	
	⑵實業（主要爲代墊紗布、絲麻等局股本，礦務局經費）	1,116,333.2	12.97	
	⑶教育（學堂經費、圖書館經費等）	936,317.8	10.88	
	⑷各類工程建設	930,746.2	10.82	
	⑸軍事（淺水輪船、演習、兵工廠經費）	400,030.6	5.11	
	⑹花紅	283,983.7	3.30	67.32
	⑺還賠款本息	255,102.0	2.96	
	⑻購買民房田畝	216,521.0	2.51	
	⑼藩庫存儲備用銀	214,637.2	2.49	
	⑽其他	173,561.0	2.01	
	乙.省外：⑴中央（練兵經費、賠款等）	2,605,987.0	30.30	32.68
	⑵雲南銅本	204,885.7	2.38	
	C.			
	總款數	8,610,304.5	100.00	
廣東	甲.省內：⑴軍事（善後局海防經費、練餉）	5,111,782.3	66.20	
	⑵花紅	202,156.5	2.62	72.57
	⑶留存鑄本	200,000.0	2.59	
	⑶其他（如平糶米價、教育畆款、局員家屬養贍銀）	82,698.7	1.07	
	乙.省外：⑴中央　a)匯豐鎊款	666,000.0	8.55	
	b)軍事（海軍經費、北洋協餉）	308,900.0	4.00	
	c)解部銅元及其運費、紅十字會經費	171,845.6	2.22	27.43
	⑵他省　a)廣西津貼、軍餉	416,000.0	5.39	
	b)各省兌換銀元津貼運費	283,693.0	3.67	
	c)各省賑款	277,772.7	3.60	
	C.			
	總款數	7,720,849.0	100.00	

江寧	甲.省內：(1)教育(主要爲學生工程經費、出洋學費)	1,516,779.7	38.64	
	(2)歸還借款	703,827.8	17.89	
	(3)警政	403,756.6	10.26	
	(4)幣材	250,000.0	6.35	
	(5)工商事業、社會慈善	185,550.4	4.72	95.00
	(6)軍事	183,398.0	4.66	
	(7)花紅	152,559.6	3.88	
	(8)行政部門經費	120,253.3	3.06	
	(9)工程維修	112,947.0	2.87	
	(10)借撥及其他	104,544.3	2.66	
	乙.省外：(1)中央(包括考察政治經費、濬浦經費等)	96,647.9	2.46	5.00
	(2)雲南銅本	100,060.0	2.54	
	C.			
	總款數	3,933,216.0	100.00	

直隸	(1)公積抵款	824,434.4	41.00
	(2)教育事業、醫療經費	583,431.9	29.00
	(3)軍事(武備學堂、淮軍軍火)	441,799.1	22.00
	(4)花紅	99,366.1	4.94
	(5)其他(勸業會場所、建造業務公所銀、解巡警部銀等)	62,279.5	3.10
	C.		
	總款數	2,010,912.0	100.00

福建	(1)再投資(廠房工程、機器)	499,105.5	31.86
	(2)幣材雜料	471,719.7	30.11
	(3)提還借款	149,025.6	9.51
	(4)花紅	103,726.7	6.62
	(5)廠費、利息、津貼、薪工	97,615.5	6.23
	(6)解庫銀、局所經費、代墊款項	78,805.6	5.03
	(7)學堂經費	64,158.2	4.09
	(8)樟腦賠款	52,430.7	3.35
	(9)工程(包括旗營修理房署、濬浦經費△)	40,073.2	2.56
	C.		
	總款數	1,566,428.5	100.0

四川	(1)再投資	162,347.9	72.6
	(2)花紅	45,012.8	20.0
	(3)教育（出洋學費、工藝學堂經費）	21,897.5	7.4
	C總款數	224,758.2	100.0
河南	(1)軍警教育、學務經費	100,300.7	68.6
	(2)花紅	45,837.9	31.4
	C總款數	146,138.6	100.0

資料來源：本表是根據陳璧《望嵒堂奏稿》，卷六・〈考查各省銅幣事竣恭覆恩命摺〉編製而成。

附　　註：湖北造幣廠包括銅幣局、銀元局、兵工廠三處；福建造幣廠則由南廠、西廠和閩海關銅幣局三部份組成。表中數字因採四捨五入，故支出總款數與百分比彙總，可能與實際數字略有出入。△濬浦經費原爲各省攤款給中央疏濬黃浦江，應屬中央部份款目；惟福建此款數目只17,865兩，爲避免款目分類過於瑣碎，因此與省內工程一併合算。

出自第六十二本第三分（一九九三年四月）

再論十七八世紀的中荷貿易

全　漢　昇

　　荷蘭東印度公司于一六〇二年成立，於一六一九年在爪哇巴達維亞建立基地，經營東至日本長崎、西至波斯灣的貿易，在那裡集中東方各種貨物轉運往歐洲出賣。

　　荷蘭水道交通便利，商業發達，和西班牙貿易保持長期出超的紀錄，把西班牙自美洲輸入的白銀大量賺取回國。荷人航海東來後，發現銀在亞洲的購買力遠較在歐洲爲大，每艘駛往東方的船都載運鉅額白銀，以便貿易獲利。這在生活在銀價高昂社會的中國商人看來，是非常強大的購買力，故努力拓展與荷屬東印度的出口貿易，由于鉅額出超而把荷人東運的白銀，賺回本國。中國商人售給荷人的貨物，種類甚多，而絲貨（生絲及絲綢）、瓷器及茶葉，尤其重要。

　　荷人于一六二四年開始佔據台灣，又以台灣爲基地，擴展華絲對日輸出貿易，在日本賺取大量白銀，也增強他們的購買力。荷人在歐洲、日本貿易獲得的白銀，分別用來在亞洲各地收購貨物，並不以中國爲限，但中國物產豐富，輸出能力很大，華商自然通過貿易的出超，使荷人手中持有的白銀源源流入中國。

一

　　關于明（1368～1644）、清（1644～1911）之際中、荷貿易的研究，作者曾經撰寫〈略論十七八世紀的中荷貿易〉一文，刊于《歷史語言研究所成立六十周年紀念專號》[1]。該文完成後，作者對這個問題繼續研究，蒐集到更多資料，茲特整理發表，以補前文之不足。

二

　　在近代早期歐洲人向外航海，發現世界新航路的潮流中，到十六世紀末葉，

1　《中央研究院歷史語言研究所集刊》第六十本第一分（台北，民國七十八年三月）。

荷蘭人才航海東來，在時間上約比葡萄牙人晚一個世紀，比西班牙人自美洲經太平洋到菲律賓來，也要晚數十年。荷人東來的時間雖然較晚，由于造船工業的進步、航海事業的發達，到了十七世紀，他們在印度洋、西太平洋的商業活動，卻非常活躍，有後來居上之勢。

在十七世紀中葉前後，荷蘭小小的一個國家，其船舶噸位，等于歐洲其他所有國家合起來的船舶那麼多。同樣大小的商船，荷船比其他國家的船平均少用百分之二十的水手。[2]荷蘭每年約有一千艘船下水，在世界各海洋中航行。[3]在同一航程中航運，荷船收取的運費，約比英船低廉三分之一至二分之一。[4]荷蘭東印度公司在一六〇二年成立後半個世紀內，發展成爲當日全世界最大的航運、貿易機構，在阿姆斯特丹（Amsterdam）擁有世界最大的用來建造、修理船舶的碼頭設備。[5]

荷蘭船隊于一五九五年打破葡萄牙人對好望角航線的壟斷，航海東來，次年抵達爪哇下港（Bantam，一作萬丹）。自一五九五至一七九五年，由荷蘭開往東印度的船舶，總共4,788艘，自東印度返荷的船，則共3,404艘，其餘留在亞洲水域。這些船就當日標準來說，大部分都屬于大型船隻，平均載重六百噸。[6]由一五九九至一六六〇年，荷蘭每年平均有七艘半船舶自東方航行返國，英國則只有三艘。[7]關于十七、八世紀荷蘭東印度公司船舶每十年自本國開往亞洲，及自亞洲航行返國的情況，參看第一表。

2　Fernand Braudel , *The Perspective of the World* , Vol.3, *Civilization and Capitalism, 15th-18th Century* , New York , 1986, p.190。

3　Violet Barbour, "Dutch and English Merchant Shipping in the Seventeenth Century , " in E.M. Carus-Wilson , ed., *Essays in Economic History* , London, 1954, p.227。

4　同上，p.249。

5　Ivo Schöffer and F.S.Gaastra, " The Import of Bullion and Coin into Asia by the Dutch East India Company in the Seventeenth and Eighteenth Centuries," in Maurice Aymard, ed., *Dutch Capitalism and World Capitalism* , Cambridge University Press, 1982. pp.220-221。

6　同上，pp.217,220。

7　Bal Krishna, *Commerical Relations between India and England (1601-1757)* , London, 1924, pp.75-76。

第一表　荷蘭東印度公司船舶往返亞洲數量

年　　　份	開往亞洲船數	自亞洲返荷船數
1602－10	76	40
1610－20	115	50
1620－30	141	71
1630－40	157	75
1640－50	165	93
1650－60	205	103
1660－70	238	127
1670－80	232	133
1680－90	204	141
1690－1700	235	156
1700－10	280	193
1710－20	311	245
1720－30	382	319
1730－40	375	311
1740－50	314	235
1750－60	291	245
1760－70	292	235
1770－80	290	245
1780－90	298	227
1790－95	118	113

資料來源：Ivo Schöffer and F. S.Gaastra, " The Import of Bullion and Coin into Asia by the Dutch East India Company in the Seventeenth and Eighteenth Centuries ", in Manrice Aymard, ed., *Dutch Capitalism and World Capitalism*, Cambridge University Press, 1982, p.219.

根據第一表，可知自一六○二年起，約五十年內，由荷蘭開往東印度的船舶數量，約增加一倍，到了十八世紀頭四十年達到最高峰，其後東航船舶的數量也很大。

荷蘭東印度公司于一六○二年成立，在下港設立商館，其後于一六一九年在爪哇巴達維亞（Batavia）建立根據地，經營東至日本長崎、西至波斯灣的貿易，在那裡集中東方各種商品轉運往歐洲出賣。[8]當荷人在這個廣大地區從事商業活動的時候，太平洋西岸的中國，人口眾多，資源豐富，那裡的商人自然和他們發展貿易關係。早在十七世紀初期，下港的荷蘭商館，已經大量收購中國商船運來的貨物，使下港成爲中國貿易的轉口站。[9]及一六一九年荷人在巴達維亞建立貿易根據地，因爲他們自歐洲帶來鉅額白銀，購買力強大，中國商人很樂意擴大對東印度的出口貿易。[10]在一六二五年，航行抵達巴達維亞的中國商船，其總噸位有如荷蘭東印度公司的回航船隊（return fleet）那麼大，或甚至更大。[11]在一六四四年，抵達巴達維亞的中國商船總共八艘，輸入貨物多至三千二百噸，但這些商船自巴達維亞運返中國的貨物，由一六三七至一六四四年，每年只有八百至一千二百噸。[12]由于貿易順差，中國商船自巴達維亞航行返國，經常運走大量銀子。

除以巴達維亞爲東方貿易基地外，自一六二四年起，"荷蘭佔據台灣，……

8　　J.H.Parry, *Trade and Dominion: The European Oversea Empires in the Eighteenth Century*, London, 1971, p.74; Kristof Glamann, "The Changing Patterns of Trade," in E.E.Rich and C.H.Wilson, eds., *The Cambridge Economic History of Europe*, Vol. V, Cambridge University Press, 1977, p.210。

9　　曹永和〈明末華人在萬丹的活動〉，中國海洋發展史論文集編輯委員會主編，《中國海洋發展史論文集》，（二），台北，民國七十五年，頁二一九～二四七。

10　《明史》（百衲本）卷三二五，頁二七，〈和蘭傳〉說："國〔荷蘭〕土既富，遇中國貨物當意者，不惜厚資。故華人樂與爲市。"又張燮《東西洋考》（萬曆四十五年刻印本）卷六，頁一三○，〈紅毛番〉條說："彼國（指荷蘭）既富，…貨有當意者，輒厚償之。故貨爲紅夷所售，則價驟涌。"又參考M.A.P.Meilink-Roelofsz, *Asian Trade and European Influence in the Indonesian Archipelago between 1500 and about 1630*, The Hague, 1969, p.268。

11　J.C. van Leur, *Indonesian Trade and Society: Essays in Asian Social and Economic History*, The Hague, 1967, p.198; Leonard Blussé, "Chinese Trade to Batavia during the Days of the V.O.C.," in Center for the History of European Expansion, *Inter-disciplinary Studies on the Malay World*, Paris, 1979, Archipel 18, p.195。

12　Leonard Blussé, 前引文, in *Inter-disciplinary Studies*, Archipel 18, p.205。

以台灣爲根據地，俾能在國際貿易中活躍。……台灣曾在荷蘭的東方貿易中成爲極爲重要的轉接基地，嘗獲甚大的利益。其貿易的內容，即：自大陸運至台灣再轉販于各地荷蘭商館的物品，是絲綢、生絲、砂糖、黃金、瓷器等類；由台灣向大陸上輸出的物品，是自日本、歐洲運來的銀、銅和南海方面的胡椒、鉛、錫、香藥等類。其中生絲、絹綢和銀在交易上最爲重要。"[13]據一六四九年的統計，在所有東印度商館中，台灣商館所獲純益僅次于日本商館，達 467,534 盾，佔獲利總額百分之二五·六，日本商館則佔百分之三八·八。但實際上日本商館獲利根源在于台灣提供了大量的生絲和絲綢等中國商品。譬如在一六三七年，從各地航行至日本的荷蘭船共十四艘，貨品總值爲2,460,733 盾，其中來自台灣的貨物價值便高達2,042,302 盾，佔輸入總值的百分之八十五以上。[14]在一六四〇年前後，荷人以台灣作基地來經營的中、日貿易，其規模似乎已有過去葡人經營的澳門、長崎貿易那麼大。[15]

　　荷人佔據台灣，前後三十八年，到了一六六二年二月一日，荷人與鄭成功簽約停戰，自台灣撤退。[16]鄭成功收復台灣後不久逝世，由子鄭經繼承。荷人因被逐出台灣，衛恨鄭氏，于撤出台灣後不久，自巴達維亞派兵船十二艘，士兵一千二百餘人，幫助滿清政府夾攻鄭氏據有的廈門。到了一六六四年（康熙三年），荷海軍再幫助清軍夾擊鄭經，奪取廈門，鄭經被迫撤退回台。因爲不能像過去那樣以台灣爲基地來貿易獲利，荷人自恃有功于清，請求在中國沿海互市。清廷因爲要借助荷蘭海軍來與鄭氏作戰，故雖然實行海禁，仍然特准荷蘭來華貿易。[17]由

13　曹永和〈從荷蘭文獻談鄭成功之研究〉，《台灣文獻》第十二卷第一期，民國五十年三月；重刊于《台灣早期歷史研究》，聯經，一九七九年，引文見頁三七四。

14　陳小沖〈十七世紀上半葉荷蘭東印度公司的對華貿易擴張〉，《中國社會經濟史研究》，廈門，一九八六年，第二期，頁九二；陳紹馨纂修《台灣省通志稿》卷二，頁九六，〈人口志人口篇〉。按在十七世紀六十年代，每兩銀等于 3.5 盾；到了八十年代，等于4.125盾。（參考John E.Wills.Jr., *Pepper, Guns and Parleys: The Dutch East India Company and China, 1662-1681*, Cambridge, Mass, 1974, p.27.）到了十八世紀，在一七二九年，每兩銀等于 3.64 盾；一七三一年，3.57 盾；一七三二年 3.55 盾。（參考 C.J.A.Jörg, *Porcelain and the Dutch China Trade*, The Hagne, 1982, p325。）

15　John E.Wills, Jr., 前引書，p.10。

16　同書，p.26。

17　張維華《明清之際中西關係簡史》，濟南：齊魯書社，一九八七，頁九七～一〇〇。

一六六二至一六六六年正月，荷蘭東印度公司派船運往福州出售的貨物，共值
750,000盾有多，自福州輸出的貨物，則值1,050,000盾有多，淨利約爲百分之四
十。[18] 自一六七六至一六八〇年，荷蘭東印度公司派船往福州貿易，在那裡賣出
貨物共值655,771盾，在福州購買出口的貨物共值1,054,261盾，利潤爲百分之六十
一，共400,491盾。[19] 其中在一六七六年，荷船運往福州的貨物，共值256,937盾；
一六七七年，共值106,590盾。到了一六七八年，荷船自福州輸出的貨物，包括生
絲、絲綢、黃金，共值291,184盾。[20]

除福州外，荷蘭東印度公司又于一六七六年自巴達維亞派船往廣州貿易，船
上載有價值117,488盾的貨物；同時准許其他荷蘭商人的船由巴達維亞載運貨物往
廣州出賣，其中有胡椒約八千擔，價值超過 140,000 盾。[21] 在此以前的一六七四
年，又有中國商船載運價值約25,000盾的貨物，運往巴達維亞出售。[22]

到了康熙二十二年（1683），滿清政府派遣提督施琅出兵平定台灣，翌年開
海禁，恢復海外貿易，中、荷貿易遂進入一個新階段。由一六八四至一七一四
年，共有三百五十四艘中國商船到巴達維亞貿易，其中一百一十三艘來自廈門，
四十六艘來自廣州，四十六艘來自寧波，三艘來自上海，一艘來自福州。[23] 由一七
一五至一七五四年，抵達巴達維亞的中國商船多至四百九十九艘，其中二百七十
二艘來自廈門，八十一艘來自廣州，七十三艘來自寧波，十一艘來自上海。[24] 在同
一時期，抵達巴達維亞的外國船舶共一千一百二十二艘，其中華船四百九十九
艘，葡萄牙船（絕大部分來自澳門）二百五十五艘，兩者合共佔總數的百分之六
七‧二。[25] 這許多中、葡商船，主要運載中國貨物到巴達維亞出售，再由荷蘭東印
度公司運銷于歐洲及亞洲其他地區。自一六八五至一七三〇年，中國商船把大量
貨物運往巴達維亞，和荷人交易，在那裡造成了高度的經濟繁榮。對于華船來航

18　　John E.Wills, Jr.,前引書，p.134。

19　　同書，p.192。

20　　同書，pp.160, 163, 166。

21　　同書，p.157。

22　　同書，p.151。

23　　George Bryan Souza , *The Survival of Empire: Portuguese Trade and Society in China and the South China Sea, 1630-1754* , Cambridge University Press, 1986, p.136。

24　　同書，pp.140-141。

25　　同書，pp.133, 137。

與巴達維亞經濟繁榮的關係，在一六九〇年荷蘭東印度總督已有深刻的認識。[26]

　　大批中、葡商船航行于中國沿海與巴達維亞之間，顯示後者在中、荷貿易中佔有特別重要的地位。自一七二九年開始，荷蘭東印度公司派船由本國直航廣州貿易。第一艘船于一七二八年十二月五日自荷蘭出發，船中載有各種銀幣約共值三十萬盾。該船于一七二九年八月二日抵達澳門，在廣州做完買賣後，于一七三〇年初離華，于同年七月十三日返抵荷蘭，運回茶二十七萬荷磅（一荷磅等于一·〇九英磅），絲綢五百七十疋，及瓷器若干。拍賣結果，獲淨利325,000盾，約爲投資的百分之一〇六·四。[27]其後荷船繼續自本國航行前往廣州貿易，于一七三〇年獲淨利百分之八二·六，一七三一年獲淨利百分之七四·六，一七三二年獲淨利百分之七三，一七三三年獲淨利百分之一一九，一七三四年獲淨利百分之一一七·六。[28]關于自一七二九至一七九二年，荷蘭東印度公司船舶，由廣州直接運貨返國出賣所獲毛利，參看第二表。

　　根據第二表，可知中國對荷輸出的貨物，除運往巴達維亞賣給荷人，再由後者運銷往歐洲及亞洲若干地區外，自一七二九年起，又由荷船自廣州直接運回本國出售。這種華貨出口貿易，越來越發達，十八世紀中葉後，每年輸出總值約爲直接通航初期的十倍，有時更多。荷蘭東印度公司經營這種貿易，利潤很大，每年毛利多在一百萬盾以上，在一七六四年更超過三百萬盾。但到了八十年代，由于第四次英、荷戰爭（1780～1784）的爆發，荷蘭海上貿易蒙受非常嚴重的影響，[29]利潤急劇下降。

三

　　十七、八世紀中、荷貿易的發展，和東來荷人自歐洲帶來鉅額銀子，有密切的關係。自一四九二年西班牙政府派遣哥倫布發現美洲新大陸後，移殖到那裡去的西班牙人，發現儲藏豐富的金、銀礦（尤其是銀礦），于是投資開採，大量運回

26　Leonard Blussé，前引文，in *Inter-disciplinary Studies*, Archipel 18, pp.207, 209。

27　Kristof Glamann，*Dutch-Asiatic Trade, 1620-1740*，The Hague, 1958, pp.230, 234。

28　C.J.A.Jörg，前引書，p.208。

29　C.R.Boxer, *The Dutch Seaborne Empire 1600-1800*，London, 1966, pp.298-299。

第二表　一七二九至一七九二年荷蘭東印度公司自廣州運貨返國出售的毛利

年　份	貨物買價（盾）	售貨收益（盾）	毛利（盾）	毛利率
1729	264,902	708,968	424,066	149.0
1730	234,932	545,839	310,907	132.4
1731	828,194	1,808,076	959,882	116.0
1732	562,622	1,237,515	674,893	120.0
1733	989,159	2,594,671	1,605,512	162.3
1734	304,450	752,693	448,243	147.3
1735	（無紀錄）			
1736	365,036	608,412	243,376	66.6
1737	597,281	1,281,426	684,145	114.9
1738	393,732	680,728	286,996	73.0
1739	525,983	897,253	371,270	70.9
1740	1,075,000	1,809,372	734,372	68.5
1741	（無紀錄）			
1742	1,043,334	1,744,928	701,594	67.6
1743	906,135	2,041,279	1,135,144	126.6
1744	995,288	2,098,663	1,103,375	110.9
1745	1,165,835	2,334,710	1,168,875	101.0
1746	1,228,130	2,538,901	1,310,771	107.3
1747	1,503,560	2,438,752	935,192	62.2
1748	1,327,821	2,364,200	1,036,379	78.1
1749	775,154	1,366,498	561,344	76.3
1750	1,366,760	2,459,670	1,092,910	80.0
1751	655,350	1,324,420	669,070	103.1
1752	1,990,480	2,956,501	966,013	48.5
1753	2,703,229	3,403,309	700,080	25.9
1754	3,480,182	3,829,805	349,623	10.1
1755	2,623,071	3,445,475	822,404	31.4
1756	2,067,312	3,978,783	1,911,471	92.6
1757	570,727	1,484,294	913,567	160.3
1758	1,195,075	2,993,712	1,798,637	150.6
1759	1,883,629	3,818,340	1,934,711	120.8

1760	1,803,274	4,408,820	2,605,546	144.5
1761	1,213,001	2,906,903	1,693,902	139.7
1762	1,965,732	4,274,053	2,308,321	117.5
1763	1,253,503	2,873,678	1,620,175	129.4
1764	3,360,627	6,455,602	3,094,975	92.3
1765	2,752,841	4,894,917	2,142,076	77.8
1766	1,373,676	2,425,749	1,052,073	76.6
1767	2,434,115	4,558,419	2,124,304	87.3
1768	2,599,217	4,583,855	1,984,638	76.4
1769	2,362,553	3,654,480	1,291,927	54.7
1770	2,405,232	4,620,000	2,214,768	92.2
1771	2,442,769	5,342,819	2,900,050	118.7
1772	2,255,148	3,976,631	1,721,483	76.3
1773	2,299,212	4,077,539	1,778,327	77.4
1774	2,274,202	3,814,822	1,540,618	67.7
1775	2,263,529	3,909,834	1,646,314	72.8
1776	2,451,597	3,666,312	1,214,715	49.6
1777	523,825	947,978	424,153	81.0
1778	754,315	1,533,120	778,805	103.3
1779	1,876,799	3,909,609	2,032,810	108.3
1780	508,781	245,802		
1781	（無紀錄）			
1782	（無紀錄）			
1783	823,802	1,221,432	397,630	48.3
1784	2,378,995	4,060,253	1,681,258	70.7
1785	2,604,895	4,416,194	1,811,299	69.5
1786	4,538,034	5,478,999	940,965	20.7
1787	2,075,796	2,240,446	164,650	7.9
1788	4,039,114	4,413,848	374,734	9.3
1789	4,327,372	5,038,283	710,911	16.4
1790	591,962	734,467	142,505	24.1
1791	1,534,680	2,668,576	1,133,896	73.9
1792	2,269,758	2,511,416	241,658	10.6

資料來源：C. J. A. Jörg, *Porcelain and the Dutch China Trade*, The Hague, 1982, pp.212–213.

本國。但這許多運抵西班牙的金、銀（以銀爲多），並不能長期停留國內，由于對外貿易入超及其他因素而流出國外。約自十六、七世紀間開始，荷蘭因爲對西班牙貿易出超，每年都把後者自美洲輸入的銀子，大量賺回本國。

　　荷人航海東來，看見亞洲銀價遠高于歐洲，便自歐運來鉅額白銀，購買香料等東方貨物，運歐出售獲利。在一六〇三年，荷蘭向東印度輸出的白銀，其價值約爲輸出貨物的五倍；及一六一五年，更多至爲貨物的十五倍。[30]由一七〇〇至一七五〇年，荷向東印度輸出貨物價值，約佔輸出總值三分之一少點，輸出貴金屬（以銀爲主）則佔三分之二有多。[31]有人估計，由一五七〇至一七八〇年，西班牙大帆船自美洲運銀至菲律賓，共約400百萬盾；約在同一時期，由荷蘭運往亞洲的金、銀多至590百萬盾以上。[32]荷蘭東印度公司在十七世紀運往亞洲的金、銀共值125百萬盾，及十八世紀，激增至448百萬盾。[33]關于該公司每十年運往亞洲的金、銀，參考第三表。

　　在這許多由荷蘭運往亞洲的金、銀中，銀佔絕大多數，金只佔一小部分。例如自一七二〇至一七三〇年，荷蘭東印度公司十七人董事會決議運往亞洲的貴金屬共65,956,449盾，金條只佔3,200,000盾，金幣只佔3,490,000，其餘都是銀條及各種銀幣。[33]復次，我們又可根據荷蘭東印度公司十七人董事會的決議，估計該公司向亞洲輸出金、銀的數量。參考第四表。

　　在一七四三年出版的《荷蘭素描》（ A Description of Holland ），其隱名作者報導：荷蘭東印度公司每年向東印度輸出二、三百萬盾的金、銀，運回價值一千五、六百萬盾的東方貨物。這些貨物輸入荷蘭後，只有十四分之一至十二分之一在國內消費，其餘都運銷于歐洲其他國家，賺回更多的貨幣。這位隱名作家的話可能有些誇大，但我們由此可知，荷蘭因爲長期自亞洲輸入各種貨物，大量轉運往各國出售獲利，賺取更多的金、銀，故有充分金、銀（尤其是銀）向亞洲輸

30　M.A.P.Meilink-Roelofsz, 前引書, p.378。

31　Ivo Schöffer and F.S.Gaastra, 前引文, in Maurice Aymard, eds., 前引書, pp.222-223。

32　同上，p.230。

33　F.S.Gaastra , ″The Dutch East India Company and Its Intra-Asiatic Trade in Precious Metals,″ in Wolfram Fischer, R.Marvin McInnis and Jügen Schneider, eds., *The Emergence of a World Economy 1500-1914 : Papers of the IX International Congress of Economic History*, Wiesbaden, 1986, p.990。

第三表　一六○二至一七九五年荷蘭東印度公司運往亞洲金、銀總值

年　　　份	總　值（盾）
1602 — 10	5,179,000
1610 — 20	9,638,000
1620 — 30	12,479,000
1630 — 40	8,900,000
1640 — 50	8,800,000
1650 — 60	8,400,000
1660 — 70	11,900,000
1670 — 80	10,980,000
1680 — 90	19,720,000
1690 — 1700	29,005,000
1700 — 10	39,125,000
1710 — 20	38,827,000
1720 — 30	66,027,000
1730 — 40	42,540,000
1740 — 50	39,940,000
1750 — 60	55,020,000
1760 — 70	54,580,000
1770 — 80	47,726,000
1780 — 90	48,042,000
1790 — 95	16,168,000

資料來源：Ivo Schoffer and F. S. Gaastra, 前引文，in Maurice Aymard, ed., 前引書，p.224。

第四表　一六○二至一七九五年荷蘭東印度公司運往亞洲金、銀數量的估計

年　　份	銀（公斤）	金（公斤）
1602—10	53,726	248
1610—20	102,816	49
1620—30	123,360	40
1630—40	89,436	147
1640—50	90,464	—
1650—60	86,352	—
1660—70	91,556	1,845
1670—80	107,524	240
1680—90	172,980	1,269
1690—1700	259,518	1,476
1700—10	334,423	3,303
1710—20	325,517	3,656
1720—30	579,425	4,701
1730—40	390,636	926
1740—50	377,240	—
1750—60	487,966	4,458
1760—70	377,631	9,503
1770—80	363,508	7,305
1780—90	459,233	1,882
1790—95	144,140	862

資料來源：F. S. Gaastra, "The Export of Precious Metal from Europe to Asia by the Dutch East India Compony, 1602-1795," in J. F. Richards, ed., *Precious Metals in the Later Medieval and Early Modern Worlds*, Durham, N. C., 1983, p.475.

出。[34]

　　十七、八世紀荷人東來貿易，帶來鉅額銀子，在久處于銀價高昂地區的中國商人看來，是非常強大的購買力，故後者樂于發展中、荷貿易，把銀賺取回國。明代中國流通的貨幣，本來以"大明寶鈔"爲主，價值初時相當穩定。但到了中葉前後，因爲發行太多，寶鈔價值低跌，以致廢棄不用，市場上改用銀作貨幣來交易。另一方面，中國銀礦蘊藏並不豐富，銀產有限。由于求過于供，銀的價值非常昂貴。故自十六、七世紀之交開始，當荷人攜帶大量白銀來東印度貿易的時候，中國商人自然努力擴展中、荷貿易，賺取白銀回國。

　　十七世紀初期，中國商船運載生絲、絲綢、麝香及其他商品往爪哇下港出賣，在回航時運走胡椒、檀香、象牙等貨物；因爲後者價值遠不如中國貨物那麼大，貿易不能平衡，于是輸出大量銀子。故荷人雖然自歐洲運來鉅額白銀，下港市面流通的銀幣仍感缺乏，不能滿足市場交易的需要。[35]荷蘭東印度公司在巴達維亞建立貿易根據地後，在那裡存儲大量現銀，以便"爲中國貿易"（"for the China trade"）之用。[36]到巴達維亞貿易的中國商船，由于貿易順差，自那裡返國時，經常運走鉅額銀子。因爲銀子長期大量流出，到了一六五三年八月，巴達維亞市面深以交易籌碼不足爲苦，政府不得不准許人民使用已被剝奪貨幣資格的錢幣來交易，同時設法限制中國商人輸出白銀。[37]

　　荷人東來貿易所需的白銀，除自歐洲運來外，在十七世紀中葉前後，又通過貿易的途徑自日本取得大量白銀來加強他們的購買力。自一六二四年佔據台灣後，由于地理上的近便，荷人在那裡積極擴展對日輸出的絲貨貿易。因爲貿易順差，他們把在日賺得的銀子大量運走。參看第五表。

34　C.R.Boxer, 前引書, p.280。

35　M.A.P.Meilink-Roelofsz, 前引書, p.246; William S.Atwell, "International Bullion Flows and the Chinese Economy circa 1530-1650," in *Past and Present: A Journal of Historical Studies*, Oxford, May 1982, no.95, p.75;同上作者," Notes on Silver, Foreign Trade, and the Late Ming Economy," in *Ch'ing-shi wen-ti*, Vol. Ⅲ .no.8, p.3; J.B.Harrison,"Europe and Asia," in G.N.Clark, etc., eds., *The New Cambridge Modern History*, Vol. Ⅳ（Cambridge University Press, 1970）, p.654。

36　On Prakash,"Precious Metal Flows in Asia and World Economic Integration in the Seventeenth Century,"in Wolfram Fischer, etc., eds., 前引書, p.89。

37　Leonard Blussé, 前引文, in *Inter-disciplinary Studies*, Archipel 18, p.205。

第五表　一六二二至一六四〇年荷蘭東印度公司自日輸出白銀總值

年　份	輸出白銀總值（盾）
1622	410,600
1623	252,064(+)
1625	338,513(+)
1626	236,207(+)
1627	851,045
1632	643,273(+)
1633	194,803(+)
1634	849,579(+)
1635	1,403,119(+)
1636	3,012,450
1637	4,024,200
1638	4,753,800
1639	7,495,600
1640	2,080,500

資料來源：Eiichi Kato, "Unification and Adaptation, the Early Shogunate and Dutch Trade Policies." in L. Blussé and F. Gaastra, eds., *Companies and Trade*, Leiden, 1981, p.224.

　　又據另外一個統計，自一六四〇至一六四九年，荷人自日本輸出銀15,188,713盾；自一六五〇至一六五九年，輸出13,151,211盾；自一六六〇至一六六九年，輸出10,488,214盾。[38]此外，根據日本小葉田淳教授的研究，自一六四八至一六六七年，荷船每年平均自日輸出銀18,750公斤。[39]

38　Carlo M.Cipolla, *Before the Industrial Revolution : European Society and Economy, 1000-1700*, London, 1976, p.214; J.B.Harrison, 前引文, in G.N.Clark, etc.,eds., 前引書, Vol.Ⅳ, p.659。

39　Atsushi Kobata, "The Export of Japanese Copper on Chinese and Dutch ships during the Seventeenth and Early Eighteenth Centuries," paper presented to 31st International Congress of Human Sciences in Asia and North Africa, Kyoto, 1983。

　　把第五表中荷蘭東印度公司于一六二五及一六三六年自日輸出白銀的數字作一比較，可知該公司于一六三六年自日輸出銀，增加至爲一六二五年剛佔據台灣不久時的八·九倍。[40] 在當日荷船自台灣運銷往日本的中國貨物總值中，生絲約佔三分之二，其餘爲絲紬及其他商品。[41] 因爲要收購生絲等中國貨物運往日本出售獲利，荷人自日輸出的銀子，自然有不少落入中國商人之手。根據一六四○年正月八日荷蘭方面的報導，荷人在台收購中國絲貨等物，一年多至用銀五百萬盾，或一百五十萬兩有多。其後到了一六五一年正月二十日，又有一個報導，說一年用銀約五十五萬盾。[42]

　　荷人與華商貿易所用的白銀，除經由巴達維亞及台灣流入中國外，自一七二九年（荷船于一七二八年十二月自本國啟航）開始，荷蘭東印度公司派船由本國直航廣州，購買絲、瓷、茶等貨物，因爲對華貿易入超，也運銀前往支付貨價。參看第六表。

　　根據第六表，可知自一七二九至一七九五年，荷船由本國直航廣州，運往廣州的銀子，在對亞洲輸出的荷金、銀總值中，初時佔百分之五多點，後來增加到佔百分之二十九。在這六十多年中，荷船自本國直接運抵廣州銀超過四千四百萬盾，或一千二百多萬兩。如果把中、葡商船自巴達維亞長期運往中國，及荷人佔據台灣時，自日本輸入的銀子都加在一起，因中、荷貿易而輸入中國的銀子，數額當然更大。蔡新在乾隆六年（1741）左右估計，由于中國貨物對荷大量輸出，"閩、廣兩省所用者皆番錢，統計兩省歲入內地約近千萬〔兩？〕，"[43] 數額

40　Eiichi Kato, "Unification and Adaptation, the Early Shogunate and Dutch Trade Policies," in L. Blussé and F.Gaastra, eds., *Companies and Trade*, Leiden, 1981, pp.224, 226。

41　同上，p.222。

42　John E. Wills, Jr.,前引書, p.10。

43　《漳州府志》（台南市，民國五十四年影印本）卷三三，人物六，頁六四至六五，〈蔡新傳〉；蔡新《輯齊文集》卷四（引自許滌新、吳承明主編《中國資本主義發展史》，第一卷，《中國資本主義的萌芽》，北京，一九八五年，頁四○七）；田汝康〈十七世紀至十九世紀中葉中國帆船在東南亞洲航運和商業上的地位〉，《歷史研究》，一九五六年，第八期。又《清朝文獻通考》（修于乾隆末年）卷一六乾隆十年（1745）項下說："福建、廣東近海之地，又多行使洋錢。……閩、粵之人稱爲番銀，或稱爲花邊銀。凡荷蘭、佛郎機〔葡萄牙〕諸國商船所載，每以數千萬圓計。……而諸番向化，市舶流通，內地之民咸資其利，則實緣我朝海疆清晏所致云。"

第六表　一七二八～二九至一七九五年廣州直接由荷蘭輸入銀數

年　份	廣州輸入荷銀（盾）	亞洲輸入荷金、銀總值（盾）	廣州輸入荷銀佔亞洲輸入荷金、銀的百分比
1728－29	300,000	5,356,000	5.3
1729－30	250,000	4,725,000	5.2
1730－31	725,000	4,825,000	15.0
1731－32	900,000	3,862,000	19.0
1732－33	660,000	4,250,000	13.6
1733－34	300,000	2,375,000	12.5
1756－60	3,354,000	23,554,000	14.0
1760－70	11,352,000	54,588,000	19.0
1770－80	9,876,000	47,726,000	20.0
1780－90	12,826,000	48,042,000	25.0
1790－95	4,620,000	16,168,000	29.0

資料來源：F. S. Gaastra, 前引文，in J. F. Richards, ed., 前引書，pp.458-459.

可能有些誇大；但我們不能否認，當日中國因爲對荷貿易出超，每年有鉅額白銀輸入這一事實。

四

　　荷人以巴達維亞爲基地來經營東至日本、西抵波斯灣的廣大地區的貿易，他們自歐洲帶來的銀子，分別用來在亞洲各地收購貨物，並不以中國爲限。但明朝中葉後，中國銀價高昂，華商看見荷人有那麼多銀子，購買力很大，自然努力擴展出口貿易，自荷人手中賺取白銀回國。中國輸出的貨物有種種的不同，而絲貨（生絲及絲綢）、瓷器及茶葉，更是中、荷貿易中比較重要的商品。

　　當十六、七世紀間葡、荷戰爭爆發的時侯，一六〇三年二月廿五日，一艘由澳門開往印度的葡船，途經馬六甲海峽時，爲荷海軍擄獲。船上載有生絲1,200包（每包重200荷磅，或225英磅），及其他貨物。其後生絲運回荷蘭，于一六〇

四年八月在阿姆斯特丹拍賣，全歐商人蜂擁而至，售價高達2,250,000盾；再加上其他貨物，共得價3.5百萬盾，約銀一百萬兩。[44]于是阿姆斯特丹成爲歐洲最主要的生絲市場，荷蘭東印度公司自創辦時開始，即把生絲與胡椒及其他香料並列爲最能獲利的商品來經營。[45]該公司于一六二一年正月在雅加達（Jacatra）購買生絲1,868荷磅（1,556斤），運往阿姆斯特丹出售，毛利爲投資的百分之三百二十。又有一批在台灣採購的白絲，重1,009斤，于一六二二年在荷售出，毛利爲百分之三百二十五。[46]在荷蘭市場上，中國生絲要和來自波斯、孟加拉等地的生絲競爭，但在一六二四年二月廿七日阿姆斯特丹生絲價目單上，因爲品質比較優良，中國產品被評價較高。[47]由于地理距離較近，荷蘭自波斯等處輸入的生絲，多于自中國輸入。[48]但在十七世紀三十年代，荷商運波斯生絲到阿姆斯特丹出賣，利潤爲投資的百分之一百，中國生絲則高至百分之一百五十。[49]

　　中國生絲對荷輸出，雖然因波斯、孟加拉生絲的競爭而受到限制，在東亞方面，荷人自一六二四年佔據台灣後，卻以台灣爲基地來擴展對日輸出的華絲貿易。在一六二七年，荷船自台灣運往巴達維亞再轉運往荷蘭的生絲，共值560,000盾，運往日本的更多至620,000盾。[50]由一六三五至一六三九年，荷船輸入日本的

44　C.R.Boxer, *Fidalgos in the Far East 1550-1770*, Oxford, 1968, pp.50-51; Kristof Glamann, 前引書, pp.112-113; 陳小沖前引文，《中國社會經濟史研究》，一九八六年，第二期，頁八四～八五；曹永和〈從荷蘭文獻談鄭成功之研究〉，《台灣早期歷史研究》，頁三八三～三八四。

45　Kristof Glamann，前引書，p.112；Niels Steensgaard, *The Asian Trade Revolution of the Seventeenth Century : The East India Companies and the Dedine of the Caravan Trade*, Chicago, 1973, p.158; K.N.Chaudhuri, *The Trading World of Asia and the English East India Company 1660-1760*, Cambridge University Press, 1978, pp.344-345。

46　Kristof Glamann，前引書，pp.113-114；Ts'ao Yung-ho, "Chinese Overseas Trade in the Late Ming Period,"in *International Association of Historians of Asia, Second Biennial Conference Proceedings*, Taipei, 1962, pp.450。

47　Kristof Glamann，前引書，p.113；陳小沖，前引文，《中國社會經濟史研究》，一九八六年，第二期，頁八四～八五。

48　Kristof Glamann，前引書，pp.116-117,127-129。

49　M.A.P.Meilink-Roelofsz，前引書，p.263。

50　Rev. Wm. Campbell, *Formosa under the Dutch : Described from Contemporary Records*, Taipei, 1987, p.57; D.W. Davies, *A Primer of Dutch Seventeenth Century Overseas Trade*, The Hague, 1961, p.62。

華絲大量增加，每年都超過一千擔，在一六四〇年更多至二千七百擔。荷船運往日本平戶的貨物總值中，以一六三六年爲例，生絲佔百分之五九‧四，絲綢佔百分之二十一，兩者共佔百分之八〇‧四。一六三五年後，荷船每年運往日本售賣的生絲，已經遠較葡萄牙船爲多。例如一六三六年，荷船輸日的生絲多至1,422擔有多，葡船卻只有250擔。其後到了一六三九年，日本政府驅逐葡人出境，禁止葡船再到長崎貿易，過去葡人在日本華絲入口貿易中所佔的重要地位，遂爲荷人及中國商人搶奪了去。[51]當日本大量輸入生絲的時候，荷人曾經嘗試把波斯絲運日出賣，但結果虧本；反之，他們運華絲往日本售賣，利潤卻高至百分之一百五十。荷人運銷華絲于日本，在當日是最有利的一種貿易，他們因此而賺取的利潤，遠較在亞洲其他地區經商獲得的利潤爲大。[52]因爲利潤較大，荷蘭東印度公司購買到的華絲，在地域分配方面，往往優先用來滿足日本市場的需要，然後纔考慮其他地區。[53]

　　荷人經營的中國絲貨貿易，除生絲外，還有絲綢或絲織品。上述一六三六年荷船運往日本平戶的華貨總值中，生絲佔百分之五九‧四，絲綢佔百分之二十一。荷人在巴達維亞建立東方貿易基地後，中國商船（有時加入葡船）把生絲、絲綢運往，再由荷船轉運回國出賣。除經由台灣、巴達維亞轉運外，自一七二九年起荷蘭東印度公司派船自本國直航廣州，在那裡採購絲貨回國。參看第七、八兩表。

　　根據第七、八兩表，可知自一七二九年以後的半個多世紀內，荷船自廣州直接運返本國的生絲，每年多半佔不到華貨入口總值的百分之十，其中只有六年佔百分之十以上；這可能由于在荷蘭生絲市場上，華絲先後遭受波斯絲及孟加拉絲競爭的原故。反之，由于地理上的近便，荷船大量運往日本出售的生絲，幾乎全

51　Kato Eiichi, "The Japanese-Dutch Trade in the Formative Period of the Seclusion Policy : Particularly on the Raw Silk Trade by the Dutch Factory at Hirado, 1620-1640," in *Acta Asiatica*, ⅩⅩⅩ, pp.65-66；拙著〈明中葉後中日間的絲銀貿易〉，《中央研究院歷史語言研究所集刊》，第五十五本第四分（台北，1984），頁六四六～六四七。

52　拙著〈明清間中國絲紬的輸出貿易及其影響〉，陶希聖先生九秩榮慶祝壽論文集編輯委員會編，《陶希聖先生九秩榮慶祝壽論文集：國史釋論》，台北市，民國七十六年，頁二三一～二三七；拙著〈三論明清間美洲白銀的輸入中國〉，《中央研究院第二屆國際漢學會議論文集》（印刷中）。

53　Kristof Glamann，前引書，p.114。

第七表　一七二九至一七九三年荷蘭自廣州輸入絲貨價値

年份	生　　　　　　絲		紡織品（以絲綢爲主）	
	入口值（盾）	佔華貨入口總值的百分比	入口值（盾）	佔華貨入口總值的百分比
1729			11,921	4.2
1732			18,564	3.3
1736			117,670	32.2
1737	45,332	7.6		
1739			144,567	27.5
1740			297,190	27.6
1742			140,692	13.5
1743			128,226	14.2
1744			174,244	17.5
1745	59,005	5.1	208,878	17.9
1746			205,179	16.7
1748	129,034	9.7	205,245	15.4
1749	125,384	16.2	109,889	14.2
1750	126,205	9.2	187,824	13.7
1751	123,812	9.1	314,192	22.9
1752	42,884	2.2	199,356	10.0
1753	70,826	2.6	349,813	12.9
1754	142,496	4.1	437,095	12.5
1755	143,358	5.5	406,222	15.5
1756	153,915	7.4	446,617	21.6
1757	43,478	7.6	201,138	35.3
1758	40,342	3.4	247,867	20.7
1759	123,088	6.5	163,062	8.7
1760			7,609	0.4
1761			11,830	1.0
1762	77,679	3.9	8,015	0.4

1763	193,182	10.3	86,895	4.6
1764	167,288	6.1	211,164	7.7
1765	79,140	2.9	210,394	7.6
1766	50,986	2.0	131,083	5.1
1768	147,559	5.7	288,295	11.1
1769	51,153	2.2	147,565	6.2
1770	185,329	7.7	136,332	5.7
1771	190,360	7.8	181,613	7.4
1772	112,248	5.0	209,433	9.3
1773	140,145	6.1	204,688	8.9
1774	121,702	5.3	236,390	10.4
1775	132,171	5.8	224,899	9.9
1776	201,334	8.2	265,010	10.8
1777	184,940	6.8	225,252	8.3
1778	225,791	8.0	311,058	11.0
1779	224,284	8.7	327,845	12.7
1780	230,171	9.3	294,458	11.9
1783	162,918	10.1	152,406	9.5
1784	207,623	6.5	326,011	10.2
1785	280,940	10.8	300,156	11.5
1786	372,268	8.2	344,501	7.6
1787	489,081	10.3	386,274	8.2
1788	143,764	3.6	326,334	8.1
1789	352,433	8.1	351,645	8.1
1790	39,622	5.8	209,916	30.7
1791	188,518	12.3	203,825	13.3
1792	93,013	4.1	203,486	9.0
1793	52,833	1.9	237,848	8.8

資料來源：C. J. A. Jörg, *Porcelain and the Dutch China Trade*, pp.217-220.

第八表　　一七二九至一七九二年荷蘭東印度公司自廣州運絲綢返國出售的毛利

年份	絲綢疋數	買價（盾）	賣價（盾）	毛利（盾）	毛利率
1729	570	11,921	22,436	10,515	88
1740	8,450	297,190	325,149	27,959	9
1750	6,195	180,598	275,927	90,329	53
1758	5,780	228,266	255,544	27,278	8
1765	2,800	103,924	164,572	60,648	58
1776	4,669	205,125	231,702	26,577	13
1786	4,742	181,864	194,397	12,533	7
1792	3,340	136,681	147,974	11,293	8

資料來源：C. J. A. Jörg, 前引書，p.85.

部來自中國。以絲綢爲主的紡織品，由廣州直接運回荷蘭，在一七三六、一七五七及一七九〇年，都佔華貨入口總值百分之三十以上，在中、荷貿易中顯然佔有相當重要的地位；但絲綢貿易的利潤似乎並不很大，這可能由于荷蘭本國絲織工業的產品，要在市場上和中國絲綢競爭的原故。

五

　　除絲貨外，到東方來貿易的荷人又爲中國瓷器在歐洲拓展廣大的市場。

　　上述一六〇三年荷海軍在馬六甲海峽擄獲的葡船，船中除載運大量生絲外，又載有瓷器約重六十噸，包括大批精瓷。當一六〇四年這批貨物在阿姆斯特丹拍賣的時候，整個歐洲爲之風靡，中國瓷器在歐洲市場從此名聲大震。[54] 歐洲人認爲中國瓷器比水晶還要優美，是一種不是本地陶器所能比擬的器皿。中國瓷器所特備的優點，它那種不滲透性、潔白、具有實用的美，以及比較低廉的價格，都

54　C.R.Boxer, *Fidalgos*, pp.50-51; 同上作者, *Dutch Seaborne Empire*, p.174; T.Volker, *Porcelain and the Dutch East India Company*, Leiden, 1954, p.22; 陳小沖，前引文，《中國社會經濟史研究》，一九八六年，第二期，頁八五；陳萬里（再談明清兩代我國瓷器的輸出），《文物》，一九六四年，第十期，頁三三。

使它很快成爲歐洲人喜愛的物品。[55]由于對中國瓷器的喜愛，歐洲人願意出高價購買，從而貿易利潤上升，故荷蘭東印度公司努力購運，以滿足歐洲市場的需要。[56]

　　荷蘭東印度公司購運中國瓷器，主要以巴達維亞爲根據地。及荷人佔據台灣，從中國大陸駛往台灣的船舶，多半運載大批瓷器。在一六三八年，台灣安平港庫存瓷器多至八十九萬件，其中一小部分運往日本，此外大部分都運往巴達維亞，再轉運往荷蘭。[57]自一六〇二至一六五七年，荷船由巴達維亞運往歐洲的瓷器，共三百多萬件，此外又有數百萬件運銷于印尼、馬來亞、印度及波斯等地市場上。[58]從一六〇二至一六八二年，荷蘭東印度公司輸入歐洲的瓷器，共達一千二百萬件；如加上運往亞洲其他地區的瓷器數百萬件，則在這八十年間，中國通過該公司輸出的瓷器，超過一千六百萬件。[59]

　　荷蘭東印度公司經營中國瓷器的對歐輸出貿易，在十七世紀及十八世紀初期，主要以台灣、巴達維亞爲轉接基地。自一七二九年開始，該公司開闢荷蘭、廣州間航線，在廣州瓷器市場成爲最大主顧之一，[60]中國瓷器出口貿易遂呈現出一個新局面。上述由一六〇二至一六八二年，該公司輸入歐洲的瓷器共一千二百萬件，每年平均十五萬件。及荷船自廣州直接航行返國，由一七三〇至一七八九年，共輸入瓷器42.5百萬件，每年平均七十二萬件，將近爲十七世紀的五倍。[61]關于一七二九至一七九三年荷蘭自廣州輸入瓷器價值，參看第九表。

55　T.Volker，前引書，p.225；*Dutch Seaborne Empire*，pp.174-175;陳萬里〈宋末清初中國對外貿易中的瓷器〉，《文物》，一九六三年，第一期，頁二二。

56　T.Volker，前引書，pp.7,225; C.R.Boxer, *Dutch Seaborne Empire*，p.174; 陳小沖，前引文，《中國社會經濟史研究》，一九八六年，第二期，頁八五。

57　T.Volker,前引書，p.59；林仁川〈試論明末清初私人海上貿易的商品結構與利潤〉，《中國社會經濟史研究》，一九八六年，第一期；同上作者，《明末清初私人海上貿易》，上海，一九八七年，頁二八二。

58　C.R.Boxer, Dutch Seaborne Empire, pp.174-175; T. Volker, 前引書，p.59。

59　T.Volker，前引書，pp.48,227-228;林仁川，前引文，《中國社會經濟史研究》，一九八六年，第一期；陳萬里〈宋末清初中國對外貿易中的瓷器〉，《文物》，一九六三年，第一期，頁二二。

60　C.J.A.Jörg，前引書，p.194。

61　C.J.A.Jörg，前引書，p.149。據同書，p.359,荷蘭東印度公司于一七三〇至一七八九年間，共賣出瓷器42,689,898件。

第九表　一七二九至一七九三年荷蘭自廣州輸入瓷器價值

年　　份	瓷器入口值（盾）	佔華貨入口總值的百分比
1729	30,561	10.7
1730	30,541	13.0
1731	54,222	10.3
1732	91,191	16.2
1733	89,236	19.9
1736	37,284	10.2
1737	80,024	14.4
1738	58,331	14.8
1739	37,681	7.2
1740	96,599	9.0
1742	102,535	9.8
1743	77,035	8.5
1744	67,637	6.8
1745	79,241	6.8
1746	70,175	5.7
1748	63,864	4.8
1749	38,444	4.9
1750	70,690	5.2
1751	72,745	5.3
1752	121,466	6.1
1753	94,250	3.5
1754	148,311	4.3
1755	88,511	3.4
1756	96,823	4.7
1757	14,864	2.6
1758	62,933	5.3
1759	49,455	2.6
1760	95,326	5.3
1761	41,517	3.4

1762	84,717	4.3
1763	91,472	4.9
1764	94,730	3.5
1765	104,889	3.8
1766	114,703	4.4
1768	92,910	3.6
1769	129,540	5.5
1770	132,066	5.5
1771	129,510	5.3
1772	106,305	4.7
1773	106,675	4.6
1774	124,434	5.4
1775	96,567	4.3
1776	89,784	3.7
1777	85,126	3.2
1778	131,415	4.6
1779	122,151	4.7
1780	93,460	3.8
1783	56,775	3.5
1784	104,825	3.3
1785	85,849	3.3
1786	113,526	2.5
1787	117,536	2.5
1788	127,195	3.1
1789	108,917	2.5
1790	28,271	4.1
1791	48,928	3.2
1792	42,242	1.9
1793	61,842	2.3

資料來源：C. J. A. Jörg, 前引書，pp.217–220.

　　根據第九表，可知荷蘭東印度公司船舶，在一七五四年自廣州直接運回本國的瓷器，價值將達十五萬盾，約爲一七二九年的五倍；其後減少，但大部分時間每年都超過十萬盾。在一七三三年華貨入口總值中，瓷器曾佔百分之二十左右，其後下降；此外由巴達維亞轉運前往荷蘭的瓷器貿易仍然繼續，同時私商也被允許運瓷器回荷售賣。[62]關于一七二九年後該公司自廣州運瓷器返國出售的毛利，及經由巴達維亞轉運瓷器返國出售的毛利，參看第十、第十一兩表。

62　C.J.A.Jörg，前引書，pp.92,191。

第十表　一七二九至一七九二年荷蘭東印度公司自廣州運瓷器返國出售的毛利

年　份	買價（盾）	賣價（盾）	毛利（盾）	毛利率
1729	30,561	90,920	60,359	197.6
1730	30,541	101,306	70,765	232.0
1731	54,222	150,450	96,228	177.6
1732	91,191	275,020	183,829	201.6
1733	89,236	219,660	130,424	146.2
1736	37,284	83,473	46,189	123.9
1737	86,027	174,643	88,616	103.1
1738	58,331	86,443	28,112	48.2
1739	37,681	70,280	32,599	91.4
1740	100,897	216,887	115,984	115.1
1742	102,535	179,735	77,200	75.3
1743	77,039	131,997	54,962	71.4
1744	67,637	107,295	39,658	58.6
1745	79,241	124,069	44,828	56.6
1746	70,175	100,432	30,257	43.1
1748	63,864	121,917	58,053	90.0
1749	38,444	76,292	37,848	98.5
1750	70,690	128,384	57,694	81.6
1751	34,793	73,519	38,726	111.4
1752	121,466	157,964	36,498	30.0
1753	94,250	167,204	72,954	77.5
1754	148,311	234,345	86,034	58.0
1755	88,511	148,655	60,144	68.0
1756	96,823	142,444	45,621	47.1
1757	14,864	49,357	34,493	232.6
1758	62,933	206,013	143,080	227.8
1759	49,455	145,684	96,229	194.9
1760	95,326	256,900	161,574	169.8

1761	41,517	118,084	76,567	184.5
1762	84,717	235,045	150,328	177.6
1763	60,836	166,642	105,806	174.2
1764	125,365	314,040	188,675	150.6
1765	104,889	254,017	149,128	142.2
1766	114,703	230,901	116,198	101.3
1768	92,910	209,641	116,731	125.8
1769	129,540	240,309	110,769	85.5
1770	132,066	234,537	102,471	77.6
1771	129,510	217,636	88,126	68.1
1772	106,305	169,582	63,277	59.3
1773	106,675	162,408	55,733	52.2
1774	124,434	200,380	75,946	61.0
1775	96,567	138,228	41,661	43.2
1776	89,784	165,088	75,304	83.9
1777	85,126	170,967	85,841	100.9
1778	68,267	135,681	67,414	98.8
1779	86,857	146,961	60,104	69.2
1783	27,896	52,226	24,320	87.7
1784	75,129	133,324	58,195	77.5
1785	85,849	122,407	36,558	42.6
1786	113,526	132,527	19,001	16.7
1787	40,684	59,013	18,329	45.1
1788	127,195	119,584		
1789	57,819	52,808		
1790	28,271	44,956	16,685	59.0
1791	21,204	32,765	11,561	54.5
1792	44,242	50,914	8,672	20.5

資料來源：C. J. A. Jörg, 前引書，pp.221-223.

第十一表　一七三五至一七四五年荷蘭東印度公司自巴達維亞運瓷器返國出售的毛利

年　份	買價（盾）	賣價（盾）	毛利（盾）	毛利率
1735	54,426	102,550	48,124	88.5
1736	35,047	56,971	21,924	62.8
1737	26,550	26,719	169	0.6
1738	24,238	14,706		
1740	4,298	9,713	5,475	127.4
1741	32,105	47,578	15,473	48.2
1742	21,010	37,332	16,322	77.7
1743	33,235	50,850	17,615	53.0
1745	24,154	41,386	17,232	71.4

資料來源：C. J. A. Jörg, 前引書， p.224.

　　根據以上兩表，可知在一七二九年開始的半個多世紀內，荷船自廣州直接運瓷器回國出賣，在一七五七年毛利率超過百分之二百三十二，在一七二九至一七九二年每年平均超過百分之八十五；其中某幾年毛利率較低，則或由于瓷器在運輸途中受損，或由于第四次英、荷戰爭爆發的原故。[63]和由巴達維亞運瓷器回荷出售比較，由廣州直接販運的毛利率顯然較高，這可能因爲由廣州直航返國，中間人費用的負擔可以減輕的原故。

六

　　除絲、瓷外，近代中國茶葉的對歐輸出貿易，在歐洲各國商人中，首先由荷人經營。早在一六〇七年，已有荷人自澳門購運茶葉往下港，據說這是歐洲人在東亞購運茶葉的首次紀錄。荷蘭東印度公司于一六一〇年首先運茶往歐洲，比英國東印度公司于一六六九年總第一次運茶赴英出賣，要早半個多世紀。荷人獨佔對歐輸出的華茶貿易，他們運茶回國，約于一六三五年轉運往法國出賣，于一六

63　同書，p.134。

四五年運銷于英國，于一六五〇年運銷于德國、斯堪的納維亞。[64]

　　當華茶最初運抵歐洲的時候，因爲價格昂貴，只有富人纔買得起來飲用，被認爲是一種奢侈品。其後飲茶風氣自荷蘭傳播至法、德、英等國，在一六六〇年倫敦的咖啡室有茶供應，到了十七世紀末期已經成爲歐洲街頭的大衆飲品。[65]爲著要滿足歐洲人日益增加的需要，荷蘭東印度公司在巴達維亞大量收購華茶，運歐出售。由十七世紀九十年代至一七一九年，中國及葡萄牙船運茶往巴達維亞，每年平均五、六百擔；由一七二〇至一七二三年，由澳門葡船運往，每年二、三千擔；由一七二四至一七二九年，由中、葡船運往，每年一千五百餘擔至四千擔，再由荷船轉運回國。[66]由一七一六至一七二八年，荷蘭東印度公司十七人董事會每年命令巴達維亞採購華茶，數額增加十倍。[67]一七三〇年夏，一位英國商船的商業事務負責人，在巴達維亞報導，那裡有來自廣州、廈門及舟山的商船二十艘，來自澳門的商船六艘，共運到華茶二萬五千擔，其中五千五百擔由當地人士消費，已經夠用，此外全部轉運往歐洲出賣。這個報導可能有些誇大，但當日荷人在巴達維亞經營華茶貿易的規模之大，卻是不容否認的事實。

　　除在巴達維亞收購華茶，轉運回荷出售外，上文說過，荷蘭東印度公司于一七二九年（第一艘船于一七二八年十二月出發）開始，派船由本國直航廣州，購買茶葉及其他貨物，結果運回茶二十七萬荷磅，及絲綢、瓷器等物。貨物拍賣所得，淨利爲投資的一倍有多。此後繼續派船自廣州購運回荷出賣。關于一七二九至一七九三年荷蘭由廣州輸入茶葉的價值及出售的毛利，參考第十二及十三兩表。

64　T.Volker，前引書，pp. 48-49; G.B.Masefield, "Crop and Livestock," in E.E.Rich and C.H.Wilson, eds., *The Cambridge Economic History of Europe*, Vol, Ⅳ（Cambridge University Press, 1967），pp.297-298。又 Walter Minchinton, "Patterns and Structure of Demand 1500-1750,"in Carlo M.Cipolla, ed., *The Fontana Economic History of Europe*: *The Sixteenth and Seventeenth Centuries*, Glasgow, 1974, p.126, 說荷蘭東印度公司于一六〇九年第一次自中國運茶往歐洲。

65　T.Volker，前引書，p.49; C.R.Boxer, *Dutch Seaborne Empire*, p.177。

66　George Bryan Souza,前引書，pp.145-146。

67　Kristof Glamann，前引書，pp.220-221。

第十二表　一七二九至一七九三年荷蘭自廣州輸入茶葉價值

年　份	茶葉入口值（盾）	佔華貨入口總值的百分比
1729	242,420	85.1
1730	203,630	86.7
1731	330,996	63.1
1732	397,466	70.7
1733	336,881	75.2
1736	201,584	55.3
1737	410,882	68.8
1738	283,452	72.0
1739	290,461	55.2
1740	590,328	54.9
1742	719,462	69.0
1743	630,590	69.6
1744	694,759	69.8
1745	731,356	62.7
1746	875,529	71.3
1748	897,442	67.6
1749	483,317	62.4
1750	960,403	70.3
1751	823,435	60.1
1752	1,564,114	78.6
1753	2,110,708	78.1
1754	2,722,870	78.3
1755	1,951,440	74.4
1756	1,351,450	65.4
1757	279,901	49.0
1758	777,409	65.1
1759	1,486,611	78.9
1760	1,614,841	89.6
1761	1,037,991	85.6

1762	1,615,976	84.1
1763	1,427,968	76.1
1764	2,093,534	76.5
1765	2,199,097	79.9
1766	2,087,036	80.8
1768	1,829,786	70.4
1769	1,864,660	78.9
1770	1,777,256	73.9
1771	1,740,889	71.3
1772	1,632,644	72.4
1773	1,657,285	72.1
1774	1,608,419	70.8
1775	1,625,045	71.8
1776	1,723,870	70.3
1777	2,028,413	75.1
1778	1,970,198	69.5
1779	1,744,791	67.6
1780	1,738,936	70.4
1783	1,076,991	67.1
1784	2,255,619	70.9
1785	1,768,428	67.9
1786	3,342,391	73.7
1787	3,435,415	72.5
1788	3,171,942	78.5
1789	3,316,479	76.7
1790	367,316	53.7
1791	1,017,519	66.3
1792	1,821,461	80.2
1793	2,150,190	79.2

資料來源：C. J. A. Jörg, 前引書， pp.217-220.

第十三表　一七二九至一七九二年荷蘭東印度公司自廣州運茶葉返國出售的毛利

年　　份	買價（盾）	賣價（盾）	毛利（盾）	毛利率
1729	242,420	598,101	355,681	147
1733	336,881	988,510	651,629	194
1739	290,461	603,022	312,561	108
1744	694,759	1,715,120	1,020,361	147
1749	483,317	919,585	436,268	90
1754	2,722,870	2,920,334	197,464	7
1758	777,409	2,303,340	1,525,931	196
1765	2,199,097	4,050,797	1,851,700	84
1776	1,723,870	2,541,055	817,185	47
1785	1,768,428	3,033,436	1,265,008	72
1792	1,821,461	2,110,780	289,319	16

資料來源：C. J. A. Jörg, 前引書，p.81.

　　根據第十二、十三兩表，可知荷蘭東印度公司船于一七二九年自廣州販運茶葉回國，其價值爲二十四萬餘盾，到了一七五四年增加至二百七十餘萬盾，其後在一七八六至一七八九年，每年都超過三百萬盾；在華貨入口總值中，一七二九年茶佔百分之八五・一，一七六〇年佔百分之八九・六，其他年份多半佔百分之七十以上，成爲輸荷華貨價值最大的商品。華茶運荷出售獲得的毛利，多時高達將近爲投資的兩倍，但在一七五四年卻低至爲投資的百分之七，這是因爲在此年以前華茶加倍輸入，市場供過于求，價格劇跌的原故；[68]其後到了八十年代，因爲受到第四次英、荷戰爭的影響，華茶貿易的毛利率也下降。

　　一七二九年後華茶除由廣州直接運荷出售外，過去荷船由巴達維亞轉運返國的華茶貿易仍然繼續進行。[69]自一七三九年起，華茶已經成爲荷蘭東印度公司船舶自東方運返歐洲的價值最大的商品。到了一七四〇年，該公司自東方輸入總值

68　C.J.A.Jörg，前引書，p.33。
69　同書，p.28。

中，華茶和咖啡約佔四分之一。[70]

自十七世紀初葉開始，華茶的輸歐貿易，曾經長期爲荷人壟斷，英國東印度公司要晚幾十年纔運第一批華茶回英售賣。其後兩國互相競爭，到了十八世紀三十年代，荷人購買華茶數量，仍然有幾年多過英國。[71]可是後來形勢轉變，到了一七八七年，共有八十三艘外國船舶抵達廣州購運茶葉，其中英國東印度公司船多至二十九艘，英國私商的船多至三十一艘，而荷船只有五艘。到了一七八九年，荷方承認不再是歐洲市場上的華茶最大供應者，其地位爲英國取而代之。[72]在一八○二至一八○三年，英船在廣州購運茶葉總值，多至爲荷蘭及歐洲其他國家商船合起來的六至七倍。[73]

七

荷人于十六、七世紀之交到東方來，以巴達維亞爲根據地，經營日本、波斯灣間廣大地區的貿易。荷蘭水道交通方便，商業發達，和西班牙貿易保持長期出超的記錄，把西班牙自美洲輸入的金、銀（尤其是銀）大量賺回本國。荷人在歐、亞間往來貿易，發現銀在亞洲的購買力遠較在歐爲大，每艘向東方航行的船都載運鉅額白銀，以便貿易獲利。這在生活在銀價高昂社會的中國商人看來，是非常強大的購買力，故自中國開往東印度的商船，運載大量貨物賣給荷人，把後者手中持有的銀子，賺取回國。

中國商人賣給荷人的貨物，有種種的不同，而絲貨、瓷器及茶葉，尤其重要。自十七世紀初開始，中國瓷器之所以能大量運往歐洲，在那裡開拓廣大的市場，主要是荷人的貢獻。中國茶葉對歐洲的輸出貿易，在歐洲各國商人中，荷人

70　C.R.Boxer, *Dutch Seaborne Empire*, p.177; Kristof Glamann. "European Trade 1500–1750", in Carlo M.Cipolla, ed.,前引書，p.447。

71　J.H.Parry，前引書，p.85；George Bryan Souza，前引書，p.147。

72　C.J.A.Jörg，前引書，p.43，按英國東印度公司于一七六○至一七六四年，每年平均自中國輸英的茶葉量爲42,065擔；于一七八五至一七八九年，增加至138,417擔；于一七九五至一七九九年，爲152,242擔；于一八○○至一八○四年，激增至221,027擔。（嚴中平等輯，《中國近代經濟史統計資料選輯》，科學出版社，一九五五年，頁一五。）

73　C.Northcote Parkinson, *Trade in the Eastern Seas, 1793–1813*, Cambridge University Press, 1937, p.93。

最早經營，曾長期壟斷華茶輸歐貿易，英國東印度公司要晚幾十年纔首次運茶赴英出賣。自一七三九年開始，華茶成爲荷蘭船舶每年自東方運歐的價值最大的商品。中國生絲對荷輸出，雖然由于波斯、孟加拉生絲的競爭而受到限制，在東亞方面，荷人佔據台灣後，卻以台灣爲基地來發展對日本出口的華絲貿易。

　　荷人雖然要花費許多銀子在東方收購貨物，但把這些貨物運回荷蘭，除一小部分在本國消費外，大部分轉運往歐洲其他國家出售獲利，換取更多的銀子，故能源源不絕的運銀往東方去。而且，當日本盛產白銀的時候，荷人在台灣擴展華絲對日輸出貿易，賺到鉅額銀子，也增強他們的購買力。荷人在歐洲、日本做買賣獲得的銀子，分別用來在亞洲廣大地區收購貨物，並不以中國爲限，但中國物產豐富，輸出能力很大，華商自然通過貿易的出超，使荷人手中持有的銀子源源流入中國，潤滑了中國商業的輪子。由于中、荷貿易的發達，中國造船、航運及其他與出口貿易有關的工商業，因投資規模擴大而利潤增加，使更多人口得到就業的機會，從而造成滿清盛世的經濟繁榮。

出自第六十三本第一分(一九九三年十二月)

再論族譜中所見的明代軍戶
—— 幾個個案的研究

于 志 嘉

　　本文利用《豫章羅氏族譜》與《山陰白洋朱氏宗譜》，對明代兩個軍戶家族進行個案分析。透過世系圖以及譜文中有關各家族成員的介紹，將兩個家族在事業、婚姻上的發展如實地呈現出來。對軍役負擔在兩個家族中造成的影響或實際分擔的情形也有說明。目的在釐清「軍戶」一詞所包含之整體範圍，俾使吾人在思考軍戶問題時，能顧及各個層面，才不致再發生以偏概全的故弊。

一、前　言

　　筆者過去利用族譜資料，探討明代軍戶之軍役負擔，對軍丁赴衛時家屬是否隨行、軍役出缺時何人補役、以及軍裝盤費如何供辦等問題，有較深入的分析[1]。其後又以族譜資料配合方志、軍政條例等，討論明代衛軍原籍與其所配衛所之關係，指出明代衛軍調動頻繁之事實[2]。去年並發表二文，就王毓銓氏以來普遍為學者所接受的「軍戶地位低下」說提出質疑[3]。筆者強調的，是明代軍戶

1　參見于志嘉〈試論族譜中所見的明代軍戶〉，《中央研究院歷史語言研究所集刊》第57本第4分，1986，頁635～667。

2　參見于志嘉〈試論明代衛軍原籍與衛所分配的關係〉，《中央研究院歷史語言研究所集刊》第60本第2分，1989，頁367～450。

3　參見于志嘉〈明代軍戶の社會的地位について——科舉と任官において——〉，《東洋學報》第71卷第3・4號，1990，頁91～131；及〈明代軍戶の社會的地位について——軍戶の婚姻をめぐって——〉，《明代史研究》第18號，1990，頁7～31。王毓銓之說首見於氏著〈明代的軍戶〉（《歷史研究》1959年8期），後收入《明代的軍屯》（北京，中華書局，1965）一書，其說影響甚大，後來有關軍戶或軍制之相關研究多加引用。詳細之討論

因爲受到不能分戶的限制，而且留在原籍的戶丁有提供軍費及補役軍丁之義務，因此其家族之構成形態有別於一般民戶。分處於原籍與衛所兩地的軍戶戶丁，由於各家族發展之差異，彼此間也呈現不同程度的互動關係；如果在衛的一支族大丁多，經濟上又沒有困難，便有可能獨力支撐軍役負擔，不須勞煩原籍戶丁。然而，即使如此，原籍戶丁仍保留其軍戶戶籍，平時雖或與民戶無異，一旦衛所戶絕丁盡，或有任何軍費之需求，就得出錢出力，承擔軍役。由於「軍戶」一詞包含了戶下所有人丁，因此在討論軍戶之社會地位時，也應將所有戶丁一併考慮，才能看出軍戶戶籍對其戶丁究竟造成何種影響。緣於此，筆者長久以來即欲就軍戶之家族做個案分析，希望以實例探討明代軍戶之發展狀況。唯因族譜資料多屬零碎，有關軍役的記事本就不多，能將有明一代軍役繼承狀況加以連綴的更是少見，或雖有而世系不全，難窺全貌。直至近日，有機會翻查哈佛燕京圖書館所藏族譜，得一二譜世次較詳，有關軍役的記載也不限一代，遂草成此文，希望透過對幾個軍戶家族之整體介紹，增進吾人對明代軍戶實態之了解，進而作爲評估軍戶社會地位時的參考。文中除介紹各家族有關軍役承擔之記事外，對其他沒有軍役負擔之族丁亦盡量搜集其事蹟；若配偶之出身留有記錄，亦一併摘出，藉以觀察軍戶之戶籍對戶丁之事業發展或婚姻有無影響。由於各譜體例不同，詳略不一，本文各節之敘述方式亦無法統一，這是必須先說明的。

二、豫章羅氏

《豫章羅氏族譜》現藏哈燕圖書館善本書室，因未編目，故不見於羅香林〈哈佛燕京學社漢和圖書館所藏中國族譜目錄〉[4]，或多賀秋五郎〈米國公機關現存宗譜目錄〉[5]。是譜係手抄本，不分卷，全書2帙18冊，除1至3冊收錄誥敕、

參見筆者前引二文，本文不贅述。關於明代軍戶的研究尚有周遠廉・謝肇華〈明代遼東軍戶制初探——明代遼東檔案研究之一〉（《社會科學輯刊》1980年2期）、李龍潛〈明代軍戶制度淺論〉（《北京師範學院學報》1982年1期）等。

4　參見羅香林《中國族譜研究》（香港中國學社，1971）頁191～210。

5　參見多賀秋五郎《中國宗譜の研究》（日本學術振興會，1982）頁364。

宗約、先祖行實、碑記、文學等外，4冊以下爲各支派世系圖及世表[6]。有關從軍應役的記事散見於各支派，但有明確記錄指出爲軍籍的，則爲水缺口本支[7]。

水缺口本支祖爲十八世恭一府君諱孔昭，生於明洪武七（1374）年，卒於永樂二十二（1424）年。祖久八府君諱昌邦，於「洪武四年，爲上吏事，發鳳陽臨濠屯種，遷充皇陵千戶所吏，爲事問軍」[8]，是爲此支落籍軍戶之祖。但在昌邦死後，至後人再被納入軍籍，還有一段插曲。

昌邦於洪武十八年病故，卒年六十六歲。死後不知爲何原因「抄報造冊民戶」，得以暫免軍役。洪熙元（1425）年，「被鄰朱珪首告隱軍」，天順二

6 此譜承哈燕圖書館善本書室主任戴廉先生賜知，特此致謝。是譜未分卷，各冊亦不註先後順序，筆者乃代而分之。第一冊爲誥敕類、宗約、箴辭；第二冊自「順惠侯行實」至「趙太宜人墓誌銘」；第三冊自「送還慈谿序」至「松賦」、「送還慈谿詩」；四冊以下依序爲「水缺口本支」、「宣差堂裡房支」、「宣差堂外房支」、「天季四宣教支」、「日季一長支．第二支」、「月季二支」、「光季三支」、「白馬嶴支」等。以支派繁多，不備載。但記事最詳者爲前三支。

7 羅氏此譜以唐懿宗朝翰林學士兼兵部尚書羅甫爲始祖（《豫章羅氏族譜》〔以下簡稱羅譜〕〈本宗支〉頁1a-b），其下各支在明以前即已分出，因此不受他支系軍役之影響。儘管如此，「水缺口本支」之外，如〈宣差堂裡房支〉頁1a「十六世久十義士」條下記：「府君當洪武時，詔有幹才者役南京，遲限充軍。有司以府君名應，喟然曰：我無善遺子孫，而軍以遺累乎？遂自盡」，是畏避充軍自盡的例子。〈白馬嶴支〉頁38a，「二十世烔一處士」條下記烔一「戍南京龍江左衛，生一子名晟，即住南京」；〈七千三秀才第三支〉頁70，記十七世祖禮九「戍軍雲南」；〈住西羅橋支〉頁20a，「十四世庄二處士」「出補軍役」；〈羅江西房支〉頁6a，記十六世理十諱理亨「戍觀海衛」；〈白馬嶴遷居徐支〉頁43a-44a記此支自十八世宏二「爲南京牧馬所軍」，至十九世可立（宏二次子）「承當軍伍」，二十世原（可立長子）「在南京口口營當軍」，廿一世堅（原螟蛉子）「住南京值軍」等等，則是有關充軍服役的例子。各軍役之替補，皆應在各該支系內進行，唯因族譜留下的訊息有限，無法深入分析。《羅譜》中另有一支亦有戍軍之記載，此即〈住東羅橋支〉頁95b，十七世禮十三處士諱禮文，曾「戍遼東，遇赦歸」。禮文父爲義五，〈草亭先生傳〉謂「先生（即禮文）之先君從戍維揚，因以家焉」；頁95b又記禮文兄禮八之孫信廿六「戍陝西鎮番東，歸葬十六都」，是爲此支所有有關軍役之記載，但彼此間繼補軍役關係不詳，無從討論。水缺口本支編入軍籍之緣由詳見本文，其子孫至明末仍爲軍籍，見〈誥敕類〉頁16a，〈巡按御史李復命伊遹據慈溪縣薦舉地方賢才薦語〉，援引如下：

> 羅應斗，年五十歲。本縣坊隅五圖軍籍。由萬曆丙戌進士授工部營繕清吏司主事，陞員外郎、郎中。（以下略）

羅應斗之事蹟詳見本文。其爲軍籍，亦見於《明清歷科進士題名碑錄》（台北，華文書局，1969）〈萬曆丙戌科〉頁1005。

8 《羅譜．水缺口本支》頁1a-2a。

（1458）年，「又被鄰張經首告軍情」。然而，由於衛所「查無名伍」，昌邦的子孫並未立即繼補軍役，直到成化二（1466）年，才由兵部比照「迷失事例」，將之撥爲南京留守衛聚寶所軍[9]。時距昌邦病故，軍役已懸缺了八十一年[10]。

　　昌邦僅一子，諱善長。善長生四子，即恭一、恭三、恭四、恭六。軍役本應由此四房共同承擔，但最後卻由恭一與恭六兩房分擔。《羅譜》引舊譜謂：

　　　　恭一府君與恭六府君慮後當軍煩苦，立契撥田，贍軍應役。次房與三房家
　　　　務不敷，無力撥田贍軍，挈家逃避無踪，應役者係青林恭六房子孫[11]。

可知恭三與恭四兩房因畏避軍役，舉家逃亡；實際赴衛應役的是恭六房子孫。至於恭一與恭六兩房撥田贍軍的比例，並無明載。《羅譜》謂恭一「府君家道殷實，好善樂施，產業東至寺笆下，西至下岰頭」[12]，似該房頗豐於田產，因此亦有可能是由恭一房出田贍軍，而以恭六子孫應役。唯以史料所限，僅止於推論。

　　恭六房子孫繼役情況不詳[13]。萬曆十三（1585）年兵部發冊補伍，乃以恭一房裔學稼頂充南京留守衛軍[14]。學稼卒，以長子應龍代。應龍生二子，「仍戍軍南京」。《羅譜》據東滄先生譜，記「此房子孫竟住南京省城上元縣，至康熙年間，有爲光祿寺卿者」[15]。可知至明末，軍役皆由此房子孫承擔。

　　水缺口本支有關軍役的記錄主要如上述。由於恭六一支出繼，且世次不

9　《羅譜・水缺口本支》頁1a-2a。又，有關「迷失」一詞，散見於諸軍政條例，如《軍制條例》（譚綸等輯，萬曆二年刊本）卷一，成化十三（1477）年〈兩廣軍丁編本邊衛〉條：「其有年遠不勾軍戶，照例行查定奪。迷失衛分者，暫發附近差操」，是爲一例。

10　羅氏抄報民戶因被人首告復爲軍籍的記事，與下文討論之恭一、恭六撥田贍軍承役，恭三、恭四避軍逃亡一事，在時間上似有矛盾。蓋恭一卒於永樂二十二（1424）年，次年始被首告隱軍，是恭一在世時羅氏既籍屬民戶，似無需顧及當軍之事。且恭一生年在洪武七年，昌邦死時，恭一年僅十一，其諸弟當更年幼，亦不能有立契撥田之舉。然以資料有限，姑存疑。

11　《羅譜・水缺口本支》頁1b-2a。

12　《羅譜・水缺口本支》頁2b-3a。

13　《羅譜》謂恭六出繼於重四之後成十二爲子，重四乃昌邦曾祖重六之長兄。按〈天季四宣教支〉頁4b-5a，恭六出繼後「入贅青林，娶姜氏，即住青林」，生四子。然譜中有關此派之資料「約略之至」，僅收錄部分子孫姓名，餘則無從查考。因此無法獲知其間軍役繼承狀況，以及萬曆間改勾恭一房子孫之理由。

14　《羅譜・水缺口本支》頁1b-2a。

15　《羅譜・水缺口本支》頁26b-27a。

詳[16]，本文只討論恭一房之後，即水缺口本支。恭一生二子，長均一府君爲東房之祖，次均二府君爲西房之祖，本文即分就東、西房介紹其發展。

　　附圖一、二分別爲豫章羅氏水缺口本支東、西兩房世系圖。儘管由於族譜資料的缺略，若干房派的記錄不完整，然僅就譜中所及，此二房至二十五世時，子孫人數已超過90人。自十九世至二十五世，譜中出現的人名近三百個，但實際赴衛當軍的，只有東房廿三世學稼及其長子應龍，和應龍的兩個兒子京壽、京義，合計不過四人。由此不難體認出，當軍戶家族繁衍擴大到某種程度時，明初所傳下的軍役負擔就相對的降低了它在整個家族賦役中所占的比重[17]。萬曆十三年兵部發冊清勾時，羅氏水缺口本支在軍役的提供上，不論就人力或物力來看，都不致有太大的困難。甚至有可能因爲贍軍田的存在，使軍役後繼人選的產生較爲順利。族譜中沒有任何跡象顯示當這個久不爲恭一房子孫所聞的軍役再度降臨時，衆子孫間爲推派人選曾做過某種協議[18]，這或許可作爲上述推論的旁證。無論如何，經由上圖，可以看到一個似鬆散而實則緊密的軍戶家族結構。所以說鬆散，因爲在大部分的時間裡，軍役只靠著若干特定田產及極少數的人即可完成，家族中其他成員幾乎與軍役不發生任何關係。儘管如此，各成員仍在軍籍之束縛下，不僅在奉冊清勾時，須有人補伍應役；平時參與科舉考試，也需報上軍籍[19]，並且受到不能分戶的限制[20]，在在顯示出緊密的一面。

16　參見註13。

17　軍戶的賦役亦應分原籍與衛所兩地來談。留在原籍的戶丁因有幫貼軍役的義務，明初政府作爲其補償，曾減免軍田之雜役，後改爲免戶丁若干名之差役。但在減免額以外的部分，則須與民戶負擔同樣之賦役。軍戶家族經過二百多年的發展，人丁與田產都有可能增加，原有的軍役負擔卻沒有多大改變，其所占比重遂可能相對降低。關於軍戶賦役的問題，王毓銓、李龍潛都曾討論過，參見註3所引文，但多不夠深入。筆者曾利用族譜資料，對原籍戶丁支應軍役、軍費的方法有所討論，已見前述，今後更須通盤檢討，以明其全貌。筆者以爲，「軍田」一稱有時意義非常狹小，如《羅譜‧本宗支》頁5b-6b記蔡家嬲墳山盜賣、贖回始末，有均二「念祭產微薄，贍出自己民田四畝五分零」之語，此「民田」應係與「贍軍田」對稱者。軍戶戶下同時擁有軍田和民田，是不容忽視的。

18　爲推派繼役人選而家族協商的例子，可參見註1所引文頁649、頁661～663。

19　參見註7。筆者曾利用登科錄、序齒錄的資料，分析軍籍者在科舉與任官上是否受到限制，參照〈明代軍戶の社會的地位について——科舉と任官において——〉。

20　《羅譜‧本宗支》頁5b-6b記均二所置墳庄於嘉靖間爲倭寇所損，其後惠二與坤十一續贍田置庄，召蔡姓住庄管墳，「其田山基地糧稅寄籍鄞縣四十七都，立太守公諱應斗戶

　　羅氏家族中直接參與軍役的既是如此少數，其他成員究竟過著何種生活呢？以下擬就其職業與婚姻，分別討論之。

　　羅氏始祖甫於唐僖宗廣明元（880）年避黃巢亂挈家渡江，此後即定居於慈谿。《羅譜》謂甫在慈谿「招集人民開墾田地，樹藝五穀，暇則教以詩禮孝悌，創建浦渡橋路，置造寺院庵廟」，可知在慈有開闢地方之功。死後，鄉人爲立祠，宋建炎年間得賜廟額曰嘉德，元朝時更被敕封爲順惠侯[21]，一直都受到地方人民的尊崇。羅氏憑此深厚之背景，明初時已發展出頗具規模的家族組織。永樂六（1408）年，同邑翁友諒做〈羅江八詠圖記〉謂：

> 厥土惟泥塗，厥田惟中中，厥賦惟中上。羅氏宗黨鄉鄰得以深耕易耨於其間，而豐歉稔獲，家給人足矣。然田與山與地爲羅氏子孫業者十之七，義塾則有堂以容衆，有租以充廩。鄉閭子弟於茲習禮樂、誦詩書而進德修業者，有其所矣。又有貯蓄義庄二所，一歲用穀若干石，以周鄉里鄉族者，曰厚德庄；一永撥田八百畝，以捨郡之天甯寺，爲子孫往府居食之資者，曰天甯庄。至於月朗、躍馬二橋，亦由羅氏建而爲人所欣稱者。

可知自唐末以來，羅氏田產歷經數百年的累積，雖遭逢元末兵燹，仍保持不衰。至明初時，羅氏子孫已擁有義庄、義塾等宗族組織，並且利用其土地收益，從事地方建設，發展地方影響力。水缺口本支雖係於元末明初時才遷居至水缺口，初時不免有一番創業之苦，但與若干歷經兵亂流離失所的人相較，情況似乎好的多。恭一富於田產，已如前述。譜謂其「產業東至寺笆下，西至下峧頭。造屋二區，東以石剌嶺爲坐山，名東岸，分給長房；西以大寶山爲坐山，名曰西岸，分給次房」[22]。益可見其規模。

　　名」。其中所立之羅應斗戶，似只與繳交田賦有關，並不能視爲分戶。軍戶不能分戶的規定，見萬曆《大明會典》（明・李東陽撰、申時行修，新文豐出版公司，1976）卷20，〈戶部七・戶口二・黃冊〉景泰二年條。但實際情況如何，很值得探討。

21　《羅譜・本宗支》頁1a-b。天啟《慈谿縣志》（明・姚宗文等修，天啟四年刊本）14／28b-30a有「嘉德廟記」，同書16／30b-31a有「羅江八詠歌」，皆記載羅侯事蹟甚詳，可參考。

22　《羅譜・水缺口本支》頁2b-3a。此支始遷水缺口之祖爲昌邦，生於元仁宗延祐七（1320）年，卒於明洪武十八年。見〈水缺口本支〉頁1a-b。

東房祖均一的事蹟不詳，西房祖均二有遺書存留，可知其家業之擴張[23]：

　　立遺書父羅均實，行二。吾嘗蚤失怙恃，無所歸倚，乃挺然自立，勤稼穡之事，任創業之難。家業頗成，田產有次。汝等兄弟長成，俱各婚娶，向曾會請親族，將房屋作三分均分，先撥田租一百九十石與各管紹分食，其餘租穀衆外。後於成化八年，因妾劉氏又生汝弟羅玉，因前房屋窄狹，將衆留租穀積聚，起造新屋一所，續置田產。因男羅玉長成，婚娶了訖，合將田租亦撥一百九十石與羅玉管紹食用。除衆留贍老、贍軍、祭祀等田外，今將新舊房屋并衆留續置田產品搭，仍作四股均分，會請親族衆見。
　　……

「衆留」一詞意義不詳，按文意似指分產後留給一衆人等使用之財產。贍軍田係恭一所留，祭祀田一項則「初係三大房公同管業拜掃」，祭祀昌邦之父都目府君。成化間爲宣差堂裡房子孫盜賣，由均二贖回，並於原有十二畝外，「贍出自己民田四畝五分零，爲清明祭產」。此後經各房合議，「將蔡家墈墳山盡推與均二房一支，永遠管業」，「均二府君因買墳庄一所，召蔡姓居住，看守祖墳，買田贍庄，給其食用。又置買祭產，爲都目府君每歲祭掃」[24]。綜上可知，均二名下的田租超過八百石，加上房屋、墳庄等等，稱得上富裕了。

　　東、西二房明初以來都以務農爲主，間亦業儒，二十世以下並代有入學之庠生，其後更有鄉試合格及進士出身者。譜文僅記其業儒，而未詳敘其他事蹟者，如東房廿三世乾廿四、廿四世坤三六、坤六二、廿五世萬四一，及西房廿四世坤五八、廿五世萬公任[25]。記爲縣庠生、郡庠生、武庠生、國子監生或歲貢者，有東房廿一世敏三、廿三世乾十九、學戀、廿四世坤五九、坤七一、廿五世萬廿二，及西房廿世信六、廿二世惠一、惠廿三、惠十六、惠廿五、廿三世乾二、乾十一、乾廿二、廿四世坤四、坤九、坤十六、坤十八、坤廿二、廿五世萬十三、萬二、萬三、萬六、萬七、萬猶龍等[26]。至於舉人則有東房廿二世惠七，爲嘉靖

23　《羅譜・水缺口本支》頁37b-38a。
24　《羅譜・本宗支》頁5b-6b。又參見註17、註20。
25　參見《羅譜・水缺口本支》頁19b、8b、41a、68a。
26　參見《羅譜・水缺口本支》頁3b、10a、30b、11b、4b、13b、46a、41a、40b、61b、48a、48b、47b、48b、49a、49b、51a-52a。

元（1522）年壬午科鄉試舉人；廿三世乾十爲嘉靖二十二（1543）年癸卯科鄉試舉人；廿五世萬三十一，崇禎九（1636）年丙子科鄉試舉人，及西房廿二世惠二，中嘉靖七年戊子科浙江鄉試第九名亞魁；廿五世萬撥其，中崇禎六年癸酉科浙江鄉試第八十三名舉人。水缺口本支在明代又有進士一人，即西房廿四世羅應斗，先於萬曆乙酉（1585）中浙江鄉試第二十八名舉人，翌年會試第202名，廷試二甲進士[27]。

業儒的一個目的，在晉身宦途。水缺口本支雖不曾出過特別有名的高官顯宦，但自廿二世以下到明末，都有子弟入仕。從廿二世算起，惠七中舉後擢吏、禮二部司務，後陞工部虞衡司郎中；惠二則於亞魁後「六上春官不遇，以親老思祿養，就選宿州知州。有治聲，轉鄧州，卒於任。」廿三世乾十任廣東高明縣知縣；廿四世坤十一初授工部營繕清吏司主事，「轉郎中，出知河南府，以病告歸，再起知大名府，進階中憲大夫」；廿五世萬三十一任兵部主事[28]。這些官職最高到正四品，對提升羅氏在地方上的身分和地位，自有正面的影響。

羅氏子弟亦有出任學官，或因精於學業，能爲人師表者。西房廿一世敏四「博聞績學，屢試不售。因習吏事，爲布政司通吏。方伯林公延爲子師」；廿二世惠廿三「在湖州府德清縣教讀」；廿五世萬撥其任淳安縣學教諭；東房廿四世坤七十「生平學不厭，教不倦，循禮義，存性寬，世皆仰慕」；以及同爲廿四世的坤十九，「以歲貢任杭州府儒學教諭」，均爲其例。又，廿五世萬三十二爲陰陽學正，則是學有所專的例子[29]。

明朝又有吏員一途，提供平民晉升的機會。明初吏員可升任一二品大員，其後因流品觀念漸重，士子多以科目進，而吏員與科第成天壤之別[30]。水缺口本支子弟充任吏員的例子也不少，如東房廿二世惠八「任廣東南雄府倉史」；惠一「任廣東三河司巡檢」；廿三世乾廿三由海鹽縣倉使轉江西巡檢；乾廿八任山西嵐縣典史；乾二「任福建興化府倉使，轉江西南安府橫浦驛丞，陞雲南富民縣

27　參見《羅譜・水缺口本支》頁4a、4b、5a、47b、50a、50b。

28　參見《羅譜・水缺口本支》頁4a、47b、4b、50b-51a、5a。

29　參見《羅譜・水缺口本支》頁47a、41a、50a、24a、28b、23a。

30　參見陶希聖・沈任遠合著《明清政治制度》（台灣商務印書館，1967）頁154、178，繆全吉《明代胥吏》（台北，嘉新水泥公司文化基金會研究論文，1969）頁153-154。

典史，再陞四川合州吏目，尋轉益王府典儀正」；乾五任江南松江府倉使，陞江西安遠縣黃香司巡檢；廿四世坤廿六「出任江西白沙衛巡檢司」；西房廿一世敏一任廣東潮州府靈山驛丞；敏四爲布政司通吏，「以考滿赴京候選京衛經歷，疾作而歸」；以及廿二世惠廿七「爲布政使吏」等都是[31]。其中，京衛經歷爲從七品，王府典儀正爲正九品，州吏目、巡檢及府倉大使爲從九品[32]。

羅氏耕讀之餘，又有少數從商，如西房廿三世乾十二「業成衣」，及廿五世萬伯祥「蘇州藥行生業」[33]。入清以後，從事者日多，尤其是成衣業，東、西房子孫皆有經營，開業地點更遠至京師，較近者則有宜興、湖州、邱黃等[34]。成衣業之外，還有經營古董店、鞋店、繪畫、及製造木牌等[35]，營業範圍亦隨羅氏子孫遷徙之足跡，擴大到杭州、德清一帶。諸行業中不少與手工業有關，唯因史料缺乏，不詳其產銷型態。羅氏子孫中尚有不少因「出外」或「卒於客」以致其後不詳的[36]，他們在客居之地從事何種生理，後人已不能得知，但可以確定的是，儘管族譜記載的職業資料並不全面，通過以上的分析，當不難了解明代軍戶家庭成員職業的多樣性。

羅氏子弟尚有「從釋」者若干人，時間集中在明末清初兵亂流離之際[37]。東房廿四世有一人爲「山東忠勇校尉」[38]，然不詳其始末。以下討論羅氏之婚姻。

軍戶的婚姻狀況曾被視爲影響其社會地位的一個指標。王毓銓氏舉雲南旗軍以抄沒婦人爲妻之例及武陵戎籍因民家顧慮當軍，常至老不得婚配之例爲證，力主軍戶社會地位低下。筆者就此曾以科舉成功的軍戶爲例，指出與王氏所說全然相反的一面[39]。羅氏此譜對各人配偶均有記錄，由附圖一、二可以清楚看到軍戶

---

31 參見《羅譜·水缺口本支》頁30b、32a、19a、22a、35a、35b、12b、40b-41a、47a、62b。

32 參見萬曆《大明會典》卷10，〈吏部九·稽勳清吏司〉。

33 《羅譜·水缺口本支》頁41a、64a。

34 《羅譜·水缺口本支》頁29b、30b、18a、23a、24b、62b、64a、68b。

35 《羅譜·水缺口本支》頁10b、23a、28b、65b。

36 參見《羅譜·水缺口本支》頁11a（坤五六）、11b（坤行諱龍登）、47a（敏十）等。另外，因遷徙外地久而失去聯絡的亦不少，不贅舉。

37 《羅譜·水缺口本支》頁8b、29b、30a、41b、45b等。

38 同上頁16a（坤官祿）。

39 于志嘉〈明代軍戶の社會的地位について——軍戶の婚姻をめぐって——〉。

子女並不艱於嫁娶。本文只將譜中明載配偶爲官宦之後者略加介紹，以示軍籍者仍可藉婚姻提升其社會地位。

羅譜中有關配偶的資料，最值得注意的，是少數出身仕宦之家者的記錄。如上所述，羅氏子弟不少業儒，因科舉或吏員一途入仕者亦代有其人，加上家族在地方上長久以來即有相當之影響力，因此其聯姻之對象時有仕宦之後。如東房惠七與乾十兩代爲官，父子皆中舉，乾十子坤八十之妻錢氏，爲鄉試狀元錢逢春之女[40]；乾十弟乾廿五娶「王探花公之妹」，王探花應即萬曆二（1574）年甲戌科探花王應選，與羅氏同爲慈谿人[41]。惠七弟惠十三之女適「祝家渡袁濱陽公之仲子諱鋼，官湖廣布政司理問」[42]。

西房中值得一提的是信六一支。敏四博聞續學，其妻趙氏，乃工部尚書趙文華之從姑[43]。文華亦浙江慈谿人，爲嘉靖八年進士，曾與嚴嵩結爲父子，權傾一時，後以失寵黜爲民[44]。他與羅氏淵源頗深，所撰〈奉直大夫鄧州知州寶泉羅公墓誌銘〉收在《羅譜》，其中一段敘述他與敏四子惠二之關係：

> 甲辰（1544），文華分考禮闈，君（即惠二羅洪）在試。予期得君，君亦以予必得之。而竟失焉，因悵然曰：知予如趙子而不遇，莫之遇也。

惠二六上春官不遇，後以親老思祿養，就選宿州知州。所生三子二女，二女「長適沈大尹長子名君城，次適趙通政（即文華）長子名愼思」[45]。另外，長子乾二娶桂氏，次子乾十一娶葉氏，譜文雖未記其出身，而文華所撰寶泉公墓誌銘則謂二人「皆宦族女」，可見羅氏與宦族聯姻的例子不少，唯以譜文缺漏，無從深論。

乾二爲縣庠生，生二女，「長適李太守公孫庠生必復，次適陳副使長

40　《羅譜・水缺口本支》頁8b。

41　同上頁11a。又參見朱保烱・謝沛霖《明清進士題名碑錄索引》（上海古籍出版社，1980）頁183。嘉隆萬間的王探花尚有萬曆八年庚辰科的王庭譔，見同書頁184，但由其籍貫陝西華州來看，可能性不大。

42　《羅譜・水缺口本支》頁12a，〈羅九庄先生墓誌銘〉。

43　同上頁47a。

44　參見《明史》（清・張廷玉等撰，鼎文書局，1975）卷308，〈趙文華傳〉。

45　《羅譜・水缺口本支》頁47b。

子」[46]。乾十一爲郡庠生，以子羅應斗貴，敕贈承德郎工部主事。長子坤四娶湯氏，「係湯別駕孫女」，次子坤九娶劉氏，「係劉御史次女」。三子坤十一即羅應斗，官至大名府知府，生五子三女，長子萬二爲邑庠生，娶汪氏，「係尚書公諱鏜孫女，余冢宰有丁外孫女」；長女「適張太守公長子，次適馮翰林爲媳，季適鄞縣丁都堂爲媳」[47]。諸姻親中，除不具名者不論外，汪鏜係鄞人，嘉靖二十六年進士，累官至禮部尚書管詹事府兼翰林院大學士；余有丁亦鄞人，嘉靖四十一年成進士，授編修，累官至禮部尚書兼建極殿大學士[48]。

萬二有四子一女，長子袞娶聶把總世龍女，女適裘參將公長子。萬二之三子褒有二女，「長適王同知公孫字二如公，次適向御史房向公字維申，庠生」[49]。

《豫章羅氏族譜》的記事止於乾隆五十七（1792）年，且在清以後只有少數幾支仍有詳細的記載[50]，因此很難評斷此一軍戶家族在清朝有何特殊變化。但由上述應不難了解，明初的軍役雖一度爲羅氏帶來家族逃散的悲劇，隨著人丁、田產的擴增，羅氏在軍費的幫貼上，有固定的贍軍田可支應，在軍役勾補時，其家族人數亦已增加至相當數量，使人力調配全不發生困難。這與過去常被過度強調的軍戶悲慘面，有很大的差距。

三、山陰白洋朱氏

《山陰白洋朱氏宗譜》係光緒二十一（1895）年朱增、朱沛鋆等修。除卷首外，全書計分32卷。由於是木刻活字本，故較易得見[51]。卷一收錄歷代修譜或

46　同上頁48a。副使應爲按察司副使之簡稱。

47　同上頁48b-52a。

48　參見國立中央圖書館編《明人傳記資料索引》（台北，1965）頁168、265。

49　《羅譜·水缺口本支》頁51b-53b。

50　《羅譜》無序，因此其成立經緯很難掌握。但譜文中隨處徵引「字充先生譜」，或「德符先生譜」。又水缺口本支世表中亦可見若干子孫修譜之記載，參見〈水缺口本支〉11b（廿四世坤五九）、14a（廿八世長伯宜）、17a（廿六世古三十，即德符）、45b（廿六世古字充）、及56b-57a（廿八世兆鵬）等。其中，兆鵬卒於乾隆五十六年，其項下有：「府君纂輯先世譜乘，手自校錄」一語，可知兆鵬之子曾續錄其後一、二代事，可惜至翌年即止。

51　多賀秋五郎前引書下冊頁158、271、378。以下簡稱《白洋朱譜》。

重修譜序，可知白洋朱氏之修譜，最早在明弘治五（1492）年，此後至光緒二十一年，中間至少還有七次，因此其記錄相當完備。朱氏子孫主要分作天、地、人三派，另有繼房包括辛房、昇房兩派。人字派下更細分爲老三房、十二房、十五房、十三房、廿二房、廿五房等。與軍役直接有關的，是辛房派。

朱氏充軍緣由，據是譜卷一，〈三修宗譜序〉謂：

> 吾家世居白洋，以榮一公爲始祖。二世則爲海一公，其幼子諱德方，是爲吾東岸之祖，即三世存耕公也。存耕公未生思勤公之先，以胞兄景方公次子本昇爲子，而戶頭義方公亦存耕公胞兄。洪武二十四年二月，爲燒燬黃冊事，充四川神仙驛軍，三丁抽一。義方公應從軍，幸義男朱晟、朱英代往。而存耕公尚年少，未能支持門戶。本年八月爲富役里遞擠陷，以存耕公躲避差徭，遂當小興州衛軍。存耕公與母沈太君不勝悲楚。辛奴，乃海三公之孫也，存耕公養以爲子，毅然肯往，遂應役充小旗。

〈三修宗譜序〉成於萬曆七（1579）年，爲八世孫以亮作。據此，朱氏於洪武二十四年因黃冊被燒燬事，三丁抽一以義方充軍，當時雖因義男代役而得免，但半年以後，又因躲避差徭，再度被充軍，遂又以養子應役。「躲避差徭」一詞，語意含混，卷6，〈前明前軍都督府右都督贈懷遠侯毅齋公傳〉有一段話，可補此不足：

> 洪武二十四年辛未，浙江布政司災，燒燬黃冊，坐居民不救罪，議派逐里充戍。時存耕公始居白洋里，里舊有同姓者，居河之北，已數世矣。富而狡，有諸生四五人，俱無行，素欺公厚，數侮公。公不之校，遂竄公名充四川神仙驛軍。義子朱晟、朱英代往。八月，復傾公，以公委避屬異姓子，隨問懷遠衛軍。（中略）辛見父不忍行，俟父出，攜父牒往至衛，以禦虜功充小旗。

可知朱氏之軍役，最初因里中同姓者竄改而來，其後復被告以異姓子應役，而再度被發充軍。三修譜序中所謂之「義方公應從軍」，乃是因爲當時朱氏戶頭爲義方之名，而義方實早逝[52]，故軍役應由存耕承當。存耕初艱於子嗣，以兄景

---

52 《白洋朱譜》卷6，〈誥封武略將軍開族祖存耕公傳〉云：「海一公生四子，長曰子方，次曰義方，三曰景方，季即公（存耕）。公幼而孤，三兄俱早逝。」見頁9a。又，山陰地方

方次子昇、及叔海三之孫辛爲嗣。後納庶室戚氏，始生一子名昂[53]。洪武二十四年當充軍時，昂年甫七歲[54]，《白洋朱譜》卷6，〈碩隱思勤公傳〉記其事曰：

> 存耕公自外歸，見辛已去，輒鬱鬱不樂。爲人悔若此，至割愛子從軍，泣數行下。公（即昂）徐慰曰：俟男稍長，當代兄歸，終不令没没也。

朱昂篤於友愛，少年即有代兄赴役之志，但最後終不能如願，倒不是因爲他及長改變了心意，而是朱辛充軍之後，屢立戰功，不僅自己成就了大功業，子孫且世襲千戶，朱昂遂不需再代兄從役了。

朱辛的事蹟詳見〈前明前軍都督府右都督贈懷遠侯毅齋公傳〉。他在充軍後不久，即「從大將軍周興北擊胡至徹徹兒山」；「乙亥四月，元故將犯塞，從將軍宋晟疾戰」，又梟其前鋒，追至鎮兒口，「以功陞都司，泣大甯衛」。靖難時降燕王，降爲騎將，「自後屢膺戰功，燕王即位，晉前府都督同知」。永樂二十二（1424）年從太宗親征漠北，仁宗時陞右都督理前府事，世襲一子懷遠衛指揮使。朱辛的事業至此已發展至最高峰，然而就在這個時候，他上疏請降級南調，以便能就近歸葬先人墓側，並略盡孝養之思。遂調壽州，以子亮襲職。

朱辛有三子，長子即朱亮。亮長子嬰、嬰長子勇、勇子門、門子瑞麟均世襲壽州衛右所副千戶[55]，瑞麟以下不見世襲之記事。但由朱辛子孫世襲千戶直至明末，可知有明一代軍役未及於他房子孫。朱辛子孫之戶籍必爲官籍無疑，其他各房的戶籍是否也都隨之改爲官籍呢？

關於這個問題，譜文沒有任何資料可供解疑，我們只能依賴《明清歷科進士題名碑錄》中有關戶籍的記載。白洋朱氏在明代曾有六人成進士，即老大房七世節、九世瑞鳳、老三房七世籤與箆、及十五房十世燮元、十一世兆柏，他們的戶籍皆記爲「浙江紹興府山陰縣軍籍」[56]，並未因辛房的改入官籍而改變。

洪武初因燒燬黃冊而以民爲軍事，亦見於嘉慶《山陰縣志》（清·徐元梅修、朱文翰纂，嘉慶八年刊本）14／6a，〈鄉賢〉陳普明條。

53　《白洋朱譜》卷11，〈一世至五世系圖〉頁2a。

54　同註52，〈存耕公傳〉頁10a。又卷6，〈碩隱思勤公傳〉頁16a-b。

55　《白洋朱譜》卷19，〈行傳〉頁5a、9a、15a、26b、48a-b。其中，朱門亦見於嘉靖《壽州誌》（明·栗永祿等纂修，嘉靖二十九年刊本）5／27a，「壽州衛」五所見任千戶條下。唯朱辛事跡不見於實錄及明史，族譜所記是否可信，仍待考。

56　參見是書頁575、1068、652、658、1048、1235。

　　朱氏一族在明代擴充得很快，族譜以存耕祖榮一爲始遷白洋之祖第一世，至第九世時，僅譜中有名可查者已達86人，第十世更增至123人。就家族成長的一點來看，他們與豫章羅氏基本上呈現相似的分布圖，因此附圖三僅列三世琛（即存耕）以下至八世各子孫名，配偶及九世、十世從略。但有事蹟可查者，仍於下文中討論。

　　存耕生於元至正元（1341）年，卒於永樂十七（1419）年[57]。譜文稱其「性坦夷，不自封殖」，「不事家人產」，但似乎家境尚稱富裕。卷6，〈誥封武略將軍開族祖存耕公傳〉謂：

　　　　每窮冬雨雪，輒帶衣米出行，遇饑寒者給之，所活以萬計。高皇帝命信國湯和巡視沿海，於白洋築巡檢司城於龜山下。地係公產，信國欲以他官產易之。公曰：普天之下，莫非王土。辭不受。

可知在其名下，原有若干地產[58]。湯和築城時，雖損失了一部分，但在日後分產時，仍有能力撥出一分以爲軍貲，其餘則均分予繼子昇及己子昂[59]。昇亦「不事家人業，日縱遊山水」；昂則居家簡飭。然以連年歲歉，「租負多不入」，家業漸衰。昂乃「出館於吳，授徒至百餘」，「一時鉅儒名家，咸出其門」。惟因以所得館值悉數周貧乏，家計益艱。長子純十三歲時，曾因歲暮家貧，告貸於鄰，「遭所侮窘甚」。後偶遇項氏，爲作詩賦，始得贈金以歸。翌年就館於項氏，得盡讀項氏所藏書；又遍歷寺觀，閱藏經，識天文術數。父死後，純「養母氏與二弟，教以學。遠方來就學者甚衆，以故不商買而益饒」，家計遂得改善。

　　純後被召至翰林院，修英宗實錄。譜文謂其「名振東南，一切顯宦俱以得交公爲幸」，可知享有相當之學術地位[60]。純弟綎與綱俱幼承家學，綎於成化丙午（1486）領歲薦，爲閩候官教授；綱則聚徒教學，「行止坐臥，皆講道論業，

57　《白洋朱譜》卷19，〈行傳〉頁3a。

58　又，卷1，〈續修宗譜序〉頁7a-8b，謂朱氏「蓋始遷以農起家，一再傳而存耕公以居積富」，亦足證明。

59　卷6，〈處士樂閒公傳〉頁15a-b；卷1，〈三修宗譜序〉頁90。

60　以上參見卷6，〈處士樂閒公傳〉、〈碩隱思勤公傳〉、〈鴻儒肖齋公傳〉。嘉慶《山陰縣志》謂純「博雅有儒行，與羅頎、張嵲輩結鑑湖吟社，太守戴琥深敬禮焉」（14／12b），亦可爲證。

故人樂得其傳」。三人子孫亦多能承先人志，六世命名從禾者九人，「並有時聲」，而秩與稟先後以儒士膺鄉薦，更開白洋朱氏科名之始[61]。至七世而成進士者三人，中舉者一人，副貢一人，白洋朱氏在地方上的聲勢、地位，乃發展至極致。

白洋朱氏自五世至十世子孫中有關入學、科舉及任官的記錄整理如下表：

表一　白洋朱氏入學、科舉、任官表

房派	世	名	入　學	科　　舉	任　　　　　　　　　官	出　　處
老大房	五世	純			翰林院簡討	19／7a
老大房	七世	節		正德丁卯舉人 正德甲戌進士	由湖廣黃州府推官，擢山東巡按監察御史，贈光祿寺少卿奉政大夫，廕一子	19／18a
老大房	七世	第	郡庠 廩生	（副貢）	任江西瑞州上高縣訓導，陞山東兗州定陶縣教諭	19／19a
老大房	七世	篤	邑庠生			19／24b
老大房	八世	以喻	郡庠生		襲光祿少卿	19／28a
老大房	八世	以浩	增廣生			19／34a
老大房	八世	以思	郡庠生		廣東吏目	19／36b
老大房	九世	金	太學生			19／49a
老大房	九世	瑞鳳	邑庠生	萬曆甲午經魁 萬曆乙未進士	初任福建汀州長汀縣知縣，繼任河南汝州寶豐縣知縣，陞任江西袁州府知府，累官中憲大夫	19／71b
老大房	十世	師賓	郡庠生			19／111a
老二房	五世	緵		（成化丙午貢生）	福建候官縣教授	19／8a
老二房	十世	明睿	邑庠生		吏部文選清吏司員外郎加一級，誥授奉直大夫	19／101a
老二房	十世	持世	郡庠生			19／123a
老三房	六世	秩		宏治戊午舉人	湖廣大冶縣知縣，敕授文林郎	19／11b

61　以上參見卷6，〈鴻儒肖齋公傳〉、〈福建候官縣儒學教授敬齋公傳〉、〈贈文林郎勵齋公傳〉、〈文林郎湖廣大冶縣知縣南池公傳〉。

房　派	世	名	入　學	科　　舉	任　　　　　　　　　官	出　　　處
老三房	六世	巢		宏治己酉舉人	由福建將樂縣教諭，歷任四川內江、通江知縣，誥封南京兵部車駕清吏司員外郎、奉直大夫	19／13
老三房	六世	和	邑庠生			19／14a
三長房	八世	以奇			江西吉安州守禦所吏目，敕授登仕佐郎	19／36b-37a
十二房	七世	籩		正德丙子舉人正德庚辰進士嘉靖丙戌殿試	由江西豐城縣知縣，陞兵部武選司員外郎，四川順慶府建昌兵備道按察使司副司，誥授中憲大夫	19／19b-20a
十二房	八世	以康	邑庠生	——		19／41a
十二房	八世	以庚	郡庠生			19／47b
十二房	八世	以庸	邑庠生			19／48a
十二房	九世	瓏	太學生			19／77a
十二房	九世	琀			考授都司，誥授明威將軍	19／81a
十五房	七世	篴		正德癸酉亞魁正德庚辰進士嘉靖丙戌殿試	任南直隸揚州府泰興縣知縣，調直隸休寧縣知縣，擢江西道監察御史巡按湖廣等處地方，誥授中憲大夫	19／21b
十五房	八世	以京	邑庠生改太學生		授柳州府經歷，陞岷府審理正	19／31b-32a
十五房	八世	以良	郡庠生			19／33b
十五房	八世	以雍	邑庠生			19／38b
十五房	八世	以襄	邑庠生			19／39b
十五房	九世	璜	邑庠生			19／51b

房派	世	名	入學	科　　舉	任　　　　　　官	出　　處
十五房	九世	琛	郡庠生			19／52a
十五房	九世	璘	邑庠生			19／53b
十五房	九世	瑛	郡庠生			19／57a
十五房	十世	啟元	廩膳生	（天啟壬戌副貢）	任福建尤溪縣知縣，歷官奉政大夫、江西饒州府同知	19／86a
十五房	十世	翼元	太學生			19／89a
十五房	十世	變元	郡庠生	萬曆乙酉亞魁萬曆壬辰進士	由大理寺右評事歷官特進光祿大夫左柱國少師兵部尚書，都察院右都御史，總督貴州四川湖廣雲南廣西軍務，兼督糧餉，巡撫貴州湖北湖南川東偏沅等處地方	19／90b-91a
十五房	十世	肇元	郡庠生			19／99b
十五房	十世	名元	邑庠生改太學生		任雲南曲靖府通判，敕授承仕郎	19／100b
十三房	七世	簦		正德己酉舉人	由松江府通判，歷任奉政大夫南京刑部廣東清吏司郎中	19／20b
十三房	八世	以亮	郡庠生入南監		歷滿，授陝西都司正斷事，陞承德郎，河南鄭府審理正	19／30a
十三房	九世	球	邑庠生		布政使司承差	19／51a-b
十三房	九世	琳			福建延平府檢校，陞廣西武靖州吏目，敕授登仕佐郎	19／52b
十三房	九世	珩	邑庠生			19／53a
十三房	九世	璿	邑庠生改入南監		例授徵仕郎	19／61a

房　派	世	名	入　學　科　舉	任　　　　　　　　官	出　　處
十三房	九世	琨	郡庠生 改南京 太學生		19／61b
十三房	十世	歷元		原任南京北城兵馬司，求降 調湖廣大旺安撫司吏目	19／98b
十三房	十世	陶元		河南彰德府經歷	19／100a
十三房	十世	戀宣	邑庠生		19／104a
十三房	十世	景元	太學生	任天津衛經歷，敕授徵仕郎	19／107b
十三房	十世	戀官	增廣生		19／114a
廿二房	七世	篇	邑庠生		19／24b
廿二房	八世	以豪	邑庠生		19／40b
廿二房	十世	章元	邑庠生		19／104b
廿五房	七世	簪	邑庠生		19／26a
廿五房	八世	以彥	邑庠生		19／41b
廿五房	八世	以立	郡庠生		19／43b
廿五房	九世	瑊	邑庠生		19／74a
廿五房	十世	亨元	邑庠生		19／102a
廿五房	十世	大任	邑庠生		19／122a
昇房	十世	朝士		禮部儒士	19／106a
昇房	十世	贊元		任後軍都督府都督	19／121a
昇房	十世	寅元		任都督同知	19／126a

　　表一僅記至十世，十一世兆柏等並未列入，此因朱氏子孫自十世以次多明末清初時人，其任官記錄有時不易分辨爲明官或清官，且本文重點在指出軍籍家族發展之可能性，並非替白洋朱氏立傳，因此未求其完備。但十一世子孫中仍有數人值得特書者，如十五房兆柏，萬曆乙卯舉人，天啟乙丑（1625）會魁，由翰林院庶吉士歷官資政大夫禮部尚書兼吏部左侍郎翰林院侍讀學士署吏部尚書事；十五房變元四子，長子兆甯、次子兆宜先後襲錦衣衛指揮使，兆宜並歷官榮祿大夫後軍都督同知錦衣衛堂上僉書，三子兆憲襲廣威將軍上騎都尉錦衣衛指揮僉事加二級，幼子兆宜由太常寺典簿歷官奉政大夫兵部車駕清吏司郎中等[62]。綜上可知，朱氏一門在明代出了兩位尚書，其中一位並且爲掌理天下武衛官軍選授、簡練政令的兵部尚書[63]；朱辛以外，明末有三人爲都督府都督或同知，其中贊元與寅元爲兄弟，而贊元之得官最初因善卜而被薦，可稱爲異數[64]。但不論得官之途徑爲何，朱氏子孫在文、武兩途的發展皆已至高峰，且代有人材出，以之與明初被設計充軍時的淒涼情景相較，直不可同日語。

　　表一不見辛房子孫之名，此因白洋朱譜只及襲副千戶職之數人，餘皆失考，故不能詳。各房派中，以老大房及老三房派下之十五房、十三房最爲騰達，此與朱節、朱箎及朱簣在科舉及任官上的優異表現應有直接關係。然而，各房之發展雖互有高下，整體說來，諸子孫均能保持明初以來耕讀傳家的傳統，並且學優則仕，進而躋身宦門。又有不樂仕進，而以著書立說爲志者，如純長子穆「絕意仕進」，「經史子傳，日閱有程」，著有《樗說》、《春闈辭》[65]；四子秀「不應試」，著有《白峰漫稿》、《東巡十景記》，又續修宗譜[66]；綖子稽「僻居野服，逍遙泉石」，著有《經論》、《史論》；稽子箋「綽有父風，不樂仕」，著有《賁園集》[67]等，都是其例。

62　參見卷20，〈行傳〉頁10a-b、7a、19a、23b、32b；卷6，〈明少師恆嶽公傳〉頁71a。

63　朱變元事蹟詳《明史》卷249。又，《明史》卷92，〈兵志・清理軍伍〉謂：「戶有軍籍，必仕至兵部尚書始得除。」但山陰白洋朱氏一族或變元本人是否得除軍籍，尚有待查考。

64　參見卷8，〈前明後軍都督府同知振岳公傳〉頁4a-5a。

65　卷6，〈高士樗全生傳〉頁26a、卷19，〈行傳〉頁11a。

66　卷6，〈逸士白峰公傳〉頁32a-b、卷19，〈行傳〉頁12b。

67　卷6，〈修眞居士傳〉頁25a-b、卷19，〈行傳〉頁14b、23b。

白洋朱氏又頗勤於作育人材。自昂與純兩代出館於外，綖亦爲縣學教授，此後不論於家族內設家塾，或於外開館授徒，均卓然有成。如朱和早卒，其配陸宜人將別墅名翠園精舍者闢爲家塾，延王文成公講學其中，節、第、簠、箎、簺等人俱出其門下[68]，朱簺且爲楊忠愍公門下士[69]。又如朱穀「課子弟，篤文行，力農桑，從游者日衆。則闢地廣室，竹椽茅茨以居之，號翠微書院」[70]。朱秀「子弟門人登第者不知凡幾」，「聲動公卿，凡筮仕東南者，無不借一言以邀重」[71]。朱笏於「本村西岸西書房設帳授徒五十餘年，當時名士多出公門下」[72]，是幾個比較顯著的例子。他們雖與仕途無涉，但因子弟門人的登第入仕，對仕宦者能發揮其影響力，地位有時更居其上。這使白洋朱氏在地方上的聲勢更加顯赫。

　　學術及舉業上的成就也促使白洋朱氏能較早的發展出一些家族組織，使家族間的聯繫更形鞏固。正德庚辰（1520），朱巢在四川通江知縣的任上，聽說自己的兩個兒子朱簠與朱箎聯登進士，姪子朱節任監察御史，即致仕歸。百姓「群留不得，以餽投公車」，到家以後，遂「以所餽之資創建宗祠，嚴祀事，闢家塾，裕後昆」[73]；俟其子朱簠致仕，又「因族丁繁盛，創建家廟於茲」。落成之際，「舉族樂捐田畝」，此後每歲祭祀不缺[74]。

　　此外，朱氏在地方建設方面，也有若干貢獻。卷6，〈前明進階奉直大夫河南鄭府審理正屏山公傳〉記以亮事，謂：

　　　　公尤精地理。（中略）於宅西南五里安昌設市以通四方之貨，沿海居民賴
　　　　之以生，位金於兌也。於宅西北置兆嘉廟以尚事土穀，而不合梅林，奠社

68　卷5，〈捨別墅爲僧院記〉頁60a-61a、卷6，〈前明巡按山東監察御史贈光祿寺少卿白浦
　　公傳〉頁38a。
69　卷19，〈行傳〉頁20b。
70　卷6，〈逸士實文公傳〉頁30a。
71　卷6，〈逸士白峰公傳〉頁32a-b。
72　卷19，〈行傳〉頁22b。
73　卷6，〈前明四川內江縣尹誥贈奉直大夫兵部車駕司員外郎梅軒公傳〉頁33a-34b。簠與箎
　　於正德庚辰同舉進士，但要到六年以後的嘉靖丙戌才參與殿試。這是因爲在庚辰中進士
　　後，旋丁父憂，以故延誤。見卷6，〈四川建昌兵備道按察司副使守貴公傳〉頁42a。
74　卷5，〈宗祠捐田碑記〉頁23a-b。

於右也。創朱公橋、大石路以便往來,而無淫潦之阻,輿梁有成也。嘉靖三十四年丙辰,日本倭夷入寇,越中縉紳巨族焚掠殆盡。公招集附近居民,於要害築土牆,設弩矢機石以守,賊聞之不敢犯,守望之功也。諸凡有益於里族者,無不竭蹶爲之。逮存齋公致仕歸,見營室之備,宗社之光,市井之殷,祖墓之封,業產之腴,輒爲之不樂,以爲傷廉,而實不由宦資也。故仕享清名而族無貧窶,皆公所致。

文中提到的安昌市、兆嘉廟、朱公橋、大石路等,雖於創建者本人一切以家族未來發展爲念,基於地理風水之說而設置,但結果對繁榮地方經濟,有實質幫助,亦間接造福了鄉里[75]。這些建設完成於以亮赴部取選之前,又全不借助於其父朱簽之宦資,可見其家族於此時已蓄積了相當富厚的財力。而以亮在倭患時召集附近居民守望相助,也說明了朱氏在地方上居有領導的地位。就上述各點來看,軍籍的出身對白洋朱氏的各項發展顯然不曾帶來任何負面的影響。

朱氏聯姻的對象中,亦不乏官宦之後。如朱簨一女,適福建候官縣縣丞汪延良;以亮妻余氏爲雲南富民縣知縣余誥公女,其女適鴻臚寺序班吳沅;以高二女,長適庠生,次適廣東按察司僉事徐元宰季子徐思述;以京妻周氏爲都察院左僉都御史周襈女,其女二,長適舉人來士賓。以良妻沈氏係湖廣按察司廉使沈橋女,以雍妻張氏爲湖廣布政司參政張思聰女,以襄妻季氏爲湖廣長沙府知府季本女,以方妻蔣氏則爲福建布政司參政蔣懷德女[76]。以字輩八世子孫能有此機運,與七世多人科舉成功躋身仕途自有密切關連;另一方面,由於家族在地方上的勢力漸形擴大,儘管八世子孫在宦途上的表現不盡理想,九世子孫仍有若干與仕宦者聯姻。如十三房子孫中,珩妻胡氏爲揚州府知府胡尚禮女,琳一女適鴻臚寺序班薛諫之仲子,璓妻黃氏爲宜興縣縣丞黃橄女,琨妻錢氏爲湖廣公安縣知縣錢匡女,瑤妻史氏爲會邑中書史柱女;十五房則有珣妻張氏爲四川嘉定州州判女,璨妻周氏爲光祿寺寺丞女[77]。至十世而有十三房潤妻陳氏爲舉人陳時之女,治元妻

---

75 安昌市、兆嘉廟與朱公橋分見於嘉慶《山陰縣志》6／3a、21／12b、5／6b,唯有關安昌市的設置,另有不同說法,見同書7／13b。

76 卷19,〈行傳〉頁22a、30a、31b、32a、33b、38b、39b、47a。

77 卷19,〈行傳〉頁53a、52b、61b、62b、55b、64a。

吳氏爲兵備道副使吳三女，陶元妻趙氏爲州同趙道元女，其女適武進士茅世祚，朝元妻王氏爲陝西保安縣典史王養正女，懋宣妻高氏爲湖廣九溪衞經歷高汝賢女；另十五房有啟元妻季氏爲長沙府知府季本孫女，老二房有明睿妻史氏爲按察司廉使史檟孫女[78]。整體說來仍以十三房、十五房最爲突出，與表一各房在科舉、任官上的表現互相呼應。

白洋朱氏入清以後仍不斷擴張。至道光二十二（1842）年創設義倉、義田，此後更捐有義材田；而祭產亦隨子孫之捐獻陸續增加，乾隆間並有新祠之建[79]。可惜的是，辛房子孫的記事僅限於襲職者，其他成員的發展無從得知。至於辛房以外各房，在明代已不參與軍役，軍費又有軍貲田供辦，軍籍只是名義上的束縛。昂以後，族譜不見任何有關軍役之記事，亦足以爲證。

四、結　語

本文以豫章羅氏及山陰白洋朱氏爲例，利用族譜資料，介紹兩族從軍緣由，及其在明代之發展。目的在將明代軍戶家族之全貌如實地呈現出來，以示「軍戶」一詞所包含之整體範圍。從世系圖可以知道，明初一名軍役在有明一代能衍生出多少軍籍子孫，而實際赴衞執行軍役的又是何其少數。在這種情況下，軍役對軍戶所造成的實質負擔，不論就在家族整體賦役中所占的比重，或就其對所有家族成員的羈絆程度而論，都較明初時大大的減輕。若族中已有軍貲田專供軍費，「軍籍」對軍戶成員的約束意義將更形降低。由上文可知，軍籍戶丁可以經商或務農，也可入學讀書，爭取功名，進而躋身名流或出仕高官。財富與聲望的累積，亦使軍籍家族有可能發展出家族內、外的事業，藉以鞏固家族地位，造福地方。子孫的婚姻也未受「軍籍」影響，相反的，還有不少與仕宦之家聯姻之例，更間接地提昇了軍戶的社會地位。

78　卷19，〈行傳〉頁88a、92a、100b、84b、104a、86b、101b。

79　參見卷5，〈新宗祠祭田碑記〉頁25a-b、〈朱氏義倉記略〉頁42a-45b、〈義田碑記〉頁46a-b、〈公捐義田碑記〉頁47a-b、〈義材田碑記〉頁4a-b、〈公捐義田碑記〉頁49a-50a等。

　　豫章羅氏水缺口本支在明初因罪謫充軍，當時雖不幸導致家族離散，但留下來應役的族人有錢出錢，有力出力，合衷共濟的結果，不久即突破困境，使軍役不再成爲負擔。白洋朱氏因被牽連坐罪而充軍，當時係以三丁抽一，但不論其身分應屬謫充軍或抽籍軍，按照王毓銓氏的說法，其強制性都極高；更何況軍役本不及於白洋朱氏，係鄰人竄改而來，使其充軍背景更添幾分無奈。然而，學術上的努力加上科舉的成功，兩代以後，高官輩出，原有的軍役也變爲世襲武職，如果不是六名中進士的子孫留下了軍籍的記錄，很可能被視作官籍而被處理。從他們明初被迫充軍的事實來看，其命運確曾有悲慘之一面，可是不出數代，已完全脫出其陰影。當然，並非所有軍户家族皆如是幸運，但此二家族也絕不可能是特例，應當代表了部分軍户家族之實態。明乎此，我們在探討軍户問題時，眼光才不致被局限在少數幾個當軍應役者身上，也才能顧及到全面。

　　《豫章羅氏族譜》與《山陰白洋朱氏宗譜》保留了相當完整的軍户原籍家族記錄，使我們對留在原籍的户丁之活動能有相當的了解。然而二譜對在衛應充軍役的一支卻多所疏漏，使後人無由得知該支在衛所的發展，這也是本文最大的遺憾。筆者遇去曾討論明朝政府使衛軍在衛立籍的政策，在衛的一支經過一段時期的生養，有些也發展成大家族，在少數應充軍役者之外，還有許多多餘的人力。他們與衛所以及衛所所在地的州縣間有何關連，實值得探討。也就是說，在衛的一支有時可進一步劃分爲衛所軍户與附籍軍户的兩支來談。唯此一部分之資料獲取更爲困難，只有期待於未來了。

附圖一··豫章羅氏水缺口本支東房世系圖

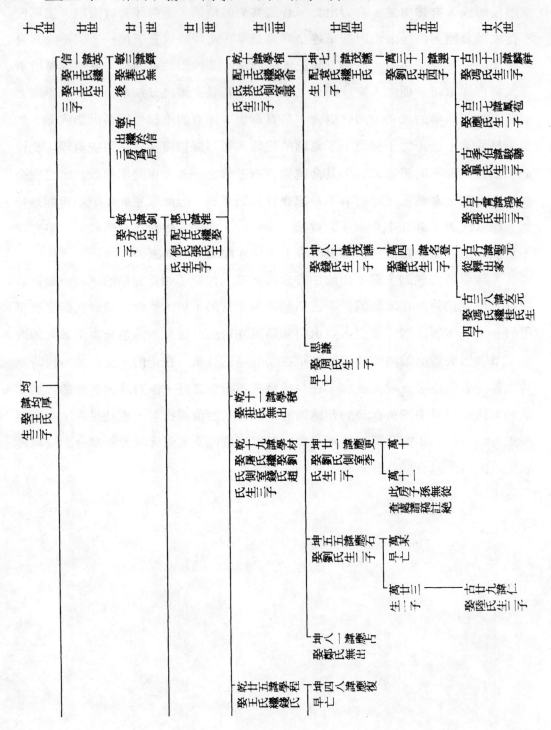

附圖1：豫章羅氏水缺口本支東房世系圖

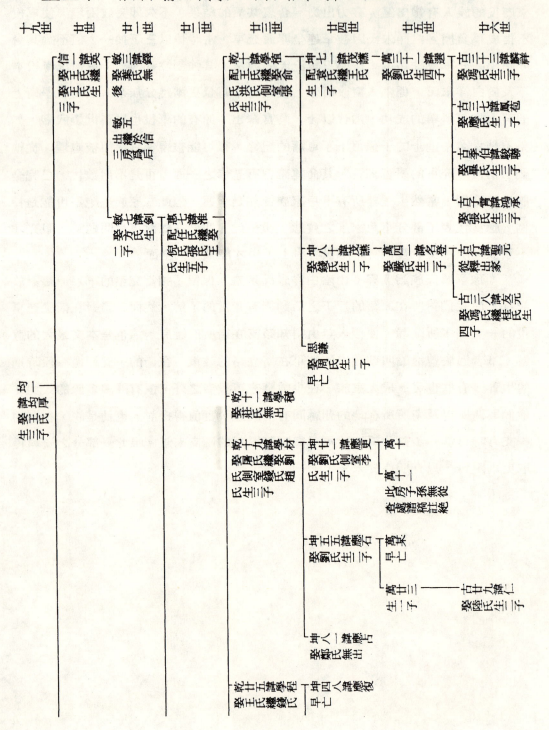

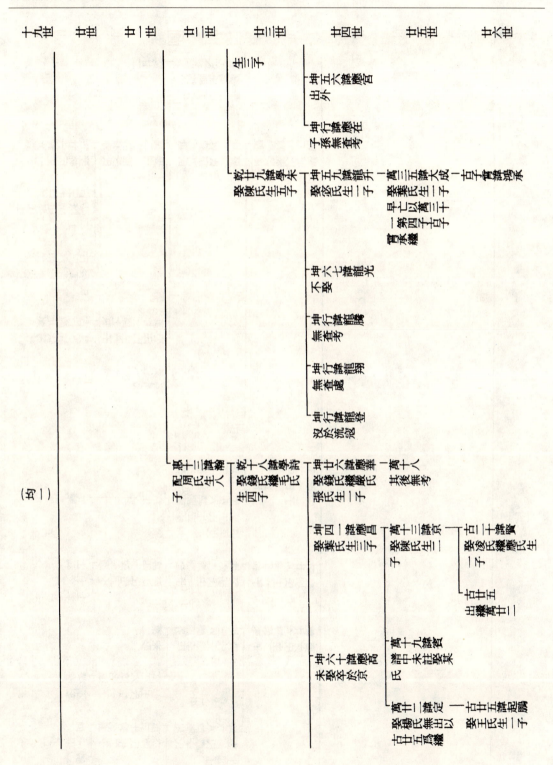

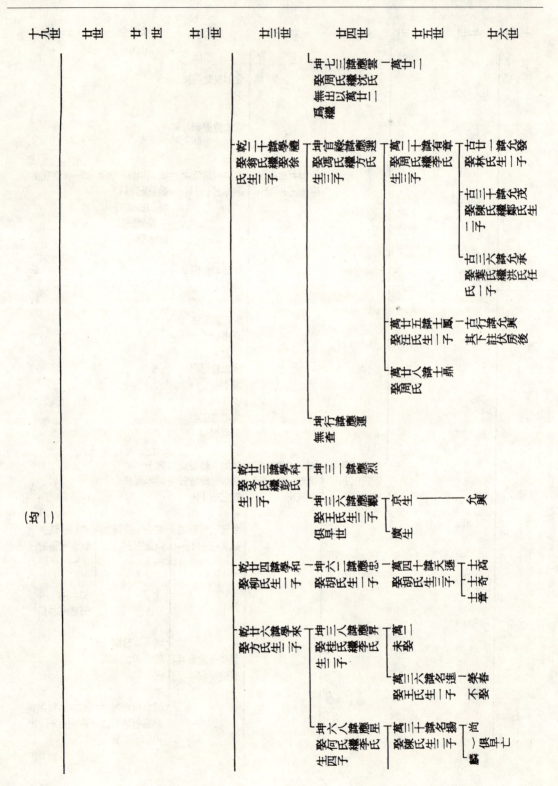

十九世	廿世	廿一世	廿二世	廿三世	廿四世	廿五世	廿六世

廿五世：萬三三諱名逵　娶呂氏生三子（以芝後）
廿六世：龍以下俱無考

廿五世：萬四五諱名文　娶某氏生二子
廿六世：和上

廿五世：萬四六諱名選　娶桂氏生二子　早亡以乾廿八下古五十爲繼派
廿六世：古五十諱允麟　娶周氏生三子

廿世：乾廿八諱學禛　娶姚氏繼劉氏生三子

廿三世：坤五七諱應許　娶李氏生五子

廿四世：萬廿四諱名魁　娶沈氏生四子
廿五世：古廿六諱允斌　娶應氏繼娶張氏側室潘氏生四子
廿五世：古三二出繼萬三八爲子
廿五世：古四六出繼萬廿九爲子
廿五世：古五十諱允麟出繼萬四六爲子

(均一)

廿四世：萬廿九諱名橙　娶傅氏無出以古四六爲繼
廿五世：古四六諱允亮生一子

廿四世：萬三二娶李氏生二子
廿五世：允吉娶張氏生一子
廿五世：允鳳未娶

廿四世：萬三九諱名龍　娶劉氏生二子
廿五世：允隆娶邵氏其後未詳

廿四世：萬四三諱名起　娶洪氏生二子
廿五世：允洪娶魏氏繼王氏生二子

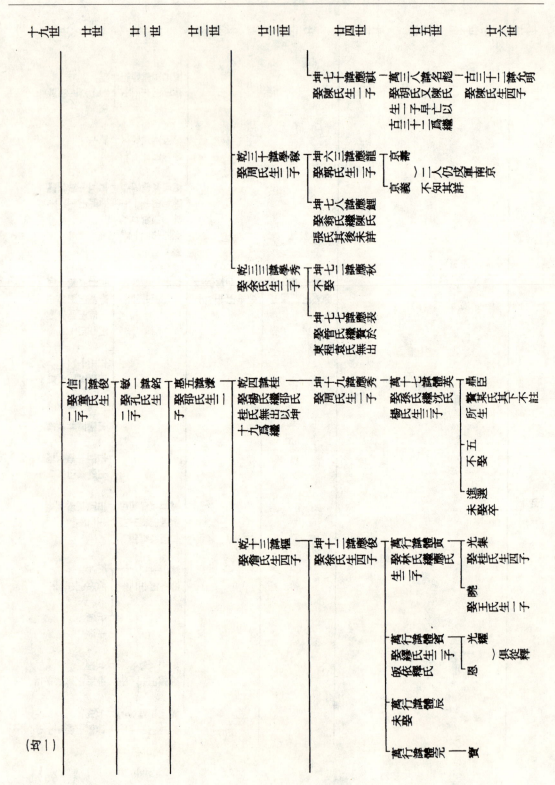

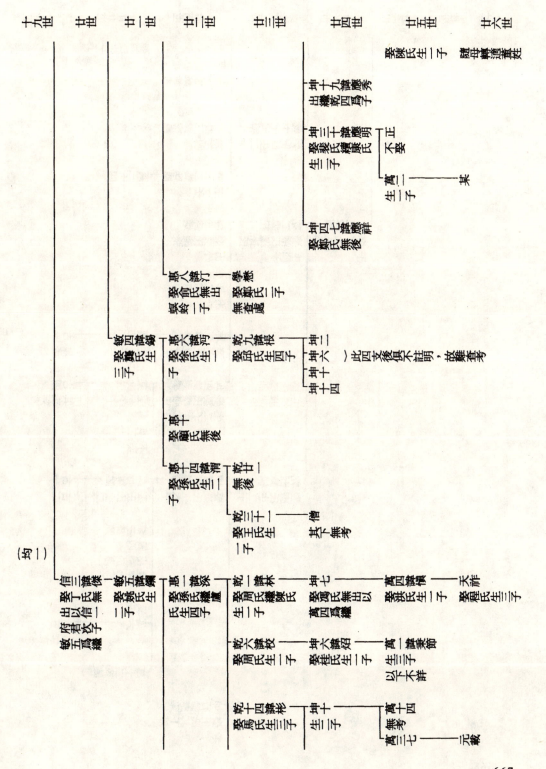

十九世　廿世　廿一世　廿二世　廿三世　廿四世　廿五世　廿六世

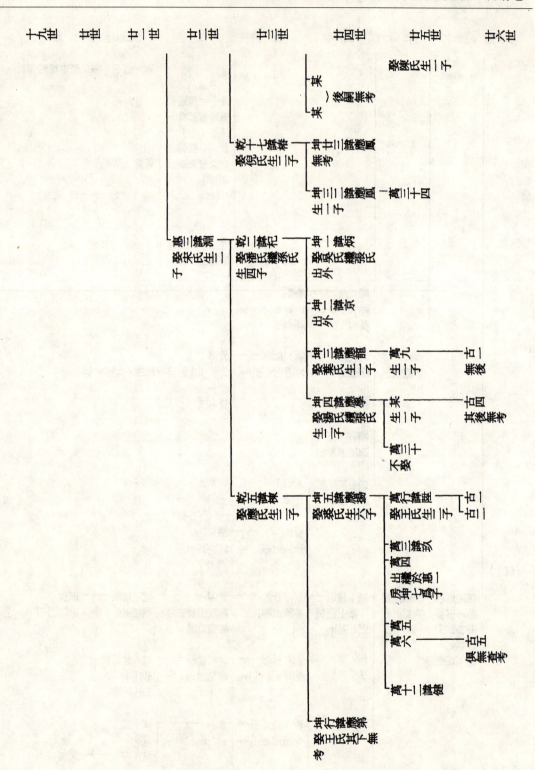

附圖二：豫章羅氏水缺口本支西房世系圖

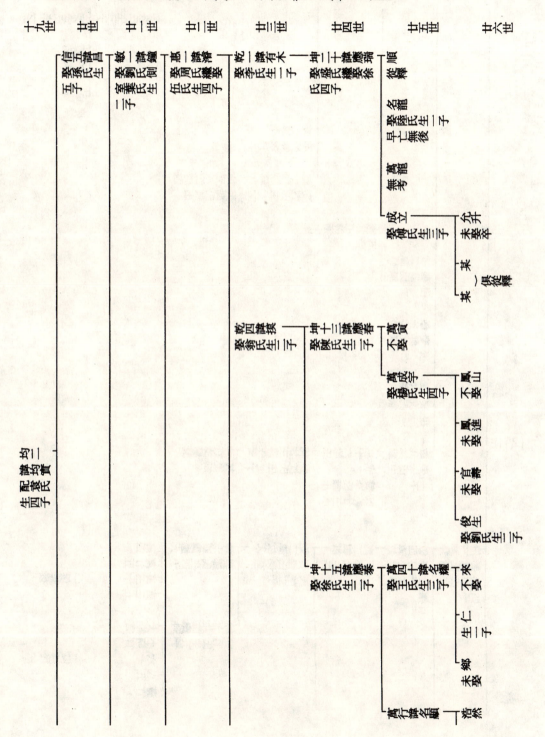

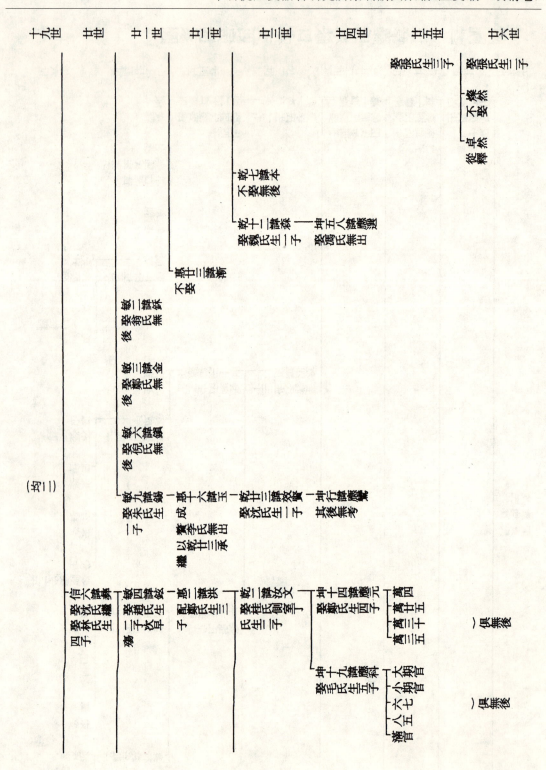

十九世　　廿世　　廿一世　　廿二世　　廿三世　　廿四世　　廿五世　　廿六世

乾十二諱效攀　聚葉氏側室王氏繼聚聞氏六子

坤四諱應奎　聚湯氏繼聚張氏生一子 ── 士英　聚馮氏生四子

某　無考

坤九諱應璧　聚劉氏生一子 ── 萬十三諱名立　聚周氏生二子 好善　生一女

萬十五　後無考

坤十一諱應斗　聚馮氏側室支氏生五子 ── 萬二諱士觀　聚汪氏生四子 ── 效　聚龔氏繼聚陳氏生三子

豹如　聚崔氏無出

褒　二子聚周氏繼聚凌氏生

文中　二子聚趙氏繼聚邱氏生

萬三諱士豪　聚周氏生二子 ── 古普　古敏　〉俱無後

萬六諱士超　聚沈氏生二子 ── 古良　聚馮氏生一子

萬七諱士朝　聚沈氏生二子 ── 古楨　古麟　〉俱無後

萬行諱士輔　聚楊氏繼聚李氏生一子 ── 古楹　卒於客

坤十六諱應星　聚王氏生二子 ── 萬三六諱伸　聚應氏無出

(均二)

十九世　廿世　廿一世　廿二世　廿三世　廿四世　廿五世　廿六世

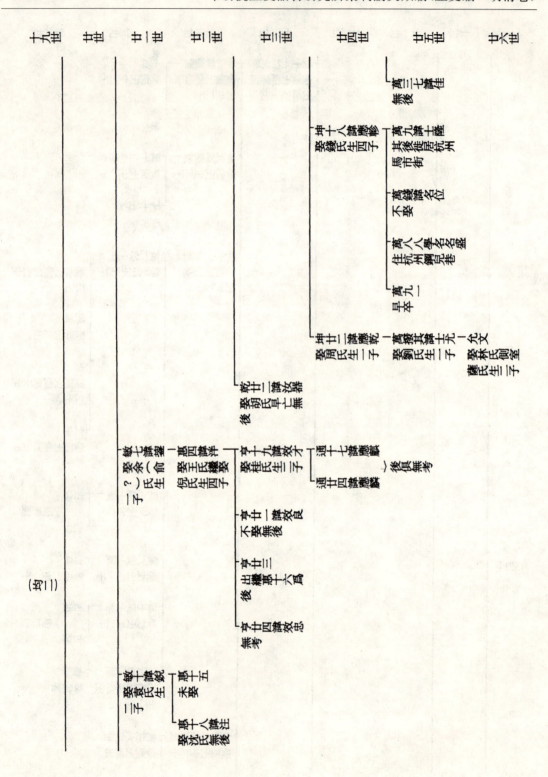

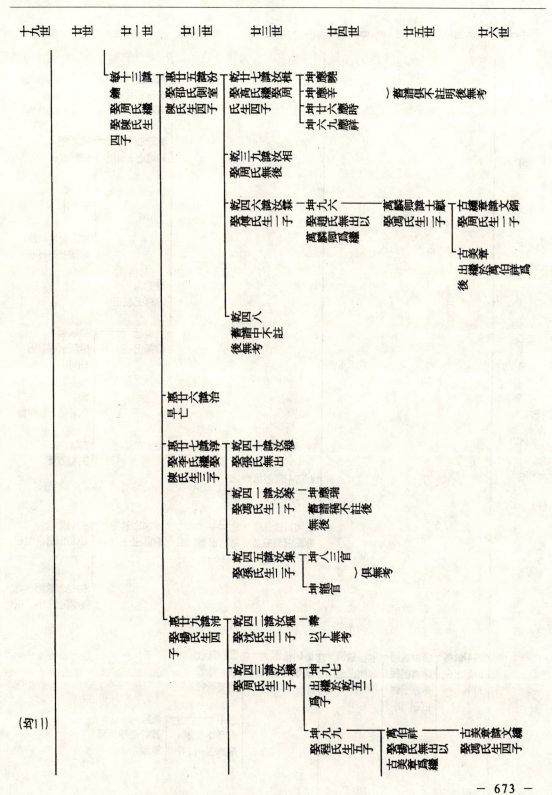

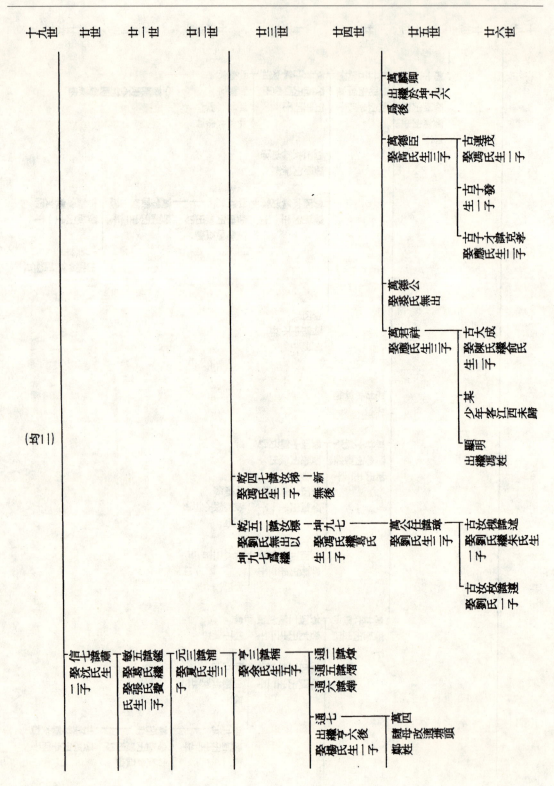

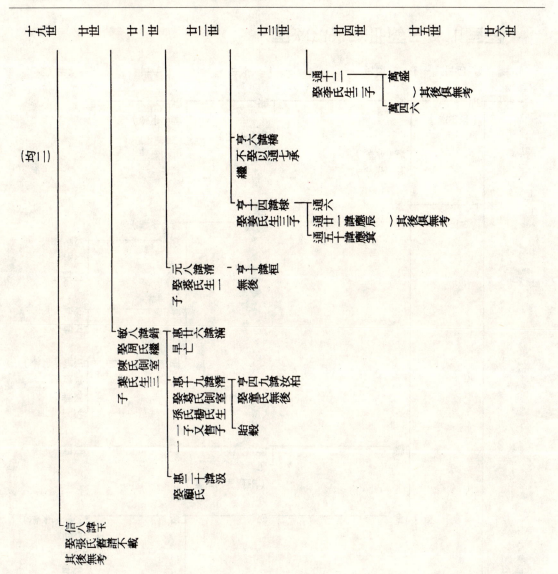

附圖三：山陰白洋朱氏系圖

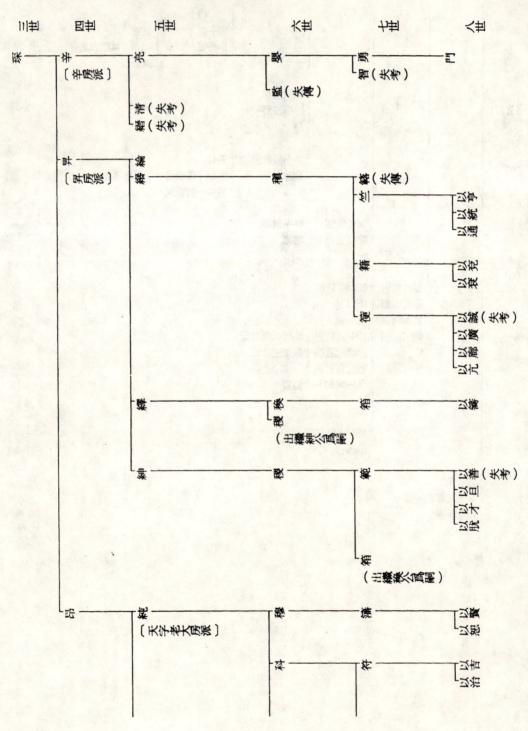

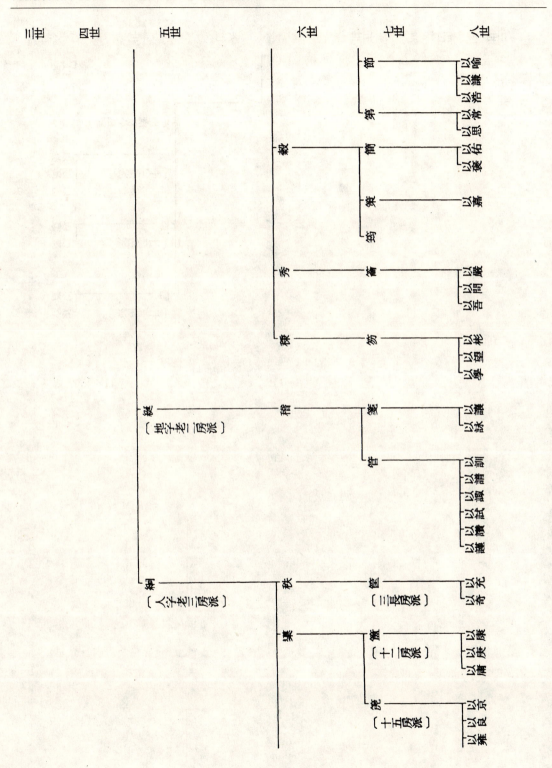

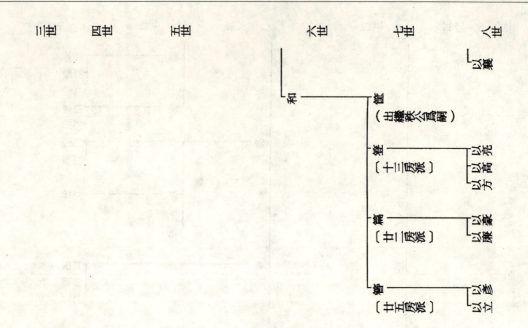

出自第六十三本第三分（一九九三年十二月）